Heribert Meffert / Christoph Burmann / Martin Koers (Hrsg.)

Markenmanagement

Heribert Meffert / Christoph Burmann /
Martin Koers (Hrsg.)

Marken-
management

Grundfragen der identitätsorientierten
Markenführung

Mit Best Practice-Fallstudien

GABLER

Prof. Dr. Dr. h. c. mult. Heribert Meffert ist Direktor des Instituts für Marketing im Marketing Centrum Münster (MCM) der Westfälischen Wilhelms-Universität Münster.

Dr. Christoph Burmann ist Habilitand am Institut für Marketing im Marketing Centrum Münster (MCM) der Westfälischen Wilhelms-Universität Münster.

Dr. Martin Koers war wissenschaftlicher Mitarbeiter am Institut für Marketing im Marketing Centrum Münster (MCM) der Westfälischen Wilhelms-Universität Münster.

Die Deutsche Bibliothek – CIP-Einheitsaufnahme
Ein Titeldatensatz für diese Publikation ist bei
Der Deutschen Bibliothek erhältlich

1. Auflage März 2002

Alle Rechte vorbehalten
© Betriebswirtschaftlicher Verlag Dr. Th. Gabler GmbH, Wiesbaden 2002

Lektorat: Barbara Roscher / Ute Grünberg

Der Gabler Verlag ist ein Unternehmen der Fachverlagsgruppe BertelsmannSpringer.
www.gabler.de

Umschlaggestaltung: Regine Zimmer, Dipl.-Designerin, Wiesbaden
Satz: FROMM MediaDesign GmbH, Selters/Ts.
Druck und buchbinderische Verarbeitung: LegoPrint, Lavis
Gedruckt auf säurefreiem und chlorfrei gebleichtem Papier
Printed in Italy

ISBN 3-409-11821-7

Vorwort

Marken sind seit jeher ein Schlüsselthema der marktorientierten Unternehmensführung. Vielfach ist die Erfolgsgeschichte des Marketing mit der Entwicklung und Durchsetzung starker Marken verbunden. Sie stehen für hohe Kundenzufriedenheit, Loyalität und wirtschaftlichen Erfolg. Derzeit ist der „Erfolgsfaktor Marke" in aller Munde. Die Markenführung erfährt eine ungeahnte Renaissance. So werden an der Börse selbst in schwierigen Zeiten Milliardenbeträge für die Akquisition etablierter Marken ausgegeben. Durch geschickten Markentransfer gelingt es, mit etablierten Marken in fremden Märkten schnell starke Wettbewerbspositionen aufzubauen. Das parallele Angebot mehrerer Marken für ein und dieselbe Zielgruppe trägt dazu bei, die Marktanteile auf den hart umkämpften Märkten zu steigern. Mit Hilfe innovativer, von aktuellen Lifestyletrends geprägter Markenkonzepte lassen sich in kurzer Zeit neue Märkte schaffen und verteidigen. Im Internet entstehen innerhalb weniger Jahre neue „virtuelle" Marken, die etablierte Anbieter außerhalb des Internets bedrängen oder sogar übernehmen.

Andererseits steht bei wachsender Dynamik und Komplexität wirtschaftlicher Entwicklungen die Markenführung vor zahlreichen Herausforderungen. So wurden im deutschen Lebensmittelhandel die bisher führenden Markenartikel erstmals von billigeren Handelsmarken von ihrer Marktführerposition verdrängt. Der Anteil der reinen Preiskäufer wächst in diesem Bereich bei sinkender Markenloyalität. Darüber hinaus zwingen Fusionen und strategische Allianzen zur Neugestaltung von Markenarchitekturen. Alt eingeführte Firmenmarken werden eliminiert und neue Namen mit erheblichen werblichen Investitionen am Markt eingeführt. Selbst traditionell starke Marken schützen nicht vor wirtschaftlichem Mißerfolg bzw. einer „plötzlichen" Insolvenz.

Vor diesem Hintergrund gewinnen Fragen nach einem effektiven und effizienten Markenmanagement für Praktiker, Wissenschaftler und Studenten gleichermaßen eine neue Aktualität. Eine einfache Fortschreibung traditioneller Markenführungsansätze erscheint angesichts durchgreifender Veränderungen der Märkte nicht mehr zeitgemäß. Die **identitätsorientierte Markenführung**, ein seit Mitte der 90er Jahre parallel am Institut für Marketing und an den Universitäten in Berkeley (USA) und Paris entwickeltes Konzept, bietet in dieser Situation einen erfolgversprechenden Ansatz zur Neuorientierung des Markenmanagements. Dieses Konzept wurde in den vergangenen Jahren im Rahmen zahlreicher Forschungsprojekte des Instituts für Marketing in der Praxis erprobt und weiter entwickelt. Aus diesen Projekten sind einige der hier publizierten Fallstudien entstanden. Die mittlerweile vorliegenden theoretischen Erkenntnisse zur identitätsorientierten Markenführung bilden die Grundlage des vorliegenden Buches. Das Konzept der identitätsorientierten Markenführung liefert gleichzeitig den verbindenden Rahmen für alle Einzelbeiträge dieses Werkes.

Das Buch wäre ohne die tatkräftige Mithilfe zahlreicher Personen nicht möglich gewesen. Zuerst möchten wir den beteiligten Unternehmen für ihre Mitwirkung am Buch und an der Weiterentwicklung des identitätsorientierten Markenführungsansatzes danken. Darüber hinaus gilt unser besonderer Dank allen Mitarbeitern des Instituts für Marketing an der Westfälischen Wilhelms-Universität Münster für ihre vielfältige Unterstützung bei der Fertigstellung dieses Buches.

Besonders hervorzuheben ist Herr Dipl.-Kfm. Michael Ahrens, der sich in der Phase der Drucklegung besonders engagiert und gründlich um die technische Endredaktion des Buches gekümmert hat. Nicht zuletzt bedanken wir uns bei Frau Roscher vom Gabler-Verlag für die gewohnt außerordentlich professionelle, flexible und jederzeit angenehme Art der Zusammenarbeit.

Münster

Prof. Dr. Dr. h.c. mult. Heribert Meffert
Dr. Christoph Burmann
Dr. Martin Koers

Inhaltsverzeichnis

Heribert Meffert und Christoph Burmann

Heribert Meffert und Christoph Burmann

Heribert Meffert und Mathias Giloth

Kapitel 2: Strategien des Markenmanagement

Heribert Meffert

Heribert Meffert, Andreas Bierwirth und Christoph Burmann

Gestaltung der Markenarchitektur als
markenstrategische Basisentscheidung   **167**

Heribert Meffert und Andreas Bierwirth

Corporate Branding – Führung der Unternehmensmarke
im Spannungsfeld unterschiedlicher Zielgruppen   **181**

Kapitel 3: Ausgewählte Problemfelder des Markenmanagement

Kapitel 4: Controlling des Markenmanagement

Heribert Meffert und Martin Koers

Marcel Kranz

Kapitel 5: Best Practice im Markenmanagement

Jürgen Plüss

Markenmonopol für Qualität – Das Beispiel Miele   **507**

Robert Büchelhofer

Markenführung im Volkswagen-Konzern
im Rahmen der Mehrmarkenstrategie   **525**

Jürgen Althans und Gerd Brüne

Michael Lambertz und Claudia Meffert

Heribert Meffert, Rainer Landwehr und Martin Koers

**Herausforderungen an die Markenführung
bei produktpolitischen Kooperationsstrategien –
Der Fall Ford Galaxy I**   **645**

Kapitel 6: Ausblick

Heribert Meffert

Zukunftsaspekte der Markenführung – Zusammenfassende Thesen   **671**

Stichwortverzeichnis   **675**

Stellenwert und Gegenstand des Markenmanagement

Heribert Meffert, Christoph Burmann und Martin Koers

1. Stellenwert der Markenführung in Wissenschaft und Praxis

Fragestellungen der Führung von Marken stellen bereits seit geraumer Zeit ein Schlüssel-thema der marktorientierten Unternehmensführung dar und werden sowohl in der Wissenschaft als auch in der unternehmerischen Praxis intensiv und kontrovers diskutiert. Die Bedeutung von Marken im Rahmen der marktorientierten Unternehmensführung wird dabei in einer vom Institut für Marketing durchgeführten Befragung deutlich, in der 186 Top-Manager und 73 Marketingwissenschaftler die Markenpolitik als einen zentralen unternehmerischen Erfolgsfaktor beurteilen (vgl. Abbildung 1 zu dieser Untersuchung Meffert/Bongartz 2000).

Abbildung 1   **Stellenwert der Markenpolitik im Rahmen der marktorientierten Unternehmensführung**

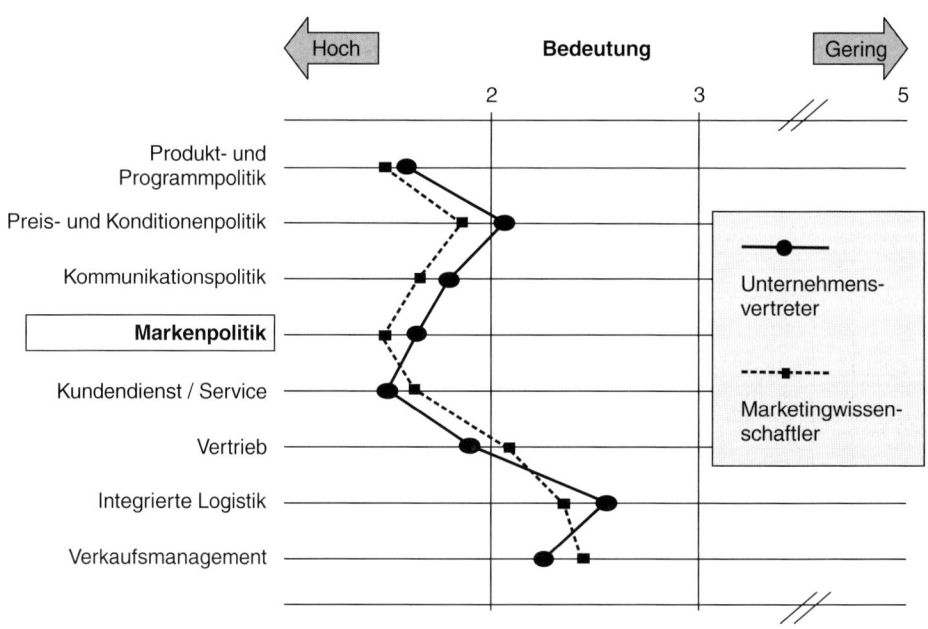

GABLER
GRAFIK

Diese Einschätzung lässt sich letztlich auf den Nutzen einer Marke für die Nachfrager und den daraus resultierenden ökonomischen Wert der Marke für ein Unternehmen zurückführen. So wird – in Abhängigkeit von der eingesetzten Berechnungsmethode – beispielsweise der Wert der Marke Coca-Cola auf Beträge zwischen 48 Milliarden US-Dollar und 83 Milliarden US-Dollar geschätzt und repräsentiert damit etwa 50 Prozent des gesamten Unternehmenswertes.

Grundlage dieses finanziellen Wertes einer Marke ist ihre Wirkung bei Kauf- und Auswahlentscheidungen von Nachfragern. Sehr anschaulich kann diese Wirkung anhand des bekannten „Cola-Tests" gezeigt werden (vgl. Abbildung 2). Während bei einem Blindtest der Marken Pepsi und Coca-Cola 51 Prozent der Teilnehmer die Marke Pepsi vorzogen und nur 44 Prozent Coca-Cola wählten, änderte sich dieses Bild merklich, als der Test mit Darbietung der Marke durchgeführt wurde. In diesem Fall wählten nur noch 23 Prozent der Probanden Pepsi, während 65 Prozent Coca-Cola bevorzugten (vgl. Chernatony/ McDonald 1992, S. 9). Anhand dieses Auswahltests bei quasi homogenen Produkten lässt sich der psychologische Zusatznutzen erkennen, den eine Marke für den Nachfrager stiftet.

Abbildung 2 **Wirkung von Marken auf die Präferenzbildung der Konsumenten**

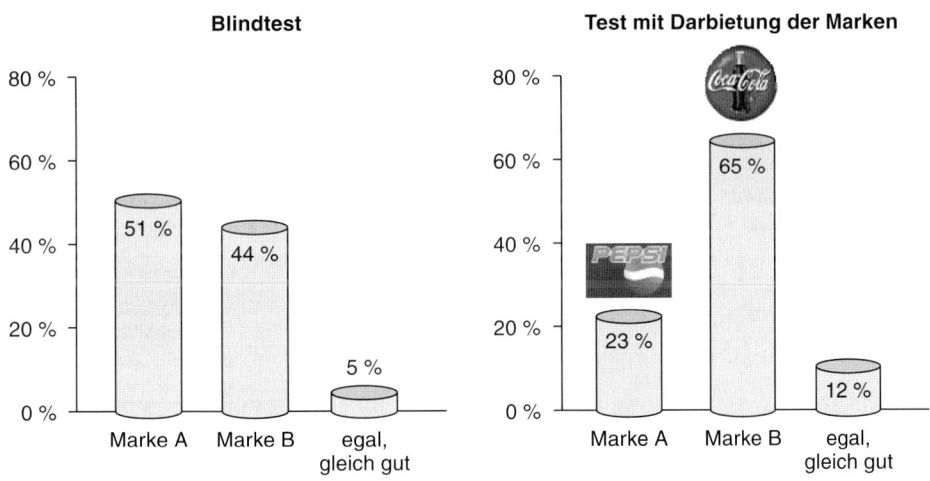

2. Definition des Markenbegriffs

Grundsätzlich ist bei der Untersuchung von Marken zwischen der Marke als einem gewerblichen Schutzrecht (vgl. Schröder 2001), der Marke als markiertem Produkt und der „eigentlichen" Marke zu unterscheiden. Ein Produkt wird in diesem Zusammenhang als Eigenschaftsbündel interpretiert, welches Sachgüter und Dienstleistungen umfassen kann (vgl. Brockhoff 1999 S. 12 ff.). Die Frage der Entstehung bzw. Bildung von Marken soll im Folgenden ausschließlich auf Basis des dritten Begriffsverständnisses untersucht werden. Die Sicherung gewerblicher Schutzrechte und die „Bildung" von Produkten (Innovationsmanagement) ist dementsprechend nicht Gegenstand der Betrachtung.

Im Gegensatz zu dem mit der Marke verbundenen gewerblichen Schutzrecht und dem markierten Produkt existiert die Marke ausschließlich im Kopf des Konsumenten und ist insoweit stets immateriell (vgl. Esch 1998, S. 43). Der im Weiteren verwendete Markenbegriff basiert somit auf einem **subjektiven, nachfragerbezogenen Markenverständnis.** Die Analyse der Markenbildung hat insoweit vor allem aus verhaltenswissenschaftlicher Perspektive zu erfolgen.

In Abgrenzung zum gewerblichen Schutzrecht sowie zum markierten Produkt (vgl. Abbildung 3) kann die **Marke als ein in der Psyche des Konsumenten und sonstiger Bezugsgruppen der Marke fest verankertes, unverwechselbares Vorstellungsbild von einem Produkt oder einer Dienstleistung** definiert werden. **Die zu Grunde liegende Leistung wird dabei in einem möglichst großen Absatzraum über einen längeren Zeitraum in gleichartigem Auftritt und in gleich bleibender oder verbesserter Qualität angeboten.**

Dieses Vorstellungsbild repräsentiert die affektiven (das heißt gefühlsmäßigen Einschätzungen), kognitiven (das heißt subjektives Wissen) und konativen (das heißt Verhaltensabsicht, Kaufbereitschaft) Einstellungskomponenten gegenüber einer Marke. Eine klare **Markenidentität** und die sachlich-funktionale **Kompetenz** einer Marke schaffen das notwendige **Vertrauen** beim Konsumenten, auf dem die Stärke einer Marke basiert. Denn nur diejenigen Marken, bei denen der Konsument über längere Zeit eine klare, in sich gefestigte Identität wahrnimmt, können dauerhaft Kunden an sich binden und somit Markentreue erreichen.

Die Markenbildung ist insoweit als ein **sozialpsychologisches Phänomen** zu verstehen (vgl. Chernatony/Riley 1998, S. 427; Keller 1998, S. 86 f.). Dieses Markenverständnis unterscheidet sich von den Markendefinitionen im Markengesetz, bei der American Marketing Association und in Teilen der einschlägigen Literatur zur Markenführung. Dort wird ausgehend von der Marke als rechtlich geschütztem Warenzeichen oder markiertem Produkt oft lediglich auf verschiedene Formen und Funktionen einer Marke (zum Beispiel Herkunfts- oder Garantiefunktion) abgestellt, ohne zuvor den Gegenstand der Marke und deren Bildung konkret bestimmt zu haben.

Abbildung 3   **Abgrenzung Marke, markiertes Produkt und gewerbliches Schutzrecht**

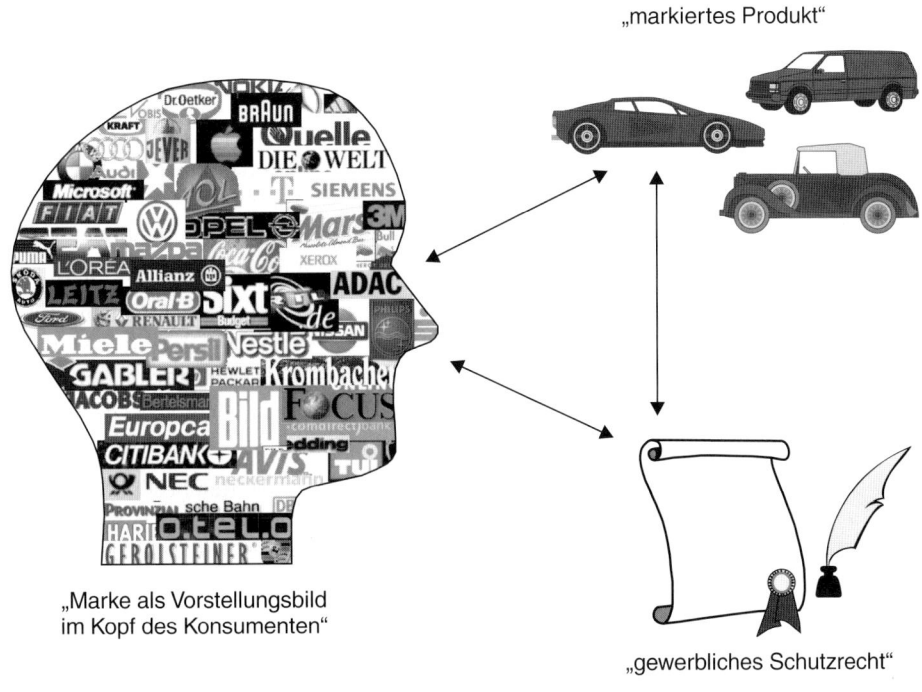

„markiertes Produkt"

„Marke als Vorstellungsbild
im Kopf des Konsumenten"

„gewerbliches Schutzrecht"

GABLER
GRAFIK

---

3.   Grundlagen der Markenbildung

Die Marke als Vorstellungsbild im Kopf eines Konsumenten beeinflusst nur dann das Kaufverhalten positiv, wenn sie mit einem **„added value"** verbunden ist. Dieser zusätzliche Nutzen ist das Ergebnis eines vom Nachfrager vollzogenen Vergleichs zu einem technisch-physikalisch identischen Produkt ohne Markierung. Der wahrgenommene Zusatznutzen einer Marke repräsentiert den Markenwert aus Konsumentensicht oder, synonym, den **psychographischen Markenwert** (vgl. Farquhar 1990). Der Zusatznutzen schlägt sich in der Kaufbereitschaft nieder und wird als konative Einstellungskomponente zum Bestandteil der Marke. In Abhängigkeit vom Zusatznutzen konkurrierender Marken kann diese markenspezifische Kaufbereitschaft mehr oder weniger stark ausgeprägt sein (Meffert/Burmann 2000).

Die Marke ist dabei das Ergebnis einer Vielzahl über einen längeren Zeitraum durchgeführter Marketingmaßnahmen und der sich hieraus ergebenden Erfahrungen der Konsumenten. Der Managementprozess der Planung, Koordination und Kontrolle dieser Maßnahmen kann als **Markenführung** bezeichnet werden (vgl. in diesem Zusammenhang auch den Beitrag zum Managementkonzept der identitätsorientierten Markenführung in diesem Band). Für den Markeneigner, gemeint ist hier der Besitzer des gewerblichen Schutzrechtes, besteht das Ziel der Markenführung in der Steigerung des ökonomischen Markenwertes (vgl. Aaker 1992; Irmscher 1997; Sattler 1997), welcher auf dem von den Konsumenten wahrgenommenen Zusatznutzen basiert. Der **ökonomische Markenwert** wird häufig operationalisiert über die Preisprämie, die der Konsument für ein mit einer bestimmten Marke versehenes Produkt gegenüber einem unmarkierten Produkt zu zahlen bereit ist (vgl. Sander 1994; Schweiger 1998; vgl. auch den Beitrag zur Markenbewertung in diesem Band). Das unmarkierte Produkt steht dabei stellvertretend für den Grundnutzen eines Produktes. Es kann jedoch auch ohne die Zahlung einer Preisprämie ein ökonomisch relevanter Markenwert bestehen, der sich in einem Absatzmengeneffekt niederschlägt. Dies ist der Fall, wenn der wahrgenommene Zusatznutzen einer Marke in der Abwägung gegenüber preisgleichen Wettbewerbern zum Kauf der Marke führt.

Grundlage des ökonomischen Markenwertes ist somit die Stärke der Marke. Eine starke Marke verfügt neben einer ausreichenden **Eroberungsrate** vor allem über eine hohe **Markentreue.** Insoweit definiert sich die Stärke einer Marke anhand der tatsächlichen Kaufverhaltensrelevanz des im Gedächtnis des Konsumenten abgespeicherten Vorstellungsbildes und nicht nur an der Klarheit und Prägnanz dieses Bildes (vgl. Herzig 1991). Von Treue bzw. Loyalität gegenüber einer Marke kann dann gesprochen werden, wenn der Konsument eine positive Einstellung gegenüber der Marke besitzt und diese wiederholt kauft. Zur Entstehung von Markenloyalität reicht es nicht aus, dass sich der Konsument an eine Marke erinnert, denn einerseits kann die Markenerinnerung mit einem diffusen Vorstellungsbild einhergehen. Trotz der Erinnerung an den Markennamen verfügt der Konsument in diesem Fall über kein klares Vorstellungsbild von der Marke. Damit besitzt die Marke nur eine sehr begrenzte Kaufverhaltensrelevanz. Andererseits kann der erinnerte Markenname mit einem klaren, aber negativen Vorstellungsbild verbunden sein, sodass es nicht zu wiederholten Käufen der markierten Produkte kommt und die Markenloyalität nur gering ausfällt. Die **Markenbekanntheit** ist somit eine notwendige, aber keine hinreichende Bedingung für die Stärke der Marke. **Markenstärke** in diesem Sinne korreliert in hohem Maße mit dem ökonomischen Wert der Marke. Die Unterscheidung zwischen Markenloyalität und Markenerinnerung ist vor allem im Zusammenhang mit alten Marken von Relevanz, an die man sich zwar noch erinnert, die für das eigene Kaufverhalten jedoch kaum noch Bedeutung besitzen.

Die Markenbildung setzt umfangreiche **Lernvorgänge** auf Seiten des Konsumenten voraus. Lernen bezeichnet die systematische Änderung des Verhaltens auf Grund von Erfahrungen. Damit ist der Begriff zwischen Informationsverarbeitung und -speicherung angesiedelt (Meffert 1992, S. 62). Der Verbraucher muss das Nutzenversprechen einer Marke lernen, er muss lernen, worin im Vergleich zu konkurrierenden Produkten die bessere Leistung der Marke liegt, und schließlich muss er lernen, wo er die Marke erwerben kann.

Unabhängig von der Vielzahl an Lerntheorien, die in der Literatur diskutiert werden (vgl. Kroeber-Riel/Weinberg 1999, S. 324 ff.), besteht Einigkeit darin, dass Lernen in der Regel mit einem **hohen Zeitbedarf** einhergeht. Um die Früchte erfolgreicher Markenführung „ernten" zu können, bedarf es somit eines hohen Maßes an Geduld bzw. eines langen Planungshorizontes. Stehen kurzfristig zu realisierende Erfolge im Mittelpunkt des Managementinteresses, verkommt Markenführung schnell zum „Labeling" und die Wirkung der Marke verpufft.

4. Nutzen der Marke aus Nachfrager- und Anbietersicht

Die Analyse der Markenbildung verdeutlicht, dass die Markierung von Produkten und Dienstleistungen wichtige Funktionen für den Konsumenten und andere Bezugsgruppen der Marke erfüllt (vgl. Abbildung 4). So stellt die Marke aus verhaltenstheoretischer Sicht eine **Orientierungshilfe** bei der Auswahl von Leistungen dar. Die Marke erhöht die Markttransparenz, wodurch es dem Konsumenten schneller ermöglicht wird, das gewünschte Produkt zu identifizieren **(Identifizierung von markierten Leistungen).** Die Orientierungsfunktion der Marke kommt somit einem Bequemlichkeitsstreben des Konsumenten entgegen, das heißt der Such- und Informationsaufwand wird reduziert. Aus transaktionskostentheoretischer Sicht verringern sich damit die Such- und Informationskosten. Ein markiertes Produkt kann für den Konsumenten damit „günstiger" sein als ein nicht markierter Artikel. Kaufverhaltensrelevant ist letztlich die Summe aus Preis und Transaktionskosten (Kaas 1990, S. 543).

Neben der Orientierungsfunktion erfüllt die Marke eine **Entlastungsfunktion.** Kaufentscheidungen finden in der Regel auf Basis unvollkommener Informationen statt. Wurde der Kunde beim Erstkauf eines Markenartikels zufrieden gestellt, erreicht er mit dem Wiederverkauf eine erhebliche Beschleunigung und Vereinfachung des Kaufentscheidungsprozesses und somit eine Reduktion seiner Transaktionskosten. Marken fungieren als so genannte „information chunk" und entlasten den Nachfrager durch Komplexitätsreduktion (Kroeber-Riel/Weinberg 1999, S. 265).

Ferner wird der Marke auf Grund ihrer Bekanntheit, Kompetenz und Identität Vertrauen entgegengebracht **(Vertrauensfunktion).** In der Informationsökonomie wird in diesem Zusammenhang unterstellt, dass bei Transaktionsprozessen zwischen Anbietern und Nachfragern Informationssymmetrien und damit Verhaltensunsicherheiten auftreten. Dabei wird die Höhe der Informationsdefizite und das Maß an Verhaltensunsicherheit eines Nachfragers von den Beurteilungsmöglichkeiten eines Leistungsangebots determiniert. Es wird eine Unterscheidung von Leistungsmerkmalen nach Such-, Erfahrungs- und Vertrauenseigenschaften vorgenommen. Vor allem bei Produkten mit einem hohen Anteil an Vertrauenseigenschaften, die auch nach dem Kauf und Konsum eines Produktes nicht zweifelsfrei beurteilt werden können (zum Beispiel technischer Wartungszustand/Sicherheit eines Flugzeuges im Rahmen eines Pauschalurlaubs), besteht beim

Nachfrager ein hohes Risikoempfinden. Auf Grund des vom Kunden empfundenen Risikos ergibt sich für den Anbieter die Notwendigkeit, beim Kunden Vertrauen aufzubauen. Die Marke kann hier als Signal für eine bestimmte Leistungsqualität aufgefasst werden und trägt zu einer **Minderung des Risikos** bei. Eine Marke erbringt somit für die Nachfrager oft den Nachweis von Sicherheit während der Gebrauchs-, Verbrauchs- und Entsorgungsphase. Diese Sicherheit ergibt sich aus der Qualitätsvermutung von Markenartikeln (**Qualitätssicherungsfunktion**).

Abbildung 4   Nutzen der Marke aus Nachfragerperspektive

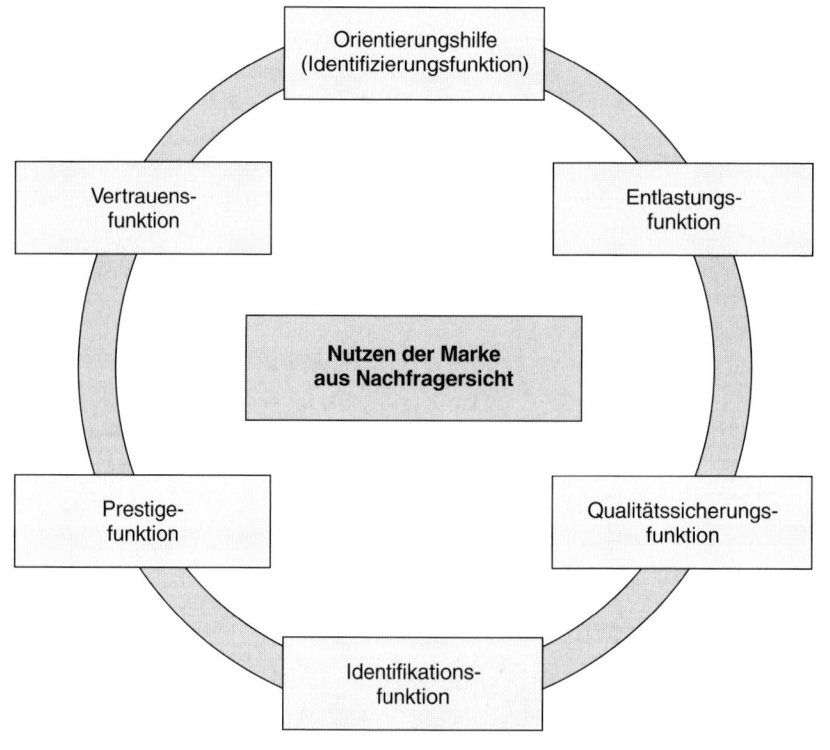

GABLER
GRAFIK

Darüber hinaus kann die Marke für den Nachfrager eine **Prestigefunktion** in seinem sozialen Umfeld erfüllen. Bereits William James hat im 19. Jahrhundert erkannt, dass Menschen Güter über die funktionale Bedürfnisbefriedigung hinaus zum Ausdruck ihrer Persönlichkeit benutzen: *"A man's self is the sum total of all that he can call his, not only his body and his psychic power, but his clothes and house, his wife and children, his ancestors and friends, his reputations and works, his lands and yacht and bank account. All these things give him the same emotions."* (James 1890, S. 291).

Abbildung 5   **Nutzen der Marke aus Anbieterperspektive**

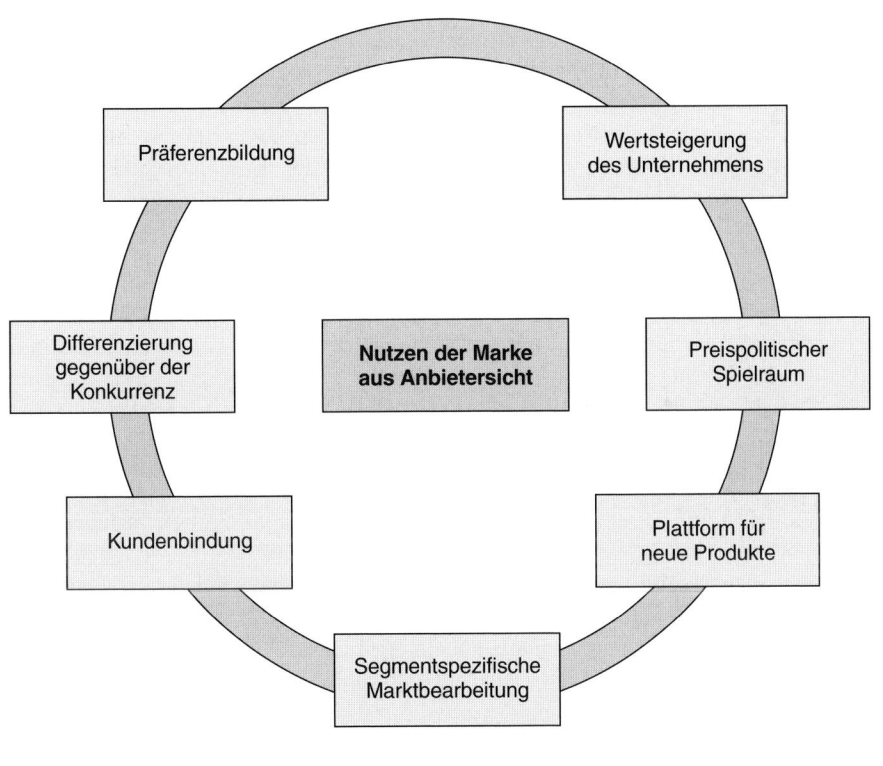

GABLER ___
GRAFIK

Die Marke erfüllt ferner eine **Identifikationsfunktion.** Hierunter ist die identitätsstiftende Wirkung der Marke zu verstehen, das heißt der Nachfrager überträgt Attribute der Marke auf sich selbst und definiert dadurch sein Eigenbild. Hierdurch wiederum kann er seine soziale Gruppenzugehörigkeit zum Ausdruck bringen (vgl. zur Selbstkonzeptforschung auch den Beitrag zur Führung von Luxusmarken in diesem Band). Der Nachfrager kommuniziert mithilfe der Marke in seinem sozialen Umfeld. In diesem Zusammenhang wird der Marke als Mythos (Kehrer 2001) in jüngster Zeit gar eine „Religionsfunktion" und damit eine sinnstiftende Wirkung zugeschrieben (Kunde 2000). Marken stehen hier stellvertretend und symbolisch für bestimmte Wertvorstellungen.

Aus dem nachfragerseitigen Nutzen der Marke ergeben sich zahlreiche Chancen für die Unternehmen im Rahmen der Markenführung. Die Markierung soll durch ihre absatzfördernde Wirkung im Wesentlichen zu einer Steigerung des ökonomischen Markenwertes führen (vgl. Abbildung 5). Entsprechend dient die Marke einerseits der **Präferenzbildung** bei den Konsumenten (Profilierung) und andererseits zur **Differenzierung** gegenüber der Konkurrenz. Bekannte Marken können als Grundlage eines positiven Firmenimages fungieren. Eine Marke soll und kann für die Unternehmung ein geeignetes Kommunikationsmittel sein, das auf Grund des hohen Bekanntheitsgrades positive Wirkungen auf die Corporate Identity ausübt.

Darüber hinaus soll durch die Markenpolitik die Planungssicherheit erhöht werden. Im Laufe der Zeit sollen immer mehr Kunden die Marke auf Grund ihrer Zufriedenheit wiederkaufen. Die durch die Zufriedenheit mit der Marke erreichte **hohe Kundenbindung** verringert die Volatilität der Absatzentwicklung eines Unternehmens. Diese Risikoreduktion führt zu niedrigeren Zinssätzen bei der Diskontierung zukünftiger Einzahlungsüberschüsse und damit zu einer **Unternehmenswertsteigerung.**

Ebenso wird durch die Markenpolitik eine differenziertere bzw. **segmentspezifischere Marktbearbeitung** ermöglicht. Einzelne Marktsegmente können mit verschiedenen zielgruppenspezifischen Marken optimal bedient werden (vgl. in diesem Zusammenhang auch den Beitrag zur Mehrmarkenstrategie in diesem Band). Gleichzeitig bieten starke Marken eine **Plattform für neue Produkte** im Sinne so genannter Line Extensions und können für Lizensierungen genutzt werden (vgl. in diesem Zusammenhang auch den Beitrag zur Markenausdehnung in diesem Band).

Die Marke soll dem Unternehmen weiterhin einen **preispolitischen Spielraum** verschaffen. Je besser es gelingt, eine Marke im Vergleich zu konkurrierenden Angeboten als „etwas Einzigartiges" darzustellen, desto größer ist dieser Spielraum. Die Markierung von Leistungen führt somit auch aus diesem Grund zu einer **Wertsteigerung des Unternehmens.** Die Marke wird dabei als ein Wert an sich begriffen, der ein wichtiges Kapital des Unternehmens darstellt. Aus dieser Erkenntnis erklärt sich die Tatsache, dass bekannte Markenartikelunternehmen zu einem Vielfachen ihres bilanziellen Buchwertes verkauft werden können. In diesem Zusammenhang belegt eine Untersuchung aus dem Jahre 1999, dass der Markenwert bei einem Großteil der untersuchten Unternehmen über 50 Prozent der Marktkapitalisierung ausmacht (vgl. Abbildung 6).

| Abbildung 6 | Markenwerte globaler Unternehmen |

Rang	Marke	Markenwert in Mrd. USD	Marktkapitalisierung in Mrd. USD	Markenwert in % der Marktkapitalisierung	
1	Coca-Cola	83,8	142,2	59 %	
2	Microsoft	56,7	271,9	21 %	
3	IBM	43,8	158,4	28 %	
4	GE	33,5	328,0	10 %	
5	Ford	32,2	57,4	58 %	
6	Disney	32,3	52,6	58 %	
7	Intel	30,0	144,1	21 %	
8	McDonald's	26,2	40,9	64 %	
9	AT&T	24,2	102,5	24 %	
10	Marlboro	21,0	112,4	19 %	
11	Nokia	20,7	46,9	44 %	
12	Mercedes	17,8	48,3	37 %	
13	Nescafé	17,6	77,5	23 %	
14	Hewlett-Packard	17,1	54,9	31 %	
15	Gillette	15,9	42,9	37 %	
16	Kodak	14,8	24,8	60 %	
22	BMW	11,3	16,7	77 %	
28	Nike	8,2	10,6	77 %	
36	Apple	4,3	5,6	77 %	
43	IKEA	3,5	4,7	75 %	
54	Ralph Lauren	1,6	2,5	66 %	

GABLER GRAFIK

Quelle: In Anlehnung an Aaker/Joachimsthaler 2000, S. 19

5. Ausblick

Um das beschriebene Nutzenpotenzial der Marke zu verwirklichen, müssen Unternehmen ein professionelles Markenmanagement betreiben. Stellt man jedoch der hohen praktischen Relevanz der Markenführung die Forschungsbemühungen und Entwicklungen in der wissenschaftlichen Diskussion zum Markenverständnis und der Markenführung gegenüber, so zeigt sich ein eher heterogenes und manchmal diffuses Bild.

So finden sich in der marketingwissenschaftlichen Literatur die unterschiedlichsten Interpretationen sowohl zum Markenverständnis als auch zu der Art und Weise, wie Marken erfolgreich geführt werden sollten. Marken werden unter anderem als Personen, als Beziehung, als Mythos und Religion, als Wertesystem, als Logo oder als Herkunftszeichen aufgefasst. Diese Ausuferung des Markenverständnisses lässt sich auch anhand der

Vielzahl objektbezogener Markenkonzepte aufzeigen. Ausgehend von den klassischen Konzepten der Konsumgüter-, Dienstleistungs- und Investitionsgütermarke hat sich ein regelrechter Begriffsdschungel gebildet, der von Öko- und Kultmarken bis hin zu Städtemarken reicht.

Das Spannungsfeld zwischen der unbestrittenen Relevanz von Marken für den Unternehmenserfolg auf der einen Seite und dem ausufernden Begriffsverständnis und höchst heterogenen Führungskonzepten auf der anderen Seite macht es somit erforderlich, ein theoretisches Fundament und klares Verständnis für die Markenführung aufzubauen. Vor diesem Hintergrund erscheint es sinnvoll, zunächst die unterschiedlichen Entwicklungsstufen der Markenführung und des Markenverständnisses zu systematisieren und anhand ihrer zentralen Merkmale zu kennzeichnen, um darauf aufbauend ein integriertes Konzept der Markenführung theoretisch begründet abzuleiten.

Literatur

Aaker, D., Management des Markenwertes, Frankfurt/M. 1992.

Aaker, D. A., Joachimsthaler, E., Brand Leadership, New York u. a. 2000.

Brockhoff, K., Produktpolitik, 4. Aufl., Stuttgart u. a. 1999.

Chernatony, L., de, McDonald, M. H., Creating Powerful Brands, Oxford 1992.

Chernatony, L., de, Dall'Olmo Riley, F., Defining A „Brand": Beyond The Literature With Experts' Interpretations, in: Journal of Marketing Management, 1998, pp. 417–443.

Esch, F. R., Markenprofilierung und Markentransfer, in: Handbuch Produktmanagement, Albers, S., Herrmann, A. (Hrsg.), Wiesbaden 2000, S. 189–218 (zitiert nach 1. Aufl. 1998).

Farquhar, P. H., Managing Brand Equity, in: Journal of Advertising Research, Aug./Sept. 1990, pp. 7–12.

Herzig, O. A., Markenbilder – Markenwelten: Neue Wege in der Imageforschung, Wien 1991.

Irmscher, M., Markenwertmanagement, Frankfurt/M. 1997.

James, W., The Principles of Psychology, New York 1890.

Kaas, H. P., Marketing als Bewältigung von Informations- und Unsicherheitsproblemen im Markt, in: DBW, 50. Jhg., 1990, Heft 4, S. 539–548.

Kapferer, J. N., Die Marke – Kapital des Unternehmens, Landsberg/Lech 1992.

Kehrer, R., Marke und Mythos – Eine kulturwissenschaftliche Betrachtung des betriebswirtschaftlichen Phänomens Marke, in: Die Marke – Symbolkraft eines Zeichensystems, Bruhn, M. (Hrsg.), Bern u. a. 2001, S. 197–218.

Keller, K. L., Strategic Brand Management, Upper Saddle River (N. J.) 1998.

Koeber-Riel, W., Weinberg, P., Konsumentenverhalten, 7. Aufl., München 1999.

Kunde, J., Corporate Religion, Wiesbaden 2000.

Meffert, H., Marketingforschung und Käuferverhalten, 2. Aufl., Wiesbaden 1992.

Meffert, H., Bongartz, M., Marktorientierte Unternehmensführung an der Jahrtausendwende aus Sicht der Wissenschaft und Unternehmenspraxis – eine empirische Untersuchung, in: Deutschsprachige Marketingforschung – Bestandsaufnahme und Perspektiven, im Auftrag der Wissenschaftlichen Kommission Marketing im Verband der Hochschullehrer für Betriebswirtschaft e. V., Backhaus (Hrsg.), Stuttgart 2000, S. 381–405.

Meffert, H., Burmann, Ch., Markenbildung und Markenstrategien, in: Handbuch Produktmanagement, Albers, S., Herrmann, A. (Hrsg.), Wiesbaden 2000, S. 168–187.

Sander, M., Die Bestimmung und Steuerung des Wertes von Marken. Eine Analyse aus Sicht des Markeninhabers, Heidelberg 1994.

Sattler, H., Monetäre Bewertung von Markenstrategien für neue Produkte, Stuttgart 1997.

Schröder, H., Neue Entwicklungen des Markenschutzes. Markenschutz-Controlling vor dem Hintergrund des Markengesetzes, in: Erfolgsfaktor Marke: Neue Strategien des Markenmanagements, Köhler, R., Majer, W., Wiezorek, H., (Hrsg., im Auftrag der GEM Gesellschaft zur Erforschung des Markenwesens e. V., Wiesbaden), München 2001.

Schweiger, G., Markenwertforschung: Die Konsumenten bestimmen den Wert einer Marke, in: Werbewissenschaft und Marktforschung, Leistungsbericht, Wien 1998, S. 20–23.

Wandel in der Markenführung – vom instrumentellen zum identitätsorientierten Markenverständnis

Heribert Meffert und Christoph Burmann

1. Verändertes Markenverständnis im Zeitablauf

Seit der Entstehung des klassischen Markenartikelkonzeptes zu Beginn des letzten Jahrhunderts hat sich das Verständnis vom Wesen einer Marke auf Grund tief greifender Änderungen in den Markt- und Umweltbedingungen gewandelt. Auf der Suche nach dem „richtigen" Weg der Markenführung wurde dabei immer wieder der Ruf nach einem „Paradigmenwechsel", nach einer Neuorientierung im Markenmanagement laut. Die veränderten Rahmenbedingungen haben somit nicht nur unterschiedliche Markenbegriffe, sondern auch verschiedene **Ansätze der Markenführung** hervorgebracht.

Stark vereinfacht lassen sich in diesem Zusammenhang **fünf Phasen in der Markenentwicklung** voneinander abgrenzen und deren Implikationen für die Markenführung aufzeigen. Im Folgenden wird auf den Gegenstand moderner Markenführung und seine historische Entwicklung näher eingegangen. Hierzu werden die einzelnen Entwicklungsstufen entsprechend der Abbildung 1 dargestellt, wobei die Herausbildung der einzelnen Phasen durch wesentliche Veränderungen in der Aufgabenumwelt der Unternehmen (Makroebene) und dem Wandel der Beziehungen zwischen Hersteller und Handel (Mikroebene) erklärt wird.

2. Entwicklungsstufen der Markenführung

2.1 Marke als bloßes Eigentumszeichen

Die einsetzende **Industrialisierung** und mit ihr die **Massenproduktion** vieler bis dato handwerklich erzeugter Konsumgüter führten ab Mitte des 19. Jahrhunderts zu einem Verlust der persönlichen Geschäftsbeziehungen zwischen produzierenden Unternehmen und dem Endverbraucher (Leitherer 1955; Leitherer 2001). An ihre Stelle trat der anonyme Massenmarkt. Die Hersteller verloren den direkten Kontakt zum Verbraucher. Die in vielen Branchen noch unausgereifte Produktionstechnik hatte einerseits zur Folge, dass die Qualität industrieller Fertigwaren oftmals erheblichen Schwankungen ausgesetzt war. Darüber hinaus begrenzte das erst rudimentäre Produktions- und Koordinations-Know-how die Betriebsgröße der Hersteller. Die Struktur des Warenangebots blieb somit stark regional geprägt. Anonyme Waren beherrschten das Bild in fast allen Produktgruppen. In den Anfängen dieses Jahrhunderts zeichnete sich im Handel ein wachsender Preiswettbewerb durch Warenhäuser, Filialisten und Konsumvereine als innovative Betriebsformen ab (Berekoven 1978, S. 36). Die Markierung von Waren diente in dieser Zeit in erster Linie als Eigentumskennzeichnung und Herkunftsnachweis (Linxweiler 2001, S. 49). Das Markenverständnis war durch den bloßen Vorgang der Kennzeichnung geprägt. **Markenführung als betriebswirtschaftliches Managementkonzept existierte noch nicht.**

Abbildung 1	Entwicklung des Markenverständnisses und der Markenführungsansätze im Zeitablauf

Zeitraum	Mitte 19. Jhd. bis Anfang 20. Jhd.	Anfang 20. Jhd. bis Mitte 60er	Mitte 60er bis Mitte 70er	Mitte 70er bis Ende 80er	90er Jahre
Aufgaben-umwelt	■ Industrialisie-rung und Mas-senproduktion ■ Qualitäts-schwankungen ■ Anonyme Ware (Stapelware) vorherrschend	■ Wirtschaft-liches Wachs-tum, „Nach-fragesog" ■ Zahlreiche technische Innovationen ■ Verkäufer-märkte	■ Rezession/ 1. Ölkrise ■ Aufhebung der Preisbindung (1967) ■ Käufermärkte	■ Gesättigte Märkte ■ Hohe Imitationsge-schwindigkeit ■ „Information Overload" ■ Qualität als K.O.-Kriterium	■ Informations-gesellschaft, Multimedia ■ Positionie-rungsenge ■ Verantwor-tungsverlage-rung von Einzel- zu (Un-ternehmens-) Dachmarken
Handel-Hersteller-Beziehungen	■ Persönliche Kundenbezie-hungen der Hersteller und des Handels	■ Handlanger-funktion des Handels ■ Meinungsmo-nopol der Her-stellermarken ■ Produktivitäts-sprünge im Handel ■ Starke Ausbreitung klassischer Her-stellermarken	■ Einführung von Handels-marken ■ „Popularisie-rung des Marketing" ■ Marken-Know-how Asymmetrie zu Gunsten des Herstellers	■ Wachsende Handelsmacht und Konflikt-verschärfung ■ Einführung von Gattungs-marken ■ Steigendes Know-how des Handels	■ „Informations-monopol" des Handels ■ Intensivierung des Direktka-nals Hersteller – Kunden ■ Marketingfüh-rerschaft des Handels in vie-len Bereichen ■ Handels-marken ver-drängen Her-stellermarken
Marken-verständnis	■ Marke als Eigentums-zeichen und Herkunfts-nachweis	■ Warenfokus ■ Marke als Merkmals-katalog	■ Produktions- und Vertriebs-methode	■ Nachfrager-gewinnung ■ Subjektive Marken-bestimmung	■ Markenbildung als sozial-psychologi-sches Phä-nomen ■ Vertrauen und Identität als markenprägen-de Eigenschaf-ten
„Modernes Marken-management"		■ Instrumenteller Ansatz „Mar-kentechnik"	■ Funktions-orientierter Ansatz	■ Verhaltens- und image-orientierter Ansatz ■ Technokratisch, strategieorien-tierter Ansatz	■ Fraktales Mar-kenmanage-ment ■ Integriertes identitätsorien-tiertes Marken-management

GABLER GRAFIK

2.2 Marke als Merkmalskatalog: Instrumenteller Ansatz der Markenführung

Vor dem Hintergrund dieser Rahmenbedingungen sind die Entstehung und rasche Verbreitung des vor allem von Domizlaff geprägten klassischen Markenartikelkonzeptes zu sehen (Domizlaff 1939). Dieses Konzept bot den **Konsumgüterherstellern** die Chance, indirekt wieder mit dem Verbraucher in Kontakt zu treten und ihren Einfluss auf den Verkauf ihrer Waren im Handel deutlich zu vergrößern. Diese Ziele der Hersteller sollten durch eine hohe und vor allem konstante Warenqualität, eine gleichartige Aufmachung, den Vertrieb in einem größeren, überregionalen Markt und insbesondere den Vorverkauf der Waren durch klassische Werbung erreicht werden. Die zahlreichen im Zuge der Industrialisierung und Massenproduktion entstehenden technischen Innovationen bildeten zumeist den Kern für erfolgreiche Markenkommunikation und Markenbildung. Das starke wirtschaftliche Wachstum und die in den meisten Warengruppen vorherrschende Situation des Verkäufermarktes förderten die schnelle Diffusion des klassischen Markenartikelkonzeptes. Unter diesen Marktbedingungen waren die Zusicherung einer zuverlässig hohen Qualität, eine durch die Werbung aufgebaute hohe Bekanntheit und eine bislang unbekannte Convenience (Preisgleichheit und Verfügbarkeit in allen wichtigen Handelsgeschäften) die Schlüsselfaktoren für den Markterfolg.

Auch im **Handel** stieß das klassische Markenartikelkonzept zunächst auf Gegenliebe, denn die Preis- und Vertriebsbindung des Markenartikels verhinderte einen ruinösen Preiswettbewerb. Darüber hinaus ließen sich bei den Betriebsabläufen im Handel erhebliche Produktivitätsfortschritte durch Einführung der Selbstbedienung und den weitgehenden Verzicht auf Dimensionierungs-, Verpackungs-, Qualitätssicherungs- und Informationsfunktionen realisieren. Die Übernahme dieser Funktionen durch die Hersteller (Meffert/Burmann 1991, S. 57) in Verbindung mit deren Betriebsgrößenwachstum durch Massenproduktion resultierte schließlich in einer starken Machtposition der Markenartikelhersteller. Immer öfter wurden der Vorwurf des „Meinungsmonopols der Markenartikel" und die Klage über die zum Erfüllungsgehilfen degenerierte Funktion des Handels laut (Berekoven 1978, S. 37).

In dieser zweiten Entwicklungsphase waren das Verständnis vom **Wesen der Marke** durch einen **konsumgüterorientierten Warenfokus** und die Suche nach konstitutiven Eigenschaften gekennzeichnet. Der Markenbegriff wurde durch einen **Merkmalskatalog** gekennzeichnet, der sich stets auf physisch fassbare Konsumgüter bezog. Dienstleistungen, Investitionsgüter oder gar Vorprodukte waren nach damaligem Verständnis grundsätzlich keine Marken (Mellerowicz 1963, S. 39). Konsequenterweise sprach man im unternehmerischen Alltag, in der Wissenschaft und sogar auf Seiten des Gesetzgebers ausschließlich von **Markenartikeln** oder **Markenwaren.** So definiert Mellerowicz Marken als „*[...] für den privaten Bedarf geschaffene Fertigwaren, die in einem größeren Absatzraum unter einem besonderen, die Herkunft kennzeichnenden Merkmal (Marke) in einheitlicher Aufmachung, gleicher Menge sowie in gleichbleibender und verbesserter Güte erhältlich sind und sich dadurch sowie durch die für sie betriebene Werbung die An-*

erkennung der beteiligten Wirtschaftskreise (Verbraucher, Händler und Hersteller) erworben haben (Verkehrsgeltung)" (Mellerowicz 1963, S. 39). Wird mindestens eine Anforderung von einem Produkt nicht erfüllt, liegt bei strenger Auslegung des merkmalsorientierten Verständnisses kein Markenartikel vor (Leitherer 1954).

In der **Markenführung** herrschte ein instrumentell geprägtes Verständnis vor (Findeisen 1925, S. 32; Domizlaff 1951, S. 27 f.; Goldack 1948, S. 22; Mellerowicz 1963, S. 12 f.; Hartmann 1966, S. 12 f.). Dieser **instrumentelle Ansatz** fand seinen Niederschlag in dem Begriff der **Markentechnik,** die sich vor allem mit der Namensfindung und -gestaltung, der Verpackungsform und dem Einsatz der klassischen Werbung beschäftigte (Hartmann 1966, S. 15). Einem naturgesetzlichen Zusammenhang vergleichbar wurden unabhängig von der Unternehmens- und Marktsituation feste Grundregeln aufgestellt, bei deren Befolgung sich quasi automatisch der Erfolg einstellen sollte (Domizlaff 1951, S. 27 f.). So formulierte Domizlaff – der als einer der Väter der professionellen Markenpolitik gelten kann – im Jahre 1939 *„22 Grundgesetze der natürlichen Markenbildung",* die als Grundsätze für den Markenerfolg gelten sollten. In diesen Grundgesetzen werden die konstitutiven Merkmale der Marke aufgegriffen und Instrumente zu ihrem Aufbau und ihrer Pflege beschrieben.

Mag diese Sichtweise der Markenführung aus heutiger Sicht auch teilweise befremdlich wirken, so ist zu berücksichtigen, dass unter den aufgezeigten gesamtwirtschaftlichen Rahmenbedingungen der damaligen Zeit dieser Art der Markenführung tatsächlich häufig der Erfolg beschieden war.[1]

2.3 Angebotsbezogenes Markenverständnis: Funktionsorientierter Ansatz der Markenführung

Die etwa ab Mitte der 60er Jahre einsetzende **dritte Entwicklungsphase** war gesamtwirtschaftlich durch erstmals auftretende rezessive Tendenzen und im weiteren Verlauf durch die erste Ölkrise gekennzeichnet. Gleichzeitig wandelte sich in zahlreichen Warengruppen die Situation von einem Verkäufer- zu einem Käufermarkt. Das Warenange-

---

1   Dabei ähnelt die Definition des Markenbegriffs der Gesetzgebung sehr stark dem merkmalsorientierten Markenverständnis, da auch hier anbieterbezogene konstitutive Forderungen an den Markenartikel erhoben werden. So definiert der Gesetzgeber mit dem Inkrafttreten des Gesetzes über den Schutz von Marken und sonstigen Kennzeichen (MarkenG), das mit dem 1.1.1995 wirksam wurde, den Begriff der Marke wie folgt (§ 3, Abs. I, MarkenG): *„Als Marke können alle Zeichen, insbesondere Wörter einschließlich Personennamen, Abbildungen, Buchstaben, Zahlen, Hörzeichen, dreidimensionale Gestaltungen einschließlich der Form einer Ware oder ihrer Verpackung sowie sonstige Aufmachungen einschließlich Farben und Farbzusammenstellungen geschützt werden, die geeignet sind, Waren oder Dienstleistungen eines Unternehmens von denjenigen anderer Unternehmen zu unterscheiden."* In dieser Definition wird letztlich aber die Wirkungsweise der Marke beim Konsumenten völlig vernachlässigt.

bot wuchs enorm, viele grundlegende Bedürfnisse sowohl im Bereich der Verbrauchsgüter des alltäglichen Bedarfs als auch bei langlebigen Gebrauchsgütern waren zunächst befriedigt.

Der Absatzbereich der Unternehmen entwickelte sich zum dominanten Engpassbereich und rückte in den Mittelpunkt des Interesses (Meffert 1994b, S. 4). Dies auch deshalb, weil die bis dato verlässlichste Größe im Absatzbereich, der stabile Stückpreis, durch die Aufhebung der gesetzlichen Preisbindung der zweiten Hand im Jahre 1967 zu einer scheinbar unkalkulierbaren Absatzvariablen wurde. Als Ergebnis dieser Situationsveränderung beschäftigten sich insbesondere die **Markenartikelhersteller** verstärkt mit der systematischen Gestaltung des Absatzbereiches. Dies führte auch in Deutschland zu einer Popularisierung des in den USA entwickelten Marketing Know-hows und in der Folge zu einer asymmetrischen Wissensverteilung zwischen Hersteller und Handel. Dieses Gefälle im **Marketing Know-how** nutzten die Hersteller zur qualitätsorientierten Profilierung ihrer Markenartikel und zur Festigung ihrer Marktposition.

Dem Profilierungsstreben der Hersteller versuchte der **Handel** durch eine „me-too"-Strategie, der Einführung von Handelsmarken, zu begegnen (Schenk 1994). Diese Kopien erfolgreicher Herstellermarken basierten auf dem verkürzten Markenverständnis der vorangegangenen Jahre, wonach sich Markenartikel vor allem durch eine konstante Qualität, eine gleichbleibende Aufmachung und die Verfügbarkeit in einem größeren Absatzraum auszeichneten. Auf dieser Grundlage gelang es dem Handel jedoch nicht, tatsächlich starke Marken zu etablieren. Handelsmarken konnten nur durch den erheblich niedrigeren Preis ihren Marktanteil sichern.

Das **angebotsbezogene Markenverständnis** war in dieser Phase stark an Produktions- und Vertriebsmethoden orientiert (Dichtl 1978, S. 19). Der Markenartikel wurde als „geschlossenes Absatzsystem" (Hansen 1970, S. 64) definiert mit dem Ziel, unmittelbaren Kontakt zum Verbraucher und größtmögliche Kundennähe zu erreichen. Der Markenartikel wurde als spezifische Vermarktungsform angesehen und somit nicht länger als Merkmalsbündel verstanden (Alewell 1974, S. 1218 f.).

In der **Markenführung** bildete sich ein **funktionsorientierter Ansatz** heraus. Im Unterschied zum instrumentellen Ansatz wurde der Aufgabenbereich der Markenführung wesentlich breiter gefasst. Während die Vertreter des instrumentellen Ansatzes die Marktforschung, die Produktentwicklung, die Preispolitik und auch die Distributionspolitik nicht zum Aufgabenspektrum der Markenführung zählten (Hartmann 1966, S. 13 f.), wurden diese Bereiche beim funktionsorientierten Ansatz in die Markenführung integriert (Hansen 1970, S. 30 f.; Angehrn 1969, S. 21 f.). Im Mittelpunkt stand die Frage, wie betriebliche Funktionen ausgestaltet werden müssen, um den Erfolg eines Markenartikels zu gewährleisten. Demgegenüber waren die Vertreter des instrumentellen Ansatzes der Markenführung daran interessiert, diejenigen Absatzinstrumente zu identifizieren, deren Einsatz aus einer zunächst anonymen Ware langfristig einen Markenartikel werden lässt.

Die Ausgestaltung der zahlreichen Marketingfunktionen wird beim funktionsorientierten Ansatz der Markenführung als wichtiger Wettbewerbsvorteil gesehen. Dem Vertrieb kommt dabei für den Erfolg des Markenartikels eine herausgehobene Bedeutung zu (Dubber 1969, S. 17 f.; Hansen 1970, S. 41 f.). Im Gegensatz hierzu stellte der instrumentelle Ansatz die Markierungs- und Verpackungsgestaltung in den Mittelpunkt seiner Betrachtung.

2.4 Nachfragerbezogenes und wettbewerbsorientiertes Markenverständnis

In der **vierten Entwicklungsstufe,** etwa ab Mitte der 70er Jahre bis Ende der 80er Jahre, waren die gesamtwirtschaftlichen Rahmenbedingungen durch ausgeprägte Sättigungstendenzen auf vielen Märkten, kritischere und vor allem preissensiblere Verbraucher, eine schnelle Imitation technischer Innovationen (zum Beispiel bei Kommunikations- und Informationstechnologien, modischen Textilien, Haushaltsgeräten etc.) und einen als Folge der Markeninflation zunehmenden „information overload" der Konsumenten gekennzeichnet.

Demzufolge versuchten die **Markenartikelhersteller,** neue Formen der Zielgruppenansprache in Ergänzung zur klassischen Werbung für den Markenartikel zu erschließen (Sponsoring, Event-Marketing etc.). Innovationen als traditioneller Markenkern konnten auf Grund der hohen Imitationsgeschwindigkeit oft nur noch kurzfristig für die Profilierung von Marken verwendet werden. Die konstante und hohe Qualität verlor auch als Merkmal zur Abgrenzung von Markenartikeln gegenüber Nicht-Markenartikeln an Bedeutung, da sie von den meisten Konsumenten beim Kauf erwartet wurde und somit in immer geringerem Maße zur Differenzierung des Angebots nutzbar war. Die hohe Intensität im vertikalen und horizontalen Wettbewerb in Verbindung mit Sättigungstendenzen auf der Nachfrageseite führten zu einer schnellen Weiterentwicklung des strategischen Marketing Know-hows vor allem auf Seiten der Hersteller. Dieses Know-how wurde zur Behauptung gegenüber einem im Markenbereich zusehends selbstbewusst auftretenden Handel eingesetzt.

Die wachsende Konzentration im **Handel** ließ die Absatzmittler zu „gate-keepern", das heißt zu einem Nadelöhr auf dem Weg des Markenartikels vom Hersteller zum Verbraucher, werden (Lewin 1963, S. 206 f.). Dem gestiegenen Preisbewusstsein der Verbraucher kam der Handel durch die Einführung von Gattungsmarken entgegen (Meffert/Bruhn 1984, S. 7 f.). Der knappe Regalplatz und die Handelsforderung nach Listungsgebühren und anderen versteckten Rabatten bei der Aufnahme neuer Marken in das Sortiment hatten eine Verschärfung der Konflikte zwischen Handel und Herstellern zur Folge.

Das **Markenverständnis** wurde in dieser Phase von einer nachfragebezogenen, subjektiven Begriffsauffassung geprägt. Danach waren diejenigen Produkte oder Dienstleistungen als Markenartikel zu bezeichnen, welche von den Konsumenten als solche wahrgenommen wurden (Berekoven 1978, S. 43; Meffert 1979, S. 23 f.). Dieses Markenverständnis löste sich damit bewusst von objektiv bestimmbaren Wareneigenschaften oder bestimmten Produktions- und Vertriebsmethoden. Es zielte vielmehr auf die Gewinnung von Nachfragern ab und stellte die **Wirkung der Marke beim Konsumenten** in den Mittelpunkt der Betrachtung. Nur vor dem Hintergrund dieses wirkungsbezogenen Markenverständnisses ist die Entstehung des Begriffs „Gattungsmarke" zu erklären. Ferner legte auch das Fehlen innovativer Elemente bei vielen neu eingeführten Marken eine Abkehr vom bisherigen Markenverständnis nahe.

2.41   Verhaltens- bzw. imageorientierter Ansatz der Markenführung

Dieses wirkungsorientierte Markenverständnis spiegelte sich auch in der Markenführung wider. In dieser Phase fand der **verhaltens- bzw. imageorientierte Ansatz der Markenführung** in Wissenschaft und Praxis größere Verbreitung (Berekoven 1978, S. 43 f.; Trommsdorff 1992, S. 458 f.; Aaker/Keller 1990, S. 27 f.). Der Ansatz basiert auf den Ergebnissen der umfangreichen Forschung zur Bedeutung, Entstehung und den Komponenten des Markenimages (Keller 1993). Auf der Grundlage dieser Arbeiten wurden Handlungsempfehlungen zur zielgerichteten Beeinflussung des Markenimages und der Markenkompetenz entwickelt. Die Markenkompetenz als spezifische Komponente des Imagekonstruktes stellt dabei ausschließlich auf die Leistungsfähigkeit der Marke ab und lässt somit beispielsweise die Beziehungen der Marke zu ihren Bezugsgruppen unberücksichtigt.

Im Gegensatz zum funktionsorientierten Ansatz, der die Markenführung lediglich als Teil des Markenartikel-Marketing verstand, fordert der imageorientierte Ansatz eine Gleichstellung von Marketing und Markenführung. Dieser Auffassung liegt die Überzeugung von der grundsätzlichen Imagerelevanz aller Marketingparameter eines Markenartikelherstellers zu Grunde. Trotz dieses grundsätzlich breiten Aufgabenspektrums der Markenführung führte der **ausgeprägte Imagefokus** dieses Ansatzes zu einer Überbetonung von methodischen Aspekten (Operationalisierung des Markenimages, Determinanten des Markenimages, Einflussstärke der Determinanten etc.) und zu einer **Vernachlässigung des Integrationsaspekts.** Die funktionsübergreifende Abstimmung und Vernetzung einzelner Maßnahmen zur Imagegestaltung blieben als Folge der zumeist partialanalytischen Vorgehensweise unberücksichtigt.

2.42 Technokratisch-strategieorientierter Ansatz der Markenführung

Parallel zum imageorientierten Ansatz entwickelte sich ein **technokratisch-strategie-orientierter Ansatz der Markenführung** (Voss 1983, S. 17 f.; Meffert 1988, S. 115 f. und 289 f.; Haedrich/Tomczak 1990; Brandmeyer/Schulz 1989; Franzen/Trommsdorff/ Riedel 1994). Dieser Ansatz versuchte, die Integrationsdefizite des imageorientierten Ansatzes zu beseitigen. Hierzu wurde ein Wechsel in der Betrachtungsweise von der **Verhaltenskonstruktebene** zur **Unternehmensführungsebene** vollzogen. Die Planung, Steuerung und Koordination aller auf den Absatzmarkt gerichteten Maßnahmen der Markengestaltung standen im Mittelpunkt des Interesses. Die in den 80er Jahren einsetzende intensive Beschäftigung mit dem Markenwert führte zu einer weiteren Popularisierung des strategischen Ansatzes der Markenführung. Allerdings mündete die stark formalisierte Darlegung der Markenbildung in der Folge in ein technokratisch-mechanistisches Vorstellungsbild von den Zielen und Aufgaben der Markenführung.

2.5 Marke als sozialpsychologisches Phänomen

Die **fünfte Entwicklungsphase,** zeitlich etwa gleichzusetzen mit den 90er Jahren, ist bezüglich der **Aufgabenumwelt** der Unternehmen von einer weiteren Angleichung der Produktqualitäten gekennzeichnet. Dies ist vor allem eine Folge der zunehmenden Modularisierung von Produktkonzepten, beispielsweise bei Computern, Haushaltsgeräten oder Automobilen (Meffert/Siefke 1994, S. 13), und der damit einhergehenden Standardisierung von Produktmodulen. Das aus Kosten- und Flexibilitätsgesichtspunkten zunehmende Outsourcing trägt auf Grund der Nutzung identischer Lieferanten und Einbauteile durch direkte Wettbewerber, welche in der Vergangenheit unabhängig voneinander Teile entwickelten, in der Tendenz ebenfalls zu einer wachsenden Qualitätshomogenität der Markenartikel bei.

Die wachsende internationale Verflechtung und Globalisierung des Wettbewerbs führten zu einer immer schnelleren Verbreitung neuen technologischen Know-hows. Diese Entwicklung fördert zusätzlich die Angleichung der technisch-objektiven Produkteigenschaften konkurrierender Marken. Die zunehmende Qualitätsangleichung und Substituierbarkeit der Angebote und die ausgeprägte internationale Verflechtung erstrecken sich nicht nur auf Konsumgüter, sondern auch auf Dienstleistungen und Investitionsgüter. Dies erklärt, warum auch Dienstleister, Investitionsgüterhersteller und Zulieferer in den vergangenen Jahren in verstärktem Maße auf die Entwicklung eigener Marken zur Differenzierung ihrer Leistungen zurückgegriffen haben (Simon 1994).

Vor diesem Hintergrund ist auch das **Vordringen von Dachmarkenstrategien** zu sehen. Es erklärt sich einerseits aus der Tatsache, dass Dachmarken bei Dienstleistungsunternehmen gegenüber Einzelmarkenstrategien in der Regel vorteilhafter sind (Meffert/

Bruhn 1995, S. 283). Andererseits erleichtern Dachmarken die Durchsetzung und Positionierung im „Dschungel" der Markeninflation. Die **Positionierungsenge** und die auf Grund des hohen Mindestwerbedrucks gestiegenen Kosten lassen die Unternehmen immer häufiger bei Neueinführungen von Einzelmarkenkonzepten Abstand nehmen. Dieses Vorgehen entspricht auch den Anforderungen der Verbraucher, weil auf Grund des größeren Wissens über wirtschaftliche Zusammenhänge die Verantwortung von Unternehmen vom Kunden heute wesentlich breiter definiert wird und eine **Verantwortungsverlagerung** von Einzelmarken zum Gesamtunternehmen bzw. **zur Firmendachmarke** zu beobachten ist (Goodyear 1994, S. 66).

Eine weitere für die Markenpolitik wichtige Rahmenbedingung liegt im Zusammenwachsen der Informations- und Kommunikationstechnologien und der schnellen Verbreitung weltweiter Kommunikationsnetze. Weltweite Netzwerke wie das Internet in Verbindung mit den neuen Multimediatechnologien ermöglichen in vielen Bereichen eine deutliche Erhöhung der Markttransparenz. Sie bieten dem Konsumenten zumindest das Potenzial, sich vor einer Kaufentscheidung ohne große Mühen einen umfassenden Marktüberblick zu verschaffen und dabei vor allem Preisvergleiche anzustellen und Leistungen von Anbietern zu beziehen, die bislang auf Grund ihrer räumlichen Entfernung nicht zum „evoked set" des Konsumenten gehörten.

Analysiert man die markenrelevanten Veränderungen in den **Hersteller-Handels-Beziehungen,** dann fällt der enorme Zugewinn an Einfluss und Know-how auf Seiten des Handels auf. Das Vertrauen der Kunden gegenüber großen Einzelhandelsketten und die Margenvorteile selbstmarkierter Produkte nutzt der Handel für den Ausbau seiner Handelsmarkenprogramme insbesondere im Lebensmittelbereich. Die problemlose Verfügbarkeit von Produktionskapazitäten auf Seiten der Hersteller unterstützt diese Entwicklung. Die fortschreitende Verbreitung von Scannerkassen und die auf diesem Wege gewonnenen Kundendaten versetzen den **Handel** gegenüber den Herstellern zusehends in die Lage eines **Informationsmonopolisten.** Diesen Informationsvorsprung versucht der Handel durch den Ausbau des eigenen Marken-Know-hows, teilweise durch Abwerbung von Markenspezialisten bei den führenden Markenartikelherstellern, für die Stärkung der Eigenmarken zu nutzen. Nicht zuletzt ist die Einführung des Category Managements Ausdruck dieser Entwicklung.

Mit wachsendem Marken-Know-how geht der Handel verstärkt dazu über, bislang beim Hersteller angesiedelte Funktionen, die den Auftritt seiner Marken beeinflussen, in Eigenregie zu übernehmen (Meffert/Burmann 1991, S. 57). Dieser **Funktionstransfer** ist beispielsweise beim Merchandising zu beobachten, wo die Außendienste der Hersteller teilweise bereits aus den Geschäftsstätten hinaus „zurück an die Rampe" gedrängt werden. Die weiter zunehmende Konzentration im Einzelhandel tut ein Übriges, die Markenwünsche der Händler gegenüber den Herstellern durchzusetzen. Vor diesem Hintergrund dürften zukünftig nur die beiden stärksten Herstellermarken einer Warengruppe eine realistische Listungschance im Handel besitzen (Voss 1995, S. 5).

Die skizzierten Veränderungen in den Rahmenbedingungen haben seit den 90er Jahren wiederum zu einem veränderten Markenverständnis geführt. Die Marke wird heute vor allem unter sozialpsychologischen Aspekten betrachtet. Ging mit dem („harten") techno-kratisch-strategieorientierten Ansatz der Markenführung eine stark formalisierte Vor-stellung von der Markenbildung einher, welche der oftmals von subjektiven Einflüssen und emotionalen Aspekten geprägten „weichen" Führung von Marken nur unzureichend gerecht wurde, werden diese im Rahmen des fraktalen sowie identitätsorientierten An-satzes der Markenführung stärker betont.

2.51 Fraktaler Ansatz der Markenführung

Der fraktale Ansatz der Markenführung (Gerken 1994a) trennt sich von allen Grundprin-zipien der Markenführung (zum Beispiel Nutzenversprechen, Positionierung, Zielgrup-penorientierung, Prägnanz, Kontinuität), wie sie in den übrigen, bereits dargestellten An-sätzen enthalten sind. Vielmehr soll bei der „fraktalen Marke" der Markenkern durch ei-nen **Mythos** ersetzt werden. Die Mythosdimension umfasst dabei das nicht direkt be-schreibbare „Faszinosum" der Marke. Durch bestimmte (zum Beispiel kommunikative) Rituale soll der Mythos auf Dauer mit der Marke verbunden werden und ihr damit Festig-keit und Zeitlosigkeit verschaffen. Neben dem Mythos beinhaltet die Marke zudem die Komponenten „Kairos" und „Logos" (Gerken 1994b). Unter **Kairos** versteht Gerken da-bei die Zeitgeistkomponente, in der sich die unterschiedlichen und zum Teil gegensätzli-chen Strömungen und Trends der Zeit zusammenfinden. Der **Logos** umfasst schließlich die sachlichen Informationen einer Marke. Er spiegelt das Interesse des Nachfragers wi-der, neben den spirituellen Komponenten auch faktische Kenntnisse über die Marke zu erwerben.

Aufgabe der Markenführung ist es nach diesem Ansatz, Risiken zu produzieren und die Konsumenten in diese Risiken hineinzuführen. Dies soll über „*mitwandernde Mar-kenoberflächen geschehen, die kurzfristig neue Trends wiedergeben und sich im Fluss des Zeitgeistes selbst organisieren.*" Im ständigen Wechsel der Kommunikationsthemen und der Markengestalt soll sich eine Profilierung der Marke ergeben (Gerken 1994b). Gerken bezeichnet den Zustand der Marke, bei dem radikale Brüche der Marke absicht-lich herbeigeführt werden, als **„homogene Inhomogenitäten"** (Gerken 1994a). Den zielgruppengerechten Einsatz der klassischen Marketing-Mix-Instrumente im Rahmen der Markenführung hält er dabei für nicht geeignet.

Das fraktale Markenverständnis weist somit einen **fundamentalen Unterschied zu den klassischen Verständnissen** der Marke auf, bei denen die Wiedererkennbarkeit sowie das Wechselspiel von Kontinuität und Flexibilität eine große Rolle spielen. Der fraktale Ansatz der Markenführung unterliegt vor diesem Hintergrund vielfältiger **Kritik** aus Wissenschaft und Praxis (Paulus 1995). Vor allem der Verstoß gegen die Kontinuitätsfor-derung der Markenführung und der bewusste Verzicht auf bewährte Markenführungsre-geln bieten dabei Anlass zu einer kritischen Beurteilung.

Gerken fordert eine gänzliche Verabschiedung von Zielgruppen und bezeichnet diese als „Scheinwirklichkeiten" (Gerken 1990, S. 46). In diesem Zusammenhang stellt Gerkens Ansatz jedoch in zweifacher Hinsicht keine geeignete Alternative dar. Zum einen beruht die Überlegung „mit den Konsumentenbedürfnissen wandernder Markenoberflächen" auf einem **Denkfehler.** Während die absatzmarktgerichteten Aktivitäten im klassischen Zielgruppenkonzept auf bestimmte Segmente ausgerichtet sind und demzufolge einzelne Konsumenten erreichen können, wenn diese dem entsprechenden Segment angehören, zielt im Konzept Gerkens eine „springende" Marketing-Konfiguration auf ebenfalls „springende" Nachfragerbedürfnisse. Die **Gefahr eines Misfits zwischen Leistungs- spektrum und Nachfragerbedürfnissen** ist in diesem Fall allerdings deutlich höher als im klassischen Marketing (Perrey 1998, S. 233). Zum anderen lässt sich die von Gerken propagierte Szenen- und Trendorientierung allenfalls für stark personalisierte Dienstleistungen ausüben, in denen unmittelbar auf die veränderten Nachfragerbedürfnisse reagiert werden kann. In vielen, insbesondere fixkostenintensiven Märkten ist eine solche unmittelbare Reaktion jedoch nahezu ausgeschlossen.

Das Verdienst des fraktalen Markenverständnisses liegt vor allem im **Aufbrechen star- rer Denkmuster** der Markenführungsdebatte. Im Vergleich zum strategieorientierten Ansatz betont der fraktale Ansatz die kaum fassbaren Aspekte der Marke, die den Mythos ausmachen. Letztlich ist dieser Aspekt fraktaler Markenführung jedoch allenfalls Gewinn bringend in bestehende Ansätze der Markenführung zu integrieren und können nicht über die aufgezeigten Gefahren und **Operationalisierungsdefizite** des gesamten fraktalen Markenführungskonzeptes hinwegtäuschen. In der Summe spricht somit vieles dafür, dass die fraktale Markenführung eher zu einem Verfall denn zu einer Stärkung der Marke führt.

2.52 Identitätsorientierter Ansatz der Markenführung

Auf Basis der vorhergehenden Ansätze und zeitlich zum fraktalen Ansatz der Markenführung hat sich das **identitätsorientierte Markenverständnis** herausgebildet. Im Rahmen dieses Verständnisses wird die unverändert hohe Kaufverhaltensrelevanz der Marke, verstanden als Informationsspeicher, primär auf eine starke **Identität der Marke** zurückgeführt (Kapferer 1992, S. 39 f.; Meffert 1994a, S. 480). Eine ausgeprägte Markenidentität bildet dabei die Voraussetzung für die Entwicklung und Festigung des **Vertrauens der Konsumenten** in die Marke. Das Vertrauen in die Marke wiederum ist die Grundlage einer langfristigen Kundenbindung und Markentreue. Auch bei der Marke gilt, nur wem man vertrauen kann, bleibt man treu.

Die Betrachtung der Marke als sozialpsychologisches Phänomen bedeutet nicht, dass hier ökonomische Aspekte in den Hintergrund treten. Vielmehr kann die hohe **ökonomi- sche Relevanz des Identitätskonstruktes** durch Rückgriff auf die Neue Institutionen- ökonomie belegt werden (Bonus 1995, S. 2 f.). Bezüglich des Vertrauenskonstruktes zeigen neuere Untersuchungen, dass sich das Vertrauen des Kunden als Wettbewerbsvorteil nutzen lässt und darüber hinaus Transaktionskosten eingespart werden können (Kaas 1990, S. 545; Plötner 1995, S. 50 f.).

Die zentrale Bedeutung der Identität einer Marke und damit der Identifikation der Konsumenten mit der Marke hat zum **identitätsorientierten Ansatz der Markenführung** geführt (Aaker 1996; Kapferer 1992, S. 39 f.; Meffert 1994a, S. 480 f.; Schmitt/Pan 1995; Schmitt/Simonson 1997; Upshaw 1995). Die wesentlichen Unterscheidungsmerkmale zum technokratisch-strategieorientierten Ansatz liegen dabei in der Erweiterung der absatzmarktbezogenen um die innengerichtete Perspektive und dem durch die sozialpsychologische Ausrichtung nicht deterministischen und weniger kausal bestimmten Denkansatz. Im Mittelpunkt der Betrachtung stehen die Wechselseitigkeit von Image und Identität einer Marke sowie die Betonung einer über Funktions- und Unternehmensgrenzen hinweg greifenden Vernetzung aller markenbezogenen Aktivitäten.

Diese **Neuorientierung der Markenführung** im Sinne einer identitätsorientierten Markenführung erscheint auch deshalb **notwendig,** weil der imageorientierte Ansatz durch seine methodisch-partialanalytische Vorgehensweise (Schweiger/Wust 1988; Huber 1990; Theis 1992; Mayerhofer 1995) den Anforderungen einer modernen Markenführung nur mehr unzureichend gerecht wird. Die Imagemessung und die gezielte Beeinflussung der Wahrnehmung konzentrierten sich vornehmlich auf einzelne Produkteigenschaften. Hinter vielen Marken, insbesondere im Gebrauchsgütersektor, standen in den früheren Entwicklungsphasen selbständige, oftmals durch Eigentümerunternehmer geprägte Unternehmen. Die eindeutige Zuordnung einer Marke zu einer Firma bzw. einem Unternehmer machte früher die Markenwerte und -eigenschaften transparent und erleichterte Mitarbeitern und Kunden die Identifikation mit der Marke.

Demgegenüber hat sich die Situation heute grundlegend verändert. Vorherrschend sind Konzerne, deren **Markenportfolio** durch zahlreiche ehemals selbständige und später akquirierte Marken gekennzeichnet ist. Beispielhaft sei hier auf Volkswagen (Audi, Seat, Skoda, Bentley, Bugatti, Rolls-Royce) oder Thomson (Dual, Saba, Telefunken, Nordmende) verwiesen. Die Motivation zur Übernahme von Markenartiklern hat sich dabei grundlegend geändert. Stand früher der Erwerb des Anlage- und Umlaufvermögens unter Einschluss des Mitarbeiterstamms im Mittelpunkt des Interesses, geht es heute in erster Linie um die Übernahme der Rechte an eingeführten Markennamen. Dies hat zur Folge, dass es oft bereits kurz nach der Akquisition zur Zusammenlegung zahlreicher Funktionsbereiche bis hin zur Stilllegung ganzer Produktionsbetriebe des übernommenen Unternehmens kommt. Dies führt zu erheblichen **Gefahren für die Identität der gekauften Marken.**

Darüber hinaus sind heute, wiederum vor allem im Gebrauchsgütersektor, häufig so genannte **Gleichteile-Strategien** zu beobachten, die zur Standardisierung und einheitlichen Verwendung ganzer Baugruppen über die Markengrenzen hinweg führen (Meffert/Siefke 1994, S. 13). Außerdem wird im Zuge der Konzentration auf Kernkompetenzen und zur Verbesserung der eigenen Kostensituation in erheblich stärkerem Maße als in der Vergangenheit vom **Outsourcing** Gebrauch gemacht (Rasche 1994). Dies begünstigt tendenziell die weitere Erosion der **substanziellen Elemente einer Marke und ihrer Identität.** Auch die stark gewachsene Produkt- und Variantenvielfalt als Antwort der Industrie auf die Fragmentierung der Nachfrage (Schmidt 1990, S. 13 f.; McKenna 1989) hat heute zu einer Situation geführt, in der die klassische Marken-Profilierung über wettbewerbsüberlegene, objektiv-technische Produkteigenschaften immer seltener möglich wird.

Vor dem Hintergrund dieser Entwicklungen kann die identitätsorientierte Markenführung heute als ein **außen-** *und* **innengerichteter Managementprozess** mit dem Ziel der **funktionsübergreifenden Vernetzung** aller mit der Markierung von Leistungen zusammenhängenden Entscheidungen und Maßnahmen zum Aufbau einer starken Markenidentität verstanden werden. Die Markenführung umfasst somit die Planung, Koordination, Durchsetzung und Kontrolle aller Maßnahmen zur Erzielung eines definierten Soll-Images (Schmitt/Pan 1995, S. 24) bei den relevanten **externen und internen Bezugsgruppen** des Unternehmens (Barich/Kotler 1990, S. 96).

3. Fazit

Betrachtet man die verschiedenen Ansätze der Markenführung in einer Gesamtschau, so ist ähnlich wie im Marketing einerseits eine Vertiefung („deepening") und andererseits eine Verbreiterung („broadening") der Markenführung festzustellen (vgl. Abbildung 2).

Ausgehend von einer lediglich auf bestimmte Warenmerkmale und später auf einzelne Instrumente ausgerichteten Markenführung ist zunächst eine **Vertiefung** durch die Einbeziehung der Wirkungen auf den Absatzmärkten festzustellen. Demzufolge beschäftigte sich die Markenführung verstärkt mit Aspekten des Konsumentenverhaltens. Beschränkte sich dies zunächst auf das beobachtbare Verhalten und klassische Kaufentscheidungskriterien, wurden später auch ökologische und gesellschaftliche Aspekte sowie sozialpsychologische Phänomene in die Markenführung integriert. Eine weitere Vertiefung stellte schließlich die Ergänzung der absatzmarktgerichteten durch die innengerichtete Perspektive der Markenführung dar. Organisations- und Führungsaspekte werden auf diese Weise in die Aufgaben der Markenführung integriert.

Im Zuge der **Verbreiterung** der Markenführung erweiterte sich der Gegenstandsbereich schließlich von einer klassischerweise auf qualitativ hochwertige Konsumgüter beschränkten Betrachtung auf generische Produkte, Dienstleistungen, Investitionsgüter, Künstler, Vereine und Wohlfahrtsorganisationen bis hin zu Städten und Regionen (unter anderem Niedner 1994, S. 1645; Strobl 1994, S. 1659).

Abbildung 2   Ausdehnung des Markenverständnisses von Markenführung

GABLER
GRAFIK

Literatur

Aaker, D. A., Building Strong Brands, New York u. a. 1996.

Aaker, D. A., Keller, K. L., Consumer Evaluations of Brand Extensions, in: Journal of Marketing, Vol. 54, January 1990, pp. 27–41.

Alewell, K., Markenartikel, in: Handwörterbuch der Absatzwirtschaft, Tietz, B. (Hrsg.), Wiesbaden 1974, S. 1217–1227.

Angehrn, O., Handelsmarken und Herstellermarken im Wettbewerb, Stuttgart 1969.

Barich, H., Kotler, P., A. Framework for Marketing Image Management, in: Sloan Management Review, Winter 1991, pp. 94–104.

Berekoven, L., Zum Verständnis und Selbstverständnis des Markenwesens, in: Markenartikel heute. Marke, Markt und Marketing, Schriftenreihe Markt und Marketing des Gabler-Verlags, Wiesbaden 1978, S. 35–48.

Bonus, H., Europäische Identität aus ökonomischer Sicht, Volkswirtschaftliche Diskussionsbeiträge des Instituts für Genossenschaftswesen der Westfälischen Wilhelms-Universität Münster, Beitrag Nr. 216, Münster 1995.

Brandmeyer, K., Schulz, R., Die „Markenbilanz", in: Marketing Journal, 22. Jg., 1989, S. 360–363.

Dichtl, E., Grundidee, Entwicklungsepochen und heutige wirtschaftliche Bedeutung des Marken-
  artikels, in: Markenartikel heute. Marke, Markt und Marketing, Gabler-Verlag (Hrsg.), Wiesba-
  den 1978, S. 17–34.
Domizlaff, H., Die Gewinnung öffentlichen Vertrauens. Ein Lehrbuch der Markentechnik, 2. Aufl.,
  Hamburg 1951 (1. Aufl. 1939).
Dubber, D., Die Bedeutung des Markenartikels im Prozeß der industriellen Entwicklung, Schrif-
  tenreihe zur Industrie- und Entwicklungspolitik, Voigt, F. (Hrsg.), Band 2, Berlin 1969.
Findeisen, F., Die Markenartikel im Rahmen der Absatzökonomie der Betriebe, Berlin 1925.
Franzen, O., Trommsdorff, V., Riedel, F., Ansätze der Markenbewertung und Markenbilanz, in:
  Markenartikel, Heft 8, 1994, S. 372–387.
Gerken, G., Abschied vom Marketing. Interfusion statt Marketing. Düsseldorf 1990.
Gerken, G., Die fraktale Marke, Düsseldorf 1994a.
Gerken, G., Die moderne Marke wird zum Fraktal, in: Horizont, Heft 15, 1994b, S. 14.
Goldack, G., Der Markenartikel für Nahrungsmittel, Nürnberg 1948.
Goodyear, M., Marke und Markenpolitik, in: Planung und Analyse, Heft 3, 1994, S. 60–67.
Haedrich, G., Tomczak, T., Strategische Markenführung: Planung und Realisierung von Marke-
  tingstrategien für eingeführte Produkte, Bern, Stuttgart 1990.
Hansen, P., Der Markenartikel, Betriebswirtschaftliche Schriften, Leitherer, E. (Hrsg.), Band 36,
  Berlin 1970.
Hartmann, V., Markentechnik in der Konsumgüterindustrie, Schriftenreihe des Forschungsinsti-
  tuts für das Markenwesen, Mellerowicz, K. (Hrsg.), Band 10, Freiburg i. Br. 1966.
Huber, B., Strategische Marketing- und Imageplanung: Theorie, Methoden und Integration der
  Wettbewerbsstrukturanalyse aus Imagedaten, Berlin 1990.
Kaas, K. P., Marketing als Bewältigung von Informations- und Unsicherheitsproblemen im Markt,
  in: Die Betriebswirtschaft, Heft 4, 50. Jg., 1990, S. 539–548.
Kapferer, J. N., Die Marke – Kapital des Unternehmens, Landsberg/Lech 1992.
Keller, K. L., Conceptualizing, Measuring, and Managing Customer-Based Brand Equity, in: Jour-
  nal of Marketing, Vol. 57, January 1993, pp. 1–22.
Leitherer, E., Geschichte der Markierung und des Markenwesens, in: Die Marke – Symbolkraft ei-
  nes Zeichensystems, Bruhn, M. (Hrsg.), Bern u. a. 2001, S. 55–74.
Leitherer, E., Die Entwicklung moderner Markenformen, in: Markenartikel, 17. Jg., 1955, S.
  539–566.
Leitherer, E., Die Entwicklung des Markenwesens. Von den Ursprüngen bis zum Beginn der fünfzi-
  ger Jahre, Neuauflage 1988, Nürnberg 1954.
Lewin, K., Feldtheorien in Sozialwissenschaften. Ausgewählte theoretische Schriften, Bern, Stutt-
  gart 1963.
Linxweiler, R., BrandScoreCard: Ein neues Instrument erfolgreicher Markenführung, Groß-
  Umstadt 2001.
Mayerhofer, W., Imagetransfer – Die Nutzung von Erlebniswelten für die Positionierung von Län-
  dern, Produktgruppen und Marken, Schriftenreihe Empirische Marketingforschung, Schwei-
  ger, G. (Hrsg.), Band 13, Wien 1995.
McKenna, R., Marketing im Zeitalter der Vielfalt, in: Harvard Manager, Heft 2, 1989, S. 92–99.
Meffert, H., Der Markenartikel und seine Bedeutung für den Verbraucher, Gruner + Jahr AG & Co.
  (Hrsg.), Hamburg 1979.
Meffert, H., Strategische Unternehmensführung und Marketing, Wiesbaden 1988.
Meffert, H., Markenführung in der Bewährungsprobe, in: Markenartikel, Heft 12, 1994a,
  S. 478–481.
Meffert, H., Marketing-Management. Analyse – Strategie – Implementierung, Wiesbaden 1994b.
Meffert, H., Bruhn, M., Markenstrategien im Wettbewerb, Wiesbaden 1984.
Meffert, H., Bruhn, M., Dienstleistungsmarketing, Wiesbaden 1995.

Meffert, H., Burmann, C., Umweltschutzstrategien im Spannungsfeld zwischen Hersteller und Handel – Ein Beitrag zum vertikalen Ökomarketing, Arbeitspapier Nr. 66 der Wissenschaftlichen Gesellschaft für Marketing und Unternehmensführung e. V., Meffert, H., Wagner, H., Backhaus, K. (Hrsg.), Münster 1991.

Meffert, H., Siefke, A., Lean-Marketing – mehr als ein Schlagwort?, Arbeitspapier Nr. 88 der Wissenschaftlichen Gesellschaft für Marketing und Unternehmensführung e. V., Meffert, H., Wagner, H., Backhaus, K. (Hrsg.), Münster 1994.

Mellerowicz, K., Markenartikel – Die ökonomischen Gesetze ihrer Preisbildung und Preisbindung, 2. Aufl., München u. a. 1963.

Niedner, M., Markenpolitik für Städte und Regionen, in: Handbuch Markenartikel, Bruhn, M. (Hrsg.), Stuttgart 1994, S. 1645–1658.

Paulus, J., Fraktale Marke: Verbrauchter Mythos, in: Werben & Verkaufen, Heft 10, 1995, S. 80–86.

Perrey, J., Nutzenorientierte Marktsegmentierung: ein integrativer Ansatz zum Zielgruppenmarketing im Verkehrsdienstleistungsbereich, Wiesbaden 1998.

Plötner, O., Das Vertrauen des Kunden. Relevanz, Aufbau und Steuerung auf industriellen Märkten, Wiesbaden 1995.

Rasche, Ch., Wettbewerbsvorteile durch Kernkompetenzen – Ein ressourcenorientierter Ansatz, Wiesbaden 1994.

Schenk, H. O., Handels- und Gattungsmarken, in: Handbuch Markenartikel, Bruhn, M. (Hrsg.), Stuttgart 1994, S. 57–78.

Schmidt, T. B., Die Bestimmung der optimalen Sortimentstiefe für einen Konsumgüterhersteller, Köln 1990.

Schmitt, B. H., Simonson, A., Marketing aesthetics. The Strategic Management of Brands, Identity, and Image, New York u. a. 1997.

Schmitt, B. H., Pan, Y., Managing Corporate and Brand Identities in the Asia-Pacific Region, in: California Management Review, Winter 1995, pp. 15–31.

Schweiger, G., Wust, C., Neue Wege in der nonverbalen Imagemessung am Beispiel der Länderimageforschung, in: Werbeforschung & Praxis, 33. Jg., 1988, S. 32–44.

Simon, H., Markenpolitik auf dem Vormarsch (Teil 1), in: Markenartikel, Heft 12, 1994, S. 578–581.

Strobl, H., Markenpolitik für Natur- und Umweltschutzorganisationen, in: Handbuch Markenartikel, Bruhn, M. (Hrsg.), Stuttgart 1994, S. 1659–1679.

Theis, H. J., Einkaufsstättenpositionierung, Wiesbaden 1992.

Trommsdorff, V., Wettbewerbsorientierte Image-Positionierung, in: Markenartikel, Heft 10, 1992, S. 458–463.

Upshaw, L. B., Building Brand Identity: A Strategy for Success in a Hostile Marketplace, New York u. a. 1995.

Voss, W. D., Modellgestützte Markenpolitik. Planung und Kontrolle markenpolitischer Entscheidungen auf der Grundlage computergestützter Informationssysteme, Schriftenreihe Unternehmensführung und Marketing, Meffert, H., Steffenhagen, H., Freter, H. (Hrsg.), Band 16, Wiesbaden 1983.

Voss, W. D., Markenartikler in Gefahr, in: McKinsey Akzente, 1. Jg., Heft 1, 1995, S. 4–9.

Theoretisches Grundkonzept der identitätsorientierten Markenführung

Heribert Meffert und Christoph Burmann

1. Markenwert und Markensubstanz als Leitgrößen der Markenführung

Aus der Perspektive der Unternehmensführung findet die Substanz einer Marke ihren materiellen Niederschlag im Wert der Marke. Der Untersuchung des Markenwertes wird seit Mitte der 80er Jahre insbesondere in der amerikanischen Marketingforschung breiter Raum gewidmet (vgl. zum Überblick Keller 1998; Sattler 2001; Srivastava/Shocker 1991). Die Heterogenität der jeweiligen Forschungszwecke hat einerseits zu einer schwer überschaubaren Vielfalt an Begriffsdefinitionen geführt (Sander 1994, S. 236) und andererseits ganz unterschiedliche Einzelaspekte des Markenphänomens in den Mittelpunkt der Betrachtung gerückt (vgl. unter anderem Farquhar et. al. 1992; Tauber 1988; Rossiter/Lawrence 1993; Schmitt/Pan 1995).

Grundsätzlich können zwei verschiedene Motive für die Erforschung des Markenwertes unterschieden werden (vgl. auch den Beitrag zur Markenbewertung in diesem Band). Der **finanzwirtschaftlich orientierten Forschung** (vgl. unter anderem Kern 1962; Herp 1982; Kaas 1990; Simon/Sullivan 1991 und 1993) geht es um die Bestimmung des Geldwertes einer Marke zum Zwecke der Bilanzierung, der Lizensierung, der Akquisition oder der Schadensbemessung bei Markenpiraterie. Die **verhaltenswissenschaftlich geprägte Forschung** (vgl. unter anderem Esch 2000, S. 943 ff.; Andresen 1991; Keller 1993 und 1998; Aaker 1996) verfolgt demgegenüber primär das Ziel, die langfristige Effektivität und Effizienz von Marketingmaßnahmen zu verbessern.

Basis der verhaltenswissenschaftlichen Arbeiten ist die Überlegung, dass alle Marketingaktivitäten eines Unternehmens beim Konsumenten zu einem markenspezifischen Vorstellungsbild führen. Diese Markenrepräsentation in der Psyche des Konsumenten beeinflusst wiederum die Wirkung aller zukünftigen Marketingaktivitäten (Berekoven 1978, S. 43 f.; Kapferer 1992, S. 10; Keller 1993, S. 2; Dacin/Smith 1994). Die Zielsetzung dieser Arbeiten besteht in der Regel darin, theoretisch und empirisch diejenigen zentralen Verhaltenskonstrukte zu bestimmen, welche die Stärke einer Marke bzw. den Erfolg oder Misserfolg einer Markenausdehnung erklären.

Daneben gibt es Modelle, die eine **Integration der finanzwirtschaftlichen und verhaltenswissenschaftlichen Arbeiten** versuchen (Bekmeier-Feuerhahn 1998; Franzen/ Trommsdorff/Riedel 1994; Sattler 1995). Im Gegensatz zu den finanzwirtschaftlichen Arbeiten, deren Beitrag sowohl zur Erklärung der Markensubstanz als auch zu deren Steuerung begrenzt ist, vermitteln die verhaltenswissenschaftlichen Arbeiten wertvolle Hinweise für die identitätsorientierte Markenführung. Die **Substanz der Marke** wird dabei etwa seit Mitte der 90er Jahre vor allem **in der Identität der Marke** gesehen (Aaker/ Joachimsthaler 2000, S. 31 ff.; Kapferer 1992, S. 39 f.; Upshaw 1995, S. 25; Schmitt/Pan 1995). Als wesentliches Defizit ist jedoch zu konstatieren, dass sich die Ergebnisse der verhaltenswissenschaftlich geprägten Forschung auf Grund ihrer spezifischen Zielsetzung zumeist auf ausgewählte Einzelaspekte des Markenphänomens konzentrieren (vgl. unter anderem Chajet/Shachtman 1995; Reddy/Holak/Bhat 1994; Smith/Park 1992;

Schmitt/Dube 1992; Trommsdorff 1992; Wiswede 1978; Unger 1986, S. 18 f.). Im Folgenden soll demgegenüber versucht werden, ein **integriertes Modell der identitätsorientierten Markenführung** zu entwickeln, welches auf den Aufbau eigenständiger Markenpersönlichkeiten gerichtet ist.

2. Theoretische Grundlagen der identitätsorientierten Markenführung

Wie an anderer Stelle bereits erläutert, hat sich das Markenverständnis und die Markenführung im Laufe der Zeit von einer angebotsorientierten und eher operativen Betrachtungsweise hin zu einer nachfragerorientierten und strategischen Fragestellung gewandelt (vgl. den Beitrag zum Wandel der Markenführung in diesem Band). In der Marketingwissenschaft existiert bislang jedoch keine integrierte „Theorie der Markenführung", die das Wesen einer Marke oder markenbildende Faktoren umfassend zu erklären vermag. Vielmehr wurden im Zuge der Markenforschung heuristische Prinzipien erfolgreicher Markenführung herausgearbeitet, die auf Grund sich verändernder Rahmenbedingungen ebenfalls einem Wandel unterworfen waren.

Im Gegensatz zum „entweder-oder" älterer Markenführungsansätze strebt die identitätsorientierte Markenführung im Sinne eines Gesamtkonzepts eine umfassende **Integration der angebots- und nachfragerorientierten Betrachtungsperspektiven** an. Denn Meffert folgend zeichnet „[...] langfristig erfolgreiche Unternehmen [...] neben Marktorientierung auch Ressourcenausrichtung aus. In Zukunft werden Unternehmen somit die Inside-Out- und die Outside-In-Perspektive stärker dialogisch entwickeln müssen" (Meffert 1998, S. 709 ff.).

In diesem Zusammenhang ist angesichts der bislang oft zu beobachtenden Theoriedefizite der Markenführung zunächst zu überprüfen, welche betriebswirtschaftlichen Forschungsansätze einen Beitrag zur Schaffung eines Theoriefundaments der Markenführung zu leisten vermögen (so auch Koers 2001, S. 47 ff.). Hierzu scheinen sowohl der „market-based-view" als auch der „resource-based-view" aus der strategischen Managementforschung geeignet zu sein. Die wesentlichen Aussagen beider Konzepte werden im Folgenden kurz skizziert.

2.1 Paradigmen der Unternehmensführung als Basis der Markenführung

2.11 Der market-based view

Aufbauend auf der Industrial Organization (IO)-Theorie nach Mason (1939) und Bain (1959) sowie dem daraus abgeleiteten Structure-Conduct-Performance (S-C-P)-Paradigma unterstellt der market-based-view (MBV), dass ein dauerhafter Unternehmenserfolg zum einen durch die Struktur der Produktmärkte, in denen ein Unternehmen tätig ist, und zum anderen durch das strategische Verhalten des Unternehmens in seinen Produktmärkten determiniert wird.

Insbesondere Porter zeigt, wie sich die Überlegungen der IO-Forschung für das strategische Management nutzen lassen. Nach Porter ist ein Unternehmen in der Lage, durch eine **geeignete Positionierung in attraktiven Produkt-Markt-Segmenten** eine dauerhafte, verteidigungsfähige Wettbewerbsvorteilsposition zu erlangen, um so einen nachhaltigen Unternehmenserfolg zu sichern (Porter 1996, S. 61 ff.). Attraktive Branchen sind zum Beispiel solche mit geringer Wettbewerbsintensität. Zur Beurteilung der Attraktivität von Branchen bzw. Märkten hat Porter sein Konzept der fünf Wettbewerbskräfte entwickelt (Porter 1999, S. 32).

Allerdings wird diese ausschließlich marktorientierte Sichtweise im strategischen Management auch kritisiert. So wird angeführt, dass der MBV die wechselseitige Beeinflussung von Marktstruktur, -verhalten und -erfolg ignoriert und sich das Verhalten von Unternehmen auf reines Anpassen an Marktstrukturveränderungen beschränkt (Proff 1998, S. 31). Die Marktstruktur wird als gegeben interpretiert, obwohl sie von Unternehmen verändert werden kann. Darüber hinaus **vernachlässigt der MBV unternehmensinterne Ressourcen und Prozesse** als Grundlage von Wettbewerbsvorteilen, sodass das Unternehmen selbst eine *black box* bleibt. Vor allem jedoch unterstellt der MBV eine vollständige Homogenität aller Unternehmen einer Branche im Hinblick auf ihre Ressourcenausstattung.

2.12 Der resource-based view

Ursprünglich als Gegenkonzept zur marktorientierten Forschungsrichtung gibt der resource-based view (RBV) die Betrachtung von Unternehmen als *black box* bei der Analyse von Wettbewerbsvorteilen auf (vgl. umfassend zum Beispiel Rasche 1994, S. 38 ff.). Auf Basis empirischer Ergebnisse wird argumentiert, dass die klassischen Branchenstrukturvariablen der IO-Forschung nicht ausreichen, um Unterschiede in der Profitabilität von Geschäftseinheiten zu erklären (Hansen/Wernerfelt 1989; Rumelt 1991). Der RBV bezweifelt insbesondere die Dominanz externer Faktoren und **unterstellt, dass der Unternehmenserfolg durch unternehmensspezifische und einzigartige Ressourcen und Fähigkeiten determiniert wird.** Entsprechend wird teilweise auch vom Resource-Conduct-Performance (R-C-P)-Paradigma gesprochen. Um dauerhafte Wettbewerbsvorteile zu erreichen, wird auf Basis der unternehmensspezifischen Ressourcenausstattung das adäquate strategische Verhalten des Unternehmens abgeleitet.

Ressourcen definiert Barney als *"all assets, capabilities, organizational processes, firm attributes, information, knowledge, etc. controlled by a firm that enable the firm to conceive of and implement strategies"* (Barney 1991, S. 101). Organisationale Fähigkeiten sind eine Teilmenge dieser Ressourcenausstattung des Unternehmens. Sie können als *"the organization's collective capacity for undertaking a specific type of activity"* (Liebermann/Montgomery 1998, S. 1112) definiert werden. Die spezifischen Aktivitäten beziehen sich dabei auf die Generierung eines Wettbewerbsvorteils. Ein dauerhafter Unternehmenserfolg basiert somit auf der „richtigen" Nutzung der verfügbaren Ressourcen zur Generierung eines wettbewerbsüberlegenen Kundennutzens.

Die sich von anderen Unternehmen unterscheidenden organisationalen Fähigkeiten werden auch als Kompetenzen oder Kernkompetenzen bezeichnet (Prahalad/Hamel 1990; Teece/Pisano/Shuen 1997). Um als Quelle eines Wettbewerbsvorteils geeignet zu sein, sollten die Unternehmensressourcen

- wertvoll (*valuable*),
- knapp (*rare*),
- nicht vollkommen imitierbar (*imperfectly imitable*) und
- nicht substituierbar (*no strategically equivalent substitutes*)

sein (Barney 1991, S. 105 f.). Sind diese Eigenschaften vorhanden, liegen die Aufgaben des Management primär darin, die Ressourcen derart miteinander zu kombinieren, dass sie den Anforderungen der Märkte gerecht werden. Dies setzt entsprechende organisationale Fähigkeiten bzw. Kompetenzen voraus. Da sich eine Marke und ihr Leistungsprogramm aus der „richtigen" Kombination von Ressourcen ergeben, lässt sich eine erfolgreiche Markenführung letztlich auf spezifische Fähigkeiten eines Unternehmens zurückführen. Die Identifikation und zielgerichtete Gestaltung dieser Fähigkeit(en) stellt aus ressourcentheoretischer Perspektive den Kern der Markenführung dar.

Sony besitzt in diesem Zusammenhang beispielsweise die Kernkompetenz der Miniaturisierung und hat auf dieser Basis im Markt für Hifi-Geräte zahlreiche neue Produkte herausgebracht. Ebenso wird IBM auf Grund langjähriger Erfahrungen eine besondere Forschungs- und Servicekompetenz zugeschrieben. OBI beherrscht demgegenüber mit über 300 Baumärkten die besondere Fähigkeit der Steuerung von Franchise-Netzwerken. Die Beispiele machen jedoch deutlich, dass über die ökonomische Relevanz von Ressourcen und Fähigkeiten letztlich immer der Markt entscheidet, sodass der RBV nicht auf die Marktperspektive verzichten kann. Marktrelevant sind Kernkompetenzen nur dann, wenn sie einen überlegenen Kundennutzen stiften.

Die Schwäche des RBV liegt in der Vernachlässigung dynamischer Aspekte, das heißt der Notwendigkeit des Wechsels vorhandener Ressourcen und Fähigkeiten bei sich wandelnden Marktbedingungen (Burmann 2001). Diese Kritik wird im **Dynamic Capabilities-Ansatz** aufgegriffen, bei dem neben der Ressourcenausstattung eines Unternehmens die Entwicklung spezifischer Fähigkeiten im Zeitablauf in die Betrachtung einbezogen werden (Teece/Pisano/Shuen 1997). Unternehmen mit dauerhaft überdurchschnittlichen Kapitalrenditen zeichnen sich demnach vor allem durch überlegene Lern- und Rekonfigurationsfähigkeiten, das heißt die Fähigkeit zur Erneuerung und zum Wechsel der Ressourcen, aus.

Zusammenfassend sind somit die frühzeitige Identifikation neuer Kunden-Nutzen-Potenziale und der Aufbau aller hierfür notwendigen Ressourcen erfolgsentscheidender als eine einseitige Beschäftigung mit dem wettbewerbsstrategischen Gedankengut Porter'scher Prägung. Vor dem Hintergrund des Dynamic Capabilities-Ansatzes wird stattdessen die Notwendigkeit zu einer stärker experimentell ausgerichteten Markenführung deutlich und die Befruchtung zwischen Inside-Out- und Outside-In-Perspektive betont.

2.2 Integration der markt- und ressourcenorientierten Sichtweise im Konzept der identitätsorientierten Markenführung

Vergleichbar mit der Synthese des markt- und ressourcenorientierten Ansatzes in der strategischen Unternehmensführung lässt sich auch die Notwendigkeit zu einer Neuausrichtung der Markenführung begründen. Basierten die Aussagen der Marketingwissenschaft zur Markenführung bisher dominant auf der Outside-In-Perspektive, ist diese Sicht um eine Inside-Out-Betrachtung zu ergänzen. Letztlich kann erst durch die Verfolgung beider Perspektiven den Ansprüchen an eine erfolgreiche Markenführung Rechnung getragen werden. Genau diesem Zweck dient das Konzept der identitätsorientierten Markenführung.

Im Vergleich zu älteren Markenführungsansätzen erweitert der identitätsorientierte Ansatz der Markenführung die bisher vorherrschende absatzmarktbezogene Sichtweise um eine innengerichtete Perspektive und interpretiert Glaubwürdigkeit und Kompetenz einer Marke als wichtige Voraussetzungen für die Gewinnung des öffentlichen Vertrauens. Ältere Markenführungsansätze verstehen Markenkompetenz in erster Linie als Qualität der markierten Produkte, ignorieren dabei allerdings sowohl die Beziehung der Marke zu den Ressourcen und Fähigkeiten des Markeninhabers als auch die Wechselwirkungen zwischen den verschiedenen internen und externen Anspruchsgruppen der Marke.

Im Gegensatz dazu konstituiert sich die **Markenidentität** über einen längeren Zeitraum als Folge der Wechselwirkungen von marktorientierten Handlungen eines Markenartikelherstellers entsprechend seiner Ressourcenkompetenz und der Wahrnehmung dieser Handlungen durch den Konsumenten. Im Mittelpunkt der Betrachtung stehen somit die Wechselseitigkeit von Image und Identität einer Marke sowie die Betonung einer über Funktions- und Unternehmensgrenzen hinweggreifenden Vernetzung aller markenbezogenen Aktivitäten.

Eine Ausrichtung der Markenführung an der Identität einer Marke setzt ein klares **Verständnis vom Wesen, der Entstehung und den einzelnen Komponenten der Markenidentität** voraus. Obwohl der Identitätsbegriff in der sozialwissenschaftlichen sowie der institutionenökonomischen und unternehmenskulturellen Literatur kontrovers diskutiert und interpretiert wird, lassen sich unabhängig vom jeweiligen Forschungszweig konstitutive Merkmale der Identität identifizieren.

2.3 Interpretationsformen der Markenidentität

2.31 Sozialwissenschaftliche Ansätze der Identitätsforschung

Eine Aufarbeitung der sozialwissenschaftlichen Identitätsforschung zeigt, dass es in diesem Bereich bislang keine allgemein anerkannte Begriffsdefinition gibt (Frey/Haußer 1987; Achterholt 1988, S. 29 f.). Das Begriffsverständnis ist vielmehr geprägt von den jeweiligen Forschungszwecken und den betrachteten Untersuchungsobjekten. So wird der Identitätsbegriff in der Soziologie zur Kennzeichnung eines Bündels typischer Rollen eines Individuums verwendet. In der Psychologie steht der Identitätsbegriff für das Selbstkonzept von Personen (Hogg/Cox/Keeling 2000; Rosenberg 1979), während die Moraltheologen und Philosophen mit Identität ein über die Zeit relativ stabiles Set persönlicher Werthaltungen und ethischer Prinzipien beschreiben. Die Psychiatrie schließlich beschreibt mit Identität die Unversehrtheit und Funktionsfähigkeit aller Organisationsleistungen des Nervensystems (Conzen 1989).

Zur Systematisierung verschiedener Identitätsauffassungen (Werthmöller 1994, S. 38) wird in Abbildung 1 zwischen der Perspektive, aus der die Identität festgestellt wird (Innen- versus Außenperspektive), und dem Gegenstand der Identitätszuschreibung unterschieden (Individuen, Gruppen, Objekte).

Individuen als Gegenstand der Identitätszuschreibung

Der Begriff der persönlichen oder Ich-Identität geht auf Erikson zurück und kennzeichnet das Vorhandensein eines Bildes des Individuums von sich selbst (Conzen 1989, S. 72 f.). Mit anderen Worten kann auch von einem individuellen Konzept der eigenen Person gesprochen werden (Müller 1987, S. 1098). Die **Ich-Identität** dient dem Individuum als Orientierungsrahmen für sein Verhalten. Da ein Individuum selten alle Rollenerwartungen der Gesellschaft und der persönlichen Umgebung erfüllen kann und damit in Rollenkonflikte gerät, benötigt es eine starke Ich-Identität, also ein sicheres Gefühl von sich selbst, um durch diese Konflikte nicht zermürbt zu werden (Bonus 1994, S. 3). Die Ich-Identität zeichnet sich durch eine hohe zeitliche Konstanz aus. Ein Persönlichkeits- bzw. Identitätswandel vollzieht sich somit stets sehr langsam. Die Wurzeln der Ich-Iden- tität sind immer in der Biographie des Menschen verankert (Krappmann 1988). Grundla- ge der Entwicklung persönlicher Identität ist das Erkennen des eigenen Andersseins, der Verschiedenheit im Vergleich zu anderen Individuen (Weidenfeld 1983, S. 19). Im Ge- gensatz zur Ich-Identität wird bei der **sozialen Identität** (vgl. Abbildung 1) einem Indivi- duum von außen, das heißt von anderen Personen, eine Identität im Sinne eines Merk- malsbündels zugeschrieben (Frey/Haußer 1987, S. 3).

Abbildung 1	**Systematisierung des Identitätsbegriffs**

Perspektiven, aus denen Identität fest- gestellt wird / Gegenstand der Identitätszuschreibung	**Innenperspektive** **(„Selbstidentifikation")**	**Außenperspektive** **(„Fremdidentifikation")**
Individuen	Persönliche Identität/ Ich-Identität	Soziale Identität
Gruppen **(zum Beispiel Organisationen, Unternehmen)**	Gruppen-Identität der Gruppenmitglieder	Gruppen-Identität der Nicht-Mitglieder
Objekte **(zum Beispiel Marken)**	Selbstbild der Markenidentität	Fremdbild der Markenidentität

GABLER GRAFIK

Eine starke Ich-Identität ist dabei die Voraussetzung der Verlässlichkeit einer Person nach außen. Vertrauen kann man nur derjenigen Person, die eine Identität besitzt. Dieses Begriffsverständnis steht im Mittelpunkt der psychologischen und soziologischen Iden- titätsforschung. An dieser Stelle wird die Verbindung zwischen dem Identitäts- und dem Vertrauenskonstrukt deutlich (vgl. Abbildung 2). **Vertrauen** setzt Identität voraus (Luh- mann 1973).[1] Die Identität verschafft **Glaubwürdigkeit** und stellt damit die notwendige Bedingung für die Entstehung von Vertrauen dar, wohingegen **Kompetenz** als hinrei-

---

1 Nach Luhmann ermöglicht Vertrauen „mehr Möglichkeiten des Erlebens und Handelns [...], weil im Vertrauen eine wirksame Form der Reduktion von Komplexität zur Verfügung steht". Luhmann 1973, S. 7.

chende Bedingung der Vertrauensbildung angesehen werden kann (Achterholt 1988, S. 20). Identität und Kompetenz eines Unternehmens als Gruppe haben das Vertrauen des Kunden in die Leistungsfähigkeit und Leistungsbereitschaft dieses Unternehmens zur Folge.

Abbildung 2   **Marke, Vertrauen und Identität**

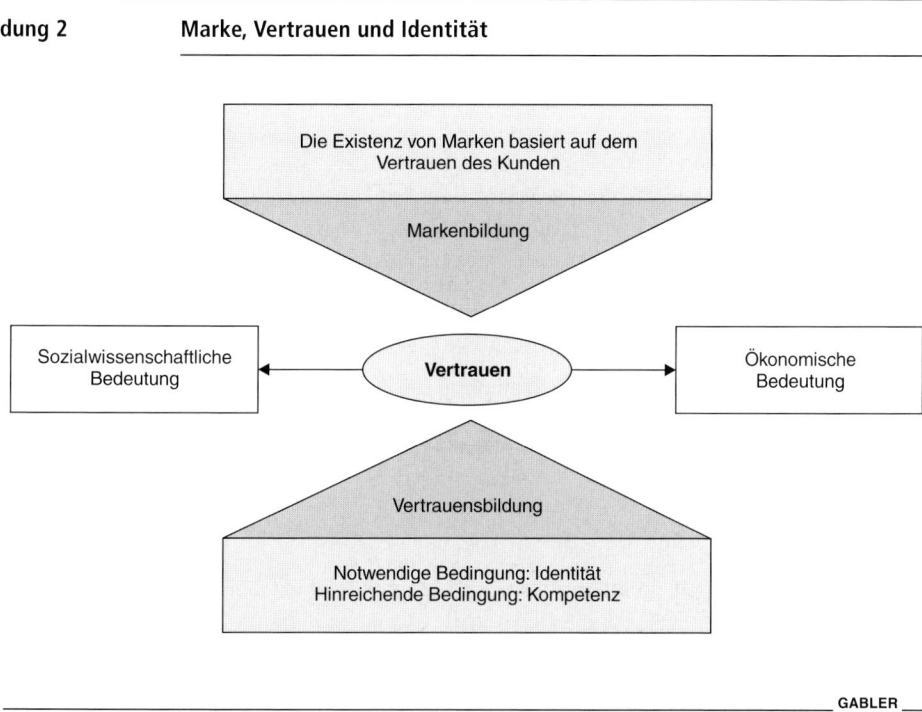

GABLER
GRAFIK

Vertrauen hat in diesem Zusammenhang nicht nur eine sozialwissenschaftliche Bedeutung. Für Anbieter und Nachfrager ergibt sich vielmehr auch eine konkrete ökonomische Bedeutung (Ripperger 1998). In **volkswirtschaftlicher Betrachtung** stellt das Ausmaß zwischenmenschlichen Vertrauens eine wichtige Bestimmungsgröße für die Ausprägung nationaler Wirtschaftsstrukturen und die Bildung von Institutionen dar (Fukuyama 1995). Damit beeinflusst das Ausmaß zwischenmenschlichen Vertrauens auch die Wettbewerbsvorteile von Regionen und Nationen. In **betriebswirtschaftlicher Betrachtung** führt das Vorliegen von Vertrauen zur Einsparung von Transaktionskosten beim Anbieter, die dieser anderweitig zur Anbahnung von Geschäftsabschlüssen insbesondere im Bereich der Kommunikation und zur Risikoabsicherung aufwenden müsste. Darüber hinaus stellt das Vertrauen des Kunden einen wesentlichen Wettbewerbsvorteil dar, der sich für den Anbieter in entsprechenden ökonomischen Erfolgsgrößen niederschlägt (Kenning 2001). Für den Nachfrager reduziert sich mit wachsendem Vertrauen das wahrgenommene Risiko, vom Anbieter und dessen angebotenen Leistungen enttäuscht zu werden. Damit kann der Nachfrager diejenigen Kosten einsparen, die anderweitig zur Reduzierung des Risikos anfallen würden (Plötner 1995, S. 11 f.). Hierbei ist beispielsweise an Kosten durch den Abschluss von Versicherungen, Informationskosten durch die Suche nach geeigneten, zuverlässigen Anbietern oder auch an die Kosten der Bildung von finanziellen Reserven zur Abdeckung möglicher Risiken zu denken.

Gruppen als Gegenstand der Identitätszuschreibung

Bei der **Gruppenidentität** wird Organisationen, Unternehmen, Gruppen, Kulturen, Schichten, Klassen, Vereinen, Kollektiven etc. entweder aus der Perspektive der Gruppenmitglieder oder von Nicht-Mitgliedern eine Identität zugeschrieben. Die Gruppenidentität wird dabei zumeist für die Kennzeichnung der Gruppe als Ganzes verwendet und beschreibt somit diejenigen Eigenschaften einer Gruppe, die konstant bleiben, auch wenn die einzelnen Gruppenmitglieder wechseln (Werthmöller 1994, S. 39). Die Gruppenidentität manifestiert sich nach Schein in gemeinsam geteilten Werten, Gefühlen und Überzeugungen, die aus gemeinsamen Erfahrungen und Lernen entstehen (Schein 1985, S. 185 f.). Eine starke Gruppenidentität wird zu einem Bestandteil der Ich-Identität und wirkt wie eine Klammer für den Zusammenhalt der Gruppe. Auch Unternehmen als Gruppen von Menschen weisen in der Form der Corporate Identity eine solche Gruppenidentität auf.

Objekte als Gegenstand der Identitätszuschreibung

Bei der dritten Kategorie von Identitätsbegriffen sind Objekte Gegenstand der Identitätszuschreibung. In diese Kategorie fallen beispielsweise die Identität von Städten und Regionen und die **Identität von Marken.** Da die Identität in der sozialwissenschaftlichen Forschung trotz aller Definitionsunterschiede immer als ein Gefühl, eine Empfindung von Menschen beschrieben wird (Erikson 1973; Krappmann 1988), kann es streng genommen keine Identität von Objekten geben. Demzufolge handelt es sich bei dieser dritten Kategorie letztlich um eine **Sonderform der Gruppenidentität.**

Hinsichtlich der Perspektive, aus der die Identität von Objekten und damit auch die Markenidentität festgestellt wird (vgl. Abbildung 1), kann zwischen einem **Selbstbild der Markenidentität** aus Sicht der internen Anspruchsgruppen, das heißt der Eigentümer, Führungskräfte und Mitarbeiter, und einem **Fremdbild der Markenidentität** aus der Sicht der externen Anspruchsgruppen, zum Beispiel Kunden, Lieferanten, Handel, Verbraucherverbände, Umweltschutzgruppen, Behörden, Investoren oder Anwohnern (Barich/Kotler 1991, S. 96), unterschieden werden. Unabhängig von der im Einzelfall gewählten Identitätsdefinition lassen sich in der sozialwissenschaftlichen Identitätsforschung vier **übergreifende, konstitutive Merkmale** des Identitätsbegriffs feststellen (vgl. Abbildung 3).

Abbildung 3	**Konstitutive Merkmale der Identität von Personen und Marken**

Konstitutive Merkmale	Individuum	Marken
Wechselseitigkeit	Identität als Erkenntnis vom Anderssein. Identität durch Beziehung zu anderen Menschen.	Identität durch die Abgrenzung gegenüber Wettbewerbern. Identität durch dauerhafte, enge Beziehungen zu den Kunden. Abweichungen zwischen Selbst- und Fremdbild determinieren Identitätsstärke.
Kontinuität	Kontinuität der Merkmale zur Identifizierung einer Person. Zum Beispiel ■ Geschlecht, ■ Geburtsdatum, -ort, ■ Körpermerkmale.	Kontinuität der Markenphilosophie bzw. des Markenleitbildes. Personelle und materielle Kontinuität der Markenführung.
Konsistenz	Zeitpunktbezogene, widerspruchsfreie Kombination von Persönlichkeitsmerkmalen.	Innen- und außengerichtete Abstimmung aller Aktivitäten im Rahmen der Markenführung. Vermeidung von Widersprüchen im Markenauftritt und Führungsverhalten.
Individualität	Biologisch und soziologisch bedingte Einzigartigkeit des Individuums.	Vom Kunden wahrgenommene Einzigartigkeit bestimmter Merkmale der Marke im Vergleich zu konkurrierenden Marken.

GABLER ___
GRAFIK

■   Die **Wechselseitigkeit** kennzeichnet den Tatbestand, dass Identität nur in der Wechselwirkung zwischen Menschen bzw. beim objektbezogenen Identitätsverständnis nur in der Wechselwirkung zwischen Menschen und den sie umgebenden Objekten der Außenwelt entstehen kann. Diese Wechselseitigkeit der Identität wird auch als „Paradigma der Identitätsforschung" bezeichnet (Frey/Haußer 1987, S. 17). Für Robinson Crusoe wäre Identität demnach völlig bedeutungslos (De Levita 1971, S. 67). Ähnlich verhält es sich mit Marken, die nicht in einer Konkurrenzbeziehung zu anderen Marken stehen, auch in diesem Fall wäre die Markenidentität von untergeordneter Bedeutung.

■   Das Merkmal der **Kontinuität** kennzeichnet die Beibehaltung wesentlicher Merkmale einer Person, einer Gruppe oder eines Objektes über einen Zeitraum mehrerer Jahre. Dieses Set **essenzieller Merkmale** beschreibt das Wesen des Gegenstandes, dem Identität zugeschrieben wird. Gehen diese essenziellen Merkmale verloren, erlöscht das Wesen bzw. die Identität des Gegenstandes. Diese essenziellen Merkmale kennzeichnen die Identität als Institution im Sinne der Neuen Institutionenökonomie. Im Gegensatz zu essenziellen Merkmalen können sich die **akzidenziellen Merkmale** eines Identitätsgegenstandes verändern, ohne dass der Gegenstand sein Wesen, das heißt seine Identität verliert (Böhm 1989, S. 48 f.). Für den Aufbau einer starken Identität ist somit eine Kontinuität der akzidenziellen Merkmale nicht erforderlich. Allerdings üben auch akzidenzielle Merkmale einen Einfluss auf die konkrete Gestalt der Identität aus.

Zu den essenziellen Identitätsmerkmalen einer Person gehören demnach beispielsweise das Geschlecht, Datum und der Ort der Geburt oder bestimmte Körpermerkmale. Ein Mensch kann anhand seiner essenziellen Merkmale während des gesamten Lebens als ein und dieselbe Person identifiziert werden. Demgegenüber gehören unter anderem die berufliche Stellung, die wirtschaftliche Situation oder der Kleidungsstil zu den akzidenziellen Merkmalen der Identität, die sich im Laufe der Zeit verändern können, ohne dass ein Individuum damit zwingend seine Identität verändert.

In Analogie hierzu zählt die Markenphilosophie zu den essenziellen Merkmalen einer Marke, wohingegen beispielsweise die Botschaftsgestaltung im Rahmen der Markenkommunikation zu den akzidenziellen Merkmalen einer Marke gehört. Obwohl die Markenphilosophie als essenzielles Merkmal der Markenidentität bezeichnet werden kann, ergibt sich im Vergleich zu den essenziellen Merkmalen der menschlichen Identität insoweit ein gravierender Unterschied, als dass die Markenphilosophie ohne die Umsetzung in konkrete innengerichtete (zum Beispiel markenspezifischer Führungsstil) und außengerichtete Maßnahmen (zum Beispiel physische Gestaltung der Marke, Markenkommunikation) nicht wahrnehmbar ist und damit keine Identität stiften kann. Somit bleibt zunächst die Frage unbeantwortet, welche Elemente einer Marke zur Wahrung und Festigung der Markenidentität kontinuierlich beibehalten werden müssen, und welche Elemente verändert werden können. Dieses Problem wird später wieder aufgegriffen.

∎ Das Identitätsmerkmal der **Konsistenz** bezieht sich im Gegensatz zur Kontinuität nicht auf einen Zeitraum, sondern auf einen Zeitpunkt. Es kennzeichnet die Vermeidung von Widersprüchen (Wiedmann 1994, S. 1041), denn nur eine in sich und nach außen widerspruchsfreie Kombination einzelner Persönlichkeitsmerkmale führt zu einer starken Identität. Mit anderen Worten, erst eine integrierte, innen- und außengerichtete Abstimmung aller Markeneigenschaften kann zu einer starken Markenidentität führen.

∎ Das vierte Identitätsmerkmal, die **Individualität**, beschreibt schließlich die Einmaligkeit eines Identitätsobjektes. Diese Einzigartigkeit kann auf ein einzelnes, individuelles Merkmal oder die individuelle Kombination auch anderweitig vorzufindender Merkmale zurückzuführen sein. Bei einem personenbezogenen Begriffsverständnis der Identität ist das Merkmal der Individualität bzw. Einzigartigkeit bereits aus biologischen Gründen automatisch erfüllt. Demgegenüber ist die Identität vieler Marken gerade deshalb so schwach, weil den Marken in der Wahrnehmung der Konsumenten und oft auch in der Wahrnehmung der eigenen Mitarbeiter jede Individualität fehlt. In diesen Fällen kann nicht von echten Marken, sondern bestenfalls von „Marken-Labeln" im Sinne einheitlich markierter Produkte gesprochen werden.

Die aus der sozialwissenschaftlichen Identitätsforschung abgeleiteten vier Voraussetzungen zur Entstehung von Markenidentität sind gleichzeitig die **Voraussetzungen für
den Aufbau von Vertrauen** gegenüber der Marke. Sie bilden das Fundament für die konzeptionelle Ableitung der Quellen bzw. einzelnen Komponenten der Markenidentität
(Kapferer 1992, S. 50 f.). Dementsprechend ist die Markenidentität wie folgt zu charakterisieren:

> Die Markenidentität stellt eine in sich widerspruchsfreie, geschlossene Ganzheit von
> Merkmalen einer Marke dar, die diese von anderen Marken dauerhaft unterscheidet.
> Die Markenidentität entsteht erst in der wechselseitigen Beziehung zwischen internen
> und externen Bezugsgruppen der Marke und bringt die spezifische Persönlichkeit ei-
> ner Marke zum Ausdruck. Auf Grund der Wechselseitigkeit muss bei der Markeniden-
> tität zwischen dem Selbstbild und dem Fremdbild der Identität unterschieden werden.
> Die Stärke der Markenidentität ist ganz wesentlich vom Ausmaß der Übereinstim-
> mung zwischen Selbst- und Fremdbild abhängig.

2.32 Wirtschaftswissenschaftliche Interpretation der Markenidentität

Die umfassende Analyse der sozialwissenschaftlichen Identitätsforschung könnte Zwei-
fel an der ökonomischen Relevanz des Identitätskonstruktes aufkommen lassen. Auf der
Grundlage der **Neuen Institutionenökonomie** (vgl. umfassend zum Beispiel Erlei/
Leschke/Sauerland 1999) kann die ökonomische Bedeutung der Identität jedoch belegt
werden (Dörtelmann 1997). Voraussetzung hierfür ist die Überwindung des Paradigmas
vom homo oeconomicus durch die Neue Institutionenökonomie und insbesondere die
Arbeiten des Nobelpreisträgers Douglas C. North. Durch die Einführung von mentalen
Modellen als interne, subjektive Repräsentation der Außenwelt beim Individuum und
sog. pfadabhängiger Prozesse, das heißt der Berücksichtigung von Zufällen und Un-
gleichgewichtszuständen (North 1992, S. 96 f.), konnten auch komplexere Probleme der
Nationalökonomie, beispielsweise der politischen Ökonomie oder der wirtschaftlichen
Entwicklung, einer Lösung nähergebracht werden (Bonus 1995, S. 2; Denzau/North
1994, S. 10 f.).

Unter einer **Institution** wird „ein System von Werten und Normen verstanden, das für
den Fall von Verstößen mit Sanktionen bewährt ist" (Bonus 1995, S. 4). Institutionen
schaffen **Rahmenbedingungen für menschliches Handeln**. Institutionen sind mentale
Modelle des Individuums (Denzau/North 1994, S. 4). Durch ihre zeitliche Konstanz dienen sie dem Menschen zur Orientierung. In diesem Zusammenhang wird zwischen fundamentalen und sekundären Institutionen unterschieden (Dietl 1993, S. 71 f.).

Fundamentale Institutionen sind beispielsweise in der Geschichte einer Nation verankert und wandeln sich nur sehr langsam. Sie können vom Menschen nicht direkt verändert werden. Demgegenüber können sekundäre Institutionen bewusst gestaltet werden. Sekundäre Institutionen sind immer nur dann „wirksam", wenn sie in das Werte- und Normensystem der fundamentalen Institutionen eingebettet sind. Beispielsweise kann das Rechtsempfinden der Bevölkerung als fundamentale Institution, die konkreten Gesetze und die Justizverwaltung als sekundäre Institution aufgefasst werden. Gesetze und Justizverwaltungen können nur dann ihren Zweck erfüllen, wenn sie mit dem Rechtsempfinden der Bevölkerung harmonieren (Bonus 1995, S. 5).

Das Identitätskonstrukt ist ebenfalls ein **Werte- und Normensystem** von hoher zeitlicher Konstanz, welches dem Menschen als Rahmenbedingung seines Handelns dient. Auch die Identität stellt wie die Institution eine subjektive Repräsentation bestimmter Vorgänge aus der Außenwelt des Individuums dar. Vor diesem Hintergrund kann die Gruppenidentität bzw. Corporate Identity aller Mitarbeiter eines Unternehmens ebenso wie die Markenidentität als sekundäre Institution verstanden werden. Sowohl die Unternehmens- als auch die Markenidentität können sich nur dann entwickeln und Einfluss auf das Verhalten von Mitarbeitern und Kunden ausüben, wenn sie in das Werte- und Normengefüge der sie umgebenden Gesellschaft eingebettet sind. Insoweit stellen die regionale bzw. nationale Kultur, in der das Unternehmen bzw. die Markenorganisation angesiedelt ist, für die Unternehmens- und Markenidentität eine fundamentale Institution im Sinne der Neuen Institutionenökonomie dar.

Der Identität kommt somit zur Erklärung und Beeinflussung ökonomischer Sachverhalte eine hohe Bedeutung zu. Darüber hinaus kann festgehalten werden, dass sich die Corporate Identity und die Markenidentität der Mitarbeiter nur langsam wandeln und vom Management nicht direkt im Sinne einer deterministischen Mittel-Zweck-Beziehung beeinflusst werden können. Wichtig ist ferner, dass sich eine starke Markenidentität nur dann etabliert, wenn sie in die Unternehmensidentität eingebettet wird und mit dieser harmoniert.

Neben der Neuen Institutionenökonomie hat sich auch die **Betriebswirtschaftslehre** mit dem Identitätskonstrukt beschäftigt. Dies geschah insbesondere im Zusammenhang mit Untersuchungen zur Unternehmenskultur sowie zur Unternehmensphilosophie und Corporate Identity. Die Analyse der entsprechenden Publikationen zeigt zunächst, dass fast alle Autoren eine weitgehende Gleichsetzung zwischen dem Kultur- und dem Identitätsbegriff vornehmen (Heinen 1987, S. 31; Deal/Kennedy 1982, S. 137; Schein 1985, S. 44; Bonus 1994, S. 9). Danach ist eine starke Unternehmenskultur vor allem durch eine starke Gruppenidentität aller Unternehmensmitglieder im Sinne einer Corporate Identity geprägt. Vice versa lässt sich die Identität eines Unternehmens „kultivieren" und durch geeignete Rituale und gemeinsam gelebte Werte und Normen sichtbar machen (Deal/Kennedy 1982, S. 59; Schein 1985, S. 14; Bonus 1994, S. 15). Zur Beantwortung der Frage, aus welchen Merkmalen sich Markenidentität ergibt, liefern die Ergebnisse der Unternehmenskulturforschung erste konkrete Hinweise. Demnach müsste sich die Markenidentität auf für Kunden und Mitarbeiter „beobachtbare Artefakte", wie markenspezifische Gebäude, charakteristische Merkmale der Produktion und der Produkte, besondere

Merkmale der Sprache und der Kommunikation, spezifische Verhaltensweisen der Mitarbeiter und markentypische Symbole, zurückführen lassen (Schein 1985, S. 14 f.).

Darüber hinaus wird an dieser Stelle deutlich, dass Corporate Identity in der Regel als Gruppenidentität im sozialwissenschaftlichen Sinne interpretiert wird (Heinen 1987, S. 31 f.; Birkigt/Stadler/Funck 1998). Die über ausschließlich praxisorientierte Handlungsempfehlungen hinausgehenden Publikationen führen hinsichtlich der Strukturelemente der Corporate Identity zu dem Ergebnis, dass hier zwischen Unternehmensphilosophie als Kern der Corporate Identity und dem Verhalten, der Kommunikation und dem Erscheinungsbild des Unternehmens zu unterscheiden ist (Achterholt 1988, S. 42; Meffert 1994b, S. 85 f.; Birkigt/Stadler/Funck 1998). Daneben wird zwischen dem formulierten Selbstbild der Corporate Identity (Philosophie), dem realisierten Selbstbild (Kommunikation, Erscheinungsbild, Verhalten) und dem Fremdbild der Corporate Identity differenziert (Achterholt 1988, S. 42). Dies unterstreicht erneut die starke Bezugnahme auf die sozialwissenschaftliche Identitätsforschung.

Die Analyse der betriebswirtschaftlichen Literatur verdeutlicht letztlich, dass es trotz der umfassenden Auseinandersetzung mit dem Markenphänomen bislang kaum Ansätze gibt, die sich systematisch mit den Komponenten, der Entstehung und der Beeinflussung der Markenidentität befassen.

3. Konzeptionelle Ausgestaltung der identitätsorientierten Markenführung

Wie aufgezeigt, kann die Markenidentität nicht isoliert aus der Unternehmensperspektive betrachtet werden, sondern steht im Spannungsfeld der Marke und ihrer Anspruchsgruppen. Deshalb ist zwischen dem Selbstbild der Markenidentität aus Sicht der **internen Anspruchsgruppen** sowie dem Fremdbild der Markenidentität aus Sicht der **externen Anspruchsgruppen** zu differenzieren. Während sich das Selbstbild der Markenidentität im Unternehmen aktiv konstituiert und beschreibt, wie die Marke aus unternehmensinterner Sicht gegenüber externen Gruppen auftreten soll, formt sich das Fremdbild erst langfristig bei den verschiedenen externen Anspruchsgruppen und schlägt sich letztlich im Image der Marke nieder. Das Markenimage ist somit als ein **Akzeptanzkonzept** der Konsumenten in ihrer Beurteilung der Marke zu sehen und stellt daher kein Managementkonzept dar, denn *„um akzeptiert zu werden, muss die Marke zunächst konzipiert sein"* (Kapferer 1992, S. 45).

Insofern erweitert das Konzept der Markenidentität das Akzeptanzkonzept im Sinne eines planungsorientierten Ansatzes um ein **Aussagenkonzept**, das heißt Inhalt, Idee und Eigendarstellung der Marke werden spezifiziert. Im Mittelpunkt des Aussagenkonzepts der Markenidentität steht die Formulierung eines Kundennutzens, den die Marke aus Sicht des Anbieters erfüllen soll, wobei vor allem die spezifische Kernkompetenz der

Marke im Sinne des ressource-based view zum Ausdruck gebracht werden muss. Auf der jeweiligen **Kernkompetenz der Marke** basiert letztlich die Markenidentität. Sie wird vor allem durch essenzielle, wesensprägende Eigenschaften einer Marke geprägt, welche mit Kapferer auch als **genetischer Code** der Marke interpretiert werden können (Kapferer 1992, S. 111). Diese Eigenschaften dienen als Grundlage der Positionierung einer Marke.

Im Gegensatz zur essenziellen Markenidentität umfasst die erweiterte Markenidentität akzidenzielle Merkmale, die den Identitätskern anreichern und ausfüllen sowie im Unterschied zu den essenziellen Merkmalen bis zu einem bestimmten Grad verändert werden können. Dieser Teil der Identität dient mithin dazu, die Kernidentität zu vervollständigen. Kapferer führt entsprechend an, dass sich Stil und Positionierung einer Marke mit der Entwicklung der Technologie, Produkte und Käufer im Sinne eines **stilistischen Codes** der Marke durchaus ändern können, wenn der Ursprung und mithin Kern der Markenidentität bewahrt wird.

> Das Spannungsfeld von Veränderung und Kontinuität kann am Beispiel Volkswagen verdeutlicht werden. Für die Marke Volkswagen war über lange Jahre hinweg der Name Sinnbild für die Markenphilosophie. Die Aufgabe des Herstellers war es, ein „Auto für das Volk" zu entwickeln, wobei die Gründungsidee in der Solidarität (ein Volk, ein Wagen) lag. Später stand der Hersteller vor dem Problem, die Marke, die mit dem VW-Käfer anfangs auf nur einem Produkt basierte, an die soziologische Evolution, die technologischen Entwicklungen und die wachsenden Ansprüche der Autofahrer anzupassen. Es galt somit, die Markenidentität an die neuen Erfordernisse anzugleichen, ohne den Kern der Marke zu verändern. Entsprechend wurde verstärkt der sparsame Verbrauch, die Werthaltigkeit, Robustheit und Sicherheit des Autos betont, ohne jedoch den Identitätskern der Marke Volkswagen wirklich zu verändern (Kapferer 1992, S. 110 f.).

Abbildung 4 zeigt die Komponenten der Markenidentität im Überblick, auf deren Beschreibung und Erklärung im Folgenden dezidiert eingegangen werden soll.

Abbildung 4   **Komponenten der Markenidentität**

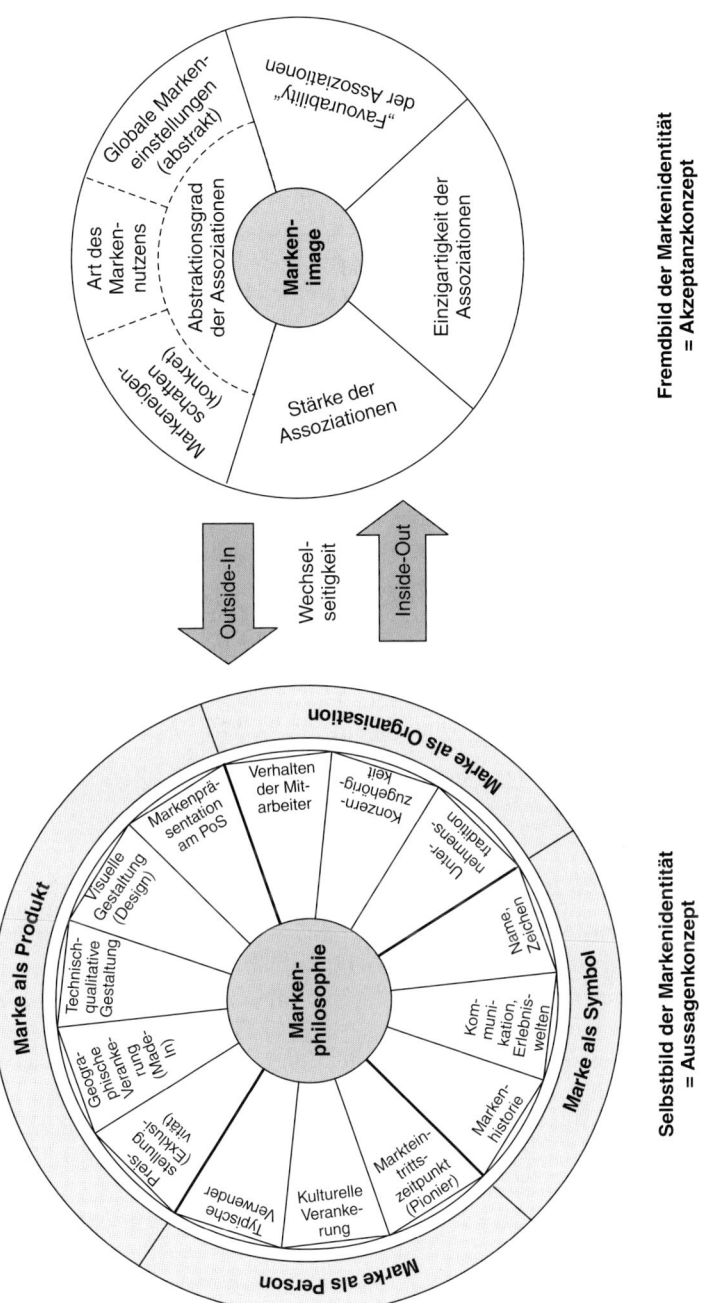

GABLER
GRAFIK

3.1   Das Selbstbild der Markenidentität als Aussagenkonzept der Marke

Identität entsteht immer aus einer Kombination mehrerer Merkmale oder Eigenschaften, die aufeinander abgestimmt sein müssen und letztlich ein und dieselbe Person bzw. Markenpersönlichkeit widerspiegeln. Ebenso wie die Identität einer Person erst im Laufe mehrerer Jahre heranwächst (Wiedmann 1994, S. 1045) kann sich auch eine starke Markenidentität nur über einen längeren Zeitraum entwickeln. Vor diesem Hintergrund zeigt Abbildung 4 eine Systematisierung potenzieller Komponenten der Markenidentität. Den konzeptionellen Rahmen für diese Systematisierung lieferten die bereits dargelegten Erkenntnisse der Unternehmenskultur- und Corporate Identity-Forschung. Darüber hinaus wurden die Publikationen zur identitätsorientierten Markenführung von Aaker 1996 und Kapferer 1992 integriert.

Den Kern der Markenidentität bildet dabei die **Markenphilosophie,** welche die Idee, den Inhalt und die zentralen Eigenschaften einer Marke in Form eines plastischen Markenleitbildes festlegt. Die Markenphilosophie stellt die gedankliche Konzeption im Sinne eines genetischen Programms der Marke dar (Kapferer 1992, S. 111). Bei der Formulierung der Markenphilosophie sollten die spezifische Kompetenz der Marke, die Visionen, die grundlegenden Wertvorstellungen und Ziele sowie das Verhältnis der Marke zu den wesentlichen internen und externen Bezugsgruppen zum Ausdruck gebracht werden.

Mit Aaker (1996) können die einzelnen Komponenten der Markenidentität zu vier Kategorien zusammengefasst werden (zu den Quellen der Markenidentität vgl. auch Kapferer 1992, S. 67 ff.). Demnach wird die Markenidentität geprägt von der Art der Produkte und Dienstleitungen, der Markenorganisation, bestimmten Symbolen und spezifischen Persönlichkeitsmerkmalen. Durch die spezifische Ausprägung ausgewählter oder aller Merkmale dieser Kategorien wird die Identität einer Marke für den Konsumenten wahrnehmbar und erlebbar.

Produktdimension der Markenidentität

Die Produktdimension der Markenidentität wird vor allem geprägt von der technisch-qualitativen und visuellen Gestaltung, der geographischen Verankerung, der Markenpräsentation am Point-of-Sale und der Preisstellung. Die **technisch-qualitative Gestaltung** der Produkte bzw. Dienstleistungen einer Marke ist in der Regel eine der wichtigsten Komponenten der Markenidentität (Kapferer 2000, S. 108 f.). Der Aspekt der technisch-qualitativen Gestaltung der Markenprodukte umfasst im weitesten Sinne auch die Breite und Tiefe des Produktprogramms einer Marke. Trotz der hohen Bedeutung darf nicht übersehen werden, dass sich die Identität einer Marke immer aus einer Vielzahl von Merkmalen ergibt, die weit über die technisch-qualitative Gestaltung hinausgehen. Die wachsende technisch-qualitative Homogenität der Produkte in vielen Branchen hat in den letzten Jahren zu einem klaren Bedeutungsverlust der technisch-qualitativen Komponente der Markenidentität geführt. Die Markenidentität von Mercedes-Benz, IBM, Gore-Tex oder Miele wird traditionell in starkem Maße von der hohen technischen Qualität der Markenprodukte geprägt (vgl. auch die Fallstudie Markenmonopol für Qualität – Das Beispiel Miele in diesem Band).

Die **visuelle Gestaltung** der Markenprodukte bzw. ihr Design stellt eine weitere potenzielle Komponente der Markenidentität dar (Zec 2001). Insbesondere im asiatischen Kulturkreis ist das Design und damit der ästhetische Gehalt einer Marke von eminenter Bedeutung für die Ausprägung der Markenidentität (Schmitt/Pan 1995, S. 26). Das hervorstechende Design kann sich auf das Produkt und auf die Verpackung beziehen. Die Verpackung kann dabei neben ihren klassischen Funktionen (zum Beispiel Schutz beim Transport) auch die Wiedererkennung der Marke unterstützen. Abbildung 5 zeigt in diesem Zusammenhang die „Kraft der Verpackung" als Komponente der Markenidentität.

Abbildung 5   **Unverwechselbares Verpackungsdesign als Komponente der Markenidentität**

GABLER
GRAFIK

Quelle: Linxweiler 1997, S. 40

Die visuelle Gestaltung kann dabei, wie das Beispiel der Marke Rolls-Royce verdeutlicht, mit einer außergewöhnlichen technisch-qualitativen Gestaltung zusammenfallen, ist jedoch grundsätzlich unabhängig von dieser zu betrachten. Bang & Olufsen, Braun, Alfa-Romeo oder Citroen sind gute Beispiele für Marken, die einen wesentlichen Teil ihrer Identität aus dem ungewöhnlichen Design ihrer Produkte beziehen (vgl. hier auch den Beitrag zur Führung von Luxusmarken in diesem Band).

Auch die **geographische Verankerung** kann zur Quelle der Markenidentität werden. So ist etwa die Entstehung der Markenidentität bei Veuve Cliquot (Champagner), Pilsener Urquell, Warsteiner Bier oder Club Mediterranee (Club-Urlaub) ohne die bewusst betonte geographische Verankerung in der Champagne, in der Tschechei, dem Sauerland oder dem Mittelmeerraum kaum denkbar. Der geographische Raum steht dabei für traditionelle Kompetenzen einer Region, beispielsweise die Braukunst in Bayern, die hohe Ingenieurskompetenz Deutschlands oder die Käsekompetenz Hollands. Im Zuge der Globalisierung des Wettbewerbs und der wachsenden Bedeutung strategischer Allianzen hat das Identitätsmerkmal „made in" für die Markenführung an Gewicht verloren.

Der **Präsentation der Marke am Point-of-Sale** (PoS) kann für die Ausprägung der Markenidentität ebenfalls eine hohe Bedeutung zukommen (Roediger 1993, S. 60). Der Kontakt zum Absatzmittler stellt für den Konsumenten häufig die einzige Möglichkeit zum Aufbau einer persönlichen Beziehung zur Marke bzw. der die Marke repräsentierenden Personen dar. Das Umfeld der Marke beim Absatzmittler determiniert die Wahrnehmung dieser Kontaktaufnahme mit der Marke. Neben dem konkreten Verhalten der Verkaufsoder Kundendienstmitarbeiter prägen auch die physischen Merkmale am Point-of-Sale, zum Beispiel Gebäudearchitektur, Innenausstattung, Zugänglichkeit, Lichtverhältnisse oder Farben, die Wahrnehmung der Markenidentität. Bei langlebigen Gebrauchsgütern wird dabei vor allem der Erlebniswert einer Marke vom Markenumfeld am PoS beeinflusst. Die Bedeutung der Markenpräsentation am PoS für die Markenidentität wird vor allem in der Automobilindustrie, zum Beispiel BMW versus Lada oder Hyundai, und im Bekleidungsbereich, zum Beispiel Escada versus Westbury, sichtbar.

Die technisch-qualitative Gestaltung der Markenprodukte gibt letztlich bereits einen groben Rahmen für das **Preisniveau** der Markenprodukte vor, wobei die Preisstellung bzw. die damit einhergehende Exklusivität eine weitere potenzielle Komponente der Markenidentität bilden. Ein sehr hoher Preis und die auf diese Weise eng begrenzte Verbreitung der Markenprodukte sichern ein hohes Markenprestige und führen zu einem sich deutlich von anderen Marken differenzierenden Käuferprofil. Vice versa führt ein sehr niedriger Preis zu einer Popularisierung der Markenprodukte. In beiden Fällen prägt die ausgefallene Preisstellung in Verbindung mit dem klaren Vorstellungsbild vom jeweils typischen Markenkäufer die Identität der Marke. Beispielhaft seien hier die Marken Cartier, Rolex, Davidoff aber auch Aldi und Ikea genannt.

„Personalisierung" der Markenidentität

Das Bild vom typischen Verwender, die kulturelle Verankerung sowie der Markteinführungszeitpunkt bestimmen die personale Dimension der Markenidentität (vgl. in diesem Zusammenhang auch Fournier 1998; Aaker 1997; Huber/Herrmann/Weis 2001; Hermann/Huber/Braunstein 2000). Dabei ist das **Vorstellungsbild vom typischen Verwender** und Verwendungssituationen der Marke in der Regel eng mit der Preisstellung verbunden. Diese Vorstellungen fördern die Personalisierung der Markenidentität. Das Vorstellungsbild kann dabei sowohl durch eine besondere Heterogenität als auch eine ungewöhnliche Homogenität der Verwender bestimmt sein. So wird die Markenidentität des

Volkswagen Golf durch die Heterogenität seiner Verwender, die aus allen gesellschaftlichen Schichten kommen, beeinflusst. Demgegenüber wurde die Markenidentität des Opel Manta gerade durch die außergewöhnliche Homogenität seiner Verwender bestimmt.

Ebenso wie der Bezug zu einem bestimmten Raumausschnitt kann die **kulturelle Verankerung** die Identität einer Marke in starkem Maße prägen. Spezifische Werte und Normen einer Region oder eines ganzen Landes werden in besonderer Weise mit bestimmten Marken assoziiert, wodurch sich die kulturellen Werte und Normen auf die Marke übertragen und zum Bestandteil der Markenidentität werden (vgl. in diesem Zusammenhang auch den Beitrag zum Aufbau und zur Gestaltung von Regionenmarken in diesem Band). Beispielsweise fungieren die mit Deutschland assoziierten Werte Gründlichkeit, Zuverlässigkeit und korrekt- distanzierter Auftritt als Identitätsanker der Marken Lufthansa oder Allianz. Ebenso basiert die Markenidentität von Coca-Cola ganz wesentlich auf der mit dieser Marke assoziierten liberalen amerikanischen Gesellschaftsordnung bzw. dem „American way of life". Auch die Identität der Automarke Rolls-Royce beruht auf der distinguierten, vornehm zurückhaltenden englischen Kultur und Lebensart. Ein erfolgreiches Beispiel, wie die kulturelle Verankerung die Identität einer Marke in besonderem Maße geprägt hat, stellt die Marke Camper dar (vgl. Insert 1).

Eine weitere potenzielle Komponente der Markenidentität stellt der **Zeitpunkt des Markteintritts**, als Pionier oder als Folger, dar. Die Pionierfunktion beim Aufbau einer neuen Produktkategorie hat sowohl Auswirkungen auf das Selbstverständnis und Verhalten der Mitarbeiter als auch auf die Wahrnehmung der Konsumenten. Die Wahrnehmung einer Marke als Pionier beeinflusst sowohl die Einstellungen als auch die Kaufabsicht und das Kaufverhalten der Konsumenten (Alpert/Kamins 1995, S. 42). Dies wird vor allem auf die in der Regel hohe Affinität zwischen dem Selbstbild des Konsumenten von seiner eigenen Person und den typischerweise mit einem Pionier assoziierten Merkmalen zurückgeführt (Carpenter/Nakamoto 1989). Wichtig für die Markenidentität ist die Pionierrolle, beispielsweise bei Volkswagen oder Chrysler, die mit der Einführung des Golf bzw. Voyager jeweils eigene Wagenklassen schufen. Ebenso verhält es sich mit der Pionierrolle des Club Mediterranée.

Symbolische Dimension der Markenidentität

Die symbolische Dimension der Markenidentität wird durch den Markennamen und das Markenzeichen, die Markenhistorie und die Markenkommunikation bestimmt. **Markenname** und **-zeichen** können insbesondere dann wesentliche Quellen der Markenidentität sein, wenn gegenständliche Namen, Namen aus anderen Sprach- oder Kulturkreisen sowie Namen von Personen als Markennamen Verwendung finden (Kapferer 2000, S. 112 ff.; Leclerc/Schmitt/Dube 1994, S. 263 f.; Charmasson 1988). Beispielsweise signalisieren die Markennamen Volkswagen, Apple, Toys 'R' Us, Calvin Klein, Jil Sander oder Lagerfeld bereits einen Teil des Selbstverständnisses der Marke. Ähnlich verhält es sich mit dem Michelin-Männchen oder dem MGM-Löwen als markentypischen Symbolen (Abbildung 6). Der Name, das Markenzeichen oder das Markensymbol stehen in diesen Fällen für bestimmte Produkteigenschaften, Wertebündel oder Persönlichkeitsmerkmale, die mit der Marke assoziiert werden.

INSERT 1   Wirtschaftswoche Nr. 19, 03.05.2001, Seite 63–68

UNTERNEHMEN CAMPER

Schuhe mit Seele

Von Mallorca aus sind Camper-Schuhe zum Siegeszug um die ganze Welt angetreten.

Manche Camper-Schuhe sehen aus, als seien sie in einer Bowlingbahn geklaut worden. Bei anderen steht etwas auf den Sohlen. Und bei manchen Modellen passt der linke Schuh nicht zum rechten. Mit Absicht.

Trotzdem verkaufen sich die Produkte dieses skurrilen Schuhherstellers im heimischen Spanien besser als Freizeitschuhe irgendeines anderen Fabrikats. Jetzt geht das Unternehmen auf den Weltmarkt und eröffnet Läden in London, Mailand, New York, Paris und Taiwan. In Deutschland läuft der Vertrieb über ausgesuchte Schuhgeschäfte. Letztes Jahr lag der Umsatz bei über 130 Millionen Euro – das waren über drei Millionen verkaufte Paar Schuhe.

Die führende Fachzeitschrift der Branche, „Footware News", hat Camper zur „modischen Marke des Jahres" erklärt, und Prominente jeder Couleur, von Woody Allen über Robert Redford bis zu Bruce Willis,

FAST COMPANY

laufen in dem originellen Schuhwerk aus Spanien herum. Camper ist weder die größte noch die bekannteste Schuhfabrik. Aber sie ist vermutlich die ungewöhnlichste und, zumindest im Augenblick, die heißeste Schuhfabrik der Welt.

Der Schlüssel zum Ganzen liegt in der Bodenständigkeit: das Unternehmen wurzelt fest in seiner geografischen, kulturellen und historischen Umgebung. In einer Wirtschaft, die vom Design beherrscht wird, und einer Branche, die von aufgemotztem Design lebt, stellt der bodenständige Ansatz von

CAMPER-SCHUHGESCHÄFT: Ausgefallenes Design mit einem Hauch von Bequemlichkeit und Augenzwinkern.

Camper ein Schulbeispiel für Marketing gegen den Strom dar.

Die ersten Details der Camper-Story erfährt man aus einer Herkunftsangabe, die mit jedem Paar Schuhe mitgeliefert wird. Diese steht meist auf einem Anhänger oder in einer beigelegten kleinen Broschüre. Text und Bilder können variieren, aber die Botschaft ist immer dieselbe. Diese Schuhe kommen aus Mallorca.

UNTERNEHMEN CAMPER

„Camper" bedeutet im Katalanischen „Bauer", und die Schuhe gehen tatsächlich auf bäuerliche Fußbekleidung zurück, wie sie auf der Insel traditionell getragen wird.

Die Geschichte dient als Quellcode für das Produkt und als Marketingtool für alle Welt. Lorenzo Fluxa, der Camper 1975 gegründet hat, folgt seinem Motto: Es sei besser, eine Marke auf altmodischen Ideen aufzubauen, als zu versuchen, mit der Mode zu gehen. „Wenn man uns als modische Marke bezeichnet, kränkt mich das", sagt der 54-Jährige. „Wir haben mit der Modewelt überhaupt nichts am Hut. Wir versuchen, uns nicht allzu wichtig zu nehmen."

Viele Modedesigner behaupten, ihre Kreationen seien zeitlos. Aber nur wenige gestalten ihr Produkt aus Attributen, die vollständig ihrer eigenen Zeitzone entstammen – ohne Rücksicht auf Geschmacksurteile und Meinungen von außen. „Es gibt immer wieder Leute, die uns sagen wollen, welche Art von Produkten wir herstellen sollen", sagt Guillermo Ferrer, 45, Chefdesigner bei Camper. „Wir wissen solche Ratschläge zu schätzen, aber im Allgemeinen sagen wir: Nein, danke. Wir machen mallorquinische Schuhe. Wenn einmal niemand mehr unsere Produkte mag, finden wir uns damit ab, sperren die Fabrik zu und gehen nach Hause."

Trotzdem gelten diese Schuhe, die ganz aus dem Selbstverständnis des Herstellers entstanden sind und einen eindeutig lokalen Charakter haben, inzwischen in aller Welt als todschick. Camper ist Design mit einem Hauch Bequemlichkeit und einem Augenzwinkern. Und Tag für Tag schlüpfen mehr Stadtbewohner in ihre Campers und zwinkern zurück.

Fluxa war sich von jeher klar darüber, welche Rolle Geschichte und Geografie beim Verkauf von Schuhen spielen können. Bevor die Touristenschwärme einfielen, war die Wirtschaft der Insel von Landwirtschaft und Handwerk geprägt. Als Fluxa erwachsen wurde, hatten jedoch die Touristen die Insel bereits entdeckt. Er freundete sich mit einigen der Urlauber an – und handelte sich die Missbilligung seines Vaters ein. „Er hat mir seine Wertvorstellung auf sehr raffinierte Weise vermittelt", erinnert sich der Camper-Gründer. „Er machte Witze über meine langen Haare, über meine Freunde und über meine Schuhe."

Fluxa ist Schuhmacher in der vierten Generation, und Innovation liegt der Familie im Blut. Sein Großvater war berühmt dafür, dass er per Schiff nach England fuhr, um die ersten modernen Maschinen für die Schuhfabrikation nach Mallorca zu holen. Fluxas Vater kam sogar in der Schuhfabrik der Familie zur Welt. Er übernahm schließlich den Familienbetrieb Lottusse, der auf Schuhe für Geschäftsleute spezialisiert war. Als er an der Reihe war, stellte Fluxa fest, dass er Spaß am Geschäft mit Schuhen hatte – das Produktionsprogramm seiner Firma aber sterbenslangweilig fand.

Unterdessen fragten ihn weltläufige Freunde vom spanischen Festland immer wieder, wo er denn seine Slipper kaufe – Schuhe im Stil von Espadrillos, alten Bauernschuhen nachempfunden, die von den Inselbewohnern aus Leinwandresten und Gummiabfällen zusammengeschustert wurden. Er witterte eine Chance und bat seinen Vater, ihm bei der Einführung eines Sortiments von Freizeitschuhen zu helfen.

Für Fluxa senior grenzte das an Lästerung – eine „Prostitution des Familienbetriebs" sei der Wunsch seines Sohnes. Auch Einzelhändler, die der Familie seit Jahrzehnten treu geblieben waren, verstanden die Welt nicht mehr. „Ich hab ihnen von meinem Plan erzählt, saloppe Unisex-Schuhe zu produzieren, und bekam Briefe von Leuten, die mir versicherten, sie würden niemals solche unanständigen Schuhe verkaufen", berichtet der jüngere Fluxa. „Sie hatten das Wort Unisex noch nie gehört. Sie haben es mit freizügigem Sex verwechselt."

Schließlich ließ sich sein Vater aber doch breitschlagen und stimmte einem finanziell nicht allzu aufwendigen Versuch mit den Espadrillos zu. Die konservativen Schuhhändler wussten mit dem neumodischen Kram zunächst nichts Rechtes anzufangen. Aber als die Diktatur in Spanien abgeschafft wurde und in den Geschäften Bluejeans und andere Freizeitkleidung verkauft wurden, konnte Fluxa diese fortschrittlich eingestellten Händler überreden, Camper-Schuhe in ihr Sortiment aufzunehmen. Die Umsätze stiegen so allmählich.

Während die Firma wuchs, erkannte Fluxa, dass die Kunden Camper mit einem Ort in Verbindung bringen mussten. Seine Freunde waren Stadtmenschen, die ländliches Schuhwerk tragen wollten. Also musste er eine erkennbare Verbindung zwischen seinem Land und seinen Schuhen herstellen. „Wir wollten nicht einfach nur eine modische Schuhmarke sein", erklärt er. „Wir wollten das Ganze mehr von der kulturellen Seite her aufziehen." Aber was bedeutet es, eine Kultur-Marke statt einer Mode-Marke zu sein?

INSERT 1   Wirtschaftswoche Nr. 19, 03.05.2001, Seite 63–68 (Fortsetzung)

UNTERNEHMEN CAMPER

Letztes Jahr zog Shubhankar Ray, 32, ein Engländer, ausgebildet an der Managementschmiede Insead in Fontainebleau bei Paris und Sohn eines Anthropologen, nach Mallorca, um Fluxa zu helfen, die Antwort auf diese Frage zu finden.

Ray zufolge darf man Kultur nicht nur geografisch definieren: „Unternehmen, die sich zu Kultur-Marken entwickeln, haben normalerweise eine Meinung über irgendetwas, was die Menschen schätzen. Die Kunden wissen natürlich, dass die Firma ein kommerzielles Interesse hat. Aber wenn man eine Kultur- Marke ist, kann man eine emotionalere Beziehung zu seinen Kunden haben." Als Beispiele für Kultur-Marken nennt Ray Benneton und Nike.

Camper steht für die Erhaltung der ländlichen Kultur – sowohl der Umwelt als auch der darin eingebetteten Werte. Das ist eine zeitgemäße Botschaft: Mallorcas ländliche Kultur verschwindet zusehends. Letztes Jahr haben über neun Millionen Menschen Urlaub auf Mallorca gemacht. Teure italienische Boutiquen stehen Wand an Wand mit 800 Jahre alten Kirchen. Nach und nach werden der eigentümliche Charme und die einzigartige Kultur der Insel von globalem Kommerz und ökonomischer Einförmigkeit verdrängt.

Um diese Entwicklung zu bremsen, betätigt sich Camper auch an der Heimatpflege: Im Jahre 1989 hat das Unternehmen ein altes Landgut erworben, dessen Gebäude nach der Renovierung als Designstudio und Erholungsheim für Firmenangehörige dienen sollen. „Wir haben das Land gekauft, um unsere Liebe zum ländlichen Lebensstil zu demonstrieren –

um Camper mit seinen Ursprüngen zu verbinden und die Landwirtschaft zu stärken", sagt Fluxa.

Die interessanteste Verbindung zwischen der mallorquinischen Kultur und Camper reicht weit in die Vergangenheit zurück. Die Einheimischen erzählen eine Geschichte: Während des gesamten Mittelalters ging die Herrschaft über Mallorca von einer europäischen Dynastie an die nächste über. Um sich vor rivalisierenden Piraten zu schützen, die immer wieder über die Insel herfielen, bauten sie sich Häuser mit Innenhöfen, sodass sie geschützt im Freien sitzen konnten – im Gegensatz zu anderen Gegenden Spaniens, wo es Brauch ist, vor dem Haus zu sitzen. Von außen wirkten die Häuser eher bescheiden, sodass für die Piraten nicht ohne weiteres zu erkennen war, welche reiche Beute zu machen war.

Auch Camper-Schuhe machen von außen nicht viel her. Die Designer finden, das Tragen dieser Schuhe müsse wie eine Art lustiges Selbstgespräch sein – was sich ja auch an den Sohlen niederschlägt. Es hat schon Camper-Schuhe gegeben, deren Sohlen mit Gedichten oder Wahlsprüchen bedruckt waren (etwa „Hispanic causing panic"). Und Camper-Mitarbeiter versuchten, festzustellen, wie viele Kunden die Firma in der näheren Umgebung hat, indem sie die Schuhabdrücke an den Stränden prüfen.

Warum solche Mühe mit einem Teil, das ohnehin abgescheuert wird? „Die Sohle ist die Seele des Schuhs", sagt Fluxa. „Wir haben uns viele unserer Sohlen schützen lassen. Das ist für uns eine Investition."

Ähnliches Understatement praktiziert Camper bei der Eröffnung seiner Läden. Die anvisierte Kundschaft frequentiert normalerweise die besseren Einkaufsgegenden – in denen die Mieten hoch sind und Umbaugenehmigungen oft lange auf sich warten lassen. Statt also zu warten, bis alles tiptop ist, stapelt man einfach Schuhkartons aufeinander, stellt die Schuhe obendrauf und verkauft sie auf diese Weise, bis die eigentliche Renovierung anfangen kann. „Die Kunden bitten uns, diese Läden so zu lassen, wie sie sind", sagt Dalia Saliamonas, 37, die für den gesamten Verkauf außerhalb Spaniens zuständig ist. „Es ist fast ein bisschen boshaft, aber es macht uns Spaß, uns mit unseren niedrigeren Preisen mitten in die besten Einkaufsstraßen zu setzen." Mit Preisen zwischen 200 bis 350 Mark pro Paar sind Campers ohnehin deutlich preiswerter als viele Nobelmarken.

Der beste Beweis für die Attraktivität der Marke? Menschen aus aller Welt versuchen, nach Mallorca überzusiedeln, um bei Camper arbeiten zu können. Ray zog letztes Jahr mit Frau und kleinem Kind von London nach Mallorca um. Und die diesjährigen Designpraktikanten kommen unter anderem aus Japan und Skandinavien. Und dann ist da auch noch Kim Fabio, 34, die in der Karibik aufwuchs und zehn Jahre am Converse College war, bevor sie letztes Jahr nach Mallorca zog. „Bei Camper findet man jede Menge Inspiration", sagt sie. „Ich hab's mir schön vorgestellt, die Dinge so zu sehen, wie man sie hier sieht."

RON LIEBER/© FAST COMPANY ■

Abbildung 6	Zuordnung von Markensymbolen und -charakteren

Welche Marken fallen Ihnen bei den folgenden Charakteren spontan ein?	
■ Lila Kuh	■ Herr Kaiser
■ Cowboy	■ Eskimojunge & Opa
■ Tony the Tiger	■ Frosch
■ Clementine	■ Baron & Comtesse

Lösung: Milka, Marlboro, Frosties, Ariel, Hamburg Mannheimer, Audi, Frosch, Ferrero Rocher

GABLER
GRAFIK

Quelle: Baumgarth 2001, S. 164

In jüngster Zeit kommt der Neuwahl eines Markennamens vor dem Hintergrund der gestiegenen Unternehmensfusionen eine besondere Bedeutung zu. Entsprechend der gewünschten Assoziationen, die mit dem neuen Markennamen hervorgerufen werden sollen, ergeben sich unterschiedliche Namenskonstellationen. So resultierte beispielsweise die Fusion von Daimler Benz und Chrysler gleichfalls in einer Namensfusion (DaimlerChrysler), der Zusammenschluss von Wüstenrot und der Württembergischen hingegen in einer isolierten Beibehaltung beider Namen. Den Prozess der Neunamensfindung zur Weckung bestimmter namensbezogener Assoziationen verdeutlicht schließlich das Beispiel des Energiekonzerns „E.ON" (vgl. Baumgarth 2001).

Nach der Fusion von VEBA und VIAG sollte ein neuer Firmenname gebildet werden. Zu diesem Zweck wurde die Belegschaft um Vorschläge gebeten. Insgesamt wurden 700 Vorschläge eingereicht wie zum Beispiel „Preussisch-Bayerische Energie AG", „Vevi AG" oder mit Anspielung auf die Doppelspitze des Konzerns Hartmann-Simson „Hasi AG". Auch wurde überlegt, den Namen ARAL für den Gesamtkonzern zu nutzen, da dieser als Marktführer im Tankstellenbereich über einen hohen Bekanntheitsgrad verfügt. Weiterhin wurden zur Namensfindung zwei Agenturen eingeschaltet. Die Hälfte der 60 Agenturvorschläge bestand aus Kunstnamen. Am Ende verblieben 8 Namen, die bei 2000 Personen verdeckt getestet wurden. Als Sieger aus diesem Test ging „E.ON" hervor, der Assoziationen wie Energie, Internet, Aufbruch, Globalität und Sympathie hervorruft und hohe Auffälligkeitswerte besitzt.

Die rechtliche Überprüfung ergab, dass der Name bereits von einem kleinen mittelständischen Unternehmen in den USA benutzt wird. Diesem Unternehmen wurde der Name abgekauft. Der Preis für die Namensfindung wird auf ca. drei Millionen DM beziffert, wobei dieser Betrag noch nicht die Realisierung des Namens (zum Beispiel Druck von Briefpapier, Visitenkarten, Schilder) und vor allem nicht die Kosten der Bekanntmachung beinhaltet. Die Bekanntmachung basierte zunächst auf einer breiten Plakatierung und Schaltung von Anzeigen und Spots, die nur eine rote Fläche zeigten. In einer zweiten Welle wurde das Geheimnis durch den Slogan „E.ON – Neue Energie" gelüftet.

Vergleichbar mit der Identität einer Person ist auch die Markenidentität geprägt von der Geschichte der Marke (Schleusener 1995). Die **Markenhistorie** stellt insbesondere bei alten Marken einen zentralen Einflussfaktor der Markenidentität dar. Vor dem Hintergrund der wachsenden Unübersichtlichkeit des Produktangebots in vielen Warengruppen und dem damit einhergehenden Orientierungsbedürfnis der Konsumenten erklärt sich auch der in jüngster Zeit verstärkt zu beobachtende Nostalgietrend bzw. der Trend zur Revitalisierung von Marken, wie zum Beispiel die Revitalisierung des Käfers als New Beetle von Volkswagen. Die Ausrichtung an althergebrachten Marken, mit denen man gemeinsam aufwuchs, verschafft Sicherheit und Orientierung. Dieser Trend führt zu einem Popularitätsschub für klassische Marken mit langer Tradition.

Die Rückbesinnung auf Werte und Konsumgewohnheiten der Elterngeneration im Sinne „musealer Bedürfnisse" (Voigt 1995, S. 56) wird neben dem Orientierungsbedürfnis auf die ablehnende Haltung einer wachsenden Zahl von Konsumenten gegenüber immer kürzeren Innovations- und Produktlebenszyklen zurückgeführt (Backhaus/Gruner 1994, S. 19 f.). Die rasche Abfolge von Produktneueinführungen, die teilweise bereits von der Ankündigung technisch verbesserter Versionen begleitet werden, verstärken das Bedürfnis der Konsumenten nach zeitstabilen Orientierungsgrößen. Die traditionsbewährte Marke gilt in diesem Zusammenhang als willkommener „Zeitanker" (Voigt 1995, S. 56 f.). Nicht zuletzt die Erinnerung an Vergangenes führt dazu, dass eine stark in der Historie einer Marke verwurzelte Markenidentität durch ein vergleichsweise hohes Maß an Emotionalität gekennzeichnet ist. Als Beispiel für Marken, deren Identität in der Markenhistorie verwurzelt ist, kann in Deutschland auf Mercerdes, Nivea, Maggi, Persil, Jägermeister, Jacobs Kaffee oder Asbach Uralt und in den USA auf Quaker Oats, Kelloggs oder Kodak verwiesen werden.

Die Bedeutung der Historie bzw. Tradition für die Markenidentität ist dabei in Abhängigkeit von den kulturellen Rahmenbedingungen eines Landes zu beurteilen. So wird beispielsweise beim Automobilkauf die Bedeutung der Markentradition in Deutschland von den Konsumenten als sehr hoch eingeschätzt, während Engländer, Amerikaner und Holländer der Markentradition eine eher geringe Bedeutung zuschreiben (Schleusener 1995, S. 79).

Bei der Diskussion identitätsbestimmender Faktoren war in der Vergangenheit häufig eine Konzentration auf die **Markenkommunikation** zu beobachten (vgl. unter anderem Antonoff 1983; Chajet/Shachtman 1995; Birkigt/Stadler/Funck 1998). Trotz der unbestritten hohen Bedeutung der Kommunikationspolitik für die Markenidentität haben die vorangegangenen Ausführungen gezeigt, dass eine einseitige Ausrichtung auf die Kommunikation dem vielschichtigen Phänomen der Markenidentität nicht gerecht wird.

Die Aufgaben der Markenkommunikation im Rahmen der Identitätsbildung liegen vor allem in der durch die Markenphilosophie vorbestimmten Botschaftsgestaltung, der Auswahl identitätsadäquater audiovisueller Elemente (Markenbilder, -melodien bzw. Slogans und Jingles) sowie eines entsprechenden Mediaplans und Kommunikationsstils. Slogans stellen dabei kurze Phrasen dar, die in der Kommunikation deskriptive oder emotionale Informationen über eine Marke transportieren und dazu dienen, die Wiedererkennung sowie die Positionierung einer Marke zu unterstützen. Abbildung 7 gibt in diesem Zusammenhang die Ergebnisse einer Studie zur Wirksamkeit von Slogans hinsichtlich der Wiedererkennung einer Marke wieder. Slogans werden dabei häufig von Jingles als musikalisches Markenelement unterstützt, wobei direkte Jingles den Markennamen integrieren (zum Beispiel Ei, Ei, Ei Verporten), indirekte Jingles hingegen keinen direkten Bezug zum Namen aufweisen (zum Beispiel Sail away-Melodie bei Becks Bier).

Abbildung 7 **Slogans als identitätsgestaltendes Element**

Slogan	Marke	Richtige Markenzuordnung
„[...] macht Kinder froh und Erwachs'ne ebenso"	HARIBO	93 %
„[...] Dir Deine Meinung!"	BILD	93 %
„Wenn's um Geld geht [...]"	SPARKASSE	93 %
„Die zarteste Versuchung seit es Schokolade gibt"	MILKA	92 %
„Bitte ein [...]"	BIT(BURGER)	91 %
„Hoffentlich [...] versichert"	ALLIANZ	90 %
„Das einzig Wahre [...]"	WARSTEINER	87 %
„Waschmaschinen leben länger mit [...]"	CALGON	87 %
„[...] räumt den Magen auf"	RENNIE	87 %
„[...] Schöne Ferien"	TUI	85 %

Basis: Jeweilige Kenner des Slogans (unbranded) in der dt. Bevölkerung ab 16 Jahren, n=1000

GABLER
GRAFIK

Quelle: Kirschhofer 2000, S. 9

Im Vergleich zu den sonstigen identitätsgestaltenen Elementen weisen Slogans und Jingles als akzidenzielle Merkmale einer Marke eine höhere zeitliche Flexibilität in Bezug auf verschiedene Anwendungsgebiete sowie unterschiedliche Zielgruppen auf. Vor allem die Fragmentierung vieler Märkte macht dabei die gezielte Ansprache der markenrelevanten Zielgruppen zunehmend schwerer. Vor diesem Hintergrund werden auch neue Kommunikationsinstrumente wie das Sponsoring, das Event-Marketing oder auch die Nutzung weltweiter Kommunikationsnetze mittels Internet für die Entwicklung der Markenidentität zunehmend wichtiger (vgl. den Beitrag zur Markenführung im E-Commerce in diesem Band).

Zur Neupositionierung der Marke Adidas zu Beginn der 90er Jahre wurde 1992 mit dem Adidas Streetball Challenge eine Eventkommunikation eingesetzt. Dabei handelt es sich um Streetball-Turniere, die von Adidas an zentralen Plätzen von Städten veranstaltet wurden. Merkmal dieser Kommunikation war die aktive Teilnahme sowohl der beteiligten Teams als auch der Zuschauer. Die Streetball-Turniere fanden europaweit statt und nach fünf Jahren wurde in Berlin mit 3.200 Teilnehmern und 40.000 Zuschauern eine Finalveranstaltung durchgeführt. Insgesamt nahmen über 500.000 Menschen an den Streetball-Turnieren teil. Die Eventkommunikation wurde auch durch Co-Sponsoring von Sprite, Lufthansa, Siemens, SAT 1, MTV und Sport Bild finanziell unterstützt und die Marke Adidas mit diesen Marken verbunden. Adidas setzte diese Form der Eventkommunikation auch in weiteren Sportarten, wie Fußball und Outdoor-Sportarten, um (vgl. Aaker/Joachimsthaler 2000, S. 190 ff.).

Darüber hinaus kommt in Branchen, die durch eine hohe Austauschbarkeit der Produkte und somit einen Mangel an objektiv-technischen Differenzierungskriterien gekennzeichnet sind (zum Beispiel Zigaretten, Waschmittel, Bier, Universalbanken, Airlines) dem Aufbau markenspezifischer Erlebniswelten im Rahmen der Identitätsbildung eine herausgehobene Bedeutung zu.

So wurde Mitte 2000 vom Volkswagen-Konzern die Autostadt eröffnet. Neuwagenkäufer haben hier die Möglichkeit, ihren Wagen persönlich vom Werk abzuholen. Weiterhin kann auf dem Gelände ein Zeithaus mit einer Ausstellung zum Thema Mobilität besucht werden. Zusätzlich beherbergt die Autostadt Markenpavillons der Konzernmarken Seat, Skoda, Audi, Volkswagen, Bentley und Lamborghini. Abgerundet wird das Angebot auf dem ca. 25 ha. großen Areal durch mehrere Mövenpick-Restaurants, einem Ritz-Carlton Hotel sowie dem Konzern-Forum (vgl. auch die Fallstudie zur Mehrmarkenstrategie des Volkswagenkonzerns in diesem Buch).

Es bleibt jedoch festzuhalten, dass diese kommunikativen Erlebniswelten immer nur dann zu einer starken Markenidentität beitragen, wenn sie von klaren Leistungsvorteilen der Marke begleitet werden. Die Identität der Marken Bennetton, Bayerische Hypotheken- und Wechselbank, Jägermeister und Aral ist beispielsweise in besonderer Weise durch die Markenkommunikation geprägt. Ein weiteres Beispiel ist die stark auf Aktualität ausgerichtete Kommunikationspolitik von Coca-Cola. Das flächendeckende, nationale, regionale und lokale Engagement im Sponsoring- und Eventbereich trägt erheblich zur Markenidentität von Coca-Cola bei.

Organisationale Dimension der Markenidentität

Die organisationale Dimension der Markenidentität wird durch das Verhalten der Mitarbeiter sowie die Unternehmens- und Branchenzugehörigkeit bestimmt. Dabei liegt im **Verhalten der Mitarbeiter** der Markenorganisation eine der wichtigsten Quellen der Markenidentität. Damit sind das Verhalten und die spezifische Organisationskultur aller in den Markenauftritt involvierten Personen angesprochen. Alle anderen potenziellen Identitätsquellen gehen letztlich auf die Entscheidungen und das Verhalten dieses Personenkreises zurück, der sich neben der Unternehmensleitung auf die Mitarbeiter sämtlicher Geschäftsprozesse erstreckt, die zur Entstehung der Markenprodukte bzw. Markenleistungen durchlaufen werden müssen. Dies schließt alle Personen in den Vertriebskanälen sowie das Kundendienstpersonal mit ein. Der persönliche Kontakt des Konsumenten mit den die Marke repräsentierenden Personen, dem Verkäufer im Handel, dem Kundendienstmitarbeiter, dem Markenvertreter auf Messen oder Sponsoringveranstaltungen ist die entscheidende Basis für die Entstehung einer dauerhaften Beziehung zwischen Marke und Kunden im Sinne einer langfristigen Kundenbindung. Der Stellenwert, den die Mitarbeiter einer dauerhaften, persönlichen Kundenbeziehung beimessen, manifestiert sich in der Serviceorientierung einer Marke. Diese Servicementalität der Mitarbeiter hat einen hohen Einfluss auf die vom Kunden wahrgenommene Markenidentität, weil sie das ernsthafte Bemühen zum Ausdruck bringt, auf die individuellen Bedürfnisse des Kunden einzugehen (Schmitt/Pan 1995, S. 28).

Besondere Schwierigkeiten ergeben sich in diesem Zusammenhang bei der identitätsgerechten Ausgestaltung der Führung und Organisationsstrukturen einer Marke im Rahmen von Markenportfolios (vgl. hier auch den Beitrag zur Markenarchitektur in diesem Band). Die Zugehörigkeit aller Marken eines Portfolios zu demselben Unternehmen erschwert hier die Ausprägung von markenspezifischen Denk- und Verhaltensmustern bei den Mitarbeitern. Diese in sich konsistenten Denk- und Verhaltensmuster, die auf gemeinsam geteilten Werten, Normen und Visionen beruhen, bilden eine wesentliche Voraussetzung für die Entstehung einer starken Markenidentität.

Von überragender Bedeutung ist das markenspezifische Verhalten der Mitarbeiter bei Dienstleistungsmarken (vgl. hierzu den Beitrag zur identitätsorientierten Markenführung bei Dienstleitungen in diesem Band). Mehr noch als im Konsum- und Investitionsgütersektor wird die Markenidentität im Dienstleistungssektor mangels anderweitiger materieller Wahrnehmungsanker durch die Mitarbeiter, vor allem diejenigen im direkten Kundenkontakt, beeinflusst. Auf Grund der herausgehobenen Bedeutung der Verhaltenskomponente für die Markenidentität wird der Gestaltung der Markenorganisation und -kultur im Folgenden besondere Aufmerksamkeit gewidmet. Stellvertretend für Marken, deren Identität in starkem Maße durch ein vergleichsweise homogenes Verhalten der Mitarbeiter geprägt ist, sei hier auf McDonalds, die Deutsche Bank, Cathay Pacific Airlines oder McKinsey verwiesen.

Bei großen, divisionalisierten Unternehmen kann auch die **Unternehmens- bzw. Konzernzugehörigkeit** eine wesentliche Stütze der Markenidentität sein. Dies trifft dann zu, wenn das Unternehmen traditionell durch ein starkes Zusammengehörigkeitsgefühl der verschiedenen Unternehmensbereiche und Tochtergesellschaften geprägt ist. So wird die Markenidentität von Chevrolet, Buick oder Oldsmobile erheblich von der Zugehörigkeit zum General Motors Konzern beeinflusst. Auch die in der Vergangenheit auf Grund der Lizenzproduktion für Fremdmarken bzw. die planwirtschaftliche Monopolstellung eher schwachen Markenidentitäten von Seat und Skoda wurden auf Grund der Übernahme durch den VW-Konzern in erheblichem Maße beeinflusst. Diese Identitätskonkurrenz zwischen Volkswagen, Seat, Skoda und Audi wird durch die Betonung der Zugehörigkeit aller vier Marken zur Volkswagen-Gruppe in der Endverbraucherkommunikation noch verstärkt. Besonders problematisch für die Entwicklung der Markenidentitäten vor allem von Seat und Skoda erweist sich dabei die Tatsache, dass es sich bei der Konzernmarke VW um einen direkten Wettbewerber von Seat und Skoda handelt.

Schließlich kann auch die **Branchenzugehörigkeit** eine wichtige Komponente der Markenidentität sein. Dies trifft jedoch nur für den Fall der Erweiterung etablierter Marken auf Produkte in anderen Branchen im Rahmen von Markentransferstrategien zu (vgl. hierzu den Beitrag zum Markentransfer in diesem Band). Nur unter dieser Bedingung kann die Identität einer Transfer-Marke von der Branchenzugehörigkeit der Ursprungs- oder Stamm-Marke profitieren. Ohne einen Markentransfer wäre die Branchenzugehörigkeit für die Stamm-Marke kein wettbewerbsdifferenzierendes Merkmal. Das Zusammenwachsen bislang getrennter Industrien, zum Beispiel im Bereich der Informations- und Kommunikationstechnologien oder der Finanzdienstleistungen, wird zukünftig zu einer steigenden Bedeutung der ursprünglichen Branchenzugehörigkeit bei der Entwicklung der Markenidentität führen.

Die Identität der Marke Camel wird trotz einer starken Erlebnisorientierung und der Erweiterung des Produktprogramms auf Schuhe und Bekleidung nach wie vor von der Zugehörigkeit zur Zigarettenindustrie geprägt. Ebenso ist die Identität der Transferprodukte der Marke Ferrari (zum Beispiel Uhren) von der Zugehörigkeit der Ursprungsmarke zur Automobilindustrie geprägt. Auch die Markenidentität bei den Transferprodukten von Bennetton ist durch die Zugehörigkeit der Ursprungsmarke zur Textilindustrie gekennzeichnet, selbst wenn unter dem Markennamen Bennetton heute auch Armbanduhren, Regenschirme oder Kondome verkauft werden. Ähnlich verhält es sich mit der Identität der Marke Swatch, die trotz der ausgeprägten Mode- und Lebensstilorientierung durch die Zugehörigkeit zur Uhrenindustrie geprägt ist.

Zusammenfassend ist festzuhalten, dass Aussagen über die Bedeutung der verschiedenen hier diskutierten Identitätskomponenten für die tatsächliche Ausprägung der Markenidentität nur unter Berücksichtigung der jeweiligen Rahmenbedingungen im Einzelfall zu treffen sind. Aaker/Joachimsthaler führen in diesem Zusammenhang fünf Fragen an, die bei der Identifikation relevanter Identitätskomponenten helfen können (Aaker/Joachimsthaler 2000, S. 57):

1. Does it capture an element important to the brand and its ability to provide the customer value or support customer relationships?
2. Does it help differentiate the brand from its competitors?
3. Does it resonate with the customer?
4. Does it energize employees?
5. Is it believable?

Der Stellenwert der einzelnen Identitätskomponenten hängt letztlich wesentlich von der betrachteten Produktkategorie ab (Dienstleistungen, Investitionsgüter, Convenience-, Shopping-, Speciality Goods etc.). Darüber hinaus stellen die Zielgruppenstruktur, die Art des zentralen Markennutzens, die Markenidentität der Hauptwettbewerber und die Struktur des unternehmensindividuellen Markenportfolios wesentliche Einflussfaktoren dar. Überdies ist in diesem Zusammenhang zu berücksichtigen, dass die Wichtigkeit einzelner Merkmale für die Entstehung einer starken Markenidentität für die verschiedenen Bezugsgruppen der Marke sehr unterschiedlich ausfallen kann. Dies bedeutet, dass ein für die Markenidentität der Mitarbeiter im Einzelfall sehr wichtiges Merkmal, zum Beispiel die Zugehörigkeit zu einer größeren Unternehmensgruppe, für die wahrgenommene Markenidentität der Endverbraucher von eher untergeordneter Bedeutung sein kann. Die generelle Bedeutung der Markenidentität für die Einstellung und das Verhalten gegenüber der Marke wird darüber hinaus von der Stärke der persönlichen Identität des Individuums beeinflusst. Personen mit eher schwacher Ich-Identität werden sich eher in der Identität einer Marke wiederfinden und sich mit dieser identifizieren als Personen mit einer starken Ich-Identität (Goodyear 1994, S. 65).

3.2   Das Fremdbild der Markenidentität als Akzeptanzkonzept der Marke

Gegenüber dem Selbstbild der Markenidentität stellt das Markenimage als das **Ergebnis der subjektiven Wahrnehmung, Dekodierung und Akzeptanz der von der Marke ausgesendeten Impulse** das Fremdbild der Markenidentität dar (vgl. Abbildung 4). Das Fremdbild repräsentiert somit das wahrgenommene Ergebnis der Ressourcenallokation, die das Selbstbild der Markenidentität prägen.

Das Markenimage ist ein mehrdimensionales Einstellungskonstrukt (Trommsdorff 1998) und beschreibt die Gesamtheit aller subjektiven Vorstellungen einer Person von der Marke hinsichtlich der wahrgenommenen Eigenschaften und der Eignung dieser Marke zur Befriedigung der rationalen und emotionalen Bedürfnisse des Individuums. Auf Basis der Ergebnisse der verhaltensorientierten Markenwertforschung setzt sich das Markenimage dabei aus verschiedenen **Komponenten** zusammen (Keller 1993, S. 1 f.):

- der wahrgenommenen **Eignung zur Befriedigung individueller Bedürfnisse** („Favourability"),
- der **Einzigartigkeit** der markenbezogenen Vorstellungen,
- der **Stärke** der mit einer Marke verbundenen Assoziationen sowie
- dem **Abstraktionsgrad** der mit einer Marke verbundenen Assoziationen.

Der Abstraktionsgrad der Markenassoziationen kann weiter nach Markeneigenschaften, der Art des subjektiv erwarteten Markennutzens und den globalen Markeneinstellungen unterteilt werden. Vom Konsumenten assoziierte **Markeneigenschaften** sind die konkreteste Form von Markenassoziationen. Sie beziehen sich unter anderem auf die erwarteten physischen Merkmale des markierten Produktes, den Preis, die Verpackung oder die typischen Käufer und Anwendungssituationen einer Marke. Hinsichtlich der Art des **Markennutzens** kann zwischen dem Grund-, Zusatz- und Geltungsnutzen differenziert werden (Vershofen 1940, S. 71; 1950, S. 274 f.), die an anderer Stelle in ähnlicher Weise auch als Funktions-, Erfahrungs- und Symbolnutzen bezeichnet werden (Park/Jaworski/MacInnis 1986, S. 135 f.). Die abstraktesten Markenassoziationen sind schließlich die globalen **Markeneinstellungen**, die unter anderem in der Markensympathie zum Ausdruck kommen. Sie kennzeichnen die übergreifende, wertende Globalüberzeugung gegenüber einer Marke. Im Rahmen der Markenwertforschung kommt neben dem Markenimage dem Bekanntheitsgrad zur Bestimmung des Markenwertes eine besondere Bedeutung zu (Keller 1993, S. 7). Bei der Analyse der Markenidentität kann auf diesen Aspekt jedoch verzichtet werden, weil das konstitutive Identitätsmerkmal der Wechselseitigkeit die Bekanntheit der Marke beim Konsumenten voraussetzt.

3.3   Wechselbeziehung zwischen Aussagen- und Akzeptanzkonzept

Die Wechselseitigkeit der Markenidentität kommt letztlich in Abbildung 8 durch die Unterscheidung zwischen dem Selbstbild der Markenidentität aus Sicht der Mitarbeiter auf der einen Seite und dem Fremdbild der Konsumenten auf der anderen Seite zum Ausdruck.

Die Markenidentität entsteht erst und verändert sich im dauerhaften Austausch mit den internen und externen Bezugsgruppen der Marke, wobei die externe Beziehung zu den Konsumenten im Mittelpunkt steht. Das Fremdbild der Markenidentität in den Augen der verschiedenen externen Bezugsgruppen weicht häufig voneinander ab. Auf Grund der unterschiedlichen Interaktionsintensität sind voneinander abweichende Wahrnehmungen der Markenidentität vor allem zwischen Verwendern und Nicht-Verwendern der Marke festzustellen. Auch das Selbstbild der Markenidentität kann innerhalb der die Marke tragenden Organisation Abweichungen aufweisen. Hohe praktische Relevanz haben diese internen Identitäts-Lücken (oder auch „Gaps") beispielsweise im Automobilvertrieb. Die Markenidentität der rechtlich und wirtschaftlich selbständigen Vertragshändler weicht hier nicht selten von den Vorstellungen des Herstellers ab.

Die **Intensität der wechselseitigen Beziehung** zwischen externen und internen Bezugsgruppen beeinflusst letztlich das Ausmaß des vom Konsumenten empfundenen Vertrauens gegenüber der Marke (Petermann 1992). Mit wachsender Interaktionsintensität wächst tendenziell das der Marke entgegengebrachte Vertrauen. Dies ist unter anderem darauf zurückzuführen, dass eine hohe Intensität der wechselseitigen Beziehung in der

Regel zu einer Annäherung und im Idealfall zur Übereinstimmung von Selbst- und Fremdbild führt (Krappmann 1988). Mit diesem besseren Fit gewinnt die Identität der Marke an Prägnanz und Stärke.

Abbildung 8   **Markenidentität und Bezugsgruppen**

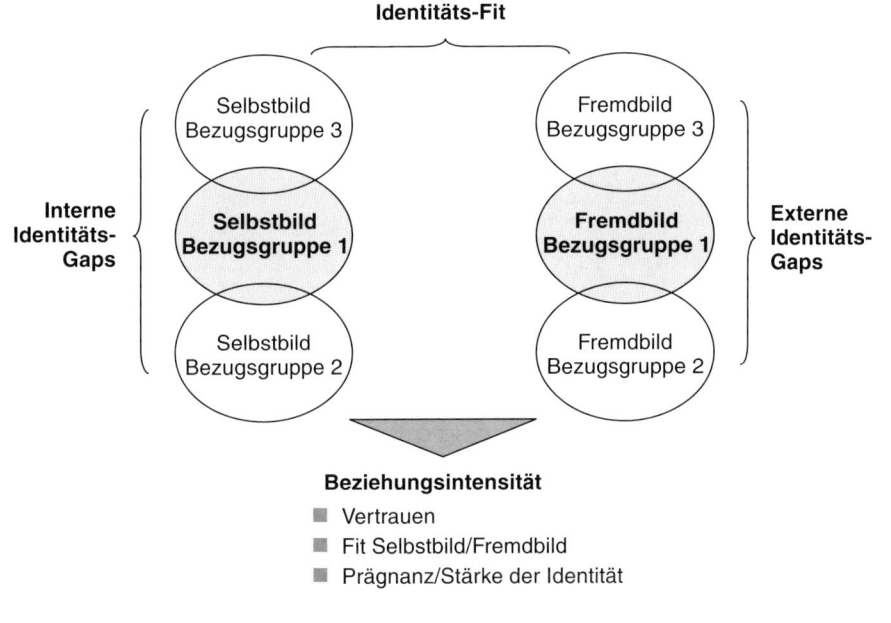

Identitäts-Fit

| Selbstbild Bezugsgruppe 3 | Fremdbild Bezugsgruppe 3 |

Interne Identitäts-Gaps   **Selbstbild Bezugsgruppe 1**   **Fremdbild Bezugsgruppe 1**   Externe Identitäts-Gaps

| Selbstbild Bezugsgruppe 2 | Fremdbild Bezugsgruppe 2 |

Beziehungsintensität

- Vertrauen
- Fit Selbstbild/Fremdbild
- Prägnanz/Stärke der Identität

GABLER
GRAFIK

4.   Schlussbetrachtung

Vor dem Hintergrund einer ansteigenden Produktvielfalt und der Informationsüberlastung der Konsumenten ist die klassische Markenartikelkonzeption heute aktueller als jemals zuvor. Dabei erscheint eine stärkere Ausrichtung der Markenführung an der Markenidentität als strategischem Kern jeder Marke geeignet, die bei vielen Marken in den letzten Jahren erodierende Beziehung zum Kunden wieder zu stärken.

Grundlage jeder dauerhaften Kundenbeziehung ist das der Marke entgegengebrachte Vertrauen. Die Bedeutung des Vertrauens für den Aufbau starker Marken ist beileibe nicht neu. Bereits 1939 hat Domizlaff die Gewinnung von Vertrauen in den Mittelpunkt seiner markentechnischen Überlegungen gestellt (Domizlaff 1939). Die seit dieser Zeit entstandenen Ansätze der Markenführung haben dieser frühen Erkenntnis jedoch nur unzureichend Rechnung getragen. Statt dessen konzentrierten sich diese Ansätze, wie in weiten Teilen seiner Ausarbeitungen auch Domizlaff selbst, auf instrumentelle, funktionelle oder marketingtechnokratische Aspekte der Markenführung. Die Untersuchung der Voraussetzungen und Einflussfaktoren der Vertrauensbildung im Rahmen der Markenführung wurde demzufolge vernachlässigt.

Vertrauen kann nur auf der Basis von Verlässlichkeit entstehen. Die subjektiv wahrgenommene Sicherheit, sich auf jemanden hinsichtlich der Einhaltung bestimmter Zusagen verlassen zu können, lässt Vertrauen entstehen. Ein im Zeitablauf widerspruchsfreies, konsistentes und damit zuverlässiges Verhalten ist nur dann möglich, wenn eine Person ein klares Bild von sich selbst und seiner Vergangenheit hat. Mit anderen Worten, eine Person muss eine Identität besitzen, um von anderen als verlässlich und vertrauenswürdig anerkannt zu werden. Einem Menschen ohne Identität kann man nicht vertrauen. Die Stärke der Identität ist dabei vor allem auch von dem Grad der Übereinstimmung zwischen dem Selbstbild und dem von anderen zugeschriebenen Fremdbild der Identität abhängig. Diese Überlegungen sind in ähnlicher Weise auf Marken übertragbar.

Ebenso wie die Identität einer Person über viele Jahre hinweg entsteht, entwickelt sich auch die Identität einer Marke nur über einen längeren Zeitraum. Dementsprechend ist die gezielte Beeinflussung einer Markenidentität durch die Markenführung nur langfristig möglich. Ebenso wie die Identität einer Person setzt sich auch die Markenidentität aus einer Vielzahl einzelner Komponenten bzw. identitätsbestimmender Eindrücke und Erlebnisse zusammen. Die Komplexität der sich ergebenden Wirkungsbeziehungen stellt hohe Anforderungen an die Markenführung und ist nur durch die Entwicklung entsprechender organisationaler Fähigkeiten dauerhaft zu meistern.

Literatur

Aaker, D. A., Building Strong Brands, New York 1996.
Aaker, D. A., Joachimsthaler, E., Brand Leadership, New York u. a 2000.
Aaker, J., Dimensions of Brand Personality, in: Journal of Marketing Research, Vol. 34, August 1997, pp. 347–356.
Achterholt, G., Corporate Identity. In zehn Arbeitsschritten die eigene Identität finden, Wiesbaden 1988.
Alpert, F. H., Kamins, M. A., An Empirical Investigation of Consumer Memory, Attitude, and Perceptions towards Pioneer and Follower Brands, in: Journal of Marketing, Vol. 59, October 1995, pp. 34–45.
Andresen, T., Innere Markenbilder: MAX – wie er wurde, was er ist, in: Planung und Analyse, 18. Jg., Heft 1, 1991, S. 28–34.
Antonoff, R., Corporate Identity, Frankfurter Allgemeine Zeitung (Hrsg.), o. O. 1983.
Backhaus, K., Gruner, K., Epidemie des Zeitwettbewerbs, in: Die Beschleunigungsfalle oder Der Triumph der Schildkröte, Backhaus, K., Bonus, H. (Hrsg.), Stuttgart 1994, S. 19–46.

Bain, J., Industrial Organization, New York 1959.

Barich, H., Kotler, P., A Framework for Marketing Image Management, in: Sloan Management Review, Winter 1991, pp. 94–104.

Barney, J. B., Firm Resources and Sustained Competitive Advantage, in: Journal of Management, Vol. 17, Heft 1, 1991, pp. 99–120.

Baumgarth C., Unterlagen zur Veranstaltung Markenpolitik an der Universität Siegen, Siegen 2001 (http://www.uni-siegen.de/dept/fb05/market/).

Bekmeier-Feuerhahn, S., Marktorientierte Markenbewertung: eine konsumenten- und unternehmensbezogene Betrachtung, Wiesbaden 1998.

Berekoven, L., Zum Verständnis und Selbstverständnis des Markenwesens, in: Markenartikel heute. Marke, Markt und Marketing, Schriftenreihe Markt und Marketing des Gabler-Verlags, Wiesbaden 1978, S. 35–48.

Birkigt, K., Stadler, M.M., Corporate Identity – Grundlagen, in: Corporate Identity: Grundlagen, Funktionen, Fallbeispiele, Birkigt, K./Stadler, M.M./Funck, H.J., 9. Aufl., Landsberg/Lech 1998, S. 11–64.

Birkigt, K., Stadler, M. M., Funck H. J., Corporate Identity, Grundlagen, Funktionen, Fallbeispiele, 9. Aufl., Landsberg/Lech 1998.

Böhm, B., Identität und Identifikation. Zur Persistenz physikalischer Gegenstände, Frankfurt/M. 1989.

Bonus, H., Europäische Identität aus ökonomischer Sicht, Volkswirtschaftliche Diskussionsbeiträge des Instituts für Genossenschaftswesen der Westfälischen Wilhelms-Universität Münster, Beitrag Nr. 216, Münster 1995.

Bonus, H., Das Selbstverständnis moderner Genossenschaften, Tübingen 1994.

Burmann, Ch., Strategische Flexibilität und Strategiewechsel in turbulenten Märkten. Neuere theoretische Ansätze zur Unternehmensflexibilität, in: DBW, 61. Jg., 2001, Heft 2, S. 169–188.

Carpenter, G. S., Nakamoto, K., Consumer Preference Formation and Pioneer Advantage, in: Journal of Marketing Research, Vol. 26, August 1989, pp. 285–298.

Chajet, C., Shachtman, T., Image Design. Corporate Identity für Firmen, Marken und Produkte, Frankfurt/M. 1995.

Charmasson, H., The Name is the Game, Homewood/Illinois 1988.

Conzen, P., E. H. Erikson und die Psychoanalyse. Systematische Gesamtdarstellung seiner theoretischen und klinischen Positionen, Heidelberg 1989.

Dacin, P. A., Smith, D. C., The Effect of Brand Portfolio Characteristics on Consumer Evaluations of Brand Extensions, in: Journal of Marketing Research, Vol. 31, May 1994, pp. 229–242.

Deal, T., Kennedy, A., Corporate Cultures – the Rites and Rituals of Corporate Life, Reading/Mass. u. a. 1982 (deutsch: Unternehmenserfolg und Unternehmenskultur, Bonn 1987).

De Levita, D. J., Der Begriff der Identität, Frankfurt/M. 1971.

Denzau, A.T., North, D.C., Shared Mental Models: Ideologies and Institutions, in: Kyklos, Vol. 47, 1994, pp. 3–31 (zitiert nach Bonus, H., Europäische Identität aus ökonomischer Sicht, Münster 1995).

Dietl, H., Institutionen und Zeit, Tübingen 1993.

Dörtelmann, Th., Marke und Markenführung – eine institutionentheoretische Analyse, Gelsenkirchen 1997.

Domizlaff, H., Die Gewinnung öffentlichen Vertrauens. Ein Lehrbuch der Markentechnik, 2. Aufl., Hamburg 1951 (1. Auflage 1939).

Erikson, E. H., Identität und Lebenszyklus, 1. Aufl., Frankfurt/M. 1973 (engl. Original von 1959).

Erlei, M., Leschke, M., Sauerland, D., Neue Institutionenökonomik, Stuttgart 1999.

Esch, F. R., Ansätze zur Messung des Markenwerts, in: Esch, F.-R. (Hrsg.), Moderne Markenführung, Wiesbaden 2000, S. 937–965.

Farquhar, P. H., Han, J. Y., Ijiri, Y., Brands on the Balance Sheet, in: Marketing Management, Vol. 1, 1992, pp. 16–22.

Fournier, S. M., Consumers and their Brands : Developing Realationship Theory in Consumer Research, in: Journal of Consumer Research, Vol. 24, March 1998, pp. 343–373.

Franzen, O., Trommsdorff, V., Riedel, F., Ansätze der Markenbewertung und Markenbilanz, in: Markenartikel, Heft 8, 1994, S. 372–387.

Frey, H. P., Haußer, K., Entwicklungslinien sozialwissenschaftlicher Identitätsforschung, in: Frey, H. P., Haußer, K. (Hrsg.), Identität. Entwicklungslinien psychologischer und soziologischer Forschung, Stuttgart 1987, S. 3–26.

Fukuyama, F., Trust: The Social Virtues and the Creation of Prosperity, New York 1995.

Goodyear, M., Marke und Markenpolitik, in: Planung und Analyse, Heft 3, 1994, S. 60–67.

Hansen, G. S., Wernerfelt, B., Determinants of Firm Performance: The Relative Importance of Economic and Organizational Factors, in: Strategic Management Journal, Vol. 10, 1989, pp. 399–411.

Heinen, E., Unternehmenskultur, München 1987.

Hermann, A., Huber, F., Braunstein, C., Gestaltung der Markenpersönlichkeit mittels der „means-end"-Theorie, in: Esch, F.-R. (Hrsg.), Moderne Markenführung, Wiesbaden 1999, S. 103–134.

Herp, T., Der Marktwert von Marken des Gebrauchsgütersektors, Frankfurt/M. 1982.

Hogg, M. K., Cox, A. J, Keeling, K., The impact of self-monitoring on image congruence and product/brand evaluation; in: European Journal of Marketing, No.5/6, 2000, pp. 641–666.

Huber, F., Herrmann, A., Weis, M., Markenloyalität durch Markenpersönlichkeit – Ergebnisse einer empirischen Studie im Automobilsektor, in: Marketing ZFP, Heft 7, 2001, S. 5–15.

Kaas, K. P., Langfristige Werbewirkung und Brand Equity, in: Werbeforschung und Praxis, Heft 3, 1990, S. 48–52.

Kapferer, J. N., Die Marke – Kapital des Unternehmens, Landsberg/Lech 1992.

Kapferer, J. N., Strategic Brand Management, London 2000.

Keller, K. L., Conceptualizing, Measuring, and Managing Customer-Based Brand Equity, in: Journal of Marketing, Vol. 57, January 1993, pp. 1–22.

Keller, K. L., Strategic Brand Management: Building, Measuring, and Managing Brand Equity, London et al. 1998.

Kenning, P., Customer Trust Management. Ein Beitrag zum Vertrauensmanagement im Lebensmitteleinzelhandel, Wiesbaden 2001 (im Druck).

Kern, W., Bewertung von Warenzeichen, in: Betriebswirtschaftliche Forschung und Praxis, Heft 1, 1962, S. 17–31.

Kirschhofer, A. v.: Die Slogans mit der besten Markenintegration, in: Planung und Analyse, o. Jg., Heft 2, 2000, S. 9.

Koers, M., Steuerung von Markenportfolios, Ein Beitrag zum Mehrmarkencontrolling am Beispiel der Automobilwirtschaft, Frankfurt/M. 2001.

Krappmann, L., Soziologische Dimensionen der Identität: Strukturelle Bedingungen für die Teilnahme an Interaktionsprozessen, 7. Aufl., Stuttgart 1988.

Leclerc, F., Schmitt, B.H., Dube, L., Foreign Branding and its Effects on Product Perceptions and Attitudes, in: Journal of Marketing Research, Vol. 32, May 1994, pp. 263–270.

Lieberman, M. B., Montgomery, D.B., First-Mover (Dis)Advantages: Retrospective and Link with the Resource-based View, in: SMJ, Vol. 19, 1998, pp. 1111–1125.

Luhmann, N., Vertrauen – ein Mechanismus der Reduktion sozialer Komplexität, 2. Aufl., Stuttgart 1973.

Mason, E.C., Price and Production Policies of Large-Scale Enterprises, in: American Economic Review, Vol. 29, 1939, pp. 61–74.

Meffert, H., Marketing-Management. Analyse – Strategie – Implementierung, Wiesbaden 1994b.

Meffert, H., Herausforderungen an die Betriebswirtschaftslehre – Die Perspektive der Wissen-schaft, in: DBW, 58. Jg., Heft 6, 1998, S. 709–730.

Müller, W. R., Identität und Führung, in: Handwörterbuch der Führung, Kieser, A., Reber, G., Wun-derer, R. (Hrsg.), Stuttgart 1987.

North, D. C., Institutionen, institutioneller Wandel und Wirtschaftsleistung, Tübingen 1992 (Origi-nal New York u. a. 1990).

Park, C. W., Jaworski, B. J., MacInnis, D. J., Strategic Brand Concept-Image Management, in: Journal of Marketing, Vol. 50, October 1986, pp. 135–145.

Petermann, F., Psychologie des Vertrauens, 2. Aufl., München 1992.

Plötner, O., Das Vertrauen des Kunden. Relevanz, Aufbau und Steuerung auf industriellen Märk-ten, Wiesbaden 1995.

Porter, M. E., What is Strategy, in: Harvard Business Review, Heft 6, Nov./Dec. 1996, pp. 61–78.

Porter, M. E., Wettbewerbsvorteile: Spitzenleistungen erreichen und behaupten, 5. Aufl., Frank-furt/M., New York 1999.

Prahalad, C. K., Hamel, G., The Core Competence of the Corporation, in: Harvard Business Re-view, Vol. 68, May/June 1990, pp. 79–91.

Proff, H., Mikroökonomische Wurzeln eines strategischen Managements zwischen Markt- und Ressourcenorientierung, in: Strategien für die Automobilindustrie: Ansatzpunkte im strategi-schen Management und in der Industriepolitik, Proff, H., Proff, H. V., (Hrsg.), Wiesbaden 1998, S. 23–45.

Rasche, Ch., Wettbewerbsvorteile durch Kernkompetenzen – Ein ressourcenorientierter Ansatz, Wiesbaden 1994.

Reddy, S.K., Holak, S.L., Bhat, S., „To Extend or Not to Extend: Success Determinants of Line Ex-tensions", in: Journal of Marketing Research, Vol. 31, May 1994, pp. 243–262.

Ripperger, T., Ökonomik des Vertrauens – Analyse eines Organisationsprinzips, Tübingen 1998.

Roediger, R., Markenführung: Europäisches Pflaster, in: Absatzwirtschaft, Heft 2, 1993, S. 56–60.

Rosenberg, M., Conceiving the Self, New York 1979.

Rossiter, J. R., Lawrence, A., Brand Equity Building for New Brands via Appropriate Advertising Symbol Selection, in: European Advances in Consumer Research, Vol. 1, 1993, pp. 125–132.

Rumelt, R. P., How much does Industry matter?, in: Strategic Management Journal, Vol. 12, 1991, S. 168 ff.

Sander, M., Die Bewertung internationaler Marken auf Basis der hedonischen Theorie, in: Marke-ting ZFP, 16. Jg., Heft 4, 1994, S. 234–245.

Sattler, H., Markenpolitik, Stuttgart 2001.

Sattler, H., Markenbewertung, in: Zeitschrift für Betriebswirtschaft, 65. Jg., Heft 6, 1995, S. 663–682.

Schein, E. H., Organizational Culture and Leadership, San Francisco 1985.

Schleusener, M., „Historie" als Dimension des Markenimage – eine konzeptionelle und empirische Analyse unter besonderer Berücksichtigung der Implikationen für die Markenführung von Au-tomobilherstellern, unveröffentlichte Diplomarbeit am Institut für Marketing der Westfälischen Wilhelms-Universität Münster, Münster 1995.

Schmitt, B. H., Dube, L., Contextualized Representations of Brand Extensions: Are Feature Lists or Frames the Basic Components of Consumer Cognition?, in: Marketing Letters, Heft 3, 1992, pp. 114–126.

Schmitt, B. H., Pan, Y., Managing Corporate and Brand Identities in the Asia-Pacific Region, in: California Management Review, Winter 1995, pp. 15–31.

Simon, C. J., Sullivan, M.W., The Measurement and Determinants of Brand Equity: A Financial Approach, Chicago 1991.

Simon, C. J., Sullivan, M. W., The Measurements and Determinants of Brand Equity a Financial Approach, in: Marketing Science, Vol. 12, Winter 1993, pp. 28–52.

Smith, D., Park, C., The Effects of Brand Extensions on Market Share and Advertising Efficiency, in: Journal of Marketing Research, Vol. 29, Heft 1, 1992, pp. 296–313.

Srivastava, R. K., Shocker, A. D., Brand Equity: A Perspective on its Meaning and Measurement, Marketing Science Institute (Hrsg.), Report Nr. 91–124, Cambridge/Mass. 1991.

Tauber, E. M., Brand Leverage: Strategies for Growth in a Cost Control World, in: Journal of Advertising Research, Vol. 28, 1988, pp. 26–30.

Teece, D. J., Pisano, G., Shuen, A., Dynamic Capabilities and Strategic Management, in: Strategic Management Journal, Vol. 18, 1997, pp. 509–533.

Trommsdorff, V., Wettbewerbsorientierte Image-Positionierung, in: Markenartikel, Heft 10, 1992, S. 458–463.

Trommsdorff, V., Konsumentenverhalten, 3. Aufl., Stuttgart 1998.

Unger, F. (Hrsg.), Konsumentenpsychologie und Markenartikel, Heidelberg u. a. 1986.

Upshaw. L. B., Building Brand Identity: A Strategy for Success in an hostile Marketplace, New York u. a. 1995.

Vershofen, W., Handbuch der Verbrauchsforschung (Bd. 1), Berlin 1940.

Vershofen, W., Wirtschaft als Schicksal und Aufgabe, Wiesbaden 1950.

Voigt, K. I., Gegenwartsschrumpfung: Die Marke als Zeitanker, in: Absatzwirtschaft, Heft 11, 1995, S. 56–61.

Weidenfeld, W., Die Identität der Deutschen – Fragen, Positionen, Perspektiven, in: Die Identität der Deutschen, Weidenfeld, W. (Hrsg.), Schriftenreihe der Bundeszentrale für politische Bildung, Band 200, Bonn 1983, S. 13–49.

Werthmöller, E., Räumliche Identität als Aufgabenfeld des Städte- und Regionenmarketing, Schriften zu Marketing und Management, Meffert, H. (Hrsg.), Bd. 24, Frankfurt/M. 1994.

Wiedmann, K. P., Markenpolitik und Corporate Identity, in: Bruhn, M. (Hrsg.), Handbuch Markenartikel (Bd. 2), Stuttgart 1994, S. 1033–1054.

Wiswede, G., Psychologie der Markenbildung, in: Markenartikel heute. Marke, Markt und Marketing, Gabler Verlag (Hrsg.), Wiesbaden 1978, S. 135–158.

Zec, P., Die Rolle des Design bei der Entwicklung von Markenartikeln, in: Die Marke – Symbolkraft eines Zeichensystems, Bruhn, M. (Hrsg.), Bern u. a. 2001, S. 227–250.

Managementkonzept der identitäts- orientierten Markenführung

Heribert Meffert und Christoph Burmann

1. Spannungsfelder im Rahmen des Identitätsmanagement

Vor dem Hintergrund des dargestellten theoretischen Bezugsrahmens liegt die Hauptaufgabe der identitätsorientierten Markenführung in der Schaffung eigenständiger Markenpersönlichkeiten durch eine integrierte Gestaltung aller Identitätskomponenten und der Sicherstellung eines Fits zwischen Selbst- und Fremdbild der Markenidentität. Im Rahmen von Markenportfolios vervielfachen sich die sich hieraus ergebenden Abstimmungsprobleme. In diesem Fall liegt das besondere Problem in der Überbrückung eines vierfachen Spannungsfeldes (vgl. Abbildung 1):

1. dem Spannungsfeld zwischen dem Selbst- und Fremdbild der Identität jeder Marke,
2. dem Spannungsfeld zwischen den verschiedenen Markenidentitäten innerhalb des Portfolios,
3. dem Spannungsfeld zwischen den Markenidentitäten und der Unternehmensidentität (Wiedmann 1994, S. 1033 f.) und
4. dem Spannungsfeld zwischen den international unterschiedlichen Identitätswahrnehmungen in verschiedenen Ländermärkten.

Abbildung 1   Spannungsfelder des Identitätsmanagements

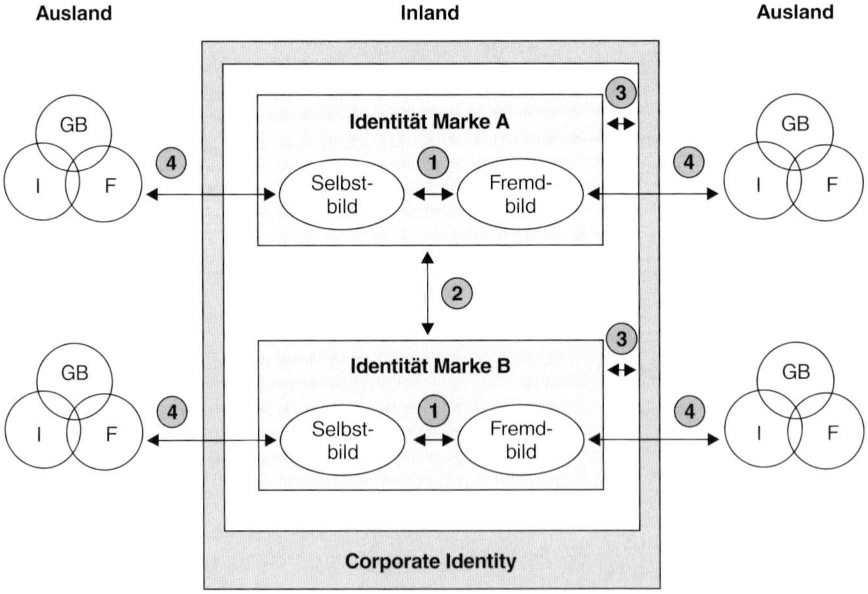

GABLER
GRAFIK

Zur Überbrückung dieser Spannungsfelder ist eine Systematisierung der komplexen Aktivitäten im Rahmen der identitätsorientierten Markenführung erforderlich. Da vom Management letztlich nur das Selbstbild als Aussagenkonzept der Markenidentität direkt gesteuert werden kann, stellt es auch den Ausgangspunkt einer Steuerung markenspezifischer Merkmalsausprägungen dar. Zu diesem Zweck werden die Aktivitäten zunächst als Managementprozess dargestellt. Dies entspricht einer Systematisierung anhand der zeitlichen Abfolge (Meffert 1994b). Anschließend erfolgt eine Systematisierung hinsichtlich der organisatorischen Zuständigkeit und damit eine Aufgabenverteilung auf das Top-Management und das Markenmanagement.

Abbildung 2   **Managementprozess zur Steuerung der Markenidentität**

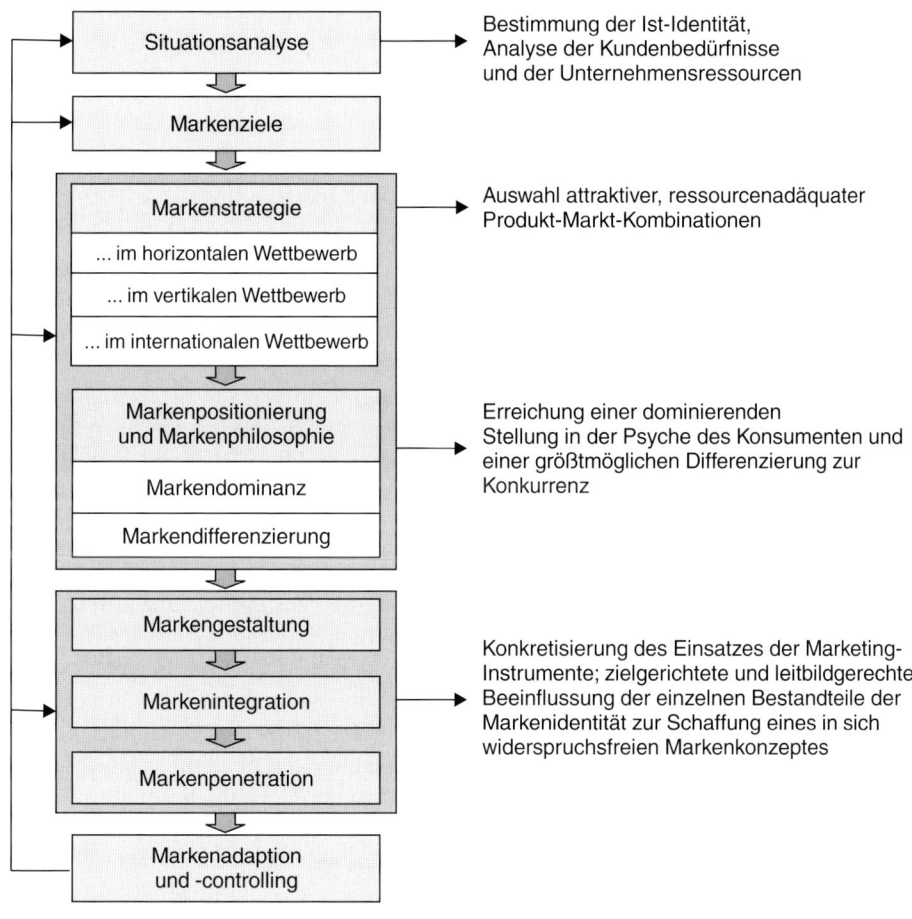

GABLER
GRAFIK

2.   Identitätsorientierte Markenführung als Managementprozess

Der Managementprozess der identitätsorientierten Markenführung lässt sich, wie in Abbildung 2 dargestellt, als entscheidungsorientierter Planungsprozess mit dem Ziel der funktionsübergreifenden Vernetzung aller mit der Markierung von Leistungen zusammenhängenden Entscheidungen zum Aufbau einer starken Markenidentität kennzeichnen.

Aufbauend auf der Situationsanalyse sind die markenpolitischen Ziele zu konkretisieren (Arnold 1992, S. 57 ff.). Hieran schließen sich Basisfragestellungen zur Markenpositionierung und Markenstrategie an, bevor im Rahmen von Detailentscheidungen die Gestaltung der markenspezifischen Aktionsparameter, die Abstimmung mit den übrigen Marketing-Instrumenten sowie die Durchsetzung des integrierten Markenkonzepts im Markt erfolgt. Controllingmaßnahmen runden schließlich den entscheidungsorientierten Prozess der identitätsorientierten Markenführung ab.

2.1   Bestimmung der Ist-Identität und markenpolitische Ziele

Grundlage für die markenpolitischen Entscheidungen bildet die **Analyse der Kundenbedürfnisse** (Outside-In) und der **Ist-Identität** der Marke (Inside-Out). Die Untersuchung der Kundenbedürfnisse soll Hinweise auf zielgruppenspezifische Problemlösungsideen liefern. Darüber hinaus sollte überprüft werden, inwieweit interne und externe Identitäts-GAPs vorliegen. Oberstes Ziel der identitätsorientierten Markenführung ist letztlich ein möglichst großer Fit zwischen dem Selbst- und Fremdbild der Markenidentität. In diesem Zusammenhang zeigt Abbildung 3 Identitäts-GAPs bei einem international tätigen Medienunternehmen. Hier wird deutlich, dass das interne Selbstbild der befragten Top-Manager zum Teil erheblich vom wahrgenommen Fremdbild der hier befragten Meinungsführer (zum Beispiel Journalisten) abweicht.

Auf Basis der Situationsanalyse lassen sich konkrete **markenpolitische Zielsetzungen** festlegen. Im Rahmen dieser Zielentscheidungen werden die strategischen Oberziele des Unternehmens für die Markenebene konkretisiert. Neben der Definition der anzustrebenden Soll-Identität auf Basis der verfügbaren unternehmensinternen Ressourcen und Kompetenzen sowie der identifizierten Kundenwünsche bildet die Festlegung von psychographischen (Markenbekanntheit, -image, -treue etc.) und ökonomischen (Markenabsatz, Marktanteil etc.) Zielinhalten den Schwerpunkt der Zielformulierung. Unter strategischen Aspekten stellt dabei die Steigerung des Markenwertes eine bedeutsame Zielsetzung dar. Dies liegt darin begründet, dass der ökonomische Markenwert nicht nur im aktuellen Kaufverhalten der Konsumenten, sondern auch im zukünftigen Markenpotenzial zum Ausdruck kommt. Die Bestimmung des Markenwertes liefert somit wichtige Informationen bei markenstrategischen Entscheidungen wie der Markenausdehnung oder dem Markentransfer (vgl. hier auch den Beitrag zur Markenbewertung in diesem Band). Neben der inhaltlichen Präzisierung erfolgt schließlich auch die Festlegung der Markenziele nach Zielausmaß, Segment- und Zeitbezug. Eine markenstrategische Zielsetzung kann beispielsweise für den deutschen Markt in der 10-prozentigen Steigerung der Markenbekanntheit innerhalb eines Jahres liegen.

| Abbildung 3 | Beispielhaftes Ergebnis einer Situationsanalyse |

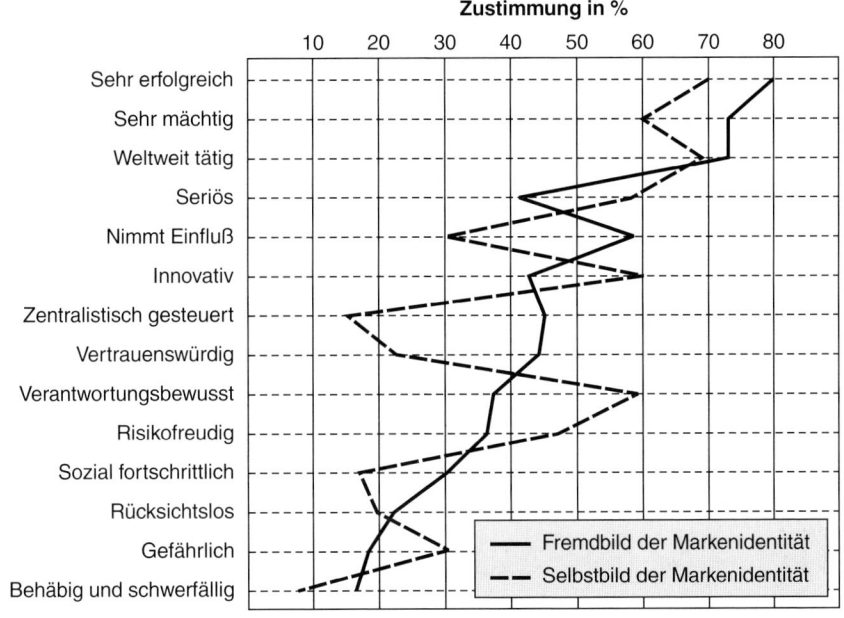

GABLER
GRAFIK

2.2 Festlegung von Markenstrategie, Markenpositionierung und Markenphilosophie

Innerhalb der markenpolitischen Basisentscheidungen erfolgt zunächst die **Strategiefestlegung** im dreidimensionalen Wettbewerbsraum. Markenstrategien stellen dabei langfristige Verhaltenspläne zur Erreichung der Markenziele dar. Als markenstrategische Optionen im horizontalen Wettbewerb lassen sich neben der Einzel- und Mehrmarkenstrategie sowie der Markenfamilien- und Dachmarkenstrategie auch die Markentransferstrategie sowie das in jüngster Zeit vermehrt zu beobachtende Co-Branding nennen (zur Erklärung der einzelnen Alternativen vgl. den Beitrag zu den markenstrategischen Optionen in diesem Band). Im Gegensatz zur horizontalen Dimension bestimmt die Strategieentscheidung im vertikalen Wettbewerb, ob das Produkt als Herstellermarke, klassische Handelsmarke oder Gattungsmarke zu vermarkten ist. Im internationalen Wettbewerb ist schließlich die Entscheidung zu treffen, inwieweit das nationale Markenkonzept auf Auslandsmärkte global, multinational oder in einer Mischform übertragen werden soll.

Auf Basis der fixierten Markenstrategie gilt es, Entscheidungen hinsichtlich der angestrebten Markenpositionierung zu treffen. Das Ziel der **Positionierung von Marken** besteht darin, mit bestimmten Produkteigenschaften sowohl eine dominierende Stellung in der Psyche der Konsumenten als auch eine hinreichende Differenzierungsfähigkeit gegenüber Konkurrenzprodukten zu erreichen. Folglich dienen die nächsten beiden Schritte im Managementprozess der identitätsorientierten Markenführung der Auswahl derjenigen Problemlösungsideen, die in der Wahrnehmung der Konsumenten auf Grund der überlegenen Bedürfniserfüllung eine **Dominanzposition** und gegenüber den relevanten Wettbewerbern das größte **Differenzierungspotenzial** besitzen. Die zuvor aufgedeckten Identitäts-GAPs erfüllen in diesem Zusammenhang den Zweck, die Auswahl derjenigen Markenpositionierungen zu vermeiden, die ausgehend von der Ist-Identität mit den verfügbaren Unternehmensressourcen nicht erreichbar wären.

Traditionell gilt es, Konsumenten im Rahmen der Marktsegmentierung zu möglichst homogenen Zielgruppen zusammenzufassen und deren Bedürfnisstruktur zu analysieren. Für jede Zielgruppe, die ein ausreichendes Absatzpotenzial bietet, kann entsprechend den **Idealanforderungen** der jeweiligen Zielgruppe eine Marke geschaffen werden bzw. überprüft werden, inwieweit die Kerneigenschaften einer Marke den Idealanforderungen der Zielgruppe entsprechen. Diese Analyse ist jedoch vor dem Hintergrund der im Unternehmen verfügbaren Ressourcen und Fähigkeiten zu überprüfen.

In diesem Zusammenhang ist die Äußerung eines Top-Managers eines großen, weltweit tätigen Automobilkonzerns zu verstehen: *„Grundsätzlich gilt, dass die Manager und besonders die Top-Manager der einzelnen Marken noch am besten über die wünschbare und mögliche Zukunft der Marke Bescheid wissen und daher ein Soll-Image (verstanden als Soll-Selbstbild, Anm. d. Verf.) viel klarer und deutlicher festlegen können als dies auch gut informierten Kunden möglich wäre. [...] Es hätte zum Beispiel nie einen [das Modell X, Anm. d. Verf.] gegeben, wenn das Soll-Image vom Markt her bestimmt worden wäre."* Und weiter: *„Die Menschen sind eben nicht in der Lage zu artikulieren, was sie wirklich fasziniert. [...] Es gilt festzuhalten, dass große wirtschaftliche Erfolge häufig gegen große Widerstände durchgesetzt werden mussten und dass sie trotz eines großen Fehlschlag-Risikos zustande kamen. Hier gilt nach wie vor die Auffassung des österreichischen Nationalökonomen Schumpeter: „Der Markt ist immer schon voll, was neu hinzukommt, muss sich gegen die Logik des Marktes durchsetzen."* (Koers 2001, S. 168).

Im Rahmen der identitätsorientierten Markenführung ist insoweit eine Balance zwischen

- einer **reaktiven Positionierung**, bei der sich die Positionierung insbesondere an den artikulierten Wünschen der Konsumenten orientiert (primär Outside-In-Betrachtung), und

- einer **aktiven Positionierung**, bei der dem Kunden bisher unbekannte, für seine Kaufentscheidung aber wichtige Eigenschaftsdimensionen besetzt werden (primär Inside-Out-Betrachtung)

sicherzustellen. Wie aufgezeigt, entsteht die Markenidentität erst durch eine wechselseitige Beziehung zwischen internen und externen Zielgruppen der Marke, sodass sie nicht isoliert aus der Perspektive des Marktes oder des Unternehmens betrachtet werden darf, sondern im Spannungsfeld zwischen dem Unternehmen und seiner Umwelt steht. Zur Sicherstellung einer starken Markenidentität besteht ungeachtet reaktiver oder aktiver Positionierung somit langfristig das Ziel einer Übereinstimmung zwischen dem Idealimage der Konsumenten und dem Selbstbild des Unternehmens.

Zur Umsetzung der Markenpositionierung dient das Instrument des **Markenleitbildes.** Das Markenleitbild vermittelt die zentralen Elemente der **Markenphilosophie** in Form plastischer Darstellungen und bringt die spezifische Kompetenz der Marke sowie das Verhältnis der Marke zu den wesentlichen internen und externen Bezugsgruppen zum Ausdruck. Als Beispiele von Markenleitbildern lassen sich etwa die Marke VW mit dem Leitbild „Maßstab für automobile Werte" oder auch Miele mit dem erfolgreichen Markenleitbild „Immer besser" anführen (vgl. hier auch die Best-Practice-Fallstudien der Marketingpreisträger Volkswagen (1999) und Miele (2000) in diesem Band). Dabei kommen Markenleitbildern unterschiedliche Funktionen zu:

- Entwurf einer realistischen Zukunftsvorstellung der Marke,
- Festigung der Markenidentität nach innen und außen,
- Identifikations- und Motivationsfunktion,
- Orientierungs- und Stabilisierungsfunktion sowie
- Erleichterung der Koordination.

Im Markenleitbild drückt sich letztlich das artikulierte, zukunftsorientierte Selbstbild der Marke aus Sicht der Unternehmung aus, sodass seine Formulierung alle Beteiligten zum Entwurf einer derartigen Zukunftsvorstellung zwingt (Bleicher 1992, S. 21). Infolge der anschaulichen Darstellungsform entfalten Markenleitbilder eine Kommunikationswirkung zur innen- und außengerichteten Festigung der Markenidentität im Sinne gelebter „shared values". Als Identifikations- und Motivationsanker dient das Markenleitbild unternehmensintern zur Bündelung der „Zentrifugalkräfte" aller durch die Arbeitsteilung bedingten bereichsbezogenen Aktivitäten und fördert damit eine integrative Wirkung aller markenbezogenen Maßnahmen. Gleichzeitig stellt das Markenleitbild einen Fokus zur Imagebildung bei den externen Anspruchsgruppen dar, auf den sich die operative und strategische Markenführung beziehen kann und das damit als Grundlage für jegliche Markendarstellung dient.

Zur Erfüllung ihrer Funktionen müssen Markenleitbilder prägnant, glaubwürdig und authentisch sowie auf längere Sicht bestimmt sein (Langen 1990, S. 43). Dabei tragen insbesondere das Verhalten und die Wertvorstellungen der obersten Markenführungskräfte zur Glaubwürdigkeit des Markenleitbildes bei. Allerdings *„gibt es kein Rezept für die Formulierung und Gestaltung von Leitbildern [...] Würden diese Grundsatzpapiere nämlich nach normierten Erkenntnissen verfasst, entstünden uniforme [Marken, Anm. d. V.]. Nicht die Eigenständigkeit würde damit gefördert, sondern gerade das Gegenteil [...]."* (Fankart/Widmer 1987, S. 25).

2.3 Markengestaltung, -integration und -penetration als markenpolitische Detailentscheidungen

Im Anschluss an die Festlegung der Markenpositionierung werden durch die markenpolitischen Detailentscheidungen der Einsatz der Marketinginstrumente konkretisiert und die Vorgehensweise bei der Markenpenetration bestimmt. Bei der **Markengestaltung** geht es um die zielgerichtete Beeinflussung der einzelnen Bestandteile der Markenidentität. Angesichts dynamischer Veränderungen im Konsumentenverhalten stellt das richtige Mix aus im Zeitablauf konstanten und zu verändernden Markenkomponenten sowie das Mix aus länderübergreifend standardisierten versus länderspezifischen Markenkomponenten das zentrale Problem der identitätsorientierten Markengestaltung dar. Der Gestaltungsspielraum fällt dabei für jede der Identitätskomponenten höchst unterschiedlich aus (vgl. Abbildung 4) und kann detailliert nur vor dem Hintergrund des jeweiligen Einzelfalls abschließend beurteilt werden (Kapferer 1992, S. 111; Aaker/Joachimsthaler 2000, S. 163 ff.). Grundsätzlich ist jedoch der Handlungsspielraum immer dann vergleichsweise groß, wenn lediglich eine einzelne Komponente der Markenidentität verändert wird. Demgegenüber wächst mit der Zahl der zu verändernden Markeneigenschaften auch die Gefahr des Identitätsverlustes.

Ferner kann festgehalten werden, dass bezüglich der Markenphilosophie der geringste Gestaltungsspielraum existiert. Eine Veränderung der Markenphilosophie dürfte in den meisten Fällen nicht ohne den Verlust der Markenidentität zu bewerkstelligen sein. Dies ist vor allem eine Folge des zunächst fehlenden Fits zwischen einer veränderten Markenphilosophie und den übrigen Identitätskomponenten. Durch eine simultane Änderung von Markenphilosophie und allen übrigen Identitätskomponenten ließe sich theoretisch zwar einem Identitätsverlust vorbeugen; der enorme Zeitaufwand eines solchen Vorgehens in Verbindung mit der Verwirrung und Verunsicherung der Konsumenten durch solche umfassenden Veränderungen an einer bekannten Marke lässt dieses Vorgehen jedoch nicht zweckmäßig erscheinen. Sollte sich ein größerer Anpassungsbedarf hinsichtlich der Markenphilosophie als Kern der Markenidentität ergeben, erscheint es vielmehr sinnvoll, eine vollständig neue Marke zu entwickeln und die „Alt-Marke" gegebenenfalls zu veräußern. Dies dürfte insbesondere bei der Restrukturierung von Markenportfolios vorteilhaft sein.

Abbildung 4   Gestaltungsspielraum der Identitätskomponenten

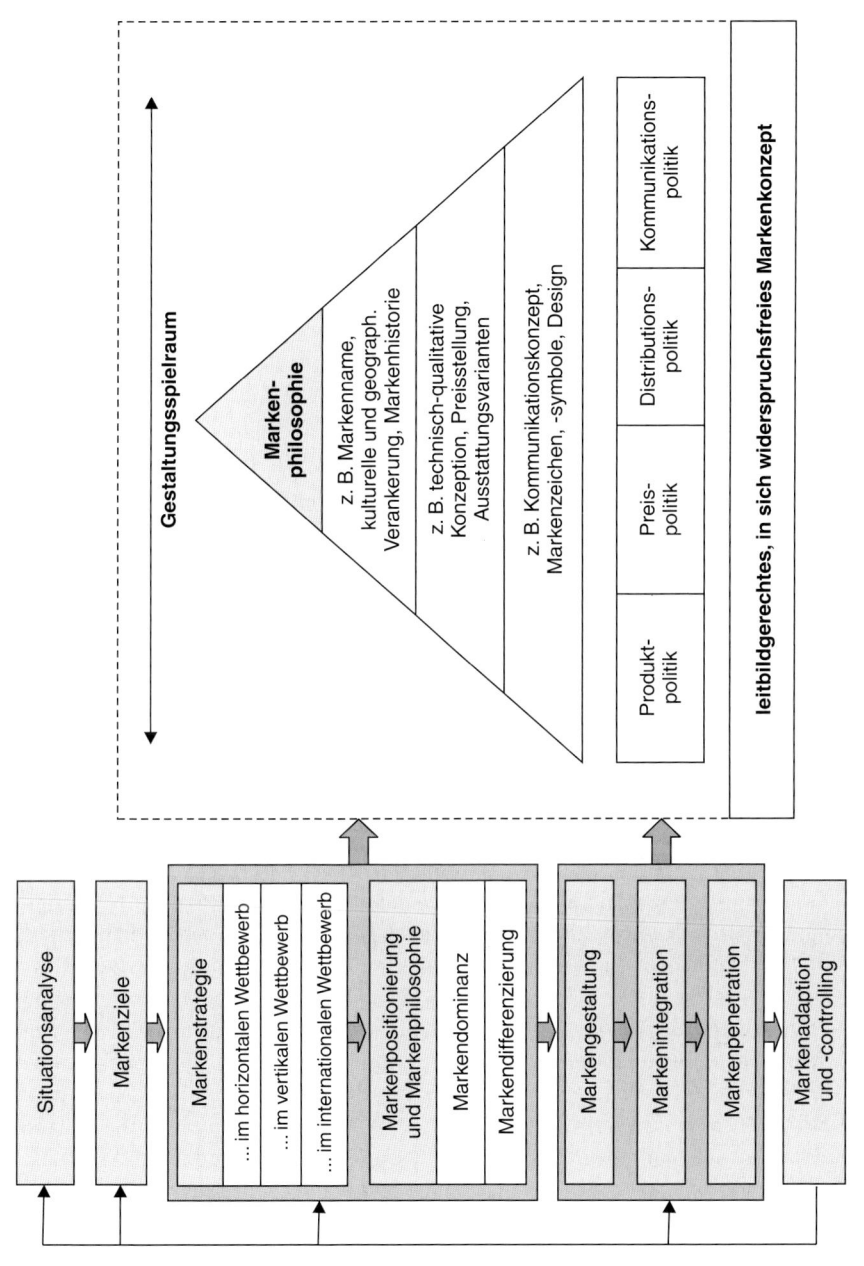

GABLER
GRAFIK

Neben der Markenphilosophie ist der Anpassungsspielraum auch beim Markennamen, der kulturellen und geographischen Verankerung und bei der Markenhistorie sehr begrenzt. Der Markteintrittszeitpunkt und die Branchen- und Unternehmenszugehörigkeit können ebenfalls nur schwer im Zeitablauf verändert werden. Denkbar wäre hier allenfalls die Entwicklung hochinnovativer Produkte, die eine völlig neue Produktkategorie schaffen und gleichzeitig unter einem bereits eingeführten und bekannten Markennamen eingeführt werden. Die Branchen- und Unternehmenszugehörigkeit der Marke können nur durch den Verkauf der Marke verändert werden.

Hinsichtlich der grundlegenden technisch-qualitativen Konzeption der Markenprodukte und dem Verhalten aller die Marke repräsentierenden Mitarbeiter besteht ein etwas größerer Gestaltungsspielraum. Die Exklusivität bzw. Preisstellung einer Marke kann zwar kurzfristig verändert werden, bei größeren Veränderungen ist jedoch mittelfristig mit erheblichen Identitätsproblemen zu rechnen. Der tendenziell größte Gestaltungsspielraum zur Anpassung an veränderte Wettbewerbssituationen und Konsumentenbedürfnisse besteht bei der Markenkommunikation sowie der Gestaltung von Markenzeichen und -symbolen. Vor allem bei langlebigen Gebrauchsgütern besteht darüber hinaus auch bei der visuellen Gestaltung der Markenprodukte (Design) ein relativ großer Gestaltungsspielraum.

In der Phase der **Markenintegration** werden alle Marketingmaßnahmen der verschiedenen Mixbereiche auf die Markenidentität als strategischer Kern der Marke abgestimmt. So gehören beispielsweise der hohe Preis der Davidoff-Zigarette und der Niedrigpreis der Swatch-Uhr zum unabdingbaren Bestandteil der Marke. Die distributionspolitischen Entscheidungen umfassen vor allem die Wahl der Absatzwege und die Selektion der Absatzmittler. Im Rahmen der kommunikationspolitischen Entscheidungen wird durch die Gestaltung der klassischen Werbung, der Verkaufsförderung, der Direktkommunikation und des Sponsoring das äußere Leistungsprofil der Marke geformt.

Eine ausreichende Kontinuität des gesamten Markenauftritts, das heißt eine entsprechende inhaltliche Konstanz der Markenidentitätskomponenten im Zeitablauf, charakterisiert die Phase der **Markenpenetration** und führt schließlich zur Schaffung einer starken Markenpersönlichkeit. Laufende Veränderungen in den gesellschaftlich-sozialen, ökologischen und marktlichen Rahmenbedingungen der Marke führen zu der Notwendigkeit einer laufenden Überprüfung des Selbst- und Fremdbildes der Markenidentität, um im Rahmen der **Marken-Adaption** eine rechtzeitige Anpassung vornehmen zu können. Hierzu ist insbesondere der Aufbau eines **Markencontrolling** zur Unterstützung der Planungs-, Realisations- und Kontrollaktivitäten der Markenführung erforderlich (vgl. das Kapitel zum Markencontrolling in diesem Band).

3. Aufgaben und organisatorische Verankerung der identitätsorientierten Markenführung

Hinsichtlich der organisatorischen Zuständigkeit und damit Aufgabenverteilung der komplexen Aktivitäten im Rahmen der identitätsorientierten Markenführung lassen sich einerseits Schwerpunkte auf der Ebene des Top-Management, andererseits Aufgaben auf der Ebene des Markenmanagement identifizieren (vgl. Abbildung 5).

Abbildung 5   **Aufgabenverteilung bei der identitätsorientierten Markenführung**

Top-Management	Marken-Management

1. Festlegung der Unternehmensstrategie
▪ Geschäftsfeldstrategien
▪ Markenportfolio
▪ Corporate Identity und Marken-
   philosophie
▪ Markenstrategien
 	
2. Schaffung der organisatorischen Voraussetzungen für eine effiziente Markenführung
▪ Eigenständige Markenorganisationen „Front-line"-Marken-Entrepreneurs
▪ Nutzung gemeinsamer Ressourcen
▪ Vernetzung organisatorisch getrennter Geschäftsprozesse
▪ Monitoring der Markenorganisation, Spin-off neuer Markenorganisationen initiieren
 	
3. Festlegung von Prioritäten für Markeninvestitionen
	1. Verankerung der Markenidentität nach innen und außen
	
	▪ Bestimmung der Ist-Identität (GAP-Analyse)
	
	▪ Identitätsgestaltung
	  – Mitarbeiter
	  – Endverbraucher
	  – Handel
	  – Wettbewerber
	  – Anteilseigner
	  – Öffentlichkeit
	
	2. Monitoring der Markenidentität

GABLER
GRAFIK

3.1 Aufgaben des Top-Management

3.11 Festlegung der Unternehmensstrategie

Dem Top-Management kommt im ersten Schritt die Aufgabe zu, bei der Festlegung der **Geschäftsfeldstrategien** (Meffert 1994a, S. 124) die innerhalb der Geschäftsfelder zu verfolgenden **Markenstrategien** und das **Markenportfolio** des Unternehmens zu bestimmen. Als markenstrategische Grundlagenentscheidung im vertikalen Wettbewerb ist zunächst festzulegen, ob eigenständig klassische Herstellermarken aufgebaut werden oder im Auftrag der Absatzmittler Handelsmarken bzw. Gattungsmarken produziert werden sollen. Nur bei einer Entscheidung zu Gunsten klassischer Herstellermarken ist im nächsten Schritt die markenstrategische Option im horizontalen Wettbewerb zu bestimmen (insb. Einzelmarken-, Mehrmarken-, Familienmarken- und Dachmarkenstrategie). Bei Ausweitung des Markenkonzepts auf internationaler Ebene sind schließlich Entscheidungen hinsichtlich des Standardisierungs- versus Differenzierungsgrades zu treffen (globale versus multinationale oder gemischte Markenstrategie).

Bei der **Gestaltung des Markenportfolios** ist grundsätzlich zwischen dem eigenständigen Aufbau neuer Marken, der Akquisition fremder Marken und einem kooperativen Vorgehen zu trennen. Darüber hinaus umfasst die Gestaltung des Markenportfolios die Festlegung der Ziele und **Philosophie** der einzelnen Marken in Abstimmung mit der Unternehmensphilosophie, welche den marktgerichteten Zweck (business mission) und die gesellschaftsorientierte Ausrichtung des Unternehmens zum Ausdruck bringt. Die Markenphilosophie beschreibt dabei jeweils die Idee (Kernkompetenz und Vision), den Inhalt (wofür steht die Marke, Markenwerte) und die zentralen Eigenschaften der einzelnen Marken und sollte in Form plastischer, vom Top-Management formulierter **Markenleitbilder** explizit festgehalten werden.

Die Bestimmung der Philosophie einzelner Marken ist eng verknüpft mit der Organisationsstruktur, der Markenstrategie und der Corporate Identity. Beispielsweise wird die Gestaltung des Markenportfolios im Geschäftsfeld Kosmetik bei den Firmen Henkel und L'Oreal schon allein auf Grund der voneinander abweichenden Corporate Identity und Markenstrategie (Henkel-Einzelmarken bzw. Markenfamilien versus L'Oreal-Dachmarke) unterschiedlich ausfallen. Der Entscheidungsspielraum bei der Gestaltung des Markenportfolios wird bei einer Einzelmarkenstrategie in geringerem Maße durch Ausstrahlungseffekte anderer Marken des Unternehmens eingeschränkt als bei Dachmarkenstrategien. Dies kann am Beispiel der Mehrmarken- respektive Einmarkenstrategie von Procter & Gamble und Ferrero auf der einen Seite und der Dachmarkenstrategie von Philips auf der anderen Seite nachvollzogen werden. Der Einfluss der Organisationsstruktur auf die Gestaltung von Markenportfolios wird beim Vergleich von Holding-Strukturen und funktional organisierten Unternehmen deutlich. Die Identität eines Unternehmens, bei dem die Holding bzw. die gesamte Unternehmensgruppe in der Kommunikation wie bei General Electric kaum in Erscheinung tritt, unterscheidet sich von derjenigen eher zentralistisch organisierter, funktional ausgerichteter Unternehmen wie dem Volkswagen Konzern oder vieler Banken.

Zusammenfassend kann festgehalten werden, dass immer dann, wenn die Zugehörigkeit einzelner Marken zu ein und demselben Unternehmen vom Konsumenten wahrgenommen wird, die Gestaltung der Corporate Identity und des Markenportfolios durch einen komplexen, mehrdimensionalen Erwartungs- und Imagetransfer beeinflusst wird (Wiedmann 1994, S. 1044 f.). Diese Interdependenzen leiten unmittelbar über zur zweiten Aufgabe des Top-Management, der Schaffung der organisatorischen Voraussetzungen für eine effiziente Markenführung.

3.12 Schaffung der organisatorischen Voraussetzungen für eine effiziente Markenführung

Die Analyse der zahlreichen Komponenten und komplexen Wechselwirkungen bei der Entstehung der Markenidentität unterstreicht an dieser Stelle die Notwendigkeit, die an der Entwicklung und Ausprägung der Markenidentität mitwirkenden Personen in einer organisatorischen Einheit zusammenzufassen. Das konstitutive Identitätsmerkmal der Individualität legt es darüber hinaus nahe, diese organisatorische Einheit als Träger der Marke weitestgehend selbständig und getrennt von anderen Marken und deren Organisationseinheiten zu führen, um auf diese Weise die Ausprägung einer eigenständigen Markenpersönlichkeit zu unterstützen.

Eine organisatorische Eigenständigkeit der einzelnen Marken wird sich auch auf die Entwicklung einer vom Unternehmergeist, von Marktnähe und Flexibilität geprägten Markenkultur (**„front-line-entrepreneurs"**) positiv auswirken (vgl. Abbildung 6). Allerdings wird dieses eigenverantwortliche, unternehmerische Verhalten wesentlich von der Größe der Markenorganisation beeinflusst.

Die Zusammenfassung aller die Markenidentität prägenden Funktionen bzw. Prozesse würde jedoch beispielsweise bei einem Automobilunternehmen zu einer nur schwer überschaubaren, kontraproduktiven Größe der Markenorganisation führen. Zur Gewährleistung kleiner Organisationseinheiten und zur Produktivitätssicherung ist es insoweit erforderlich, eine **weitestgehende Vernetzung organisatorisch getrennter Geschäftsprozesse** (Bartlett/Ghoshal 1995, S. 148) und damit die gemeinsame Nutzung zentraler Ressourcen durch möglichst viele Marken sicherzustellen. Dabei darf jedoch weder das Selbstbild noch das Fremdbild der Markenidentität untergraben werden.

Abbildung 6   **Organisationale Struktur der identitätsorientierten Markenführung**

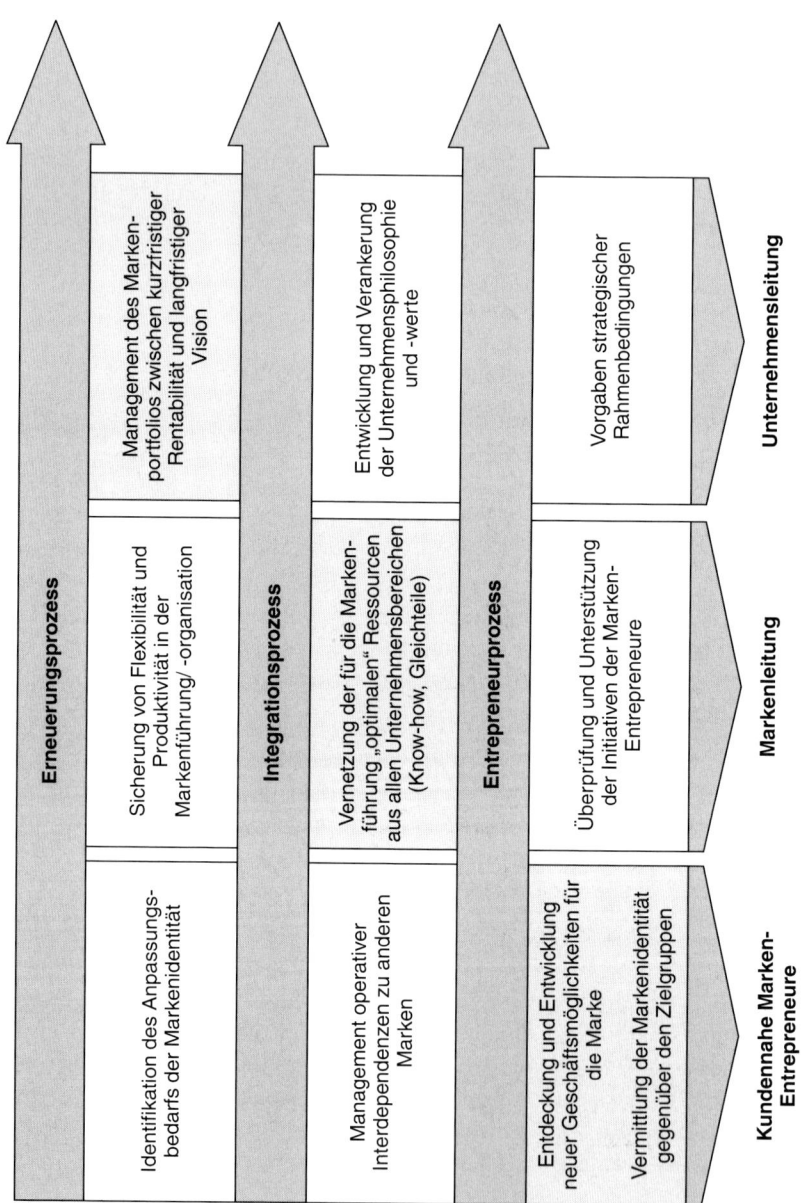

Quelle: In Anlehnung an Bartlett/Ghoshal 1995 und Ghoshal/Bartlett 1999

Abbildung 7 **Identitätsprägende Komponenten einer Automobilmarke**

Frage: Was muss bei einem ... (VW, BMW etc.) alles von ... (VW, BMW etc.) sein, damit es für Sie noch ein ... ist?

	Gesamt n = 400 (in %)
Karosserie/Design/Aussehen	**60**
■ Die Karosserie als Markenzeichen der Firma; die Karosserie muss erkennen lassen, dass es ein [...] ist; das Zeichen, der Name, das Logo	50
■ Das Design, das Auto muss wie ein [...] aussehen; man muss vom Aussehen her erkennen, dass es ein [...] ist; die äußere Erscheinung des Autos	20
Bestimmte Bauteile	**55**
■ Der Motor; der Motor, da er das Hauptstück des Wagens ist; der Motor ist das Herzstück des Autos; wenn er nicht von ... wäre, könnte ich mir gleich ein anderes Auto kaufen	50
■ Fahrwerk; Fahrgestell; Rahmen; Chassis	13
■ Sitze; Innenausstattung	11
■ Getriebe; Schaltung; Kupplung	9
■ Bremsen; ABS; Sicherheitsteile	5
■ Technik; Elektronik; technische Instrumente	4
■ Lenkrad; Lenkung	3
■ Achsen	2
Gesamtkonzept	**13**
■ Die komplette Konstruktionsplanung; die Vorlagen müssen von [...] stammen	8
■ Die Idee; der Entwurf des Autos; die Konzeption; die Grundidee und die Entwicklung	7
Alles	**15**
■ Das ganze Auto muss von [...] sein; alles, was an einem Auto wichtig ist, wird heute ja alles von [...] geliefert	

GABLER GRAFIK

Quelle: Volkswagen AG (interne Marktforschungsstudie)

In diesem Zusammenhang stellt die Identifikation der für eine starke Markenidentität wesentlichen Geschäftsprozesse und Produktkomponenten, die von jeder Marke eigenständig ausgeführt bzw. produziert werden müssen, eine schwierige Aufgabe dar. Insbesondere bei langlebigen Gebrauchsgütern ergibt sich hier ein klassisches Optimierungsproblem: In welchem Ausmaß kann zur Produktivitätssteigerung auf Gleichteile für unterschiedliche Marken zurückgegriffen werden, ohne die für den langfristigen Erfolg notwendige Markenidentität zu schwächen? Die im Rahmen von „make or buy"-Entscheidungen bislang durchgeführten Untersuchungen über die von den Konsumenten wahrgenommenen Kernkompetenzen und identitätsprägenden Bestandteile eines Markenproduktes (vgl. Abbildung 7) sind daher weiter zu modifizieren und um den Aspekt des Selbstbildes der Markenidentität zu ergänzen (vgl. in diesem Zusammenhang auch die Fallstudie zur Markenführung bei produktpolitischen Kooperationsstrategien am Beispiel Ford Galaxy in diesem Band).

Bei der Schaffung der organisatorischen Voraussetzungen für eine effiziente Markenführung hat das Top-Management schließlich eine **Erneuerungsfunktion** wahrzunehmen (Bartlett/Ghoshal 1995, S. 151). Im Rahmen der Gestaltung des Markenportfolios muss es durch einen laufenden Beobachtungsprozess den „spin-off" neuer Marken inspirieren und die hierfür notwendigen Ressourcen und Strukturen zur Verfügung stellen (vgl. Abbildung 6; Meffert/Burmann 1996b.). Hiermit eng verbunden ist die periodische Festlegung von Prioritäten für Markeninvestitionen im Sinne eines Budgetmanagement.

3.2 Aufgaben des Markenmanagement

Innerhalb der vom Top-Management gesetzten Rahmenbedingungen kommen den für die Markenführung Verantwortlichen insbesondere zwei Hauptaufgaben zu, die Verankerung der Markenidentität nach innen und außen und das Monitoring der Markenidentität. Zentrales Ziel ist der Aufbau einer hohen Markenloyalität der Konsumenten durch ein klares Leistungsprofil, die Sicherung der Zufriedenheit und des Vertrauens in die Marke (Burmann 1991). Diesem Ziel vorgelagert ist die Steigerung der Markenaktualität und Markensympathie.

Die Erreichung dieser Markenziele ist in entscheidender Weise an die Identifikation der Mitarbeiter mit ihrer Marke gebunden. Die zusätzlich erforderliche Markenidentifikation des Handels setzt die handelsgerichtete Profilierung der Marke durch klare Kompetenznachweise voraus. Gegenüber den Wettbewerbern ist die Entwicklung einer eigenständigen Markenpersönlichkeit an die prägnante Differenzierung der Marke geknüpft. Shareholdergerichtet geht es darum, einen hohen Markenwert als Basis eines hohen Unternehmenswertes zu realisieren (Jenner 2001). Schließlich sind in der Öffentlichkeit die Legitimität und Glaubwürdigkeit der Marke zu verankern. Die identitätsorientierte Markenführung hat sich somit an verschiedenen Bezugsgruppen (vgl. Abbildung 8) auszurichten.

Abbildung 8 **Bezugsgruppen der identitätsorientierten Markenführung**

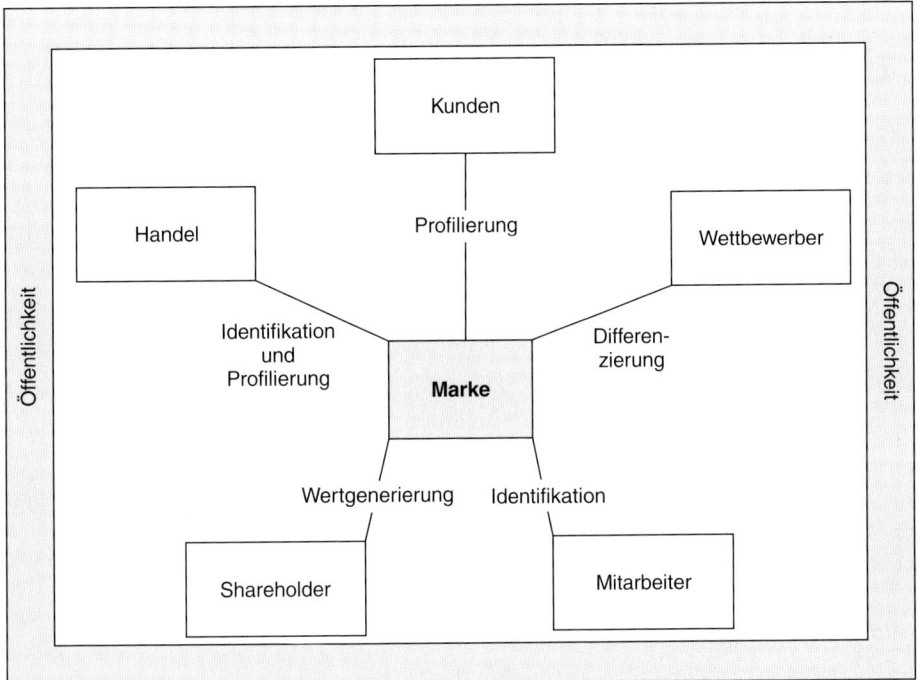

GABLER
GRAFIK

Voraussetzung zur dauerhaften Verankerung der Markenidentität nach innen wie nach außen ist die **Bestimmung der Ist-Identität.** Die kritische Analyse der Identitätsvorstellungen interner und externen Bezugsgruppen dürfte dabei in vielen Fällen zu erheblichen Abweichungen zwischen den Erwartungen gegenüber einer Marke und dem tatsächlichen Erleben der Marke einerseits sowie zwischen den verschiedenen Selbstbildern der die Marke repräsentierenden Organisationsmitglieder (Entwicklungs- und Produktionsingenieure, Marketingmitabeiter, Händler, Kundendienstpersonal etc.) andererseits führen (Barich/Kotler 1991, S. 98 f.).

3.21 Das GAP-Modell als integriertes Führungs- und Controllinginstrument der identitätsorientierten Markenführung

Auf Grund ähnlicher Problemstrukturen erscheint es an dieser Stelle hilfreich, zur Analyse bestehender Identitäts-Lücken auf das von Parasuraman/Zeithaml/Berry (1985) für den Dienstleistungssektor entwickelte **GAP-Modell** zurückzugreifen. Dabei ist es notwendig, sowohl das Selbstbild als auch das Fremdbild einer Marke in ihre jeweilige Soll- und Ist-Komponente zu zerlegen:

■ Das **Soll-Selbstbild** der Marke beschreibt den Kern der anzustrebenden „Zielidentität" im Rahmen des unternehmerischen Aussagenkonzepts.

■ Das **Ist-Selbstbild** hingegen repräsentiert die tatsächliche Umsetzung der vorgegebenen Inhalte einer Marke in eine marktfähige Leistung.

■ Während das **Ist-Fremdbild** im Rahmen des Akzeptanzkonzepts schließlich die externe Wahrnehmung der tatsächlichen Marktleistung bei den relevanten Zielgruppen als Realimage umfasst,

■ beinhaltet das **Soll-Fremdbild** das von den externen Anspruchsgruppen als ideal empfundene Image einer Marke.

Für das hier betrachtete GAP-Modell ergibt sich der in Abbildung 9 dargestellte Aufbau (vgl. Meffert/Burmann 1996a, S. 62). Langfristig ist dabei eine hohe Kongruenz zwischen dem Soll-Selbstbild und dem Soll-Fremdbild anzustreben. Der formale Aufbau dieses GAP-Modells der Markenidentität darf dabei jedoch nicht darüber hinwegtäuschen, dass es sich bei den dargestellten Identitäts-GAPs um dynamische Phänomene handelt, die laufend Veränderungen unterworfen sind.

GAP 1 kennzeichnet als **Wahrnehmungsgap** die Abweichung zwischen den Erwartungen der Konsumenten gegenüber einer Marke (Ideal-Image) und der Wahrnehmung dieser Erwartung auf Seiten des Markenmanagement (in Anlehnung an das *„consumer expectation – management perception gap"*, vgl. Parasuraman/Zeithaml/Berry 1985, S. 44). Die Entstehung des Ideal-Images wird dabei von den Bedürfnissen, Erfahrungen und der Mund-zu-Mund-Kommunikation der Konsumenten beeinflusst. Vielfach wird diese Abweichung als Ausgangspunkt der GAP-Analyse betrachtet. Zur Sicherstellung einer starken Markenidentität gilt es – wie bei allen GAPs –, eine Schließung der Lücke herbeizuführen. Vor diesem Hintergrund liefert die Identifikation der Ideal-Images der Konsumenten wichtige Anhaltspunkte zur Formulierung des Selbstbildes. Maßnahmen, die zur Schließung der Divergenz zwischen den von den Nachfragern artikulierten und vom Anbieter wahrgenommenen Erwartungen beitragen, konzentrieren sich dabei insbesondere auf die Marktforschung, um dem Markenhersteller die Wünsche und Bedürfnisse der Nachfrager transparent zu machen.

Abbildung 9 **GAP-Modell der Markenführung**

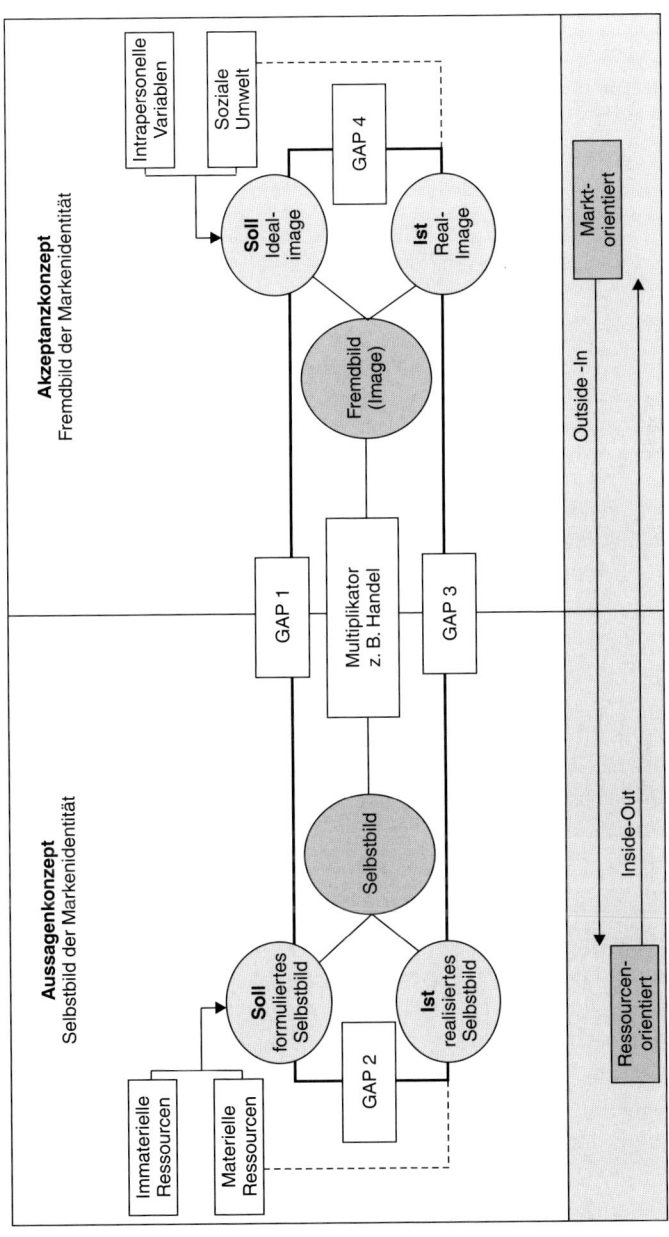

Quelle: Koers 2001, S. 167 auf Basis von Meffert/Burmann 1996a, S. 62

Eine Diskrepanz zwischen dem unter Beachtung der Kundenerwartung formulierten Selbstbild durch das Management und seiner tatsächlichen Realisierung zeigt ein **Umsetzungsgap (GAP 2)**. Dabei lassen sich im Grunde zwei getrennte Problembereiche identifizieren:

■ Diskrepanz zwischen dem durch die Unternehmensleitung formulierten Markenselbstbild (Planung) und seiner Spezifikation hinsichtlich bestimmter Markenmerkmale durch das Markenmanagement (in Anlehnung an das *„management perception – service quality specification gap"*). Beispielsweise ist in der Automobilindustrie die Spezifikation der im Selbstbild formulierten Merkmale „Sportlichkeit und Dynamik" in konkrete Markeneigenschaften hinsichtlich Höchstgeschwindigkeit, Beschleunigung, Fahrwerksabstimmung oder Innenausstattung etc. mit entsprechenden Schwierigkeiten verbunden.

■ Diskrepanz zwischen den geplanten Markenmerkmalen und den tatsächlich erbrachten Markenleistungen auf operativer Ebene der jeweiligen Marken (in Anlehnung an das *„service quality specification – service delivery gap"*). So kann es beispielsweise trotz spezifizierter Markenmerkmale im Lastenheft eines Automobilherstellers in Bezug auf die Markenqualität zu Fahrzeugmängeln bei der Auslieferung kommen.

Bei den hier aufgeführten Abweichungen handelt es sich somit um unternehmensinterne GAPs. Ursachen für die aufgeführten GAPs sind insbesondere unzureichende Potenzialfaktoren, die in Form mangelnder Mitarbeiterqualifikation oder einer ungeeigneten unternehmensinternen Infrastruktur verhindern, dass formulierte Markenmerkmale eingehalten werden können. Zur erfolgreichen Umsetzung des formulierten Selbstbildes in eine tatsächliche Marktleistung sind neben der Sicherstellung einer geeigneten Infrastruktur bestimmte Voraussetzungen bei den Mitarbeitern der jeweiligen Markenorganisationen zu erfüllen. So ist die Kenntnis („Kennen") und das „Verstehen" des Soll-Selbstbildes zu gewährleisten und die Betroffenen sind mit der entsprechenden Kompetenz („Können") auszustatten. Überdies ist mit der Akzeptanz („Wollen") des Selbstbildes bei den internen Anspruchsgruppen die Voraussetzung für die Leistungs- und Einsatzbereitschaft der Mitarbeiter zu erreichen (Kolks 1990, S. 110 ff.).

GAP 3 des Modells bezieht sich auf die Abweichung zwischen der tatsächlich erstellten und der in der marktgerichteten Kommunikation versprochenen Leistung des Herstellers (in Anlehnung an das *„service delivery – external communications gap"*). So kann beispielsweise die besondere Wirtschaftlichkeit eines Automobils als wesentliches Kennzeichen der Marke herausgestellt werden, ohne dass der Kunde dies bei seinem tatsächlichen Benzinverbrauch oder den Ersatzteilpreisen nachvollziehen kann. Ein **Kommunikationsgap** tritt somit im Rahmen des externen Marketing dann auf, wenn Erwartungen bei dem Kunden aufgebaut werden, die später vom Markenprodukt aus Sicht des Konsumenten nicht erfüllt werden.

Abbildung 10   Beschreibung und Beispiele des GAP-Modells

GAP	Beschreibung	Beispiel
Wahrnehmungs-GAP	Abweichung zwischen den Erwartungen der Konsumenten gegenüber einer Marke (Soll-Fremdbild) und der Wahrnehmung dieser Erwartung auf Seiten des Herstellers und Händlers	Bedeutung von umweltverträglichen Ausstattungsmerkmalen (Hersteller) oder von Service am PoS (Händler)
Umsetzungs-GAP	Abweichung zwischen dem formulierten Markenselbstbild und seiner Spezifikation hinsichtlich bestimmter Markenmerkmale	Realisierung der Imagedimensionen Sportlichkeit (Hersteller) und Kundennähe (Händler)
	Abweichung zwischen den geplanten Produktmerkmalen (Soll-Selbstbild) und der tatsächlich erbrachten Markenleistung (Ist-Selbstbild)	Abweichung zwischen Lastenheft und Ist-Produkt (Hersteller); Diskrepanz zwischen PoS-Standard und tatsächlichem Händlerservice (Händler)
Kommunikations-GAP	Abweichung zwischen der tatsächlich erstellten und der in der marktgerichteten Kommunikation versprochenen Leistung	Herstellerseitige Qualitätsgarantie wird durch zahlreiche Fahrzeugmängel untergraben; Mobilitätsgarantie aus der Werbung wird vom Händler nicht eingelöst
Identifikations-GAP	Abweichungen zwischen Ideal-Image einer Marke und tatsächlichem Marken-Image	

GABLER
GRAFIK

Das **vierte GAP** kennzeichnet schließlich eine Abweichung zwischen dem Ideal-Markenimage und dem tatsächlichen Markenimage und entsteht aus der subjektiven Bewertung der Marke aus Sicht der externen Anspruchsgruppen (in Anlehnung an das *„expected service – perceived service gap"*). Ursache für ein **Identifikationsgap** sind entweder die GAPS 1–3, also GAP 4 = f(GAP 1, GAP 2, GAP 3), oder der Nachfrager ist nicht in der Lage, die tatsächliche Eignung der Marke zu beurteilen. Existiert ein solches GAP, wobei auch eine positive Lücke möglich ist, das heißt die Erwartungen des Nachfragers werden übertroffen, so ist zu unterscheiden, ob die Abweichung noch im Toleranzbereich des Nachfragers liegt oder ob er diese Diskrepanz als unakzeptabel einstuft. Ein GAP zwischen Ist- und Soll-Image führt letztlich wiederum zu einer Anpassung der zukünftigen Erwartungen der Nachfrager, wodurch der dynamische Charakter des GAP-Modells verdeutlicht werden kann.

Schließlich kann insbesondere der Handel als **„Multiplikator"** bzw. Verstärker möglicher GAPs zwischen Selbst- und Fremdbild interpretiert werden. So können unterschiedliche Auffassungen von Hersteller und Händler über die Ausprägung der die Markenidentität beeinflussenden Produkt- und PoS-Merkmale existieren (zum Beispiel abweichende Einschätzung der Ideal-Images aus Handels- und Herstellerperpektive). In der Automobilindustrie etwa beeinflussen die Vertragshändler auf Grund ihrer hohen Bedeutung in der Automobilbranche unmittelbar das Fremdbild der externen Anspruchsgruppen durch konkrete PoS-Standards, erbrachte Serviceleistungen vor und nach dem Kauf oder aber die handelseigene Markenkommunikation, welche abweichend bzw. inkonsistent von der des Herstellers erfolgen kann (zum Beispiel Verwendung konfliktärer Bildwelten im Print-Bereich; Abweichung von markenspezifischer Farbskala etc.). Letztlich sind diese Abweichungen zwischen Hersteller und Handel Ausdruck einer mangelhaften Verankerung der Markenidentität nach innen, weil hier die Selbstbilder der Markenidentität innerhalb der Markenorganisation voneinander abweichen.

Abbildung 10 stellt die angeführten GAPs zusammenfassend dar und konkretisiert diese nochmals am Beispiel der Automobilindustrie aus Hersteller und Händlerperspektive.

3.22 Verankerung der Markenidentität nach innen und außen

Auf Basis der festgestellten Ist-Identität und der vom Top-Management vorgegebenen Markenphilosophie, welche den Kern der Soll-Identität der Marke beschreibt, ist es die Aufgabe des Markenmanagement, die Markenidentität innen- und außengerichtet wie folgt zu gestalten.

Mitarbeitergerichtet geht es dabei in erster Linie um die Vermittlung eines klaren Markenverständnisses als Identifikations- und Motivationsbasis. Dieses Markenverständnis setzt ein nachvollziehbares, widerspruchsfreies Markenleitbild ebenso voraus wie ein leitbildgerechtes Verhalten auf allen Hierarchieebenen und in allen Funktionen der Markenorganisation. Letztlich geht es dabei um die Implementierung einer markenadäquaten Organisationskultur. Darüber hinaus erfordert die Entwicklung einer starken Markenidentität die Eigenständigkeit der sach- und personenbezogenen Markenführung und die Beeinflussbarkeit der wesentlichen, das Erscheinungsbild der Marke prägenden Geschäftsprozesse (Forschung und Entwicklung, Produktion, Marketing/Vertrieb, Kundendienst etc.).

Endverbrauchergerichtet geht es bei der Gestaltung der Markenidentität um den Nachweis echter Problemlösungskompetenz in der Gebrauchs-, Verbrauchs- und Entsorgungsphase des Produktes. Die eigenständige Persönlichkeit der Marke muss vom Endverbraucher mit Sicherheit, Vertrauen und Sympathie assoziiert werden und zu einem loyalen Kauf- und Empfehlungsverhalten führen. Der Aufbau von Begeisterung und Loyalität gegenüber der Marke kann langfristig nur über den Weg der Fokussierung auf wenige, zentrale Markenstärken erfolgen und setzt zudem die Anpassungsfähigkeit gegenüber neuen Gesellschaften, Werten, Trends und Bedürfnissen (Umweltorientierung, soziale Verantwortung etc.) voraus.

Handelsgerichtet geht es bei der Gestaltung der Markenidentität um die Einlösung des Markenversprechens am PoS durch eine auf die Markenidentität abgestimmte Vertriebsstruktur sowie entsprechende Leistungen und Verhaltensweisen der Händler. Diesem Aspekt kommt vor allem im Gebrauchsgütersektor eine besondere Bedeutung zu. Voraussetzung zur Einlösung des Markenversprechens ist die Sicherstellung einer ausreichenden Markenpräsenz durch eine auf die Zielgruppenbedürfnisse ausgerichtete Distributionsdichte. Eine wesentliche Grundlage der Markenidentifikation des Händlers stellt in diesem Zusammenhang das Angebot hinreichender ökonomischer Anreize dar, die dem Händler langfristig eine Sicherung seiner wirtschaftlichen Existenz erlauben.

Wettbewerbsgerichtet ist eine starke Markenidentität an eine klare, differenzierende Markenpositionierung gebunden, die der Marke einen dauerhaften, wahrgenommenen und für die Zielgruppe relevanten Wettbewerbsvorteil verschafft. Die Sicherung von Pioniervorteilen in neuen Bedürfnisdimensionen und die proaktive Begegnung von Wettbewerbsaktivitäten sind Ansatzpunkte zum Aufbau eines Wettbewerbsvorteils. Die klare Differenzierung gegenüber den Hauptwettbewerbern bildet oftmals die Grundlage, von der aus sich eine starke Markenidentität entwickelt.

Da sich das Ansehen einer Marke sowohl in einem Preispremium als auch einem Mengenpremium der Marke und damit unmittelbar in höherem Umsatz niederschlägt, ist die Marke als Werttreiber des Shareholder Value zu interpretieren. **Shareholdergerichtet** ist somit ein hoher Markenwert als Basis eines hohen Unternehmenswertes zu realisieren.

Öffentlichkeitsgerichtet umfasst die Gestaltung der Markenidentität die Sicherung der Markenlegitimität durch den Aufbau von Meinungsführerschaft für die Marke in den relevanten Anspruchsgruppen. Dies erfordert eine offene, kritikfähige Dialogkommunikation, welche auf Basis der von der Marke mitgetragenen gesellschaftlichen Verantwortung auch die ethischen Grundsätze der Markenführung gegenüber den verschiedenen Bezugsgruppen zum Ausdruck bringen muss.

Insgesamt bedarf es auf der Maßnahmenebene der Entwicklung einer strikt an der Positionierung der Marke ausgerichteten, widerspruchsfreien Instrumentekombination durch das Markenmanagement. Eine widerspruchsfreie Umsetzung der vorgegebenen Leitbilder und Positionierungen durch markenspezifische Marketing-Programme fördert die Glaubwürdigkeit und Unverwechselbarkeit der Marken in der Wahrnehmung der Nachfrager und bildet damit die Voraussetzung zur Schaffung differenzierter Markenidentitäten. Das markenpolitische Entscheidungsfeld des Markenmanagement wird in diesem Zusammenhang somit unmittelbar von der durch das Top-Management formulierten Stoßrichtung für die Marke eingegrenzt.

Schließlich liegt im Rahmen des Identitäts-Monitoring die wesentliche Aufgabe des Markenmanagement in der Ziel- und Maßnahmenkorrektur auf Basis von Identitäts-GAP-Analysen und Image-Tracking-Studien (vgl. in diesem Zusammenhang auch den Beitrag zum identitätsorientierten Markencontrolling in diesem Band; auch Spiegel/Spiegel 2001, S. 73 ff.).

4. Fazit

Aufgabe der identitätsorientierten Markenführung ist die ganzheitliche, aufeinander abgestimmte Gestaltung aller für die Markenidentität relevanten Komponenten. In diesem Sinne muss eine innen- und außengerichtete, funktionsübergreifende Integration aller Marketingmaßnahmen angestrebt werden. Der Erreichung dieses Ziels dient sowohl der entwickelte Managementprozess einer identitätsorientierten Markenführung als auch das Identitäts-GAP-Modell als Analyseinstrument. Das aufgestellte Modell stellt insbesondere deshalb eine geeignete Basis für das Markenmanagement dar, weil es neben einer nachfragerorientierten Sichtweise (Imageanalysen) auch die Inside-Out-Perspektive (Selbstbild der Markenidentität) berücksichtigt.

Die Funktionsfähigkeit einer identitätsorientierten Markenführung ist wesentlich von der Identifikation aller Mitarbeiter mit der Marke abhängig. Die erfolgreiche Implementierung einer identitätsorientierten Markenführung ist daher an die Schaffung entsprechender Organisationsstrukturen und Führungsstile gebunden, die diese Identifikation und Motivation sicherstellen.

Literatur

Aaker, D. A., Joachimsthaler, E., Brand Leadership, New York u. a 2000.
Arnold, D., Modernes Markenmanagement, Wien 1992.
Barich, H., Kotler, P., A Framework for Marketing Image Management, in: Sloan Management Review, Winter 1991, pp. 94–104.
Bartlett, C., Ghoshal, S. S., Building the entrepreneurial Organisation: New Organisational Processes, New Managerial Tasks, in: European Management Journal, Vol. 13, No. 2, June 1995, pp. 139–155.
Bleicher, K., Leitbilder: Orientierungsrahmen für eine integrative Management-Philosophie, Stuttgart 1992.
Burmann, C., Konsumentenzufriedenheit als Determinante der Marken- und Händlerloyalität. Das Beispiel der Automobilindustrie, in: Marketing ZFP, 13. Jg., Heft 4, 1991, S. 249–258.
Fankart, P., Widmer, H., Rezept – Corporate Identity. Leitbild, Erscheinungsbild, Kommunikation, Zürich, Wiesbaden 1987.
Ghoshal, S., Bartlett, C. A., The Individualized Corporation, 1. Paperbackauflage, New York 1999.

Jenner, Th., Markenführung im Zeitalter des Shareholder-Value, in: Harvard Business Manager, H. 3, 2001, S. 54–63.

Kapferer, J. N., Die Marke – Kapital des Unternehmens, Landsberg/Lech 1992.

Koers, M., Steuerung von Markenportfolios, Ein Beitrag zum Mehrmarkencontrolling am Beispiel der Automobilwirtschaft, Frankfurt/M. 2001.

Kolks, V., Strategieimplementierung: Ein anwendungsorientiertes Konzept, Wiesbaden 1990.

Langen, A. Leitbild und Unternehmenskultur: Die Rolle des Topmanagements, in: Herausforderung Unternehmenskultur, Simon, H. (Hrsg.), Stuttgart 1990, S. 41–46.

Meffert, H., Marketing-Management. Analyse – Strategie – Implementierung, Wiesbaden 1994a.

Meffert, H., Entscheidungsorientierter Ansatz der Markenpolitik, in: Handbuch Markenartikel, Bruhn, M. (Hrsh.), Stuttgart 1994b, S. 173–197.

Meffert, H., Burmann, Ch., Identitätsorientierte Markenführung – Grundlagen für das Management von Markenportfolios, Arbeitspapier Nr. 100 der Wissenschaftlichen Gesellschaft für Marketing und Unternehmensführung e.V., Meffert, H., Wagner, H., Backhaus, K. (Hrsg.), Münster 1996a.

Meffert, H., Burmann, Ch., Towards an Identity-Oriented Approach of Branding, University of Cambridge, Research Papers in Management Studies, No. 18, 1996b.

Parasuraman, A., Zeithaml, V., Berry, L. L., A Conceptual Model of Service Quality and its Implications for Future Research, in: Journal of Marketing, Vol. 49, 1985, pp. 41–50.

Spiegel, U,. Spiegel, G., Der Markenimage-Spiegel – Ein Instrument zur Markenführung, in: Thexis, Fachzeitschrift für Marketing der Universität St. Gallen, Heft 2, 2001, S. 73–76.

Wiedmann, K. P., Markenpolitik und Corporate Identity, in: Bruhn, M. (Hrsg.), Handbuch Markenartikel (Bd. 2), Stuttgart 1994, S. 1033–1054.

Aktuelle markt- und unternehmens-bezogene Herausforderungen an die Markenführung

Heribert Meffert und Mathias Giloth

Dieser Beitrag stellt eine erweiterte Fassung des Beitrags in: Köhler, R., Majer, W., Wiezorek, H. (Hrsg.), Erfolgsfaktor Marke – Neue Strategien des Markenmanagements, München 2001, S. 1–21 dar.

1. Wandel in den Rahmenbedingungen der Markenführung

Angesichts weit reichender Änderungen in den Rahmenbedingungen stellt die Sicherung der zentralen Markenfunktionen die Markenführung vor neue Herausforderungen. So bewirkt bspw. die Wirtschafts- und Währungsunion mit ihren Auswirkungen auf die nationale Gesetzgebung eine Veränderung des rechtlichen Umfelds der Unternehmen und beeinflusst maßgeblich die unternehmens- und markenpolitische Ausrichtung. Als Beispiel sei hier auf die Liberalisierung des Telekommunikations- oder des Energiemarktes verwiesen. Ein Wandel in den Umfeldbedingungen kann sich jedoch auch im technologischen Bereich ergeben. Die Etablierung der Neuen Medien, allen voran das Internet mit weit reichenden Folgen für das Verhalten der Konsumenten, stellt hier sicherlich die tief greifendste Veränderung dar.

Abbildung 1   Veränderung markt- und unternehmensbezogener Kontextfaktoren als Einflussfaktor auf die Markenführung

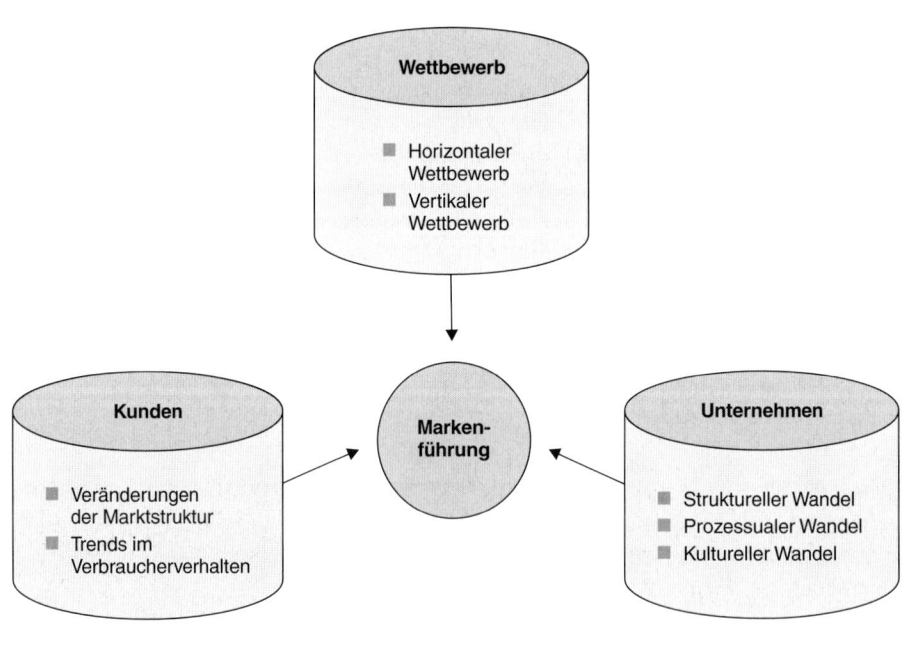

GABLER
GRAFIK

Mit besonderem Bezug zur Markenführung lassen sich neben diesen kategorialen Entwicklungen aktuelle Veränderungen insbesondere im Wettbewerbsumfeld, in der Markt- bzw. Kundenstruktur, den Trends im Verbraucherverhalten und Veränderungen unternehmensbezogener Kontextfaktoren identifizieren (vgl. Abbildung 1). Diese sollen im Folgenden mit Blickrichtung auf eine im identitätsorientierten Ansatz der Markenführung angestrebte Synthese der markt- und ressourcengerichteten Sichtweise des Management einer näheren Analyse unterzogen werden. Auf Grund der besonderen Bedeutung für die Markenführung sollen bezüglich der unternehmensinternen Veränderungen insbesondere die zunehmende Shareholder-Value-Orientierung, die Gleichteilepolitik und die Auswirkungen von Fusionen und Unternehmenszusammenschlüssen auf die Markenführung Berücksichtigung finden.

2. Marktbezogene Kontextfaktoren

2.1 Veränderte Wettbewerbsstrukturen

Die Markenführung sieht sich im Kontext dynamischer Markt- und Umweltbedingungen mit einer Reihe von wettbewerbspolitischen Herausforderungen konfrontiert. So bewirkt die fortschreitende Globalisierung in Verbindung mit einer gestiegenen internationalen Verflechtung eine rasche Verbreitung von technologischem Know-how und damit in der Tendenz eine Homogenisierung der Leistungsmerkmale. Die mit der Etablierung der Neuen Medien zunehmende Ausdifferenzierung der Märkte und eine damit einhergehende ansteigende Produkt- und Markenvielfalt verschärfen zusätzlich den horizontalen Wettbewerb. So wurden allein 1999 in Deutschland über 76.000 neue Marken angemeldet (vgl. Abbildung 2). Dies entspricht einer Steigerung von über 11 Prozent im Vergleich zu 1998 und von 247 Prozent im 10-Jahres-Vergleich. Interessant ist in diesem Zusammenhang auch der deutliche Anstieg der Dienstleistungsmarken um 28 Prozent gegenüber dem Vorjahr (DPMA Jahresbericht 1999, S. 23). Das seit einigen Jahren zu beobachtende Absinken der Neuanmeldungen aus dem Ausland ist im Wesentlichen auf die Einführung von Gemeinschaftsmarken in der Europäischen Union zurückzuführen.

Insgesamt führt die zunehmende Zahl an Marken zu einem steigenden Kommunikationswettbewerb und in Verbindung mit einer begrenzten Aufnahmefähigkeit und Verarbeitungskapazität der Konsumenten (Kroeber-Riel 1987, S. 257) zu einer „Positionierungsenge in der Psyche der Verbraucher".

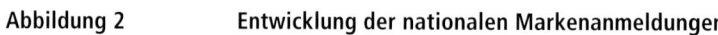

| Abbildung 2 | Entwicklung der nationalen Markenanmeldungen |

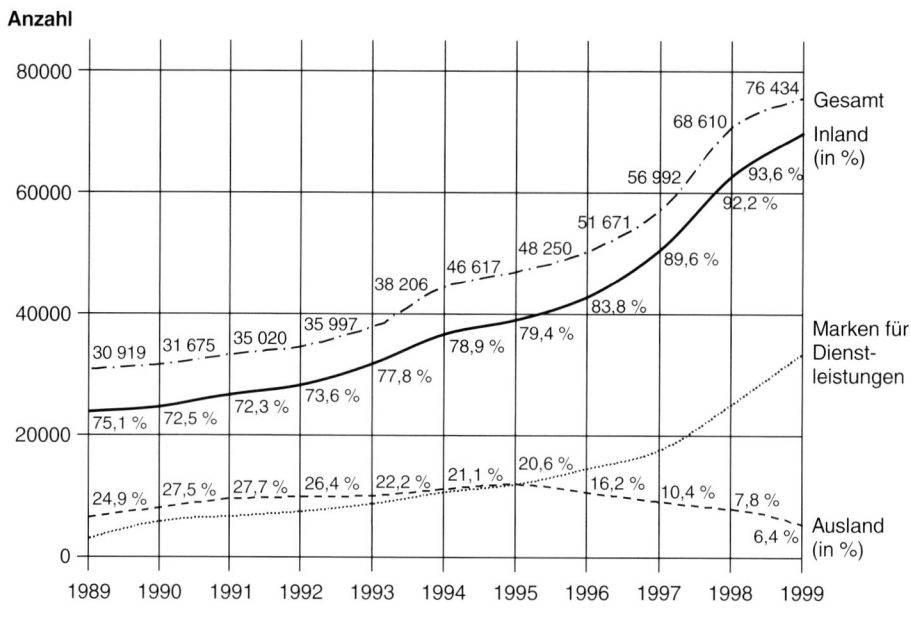

GABLER
GRAFIK

Quelle: DPMA-Jahresbericht 1999, S. 24

Aber auch im vertikalen Wettbewerb sehen sich Herstellerunternehmen einem zunehmend schwierigeren Umfeld gegenüber, der eine einseitige Ausrichtung der Aktivitäten
im Absatzkanal an den eigenen Zielen nicht mehr zulässt. Insbesondere Konzentrationstendenzen auf der Handelsebene sind hier zu nennen. Während die TOP 5 der Lebensmit-
telhändler 1980 noch 26,3 Prozent des Umsatzes auf sich vereinigten, wuchs der Anteil
10 Jahre später bereits auf 44,7 Prozent und betrug im Jahr 2000 62,8 Prozent (vgl. Abbildung 3). Eine Veränderung der Entwicklungsrichtung ist national wie international nicht
abzusehen, und so gehen aktuelle Schätzungen davon aus, dass der Anteil der TOP 5 in
Deutschland im Jahr 2010 auf über 80 Prozent ansteigt.

Verstärkt wird diese Entwicklung durch die Herausbildung eines eigenständigen Han-
delsmarketing, sodass Händler mit eigenständigen Marken zunehmend auch in direkte
Wettbewerbsbeziehungen zu etablierten Herstellern treten. Abzulesen ist dies am Ver-
hältnis von Hersteller- zu Handelsmarken. So hat sich der mengenbezogene Anteil der
Handelsmarken von 11,7 Prozent im Jahre 1975 kontinuierlich bis auf 23,2 Prozent im
Jahr 2000 erhöht. Dabei überstieg der Marktanteil der Handelsmarken erstmals den der
marktführenden Herstellermarken in den beobachteten Warengruppen (vgl. GfK Panel
Services Consumer Research 2001).

Abbildung 3   **Konzentrationstendenzen im Handel**

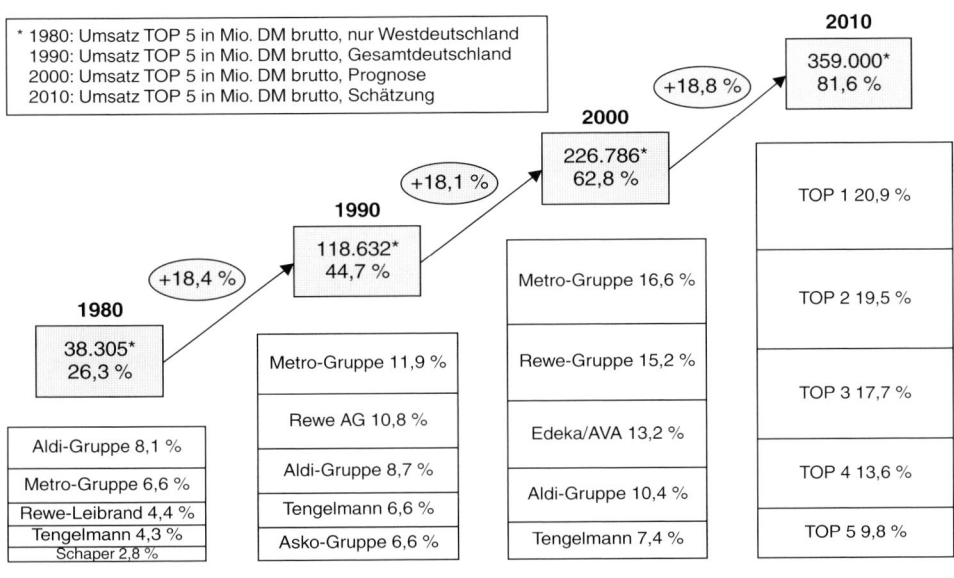

GABLER
GRAFIK

Quelle: M+M EURODATA, 2000

2.2 Veränderte Kundenstrukturen

Ein zentrales Merkmal im Zusammenhang mit veränderten Marktstrukturen ist das Alter bzw. die Altersstruktur der Konsumenten. Bedingt durch rückläufige Geburtenraten und den medizinischen Fortschritt ist in Deutschland ebenso wie in anderen Industriegesellschaften ein stetiger Anstieg des Durchschnittsalters in der Bevölkerung festzustellen. So werden im Jahr 2010 mehr als 40 Prozent der Menschen in Deutschland älter als 50 Jahre alt sein (vgl. Abbildung 4).

Dieses Segmentwachstum hat vielfältige Auswirkungen auf die Konsumstruktur in der Gesellschaft. So gewinnen einerseits die Bereiche Gesundheit, Heilkunde und spezielle Dienstleistungen für Senioren an Bedeutung. Andererseits zielt die Nachfrage verstärkt darauf ab, die Erlebniswelten der Jugend im Alter offen zu halten. Abzulesen ist diese Entwicklung beispielsweise an der deutlich höheren Ausgabenbereitschaft für Neuwagen der Autokäufer über 50 Jahre (Häberle 2000, S. 10) oder an dem gestiegenen Interesse der Senioren (über 60 Jahre) an Kurz- und Urlaubsreisen (Wadlinger 2001, S. 12). Das Schlagwort von den „jungen Alten" wird in diesem Kontext häufig bemüht (Gfk 1997, S. 73).

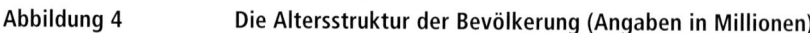

| Abbildung 4 | Die Altersstruktur der Bevölkerung (Angaben in Millionen) |

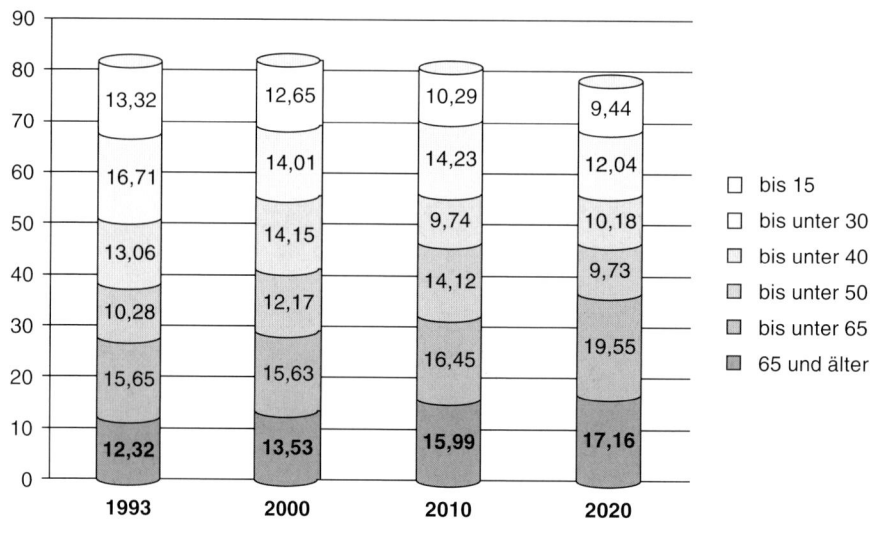

Quelle: Statistisches Bundesamt 2000 (Modellrechnung IA), GfK 2000

Empirische Untersuchungen des Konsumverhaltens belegen, dass ältere Menschen bei ihrer Produktwahl häufiger auf Qualität achten und diese auch stärker mit Marken verbinden als jüngere Verbrauchergruppen (Häberle 2000, S. 8). Zudem besteht in diesem Segment eine höhere Markenbindung, sodass sich aus der Veränderung der Altersstruktur Chancen insbesondere für Anbieter von Markenartikeln ergeben (Häberle 2000, S. 10). Sind Marken seit längerem im Markt etabliert und weisen einen hohen Wiedererkennungswert auf (Nivea, Maggi etc.), eignen sie sich im Seniorensegment besonders gut als Ausgangspunkt einer offensiv ausgerichteten Wettbewerbsstrategie bspw. in der Ausgestaltung einer Markentransfer- bzw. Dachmarkenstrategie (Court/Leiter/Loch 1999, S. 101). Die Etablierung neuer Marken hingegen erweist sich auf Grund der zum Teil langjährigen Erfahrung dieser Konsumentengruppe mit „ihren" Marken als vergleichsweise schwierig. So ist bspw. die Bekanntheit von Online-Marken in der Internet-Nutzergruppe über 50 Jahre signifikant geringer als im Durchschnitt der Internet-Nutzer (vgl. Stern Trend Profile 10/2000, S. 21). Hohe Wahrnehmungs- und Verständnisbarrieren ergeben sich insbesondere, wenn die dahinter stehende Leistung – wie zum Beispiel bei fast allen Internetmarken – den Charakter einer technischen Innovation aufweist.

Ein weiterer wichtiger Trend ist die sinkende Haushaltsgröße (vgl. Abbildung 5). Hinter dieser Entwicklung verbirgt sich ein grundlegender Wandel in der Familiensituation der Menschen. Waren früher Partnerschaften ohne Kinder die Ausnahme, so gewinnt diese

Form des Zusammenlebens immer stärker an Bedeutung. Im Spannungsfeld zwischen persönlicher Freiheit und familiärer Bindung sind Kinder in vielen Fällen eine bewusste Entscheidung für ein Lebensmodell und weniger eine natürliche Folge der Partnerschaft. Dies erklärt den Anstieg der Ein-Kind- und das Absinken der Mehr-Kind-Familien und im Ergebnis die Verringerung der durchschnittlichen Haushaltsgröße. Dieser Trend wird verstärkt durch die hohe Anzahl an allein erziehenden Elternteilen und insbesondere die steigende Zahl von Single-Haushalten. So beträgt der Anteil der Ein-Personen-Haushalte in einigen Großstädten bereits über 45 Prozent (Statistisches Bundesamt 2001).

Abbildung 5   **Haushaltsstruktur in Deutschland im Zeitablauf**

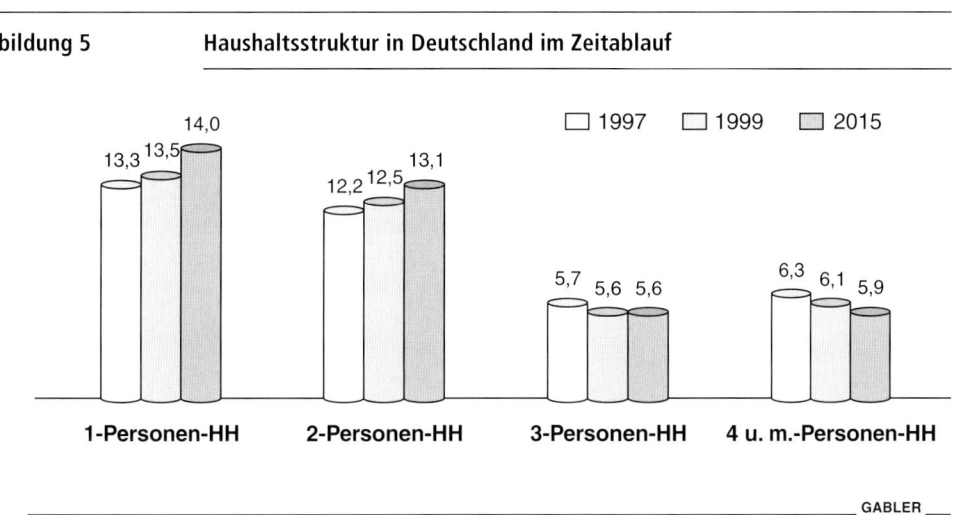

GABLER
GRAFIK

Quelle: Statistisches Bundesamt 2001

Aus dieser Entwicklung resultieren Auswirkungen auf die Konsumstruktur. So hat beispielsweise der Trend zu Single-Haushalten dazu geführt, dass im Automobilbereich der Absatz im Segment der „Freizeitautos" (Sportwagen, Cabrios, Roadster) erheblich gestiegen ist. Ebenso ergeben sich veränderte Anforderungen im Hinblick auf die Ausstattung mit langlebigen Konsumgütern oder die Packungsgröße von Produkten. Für den Markenartikel weisen empirische Untersuchungen bei sinkender Haushaltsgröße, bedingt durch homogenere Konsumpräferenzen, eine zunehmende Marken- und Einkaufstreue nach (Goerdt 1999, S. 121). Langfristiges Bedrohungspotenzial ergibt sich jedoch für Marken mit einer Fokussierung auf das schrumpfende Segment kinderreicher Familien.

Bezüglich der Erwerbsbevölkerung lassen sich sowohl Umschichtungen in den einzelnen Wirtschaftsbereichen als auch eine Veränderung der Struktur der Erwerbstätigen feststellen. Insbesondere ist ein stetiger Anstieg der Frauenerwerbsquote in Westdeutschland von 47,8 Prozent im Jahre 1970 auf 62,2 Prozent im vereinten Deutschland im Jahre 1999 zu beobachten (vgl. Abbildung 6).

Abbildung 6   **Frauenerwerbstätigkeit in Deutschland im Zeitablauf**

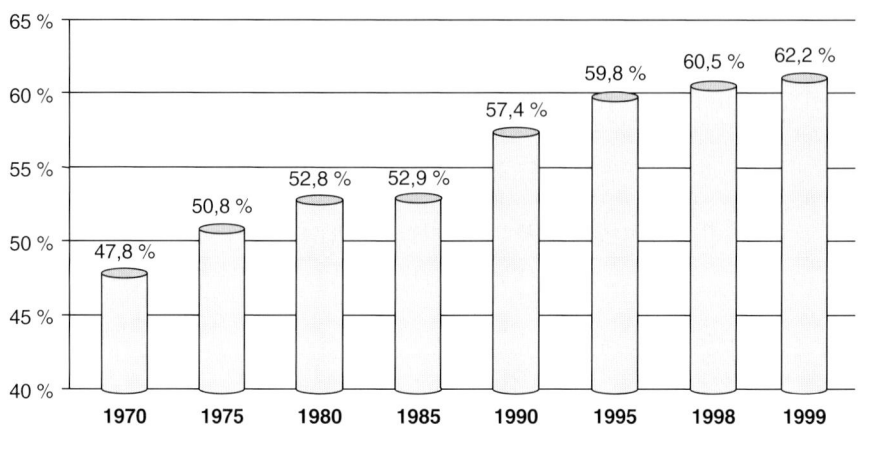

GABLER
GRAFIK

Quelle: Statistisches Bundesamt 2000

Die Erwerbstätigkeit dient einerseits zur Sicherung des Lebensunterhaltes, andererseits wird sie zunehmend als Freiraum zur Selbstverwirklichung angesehen. Ein besonderes Spannungsfeld ergibt sich bei der Kombination von Berufstätigkeit und Familie. Durch die Doppelbelastung, die auf Grund der vorherrschenden „klassischen" Rollenverteilung in der Partnerschaft immer noch überproportional viele Frauen tragen, schrumpft das Zeitbudget für die Familie bzw. die Freizeit. Daraus resultiert ein Anwachsen der Bedeutung des Convenience-Aspekts und damit ein Chancenpotenzial für convenienceorientierte Marken.

Die Entwicklung der Einkommensstruktur in Deutschland ist ambivalent. So stagnieren die realen Einkommen weiter Teile der Bevölkerung, bedingt durch moderate Lohnzuwächse und die hohe Steuer- und Abgabenbelastung (vgl. Abbildung 7). Nach den „sieben fetten Jahren" 1986 bis 1992 mit einer durchschnittlichen realen Veränderung des verfügbaren Einkommens von 4,1 Prozent folgten 1993 bis 1999 die „sieben mageren Jahre", in denen das durchschnittliche Wachstum nur noch 0,9 Prozent betrug, und auch im Jahr 2000 konnten keine wesentlichen Steigerungen realisiert werden.

Ein wesentlicher Kostentreiber, der seit 1999 die Einkommenszuwächse drückt, lässt sich im Energiebereich ausmachen (vgl. Abbildung 8). Schwankten die Ausgaben für Strom, Gas, Brenn- und Kraftstoffe zwischen 1996 und 1999 um die Größenordnung von 140 Milliarden DM im Jahr, so mussten Haushalte im Jahr 2000 ca. 156 Milliarden DM für die gleiche Leistung ausgeben. Umgerechnet auf den einzelnen Haushalt entspricht dies Mehrkosten von 420 DM im Jahr, die durch steuerliche Entlastungen (Anhebung der Kilometerpauschale etc.) nicht vollständig wieder aufgefangen werden.

Abbildung 7   **Entwicklung der Arbeitnehmer-Einkommen**

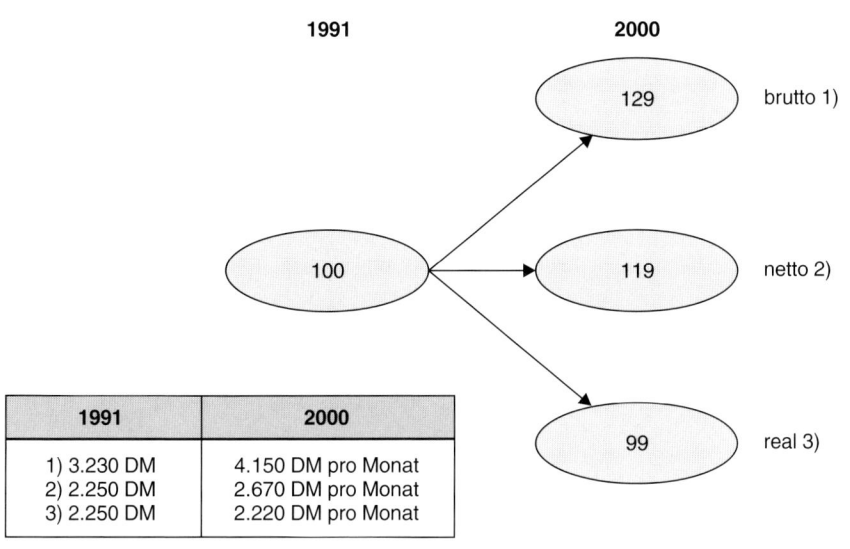

Quelle: Statistisches Bundesamt 2001 (Basis: Index = 100)

Andererseits ist durch anhaltende Spartätigkeit ein kontinuierlich wachsendes Vermögen aufgebaut worden, das angesichts von Erbschaften oder ausgezahlten Lebensversicherungen vielfach zu rapide wachsender Kaufkraft führt. Das gesamte Geldvermögen der privaten Haushalte hat sich seit 1990 mehr als verdoppelt und betrug 1999 im Durchschnitt pro Haushalt mehr als 150.000 DM.

Neben dieser „Demokratisierung des Wohlstands" ist eine steigende Anzahl sehr hoher Einkommen zu konstatieren. Der Boom der Wachstumsmärkte (Datenverarbeitung, Telekommunikation, Medien, Internet) kommt vor allem der Schicht der gut und bedarfsgerecht ausgebildeten Personen zugute. Auf der anderen Seite gibt es, unter anderem bedingt durch die hohe Arbeitslosigkeit, auch eine steigende Zahl einkommensschwacher Haushalte. So verringerte sich der Anteil am Nettoeinkommen der einkommensschwächsten 20 Prozent der Bevölkerung in den Alten Bundesländern von 8,5 Prozent im Jahre 1991 auf 7,8 Prozent im Jahre 1998. In den Neuen Bundesländern verringerte sich der Anteil im gleichen Untersuchungszeitraum von 10,1 Prozent auf 9,3 Prozent (vgl. Jahresgutachten 2000/2001, S. 264, Ziffer 505). Insofern ist eine wachsende Polarisierung der Einkommen in der Gesellschaft zu verzeichnen, die sich auch im Verbraucherverhalten niederschlägt. So unterscheiden sich Konsumenten mit extrem hohen Einkommen auch in ihren Konsumgewohnheiten von Beziehern extrem niedriger Einkommen. Chancenpotenziale ergeben sich mit dieser Entwicklung vor allem für Marken im Luxus- und im Niedrigpreissegment, wobei letztere insbesondere durch bestehende und neue Handelsmarken bedroht werden können. Obgleich das Einkommen in keinem direkten Verhältnis zum Kaufverhalten steht, kann es in diesem Rahmen als Indikator der Kaufkraft wertvolle Hinweise für die Markenführung geben.

Abbildung 8   **Energiekosten der privaten Haushalte**

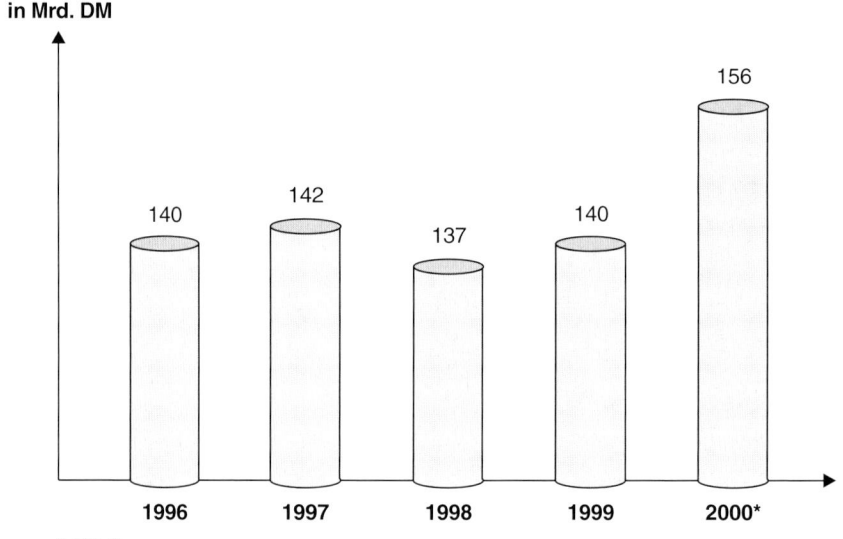

in Mrd. DM

* GfK Prognose
  Basis: Strom, Gas, flüssige/feste Brennstoffe, Kraftstoffe

GABLER
GRAFIK

Quelle: GfK, Statistisches Bundesamt 2000

Die skizzierten Veränderungen in den Kundenstrukturen geben als Spiegelbild gesellschaftlicher Veränderungen wichtige Hinweise auf die Entwicklung bestehender und potenzieller Kundensegmente und somit auf die Veränderung der Märkte. Es können neue Trendgruppen identifiziert werden, wie:

▪ junge Doppelverdiener ohne Kinder (DINKs),
▪ berufstätige Frauen mit qualifizierter Berufsausbildung,
▪ vermögende Etablierte im Alter zwischen 40 und 50 Jahren („68er"),
▪ besserverdienende „Junge Alte",
▪ Senioren mit überdurchschnittlichem Einkommen (GfK 1997, S. 40).

Diese Trendgruppen symbolisieren Konsumentengruppen, die in Bezug auf ihre Größe oder aber ihre Leitbildfunktion in der Gesellschaft an Bedeutung gewinnen. Insofern können sie zur Identifikation und Abschätzung zukünftiger Potenziale für Marken herangezogen werden. Abbildung 9 veranschaulicht diesbezügliche Chancen und Risiken aus Sicht der Markenführung.

Abbildung 9	Kundenstrukturbezogene Chancen- und Risikopotenziale für die Markenführung

		Chancenpotenzial	Risikopotenzial
Kundenstruktur	**Altersstruktur**	■ Wachstum der Altersklasse ab 50 Jahre ■ Zunehmende Wichtigkeit der Qualität mit dem Alter (Marke als Qualitätssurrogat) ■ Zunehmende Markenbindung im Alter Markentransfer-/Dachmarkenstrategie bei Traditionsmarken	■ Wahrnehmungs- und Verständnisbarrieren für neue Marken mit dem Charakter einer technischen Innovation ■ „stuck on owns knittings" mangelnde Flexibilität
	Haushaltsgröße	■ Zunehmende Marken- und Einkaufsstättentreue mit abnehmender Haushaltsgröße	■ Tendenz zur Fragmentierung der Nachfrage
	Erwerbstätigenstruktur	■ Bedeutungsgewinn convenienceorientierter Marken	■ Bedeutungsverlust traditioneller Haushaltsmarken
	Einkommensstruktur	■ Bedeutungsgewinn von Luxus- und Niedrigpreismarken	■ Bedrohung durch Handelsmarken im Niedrigpreissegment

GABLER
GRAFIK

Detailliertere Prognosen des markenbezogenen Kaufverhaltens gestalten sich auf Grund der eingeschränkten Kaufverhaltensrelevanz soziodemographischer Merkmale jedoch schwierig und bleiben in der Tendenz eher auf allgemeinem Niveau.

Nähere Erkenntnisse lassen sich aus Trends im Verbraucherverhalten generieren. Auf Grund ihrer Nähe zu Veränderungen bei psychographischen und verhaltensbezogenen Merkmalen lässt sich hier eine höhere Kaufverhaltensrelevanz erkennen.

2.3 Trends im Verbraucherverhalten

2.31 Preis- und Qualitätsorientierung

Die aufgezeigte Stagnation der Realeinkommen weiter Teile der Bevölkerung in Verbindung mit dem Wunsch, bestehende Konsumstandards beizubehalten, erhöhen in der Tendenz die Preisorientierung der Konsumenten bei der Produktwahl (GfK 2000, S. 5 f.). Der Anteil der ausgeprägt preisorientierten Konsumenten, die auch als „klassische Schnäppchenjäger" bezeichnet werden, wird auf 35 Prozent geschätzt (Grey 1996, S. 25). Eine in vielen Bereichen auszumachende Qualitätsangleichung der Konsumangebote verstärkt diesen Trend des preisorientierten Einkaufs. Abzulesen ist diese Entwicklung einerseits an der steigenden Bedeutung von Verkaufsstellen mit einer Betonung auf Niedrigpreisen. So erreichte im Jahr 2000 der Umsatzanteil der Discounter mit 30,9 Prozent am Gesamtumsatz im Lebensmittelbereich (inklusive Drogeriemärkte und Aldi) seinen bisherigen Höchststand (vgl. Abbildung 10).

Abbildung 10   **Umsatzanteile Drogeriemärkte, Verbrauchermärkte, Discounter, Traditioneller LEH**

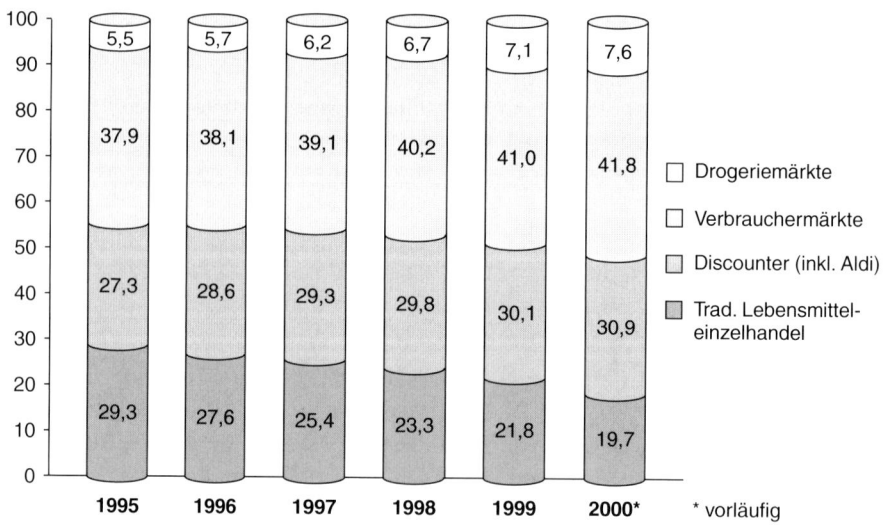

Quelle: IRI/GfK Retail Services, GfK Panel Services Consumer Research 2000

GABLER
GRAFIK

Andererseits finden bei einem Großteil der Konsumenten zunehmend preisattraktive Handelsmarken Akzeptanz. Dies schlägt sich in einem Eigenmarkenanteil des Handels in Deutschland von ca. 20 Prozent im Food- und von ca. 12 Prozent im Non-Food-Bereich nieder, wobei der Anteil der Handelsmarken insbesondere beim wachsenden Segment der Discounter auf hohem Niveau weiter zunimmt (GfK Panel Service 1998). Empirische Untersuchungen bestätigen Bestrebungen des Handels, das bestehende Marktanteilsverhältnis zwischen Hersteller- und Handelsmarken zu Gunsten der Handelsmarken weiter zu verschieben (Ahlert/Kenning 1999, S. 47; Harvey/Kasulis 1998, S. 2). Für die betroffenen Hersteller, die ohnehin in einem horizontalen Verdrängungswettbewerb stehen, erhöht der zunehmende vertikale Markenwettbewerb die Gefahr der Substitution. In ihrer extremsten Ausprägung findet sich diese Entwicklung in der Neuausrichtung des Unternehmens „Aldi", das sich ausschließlich auf Handelsmarken konzentriert und völlig auf Herstellermarken verzichtet.

Für Herstellerunternehmen mit einem engen Produktspektrum kann sich eine solche Auslistung wesentlich auf die Rentabilität des gesamten Unternehmens auswirken. Lediglich Hersteller mit etablierten Marken verfügen über ein genügend hohes akquisitorisches Potenzial und Verhandlungsmacht, um einer Auslistung dauerhaft vorzubeugen. Aber auch für solche Unternehmen besteht durch die gesunkene Preisbereitschaft die Gefahr des Abschmelzens bestehender Preisprämien für Markenartikel, sodass sich das Chancenpotenzial vor allem auf den Bereich der etablierten Niedrigpreismarken begrenzt. Diese können isoliert eingesetzt werden, um bestehende Preisbereitschaften abzuschöpfen oder im Rahmen einer Mehrmarkenstrategie zum Schutz der Premiummarke gezielt gegen den Wettbewerb positioniert werden.

Neben den primär am Preis orientierten Konsumenten gibt es auch eine etwa gleich große Gruppe der Qualitätskäufer (36 Prozent) (Grey 1996, S. 25). Für sie spielt der Preis bei der Kaufentscheidung eine untergeordnete Rolle, und die Aufmerksamkeit gilt primär der Leistungsseite. Bietet ein Unternehmen eine bessere Leistung/Qualität bzw. einen höheren Nutzen, so besteht in dieser Gruppe die Bereitschaft, für das überlegene Produkt einen signifikant höheren Preis zu zahlen.

Auf Grund von Qualitätsunsicherheiten aus Nachfragersicht besteht innerhalb dieser Gruppe insbesondere bei Erfahrungs- und Vertrauensgütern (hidden qualities bzw. veiled qualities) eine starke Präferenz für Herstellermarken, sodass bei dieser Käuferschicht mitunter erhebliche Preisspielräume bestehen. Angesichts einer hohen Attraktivität dieser Marktsegmente stellt sich i. d. R. ein intensiver werdender horizontaler Wettbewerb ein. Insofern steht die Markenführung hier vor einer besonderen Herausforderung. Zudem geht von der Einführung sog. Premiumhandelsmarken (hohe Qualität, hoher Preis) ein verstärktes Bedrohungspotenzial für den klassischen Markenartikel aus. In diesen Kontext ist die von einigen Markenartiklern (zum Beispiel Colgate-Palmolive, Procter & Gamble, Philips) vorgenommene Markenbereinigung in bestimmten Warengruppen einzuordnen. Ein Beispiel dafür ist die Reduktion des Markenportfolios von Unilever von ursprünglich 1.600 auf 400 Marken (vgl. Insert 1). Die Eliminierung von Marken zielt dabei darauf ab, durch eine Konzentration der Unternehmensressourcen eine Schärfung des Markenbildes und damit eine stärkere Profilierung im Wettbewerb zu erreichen (Knudsen u. a. 1997, S. 189 f.).

INSERT 1   FAZ, 08.03.2000, Seite 5

Unilever vollzieht eine radikale Wende in der Markenpolitik

1.200 Marken sollen ersatzlos gestrichen werden / Mehr Werbung für die verbleibenden 400 Marken

P.O. LONDON, 7. März. Kein Großunternehmen der Nahrungsmittel- und Haushaltsreinigungsprodukte hat in der Vergangenheit eine solche Markenvielfalt im eigenen Hause zugelassen, wie das für die britisch-niederländische Unilever-Gruppe gilt. Ende vergangenen Jahres zählte der Konzern in aller Welt insgesamt nahezu 1.600 Marken und gab allein im Jahre 1999 rund 3,5 Milliarden Pfund oder umgerechnet etwa 11 Milliarden DM für Werbung und Verkaufsförderung aus. Dass diese extremen Werte nicht den angestrebten Erfolg brachten, geht allein schon daraus hervor, dass sich große Konkurrenten von Unilever wie Procter & Gamble sowie Danone ungleich höherer Gewinnsteigerungen erfreuten.

Unilever hat als Konsequenz aus dieser Entwicklung nunmehr das Ruder scharf herumgeworfen. Dabei sollen nun 75 Prozent aller Marken – also immerhin 1.200 Einzelmarken – aufgegeben werden, zugleich aber der Aufwand für Werbung und Verkaufsförderung für die verbleibenden 400 Marken gegenüber den einschlägigen bisherigen Ausgaben um mehrere 100 Millionen Pfund erhöht werden. Als Zielvorstellung gilt eine Erhöhung um 450 Millionen Pfund, die bis zum Jahre 2004 verwirklicht werden soll. Zusammen mit begleitenden Kosteneinsparungen auf anderen Gebieten und einem Personalabbau um 25.000 Stellen soll bis zum Jahre 2004 die bisherige Bruttomarge (operating margin) von 11,1 Prozent im Jahre 1999 auf dann 15,0 Prozent erhöht werden.

Die Schwierigkeiten beim Markenabbau sind allerdings erheblich. Sie erklären sich daraus, dass Unilever auf so vielen Gebieten tätig ist. Das reicht von der Marke Persil (die der Konzern in Großbritannien im Gegensatz zu den meisten anderen Ländern besitzt, wo Henkel der Persil-Eigner ist) über Findus-Tiefkühlkost bis hin zu Flora-Margarine, Calvin-Klein-Parfüms und Elizabeth-Arden-Kosmetik.

Es geht im Wesentlichen nicht darum, einfach eine Vielzahl von Produkten künftig nicht mehr zu produzieren. Vielmehr muss eine neue Markenpolitik entwickelt werden, deren Aufgabe es ist, dass Unilever von seinen starken, so genannten A-Marken wesentlich mehr profitiert und den Aufwand für die schwächeren, kleineren Marken weitgehend einspart. Dies zwingt dazu, für einzelne Produktbereiche bestimmte Erzeugnisse auf andere, stärkere Marken überzuleiten und die bisherigen Marken langsam auslaufen zu lassen. Auf den einfachsten Nenner gebracht, wird das bei einzelnen Produkten dergestalt ablaufen, dass die entsprechenden Packungen – anfangs klein – auch eine A-Marke tragen, die im Laufe der Zeit immer größer wird, bis die alte Marke (spätestens wohl im Jahre 2004) überhaupt nicht mehr zu sehen ist.

So abrupt wie Unilever den Beschluss öffentlich verkündet hat, ist er allerdings nicht getroffen worden. Obwohl es dem Konzern gelungen ist, die vorbereitenden Arbeiten für eine neue Marken-Strategie weitgehend geheim zu halten, sickerten doch schon seit dem Frühherbst vergangenen Jahres einige Dinge durch. Am schwersten auf die Einhaltung der Vertraulichkeit aller Informationen zu verpflichten und vor allem zu kontrollieren, war für Unilever dabei allem Anschein nach die Vielzahl der Werbeagenturen, die für den Konzern arbeiten.

Speziell jene Agenturen, die Grund für die Erwartung sehen, dass ihre einschlägigen Etats in Zukunft ersatzlos wegfallen, haben so manche Informationen durchsickern lassen. Eine andere Quelle waren und sind die vielfältigen Personalwechsel in der Werbewirtschaft. Soviel sich dabei gezeigt hat, sind selbst große, bisher vielfach den A-Marken zugerechnete Marken keineswegs gegen einschneidende Veränderungen geschützt. Das gilt beispielsweise sogar für die Kosmetik-Marke Elizabeth Arden, von der bekannt geworden ist, dass sie zumindest völlig umstrukturiert wird – was nach der üblichen Terminologie vermutlich die Zusammenlegung des bisherigen Elizabeth-Arden-Sortiments mit anderen Produkten bedeuten wird. In anderen Fällen zeichnet sich auch ab, dass Produkte einschließlich der zugehörigen Marken verkauft werden dürften.

Am Londoner Werbemarkt, der den Unilever-Konzern nicht nur für Großbritannien, sondern in der einen oder anderen Form auch für zahlreiche andere Länder betreut, wird davon ausgegangen, dass der Erfolg der neuen Markenpolitik von Unilever entscheidend davon abhängen wird, wie es gelingt, die Übergangszeit bis Ende des Jahres 2004 zu bewältigen. Konkret geht es dabei vor allem darum zu vermeiden, dass die Einbrüche bei den nicht fortgeführten Marken größer ausfallen als die Steigerungen bei den A-Marken. Wie immer die einzelnen Bewertungen der neuen Markenpolitik von Unilever auch ausfallen – so gut wie niemand bezeichnet sie nicht als „riskant".

Eine dritte große Kundengruppe (29 Prozent) zeichnet sich durch eine gleichzeitige Preis- und Qualitätsorientierung aus. Dieser auf den ersten Blick bestehende Gegensatz ist auf das Spannungsfeld zwischen Qualitätsanspruch und begrenzten finanziellen Möglichkeiten zurückzuführen. Es ist auf Grund von Einkommensrestriktionen vielen Haushalten nicht möglich, in allen Bereichen Premiummarken nachzufragen, sodass die Verbraucher im Ergebnis ihre Qualitätsorientierung auf wenige Lebensbereiche beschränken und andere identifizieren, in denen der Versorgungskonsum im Vordergrund steht. Diese in der Praxis zu beobachtende Polarisierung des Konsumentenverhaltens, die auch mit „lean consumption" beschrieben wird (GfK 1999, S. 11), begünstigt sowohl Premium- als auch Niedrigpreismarken und stellt ein spezielles Risiko für preislich in der Mitte positionierte Marken dar (vgl. das Beispiel in Abbildung 11). Weisen diese keine eigenständigen Wettbewerbsvorteile auf, werden sie von den Konsumenten verstärkt zu Gunsten der anderen beiden Preissegmente substituiert.

| **Abbildung 11** | **Wertmäßige Marktanteile von Color-TV-Geräten unterschiedlicher Preisklassen** |

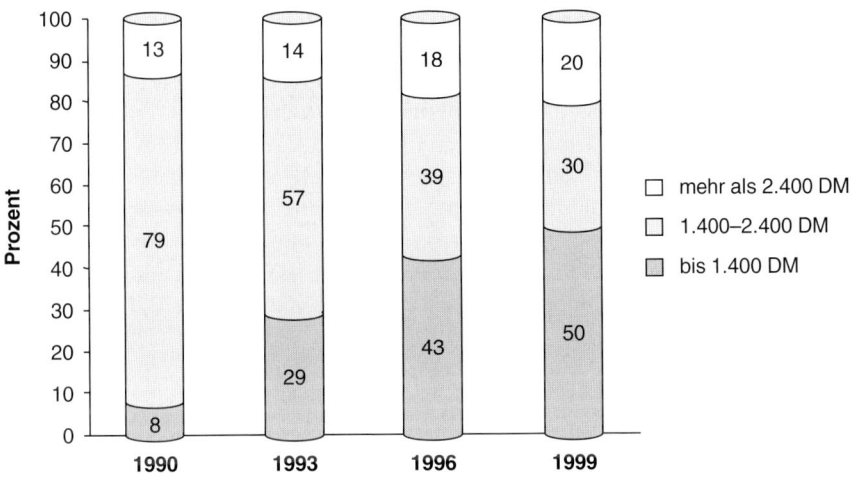

GABLER
GRAFIK

Quelle: GfK Marketing Services 2000

Daneben kann diese Entwicklung darauf zurückgeführt werden, dass Qualität, wie beim Konsumtyp des „Smart-Shoppers", in einem rationalen Entscheidungsprozess unter Preis-Leistungs-Gesichtspunkten erworben wird. Die Betonung liegt in diesem Zusammenhang auf Werten und weniger auf Waren, sodass bei diesem Konsumtyp eine Abnahme der Markenloyalität beobachtet werden kann. Geld wird zunehmend strategisch eingesetzt und eine Ersparnis als Zeichen von Cleverness gedeutet. Somit ist das an Bedeutung gewinnende „Smart-Shoppen" durchaus geeignet, zum Sozialprestige der Konsumenten beizutragen. Diesem Markenwechsel unter rationalen Gesichtspunkten kann mit Rücksicht auf das in anderen Käuferschichten realisierbare Preispremium der Marke nur begrenzt begegnet werden. Ansatzpunkte zur Markenbindung ergeben sich in diesem Kontext insbesondere aus einer differenzierten Vertriebsstruktur (Factory Outlets, Factory Outlet Center, Neue Medien) bzw. in Verbindung mit preislichen Sonderaktionen.

Die abnehmende Markenloyalität schlägt sich in einer zunehmenden Größe der Relevant Sets nieder. Betrug die Anzahl der pro Warengruppe gekauften Marken in einem Warengruppenkorb von 17 Warengruppen im GfK-Haushaltspanel 1996 noch 3,56, so stieg die Zahl bis 1999 auf 3,90. Gleichzeitig nahm die Zahl der pro Warengruppe genutzten Einkaufsstätten von 3,01 auf 3,44 zu.

2.32 Convenienceorientierung

Der Begriff „Convenience" umfasst einen Verbrauchertrend, der mit dem Streben nach Annehmlichkeit, Bequemlichkeit und Verfügbarkeit umschrieben werden kann. Diskutiert wird dieser Trend in der Konsumentenforschung auf der Ebene der Sortimente, der Bestell- und Lieferdienste und der Handelsformen (Swoboda 1999, S. 95 ff.). Im Hinblick auf die Sortimente steht dabei der Bedeutungsgewinn vorgefertigter Produkte, wie Schnellgerichte, Fertigmahlzeiten etc., im Vordergrund. Auf der Ebene der Bestell- und Lieferdienste wird der Marktanteilsgewinn von Zustell- und Heimdiensten (Pizza-Service, Getränke- und Tiefkühldistribution, Distribution von Backwaren etc.) diskutiert, und letztlich steht bezüglich der Handelsformen das Aufkommen neuer Geschäftsmodelle, der sog. Convenience-Shops (Tankstellen-Shops, Bäckereien mit Zusatzangebot, Kioske, Bahnhof-Shops, Flughafengeschäfte etc.), im Zentrum der Betrachtung.

Zurückzuführen ist dieser Trend einerseits auf die zunehmende Anzahl von Ein-Personen-Haushalten und das wachsende Segment der Senioren, die die Nachfrage nach serviceorientierten Leistungen im Markt stimulieren. Andererseits spielt insbesondere die Neubewertung des Faktors Zeit eine Rolle. So wird es für viele Menschen zunehmend wichtiger, die neben dem Beruf verbleibende Freizeit effektiv zu nutzen. Aktivitäten, wie Einkaufen oder Essen, die im täglichen Zeitbudget in den Freizeitbereich fallen (Zeitverlust ist Freizeitverlust) und nicht im Rahmen von Erlebniskonsum zur Lebensqualität beitragen, sollen möglichst schnell oder sogar zeitgleich mit anderen Aktivitäten „erledigt" werden. In dieser Ausgestaltung der Konsumaktivitäten wird Zeitgewinn für die Freizeit als eigenständige Nutzendimension wahrgenommen und trägt so, unabhängig von der eigentlichen Gestaltung dieser gewonnenen freien Zeit, zur Lebensqualität bei.

Damit in engem Zusammenhang stehen die hohe Preisbereitschaft und geringe Preiselastizität der Nachfrage für convenienceorientierten Konsum. Kann dieser Aspekt bereits auf der Ebene der Sortimente identifiziert werden, so wird er auf der Ebene der Einkaufsstätten eklatant. So ist zu beobachten, dass in bestimmten, convenienceorientierten Einkaufsstätten Preisbereitschaften abgeschöpft werden, die um ein Vielfaches über denen in anderen Einkaufsstätten liegen. Als Paradebeispiel lässt sich hier die Preisgestaltung von Tankstellen mit ihren angeschlossenen Shops gegenüber normalen Supermärkten anführen.

Da convenienceorientierte Einkaufsstätten auf Grund ihrer Konzeption oftmals nur über einen begrenzten Regalplatz verfügen, kann vielfach eine eindeutige Fokussierung auf umsatzstarke Produkte mit hoher Umschlagsgeschwindigkeit beobachtet werden. Diesbezüglich ist ein deutlicher Vorteil der Markenartikel gegenüber den Handelsmarken auszumachen. Hinzu kommt, dass die Unternehmensstruktur in diesem Rahmen eher mittelständisch geprägt ist und dementsprechend kaum das entsprechende Marken-Know-how bzw. die entsprechenden Ressourcen vorhanden sind, um eigenständige Marken zu entwickeln und sie gegen Herstellermarken zu positionieren. Ein Risikopotenzial besteht in diesem Zusammenhang lediglich bei spezialisierten Intermediären, die in zunehmendem Maße Einkaufsmacht aufbauen und bereits erste Eigenmarken entwickeln (zum Beispiel Mr. Knabbits Kartoffelchips von Lekkerland-Tobaccoland). Auf der anderen Seite ermöglicht solch ein starker Partner auf der Absatzseite die gemeinsame Weiterentwicklung von Geschäftsmodellen im Sinne eines „Deepening" und „Broadening" convenienceorientierter Absatzwege. Eine Herausforderung an die Markenartikler besteht in diesem Zusammenhang in der Absicherung eingespielter kooperativer Aktionsmuster mit den etablierten Handelspartnern.

2.33 Erlebniskonsum

Mit einer gesicherten Grundversorgung und zunehmendem Wohlstand in der Gesellschaft hat sich in der Vergangenheit die Funktion des Konsums verändert. So tritt der ursprünglich im Vordergrund stehende technisch funktionale Kernnutzen zunehmend in den Hintergrund, während Zusatz- bzw. Geltungsnutzen eine stärkere Bedeutung bei der Kaufentscheidung erlangen. In Verbindung mit einem Wandel in den Wertvorstellungen und einer stärkeren Fokussierung auf die eigene Person avanciert der Konsum als Erlebnis selbst zu einem nutzenstiftenden Element.

Viele erfolgreiche Marken haben das Chancenpotenzial dieser Entwicklung erkannt und positionieren sich gezielt in der Emotions- und Erlebniswelt der Konsumenten. In diesem Rahmen gewinnt insbesondere die Markeninszenierung an Bedeutung. Sie kann dazu beitragen, funktionale Leistungsmerkmale mit subjektiv als wichtig erachteten Wertedimensionen zu verknüpfen. Gelingt eine solchermaßen emotionale bzw. symbolische Aufladung einer Marke mit Erlebniswerten wie Lebensfreude, Freiheit oder spezifischen Freizeiterlebnissen, kann ein psychologischer Mehrwert geschaffen und letztlich die Kaufwahrscheinlichkeit erhöht werden. Dabei ist es für den Erfolg der Marke entscheidend, sich langfristig auf bestimmte Kernwerte auszurichten (vgl. Weinberg/Diehl 2000, S. 192). Zu den diesbezüglich erfolgreichen Marken gehören beispielsweise die Zigarettenmarke „Marlboro" mit ihrer Positionierung im Bereich Abenteuer, die Marke „Milka" mit ihrer Positionierung in der Alpenwelt und die Lifestylemarke „Absolut Vodka", die durch eine anfängliche Konzentration der Vertriebsaktivitäten auf sogenannte „Szenekneipen" eine Art Kultstatus bei den jüngeren Verbrauchern erreichen konnte.

Spezielle Risiken ergeben sich aus einer steigenden Erwartungshaltung der Konsumenten in Bezug auf die Ausgestaltung spektakulärer Vermarktungsideen. Gehen Konkurrenten im Wettbewerb um Marktanteile auf eine solche „Inszenierungsspirale" ein, so können die damit verbundenen Kosten den wirtschaftlichen Erfolgsbeitrag einer Marke stark beeinträchtigen.

Neben dem Erlebnismoment kann Konsum auf der Sinnebene zur Selbstverwirklichung der Konsumenten beitragen (Holt 1995, S. 6). Dabei kommen Marken in zunehmendem Maße sozialpsychologische Funktionen zu (Bolz/Bosshart 1995, S. 266 ff.). Sie repräsentieren Wertesysteme von und für Individuen und können so dazu dienen, die Zugehörigkeit zu einer bestimmten (Wert-) Gruppe in der Gesellschaft zu signalisieren (Positionierungsfunktion) oder bestimmte Werthaltungen zu adaptieren (Orientierungs-, Identifikationsfunktion) (Levy 1959, S. 119). In diesem Zusammenhang kann auch von einem Streben der Konsumenten nach Kongruenz zwischen Marken und ihrem Selbstkonzept gesprochen werden (vgl. hier auch den Beitrag zur Markenführung bei Luxusgütern in diesem Band). Die starke Identifikation der Konsumenten mit der Marke ermöglicht dabei einen engeren Zielgruppenbezug („Absolut Vodka", „Red Bull" etc.) und eine stärkere Markenbindung.

Neuere Ansätze der Markenführung tragen dieser Entwicklung Rechnung, indem sie die sinnstiftende Rolle der Marke in den Mittelpunkt der Betrachtung stellen. So kann zum Beispiel die Schaffung einer Kultmarke als explizites Ziel des Szenemarketing angesehen werden. Dabei ist das Vertrauen der Konsumenten in die Marke und somit ihre Glaubwürdigkeit wesentlich für die Kaufentscheidung und mithin die langfristige Kundenbindung und Markentreue. Spezifische Risiken für Kultmarken ergeben sich aus der hohen Wertedynamik der Szenen, welche die Akzeptanz von Marken und damit ihre Lebensdauer beeinflusst. Zudem besteht die latente Gefahr einer zu starken Segmentierungskraft, die eine exkludierende Wirkung auf übrige Kunden außerhalb der Szene haben kann. Marken wie „Harley Davidson", „Porsche" und „Versace" oder auch Künstler, wie Michael Jackson, bewegen sich hier in einem permanenten Spannungsfeld.

2.34 Gesundheits- und Wellnessorientierung

Das Gesundheitswesen nimmt in Deutschland einen hohen Stellenwert ein. Ein Indiz hierfür ist die Entwicklung der Ausgaben in der medizinischen Versorgung. Sie haben nach den Ergebnissen der Gesundheitsausgabenrechnung des Statistischen Bundesamtes 1998 einen Umfang von 413 Milliarden DM und damit nahezu 11 Prozent des Bruttoinlandsproduktes erreicht (vgl. Statistisches Bundesamt 2001). Verdeutlicht wird dieser

Trend auch durch die Anzahl der Ärzte, die sich von 1970 bis heute mehr als verdoppelt hat (Statistisches Bundesamt 2001). Auch wenn der Gesundheit mit steigendem Alter ein höherer Wert beigemessen wird, erachten sie auch jüngere Menschen für wichtig. So messen 72 Prozent der 18–29 und 76 Prozent der 30- bis 49-Jährigen nach eigener Aussage dem Wert Gesundheit eine sehr große Bedeutung bei (Stern 1995, S. 374).

Dabei mehren sich die Anzeichen, dass sich der Schwerpunkt der Orientierung von der klinischen Gesundheit stärker zu einem ganzheitlichen Wohlbefinden von „Körper, Geist und Seele", Wellness genannt, verlagert. Aspekte wie bewusste Ernährung, Fitness, Entspannung und Stressbewältigung nehmen dabei eine besondere Stellung ein, und normative asketische Konnotationen wie „Du sollst [...]", „Du darfst nicht [...]" treten in den Hintergrund (Barz et al. 2001, S. 115). Deutlich abzulesen ist dieser Trend an der positiven Entwicklung der in diesem Bereich positionierten Produkte. So begründete Nestlé mit der Einführung von „LC1" im September 1995 erfolgreich das Segment der probiotischen Milchprodukte. Der Erfinder von Red Bull positioniert sich mit dem Gär-Getränk Kombucha im Bereich „Wohlbefinden – Balance", und seit Beginn der 90er Jahre etablierte sich in den Printmedien eine Vielzahl an Zeitschriften wie „Fit for Fun", „Men's Health" oder „Natural Fitness" mit dem Themenschwerpunkt Wellness. Auch in der Tourismusbranche haben sich Reiseveranstalter (zum Beispiel IKD-Reisen, FIT-Reisen) mit spezifischem Angebot, wie Fitness- und Entspannungsmethoden (Qigong, Reiki, Aroma-, Thalassotherapien), positiv entwickelt.

Auf Grund der Sensibilität der Konsumenten im Bereich Gesundheit und Wellness ergeben sich besondere Chancenpotenziale für Markenprodukte. Besonders deutlich wird dies im Life-science oder auch im Lebensmittelbereich. So wächst der Markt der Probiotik nach wie vor stark (+28 Prozent Umsatzwachstum lt. GfK Haushaltspanel in 1999). Der Markt ist aber auch ein Beispiel für die zunehmend schnellere Kopiergeschwindigkeit der Handelsmarken. Nachdem der Markt bis 1997 von fünf Unternehmen mit jeweils starken Marken dominiert wurde (Nestlé, Danone, Bauer, Müller, Ehrmann), kam 1997 Aldi mit Biac auf den Markt. Aktuell wächst Aldi in diesem Segment sehr viel schneller als die etablierte Konkurrenz der Marken.

2.35 Virtueller Konsum und E-Shopping

Die steigende Nutzung der Neuen Medien und insbesondere des Internets nicht nur als Informations- und Kommunikationskanal, sondern zunehmend auch als Einkaufsstätte, kennzeichnet einen weiteren Trend im Konsumentenverhalten. So hat sich die Zahl der Internetnutzer in Deutschland seit 1997 mehr als verfünffacht. In der jüngsten Studie des GfK Online-Monitors wurden 24,2 Millionen Internetnutzer im Alter zwischen 14 und 69 Jahren in Deutschland ermittelt, wobei eine Angleichung der Nutzer- an die Bevölkerungsstruktur zu erkennen ist (vgl. GfK Online-Monitor 2001). Auch die Nutzungsintensität ist erheblich angestiegen. Die Zahl der Nutzer, die das Internet täglich einsetzen, hat sich im Zeitraum von 1999/2000 von 6,3 Millionen über 7,9 Millionen im Jahr 2000 bis auf 11,1 Millionen in der aktuellen Untersuchung erhöht. Dabei ist zu beachten, dass sich von Mitte 2000 bis Anfang 2001 die durchschnittliche Nutzungszeit des Internet pro Tag von 47 Minuten auf 63 Minuten – also erstmals mehr als eine Stunde – angewachsen ist.

Nicht zuletzt ist auch die Zahl der Nutzer, die das Internet zur Abwicklung von Transaktionen einsetzen, von 9 Mio. auf etwa 13,5 Millionen Anfang 2001 angestiegen. Damit einher geht die Zunahme des Umsatzvolumens im E-Commerce in Deutschland von ca. 1,1 Milliarde DM auf etwa 2 Milliarden DM (vgl. GfK Online-Monitor 2001).

Interaktionsanreize für die Konsumenten ergeben sich insbesondere durch die infolge sinkender Informationskosten gestiegene Markttransparenz und die Unabhängigkeit des Konsums von Zeit und Ort. Die gestiegene Markttransparenz geht einher mit einer Machtverschiebung im Absatzkanal hin zu den Konsumenten. Diese sind nun in der Lage, selbständig oder mit Hilfe von (Info-)Intermediären das bestehende Leistungsangebot weltweit zu vergleichen und das mit dem höchsten Nettonutzen für sich auszuwählen. Diese Entwicklung verändert Konsumprozesse und gestaltet sie zunehmend komplexer. Dies schließt die Wahl des Interaktionspartners im Marketspace mit ein (Benjamin/ Wigand 1995; Vandermerwe 1999). Bestrebungen der Disintermediation des Handels durch die Hersteller werden somit von Konsumentenseite aktiv unterstützt.

Im Umgang mit dem neuen Medium besteht auf Verbraucherseite jedoch noch ein hoher Grad an Unsicherheit, der nicht zuletzt in Kaufzurückhaltung mündet. So geben immer noch 64,1 Prozent der Internet-Nutzer auf die Frage nach den Gründen für den Abbruch des Online-Einkaufs mangelnde Vertrauenswürdigkeit des Anbieters an. Ebenfalls mit sinkender Tendenz, aber auch auf hohem Niveau, empfinden 62,2 Prozent[1] die Sicherheit des Zahlungsverkehrs als unzureichend und 52,9 Prozent bemängeln die Datensicherheit (vgl. Fittkau, Maaß 2001). Andererseits sieht sich der Konsument einer Multiplikation von Interaktionsmöglichkeiten und einer damit verbundenen, nie da gewesenen Auswahl an Produkten und Interaktionspartnern gegenüber. So kann der Konsument aktuell aus einer Auswahl von 35,8 Millionen Internet Homepages mit insgesamt mehr als 1 Milliarde abrufbaren Internetseiten „wählen" (domainstats.com 2001). Vor diesem Hintergrund gewinnt die Informationsüberlastung des Konsumenten eine neue Qualität. So bekunden 64,8 Prozent der Befragten, das gesuchte Produkt nicht gefunden zu haben (vgl. Fittkau/Maaß 2001).

Für Markenprodukte ergeben sich in diesem Kontext besondere Chancen. Auf Grund der zunehmenden Vernetzung von Informationskanälen und der Vielfältigkeit der Kommunikationsmuster gewinnen die klassischen Markenfunktionen stark an Bedeutung (vgl. Dudenhöffer 1999, S. 268). Marken können als emotionale Stütze im Internet in besonderer Weise eine Orientierungsfunktion für den Konsumenten übernehmen (vgl. Hamm 1997, S. 46). Diesbezügliche Anknüpfungspunkte ergeben sich aus Kundensicht durch den nutzergesteuerten interaktiven Zugriff der Konsumenten auf Informationen und

---

1   Mehrfachnennungen möglich.

Transaktionsangebote im Internet. Aus Sicht der markenführenden Unternehmen ermöglicht das Internet eine Individualisierung und Personalisierung des Leistungsangebots. Auf diese Weise kann auf spezifische Bedürfnisse und Probleme der Kunden eingegangen und somit eine Intensivierung der Beziehung der Kunden zur Marke erreicht werden. Weiterhin können über das neue Medium sachlich-funktionale sowie in derzeit noch begrenztem Maße emotional-erlebnisorientierte Informationen über die Marke transportiert und wettbewerblichen Angeboten bspw. über Suchfunktionen oder Verbindungen mit Hyperlinks gegenübergestellt werden.

Abbildung 12   **Bekanntheits- und Vertrauensvorsprung offline etablierter Marken im Internet**

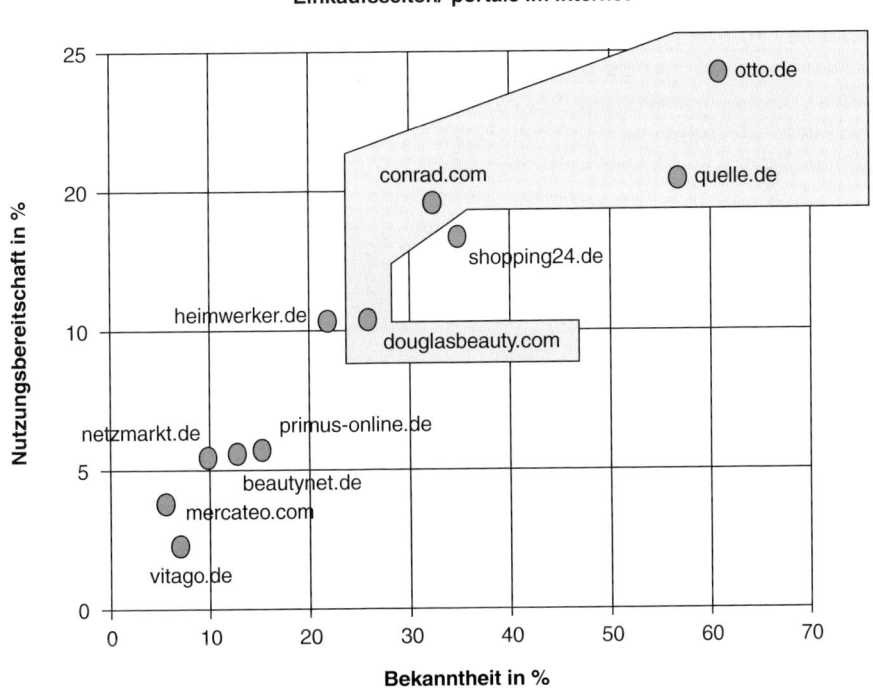

Quelle: Stern Trendprofile 10/2000, S. 32

Jedoch liegen fundierte Kenntnisse bezüglich der Wirkungsmechanismen der Markenführung im Internet noch nicht in ausreichendem Maße vor. Markenstrategien werden vor diesem Hintergrund kontrovers diskutiert (vgl. hier auch den Beitrag zur Markenführung im Internet in diesem Band). So wird vielfach argumentiert, dass insbesondere der Wandel in der Erfahrungsumwelt der Konsumenten im Kontakt mit der Marke bisher im

„Marketplace" wirksame Erfolgsfaktoren und identifizierte Gesetzmäßigkeiten verändert, sodass spezifische Anforderungen und Möglichkeiten des neuen Mediums in einer eigenständigen Konzeption des Internetauftritts bis hin zum Neuaufbau von Marken berücksichtigt werden müssen (Dayal/Landesberg/Zeisser 2000). Andererseits zeigen erste Ergebnisse einer Untersuchung, die im Frühjahr 2001 in Kooperation des Instituts für Marketing mit der GfK durchgeführt wurde, dass sich insbesondere solche Unternehmen erfolgreich im Markt behaupten können, die konzeptionelle und inhaltliche Gestaltungsdimensionen an den Bedürfnissen der Marke und weniger des Mediums Internet ausrichten. Demzufolge empfiehlt sich eine Integration des Auftritts im Internet in die markenpolitische Gesamtkonzeption (Meffert 2001). Weitere empirische Untersuchungen scheinen dies zu bestätigen. So gelang es nur wenigen reinen Internetmarken, wie Amazon oder Ebay, markenspezifische Assoziationen, die über einen Imagetransfer des Mediums Internet hinausgehen, zu erreichen und sich im Wettbewerb spezifisch zu positionieren. Insbesondere gut etablierte Offline-Marken, die mit ihren bestehenden Marken den Internetauftritt durchführten, konnten sich bislang gegenüber ihren virtuellen Konkurrenten durchsetzen (vgl. Abbildung 12). Eine besondere Herausforderung in diesem Kontext ergibt sich aus der zum Teil nur schwer zu übertragenden Kompetenz der Marke auf das neue Medium.

2.36 Multioptionaler Konsum als Megatrend

In Verbindung mit Konsumtrends wird in neueren Veröffentlichungen zunehmend das übergreifende Phänomen des multioptionalen Konsumenten diskutiert. Der Ausgangspunkt dieser Entwicklung ist in den 60er Jahren zu finden. Durch den allgemeinen Wandel vom Verkäufer- zum Käufermarkt und unterstützt durch einen Anstieg des Wohlstandes und eine Pluralisierung gesellschaftlicher und individueller Werte entwickelte sich bei den Konsumenten langsam, aber in zunehmendem Maße der Anspruch, Produkte und Dienstleistungen entsprechend den individuellen Präferenzen zu beziehen. Diese zunehmende Individualisierung des Konsums, die in ihrer Extremform zu einer Fragmentierung der Märkte führt, lässt dabei immer weniger den für das Marketing so wichtigen Rückschluss auf zu Grunde liegende Zielgruppenstrukturen zu. Eindimensionale Handlungsprinzipien wie die Orientierung an Qualität oder Preis und dementsprechend einfache Konsumtypen verlieren an Erklärungskraft. An ihre Stelle tritt ein neuer Konsumtyp, der sich durch ein komplexes Zusammenspiel unterschiedlicher Konsummotive auszeichnet und sich entsprechend nicht mehr in die klassischen Motivations- und Verhaltensschemata einordnen lässt (Schüppenhauer 1998, S. 8). Er wird durch mehrdimensionale Handlungsprinzipien beschrieben und verfolgt mehrere Konsumziele zum gleichen Zeitpunkt. Dabei gewinnen kurzfristige Trends, das Eintauchen in Szenen und entsprechende Kultmarken immer stärker an Bedeutung. Verstärkt sich diese Inkonsistenz des Konsumentenverhaltens, kann dies bis zur Entwicklung des sog. „paradoxen Konsumenten" führen (vgl. Liebmann 1996, S. 45; Abbildung 13).

Abbildung 13   **Wandel im Konsumentenverhalten**

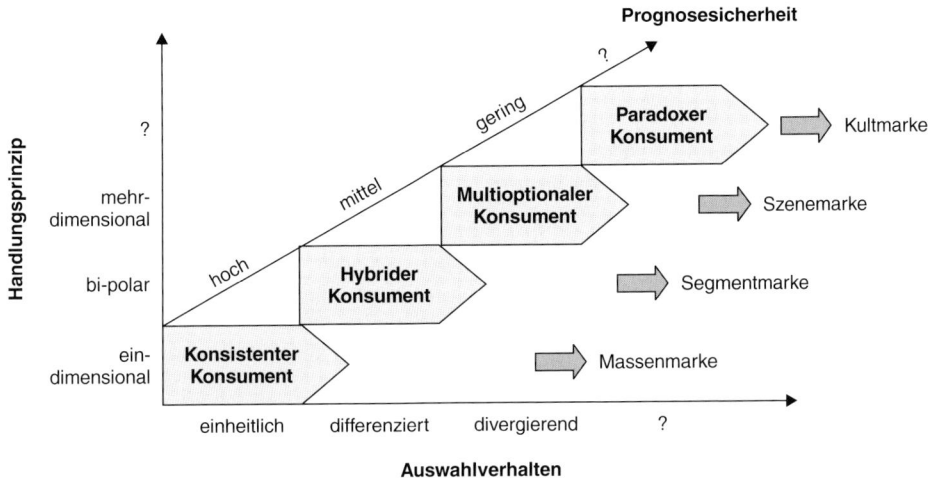

Quelle: In Anlehnung an Liebmann 1996

Als besonderes Problem für die Unternehmensführung ergibt sich bei diesen letzten beiden Konsumtypen die in ihrer Ausprägung mit den verschiedenen Produktbereichen differierende, aber im Ergebnis dennoch bestehende Unsicherheit und somit schlechte Prognostizierbarkeit des Konsumentenverhaltens.

Als zentrales Problemfeld innerhalb der Markenführung erweist sich diese Entwicklung bei der Neueinführung von Produkten. So steht in vielen Produktbereichen hohen Entwicklungskosten eine hohe Floprate bei der Einführung in den Markt gegenüber, sodass unter Effizienzgesichtspunkten in diesem Rahmen eine Strategie der Markenausdehnung diskutiert wird (Aaker/Keller 1990, S. 27). Durch das spezifische Image und die Wiedererkennung der bestehenden Marke im Markt soll unter dem Aspekt der Wirtschaftlichkeit der Marktbearbeitung eine bedarfsgerechte Ausdehnung des Angebotsspektrums erreicht werden. Wird ein notwendiger Homogenitätsgrad zwischen den unter dem Dach einer Marke angebotenen Leistungen unterschritten, besteht die Gefahr der Verwässerung der Markenidentität und damit des Verlusts einer eindeutigen Positionierung in der Wahrnehmung der Konsumenten (Meffert/Perrey 2000, S. 623). Diesbezüglich wird in der Literatur intensiv auch die Frage nach den Grenzen der Markenausdehnung diskutiert (Aaker/Keller 1990; Court/Leiter/Loch 1999, S. 110 ff.).

Abbildung 14   Verbraucherverhaltensorientierte Chancen- und Risikopotenziale
für die Markenführung

	Chancenpotenzial	Risikopotenzial
Preisorientierung	■ Abschöpfung bestehender Preisspielräume durch etablierte Niedrigpreismarken	■ Substitution durch Handelsmarken ■ Abschmelzen des Preispremiums von Marken
Qualitätsorientierung	■ Präferenz zu Herstellermarken ■ Wachsende Preisspielräume	■ Etablierung von Premiumhandelsmarken
Preis- und Qualitätsorientierung	■ Polarisierung der Märkte begünstigt Premium- und Niedrigpreismarken ■ Markenbindung durch differenzierte Vertriebsstrukur	■ Abnahme der Markenloyalitäten
Convenience-orientierung	■ Geringere Preiselastizität in Verbindung mit hohen Preisbereitschaften auf der Ebene der Sortimente und Einkaufsstätten ■ Fokussierung convenience-orientierter Einkaufsstätten auf umsatzstarke Produkte mit hoher Umschlagsgeschwindigkeit ■ Entwicklung neuer Geschäftsmodelle im Sinne eines „deepening" und „broadening"	■ Neuaufbau und Absicherung eingespielter kooperativer Aktionsmuster mit bekannten Handelsbetrieben ■ Zunehmende Einkaufsmacht und Eigenmarkenkompetenz durch spezialisierte Intermediäre
Erlebniskonsum	■ Psychologischer Mehrwert durch emotionale Aufladung einer Marke mit Erlebniswerten (Markeninszenierung)	■ Steigende Erwartungshaltung der Konsumenten ■ Kostenexplosion durch Inszenierungsspirale ■ Schnellere Inszenierungszyklen
Sinnkonsum	■ Sinnstiftende Rolle von Marken (Identifikationsfunktion) ■ Engerer Zielgruppenbezug ■ Stärkere Markenbindung	■ Wertedynamik der Szenen beeinflusst die Akzeptanz und damit die Lebensdauer von Marken ■ Exkludierende Wirkung auf Grund zu starker Segmentierungskraft
Gesundheits-, Wellness-orientierung	■ Bedeutungsgewinne von Life-Science-Marken ■ Zusätzliche Optionen zur Markenaufladung ■ Hohe Preisbereitschaft	■ Zunehmender Handelsmarkenanteil
Virtueller Konsum, E-Shopping	■ Zusätzlicher Informations- und Distributionskanal ■ Machtverschiebung im Absatzkanal hin zu den Konsumenten ■ Marken als Orientierungsanker im Internet ■ Neuaufbau von Marken ■ Transferpotenzial offline etablierter Marken ■ Intensivierung der Kunden-Marke-Beziehung	■ Übertragbarkeit der Kompetenz der Marke (negativer Imagetransfer) ■ Veränderte Rahmenbedingungen erfordern eine eigenständige Konzeption des Markenauftritts im Internet ■ Z. T. hoher Kapitalbedarf beim Aufbau neuer Marken im Internet ■ Wachsendes Konfliktpotenzial mit Partnern im Absatzkanal

Trends im Verbraucherverhalten (vertical row axis label)

GABLER
GRAFIK

Einen weiteren Ansatz zur differenzierten Ansprache kleiner werdender Marktsegmente stellt die Ausübung einer Mehrmarkenstrategie dar (vgl. den Beitrag zur Mehrmarkenstrategie in diesem Band). Durch eine segmentspezifische Ausrichtung unterschiedlicher Marken auf den gleichen Produktbereich sollen eine parallele Bearbeitung des Gesamtmarktes und somit eine breite Marktabdeckung und Verbesserung der Marktdurchdringung erreicht werden. Insbesondere in Produktbereichen mit niedriger bzw. sinkender Markentreue kann es durch das Angebot mehrerer Marken im gleichen Produktbereich gelingen, den Konsumenten – meist versteckt, wie zum Beispiel im Waschmittelbereich durch Procter & Gamble oder im Lebensmittelbereich durch Unilever praktiziert – an das eigene Unternehmen zu binden. Kundenbindung auf der Markenebene wird durch Kundenbindung auf der Unternehmensebene ergänzt. Das Problem der Fragmentierung der Märkte und der zunehmenden Unberechenbarkeit des Konsumentenverhaltens kann hierdurch wesentlich entschärft werden.

Einen abschließenden Überblick über die aufgezeigten Chancen- und Risikopotenziale, die aus den Trends im Verbraucherverhalten resultieren, gibt Abbildung 14.

3.   Unternehmensbezogene Kontextfaktoren

Auf Grund der Vielzahl unternehmensbezogener Veränderungen erscheint eine umfassende Behandlung sämtlicher Einflussfaktoren auf die Markenführung nicht sinnvoll. Vielmehr sollen im Folgenden nur die wesentlichsten Kontextfaktoren mit besonderer Bedeutung für die Markenführung herausgestellt werden. Bezüglich der strukturellen Veränderungen erfolgt eine Konzentration auf die Wirkung von Fusionen und Unternehmenszusammenschlüssen auf die Markenführung. Unter dem Begriff des kulturellen Wandels werden die Implikationen der zunehmenden Shareholder-Value Orientierung auch deutscher Unternehmen für die Markenführung aufgezeigt. Abschließend werden die Veränderungen unternehmensinterner Prozesse und ihre Auswirkungen auf die Markenführung behandelt.

3.1   Struktureller Wandel

Seit Beginn der 90er Jahre ist in nahezu allen Branchen eine Zunahme der Unternehmenskonzentrationen und damit das Phänomen des Zusammenschlusses von Unternehmen mit weit reichenden Veränderungen für die Struktur der beteiligten Organisationen zu beobachten (vgl. Abbildung 15). Treiber dieser Entwicklung sind neben der anhaltenden Globalisierung und einer stärkeren Orientierung an dem Shareholder-Value Konzept insbesondere das Internet.

Abbildung 15   Fusionswellen seit Beginn der Industrialisierung

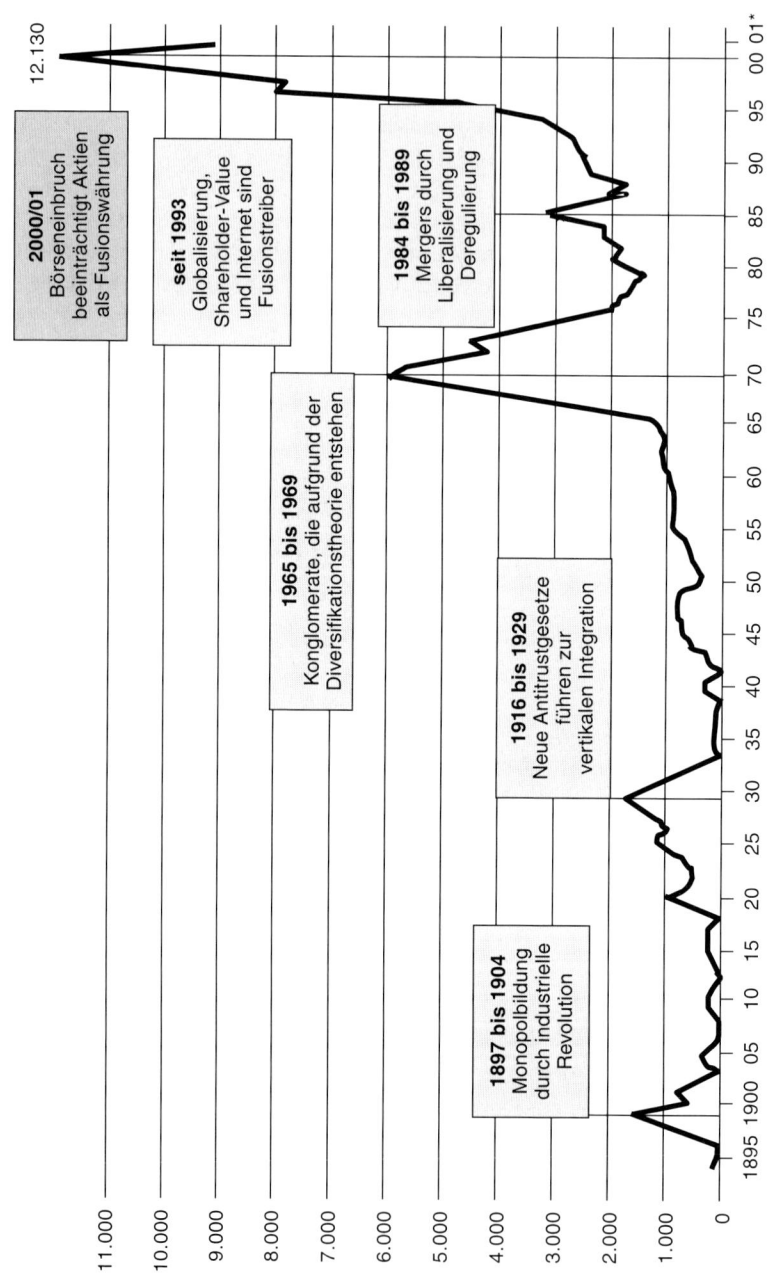

GABLER
GRAFIK

Quelle: In Anlehnung an Müller-Stevens 2000; Thomson Financial 2001; Roland Berger 2001

Exorbitante Wertsteigerungen von Unternehmen mit Schwerpunkt auf den Neuen Medien wie AOL oder Softbank trugen dazu bei, dass Aktien verstärkt als Fusionwährung eingesetzt wurden. Auch wenn mit der z. T. deutlichen Korrektur der Unternehmenswerte börsennotierter Unternehmen und den Anzeichen konjktureller Beruhigung das weltweite Transaktionsvolumen von Fusionen im ersten Quartal 2001 um 62 Prozent deutlich unter den Vorjahreswert fiel, ist ein grundsätzliches Ende der Unternehmensfusionen bisher nicht abzusehen.

Als Motivation von Fusionen werden i. d. R. das Streben nach Synergiepotenzialen in Form von Economies-of-Scope, Economies-of-Scale und der Beseitigung von gleichlaufenden Prozessen, die Erreichung von optimalen Unternehmensgrößen und der Schutz vor feindlichen Übernahmen mit branchenspezifischen Gewichtungen identifiziert. Diese in vielen Fällen finanzwirtschaftlich motivierten Fusionen von Unternehmen bleiben nicht ohne Folgen für die Marken der beteiligten Unternehmen.

So steigen mit dem Zusammenschluss i. d. R. die Komplexität des zu steuernden Markenportfolios und damit die Anforderungen an die Markenführung (Vongehr 1999, S. 16). Weiterhin gilt es, die einheitliche Unternehmensstrategie auf die Markenebene herunter zu brechen. Dies ist oftmals nicht ohne erhebliche Auswirkungen auf die Positionierung und Architektur von Marken zu realisieren und geht meist auch mit Veränderungen in den organisatorischen Strukturen und Prozessen der Markenführung sowie Programmen zum Aufbau und zur Gestaltung von Marken einher (vgl. in diesem Zusammenhang den Beitrag zur Markenarchitektur in diesem Band).

Will man den Effekt der Fusion auf die Marken analysieren, ist es erforderlich, die Perspektive der Kunden einzubeziehen. Stehen primär Unternehmensmarken im Vordergrund, so gilt es vor allem, Imagetransfereffekte zu berücksichtigen. Erfolgt die Verschmelzung wie im Fall des Zusammenschlusses von Preussag mit dem britischen Reiseunternehmen Thomson Travel im Mai 2000 unter Ausschluss der Öffentlichkeit, sind zunächst keine direkten Transfereffekte von der übergeordneten Unternehmensmarke zu erwarten. Veränderungen ergeben sich hier erst mit der Umsetzung gewandelter strategischer Rollen der Marken im Markt.

Ist die Fusion für die Kunden direkt ersichtlich, müssen auch direkte Transfereffekte auf der Unternehmensebene berücksichtigt werden. Ist diese Betroffenheit im Fall der Fusion von VEBA und VIAG im Februar 2000 noch gering, da erst nach dem Zusammenschluss die auf der Unternehmensebene neu etablierte Marke E.ON aktiv im Endkundenbereich kommuniziert wurde, so verhält sich dies beispielsweise anders im Fusionsfall Vodafon AirTouch und der Mannesmann AG, da hier eine weitgehende Liquidierung der im Markt stark kommunizierten Marke „Mannesmann" erfolgte. Differenziertere Lösungsansätze verfolgten die Unternehmen Daimler-Benz AG und Chrysler Corporation durch die Etablierung einer Doppelmarke und der aus den Unternehmen Wüstenrot und Württembergische entstandene Finanzdienstleister durch die Implementierung einer dualen Markenstrategie (vgl. Abbildung 16).

Weitreichende Auswirkungen für das Unternehmen sind weiterhin bei der Veränderung der Positionierung von Marken auf der Produktebene zu erwarten. Diesbezügliche Anpassungen werden insbesondere bei horizontalen Fusionen durch die nun vielfach mit mehreren Marken bearbeiteten Geschäftsfelder und die damit einhergehenden Substitutionseffekte notwendig. Mit einer Eliminierung bzw. Neupositionierung einzelner Marken soll unter wettbewerbspolitischen Gesichtspunkten eine differenzierte Marktbearbeitung und eine im Ergebnis verbesserte Marktausschöpfung erreicht werden.

Diesbezügliche Gefahren für die Marken ergeben sich aus zwei unterschiedlichen Richtungen. Einerseits ist fraglich, ob der Prozess der Markenpositionierung immer nach rein marktorientierten Gesichtspunkten erfolgt und nicht, wie im Fall Vodafon AirTouch, von den Interessen des stärkeren Fusionspartners dominiert wird (vgl. Vongehr 1999, S. 18). Geht man andererseits davon aus, dass Marken in der Psyche der Konsumenten eindeutig positioniert sind, rufen Veränderungen akzidenzieller und vor allem essenzieller Merkmale, zum Beispiel im Rahmen der Ausschöpfung von Effizienzsteigerungspotenzialen, Irritationen bei den Konsumenten hervor, die bis zur Abkehr von der Marke führen können. Die Notwendigkeit der Konsistenz in der Markenführung wird in diesem Zusammenhang oftmals unterschätzt.

| **Abbildung 16** | **Rolle der Unternehmensmarke bei Fusionen** |

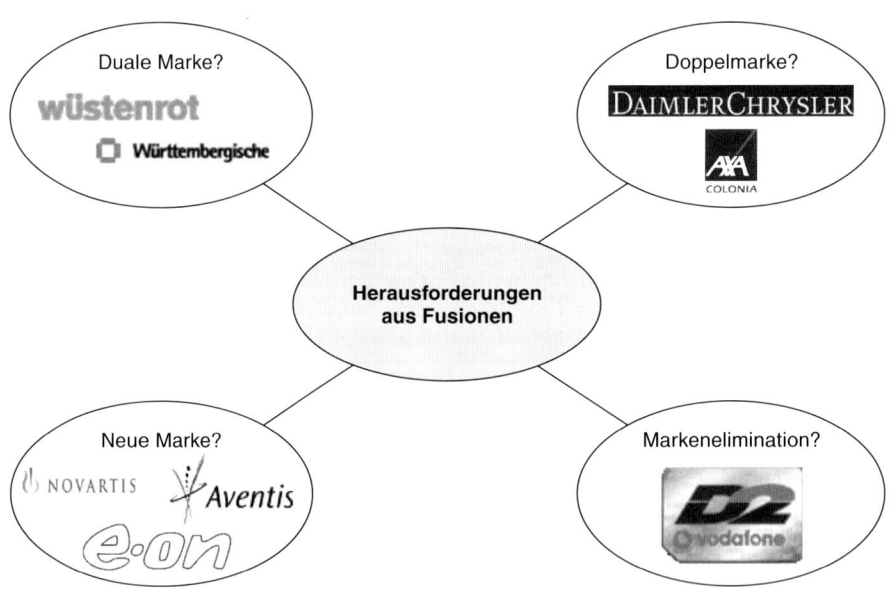

$3._2$ Prozessualer Wandel

Die meisten Produkte der Konsum- und Gebrauchsgüterindustrie, wie Computer, Automobile, Digitalcameras, DVD-Player, Handys etc., sind für weite Teile der Bevölkerung erschwinglich geworden. Diese Entwicklung ist im Ergebnis weniger auf eine Verbesserung der materiellen Situation der Konsumenten als auf eine in vielen Fällen reale Preissenkung zurückzuführen.

Möglich wurden diese durch Innovationen in den Produktionsprozessen, wie bspw. Automation, effizientere Betriebsprozesse, Just-in-Time-Systeme und Massenproduktion. Solche Prozessinnovationen waren in der Vergangenheit dadurch gekennzeichnet, dass die Eigenständigkeit der Produkte kaum angetastet wurde. Im Zuge einer weit reichenden Individualisierung der Bedürfnisse und eine in diesem Zusammenhang schrumpfende relevante Segmentgröße in vielen Geschäftsbereichen lassen sich Economies of Scale auf Produkt- bzw. Markenebene jedoch nur noch schwer realisieren. Um im Hinblick auf den horizontalen Wettbewerb dennoch Kostenvorteile generieren zu können, haben viele Hersteller vor allem im Bereich der Konsumgüterindustrie ihre Produktionskapazitäten anderen, vorzugsweise Handelsmarken, zur Verfügung gestellt oder im Bereich komplexerer Güter systematisch die Fertigungstiefe reduziert und Teile der Wertschöpfung ausgelagert. Für Entwicklungsprozesse in der Automobilindustrie ist beispielsweise im Rahmen des Konzepts des Simulaneous Engineering die frühzeitige Einbindung von Systemlieferanten kennzeichnend, die mit ihrem Know-how Fahrzeugteile und Komponenten gestalten und an verschiedene Hersteller vertreiben (vgl. Dudenhöffer 1997, S. 6). Zudem findet das Konzept des Badge Engineering, die Verwendung gleicher Bauteile über Markengrenzen hinweg, zunehmend Anwendung.

Im Ergebnis führen diese Ansätze zu einer physischen Konvergenz von Produkten unterschiedlicher Marken. Auf Grund der in vielen Fällen nur sehr begrenzten Unabhängigkeit der Positionierungsmöglichkeiten von den physischen Eigenschaften der Produkte ergibt sich durch die Angleichung der Marken eine Einschränkung der strategischen Positionierungsflexibilität der Markenführung. Dies gilt auch, wenn die Annäherung der Marken von den Konsumenten zunächst nicht wahrgenommen wird und eine Differenzierung im Wettbewerb weiterhin über psychographische Attribute möglich ist.

Eine unmittelbare Substitutionsgefahr ergibt sich, sobald die Konsumenten die Ähnlichkeiten zwischen Marken in den Leistungsdimensionen, wie bspw. Qualität und Funktionalität, wahrnehmen. Ein Verlust der eigenständigen Positionierung der Marke in der Psyche der Konsumenten ist die Folge. Abzulesen ist diese Entwicklung beispielsweise im Touristikbereich, in dem der added value der Marken angesichts identischer Flüge, Transfers und Hotels für die Konsumenten vielfach nicht ersichtlich ist und entsprechend die Marke des Anbieters bei der Kaufentscheidung auch nur eine untergeordnete Rolle spielt (vgl. hier auch den Beitrag zur Markenführung bei TUI in diesem Band). Auch in der Automobilindustrie werden Produktionsprozesse, wie zum Beispiel die Plattformstrategie oder Gleichteilepolitik, für den Konsumenten transparenter, sodass in der Wahrnehmung eine weiter zunehmende Angleichung der Marken zu befürchten ist. Im Ergebnis führt dies zu einem Absinken der Wechselbarrieren zwischen den Marken und somit zu einer Abnahme der Kundenbindungskraft der Marken (vgl. hier auch den Beitrag zur Markenbindung im Volkswagen-Konzern in diesem Buch).

Bestehen auf Grund unterschiedlicher Positionierungen im Markt keine direkten Wettbewerbsbeziehungen, kann die Verwendung identischer Produktelemente dennoch negative Auswirkungen auf die Marke haben. Dies gilt insbesondere für den Fall höherwertiger Produkte oder Luxusgüter, da der Marke hier neben sachlich-funktionaler vor allem eine symbolische Bedeutung zukommt. Der Konsument verbindet die Marke mit bestimmten ethisch-ideellen oder ästhetisch-kulturellen Werten, wie zum Beispiel Nachhaltigkeit, Werthaltigkeit, Echtheit, Tradition, Stil, Design. Wird nun offensichtlich, dass Elemente anderer Marken Bestandteil der betrachteten Marke sind, ergeben sich Imagetransfereffekte zwischen den Marken, die sich negativ auf die angestrebte Positionierung auswirken und Dissonanzen bei den Kunden hervorrufen. Im Ergebnis wird der Nutzenbeitrag der Symbolkraft der Marke geschmälert, wobei die Transfereffekte umso größer sind, je weiter entfernt die Marken in relevanten Beurteilungsdimensionen von den Vorstellungen der Konsumenten sind.

3.3 Kultureller Wandel

In Deutschland hat das Konzept des Shareholder Value in den letzten Jahren durch die Deregulierung und Internationalisierung der Kapitalmärkte insbesondere bei börsennotierten Unternehmen zunehmend Verbreitung gefunden. So ermittelten Achleitner und Bassen in einer empirischen Erhebung bei den DAX-100 Unternehmen Anfang 1999, dass 78 Prozent der befragten Unternehmen dem Shareholder Value-Konzept in ihrem Unternehmen eine hohe Bedeutung beimessen (vgl. Achleitner/Bassen 2000, S. 9). Allerdings ist der Gedanke der konsequenten Orientierung der Unternehmensaktivitäten an dem Wertsteigerungspotenzial noch nicht sehr lange ausgeprägt. So nutzen lediglich 19 Prozent der Unternehmen das Konzept schon länger als vier Jahre (vgl. ebenda, S. 11).

Der zunehmende Druck der Kapitalgeber, allen voran der institutionellen Investoren, hat bei einigen Unternehmen zu einer einseitigen Fokussierung auf kurzfristige Gewinnziele geführt. Damit einher geht eine Bedeutungssteigerung wertorientierter Controllinginstrumente zur Sicherstellung geschäftsfeldspezifischer Mindestrenditen.

Diese kurzfristige Ausrichtung der Unternehmensführung kann zu einer Vernachlässigung längerfristiger Investitionen führen und mit den Interessen der Markenführung kollidieren. So benötigt die erfolgreiche Führung einer Marke nachhaltige Investitionen in erheblichem Umfang, deren ökonomischer Erfolgsbeitrag oftmals erst langfristig abzusehen ist. Investitionen in die Marke ist zusätzlich noch ein Bewertungsproblem inhärent. So besteht in Wissenschaft und Praxis kein Konsens über ein valides Bewertungsverfahren. Bestehende Methoden streuen in der quantitativen Beurteilung sehr stark und dienen damit im innerbetrieblichen Wettbewerb um knappe Ressourcen nur unzureichend als Argumentationshilfe.

Weitere mit der Kurzfristigkeit der Unternehmensziele in Zusammenhang stehende Risiken für die Markenführung gehen von einer stärkeren Orientierung an Trends im Verbraucherverhalten aus. Werden Marken verstärkt auf der Basis solcher Trends geführt, besteht die Gefahr der Markenüberdehnung. Die Kompetenzen der Marke reichen unter Umständen nicht aus, um den Anforderungen neuer Trends im Markt gerecht zu werden. Ist dies der Fall und wird eine Umpositionierung dennoch angestrebt, löst sich die feste Verankerung in der Psyche der Konsumenten. Das Markenbild bewegt sich zwischen verschiedenen Imagedimensionen und verliert dadurch an Klarheit und steuernder Kraft. Ist eine langfristige Zielrichtung in der Markenführung nicht erkennbar, sondern soll mit Hilfe der Marken immer wieder flexibel auf die dynamische Umwelt reagiert werden, degenerieren Marken zu einem Instrument kurzfristiger Unternehmenspolitik, und der Aufbau starker Marken wird weitgehend dem Zufall überlassen.

Einen zusammenfassenden Überblick über mögliche Chancen und Risiken von Veränderungen in den unternehmensbezogenen Kontextfaktoren auf die Markenführung gibt Abbildung 17.

Abbildung 17   **Unternehmensinterne Chancen- und Risikopotenziale für die Markenführung**

		Chancenpotenzial	Risikopotenzial
Unternehmensbezogene Kontextfaktoren	**Fusionen/ Unternehmenszusammenschlüsse**	▪ Differenzierte Marktbearbeitung; verbesserte Marktausschöpfung ▪ Realisierung von Effizienzsteigerungspotenzialen	▪ Substitutions- und Kanniblaisierungseffekte ▪ Veränderte strategische Rollen von Marken ▪ Imagetransfer auf Unternehmens und/oder Produktebene ▪ Irritation der Konsumenten ▪ Komplexitätsanstieg
	Gleichteilepolitik	▪ Realisierung von Effizienzsteigerungspotenzialen	▪ Physische Konvergenz der Marken (Substitutiosgefahr) ▪ Psychische Konvergenz der Marken (Verlust der Markenindentität) ▪ Bedeutungsverlust der Marke bei der Kaufentscheidung ▪ Einschränkung der strategischen Flexibilität in der Markenpositionierung
	Shareholder-Value-Orientierung	▪ Steigerung des Markenwerts	▪ Markenüberdehnung durch Trendshopping ▪ Untergewichtung von Investitionen in die Marke ▪ Zerstörung von Markenwerten

GABLER
GRAFIK

4. Fazit

Die aufgezeigten Veränderungen in den Rahmenbedingungen und die sich daraus ergebenden Chancen- und Risikopotenziale verdeutlichen die Notwendigkeit einer ständigen
Weiterentwicklung der Markenführung in Reaktion und Interaktion mit der Umwelt und
dem Unternehmenssystem. Eine identitätsorientierte Steuerung von Marken und damit
verbunden eine gleichermaßen an externen wie internen Einflussfaktoren ausgerichtete
markenpolitische Gestaltung erfordert vor diesem Hintergrund ein konsequentes Monitoring des Wandels. Nur so können Auswirkungen von Veränderungen in den Rahmenbedingungen der Markenführung frühzeitig prognostiziert und notwendige Anpassungs-
schritte in Betracht gezogen werden.

Die wirksame Umsetzung markenspezifischer Anpassungsmaßnahmen bedingt dabei
die Berücksichtigung der zu Grunde liegenden Identität der Marke. Verändern sich mit
der Marke verbundene essenzielle Merkmale, werden die Verankerung und eindeutige
Positionierung in der Psyche der Konsumenten und somit der Wirkungsmechanismus der
Marke gefährdet. Aus diesem Grund empfiehlt sich eine Anpassung der Ausgestaltung
der Markenpolitik im Bereich der akzidenziellen Merkmale. So kann im Rahmen der
Identität der Marke auf Veränderungen der Umwelt reagiert werden, ohne den Kern der
Marke zu verändern. Ob dies gelingt und die Marke ihre Funktion im Wettbewerb erfüllen kann, ist in entscheidendem Maße von der Wahrnehmung der aktuellen und potenziellen Konsumenten abhängig. Letztlich offenbart sich hier erfolgreiche Markenführung
durch die Beherrschung des Spannungsfeldes zwischen unverzichtbarer Konsistenz auf
der einen und kurzfristiger, flexibler Anpassung an die Marksituation auf der anderen
Seite.

Literatur

Aaker, D. A., Keller, K. L., Consumer Evaluations of Brand Extensions, in: Journal of Marketing,
    Vol. 54, January 1990, pp. 27–41.
Achleitner, A.-K., Bassen, A., Entwicklungsstand des Shareholder Value-Ansatzes in Deutschland
    – Empirische Befunde, Working Paper Series, Febr. 2000.
Ahlert, D., Kenning, P., Handelsmarkenmanagement im deutschen Konsumgüterhandel, Studie
    des Lehrstuhls für Betriebswirtschaftslehre, insbesondere Distribution und Handel an der West-
    fälischen Wilhelms-Universität Münster, Münster 1999.
Barz, H. et al., Delphi-Studie „Future Values" – Experten-Prognosen für Unternehmensführung
    und Marketing, Heidelberg 2001.
Benjamin, R., Wigand, R., Electronic Markets and Virtual Value Chains on the Information Super-
    highway, in: Sloan Management Review, Winter 1995, pp. 62–72.
Bolz, N., Bosshart, D., Kultmarketing – die neuen Götter des Marktes, Düsseldorf 1995.
Court, D. C., Leiter, M. G., Loch, M. A., Brand leverage, in: The McKinsey Quarterly, 1999, No. 2,
    pp. 100–110.

Dayal, S., Landesberg, H., Zeisser, M., Building digital brands, in: The McKinsey Quarterly, 2000, No. 2.

Die Stern Bibliothek, Dialoge 4: Gesellschaft, Wirtschaft, Konsumenten, Hamburg 1995.

Domainstatistic: http://www.domainstats.com, 28.06.2001.

DPMA Jahresbericht 1999, S. 23–24.

Dudenhöffer, F., Marken-Management bei Produkt-Konvergenz – Neue Ansätze im Automobilmarketing, in: Jahrbuch der Absatz- und Verbrauchsforschung, Heft 1, 1997, S. 4–24.

Dudenhöffer, F., Automarken auf dem Weg ins Internet-Zeitalter, in: Jahrbuch der Absatz- und Verbrauchsforschung, 3/1999, S. 264–283.

Fittkau & Maaß GmbH, 12. W3B-Umfrage 2001, www.w3b.de.

GfK Markt- und Absatzforschung, Standort Deutschland – besser als sein Ruf!, Nürnberg 1997.

GfK Online – Monitor 2001, Ergebnisse der 7. Untersuchungswelle, Nürnberg 2001.

GfK Panel Services Consumer Research, Märkte, Handel und Verbraucher 2000/2001 – Gedämpfter Optimismus nach einem Jahr voller Krisen, Nürnberg 2001.

GfK Panel Services Consumer Research IRI/GfK Retail Services (1999): Grundgesamtheiten Deutschland, Nürnberg 1999.

GfK Panel Service, Haushaltspanel West, Nürnberg 1998.

GfK – Trendsensor Konsum, Bericht 2000, Nürnberg 2000.

Goerdt, T., Die Marken- und Einkaufsstättentreue der Konsumenten als Bestimmungsfaktoren des vertikalen Beziehungsmarketing, Nürnberg 1999.

Grey Strategic Planning, Smart Shopper – Wieviel Marke braucht der Mensch? Oder: Ein neues Preis-Leistungs-Bewußtsein, Grey, Düsseldorf 1996.

Häberle, E., Fokus, Die jungen Alten – In den besten Jahren, in: Werben und Verkaufen Compact, 1–2/2000, S. 8–12.

Hamm, I., Electronic Branding, in: Planung & Analyse, 1/97, S. 45–47.

Harvey, M., Kasulis, J. J., Retailer Brands – The Business of Distinction, in: Arthur Andersen – Center for Retailing Studies, Vol. 10, January 1998, No. 1, pp. 1–6.

Holt, D. B., How Consumers Consume: A Typology of Consumption Practices, in: Journal of Consumer Research, Vol. 22, June 1995, pp. 1–16.

Kapferer, J.-N., Die Marke – Kapital des Unternehmens, Landsberg/Lech 1992.

Knudsen, T. R., Finskud, L., Törnblom, R., Hogna, E., Current Research: Brand consolidation makes a lot of economic sense, in: The McKinsey Quarterly, 1997, No. 4, pp. 189–193.

Kroeber-Riel, W., Informationsüberlastung durch Massenmedien und Werbung in Deutschland, in: Die Betriebswirtschaft, 47. Jg., 1987, Heft 3, S. 257–264.

Krüper, M., Unternehmensgröße und Fusionen als Erfolgsfaktoren und der Aufbau einer neuen Unternehmensmarke, in: Meffert, H., Backhaus, K., Becker, J. (Hrsg.), Unternehmensgröße und Fusionen als Erfolgsfaktoren?, Arbeitspapier Nr. 144 der Wissenschaftlichen Gesellschaft für Marketing und Unternehmensführung, e. V., Münster 2000, S. 34–43.

Levy, S., Symbols for Sale, in: Harvard Business Review, 37. Jg., July/August 1959, pp. 117–124.

Liebmann, H.-P., Auf den Spuren der „Neuen Kunden", in: Trendbuch Handel (Hrsg.: Zentes, J., Liebmann, H.-P.), Düsseldorf – München 1996, S. 37–54.

Meffert, H., Burmann, Ch., Identitätsorientierte Markenführung – Grundlagen für das Management von Markenportfolios, Arbeitspapier Nr. 100 der Wissenschaftlichen Gesellschaft für Marketing und Unternehmensführung e.V. (Hrsg.: Meffert, H., Wagner, H., Backhaus, K.), Münster 1996.

Meffert, H., Burmann, Ch., Identitätsorientierte Markenführung, in: Markenartikel 8/1996a, S. 373–380.

Meffert, H., Marketing – Grundlagen marktorientierter Unternehmensführung, 9. Aufl., Wiesbaden 2000.

Meffert, H., Perrey, J., Mehrmarkenstrategien – Ansatzpunkte für das Management von Marken-portfolios, in: Moderne Markenführung (Hrsg.: Esch, F.-R.), 2. Aufl., Wiesbaden 2000, S. 619–646.

Meffert, H., Erfolgreiche Markenführung im Internetzeitalter – Integration von klassischem und E-branding, Vortrag anlässlich der GfK Jahrestagung am 22.06.2001; erscheint als Arbeitspa-pier der Wissenschaftlichen Gesellschaft für Marketing und Unternehmensführung e.V. (Hrsg.: Meffert, H., Wagner, H., Backhaus, K.), Münster 2001.

M+M Eurodata, Konzentration im deutschen Lebensmittelhandel, Entwicklung 1980–2000, Pres-semeldung 31. Oktober 2000.

o. V., Unilever vollzieht eine radikale Wende in der Markenpolitik, Frankfurter Allgemeine Zei-tung vom 8.03.2000, S. 5.

Perrey, J., Nutzenorientierte Marktsegmentierung, Wiesbaden 1998.

Sachverständigenrat zur Begutachtung der gesamtwirtschaftlichen Entwicklung, Jahresgutachten 2000/2001 – Chancen auf einen höheren Wachstumspfad, 2000.

Schüppenhauer, A., Multioptionales Konsumentenverhalten und Marketing, Wiesbaden 1998.

Statistisches Bundesamt, Statistisches Jahrbuch für die Bundesrepublik Deutschland, Wiesbaden 2000.

Statistisches Bundesamt, http://www.statistik-bund.de, 2001.

Stern Trendprofile 10/2000: Markenstatus der Online-Marken, Hamburg 2000.

Swoboda, B., Ausprägungen und Determinanten der zunehmenden Convenienceorientierung von Kosumenten, in: Marketing ZFP, Heft 2, 2. Quartal 1999, S. 95–104.

Thomson Financial, Merger Meltdown, New York 2001.

Vandermerwe, S., The Electronic 'Go-between Service Provider': A New 'middle'-Role Taking Centre Stage, in: European Management Journal, Vol. 17, No. 6, 1999, pp. 598–608.

Vongehr, U., Fusionen – Hochzeit für Hochzeiten, in: Horizont Magazin, Heft 3, 1999, S. 16–21.

Wadlinger, Ch., Mit 66 Jahren, in: Compact, Heft 2, 2001,S. 8–17.

Weinberg, P., Diehl, S., Erlebniswelten für Marken, in: Moderne Markenführung (Hrsg.: Esch, F.-R.), 2. Aufl., Wiesbaden 2000, S. 185–207.

Strategische Optionen der Markenführung

Heribert Meffert

1. Abgrenzung markenstrategischer Optionen

Zur Markenbildung stehen dem Markeneigner, das heißt dem Eigentümer der Markenrechte, nach der Analyse der strategischen Ausgangssituation und der Festlegung der strategischen Markenziele zahlreiche Markenstrategien zur Verfügung. **Markenstrategien** können dabei in Anlehnung an Marketingstrategien als **bedingte, langfristige und globale Verhaltenspläne** zur Erreichung der Markenziele definiert werden. Die Bedingtheit bedeutet, dass die Markenstrategie unter der Annahme einer bestimmten, erwarteten Entwicklung der marktlichen und unternehmensspezifischen Kontextfaktoren formuliert wird. Der Planungshorizont ist dabei in der Regel auf drei bis fünf Jahre ausgerichtet. Das Merkmal der Globalität unterstreicht die Notwendigkeit, die relativ allgemein gehaltenen Aussagen der Markenstrategie auf konkrete operative Aufgaben herunterzubrechen. Markenstrategien sind dabei letztlich immer mit Marktinvestitionen verbunden, die einen Goodwill gegenüber der Marke bzw. dem Markenwert erzeugen sollen.

Die zur Markenbildung verfügbaren Strategien können anhand von drei Dimensionen systematisiert werden (Meffert 1994): Markenstrategien im **horizontalen** Wettbewerb, Markenstrategien im **vertikalen** Wettbewerb und Markenstrategien im **internationalen** Wettbewerb (vgl. Abbildung 1).

Abbildung 1   **Abgrenzung von Markenstrategien im Wettbewerb**

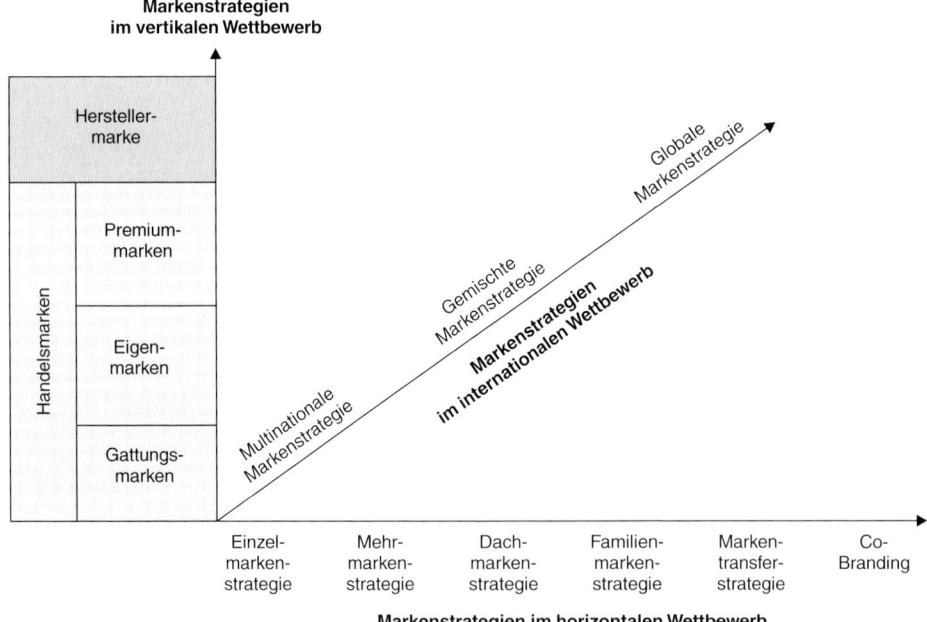

Im Folgenden werden zunächst die zentralen Strategien im horizontalen Wettbewerb näher erläutert. Darauf aufbauend erfolgt eine Konkretisierung der strategischen Optionen im vertikalen sowie im internationalen Wettbewerb.

2. Basisstrategien zur Profilierung von Marken im horizontalen Wettbewerb

Die Einzelmarkenstrategie (synonym: Produkt-, Monomarkenstrategie), die Mehrmarkenstrategie (synonym: Parallelmarken-, Multimarkenstrategie), die Markenfamilienstrategie (synonym: Produktgruppen-, Rangemarkenstrategie) und die Dachmarkenstrategie (synonym: Corporate Brand-, Companymarkenstrategie) stellen idealtypische Strategien im horizontalen Wettbewerb dar (ähnlich Becker 2000, S. 269 ff.). Diese Strategieformen lassen sich hinsichtlich der Breite, Tiefe und Höhe ihres Kompetenzanspruchs weiter systematisieren (vgl. Abbildung 2)

Abbildung 2   **Systematisierung von Markenstrategien im horizontalen Wettbewerb**

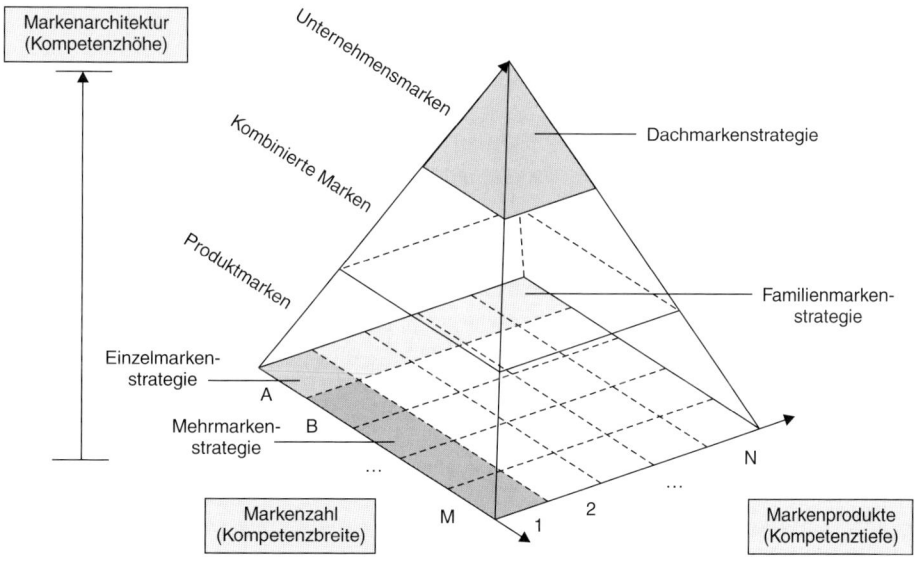

GABLER
GRAFIK

Die **Tiefe der Markenstrategie** betrifft die Fragestellung, wie viele Produkte unter einer Marke geführt werden. Als Idealtypen lassen sich Einzel- und Familienmarken voneinander abgrenzen. Aber auch die Dachmarke vereint zumeist mehrere Produkte unter einem Dach, allerdings ist die Dachmarke auf Grund der häufigen Verwendung des Unternehmensnamens hierarchisch höher angesiedelt. Die **Breite der Markenstrategie** legt die Anzahl der Marken in einem Leistungsbereich fest, wobei als grundsätzliche Optionen Einzelmarken- und Mehrmarkenstrategien in Betracht kommen. Die Entscheidungen hinsichtlich Breite, Tiefe und Höhe stellen somit die Beziehung zwischen Marke und Leistung in den Mittelpunkt der Betrachtung. Wie bereits hier ersichtlich, bestehen zwischen den Entscheidungsbereichen starke Interdependenzen (vgl. in diesem Zusammenhang auch den Beitrag zur Markenarchitektur in diesem Band).

Während die bisher genannten Strategieoptionen als **statisch** bezeichnet werden können, da sie die verschiedenen Beziehungen zwischen Marke und Leistung beschreiben, stellt die Markentransferstrategie als **dynamische** Strategieoption primär auf Entscheidungen ab, die zu einer Veränderung der bestehenden Beziehung zwischen Marke und Leistung führen. Das Co-Branding stellt schließlich eine neue, kooperative Sonderform im Rahmen der markenstrategischen Optionen dar.

2.1 Einzelmarkenstrategie

Bei der Einzelmarkenstrategie wird jedes Produkt eines Unternehmens unter einer eigenen Marke angeboten. Jedes Marktsegment wird dabei von nur einer Marke bearbeitet. Im Konsumgüterbereich verfolgen die Unternehmen Ferrero und Procter & Gamble überwiegend diese Konzeption, indem sie ihre Unternehmensidentität hinter Markennamen wie Nutella, Duplo, Giotto und Raffaelo (Ferrero) oder Ariel, Mr. Proper und Pampers (Procter & Gamble) verbergen. Aber auch bei Dienstleistungsunternehmen, wie beispielsweise dem Verlagshaus Gruner + Jahr mit den Zeitschriften Impulse, Capital, Geo, Stern und Schöner Wohnen, sind vorwiegend Einzelmarken anzutreffen.

Ein wesentlicher **Vorteil** dieser Strategie besteht in der Möglichkeit, für jede Marke eine unverwechselbare Markenpersönlichkeit mit einer spezifischen Kompetenz aufbauen zu können. Das Bedürfnisprofil der Konsumenten und das Problemlösungsprofil der Marke können optimal aufeinander abgestimmt werden. Hat sich die Einzelmarke erfolgreich durchgesetzt und ist das bearbeitete Marktsegment groß genug, können Kostendegressionseffekte, wie beispielsweise in Beschaffung und Produktion, realisiert werden.

Mit dem Aufbau einer individuellen Markenpersönlichkeit ist die Bildung eines eigenständigen Markenimages verbunden, das zu anderen Produkten des Unternehmens keine oder nur geringe Überschneidungen aufweisen sollte. Hierdurch werden negative Ausstrahlungseffekte zwischen den Marken, die in unterschiedlichen Anwendungsgebieten angesiedelt sind, weitgehend ausgeschlossen. So würde beispielsweise ein potenzieller Imageeinbruch von Pampers (Windeln) nicht zwangsläufig zu negativen Ausstrahlungseffekten bei Ariel (Waschmittel) oder Mr. Proper (Allzweckreiniger) führen.

Ein weiterer Vorteil der Einzelmarkenstrategie liegt in dem geringen Koordinationsbedarf der Marketingmaßnahmen bei den unterschiedlichen Marken. Wenn zum Beispiel für die notwendige Um- oder Neupositionierung einer Marke ein neues Kommunikationskonzept entwickelt wird, entfallen langwierige Abstimmungsprozesse mit den Kommunikationsstrategien der übrigen Marken des Unternehmens.

Der **Nachteil**, dass die Einzelmarke in allen Lebenszyklusphasen allein die gesamten Marketingaufwendungen zu tragen hat, spricht gegen diese Strategie. Bei der Markeneinführung und dem Markenaufbau entstehen dem Unternehmen im Gegensatz zur Markenfamilien- und Dachmarkenstrategie höhere Kosten. Da es sich um eine komplette Neueinführung der Marke handelt, kann oft nicht oder kaum auf bestehende Distributionskanäle, Bekanntheit und Akzeptanz im Markt oder Händlergoodwill etc. zurückgegriffen werden. Sind auf Dauer für notwendige Produktmodifikationen nicht genügend Finanzmittel vorhanden, kann sich die Lebensdauer der Einzelmarke verkürzen, welches unter Umständen eine Amortisation der aufgewendeten Marketingkosten verhindert. Die auf Grund der Informationsüberlastung der Konsumenten und der hohen Wettbewerbsintensität vieler Märkte stark gestiegenen Mediaaufwendungen zur Profilierung von Marken sprechen ebenfalls gegen eine Einzelmarke. Auch die Erreichung echter Leistungsvorteile ist bei einer Vielzahl von Einzelmarken im Unternehmen schwierig zu realisieren. Bei der Markteinführung von Neuprodukten wird deshalb in den letzten Jahren immer seltener die Einzelmarkenstrategie favorisiert.

Weiterhin besteht die Gefahr, dass der Markenname bei einer zu dominanten Markenprofilierung zur Bezeichnung der ganzen Produktgattung wird (zum Beispiel Aspirin für Schmerztabletten, Tempo für Papiertaschentücher, Uhu für Klebstoffe). Hierdurch kann eine ursprünglich differenzierende Markenpersönlichkeit verloren gehen und negativen Imagewirkungen ausgesetzt sein.

2.2 Mehrmarkenstrategie

Im Gegensatz zur Einzelmarkenstrategie werden bei der Mehrmarkenstrategie von einem Unternehmen mindestens zwei Marken in demselben Produktbereich parallel geführt (vgl. in diesem Zusammenhang auch den Beitrag zur Mehrmarkenstrategie in diesem Band). Diese sprechen jeweils nicht ein spezielles Segment an, sondern sind zumeist auf den Gesamtmarkt ausgerichtet. Die einzelnen Marken unterscheiden sich dabei in den Produkteigenschaften, im Preis oder kommunikativen Auftritt. Eckes beispielsweise vertreibt mehrere Weinbrandmarken wie Attaché, Chantré und Mariacron, Philip Morris bietet für denselben Bedarf diverse Zigarettenmarken wie Marlboro, Merit oder Benson & Hedges an, und der Volkswagen-Konzern offeriert seine Fahrzeuge unter den Marken VW, Audi, Seat, Skoda, Rolls-Royce, Bentley, Bugatti und Lamborghini (vgl. Abbildung 3). Im Dienstleistungsbereich kann das Touristikunternehmen TUI angeführt werden, das als Reiseveranstalter unter den Marken TUI, 1,2 Fly, Airtours, Seetours, Dr. Tigges u. a. und im Reisevertrieb unter den Marken TUI ReiseCenter, First, Hapag-Lloyd und L'tur tätig ist.

| Abbildung 3 | Mehrmarkenstrategie des Volkswagenkonzerns |

GABLER
GRAFIK

Die Absicherung der Wettbewerbsposition durch „Konkurrenz im eigenen Hause" bildet eine **zentrale Zielsetzung** dieser Strategie. Insbesondere in Märkten mit niedriger Markentreue sollen die Markenwechsler zu Marken im eigenen Sortiment überwechseln, anstatt eine Marke der Konkurrenz zu kaufen. Durch die Entwicklung neuer Marken und dem daraus resultierenden Wettbewerb untereinander sollen die Markenmanager und ihre Mitarbeiter in ihrer Leistungsmotivation und Effizienz gefördert werden. Aus diesen Gründen führte Procter & Gamble sukzessive zehn Marken in den amerikanischen Waschmittelmarkt ein. Obwohl jedes hinzugekommene Produkt Umsatzeinbußen bei den etablierten Marken verursachte, stieg der Gesamtumsatz durch Hinzugewinnung von neu angesprochenen Konsumenten sowie durch Halten von Markenwechslern innerhalb des eigenen Sortiments an (Kotler 1988, S. 469). Neben dieser Bewältigung des Markenwechselphänomens bietet eine Mehrmarkenstrategie die Chance, durch Einführung einer „Kampfmarke" die übrigen Marken des Unternehmens aus einem Preiskampf herauszuhalten (Kapferer 1992, S. 212 ff.). Dies ist eine Zielsetzung, die Reemtsma als Anbieter von Stuyvesant, R 6, R 1 und John Player Special ursprünglich mit der preisaggressiven Marke West verfolgte. Ein weiterer Vorteil besteht darin, dass jede im Markt neu platzierte Marke dem Unternehmen im Handel mehr Regalfläche sichern kann und eine zusätzliche Markteintrittsbarriere für potenzielle Konkurrenzmarken darstellt. Die Marken Rama, Flora Soft, SB, Sanella, Bonella, Du Darfst, Becel und Lätta von Unilever decken auf diese Weise das Margarine-Sortiment weitgehend ab.

Abbildung 4   **Vergleich der Einzel- und Mehrmarkenstrategie**

Strategie-typ / Aspekte	Einzelmarke	Mehrmarke
Merkmal	■ Führung eines jeden Produktes unter einer Marke	■ In jedem Produktbereich parallele Führung von mindestens zwei auf den Gesamtmarkt ausgerichteten Marken
Chancen	■ Gezielte Ansprache einzelner Kundensegmente ■ Spezifische Markendifferenzierung durch optimale Abstimmung von Bedürfnisprofilen ■ Aufbau eines unverwechselbaren Produktimages ■ Kaum Gefahr negativer Ausstrahlungseffekte auf andere Marken ■ Geringerer Koordinationsbedarf bei den unterschiedlichen Marktanteils- und Kostendegressionseffekten	■ Bessere Marktausschöpfung ■ Halten von potenziellen Markenwechslern durch Produktdifferenzierung ■ Erhöhte Markteintrittsbarrieren für Konkurrenzmarken dank breiterer Regelflächenabdeckung ■ Schutz der übrigen Produkte vor Preiskampf durch Einführung von „Kampfmarken"
Risiken	■ Zurechnung der Markenkosten allein auf ein Produkt ■ Ungenügende Amortisation der aufgewendeten Kosten bei kurzer Lebensdauer der Einzelmarke ■ Trend des Markennamens zur Bezeichnung der Produktgattung und Verlust der differenzierenden Markenpersönlichkeit ■ Fehlende Stützung der Produktmarke durch angrenzende Marken	■ Suboptimale Verwendung der finanziellen und personellen Unternehmensressourcen ■ Gefahr der Übersegmentierung ■ Kanniblaisierung der eigenen Monomarke durch gegenseitige Substitution der Markanteile
Zentrale Anforderungen	■ Möglichkeit des Aufbaues einer eigenständigen Markenpersönlichkeit	■ Existenz von Finanzkraft und Management-Kow-how in ausrechendem Maße, Glaubwürdige Markendifferenzierung

GABLER GRAFIK

Eine Gefahr bei der Verfolgung der Mehrmarkenstrategie ist darin zu sehen, dass durch die Einführung neuer Marken trotz großer Investitionen immer nur kleine Umsatzzuwächse erwirtschaftet werden (vgl. Meffert 1999). Als Folge einer Vielzahl von Marken innerhalb eines Unternehmens kommt es ferner häufig zu einem deutlichen Anstieg der Komplexitätskosten, sodass sich die Rentabilität bei Mehrmarkenstrategien trotz eines Umsatzanstiegs oft verschlechtert (Quelch/Kenny 1995). Darüber hinaus werden die finanziellen und personellen Unternehmensressourcen zersplittert und zu wenig auf bisher starke Marken konzentriert. Ein weiteres großes Problem stellt die „Kannibalisierung" der Marken dar (Koers 2001, S. 142 ff.). So nehmen sich die Produkte eines Unternehmens gegenseitig Marktanteile weg, wenn die charakteristischen Unterschiede zwischen den Marken von den Verbrauchern nicht mehr wahrgenommen werden. Zudem ist die Gefahr der Übersegmentierung gegeben, das heißt die Teilung des Gesamtmarktes in zu viele Teilmärkte, obwohl die Bedarfsstruktur hierfür keinen Anlass gibt. In Abbildung 4 sind die zentralen Chancen und Risiken der Einzel- und Mehrmarkenstrategie zusammengefasst.

2.3 Markenfamilienstrategie

Bei der Markenfamilienstrategie werden mehrere verwandte Produkte unter einer Marke geführt, ohne auf den Unternehmensnamen direkt Bezug zu nehmen. Hinter der Marke Nivea von Beiersdorf beispielsweise stehen diverse Körperpflegeprodukte wie Allzweckcreme, Körpermilch, Sonnencreme, Haarshampoo, Duschgel, Rasiercreme und After Shave, hinter der Marke Tesa diverse Klebstoffe (vgl. Abbildung 5). Im Dienstleistungsbereich verfolgt zum Beispiel der Springer-Verlag mit den Marken Bild, Bild am Sonntag, Bild der Frau, Sport Bild und Auto Bild eine erfolgreiche Markenfamilienstrategie.

Abbildung 5   **Nivea Familie und Tesa Familie**

 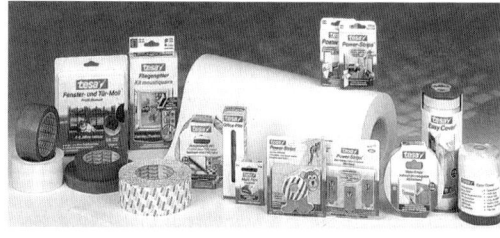

GABLER
GRAFIK

Bei der Markenfamilienstrategie besteht der Unterschied zur Dachmarkenstrategie darin, dass im Rahmen dieser Strategie innerhalb eines Unternehmens mehrere Familien nebeneinander existieren. Diese können sowohl in demselben Produktfeld als auch in unterschiedlichen Feldern angesiedelt sein. So bietet Kraft Jacobs Suchard im Schokoladenbereich die Markenfamilien Milka, Suchard und Côte d'Or an, während Unilever bei Salatdressings mit der Markenfamilie Livio, bei Suppen mit Unox und im Segment der gesunden Ernährung mit Du Darfst vertreten ist.

Eine solche Markenstrategie setzt voraus, dass für die Produkte einer Markenfamilie ähnliche Marketing-Mix-Strategien und ein gleichwertiges Qualitätsniveau vorliegen. Deshalb wurden für die unter der Markenfamilie Nivea zusammengefassten Produkte konkrete Grundsätze für die Markenführung festgelegt. So sollen in den jeweiligen Teilmärkten eine Qualitätsführerschaft angestrebt und die Produkte bei breiter Distribution unter Gewährleistung eines guten Preis-Leistungs-Verhältnisses verkauft werden. Die Erzeugnisse dürfen dabei in den einzelnen Teilmärkten zwar eine eigene Markenpersönlichkeit widerspiegeln, müssen jedoch alle das gleiche Nutzenversprechen der Pflege und Milde erfüllen (Prick 1988; o. V. 1996).

Weitere **Vorteile** der Markenfamilienstrategie liegen in der Verringerung des Floprisikos bei Neuprodukten und der schnelleren Akzeptanz im Handel beziehungsweise bei den Konsumenten (Schröder 1994). Der Goodwill, der durch den bisherigen Einsatz der Marketinginstrumente und die Erfahrungen der Konsumenten und des Handels mit den bestehenden Produkten der Markenfamilie aufgebaut wurde, kann von der Stamm-Marke auf die Folgeprodukte übertragen werden. So erlaubt das der Milka-Tafelschokolade entgegengebrachte Vertrauenskapital dem Unternehmen Jacobs Suchard die erfolgreiche Einführung der Produktlinien Milka Lila Pause (Riegel), I love Milka (Pralinen), Milka Lila Stars (Small Bites) und Milka Saisonartikel (Weihnachtsmänner, Ostereier etc.). Durch die Nutzung von Synergien lassen sich die Kosten der Markenbildung wesentlich verringern. Wenn die Konsumenten auf Grund des kontinuierlichen und breiten Kontaktes mit den einzelnen Produkten der Markenfamilie eine starke Markenbindung aufbauen, kann dies dem Unternehmen einen preispolitischen Spielraum verschaffen.

Ein **Nachteil** der Markenfamilienstrategie im Gegensatz zur Einzel- und Mehrmarkenstrategie liegt in der Gefahr von negativen Ausstrahlungseffekten bei den Produkten der Markenfamilie. Die Möglichkeit eines Badwill-Transfers erscheint besonders dann gegeben, wenn die Produkte von ihrer strategischen Ausrichtung her nicht zueinander passen. Dies ist der Fall, wenn das Unternehmen einige Produkte der Markenfamilie in Marktsegmenten mit einer geringen und andere in Segmenten mit einer hohen Qualitäts- und Preiswahrnehmung platziert. Negative Ausstrahlungseffekte können jedoch auch durch unterschiedliche Images der Einzelprodukte entstehen. So kann zum Beispiel das positive Image einer Marke mit umweltschonender Verpackung durch ein negatives Bild von anderen Produkten der Markenfamilie mit umweltschädlichen Verpackungsmaterialien rasch Schaden nehmen.

Ein weiteres Problem bildet der höhere Abstimmungsbedarf im Marketing-Mix der einzelnen Marken der Markenfamilie. So wird zum Beispiel die Veränderung des Markenauftritts eines Produktes von Nivea Anpassungsmaßnahmen bei anderen Nivea-Produkten zur Folge haben. Bei der Führung von mehreren Markenfamilien in einer Warengruppe können zwischen den Markenfamilien überdies Substitutionsbeziehungen einsetzen. Als Beispiel dient das Unternehmen Schwarzkopf, das im Bereich des Haarstyling mit den beiden Markenfamilien Taft und News über gleiche Produktvarianten (Styling-Schaum, Styling-Creme und Wet-Gel) verfügt.

2.4 Dachmarkenstrategie

Die Dachmarkenstrategie fasst im Gegensatz zur Markenfamilienstrategie sämtliche Produkte eines Unternehmens unter einer (Unternehmens-)Marke zusammen. Vor allem bei Investitions-, langlebigen Gebrauchsgütern und Gütern des täglichen Bedarfs ist diese Strategie häufig zu finden (Müller 1994). Neben Apple, IBM und Microsoft im Computerbereich bilden Xerox (Kopiergeräte), Kodak (Photo), Pelikan (Schreibgeräte) und Pfanni (Nahrungsmittel) Dachmarken, bei denen der Firmenname zur Marke geworden ist. Daneben kann sich auch der Name des Firmeninhabers zur Dachmarke entwickeln, wie dies zum Beispiel bei Rodenstock (Brillen) oder Hennessey (Cognac) der Fall ist. Im Dienstleistungsbereich kommt der Dachmarkenstrategie eine besonderer Bedeutung zu, wenngleich in jüngster Zeit als Folge von Akquisitionen auch bei Dienstleistungen vermehrt Mehrmarkenstrategien zu beobachten sind (zum Beispiel SairGroup und Lufthansa bei Verkehrsdienstleistungen sowie Allianz und Ergo im Versicherungsbereich). Die Tatsache, dass nahezu 80 Prozent der angemeldeten Dienstleistungsmarken Dachmarken darstellen, verdeutlicht die Bedeutung dieser Strategie für den Dienstleistungsmarkt. Der Erfolg von Dachmarkenstrategien wird durch eine Untersuchung gestützt, die zeigt, dass Unternehmen vor allem mit dieser Strategie hohe Umsatz- und Renditezuwächse erreichen (Burkhardt 1991).

Mit der Verfolgung einer Dachmarkenstrategie wird das Floprisiko der Neuprodukteinführung gesenkt und die Akzeptanz beim Handel und Konsumenten schneller erreicht. Durch die enge Beziehung zwischen Marke und Hersteller bietet die Dachmarkenstrategie im Gegensatz zur Markenfamilienstrategie die **Möglichkeit**, eine unverwechselbare Unternehmens- und Markenidentität aufzubauen. So versucht beispielsweise der Henkel-Konzern, durch eine breit angelegte Image-Kampagne die Unternehmensidentität zu stärken (vgl. Insert 1). Ein weiterer Vorteil der Dachmarkenstrategie ist darin zu sehen, dass alle Produkte zur Profilierung und Stützung der Dachmarke beitragen können.

Demgegenüber besteht die **Gefahr** der Markenerosion, wenn die Konsumenten den Kompetenzanspruch des Unternehmens nicht mehr für alle Produkte akzeptieren. Dies geschieht insbesondere dann, wenn die unter der Dachmarke vertriebenen Produkte in sehr unterschiedlichen Segmenten angesiedelt sind. Mit dieser Problematik war das Unternehmen Melitta konfrontiert, als es unter dem Dach der Traditionsmarke neben Produkten zur Kaffeezubereitung wie Kaffee, Kaffeemaschinen und Filtern im Laufe der Jahre auch Lebensmittelfolien, Müll- und Staubsaugerbeutel sowie Luftreiniger auf den Markt brachte. Untersuchungen zeigten, dass die Verbraucher den Kompetenzanspruch des Unternehmens nur noch in Teilbereichen akzeptierten, wodurch das Markenprofil immer diffuser wurde. Deshalb entschloss sich Melitta zum Aufbau einzelner Geschäftsfelder mit eigenständigen Markennamen. Die Marke Melitta bleibt nunmehr den Produkten zur Kaffeezubereitung, die Marke Toppits den Lebensmittelfolien, Swirl den Staubsaugerbeuteln, Aclimat den Luftreinigern und Cilia den Teefiltern vorbehalten (Körfer-Schün 1990).

INSERT 1 werben und verkaufen, Nr. 39/1999, S. 94/95

Der unbekannte Riese

Der Düsseldorfer Henkel-Konzern will sich international als Dachmarke positionieren. Die TV-lastige Produktkommunikation soll in Deutschland künftig stärker auf Print und Funk verlagert werden.

Was macht ein internationales, von Vielfalt geprägtes Unternehmen, das mit zahlreichen Produkten weltweit eine führende Stellung einnimmt, selbst aber wenig bekannt ist? Der Waschmittel-Multi Henkel mit rund 340 Gesellschaften in über 70 Ländern rund um den Globus aktiv, glaubt eine Antwort gefunden zu haben: Eine mehrere Millionen Mark teure Image-Kampagne soll das eigene Profil in den wichtigen Auslandsmärkten schärfen und Henkel als Absendermarke stärken.

Seit geraumer Zeit missfiel der Konzernleitung die Tatsache, dass der Name des 1876 gegründeten Unternehmens trotz zahlreicher Innovationen (1907: „Persil", erstes selbsttätiges Waschmittel, 1969: „Pritt"-Stift) und hervorragender Absatzzahlen bei den Produkten international keine Assoziationen weckt. Das soll der neue Image-Auftritt (Claim: „Science + Soul", Agentur: DDB Worldwide) ändern.

Bis Jahresende sind zunächst sieben Motive für den ausschließlichen Einsatz in Printtiteln in Frankreich, Italien, Spanien, Belgien, Österreich, Ungarn und Polen so-

wie Brasilien und den Vereinigten Staaten geplant. In Deutschland kommen die Motive unter anderem in Blättern wie Focus und Spiegel zum Einsatz. Wie Hans-Dietrich Winkhaus, Vorsitzender der Geschäftsführung der Henkel KGaA, erklärt, soll die Kampagne im kommenden Jahr fortgesetzt werden. Dann sei auch die Ausweitung auf andere Medien denkbar.

Ähnliches gilt auf anderer Ebene, offenbar auch für die bisherige Werbestrategie: Der Konzern denkt – wie viele große Markenartikler – darüber nach, seine starke TV-Lastigkeit in der Produktkommunikation zurückzufahren und mehr in Print und Funk zu investieren. Dabei steht aber auch Henkel vor dem Problem, dass sich über Hörfunk nur schwer Bilder transportieren lassen und der Printbereich unter dem Mangel bewegter Bilder leidet, schränkt Mediachef Helmut Grosscurth ein. „Im Moment ist der TV-Schwerpunkt für uns die richtige Strategie. Das bedeutet nicht, dass das immer so bleiben muss." TV werde jedoch für die kommenden Jahre das Hauptmedium für die Massenmärkte bleiben.

Weltweite Marken-Power: Henkel ist mit 10 000 Produkten auf mehr als 70 Märkten vertreten.

Mediaeinkauf bleibt inhouse

Möglicherweise wird Henkel jedoch die Mediaanteile bei einzelnen Marken verschieben. „Ich glaube nicht, dass es weiterhin richtig ist, alle unsere Marken zu 90 Prozent über TV zu bewerben", so der Medialeiter. Vor allem die überzogene Preispolitik der Sender könnte den internen Entscheidungsprozess laut Grosscurth beschleunigen.

Immerhin hat sich Henkel Anfang September nach mehreren Anläufen dazu durchgerungen, Teilaufgaben des deutschen Mediageschäfts auszulagern (w&v 36/99). Zuletzt hatte der Konzern den heute auf 400Millionen Mark bezifferten Etat im Frühjahr 1997 ausgeschrieben, sich dann jedoch für die Beibehaltung der hausinternen Abteilung entschieden. Künftig soll die TV-Optimierung für die jährlich gut 50000 Spots in Deutschland zu gleichen Teilen von den Mediaagenturen Carat (Hamburg) sowie OMD und CIA (beide Düsseldorf) verantwortet werden.

„Dieser Bereich, der bei Henkel 90 Prozent des Mediaetats ausmacht, wurde immer daten- und damit personalaufwendiger, hat aber im eigentlichen Sinne nichts mit unserem firmeninternen Know-how zu tun", begründet Grosscurth den in der Branche als überfällig bewerteten Schritt.

Während sich OMD und CIA in erster Linie der Waschmittelmarken annehmen werden, soll sich Carat um die Kosmetiksparte des Konzerns kümmern. Die „sensiblen Bereiche" Strategie, Einkauf und Konditionenpolitik sollen dagegen unverändert inhouse betreut werden. So erteilt Grosscurth Spekulationen eine Absage, Henkel könnte sich von weiteren Mediaaufgaben oder gar Teilen des Gesamtetats trennen. In vollem Gang ist die Bereinigung des Henkel-Portfolios, die auf die Stärkung der sechs Kerngeschäftsfelder abzielt. Zu diesen rechnet Winkhaus die Sparten Chemie (1998 mit einem Umsatz von 4,9 Milliarden Mark), Oberflächentechnik (1,7 Milliarden), Klebstoffe (4,6 Milliarden), Kosmetik/Körperpflege (3,3 Milliarden), Hygiene (1,6 Milliarden) sowie Wasch- und Reinigungsmittel (4,9 Milliarden Mark). „Wir haben die italienische Chemplast und Objekte unserer Wohnungsbaugesellschaft verkauft", unterstreicht der Henkel-Chef die Strategie. Außerdem wurde das amerikanische Automotive-Aftermarket-Geschäft für 123Millionen US-Dollar abgestoßen, „weil es nicht mehr zu unseren Kernaktivitäten passte".

Auch in anderen Bereichen will Henkel sein Portfolio straffen. „Gegenwärtig sind wir dabei, unsere Unternehmenskomplexität weiter zu verringern, indem wir beispielsweise Zweitmarken aus der Kosmetik veräußern", hatte Winkhaus bereits anlässlich der

INSERT 1   **werben und verkaufen, Nr. 39/1999, S. 94/95 (Fortsetzung)**

Hauptversammlung Anfang Mai verkündet. Welche Produkte betroffen sind, will er noch nicht verraten.

Aufgrund des verschärften Wettbewerbsdrucks wurde am 1. August die Chemiesparte in einer Tochter, der Cognis Deutschland GmbH mit einem Umsatzvolumen von 1,8 Milliarden Mark, ausgegliedert. Alle Auslandsgesellschaften der ehemaligen Henkel-Chemie sollen von der Cognis-Holding mit Sitz in den Niederlanden geführt werden. „Das ist nicht der Einstieg in den Ausstieg", betont Winkhaus. Cognis solle auf Dauer ein integraler Bestandteil der Henkel-Gruppe bleiben.

Für die Zukunft zeigt sich der Konzern gut gerüstet. Der Gruppenumsatz stieg im vergangenen Geschäftsjahr um sechs Prozent auf 21,3 Milliarden Mark. Das Deutschland-Geschäft steuerte rund sechs Milliarden Mark (28 Prozent) bei. 1999 will Henkel mehr als 22 Milliarden Mark umsetzen. Helfen soll dabei die gute Marktstellung in den Hauptgeschäftsfeldern.

Henkel spielt mit allen Sparten vorne mit

So ist Henkel bei Klebstoffen, in der Oberflächentechnik, in der Spezialchemie sowie im Bereich Hygiene (im Joint Venture mit Ecolab, St. Pauls/USA) schon heute nach eigenen Angaben Weltmarktführer. In der Körperpflege liegt der Konzern europaweit auf Rang drei, in der Haarpflege (hinter L'Oréal) sowie im Bereich Wasch- und Reinigungsmittel (nach Procter & Gamble) auf dem zweiten Platz.

Gerade bei Kosmetik und Haarpflege entwickelten sich die Umsätze im Markenartikelgeschäft nach Unternehmensangaben im ersten Halbjahr 1999 „besonders erfreulich". Das gelte neben Deutschland für Skandinavien, die Benelux-Staaten, Frankreich, Israel sowie Nordamerika, wo die Körperpflegeserie Fa erfolgreich eingeführt worden sei.

Auch im Wasch- und Reinigungsmittelmarkt konnte Henkel den Umsatz aller großen Waschmittelmarken zwischen Januar und Juni 1999 weiter steigern. Mit „Somat 2

Corporate-Image-Kampagne des Hauses Henkel: Der Waschmittel-Multi will aus dem Schatten seiner starken Marken treten.

in 1", Geschirrspültabs mit eingebautem Klarspüler, unterstrich Henkel zudem seine Innovationskraft im Reinigungsgeschäft.

Je erfolgreicher der Konzern operiert, desto schwieriger wird es für ihn, sein internationales Netz von Allianzen und Beteiligungen auszubauen. So hat das Bundeskartellamt Ende September die Gründung eines Gemeinschaftsunternehmens mit der Wuppertaler Luhns GmbH untersagt. In dem Joint Venture wollten Henkel und Luhns ihre Handelsmarken zusammenlegen.

Zur Begründung der noch nicht rechtskräftigen Entscheidung heißt es, mit dem Zusammenschluss würde die überragende

Marktstellung von Henkel bei Universalwaschmitteln verstärkt. Die mache den Konzern mit Marken wie Persil, Weißer Riese und Spee (kumulierter Marktanteil von gut über 40 Prozent) unverzichtbar für den Handel und sichere Henkel damit einen besonderen Zugang zu den Absatzmärkten. Das stelle für die Wettbewerber – namentlich Procter & Gamble (Ariel, Dash, Vizir) und Lever (Sunil, Omo, Skip) – zudem eine erhebliche Marktzutrittsschranke dar.

Der Henkel-Konzern prüft zur Zeit, ob er Rechtsmittel gegen die Entscheidung der Wettbewerbshüter einlegt.

Bijan Peymani

Das Auftreten von Substitutionsbeziehungen zwischen den verschiedenen Produkten einer Dachmarke und ein hoher Koordinationsaufwand stellen weitere Nachteile dieser Strategie dar. Negative Ausstrahlungseffekte, zum Beispiel verursacht durch Produkte unterschiedlicher Qualität, bilden bei der Dachmarkenstrategie ein noch größeres Gefahrenpotenzial als bei der Markenfamilienstrategie. Abbildung 6 zeigt in einer Gegenüberstellung die Chancen und Risiken von Markenfamilien- und Dachmarkenstrategie.

Abbildung 6   **Vergleich der Markenfamilien und Dachmarkenstrategie**

Strategie-typ / Aspekte	Markenfamilie	Dachmarke
Merkmal	■ Führung mehrerer Produkte unter einer Marke, unter Umständen mehrerer Markenfamilien parallel nebeneinander	■ Führung aller Prdukte des Unternehmens unter einer Marke
Chancen	■ Ansprache neuer Zielgruppen durch Markterweiterung ■ Verringerung des Floprisikos ■ Schnellere Akzeptanz im Handel und bei den Konsumenten ■ Übertragung des Goodwill auf Folgeprodukte ■ Verjüngung des Images der Muttermarke ■ Gegenseitige Stärkung der Marken und bessere Positionsabsicherung ■ Relativ geringe Kosten der Markenbildung bei Nutzung von Synergien	■ Ansprache neuer Zielgruppen durch Marktausweitung ■ Verringerung des Floprisikos ■ Schnellere Akzeptanz im Handel und bei den Konsumenten ■ Gemeinsame Übernahme des Profilierungsaufwands
Risiken	■ Negative Ausstrahlungseffekte unter den Produkten der Markenfamilie bei unterschiedlichen Marketing-Mix-Strategien, Qualitätsniveaus, Images und fehlender Affinität ■ Höherer Abstimmungsbedarf zwischen den Einzelmarken der Markenfamilie ■ Gefahr von Substitutionsbeziehungen	■ Deprofilierung der Dachmarke durch ungenügende Markenkompetenz ■ Negative Ausstrahlungseffekte unter den Produkten der Dachmarke bei unterschiedlichen Marketing-Mix-Strategien, Qualitätsniveaus, Images und fehlender Affinität ■ Höherer Koordinationsbedarf innerhalb der Dachmarke ■ Gefahr von Substitutionsbeziehungen
Zentrale Anforderungen	■ Sicherstellung von ähnlichen Marketing-Mix-Strategien, konstanter Qualität und Affinität der Produkte	■ Einhaltung des Kompetenzanspruches für alle Produkte der Dachmarke

GABLER GRAFIK

Um einerseits die Kompetenz der Dachmarke zu nutzen und andererseits das Risiko eines direkten Badwill-Transfers zu verringern, kombinieren immer mehr Unternehmen die Dachmarken- mit einer Markenfamilien- oder Einzelmarkenstrategie. Das Nahrungsmittelunternehmen Oetker führt zum Beispiel unter seiner (Firmen-)Dachmarke die Markenfamilien Gutes Backen, Feine Desserts, Junge Küche, Moderne Kost, Perfektes Einmachen und Köstliches Eis.

2.5 Markentransferstrategie

Stagnierende Märkte und das hohe Investitionsrisiko bei der Suche nach neuen Wachstumsmöglichkeiten veranlassen eine Vielzahl von Unternehmen, das Erfolgspotenzial bereits im Markt etablierter Marken durch eine Markentransferstrategie zu nutzen (vgl. auch den Beitrag zur Markenausdehnungsstrategie in diesem Band). Der Markentransfer ist hierbei primär als eine Unternehmensaktivität zu verstehen, bei der unter Zuhilfenahme eines gemeinsamen Markennamens positive Imagekomponenten von einer Hauptmarke eines bestehenden Produktbereiches auf ein Transferprodukt einer neuen Warengruppe übertragen werden (Esch/Fuchs/Bräutigam 2000; Kapferer 1992; Aaker 1990; Meffert/Heinemann 1990). Auf diese Weise dehnte Camel seine Produktpalette, ausgehend vom klassischen Bereich der Tabakmarke, erfolgreich aus. Heute werden unter der Marke Camel zum Beispiel auch Herrenbekleidung und Uhren angeboten, die mittlerweile einen erheblichen Teil des Gesamtumsatzes ausmachen. Im Dienstleistungsbereich hat beispielsweise das Reiseunternehmen Club Mediterranée einen Markentransfer auf Konsumgüter wie Freizeit- und Kosmetikartikel sowie Uhren, Brillen und Fahrräder vorgenommen (Hätty 1989, S. 247).

Eine entscheidende Voraussetzung für den Erfolg des Markentransfers bildet die imagemäßige Ähnlichkeit zwischen Haupt- und Transfermarke (vgl. Keller 2000, S. 705 ff.; Park/Milberg/Lawson 1991, S. 185 ff.). Sie kann durch eine hohe Übereinstimmung von sachbezogenen (Denotationen) und emotionalen beziehungsweise anmutungsbezogenen Assoziationen (Konnotationen) bei bestimmten Produkteigenschaften gegeben sein (Hätty 1989, S. 82; Meffert/Heinemann 1990). So lassen sich mit einem Sportwagen zum Beispiel denotative Assoziationen wie Schnelligkeit, Verarbeitungsqualität und Preis verbinden, während Luxus, Exklusivität und Erotik mögliche Konnotationen darstellen. Bei dem Automobilhersteller Jaguar, der ausgehend vom Stammsegment PKW unter anderem Bekleidung, Brillen, Reisegepäck und Schreibgeräte entwickelte, bilden eher emotionale Assoziationen wie Exklusivität und Prestige eine gemeinsame „Imageklammer" zwischen Haupt- und Transferprodukt. Eine weitere Ausgestaltungsform der Strategie liegt in dem gemeinsamen Markenauftritt von Haupt- und Transfermarke. Dies ist einerseits durch die gleichzeitige Präsentation mehrerer Produkte im Rahmen von kommunikativen Maßnahmen möglich. Beispielsweise präsentiert Benetton Modeartikel,

Brillen und Uhren innerhalb einer Anzeige. Andererseits erscheint eine gemeinsame Platzierung am Point of Sale denkbar, zum Beispiel bei Camel mit dem umfangreichen Schuh- und Bekleidungssortiment in den Camel-Shops.

Die Herausstellung eines übereinstimmenden Verwendungsumfeldes oder gemeinsamer Erlebniswelten und Lebensstile kann ebenfalls Grundlage eines erfolgreichen Markentransfers sein (vgl. Insert 2). Michelin-Autoreifen und der Guide-Michelin mit dem gleichen Verwendungsumfeld des Autofahrens, Marlboro-Zigaretten und Marlboro-Freizeitkleidung mit der gemeinsamen Erlebniswelt Freiheit beziehungsweise Abenteuer sowie der mit Swatch-Uhr und dem Swatch-Auto (von Mercedes-Benz) in Verbindung gebrachte unkonventionelle, freizeit- und trendorientierte Lebensstil können hier als Beispiele genannt werden (Mayer/Mayer 1987, S. 109 ff.).

Mit der Nutzung eines vorhandenen Marken-Goodwill im Rahmen der Markentransferstrategie sind eine Reihe von **Chancen** verbunden. Geringere Markteintrittsbarrieren reduzieren das Floprisiko und erleichtern den Eintritt in völlig neue Produktbereiche. Dies erlaubte beispielsweise dem Unternehmen Mars (klassisch Schokoladenriegel und neuerdings auch Eisriegel) wiederum die Gewinnung zusätzlicher Käufergruppen und das frühzeitige Besetzen eines neuen strategischen Geschäftsfeldes. Durch die Übertragung positiver Konsumerfahrungen vom Haupt- auf das Transferprodukt werden die Verbraucher beim Markenwahlprozess kognitiv entlastet.

In umgekehrter Richtung kann allerdings auch ein Image-Rücktransfer auf die Stamm-Marke erfolgen, der das Assoziationsfeld der Stamm-Marke erweitert und sie stärkt. So konnte die Mövenpick Holding durch den Erfolg der Transfermarken im Eiscreme-, Kaffee- und Saucenbereich nicht nur diese Felder erfolgreich ausbauen, sondern auch das traditionelle Restaurant- und Hotelgeschäft stärken. Weitere Vorteile der Markentransferstrategie sind die Verringerung der Kosten für die Markenbildung sowie die Abschwächung beziehungsweise Umgehung von Werbebeschränkungen beispielsweise im Bereich alkoholischer Getränke und Tabakwaren.

Diesen Chancen stehen aber auch erhebliche **Risiken** des Markentransfers gegenüber. Es ist mit einem Verlust der Markenidentität zu rechnen, wenn Stamm- und Transferprodukte unterschiedliche Zielgruppen ansprechen. Weitere Gefahren sind in der Erosion und einem Glaubwürdigkeitsverlust der Marke zu sehen, die durch zu viele oder zu schnell aufeinanderfolgende Markentransfers verursacht werden können. Ein typisches Beispiel hierfür stellte in der Vergangenheit die Firma Gucci mit circa 14.000 verschiedenen Produkten dar. Die Diversifikation in neue Produktbereiche, vor allem über Lizenzvergabe, führte hier zu einem hohen Koordinationsbedarf der markenpolitischen Maßnahmen von Hauptmarke und Transferprodukten. Eine ungenügende Koordination führte schließlich zu sehr unterschiedlichen Qualitätsniveaus und Marketingkonzepten für die Gucci-Produkte und in der Folge zu einem massiven Glaubwürdigkeits- und Kompetenzverlust der Marke. Letztlich sind negative Ausstrahlungseffekte immer dann zu befürchten, wenn sich Haupt- und Transferprodukt imagemäßig stark unterscheiden.

INSERT 2   **FAZ, 29.12.1999, S. 21**

Zum Sicherheitstraining mit dem Mountainbike an den Gardasee

Automobilproduzenten bieten verstärkt teure Luxusfahrräder als Accessoires an / Imagetransfer beabsichtigt

jfl. FRANKFURT, 28. Dezember. Ohne Parkplatzsorgen durch die Innenstadt fahren und dennoch nicht auf die bevorzugte Automarke verzichten müssen - diesen Wunsch erfüllen Automobilhersteller wie Porsche, BMW, Audi oder Mercedes-Benz ihren Kunden. Allerdings darf der Käufer nicht unbedingt Wert auf motorisierte Fortbewegungsmittel legen. Denn bei dem Zusatzangebot handelt es sich um Fahrräder.

Wer aber die vom Automobil gewohnte Typenvielfalt auch bei Zweirädern erwartet, wird enttäuscht. Nur einige wenige Räder stehen in den Schaufenstern der Autohändler. Dafür wird aber viel Wert auf edles Design und Extravaganzen gelegt. Mercedes-Benz lockt unter anderem mit einem Hybridrad: ein Elektromotor unterstützt den Fahrer. BMW hat sich einen Namen mit faltbaren Rädern gemacht und bringt nun seine Q-Reihe auf den Markt. Porsche setzt auf prestigeträchtiges Design und hochwertige technische Ausstattung für seine Luxusräder. Aber auch konventionelle City-, Touring- und Mountainbikes finden sich im Angebot, unter anderem bei Fiat.

Die Preise der Fahrräder bewegen sich durchweg auf hohem Niveau. Für eines Porsche mit zwei Rädern muss der Kunde bis zu 10 000 DM bezahlen. Andere Zweiräder mit aufgedruckter Automarke sind zwar für weniger Geld zu haben. Jedoch sind sie in der Regel wesentlich teurer als das durchschnittliche Fahrrad, das in den vergangenen Jahren jeweils um die 600 DM kostete. BMWs gibt es beispielsweise zwischen 2000 und 7000 DM, Mercedes-Benz-Fahrräder zu ähnlichen Preisen. Fiat, das eine „La Bicicletta" - Räder schon ab 660 DM anbietet, ist eher die Ausnahme. Allerdings ist auch bei dem italienischen Hersteller eine Tendenz hin zu hochpreisigen Rädern zu beobachten.

Am deutschen Fahrradmarkt ist die Bedeutung dieser Anbieter eher gering. Im Jahr 1998 haben die Automobilhändler nach Schätzungen des Verbandes der Fahrrad- und Motorradindustrie (VFM) rund 39 000 Räder verkauft. Bei 4,5 Millionen abgesetzten Fahrrädern im Jahr 1998 entspricht dies nicht einmal einem Prozent des Mengenvolumens des Marktes. Die Absatzzahlen der einzelnen Autofirmen nehmen sich im Vergleich zu etablierten Fahrradherstellern ebenfalls eher bescheiden aus. BMW verkauft durchschnittlich 6 000 Räder im Jahr, Porsche 2000. Noch weniger sind es bei Fiat: 1998 waren es 415, ein Jahr später 250.

Allerdings weisen die Autoproduzenten darauf hin, dass der Erfolg ihrer Fahrradlinien nicht an den Stückzahlen zu messen sei. Denn die Firmen beabsichtigen in der Regel nicht, sich mit Fahrrädern ein zusätzliches Standbein im Wettbewerb zu schaffen. „Entscheidend ist, dass diese Produkte Gewinne bringen und den ihnen zugedachten Zweck als Accessoires erfüllen", sagt BMW-Sprecher Klaus Zwingenberger. Geringe, teilweise sinkende Stückzahlen werden dabei bewusst in Kauf genommen.

Die Autohersteller haben zu Beginn der neunziger Jahre die Tendenz zum sportlichen Fahrrad aufgegriffen und ihr Accessoiresangebot um dieses Produkt erweitert. Konsequenterweise finden sich die Zweiräder beim Händler zwischen „autofremdem" Zubehör aller Art - vom Tennisschläger über die Reisetasche bis hin zur Krawatte. Eine reine Zugabe zum Autokauf ähnlich einem Satz Fußmatten sind die Fahrräder aber dennoch nicht. Die Automobilbauer messen diesen Produkten durchaus strategische Bedeutung bei. Insbesondere soll das Image der Marke geschärft werden: Die Unternehmen wollen ihre Kompetenz für Mobilität zeigen, Sportlichkeit, ökologisches Denken und Jugendlichkeit betonen. Vor allem den Luxusmarken ist es gelungen, für ihre Zielgruppe ein attraktives Zusatzangebot zu kreieren. BMW-, Porsche- oder Mercedes-Fahrer stellen sich gerne auch ein Fahrrad der jeweiligen Marke in die Garage. Das Image von Auto und Fahrrad müssen aber zueinander passen. Ein Einstieg ins Massengeschäft wäre für diese Hersteller daher eher hinderlich, zumal sich in der Marktnische hochwertiger Räder gute Erträge erzielen lassen.

Gleichzeitig wird die Kundenbindung verbessert. Dem Autofahrer wird die Gelegenheit gegeben, auch dann zum Händler zu gehen, wenn weder Reparatur noch Autokauf anstehen. Auch Neukunden sollen für die Marke interessiert werden. So will Fiat mit seinen Rädern insbesondere Jugendliche und Heranwachsende ansprechen, um auf diese Weise frühzeitig eine Markenbindung aufzubauen. Bei den Luxusmarken ist man in dieser Hinsicht eher skeptisch. Es lasse sich kaum ein Zusammenhang zwischen Interesse am Fahrrad und einem Autoneukauf herstellen. „Die Gewinnung neuer Autokunden durch Fahrräder hat daher nicht erste Priorität", sagt Porsche-Sprecher Jürgen Pippig.

Eine Sonderstellung nehmen die Räder der Marke Peugeot ein, die seit mehr als 100 Jahren gebaut werden. Mittlerweile sind die Peugeot-Zweiräder fast völlig unabhängig von den Autos. Denn für Entwicklung und Fertigung ist seit sechs Jahren die Cycle Europe Zweirad + Sport GmbH, Overath, zuständig, die in Deutschland zirka 100 000 Räder im Jahr verkauft. Das Unternehmen hat sich vom Peugeot-Citroën-Konzern abgespalten, um sich auf seine Kernkompetenzen zu konzentrieren. „Wechselseitige Werbeeffekte sind dennoch beabsichtigt", sagt Geschäftsführer Frank Quabach. So sind im vergangenen Jahr Peugeot-Fahrräder zusammen mit Peugeot-Autos im Paket verkauft worden. Beim Peugeot-Händler sind diese Räder aber nicht zu bekommen; sie werden ausschließlich über den Fachhandel vertrieben.

Wer eine andere Automarke auf seinem Fahrrad wünscht, wird hingegen beim Fachhandel nicht fündig, sondern muss sich direkt an die Autoverkäufer wenden. Lediglich BMW denkt darüber nach, seine Edelräder auch über den Fachhandel zu vertreiben. Denn das Münchner Unternehmen hat ein Eigeninteresse an seinen Fahrrädern festgestellt, das vom reinen Accessoiresverkauf unabhängig ist - vor allem aufgrund der Faltbarkeit der Räder. Ein flächendeckendes Angebot ist aber nicht geplant.

Unterschiedliche Wege gehen die Hersteller bei der Entwicklung. Vor allem die Luxusmarken setzen auf Eigenkreationen. BMW überträgt beispielsweise technisches Wissen aus seiner Motorradproduktion auf die Fahrräder. Andere Produzenten begnügen sich oft damit, bereits vorhandene Fahrräder mit ihrem Markennamen zu versehen. Produziert werden die Fahrräder in der Regel nicht von den Automobilfirmen selbst. Sie greifen vielmehr auf die Kapazitäten von etablierten Fahrradherstellern zurück. Porsche lässt beispielsweise bei Votec, Steinenbronn, und BMW bei Schauff, Remagen, fertigen.

Die meisten Autofirmen beschränken ihr Angebot nicht aufs reine Fahrrad: Viele haben mittlerweile auch Radlerzubehör von der Bekleidung bis hin zur Trinkflasche ins Programm genommen. BMW geht noch weiter: Genauso wie der Hersteller Sicherheitstraining für Auto- und Motorradfahrer anbietet, können auch Mountainbiker ihre Fähigkeiten schulen - in angenehmer Atmosphäre am nördlichen Gardasee.

Die aufgezeigten Risiken machen deutlich, dass zum Erfolg einer Markentransferstrategie eine Analyse des Transferpotenzials von Marken und eine imagebezogene Ähnlichkeitsmessung von Stamm- und Transferprodukt unerlässlich sind (Mayer/Mayer 1987, S. 82 ff.; Hätty 1989, S. 139 ff.; Meffert/Heinemann 1990).

2.6 Co-Branding

Unter Co-Branding wird der gemeinsame Auftritt von ansonsten selbständigen Marken im kooperativen Verbund verstanden (vgl. Aaker/Joachimsthaler 2000, S. 141 f.). Die Besonderheit des Co-Branding besteht in der Problematik, dass mindestens zwei Identitäten eigenständiger Marken unter Berücksichtigung der zu Grunde liegenden gemeinsamen Leistung verbunden werden müssen, ohne dass es zu Widersprüchen oder Konflikten zwischen den Selbst- und Fremdbildern kommt.

Als Sonderform des Co-Branding ist die Schaffung einer neuen (zusätzlichen) Markenidentität für die gekennzeichnete Kooperation unter Einschränkung der individuellen markenbezogenen Handlungsfreiheiten anzusehen (sog. Mega-Brand; vgl. Blackett/ Boad 1999; Rao/Ruekert 1994, S. 87 ff.). Beispielhaft ist hier die Star Alliance als Zusammenschluss mehrerer Luftverkehrsdienstleister (Lufthansa, SAS, Thai Airways, Varig, Air Canada und United Airlines) zu nennen, wobei die beteiligten Marken auch nach der Kooperationsvereinbarung weiterhin als eigenständige Marken existent bleiben (vgl. Abbildung 7; auch Netzer 1999, S. 158 ff.).

Abbildung 7   **Co-Branding am Beispiel der Marken Häagen-Dazs/Baileys (klassisch)
und der Star-Alliance (sog. Mega-Brand)**

GABLER
GRAFIK

Im Gegensatz zur horizontalen Ausgestaltungsform des Co-Branding bezieht sich bei der vertikalen Form die Zusammenarbeit auf vor- und nachgelagerte Wertschöpfungsstufen und damit auf eine stufenübergreifende Kooperation. Diese Form des Co-Branding lässt sich auch als **Ingredient Branding** charakterisieren. So arbeitet die Computerfirma IBM mit dem Chip-Hersteller Intel zusammen und Coca Cola verwendet Nutra Sweet für Cola Light (Freter/Baumgarth 2000, S. 289 ff.; Baumgarth 1998, S. 11).

Die **Chancen** bzw. Vorteile des Co-Branding liegen vor allem in der Möglichkeit zum gegenseitigen Imagetransfer und der Nutzung eines vorhandenen Vertrauensbonus des Partners hinsichtlich spezifischer Leistungen. Den Chancen eines positiven Imagetransfers stehen jedoch in gleicher Weise die **Gefahren** negativer Ausstrahlungen zwischen den beteiligten Marken gegenüber. Des Weiteren wächst durch die Kombination von Marken die Gefahr einer insgesamt diffusen und unprägnanten Markenidentität. Der gemeinsame Auftritt erfordert zudem eine enge Abstimmung zwischen den Beteiligten im Hinblick auf ihre markenbezogenen Aktivitäten und engt die individuellen Positionierungsspielräume ein.

Voraussetzungen eines erfolgreichen Co-Branding sind vor diesem Hintergrund in einem hinreichenden Fit zwischen den beteiligten Marken, das heißt einer homogenen und ergänzenden Positionierung, zu sehen. Der eindeutige Leistungsbezug der beteiligten Marken sollte deutlich hergestellt und sichtbar abgegrenzt werden, um negative Ausstrahlungseffekte auf die selbständigen Identitäten weitestgehend zu vermeiden.

In Abbildung 8 sind abschließend die wesentlichen Chancen und Risiken der Markentransferstrategie und des Co-Branding zusammenfassend dargestellt.

3. Basisstrategien zur Profilierung von Marken im vertikalen Wettbewerb

Im vertikalen Wettbewerb hat sich in den letzten Jahren neben den klassischen Herstellermarken eine **Vielzahl von Handelsmarkenformen** entwickelt und etabliert (zur Bedeutung der Handelsmarke im Wettbewerb vgl. Bruhn 2001, S. 3 ff.). Als wichtigste Formen sind die niedrigpreisige Gattungsmarke, die klassische mittelpreisige Eigenmarke und die hochpreisige Premiummarke des Handels zu nennen (Jary/Schneider/Wileman 1999; zum Markenmanagement im Handel vgl. Ahlert/Kenning/Schneider 2000).

Abbildung 8   **Kennzeichnung der Markentransferstrategie und des Co-Branding**

Strategietyp Aspekte	Markentransferstrategie	Co-Branding
Merkmal	▪ Übertragung positiver Imagekomponenten von einer etablierten Marke auf ein Transferprodukt einer neuen Produktkategorie	▪ Gemeinsamer Auftritt von selbständigen Marken im kooperativen Verbund
Chancen	▪ Besetzen strategischer Geschäftsfelder ▪ Gewinnung neuer Zielgruppen in neuen Märkten ▪ Senkung der Markteintrittsbarrieren ▪ Reduzierung der Markenbildungskosten ▪ Erweiterung des Assoziationsfeldes der Stammmarke ▪ Stärkung der Hauptmarke durch Rückfluss positiver Imagebestandteile ▪ Abschwächung bzw. Antizipation von Werbebeschränkungen	▪ Vermeidung hoher Anfangsinvestitionen für Neumarken ▪ Schnell hohe Bekanntheit ▪ Vertrauensbonus ▪ Gegenseitiger Imagetransfer
Risiken	▪ Markenerosion durch zu viele oder zu schnelle aufeinanderfolgende Markentransfers ▪ Verlust der Markenidentität durch Ansprache unterschiedlicher Zielgruppen ▪ Negative Ausstrahlungseffekte bei geringer Imageaffinität zwischen Haupt- und Transfermarke ▪ Wachsender Koordinationsaufwand durch horizontale Abstimmung in der Markenführung von Hauptmarke und Transferprodukten	▪ Fehlende Positionierungsfreiräume ▪ Hoher Koordinationsbedarf ▪ Diffuse Markenidentität ▪ Gefahr negativen Imagetransfers
Zentrale Anforderungen	▪ Sicherstellung eines starken imagemäßigen Zusammenhangs von Haupt- und Transfermarke	▪ Fit zwischen beteiligten Marken sowie eindeutiger Leistungsbezug der Co-Brands

GABLER
GRAFIK

Dabei vollzog sich die Entwicklung der Handelsmarken grundsätzlich in vier Phasen, die jeweils wichtige Veränderungen der Handelsmarken mit sich brachten. Sowohl der Charakter der Handelsmarke als auch das Qualitäts- und technologische Niveau sowie das schwerpunktmäßig betroffene Produktfeld haben sich im Zeitverlauf verändert. Darüber hinaus haben sich auch wichtige Änderungen in bezug auf die Kaufmotive der Konsumenten und die Herstellerstruktur der Handelsmarken ergeben (vgl. Abbildung 9).

Abbildung 9   **Phasen der Handelsmarkenentwicklung**

Generation Merkmal	Erste Generation	Zweite Generation	Dritte Generation	Vierte Generation
Marke	No Name	„Quasi-Marken"	Dachmarke des Handels	Segmentierte Handelsmarken „Gestalt-Marken"
Produkte	Basislebensmittel	Großvolumige Einzelartikel	Große Kategorien	Imagebildende Produkte
Technologie	Basistechnologie mit niedrigen Barrieren	Eine Generation im Rückstand gegenüber Markenführer	Näher an Marktführer	Innovativ
Qualität/Image	Geringer als beim Herstellermarkenprodukt	Mittel, aber als geringer wahrgenommen	Wie führende Marken, Qualitätsgarantie des Handels	Besser oder genauso gut wie führende Marke, Imageaura des Handels
Kaufmotivation	Preis	Preis	Produktqualität/Preis	Besseres Produkt
Hersteller	Nationale, meist nicht spezialisiert	National, zum Teil Handelsmarkenspezialist	National, meist Handelsmarkenspezialist	International, meist Handelsmarkenspezialist

GABLER
GRAFIK

Quelle: Busch 1995, S. 9

Der klassische Herstellermarkenartikel zeichnet sich generell durch ein eher hohes Preis- und Qualitätsniveau sowie eine hohe Bekanntheit beim Verbraucher aus. Dabei ist es häufig so, dass der Herstellermarkenartikel sich nicht zwingend in bezug auf objektive Eigenschaften von anderen Produkten unterscheidet. Oft wird er auf Grund der starken werblichen Unterstützung vom Verbraucher als qualitativ höherwertig wahrgenommen.

Auf Grund der Markeninflation der letzten Jahre gibt es jedoch immer mehr Herstellermarken, die nur wenige Verbraucher kennen und deren vermeintliche Vorzüge vom Konsumenten nicht mehr nachvollzogen werden können. Statt dessen werden in bestimmten Segmenten vermehrt Handelsmarken, vor allem wegen ihres günstigen Preis-Leistungs-Verhältnisses, gekauft (zum Wachstum der Handelsmarken vgl. Ahlert/Kenning/ Schneider 2001, S. 246 ff.; zum Verhältnis von Handels- und Herstellermarken im Lebensmitteleinzelhandel vgl. Zellekens/Horbert 1998; Mandac 2000).

Handelsmarken sind Waren- oder Firmenkennzeichen, mit denen ein Handelsbetrieb oder eine Handelsorganisation Waren markiert. Mit dieser Definition ist jedoch keine explizite Beschreibung der Marken verbunden, sondern lediglich der Handel als Träger der Marke festgelegt (Schenk 1994, S. 59 f.). Lange Zeit herrschte **Uneinigkeit darüber, ob es sich bei Handelsmarken überhaupt um echte Marken handelt.** Wendet man die konstitutiven Merkmale der Marke nach Mellerowicz an (Mellerowicz 1963), ist leicht ersichtlich, dass die Handelsmarke zum Beispiel das Kriterium der Ubiquität nicht erfüllen kann, da die Marke zumeist nur in den Geschäftsstätten eines Handelsunternehmens erhältlich ist.

Heutzutage ist es allerdings nahezu unumstritten, dass alle Formen der Handelsmarke als Markenartikel gelten können. Sie sind in der Wahrnehmung der Verbraucher als solche anerkannt und entsprechen den Kriterien der eingangs genannten Markendefinition. Viele Handelsmarken werden sogar von Herstellern bekannter Markenartikel für den Handel produziert. Im Folgenden sollen die Gattungsmarke, die klassische Eigenmarke des Handels sowie die Premium-Handelsmarke eine besondere Betrachtung finden.

3.1   Gattungsmarkenstrategie

Die Gattungsmarken erfüllen in ihrer Produktkategorie jeweils nur die **qualitativen Mindestanforderungen** und besetzen das Preiseinstiegssegment. Dabei liegen sie nicht selten circa 50 Prozent unter dem Preisniveau der Herstellermarkenartikel (Voss 1995; Ahlert/Kenning/Schneider 2000, S. 46). Da sie oft nur in weiß mit einem unauffälligen Markierungsnachweis anzutreffen sind und nur die Gattungsbezeichnung (zum Beispiel Mehl, Zucker etc.) auf der Verpackung führen, werden sie häufig als no names, generics oder weiße Ware bezeichnet. Dabei ist es keineswegs so, dass die Gattungsmarken unmarkiert sind. In ihrer gewollten Schlichtheit besitzen sie vielmehr eine sortimentseinheitliche Gestaltung mit einem eindeutigen Wiedererkennungssymbol und Markennamen (Moeller, von 1982). Slogans wie „gut und billig" oder „attraktiv und preiswert" dienen darüber hinaus der Orientierung der Kunden. Das Handelsunternehmen selbst tritt im Markennamen selten in Erscheinung, um einen negativen Imagetransfer zu vermeiden. Die Marken Tip von Asko, Ja und Die Weißen von Rewe, A & P von Tengelmann und Die Sparsamen von Spar sind einige der bekanntesten Gattungsmarken in der deutschen Handelslandschaft.

Während die Gattungsmarken in den Anfängen ihrer Entwicklung zumeist ein Sortiment von circa zehn bis 30 Artikeln umfassten, gibt es heute Gattungsmarken, unter denen bis zu 1.000 verschiedene Produkte vertrieben werden (o. V. 2000). Die Gattungsmarken beschränken sich zumeist auf Produktgruppen, bei denen auf Konsumentenseite ein geringes Einkaufsrisiko wahrgenommen wird und auf Produzentenseite eine einfache Produktgestaltung vorherrscht. Dies ist häufig bei Verbrauchsgütern des täglichen Bedarfs der Fall. Dementsprechend ist in diesen Segmenten der Anteil der Gattungsmarken besonders hoch. In der Warengruppe „Tissue Toilettenpapiere" beispielsweise erreichten Gattungsmarken im Jahr 1994 einen Anteil von fast 40 Prozent mit weiterhin steigender Tendenz (o. V. 1995). Innovationsträchtige Produktgruppen eignen sich auf Grund des erheblichen finanziellen Investitionsbedarfs nicht für Gattungsmarken.

Bei der Einführung der Gattungsmarken in den 60er Jahren hatten diese vor allem die Aufgabe, die klassischen Handelsunternehmen im Preiskampf mit den aufkommenden Discounthandelsformen zu stärken. Heute dienen die Gattungsmarken primär zur **Abrundung des Sortiments** der Handelsunternehmung und als Signal für die Preiswürdigkeit der Einkaufsstätte im Wettbewerb (Becker 1998). Eine direkte Konkurrenz zum klassischen Herstellermarkenartikel wird nicht angestrebt.

3.2 Eigenmarkenstrategie des Handels

Die klassischen Eigenmarken des Handels streben ein Qualitätsniveau an, welches mit den klassischen Herstellermarken vergleichbar ist („Äquivalenzmarken"; Dumke spricht auch von Imitationsmarken, Dumke 1996, S. 123). Allerdings zeichnen sie sich bei ähnlichen Ausstattungs- und Qualitätsmerkmalen durch einen **deutlichen Preisvorteil** gegenüber den Herstellermarkenartikeln aus (Stickel 1994). Beispiele aus der Praxis sind die Marke Erlenhof für Milchprodukte der Rewe, die MasterProduct-Range von Tengelmann oder die Gartenmeister-Produkte der Garant-Handelsgruppe. Diese Eigenmarken sind primär in Produktkategorien mit geringem Innovationsgrad zu finden. Häufig stellen sie Nachbildungen von Herstellermarkenartikeln dar und treten als Folger in bereits erschlossene Märkte ein.

Ihre Qualität muss denen der Herstellermarken möglichst ebenbürtig sein, damit der Verbraucher den niedrigen Preis im Sinne eines guten Preis-Leistungs-Verhältnisses wahrnimmt und eine Präferenz für diese Marke aufbaut. Die Verpackungsgestaltung nimmt für diese Marken eine wichtige Stellung ein, da durch sie am Point of Sale (PoS) die im Vergleich zu Herstellermarken geringere Endverbraucherwerbung kompensiert werden muss. Oft wird die Verpackung einer bekannten Marke als Vorbild für die Gestaltung der Eigenmarke verwendet, um an deren Imagebonus teilhaben zu können. Dementsprechend hat beispielsweise die englische Handelskette Sainsbury ihr Cola-Getränk gemäß dem Design des bekannten Marktführers Coca-Cola gestaltet.

Um erfolgreich am Markt agieren zu können, ist für diese Form der Handelsmarken ein professionelles Marketing und ein kontinuierliches **Handelsmarkenmanagement** unerlässlich. Die relativ hohe und beständige Qualität, die möglichst hohe Bekanntheit und Verbreitung sowie die werbliche Unterstützung sind ebenfalls von großer Bedeutung für den Erfolg der Eigenmarken (Kornobis 1994). Auf der finanziellen Seite sollen die Eigenmarken durch günstige Bezugsbedingungen und niedrigere Vertriebskosten bessere Spannen für den Handel erwirtschaften als die Herstellermarkenartikel. Der Beitrag der Handelsmarken zur Profilierung des Handels ist im Vergleich zur Herstellermarke bisher allerdings nur ansatzweise erforscht. Nach einer Studie von Ahlert/Kenning/Schneider (2001, S. 252 f.) stellen jedoch die Profilierung, die Kundenbindung sowie die Renditeverbesserung die Hauptziele der Handelsmarkenpolitik dar (vgl. ähnlich Zellekens/Horbert 1998; auch Lebensmittelzeitung 1993).

In letzter Zeit haben sich auch in Deutschland immer mehr Handelsunternehmen der verschiedensten Branchen etabliert, die in ihren Einkaufsstätten zu 100 Prozent Handelsmarken anbieten. So führt die Aldi-Gruppe seit 1999 nur noch Handelsmarken und keine Herstellermarken mehr (o. V. 1999). Das Qualitätsniveau dieser voll vertikalisierten Einkaufsstätten als besonders intensive Ausprägungsform der Eigenmarkenstrategie liegt häufig in einem ähnlichen Bereich wie die Qualität von Herstellermarkenartikeln. Oft unterscheidet der Verbraucher bei diesen Produkten überhaupt nicht mehr danach, ob der Handel oder ein Hersteller Träger der Marke ist, sondern trifft seine Entscheidung anhand des Preis-Leistungs-Verhältnisses. Bekannte Beispiele für diese Handelsmarkenstrategie stellen die Bekleidungshäuser Benetton und Hennes & Mauritz sowie das Kosmetikhandelsunternehmen Body Shop dar. Diesen Unternehmen ist es durch eine professionelle Markenführung gelungen, ein hohes Maß an Eigenständigkeit und Institutionenvertrauen aufzubauen und ihren Firmennamen als Dachmarke zu profilieren.

3.3   Premiummarkenstrategie des Handels

Die Premium-Handelsmarken streben eine im Vergleich zu den klassischen Herstellermarken überlegene Qualität an. Sie stellen somit nicht wie die anderen Handelsmarkentypen „Me-too"-Produkte dar (vgl. auch Horbert 2000). Durch die Zurverfügungstellung eines Zusatznutzens wollen sie eine höhere Kundenzufriedenheit und damit eine höhere Kundenbindung erreichen. Die erhöhte Qualität soll dabei den Preis als Entscheidungskriterium in den Hintergrund treten lassen und dem Handel einen preispolitischen Spielraum verschaffen. Das englische Unternehmen Marks & Spencer beispielsweise vertreibt unter seinem Handelsmarkenlabel St. Michael ein Nahrungsmittelsortiment, welches die qualitativen Ansprüche vieler Herstellermarken übertrifft und damit eine erhöhte Preisbereitschaft beim Konsumenten erzeugt (Dunne/Narasimhan 1999, S. 95 ff.). Eine ähnliche Preisprämie erreicht die Marke Naturkind von Tengelmann, die dem Kunden durch die Herausstellung des Produktvorteils „Natürlichkeit" einen Zusatznutzen kommuniziert. Die Premium-Handelsmarken zeichnen sich generell durch eine eigenständige und individuelle Produktgestaltung aus und sind zumeist in Segmenten mit hoher Innovationsrate angesiedelt (Pretzel 1996). Für den Erfolg der Premium-Handelsmarken sind die gleich bleibend hohe Qualität, zusätzliche Serviceleistungen und der Einsatz kommunikationspolitischer Maßnahmen unabdingbar.

Abbildung 10 zeigt eine zusammenfassende Gegenüberstellung der verschiedenen Markentypen im vertikalen Wettbewerb anhand ausgewählter Merkmale.

Abbildung 10   **Vergleich der Markentypen im vertikalen Wettbewerb**

	Hersteller-Markenartikel	Klassische Handelsmarke	Gattungsmarke (No Name)
Marke	Vom Hersteller	Vom Handel	Vom Handel
Qualitätsniveau	In der jeweiligen Preiskategorie optimale Qualität	Mittleres Anspruchsniveau	Bewusst reduziertes Anspruchsniveau
Produktnutzen	Grund- und Zusatznutzen	Grundnutzen und eingeschränkter Zusatznutzen	Nur Grundnutzen
Qualitätsgarantie für den Endverbraucher	Vom Hersteller	Vom Handel	Vom Handel
Preis	Der Leistung angemessen, zumeist höher	Mittel	Niedrig
Werbung	Produktwerbung	Preiswerbung	Preiswerbung
Marktfunktion	Innovation und Bedarfsweckung, Aufbau von Märkten, Abdecken differenzierter Verbraucherwünsche	Me-too ohne Investition in Forschung und Marktaufbau, begrenztes Produktangebot	Me-too, starkt eingeschränktes Produktangebot, Low-Interest-Produkte, reife Märkte
Distribution	Breit distribuiert	Nur in einzelnen Handelsunternehmen/-gruppen	Nur in einzelnen Handelsunternehmen/-gruppen
Verkehrsgeltung/Durchsetzung im Markt	Breit	Begrenzt	Stark begrenzt (austauschbar)

GABLER
GRAFIK

4. Basisstrategien zur Profilierung von Marken im internationalen Wettbewerb

Werden die nationalen Markenkonzepte auf internationale Märkte ausgedehnt, bieten sich als Optionen die multinationale oder globale Markenstrategie sowie Mischformen zur Profilierung im Wettbewerb an (Güldenberg 2000, S. 25 ff.; Kapferer 2000, S. 336 ff.; Meffert 1988; Waltermann 1989).

4.1 Multinationale Markenstrategie

Bei der multinationalen Markenstrategie sind die Unternehmen mit individuellen Markenkonzepten in den einzelnen Auslandsmärkten vertreten. Es werden so genannte „local brands" angeboten, die eine optimale Anpassung an die länderspezifischen Bedürfnisse der Verbraucher und eine bessere Berücksichtigung nationaler Besonderheiten in den Kommunikations-, Preis- und Distributionsgegebenheiten sowie bei gesetzlichen Bestimmungen erlauben. Nestlé beispielsweise verfolgt mit den Markenfamilien Sarotti und Alete diese Strategie erfolgreich, indem sie diese als lokale, im Hinblick auf die einzelnen Länder konzipierte Marken führt.

Ein länderspezifisch differenziertes markenstrategisches Vorgehen erscheint sinnvoll, wenn Unternehmen Marken erwerben, die sich in bestimmten Auslandsmärkten durchgesetzt haben und gut positioniert sind. Die Feldmühle AG bietet deshalb in Deutschland Toiletten- und Küchenpapier unter der Marke Servus an, während die infolge der Akquisition der holländischen Papierfabrik Gennep übernommenen Marken Page in Frankreich und Popla in Holland beziehungsweise Belgien weitergeführt werden. Die mangelnde Nutzung von Synergien im Marketing und fehlende Degressionseffekte in der Produktion stellen zentrale **Nachteile** der multinationalen Markenpolitik dar. Ferner wird das Goodwill-Potenzial einer erfolgreichen Marke auf neuen internationalen Märkten nicht beziehungsweise nur unzureichend genutzt.

4.2 Globale Markenstrategie

Im Rahmen der globalen Markenstrategie versuchen Unternehmen, ein einheitliches Markenkonzept ohne Rücksicht auf nationale Unterschiede international durchzusetzen. Im Idealfall wird die Marke weltweit mit identischer Markierung, Qualität, Positionierung, Verpackung sowie übereinstimmender Kommunikations-, Preis- und Distributionspolitik vertrieben (vgl. auch Aaker/Joachimsthaler 2000, S. 301 ff.).

Als wesentlicher **Vorteil** der globalen Markenstrategie wird häufig die konsequente Ausschöpfung von Kostensenkungspotenzialen vor allem im Produktions- und Kommunikationsbereich genannt. So hat Coca-Cola allein durch die Standardisierung der Werbemittelproduktion innerhalb von 20 Jahren 90 Millionen Dollar eingespart. Die Einführung von Diät-Coke erfolgte deshalb weltweit mit gleicher Konzentratformel, Positionierung und werblicher Argumentation (Quelch/Hoff 1986).

Weiterhin lassen sich Lern- und Know-how-Effekte der einzelnen Niederlassungen nutzen, wodurch F & E- und Markteinführungserfahrungen schneller übertragen werden können. Eine weitere Chance von globalen Markenkonzepten ist im Aufbau einer über alle Länder hinweg einheitlichen Markenidentität zu sehen. Aus diesem Grund achtete das Unternehmen Melitta bei der Neuordnung seiner Markenstrategie darauf, dass die neu entwickelten Markennamen Toppits, Swirl und Aclimat in über 100 Ländern geschützt werden können und keine sprachlichen Schwierigkeiten oder negative Assoziationen auftreten.

Die **Nachteile** einer globalen Markenstrategie liegen vor allem in der Vernachlässigung lukrativer Nischen und länderspezifischer Bedürfnisse sowie in der wenig der jeweiligen Kultur angepassten Konsumentenansprache. Darüber hinaus ergibt sich die Gefahr des Entstehens von Konflikten zwischen Mutter- und Tochtergesellschaften durch eine zentral gesteuerte Markenpolitik. Auf Grund der immer noch existierenden Unterschiede in der Bedarfsstruktur der Konsumenten und den wettbewerbsbezogenen Rahmenbedingungen bleibt das globale Markenkonzept eher standardisierbaren Dienstleistungen (McDonald's, Ikea, Body Shop), High-Tech-Produkten (IBM, Sony, Microsoft), Prestigeartikeln (Perrier, Chanel, Bogner) und nicht kulturgebundenen Gütern (Coca-Cola, Levi's, Isostar) vorbehalten. Dennoch lassen sich selbst bei solchen Marken länderspezifische Anpassungen im Markenauftritt nicht völlig verhindern. Coca-Cola muss zum Beispiel bei der Marke Fanta durch lebensmittelrechtliche Besonderheiten in Deutschland, Spanien und Italien Unterschiede im geschmacklichen und farblichen Erscheinungsbild in Kauf nehmen (Kreutzer 1989).

4.3   Gemischte Markenstrategie

Die Mehrzahl der Unternehmen verfolgt deshalb auf internationalen Märkten eine gemischte Markenstrategie nach dem Grundsatz: so viel Standardisierung wie möglich, so viel Differenzierung wie nötig. Hierbei wird versucht, unter weitgehender Beibehaltung eines einheitlichen Markenprofils sowohl Kosten- als auch Nutzenvorteile durch Anpassung des Markenkonzeptes an die individuellen Ländergegebenheiten auszuschöpfen. Zentrales Problem der gemischten Markenstrategie ist der Variationsgrad der Marke in den unterschiedlichen Ländern. Dabei muss beachtet werden, inwieweit etwa Anpassungen der Qualität oder des Preises in den verschiedenen Ländern vorgenommen werden können, ohne dass das Markenartikelkonzept gefährdet wird oder bei international mobilen Konsumenten Irritationen auftreten (Meffert/Bolz 1997).

Innerhalb der Mischstrategien lassen sich vor allem eine modulare und eine konzeptionell gebündelte Markenstrategie unterscheiden (Waltermann 1989, S. 73 ff.; vgl. Abbildung 11). Bei geringen Länderunterschieden wird im Rahmen der **modularen Markenstrategie** der länderübergreifend tragfähige Kernnutzen einer Marke in den einzelnen Auslandsmärkten um länderspezifische Zusatznutzenelemente ergänzt und das Markenkonzept nur leicht modifiziert. Die Auswahl der Kernnutzenelemente erfolgt dabei über eine Analyse der Präferenzwirkung konkreter Produkteigenschaften bei der Markenwahl. Diese dienen dann als Ausgangspunkt für eine universell gültige Basispositionierung.

Demgegenüber erweist sich die **konzeptionell gebündelte Markenstrategie** als sinnvoll, wenn in den internationalen Märkten zwar deutliche Einstellungs- und Verhaltensunterschiede bestehen, sich aber bestimmte Märkte zu homogenen Ländergruppen zusammenfassen lassen. Die Marken werden hierbei in den einzelnen Ländergruppen identisch positioniert und mit einem einheitlichen Markenkonzept versehen.

Abbildung 11   Idealtypische Strategien der internationalen Markenpositionierung

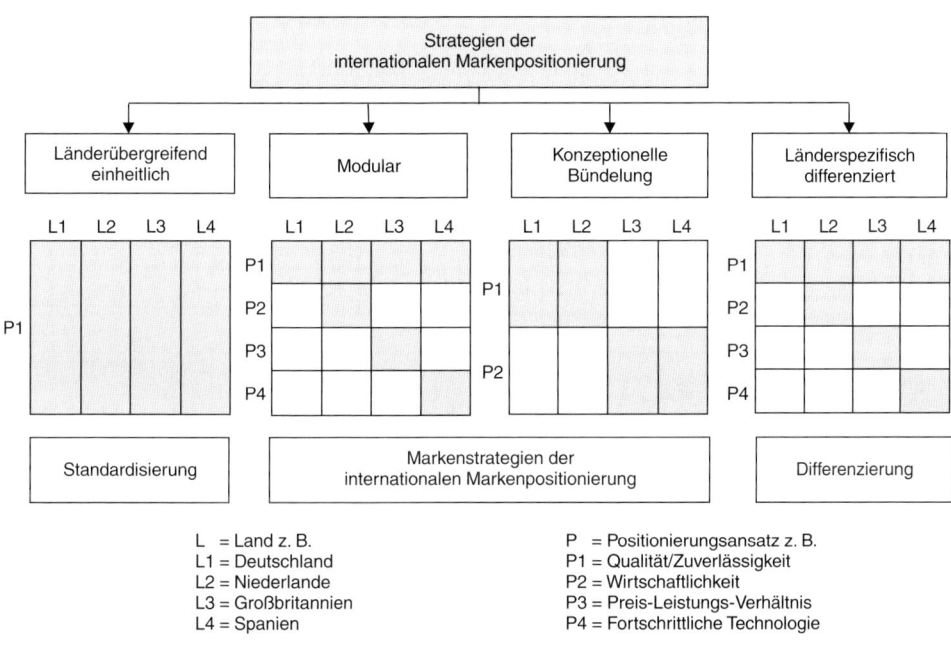

Quelle: Waltermann 1989, S. 75

Diese Strategie wählte zum Beispiel Henkel beim Relaunch des Handwaschmittels Wipp Express. Durch den Trend zum Vollwaschen bei niedrigen Temperaturen war der Absatz von Wipp Express in Deutschland erheblich zurückgegangen. Die modifizierte Marke Wipp Express Plus wurde deshalb in Deutschland als Maschinenwaschmittel bis 40 Grad neu positioniert. Von einem einheitlichen Relaunch wurde in Spanien und Frankreich Abstand genommen, weil in beiden Ländern die Marke überwiegend für die Handwäsche benutzt wird.

5.   Fazit

Bei wachsender Komplexität, Dynamik und Diskontinuitäten der Umwelt schaffen Marken bei den Verbrauchern ein besonderes Vertrauens-, Identifikations- und Orientierungspotenzial. Um diesem Anspruch gerecht zu werden, stehen Unternehmen in Zukunft mehr noch als bisher unter dem Zwang einer integrierten strategischen Markenführung. Markenführung bewegt sich hierbei im Spannungsfeld unterschiedlicher Anspruchsgruppen und erfordert ein Denken in strategischen Wettbewerbsvorteilen.

Abbildung 12   **Kriterien zur Bewertung der markenstrategischen Optionen**

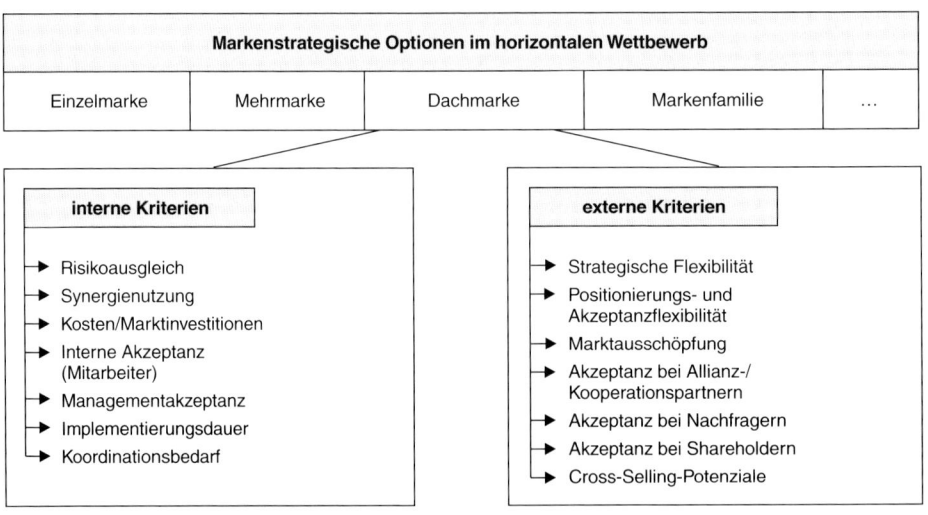

GABLER
GRAFIK

Zur Erreichung dieser Ziele steht den Unternehmen im Wettbewerb eine mehr oder weniger große Zahl markenstrategischer Optionen offen. Im horizontalen Wettbewerb sind für die Wahl einer geeigneten Markenstrategie die markenspezifischen Voraussetzungen des Unternehmens auf ihre Eignung bezüglich einzelner Strategieoptionen zu prüfen sowie die mit einer Strategiealternative verbundenen Chancen und Risiken systematisch zu analysieren und hinsichtlich der Erreichung der Markenziele zu bewerten. Als relevante Kriterien zur Bewertung und Auswahl einer markenstrategischen Option bieten sich dabei die in Abbildung 12 dargestellten internen und externen Beurteilsdimensionen an.

Lassen sich die Entscheidungen für eine markenstrategische Option im nationalen Kontext noch vergleichsweise einfach treffen, erweisen sie sich im internationalen Zusammenhang als außerordentlich komplex und schwierig zu lösen. In diesem Zusammenhang sind die markenstrategischen Einflussfaktoren vor allem hinsichtlich der Standardisierungs- und Differenzierungsvorteile bzw. -nachteile zu untersuchen.

Literatur

Aaker, D. A., Brand Extensions: The Good, the Bad, and the Ugly, in: Sloan Management Review, Summer 1990, pp. 47–56.

Aaker, D. A., Joachimsthaler, E., Brand Leadership, New York et al. 2000.

Ahlert, D., Kenning, P., Schneider, D., Markenmanagement im Handel. Strategien – Konzepte – Praxisbeispiele, Wiesbaden 2000.

Ahlert, D., Kenning, P., Schneider, D., Das Wachstum der Handelsmarken – Ursachen und Zukunftsperspektiven, in: Bruhn, M. (Hrsg.), Handelsmarken – Entwicklungstendenzen und Zukunftsperspektiven der Handelsmarkenpolitik, 3. Aufl., Wiesbaden 2001, S. 243–260.

Baumgarth, C., Ingredient Branding: Begriff, State of the Art & Empirische Ergebnisse, Arbeitspapier des Lehrstuhls für Marketing an der Universität Siegen, Siegen 1998.

Becker, J., Marketing-Konzeption, 7. Aufl., München 1998.

Becker, J., Einzel-, Familien- und Dachmarken als grundlegende Handlungsoptionen, in: Moderne Markenführung, Esch, F.-R., Wiesbaden 2000, S. 269–288.

Blackett, T., Boad, B., Co-Branding, Houndmills 1999.

Bruhn, M., Bedeutung der Handelsmarke im Markenwettbewerb – eine Einführung, in: Bruhn, M. (Hrsg.), Handelsmarken – Entwicklungstendenzen und Zukunftsperspektiven der Handelsmarkenpolitik, 3. Aufl., Wiesbaden 2001, S. 3–48.

Burkhardt, R., Marken für den Markt von Morgen, in: Industriemagazin, Nr. 6, 1991, S. 22–30.

Busch, S., Qualitätsmanagement und Markenartikel, in: Melitta Unternehmensgruppe – Geschäftsbericht 1995, Minden 1995, S. 6–11.

Dumke, St., Handelsmarkenmanagement, Hamburg 1996.

Dunne, D., Narasimhan, Ch., Neue Gewinnchancen mit Eigenmarken, in: Harvard Business Manager, Heft 6/1999, S. 95–101.

Esch, R.-F., Fuchs, M., Bräutigam, S., Konzeption und Umsetzung von Markenerweiterungen, in: Esch, F.-R. (Hrsg.) Moderne Markenführung: Grundlagen – Innovative Ansätze – Praktische Umsetzung, Wiesbaden 2000, S. 669–704.

Freter, H., Baumgarth, C., Ingredient Branding – Begriff und theoretische Begründung, in: Moderne Markenführung: Grundlagen – Innovative Ansätze – Praktische Umsetzung, Wiesbaden 2000, S. 289–315.

Güldenberg, H. G., Markenführung im Spannungsfeld zwischen lokalen und globalen Anforderungen, in: Markenführung im Spannungsfeld zwischen Rationalität, Emotionalität und Mythos – Aktuelle Herausforderungen und Erfolgsfaktoren, Dokumentationspapier Nr. 140 der Wissenschaftlichen Gesellschaft für Marketing und Unternehmensführung e. V., Meffert, H., Backhaus, K., Becker J. (Hrsg.), Münster 2000, S. 22–32.

Hätty, H., Der Markentransfer, Heidelberg 1989.

Horbert, C., Handelsmarken 2000 – Strategien, Potenzial, Perspektiven, Köln 2000.

Jary, M., Schneider, D., Wileman, A., Marken Power – Warum Aldi, Ikea, H&M und Co. so erfolgreich sind, Wiesbaden 1999.

Kapferer, J.-N., Die Marke – Kapital des Unternehmens, Landsberg/Lech 1992.

Kapferer, J.-N., Strategic Brand Management, London 2000.

Keller. K. L., Erfolgsfaktoren von Markenerweiterungen, in: Moderne Markenführung: Grundlagen – Innovative Ansätze – Praktische Umsetzung, Wiesbaden 2000, S. 705–719.

Körfer-Schün, P., Von der Produktvielfalt zur Markenkompetenz: Konzeptmarken für den Weltmarkt entwickeln, in: Schöttle, K. (Hrsg.), Jahrbuch des Marketing, Wiesbaden 1990, S. 88–96.

Koers, M., Steuerung von Markenportfolios, Ein Beitrag zum Mehrmarkencontrolling am Beispiel der Automobilwirtschaft, Frankfurt/M. 2001.

Kornobis, K.-J., Renaissance der Handelsmarke, Eine Entwicklung in vier Phasen, in: LZ-Journal, Nr. 16 vom 22.04.1994, S. J 16–J 18.

Kotler, P., Marketing-Management, 6th ed., Englewood Cliffs 1988.

Kreutzer, R., Markenstrategien im länderübergreifenden Marketing, Markenartikel, Nr. 11, 1989, S. 569–572.

Mandac, L., Markenführung im Spannungsfeld zwischen Hersteller- und Handelsmarke, in: Markenführung im Spannungsfeld zwischen Rationalität, Emotionalität und Mythos – Aktuelle Herausforderungen und Erfolgsfaktoren, Dokumentationspapier Nr. 140 der Wissenschaftlichen Gesellschaft für Marketing und Unternehmensführung e. V., Meffert, H., Backhaus, K., Becker J. (Hrsg.), Münster 2000, S. 42–53.

Mayer, A.; Mayer R. U., Imagetransfer, Hamburg 1987.

Meffert, H., Strategische Unternehmensführung und Marketing, Wiesbaden 1988.

Meffert, H., Entscheidungsorientierter Ansatz der Markenpolitik, in: Handbuch Markenartikel, Bruhn, M. (Hrsg.), Stuttgart 1994, S. 173–197.

Meffert, H., Mehrmarkenstrategie – immer die beste Option?, in: asw, Sondernummer Oktober 1999, S. 82–87.

Meffert, H., Bolz, J., Internationales Marketing-Management, 3. Aufl., Stuttgart u. a. 1997.

Meffert, H., Heinemann, G., Operationalisierung des Imagetransfers, in: Marketing, Zeitschrift für Forschung und Praxis, Nr. 1, 1990, S. 5–10.

Mellerowicz, K., Markenartikel – Die ökonomischen Gesetze ihrer Preisbildung und Preisbindung, 2. Aufl., München u. a. 1963.

Moeller, B., von, „Namenlose" Handelsmarken, in: Markenartikel, Nr. 1, 1982, S. 16–20.

Müller, G.-M., Dachmarkenstrategien, in: Bruhn, M. (Hrsg.), Handbuch Markenartikel, Anforderungen an die Markenpolitik aus Sicht von Wissenschaft und Praxis, Bd. 2, Stuttgart 1994, S. 499–511.

Netzer, F., Strategische Allianzen im Luftverkehr: nachfrageorientierte Problemfelder ihrer Gestaltung, Frankfurt/m. 1999.

o. V., Handelsmarken sind die Gewinner, in: Lebensmittelzeitung, Nr. 18 vom 08.05.1995, S. 47–48.

o. V., Das blaue Wunder, in: Manager Magazin, Nr. 2, 1996, S. 64–73.

o. V., Aldi-Gruppe listet Marken aus, in: Lebensmittelzeitung vom 29. Januar 1999, S. 1 und 3.

o. V., Wachstum mit Qualität, in: Handelsjournal, Heft 2/2000, S. 13.

Park, C. W., Milberg, S., Lawson, R., Evaluation of Brand Extensions: The Role of Product Feature Similarity and Brand Concept Consistency, in: Journal of Consumer Research, Vol. 18, September 1991, pp. 185–193.

Pretzel, J., Die Entwicklung von Handelsmarken – Untersuchungen und Zukunftsperspektiven im Verbrauchsgüterbereich, in: Bruhn, M. (Hrsg.), Handelsmarken im Wettbewerb, Entwicklungstendenzen und Zukunftsperspektiven der Handelsmarkenpolitik, Stuttgart 1996, S. 121–148.

Prick, H.-J., Warum Line Extension für Nivea?, in: Gotta, M. et al. (Hrsg.), Brand News, Wie Namen zu Markennamen werden, Hamburg 1988, S. 89–96.

Quelch, J. A., Hoff, E., Globales Marketing – nach Maß, in: Harvardmanager, No. 4, 1986, S. 107–110.

Quelch, J. A., Kenny, D., Markenpolitik I: Lieber den Gewinn steigern als die Zahl der Varianten, in: Harvard Business Manager, No. 1, 1995, S. 94–101.

Rao, A., Ruekert, R. W., Brand Alliances as Signals of Product Quality, in: Sloan Management Review, 35. Jg., Vol. 4, 1994, pp. 87–97.

Schenk, H.-O., Handels- und Gattungsmarken, in: Bruhn, M. (Hrsg.), Handbuch Markenartikel, Anforderungen an die Markenpolitik aus Sicht von Wissenschaft und Praxis, Bd. 1, Stuttgart 1994, S. 57–78.

Schröder, E. F., Familienmarkenstrategien, in: Bruhn, M. (Hrsg.), Handbuch Markenartikel, Anforderungen an die Markenpolitik aus Sicht von Wissenschaft und Praxis, Bd. 2, Stuttgart 1994, S. 513–526.

Stickel, A., Entwicklungstendenzen des Markenartikels aus Handelsperspektive, in: Bruhn, M. (Hrsg.), Handbuch Markenartikel, Anforderungen an die Markenpolitik aus Sicht von Wissenschaft und Praxis, Bd. 3, Stuttgart 1994, S. 2.023–2.047.

Voss, W. D., Markenartikel in Gefahr, in: McKinsey Akzente, 1995, S. 4–9.

Waltermann, B., Internationale Markenpolitik und Produktpositionierung: Markenpolitische Entscheidungen im europäischen Automobilmarkt, Wien 1989.

Zellekens, H.-J., Horbert, C., Marken 1998 – Das neue Verhältnis von Handels- und Herstellermarken im Lebensmittelhandel – Ergebnisse einer Untersuchung des EHI, Köln 1998.

Gestaltung der Markenarchitektur als markenstrategische Basisentscheidung

*Heribert Meffert, Andreas Bierwirth
und Christoph Burmann*

1. Herausforderungen an die Führung von Markenportfolios

In der Verfolgung des Zieles einer bestmöglichen Markt- und Kundenorientierung sind zahlreiche Unternehmen, insbesondere in reifen Märkten, offenkundig über ihr Ziel hinausgeschossen. Bei dem Versuch, auch für kleinste Zielgruppen bedürfnisgerechte Leistungsangebote zu konzipieren, haben viele Unternehmen in den 80er und 90er Jahren zahlreiche „neue" Marken eingeführt. Zeitlich parallel kam es im Zuge der Globalisierung vieler Märkte zu zahlreichen „Mergers & Acquisitions", die ebenfalls zu einem Zuwachs der innerhalb eines Unternehmens verfügbaren Marken geführt haben. Diese Situation hat vor allem zu zwei Problemen geführt. Einerseits hat die aufwendige Koordination der zahlreichen Marken und hinzugekauften Unternehmen die Komplexitätskosten vieler Unternehmen stark ansteigen lassen. Andererseits zeigte sich, dass die in vielen Branchen zu beobachtende Markeninflation zu einer Erosion der Präferenzwirkung vieler Marken geführt hat. Die kritische Bestandsaufnahme ausgeuferter Markenportfolios führte häufig zu dem Ergebnis, dass nur sehr wenige Marken tatsächlich über ein klares Profil und eine entsprechende Loyalität ihrer Kunden verfügen. Zu diesem Ergebnis kam beispielsweise auch die Preussag AG in ihrem Unternehmensbereich Tourismus (TUI), als sie im Frühjahr 2000 ihre mittlerweile über 100 Reiseveranstalter-, Carrier-, Hotel-, Länderagentur- und Reisebüromarken auf den Prüfstand stellte.

Zur Restrukturierung und erfolgreichen Führung von Markenportfolios können die bislang vorliegenden Publikationen über Markenstrategien nur einen eingeschränkten Beitrag leisten, weil sie die Interdependenzen innerhalb eines Markenportfolios meist nicht berücksichtigen und lediglich auf die „optimale" Führung **einer** ausgewählten Marke ausgerichtet sind. Die Gestaltung der Markenarchitektur stellt vor diesem Problemhintergrund einen Ansatz zur (Re-) Integration der strategischen Markenführung dar.

2. Koordination von Markenportfolios durch die Gestaltung der Markenarchitektur

Die Markenarchitektur eines Unternehmens dient als Grundlage für die Verankerung der Markenstrategie. Ihre Festlegung stellt einen langfristigen Verhaltensplan dar und ist als Schlüsselentscheidung für die Führung einer Unternehmensmarke zu erachten. Die Markenarchitektur eines Unternehmens unterscheidet sich von der klassischen Markenstrategie durch ihre unternehmensweite Sichtweise und damit der Berücksichtigung aller Marken eines Unternehmens. Durch die Festlegung der Markenarchitektur wird die oftmals allein historisch begründete Zusammensetzung des Markenportfolios eines Unternehmens einer systematischen Steuerung zugänglich gemacht. Den **Gegenstand der Markenarchitekturgestaltung** bildet die Bestimmung der auf den einzelnen Unternehmensebenen zu verwendenden Marken, ihrer spezifischen Rollen, Positionierungen sowie der zwischen den Marken gewünschten Beziehungen (Aaker/Joachimsthaler 2000, S. 135). Auf der Basis einer kurzen Skizzierung von Markenstrategien werden im Folgenden die wesentlichen Optionen zur Gestaltung von Markenarchitekturen aufgezeigt. Die Bezugnahme zu Markenstrategien ist vor allem auf Grund der engen Interdependenzen zwischen der Markenarchitektur und den im Unternehmen verfolgten Markenstrategien erforderlich.

3. Markenarchitektur als vertikale Erweiterung klassischer Markenstrategien

3.1 Systematisierung von Markenstrategien als Ausgangspunkt

Die Mehrzahl der Systematisierungsansätze von Markenstrategien unterstreicht die Vielfalt strategischer Optionen. So kennzeichnet beispielsweise Sattler (2001, S. 68) allein sechs markenstrategische Entscheidungsdimensionen mit insgesamt siebzehn Strategievarianten. Meffert (2000, S. 856 ff.) unterscheidet drei Entscheidungsdimensionen mit immerhin noch elf verbleibenden Markenstrategien (vgl. den Beitrag in diesem Buch). Die Mehrzahl der in der Literatur erarbeiteten Markenstrategien ist jedoch nur in spezifischen situativen Rahmenbedingungen einsetzbar. Daher stellen lediglich die von Meffert als horizontale Markenstrategien bezeichneten Optionen (Einzelmarken-, Mehrmarken-, Dachmarken- und Markenfamilienstrategie) ein geeignetes Fundament für das weitere Vorgehen dar.

Die horizontalen Markenstrategien unterscheiden sich hinsichtlich der Anzahl der unter einer einzelnen Marke zusammengefassten Produkte oder Leistungen:

▌ Bei der **Einzelmarkenstrategie** wird jedes Produkt unter einer einzelnen Marke geführt. Es besteht somit eine minimale Integration, bei der jedes Marktsegment von einer spezifisch ausgerichteten Marke angesprochen wird.

▌ Bei der **Dachmarkenstrategie** werden alle Produkte unter einer einzigen Marke geführt. Diese Strategievariante hat somit die maximale Integration zur Folge. Da im gesamten Unternehmen nur eine einzige Marke existiert, konzentriert sich die Dachmarkenstrategie allein auf eine Herausstellung der Unternehmensmarke.

▌ Die **Familienmarkenstrategie** stellt eine Kombination der Einzel- und Dachmarkenstrategie dar. Hierbei werden verwandte Produkte oder einzelne Produktgruppen unter einer einzelnen Marke geführt, wobei innerhalb eines Unternehmens durchaus unterschiedliche Markenfamilien existieren können.

■   Bei der **Mehrmarkenstrategie** werden für eine einzige Produktgattung unter-
     schiedliche Marken geführt. Die Führung der einzelnen Marken orientiert sich nicht
     an einzelnen Marktsegmenten, sondern ist auf den Gesamtmarkt ausgerichtet.

Auf Grund der hier deutlich werdenden Beschränkung auf eine rein produkt- und leis-
tungsorientierte Betrachtungsperspektive mit den Konsumenten bzw. Endabnehmern als
einzige Zielgruppe ist das klassische Verständnis vom Gegenstand einer Markenstrategie
für die Führung von Markenportfolios zu eng und um das Konstrukt der Markenarchitektur zu erweitern.

3.2   Unternehmens- und Markenhierarchien

Die Systematisierung der unterschiedlichen Marken eines Unternehmens in einem hie-
rarchischen Ordnungsrahmen sowie die Analyse ihrer Zusammenhänge wird insbesondere in der anglo-amerikanischen Markenforschung unter den Begriffen **„brand hierar-
chy"** (Keller 1998) oder **„brand architecture"** (Aaker/Joachimsthaler 2000; Kapferer
2000) beleuchtet. Ausgangspunkt ist die Überlegung, dass die organisatorischen Ebenen
eines Unternehmens zugleich Ursprung spezifischer Markenformen sind. Dieser Zusammenhang lässt sich beispielhaft an einem Unternehmen mit drei Hierarchieebenen – der
Top-Management Ebene, der Ebene der Unternehmensbereiche oder Tochtergesellschaften und der Ebene der strategischen Geschäftseinheiten (SGEs) – verdeutlichen. Auf der
Top-Management-Ebene eines Unternehmens ist die **Unternehmensmarke** angesiedelt.
Auf der Unternehmensbereichsebene sind insbesondere bei den einzelnen Konzernge-
sellschaften weitere „Unternehmensmarken" anzutreffen. Diese sind hierarchisch der
Unternehmensmarke untergeordnet und werden daher nachfolgend als Unternehmensbereichsmarken bezeichnet. Keller (1998, S. 410) spricht analog zur Unternehmens- und
Unternehmensbereichsmarke von der „Corporate Brand" bzw. den „Company
Brands". Exemplarisch ist diese Differenzierung anhand der Marken Bertelsmann (Unternehmensmarke) und Gruner+Jahr (Unternehmensbereichsmarke) oder EADS (Unternehmensmarke) und Airbus (Unternehmensbereichsmarke) zu belegen. Schließlich ist
auch die SGE-Ebene Ursprung weiterer Markenformen. Hierzu zählen Familienmarken
(zum Beispiel Nivea bei Beiersdorf), Einzelmarken (zum Beispiel Persil bzw. Persil und
Weißer Riese als Ausdruck einer Mehrmarkenstrategie bei Henkel) oder Namenszusätze
(Golf bei VW). Diese werden nachfolgend als **„Produkt- und Leistungsmarken"** bezeichnet. Der Zusammenhang zwischen Unternehmens- und Markenhierarchie wird in
Abbildung 1 veranschaulicht.

Abbildung 1   **Der Zusammenhang von Unternehmens- und Markenhierarchie**

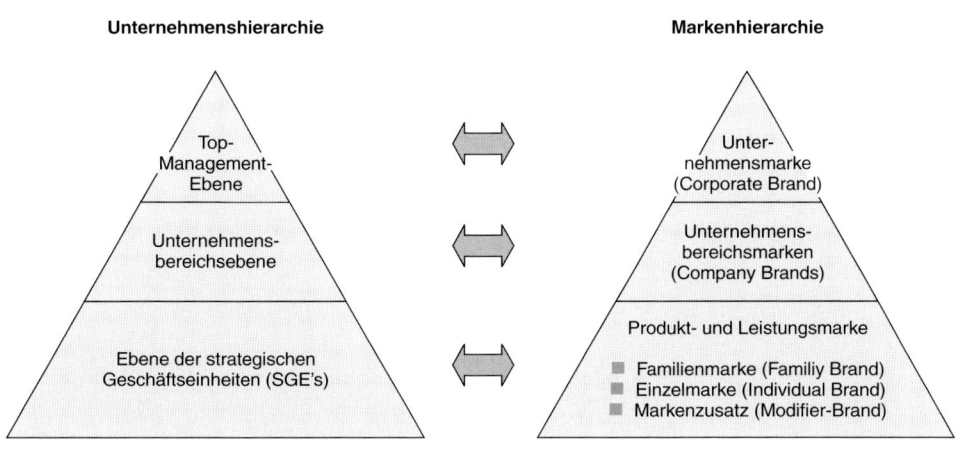

Quelle: In Anlehnung an Keller 1998, S. 410

Von besonderem Interesse für die Führung von Markenportfolios ist die Beziehung zwischen den dargestellten Markenebenen sowie den daraus ableitbaren Markenarchitekturformen. Eine erste Aussage zur Beziehung zwischen den Markenhierarchieebenen ergibt sich bezüglich der Markenassoziationen. So kann beispielsweise zwischen **organisationalen** (Unternehmensmarke) und **produkt-** oder **leistungsbezogenen Markenassoziationen** (Produkt- und Leistungsmarke) differenziert werden. Vor diesem Hintergrund definiert Aaker die Rolle der Unternehmensmarke als Anker für organisationale Assoziationen. Sie soll die Kultur und Werte einer Organisation zum Ausdruck bringen. Darüber hinaus soll die Unternehmensmarke ein möglichst hohes Maß an Glaubwürdigkeit für die Produkt- und Leistungsmarken erzeugen. Die Rolle der Produkt- und Leistungsmarken zielt hingegen auf die Verankerung überwiegend produkt- und leistungsbezogener Assoziationen in der Psyche der Kunden. Damit wird offensichtlich, dass die Unternehmensmarke eine unterstützende Wirkung für die Wettbewerbsfähigkeit von Produkt- und Leistungsmarken hat. Die Unternehmensmarke trägt zur übergreifenden Profilierung gegenüber allen Anspruchsgruppen bei, während Produkt- und Leistungsmarken insbesondere an den Interessen einzelner Kundensegmente oder spezifischer Leistungsvorteile ausgerichtet sind.

Eine Analyse der **Beziehung zwischen der Unternehmensmarke und den Unternehmensbereichsmarken** ist in der Literatur bislang noch nicht unternommen worden. Dies mag zunächst an der Schwierigkeit liegen, dass beide Markenformen gleichermaßen durch organisationale Assoziationen gekennzeichnet sind. Die Rolle der Unternehmensbereichsmarken besteht zunächst in der Vertiefung bestimmter Assoziationen der Unter-

nehmensmarke. Ferner ermöglichen Unternehmensbereichsmarken eine segmentspezifischere Anpassung als es allein mit der Unternehmensmarke möglich wäre. Bei der
Kombination beider Markenformen ist auf Grund der Überschneidung der Assoziationen
auf eine Vermeidung von Widersprüchen zu achten. Die Kenntnis der Beziehungen zwischen den verschiedenen Markenhierarchieebenen ist die Basis zur Ableitung der Markenarchitektur.

3.3 Festlegung des Integrationsgrades der Markenarchitektur

Grundlage zur Bestimmung der Markenarchitektur ist die Festlegung des Integrationsgrades der in der höheren Ebene verankerten Marke in die nachgelagerte Markierungs-
ebene. Für ein Unternehmen bestimmt sich die Anzahl der hier zu treffenden Entscheidungen nach der Anzahl der Unternehmens- und Markenhierarchieebenen. Basierend auf
der Struktur aus Abbildung 1 mit drei verschiedenen Hierarchieebenen ergeben sich zwei
Entscheidungstatbestände. Es ist zunächst festzulegen, inwieweit die Unternehmensmarke auf der Unternehmensbereichsebene zu verwenden ist. Darauf aufbauend ist zu
bestimmen, in welcher Intensität die auf der Unternehmensbereichsebene präsenten
Marken in die SGE-Ebene integriert werden. Aus diesen beiden Entscheidungen ergibt
sich schließlich die Markenarchitektur.

Bei der Markierung auf allen Ebenen der Markenhierarchie stehen im Folgenden somit
die Beziehungen mit den Marken auf den vorgelagerten Hierarchieebenen im Fokus. Mit
Blick auf die Handlungsoptionen zur Gestaltung der Markenarchitektur lassen sich zunächst die beiden „Reinformen" des „Markierten Unternehmens" sowie des „Unternehmens mit Marken" abgrenzen (Aaker 1996, S. 243). Diese sind wie folgt gekennzeichnet:

▎ **Markiertes Unternehmen („Branded House"):** Die Unternehmensmarke wird
   voll in die SGE-Ebene, das heißt in die Absatzmärkte des Unternehmens integriert.
   Sie ersetzt den eigenständigen Auftritt von Produkt- und Leistungsmarken. Damit
   hat eine Unternehmensmarke das Unternehmen allein zu profilieren. Auf der Absatzmarktebene spiegelt dies die markenstrategische Option der Dachmarkenstrategie wider. Diese Markenarchitektur ist häufig bei Investitionsgüterherstellern (zum
   Beispiel General Electric, Bosch, Siemens, Ericsson) und bei Dienstleistungsunternehmen (zum Beispiel Air Berlin, Commerzbank) anzutreffen.

▎ **Unternehmen mit Marken („House of Brands"):** Die Unternehmensmarke wird
   nicht in die SGE-Ebene integriert. Stattdessen werden in den verschiedenen Absatzmärkten Produkt- und Leistungsmarken eingesetzt. Auf der SGE-Ebene wird typischerweise eine Einzel- oder Mehrmarkenstrategie verfolgt (vgl. Abbildung 2). Gerade bei Konsumgüterherstellern mit dem Bedarf nach unterschiedlichen Positionierungen ihrer Produkte findet diese Strategievariante häufige Verwendung (zum Beispiel Procter & Gamble, Unilever, Best Foods).

Abbildung 2   **Beispiel einer „House of Brands" Markenarchitektur**

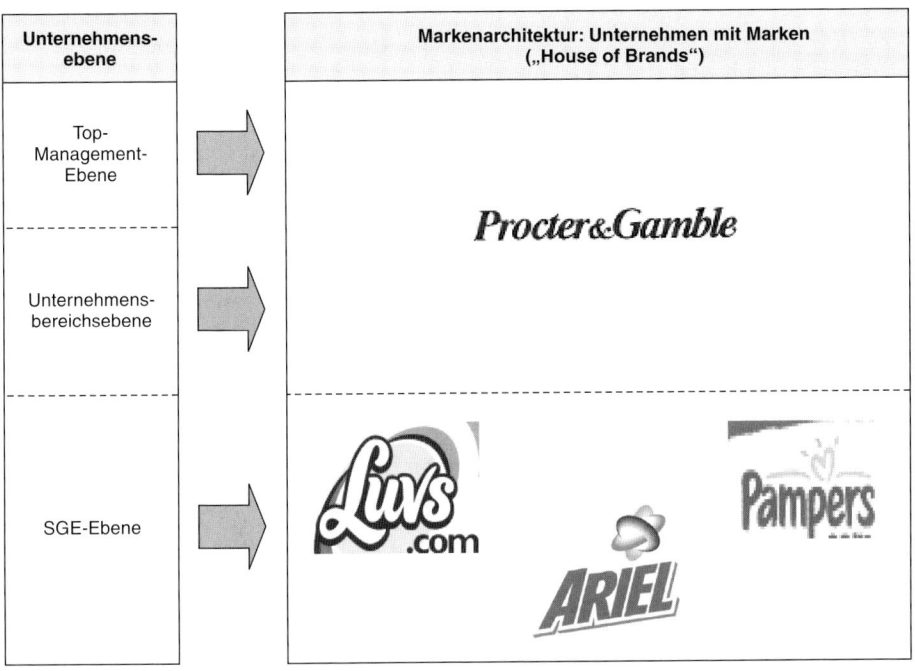

Weitere Optionen zur Gestaltung der Markenarchitektur ergeben sich durch mögliche Kombinationen der Unternehmensmarke mit den Produkt- und Leistungsmarken. Dabei kann hinsichtlich der dominierenden Rolle im jeweiligen Markenauftritt differenziert werden:

▌ Handelt es sich bei der dominierenden Marke um die Unternehmensmarke, wird diese durch spezifische **Zusätze** ergänzt. Diese beziehen sich entweder auf ausgewählte Produkte oder Leistungen. Exemplarisch sei auf die Zusätze „TT" bei Audi, „Senator Service" bei der Lufthansa oder „maxblue" bei der Deutschen Bank hingewiesen (vgl. Abbildung 3).

| Abbildung 3 | Beispiel einer kombinierten Markenarchitektur mit Markenzusätzen |

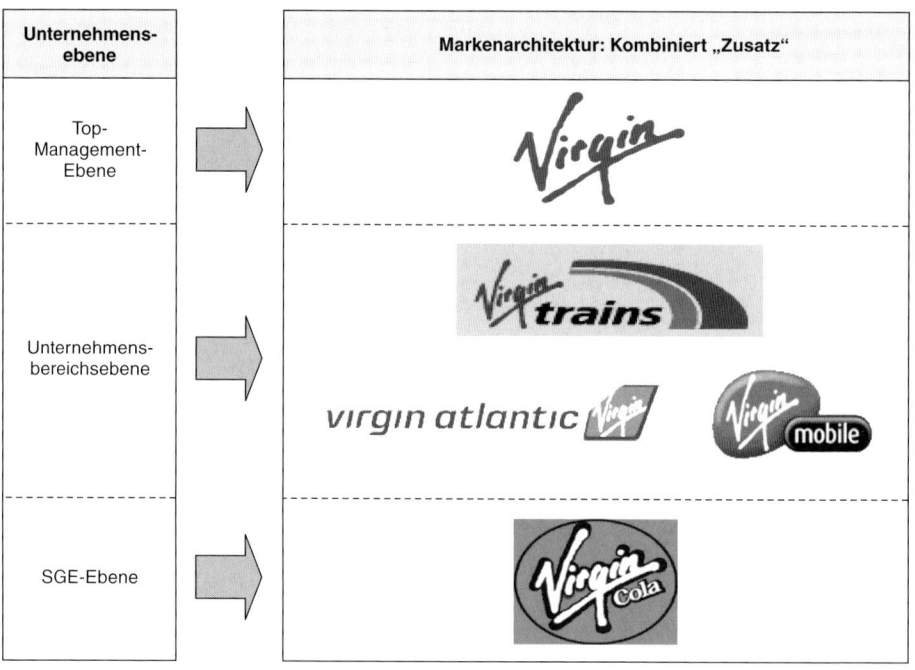

GABLER
GRAFIK

■ Darüber hinaus genießt die sog. **Endorsed-Markierung** hohe Popularität. Wenngleich die Stärke der Endorsed-Marke in ihrem Auftritt variieren kann, liegt hier die Dominanz zumeist bei den jeweiligen Produkt- und Leistungsmarken (vgl. Abbildung 4). Der Nutzen der Endorsed-Markierung und ihre präferenzfördernde Wirkung in den Absatzmärkten ist durch Saunders/Guoqun (1996) empirisch nachgewiesen worden. Wichtig ist hier die Abgrenzung einer Endorsed-Marke von der Produkt- und Leistungsmarke hinsichtlich ihrer spezifischen Rollen. So fungiert die Endorsed-Marke (Unternehmens- oder Unternehmensbereichsmarken) primär zur Vermittlung von Glaubwürdigkeit. Sie dient der Absicherung des Leistungsversprechens der Produkt- und Leistungsmarken, welche wiederum die spezifische Leistungskompetenz prägen. Da die Unternehmensmarke als Endorsed-Marke eine Klammerfunktion über alle Produkt- und Leistungsmarken ausübt, ist bei ihrer Führung auf die Herausstellung bestimmter, übergreifender Inhaltsdimensionen zu achten. Eine „endorsed" Markenarchitektur findet sich beispielsweise bei Nestlé.

Abbildung 4   **Beispiel einer kombinierten Markenarchitektur („endorsed")**

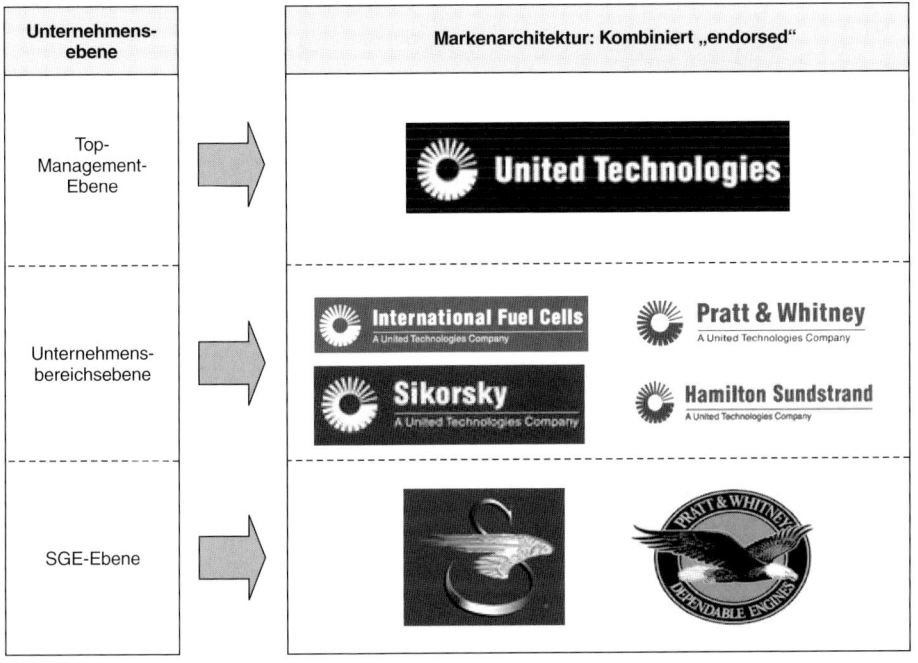

Eine zusammenfassende Darstellung der skizzierten Markenarchitekturoptionen findet sich in Abbildung 5. Die in der Abbildung abgetragene Häufigkeitsverteilung wurde von Laforet/Saunders (1999, S. 52 ff.) für die Lebensmittelbranche erhoben und unterstreicht die besondere Relevanz der aus Kombinationen bestehende Markenarchitektur. Anzumerken ist ferner, dass analog zur Image-Kongruenz Hypothese auch die Kombination der Unternehmensmarke mit den Produkt- und Leistungsmarken einen Positionierungs-Fit erfordert. Sofern dieser nicht in hinreichendem Maße gegeben ist, kann es zu einer nachhaltigen Schädigung der beteiligten Marken kommen (Kim/Lavack 1996).

Die skizzierten strategischen Optionen lassen sich auch auf die Schnittstelle zwischen der **Top-Management-Ebene** und der nachgelagerten **Unternehmensbereichsebene** übertragen. Im Fokus steht dabei die Entscheidung, inwieweit die Unternehmensmarke auch auf der Ebene der verschiedenen Unternehmensbereiche präsent ist und ob sie, mit entsprechenden Unternehmensbereichsmarken kombiniert oder durch diese vollständig ersetzt werden soll.

| Abbildung 5 | Markenhierarchiestrategien in der Schnittstelle zwischen Top-/SGE-Ebene und Markt-Ebene |

	Markiertes Unternehmen „Branded House"	**Kombinationsformen**		**Unternehmen mit Marken** „House of Brands"
		Zusatz ← → **Endorsed**		
Top-Management-Ebene und Unternehmens-bereichsebene	Unternehmens-marke	Unternehmensmarke	Unternehmensmarke	Unternehmensmarke
SGE-Ebene	Unternehmens-marke	Unternehmensmarke mit ergänzender Markierung (Unternehmensmarken-dominant)	Einzelmarken mit Verbindung zur Unternehmensmarke (Einzelmarkendominant)	Einzelmarken

19 %   52 %   29 %

GABLER GRAFIK

Quelle: In Anlehnung an Laforet/Saunders 1999, S. 52 ff.

Als eher problematisch erweist sich hierbei das diffuse Verständnis hinsichtlich der unterschiedlichen Rollen einer Unternehmensmarke und einer Unternehmensbereichsmarke (Olins 1999). Zwar differenziert Merbold (1994, S. 117) zwischen zwei Wirkungsebenen, wobei sich die Unternehmensmarke auf das Unternehmen als ganzes und die Unternehmensbereichsmarken auf ausgewählte Unternehmensteile beziehen. Diese Aussage allein ist für die Festlegung der Markenarchitektur jedoch wenig hilfreich. Vor diesem Hintergrund muss festgestellt werden, dass die Analyse dieses Aspekts der Markenarchitekturgestaltung in der Literatur bislang kaum bzw. nicht befriedigend bearbeitet worden ist. So wird die Entscheidung über die Verwendung der Unternehmensmarke auf der Unternehmensbereichsebene bislang allein anhand des Fits der Unternehmenskulturen auf beiden Ebenen beurteilt (Aaker 1996, S. 250). Weiterführend könnte in diesem Zusammenhang eine Überprüfung des Fits der betroffenen Markenidentitäten sein.

Die bisherigen Ausführungen unterstellten als einzige Zielgruppe implizit die Endabnehmer bzw. Kunden. Im Sinne einer integrierten Markenführung sind bei der Gestaltung der Markenarchitektur prinzipiell jedoch alle Anspruchsgruppen des Unternehmens zu berücksichtigen.

4. Markenarchitektur als horizontale Erweiterung der klassischen Markenstrategien

Die Möglichkeit der Integration heterogener Zielgruppen in die Überlegungen zur Markenarchitektur basiert auf der grundlegenden Annahme, dass die verschiedenen Zielgruppen eine spezifische Beziehung zu den jeweiligen Unternehmens- und Markenhierarchieebenen besitzen. So setzen sich Konsumenten insbesondere mit der SGE- bzw. Absatzmarktebene eines Unternehmens auseinander, während beispielsweise institutionelle Investoren überwiegend mit der Top-Management-Ebene interagieren. Diese Überlegungen können mit den skizzierten Erkenntnissen zur Markenhierarchie eines Unternehmens verbunden werden. Auf diese Weise lassen sich den Markenhierarchieebenen jeweils unterschiedliche Kernzielgruppen zuordnen. Eine Beurteilung der Relevanz verschiedener Zielgruppen für die Unternehmens-, die Unternehmensbereichs- und die Produkt- und Leistungsmarken findet sich bei Kapferer (2000, S. 223). Seine Bewertung beruht auf Plausibilitätsüberlegungen und ist in Abbildung 6 dargestellt.

Abbildung 6   **Relevanz ausgewählter Zielgruppen für die Marken eines Unternehmens**

Zielgruppe	Produkt- und Leistungsmarke	Unternehmens-marke
Konsumenten	+ + + + +	+
Handelsorganisationen	+ + + +	+
Mitarbeiter	+ + +	+ +
Lieferanten	+ + +	+ + +
Presse	+ + +	+ + +
Interessenvertretungen	+ +	+ + + +
Gesellschaft	+ +	+ + + +
Regulationsbehörden	+	+ + + +
Regierung	+	+ + + +
Banken/Finanzmarkt	+	+ + + + +
Aktionäre	+	+ + + + +

Legende: +++++ Sehr hohe Relevanz als Zielgruppe   + Sehr geringe Relevanz als Zielgruppe

GABLER GRAFIK

Quelle: In Anlehnung an Kapferer 2000, S. 223

Die Konsumenten haben demnach eine dominierende Bedeutung für die Produkt- und Leistungsmarken. Die Relevanz institutioneller oder privater Investoren ist für diese Markenebene hingegen eher gering. Genau reziprok verhält sich die Relevanz der Zielgruppen für die Unternehmensmarke. Für diese Markenform haben gerade die Aktionäre und andere Zielgruppen des Finanzmarktes einen besonders hohen Stellenwert.

Eine derartige Zuordnung wird allerdings in hohem Maße von situativen Einflussfaktoren determiniert. Relativ unproblematisch ist diesbezüglich lediglich die Zuordnung der Finanzmarktzielgruppen zur Top-Management-Ebene bzw. der Unternehmensmarke. Auch die Top-Führungskräfte sowie die Wirtschaftspresse, die sich mit dem Aktienkursverlauf und unternehmensstrategischen Fragen auseinandersetzen, erscheinen vor allem für die Führung der Unternehmensmarke bedeutsam. Eine Zuordnung der übrigen Zielgruppen ist jedoch schwierig. Zu den situativen Einflussfaktoren der „Ebenenzugehörigkeit" zählt beispielsweise die konkrete Unternehmensorganisation. Handelt es sich um eine Managementholding, so werden die Gesamtheit aller Führungskräfte sowie Teile der Mitarbeiter und Lieferanten auch mit der Top-Ebene in Beziehung stehen. Bei einem Stammhauskonzern weitet sich der Kreis dieser Zielgruppen sogar noch aus. Hingegen reduziert sich bei einer Finanzholding die Interaktion dieser Zielgruppen mit der Top-Management-Ebene zu Gunsten der beiden anderen Ebenen. Vor diesem Hintergrund bedarf es für die in Abbildung 7 vorgenommene Zuordnung der Zielgruppen zu den Unternehmensebenen stets einer situativen Überprüfung im Einzelfall.

Abbildung 7   **Einordnung von Zielgruppen in die Unternehmens- und Markenhierarchie**

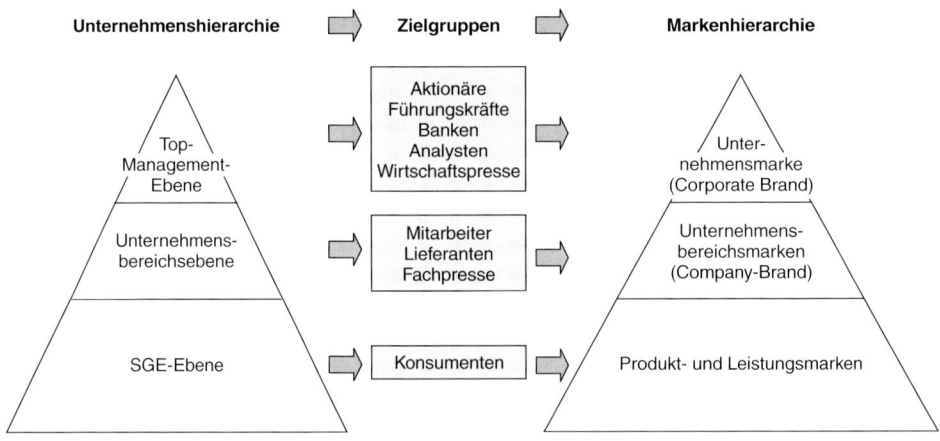

Literatur

Aaker, A. D, Building Strong Brands, New York 1996.

Aaker, A. D., Joachimsthaler, E., Brand Leadership, New York 2000.

Kapferer, J.-N., Strategic Brand Management, 3. Aufl., London 2000.

Keller, K. L., Strategic Brand Management: building, measuring and managing brand equity, Prentice Hall 1998.

Kim, Ch. K., Lavack, A. M., Vertical brand extensions: current research and managerial implications, in: Journal of Product and Brand Management, Vol. 5, No. 6, 1996, pp. 24–37.

Laforet, S., Saunders, J., Managing Brand Portfolios: Why Leaders do what they do, in: Journal of Advertising Research, January/February 1999, pp. 51–66.

Meffert, H., Marketing – Grundlagen marktorientierter Unternehmensführung, 9. Aufl., Wiesbaden 2000.

Merbold, C., Unternehmen als Marken, in: Handbuch Markenartikel, Bruhn, M. (Hrsg.), Stuttgart 1994, S. 107–119.

Olins, W., The new guide to identity, Brookfield 1999.

Sattler, H., Markenpolitik, Frankfurt/M. 2001.

Saunders, J., Guoqun, F., Dual Branding: how corporate names add value, in: Marketing Intelligence & Planning, No. 14/7, 1996, pp. 29–34.

Corporate Branding – Führung der Unternehmensmarke im Spannungsfeld unterschiedlicher Zielgruppen

Heribert Meffert und Andreas Bierwirth

Dieser Beitrag ist in ähnlicher Form unter dem Titel: Stellenwert und Funktion der Unternehmensmarke – Erklärungsansätze und Implikationen für das Corporate Branding, in: Thexis, 18. Jg., Nr. 4, 2001, S. 5–11, erschienen.

1. Herausforderungen an das Corporate Branding

Die Unternehmensmarke steht unter dem Schlagwort des „Corporate Branding" im aktuellen Fokus der Wissenschaft und Praxis. Ursache hierfür sind ihre spezifischen Potenziale zur Profilierung einer Unternehmung vor dem Hintergrund immer komplexer werdender Herausforderungen.

Diese liegen zunächst in einer **Ausweitung des Wettbewerbs auf die Beschaffungsmärkte.** Insbesondere im Kapital- und Finanzmarkt sind Unternehmen gefordert, den auftretenden Engpässen durch eine Differenzierung vom Wettbewerb unter gleichzeitiger Herausstellung der eigenen Vorteile zu begegnen. Hierbei hat die Unternehmensmarke insofern eine profilierende Wirkung, als die bekannten Funktionen einer Marke auf die Zielgruppen in den Beschaffungsmärkten transferierbar sind (vgl. Demuth 2000, S. 14). So kann sie durch eine Entfaltung ihrer Vertrauensfunktion Aktionären eine sichere Geldanlage signalisieren oder gegenüber potenziellen Mitarbeitern als Anker für die Identifikation mit einem faszinierenden Unternehmen fungieren. Hinzu kommt ein wachsendes Interesse der Konsumenten an den hinter den einzelnen Produkten oder Leistungen stehenden Unternehmen.

Eine besondere Herausforderung ergibt sich durch die **Zunahme von Unternehmenskäufen und Fusionen.** Dabei stellt die Auswahl des Namens für das neu geschaffene Unternehmen (zum Beispiel E.ON) auf Grund der einhergehenden, hohen Signalwirkung eine zentrale Aufgabe dar. So verdeutlicht die neue Unternehmensmarke nicht nur den Charakter einer Übernahme oder Fusion, sondern sie lässt auch Aussagen über die zukünftige Unternehmensidentität zu. Beides kann sowohl zu erheblichen Reaktanzen als auch positiven Impulsen im Rahmen der Unternehmensintegration führen.

Ein weiterer Treiber für die hohe Bedeutung der Unternehmensmarke ist in der **Internationalisierung** vieler Unternehmen zu sehen. Insbesondere bei global agierenden Unternehmen ersetzen die durch eine Unternehmensmarke symbolisierten Eigenschaften („made by") die bislang mit dem Herkunftsland verbundenen Erwartungen („made in").

Schließlich führt das zunehmende Bewusstsein um den **ökonomischen Wert** einer Unternehmensmarke zu ihrer steigenden Relevanz in den Entscheidungen vieler Führungskräfte. So wird die Entwicklung des Markenwertes einer Unternehmensmarke als ein weiterer Bewertungsmaßstab für die Leistung des Management herangezogen. Tabelle 1 zeigt in diesem Zusammenhang die zehn wertvollsten deutschen Unternehmensmarken exemplarisch auf.

Die Führung einer Unternehmensmarke sieht sich angesichts der skizzierten Herausforderungen vor einer wachsenden **Komplexität**. Ein wesentlicher Treiber hierfür ist die Erweiterung der Zielgruppen einer Marke vom Kreis der Konsumenten auf die Gesamtheit der unternehmerischen Anspruchsgruppen. So nimmt die Varianz der durch eine Marke zu berücksichtigenden Interessen deutlich zu. Im vorliegenden Beitrag sollen vor dem Hintergrund einer theoretischen Interpretation der Unternehmensmarke Implikationen für ihre zielgruppenorientierte Führung aufgezeigt werden.

Tabelle 1   Markenwerte von deutschen Unternehmensmarken

Rang	Unternehmensmarke	Markenwert 1999 (in Mio. Euro)	Markenwert 2000 (in Mio. Euro)
1	DaimlerChrysler	36.641	36.223
2	Bayer	18.878	18.576
3	Volkswagen	15.831	18.431
4	Deutsche Telekom	19.435	18.183
5	BASF	17.722	16.822
6	Siemens	9.756	11.421
7	Allianz	k. A.	11.369
8	SAP	7.105	7.294
9	BMW	6.298	6.946
10	Lufthansa	6.280	36.527

GABLER
GRAFIK

Quelle: o. V. 2000, S. 137

2. Theoretische Interpretation der Unternehmensmarke als Grundlage ihrer Führung

2.1 Die Unternehmensmarke im Lichte des sozialpsychologischen Markenverständnisses

Auf Grund der hohen Popularität der Unternehmensmarke, insbesondere in populärwissenschaftlichen Veröffentlichungen, ist die Fragmentierung des Begriffsverständnisses zur Unternehmensmarke nur wenig verwunderlich. Tabelle 2 zeigt die Vielfalt existierender Definitionen einer Unternehmensmarke beispielhaft auf. Daher erscheint es notwen-

dig, zunächst eine definitorische Abgrenzung des Untersuchungsgegenstandes vorzunehmen. Ausgangspunkt ist eine Zerlegung der Unternehmensmarke in ihre beiden semantischen Bestandteile des „Unternehmens" und der „Marke".

Das hier verwendete Markenverständnis beruht auf sozialpsychologischen Erkenntnissen, wobei die Marke als ein in der Psyche des Konsumenten verankertes, unverwechselbares Vorstellungsbild von einer Leistung verstanden wird. Auch ein Unternehmen kann
Gegenstand eines solchen Vorstellungsbildes sein und somit Markencharakter aufweisen. Allerdings bezieht sich dieses nicht allein auf die angebotenen Produkte oder Dienstleistungen, sondern auf die Unternehmung als Ganzes.

Tabelle 2	**Unterschiedliche Definitionsansätze der Unternehmensmarke**

Autor	Definitionen der Unternehmensmarke
Merbold (1994)	Symbolische Verdichtung von Unternehmenskultur und -identität
Olins (1999)	Extern adressiertes Symbol der Unternehmensidentität
Ind (1997)	Beziehung zwischen Unternehmen und Anspruchsgruppen
Halliday (1998)	Informationsträger unternehmensbezogener Werte
Heinlein (1999)	Zusammenfall von Unternehmensname und Marke

GABLER
GRAFIK

In diesem Zusammenhang ist eine Unternehmung als „zielgerichtetes Sozialsystem" aufzufassen und koalitionstheoretisch interpretierbar. So besteht die Zusammensetzung eines solchen Systems aus freiwilligen, zielorientierten Zusammenschlüssen mehrerer
Personen oder Gruppen, die auch als Anspruchsgruppen eines Unternehmens aufzufassen sind (vgl. Cyert/March 1963, S. 17). Die Unternehmensmarke wird von allen Beteiligten des sozialen Systems wahrgenommen. Daher ist die Unternehmensmarke bzw. deren anglizistisches Synonym der „Corporate Brand" wie folgt interpretierbar:

Eine Unternehmensmarke ist das in den Köpfen der Anspruchsgruppen fest verankerte, unverwechselbare Vorstellungsbild über eine Unternehmung. Dabei besteht ein
solches Vorstellungsbild auf Individualebene. Dies kann möglicherweise zu einer
Existenz vielfältiger Ausprägungen einer Unternehmensmarke führen.

Hiervon ist der Begriff des **„Corporate Branding"** abzugrenzen. Während Kircher Corporate Branding allein auf die Vergabe des Unternehmensnamens für bestimmte Subjekte, Objekte oder Leistungen beschränkt, wird an dieser Stelle mit Corporate Branding die Führung der Unternehmensmarke verbunden (vgl. Kircher 1997, S. 60 f.). Diese stellt einen Prozess dar, welcher die Phasen der zielgerichteten Planung, Koordination und Kontrolle aller Aktivitäten bzw. Gestaltungsparameter der Unternehmensmarke beinhaltet.

2.2 Betrachtungsperspektiven der Führung von Unternehmensmarken

Die Formulierung von Zielen für die Führung einer Unternehmensmarke wird in hohem Maße durch die jeweils eingenommene Betrachtungsperspektive determiniert. So ist eine Unternehmensmarke als Vermögenswert oder transferierbares Vermögensrecht anzusehen. Im Fokus dieser Betrachtung steht somit ihr ökonomischer Wert. Ferner kann sie als psychologisches Phänomen erachtet werden, welches einen spezifischen Zusatznutzen stiftet. Beide Perspektiven stehen in einem Ursache-Wirkungs-Verhältnis: der psychologische Zusatznutzen ist wesentliche Grundlage für die Entstehung des ökonomischen Wertes.

2.21 Unternehmensmarke als Vermögensgegenstand

Mit dem ökonomischen Wert einer Unternehmensmarke geht die Maximierung des **Markenwertes** als entsprechendes Oberziel ihrer Führung einher. Als markenbezogener Shareholder-Value ist er Ausgangspunkt für die Bewertung aller Maßnahmen zur Gestaltung der Unternehmensmarke. Wenngleich seine valide Messung bereits bei klassischen Marken methodisch bislang mit großen Schwierigkeiten verbunden ist, eignen sich die mit ihm verbundenen Gedanken zur Ableitung einer entsprechenden Führungsphilosophie. Diese wird aktuell unter dem Begriff der „wertorientierten Markenführung" herausgestellt (vgl. Jenner 2001; Sattler 2001).

Die Besonderheit des Markenwertes einer Unternehmensmarke im Vergleich zu einer klassischen Marke resultiert aus seiner komplexeren Zusammensetzung. So beschränken sich die Beiträge zum Markenwert nicht allein auf den Kreis der Konsumenten. Auch bei den übrigen Anspruchsgruppen lassen sich entsprechende Beiträge generieren. Damit sind diese Anspruchsgruppen auch als Zielgruppen einer Unternehmensmarke aufzufassen. Abbildung 1 gibt einen Überblick ausgewählter Beitragsquellen in unterschiedlichen Zielgruppen.

Abbildung 1   **Zielgruppenspezifische Wertbeiträge zum Markenwert einer Unternehmensmarke**

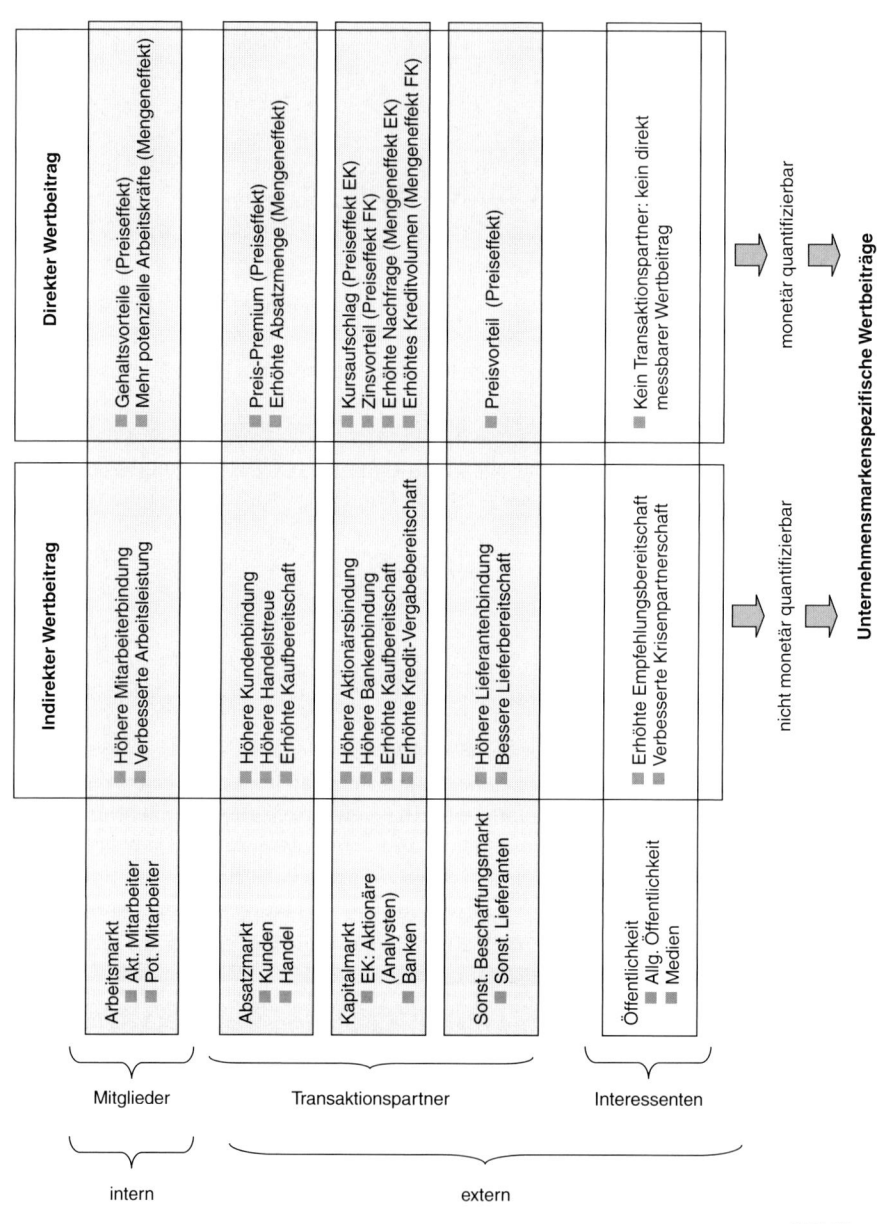

Der Markenwert einer Unternehmensmarke resultiert demnach zum einen aus der Aggregation aller zielgruppenspezifischen Wertbeiträge. Hierdurch erfährt die Problematik der Messbarkeit im Vergleich zum klassischen Markenwert einen erneuten Anstieg. Ferner haben die skizzierten Wertbeiträge ausschließlich Erlöscharakter. Sie können daher auch als **unternehmensmarkenspezifische Erlöse** bezeichnet werden. Der Markenwert einer Unternehmensmarke wird jedoch ebenso durch die Kosten beeinflusst, die zur Generierung dieser zusätzlichen Erlöse notwendig sind. (Farquhar/Ijiri 1993, S. 77; Kapferer 2000, S. 398). Derartige Kosten sind als **unternehmensmarkenspezifische Kosten** interpretierbar. Erst die Differenz dieser beiden Größen ermöglicht eine Aussage hinsichtlich des effektiven Wertbeitrages einer Zielgruppe zum Markenwert der Unternehmensmarke. Der **zielgruppenspezifische Markenwert** ist demnach als Ergebnis aus den unternehmensmarkenspezifischen Erlösen und Kosten innerhalb einer Zielgruppe aufzufassen. Der Gesamtmarkenwert einer Unternehmensmarke ergibt sich somit aus der in Abbildung 2 veranschaulichten Aggregation aller zielgruppenspezifischen Markenwerte.

| **Abbildung 2** | **Die komplexe Zusammensetzung des Markenwertes einer Unternehmensmarke** |

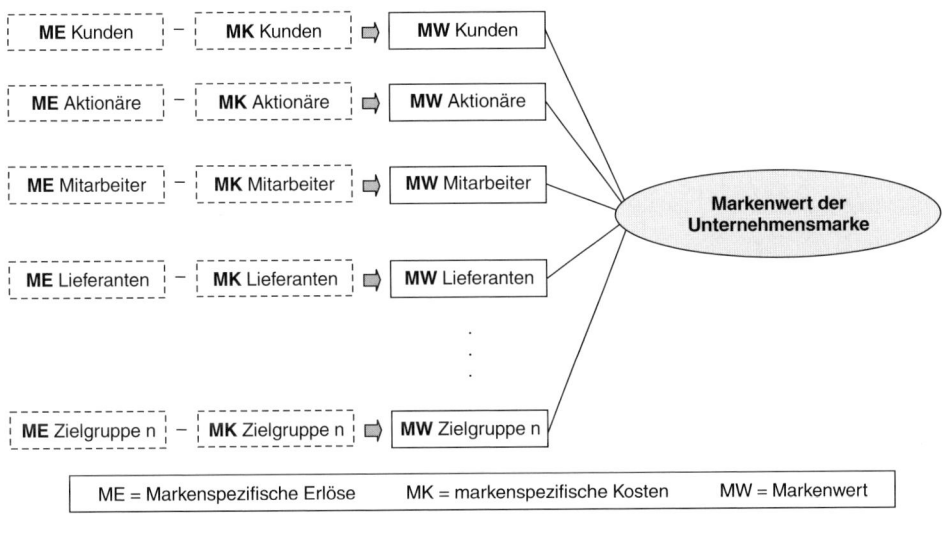

ME = Markenspezifische Erlöse   MK = markenspezifische Kosten   MW = Markenwert

GABLER
GRAFIK

Die Zielsetzung der Maximierung des Gesamtmarkenwertes ist vor diesem Hintergrund auf die einzelnen Zielgruppen herunterzubrechen. Als besonders problematisch erweisen sich in diesem Zusammenhang die existierenden **Interdependenzen** der zielgruppenspezifischen Wertbeiträge. Diese sind begründet durch eine gegenseitige Abhängigkeit der aus dem Wahrnehmungsprozess resultierenden Markenbilder. So führen bei-

spielsweise die Kommunikation zwischen den Zielgruppen oder intrapersonale Rollen-
überschneidungen zu einer gegenseitigen Beeinflussung der Markenbilder. Ebenso ist in
der Unternehmensmarke nur eine einzige Unternehmensidentität verankert, die zwischen den einzelnen Zielgruppen nicht beliebig variieren kann. Die Treiber der skizzierten Interdependenz sind im Rahmen des in Abbildung 3 dargestellten Wahrnehmungs-
prozesses einer Unternehmensmarke grau schraffiert herausgestellt.

Aus diesem Grund kann mit der Maximierung des Markenwertes der Unternehmensmarke die nur suboptimale Ausschöpfung der Beitragspotenziale einzelner Zielgruppen einhergehen. Die Analyse der ökonomischen Zielsetzung führt somit zur Forderung nach einer zielgruppenorientierten Koordination, deren Aufgabe in der Abstimmung der einzelnen Wertbeiträge hin zu einem aggregierten Gesamtmaximum zu sehen ist.

| Abbildung 3 | Treiber für die Interdependenz der Markenbilder im Wahrnehmungsprozess der Unternehmensmarke |

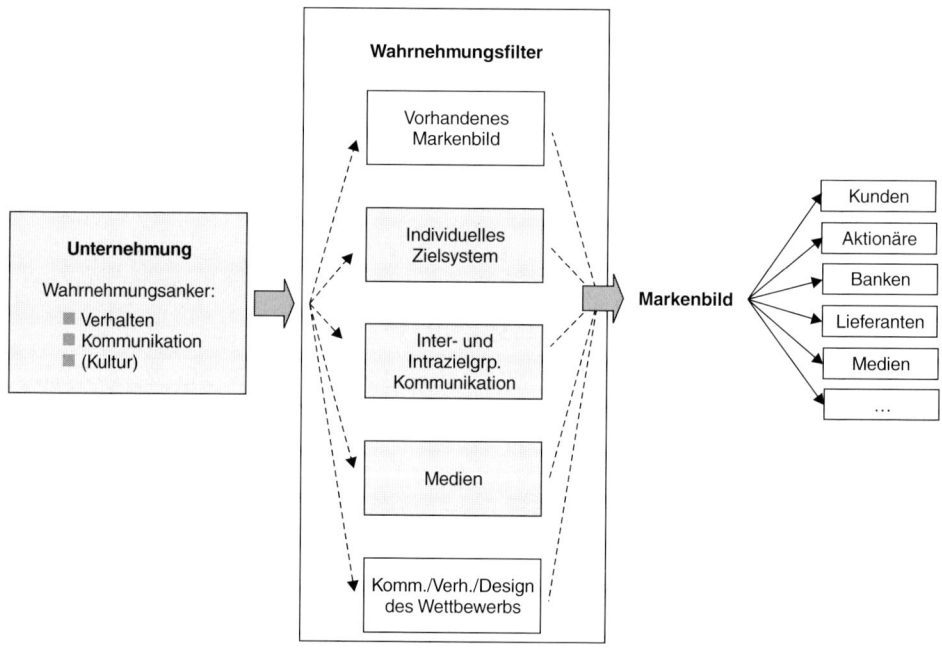

GABLER
GRAFIK

Quelle: In Anlehnung an Cornelissen 2000, S. 120

2.22 Unternehmensmarke als psychologischer Zusatznutzen

Die Sichtweise einer Marke als **psychologischer Zusatznutzen** knüpft an den eigentlichen Ursachen für die zielgruppenspezifischen Beiträge zum Markenwert der Unternehmensmarke an. Grundsätzlich lassen sich zwei unterschiedliche Erklärungsansätze ableiten, die einerseits die zielgruppenspezifischen Wertbeiträge theoretisch begründen und andererseits einen Ausgangspunkt zur Ableitung von Zielen der Markenführung darstellen.

Einen ersten Erklärungsansatz liefert die **Neue Institutionenökonomie**. Diese erklärt den ökonomischen Wert der Unternehmensmarke aus ihrem Transaktionskostensenkungspotenzial (Kaas 1995, S. 3 ff.). Ausgangspunkt ist die begrenzte Rationalität und die damit verbundene Unsicherheit bei Entscheidungen als Dimension der jeweiligen Transaktionskosten (Erlei/Leschke/Sauerland 1999, S. 69 ff.; Picot et al. 1999, S. 60 f.). Die Unsicherheit ist bei **Vertrauenseigenschaften** grundsätzlich und bei Erfahrungseigenschaften zumindest vor dem Zeitpunkt ihrer Überprüfbarkeit durch nicht verfügbare Informationen begründet. Die Unternehmensmarke fungiert jedoch als Surrogat dieser Informationen. So stellt sie einen **„Information Chunk"** dar, der die infolge einer verdichteten Wahrnehmung des Unternehmens entstandenen Schlüsselinformationen verkörpert. Diese Schlüsselinformationen werden als Indikator für eine Beurteilung der real komplexeren Umweltsituationen herangezogen.

Dies setzt allerdings die Glaubhaftigkeit der Unternehmensmarke bzw. der durch diese symbolisierten Informationen voraus. Ist diese gegeben, wirken die symbolisierten Informationen wie Sucheigenschaften. Sie treten somit an die Stelle der den Wahrnehmenden ursprünglich interessierenden Erfahrungs- und Vertrauenseigenschaften. Aus der Tatsache, dass sich die Wahrnehmenden unter der Prämisse der Glaubwürdigkeit auf den symbolisierten Inhalt einer Unternehmensmarke verlassen, ergibt sich die **Vertrauensfunktion** einer Unternehmensmarke. Eine wesentliche Herausforderung für die Markenführung ist daher die Schaffung eines hohen Maßes an Glaubwürdigkeit. Diese wird im Rahmen der Informationsökonomie durch die Existenz einer entsprechenden Reputation begründet. Die Reputation des Unternehmens verschafft der Unternehmensmarke somit einen Vertrauensvorschuss.

Das Konstrukt der **Reputation** wurde insbesondere in der anglo-amerikanischen Forschung näher beleuchtet. Die Reputation eines Unternehmens resultiert aus einer integrierten Bewertung der Unternehmensimages im Zeitablauf. Ihren existierenden Operationalisierungsansätzen ist gemein, dass die Reputation einer Unternehmung aus der Aggregation von Kriterien entsteht, in denen das Unternehmen aus unterschiedlichen Perspektiven beleuchtet wird (Fombrun 1996, S. 115). Diese spiegeln die unterschiedlichen Interessen der verschiedenen Zielgruppen eines Unternehmens wider. Jedoch erfolgt die Bewertung der Reputation stets unter Einnahme einer ganzheitlichen Betrachtungsperspektive. Lediglich die in Abbildung 4 dargestellte Gewichtung der Reputationsdimensionen unterscheidet sich zwischen den einzelnen Zielgruppen. Gavin/Fombrun sprechen vor diesem Hintergrund von einem integrierten Ansatz der Anspruchsgruppenberücksichtigung (Gavin/Fombrun 2000, S. 18).

Eine weitere Funktion der Marke ergibt sich durch das Symbolisieren von **Sucheigenschaften**. Da diese Informationen jedoch auf der Grundlage einer entsprechenden Recherche verfügbar bzw. überprüfbar sind, beschränken sich die Möglichkeiten zur Reduzierung der bei einer Transaktion vorherrschenden Unsicherheit nicht ausschließlich auf die Unternehmensmarke. Vielmehr werden die in der Unternehmensmarke verdichtet abgebildeten Informationen bewertet und mit den vergleichbaren Kosten zur Recherche entsprechend sicherer Informationen verglichen. Der Nutzen einer Unternehmensmarke resultiert somit aus ihrer Fähigkeit, die für eine Transaktion notwendige Informationsrecherche zu substituieren. Durch die entsprechende Reduzierung des Informationsbedarfes trägt sie zu einer Entlastung der Transaktionskosten bei. Daraus folgt die **Rationalisierungsfunktion** der Unternehmensmarke. Da sich die Unternehmensmarke in einem wettbewerbsähnlichen Verhältnis zur Informationsbeschaffung über andere Wege befindet, erfolgt eine Bewertung der symbolisierten Inhalte hinsichtlich ihrer Qualität und Quantität. Die Qualitätsbeurteilung der verdichteten Informationen erfolgt insbesondere hinsichtlich ihrer Glaubhaftigkeit. Demnach verlangt auch die Rationalisierungsfunktion ein hohes Maß an Reputation.

Abbildung 4   **Zielgruppenübergreifende Interpretation der Reputation**

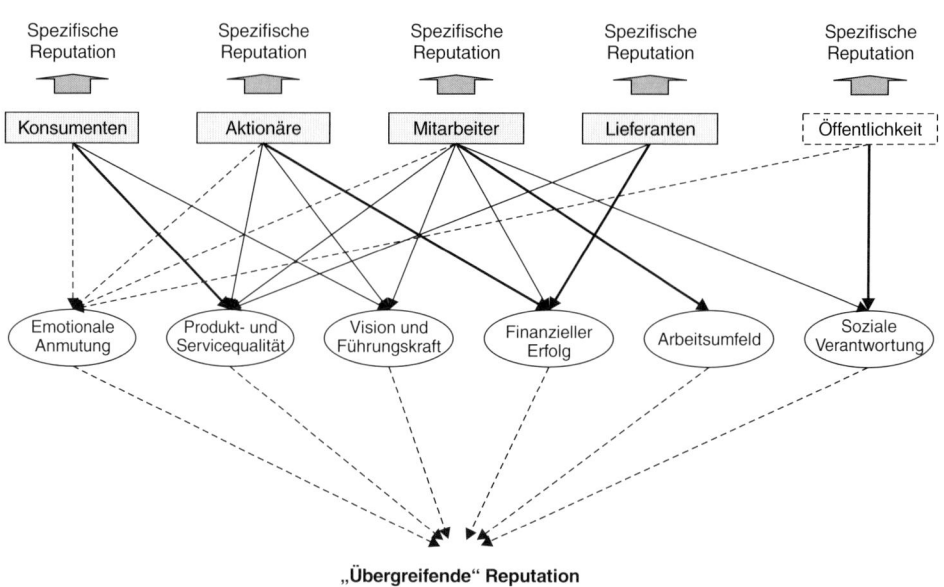

„Übergreifende" Reputation

GABLER
GRAFIK

Quelle: In Anlehnung an Fombrun 1996, S. 50 ff.

Abbildung 5   Inhaltsdimensionen einer Unternehmensmarke

	Produkt-/Leistungsfokussierung	Finanzfokussierung			Sozialfokussierung	
	Konsumenten	**Aktionäre**	**Banken**	**Lieferanten**	**Führungskräfte**	**Mitarbeiter**
Vertrauenseigenschaften	▪ Einhaltung des Leistungs-/Produktversprechens ▪ Kundendienst/Service	▪ Dauerhafte Wertsteigerung ▪ Ansprechende Dividendenpolitik/Kurspflege ▪ Kompetentes Mgmt.	▪ Dauerhafte Unternehmensbonität ▪ Kompetentes Mgmt.	▪ Dauerhafte Unternehmensbonität ▪ Abnahmesicherheit	▪ Persönl. Entwicklungschancen ▪ Dauerhaft adäquate Bezahlung	▪ Sicherer Arbeitsplatz
Erfahrungseigenschaften	▪ Produkt-/Leistungsqualität	▪ Informationsverhalten des Unternehmens	▪ Informationsverhalten des Unternehmens ▪ Zahlungsweise/Liquidität	▪ Partnerschaftliches Verhältnis	▪ Unternehmenskultur ▪ Förderungsmaßnahmen	▪ Unternehmenskultur
Sucheigenschaften	▪ Leistungs-/Produktmerkmale ▪ Bewertungen von neutralen Instanzen ▪ Medienberichte	▪ Historische Kursverläufe ▪ Geschäftsberichte ▪ Bewertungen von neutralen Instanzen ▪ Medienberichte	▪ Bonitätsmerkmale (z. B. Bilanzen)	▪ Bonitätsrankings ▪ Bankauskünfte	▪ Bezahlung ▪ Imagerankings ▪ Publikationen ▪ Leitbilder als Grundlage von Verhalten und Entscheidungen	▪ Entlohnung ▪ Leitbilder als Grundlage von Verhalten

Dauerhafter Fortbestand des Unternehmens

Übergeordnete Vertrauenseigenschaften

Vertrauensfunktion

Interessengetriebene Eigenschaften

Rationalisierungsfunktion

Mit der Herausstellung der Reputation eines Unternehmens ist bereits eine erste Zielset-zung für die Markenführung gekennzeichnet. Diese wird zielgruppenübergreifend durch die Kontinuität übergeordneter Reputationsdimensionen sichergestellt. Darüber hinaus hat eine Unternehmensmarke jedoch die spezifischen Vertrauens-, Erfahrungs- und Sucheigenschaften zu symbolisieren. Im Gegensatz zur Reputation sind diese Inhalte zielgruppenspezifisch abzuleiten. Abbildung 5 gibt einen Überblick über die durch eine Unternehmensmarke zu symbolisierenden, zielgruppenspezifischen Inhalte. Auch hier verdeutlicht sich die Notwendigkeit einer zielgruppenorientierten Koordination zur Si-cherstellung eines zwischen den Zielgruppen widerspruchsfreien Markenauftritts.

Neben der Neuen Institutionenökonomie leisten auch verhaltenspsychologische Theo-rien einen hohen Erklärungsbeitrag für die Relevanz der Unternehmensmarke. Einen ho-hen Stellenwert hat in diesem Zusammenhang die **Theorie des Selbstkonzeptes.** Diese differenziert unterschiedliche Perspektiven des Selbst, wobei zwischen dem vorhandenen und dem idealen Selbst sowie der Eigen- und Fremdwahrnehmung unterschieden wird (vgl. Filipp 1993, S. 50 ff.). Der besondere Nutzen der Unternehmensmarke liegt in ihrem Beitrag, die Entwicklung einer Person hin zu ihrem idealen Selbst zu unterstützen (vgl. Sommer 1998, S. 80). So erfolgt durch die Identifikation mit der Unternehmensmarke ein Transfer der Di-mensionen der Markenpersönlichkeit auf die jeweilige Humanpersönlichkeit. Voraussetzung hierfür ist, dass die Unternehmensmarke selbst über eine anerkannte Identität bzw. Persön-lichkeit verfügt. Die Unternehmensmarke wird als Identifikationsanker gerade seitens aktu-eller oder potenzieller Mitarbeiter genutzt. So tragen zum Beispiel prestigeträchtige Arbeits-plätze wie McKinsey oder Lufthansa dazu bei, dass sowohl die Mitarbeiter hinsichtlich des Empfindens über ihre eigene Identität, aber auch in ihrer jeweiligen Fremdwahrnehmung entsprechend beeinflusst werden.

Für die Führung der Unternehmensmarke lässt sich aus diesem Erklärungsansatz ablei-ten, dass ihre spezifische Persönlichkeit besonders herauszustellen ist. Umso ausgepräg-ter und umfassender die Markenpersönlichkeit empfunden wird, desto höhere Identifika-tionspotenziale werden dem Wahrnehmenden geboten. Die inhaltliche Aufladung der Markenpersönlichkeit lässt sich allerdings nicht generalisieren. Sie ist einerseits aus der existierenden und historisch geprägten Unternehmenspersönlichkeit abzuleiten und an-dererseits im Spannungsfeld unterschiedlicher Interessen der Anspruchsgruppen zu ent-wickeln.

3. Implikationen für die Führung von Unternehmensmarken

3.1 Zielgruppenspezifische Markenführung durch die Gestaltung der Markenarchitektur

Die Führung der Unternehmensmarke befindet sich demnach in einem Spannungsfeld zwischen der Berücksichtigung möglichst vieler zielgruppenspezifischer Interessen sowie der Notwendigkeit einer zielgruppenübergreifenden Koordination. Eine der in diesem Zusammenhang bedeutendsten Gestaltungsoptionen stellt die Bestimmung der **Markenarchitektur** dar (vgl. den Beitrag zur Markenarchitektur in diesem Buch).

Vor diesem Hintergrund sind aus verschiedenen Alternativen zur Markierung von Hierarchieebenen drei alternative Markenarchitekturtypen ableitbar, die ein jeweils unterschiedliches Eingehen auf die verschiedenen Interessen der einzelnen Zielgruppen ermöglichen. Im Rahmen einer **„undifferenzierten Zielgruppenansprache"** tritt in allen Hierarchieebenen und damit auch gegenüber allen Zielgruppen nur eine einzige Marke – die Unternehmensmarke – auf. Demnach sind durch die Unternehmensmarke zielgruppenübergreifend alle Interessen abgewogen zu berücksichtigen. Wenngleich im Rahmen einer solchen Markenstrategie die Unternehmensmarke eine besonders hohe Bekanntheit erlangt und die zwischen den Zielgruppen und Hierarchieebenen realisierbaren Transfereffekte zu vergleichsweise geringen Kosten führen, erscheint das Potenzial aller realisierbaren Wertbeiträge hingegen unausgeschöpft, da die Standardisierung der Aussagen zu einer geringeren Profilierung in den Teilmärkten führt.

Reziprok hierzu verhält sich die Bewertung der **„differenzierten Zielgruppenansprache"**. Hierbei beschränkt sich der Auftritt der Unternehmensmarke allein auf die Top-Ebene. In der SGE-Ebene erfolgt eine Einführung von zusätzlichen Sub-Unternehmensmarken, in der Marktebene möglicherweise auch noch verschiedener Produktmarken. Hierdurch werden jene Zielgruppen, die nicht zu den Fokuszielgruppen der Unternehmensmarke zählen, von dieser markentechnisch getrennt. Die zwischen den Zielgruppen existierenden Interdependenzen in der Wahrnehmung werden zerschnitten bzw. reduziert. Somit können die einzelnen Marken in den Hierarchieebenen auf die entsprechend verbliebenen Fokuszielgruppen ausgerichtet und das Potenzial der erzielbaren Wertbeiträge besser ausgeschöpft werden. Allerdings sind mit dieser Markenstrategie höhere Kosten verbunden, da jede Marke isoliert aufgebaut und gepflegt werden muss.

Schließlich ist auch die **„bedingt differenzierte Zielgruppenansprache"** anzuführen. Abgeleitet aus der Strategie des „Endorsed-Branding" wird der dominierende Auftritt der Sub-Unternehmens- oder Produktmarken durch einen oft nur unauffälligen Zusatz, wie zum Beispiel „by XY" oder „ein Unternehmen der XY Gruppe", ergänzt. Die Unternehmensmarke kann sich dabei mit ihren symbolisierten Inhalten auf ihre Fokuszielgruppen in der Top-Ebene konzentrieren. Zugleich wird durch den Hinweis auf die Zugehörigkeit zur Unternehmensmarke in den unteren Hierarchieebenen ein Imagetransfer der Unternehmensmarke zur Sub-Unternehmens- oder Produktmarke stattfinden. So gelingt es beispielsweise, die Zugehörigkeit zu einer „finanzstarken Unternehmensgruppe" oder einer „faszinierenden Unternehmenswelt" zu symbolisieren, ohne auf eine spezifischere Ansprache der in der SGE-Ebene oder Marktebene verankerten Zielgruppen zu verzichten.

Eine exemplarische Darstellung der Strategietypen zeigt Abbildung 6. Die Begrenzung der Darstellung auf eine einzige Sub-Unternehmensmarke in der SGE-Ebene deutet bereits darauf hin, dass die skizzierten Typen Reinformen darstellen, die in der durch eine hohe Komplexität gekennzeichneten Ganzheit der Markenarchitekturen nur selten vorzufinden sind. Da der Gestaltung der Markenarchitekturen in der Vergangenheit jedoch nur eine untergeordnete Bedeutung zukam, ist dies oft das Ergebnis unbewussten Handelns.

| Abbildung 6 | Optionen für die Gestaltung von Markenarchitekturen |

Unternehmens-ebene	Fokus-zielgruppen	Strategietyp		
		Undifferenziert (monolithisch)	Bedingt differenziert (endorsed)	Differenziert (finanzorientiert)
Top-Ebene (des Gesamt-unternehmens)	Aktionäre Analysten Top-Führungskräfte Wirtschafts-medien	Virgin	United Technologies	Bertelsmann
SGE-Ebene	Mitarbeiter Lieferanten Fachpresse	virgin atlantic / Virgin trains / Virgin mobile	Pratt & Whitney / Sikorsky	G+J
Marktebene	Konsumenten	Virgin Cola		stern / GEO / Berliner Zeitung

Besonders problematisch erweist sich jedoch die konkrete Auswahl einer geeigneten Markenarchitektur. So müsste sich diese nicht nur an einer Maximierung des ohnehin schon komplexen Markenwertes einer Unternehmensmarke orientieren, sondern an einer Maximierung der gesamten Markenwerte aller in einer Unternehmung vorhandenen Marken. Eine derartige Bewertung ist jedoch nur schwer zu operationalisieren. Einige Tendenzaussagen sind allerdings in Abbildung 7 dargestellt. Demzufolge scheint gerade die „bedingt differenzierte Zielgruppenansprache" mit dem Endorsed-Branding der Unternehmensmarke besonders vorteilhaft.

Auf Grund der existierenden Bewertungsdefizite hinsichtlich des Markenwertes sind kontingenztheoretisch abgeleitete Bewertungskriterien zu beachten, die als Eignungsgrößen für eine spezifische Markenarchitektur fungieren. Einige solcher Kriterien haben Laforet/Saunders herausgestellt (vgl. Laforet/Saunders 1999, S. 64). Hierbei wird der Architekturtyp einer „undifferenzierten Zielgruppenansprache" insbesondere für traditionsreiche, marktführende Unternehmen mit einem überschaubaren Angebotsportfolio empfohlen, die zugleich über eine einheitliche Positionierung möglichst im Premium-Segment verfügen. Eine „differenzierte Zielgruppenansprache" eignet sich hingegen für Unternehmen, die dezentralisiert in unterschiedlichen Märkten mit möglicherweise heterogenen Positionierungen agieren und hierdurch mit divergierenden Interessen konfrontiert werden. Die gemischte Markenarchitektur wird schließlich für effizienzorientierte Unternehmen mit ausgeprägten Images bei den Sub-Unternehmens- oder Produktmarken empfohlen.

Durch die Gestaltung der Markenarchitektur kann die parzielle Trennung einiger Zielgruppen von der Unternehmensmarke und somit eine zielgruppenspezifischere Markenführung ermöglicht werden. Jedoch ist eine Reduktion sowohl der Unternehmensmarke als auch der Sub-Unternehmensmarken auf eine einzelne Zielgruppe nicht möglich. Aus diesem Grund bedarf es für die Führung einer Unternehmensmarke eines Konzeptes zur simultanen, zielgruppenübergreifenden Markenführung. Die identitätsorientierte Markenführung wird diesen Herausforderungen in besonderem Maße gerecht.

Abbildung 7	Markenwertorientierte Analyse der zielgruppenbezogenen Markenarchitekturtypen

	Auswirkungen auf markenspezifische *Erlöse*	**Auswirkungen auf markenspezifische *Kosten***
Undifferenzierte Zielgruppenansprache ➤ Markenwert der Unternehmensmarke: **hoch** ➤ Markenwert der Sub-UM und Produktmarken: **nicht vorhanden**	▪ Geringere zielgruppenspezifische Wertbeiträge, da nur bedingt auf die differenzierten Interessen eingegangen werden kann (Notwendigkeit der unternehmensweit einheitlichen Positionierung). ▪ Identifikation auf eine einzige Markenpersönlichkeit beschränkt. ▪ Positive Imagetransfereffekte zwischen den Zielgruppen determinieren starke Unternehmensmarke.	▪ Zielgruppenspezifische Koordinationskosten vergleichsweise hoch, da die Konsistenz über viele Zielgruppen herzustellen ist. ▪ Markenvielfaltsbezogene Koordinationskosten vergleichsweise gering, da nur eine Marke existiert. ▪ Kostensynergien hoch, da sich alle Ausgaben auf nur eine Marke fokussieren (zum Beispiel Synergien in Kommunikation etc.).
Differenzierte Zielgruppenansprache ➤ Markenwert der Unternehmensmarke: **gering** ➤ Markenwert der Sub-UM und Produktmarken: **hoch**	▪ Nahezu vollständige Ausschöpfung der zielgruppenspezifischen Beitragspotenziale, da durch die unterschiedlichen Marken auf die differenzierten Interessen der ZG eingegangen wird (Unternehmensweit differenzierte Positionierung möglich). ▪ Schaffung vielfältiger Markenpersönlichkeiten denkbar mit einhergehenden umfangreichen Identifikationspotenzialen. ▪ Geringe Imagetransfereffekte führen zu einer vergleichsweise schwachen Unternehmensmarke (dafür aber werthaltige Sub-Unternehmens- und Produktmarken).	▪ Zielgruppenspezifische Koordinationskosten vergleichsweise gering, da durch Zerschneidung von Interdependenz die Notwendigkeit der Koordination entfällt. ▪ Markenvielfaltbezogene Koordinationskosten durchschnittlich, da zwar viele Marken existieren, diese jedoch nicht miteinander verbunden werden. ▪ Wenig Kostensynergien, da jede Marke einzeln profiliert werden muss.
Bedingte differenzierte Zielgruppenansprache ➤ Markenwert der Unternehmensmarke: **relativ hoch** ➤ Markenwert der Sub-UM und Produktmarken: **relativ hoch**	▪ Hohe, aber nicht vollständige Ausschöpfung der zielgruppenspezifischen Beitragspotenziale, da durch die unterschiedlichen Marken zwar auf die differenzierten Interessen der ZG eingegangen wird, die Positionierungsfreiräume jedoch durch den Auftritt der Unternehmensmarke begrenzt sind. ▪ Vielfalt der Markenpersönlichkeiten ist durch die Persönlichkeit der Unternehmensmarke eingeengt. Somit eine begrenzte Ausweitung der Identifikationspotenziale. ▪ Mögliche Imagetransfereffekte führen sowohl zu einer relativ starken Unternehmensmarke bei gleichzeitiger Existenz starker Sub-Unternehmens- und Produktmarken.	▪ Zielgruppenspezifische Koordinationskosten vergleichsweise hoch, da die Konsistenz über viele Zielgruppen herzustellen ist. ▪ Markenvielfaltbezogene Koordinationskosten sehr hoch, da Fit zwischen den Marken herzustellen ist. ▪ Kostensynergien in geringem Ausmaß vorhanden, jedoch sind auch die weiteren Marken entsprechend zu profilieren.

GABLER
GRAFIK

3.2 Identitätsorientierte Markenführung als Grundkonzept zur zielgruppenübergreifenden Führung von Unternehmensmarken

Wesentliches Fundament der identitätsorientierten Markenführung bildet die Erkenntnis in der sozialpsychologischen Forschung, nach der die Identität einer Person erst durch eine wechselseitige Wahrnehmung von weiteren Personen entstehen kann (vgl. Weidenfeld 1983, S. 19). Die Stärke einer Humanidentität resultiert aus der Übereinstimmung der Wahrnehmung dieser Identität aus eigener und fremder Sicht (vgl. den Beitrag zum theoretischen Grundkonzept der identitätsorientierten Markenführung in diesem Band; Conzen 1989, S. 72 f.). Diese Erkenntnis wurde im Kontext der **identitätsorientierten Markenführung** analog auf das Konstrukt einer Marke übertragen.

So resultiert die Stärke der Identität einer Marke aus der Übereinstimmung ihres von außen wahrgenommenen Fremd- sowie des unternehmensintern analog existierenden Selbstbildes. Hiermit einher geht die Notwendigkeit, im Rahmen der Führung einer Marke sowohl die internen Zielgruppen, das heißt die für eine Marke verantwortlichen Mitarbeiter, als auch die externen Zielgruppen, hierbei insbesondere die Konsumenten, simultan zu berücksichtigen. Damit findet sich der für die Unternehmensmarke besonders relevante Aspekt einer zielgruppenübergreifenden Markenführung in den Gedanken der identitätsorientierten Markenführung entsprechend wieder (Bickmann 1999, S. 32 f.; Heinlein 1999, S. 283 ff.).

Ziel der identitätsorientierten Markenführung einer Unternehmensmarke ist daher die Gewährleistung einer starken Unternehmensmarkenidentität durch Maßnahmen zur Erlangung einer hohen Übereinstimmung der vielfältigen Selbst- und Fremdbilder (vgl. Meffert/Burmann 1996, S. 50 ff.). Hierzu sind jene zielgruppenübergreifend akzeptierten Identitätsdimensionen als gemeinsame Klammer zu identifizieren, die das Unternehmen in den unterschiedlichen Absatz- und Beschaffungsmärkten wettbewerbsrelevant positionieren. Eine formale Verankerung erfahren diese Inhaltsdimensionen durch ein formuliertes Markenleitbild, welches als Orientierung für die Generierung von Maßnahmen fungiert. Die Berücksichtigung der unterschiedlichen Zielgruppen erfolgt im Rahmen der identitätsorientierten Markenführung somit weniger durch ein Eingehen auf die spezifischen Interessen als vielmehr durch die Durchsetzung einer gemeinsamen Basis. Abbildung 8 verdeutlicht diese Vorgehensweise.

Die besondere Leistung der identitätsorientierten Markenführung für das Management einer Unternehmensmarke ist vor diesem Hintergrund in der Bereitstellung eines konzeptionellen Rahmens zu sehen, der eine Verwässerung der Unternehmensmarke durch die Gewährleistung einer konsistenten Wahrnehmung zwischen den Zielgruppen verhindert. Zugleich wird die Kontinuität essenzieller Identitätsmerkmale sichergestellt, was wiederum den Aufbau der Reputation für eine Unternehmensmarke fördert. Schließlich ist die Existenz einer Markenidentität eine wesentliche Grundlage für ihre entsprechende Markenpersönlichkeit. Allerdings ist die Schaffung von Markenidentität auf Basis dieses konzeptionellen Rahmens nur eine notwendige Bedingung für den jeweiligen Markenerfolg. Darüber hinaus ist zum Beispiel die Kompetenz einer Unternehmensmarke für die unterschiedlichen Interessen der Zielgruppen zu signalisieren. In den Fällen eines hohen Abstraktionsniveaus, in denen die Formulierung einer von allen Zielgruppen akzeptierten Klammer zu „Leerformeln" führt, wird die besondere Gefahr des Verlustes der Markenkompetenz für eine Unternehmensmarke trotz hoher Markenidentität deutlich.

Abbildung 8   **Koordination von internen und externen Zielgruppen mit dem Konzept der identitätsorientierten Markenführung**

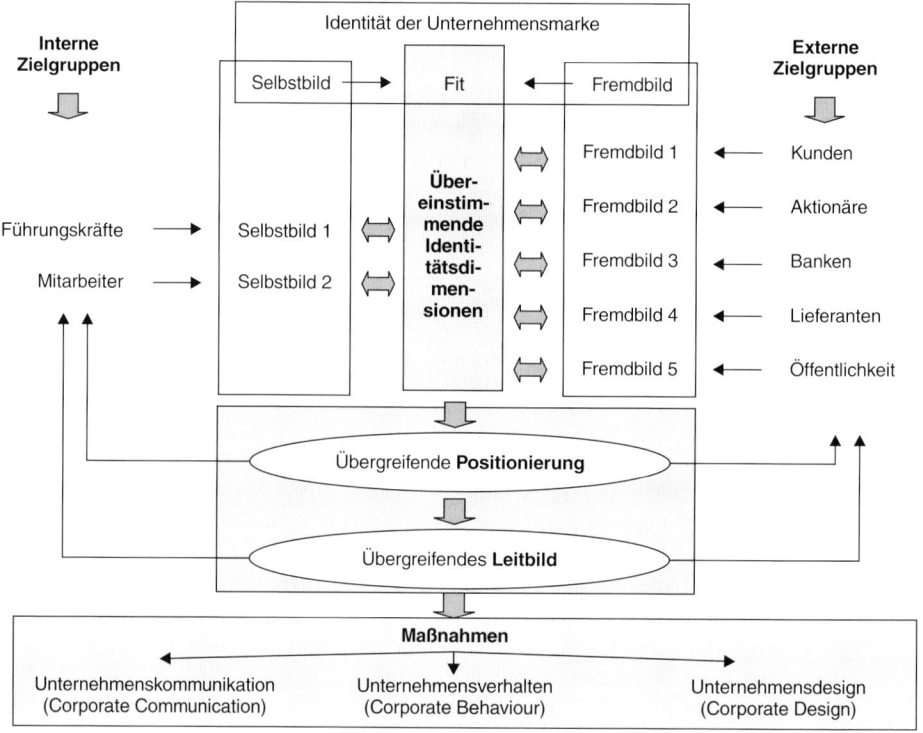

4. Ausblick

Im Rahmen des Beitrags wurde die hohe Komplexität der Markenführung von Unternehmensmarken auf Grund der Existenz unterschiedlicher Zielgruppen aufgezeigt. So steht die Markenführung in einem Spannungsfeld zwischen der Anpassung an ihre spezifischen Interessen und der Notwendigkeit einer zielgruppenübergreifenden Koordination.

Eine besondere Schwierigkeit ergibt sich hinsichtlich der integrativen Sicht von Zielgruppen vor allem durch die häufig vorzufindende funktionale Trennung des Finanz-, Personal- und Absatzmarketing. Die Aktivitäten dieser Bereiche beeinflussen in nicht unerheblichem Maße die Unternehmensmarke. Deshalb bedarf es entsprechender Kompetenzen für die Sicherstellung einer ganzheitlichen Koordination. Die Wissenschaft ist in diesem Zusammenhang gefordert, entsprechende Instrumente für die zielgruppenbezogene Koordination der Markenführung zu entwickeln.

Darüber hinaus wird die ohnehin hohe Komplexität der Führung einer Unternehmensmarke durch die Zunahme von Unternehmensfusionen weiter gesteigert. So ist häufig innerhalb nur kurzer Zeit eine Entscheidung über die neue Namensgebung eines „Gemeinschaftsunternehmens" zu treffen. Der neue Unternehmensname hat eine hohe Aussagekraft über den Charakter einer Fusion und generiert Implikationen für die zu erwartende Unternehmensidentität. Somit ist die Auswahl der neuen Markierung sorgfältig zu überprüfen. Auch hier ergeben sich mit der Validierung von Bewertungskriterien Herausforderungen für weitere wissenschaftliche Forschungsarbeiten.

Vor diesem Hintergrund scheint die Beschäftigung mit der Unternehmensmarke als eigenständigem Untersuchungsgegenstand eine wertvolle Erweiterung im Rahmen des oftmals kritisierten Deepening und Broadening der Markenführung darzustellen. Die aufgezeigten Forschungsdefizite verdeutlichen letztlich die Notwendigkeit, der Unternehmenspraxis durch eine Intensivierung der Forschung innovative Lösungsvorschläge für diese zweifellos aktuelle Herausforderung aufzuzeigen.

Ein Erfolg versprechender Ansatz ist insbesondere in der weiteren Zusammenführung von Erkenntnissen aus der Corporate-Identity(CI)- und der Markenforschung zu sehen. In beiden Forschungsrichtungen hat das Konstrukt der „Identität" eine zentrale Bedeutung. Die Perspektiven auf die Identität unterscheiden sich hingegen. So bezieht sich die CI-Forschung auf eine ganzheitliche Betrachtung des Unternehmens, während sich die Markenforschung allein mit den Aspekten der Marke befasst. Mit der Unternehmensmarke kommt es jedoch zu einer Verschmelzung der Betrachtungsobjekte. Aus diesem Grund können die von langjähriger Tradition geprägten Forschungsrichtungen bei einer integrativen Vorgehensweise innovative Problemlösungen für die Unternehmensmarke generieren.

Literatur

Bickmann, R., Chance: Identität, Berlin u. a. 1999.

Conzen, P., E. H. Erikson und die Psychoanalyse, Systematische Gesamtdarstellung seiner theoretischen und klinischen Positionen, Heidelberg 1989.

Cornelissen, J., Corporate Image: an audience centred model, in: Corporate Communications: An international Journal, Vol. 5, No. 2, 2000, pp. 119–125.

Cyert, R. M., March, J. G., A Behavioral Theroy of the Firm, Englewood Cliffs 1963.

Demuth, A., Das strategische Management der Unternehmensmarke, in: Markenartikel, Heft 1, 2000, S. 14–20.

Erlei, M., Leschke, M., Sauerland, D., Neue Institutionenökonomik, Stuttgart 1999.

Farquhar, P. H., Ijiri, Y. A., Dialogue on Momentum Accounting for Brand Management, in: International Journal of Research in Marketing, Vol. 10, No. 1, 1993, pp. 77–92.

Filipp, S.-H., Selbstkonzept-Forschung – Probleme, Befunde, Perspektiven, 3. Aufl., Stuttgart 1993.

Fombrun, C. J., Reputation: Realizing Value from the Corporate Image, o.A.d.O., 1996.

Gavin, S., Fombrun, C. J., Foundations for good reputations, in: Star Tribune, 27.4.2000, pp 17–18.

Halliday, A., Corporate Branding, in: Urban Land, February 1998, pp. 96–97.

Heinlein, M., Identität und Marke: Brand Identity versus Corporate Identity?, in: Chance: Identität, Bickmann, R. (Hrsg.); Berlin u. a. 1999, S. 282–310.

Ind, N., The Corporate Brand, Ebbw Vale 1997.

Jenner, Th., Markenführung im Zeitalter des Shareholder-Value, in: Harvard Business Manager, H. 3, 2001, S. 54–63.

Kaas, K. P., Marketing und Neue Institutionenökonomik, in: Kontrakte, Geschäftsbeziehungen, Netzwerke, Kaas, K. P. (Hrsg.), Düsseldorf u. a. 1995, S. 1–17.

Kapferer, J.-N., Strategic Brand Management, 3rd Ed., London 2000.

Kircher, S., Corporate Branding – mehr als Namensgebung, in: planung & analyse, Heft 1, 1997, S. 60–61.

Laforet, S., Saunders, J., Managing Brand Portfolios: Why Leaders do what they do, in: Journal of Advertising Research, January/February 1999, pp. 51–66.

Meffert, H./Burmann, C., Identitätsorientierte Markenführung: Grundlagen für das Management von Markenportfolios, Arbeitspapier Nr. 100 der Wissenschaftlichen Gesellschaft für Marketing und Unternehmensführung e.V., Meffert, H./Backhaus, K./Wagner, H. (Hrsg.), Münster 1996.

Merbold, C., Unternehmen als Marken, in: Handbuch Markenartikel, Bruhn, M. (Hrsg.), Stuttgart 1994, S. 107–119.

Olins, W., The New guide to identity, Brookfield 1999.

o. V., Milliardenschätze, in: Wirtschaftswoche, Heft 42, v. 12.10.2000, S. 137.

Picot, A., Dietl, H., Franck, E., Organisation – eine ökonomische Perspektive, 2. Aufl., Stuttgart 1999.

Sattler, H., Markenpolitik, Frankfurt/M. 2001.

Sommer, R., Die Psychologie der Marke. Die Marke aus der Sicht des Verbrauchers, Frankfurt/M. 1998.

Weidenfeld, W., Die Identität der Deutschen – Fragen, Positionen, Perspektiven, in: Die Identität der Deutschen, Weidenfeld, W. (Hrsg.), Schriftenreihe der Bundeszentrale für politische Bildung, Band 200, Bonn 1983, S. 13–49.

Mehrmarkenstrategien – Identitätsorientierte Führung von Markenportfolios

Heribert Meffert und Jesko Perrey

▌ *1.* Stellenwert der Mehrmarkenstrategie

Angesichts der dynamischen Umfeldveränderungen haben sich die Bedingungen für die erfolgreiche Führung von Markenartikeln in der Vergangenheit kontinuierlich verschärft. Im horizontalen Wettbewerb besteht dabei für die Anbieter von Markenartikeln die zentrale Herausforderung, einer mit der fortschreitenden **Polarisierung des Konsumentenverhaltens** einhergehenden Fragmentierung bislang homogener Marktsegmente durch eine bedarfsgerechte Ausweitung des Angebotsspektrums gerecht zu werden und gleichzeitig die Wirtschaftlichkeit der Marktbearbeitung sicherzustellen. In diesem Spannungsfeld zwischen Effektivität und Effizienz der Markenführung steht nicht selten die Frage nach der Trag- bzw. Ausweitungsfähigkeit von Marken im Mittelpunkt der Betrachtung (Smith/Park 1992, S. 296 f.; Aaker 1998). Mit Hilfe der vielfach praktizierten **Markenausdehnungen**, sog. brand extensions (Aaker 1990; Keller 1993; Quelch 1994), bietet sich dabei auf vergleichsweise einfache Weise die Möglichkeit, das Leistungsspektrum etablierter Marken zu ergänzen und so in neue Marktsegmente vorzustoßen (vgl. auch den Beitrag zur Markenausdehnung in diesem Band). Oftmals führt eine derartige Vorgehensweise indes zu einer **Verwässerung** ursprünglich klar profilierter, weil fokussierter Marken und damit zu einer wachsenden Verwirrung der Nachfrager (Aaker 1998, S. 44 f.). Die Unterschreitung des notwendigen Homogenitätsgrades zwischen den unter dem Dach einer Marke angebotenen Leistungen ruft somit die Gefahr einer Aufweichung der wesentlichen Inhalte der Markenidentität hervor und lässt die Marke vielfach zur reinen Ursprungsbezeichnung bzw. Absenderadresse degenerieren.

Auf Grund der mit einer Ausdehnung des Leistungsspektrums unter einer Dach- oder Familienmarke verbundenen Risiken einer Deprofilierung ursprünglich konturierter Marken gewinnt die Marktbearbeitung mit mehreren, parallel auf den Absatzmarkt ausgerichteten Marken und somit die Ausübung einer **Mehr- bzw. Multimarkenstrategie** zunehmend an Bedeutung (Kapferer 2000). In dem Bewusstsein, dass die Marke vielfach den zentralen Wert einer Unternehmung darstellt (Specht 1997, S. 11), kann auf diese Weise die Flexibilität des Marktauftritts erhöht und das Risiko markenverwässernder Fehlentscheidungen (zum Beispiel Neuproduktflops) gesenkt werden.[1]

---

1   In seiner Stellungnahme vom 27.02.1998 hat der Bundesfinanzhof die Marke aus ertragssteuerlicher Sicht als abnutzbares Wirtschaftsgut bezeichnet und damit implizit die Notwendigkeit kontinuierlicher Marketinganstrengungen zur Aufrechterhaltung bzw. Steigerung des Markenwertes unterstrichen. Zur steuerlichen Behandlung und zur Abnutzbarkeit von Marken vgl. auch den Beitrag zur Abnutzung und Nutzungsdauer von Marken in diesem Band.

Dieser grundsätzlichen **Philosophie der Markenprofilierung** im horizontalen Wettbewerb Rechnung tragend, nimmt die Mehrmarkenstrategie heute in zahlreichen Produktbereichen eine dominierende Stellung ein. So vertreibt etwa Eckes mehrere Weinbrandmarken wie Attaché, Chantré und Mariacron, bietet Philip Morris für denselben Bedarf diverse Zigarettenmarken wie Marlboro, Merit und Benson & Hedges an oder offeriert Thomson im Bereich der Unterhaltungselektronik seine Produkte über die Marken Dual, Saba, Telefunken und Nordmende. Vorreiter dieses Konzeptes der Markenführung waren in den USA General Motors und Procter&Gamble, die frühzeitig erkannten, dass bei Ausweitung der Produktlinien mit der parallelen Einführung von Marken eine bessere Marktausschöpfung verbunden ist.

Besonders eindrucksvoll wird der Stellenwert von Mehrmarkenstrategien in der Automobilindustrie unterstrichen (vgl. Abbildung 1). Spätestens nach der Unternehmensfusion von Daimler und Chrysler agieren sämtliche der großen Automobilhersteller mit mehreren Marken im Wettbewerb. Im Jahr 1999 wurde der Volkswagen-Konzern gar für seine „konsequente Mehrmarkenstrategie" mit dem **„Deutschen Marketing-Preis"** ausgezeichnet (siehe Insert 1 und vgl. Fallstudie zur Mehrmarkenstrategie im Volkswagen-Konzern in diesem Buch). Entsprechend führt Michael (1999) in seiner Laudatio zum Marketing-Preisträger an: *„Mit maßgeschneiderten Markenprofilen beantwortet der VW-Konzern den Trend zur Individualisierung der Käufer. [...] Verbunden mit dem nachgewiesenen wirtschaftlichen Erfolg ist dies ein erfolgreicher unternehmerischer Kraftakt, der höchsten Respekt verdient."*

Die aus der Akquisition vormals selbständiger Marken oder aus internen Wachstumsüberlegungen hervorgehende Führung von Markenportfolios ist schließlich auch im Dienstleistungssektor verstärkt anzutreffen. So offeriert die TUI AG ihre touristischen Leistungen neben der Stammarke TUI über Marken wie Airtours, Seetours, Dr. Tigges, 1, 2 Fly, Wolters und Robinson Club. Im Flugdienstleistungsbereich tritt British Airways im Heimatmarkt mit der zusätzlichen Discount-Marke Go an, und auch die Lufthansa erwägt, den rückläufigen Marktanteilen mit der Einführung eines abgespeckten „No Frills-Angebots" unter eigener Markierung entgegenzutreten (o. V. 1998a, S. 44). Die Einführung eines Direktzugs unter der Marke Metropolitan lässt schließlich auch die Deutsche Bahn AG zum Mehrmarkenanbieter werden (o. V. 1997, S. 58).

Abbildung 1   Mehrmarkenstrategien in der Automobilindustrie

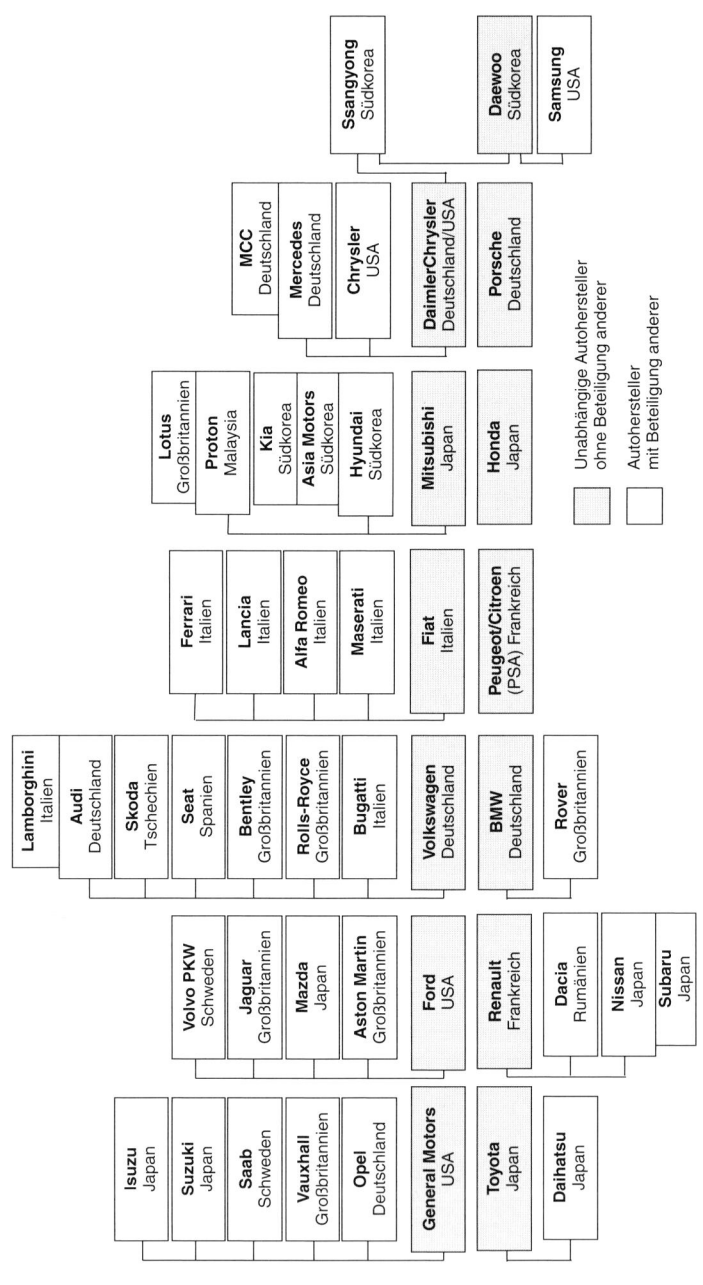

Quelle: o. V. 1999, S. 73

INSERT 1   Handelsblatt vom 03.08.1999, S. 43

Themen und Trends / Marketing und Medien

Volkswagen bekommt in diesem Jahr den Deutschen Marketing-Preis / Mehrmarkenstrategie als Erfolgsrezept / Von STEFAN MENZEL

Der Volkswagen-Konzern bekommt in diesem Jahr den „Deutschen Marketing-Preis". Belohnt wird damit die „konsequente Mehrmarkenstrategie", die das Wolfsburger Unternehmen verfolgt, um zu einem echten internationalen Spieler zu werden.

HANDELSBLATT, Montag, 2.8.99

DÜSSELDORF. „Der Gesamtkonzern ist besonders gut für die Anforderungen des nächsten Jahrhunderts gerüstet", begründet Peter Hammann, Vorsitzender der Fachjury des Deutschen Marketing-Verbandes und Professor an der Universität Bochum, die Auswahl der Volkswagen AG. Die Wolfsburger hätten mit ihrem Marken- und Marketing-Ansatz ein Vorbild für die gesamte Automobilindustrie geschaffen. Unter den deutschen Automobilherstellern sei allenfalls Daimler-Chrysler noch mit dem Konzern aus Niedersachsen vergleichbar.

Der Deutsche Marketing-Verband in Düsseldorf vergibt seine oberste Auszeichnung nicht allzu häufig an einen Hersteller aus der Automobilbranche. Vor Volkswagen war zuletzt 1988 BMW an die Reihe gekommen, 1977 bekam Daimler-Benz den Marketing-Preis. Der ausgezeichnete Hersteller muss deutlich gemacht haben, „dass ein integriertes Marketing-Konzept und der Einsatz der Techniken und Instrumente des Marketing den wirtschaftlichen Erfolg des Unternehmens begründet haben."

Bei Volkswagen sind nicht nur Golf, Polo und Passat ausgezeichnet worden. Die Jury des Marketing-Verbandes lobt ausdrücklich die Geschäftspolitik des Wolfsburger Konzerns, der inzwischen mit einem ganzen Ensemble unterschiedlicher Marken weltweit auf den Automobilmärkten agiert. Besonders in den 90-er Jahren hat die Volkswagen AG ihr Markenportfolio entscheidend ausgeweitet. Zu Audi und Seat sind inzwischen Skoda, Bentley, Bugatti, Lamborghini und befristet bis zum Jahr 2003 auch Rolls-Royce dazugekommen. Die Transporter werden außerdem unter der Marke „VW Nutzfahrzeuge" verkauft. Schließlich träumt Konzernchef Ferdinand Piëch davon, mit einer eigenen Marke in das Geschäft mit Schwer-Lkw einzusteigen. Am liebsten wäre ihm der Kauf des schwedischen Herstellers Scania, doch noch schreckt Wolfsburg vor dem hohen Preis zurück.

Die Jury weiß nur zu genau, dass die erfolgreiche Markenpolitik des VW-Konzerns ohne tiefgreifende Änderungen auf der Modellseite nicht gelungen wäre. „Die von Ferdinand Piëch eingebrachte technische Kompetenz ist unbestritten", resümiert denn auch der Jury-Vorsitzende Peter Hammann. Während sich so mancher Wettbewerber wegen massiver Qualitätsmängel einen deutlichen Vertrauensverlust unter seinen Kunden einhandelte, konnten die Autos aus dem VW-Konzern ihr Ansehen auf dem Markt Schritt für Schritt verbessern.

Aus dem Volkswagen-Markenportfolio sticht ein Hersteller besonders hervor: die Audi AG. Noch vor zehn Jahren stand der „Mann mit Hut" für den typischen Käufer eines Audi 80 oder eines Audi 100. Daran hat sich in den zurückliegenden Jahren viel geändert. Audi steht heute für ein sportliches und technisch hoch entwickeltes Niveau. Den Ingolstädter Tochter ist es tatsächlich gelungen, in die Phalanx von Mercedes und BMW einzudringen. Dass Bundeskanzler Gerhard Schröder im vergangenen Herbst seinen Audi A8 zum offiziellen Dienstwagen machte, hat die Fahrzeuge aus Ingolstadt endgültig in den Stand der luxuriösen Klasse erhoben.

Nach einem ähnlichen Muster soll jetzt ebenfalls das Marken-Image von Volkswagen nach oben gebracht werden. VW soll nicht mehr nur für die Zuverlässigkeit und Robustheit eines Golf stehen, sondern für Emotionen und zusätzlich auch für Luxus. Der in Mexiko produzierte New Beetle ist das beste Beispiel dafür, wie gut der Konzern aus Niedersachsen inzwischen das Spiel mit der Gefühlswelt beherrscht. Mag das Spaßauto auch nur in Nordamerika ein echter Erfolg sein. Der Gegner am Markt ist schon länger ausgemacht: Wolfsburg will unmittelbar die Marke Mercedes angreifen.

Mit den technischen und qualitativen Verbesserungen der aktuellen Modellgeneration von Passat und Golf ist Volkswagen schon ein erster Schritt in diese Richtung gelungen. Früher war es unvorstellbar, doch inzwischen wird der aktuelle Passat durchaus als Wettbewerber für die Mercedes C-Klasse akzeptiert. Dem VW-Konzern ist sehr wohl bewusst, dass die Höherpositionierung der Marke Volkswagen wie bei Audi noch einige Zeit in Anspruch nehmen wird und auch mit Risiken verbunden ist. „Fünf weitere Jahre für diesen Prozess sind realistisch", heißt es dazu von den Markenstrategen in Wolfsburg.

Noch stört das „Volk" im Markennamen. Ganz besonders wenn schon in zwei Jahren ein echtes Luxusauto für 150 000 DM mit dem VW-Logo auf den Markt kommt, das es mit der S-Klasse von Mercedes und der 7-er Reihe von BMW aufnehmen soll. Marketing-Professor Hammann hält schon den Hinweis parat, die Wolfsburger sollten künftig nur noch „VW" als Markennamen benutzen. Dann gebe es keinen Widerspruch mehr zwischen „Volk" und Luxusklasse. Dass der Konzern auf dem richtigen Weg ist, glaubt auch Hammann. „Die Zielsetzung ist umsetzbar", sagt er.

Letzte Unterschiede des VW-Markenbildes zwischen den einzelnen nationalen Märkten sollen in den kommenden Jahren verschwinden. Ein Unterschied zwischen Deutschland und dem Rest der Welt wird allerdings auch in Zukunft bestehen bleiben: In der Bundesrepublik kann Volkswagen schlecht mit dem Titel „Made in Germany" werben.

Trotz allen Lobes ist auch dem VW-Konzern bewusst, dass es im konzerneigenen Markengefüge noch Schwachstellen gibt. Seat etwa soll mit „mediterranem Image" etablierte Mitbewerber wie Alfa Romeo angreifen. Im Seat-Heimatland Spanien mag das noch relativ einfach vermittelbar sein. Doch in Nord- und Mitteleuropa gilt die spanische VW-Tochter noch häufig genug als billige Ergänzung zum Volkswagen-Programm. Skoda aus Tschechien ergeht es nicht unbedingt besser, einem Modell wie dem Felicia haftet – nicht ganz zu unrecht – noch das etwas langweilig graue Ost-Image an. Doch auch bei den Tschechen ist die Zukunft vorgezeichnet. Als Markengegner hat Konzernchef Piëch hier Rover und Volvo ausgemacht.

Bei Seat als auch bei Skoda hat bereits ein langsamer Wandel des Markenbildes eingesetzt. Wieder ist es eine eindeutige qualitative Verbesserung der Produktseite, die die beiden kleineren VW-Marken aus den unteren Segmenten des Marktes langsam, aber erfolgreich nach oben zieht.

Autor: Menzel, Stefan

2. Gegenstand von Mehrmarkenstrategien

Die Mehrmarkenstrategie lässt sich als Instrument zur Profilierung von Markenportfolios im horizontalen Wettbewerb charakterisieren (Meffert 1992, S. 137). Im Vergleich zu alternativen Strategien der Markenprofilierung ist die Ausübung dieser Basisstrategie mit spezifischen Chancen und Risiken verbunden.

2.1 Charakteristika von Mehrmarkenstrategien

Im Gegensatz zum Management eines Produktportfolios mit Hilfe einer Dach- oder Familienmarkenstrategie („Mikro-Markenportfolio", Laforet/Saunders 1994, S. 64 ff.) setzt die Mehrmarkenstrategie die Führung mehrerer selbständiger Marken (Makro-Markenportfolio) voraus. Eine Mehrmarkenstrategie lässt sich dabei anhand der folgenden, konstitutiven Merkmale charakterisieren (Kapferer 1992, S. 211 ff.):

Parallele Führung mehrerer selbständiger Marken,

■ die auf denselben Produktbereich ausgerichtet sind,

■ deren Produkte und Dienstleistungen sich anhand zentraler Leistungsmerkmale bzw. der Ausgestaltung der Marketinginstrumente unterscheiden,

■ deren voneinander getrennter Marktauftritt von den Nachfragern als solcher wahrnehmbar ist und

■ die innerhalb der Gesamtunternehmung organisatorisch abgegrenzte und mit der Markenführung betraute Einheiten darstellen.

Die Ausrichtung mehrerer Marken auf **denselben Produktbereich** kann in einer angebotsorientierten Interpretation mit einer parallelen Bearbeitung des Gesamtmarktes gleichgesetzt werden. Da sich die Angebote der verschiedenen Marken allerdings gewöhnlicherweise in ihren Leistungsmerkmalen, dem Preis, dem kommunikativen Auftritt oder in ihrem Vertrieb unterscheiden, liegt der Mehrmarkenstrategie in einem nachfragerbezogenen Verständnis zumeist die Philosophie einer differenzierten Ansprache verschiedener Käufersegmente des Gesamtmarktes und damit einer segmentspezifischen Ausrichtung der unterschiedlichen Marken auf denselben Produktbereich zu Grunde.

Dabei lassen sich einzelne Produktbereiche in der Praxis nicht immer scharf voneinander abgrenzen, sodass nicht selten Interpretationsspielräume hinsichtlich der von Unternehmen verfolgten Markenstrategien aufkommen. Beispielhaft können die Marken Nutella, Duplo, Rocher, Giotto und Raffaelo angeführt werden, die vom Anbieter Ferrero verschiedenen Produktbereichen zugeordnet werden und dementsprechend als Einzelmarken gelten (Meffert 2000, S. 856). Bei Zugrundelegung des Verständnisses einer subjektiv empfundenen Substituierbarkeit von Produkten (Dichtl/Andritzky/Schlobert 1977), müsste hier indes mit Ausnahme des scharf abgrenzbaren Brotaufstrichs Nutella vom selben Produktbereich und damit von einer Mehrmarkenstrategie gesprochen werden.

Das Merkmal der **Unterscheidbarkeit** der von den verschiedenen Marken angebotenen Produkte und Dienstleistungen hinsichtlich zentraler Leistungsmerkmale schließt streng genommen die Vermarktung baugleicher Angebote unter mehreren Markennamen aus. Dieses, insbesondere bei Haushaltsgeräten, im Unterhaltungselektronikbereich und zuletzt auch verstärkt in der Automobilindustrie zu beobachtende Phänomen wird auch als „Badge Engineering" bezeichnet (Dudenhöffer 1998, S. 33) und lässt die unterschiedliche Ausgestaltung ausgewählter Marketinginstrumente zum einzigen Differenzierungsfaktor zwischen den Leistungen der entsprechenden Marken werden. Das Ergebnis dieser Differenzierungsbemühungen spiegelt sich in der **Markenwahrnehmung** der Konsumenten wider. Die Eigenständigkeit der von einer Unternehmung im Markt angebotenen Marken im Wahrnehmungsraum der Nachfrager bildet dabei eine wesentliche Voraussetzung eines erfolgreichen Marktauftritts mit Hilfe der Mehrmarkenstrategie.

Wichtig erscheint in diesem Zusammenhang auch die Frage, ob die Mehrmarkenstrategie quasi homogene, in der Qualitätswahrnehmung **kaum unterscheidbare Konsumgüter** zum Gegenstand hat (zum Beispiel Benzin, Zigaretten, Waschmittel) oder eine Differenzierung im Bereich **langlebiger Konsumgüter** (zum Beispiel Automobile oder Waschmaschinen) anstrebt. Während die erste Kategorie von Mehrmarkenstrategien sich insbesondere im kommunikativen Bereich des Marketing-Mix bewegt, erfordert letztere eine umfassendere Differenzierung auch in den übrigen Komponenten des Marketing-Mix, insbesondere dem Leistungsangebot, den Vertriebswegen und in der Preispolitik.

Die Existenz einer abgegrenzten Einheit, die für die Führung einer einzelnen Marke verantwortlich ist, lässt sich schließlich als **innerorganisationales Merkmal** einer Mehrmarkenstrategie bezeichnen. Die Ausgestaltung der organisationalen Einheiten auf Markenebene sowie das markenübergreifende Zusammenspiel dieser Einheiten stellen eine zentrale Herausforderung an das Management von Markenportfolios dar. Hier gilt es, den optimalen Grad an Autarkie der einzelnen Markeneinheiten entlang der Wertschöpfungskette zu bestimmen. Im Einzelfall wird diese Aufgabe in hohem Maße von den mit einer Mehrmarkenstrategie verfolgten Zielsetzungen auf Unternehmensebene determiniert.

Die Mehrmarkenstrategie tritt in der Praxis **nur selten in „Reinform"** auf. Vorherrschend sind vielmehr Unternehmen, deren Marktauftritt durch eine **Kombination** verschiedener markenstrategischer Optionen gekennzeichnet ist. Beispielhaft sei an dieser Stelle die Mehrmarkenstrategie des Volkswagen-Konzerns genannt (vgl. Abbildung 2). Die Herstellermarken Volkswagen, Audi, Seat und Skoda umfassen dabei ihrerseits Dachmarken, die im Markt mit verschiedenen, auf die unterschiedlichen Bedürfnissegmente ausgerichteten Fahrzeugen operieren. Exakterweise müsste somit an dieser Stelle von einer Mehr-Dachmarkenstrategie gesprochen werden. Dabei stehen die Dachmarken letztlich im Fokus der Strategieüberlegungen, da von diesen die markenprägenden Leistungen offeriert werden, die den Ausgangspunkt der Markenwahrnehmung durch die Nachfrager bilden.

Abbildung 2   Mehrmarkenstrategie des Volkswagen-Konzerns

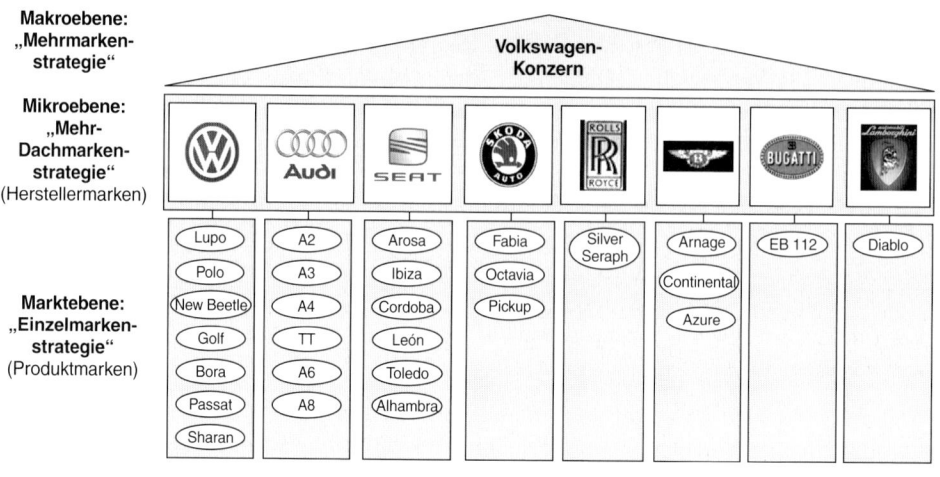

Quelle: Koers 2001, S. 37

2.2 Chancen und Risiken im Marktauftritt

Die wirksame Ausübung einer Mehrmarkenstrategie setzt eine sorgfältige Abwägung der mit dieser Form des Marktauftritts verbundenen Chancen und Risiken voraus. Eine derartige Analyse bildet die Grundlage zur Formulierung der in Abhängigkeit des situativen Kontextes im Rahmen von Mehrmarkenstrategien verfolgten Ziele.

Die grundsätzlichen Ziele von Mehrmarkenstrategien lassen sich aus den allgemeinen Unternehmens- und Marketingzielen ableiten und stehen in einer engen Beziehung zueinander (Meffert 1994, S. 93 ff.; Becker 1998, S. 14 ff.). Zur Sicherstellung des Oberziels der Ertrags- und Renditesteigerung stellt der **Markenwert** die relevante ökonomische Größe dar. In Mehrmarkenstrategien gilt es dabei, den Markenwert des Gesamtportfolios, verstanden als die Summe der Werte der einzelnen Marken, zu maximieren. Zu diesem Zweck fungieren wettbewerbs- und nachfragergerichtete ebenso wie innengerichtete Zielsetzungen als Subziele.

Im Rahmen der **wettbewerbsgerichteten** Ziele von Mehrmarkenstrategien nehmen die Erhöhung des Absatzvolumens bzw. die Ausweitung der Marktanteile des gesamten Markenportfolios eine zentrale Bedeutung ein. Durch eine differenzierte Positionierung der Marken besteht die Chance, eine breite Marktabdeckung zu erzielen und auftretenden Nischenbedürfnissen mit entsprechenden Leistungen zu begegnen. Sind die verschiedenen Marken des Portfolios durch eigenständige und nachfragerseitig wahrgenommene Identitäten geprägt, lässt sich zudem eine gezielte und bedarfsgerechte Konsumentenansprache vornehmen, die zu einer zusätzlichen Verbesserung der **Marktdurchdringung** beiträgt. Als Beispiel für diese Vorgehensweise kann die sukzessive Einführung von zehn Marken in den amerikanischen Waschmittelmarkt durch Procter & Gamble angeführt werden. Obwohl jedes hinzugekommene Produkt Umsatzeinbußen bei den etablierten Marken verursachte, stieg der Gesamtumsatz aller Marken durch Hinzugewinnung von speziell angesprochenen Konsumentengruppen an (Kotler 1988, S. 469).

Eine eng mit der breiten Marktabdeckung verbundene, wettbewerbsgerichtete Zielsetzung von Mehrmarkenstrategien stellt die Absicherung der Wettbewerbsposition bzw. die Schaffung von Markteintrittsbarrieren dar. Eine derartige **Marktabsicherung** nimmt in Portfolios mit einer „starken Marke" bzw. Referenzmarke eine besondere Bedeutung ein (Kapferer 1992, S. 214). Die Mehrmarkenstrategie bietet dabei die Chance, durch Einführung von „Kampfmarken" die Referenzmarke vor einem Preiskampf zu schützen. Eine derartige „Schutzschild-Funktion" kommt etwa im Waschmittelmarkt der Marke Weißer Riese für Persil, im Automobilsektor den Marken Skoda und Seat für Volkswagen oder im Tourismusmarkt der Marke 1, 2 Fly für TUI bzw. im Flugdienstleistungsbereich der Airline-Marke Go für British Airways zu. Eine ähnliche Zielsetzung verfolgte auch Reemtsma bei der Einführung der preisaggressiven Marke West, die damals die etablierten Marken Stuyvesant, R6 und R1 vor einem aufkommenden Preiskampf im Tabakmarkt bewahren sollte. Handelsgerichtet bietet die Erweiterung des Markenportfolios die Chance einer Ausweitung der **Regalplatzfläche** und damit der Schaffung einer zusätzlichen Markteintrittsbarriere für die potenzielle Konkurrenz. Auf diese Weise decken die Marken Rama, Flora Soft, SB, Sanella, Bonella, Du Darfst, Becel und Lätta von Unilever das Margarine-Sortiment weitestgehend ab.

Eine weitere wettbewerbsgerichtete Zielsetzung von Mehrmarkenstrategien stellt die **Streuung des Marktrisikos** bzw. die Erhöhung der **Aktionsflexibilität** im Wettbewerb dar. So bietet sich im internationalen Wettbewerb die Chance zur **Markterschließung** mit den jeweils bestgeeigneten Marken, womit das Risiko im Marktaufbau reduziert werden kann. Diese Überlegungen bildeten etwa für den Volkswagen-Konzern eine wichtige Grundlage bei der Akquisition der Marken Seat und Skoda. Konnte mit Seat über eine breite Präsenz im spanischen Heimatmarkt eine verbesserte Wettbewerbsposition auf den südeuropäischen bzw. durch mediterrane Bedürfnisse geprägten Automobilmärkten erzielt werden, diente die Integration Skodas vorwiegend der Erschließung der wachsenden osteuropäischen Absatzareale (Burmann 1995). Die Chancen einer erhöhten Aktionsflexibilität im internationalen Wettbewerb lassen sich nahtlos auf die Bearbeitung des Heimatmarktes übertragen. So kann etwa entstehenden Nachfragetrends durch eine Ausweitung des Leistungsspektrums einzelner Marken mit einem überschaubaren Marktrisiko begegnet werden. Eine ähnliche Intention verfolgt Mercedes-Benz mit der Beteiligung am Kleinwagenprojekt Smart. Die Befriedigung des aufkommenden Wunsches nach Kleinstfahrzeugen mit der Premiummarke Mercedes wäre dabei durch die dann in ihrem Nutzenversprechen kaum noch übereinstimmende Produktpalette mit der Gefahr einer Verwässerung der eigenen Markenidentität einhergegangen. Mit einer Vermarktung dieses innovativen Fahrzeuges unter der Marke Smart sollen hingegen der Fit zwischen Angebot und Nachfrage (junge, umweltfreundliche und modisch-aufgeschlossene Käuferschichten) sichergestellt und das Risiko eines negativen Imagetransfers auf die Marke Mercedes minimiert werden.

Nachfragergerichtet bieten sich mit Hilfe der Mehrmarkenstrategie vorwiegend Chancen in der Kundengewinnung und Kundenbindung, die aus der Breite und Tiefe der Marktabdeckung durch das Markenportfolio resultieren. Insbesondere zur Erhöhung der **Kundenbindung** lassen sich Vorteile durch den Marktauftritt mit mehreren Marken erzielen. Gerade in Märkten mit niedriger Markentreue eröffnet die Mehrmarkenstrategie Möglichkeiten, Markenwechsler innerhalb des eigenen Unternehmens zu halten. Auf einer übergeordneten Perspektive wird damit die Zielsetzung des Aufbaus von Loyalität zur einzelnen Marke durch die Maximierung der Markenportfolio- bzw. Unternehmensloyalität erweitert. Mit Hilfe einer differenzierten Positionierung der einzelnen Marken bietet sich gar in zahlreichen Produktbereichen die Chance einer ganzheitlichen Kundenbetreuung während des gesamten Lebenszyklusses („Customer-Life-Cycle"-Konzept, Meffert 2000, S. 895). Als Beispiel sei hier der Automobilkäufer genannt, der von einem Kleinwagen zu einem Fahrzeug der Mittelklasse und schließlich zu einem Automobil des Premiumsegments wechselt und dabei möglicherweise wiederholt innerhalb des Markenportfolios wandert, der Gesamtunternehmung mithin treu bleibt. **Innengerichtet** soll die Mehrmarkenstrategie schließlich den „Wettbewerb im eigenen Haus" fördern und so die Leistungsmotivation und Effizienz der Mitarbeiter der separaten Markeneinheiten erhöhen.

Vor dem Hintergrund eines wachsenden Kostendrucks treten die mit der Ausübung von Mehrmarkenstrategien verfolgten Ziele häufig hinter die übergeordnete, innengerichtete Zielsetzung der **Nutzung von Synergiepotenzialen** zurück. So steht die in der Praxis zu beobachtende Akquisitions- und Fusionswelle weniger im Zeichen markenstrategischer Überlegungen als vielmehr im Fokus von Größenbestrebungen zur Sicherung einer Führungsposition im globalen Wettbewerb – selbst wenn sich die Suche nach Übernahmekandidaten zumeist auf „seelenverwandte Unternehmen" konzentriert (o. V. 1998b, S. 52). Entlang der Wertschöpfungskette bieten sich im Rahmen von Mehrmarkenstrategien zahlreiche Ansatzpunkte zur Ausschöpfung von Synergieeffekten (Gleichteile, Plattformen etc.), die in Wissenschaft und Praxis bereits hinreichend diskutiert worden sind (zum Beispiel Dudenhöffer 1998, S. 22 ff.). Die Möglichkeit zur Nutzung innerbetrieblicher Synergien kann somit als zentrale Chance einer Mehrmarkenstrategie angesehen werden (vgl. zusammenfassend Abbildung 3), zeigt allerdings gleichzeitig den Übergang zu den wesentlichen **Risiken** dieses markenstrategischen Instrumentariums auf.

Abbildung 3   Chancen von Mehrmarkenstrategien

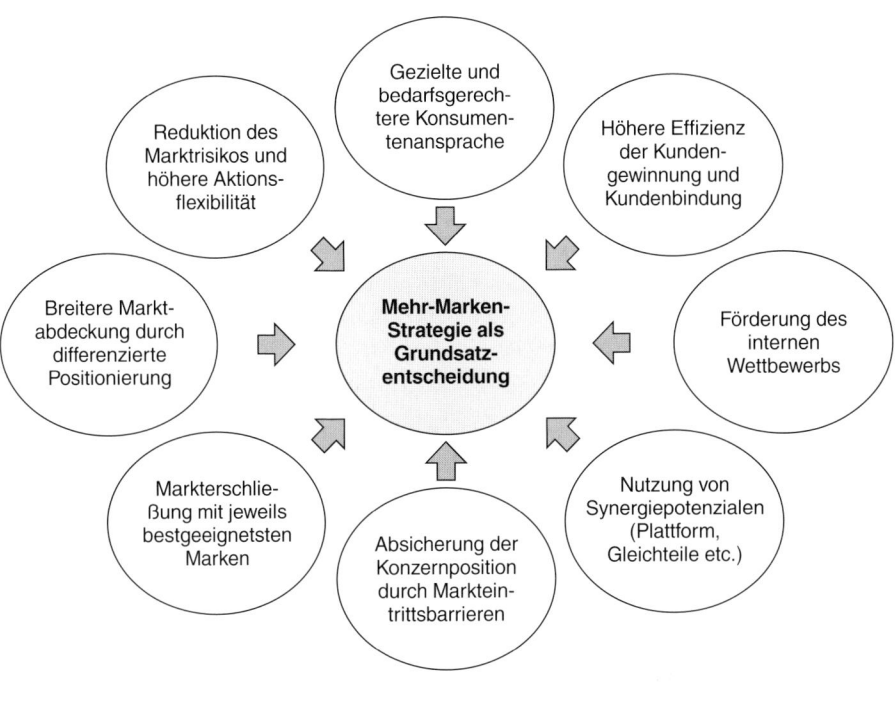

GABLER
GRAFIK

Insbesondere im Bereich langlebiger Gebrauchsgüter verleiten die in den Wertschöpfungsketten des Markenportfolios vorhandenen Synergien nicht selten zu einer intensiven Verfolgung von Gleichteile-Strategien, die zu einer **Standardisierung** und einheitlichen Verwendung ganzer Baugruppen über Markengrenzen hinweg führen. Im Zielkonflikt zwischen Kostenreduktion und Produktdifferenzierung gewinnt die Nutzbarmachung von „Economies of Scales" häufig derart an Bedeutung, dass den einzelnen Marken durch die Verwendung von Gleichteilen, gemeinsamen Markenplattformen bis hin zum Angebot baugleicher Produkte die Differenzierungsbasis entzogen wird. Die Erosion dieser substanziellen Elemente der Marken führt in der Folge zu einer Schwächung der Markenidentitäten. Aus dem Automobilsektor seien in diesem Zusammenhang beispielhaft die baugleichen Fahrzeuge Ford Fiesta und Mazda 121 des Ford-Konzerns oder VW Sharan und Seat Alhambra des Volkswagen-Konzerns angeführt (vgl. hierzu auch die Fallstudie Ford Galaxy in diesem Buch). Das Risiko negativer **Imagetransfereffekte** zwischen den Marken des Portfolios, welches im Rahmen von Mehrmarkenstrategien durch den getrennten Markenauftritt grundsätzlich minimiert werden soll, kann somit durch eine markenübergreifende Angebotsstandardisierung leicht erhöht werden. Bei der Verfolgung einer Mehrmarkenstrategie stellt daher eine **übermäßige Synergienutzung** auf Grund der hierdurch induzierten **Erosion der Markenidentitäten** des Portfolios ein zentrales Risiko dar.

Im Zusammenhang mit der Plattformstrategie in der Automobilindustrie drängt sich die bekannte Geschichte vom Haarschneideautomaten auf. Der Friseur weist den Anbieter dieses Automaten auf unterschiedliche Kopfformen seiner Kunden hin, wobei dieser bemerkt, dass dies zwar zutreffe, nach Einsatz des Automaten jedoch alle Kopfformen gleich seien. Man könne – so lässt sich die Geschichte fortsetzen – die notwendige Unterscheidbarkeit der Kunden durch verschiedenartige Hüte wieder herstellen. Wenn auch diese Geschichte erfunden ist, so kennzeichnet sie doch ein Kernproblem der Mehrmarkenstrategie im Bereich langlebiger Konsumgüter. Einerseits führt wachsende Differenzierung zu steigenden Komplexitätskosten. Andererseits sind bei der Plattformenplanung für jede Marke entsprechend dem Kundenprofil maßgebliche Unterscheidungsmerkmale festzulegen (Meffert 1999).

Die grundsätzliche Identifikation und Nutzbarmachung von Synergien sind indes im Rahmen von Mehrmarkenstrategien als unabdingbare Voraussetzung zur Sicherstellung der übergeordneten Rentabilitätsziele anzusehen. So werden die personellen und finanziellen Unternehmensressourcen bei der Ausübung von Mehrmarkenstrategien auf mehrere Marken verteilt und somit zersplittert. Im Vergleich zu alternativen markenstrategischen Varianten, wie etwa der Einzel- oder Dachmarkenstrategie, birgt die Mehrmarkenstrategie somit das Problem einer **suboptimalen Ressourcenverwendung** (so können die vorhandenen Ressourcen oftmals zu wenig auf starke Marken konzentriert werden). Dabei entsteht vielfach eine Duplizierung von Anstrengungen, die zwar insbesondere in Forschung und Entwicklung und produktionsseitig – wie oben beschrieben – durch die Nutzung von Synergien reduziert, allerdings nicht vollständig abgebaut werden kann. Auf Grund der markenindividuellen Profilierungsnotwendigkeit lassen sich in diesem Zusammenhang vor allem im Marketing bzw. den betrieblichen Funktionen mit unmittelbarem Kundenkontakt (Vertrieb und Kundendienst) nur wenig Ansatzpunkte zur Bündelung der Ressourcen identifizieren. Da die einzelnen Marken den erforderlichen Profilierungsaufwand hier in der Regel alleine tragen müssen, sind im Rahmen von Mehrmarkenstrategien oft **hohe Kosten** durch die parallele Marktbearbeitung die Folge. Es vermag daher kaum zu überraschen, dass sich die Rentabilität bei Mehrmarkenstrategien mit wachsender Anzahl an Marken trotz eines Umsatzanstiegs oft verschlechtert (Quelch 1994, S. 153).

Im Marktauftritt stellt schließlich die „**Kannibalisierung**" der Marken durch gegenseitige Marktanteilssubstitution ein zentrales Risiko von Mehrmarkenstrategien dar. Werden die charakteristischen Unterschiede zwischen den Marken von den Nachfragern nicht mehr differenziert wahrgenommen oder wird der Marktauftritt zunehmend homogenisiert, steigt die Gefahr einer Bearbeitung der gleichen Nachfragersegmente. Die Mehrmarkenstrategie setzt somit stets eine genaue Abwägung der mit zusätzlichen Marken erzielbaren Mehrerlöse einerseits und der zusätzlichen Kosten andererseits voraus. Eine derartige Analyse wird indes durch die innerbetrieblichen Verbundbeziehungen der Marken und die damit verbundenen Schwierigkeiten einer eindeutigen **Zurechnung der**

Kosten erschwert. Durch die in der Praxis zunehmend zu beobachtende Verschiebung der Kostenstrukturen zu Gunsten von Fixkosten gewinnt dieses Problemfeld zusätzlich an Komplexität und erscheint insbesondere im fixkostendominanten Dienstleistungsbereich allenfalls approximativ lösbar (Backhaus 1997, S. 6).

Wettbewerbsgerichtet ist die Verfolgung einer Mehrmarkenstrategie zudem mit der Gefahr einer „Übersegmentierung", das heißt einer zu feinen Parzellierung des Gesamtmarktes, verbunden. Die Abzielung auf zu viele Teilsegmente mit separaten Marken ist überdies wenig zweckmäßig, wenn deren Bearbeitung nicht eine hinreichende Profitabilität garantiert oder andere wettbewerbsstrategische Funktionen (zum Beispiel Gewinnung der Technologieführerschaft) für das Markenportfolio erfüllt. Im Kontext der Bildung von Zielsegmenten für die einzelnen Marken ist ferner das Problem der mangelnden **zeitlichen Stabilität** der Segmentlösung zu berücksichtigen (Perrey 1998, S. 227 ff.). Treten im Markt veränderte Präferenzen oder strukturelle Nachfrageverschiebungen auf, kann dies zu einem Verlust an wahrgenommener Trennschärfe zwischen den einzelnen Marken führen und damit die ursprünglich differenzierte Positionierung und daraus resultierend letztlich den Grad der Marktabdeckung des Portfolios gefährden.

Abbildung 4	Risiken von Mehrmarkenstrategien

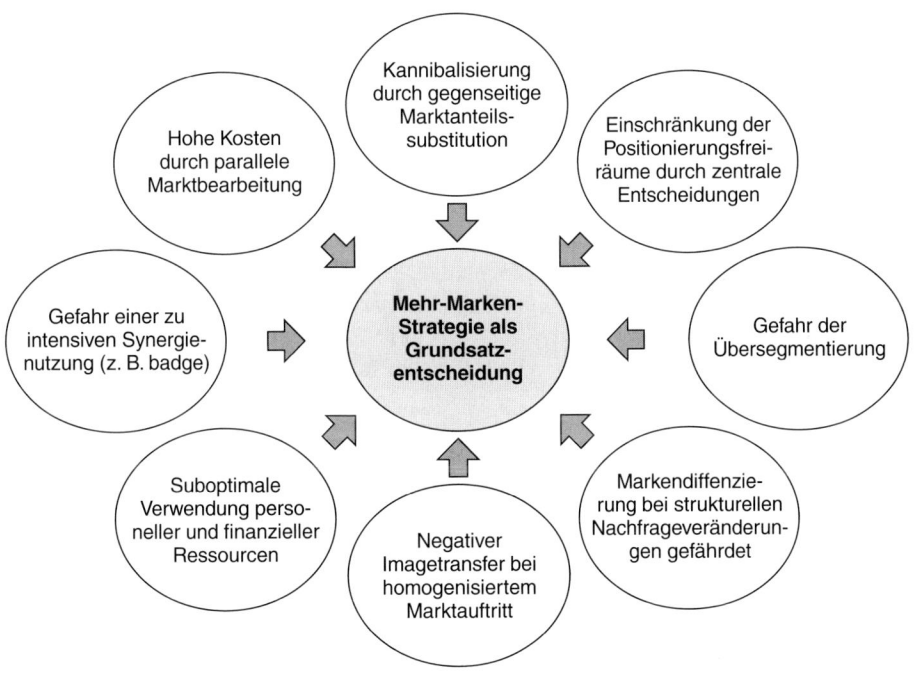

Schließlich birgt eine zu starke Einschränkung der **markenspezifischen Handlungs-freiräume** durch übergreifende, das gesamte Markenportfolio betreffende Entscheidungen ein weiteres Risiko bei der wirksamen Ausübung einer Mehrmarkenstrategie (vgl. zusammenfassend Abbildung 4). So ist der eigenständige Marktauftritt durch zentrale Entscheidungen und die vielfach bestehende Notwendigkeit, auf vorhandene Strukturen und Systeme zurückzugreifen, gefährdet und schränkt die einzelnen Marken etwa im Hinblick auf ihre Positionierungsfreiräume oder die Konfiguration ihrer Leistungen ein. Auf diese Weise lassen sich Chancen im Wettbewerb (zum Beispiel die Wahl kostengünstigerer Lieferanten) durch die einzelnen Marken oftmals nicht aufgreifen bzw. kann Risiken nicht rechtzeitig durch entsprechende Handlungsweisen begegnet werden (etwa einem verstärkten Preisbewusstsein bei Bindung an markenübergreifende Produktionstechniken). Abbildung 4 fasst die zentralen Risiken der Mehrmarkenstrategie nochmals zusammen.

3. Planungsprozess von Mehrmarkenstrategien

Angesichts der aufgezeigten Chancen und Risiken von Mehrmarkenstrategien setzt die wirksame Umsetzung dieser markenstrategischen Profilierungsform einen systematischen und dynamischen Planungsprozess voraus (vgl. Abbildung 5). Zur Sicherstellung der Präferenzbildung bei den Nachfragern sowie zur Differenzierung der Marken gegenüber dem Wettbewerb und innerhalb des Portfolios gilt es in diesem Zusammenhang, die Planung des **Marktauftritts** für das Markenportfolio vorzunehmen und kontinuierlich zu aktualisieren (Meffert 1992, S. 130 ff.; Meffert/Burmann 1996a, S. 50 ff.). Aufbauend auf einer marktstrategischen Standortbestimmung durch eine umfassende Analyse der Umfeldbedingungen sind dabei auf der Ebene der strategischen Rahmenplanung markenübergreifende Ziele zu formulieren sowie daran ansetzend markenspezifische Rollen, Positionierungen und Leitbilder zu fixieren. Auf der Grundlage dieser übergeordneten Stoßrichtungen des Marktauftritts erfolgt auf der Ebene der marktstrategischen Instrumenteausgestaltung die Planung des zielgerichteten und auf die relevanten Absatzmärkte abgestimmten Einsatzes der absatzpolitischen Instrumente. Als Koordinations- und Steuerungsinstrument der Mehrmarkenstrategie fungiert schließlich das Mehrmarkencontrolling. Nach dem Prinzip des „feed back/feed forward" ist hier eine kontinuierliche Überwachung und Aktualisierung des Marktauftritts sowie der Planungsprämissen vorzunehmen.

Insgesamt ist der Planungsprozess von Mehrmarkenstrategien nicht als streng sequenzielle Abfolge verschiedener Planungsstufen zu interpretieren (Haedrich/Tomczak 1994, S. 930). In einem rückgekoppelten und dynamischen Planungsverlauf sind hier vielmehr mehrere interdependente Teilprobleme fortlaufend zu lösen und aufeinander abzustimmen. Die **institutionelle Verankerung** der Planung verlagert sich dabei gewöhnlicherweise mit zunehmender Detailliertheit dieser Teilprobleme (wie etwa bei der Festlegung der konkreten Ausgestaltung der Marketinginstrumente) auf die Ebene der dezentralen Markeneinheiten.

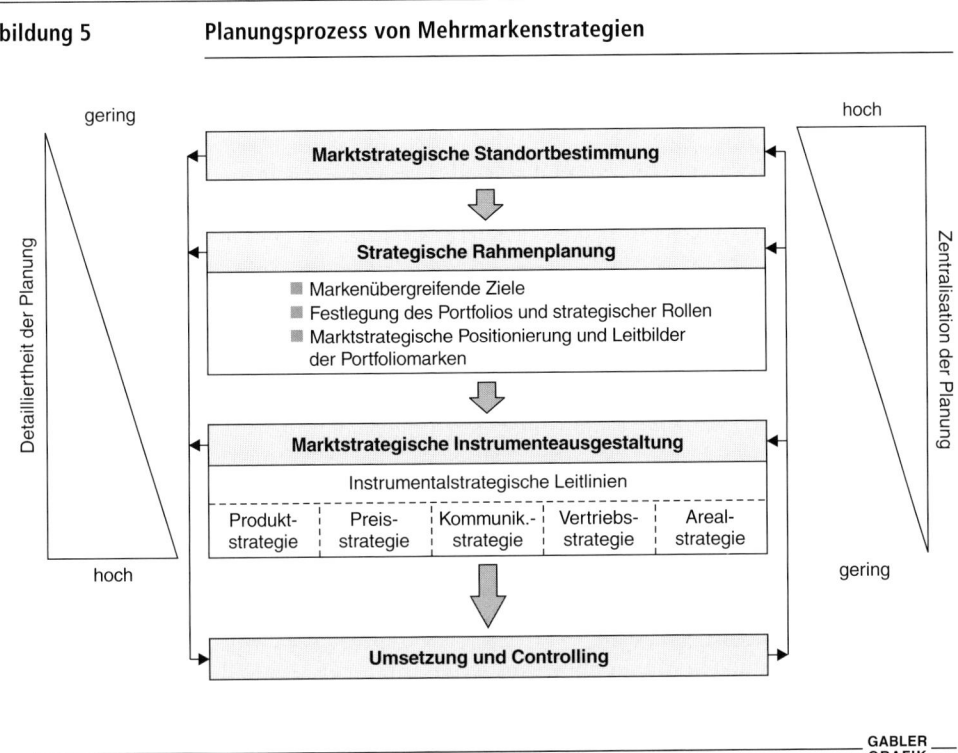

Abbildung 5 **Planungsprozess von Mehrmarkenstrategien**

gering — hoch

Detailliertheit der Planung

Zentralisation der Planung

Marktstrategische Standortbestimmung

Strategische Rahmenplanung

- Markenübergreifende Ziele
- Festlegung des Portfolios und strategischer Rollen
- Marktstrategische Positionierung und Leitbilder der Portfoliomarken

Marktstrategische Instrumenteausgestaltung

Instrumentalstrategische Leitlinien

| Produkt-strategie | Preis-strategie | Kommunik.-strategie | Vertriebs-strategie | Areal-strategie |

hoch — gering

Umsetzung und Controlling

GABLER
GRAFIK

3.1 Marktstrategische Standortbestimmung als Ausgangspunkt

Ausgangspunkt des Planungsprozesses von Mehrmarkenstrategien stellt eine ausführliche Analyse des **internen und externen Unternehmensumfelds** dar. Zur Ableitung einer tragfähigen Mehrmarkenstrategie ist es im Rahmen der marktstrategischen Standortbestimmung Aufgabe, eine Abgleichung der unternehmens- bzw. markenspezifischen Stärken und Schwächen mit den umfeldbedingten Chancen und Risiken vorzunehmen. Im Mittelpunkt steht dabei eine fortlaufende Identifikation der Kundenbedürfnisse, auf deren Basis die Gestaltung bzw. Aktualisierung zielgruppenspezifischer Problemlösungen mit Hilfe geeigneter Marken vorgenommen werden kann. In diesem Zusammenhang sind die Nachfrager in regelmäßigen Abständen anhand geeigneter Segmentierungskriterien zu möglichst homogenen Zielgruppen zusammenzufassen. Auf Grund ihrer geringen prognostischen Relevanz für das Wahlverhalten verlieren die klassischen soziodemographischen Segmentierungskriterien zu diesem Zweck zunehmend an Bedeutung, sodass zur **Zielgruppenbildung** verstärkt psychographische Kriterien wie Nutzenerwartungen oder Lebensstilmerkmale verwendet werden (Meffert 2000, S. 192 ff.).

Da verschiedene Segmentierungsansätze zumeist mit divergierenden Zielgruppenlösungen einhergehen (Stegmüller/Hempel 1996, S. 25 ff.), macht die Gewinnung eines möglichst differenzierten Abbildes der Nachfragestrukturen häufig eine alternative Identifikation von Zielsegmenten anhand verschiedener Segmentierungskriterien erforderlich. In Produktbereichen, in denen ein hohes Involvement der Nachfrager unterstellt werden kann, lassen sich etwa mit Hilfe von Lebensstil-Segmentierungen zusätzliche Erkenntnisse hinsichtlich der durch emotionale Bedürfnisse geprägten Käuferstrukturen aufdecken, die dann als geeignete Ergänzung zu den Ergebnissen der vorwiegend auf rationale Bedürfnisse ausgerichteten Nutzensegmentierung fungieren können (Koers 2001, S. 211). Eine mögliche Anpassung des Marktauftritts – etwa durch Elimination oder Neuausrichtung vorhandener Marken bzw. Akquisition oder eigenständige Kreation neuer Marken – lässt sich dann auf Basis einer Abstimmung der Bedürfnisstrukturen der so ermittelten Zielgruppen mit den internen Unternehmensressourcen sowie der Wahrnehmung und Akzeptanz des Markenportfolios durch die Nachfrager vornehmen.

Dabei setzt die Identifikation der **Wahrnehmung und Akzeptanz** der von einer Unternehmung offerierten Marken eine sorgfältige Analyse hinsichtlich deren Verankerung in der Psyche der Nachfrager voraus. Da die präferenzbildende und damit absatzfördernde Wirkung von Marken in besonderer Weise durch Vertrauen, Kompetenz und Sicherheit geprägt ist, sind im Rahmen einer markenstrategischen Standortbestimmung spezifische verhaltenswissenschaftliche Konstrukte zu analysieren. Neben einer regelmäßigen Ermittlung der ungestützten **Markenbekanntheiten** (Share of Mind), die als notwendige Bedingung markenspezifischer Assoziationen durch die Nachfrager und somit letztlich als Grundvoraussetzung für den möglichen Kauf der Markenprodukte fungieren, ist insbesondere eine dezidierte Analyse der **Markenimages** vorzunehmen, die das Ergebnis der nachfragerseitigen Wahrnehmung und Akzeptanz der von den Marken ausgehenden Impulse darstellen und als Fremdbild der Markenidentitäten interpretiert werden können (vgl. dazu ausführlich Meffert/Burmann 1996a, S. 34 f.). So ist im Rahmen disaggregierter Imageanalysen zu überprüfen, ob sich die angestrebte Kompetenzdifferenzierung im Wettbewerbsumfeld sowie im internen Markenvergleich in entsprechenden Detailimages der Marken widerspiegelt. Beispielsweise sollte die Reisemarke 1,2 Fly des TUI-Konzerns über ein preisorientiertes Image verfügen, während dies für die etablierte Marke TUI keine notwendige Voraussetzung darstellt und für die Premiummarke Seetours eher hinderlich wäre.

Insgesamt sind im Rahmen der marktstrategischen Standortbestimmung sämtliche psychographische Größen sowie die in Situationsanalysen üblicherweise herangezogenen ökonomischen Kriterien (Marktanteile, Umsätze, Erträge etc.) zu analysieren (vgl. hier auch die Ausführungen zum Markencontrolling in diesem Buch). Als Resultat der markenspezifischen Investitionen fungieren schließlich die **Markenloyalitäten** bzw. die **Loyalität des Gesamtportfolios**[2], aus deren Entwicklungen unter Berücksichtigung

---

2   Da von einer Unternehmung durchaus mehrere Markenportfolios in unterschiedlichen Produktbereichen geführt und damit mehrere Mehrmarkenstrategien verfolgt werden können, ist diese „Portfolioloyalität" begrifflich von der übergeordneten Unternehmensloyalität zu trennen.

möglicher Veränderungen in den Rahmenbedingungen (ökonomisch, technologisch, sozial und politisch) wertvolle Hinweise zur zukünftigen strategischen Ausrichtung des Markenportfolios (Anzahl der Marken, Zielsegmente etc.) abgeleitet werden können.

3.2 Strategische Rahmenplanung

Die strategische Rahmenplanung nimmt im Planungsprozess von Mehrmarkenstrategien eine Schlüsselstellung ein. In diesem Zusammenhang ist es zentrale Herausforderung, den Bezugsrahmen für einen intern wie extern differenzierten Marktauftritt des vorhandenen bzw. in Abhängigkeit der Anfordernisse des Marktes neu zu gestaltenden Markenportfolios zu schaffen (Traylor 1986, S. 73). Hierzu stellt die Formulierung und Präzisierung übergreifender Zielsetzungen des Marktauftritts die strategische Grundlage dar.

Im Rahmen von Mehrmarkenstrategien ist insbesondere die dezidierte Zielkonkretisierung im Hinblick auf die zu bearbeitenden Absatzareale von großer Bedeutung, da hieraus eine möglichst eindeutige Präzisierung der auf die einzelnen Märkte auszurichtenden Marken (insbesondere im Rahmen der Markterschließung) abzuleiten ist. Länderspezifische Besonderheiten lassen zudem oftmals eine grundlegende Anpassung des Markenportfolios erforderlich werden.

3.21 Gestaltung des Markenportfolios und Festlegung markenspezifischer Rollen

Aufbauend auf den formulierten Zielen und unter Verwendung der im Rahmen der marktstrategischen Standortbestimmung gewonnenen Erkenntnisse stehen die Gestaltung und Festlegung strategischer Stoßrichtungen des Markenportfolios im Mittelpunkt der strategischen Rahmenplanung von Mehrmarkenstrategien. Ähnlich dem Vorgehen im Kontext der Festlegung strategischer Geschäftseinheiten (Hinterhuber 1997, S. 103 ff.) sind zu diesem Zweck zunächst die vorhandenen Unternehmensressourcen in die Felder der größten Chancen zur Erzielung relativer Wettbewerbsvorteile zu lenken. In diesem Zusammenhang gilt es, ein **Markenportfolio zu gestalten**, mit dem eine zieladäquate und in aller Regel möglichst breite Abdeckung des Gesamtmarktes sichergestellt werden kann. Lassen sich die differenzierten Bedürfnisse der Nachfrager nicht mit den bereits vorhandenen Marken befriedigen, ist zu eruieren, inwieweit eine Erhöhung des Zielerreichungsgrades durch Ausweitung des Markenportfolios erzielt werden kann.

Hierzu bieten sich grundsätzlich die Möglichkeiten eines eigenständigen Aufbaus neuer Marken, der **Akquisition** fremder Marken sowie eines kooperativen Vorgehens (Meffert/Burmann 1996a, S. 55). In der Praxis wird dabei zunehmend auf eine gezielte Akquisition von Fremdmarken zurückgegriffen, da mit diesen – auf Grund des häufig starken

Markennamens – eine unmittelbare Erschließung ausgewählter Käufersegmente und damit eine Abrundung des Markenportfolios erzielt werden kann. Im Vergleich zum eigenständigen Aufbau präferenzfördernder Marken, der insbesondere im Bereich langlebiger Konsumgüter zumeist viele Jahre in Anspruch nimmt, lässt sich auf diese Weise ein erheblicher Zeitvorteil generieren. Die Übernahme der Sportwagenmarke Lamborghini durch Audi mag ein Beispiel für diese Vorgehensweise darstellen (o. V. 1998c, S. 45). Praxisbeispiele lassen sich indes auch für den eigenständigen Aufbau neuer Marken – etwa die von der Mannheimer Versicherung inzwischen geschaffenen 16 zielgruppenspezifischen Versicherungsmarken (Schulz 1997, S. 24) – oder ein kooperatives Vorgehen – zum Beispiel die Kooperation zwischen Mercedes-Benz und der Schweizerischen Gesellschaft für Mikroelektronik und Uhrenindustrie (unter anderem Eigner von Swatch) im Rahmen des angesprochenen Kleinwagenprojekts Smart – anführen.[3]

Auf Basis der festgelegten Portfoliostruktur sind dann die Ziele und Aufgaben der einzelnen Marken im Wettbewerbsumfeld und innerhalb des Portfolios zu präzisieren, die jedoch geeignet operationalisiert werden müssen, um die markenspezifischen Aktivitäten in gewünschter Weise zu kanalisieren und damit zu einer Sicherstellung der Effektivität und Effizienz des Gesamtsystems beizutragen (Aaker 1996, S. 241). Dieser Forderung kann mit einer Definition von **strategischen Rollen** für die Marken des Portfolios in geeigneter Weise Rechnung getragen werden. In der Literatur werden unter Bezugnahme auf die Konsumenten-, Wettbewerbs- und Unternehmenssituation verschiedene Rollen der Marken im Portfolio hervorgehoben. So unterscheidet Keller (1998, S. 407 ff.) zwischen

- ■ „**Flaggschiff-Marken**" in der Rolle als Marktführer,
- ■ „**Kampfmarken**" mit der Aufgabe des Flankenschutzes im Wettbewerb,
- ■ „**Cash-Cow-Marken**" als Lieferanten finanzieller Überschüsse sowie
- ■ „**Low-End-Entry-Level-**" und „**High-End-Prestige-Marken**" mit spezialisierten Rollen zur Erhöhung der Kaufattraktivität für „Einsteiger" und Steigerung des Images des gesamten Portfolios.

Die strategische Rolle im Markenportfolio lässt sich anhand der Dimensionen Mission, Inhalt und Ausrichtung der Marke umfassend beschreiben (vgl. Abbildung 6).

Die **Mission** der Marke umfasst den grundsätzlichen Markenauftrag im Portfolio und gibt Auskunft über Art und Intensität der angestrebten Marketingführerschaft bzw. die Vision im Markenverbund. Der **Markeninhalt** dient einer Charakterisierung der Marke hinsichtlich deren Philosophie und technologischen Rolle im Portfolio. Dabei bringt die Markenphilosophie die Besonderheiten und Einzigartigkeiten der Marke zum Ausdruck und stellt im Sinne eines planungsorientierten Ansatzes das Selbstbild der Markenidentität dar (Meffert/Burmann 1996a, S. 36).

---

3   Eine derartige Kooperation ist indes streng von dem in der Praxis vielfach eingesetzten Co-Branding zu trennen. Erfolgt beim Co-Branding (wie anfänglich etwa zwischen der Deutschen Bahn AG und Visa im Rahmen der BahnCard) eine Leistungsmarkierung unter den Markenlabeln aller beteiligten Kooperationspartner, so wird im Rahmen des hier diskutierten Kooperationsvorgehens ein (zumeist neues) Label zur Markierung verwendet.

Abbildung 6   **Dimensionen der strategischen Rolle**

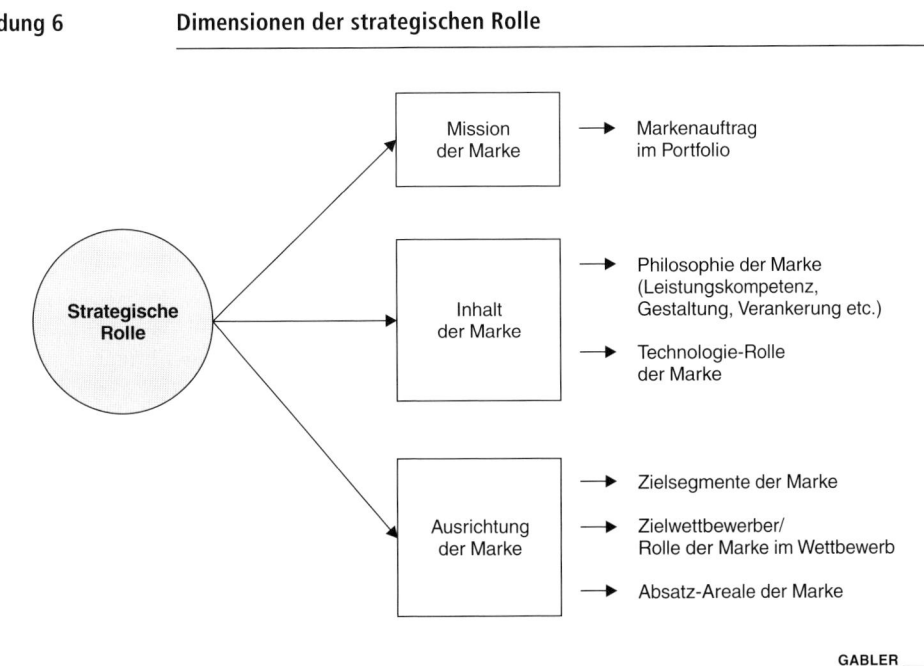

GABLER
GRAFIK

In diesem Sinne lassen sich der Markenphilosophie sämtliche von der Marke ausgesendeten Impulse wie insbesondere der durch die zentralen Markeneigenschaften wiedergegebenen Leistungskompetenz, der visuellen bzw. qualitativen Gestaltung der Leistungen, der geographischen, kulturellen und historischen Verankerung der Marke oder dem Markennamen zurechnen. Mit der technologischen Rolle werden schließlich der Grad und Inhalt der Innovationsorientierung im Vergleich zum Wettbewerb sowie im Markenverbund konkretisiert. Hierbei gibt die technologische Stellung im Markenportfolio (zum Beispiel Setzen von Standards) wertvolle Hinweise auf das Technologietransfer-Potenzial der Marke und stellt damit eine wesentliche Grundlage zur effizienten Ausschöpfung vorhandener Synergien dar.

Mit der **Ausrichtung der Marke** werden schließlich die strategischen Stoßrichtungen des unmittelbaren Marktauftritts bestimmt. Entsprechend der Leistungskompetenz sowie der spezifischen Identität der Marke ist dabei zunächst eine Auswahl der mit Priorität zu bearbeitenden Zielsegmente vorzunehmen bzw. der Grad der durch die einzelne Marke angestrebten Marktabdeckung festzulegen. Die Auswahl der relevanten Wettbewerber erfolgt dann insbesondere unter Berücksichtigung der im Markt beobachteten Konkurrenzbeziehungen sowie der Homogenität von Leistungsspektrum, Marketingstrategie und arealstrategischer Präsenz zwischen der Marke und alternativen Anbietern. In der ferner zu präzisierenden Rolle der Marke im Wettbewerb wird das Marktverhalten der Marke gegenüber der Konkurrenz festgelegt. Hier können grundsätzlich innovative bzw. imitative sowie wettbewerbsstellende bzw. -vermeidende Verhaltensweisen verfolgt werden (Meffert 2000, S. 282 ff.). Zuletzt ist überdies – unter enger Bezugnahme auf die übergeordnete Zielkonkretisierung – eine grundsätzliche Priorisierung der von der Marke zu bearbeitenden Absatzareale vorzunehmen. Zur Steigerung des Aussagewertes einer derartigen Priorisierung bietet sich eine Differenzierung der ausgewählten Areale in Behauptungs- (zum Beispiel Heimatmarkt) und Erschließungsmärkte an.

3.22 Marktstrategische Positionierung und Leitbilder der Marken

Mit der marktstrategischen Positionierung soll im Rahmen von Mehrmarkenstrategien sowohl eine dominierende Stellung der Marken in der Psyche der Nachfrager als auch eine hinreichende Differenzierung gegenüber den Marken des Wettbewerbs und des eigenen Portfolios erzielt werden (Becker 1998, S. 217 ff.). Dabei sind Marktpositionen festzulegen, in denen die Bedürfnisse ausgewählter Zielsegmente mit maßgeschneiderten Angeboten in der subjektiven Wahrnehmung der Konsumenten dauerhaft besser als von anderen Anbietern erfüllt werden (Tomczak/Roosdorp 1996, S. 26). Aufbauend auf den strategischen Rollen der Marken sind diese Marktpositionen dementsprechend derart zu formulieren, dass für jede Marke eine positive Alleinstellung im Verhältnis zum Wettbewerb und den übrigen Marken des Portfolios und damit die Basis für den Aufbau einer **„Unique Selling Proposition"** geschaffen wird. Bei der Verfolgung von Mehrmarkenstrategien lassen sich folgende Voraussetzungen für die dauerhafte Erreichung dieser angestrebten Soll-Positionen im Wahrnehmungsraum der Nachfrager anführen (Haedrich/Tomczak 1994, S. 932; Esch 1992):

■ Ein zielgruppenspezifischer Nutzen ist anzusprechen (Zielgruppenbezug),
■ der Nutzen muss für die Nachfrager deutlich wahrnehmbar sein (Wahrnehmbarkeit),
■ dem angesprochenen Nutzen muss eine hohe Bedeutung im Rahmen der Auswahlentscheidung der Nachfrager zukommen (Dominanz),
■ der Nutzen muss durch die Marke in ein physikalisch funktionales Angebot oder im Rahmen der werblichen Umsetzung in eine „Unique Advertising Proposition" transformiert werden können (Realisierbarkeit),
■ der Nutzen muss die einzelne Marke vom Wettbewerb und innerhalb des Portfolios abgrenzen (Inter- und Intradiskriminanz) und
■ der Nutzen sollte möglichst lange Gültigkeit besitzen (zeitliche Stabilität).

Insgesamt besteht die Herausforderung im Rahmen der Positionierungsentscheidungen in Mehrmarkenstrategien darin, eine **bestmögliche Abdeckung des Gesamtmarktes** sicherzustellen und zu diesem Zweck möglichst für jede Marke eine differenzierte Stellung im Wahrnehmungsraum der Nachfrager zu besetzen, die es ermöglicht, einen komparativen Wettbewerbsvorteil zu erzielen. Die Festlegung erfolgswirksamer Marktpositionen setzt dabei unmittelbar an den in den strategischen Rollen definierten Zielsegmenten für die verschiedenen Marken an. Der als Grundlage der Positionierung fungierende und von den einzelnen Marken angesprochene Nutzen kann bei diesen Zielsegmenten sowohl auf physikalisch funktionale Leistungsmerkmale rekurrieren als auch einen **psychologischen Zusatznutzen** darstellen (Nommensen 1990, S. 13 ff.).

Zur Abbildung des von den verschiedenen Marken angesprochenen Nutzens im Wahrnehmungsraum der Konsumenten wird im Rahmen von Positionierungsentscheidungen häufig auf **analytische Verfahren** zurückgegriffen (Meffert 2000, S. 356 ff.; Backhaus et al. 2000, S. 499 ff.). So können die verschiedenen Marken sowie die relevanten Wettbewerber mit Hilfe der Multidimensionalen Skalierung, der Faktorenanalyse oder der Diskriminanzanalyse entsprechend der nachfragerseitig wahrgenommenen Markenähnlichkeit in einem mehrdimensionalen Raum eingeordnet werden. Auf Basis dieser „Ist-Positionierungen" lassen sich dann unter Zuhilfenahme zusätzlicher Präferenzdaten oder auf Grund strategischer Überlegungen die „Soll-Positionen" der einzelnen Marken festlegen, um eine bestmögliche Marktabdeckung durch das gesamte Portfolio sicherzustellen. In Abbildung 7 ist exemplarisch ein diskriminanzanalytisches Positionierungsmodell im Automobilsektor auf der Grundlage von Einstellung zum Automobil dargestellt. Die Positionierung der Automobilmarken wurde hier über die Diskriminanzachsen der in die Analyse einbezogenen Einstellungsdimensionen ermittelt.[4] Am Beispiel des Markenportfolios des Volkswagen-Konzerns zeigt sich dabei etwa die wenig ausgeprägte Gesamtmarktabdeckung in einem derartigen einstellungsbezogenen Wahrnehmungsraum der Nachfrager. Damit wird überdies das Problem der zur Bildung des Wahrnehmungsraumes heranzuziehenden Kriterien bzw. Nutzendimensionen und deren Messung deutlich.

Ungeachtet der zur Ableitung von Positionierungsentscheidungen verwendeten Kriterien setzt die wirksame Ausübung von Mehrmarkenstrategien eine fortlaufende Aktualisierung und Anpassung der Markenpositionierungen voraus. Im Einzelfall sind somit sowohl Umpositionierungen als auch Neupositionierungen vorzunehmen (Haedrich/Tomczak 1994, S. 934 f.). Die Erfolgswirksamkeit der einzelnen Markenpositionierung steigt indes mit deren Kontinuität, die zum Aufbau eines klaren Markenimages bei den Nachfragern beiträgt und damit eine wesentliche Voraussetzung zur Erzielung dauerhafter Wettbewerbsvorteile darstellt (Esch/Andresen 1996, S. 78). Eine konsequente Umsetzung der Markenpositionierung in Form einer zielorientierten Ausrichtung aller marktbezogenen Aktivitäten zur Erreichung der angestrebten Position im Wahrnehmungsraum der Nachfrager erfordert schließlich eine **gegenständliche Darstellung der Markenphilosophie**. Diesem Zweck dient das Markenleitbild.

Als Identifikationsanker der Markenführung vermittelt das **Markenleitbild** die zentralen Elemente der Markenphilosophie in Form plastischer Darstellungen. Das Markenleitbild umfasst die gedankliche Konzeption im Sinnes eines **genetischen Codes** der Marke (Kapferer 1992, S. 110 f.) und bringt die spezifische Kompetenz der Marke, die Visionen, die grundlegenden Wertevorstellungen und Ziele sowie das Verhältnis der Marke zu den wesentlichen internen und externen Bezugsgruppen zum Ausdruck (Meffert/Burmann 1996a, S. 40). Ebenso wie die Markenpositionierung lässt sich das Markenleitbild unmittelbar aus der für die einzelne Marke definierten strategischen Rolle ableiten.

---

4 Je näher eine Marke an der Spitze eines Pfeiles eingeordnet ist, desto mehr stimmen die Fahrer dieser Marke dem entsprechenden Item zu.

Abbildung 7   **Positionierungsmodell im Automobilsektor**

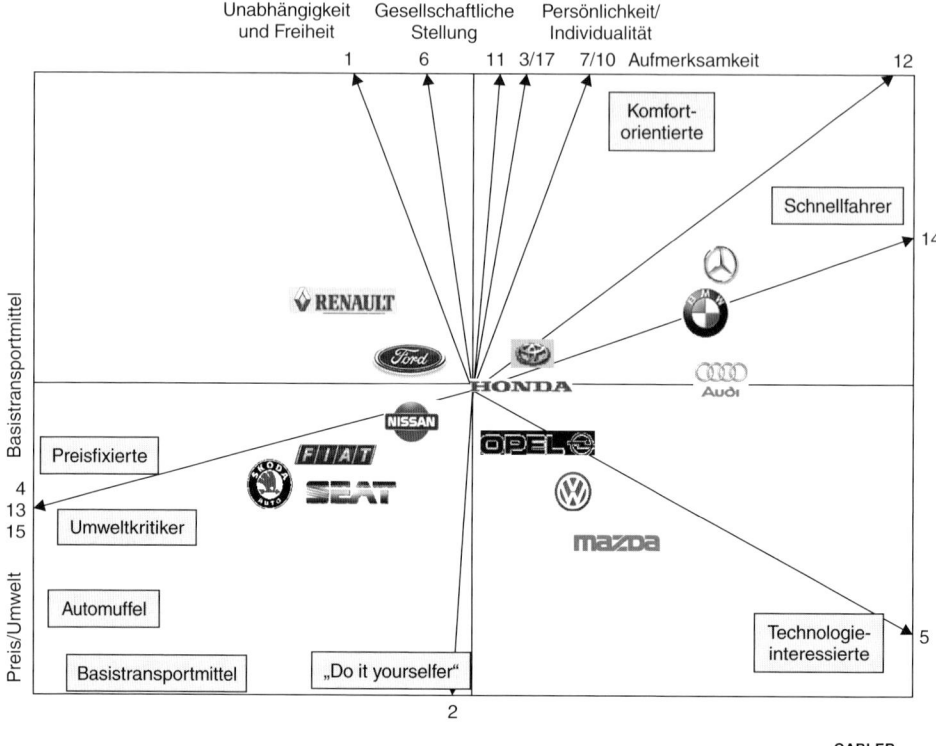

Quelle: Volkswagen AG (interne Marktvorschungsstudie) 1996; vgl. auch Bruhn 2001, S. 68

Auf Grund seiner anschaulichen und häufig plakativen Darstellungsform trägt das Markenleitbild zur innen- und außengerichteten Festigung der Markenidentität bei und fördert somit gleichermaßen die Identifikation und Motivation der Mitarbeiter zur Marke wie die zielgerichtete Ausgestaltung der marktgerichteten Aktivitäten zur Erreichung der angestrebten Positionierung. Als Beispiel für eine derartige Übertragung wesentlicher Inhalte des Markenleitbilds in die absatzmarktgerichteten Markenaktivitäten lässt sich der von Volkswagen in der Vergangenheit gewählte Kommunikationsslogan „Da weiß man, was man hat" anführen, der lange Zeit als Kern der Markenleitbilds fungierte und damit die Grundlage für die weiteren Leitbilddimensionen Kaufsicherheit, komfortbetonte Gebrauchssicherheit, Fahrvergnügen und Verantwortung darstellte (Meffert 2000, S. 503). Analog zur Definition der strategischen Rollen stellt auch bei der Festlegung der Markenleitbilder die **Abstimmung der Leitbilder** zwischen den Marken des Portfolios die wesentliche Herausforderung im Rahmen von Mehrmarkenstrategien dar. Mit zunehmender Heterogenität der Leitbilder im internen Markenverbund steigt auch die Differenzierungsfähigkeit der Marken im unmittelbaren Marktauftritt.

Die Elemente der strategischen Rahmenplanung von Mehrmarkenstrategien sind in Abbildung 8 zusammenfassend dargestellt. Im Mittelpunkt steht hier die Formulierung strategischer Rollen für die Marken des Portfolios. Die Festlegung der Markenpositionierungen setzt unmittelbar an den hierin für die einzelnen Marken definierten Ausrichtungen an und wird durch die in den Markenleitbildern veranschaulichten Markenphilosophien innenwirksam gefördert. Eine präzise und auf eine scharfe Abgrenzung zwischen den einzelnen Marken abzielende Ausgestaltung dieser Schlüsselelemente der strategischen Rahmenplanung von Mehrmarkenstrategien bildet schließlich die Voraussetzung zur Schaffung **differenzierter Markenidentitäten**.

Abbildung 8   **Schlüsselelemente der strategischen Rahmenplanung von Mehrmarkenstrategien**

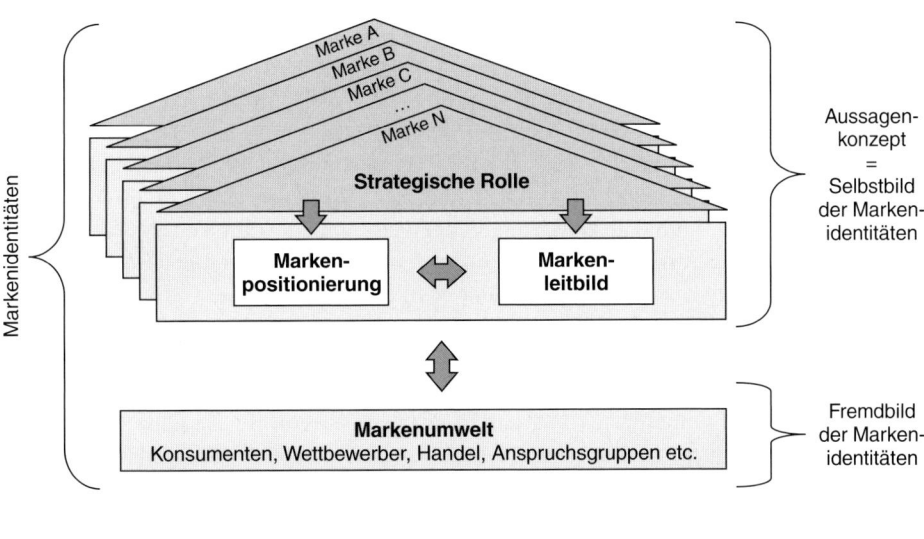

Die als zentrale Basis zur Entwicklung und Festigung des Vertrauens der Nachfrager in die Marke zu interpretierenden Markenidentitäten lassen sich indes nicht im Sinne einer deterministischen Mittel-Zweck-Beziehung – etwa durch die einmalige Konzeption der strategischen Rahmenplanung – ableiten, sondern entstehen über einen längeren Zeitraum in einer Wechselseitigkeit marktgerichteter Handlungen der Marken (Selbstbild der Markenidentitäten) und einer Wahrnehmung dieser Aktivitäten (Fremdbild der Markenidentitäten) durch die Nachfrager (Meffert/Burmann 1996a, S. 34 f.). Die Förderung differenzierter Markenidentitäten setzt somit im Rahmen von Mehrmarkenstrategien eine kontinuierlich zu aktualisierende und innerhalb des Markenportfolios abzustimmende Umsetzung der durch die strategische Rahmenplanung vorgegebenen Stoßrichtungen des Marktauftritts voraus.

3.3 Ausgestaltung der Instrumentalstrategien

Mit der Ausgestaltung der Instrumentalstrategien steht im Planungsprozess von Mehrmarkenstrategien die zielgerichtete Beeinflussung der Nachfrager zur Schaffung und Aufrechterhaltung hoher Markenloyalitäten und möglichst differenzierter Markenimages im Fokus der Überlegungen. Dabei gilt es, alle absatzpolitischen Instrumente derart aufeinander abzustimmen, dass eine **optimale Instrumentekombination** im Hinblick auf die Erreichung der übergeordneten Gesamtzielsetzungen entsteht. Das markenpolitische Entscheidungsfeld der einzelnen Marken wird in diesem Zusammenhang von den in der strategischen Rahmenplanung formulierten Stoßrichtungen des Marktauftritts eingegrenzt. Eine widerspruchsfreie Umsetzung der hier vorgegebenen Leitbilder und Positionierungen durch markenspezifische Marketing-Programme fördert die Glaubwürdigkeit und Unverwechselbarkeit der Marken in der Wahrnehmung durch die Nachfrager und bildet damit die Voraussetzung zur Schaffung differenzierter Markenimages.

Bei der Ausübung von Mehrmarkenstrategien besteht die zentrale Herausforderung im Rahmen der Festlegung einer optimalen Instrumentekombination in einer markenspezifischen wie markenübergreifenden Integration der Marketing-Instrumente. So bestehen sowohl zwischen den Instrumenten des Marketing-Mix selbst als auch zwischen den Instrumentekombinationen der verschiedenen Marken zahlreiche **Interdependenzen** (Meffert 2000, S. 973; Haedrich/Gussek/Tomczak 1990; Koers 2001, S. 69 ff.), deren Grad der Berücksichtigung die Wirksamkeit des Marktauftritts durch das Markenportfolio determiniert. Die Ausgestaltung der Instrumentalstrategien setzt somit gleichermaßen an der Ableitung markenübergreifender Marketing-Programme – etwa im Rahmen der Nutzung vorhandener Synergien in der Leistungspolitik – wie an der Entwicklung spezifischer, auf die Positionierung der einzelnen Marken rekurrierender Maßnahmen an. Zur Vermeidung von Kannibalisierungseffekten zwischen den Marken kommt in diesem Zusammenhang einer Erfassung der Auswirkungen von für einzelne Marken gewählten Instrumentekombinationen auf die Absatzentwicklung der übrigen Marken eine hohe Bedeutung zu.

An zusätzlicher Komplexität gewinnt die Ausgestaltung der Instrumentalstrategien durch die Berücksichtigung **länderspezifischer Besonderheiten** im Marktauftritt des Portfolios. Die international unterschiedlichen Markenwahrnehmungen lassen dabei oftmals eine modifizierte Ausgestaltung des absatzpolitischen Instrumentariums erforderlich werden und gehen nicht selten mit einer Anpassung der strategischen Rahmenplanung einher. Da verschiedene Absatzmärkte zudem oftmals mit unterschiedlichen Marken bearbeitet werden, stellt die Festlegung eines Mix aus länderübergreifend standardisierten und länderspezifisch variierten Instrumentekombinationen vielfach ein kaum lösbares Problem im Rahmen der Umsetzung von Mehrmarkenstrategien dar. Der Gestaltungsspielraum fällt in diesem Zusammenhang sowohl für die unterschiedlichen Marken als auch für die verschiedenen Marketing-Instrumente höchst unterschiedlich aus und kann im Einzelfall nur vor dem Hintergrund des situativen Kontextes beurteilt werden (Kapferer 1992, S. 111).

Insgesamt muss die Ausgestaltung der Instrumentalstrategien in Mehrmarkenstrategien auf die Schaffung eigenständiger und damit innerhalb des Markenportfolios differenzierender Markenidentitäten durch eine integrierte Gestaltung und Ausrichtung aller Marketing-Instrumente abzielen. In diesem Zusammenhang stellt die Identifikation der zur Sicherstellung einer starken Markenidentität von jeder Marke selbständig zu produzierenden Leistungskomponenten bzw. autonom auszuführenden Geschäftsprozesse eine komplexe Aufgabe dar (Meffert/Burmann 1996a). In Mehrmarkenstrategien ergibt sich dabei das **Optimierungsproblem** einer bestmöglichen Synergienutzung innerhalb des Markenportfolios, ohne den auf eine Eigenprofilierung abstellenden Marktauftritt der einzelnen Marke nachhaltig zu gefährden.

Am Beispiel des Automobilsektors konnten etwa in einer explorativen Befragung von 400 Autofahrern der Motor sowie die Karosserie des Fahrzeugs als solche Produktmerkmale ermittelt werden, die wesentlich zur Eigenständigkeit von Automobilen in der Wahrnehmung der Nachfrager beitragen (Meffert/Burmann 1996b, S. 32; vgl. Abbildung 9). Die in Mehrmarkenstrategien im Automobilsektor vielfach praktizierte, markenübergreifende Verwendung gleicher Motoren konterkariert damit – im Falle einer nachfragerseitigen Transparenz dieser Gleichteilestrategie – den differenzierten Marktauftritt der verschiedenen Marken und fördert die Verwässerung der Markenidentitäten innerhalb des Portfolios.

| Abbildung 9 | Nachfragerwahrnehmung der Eigenständigkeit von Automobilen |

Welche Teile oder Komponenten Ihres Fahrzeuges sind Ihrer Ansicht nach auf jeden Fall vom Anbieter (BMW, Mercedes, VW etc.) *eigenständig* hergestellt worden?

Ungestützte Nennungen:

Motor	78 %	Achsen	6 %
Karosserie	66 %	Lenkung	6 %
Fahrgestell	26 %	Bremsen	6 %
Innenausstattung	18 %	Fast alles	6 %
Getriebe	16 %	Fertigung	4 %
Fahrzeugkonzeption	16 %	Einzelne Karosserieteile	4 %
Rahmen	10 %	Kupplung	3 %
Sitze	8 %	Radio	3 %

GABLER
GRAFIK

Quelle: Aus dem Englischen übersetzt nach Meffert/Burmann 1996b, S. 32

Die Entscheidungskompetenz bei der Ausgestaltung der Instrumentalstrategien wird im Planungsprozess von Mehrmarkenstrategien häufig auf die Ebene der dezentralen Markeneinheiten verlagert. Auf Grund der vielfältigen Interdependenzen im Marktauftritt der unterschiedlichen Marken des Portfolios erscheint daher häufig die Definition **markenübergreifender Leitlinien** für die Formulierung der Instrumentalstrategien sinnvoll. Im Sinne „übergeordneter Spielregeln" des Marktauftritts sind derartige Regelungen dabei weniger auf Inhalt und Ausgestaltung der Marketinginstrumente als vielmehr auf formale Verhaltensweisen zur Schaffung einer gemeinsamen Vermarktungsphilosophie und der damit einhergehenden Standardisierung des Vermarktungsprozesses (zum Beispiel die Festlegung von Preisabständen zwischen den Marken anhand einheitlicher Kriterien) gerichtet. Auf diese Weise lassen sich die Interdependenzprobleme im Markenportfolio geeignet transparent machen und damit die markenübergreifenden Abstimmungen der Instrumentalstrategien durch eine Vereinheitlichung des Vermarktungsprozesses erleichtern. Ein derartiges Vorgehen trägt überdies zu einer wirksamen und identitätssichernden Ausschöpfung vorhandener Synergien zwischen den Marken bei.

4. Organisatorische Verankerung von Mehrmarkenstrategien

Der Planungsverlauf von Mehrmarkenstrategien ist eng mit der organisatorischen Verankerung dieses markenstrategischen Profilierungsinstruments verknüpft. Die Schaffung eigenständiger und innerhalb des Markenportfolios scharf abgegrenzter Markenidentitäten erfordert dabei eine **institutionelle Bündelung** aller besonders an der Prägung einzelner Markenidentitäten mitwirkenden Personen in separaten organisatorischen Einheiten. Die anzustrebende Individualität jeder Marke legt es nahe, diese organisatorischen Einheiten als Träger der Marken so selbständig und von den anderen Marken bzw. deren Organisationseinheiten so getrennt wie möglich zu führen. Auf diese Weise lässt sich der Unternehmergeist („Entrepreneurship") jeder Marke fördern und damit die zur Schaffung eigenständiger Markenpersönlichkeiten erforderliche Kreativität und Flexibilität sowie die markenspezifische Nähe zu den Bedürfnissen der Nachfrager und zum Wettbewerb erhöhen.

Verstanden als die Führung eines komplementären, synergetischen Portfolios zielt die Mehrmarkenstrategie allerdings weniger auf die **Optimierung des Marktauftritts** einzelner Marken als vielmehr auf das interne Zusammenspiel der verschiedenen Marken zur bestmöglichen Marktbearbeitung durch das gesamte Portfolio und damit auf die Sicherstellung der übergeordneten Gesamtzielsetzungen ab. Dies macht eine **Vernetzung** der organisatorisch selbständigen Markeneinheiten und deren Geschäftsprozesse erforderlich und schränkt den Grad der markenspezifischen **Autarkie** entlang der vollständigen Wertschöpfungskette ein (Ghoshal/Bartlett 1995, S. 148). Die damit oftmals einhergehende Zentralisierung von Entscheidungen (etwa bei der Festlegung strategischer Rollen und Positionierungen der Marken) sowie die verbindliche Nutzung gemeinsamer Ressourcen (zum Beispiel Plattformen) dürfen jedoch weder das Selbstbild noch das Fremdbild der Markenidentitäten untergraben (Meffert/Burmann 1996a, S. 56).

Abbildung 10 zeigt in diesem Zusammenhang ein Kontinuum der Mehrmarkenführung zwischen Zentralisation und Dezentralisation mit entsprechend differierenden Autonomiegraden der markenspezifischen Einheiten bzw. Eingriffstiefen der Portfolioleitung (vgl. hierzu ausführlich Koers 2001, S. 71 ff.). Die idealtypischen Portfolioausprägungen können entsprechend der Position auf dem Kontinuum anhand der Eingriffstiefe der Portfolioleitung in die Markeneinheiten klassifiziert werden. Während die Unternehmensleitung in dem hier als **operatives Portfoliomanagement** bezeichneten Markenportfolio auch operative Aufgaben der Markenführung wahrnimmt bzw. diese notfalls direktiv durchsetzt, beschränkt sich das **strategische Portfoliomanagement** auf die Schaffung des strategischen Rahmens, innerhalb dessen die einzelnen Portfoliomarken weitgehend autonom agieren. In einem reinen **Finanzportfolio** fungieren die einzelnen Marken schließlich ausschließlich als Investitionsobjekt des Unternehmens, wobei das Portfoliomanagement keinerlei Einfluss auf markenspezifische Strategien und deren Durchsetzung ausübt, sondern lediglich Renditeaspekte fokussiert. Bei nicht hinreichender Erfüllung der Renditeerwartung werden die Marken in Analogie zum Wertpapierportfolio veräußert.

| **Abbildung 10** | **Ausprägungen alternativer Zentralisationsgrade und Eingriffstiefen im Markenportfolio** |

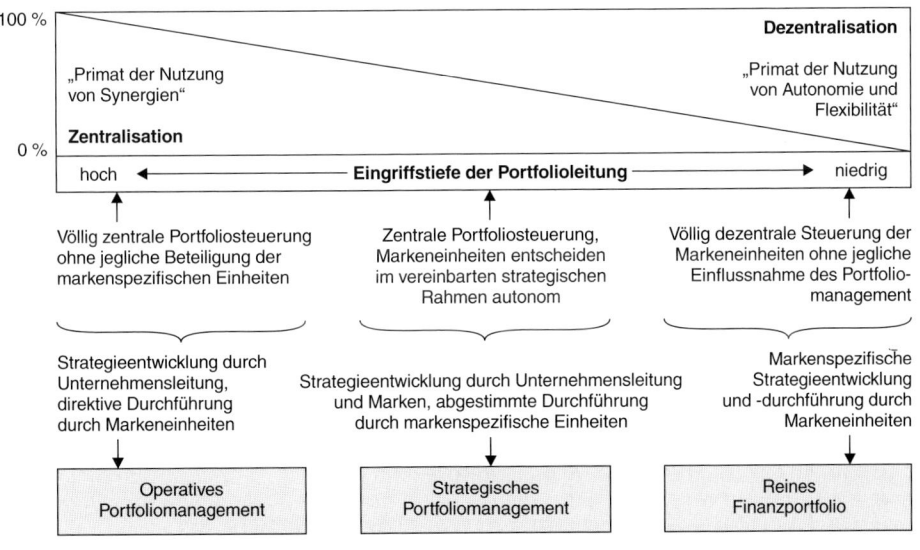

Quelle: Koers 2001, S. 75

Die rein dezentrale Führung eines Markenportfolios als Finanzportfolio stellt indes primär ein theoretisches Konzept dar, da die zentrale Festlegung strategischer Rollen und Positionierungen sowie die Realisierung markenübergreifender Synergien als Notwendigkeit einer gleichermaßen effektiven wie effizienten Mehrmarkenstrategie zu interpretieren sind. Demgegenüber geht ein rein operatives Portfoliomanagement je nach Größe des Markenportfolios vielfach mit einer Überlastung der Unternehmensleitung einher.

Unter der grundsätzlichen **Mehrmarkenführungs-Maxime** „so viel Dezentralität wie möglich, so wenig Zentralität wie nötig" sollte die organisatorische Verankerung von Mehrmarkenstrategien letztlich auf eine Optimierung des Autarkiegrades der selbständigen Markeneinheiten im Rahmen eines strategischen Portfoliomanagements ausgerichtet sein. Als Schnittstelle der untereinander vernetzten Markenorganisationen fungiert dabei eine übergeordnete Koordinationsstelle, die hierarchisch auf der Ebene der Unternehmensleitung bzw. der Leitung des Markenportfolios angeordnet oder dieser als Stabsstelle unmittelbar unterstellt ist. Die Führung des Markenportfolios erfolgt dann im Gegenstromverfahren, wobei die Portfolioleitung im Sinne einer Top-Down-Planung die Formulierung der Stoßrichtungen des Marktauftritts dominiert, während die dezentralen Markeneinheiten mit der konkreten Ausgestaltung der Instrumentalstrategien und damit der Umsetzung dieser Rahmenplanung auf der Grundlage spezifischer Zielvereinbarungen betraut sind. Abweichungen von diesen Zielvereinbarungen können dann nach dem Prinzip der Bottom-Up-Planung in einer Anpassung der strategischen Rahmenplanung resultieren. Das organisatorische Zusammenspiel der verschiedenen Marken und der Portfolioleitung lässt sich in verschiedenen Abstimmungsgremien (zum Beispiel Preisgremium) institutionalisieren.

Zur konkreten Festlegung der **markenspezifischen Freiheitsgrade** und damit zur Sicherstellung einer an den übergeordneten Unternehmenszielsetzungen orientierten Optimierung der Mehrmarkenstrategie bietet sich schließlich eine **Formulierung übergreifender Leitsätze** des Marktauftritts an. Im Rahmen derartiger Leitsätze sind die zentralen Grundsätze der Führung des Markenportfolios sowie des innerorganisationalen Zusammenspiels der dezentralen Markeneinheiten zu definieren. Die als grundsätzliche Prinzipien der Mehrmarkenführung zu interpretierenden Leitsätze sollten insbesondere in Bezug auf folgende Aspekte ausgestaltet werden:

■ Zusammensetzung des Markenportfolios,

■ Grad des eigenständigen Marktauftritts der Unternehmung (unter eigener Markierung),

■ Grad der Eigenständigkeit der Marken im Marktauftritt (eigenständige vs. kombinierte Markierung),

■ Grad der innerorganisationalen Eigenständigkeit der Marken (insbesondere hinsichtlich der funktionalen Organisationsstruktur),

■ Grad der eigenständigen Ergebnisverantwortung der Marken,

■ Grad der Markenbindung an innerorganisationale Ressourcen (Technologien, Plattformen, Lieferanten etc.),

- übergeordnete Steuerungs- und Koordinationsinhalte (zum Beispiel zentrale Positionierungsvorgaben),

- Steuerungs- und Koordinationsinhalte zwischen den Marken sowie

- Prozess und Instrumente der Zielvereinbarung.

5. Zusammenfassung und Fazit

Vor dem Hintergrund der verstärkten Polarisierung des Konsumentenverhaltens und eines wettbewerbsinduzierten Kostendrucks stehen Anbieter von Markenartikeln vor der zentralen Herausforderung, einer zunehmenden Fragmentierung bislang homogener Marktsegmente durch eine bedarfsgerechte Ausweitung des Angebotsspektrums gerecht zu werden und gleichzeitig die Wirtschaftlichkeit der Marktbearbeitung sicherzustellen. Unter dem Bewusstsein, dass eine ausgeprägte Markenidentität die unabdingbare Voraussetzung für die Schaffung des Vertrauens der Nachfrager in die Marke bildet, erscheinen die mit einer Erweiterung des Leistungsspektrums durch eine Ausdehnung der Marke verbundenen Deprofilierungsrisiken vielfach zu hoch, sodass eine Marktbearbeitung mit mehreren, parallel auf den Absatzmarkt ausgerichteten Marken und damit die Verfolgung einer Mehrmarkenstrategie zunehmend an Bedeutung gewinnen.

Die wirksame Ausübung von Mehrmarkenstrategien setzt indes eine sorgfältige Analyse der mit dieser Form des Marktauftritts verbundenen Chancen und Risiken voraus. Diese können im Einzelfall in Inhalt und Ausmaß variieren und lassen Schlussfolgerungen hinsichtlich der Vorteilhaftigkeit von Mehrmarkenstrategien im Vergleich zu alternativen Markenprofilierungsstrategien somit nur vor dem Hintergrund des spezifischen situativen Kontextes zu. Zusammenfassend können die Chancen und Risiken von Mehrmarkenstrategien auf **drei wesentliche Spannungsfelder** reduziert werden:

- Im **Spannungsfeld zwischen Kannibalisierung und Partizipation** gilt es, eine bestmögliche Marktabdeckung unter Minimierung von Substitutionseffekten innerhalb des Markenportfolios sicherzustellen.

- Darüber hinaus sieht sich eine Unternehmung bei der Verfolgung von Mehrmarkenstrategien dem Optimierungsproblem zwischen der **Ausschöpfung vorhandener Synergien** im Markenportfolio und der Notwendigkeit eines auf die Eigenprofilierung aller Marken abzielenden und damit möglichst **differenzierten Marktauftritts** ausgesetzt (vgl. Insert 2).

- Schließlich ist der optimale Grad der Eigenständigkeit jeder einzelnen Marke im Marktauftritt sowie im innerorganisationalen Zusammenspiel zu bestimmen und damit das Spannungsfeld zwischen einer **Zentralisierung** und **Dezentralisierung** von Entscheidungen zu überbrücken.

INSERT 2   Financial Times Deutschland, Montag, 27. August 2001

Die Modelle der VW-Marken
sollen einander weniger gleichen

Konzern versucht, interne Konkurrenz zu vermindern

Von **Guido Reinking**, Hamburg

Der VW-Konzern will seine Marken künftig besser gegeneinander abgrenzen und so konzerninterne Konkurrenz vermindern. VW-Vorstand Bernd Pischetsrieder hat vor Analysten angekündigt, künftig keine ähnlichen Modelle mehr von Marken anzubieten, die auf gleiche Zielgruppen gerichtet sind.

Laut David Moorcroft, Analyst der Commerzbank in London, ist nicht zu erwarten, dass VW sich in zwei Sparten aufteilt. Pischetsrieders Aussagen hatten am Wochenende Spekulationen geschürt, VW wolle seine Marken in zwei Gruppen ordnen. Moorcroft, der bei dem Treffen dabei war, hat Pischetsrieder anders verstanden: „Er hat uns gezeigt, wie er künftig verhindern will, das Marken mit ähnlichen Zielgruppen ähnliche Modelle im gleichen Segment anbieten." Pischetsrieder habe die Konzernmarken dazu in solche aufgeteilt, die eher konservativ seien und solche, die aggressiv seien. Konservativ seien Bentley, Volkswagen und Skoda, aggressiv Lamborghini, Audi und Seat.

„Künftig soll verhindert werden, dass sich zum Beispiel VW und Skoda, also zwei konservative Marken, mit den technisch ähnlichen Modellen Polo und Fabia im gleichen Segment Konkurrenz machen", so Moorcroft. Stattdessen würden die Marken auf andere Segmente wie Mini-Vans oder Geländewagen auswei-

> **„Derzeit mag es VW, uns etwas zu verwirren"**
>
> *Analyst Moorcroft nach dem Treffen mit VW*

chen. Eine reale Aufteilung des Konzerns bedeute das aber nicht.

Offenbar ließ Pischetsrieder, der als wahrscheinlicher Nachfolger von Konzernchef Ferdinand Piëch gilt, Raum für Interpretationen. Analysten, die bei dem Treffen nicht dabei waren, sprachen von einer möglichen Teilung des gesamten Konzerns in zwei Sparten. Moorcroft: „Derzeit mag es VW, uns etwas zu verwirren. Offenbar um die wahren Pläne noch nicht preiszugeben." Analyst Arndt Ellinghorst von der WestLB: „Volkswagen lässt in letzter Zeit gern mal einen Testballon steigen um zu sehen, wie die Märkte reagieren."

Im Interview mit der FTD hatte Piëch vergangene Woche gesagt, eine Teilung in Luxus-, Massen- und Nutzfahrzeugmarkt sei nicht geplant. Allerdings werde er dem Konzern eine neue Struktur geben, die gegen Ende des Jahres verkündet werden solle.

Künftig soll es laut Piëch im VW-Konzern mehr Zusammenarbeit zwischen den einzelnen Marken geben. So soll verhindert werden, dass sich Skoda, VW, Audi und Seat gegenseitig Kunden abjagen. Zur Nutzfahrzeugstrategie hat Pischetsrieder vor den Analysten angekündigt, VW werde nur dann weiter in schwere Lkw investieren, wenn der Konzern dadurch Nummer eins oder zwei in Europa werden könne. VW plant also die Übernahme einer weiteren Lkw-Marke. Einer der Wunschkandidaten soll MAN sein.

Eine gleichermaßen effektive wie effiziente Ausübung von Mehrmarkenstrategien setzt einen dynamischen Planungsprozess voraus. Im Mittelpunkt dieses, die Lösung interdependenter Teilprobleme umfassenden und damit rückgekoppelten Planungsverlaufs steht die strategische Rahmenplanung von Mehrmarkenstrategien. Die präzise und auf eine konturierte Markenabgrenzung abzielende Ausgestaltung der strategischen Rollen, Positionierungen und Leitbilder der Marken kanalisiert die markenspezifischen Aktivitäten in gewünschter Weise und bildet die zentrale Voraussetzung zur Schaffung differenzierter Markenidentitäten. Zur Steuerung und Koordination von Mehrmarkenstrategien bedarf es darüber hinaus eines Mehrmarkencontrolling, welches durch Generierung zentraler Steuerungsgrößen einen Beitrag zur Optimierung des externen Marktauftritts sowie des internen Zusammenspiels der Portfoliomarken zu leisten vermag.

Literatur

Aaker, D. A., Mit der Marke in einen neuen Markt, in: Harvard Business Manager, Heft 3, 1998, S. 43–52.

Aaker, D. A., Building Strong Brands, New York 1996.

Aaker, D. A., Brand Extensions: The Good, the Bad, and the Ugly, in: Sloan Management Review, Summer 1990, pp. 47–56.

Backhaus, K., Erichson, B., Plinke, W., Weiber, R., Multivariate Analysemethoden, 9. Aufl., Berlin u. a. 2000.

Backhaus, K., Fixkostenintensität und Unternehmenspolitik, in: Meffert, H., Backhaus, K. (Hrsg.), Kostenstruktur und Fixkostenmanagement als Herausforderungen an die Unternehmensflexibilität, Dokumentation des 31. Münsteraner Führungsgespräches der Wissenschaftlichen Gesellschaft für Marketing und Unternehmensführung e. V., Münster 1997, S. 6–22.

Becker, J., Marketing-Konzeption: Grundlagen des strategischen Marketing-Managements, 6. Aufl., München 1998.

Bruhn, M., Marketing, 5. Aufl., Wiesbaden 2001.

Burmann, G., Marktarealstrategien der internationalen Automobilhersteller, in: Hünerberg, R., Heise, G., Hoffmeister, M. (Hrsg.), Internationales Automobilmarketing, Wiesbaden 1995, S. 121–141.

Dichtl, E., Andritzky, K., Schobert, R., Ein Verfahren zur Abgrenzung des „relevanten Marktes" auf der Basis von Produktperzeptionen und Präferenzurteilen, in: Wirtschaftswissenschaftliches Studium, 6. Jg., Heft 6, 1977, S. 290–301.

Dudenhöffer, F., Abschied vom Massenmarketing. Systemmarken und Beziehungen erobern Märkte, Düsseldorf, München 1998.

Esch, F.-R., Positionierungsstrategien – konstituierender Erfolgsfaktor für Handelsunternehmen, in: Thexis, 9. Jg., Heft 4, 1992, S. 9–15.

Esch, F.-R., Andresen, Th., 10 Barrieren für eine erfolgreiche Markenpositionierung und Ansätze zu deren Überwindung, in: Tomczak, T. et al. (Hrsg.), Positionierung – Kernentscheidung des Marketing, St. Gallen 1996, S. 78–94.

Ghoshal, S. S., Bartlett, Ch., Building the entrepreneurial Corporation: New Organizational Processes, New Managerial Tasks, in: European Management Journal, Vol. 13, No. 21, June 1995, pp. 139–155.

Haedrich, G., Gussek, F., Tomczak, T., Instrumentelle Strategiemodelle als Komponenten im Marketingplanungsprozeß, in: Die Betriebswirtschaft, 50. Jg., Heft 2 1990, S. 205–222.

Haedrich, G., Tomczak, T., Strategische Markenführung, in: Bruhn, M. (Hrsg.), Handbuch Markenartikel – Anforderungen an die Markenpolitik aus Sicht von Wissenschaft und Praxis, Bd. 2: Stuttgart 1994, S. 925–948.

Hinterhuber, H. H., Strategische Unternehmensführung, II. Strategisches Handeln, 6. Aufl., Berlin u. a. 1997.

Kapferer, J.-N., Die Marke – Kapital des Unternehmens, Landsberg/Lech 1992.

Kapferer, J.-N., Führung von Markenportfolios, in: Moderne Markenführung. Grundlagen – Innovative Ansätze – Praktische Umsetzung, Esch, F.-R. (Hrsg.), Wiesbaden 2000, S. 575–618.

Keller, K. L., Conceptualizing, Measuring, and Managing Customer-Based Brand Equity, in: Journal of Marketing, Vol. 57, January 1993, S. 1–22.

Keller, K. L., Strategic brand management, Upper Suddle River (N. J.) 1998.

Koers, M., Steuerung von Markenportfolios: Ein Beitrag zum Mehrmarkencontrolling am Beispiel der Automobilwirtschaft, Frankfurt/M. 2001.

Kotler, Ph., Marketing Management, 6th Ed., Englewood Cliffs, N. J. 1988.

Laforet, S., Saunders, J., Managing Brand Portfolios: How the Leaders do it, in: Journal of Advertising Research, September/October 1994, pp. 64–76.

Meffert, H., Strategien zur Profilierung von Marken, in: Dichtl, E., Eggers, W. (Hrsg.), Marke und Markenartikel als Instrumente des Wettbewerbs, München 1992, S. 129–156.

Meffert, H., Marketing-Management – Analyse, Strategie, Implementierung, Wiesbaden 1994.

Meffert, H., Mehrmarkenstrategie – immer die beste Option? in: asw, Sondernummer Oktober 1999, S. 82–87.

Meffert, H., Marketing – Grundlagen marktorientierter Unternehmensführung, 9. Aufl., Wiesbaden 2000.

Meffert, H., Burmann, Ch., Identitätsorientierte Markenführung – Grundlagen für das Management von Markenportfolios, Arbeitspapier Nr. 100 der Wissenschaftlichen Gesellschaft für Marketing und Unternehmensführung e. V., Meffert, H., Wagner, H., Backhaus, K. (Hrsg.), Münster 1996a.

Meffert, H., Burmann, Ch., Towards an Identity-Orientated Approach of Branding, University of Cambridge, Research Papers in Management Studies, No. 18, 1996b.

Michael, B. M., Laudatio Deutscher Marketing-Preis 1999 an Volkswagen AG, in: Kongressdokumentation vom Deutschen Marketing Verband des 27. Deutschen Marketing-Tag am 29. Oktober 1999 in Frankfurt unter dem Thema „Chancen im 3. Jahrtausend. Information managen – Zukunft gestalten", S. 47.

Nommensen, J. N., Die Prägnanz von Markenbildern, Heidelberg 1990.

o. V., Autofahren in Deutschland 1999, Motor-Presse Stuttgart (Hrsg.), Stuttgart 1999, S. 73.

o. V., Billiger Jacob, in: Wirtschaftswoche, Nr. 9, 1998a, S. 44–45.

o. V., Völlig neue Regeln, in: Wirtschaftswoche, Nr. 21, 1998b, S. 51–59.

o. V., Im Kaufrausch, in: Wirtschaftswoche, Nr. 26, 1998c, S. 44–53.

o. V., Fahrt ins Ungewisse, in: Wirtschaftswoche, Nr. 19, 1997, S. 56–62.

Perrey, J., Nutzenorientierte Marktsegmentierung – Ein integrativer Ansatz zum Zielgruppenmarketing im Verkehrsdienstleistungsbereich, Wiesbaden 1998.

Quelch, J. A., Extend Profits, Not Product Lines, in: Harvard Business Review, September/October 1994, pp. 153–160.

Schulz, H., Mannheimer: für jede Zielgruppe eine Marke, in: Bank und Markt, Heft 9, 1997, S. 23–24.

Smith, D. C., Parc, W. C., The Effects of Brand Extensions on Market Share and Advertising Efficiency, in: Journal of Marketing Research, Vol. 29, No. 1, 1992, pp. 296–313.

Specht, U., Mit Marken Zeichen setzen, in: Absatzwirtschaft, Sondernummer Oktober 1997, S. 10–11.

Stegmüller, B., Hempel, P., Empirischer Vergleich unterschiedlicher Marktsegmentierungsansätze über die Segmentpopulation, in: Marketing ZFP, 18. Jg., Heft 1, 1996, S. 25–31.

Tomczak, T., Roosdorp, A., Positionierung – Neue Herausforderungen verlangen neue Ansätze, in: Tomczak, T. et al. (Hrsg.), Positionierung – Kernentscheidung des Marketing, St. Gallen 1996, S. 6–42.

Traylor, M. B., Cannibalism in Multibrand Firms, in: Journal of Consumer Marketing, Vol. 3, No. 2, Spring 1986, pp. 69–75.

Markenausdehnungsstrategien

Mirko Caspar

1. Bedeutung der Markenausdehnung für das Markenmanagement

Auf Grund der dynamischen Veränderungen im Wettbewerbsumfeld wird eine adäquate Profilierung und Differenzierung der Unternehmensleistungen immer wichtiger. Die Marke kann dabei bei zunehmender physikalischer und funktionaler Homogenisierung eine entscheidende Rolle spielen. Das Markenmanagement steht jedoch vor zwei zentralen Herausforderungen. Zum einen muss auf die zunehmend zu beobachtende Ausdifferenzierung der Kundenwünsche unter anderem mit einer angemessenen Ausweitung des Produktangebots reagiert werden. Zum anderen gilt es – im Sinne der Wirtschaftlichkeit der Marktbearbeitung – die Investitionskosten bei zahlreichen Produktneueinführungen sowie die fortlaufenden Markenführungskosten bei steigendem Mindestwerbedruck unter Kontrolle zu halten. Eine zunehmend verfolgte Strategie zur Begegnung dieser Herausforderungen stellt die Markenausdehnung dar (Aaker 1990, S. 47; Esch/Fuchs/Bräutigam 2000, S. 673). Dabei soll die Stärke einer etablierten Marke genutzt werden, um die Einführung neuer Produkte auf effiziente und effektive Weise zu unterstützen. Neben der reinen Unterstützung der Neueinführungen geht damit die Überlegung einher, die Markenführungskosten insgesamt über mehrere Produkte zu verteilen und eine stärkere Fokussierung auf die Führung und Unterstützung der Kernmarken zu erreichen.

Unilever hat zum Beispiel angekündigt, sein Portfolio an Marken von bisher 1.600 auf nur 400 Kernmarken zu begrenzen (Clausen 2000). Bei einer solchen Maßnahme sind Umsatzeinbußen auf Grund des Verzichts auf zahlreiche Marken zwangsläufig nur durch die zunehmende Ausdehnung der Kernmarken zu verhindern.

Der Strategie der Markenausdehnung folgten in den letzten zwei Jahrzehnten immer mehr Unternehmen. Waren zwischen 1977 und 1984 nur 40 Prozent der Neueinführungen Markenausdehnungen, stieg dieser Prozentsatz bis zum Jahr 1991 auf 90 Prozent (Aaker/Keller 1990, S. 27; Rangaswamy/Burke/Oliva 1993, S. 61). Neuere Zahlen in Deutschland lassen darauf schließen, dass 1994 bereits 96 Prozent der erfolgreichen Produktneueinführungen Markenausdehnungen waren (Esch/Fuchs/Bräutigam 2000, S. 647). Allerdings wird die Strategie der Markenausdehnung auf Grund der mit ihr verbundenen Risiken auch immer wieder kritisiert, und einige prominente Misserfolge unterstreichen die Gefahren der Strategie (Ries/Trout 1986, S. 101). Im Folgenden sollen nach einer kurzen Definition der relevanten Begrifflichkeiten daher Chancen und Risiken der Markenausdehnung aufgezeigt, die Bestimmungsfaktoren des Transfererfolges analysiert und der Planungsprozess einer Erfolg versprechenden Markenausdehnung erläutert werden.

2. Gegenstand und konzeptionelle Grundlagen der Markenausdehnung

2.1 Definition des Markenausdehnungsbegriffs

In der Marketingliteratur konnte sich zwar bisher noch keine allgemein gültige, einheitliche Definition der Markenausdehnung etablieren, es entwickelt sich jedoch zunehmend folgendes Begriffsverständnis:

Die **Markenausdehnung** bezeichnet einen Managementprozess, bei dem

▌ die Werte einer etablierten Marke
▌ für neue Produkte
▌ durch Verwendung eines gemeinsamen Namens und gemeinsamer Ausstattung
▌ mit dem Ziel der Übertragung positiver Imagebestandteile

genutzt werden sollen (Meffert 1994, S. 185; Aaker 1990, S. 47; Hätty 1994, S. 563).

Voraussetzung für die Nutzung von Synergien ist dabei, dass neue und alte Produkte der Marke als eine Einheit wahrgenommen werden. Werden die neuen Produkte in eine neue Produktkategorie eingeführt, wird von **Markentransfer, Brand-Extension** oder **Markenerweiterung** gesprochen. Die Unternehmensaktivität der Ausdehnung innerhalb einer bestehenden Produktkategorie wird hingegen als **Line-Extension** bezeichnet. Der Definition der Markenausdehnung liegt implizit eine Unternehmensperspektive zu Grunde, und sie bezeichnet dementsprechend einen Managementprozess. Der Begriff **Imagetransfer** kennzeichnet im Unterschied zur Markenausdehnung nicht den Managementprozess, sondern den angestrebten kognitiven und emotionalen Prozess der Assoziations- und Vorstellungsübertragung im Kopf des Konsumenten. Dabei umfasst das **Image** die Gesamtheit der Vorstellungen eines Individuums hinsichtlich einer Marke und kann als mehrdimensionales System von Eindruckswerten, das heißt subjektiv bewerteter, empfundener Ausprägungen von denotativen (sachhaltigen) und konnotativen (emotionalen/anmutungshaften) Produkt- und Markeneigenschaften, verstanden werden (Meffert/Heinemann 1990, S. 5). Die Abgrenzung der unterschiedlichen Begrifflichkeiten der Markenausdehnung ist in Abbildung 1 noch einmal dargestellt.

Die folgenden Ausführungen beziehen sich zwar im Kern auf Markentransfers, also Ausdehnungen in neue Produktkategorien, gelten aber auch für Line-Extensions. Daher sollen die Begriffe **Transferprodukt** und **Erweiterungsprodukt** sowohl für Produkte, die in eine neue Produktkategorie eingeführt werden, als auch solche, die das Produktportfolio innerhalb der bestehenden Kategorie erweitern, verwendet werden. Darüber hinaus werden die Begriffe Ursprungsmarke und Muttermarke als Bezeichnung für die etablierte Marke, welche der Ausdehnung zu Grunde liegt, als Synonyme zur Anwendung kommen.

Abbildung 1	Abgrenzung der Markenausdehnungsbegriffe

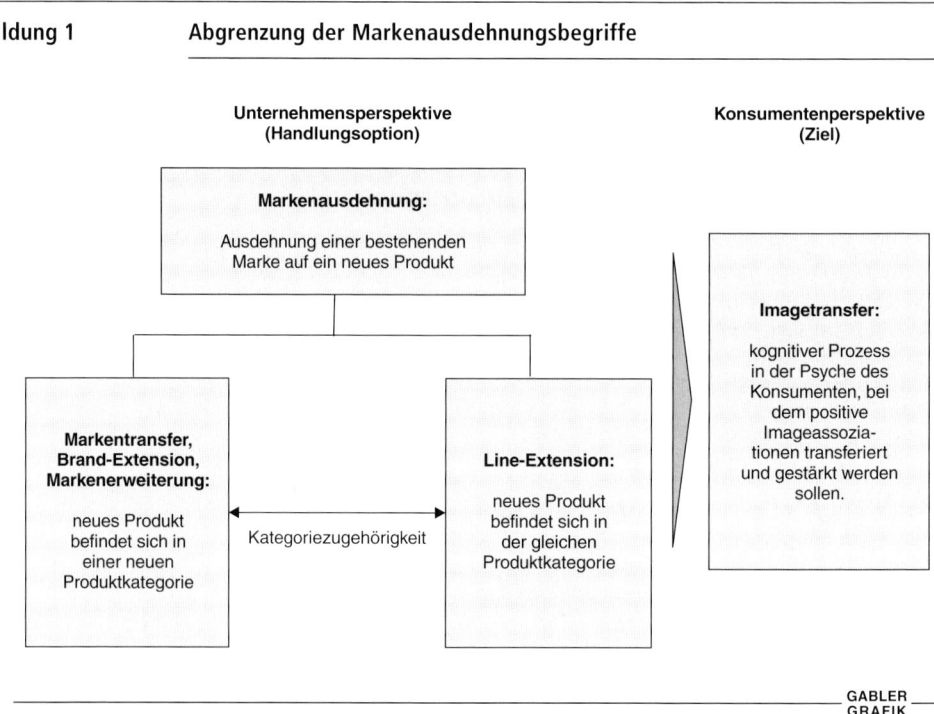

2.2 Chancen und Risiken der Markenausdehnung

Mit der Markenausdehnungsstrategie ist eine Reihe von allgemeinen **Chancen und Risiken** verbunden, die anhand der Tragfähigkeit der Ursprungsmarke und entsprechend dem Vorliegen und der Ausprägung unterschiedlicher Bestimmungsfaktoren der Markenausdehnung abgewogen werden müssen.

Die grundsätzlichen Ziele der Markenstrategien lassen sich als Konkretisierung der Oberziele wie Rendite-, Gewinn- und/oder Wertmaximierung der Unternehmung verstehen (Meffert 1994, S. 93 ff.; Becker 1998, S. 13 ff.). Dabei stellt der **Markenwert** die zentrale markenspezifische Erfolgsgröße zur Sicherung der Oberziele der Unternehmung dar. Der ökonomische Markenwert kennzeichnet den mit der Marke verbundenen inkrementalen Wert eines Produktes im Vergleich zum nicht markierten Produkt (Sattler 1997, S. 5). Im Sinne einer Mittel-Zweck-Beziehung liegt dieser ökonomischen Zielgröße der **psychographische Markenwert bzw. die Markenstärke** zu Grunde, der als verhaltenswissenschaftliches Fundament des ökonomischen Wertes interpretiert werden kann. Die auf affektiven und kognitiven Komponenten aufbauende Markenstärke wird im Wesentlichen durch die Vorteilhaftigkeit, Einzigartigkeit und Stärke der Markenassoziationen sowie die gestützte und ungestützte Bekanntheit erklärt (Keller 1993, S. 13). Sie beeinflusst im Zusammenspiel mit situativen Faktoren unter anderem die Verankerung der Marke im Consideration Set sowie konative Aspekte wie die Versuchskaufrate, die Kundenzufriedenheit und die Loyalität der Konsumenten. Der psychographische Markenwert bzw. die Markenstärke erklärt durch seine Verhaltensrelevanz somit die Wirkungsdifferenzen der Konsumenten auf ein bestimmtes Marketingmix (Keller 1993, S. 5). **Der effiziente, effektive und schnelle Aufbau der Markenstärke** des neuen Produktes durch Rückgriff auf die etablierte Marke kann danach als Kernziel der Markenausdehnung bezeichnet werden. Im Sinne einer Mittel-Zweck-Beziehung begründet der schnelle und effiziente Aufbau von Markenstärke als Globalziel eine Reihe positiver Konsequenzen auf **Konsumenten-** und **Handelsebene**, die gemeinsam den Zielen auf **Unternehmensebene** zu Grunde liegen.

Auf **Konsumentenebene** soll die Übertragung eines etablierten Markenimages die sofortige Markenwahrnehmung und Präsenz des neuen Produktes unterstützen und den Lernaufwand für die Konsumenten reduzieren, denn die Markenwelt und Nutzendimensionen des neuen Produktes können durch den Rückgriff auf bereits bestehende Einstellungen und Vorstellungen leichter erlernt werden. Zudem sollen der Bekanntheits- und Vertrauensvorsprung der etablierten Marke die Risikoreduktions- und Qualitätssicherungsfunktion stärken. Etablierte Marken können so die Informations- und Suchkosten des Nachfragers senken. Unter Umständen können „Beziehungsvorteile" für die Kunden in Form von personalisierten und kundenspezifischen Angeboten realisiert werden, wenn Anbieter auf bereits gesammelte Erfahrungen und kundenspezifische Informationen aus bestehenden Kanälen zurückgreifen und diese für ein entsprechendes Angebot nutzen können.

Mit Bezug auf den **Handel** soll die etablierte Marke bei der Durchdringung etwaiger Handelsbarrieren gegen die Einführung neuer Produkte helfen sowie für eine verbesserte PoS-Präsenz und Regalplatzsicherung sorgen. Die Listungsbereitschaft soll insgesamt erhöht und der Akquisitionsaufwand verringert werden (Esch/Fuchs/Bräutigam 2000, S. 679).

Für das **Unternehmen** resultiert aus den positiven Effekten auf Konsumenten- und Handelsebene, dass die Marketingeffektivität und -effizienz durch die Nutzung des psychographischen Markenwertes der Ursprungsmarke erhöht werden können. Marktseitig sollen so vor allem eine Steigerung der Kaufbereitschaft und Erstkaufrate sowie, wenn möglich, die Durchsetzung eines Preispremiums erzielt werden (Aaker 1990, S. 49). Zudem können strategisch die Ausweitung der Zielgruppen, die Besetzung neuer Geschäftsfelder und die Senkung der Markteintrittsbarrieren unterstützt werden (Meffert 2000, S. 867). Innengerichtet kann außerdem die Ausnutzung interner Synergien zur Kostenreduktion beitragen (Court/Leiter/Loch 1999, S. 102 ff.). Durch die Steigerung von Marketingeffektivität und -effizienz auf Grund der Ausnutzung marktgerichteter und interner Synergien wird schließlich insgesamt eine Reduktion des Floprisikos des neuen Angebots angestrebt.

Abbildung 2   **Zielsystem der Markenausdehnung**

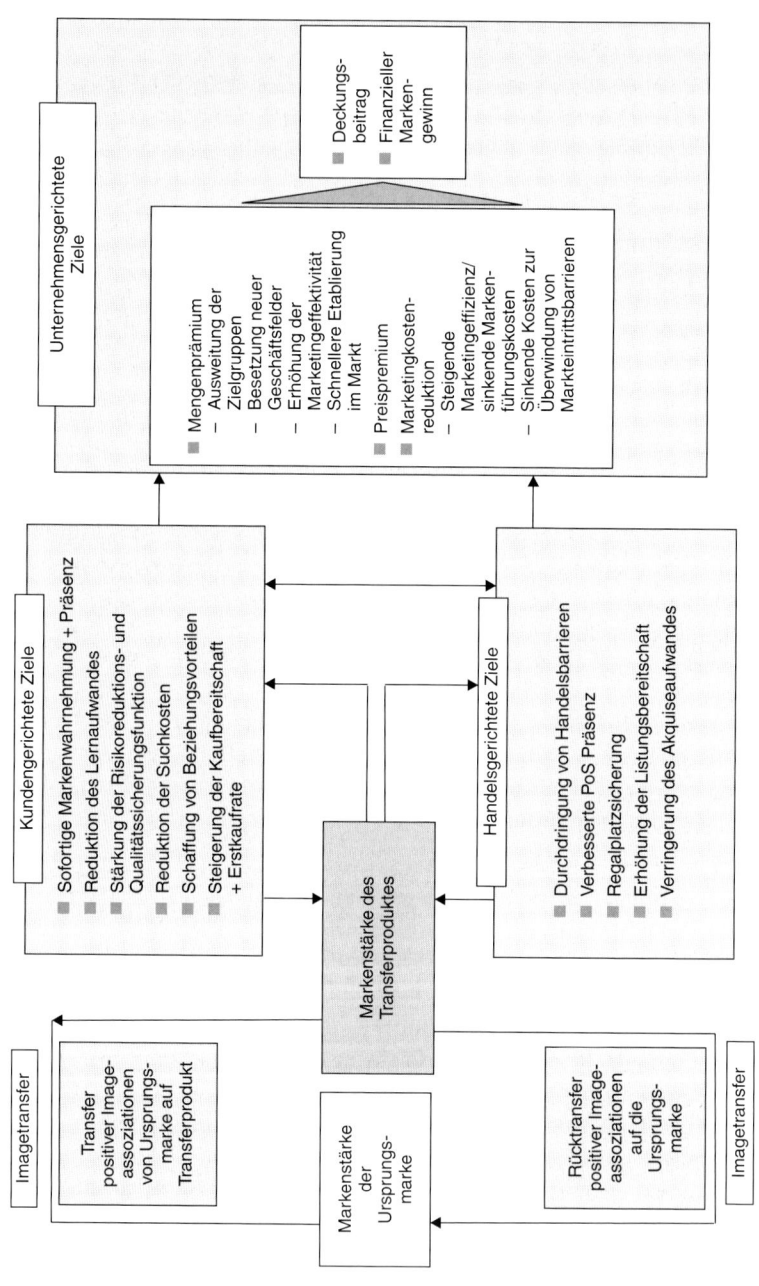

Neben den Chancen der Unterstützung des neuen Produktes sind mit einer Markenausdehnung auch **Chancen für die Ursprungsmarke** verbunden. So kann durch eine Ausdehnung zum Beispiel die Revitalisierung oder die Umpositionierung der Marke unterstützt werden. Außerdem ist eine Verlängerung des Lebenszyklus der Marke möglich (Hätty 1989, S. 576). Generell besteht die Chance, dass die angestrebten Bekanntheits- und Imageeffekte für das Transferprodukt im Sinne eines Spillover-Effektes auch auf die Ursprungsmarke zurückwirken und diese stärken (Hätty 1989, S. 299 ff.; Smith/Park 1992, S. 298). Abbildung 2 zeigt zusammenfassend die Chancen bzw. Ziele der Markenausdehnung.

Mit der Markenausdehnung sind neben den Chancen jedoch auch einige **Risiken** verbunden. Diese beziehen sich allgemein auf das Risiko der Verringerung der aktuellen oder potenziellen Markenstärke und einen daraus folgenden Verlust an Markenwert. Die Gefahr kann entweder in hohen Opportunitätskosten auf Grund eines nicht optimalen Aufbaus der Markenstärke für das Transferprodukt liegen oder in der Verringerung der Markenstärke der Ursprungsmarke auf Grund von Kannibalisierungs- oder negativen Imageeffekten.

Ein grundsätzliches Risiko besteht in der **mangelnden Akzeptanz** des neuen Angebots. Dies kann zum Beispiel auf eine zu schwache Ursprungsmarke zurückzuführen sein, welche das neue Produkt nicht ausreichend unterstützen kann. Das neue Produkt hätte im Falle eines zu schwachen oder neutralen Einflusses der Ursprungsmarke aber wahrscheinlich auch ohne die Unterstützung der Ursprungsmarke Probleme gehabt, sich am Markt zu etablieren. Schlimmer ist es daher, wenn die transferierten Assoziationen der Ursprungsmarke auf Grund fehlender Relevanz oder neuer, situationsspezifischer Konnotationen negative Affekte im neuen Kontext hervorrufen. Die Markenausdehnung kann dann den Erfolg eines im Grunde potenzialträchtigen Produktes gefährden. Im schlimmsten Fall kann durch die Ausdehnung zudem die Ursprungsmarke durch **Rücktransfer** neu gebildeter negativer oder widersprüchlicher Assoziationen angegriffen werden. Bei zu häufigen und diversen, vom Konsumenten nicht mehr nachvollziehbaren Ausdehnungen kann es zudem – auch ohne den direkten Transfer negativer Imagekomponenten – zu einer schleichenden Erosion der Ursprungsmarke kommen (Esch/ Fuchs/Bräutigam 2000, S. 680; Aaker 1990, S. 52 ff.). Zu viele diverse Assoziationen auf Grund zahlreicher Ausdehnungen können das Markenbild angreifen und Prägnanz, klares Nutzenversprechen sowie eindeutige Markenpersönlichkeit verwässern.

Selbst wenn es zu keinem negativen Transfer zurück zur Ursprungsmarke kommt, gibt es das Risiko der **Kannibalisierung** der Ursprungsprodukte. Im Medienmarkt wurde zum Beispiel bei vielen Ausdehnungen von Printmarken befürchtet, durch Angebote im Internet oder Fernsehen das Kerngeschäft zu kannibalisieren. Daher scheuten sich zum Beispiel viele traditionelle Medienunternehmen, ein vollwertiges Angebot ihrer etablierten Marken ins Internet zu stellen. Allerdings sollte sich das Markenmanagement dabei immer auch die Frage stellen, ob bei Unterlassung der Markenausdehnung das Umsatzvolumen nicht durch neue Wettbewerbsangebote bedroht wird. Gerade in von Konvergenz und Erosion der klassischen Wertschöpfungsketten geprägten Industrien wie Telekommunikation, Medien und IT ist die Bedrohung der Ursprungsmarken durch andere, oft neue Wettbewerber nicht zu unterschätzen. In diesem Fall ist die eigene Kannibalisierung dem Umsatzverlust durch die Wettbewerber natürlich vorzuziehen.

Schließlich können bei Markenausdehnungen auch Opportunitätskosten durch den Verzicht auf den Aufbau einer neuen Marke entstehen. Denn sollte es gelingen, eine neue Marke erfolgreich im Markt zu etablieren, kann u. U. ein erhebliches neues Wertpotenzial geschaffen werden. Dieses könnte sich zum Beispiel auch in neuen Markenausdehnungen, bei denen die neue Marke als Ausdehnungsplattform dient, manifestieren. Der Verzicht auf die Option, eine neue Markenplattform zu schaffen, muss daher im Sinne von Opportunitätskosten ebenfalls ins Kalkül mit einbezogen werden (Sattler 1999, S. 15; Aaker 1990, S. 54). Die Risiken der Markenausdehnungen sind in Abbildung 3 noch einmal zusammengefasst.

Abbildung 3   **Risiken des Markentransfers**

Risiken für das Transferprodukt	Risiken für die Ursprungsmarke

■ Mangelnde Akzeptanz des Transferproduktes durch
   – zu schwache Muttermarke
   – mangelnde Relevanz der Assoziationen
   – kontextspezifische, negative Bewertung transferierter Assoziationen
■ Opportunitätskosten auf Grund Verzichts des Aufbaus einer neuen starken Marke
	■ Verlust der Glaubwürdigkeit und Qualitätsanmutung durch Rücktransfer negativer Assoziationen bei Scheitern der Markenausdehnung
	■ Langfristige Erosion des Markenimages durch inkonsistente, inkongruente Ausdehnung
	■ Kannibalisierung der Ursprungsmarke

GABLER
GRAFIK

2.3 Bestehende Ansätze zur Analyse und Erklärung von Markenausdehnungen

Die Forschungsbemühungen zur Markenausdehnung können allgemein in finanzwirtschaftliche und verhaltenswissenschaftliche Ansätze unterteilt werden.

Die **finanzwirtschaftlichen Ansätze** entstanden hauptsächlich aus der allgemeinen Motivation, den Geldwert einer Marke zu bestimmen bzw. ein ökonomisches Kalkül zur Bewertung markenstrategischer Entscheidungen zu entwickeln. Entsprechend der Definition des Markenwertes als inkrementalem Wert bauen die meisten finanziellen Markenwertmodelle auf den Barwertansätzen auf und ermitteln den Markenwert durch die Abzinsung zukünftiger markierungsspezifischer Einzahlungsüberschüsse im Vergleich zum nicht markierten Produkt (Bekmeier-Feuerhahn 1998, S. 30). Analog zu diesem Vorgehen müssten bei der finanziellen Bewertung einer Markenausdehnung die spezifischen Einzahlungsüberschüsse, die bei Übertragung einer etablierten Marke auf das neue Produkt erzielbar sind, ermittelt und abgezinst werden. Dieser Barwert müsste dann in einem nächsten Schritt mit dem Barwert der Einzahlungsüberschüsse, die bei Etablierung einer neuen Marke zu erzielen wären, verglichen werden.

Neben allgemeinen Problemen bei der Ermittlung der markenausdehnungsspezifischen Einzahlungsüberschüsse (genannt sei zum Beispiel die Problematik der ursachengerechten Zurechenbarkeit von Einzahlungsüberschüssen zu Marketing- und anderen Managemententscheidungen) ist im Hinblick auf die Relevanz für die Markenführungsunterstützung die fehlende Einbeziehung zentraler Verhaltenskonstrukte bei den finanziellen Ansätzen zu bemängeln. Obwohl es einige Markenwertansätze gibt, die der ökonomischen Bewertung der Marke auch verhaltenswissenschaftliche Überlegungen zu Grunde legen und damit ein ganzheitliches Modell anstreben (vgl. zum Beispiel Bekmeier-Feuerhahn 1998, S. 75 ff.), sind die meisten finanzwirtschaftlich orientierten Bewertungsverfahren für die Erklärung bestimmter Markenphänomene oder der Ableitung von Hinweisen für die erfolgreiche Markenführung auf Grund mangelnder verhaltenswissenschaftlicher Fundierung nicht geeignet. Die Modelle legen letztendlich nicht explizit dar, wie Marketingaktivitäten die Wahrnehmung und Beurteilung der Markenausdehnung durch die Konsumenten beeinflussen. Damit sind auch keine validen Hinweise für die Markenführung ableitbar, sodass die Analyse der Markenausdehnung mit Fokus auf eine Untersuchung bzw. Erklärung einer Beeinflussung des rein finanzwirtschaftlich geprägten Markenwertes eher unzweckmäßig erscheint (Bekmeier-Feuerhahn 1998, S. 34 f.; Meffert/ Burmann 1996, S. 22).

Die große Mehrzahl der Forschungsansätze und empirischen Untersuchungen zu Markenausdehnungen ist daher **verhaltenswissenschaftlich geprägt** (Sattler 1997, S. 483 ff.). Die Forschungsbemühungen haben zum einen die Analyse von zentralen Bestimmungsgrößen der nachfragerseitigen Beurteilung von Markenausdehnungen zum Ziel, um Hinweise für die Ausgestaltung der Markenaktivitäten ableiten zu können. Durch Untersuchung des Einflusses unterschiedlicher Faktoren auf hypothetische Konstrukte, die eher eine mittlere Stellung in der Wirkungskette zwischen Marketingstimuli und Konsequenzen haben (zum Beispiel Markenimage oder Markenstärke), kann ein Bezug der Ergebnisse zu konkreten Gestaltungsparametern des Marketing hergestellt werden (Keller 1993, S. 1). Zum anderen widmen sich die Forschungen aber auch der Entwicklung grundlegender Modelle zur Beschreibung und Erklärung von Markenausdehnungen sowie zur Ableitung von Ausgestaltungshinweisen (Esch/Fuchs/Bräutigam 2000, S. 690). Die verhaltenswissenschaftlichen Ansätze können danach unterschieden werden, ob sie auf Image- bzw. Einstellungstheorien oder gedächtnistheoretischen Schema- und Kategorisierungstheorien aufbauen. Der Vorteil der Kategorisierungs- und Schematheorien ist, dass sie die kognitiven und emotionalen Prozesse bei der Imageübertragung abbilden und so den Einfluss unterschiedlicher Bestimmungsgrößen auf den Imagetransfer sehr anschaulich theoretisch erklären können. Sie stehen aber nicht im Wi-

derspruch zu den einstellungstheoretischen Konzepten, sondern stellen nur die gedächt-
nispsychologische Sichtweise dar, welche auch als theoretische Grundlage der Einstellungstheorien dienen kann (Grunert 1982, S. 13 und 20). Abbildung 4 zeigt noch einmal
die Ansätze zur Untersuchung von Markenausdehnungen im Überblick.

Abbildung 4   **Ansätze zur Untersuchung von Markenausdehnungen**

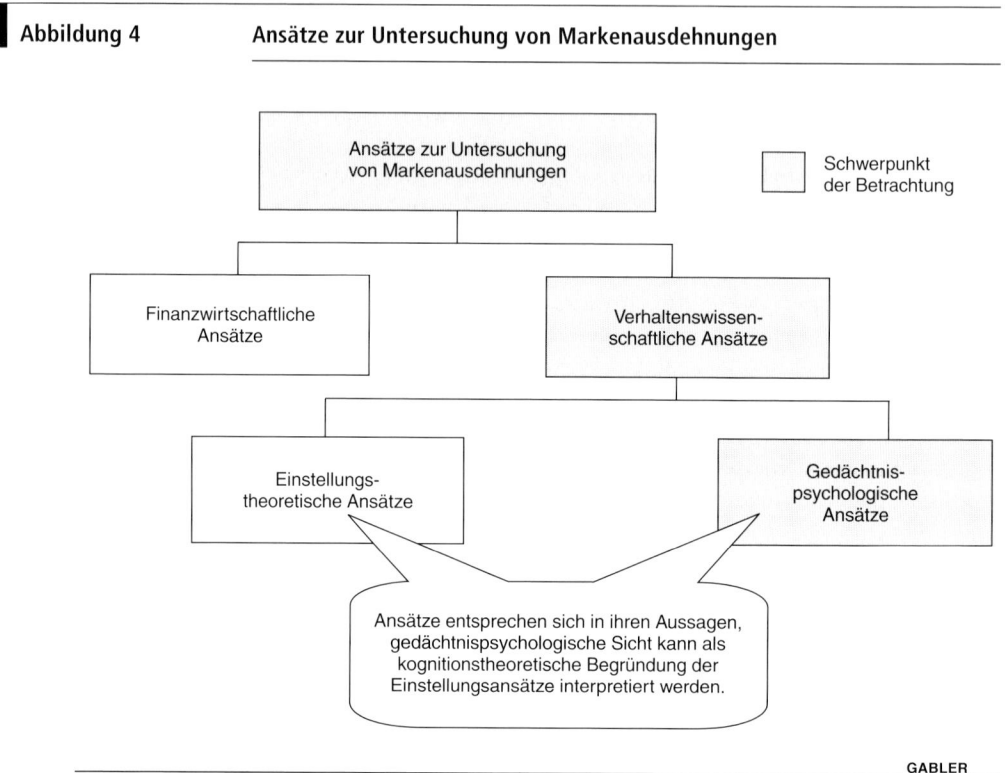

GABLER
GRAFIK

2.31   Einstellungstheoretische Ansätze

Die einstellungstheoretischen Ansätze sehen die Einstellung als gelernte Prädispositio-
nen eines Individuums, auf bestimmte Stimuli konsistent positiv oder negativ zu reagieren (Meffert 1992b, S. 55). Dabei wird die Einstellung im Allgemeinen als eindimensionale Größe interpretiert (Hätty 1989, S. 81). Das Image der Marke wird als ein mehrdimensionales, mit subjektiven Werten versehenes, komplexes psychisches Konstrukt definiert. Es ist der Einstellung insofern verwandt, als dass es die mehrdimensionale
Struktur der unabhängigen Eindruckswerte, welche der eindimensionalen Einstellung zu
Grunde liegen, abbildet (Berekoven/Eckert/Ellenrieder 1999, S. 81). Die Erklärung des

Phänomens des Imagetransfers kann bei einstellungstheoretischer Sichtweise unter anderem über den speziellen Lernprozess der Reizgeneralisation erfolgen (Hätty 1989, S. 100). Die Reizgeneralisation beschreibt das Verhalten, eine zu einem bestimmten Stimuli gehörende, gelernte Reaktion nicht nur bei identischen, sondern auch bei ähnlichen Reizen hervorzurufen. Übertragen auf die Einstellung gegenüber einer Marke kann dies bedeuten, dass bei einem ähnlichen Stimulus, also einem neuen Produkt mit gleicher Markierung, die gelernte Einstellung bezüglich der Ursprungsmarke auch durch das neue Produkt hervorgerufen wird (Hätty 1989, S. 98 ff.). Entscheidend für diesen Effekt ist damit die Ähnlichkeit der Stimuli bzw. des neuen Transferproduktes mit dem etablierten Vorstellungsbild von der Marke.

Im Folgenden sollen mit den Modellen von Schweiger und Meffert/Heinemann zwei der bekanntesten einstellungstheoretischen Modelle zur Markenausdehnung vorgestellt werden. Im Anschluss daran werden die Grundzüge der Schema- und Kategorisierungstheorien kurz beschrieben. Diese bilden die theoretische Grundlage für die Beschreibung der zentralen Bestimmungsfaktoren der nachfragerseitigen Beurteilung von Markenausdehnungen im nächsten Kapitel.

Das Modell von Schweiger

Schweiger entwickelte eines der ersten und bekanntesten Modelle zum Imagetransfer auf Basis der Einstellungstheorie (Schweiger 1982, S. 321–323; vgl. Abbildung 5).

Er versteht unter Images ein System rein konnotativer Eigenschaften. Dabei sind unter konnotativen Eigenschaften die nichtsachhaltigen, emotionalen oder anmutungshaften Produkteigenschaften zu verstehen (Meffert/Heinemann 1990, S. 5). Um jedoch auch denotative (sachhaltige) Ähnlichkeiten der Produkt-Markenkombinationen erfassen zu können, werden neben dem Markenimage die eher denotativen, technologischen Eigenschaften der Produkte separat in die Betrachtung einbezogen.[1] Schweiger ermittelt in seinem Modell die Eignung einer Produktklasse für einen Transfer sowie das Transferpotenzial einer Marke durch ein Distanzmaß in einem mehrdimensionalen Raum. Die räumliche Nähe innerhalb des Wahrnehmungsraumes wird dabei sowohl durch die emotionale Affinität von Marke und Erweiterungsprodukt als auch durch die technologische Affinität von bestehendem Produkt und Erweiterungsprodukt bestimmt. Je näher sich die Produkt-Markenkombinationen sind, desto vorteilhafter wird der Transfer wahrgenommen. Die wahrgenommene Distanz erklärt so die Prädisposition zum Versuchs- und Wiederkauf.

---

1 Der Ansatz steht damit im Widerspruch zur hier vorliegenden Imagekonzeptualisierung, nach der dem Image sowohl denotative als auch konnotative Dimensionen zu Grunde liegen.

Abbildung 5	Imagetransfermodell von Schweiger

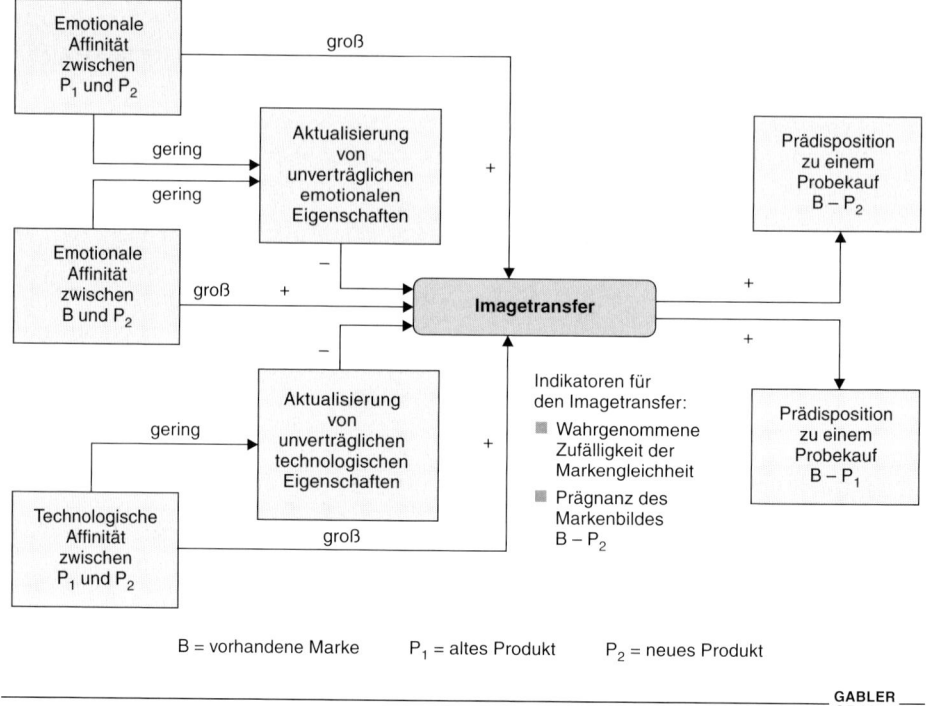

B = vorhandene Marke   P₁ = altes Produkt   P₂ = neues Produkt

GABLER
GRAFIK

Quelle: Schweiger 1982, S. 322

Aus dem unmittelbar entscheidungsorientierten Modell von Schweiger lassen sich unter anderem folgende Implikationen für das Marketing ableiten (Meffert/Heinemann 1990, S. 6):

▮ Konsumenten sollten möglichst in beiden Produktklassen Verwender sein.

▮ Emotionale und technologische Affinität sollte einen Mindestwert überschreiten, damit ein Transferpotenzial gegeben ist.

▮ Zwischen dem Markennamen und dem neuen Produkt sollte eine psychologische Affinität bestehen.

Kritik erfährt das Modell vor allem auf Grund der mangelnden verhaltenswissenschaftlichen Fundierung des Operationalisierungsansatzes, der Vernachlässigung der Integriertheit des Images von Produkt und Marke sowie der fehlenden empirischen Bestätigung (vgl. zu weiteren Kritikpunkten: Esch/Fuchs/Bräutigam 2000, S. 692 f.; Hätty 1989, S. 170).

Das Modell von Meffert/Heinemann

Meffert und Heinemann adaptieren das Modell von Schweiger, indem sie die Operationalisierung der Konstrukte verhaltenswissenschaftlich fundieren und die Integriertheit des Images von Marke und Produkt zu Grunde legen (Meffert/Heinemann 1990, S. 7 ff.). Sie strukturieren den Imageraum entsprechend der Einstellungstheorie nach zwei Dimensionen (denotativ und konnotativ), innerhalb derer sich die Images aus affektiven und kognitiven Komponenten aufbauen.[2] Der Imagetransfer wird auch in diesem Modell durch die wahrgenommene Ähnlichkeit zwischen Ursprungsmarke und Transferprodukt erklärt, die sich, aufbauend auf bestehenden Distanzmodellen (Trommsdorff 1975), als Distanzmaß zwischen einem bestehenden Produkt-Markenimage und einem hypothetischen Expansionsprodukt folgendermaßen ermitteln lässt:

Abbildung 6   Imagetransfermodell von Meffert/Heinemann

$$IT_{ijN} = \sum_{K=1}^{n} I_{ijkA} - H_{ijkN}$$

IT_{ijN} = Imagetransfertauglichkeit des neuen Produktes N in Bezug auf das positive Image der Marke j, ermittelt beim Käufer i.

   Je kleiner IT, desto besser die Imagetransfertauglichkeit, desto größer das transferierbare Volumen an Imagebestandteilen.

I_{ijkA} = Als Eindrucksideal ermittelte, positive Einstellung des Käufers i in Bezug auf die Marke j beim einstellungsrelevanten Merkmal k des bisherigen Produktes A.

H_{ijkN} = Die von demselben Konsumenten i in Bezug auf das Merkmal k eingeschätzte Ausprägung beim hypothetischen neuen Produkt N gleichen Markennamens j.

GABLER
GRAFIK

Quelle: Meffert/Heinemann 1990, S. 8

Die Ähnlichkeit bzw. Affinität lässt sich danach als Summe der Differenzenbeträge zwischen den wahrgenommenen Ausprägungen der einstellungsrelevanten Merkmale von Muttermarke und hypothetischem Transferprodukt ermitteln.

---

2   Die Dimensionen geben dabei die sachhaltigen und anmutungshaften Produkteigenschaften wieder, die Komponenten stellen dagegen die Art der psychischen Verarbeitung (kognitiv empfundene Ausprägung und affektiv subjektive Bewertung) dar. Meffert/Heinemann 1990, S. 7.

Hervorzuheben ist die Möglichkeit, durch das Modell die Transfertauglichkeit getrennt nach denotativen und konnotativen Merkmalen zu erheben. So lassen sich Hinweise auf kognitive (Vorstellungsbeeinflussung) und affektive Beeinflussungsmöglichkeiten (Präferenzbeeinflussung) zur Erhöhung des Imagetransferpotenzials ableiten (Meffert/Heinemann 1990, S. 8).

Ungeachtet der theoretischen Modellfundierung liegen auch zu diesem Modell bisher keine empirischen Überprüfungen bzw. Anwendungen mit einer validen Erfassung der beteiligten Variablen vor. Auch bleiben Rückübertragungen von Imagebestandteilen auf die Ursprungsmarke unberücksichtigt. Ein weiterer Kritikpunkt ist, dass offensichtlich alle im Modell berücksichtigten Eigenschaften der Marke in die Beurteilung der Ähnlichkeit einfließen und eine geringe Distanz zwischen Ursprungsmarke und Transferprodukt aufweisen müssen. Es ist jedoch in den letzten Jahren gezeigt worden, dass einzelne markenspezifische Assoziationen einen besonders großen Einfluss auf das Transferpotenzial haben und sogar den Effekt der globalen Ähnlichkeit dominieren können (Broniarczyk/Alba 1994, S. 215; Murphy/Medin 1985, S. 289–316). Zudem wird mit dem Modell nur die durch die Ähnlichkeit von Marke und hypothetischem Expansionsprodukt bestimmte, wahrscheinlich transferierbare Menge an Imagebestandteilen ermittelt. Dies sagt aber noch nichts darüber aus, ob und in welchem Ausmaß die Imagebestandteile der Ursprungsmarke im neuen Kontext überhaupt vorteilhaft beurteilt werden. Angestrebt werden muss letztendlich nur der Transfer positiver Bestandteile des Images der Ursprungsmarke, denn nur diese können die Markenstärke des Transferproduktes erhöhen. Zur Bestimmung der wahrgenommenen Vorteilhaftigkeit des Transfers reicht die reine Affinitätsmessung also noch nicht aus. Ungeachtet der Kritikpunkte liefert das Modell jedoch wertvolle Hinweise zur Operationalisierung der globalen Ähnlichkeit als einem zentralen Bestimmungsfaktor der Beurteilung von Markenausdehnungen.

2.32 Gedächtnispsychologische Ansätze

Zur theoretischen Fundierung der Ableitung zentraler Bestimmungsgrößen der nachfragerseitigen Wahrnehmung und Beurteilung von Markenausdehnungen soll der schema- und kategorisierungstheoretische Ansatz kurz dargestellt werden (vgl. zu den Kategorisierungstheorien allgemein: Barsalou 1983; Murphy/Medin 1985; in Zusammenhang mit der Markenausdehnung vgl. Aaker/Keller 1990; Boush/Loken 1991; Bridges 1992; Sujan/Bettman 1989). Gemäß diesem Ansatz wird das Markenwissen bzw. das Markenimage im Gedächtnis durch mentale Schemata bzw. Kategorien repräsentiert.[3] Schemata können als große, komplexe Wissenseinheiten verstanden werden, die typische Eigenschaften und feste, standardisierte Vorstellungen von bestimmten Objekten, Personen

---

3   Schemata können auch als mentale Kategorien bezeichnet werden. Daher sollen im Folgenden die Begriffe Schema und (mentale) Kategorie synonym verwendet werden; vgl. Esch/Wicke 2000, S. 47.

oder Ereignissen umfassen (Esch/Wicke 2000, S. 47). Allgemein können sie dazu dienen, Lernprozesse zu vereinfachen, indem sie als Denkschablone dienen. Stimmen etwa eingehende Informationen über ein Objekt mit dem Konzept eines bestehenden Schemas überein, so kann das Objekt diesem Schema zugeordnet und somit „schematisch" bearbeitet werden. Diese Funktion wird auch als Kategorisierungsfunktion bezeichnet (Boush/Loken 1991, S. 18).

Genau auf diese Funktion beziehen sich auch zahlreiche Theorien zur Erklärung der Informationsverarbeitung und der Bewertung im Zusammenhang mit einem Imagetransfer. Wenn neue Objekte – in diesem Fall Erweiterungsprodukte – wahrgenommen bzw. bewertet werden, können aus schematheoretischer Sicht prinzipiell folgende Effekte auftreten: Ist das Erweiterungsprodukt einem bestehenden Markenschema sehr ähnlich und nicht mit – in Bezug auf das Schema – inkongruenten Informationen verbunden, so kann das Objekt „problemlos" dieser bestehenden mentalen Kategorie zugeordnet werden bzw. dem semantischen Netzwerk der bestehenden Kategorie angehängt werden, ohne das bestehende Markenschema signifikant zu verändern (vgl. Gürhan-Canli/Maheswaran 1998, S. 466 und die dort angegebene Literatur). So werden die Attribute des bestehenden Images auch mit dem neuen Produkt assoziiert – das Erweiterungsprodukt „erbt" die Assoziationen und damit das Image der bestehenden Marke (Boush/Loken 1991, S. 18; Esch/Wicke 2000, S. 48). Ist das Erweiterungsprodukt dagegen sehr atypisch und hat keine konzeptionellen Gemeinsamkeiten mit einer bestehenden Kategorie, wird ein solcher Imagetransfer nicht gelingen, und für das Erweiterungsprodukt bildet sich ein neues, eigenständiges Image. Mit dem neuen Produkt werden dann bspw. Attribute, Nutzen und extrinsische Merkmale assoziiert, und es formt sich so nach und nach in einem Lernprozess ein neues Schema. Dieser Verarbeitungsprozess, der auf der Wahrnehmung der einzelnen Attribute basiert, wird auch als stückweiser Prozess oder als Piecemeal Processing bezeichnet (vgl. dazu: Fiske 1982). Auch hierbei kann jedoch unter Umständen auch teilweise ein Kategorisierungsprozess einsetzen. Entsprechend der Kategorisierungstheorie werden, bei großer Kohärenz der Assoziationen des neuen Produktes mit dem Schema der neuen Produktkategorie, in einem Kategorisierungsprozess mit großer Wahrscheinlichkeit auch Assoziationen der Produktkategorie auf das neue Produktschema übertragen (Esch/Wicke 2000, S. 47).

Die beschriebenen Arten kognitiver Verarbeitung dürfen allerdings nicht als sich gegenseitig ausschließende alternative Prozesse verstanden werden. Vielmehr können beide Prozesse gemeinsam auftreten und sich auch gegenseitig beeinflussen (Fiske/Pavelchak 1986; Smith/Shoben/Rips 1974), das heißt bestehende Schemata können durch neue Informationen oder Assoziationen erweitert, verändert oder verwässert werden, je nach der Konsistenz und Kongruenz der eingehenden Stimuli mit dem bestehenden Markenschema.

Die Kategorisierungstheorien können auf Grund ihrer großen Erklärungsrelevanz als Grundlage zur theoretischen Ableitung der zentralen Bestimmungsfaktoren der nachfragerseitigen Beurteilung von Markenausdehnungen dienen. Im Folgenden sollen solche Bestimmungsfaktoren erläutert werden, die sowohl entsprechend den kategorisierungstheoretischen Ansätzen fundierbar sind als auch empirisch schon überprüft wurden.

3. Bestimmungsfaktoren der nachfragerseitigen Beurteilung von Markenausdehnungen

3.1 Bestimmungsfaktoren der Beurteilung des Transferproduktes

Die Bestimmungsfaktoren der nachfragerseitigen Beurteilung von Markenausdehnungen haben sowohl einen Einfluss auf die Wahrnehmung des Erweiterungsproduktes als auch der Muttermarke. Zunächst sollen die Bestimmungsfaktoren und ihr Einfluss auf das Erweiterungsprodukt detailliert erläutert werden, bevor der Effekt auf das Image und die Stärke der Ursprungsmarke abschließend dargestellt wird. In der bisherigen Forschung werden als zu erklärende bzw. abhängige Variable, welche die Beurteilung durch die Nachfrager abbilden soll, hauptsächlich die Einstellung gegenüber dem Transfer (sowohl affektiv als auch konativ), die wahrgenommene Qualität und die Markenstärke untersucht. Letztlich können aber fast alle bisher verwendeten Erfolgsgrößen einstellungstheoretisch interpretiert werden und zum Beispiel durch geringfügige Variation konativer Komponenten oder die Einbeziehung von bildhaften Assoziationen relativ einfach ineinander überführt werden.

3.11 Stärke und Struktur der Ursprungsmarke

Einer der stärksten und auch empirisch am häufigsten untersuchten Einflussfaktoren auf die Beurteilung des Erweiterungsproduktes durch die Nachfrager ist die Qualitätseinschätzung oder **Stärke der Ursprungsmarke** (Smith/Park 1992, S. 198 ff.). Der Transfer positiver Imagekomponenten setzt voraus, dass überhaupt positive Assoziationen in einem existierenden Markenschema vorhanden sind und dieses Schema stark genug ist, um durch das neue Objekt hervorgerufen zu werden. Erst dann kann die erwünschte schematische Bewertung des Erweiterungsproduktes erzielt werden. Mit zunehmender Markenstärke der Ursprungsmarke, das heißt steigender Bekanntheit sowie stärkeren, positiveren und einzigartigeren Assoziationen, steigt demnach die Wahrscheinlichkeit einer positiven Beurteilung des Erweiterungsproduktes. Dabei ist der Einfluss der Ursprungsmarke umso stärker, je größer der wahrgenommene Fit bzw. die Ähnlichkeit zwischen Muttermarke und Erweiterungsprodukt ist (Hätty 1994, S. 572 ff.; Zatloukal 2000, S. 156 ff.), denn je stärker die Verbindung zwischen neuem Produkt und bestehender Marke ist, desto stärker und umfangreicher ist die Übertragung der Assoziationen der Ursprungsmarke und damit ihr Einfluss auf das neue Produkt.

Zudem hat sich gezeigt, dass auch ein **breites Produktportfolio** unterhalb einer bestehenden Marke, bei hoher Qualität und geringer Qualitätsvarianz, einen positiven Einfluss auf die Ausdehnungsbeurteilung hat. Eine Historie erfolgreicher Markenausdehnung kann also zum Erfolg weiterer Ausdehnungen beitragen (Dacin/Smith 1994, S. 239 ff.; Court/Leiter/Loch 1999, S. 105).

Neben der Markenstärke und der Charakteristika des Produktportfolios hat auch die **Art des Images** der Ursprungsmarke Einfluss auf den Erfolg des Imagetransfers. Unter der Annahme, dass Markenimages unterschiedlich stark von zu Grunde liegenden Assoziationen geprägt werden, das heißt einige Assoziationen hervorstechen (salient sind) und das Markenimage dominant prägen, können unterschiedliche Imagetypen unterschieden werden.

Imageassoziationen lassen sich nach ihrem Abstraktionsgrad strukturieren. Auf niedrigster Abstraktionsebene stehen die produktbezogenen und nichtproduktbezogenen Attribute, welche zum großen Teil den Nutzenassoziationen zu Grunde liegen. Attribute und Nutzenassoziationen erklären gemeinsam die globalen Assoziationen gegenüber der Marke. Nach der Salienz[4] und Stärke der Assoziationen auf den unterschiedlichen Abstraktionsebenen kann zum Beispiel grob zwischen eher produkt- (physische Merkmale), nutzen- und extrinsisch/konnotativ (zum Beispiel dem Nutzungsumfeld oder Emotionen wie Gesellschaft, Exklusivität, Spannung etc.) geprägten Images unterschieden werden (Park/Milberg/Lawson 2000; Meffert/Heinemann 1990; Bridges 1992).

Je stärker nutzenorientiert oder extrinsisch die salienten Assoziationen der Ursprungsmarke sind, das heißt je weniger die Marke durch konkrete Produktattribute geprägt ist, umso leichter lässt sich die Marke mit mehr als nur dem bestehenden Produkt in Verbindung bringen und desto größer ist die Wahrscheinlichkeit, dass die Marke auch als zu einem neuen Objekt passend wahrgenommen werden kann (Reddy/Holak/Bhat 1994, S. 246). Diese Aussage kann noch weiter ergänzt werden. Je weniger Nutzenassoziationen und globale Assoziationen eines nutzengeprägten Images durch produktbezogene Attribute der Ursprungsmarken erklärt werden können, desto positiver fällt die Beurteilung des Transferproduktes aus (Rangaswamy/Burke/Oliva 1993, S. 65).

Danach wäre zum Beispiel von zwei hypothetischen Kosmetikmarken für Gesichtscreme, bei der eine durch sehr produktnahe Nutzenassoziationen wie: „zieht schnell ein, nicht fettend, riecht gut" geprägt wäre, die andere durch abstraktere Assoziationen wie: „pflegend, benutzen die großen Stars, entwickelt mit Hilfe der besten Forscher", die Tragfähigkeit bzw. das Potenzial zur Ausdehnung der zweiten Marke entsprechend der beschriebenen Forschungsergebnisse als höher einzuschätzen.

---

4   Als salient werden hervorstechende imageprägende Assoziationen bezeichnet. Vgl. Bridges 1992, S. 3 ff.; Meffert/Heinemann 1990, S. 7.

3.12 Charakteristika der Transferkategorie

Die Charakteristika des Transferproduktes bzw. der Erweiterungskategorie können ebenfalls einen Einfluss auf die Beurteilung der Markenausdehnung durch die Nachfrager haben. Zu nennen ist hier unter anderem die von den leistungsspezifischen Besonderheiten des Transferproduktes abhängende **Art der Leistungsbeurteilung.** Im Allgemeinen wird zwischen Such-, Erfahrungs- und Vertrauensgütern unterschieden. Kann der Konsument mittels visuell/akustisch wahrnehmbarer Attribute die Qualität der Leistung abschätzen, wird von einem Suchgut gesprochen. Ist eine Qualitätsbeurteilung ausschließlich über den Gebrauch möglich, handelt es sich um Erfahrungsgüter. Im Extremfall ist selbst durch den Gebrauch die Qualität der Leistung durch den Konsumenten nicht bestimmbar, und es wird von Vertrauensgütern (zum Beispiel bei Beratung, medizinischer Versorgung, Informationsdienstleistungen etc.) gesprochen. Es hat sich gezeigt, dass Erfahrungs- und Vertrauensgüter im Wesentlichen über weiche Imagefaktoren im Gegensatz zu „harten" Fakten beworben werden können und dass für den Konsumenten gerade bei Erfahrungsgütern und Vertrauensgütern glaubwürdige Markenidentitäten auf Grund mangelnder objektiver Kriterien von entscheidender Bedeutung für das Kaufverhalten sind (Smith/Park 1992, S. 300). Daher ist davon auszugehen, dass die allgemeine Relevanz einer bereits etablierten Marke mit hohem Vertrauenspotenzial in diesen Produktkategorien besonders hoch ist. Denn wenn ein Unternehmen eine bereits bestehende Marke als Faustpfand einsetzt, kann die Markierung als besonders guter Qualitätsindikator verstanden werden, da das Unternehmen auch die bereits aufgebaute Reputation in den bestehenden Produktkategorien der Ursprungsmarke riskiert.

Mit einer ähnlichen Begründung werden auch der Einfluss des **Kenntnisstandes der Konsumenten** in der neuen Produktkategorie und der Einfluss der **wahrgenommenen Schwierigkeit der Herstellung** von Produkten als Bestimmungsfaktor abgeleitet. Je weniger die Konsumenten die Produkte beurteilen können und je schwieriger die Herstellung eines Produktes scheint, desto stärker vertrauen die Konsumenten den etablierten Marken auch in der neuen Produktkategorie (Smith/Park 1992, S. 301; Aaker/Keller 1990, S. 30). Die theoretische Begründung ist in diesem Fall allerdings nicht so schlüssig, denn wenn eine Qualitätsbeurteilung vor dem Kauf ohne weiteren Aufwand möglich ist, spielen der Kenntnisstand der Konsumenten sowie die wahrgenommene Schwierigkeit der Herstellung keine große Rolle mehr für die Produktwahl. Die empirischen Überprüfungen dieser Bestimmungsfaktoren sind bisher auch nicht eindeutig (Zatloukal 2000, S. 47 f.).

3.13   Beziehung zwischen Ursprungsmarke und Transferprodukt

Von besonderer Relevanz für den Erfolg eines Markentransfers ist der wahrgenommene **Fit zwischen Muttermarke und Transferprodukt.** Entsprechend der Ausführungen zur Kategorisierungstheorie können Imagebestandteile nur transferiert werden, wenn zwischen der Ausgangsmarke und dem Transferprodukt ein glaubwürdiger Zusammenhang, das heißt konzeptkonsistente Gemeinsamkeiten bestehen. Sonst ist keine Verknüpfung des Transferproduktes mit dem bzw. keine Einordnung in das bestehende Markenschema möglich. Zudem kann die Tatsache, dass Produkte mit demselben Markennamen keine erkennbaren Ähnlichkeiten aufweisen, zu Irritationen sowie negativen Assoziationen und Bewertungen führen.

Der wahrgenommene Fit kann zum einen entsprechend dem Modell von Meffert/Heinemann durch die umfassende Ähnlichkeit von Attributen und Assoziationen erklärt werden. Zum anderen kann die wahrgenommene Ähnlichkeit aber auch auf einige wenige saliente und besonders relevante Assoziationen zurückzuführen sein. Das heißt, es kann schon ausreichen, wenn sich Ursprungsmarke und Transferprodukt nur entlang weniger, das Marken- und Produktkonzept definierender Eigenschaften oder Assoziationen ähneln (Murphy/Medin 1985, S. 292 f.). Diese ähnlichkeitskonstituierenden, gemeinsamen Attribute bzw. Assoziationen werden auch als **Transferklammer** bezeichnet. So kann zum Beispiel eine relevante symbolische Nutzenassoziation, wie soziales Prestige, als Transferklammer ausreichen, um einen Imagetransfer bei einer Markenausdehnung in eine in Bezug auf die physischen Produktattribute vollkommen unähnliche Produktkategorie zu ermöglichen. Denn im Hinblick auf die Erreichung des persönlichen Ziels der sozialen Anerkennung können beide Produkte in dieselbe mentale Kategorie eingeordnet werden. In diesem Fall kann von einer so genannten Konzeptkonsistenz bzw. -kohärenz gesprochen werden (Murphy/Medin 1985).

Welche Assoziationen bzw. Attribute der Ursprungsmarke als Transferklammer herangezogen werden sollten, richtet sich neben der Vorteilhaftigkeit und Stärke der Assoziation der Ursprungsmarke nach der **Relevanz der Assoziation** für das neue Angebot bzw. die neue Produktkategorie (Broniarczyk/Alba 1994; Nakamoto/McInnis/Jung 1993). Es reicht also nicht aus, dass sich Ursprungsmarke und Transferprodukt in irgendeiner Dimension ähnlich sind, sondern diese Dimension muss auch im Kontext der neuen Produktkategorie relevant sein, um positiv wahrgenommen zu werden. Ansonsten können die transferierten Imageassoziationen für das neue Produkt keine unterstützende Wirkung entfalten, und es droht sogar eine situationsspezifisch negative Bewertung. Neben der Relevanz ist gemäß dem allgemeinen Positionierungsansatz zudem die **Einzigartigkeit** der Assoziationen in der neuen Produktkategorie anzustreben, damit eine Differenzierung vom Wettbewerber in der neuen Produktkategorie möglich ist (Meffert 1992a, S. 131).

3.14 Kommunikationspolitik

Hat sich das Marketingmanagement für einen Markentransfer entschieden, kann durch die **Kommunikationspolitik** aktiv Einfluss auf die Wahrnehmung der Ausdehnung genommen werden.

So kann versucht werden, die Transferklammer bzw. die konzeptionellen Gemeinsamkeiten zwischen Ursprungsmarke und Transferprodukt in der Kommunikationspolitik herauszustellen. Neben der Betonung der Gemeinsamkeiten besteht die Möglichkeit, die Relevanz der Assoziationen deutlich zu machen bzw. zu stärken, um den Transfer zu unterstützen. Die Kommunikationspolitik kann so den wahrgenommenen Fit entscheidend beeinflussen, besonders wenn Marke und Transferprodukt gemeinsame physische Eigenschaften haben, das Markenimage oder -schema jedoch eher über intangible und extrinsische Kriterien bestimmt wird (Bridges 1992). Die kommunikative Unterstützung der Relevanz und Salienz dieser extrinsischen Attribute kann die ansonsten eher physische Transferklammer in diesem Fall noch ergänzen und stärken.

3.2 Bestimmungsfaktoren des Rücktransfers auf die Ursprungsmarke

Wie bereits geschildert, sind neben der positiven Beurteilung der Markenausdehnung auch die Stärke bzw. der Wert der bestehenden Ursprungsmarke als Zielgröße relevant. Der Wert bzw. **die Stärke der Ursprungsmarke** sollten im Rahmen der Ausdehnung mindestens erhalten bleiben, bestenfalls noch erhöht werden. Eine Gefährdung des Wertes der Ursprungsmarke ist dagegen zu verhindern. Die Bestimmungsfaktoren für die Beurteilung der Ursprungsmarke bzw. den Rücktransfer von Images entsprechen denen des Transfers von Assoziationen auf das Transferprodukt. So wird der Transfer von Imageassoziationen zurück auf die Ursprungsmarke von der Markenstärke und Struktur des Transferproduktes und dem Fit zwischen Transferprodukt und Ursprungsmarke beeinflusst. Je positiver, einzigartiger und stärker sich das **Image des Transferproduktes** in der neuen Produktkategorie etablieren kann, desto höher ist die Wahrscheinlichkeit positiver Rücktransfers. Auch hier gilt, je **ähnlicher die Konzepte** und je **relevanter** die neuen Assoziationen des Transferproduktes für die Muttermarke sind, desto stärker und positiver sind die zu erwartenden Effekte. Misslingt jedoch die Ausdehnung und wird der Transfer nicht akzeptiert bzw. negativ beurteilt, so kann dies das Image der Muttermarke gefährden.

Selbst bei erfolgreichen Transfers kann eine übermäßige Ausdehnung die Ursprungsmarke langfristig negativ beeinflussen. Wie bereits erläutert, kann die Markenstärke über positive, einzigartige und starke Assoziationen erklärt werden. Die Stärke der Assoziationen äußert sich unter anderem darin, wie schnell und in welchen Situationen die Assoziationen hervorgerufen werden. Bei sehr breiter, eher inkonsistenter, aber nicht vollkommen inkongruenter Ausdehnung kann eine Erweiterung des Markenschemas der Ursprungsmarke durch Zuordnung neuer Transferprodukte zwar unter Umständen ermöglicht werden. Da aber eine starke Transferklammer und eine gemeinsame Markenwelt der Ausdehnung fehlen, kann dann eine schleichende Erosion des Images eintreten. Bei der Ergänzung und Verknüpfung der unterschiedlichen Schemata droht bei Dissonanzen bzw. inkongruenten Assoziationen, dass bestehende Assoziationen ergänzt, in den Hintergrund gedrängt, eingeschränkt, aufgelöst oder unterdrückt werden (Loken/Roedder John 1993).

Wie beim Transfer positiver Komponenten hängen das Ausmaß der Übertragung und damit der Einfluss auf die Ursprungsmarke davon ab, wie stark die Schemata von Ursprungsmarke und Transferprodukt verknüpft werden. Ist das Ursprungsmarkenimage fest verankert und gibt es eine eindeutig unterschiedliche Positionierung des Transferproduktes, so scheint die Ursprungsmarke relativ gut geschützt zu sein. Je stärker jedoch die Beziehung zwischen den Konzepten und damit der Fit ist, desto größer ist auch die Gefährdung der Ursprungsmarke bei einem Misserfolg des Transferproduktes.

Im Allgemeinen wird davon ausgegangen, dass die Ausdehnung der Marke Gucci auf über 14.000 Produkte sowie die Ausdehnung der Marke Cadillac zu einem zu hohen Koordinationsaufwand, unterschiedlichen Qualitätsniveaus und divergierenden Markenkonzepten der Produkte geführt haben. Dies hat bei beiden Marken einen signifikanten Verlust an Glaubwürdigkeit und Kompetenzanmutung der Marken verursacht (Meffert 2000, S. 869; Aaker 1990, S. 53 f.).

Obwohl die genannten Beispiele inkonsistenter Ausdehnungen aus der Praxis den oben beschriebenen Zusammenhang anschaulich verdeutlichen, konnten diese Erkenntnisse in Experimenten bisher nur teilweise belegt werden (Loken/Roedder John 1993). Es ist dazu jedoch anzumerken, dass die Erosion eines bestehenden Images im Allgemeinen sehr lange dauert und damit experimentell nur schwer zu belegen ist. Insgesamt weisen die theoretischen und praktischen Erkenntnisse recht eindeutig darauf hin, dass die Gefahr der Erosion oder Verwässerung des Markenimages besteht und diese bei der Planung von Markenausdehnungen unbedingt zu berücksichtigen ist, denn zumindest langfristig kann das durch eine starke Markenidentität aufgebaute Vertrauenskapital durch inkonsistente Markenbilder und eine Erosion des Images aufs Spiel gesetzt werden.

4. Implikationen für das Management des Markentransfers

Bei der Entscheidung über eine potenzielle Markenausdehnung zur Unterstützung einer Produktinnovation (Markentransfer) oder Produktdifferenzierung (Line Extension) spielen zahlreiche Aspekte eine Rolle. Wird die generelle ökonomische Vorteilhaftigkeit der Produkteinführung in einen neuen Markt vorausgesetzt, stellt sich vor dem Hintergrund der aufgezeigten markierungsspezifischen Chancen und Risiken die Frage, wie die Positionierung des neuen Produktes sowie die Ausgestaltung der marktstrategischen Instrumente im Falle einer Markenausdehnungsstrategie aussehen sollten.

4.1 Strategische Standortbestimmung

Zunächst müssen die **Stärke und Struktur des Images** der potenziell auszudehnenden Marke detailliert erhoben und im Vergleich zu Wettbewerbsmarken bewertet werden. Hierfür stehen zahlreiche unterschiedliche qualitative und quantitative Verfahren zur Verfügung. Wichtig ist jedoch hervorzuheben, dass gerade qualitative, indirekte Erhebungsverfahren – wie zum Beispiel die freie Assoziation oder projektive Verfahren – besonders gut geeignet sind, die interne Struktur der Images und die strukturprägenden, spezifischen Imagekomponenten zu erfassen (Keller 2000, S. 972). Wie bei der Erläuterung der Bestimmungsfaktoren ausgeführt, können der Strukturtyp des Images und spezifische Assoziationen entscheidenden Einfluss auf die Beurteilung des Markentransfers haben. Um die Auswertbarkeit und die Verlässlichkeit der Aussagen zu erhöhen, sollten Markenimage und Markenstärke aber auf jeden Fall auch quantitativ/multiattributiv untersucht werden. Auch hierfür steht eine Vielzahl von Verfahren und Skalen zur Verfügung.

Neben einem soliden Verständnis der Ursprungsmarke und deren Hauptwettbewerbern ist im Anschluss die **potenzielle Transferkategorie** zu untersuchen. Hierbei kommt es darauf an, Bedürfnisstrukturen, Motive, Einstellungen und Nutzungsgewohnheiten der Konsumenten in der potenziell neuen Kategorie zu ermitteln. Diese Informationen bilden gemeinsam mit zu erhebenden soziodemographischen Daten die adäquaten Kriterien zur **Segmentierung des Marktes** in homogene Zielgruppen.

Auf Basis dieser Informationen können nun Analysen zu den erläuterten zentralen Bestimmungsfaktoren durchgeführt werden. Hierbei gilt es vor allem herauszufinden, welche Attribute, Nutzen sowie globale Assoziationen der Muttermarke in der neuen Produktkategorie als relevant, vorteilhaft und einzigartig wahrgenommen werden können. Diese Analysen bilden die Grundlage für die Positionierungsentscheidung bezüglich des neuen Transferproduktes in der Produktkategorie. Besondere Aufmerksamkeit sollte dabei darauf gerichtet sein, dass sämtliche, für die Untersuchung der o. g. Bestimmungsfaktoren des Markentransfers relevanten Nutzenbedürfnisse, Nutzungsmotive sowie Einstellungen erfasst werden, und zwar so, dass ein Bezug zu den Ausgestaltungsparametern des Marketingmixes hergestellt werden kann. So sollte etwa bei einer Untersuchung der Affinität von Ursprungsmarke und Transferprodukt deutlich werden, welche Produktattribute, Nutzendimensionen und globale Assoziationen eine wahrgenommene Ähnlichkeit begründen können, sodass dies bei der Positionierung und Ausgestaltung des Marketingmixes beachtet werden kann.

Stehen unterschiedliche potenzielle Produktkategorien zur Auswahl, können die Informationen über die Relevanz und Nutzenpotenziale der Ursprungsmarke in den Zielkategorien auch für eine erste qualitative Bewertung der Vorteilhaftigkeit unterschiedlicher Transferkategorien verwendet werden.

4.2 Positionierung des Transferproduktes

Im Rahmen des allgemeinen Planungsprozesses zur Bildung und Profilierung von Marken bildet die Markenpositionierung den strategischen Kern (vgl. in diesem Zusammenhang auch den Beitrag zum Managementkonzept der identitätsorientierten Markenführung in diesem Band). Bei der Positionierung geht es generell darum, mit bestimmten Markeneigenschaften sowohl eine starke und vorteilhafte Stellung in der Psyche des Konsumenten (**Dominanz**) als auch eine Differenzierung gegenüber dem Wettbewerb zu erlangen (**Differenzierung**). Die im Rahmen der Positionierung angestrebten Eigenschaften müssen dabei einen eindeutigen **Zielgruppenbezug** haben, **wahrnehmbar** und möglichst **dauerhaft gültig** sein (Meffert/Perrey 1998, S. 24 f.).

Auf Basis der Informationen aus der strategischen Standortbestimmung werden demnach die Kerneigenschaften des neuen Transferproduktes entlang der verschiedenen Nutzendimensionen und entsprechend der Dominanz- und Profilierungsziele so festgelegt, dass sie die Bedürfnisse der Zielgruppe möglichst gut treffen (Vorteilhaftigkeit) und eine Differenzierung vom Wettbewerber möglich ist (Einzigartigkeit).

Diese allgemeinen Anforderungen an die Positionierung von Marken sind jedoch auf Basis der Analysen zu den Bestimmungsfaktoren der Beurteilung des Markentransfers noch zu ergänzen. So sollte das Produkt auch so positioniert sein, dass durch eine ausreichende Konsistenz von Assoziationen des Transferproduktes und der Ursprungsmarke ein ausreichender **Fit** erzielt wird, um die Stärke der Ursprungsmarke nutzen zu können. Zudem ist anzustreben, dass sich gerade die Assoziationen des Images der **Ursprungsmarke** in den Kerneigenschaften des neuen Produktes spiegeln, welche für die Zielgruppe im Zusammenhang mit dem neuen Produkt besonders **relevant** sind, um somit den wahrgenommenen Fit zu erhöhen und die vorteilhafte Wahrnehmung des neuen Produktes durch die etablierte Markenkraft noch weiter zu unterstützen. Bestenfalls entsprechen für einen hohen Fit gerade die **imagestrukturprägenden, salienten Assoziationen** der

Ursprungsmarke den relevanten, bedürfnisbefriedigenden Nutzenfunktionen des neuen Produktes.

Zudem ist darauf zu achten, dass auch die neu ausgewählten bzw. zusätzlichen Markeneigenschaften des Transferproduktes zu den bestehenden Markenassoziationen der Ursprungsmarke passen, um auf jeden Fall negative Rücktransfers zu vermeiden.

Für den Aufbau einer wettbewerbsfähigen Position des Transferproduktes bieten sich darauf aufbauend folgende Möglichkeiten (Meffert 1992a, S. 133 ff.). Kann die wahrgenommene Markenkompetenz der Ursprungsmarke auf Grund ihres Imageprofils einen relevanten **funktionalen oder emotionalen/psychologischen Nutzenaspekt** des Transferproduktes unterstützen und ist dieser bisher von Wettbewerbern noch nicht oder ungenügend bearbeitet worden, so bietet sich das Besetzen dieser **strategischen Nische** an. Darüber hinaus gibt es die Möglichkeit, das Transferangebot der Ursprungsmarke mit einer für die Produktkategorie neuen Eigenschaftsdimension zu ergänzen (**Unique Selling Proposition/USP**), solange diese ebenfalls für das Kaufverhalten relevant ist und keine negativen Assoziationen im Verwendungskontext der Ursprungsmarke erzeugt. Basiert die neue Eigenschaftsdimension eher auf emotionalen Nutzenbestandteilen, so wird auch von einer **Unique Advertising Proposition** gesprochen (Trommsdorff 1992, S. 460).

Die Entscheidung über die Art der Positionierung und die angestrebte Imagebeziehung zwischen Ursprungsmarke und Transferprodukt richtet sich demnach hauptsächlich nach Markenstärke und Imagestruktur der Ausgangsmarke sowie nach den Wettbewerbs- und Nachfragebedingungen der Zielproduktkategorie.

4.3 Marktstrategische Instrumenteausgestaltung

Auf Basis der im Rahmen der Positionierung festgelegten einzigartigen und vorteilhaften Eigenschaften des Transferproduktes sowie der Attribute, die als Transferklammer die Übertragung positiver Imagekomponenten auf das neue Produkt sicherstellen sollen, werden im Rahmen der marktstrategischen Instrumenteausgestaltung alle weiteren Marketing-Mix-Instrumente abgestimmt. Hierbei gilt es, im Rahmen der Produkt-, Preis-, Kommunikations- und Distributionspolitik immer auch auf die Koordination mit der Ausgestaltung der Ursprungsmarke zu achten, um die Etablierung einer relevanten, konsistenten Transferklammer zu sichern, das Potenzial zur Übertragung von Imagekomponenten auszuschöpfen und negative Rücktransfers zu verhindern. Insgesamt sollte so eine widerspruchsfreie Umsetzung des Markenbildes von Ursprungsmarke und Transferprodukt sowie der verbindenden Transferklammer gewährleistet werden, um die Glaubwürdigkeit der Marke langfristig zu schützen (Meffert/Perrey 1998, S. 29).

Auf die besondere Relevanz der Kommunikationspolitik wurde bereits bei den Bestimmungsfaktoren hingewiesen. Sie kann Salienz, Konsistenz und Relevanz der transferklammerbildenden Assoziationen herausstellen und so die Ausdehnungsbeurteilung positiv beeinflussen.

5. Fazit

Vor dem Hintergrund des wettbewerbsinduzierten Absatz- und Preisdrucks in zunehmend fragmentierten und oftmals stagnierenden Märkten stehen viele Unternehmen vor der Herausforderung, ihr Produktangebot den ausdifferenzierenden Kundenwünschen auf wirtschaftliche Art und Weise anzupassen und zu erweitern. Die Markenausdehnung stellt dabei eine viel versprechende Strategie dar, trotz zunehmender Reizüberflutung und wachsendem Mindestwerbedruck Marken ökonomisch sinnvoll zur Profilierung und Differenzierung der neuen Produktangebote einzusetzen.

Aus diesem Grund verfolgen immer mehr Unternehmen die Strategie, das Produktportfolio bestehender Marken auszudehnen bzw. Produktneueinführungen durch Verwendung etablierter Marken zu unterstützen. So können Markenführungskosten auf ein breiteres Portfolio verteilt und die Effektivität und Effizienz der Markenführung erhöht werden. Um das Potenzial der Ursprungsmarke optimal auszunutzen und sie gleichzeitig vor negativen Rücktransfers zu schützen, bedarf es allerdings einer sorgfältigen Planung, welche auf der genauen Kenntnis der Bestimmungsfaktoren der nachfragerseitigen Transferbeurteilung aufbaut. Auf Basis einer robusten und umfassenden Analyse von Ursprungsmarke und möglicher Transferkategorien gilt es, folgende Faktoren bei der Strategie sicherzustellen:

- Die Ursprungsmarke sollte **stark** genug sein, den Transfer tragen bzw. unterstützen zu können, das heißt, sie sollte ausreichend bekannt sein und durch starke, vorteilhafte und einzigartige Vorstellungsbilder geprägt sein.

- Nutzenversprechen und Markenassoziationen der Ursprungsmarke sollten **relevant** und **einzigartig** im Kontext der Transferproduktkategorie sein.

- Bei der **Positionierung und Ausgestaltung des Transferproduktes** sollte sichergestellt werden, dass die Eigenschaften und Nutzenversprechen des Transferproduktes die imageprägenden Assoziationen der Muttermarke widerspiegeln und so eine ausreichende **Ähnlichkeit** und **Konzeptkonsistenz** zwischen Ursprungsmarke und Transferprodukt gewährleistet ist, damit in der Summe eine **starke** und **vorteilhafte** sowie **differenzierende Verankerung** des neuen Produktes im Wahrnehmungsraum der Zielgruppe durch die Ursprungsmarke unterstützt werden kann.

- Das Transferprodukt sollte in der neuen Transferproduktkategorie nur mit solchen neuen, das Markenschema erweiternden Eigenschaftsdimensionen in Verbindung gebracht werden, die **konsistent** mit dem bestehenden **Markenbild der Ursprungsmarke** sind.

Diese Anforderungen sind über eine Koordination und Kontrolle sämtlicher Marketingmixausgestaltungen über alle Produkte der Marke hinweg sicherzustellen, um die Glaubwürdigkeit und Stärke der Marke langfristig zu sichern und eine Erosion des Images zu verhindern.

Literatur

Aaker, D. A., Brand Extensions: The Good, the Bad and the Ugly, in: Sloan Management Review, Summer 1990, pp. 47–56.

Aaker, D. A., Keller, K. L., Consumer Evaluations of Brand Extensions, in: Journal of Marketing, Vol. 54, Jan. 1990, pp. 27–41.

Barsalou, L., Ad Hoc Categories, in: Memory and Cognition, Vol. 11, No. 3, 1983, S. 211–227.

Becker, J., Marketing-Konzeption: Grundlagen des strategischen Marketing-Managements, 6. Aufl., München 1998.

Bekmeier-Feuerhahn, S., Marktorientierte Markenbewertung – Eine konsumenten- und unternehmensbezogene Betrachtung, Wiesbaden 1998.

Berekoven, L., Eckert, W., Ellenrieder, P., Marktforschung: methodische Grundlagen und praktische Anwendung, 8. Aufl., Wiesbaden 1999.

Boush, D. M., Loken, B., A Process-Study of Brand Extension Evaluation, in: Journal of Marketing Research, Vol. XXVII, February 1991, pp. 16–28.

Bridges, S., A Schema Unification Model of Brand Extension, in: Marketing Science Institute, Report. No. 92–123, 1992.

Broniarczyk, S. M., Alba, J. W., The importance of the brand in brand extensions, in: Journal of Marketing Research, Vol. XXXI, May 1994, pp. 214–228.

Clausen, P., Unilever würde gerne bei Beiersdorf einsteigen, in: FTD, 03.05.2000., http://www.sanacorp.de/news/pressespiegel/2000/dat_2000_19_10.htm, Stand 26.03.2001.

Court, D. C., Leiter, M. C., Loch, M. A., Brand Leverage, in: McKinsey Quarterly, Heft 2, 1999, S. 100–110.

Dacin, P. A., Smith, D. C., The effect of brand portfolio characteristics on consumer evaluations of brand extensions, in: Journal of Marketing Research, Vol. XXXI, May 1994, pp. 229–242.

Esch, F.-R., Fuchs, M., Bräutigam, S., Konzeption und Umsetzung von Markenerweiterungen, in: Esch, F.-R. (Hrsg.), Moderne Markenführung: Grundlagen – Innovative Ansätze – Praktische Umsetzungen, Wiesbaden 2000, S. 669–704.

Esch, F.-R., Wicke, A., Herausforderungen und Aufgaben des Markenmanagements, in: Esch, F.-R. (Hrsg.), Moderne Markenführung: Grundlagen – Innovative Ansätze – Praktische Umsetzungen, Wiesbaden 2000, S. 3–60.

Fiske, S. T., Schema-Triggered Affect: Applications to Social Perception, in: Affect and Cognition: the 17th Annual Carnegie Symposium on Cognition, Clark, M. S.; Fiske, S. T. (Hrsg.), Hillsdale, N.J. 1982, pp. 171–190.

Fiske, S. T., Pavelchak, M. A., Category-Based Versus Piecemeal-Based Affective Responses: Developments in Schema-Triggered Affect, in: Sorrentino, R. W., Higgins, T. E. (Hrsg.), Handbook of Motivation and Cognition: Foundation of Social Behavior, New York 1986, pp. 167–203.

Grunert, K. G., Informationsverarbeitungsprozesse bei der Kaufentscheidung: ein gedächtnispsychologischer Ansatz, Frankfurt/M. 1982.

Gürhan-Canli, Z., Maheswaran, D., The Effects of Extensions on Brand Name Dilution and Enhancement, in: Journal of Marketing Research, Vol. XXXV, November 1998, pp. 464–473.

Hätty, H., Markentransferstrategien, in: Bruhn, M. (Hrsg.), Handbuch Markenartikel, Bd. 1, Stuttgart 1994, S. 561–581.

Hätty, H., Der Markentransfer, Heidelberg 1989.

Keller, K. L., Conceptualizing, Measuring, and Managing Customer-Based Brand Equity, in: Journal of Marketing, Vol. 57, January 1993, pp. 1–22.

Keller, K. L., Kundenorientierte Messung des Markenwerts, in: Esch, F.-R. (Hrsg.), Moderne Markenführung: Grundlagen – Innovative Ansätze – Praktische Umsetzungen, Wiesbaden 2000, S. 967–987.

Loken, B., Roedder John, D., Diluting Brand Beliefs: When Do Brand Extensions Have a Negative Impact?, in: Journal of Marketing, Vol. 57, July 1993, pp. 71–81.

Meffert, H., Marketing-Grundlagen marktorientierter Unternehmensführung, 9. Aufl., Wiesbaden 2000.

Meffert, H., Heinemann, G., Operationalisierung des Imagetransfers, in: Marketing ZFP, Heft 1, 1. Q., 1990, S. 5–10.

Meffert, H., Strategien zur Profilierung von Marken, in: Dichtl, E., Eggers, W. (Hrsg.), Marke und Markenartikel, München 1992a, S. 129–156.

Meffert, H., Marketingforschung und Käuferverhalten, 2. Aufl., Wiesbaden 1992b.

Meffert, H., Entscheidungsorientierter Ansatz der Markenpolitik, in: Bruhn, M. (Hrsg.), Handbuch Markenartikel, Bd. 1, Stuttgart 1994, S. 173–197.

Meffert, H., Marketing-Management – Analysen, Strategie, Implementierung, Wiesbaden 1994.

Meffert, H., Burmann, C., Identitätsorientierte Markenführung, in: Markenartikel, Heft 8, 1996, S. 373–380.

Meffert, H., Perrey, J., Mehrmarkenstrategien – Ein Beitrag zum Management von Markenportfolios, Meffert, H., Wagner, H., Backhaus, K. (Hrsg.), Arbeitspapier Nr. 121 der Wissenschaftlichen Gesellschaft für Marketing und Unternehmensführung e.V., Münster 1998.

Murphy, G. L., Medin, D. L., The Role of Theories in Conceptual Coherence, in: Psychological Review 92, 1985, pp. 289–316.

Nakamoto, K., McInnis, D. J., Jung, H.-S., Advertising Claims and Evidence as Bases for Brand Equity and Consumer Evaluations of Brand Extensions, in: Aaker, D. A., Biel, A. L. (Hrsg.), Brand Equity and Advertising: Advertisings's Role in Building Strong Brands, Hillsdale, N.J. 1993, pp. 218–297.

Park, Whan C., Milberg, S., Lawson, R., Beurteilung von Markenerweiterungen, in: Esch, F.-R. (Hrsg.), Moderne Markenführung, Wiesbaden 2000, S. 407–413.

Rangaswamy, A., Burke, R. R., Oliva, T. A., Brand Equity and the Extendability of Brand Names, in: International Journal of Research in Marketing, Vol. 10, 1993, pp. 61–75.

Reddy, S. K., Holak, S. L., Bhat, S., To extend or not to extend: Success determinants of line extensions, in: Journal of Marketing Research, Vol. XXXI, May 1994, pp. 243–262.

Ries, A., Trout, J., Positioning: The battle for your mind, 2. ed., New York 1986.

Sattler, H., Monetäre Bewertung von Markenstrategien für neue Produkte, Stuttgart 1997.

Sattler, H., Entscheidung: Neue Marke oder Markentransfer, in: Markenartikel, Heft 1, 1999, S. 14–18.

Schweiger, G., Imagetransfer, in: Marketing Journal, Heft 4, 1982, S. 321–323.

Smith, D. C., Park, Whan C., The Effects of Brand Extension on Market Share and Advertising Efficiency, Journal of Marketing Research, Vol. XXIX, Aug. 1992, pp. 296–313.

Smith, E. E., Shoben, E. J., Rips, L. J., Structure and Process in Semantic Memory: A Featural Model for Semantic Decisions, in: Psychological Review, Vol. 83, No. 3, 1974, S. 214–241.

Sujan, M., Bettman, J. R., The effects of brand positioning strategies on consumers' brand and category perceptions: some insights from schema research, in: Journal of Marketing Research, Vol. XXVI, November 1989, S. 454–467.

Trommsdorff, V., Die Messung von Produktimages für das Marketing, Köln et al. 1975.

Trommsdorff, V., Wettbewerbsorientierte Image-Positionierung, in: Markenartikel, Heft 10, 1992, S. 458–463.

Zatloukal, G., Erfolgsfaktoren von Markentransfers, Leipzig 2000.

Identitätsorientierte Markenführung bei Dienstleistungen

Michael Schleusener

1. Herausforderungen an die Führung von Dienstleistungsmarken

1.1 Stellenwert und Besonderheiten von Dienstleistungsmarken

Die **Bedeutung von Dienstleistungen** in modernen Volkswirtschaften steigt seit einigen Jahren kontinuierlich an. So werden nicht nur bereits fast zwei Drittel des Bruttoinlandsproduktes mit Dienstleistungen erwirtschaftet (Statistisches Bundesamt 2000), auch die Transformation des Angebotsspektrums etablierter Sachgüterproduzenten weist auf den gewachsenen Stellenwert von Dienstleistungen hin (vgl. Erlhoff 1997, S. 31 ff.). Nicht zuletzt durch die stürmische Entwicklung der Informations- und Kommunikationstechnologien sind neue Dienstleistungsangebote entstanden. Dies führt seit einigen Jahren zu einer verstärkten Auseinandersetzung mit den Besonderheiten des Dienstleistungsmarketing, um im Sinne einer entscheidungsorientierten Betriebswirtschaftslehre Lösungsansätze für Marketingprobleme der Praxis zu finden (Meffert/Bruhn 2000; Nerdinger 1994, S. 46 ff.).

Konsequenterweise stellt sich auch im Hinblick auf die Markenführung die Frage, welche Besonderheiten des Dienstleistungsmarketing (vgl. Meffert/Bruhn 2000, S. 22 ff.) eine Modifikation bestehender Markenführungsansätze beziehungsweise deren Neuentwicklung notwendig machen. Die **Bedeutung von Marken für Dienstleistungsunternehmen** ist dabei kaum zu übersehen. Letztlich gibt es so gut wie keine nichtmarkierten Dienstleistungen. Während die Dachmarkenstrategie dominant bleibt, ist immer häufiger festzustellen, dass für einzelne Dienstleistungsangebote ebenfalls Marken und markenähnliche Bezeichnungen eingeführt werden. So lassen sich beispielsweise bei der Deutschen Bahn AG eine Fülle von Servicebezeichnungen identifizieren, die zu einem großen Teil als Marken eingetragen sind (vgl. Abbildung 1). Aus Unternehmenssicht wird in diesen Fällen häufig von Produktmarken gesprochen, die für einzelne Leistungsangebote stehen. Vor diesem Hintergrund ist eine Abgrenzung der bloßen Servicebezeichnungen von tatsächlichen Marken notwendig, die über eine Definition der Markencharakteristika erfolgen kann.

Der Abgrenzung und **Definition** von Dienstleistungsmarken kommt in der Literatur ein vergleichsweise hoher Stellenwert zu. Als ersten Anhaltspunkt werden unter anderem die Kategorisierung der amtlichen Statistik oder des Markenrechts herangezogen (vgl. Bruhn 2001, S. 216 f.). Diese Überlegungen beruhen im Kern auf der Existenz einer rechtlichen Schutzmöglichkeit für die Verwendung von Dienstleistungsmarken, die Voraussetzung für ihre ökonomische Bedeutung ist. Mit dem Markenrecht von 1995 (vgl. Stauss 2001, S. 474 ff.; Pascual 1998) ist diese Fragestellung zumindest juristisch insofern beantwortet, als dass Marken für Dienstleistungen nunmehr Sachgütermarken gleichgestellt sind.

▌Abbildung 1   **Markenvielfalt bei der Deutschen Bahn AG im Jahr 2000**

„Produktmarken"	„Servicemarken"	„Angebotsmarken"
▪ InterCityExpress (ICE)	▪ UmsteigeService	▪ BahnCard
▪ ICE-Ideenzug	▪ BahnPlus	▪ BahnCard Kind
▪ ICE-Sprinter	▪ KurierGepäck	▪ BahnCard Teen
▪ InterCity/EuroCity (IC/EC)	▪ PostGepäck	▪ BahnCard Junior
▪ InterRegio (IR)	▪ GepäckträgerService	▪ BahnCard Senior
▪ DB NachtZüge	▪ Moonlight-Check-In	▪ BahnCard Familie
▪ CityNightLine (CNL)	▪ IC-Kurierdienst	▪ ICE-Familien-Sparpreis
▪ DB AutoZüge	▪ MobilitätsService	▪ TwenTicket
▪ Thalys	▪ ServicePoint	▪ Sparpreis
▪ Cisalpino	▪ DB Lounge	▪ Super-Sparpreis
▪ RegionalExpress (RE)	▪ Info-Riesen	▪ Europa-Sparpreise
▪ RegionalBahn (RB)	▪ Wagenstandanzeiger	▪ Guten-Abend-Ticket
▪ StadtExpress (SE)	▪ BahnTaxi	▪ Schönes-Wochenende-
▪ S-Bahn	▪ InterCityHotels	Ticket
▪ TouristikZug	▪ Park + Ride	▪ StadtTicket
▪ UrlaubsExpress-Züge	▪ Park & Rail	▪ InterRegio-SommerSpezial
	▪ ParkService	▪ ICE-SonntagMorgenTicket
	▪ Park&Check	▪ FerienTicket
	▪ ServiceInsel	▪ WeimarTicket
	▪ Bahn & Auto	▪ Shopping- & Freizeit-
	▪ Bahn & Auto Mietwagen-	Ticket
	Stationen	▪ Bayern-Ticket
	▪ Bahn & Auto Mietwagen-	▪ Rail & Fly
	Service	▪ Großkundenabonnement
		▪ Persönliche NetzCard
		▪ Monatsnetzkarte

GABLER
GRAFIK

Aus betriebswirtschaftlicher Perspektive erscheint ein gütertypologischer Ansatz (vgl. bspw. Engelhardt/Kleinaltenkamp/Reckenfelderbäumer 1993) eher geeignet zu sein, Besonderheiten der Markenführung für Dienstleistungen herauszuarbeiten. Als **zentrale Abgrenzungsmerkmale** werden in diesem Zusammenhang die Intangibilität bzw. Immaterialität von Dienstleistungen sowie die notwendige Kundenbeteiligung in Form einer Integration des externen Faktors genannt, die im Markenmanagement für Dienstleistungen zu beachten sind.

So wird bezüglich der **Immaterialität** als Grundproblem der Markenführung bei Dienstleistungen die physische Markierung respektive Kennzeichnung angeführt (vgl. Bruhn 2001, S. 215). Eine nähere Analyse der Eigenschaften von Sachgütern und Dienstleistungen führt zu der Überlegung, dass zumindest aus theoretischer Sicht die Schwierigkeit einer Benennung als Grundvoraussetzung einer Markierung bei Dienstleistungen gerade wegen ihrer Immaterialität nicht gegeben ist. Ein Sachgut als physisch präsentes Produkt

bedarf streng genommen keines Namens, da sich jeder von der physischen Beschaffenheit am Gut selbst überzeugen kann. Das Vorzeigen des Gutes reicht aus, um sich darüber
zu verständigen, was gemeint ist. Dies ist bei Dienstleistungen nicht der Fall. Da die Leistung erst mit dem Erstellungsprozess Realität wird, erfordert eine der Leistung vorgelagerte Verhandlung zwischen Transaktionspartnern – die Voraussetzung für das Zustandekommen einer ökonomischen Transaktion ist – bereits eine Benennung der auszutau-
schenden Leistungsbestandteile (Küpers 1999, S. 121 ff.). Eine hinreichende Spezifizierung erfährt die Leistung jedoch erst mit der Nennung desjenigen, der die Leistung
erbringt, da ohne diesen bzw. seine Potenzialfaktoren die Dienstleistung nicht erstellt
werden kann. Damit ist die Bezeichnung als Voraussetzung einer Markierung und insofern als grundsätzliche Bedingung für das Zustandekommen von Dienstleistungstransak-
tionen anzusehen.

Die Immaterialität stellt zwar weiterhin eine Herausforderung für das **Anbringen einer
Markierung** dar, für die jedoch mittlerweile zahlreiche Ansatzpunkte gefunden werden
konnten (vgl. Tomczak 1999, S. 8; Meffert/Bruhn 2000, S. 316). So lassen sich die Potenzialfaktoren, die für die Erstellung der Dienstleistung benötigt werden, markieren. Darin
eingeschlossen ist auch das Kundenkontaktpersonal, das häufig beispielsweise mittels
Uniform die Markierung trägt. Darüber hinaus bieten tangible Elemente im Rahmen der
Dienstleistungsproduktion viele Möglichkeiten, das Markenzeichen anzubringen. Beispiele sind die Seifenverpackung im Hotel oder das Geschirr an Bord eines Linienflug-
zeuges. Schließlich lassen sich auch materielle Elemente nutzen, um über den flüchtigen
Dienstleistungsprozess hinaus den Kontakt zur Marke nicht abreißen zu lassen, sondern
die Phase des Leistungsprozesses zu verlängern.

Gegenüber dem Aspekt der Immaterialität wurden in der Literatur die aus der **Integration des externen Faktors** resultierenden Problemkreise in der Markenführung tendenziell vernachlässigt. Der Dienstleistungsnachfrager muss entweder sich selbst oder seine
Verfügungsobjekte in den Dienstleistungsprozess einbringen, um die Dienstleistung vornehmen zu lassen. So ist es beispielsweise bei einem Flug der Nachfrager selbst, an dem
die Ortsveränderung vorgenommen wird, während für eine Autoreparatur der Nachfrager lediglich sein Verfügungsobjekt, in diesem Fall seinen PKW, in die Dienstleistungs-
erstellung einbringen muss.

Die Frage der Kundenintegration als Schlüsselproblem eines Dienstleistungsanbieters
soll im Rahmen der identitätsorientierten Markenführung an prominenter Stelle berücksichtigt werden. Doch zunächst werden in diesem Beitrag kurz die im Zusammenhang
mit Dienstleistungsmarken häufig diskutierten Themenfelder der Markenfunktion als
Vertrauensanker und zur Differenzierung im Wettbewerb skizziert. Anschließend erfolgt
eine Analyse der Kundenintegration sowie der damit zusammenhängenden Kunden-Mitarbeiter-Interaktion vor dem Hintergrund der identitätsorientierten Markenführung. Die
Bedeutung der einzelnen Identitätskomponenten wird aus Dienstleistungsperspektive
diskutiert, bevor abschließend Implikationen für das Management abgeleitet werden.

1.2 Vertrauens- und Orientierungsfunktion der Dienstleistungsmarke

Die vielfältigen Funktionen von Marken im Dienstleistungsmanagement lassen sich grundlegend in primär konsumentengerichtete und eher wettbewerbsstrategische Funktionen unterscheiden (vgl. Abbildung 2).

Abbildung 2　　　**Grundfunktionen der Marke im Dienstleistungsbereich**

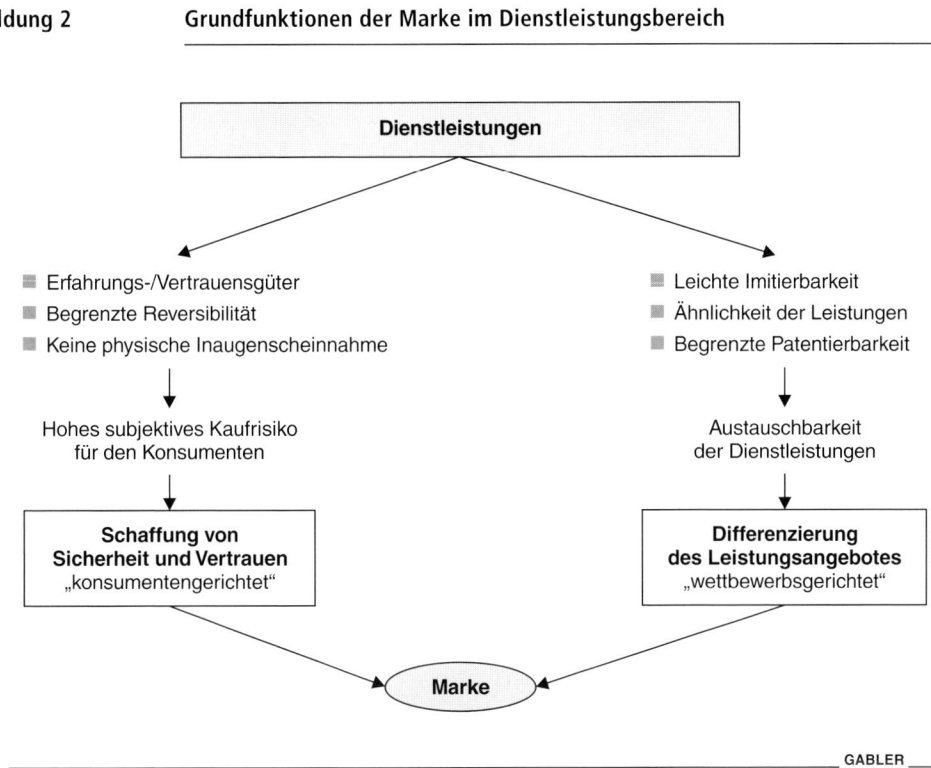

GABLER
GRAFIK

Quelle: In enger Anlehnung an Tomczak/Brockdorff 2000, S. 491

Aus Konsumentensicht kommt der Marke primär eine **Vertrauens- und Orientierungsfunktion** zu. Häufig wird dieser Markenfunktion bei Dienstleistungsmarken eine besondere Relevanz zugesprochen. Diese resultiert vor allem aus informationsökonomischen Leistungsbesonderheiten; so weisen Dienstleistungen einen höheren Anteil an Erfahrungs- und Vertrauenseigenschaften auf als Sachgüter (vgl. Adler 1994). Da Erfahrungseigenschaften vor dem Kauf nicht überprüfbar sind und der Nachfrager somit gezwungen ist, auf Ersatzindikatoren auszuweichen, kommt insbesondere der Marke als umfassendem Ersatzindikator ein besonderer Stellenwert zu. Sie lässt sich vom Konsumenten als

Schlüsselinformation interpretieren und für die Bewertung eines Angebots nutzen. Dieser Orientierungsfunktion kann eine Marke jedoch nur gerecht werden, wenn das dahinter stehende Leistungsversprechen durch den Anbieter auch eingehalten werden kann. Aus diesem Grund kommt der Qualitätskonstanz in der Leistungserstellung und damit dem **Qualitätsmanagement** im Dienstleistungsbereich eine besondere Bedeutung zu.

Zentral ist in diesem Zusammenhang die Tatsache, dass bei Dienstleistungen die **Gleichzeitigkeit von Produktion und Absatz** (das uno-actu-Prinzip) eine nachträgliche Kontrolle und Verbesserung einmal produzierter Qualität verhindert. Dienstleistungsqualität muss in den meisten Fällen in der direkten Interaktion mit dem Kunden erzeugt werden, ohne dass die Möglichkeit einer nachgelagerten Qualitätskontrolle besteht. Darüber hinaus übernimmt teilweise der Kunde die Funktion einer Kontrollinstanz in der direkten Interaktion mit dem Kundenkontaktpersonal (Lehmann 1998, S. 35 ff.). Zentral für das Leistungsergebnis ist weiterhin die erfolgreiche Integration des Kunden in den Leistungserstellungsprozess (vgl. Meyer/Blümelhuber/Pfeiffer 1999). Dies betrifft nicht nur seine eigene Problemlösungskompetenz, sondern auch sein Bemühen um eine aktive Mitarbeit am Zustandekommen des gewünschten Leistungsergebnisses (Corsten 1999). Nicht zuletzt diese hohe Bedeutung der Dienstleistungsqualität hat zu umfangreichen Forschungsbemühungen im Bereich der Kundenzufriedenheit und des Qualitätsmanagements geführt (Simon/Homburg 1998; Bruhn/Stauss 2000).

Die Orientierungsfunktion der Marke und damit verbunden die Frage nach dem entsprechenden Qualitätsmanagement im Dienstleistungsbereich zeigt die Notwendigkeit einer **integrierten Betrachtung der Marke** im Rahmen der ganzheitlichen Unternehmensführung auf. Auch wenn den genannten Funktionen der Marke primär im Hinblick auf die Kunden eine besondere Bedeutung zukommt, so sind diese jedoch ebenfalls als grundlegend für die Behauptung im Wettbewerb anzusehen. Hinzu kommt die Möglichkeit, die Markenführung zur Unterstützung einer eigenständigen Positionierung und Differenzierung im Wettbewerb heranzuziehen (vgl. Tomczak 1999, S. 10; v. d. Oelsnitz 1997).

1.3 Differenzierung im Wettbewerb durch Dienstleistungsmarken

Weniger konsumentengerichtet als vielmehr mit einem Fokus auf die Positionierung im Umfeld der Wettbewerbsleistungen ist die Möglichkeit einer **Differenzierung** mittels Instrumenten der Markenführung zu sehen. Mit diesem Ziel ist die Marke im Sachgüterbereich zur Unterscheidung und der Vermittlung eines emotionalen Zusatznutzens bereits seit langem eingesetzt worden (vgl. Meffert 2000, S. 846 ff.). Im Dienstleistungsbereich tritt neben die Austauschbarkeit von vielen Leistungen eine neue Dimension im Hinblick auf die Innovations- und Imitationsgeschwindigkeit hinzu (Tomczak/Ludwig 1998, S. 48 ff.). Die leichte Imitierbarkeit von Leistungsdimensionen in Verbindung mit einer stark eingeschränkten Möglichkeit zur Patentierung und damit zum Schutz innovativer

Dienstleistungen steigern die Bedeutung der Marke als Anknüpfungspunkt von Innovationen sowie der Alleinstellung von Leistungen.

Aus empirischer Sicht wird die Notwendigkeit der Alleinstellung bei Dienstleistungsmarken häufig nicht ausreichend beachtet, wenn beispielsweise ganze Branchen sich einheitlich verhalten (Richter/Werner 1998). In einem solchen Umfeld profitieren in der Regel lediglich die Marktführer, da sie trotz der Gleichförmigkeit an Ansehen weiter gewinnen können und weiter wachsen. Für die anderen Marken kann es letztlich jedoch nur erfolgversprechend sein, aus dem gleichförmigen Verhalten auszuscheren und eine eigene Position zu besetzen (vgl. Richter/Werner 1998, S. 34), um auf diese Weise den etablierten Marktführern Marktanteile abnehmen zu können.

Neben der Option zu einem offensiven Vorgehen der Differenzierung ermöglicht es eine erfolgreiche Markenführung ebenfalls, trotz häufig geringer Eintrittsbarrieren in einem Dienstleistungsmarkt **hohe Marktzugangsschranken** aufzubauen und damit den Eintritt deckungsbeitragsgefährdender Neuanbieter zu unterbinden. Eine Verteidigung des eigenen Leistungsvorsprungs lässt sich insofern auch bei fehlender oder eingeschränkter Patentierbarkeit realisieren. Aus einer ressourcenorientierten Betrachtung heraus ist somit anzumerken, dass die Leistungserstellung in der überwiegenden Zahl der Fälle bestimmte materielle Potenziale voraussetzt, über die nachahmende Anbieter zunächst verfügen müssen, um eine ähnliche Leistung überhaupt erstellen zu können. In diesem Zusammenhang lässt sich die Marke als immaterielle Ressource kennzeichnen, deren Fehlen analog der Argumentation bei materiellen Ressourcen die Nachahmung der Leistung verhindern kann.

┃2. Dienstleistungsmarken im Rahmen der identitätsorientierten Markenführung

Für die Markenführung im Dienstleistungsbereich erscheint die **identitätsorientierte Markenführung** auf Grund der hohen Bedeutung der personellen Komponente sowohl auf Mitarbeiterseite als auch im Hinblick auf das häufig notwendige Einbringen der Nachfrager als externe Faktoren ein vielversprechender Ansatz zu sein, insbesondere, da auf die sozialwissenschaftlichen Identitätskonstrukte zurückgegriffen werden kann. Dieser Ansatz hat bereits wiederholt im Dienstleistungszusammenhang Erwähnung gefunden (vgl. Tomczak/Ludwig 1998, S. 54; Ludwig 2001, S. 34 f.), doch wurde dabei vor allem die allgemeine Vorgehensweise des Ansatzes auf die Markenführung bei Dienstleistungen übertragen, ohne explizit die konstitutiven Dienstleistungsmerkmale zu berücksichtigen.

In Theorie und Praxis besteht weitgehend Einigkeit darüber, dass das Markenmanagement als **integrativer Bestandteil der Unternehmensführung** zu verstehen ist und die Markenführung nicht auf kommunikationspolitische Maßnahmen beschränkt werden

kann (vgl. Belz 1998, S. 39). Für Dienstleistungsanbieter gilt diese Forderung in besonderer Weise, wie bereits bei den Ausführungen zum Qualitätsversprechen einer Marke
und den sich daraus ergebenden Anforderungen an das Qualitätsmanagement deutlich
wurde. Dieser ganzheitlichen Sichtweise wird durch das Konzept der identitätsorientierten Markenführung ebenfalls Rechnung getragen.

▌*2.₁* Identitätsverständnis als Ausgangspunkt

Grundlegend für den Ansatz der identitätsorientierten Markenführung ist das **Verständnis des sozialwissenschaftlich begründeten Identitätskonstruktes** (vgl. in diesem Zusammenhang auch den Beitrag zum theoretischen Grundkonzept der identitätsorientierten Markenführung in diesem Band; auch Meffert/Burmann 1996). Ausgangspunkt ist
die Systematisierung des Identitätsverständnisses nach dem Gegenstand der Identität,
der aus einem Individuum, einer Gruppe oder einem Objekt bestehen kann. Die persönliche Identität oder Ich-Identität bezeichnet die Tatsache, dass ein Individuum ein Bild von
sich selbst besitzt (Epstein 1993). Somit kann auch von einem individuellen Konzept der
eigenen Person gesprochen werden. Demgegenüber bezieht sich die Gruppenidentität
auf ein Kollektiv an Subjekten, die neben ihrer jeweiligen persönlichen Identität eine gemeinsame Identität als Gruppe aufweisen, die auch in dieser Weise von den Gruppenmit-
gliedern empfunden wird.

Dieses subjektive Empfinden der Identität entfällt, wenn Gegenstand der Identität nicht
mehr ein Subjekt, sondern die Marke als Objekt ist. Aus sozialwissenschaftlicher Perspektive können mangels subjektivem Empfinden Objekte streng genommen keine Identität aufweisen, sodass für die Interpretation der Markenidentität diese stets in enger Verbindung beispielsweise zur Gruppenidentität zu sehen ist (vgl. Meffert/Burmann 1996,
S. 28).

Die Problematik des **Transfers einer zunächst subjektgebundenen Identität auf ein
empfindungsloses Objekt** wird im Sachgüterbereich unmittelbar deutlich. Ein Sachgut
existiert unabhängig vom Erstellungsprozess und kann auch unabhängig davon genutzt
werden. Die Identitätszuschreibung gelingt in diesem Fall vor allem durch denotative Produktmerkmale, die in ihrer Ausgestaltung die Identität der erstellenden Gruppenmitglieder
(also der Unternehmensmitarbeiter) widerspiegeln sowie durch konnotative Merkmale,
die mit dem Sachgut assoziiert werden und wiederum durch die Identitäten von Subjekten
beeinflusst sind. Selbstverständlich spielen in diesem Zusammenhang die bestehenden Gestaltungsfreiräume bei einem Produkt eine besondere Rolle; so sind komplexe Güter einfacher mit identitätsstiftenden Merkmalen zu versehen als Commodities. Auf dieser Problematik beruht nicht zuletzt das Bemühen der Markenführung, im Rahmen eines ganzheitlichen Ansatzes Produkte um immaterielle Wert- und Erlebniskomponenten zu ergänzen
und damit die Reduktion auf das real vorhandene Objekt zu vermeiden.

Abbildung 3   **Bedeutung der unterschiedlichen Identitäten bei Dienstleistungen**

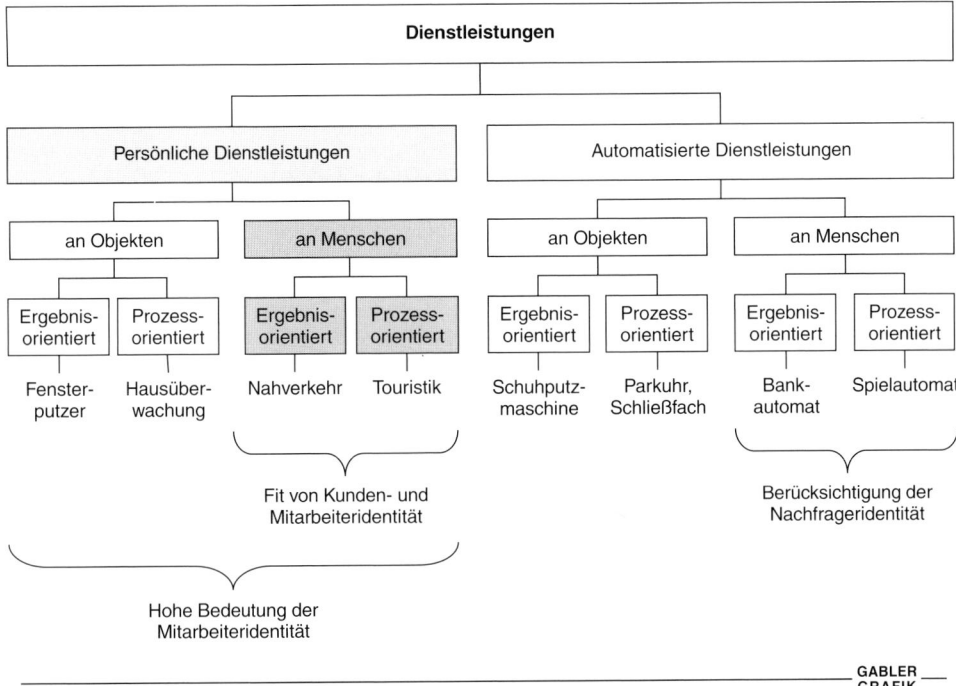

Quelle: In Anlehnung an Meffert/Bruhn 2000, S. 32

Im Dienstleistungsbereich tritt demgegenüber das **Subjekt** weitaus stärker in den Vordergrund. So handelt es sich bei der Leistungserstellung zu einem großen Teil um Prozesse, die durch Mitarbeiter des Dienstleistungsunternehmens erbracht und gestaltet werden (vgl. Abbildung 3). Die Mitarbeiter als Subjekte mit einer Ich-Identität sowie im Rahmen des Unternehmens einer entsprechenden Gruppenidentität treten im Erstellungsprozess in Erscheinung, sodass die Manifestation dieser Identitäten in Form von Objekten unterbleibt und damit auch entbehrlich wird.

Auf Seiten des Leistungskonsums durch die **Nachfrager** ist zu konstatieren, dass auf Grund der notwendigen Kundenbeteiligung der Nachfrager entweder seine Verfügungsobjekte oder aber sich selbst in den Erstellungsprozess integrieren muss. Der Bezug zur Ich-Identität des Nachfragers wird in diesem Zusammenhang unmittelbar ersichtlich, da sein eigenes Selbstverständnis im Kontakt mit dem Dienstleistungsanbieter und damit letztlich der Dienstleistungsmarke mit deren Identität konfrontiert wird (vgl. Küpers 1999, S. 135 ff.). Zusammenfassend sind diese Zusammenhänge in Abbildung 4 dargestellt.

Abbildung 4   **Zusammenhänge der unterschiedlichen Identitäten**

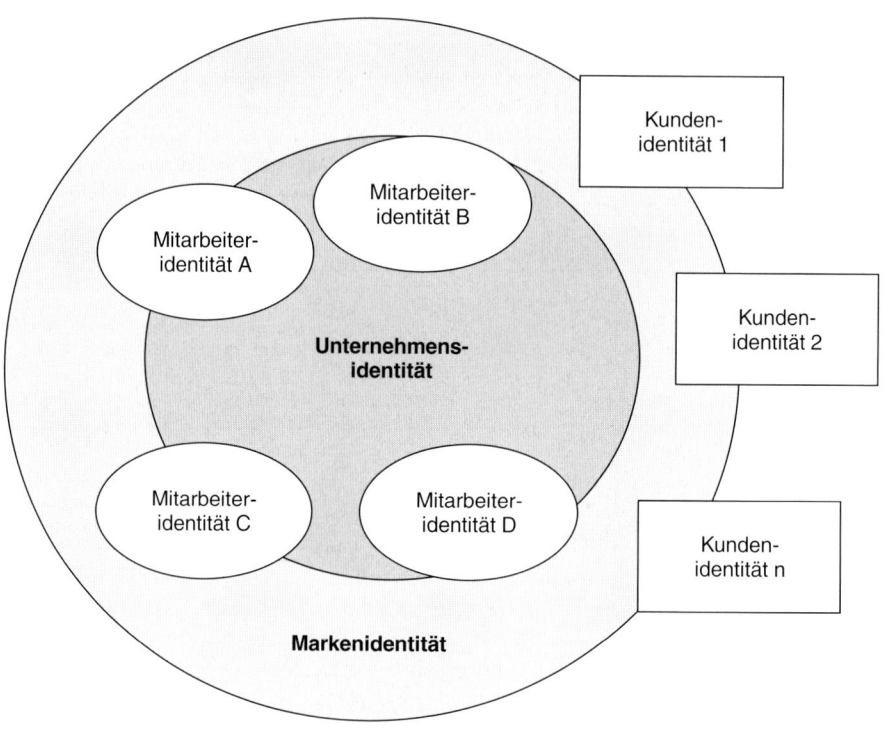

Es erscheint somit als Notwendigkeit, sowohl die Interaktion Mitarbeiter–Kunde als auch die Kundenintegration im Leistungserstellungsprozess stärker im Hinblick auf ihre Implikationen für die Markenführung zu untersuchen. Auf Basis dieser Argumentation rückt die Markenidentität, bei der es sich zunächst aus Perspektive des Sachgütermarketing um eine Objekt-Identität handelt, stärker an das mit einem empfindenden Subjekt verknüpfte Identitätskonstrukt heran. Dies ist auch ein zentraler Grund für den hohen Stellenwert der identitätsorientierten Markenführung bei Dienstleistungen.

2.2 Integration des Kunden in den Leistungserstellungsprozess

Einen unmittelbaren Eindruck vom Selbstbild der Marke und damit der Mitarbeiter erhält der Kunde bei seiner Integration in den Leistungserstellungsprozess, bei der er unterschiedliche Funktionen übernehmen kann (vgl. Lehmann 1998, S. 19 ff.; Küpers 1999, S. 133). Anders als bei Sachgüterherstellern erlaubt die Integration des Nachfragers diesem, einen unmittelbaren Eindruck vom Selbstbild des Unternehmens zu gewinnen, was einerseits zur Übereinstimmung zwischen Selbst- und Fremdbild beiträgt, andererseits besondere Anforderungen an das Management und die Ausgestaltung des Selbstbildes mit sich bringt.

2.2.1 Kundenidentität im Leistungsprozess

Im eigentlichen Prozess der Leistungserstellung werden **Bestandteile der Marke auf den Kunden übertragen**; dies gilt insbesondere für die zentralen Wertekategorien, die durch die Marke repräsentiert werden. Das Dienstleistungserlebnis bietet starke Ansatzpunkte, bestimmte Ereignisse fest in der Wahrnehmung der Konsumenten zu verankern. Voraussetzung dafür ist, die Wahrnehmung von kommunikativ repetitierbaren und leicht erlernbaren „Clues" wie Symbolen, Markennamen und Slogans während des Leistungserstellungsprozesses zu fördern. Die rein optische Vermittlung ist beispielsweise durch weitere haptische oder olfaktorische Elemente des Dienstleistungserlebens zu ergänzen und damit mehrfach kodiert dem Konsumenten darzubieten.

Die Markenidentität und gleichzeitig die Unternehmensidentität wird vom Kunden im Rahmen des Leistungserstellungsprozesses als **Markenimage** wahrgenommen. Während die Identität das Selbstbild eines Subjektes bzw. einer Marke bezeichnet, ist mit dem Image einer Marke die Wahrnehmung durch den Kunden verbunden; es handelt sich insofern um ein Akzeptanzkonstrukt (vgl. Meffert/Burmann 1996, S. 34 ff.). Gleiches gilt für die Identität des Nachfragers, der durch die Mitarbeiter eines Unternehmens wahrgenommen wird.

Daraus abgeleitet stellt sich die Frage nach dem **Fit** zwischen der Identität des Kunden und der Markenidentität (Fischer 1993, S. 57 ff.). Dies ist insofern relevant, da neben der Interaktion des Kunden mit den Mitarbeitern des Dienstleistungsanbieters die Konsumenten in der Regel einen Teil der Leistungserstellung selbst übernehmen (Corsten 1999). Zunächst muss der Kunde über die notwendigen Fähigkeiten verfügen, sich entsprechend der Leistungserstellung in den Dienstleistungsprozess einbringen zu können. Neben den physischen und psychischen Fähigkeiten ist jedoch ebenfalls eine gewisse Kompatibilität der Identitäten vorauszusetzen, um eine aus Kundensicht erfolgreiche Einbindung in den Leistungserstellungsprozess vornehmen zu können (vgl. Nerdinger

1994, S. 154 ff.). Insofern ist in diesem Fall von wechselseitig sich beeinflussenden Identitäten zu sprechen, was im Fall von Sachgütern in dieser Form nicht vorkommt.

Die Integration des Kunden in die Leistungserstellung führt gleichzeitig zur Frage nach ihrem **Individualisierungsgrad**. Aus Sicht der identitätsorientierten Markenführung kommt dieser Fragestellung ein besonderer Stellenwert zu, da einige Elemente notwendigerweise über alle Kunden hinweg konstant zu halten sind und damit trotz Individualisierung nicht verändert werden dürfen. Auch in diesem Punkt unterscheiden sich Dienstleistungen wesentlich von Sachgütern, für die die angesprochene Notwendigkeit zur Konstanz nicht bei jedem einzelnen Produktionsprozess wieder relevant wird.

2.22 Kundenidentität als Teil der Markenidentität

Während die Identität ein Aussagenkonzept verkörpert, handelt es sich beim Markenimage um ein Akzeptanzkonstrukt. Die Markenstärke wird in diesem Zusammenhang von einer Übereinstimmung zwischen Selbst- und Fremdbild abhängig gemacht (vgl. Meffert/Burmann 1996, S. 38).

Ein weiterer, wesentlicher Grund für die Bedeutung der identitätsorientierten Markenführung im Dienstleistungsbereich ist in der Tatsache zu sehen, dass der Kunde durch die Integration in den Erstellungsprozess mit seiner Identität zu einem Bestandteil der Markenidentität wird. Dies wird insbesondere im Hinblick auf das Markenimage und damit das Fremdbild der Marke deutlich, wenn Dienstleistungsnachfrager innerhalb des Erstellungsprozesses wahrgenommen werden.

Der Nachfrager wird für die Dauer seiner Integration in den Leistungserstellungsprozess ein **Teil der Marke**. Damit bleibt der Einfluss der Marke nicht auf die Wahrnehmung des Unternehmens durch einzelne Nachfrager beschränkt, sondern diese beeinflussen wiederum als Teil der Marke die Wahrnehmung weiterer Nachfrager, die ebenfalls eine Leistung erwerben (vgl. Fischer 1993, S. 63 ff.; Nerdinger 1994, S. 243 ff.). Beispielhaft sei hier auf besonders luxuriöse bzw. exquisite Hotels oder Restaurants verwiesen, bei denen das dort verkehrende Publikum einen Großteil der Faszination der jeweiligen Marke ausmacht. Dies kann sogar soweit gehen, dass die anderen Nachfrager, bei denen es sich beispielsweise um bestimmte Prominente handelt, zum wichtigsten Grund einer Inanspruchnahme dieser Leistung werden. Obwohl dieses Differenzierungsmerkmal in der Regel nicht von hoher zeitlicher Dauer ist, so sichert es zumindest für einen bestimmten Zeitraum eine Alleinstellung, die von anderen Unternehmen so nicht erreicht werden kann. In negativer Hinsicht gilt dies in gleicher Form. So können beispielsweise Touristen aus bestimmten sozialen Schichten durch ihre Anwesenheit die Wahrnehmung eines Freizeitunternehmens in den Augen anderer potenzieller Urlaubsgäste stark von dem Selbstverständnis dieser Anlage abweichen lassen.

| Abbildung 5 | Integration der Kundenidentität in die Markenidentität |

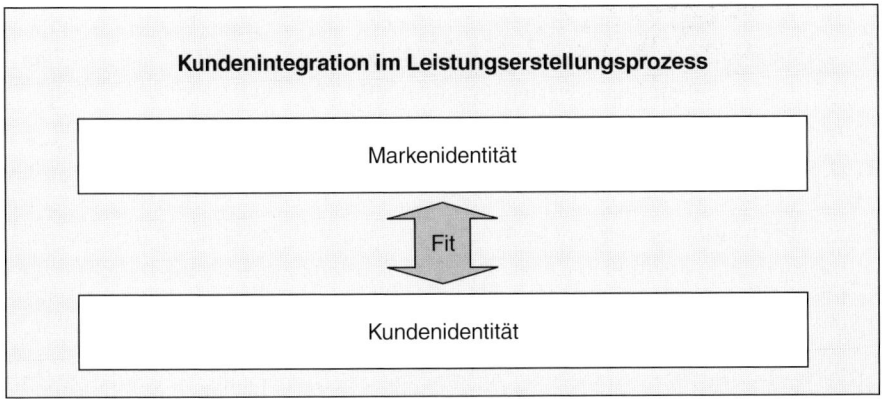

GABLER
GRAFIK

Es bedarf somit eines „Fits" zwischen der Markenidentität und der Identität der betroffenen Nachfrager, um die Möglichkeit der Übereinstimmung zwischen Identität als Aussagenkonzept und Image als Akzeptanzkonzept gewährleisten zu können (vgl. Abbildung 5). Ein Beispiel für das Vorliegen eines solchen Fits lässt sich bei genossenschaftlich organisierten Anbietern wie den Volksbanken identifizieren. Die Kunden können gleichzeitig Mitglieder der Genossenschaft sein und damit findet über das entstehende Wir-Gefühl eine weit gehende Integration statt (vgl. Meyer/Maier, S. 87 ff.).

2.3 Interaktion zwischen Kunden und Mitarbeitern als Besonderheit im Dienstleistungsmarketing

Basierend auf der Integration des Kunden in den Leistungserstellungsprozess findet zumindest bei **personellen Dienstleistungen** eine Interaktion der Mitarbeiter des Dienstleistungsanbieters mit dem Nachfrager statt (vgl. Fischer/Wiswede 1997, S. 370 ff.; Küpers 1999, S. 99 ff.; Broderick 1998, S. 350; Nerdinger 1994, S. 51 ff.). Sowohl im Hinblick auf die Prozess- als auch die Ergebnisdimension der Dienstleistung kommt der Interaktion mit den Mitarbeitern aus Sicht des Kunden damit eine zentrale Bedeutung zu. Gleichzeitig wird die Dienstleistungsmarke durch die Austauschbeziehung mit den Unternehmensmitarbeitern für den Kunden in besonderer Weise erfahrbar. Zusammengefasst manifestiert sich die Markenidentität somit im Auftreten und Handeln des Kundenkontaktpersonals (Lemmink/Mattson 1997).

Während die Markenidentität als Objektidentität ein eher abstraktes Konstrukt darstellt, verfügen die Mitarbeiter als empfindende Subjekte sowohl über eine Gruppen- als auch eine **Ich-Identität**, die im Wechselspiel mit der Markenidentität zu interpretieren ist. Die Gruppenidentität wird im Gegensatz zur Ich-Identität als soziale Identität einer Gruppe von außen zugeschrieben (vgl. Frey/Haußer 1987, S. 3). Die Gruppenidentität bleibt charakteristischerweise auch dann erhalten, wenn die Mitglieder einer Gruppe wechseln und wird deutlich in gemeinsamen Werten, Gefühlen und Überzeugungen (vgl. Schein 1985, S. 185 f.).

Für das Bestehen einer Identität ist Voraussetzung, dass **vier konstitutive Merkmale** der Identität von Personen und Marken vorliegen müssen (vgl. Meffert/Burmann 1996, S. 28). Dabei handelt es sich um die Wechselseitigkeit, die Kontinuität der essenziellen Identitätsmerkmale über einen Zeitraum, die Konsistenz zu jedem Zeitpunkt sowie die Individualität, die sich in der Einzigartigkeit der Marke gegenüber anderen Marken ausdrückt.

Der **Wechselseitigkeit** im Sinne einer Abgrenzung gegenüber anderen Wettbewerbsmarken kommt im Dienstleistungsbereich vor dem Hintergrund der Vielzahl von bestehenden Angeboten sowie der häufig leichten Imitierbarkeit von Dienstleistungen ein besonderer Stellenwert zu. Die Beziehung zu den Kunden tritt dabei in den Mittelpunkt, da durch enge und dauerhafte Kundenbeziehungen eine entsprechende Abgrenzung geleistet werden kann (Gummesson 2000; Heskett/Sasser/Schlesinger 1997). Eng damit verbunden ist die **Individualität** als Einzigartigkeit einer Marke gegenüber anderen Marken. Im Dienstleistungsbereich erscheint es denkbar, dass diese Einzigartigkeit beispielsweise über die Einzigartigkeit einer Kundenbeziehung mit dem Kundenkontaktpersonal erlebt werden kann. Auf Grund der biologisch bedingten Einzigartigkeit der Mitarbeiter ist die Interaktion mit einem bestimmten Mitarbeiter notwendigerweise differenziert gegenüber anderen Marken, wobei hier bereits das Spannungsfeld im Markenmanagement deutlich wird. Der Nachfrager sollte die Marke zwar in bestimmten Merkmalen als einzigartig gegenüber anderen Marken erleben, jedoch ist die Konstanz im Marktauftritt über die unterschiedlichen Mitarbeiter weiterhin zu gewährleisten (vgl. Broderick 1998, S. 355). Diese Aufgabe kann vor allem, wie bereits angesprochen, die Ausprägung der jeweiligen Gruppenidentität übernehmen.

Die Forderung nach **Kontinuität** der essenziellen Identitätsmerkmale stellt sich im Dienstleistungsmarketing ebenso wie im Sachgütermarketing. Lediglich der personellen Kontinuität kommt eine nochmals höhere Bedeutung zu. Die gleiche Bemerkung gilt für die **Konsistenz** der Markenführung, also die Abstimmung aller Aktivitäten der Markenführung mit der Vermeidung von Widersprüchen.

Mitarbeiter eines Unternehmens lassen sich aus sozialwissenschaftlicher Perspektive zunächst als eine Gruppe betrachten, die über gemeinsame Werte und Ziele verfügt (vgl. Fischer/Wiswede 1997, S. 560 ff.; Gebert/von Rosenstiel 1996, S. 127 ff.). Auf diesen Grundüberlegungen basiert nicht zuletzt der Gedanke der Corporate Identity, um das Zusammengehörigkeitsgefühl innerhalb eines Unternehmens zu beschreiben und die Mitglieder der Gruppe zu kennzeichnen. Die **Unternehmensphilosophie** und die **Unter-**

nehmenskultur können als wichtige Einflussfaktoren für die Ausgestaltung der Corporate Identity gekennzeichnet werden. Im Dienstleistungsbereich wird deutlich, dass Markenidentität und Unternehmensidentität als Corporate Identity eng miteinander verzahnt, wenn nicht sogar identisch sein müssen. Dies beruht auf der Tatsache, dass die Dienstleistung an sich erst in der Interaktion des Unternehmens bzw. seiner Mitarbeiter mit dem Nachfrager entsteht und damit die Trennung von Leistungserstellung und Leistungsergebnis nicht in gleicher Weise wie im Sachgüterbereich möglich ist.

Die **Führung und Gestaltung der Unternehmensidentität** steht im Dienstleistungsbereich somit gleichbedeutend mit der identitätsorientierten Führung einer Dienstleistungsmarke. Dabei ist jedoch zu beachten, dass die Unternehmensidentität zum Teil andere Komponenten aufweist als die Markenidentität. Dies liegt nicht zuletzt in der größeren Komplexität und Heterogenität der Anspruchsgruppen begründet, auf die eine Unternehmensidentität und damit das Unternehmen als Marke wirkt, wie beispielsweise Anleger, Arbeitnehmer etc. (vgl. den Beitrag von Meffert/Bierwirth zur Führung von Marken im Spannungsfeld unterschiedlicher Zielgruppen in diesem Band).

Neben der Gruppenidentität kommt in der konkreten Situation der Leistungserstellung auch der **Ich-Identität jedes einzelnen Mitarbeiters** ein besonderer Stellenwert zu (vgl. Küpers 1999, S. 111 ff.). Während Unternehmensidentität und Markenidentität durch die Verankerung in der Unternehmenskultur und die gemeinsame Führung sowie durch gruppendynamische Effekte beeinflusst werden und damit eine gewisse Kongruenz aufweisen, ist die Ich-Identität eine existenzielle Eigenschaft der einzelnen Mitarbeiter. Es wird vermutlich zwischen Mitarbeiteridentität und Markenidentität keine vollkommene Übereinstimmung geben, jedoch lässt sich die Schlussfolgerung ziehen, dass beide zumindest keine unvereinbaren Komponenten enthalten sollten, da ansonsten ein Mitarbeiter die Markenidentität kaum glaubwürdig vermitteln kann.

Sowohl die Gruppenidentität als auch die personelle Identität der Mitarbeiter steht darüber hinaus in einer **Wechselbeziehung** zur Markenidentität. Das eigene Erleben der Marke sowohl innerhalb als auch ausserhalb des Mitarbeiterverhältnisses, beispielsweise im Rahmen der Marktkommunikation oder über das Verhalten der Unternehmensführung, und nicht zuletzt die Reaktionen der Nachfrager besitzen einen Einfluss auf die erlebte Markenidentität, die wiederum im Kundenkontakt zum Ausdruck kommt. Es lässt sich schlussfolgern, dass ein unmittelbarer Fit zwischen Gruppenidentität, personeller Identität und Markenidentität gegeben sein muss, um ein widerspruchsfreies Selbstverständnis der handelnden Mitarbeiter zu gewährleisten (vgl. Fischer/Wiswede 1997, S. 306 ff.; Küpers 1999, S. 155).

Die personelle Identität der Mitarbeiter ist dabei nicht zuletzt durch ihre **Herkunft und Tradition** bestimmt. Auch die Landeskultur ist eine weitere Determinante der personellen Identität. Diese weitere Dimension der Unternehmenskultur ist insofern mit einzubeziehen, als sie über die Unternehmenskultur hinaus einen wichtigen Einfluss auf das Mitarbeiterverhalten besitzt. Dies ist insbesondere von Bedeutung bei weltweit angebotenen Dienstleistungen (vgl. Kernstock 1998, S. 224). Diese essenziellen und nicht veränderbaren Merkmale dürfen nicht in einem Spannungsfeld zur Markenidentität stehen, da andernfalls eine glaubwürdige Verkörperung der Markenidentität im direkten Kundenkontakt nicht möglich erscheint.

Die Markenidentität wird vermutlich eine große **Schnittmenge** mit der Gruppenidentität der Mitarbeiter aufweisen, angereichert um weitere, von der jeweiligen Gruppe möglicherweise unabhängige Elemente. Der Fit zwischen Gruppenidentität der Mitarbeiter und Markenidentität ist durch einen ganzheitlichen Ansatz der Unternehmensführung sicher zu stellen. Aus ressourcenorientierter Sichtweise ist das Selbstverständnis der Mitarbeiter mit den Vorstellungen, Zielen und der Unternehmensgeschichte in Einklang zu bringen. Eine in dieser Weise umfassend verstandene Markenführung unter Einbezug der Mitarbeiter beinhaltet implizit eine entsprechende Qualitätsorientierung, durch die die Qualitätskonstanz gewährleistet werden kann.

3. Bedeutung der Identitätskomponenten für Dienstleistungen

Die Markenidentität lässt sich in ihrer Ausgestaltung durch eine Betrachtung ihrer Komponenten weiter **konkretisieren**. Die Aufzählung und Diskussion dieser Komponenten kann jedoch immer nur exemplarisch erfolgen, da die einzelnen Komponenten je nach Leistungsart, Situation und Zielgruppe unterschiedlich bedeutsam sind. Im Folgenden sollen die zentralen Identitätskomponenten vor dem Hintergrund der dienstleistungsspezifischen Besonderheiten diskutiert werden. Dabei wird der Aspekt des Mitarbeiterverhaltens gegenüber dem Kunden ausgeklammert, da diese Interaktion bereits im Rahmen der unterschiedlichen miteinander interagierenden Identitäten betrachtet wurde. Der in der Literatur betonte Stellenwert der Mitarbeiterinteraktion als Identitätskomponente wird damit nicht vernachlässigt, sondern im Gegenteil an exponierter Stelle berücksichtigt.

Kern der Markenidentität ist die **Markenphilosophie**, die das grundsätzliche Leistungsversprechen der Marke gegenüber ihren Kunden wiedergibt. Auf dieser nutzenorientierten Sichtweise bauen die weiteren Komponenten der Identität auf. Die Markenphilosophie ist im gesamten Unternehmen im Rahmen eines integrierenden Prozesses zu entwickeln und zu operationalisieren.

Die Komponenten der Markenidentität lassen sich unterscheiden in Merkmale hinsichtlich des Leistungsprozesses im engeren Sinne sowie solche, die sich eher auf das Unternehmen als Leistungserbringer beziehen. Diese Einteilung aus Dienstleistungsperspektive lässt sich aus der häufig vorgenommenen Einteilung der Marke als Produkt, Symbol, Organisation und Person herleiten (vgl. Meffert 2000, S. 879; Aaker 1992). Die Interpretationen als Produkt und Symbol können zusammengefasst werden zur Marke im Leistungserstellungsprozess; Organisation und Person stellen den Bezug zum Dienstleistungsanbieter dar.

3.1 Komponenten der Markenidentität im Leistungserstellungsprozess

Die erste Gruppe von Komponenten der Markenidentität gruppiert sich um den eigentlichen Leistungserstellungsprozess (vgl. Abbildung 6).

Abbildung 6   Komponenten der Markenidentität im Leistungserstellungsprozess

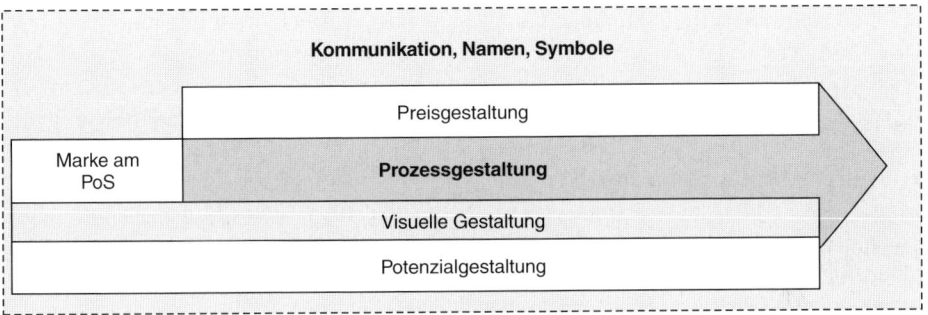

Kommunikation, Namen, Symbole

Preisgestaltung

Marke am PoS

Prozessgestaltung

Visuelle Gestaltung

Potenzialgestaltung

GABLER
GRAFIK

Zunächst steht damit die **technisch-qualitative Gestaltung der Leistungsprozesse** im Vordergrund des Interesses, die auf den Potenzialfaktoren aufbaut. Bei der Ausgestaltung der Leistungsprozesse nimmt die Frage nach dem Integrationsgrad des Kunden zunächst breiten Raum ein. Darüber hinaus sind die aus Kundenperspektive sichtbaren und unsichtbaren Prozessteile grundlegend für die Art der Leistungserstellung; hier bieten sich je nach situativem Kontext unterschiedliche Differenzierungsmöglichkeiten für Dienstleistungsunternehmen an. Der Übergang zur Innovation und damit zu neuen Dienstleistungen ist dabei fließend. Neben der Prozesskette ist die Gestaltung der Dienstleistungspotenziale der zweite Faktor in der Frage nach den Leistungsprozessen (vgl. zur Bedeutung der Umgebung als Merkmalsträger für das Selbsterleben Fischer 1993, S. 60 f.). In diesem Zusammenhang kommt insbesondere der Thematik des Kapazitätsmanagements eine hohe Bedeutung zu, da die Flexibilität sowie die Auslastung eines Dienstleistungsanbieters eng mit der Beschaffenheit seiner Kapazität verbunden sind.

Neben dem technisch-funktionalen Aspekt der Potenzialfaktoren steht ihre **visuelle Gestaltung**, der in der Markenführung ebenfalls eine hohe Bedeutung zukommt. Die immateriellen Leistungsvorteile des jeweiligen Angebots sollen mit Hilfe visueller Merkmale verdeutlicht werden. Diese Thematik wird inzwischen unter der Fragestellung Servicedesign verstärkt behandelt (vgl. Mager 1997, S. 17 ff.).

Eng damit zusammen hängen **Namen, Zeichen und Symbole**. Dem Markennamen kommt in Verbindung mit Dienstleistungen in der Literatur eine besondere Aufmerksamkeit zu, hier wird insbesondere die Notwendigkeit einer Schaffung von Fantasiemarken herausgestellt (vgl. Meffert/Bruhn 2000, S. 318; Sommer 1998, S. 43 ff.).

Auch die **Preisstellung** ist als eine leistungsbezogene Komponente der Markenidentität im Dienstleistungsbereich einzuordnen. Der Funktion des Preises als Ausschlussmöglichkeit von Konsumenten kommt im Dienstleistungsmarketing eine ähnliche Bedeutung zu wie im Sachgütermarketing. Jedoch ist der Preis gleichzeitig ein zentraler Parameter der Auslastungssteuerung, die bei größtenteils fixen Kapazitäten und einer im Zeitablauf schwankenden Nachfrage ein entscheidender Stellhebel für die Maximierung des Deckungsbeitrags darstellt (Faßnacht 1996). Die Preispolitik als Komponente der Markenidentität steht somit im Spannungsfeld zwischen der Aufrechterhaltung eines bestimmten Preisniveaus im Sinne des Markenmanagement und der notwendigen Flexibilität in der Preisbildung, die Voraussetzung für eine wirkungsvolle Auslastungssteuerung ist. Insofern lassen sich als für den Dienstleistungsbereich in den Vordergrund tretende Parameter das Preisniveau, die Preisspannen und die Komplexität des Preissystems als markentypische Komponenten im Bereich des Preises mit aufnehmen. Eng damit zusammen hängen die Fragen der Preistransparenz (Schneider 1999) und der wahrgenommenen Preisfairness (Herrmann/Wricke/Huber 2000) eines Dienstleistungsunternehmens. Darüber hinaus ergeben sich durch die notwendige Integration des Kunden weitere Möglichkeiten einer Exklusion bestimmter Nachfrager. Dies betrifft nicht nur den durch das anbietende Unternehmen veranlassten Ausschluss potenzieller Nachfrager, sondern vor allem die auf zeitlichen Inflexibilitäten der Nachfrager beruhende Selbstselektion (Schleusener 2001).

Eine weitere Komponente der Markenidentität bildet die **Kommunikation** für die entsprechende Marke, die von allen hier thematisierten Identitätskomponenten diejenige mit der empirisch größten Varianz darstellt. Durch den zentralen Stellenwert dienstleistungsspezifischer Sachverhalte wie der Immaterialität und der damit verbundenen Unsicherheitsproblematik aus informationsökonomischer Sichtweise fällt es offensichtlich einer Reihe von Unternehmen schwer, sich und ihre Leistungen durch kommunikationspolitische Maßnahmen ausreichend im Wettbewerb zu differenzieren und damit letztlich ihren Marken entsprechende Konturen zu verleihen (Richter/Werner 1998). Auch wenn die Forderung nach Kontinuität letztlich ebenfalls für die Kommunikation der Marke gilt, so handelt es sich doch um dasjenige akzidenzielle Merkmal der Markenidentität, das am ehesten für Variationen zur Verfügung steht.

Eine letzte leistungsbezogene Identitätskomponente soll mit der **Markenpräsentation am Point of Sale (PoS)** aufgegriffen werden. Fallen bei bestimmten Dienstleistungen die Distribution und die Leistungserstellung nicht ohnehin zusammen, so werden häufig Anrechte auf die Nutzung der Dienstleistung distribuiert, beispielsweise im Luftverkehr, wenn mit dem Ticket das Recht auf die Inanspruchnahme eines Fluges verkauft wird. Die Marke muss in diesem Fall nicht nur bei der Leistungserstellung an sich präsent sein, sondern bereits bei der Distribution der Anrechte bilden die Verkaufsstellen eine Komponente der Markenidentität. Dies ist insbesondere deshalb von hoher Bedeutung, da der erste Kontakt des Kunden mit der Marke in der Regel im Rahmen dieser Verkaufsstellen stattfindet und damit die Wahrnehmung und die Erwartungen an die Marke zu diesem Zeitpunkt entstehen. Es muss demnach eine Konsistenz zwischen der Gestaltung des Markenauftritts am PoS sowie der Gestaltung der Leistungsprozesse und Potenzialfaktoren im Rahmen der eigentlichen Leistungserstellung gewährleistet sein. Dies ist dann mit besonderen Herausforderungen verbunden, wenn die Einflussnahme des Dienstleistungsanbieters auf die Distributionsstellen nur begrenzt ist.

3.2 Anbieterbezogene Komponenten der Markenidentität

Im Folgenden sollen die Identitätskomponenten diskutiert werden, die sich primär auf das Dienstleistungsunternehmen als Anbieter beziehen und nicht direkt mit der Einzelleistung in Verbindung stehen (vgl. Abbildung 7).

Abbildung 7   **Anbieterbezogene Komponenten der Markenidentität**

Unternehmensbezogene Komponenten

| Marken-historie | Markt-eintrittszeit-punkt | Unter-nehmens-zugehörig-keit | Branchen-zugehörig-keit | Kultureller und geo-graphischer Hintergrund |

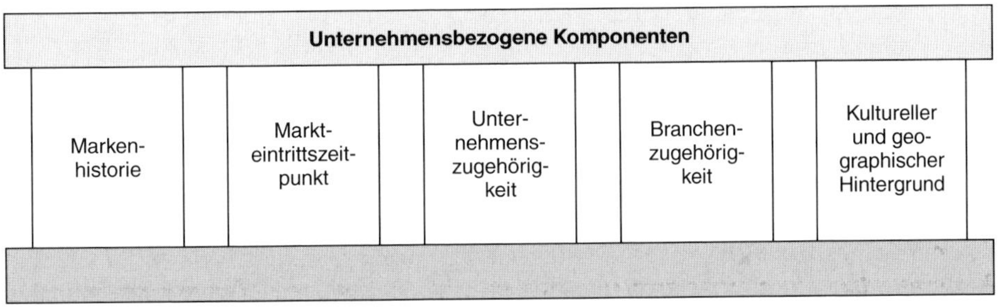

GABLER
GRAFIK

Im schnelllebigen Dienstleistungsbereich spielt die **Markenhistorie** als zeitlicher Ursprung und Orientierungsanker eine besondere Rolle. Die Kontinuität der Unternehmensführung im Zeitablauf ist ein Mittel, um eine bestimmte Reputation als vertrauensbildende Maßnahme aufzubauen. Aus agententheoretischer Sicht stellt die Reputation, die durch enttäuschte Nachfrager zerstörbar ist, ein Pfand in Händen der Nachfrager dar (vgl. Jacob 1995, S. 213). Gleichzeitig bietet sie einen Orientierungsanker im Hinblick auf das zukünftige Verhalten des Unternehmens und damit eine Möglichkeit zur Reduktion von nachfragerseitig wahrgenommenen Risiken. Einen weiteren Aspekt stellt die Vertrautheit der Nachfrager mit Marken dar, die sie möglicherweise seit ihrer Kindheit kennen.

Mit der Markenhistorie verbunden ist die Frage nach dem **Markteintrittszeitpunkt** des Anbieters. Zum einen lässt sich hier wiederum der enge Zusammenhang zum Vertrauen gegenüber diesem Anbieter anführen, doch sollte vor allem die Option des Markteintritts als Pionier im Vordergrund stehen. Dem Pionier kann es gelingen, die Kompetenz in einem spezifischen Dienstleistungsbereich glaubhaft zu besetzen und damit eine enge Verbindung zwischen seiner Marke und der Leistungskategorie zu schaffen. Diesem Punkt kommt insbesondere auf Grund der schnellen Imitationsmöglichkeiten im Dienstleistungsmanagement eine besondere Bedeutung zu, wie bereits im Hinblick auf die strategische Positionierung ausgeführt wurde.

Ein weiterer, im Dienstleistungsbereich auf Grund der Vertrauenseigenschaften sowie der notwendigen Leistungsfähigkeit des Anbieters bedeutender Punkt ist die **Unternehmenszugehörigkeit**. So kann beispielsweise Finanzdienstleistungsanbietern, die im Unternehmensverbund mit potenten Partnern auftreten, eine hohe Glaubwürdigkeit im Hinblick auf ihre finanzielle Leistungsfähigkeit und damit Sicherheit zugeordnet werden. Insbesondere im Hinblick auf unternehmensinterne Zielgruppen wie die Mitarbeiter spielt diese Komponente möglicherweise eine noch größere Rolle. So hängt das Zusammengehörigkeitsgefühl bei Mitarbeitern in Konzernunternehmen einerseits von der Markenidentität ab, andererseits wird diese auch darüber geprägt. Damit stellt sich die Frage nach einer einheitlichen Servicekultur in allen Unternehmenseinheiten, die aus Sicht der Nachfrager zu einem Unternehmen gehören.

Die **Branchenzugehörigkeit** spielt insbesondere dann eine wichtige Rolle, wenn ein Markentransfer aus einer anderen Dienstleistungs- oder Sachgüterbranche vorgenommen wurde (Sattler 1998). Ein Beispiel von Sachgütern und Dienstleistungen stellen die Zigarettenmarke Marlboro und Marlboro Reisen dar, bei denen trotz unterschiedlicher Branchen die Freiheits- und Abenteuerkomponente der Marke Marlboro die Klammer bildet und letztlich auch das Dienstleistungsangebot entscheidend prägt. Da eine Zigarettenmarke aus dem Sachgüterbereich jedoch nicht notwendigerweise über die Kompetenz zur Veranstaltung von Reisen verfügt, da sie aus einem ganz anderen Branchenkontext kommt, stellt sich die Frage nach möglichen Kooperationspartnern. In der Wahrnehmung der Nachfrager könnten diese die entsprechende Komponente der Identität der Zigarettenmarke kompensieren.

Schließlich ist noch der Aspekt der **kulturellen und geographischen Verankerung** anzusprechen. Die kulturelle Verankerung der Marke führt wie im Sachgüterbereich zu einer Assoziation bestimmter Werte und Normen mit dem Ursprungsland des Dienstleistungsanbieters. Damit ist gleichermaßen die Problematik einer Internationalisierung von Dienstleistungsanbietern angesprochen (Knight 1999). Bei Dienstleistungen, die standortgebunden im Ausland erbracht werden und mit einer Kunden-Mitarbeiter Interaktion verbunden sind, entsteht die Notwendigkeit einer Integration des nationalen Kundenkontaktpersonals in die Markenführung des Dienstleistungsanbieters. Ist es Teil der Identität einer Marke, mit einem einheitlichen kulturellen Hintergrund international aufzutreten, stellt sich die Frage nach der Vereinbarkeit der kulturellen Besonderheiten des Gastlandes mit der Markenidentität. Eine Tendenz im Hinblick auf die Entkopplung der Marke von einer bestimmten Ursprungsregion ist mit der Entwicklung der „Made-by"-Bezeichnung im Gegensatz zum „Made in" festzustellen.

Die genannten Komponenten der Markenidentität bilden notwendigerweise den Ausgangspunkt für eine managementorientierte Ableitung von Handlungsempfehlungen.

4. Besonderheiten im Management der Identität von Dienstleistungsmarken

Grundlegende Aufgaben des Markenmanagement im Rahmen der identitätsorientierten Markenführung sind die Schaffung einer eigenständigen Markenpersönlichkeit mit einer integrierten Gestaltung aller Identitätskomponenten sowie die Sicherstellung des Fits von Selbst- und Fremdbild. Im Folgenden soll nicht mehr auf den generellen Managementprozess zur Steuerung der Markenidentität eingegangen werden, sondern einige wesentliche Besonderheiten im Management der identitätsorientierten Markenführung bei Dienstleistungen aufgezeigt werden. So wie bereits die einzelnen Komponenten der Markenidentität aus spezifischer Dienstleistungsperspektive diskutiert wurden, so ist der **Gestaltungsspielraum** einzelner Komponenten der Markenidentität unterschiedlich (vgl. Kapferer 1992, S. 111). Auch im Dienstleistungsbereich gilt, dass die konsistente Führung der Markenidentität mit einer Zunahme zu variierender Komponenten schwieriger wird. Dabei liegen nach der vorstehend vorgenommenen Einteilung die größeren Änderungspotenziale bei den Komponenten des Leistungserstellungsprozesses. Unverzichtbar ist grundsätzlich die laufende Überprüfung von Selbst- und Fremdbild, die durch Implementierung eines entsprechend ausgerichteten Controllingsystems unterstützt werden kann (vgl. Broderick 1998, S. 353; Fischer 2000; Koers 2001).

Im Folgenden soll demnach lediglich auf besondere Herausforderungen im Management der mitarbeiterbezogenen Aspekte sowie der Herausforderungen im Rahmen der Kundenintegration eingegangen werden.

4.1 Mitarbeiteraspekte im Management der Markenführung

Grundlegend für die Führung der Mitarbeiter und insbesondere des Kundenkontaktpersonals im Rahmen der identitätsorientierten Markenführung ist die Gestaltung von **Unternehmenskultur** (vgl. Meffert 1998), **Organisation** sowie der **Unternehmenssysteme** (vgl. Nerdinger 1994, S. 306 ff.; Küpers 1999, S. 144 ff.). Diese wesentlichen Teilbereiche sind im Zusammenhang mit dem Verhalten der Führungskräfte durch das Top-Management zu gestalten und zu einer integrierten Unternehmensidentität weiterzuentwickeln (vgl. Meffert/Bruhn 2000, S. 505 ff.). Die gelebte Unternehmensidentität bedingt als wesentlicher Bestimmungsfaktor die Gruppenidentität der Mitarbeiter und bietet über ihre Gestaltungsmöglichkeit einen Ansatzpunkt zu deren Steuerung. Insofern ist die Unternehmensidentität zentraler Ausgangspunkt für die weiteren Überlegungen im Zusammenhang mit Fragen des Identitätsmanagements und somit aus unternehmensstrategischer Perspektive festzulegen.

Im Hinblick auf die weitere Konkretisierung der Mitarbeiterführung, die auch im Sinne des internen Marketing diskutiert wird (vgl. Nerdinger 1994, S. 266 ff.; Bruhn 1999), sollen die Teilbereiche der Personalauswahl sowie die Personalentwicklung betrachtet werden.

Für die **Personalauswahl** ergeben sich zentrale Implikationen aus dem identitätsorientierten Ansatz der Markenführung (Nerdinger 1994, S. 277 ff.; Gebert/von Rosenstiel 1996, S. 213 ff.). Im Mittelpunkt der Betrachtung steht dabei zum einen die Unternehmens- und die Markenidentität, zum anderen die Identität des neu einzustellenden Mitarbeiters (vgl. Crisand 1990, S. 51). Es liegt auf der Hand, dass in diesem Zusammenhang die zentrale Bedingung in einer Komplementarität von Markenidentität und Identität des potenziellen Mitarbeiters besteht. Ohne Übereinstimmung in den essenziellen Merkmalen kann der Mitarbeiter die Markenidentität gegenüber dem Kunden nicht erkennbar werden lassen, da er sich ständig im Widerspruch zu seinem eigenen Selbst-Konzept befinden würde (vgl. Fischer 1993, S. 57 ff.). Eine Adaption und Vermittlung der zentralen Werte der Marke kann so nicht erfolgen, sodass schließlich der Fit zwischen wahrgenommenem Image sowie der Identität der Marke nicht besser, sondern eher schlechter wird. Darüber hinaus sollte der neue Mitarbeiter durch die ihm eigenen Besonderheiten möglichst einen Beitrag zur dynamischen Weiterentwicklung der Markenidentität leisten können. Es ist nicht das Ziel, ausschließlich „stromlinienförmige" Mitarbeiter zu beschäftigen, sondern durch neue Merkmale der zukünftigen Mitarbeiter eine kontinuierliche Veränderung der Markenidentität zu erreichen.

Aus diesem Gedanken heraus kommt nach der Personalauswahl der **Integration des neuen Mitarbeiters** in die Gruppe sowie die Markenidentität eine ähnlich hohe Bedeutung zu (vgl. Fischer/Wiswede 1997, S. 547 ff.; Nerdinger 1994, S. 289 ff.). Dieser Adaptionsprozess ist vor dem Hintergrund der Ausführungen zur Personalauswahl so zu gestalten, dass zwar die einheitliche Identität der Marke kommuniziert und weitervermittelt wird, darüber hinaus jedoch auch die neuen Impulse, die der potenzielle Mitarbeiter der Marke möglicherweise geben kann, nicht verloren gehen, sondern erkannt und gefördert werden (vgl. Gebert/von Rosenstiel 1996, S. 88 ff. sowie zum responsiv-organisationalen Lernen der Dienstleistungsorganisation Küpers 1999, S. 207 ff.). Dies stellt eine besondere Herausforderung an das Management und die Personalführung dar, da neben die Bewahrung des Bestehenden noch das Erkennen neuer, bislang unbekannter Entwicklungsmöglichkeiten tritt.

Schließlich ist die **Personalentwicklung** in den aufgespannten Rahmen einzuordnen (vgl. Broderick 1998, S. 353). So sind die bereits im Rahmen der Integration neuer Mitarbeiter genannten Aspekte im Laufe der Unternehmenszugehörigkeit weiter zu vertiefen und das Spannungsfeld zwischen der Adaption von Neuem und der Bewahrung bewährter Elemente der Markenführung ist bestmöglich auszufüllen (Nerdinger 1994, S. 295 ff.).

4.2 Markenorientierte Gestaltung des Kundenzugangs und der Mitarbeiterinteraktion in der Dienstleistungserstellungsphase

Die bei vielen Dienstleistungen anzutreffende Problematik der Kundenintegration in den Leistungserstellungsprozess und der damit verbundenen Diskussion eines Fits der Mitarbeiter- bzw. Gruppenidentität mit der Kundenidentität führt bei der operativen Ausgestaltung des Kundenzugangs sowie der Mitarbeiterinteraktion mit dem Nachfrager zu entsprechenden Implikationen.

Die strategische Ausrichtung des Gesamtunternehmens sollte aus Perspektive der identitätsorientierten Markenführung zunächst berücksichtigen, welche **Kundensegmente** zur Markenidentität im Hinblick auf die notwendige Kundenintegration in den Leistungserstellungsprozess passen (vgl. zum Stil Küpers 1999, S. 202 ff.). So kann durch eine Vernachlässigung dieser Aspekte die Attraktivität einer Dienstleistungsmarke entscheidend beeinträchtigt werden, wenn Nachfrager bestimmter Segmente entgegen ihrer Erwartung nicht die gewohnten Konsumenten antreffen. Beispielsweise könnte dies der Fall sein, wenn ein Luxushotel aus Gründen der Auslastungssteigerung Pauschaltouristen niedrigerer Preisklassen aufnehmen und die bisherige distinguierte Klientel verlieren würde.

In der Frage des **Kundenzugangs** ist zunächst zu entscheiden, ob der Kundenzugang auf Basis einer Selbstselektion der Nachfrager, beispielsweise nach Preisbereitschaften, erfolgen soll, oder ob der Anbieter aktiv eine Auswahl der Kunden vornimmt. Ein Beispiel für eine solche Vorgehensweise ist das Vorschreiben einer verbindlichen Kleiderordnung (beispielsweise für den Einlass in ein Casino) oder die Beschränkung des Zugangs auf Mitglieder. Dies führen Fluggesellschaften durch, die den Zugang zu hochwertigen Wartebereichen (Lounges) auf die Inhaber bestimmter Statuskarten einschränken. Eine andere Form des eingeschränkten Kundenzugangs kann durch die Konzentration auf ausgewählte Vertriebskanäle erfolgen. Doch selbst die genannten Vorgehensweisen sind davon abhängig, dass sich operationalisierbare Indikatoren für die Kundenidentitäten finden lassen.

Eine identitätsorientierte Markenführung im Dienstleistungserstellungsprozess und damit in der Interaktion zwischen Unternehmensmitarbeiter und Kunde ist grundsätzlich nur bei einem hohen Fit zwischen der Markenidentität und der Mitarbeiteridentität zu gewährleisten. Der Prozess der Leistungserstellung ist darüber hinaus so anzulegen, dass die zentralen Werte der Marke und die Komponenten der Markenidentität adäquat berücksichtigt werden. Doch auf Grund der Heterogenität des externen Faktors lässt sich die Leistungserstellung in vielen Fällen nur bedingt standardisieren. Vielmehr müssen die Mitarbeiter flexibel reagieren und den Erstellungsprozess an die spezifischen Bedürfnisse des Kunden anpassen. Zu diesem Zweck müssen die Mitarbeiter über eigene **Kompetenzen** verfügen, den Leistungsprozess im Rahmen eines Empowerments teilweise eigenverantwortlich zu gestalten und insbesondere beim Auftreten von Qualitätsproblemen über die Möglichkeit zu einer flexiblen Kompensation des Kunden zu verfügen (vgl.

Nerdinger 1994, S. 270 ff.; Gebert/von Rosenstiel 1996, S. 89). Den Rahmen für ein solches eigenverantwortliches Handeln bildet die Markenidentität, doch die Operationalisierung in Form konkreter Mitarbeiteranweisungen fällt besonders schwer. Daher ist ein umfassendes Verständnis und die Verinnerlichung der Facetten der Markenidentität eine notwendige Grundlage für ein eigenverantwortliches Handeln der Mitarbeiter.

5. Fazit

Mit den vorhergehenden Ausführungen konnte gezeigt werden, dass sich das Konzept der identitätsorientierten Markenführung auch und insbesondere für das Markenmanagement von Dienstleistungsunternehmen anbietet. Ausschlaggebend dafür ist die hohe Bedeutung der unmittelbaren Persönlichkeitskomponente sowohl im Hinblick auf das Kundenkontaktpersonal von Dienstleistungsanbietern als auch unter Berücksichtigung der Persönlichkeitsmerkmale der Nachfrager. Da das Identitätskonstrukt in der sozialwissenschaftlichen Literatur subjekt- und nicht objektbezogen ist, ist der Transfer von bestehenden Erkenntnissen der identitätsorientierten Markenführung tendenziell sogar einfacher als im Sachgütermarketing. Deutlich wurde die starke Verzahnung von Ich-Identität der Mitarbeiter, der Gruppenidentität und der Markenidentität. Hinzu kommt bei Integration des Kunden in den Leistungserstellungsprozess die Berücksichtigung der Ich-Identität des Kunden, die teilweise einen erheblichen Einfluss auf die Wahrnehmung der Dienstleistungsmarke ausüben kann. Den einzelnen Komponenten der Markenidentität kommt dabei im Dienstleistungsbereich eine teilweise vom Sachgüterbereich abweichende Bedeutung zu.

Schließlich ergeben sich neben den bekannten Managementanforderungen im Rahmen der identitätsorientierten Markenführung weitere Besonderheiten insbesondere im Hinblick auf die Mitarbeiterführung sowie die Integration von Kunden in die Leistungserstellungsprozesse. Diesen ist sowohl aus strategischer Perspektive in der Ausgestaltung der Unternehmenskultur als auch in operativer Hinsicht über Personalauswahl und -entwicklung Rechnung zu tragen.

Die in diesem Beitrag herausgestellten Möglichkeiten einer Übertragung des Konzeptes sowie der dabei zu berücksichtigenden Besonderheiten sind in der weiteren Forschung zur Markenführung im Dienstleistungsbereich zu konkretisieren und zu untersuchen. Dabei scheint die Bedeutung der identitätsorientierten Markenführung gerade für personenbezogene Dienstleistungen deutlich geworden zu sein.

Für die zukünftige Bedeutung des Konzeptes zur Erklärung und als Managementansatz in der Markenführung ist die Rolle persönlicher Dienstleistungen ausschlaggebend. So lässt sich im Bereich internetbasierter Marken die bei persönlicher Kunden-Mitarbeiter-Interaktion zielführende Argumentation nicht direkt übertragen, da die Interaktion zwischen Anbieter und Nachfrager definitionsgemäß fast ausschließlich über elektronische Medien erfolgt (Wymbs 2000; Albers/Becker 2001). Trotz der Entwicklungen im elektronischen und automatisierten Dienstleistungsangebot werden die besonders werthaltigen und damit auch aus Renditegesichtspunkten interessanten Transaktionen weiterhin eine starke persönliche Komponente aufweisen, sodass die Überlegungen der identitätsorientierten Markenführung auch in Zukunft eine hohe Relevanz besitzen (vgl. hier auch den Beitrag von Bongartz zur Markenführung im Kontext des Electronic Commerce in diesem Band).

Literatur

Aaker, D. A., Management des Markenwertes, Frankfurt 1992.

Adler, J., Informationsökonomische Fundierung von Austauschprozessen im Marketing, Arbeitspapier zur Marketingtheorie Nr. 3, Hrsg. Rolf Weiber, 1994.

Albers, S., Becker, U., Funktionen des E-Commerce für Dienstleistungsunternehmen, in: Bruhn, M., Meffert, H. (Hrsg.), Handbuch Dienstleistungsmanagement, 3. Aufl., Wiesbaden 2001, S. 343–360.

Belz, C., Agile Markenführung, in: Tomczak, T., Schögel, M., Ludwig, E. (Hrsg.), Markenmanagement für Dienstleistungen, St. Gallen 1998, S. 38–47.

Broderick, A., Role theory, role management and service performance, in: Journal of Services Marketing, Vol. 12, No. 5, 1998, pp. 348–361.

Bruhn, M., Internes Marketing: Integration der Kunden- und Mitarbeiterorientierung. Grundlagen, Implementierung, Praxisbeispiele, 2. Aufl., Wiesbaden 1999.

Bruhn, M., Die zunehmende Bedeutung von Dienstleistungsmarken, in: Köhler, R., Majer, W., Wiezorek, H. (Hrsg.), Erfolgsfaktor Marke, München 2001, S. 213–225.

Bruhn, M., Stauss, B. (Hrsg.), Dienstleistungsqualität. Konzepte, Methoden, Erfahrungen, 3. Aufl., Wiesbaden 2000.

Corsten, H., Der Integrationsgrad des externen Faktors als Gestaltungsparameter in Dienstleistungsunternehmungen – Voraussetzungen und Möglichkeiten der Externalisierung und Internalisierung, in: Bruhn, M., Stauss, B. (Hrsg.), Dienstleistungsqualität, 3. Aufl., Wiesbaden 1999, S. 145–168.

Crisand, E., Psychologie der Persönlichkeit, 5. Aufl., Heidelberg 1990.

Engelhardt, W. H., Kleinaltenkamp, M., Reckenfelderbäumer, M., Leistungsbündel als Absatzobjekte, in: Zeitschrift für betriebswirtschaftliche Forschung, 45. Jg, Heft 5, 1993, S. 395–426.

Epstein, S., Entwurf einer Integrativen Persönlichkeitstheorie, in: Filipp, S.-H. (Hrsg.), Selbstkonzept-Forschung, 3. Aufl., Stuttgart 1993, S. 15–45.

Erlhoff, M., Transformationen, in: Erlhoff, M., Mager, B., Manzini, E. (Hrsg.), Dienstleistung braucht Design, Neuwied 1997, S. 21–46.

Faßnacht, M., Preisdifferenzierung bei Dienstleistungen. Implementierungsformen und Determinanten, Wiesbaden 1996.

Fischer, L., Wiswede, G., Grundlagen der Sozialpsychologie, München, Wien 1997.

Fischer, M., Phänomenologische Analysen der Person-Umwelt-Beziehung, in: Filipp, S.-H. (Hrsg.), Selbstkonzept-Forschung, 3. Aufl., Stuttgart 1993, S. 47–66.

Fischer, R., Dienstleistungs-Controlling. Grundlagen und Anwendungen, Wiesbaden 2000.

Frey, H. P., Haußer, K., Entwicklungslinien sozialwissenschaftlicher Identitätsforschung, in: Frey, H. P., Haußer, K. (Hrsg.), Identität. Entwicklungslinien psychologischer und soziologischer Forschung, Stuttgart 1987, S. 3–26.

Gebert, D., von Rosenstiel, L., Organisationspsychologie, 4. Aufl., Stuttgart 1996.

Gummesson, E., Total relationship marketing. From the 4 Ps – product, price, promotion, place – of traditional marketing management to the 30Rs – the thirty relationships – of the new marketing paradigm, Oxford u. a. 2000.

Herrmann, A., Wricke, M., Huber, F., Kundenzufriedenheit durch Preisfairness, in: Marketing ZFP, 22. Jg., Heft 2, 2000, S. 131–143.

Heskett, J. L., Sasser, W. E., Schlesinger, L. A., The service profit chain: how leading companies link profit and growth to loyalty, satisfaction, and value, New York u. a. 1997.

Jacob, F., Produktindividualisierung als spezielle Form des Dienstleistungsmarketing im Business-to-Business-Bereich, in: Kleinaltenkamp, M. u. a. (Hrsg.), Dienstleistungsmarketing, Wiesbaden 1995.

Kapferer, J. N., Die Marke – Kapitel des Unternehmens, Landsberg/Lech 1992.

Kernstock, J., Meta-Marke STAR ALLIANCE – eine neue Herausforderung für das Markenmanagement, in: Tomczak, T., Schögel, M., Ludwig, E. (Hrsg.), Markenmanagement für Dienstleistungen, St. Gallen 1998, S. 222–230.

Knight, G., International services marketing: review of research, 1980–1998, in: Journal of Services Marketing, Vol. 13, No. 4/5, 1999, pp. 347–360.

Koers, M., Steuerung von Markenportfolios. Ein Beitrag zum Mehrmarkencontrolling am Beispiel der Automobilwirtschaft, Frankfurt/M. 2001.

Küpers, W., Phänomenologie der Dienstleistungsqualität, Wiesbaden 1999.

Lehmann, A. P., Qualität und Produktivität im Dienstleistungsmanagement. Strategische Handlungsfelder im Versicherungs- und Finanzdienstleistungswettbewerb, Wiesbaden 1998.

Lemmink, J., Mattson, J., Warmth during Non-Productive Retail Encounters: The Hidden Side of Productivity, in: International Journal of Research in Marketing, Vol. 15, No. 5, 1997.

Ludwig, E., Management von Markensystemen am Beispiel von Tourismusunternehmen, Dissertation an der Universität St. Gallen 2001.

Mager, B., Service macht Karriere, in: Erlhoff, M., Mager, B., Manzini, E. (Hrsg.), Dienstleistung braucht Design, Neuwied u. a. 1997, S. 3–20.

Meffert, H., Dienstleistungsphilosophie und -kultur, in: Meyer, A. (Hrsg.), Handbuch Dienstleistungsmarketing, Stuttgart 1998, S. 121–138.

Meffert, H., Marketing. Grundlagen marktorientierter Unternehmensführung. Konzepte, Instrumente, Praxisbeispiele, 9. Aufl., Wiesbaden 2000.

Meffert, H., Bruhn, M., Dienstleistungsmarketing. Grundlagen – Konzepte – Methoden, 3. Aufl., Wiesbaden 2000.

Meffert, H., Burmann, C., Identitätsorientierte Markenführung – Grundlagen für das Management von Markenportfolios, Arbeitspapier Nr. 100 der Wissenschaftlichen Gesellschaft für Marketing und Unternehmensführung e. V., Meffert, H., Wagner, H., Backhaus, K. (Hrsg.), Münster 1996.

Meyer, A., Blümelhuber, C., Pfeiffer, M., Der Kunde als Co-Produzent und Co-Designer – oder: die Bedeutung der Kundenintegration für die Qualitätspolitik von Dienstleistungsanbietern, in: Bruhn, M., Stauss, B. (Hrsg.), Dienstleistungsqualität, 3. Aufl., Wiesbaden 1999, S. 49–70.

Meyer, A., Maier, M., Markenpolitik für Banken – Einige Anregungen und Beispiele, in: Tomczak, T., Schögel, M., Ludwig, E. (Hrsg.), Markenmanagement für Dienstleistungen, St. Gallen 1998, S. 78–92.

Nerdinger, F., Zur Psychologie der Dienstleistung, Stuttgart 1994.

Oelsnitz, D.v.d., Dienstleistungsmarken: Konzepte und Möglichkeiten einer markengestützten Serviceprofilierung, in: Jahrbuch der Absatz- und Verbrauchsforschung, 43. Jg., Nr. 1, 1997, S. 66–89.

Pascual, G. O., Marken – und insbesondere Dienstleistungsmarken – aus rechtlicher Sicht, in: Tomczak, T., Schögel, M., Ludwig, E. (Hrsg.), Markenmanagement für Dienstleistungen, St. Gallen 1998, S. 148–160.

Richter, M., Werner, G., Marken im Bereich Dienstleistungen: Gibt es das überhaupt?, in: Tomczak, T., Schögel, M., Ludwig, E. (Hrsg.), Markenmanagement für Dienstleistungen, St. Gallen 1998, S. 24–35.

Sattler, H., Markentransfers bei Dienstleistungen, in: Tomczak, T., Schögel, M., Ludwig, E. (Hrsg.), Markenmanagement für Dienstleistungen, St. Gallen 1998, S. 134–146.

Schein, E. H., Organizational Culture and Leadership, San Francisco 1985.

Schleusener, M., Wettbewerbsorientierte Nutzenpreise. Preisbestimmung bei substituierbaren Verkehrsdienstleistungen, Wiesbaden 2001.

Schneider, H., Preisbeurteilung als Determinante der Verkehrsmittelwahl. Ein Beitrag zum Preismanagement im Verkehrsdienstleistungsbereich, Wiesbaden 1999.

Simon, H., Homburg, Ch. (Hrsg.), Kundenzufriedenheit. Konzepte, Methoden, Erfahrungen, 3. Aufl., Wiesbaden 1998.

Sommer, R., Psychologie der Marke, Frankfurt/M. 1998.

Statistisches Bundesamt, Bruttowertschöpfung der Unternehmen und Erwerbstätige im Inland nach Wirtschaftsbereichen, Fachserie 18, Reihe 1.3, Wiesbaden 2000.

Stauss, B., Markierungspolitik bei Dienstleistungen – Die „Dienstleistungsmarke", in: Bruhn, M., Meffert, H. (Hrsg.), Handbuch Dienstleistungsmanagement, 3. Aufl., Wiesbaden 2001, S. 471–493.

Tomczak, T., Markenführung bei Dienstleistungen aus Sicht der Wissenschaft, in: Meffert, H., Backhaus, K., Becker, J. (Hrsg.), Markenführung bei Dienstleistungen, Dokumentationspapier Nr. 129 der Wissenschaftlichen Gesellschaft für Marketing und Unternehmensführung e. V., Münster 1999, S. 5–12.

Tomczak, T., Brockdorff, B., Bedeutung und Besonderheiten des Markenmanagements für Dienstleistungen, in: Belz, C., Bieger, T. (Hrsg.), Dienstleistungskompetenz und innovative Geschäftsmodelle, St. Gallen 2000, S. 486–502.

Tomczak, T., Ludwig, E., Strategische Markenführung für Dienstleistungen, in: Tomczak, T., Schögel, M., Ludwig, E. (Hrsg.), Markenmanagement für Dienstleistungen, St. Gallen 1998, S. 48–65.

Wymbs, C., How e-commerce is transforming and internationalizing service industries, in: Journal of Services Marketing, Vol. 14, No. 6, 2000, pp. 463–478.

Identitätsorientierte Führung von Handelsmarken

Heribert Meffert und Christoph Burmann

1. Herausforderungen an Marken aus Hersteller- und Handelsperspektive

1.1 Herausforderungen an Herstellermarken

Im Gegensatz zu „Markenenthusiasten" lassen „Markenskeptiker" zuweilen Zweifel an der Kaufverhaltensrelevanz von Marken aufkommen. Diese Zweifel basieren vor allem auf folgenden Entwicklungen:

1. Ein oberflächliches Markenverständnis hat in vielen Warengruppen zu einer **Markeninflation** geführt. Die Zahl der beim deutschen Patent- und Markenamt neu angemeldeten Marken hat sich in den letzten 10 Jahren um nahezu 250 Prozent erhöht (vgl. in diesem Zusammenhang auch den Beitrag zu den markt- und unternehmensbezogenen Herausforderungen an die Markenführung in diesem Band). Bei vielen neu eingeführten Marken handelt es sich jedoch lediglich um Pseudo-Marken, die als „me-too"-Produkte dem Kunden keinen eigenständigen Nutzen offerieren.

2. Die Markeninflation in Verbindung mit höheren Verbraucheransprüchen hinsichtlich der Auswahlmöglichkeiten in einer Einkaufsstätte hat **im Handel** zu einem starken **Wachstum des Sortimentumfangs** geführt. Angesicht begrenzter Regalflächen und rückläufiger Flächenproduktivitäten versucht der Handel, einer wachsenden Sortimentsbreite durch Verkürzung der Sortimentstiefe zu begegnen. Dies führt zu einem **hohen Auslistungsdruck** insbesondere für die dritt- und viertplazierten Herstellermarken innerhalb einer Warengruppe.

3. Die starke Zunahme von Markenfamilien-, Dachmarken- und Imagetransferstrategien führt oft zu einer **Verwässerung** ursprünglich **klar fokussierter Markenkonzeptionen**. So entfielen 1994 von den 20.000 neuen LEH-Marken in den USA knapp 10.000 auf sog. „line extensions" bereits eingeführter Marken (Quelch/Harding 1996). Dieser Anteil hat sich seitdem zu Gunsten von „line-extensions" weiter erhöht.

4. Am **Verhältnis Hersteller- zu Handelsmarken** wird deutlich, dass Herstellermarken seit langem in vielen Produktfeldern gegenüber Handelsmarken an Marktanteilen verlieren. Die GfK beobachtet seit 1975 im Haushaltspanel einen Warenkorb von 17 Warengruppen für Güter des täglichen Bedarfs. Im Jahre 1979 hatte Aldi einen durchschnittlichen mengenbezogenen Marktanteil von 8,5 Prozent, der Anteil der sonstigen Handelsmarken lag bei 5,1 Prozent. Die Herstellermarken konnten folglich noch 86,4 Prozent des Marktes auf sich vereinen. Nach Jahren kontinuierlicher Annäherung haben Handelsmarken und Marken des Discounters Aldi in 2000 erstmals die marktführenden Produkte in den beobachteten Warengruppen überflügelt (vgl. GfK Panel Services Consumer Research 2001) und eroberten einen Marktanteil von zusammen 23,2 Prozent (vgl. Abbildung 1).

| **Abbildung 1** | **Marktführer versus Handelsmarken/Aldi** |

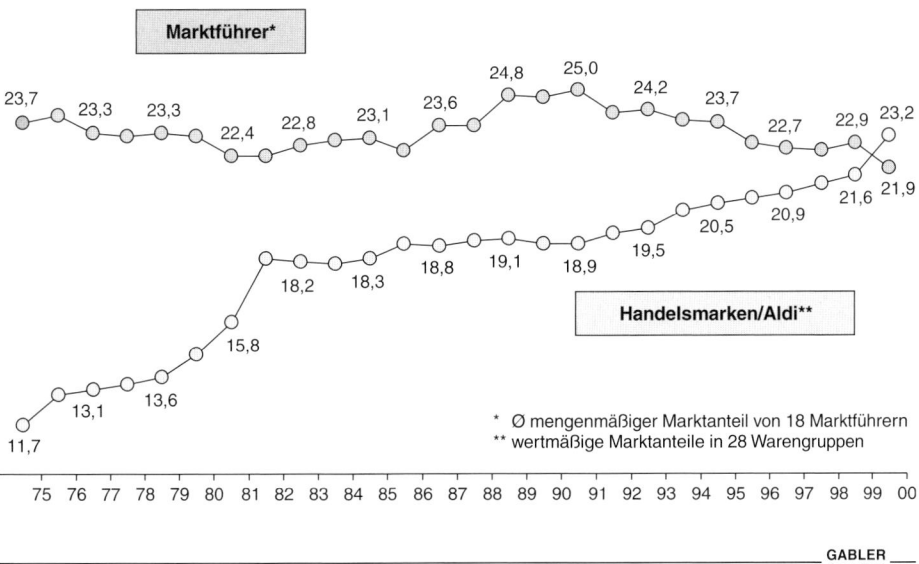

Quelle: GfK Panel Services Consumer Research 2001

5. Das Vordringen von Handelsmarken in einzelnen Warengruppen hat zur Folge, dass die Konsumenten immer weniger bereit sind, für Herstellermarken einen **Preisaufschlag** von bis zu 100 Prozent zu akzeptieren. Schwach profilierte Herstellermarken und die hohe technisch-objektive Produkthomogenität haben dazu geführt, dass dem Institutionenvertrauen gegenüber dem Markeninhaber im Vergleich zu dem am Produkt orientierten Sachvertrauen beim Markenkauf heute eine stark wachsende Bedeutung zukommt. Diese Entwicklung machen sich Handelsunternehmen zu Nutze, indem sie ihren Firmennamen als Garantie- und Dachmarke zu profilieren versuchen.

6. Das **verkürzte Verständnis von Markenführung** bei vielen Produktmanagern hat ebenfalls zu einem Ansehensverlust der Herstellermarken geführt. Geprägt von einem analytisch-mechanistischen Denken und dem Streben nach kurzfristigen Erfolgen beschränkt sich die Markenführung in vielen Fällen lediglich auf die Steigerung des Bekanntheitsgrades und die kurzfristige Beeinflussung einzelner Imagemerkmale.

7. Die **Hast nach neuen Management-Moden** (Kieser 1996), die in immer kürzeren Zyklen zum „Paradigma" erhoben werden, in Verbindung mit ausufernden Konditionensystemen und -verhandlungen (Steffenhagen 1995), hat die strategisch und ganzheitlich ausgerichtete Führung von Herstellermarken in den Hintergrund treten lassen.

8. Schließlich hat der Versuch zahlreicher Stromhersteller und anderer Anbieter von „commodity-ähnlichen" Produkten und Dienstleistungen (zum Beispiel Pauschalreiseveranstalter), durch massive Investitionen in die klassische Werbung „neue Marken" aufzubauen, **Zweifel an der Substanz** und damit der Relevanz von Marken für die Kaufentscheidungen der Konsumenten aufkommen lassen. Ohne nachvollziehbare Nutzenvorteile für die Käufer verkommen Marken schnell zu bedeutungslosen „Labeln".

1.2 Herausforderungen an Handelsmarken

Trotz ihrer insgesamt steigenden Bedeutung (vgl. Abbildung 1) lassen sich jedoch auch für Handelsmarken zentrale Herausforderungen aufzeigen:

1. So **stagniert der Umsatzanteil von Handelsmarken** in den USA, wo etwa nach einer deutlichen Preisenkung für Marlboro-Zigaretten in 1993 bereits der „Tod" der Herstellermarken vorausgesagt wurde, in den letzten Jahren bei ca. 15 Prozent.

2. Bei **Verbrauchsgütern** im Foodbereich ist der steigende Umsatzanteil von Handelsmarken **ausschließlich** auf das Marktanteilswachstum der **Discounter**, insbesondere von Aldi vgl. S. 292, zurückzuführen. In den übrigen Betriebsformen stagniert der Handelsmarkenanteil seit 1985.

3. Bei **technischen Gebrauchsgütern** stagniert der Umsatzanteil von Handelsmarken in vielen Warengruppen. Dies ist nicht zuletzt eine Folge der Tatsache, dass **Fachmärkte** als die am stärksten wachsende Betriebsform in diesem Bereich Handelsmarken erst vereinzelt einsetzen.

4. Der massive Preiskampf im Lebensmitteleinzelhandel seit 1999 hat den **Preisabstand** zwischen Hersteller- und Handelsmarken deutlich **schrumpfen** lassen. Dies setzt viele Handelsmarken ebenso unter Druck wie die stark zunehmende Zahl von Preispromotions für eingeführte Herstellermarken.

5. Die **Konzentration im Einzelhandel** in Verbindung mit der zunehmenden Internationalisierung großer Handelskonzerne verbessert die Rahmenbedingungen für den Aufbau starker Handelsmarken (vgl. zur Konzentration im Handel auch den Beitrag zu den markt- und unternehmensbezogenen Herausforderungen an die Markenführung in diesem Band). Hierdurch könnte die Penetration von Handelsmarken verstärkt und erhebliche Kostenvorteile realisiert werden. Diese Chancen werden jedoch vom Handel bislang erst zögerlich genutzt.

6.   Die **Zersplitterung großer Handelskonzerne** in eine Vielzahl von Betriebstypen bzw. Vertriebslinien erschwert den Aufbau starker, breit distribuierter Handelsmarken. Viele Vertriebslinien werden darüber hinaus von den Konsumenten als weitgehend austauschbar wahrgenommen. Eine Profilierung der Handelsmarken wird hierdurch erheblich erschwert, weil kein Imagetransfer vom Markeninhaber auf die Handelsmarken erfolgt.

7.   In Deutschland werden **Handelsmarken** bislang fast ausschließlich **über den Preis profiliert** (vgl. Abbildung 2). Die Markierung einer Warengruppe mit einem einheitlichen Namen in Verbindung mit einem günstigen Preis machen allein eine Ware noch nicht zu einer profilierten Marke.

8.   Nach wie vor haben viele Verbraucher gegenüber Handelsmarken **kein richtiges Vertrauen**. Nach Studien der GfK fehlt bei Nahrungsmitteln jedem fünften Deutschen das Vertrauen in Handelsmarken. Der Aufbau von Vertrauen kann nur durch eine Professionalisierung der Führung von Handelsmarken erreicht werden.

Abbildung 2   **Preisliche Positionierung von Handelsmarken im Lebensmittelhandel im europäischen Vergleich**

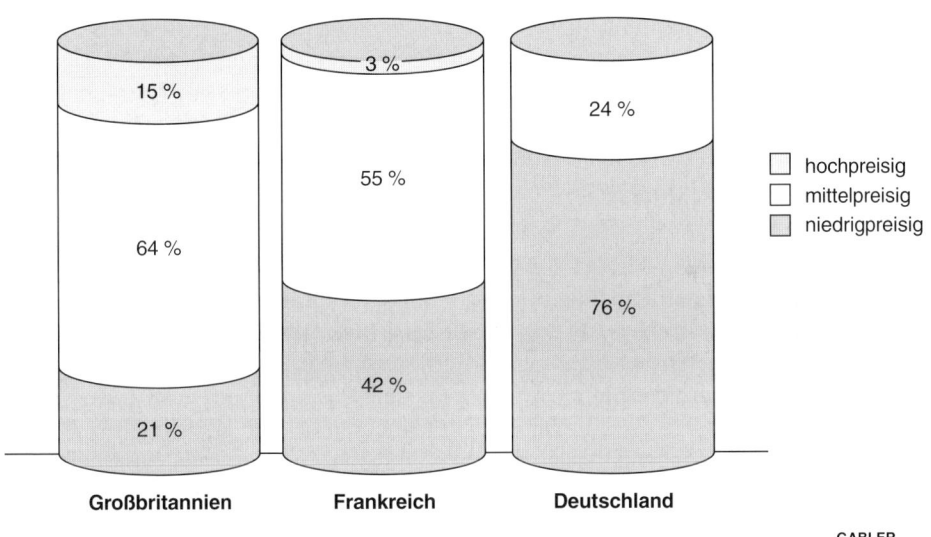

Quelle: Dumke 1996, S. 49

Als Zwischenfazit kann festgehalten werden, dass sich offensichtlich auch die Handelsmarken in der Krise befinden (Ahlert/Kenning/Schneider 2000). Eine vertiefende Analyse der Ursachen führt zu dem Eindruck, dass das Wachstum der Handelsmarken in der

Vergangenheit ausschließlich eine Folge von Fehlern in der Markenführung der Hersteller und des gestiegenen Preisbewusstseins der Verbraucher war.

Die aufgezeigten Herausforderungen haben bei Handel und Hersteller zur Verunsicherung über den richtigen Weg in der Markenführung geführt. Eine Neuorientierung auf Basis des **identitätsorientierten Markenführungsansatzes** erscheint geeignet, das beim Konsumenten durchaus vorhandene **Institutionenvertrauen** (Kenning 2001) gegenüber ausgewählten Einzelhandelsunternehmen in eine erfolgreiche Handelsmarkenpolitik zu überführen (Meffert/Burmann 1996). Diese Überlegung soll im Folgenden vertieft werden.

2. Konsequenzen für die Handelsmarke

2.1 Identitätsorientierte Markenführung auf der Unternehmensebene

Die identitätsorientierte Markenführung im Handel muss auf der Unternehmensebene beginnen. Den Ausgangspunkt aller Überlegungen bildet neben Marktstellungs-, Rentabilitäts- und finanziellen Zielen die Einkaufsstättenprofilierung (Rudolph 1993, S. 269 ff.). Im ersten Schritt ist daher das gesamte Handelsunternehmen im Wahrnehmungsraum der Konsumenten zu positionieren. Verfügt ein Handelsunternehmen über mehrere Betriebstypen bzw. Vertriebslinien, zum Beispiel HL, Minimal, Penny, Toom, Jumbo etc. als nationale Vertriebslinien der REWE, so bilden diese den Ausgangspunkt der identitätsorientierten Markenführung. Der Betriebstyp stellt dabei in Analogie zu den Produkten eines Herstellers das Objekt der Markierung, das heißt die zu gestaltende Marke, dar.

Ausgehend von der **Ist-Identität** eines bestimmten Betriebstyps als Ergebnis einer umfassenden **Situationsanalyse** ist im Rahmen der **Markenpositionierung** festzulegen, wie die Dominanz und Differenzierung des Betriebstyps bei der Zielgruppe erreicht werden soll. Die Dominanz kann durch die Auswahl einer Positionierung aufgebaut werden, die den Bedürfnissen der Zielgruppe besser entspricht und damit einen höheren Nutzen stiftet als die Wettbewerber. Differenzierung ergibt sich als Folge einer Positionierung, die sich möglichst deutlich von derjenigen der Konkurrenz unterscheidet.

In der Gestaltungs- und Integrationsphase geht es in erster Linie um die Identifikation und Abstimmung der für die Identität eines Betriebstyps relevanten Komponenten (vgl. Abbildung 3). Die Stärke der Identität eines Betriebstyps hängt dabei einerseits vom Ausmaß der Übereinstimmung zwischen Selbst- und Fremdbild der Identität ab. Andererseits müssen die konstitutiven Merkmale der Identität als Voraussetzung zur Entstehung von Vertrauen auf Seiten der Kunden erfüllt sein.

Abbildung 3 Prozess der identitätsorientierten Positionierung und Profilierung einer Marke am Beispiel eines Betriebstyps

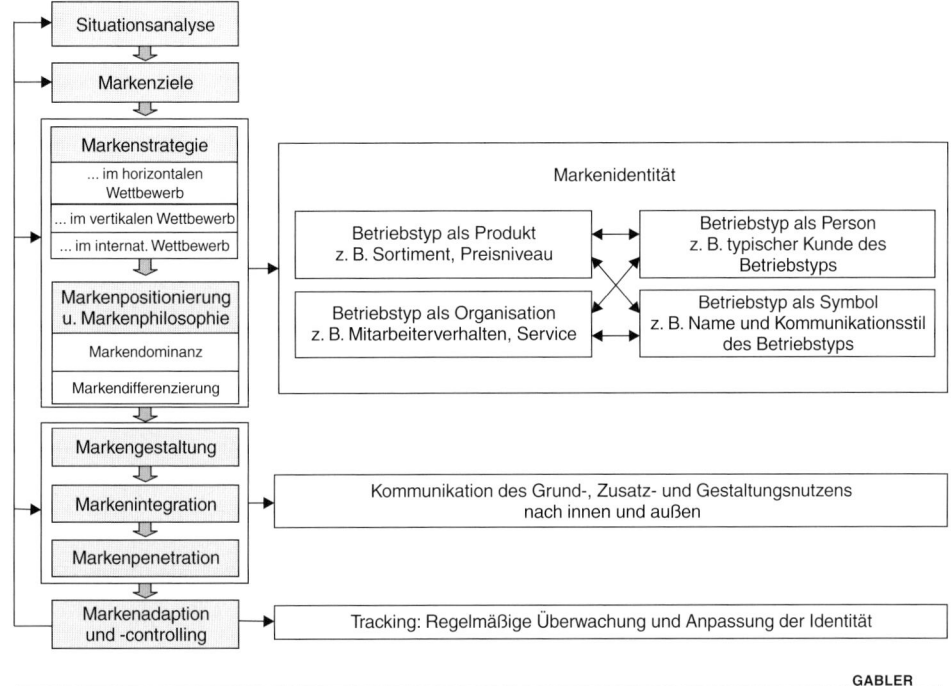

Der Aufbau einer starken Identität macht es erforderlich, den Betriebstyp nicht nur durch Art und Preisniveau der angebotenen Waren zu profilieren, sondern darüber hinaus dem Betriebstyp eine spezifische Persönlichkeit zu verleihen, ihn als eine Organisation mit charakteristischem Verhalten gegenüber dem Kunden zu gestalten und die Identität des Betriebstyps durch typische Symbole zum Ausdruck zu bringen (Aaker 1996, S. 78 ff.). Erst durch diese mehrdimensionale Verankerung über den funktionalen Grundnutzen hinaus kann eine „Individualität" des Betriebstyps, das heißt eine Unterscheidbarkeit gegenüber konkurrierenden Einkaufsstätten, erreicht werden. Unter Berücksichtigung des **Markenleitbildes** müssen die einzelnen Aktivitäten in sich widerspruchsfrei sein (Konsistenz) und längerfristig beibehalten werden (Kontinuität), damit sich eine starke Identität entwickelt. Die Identität des Betriebstyps stellt wiederum die Voraussetzung zum Aufbau einer dauerhaften, auf einem hohen Maß an Vertrauen basierenden Kundenbeziehung dar.

In der Penetrationsphase ist der betriebstypenspezifische Nutzen nach innen und außen zu kommunizieren. Die Kommunikation nach innen ist mit entsprechenden Schulungsmaßnahmen, einer identitätsadäquaten Gestaltung der Führungs- und Anreizsysteme und einer entsprechenden Gestaltung der organisatorischen Rahmenbedingungen verbunden. In der Adaptionsphase muss die Identität und das Image des Betriebstyps überwacht (Tracking) und notwendige Anpassungen vorgenommen werden.

Mit Blick auf die zu Beginn skizzierten Herausforderungen der Markenführung im Handel kann zusammenfassend festgehalten werden, dass sich Handelsunternehmen zur Profilierung ihrer Betriebstypen zukünftig in verstärktem Maße dem markenpolitischen Instrumentarium der Industrie bedienen müssen. Aldi vgl. S. 292, IKEA, Bodyshop oder Hennes & Mauritz ist es durch eine professionelle Markenführung bereits gelungen, ein hohes Maß an Eigenständigkeit und Institutionenvertrauen aufzubauen und den Firmennamen als Dachmarke zu profilieren. Das ausgeprägte **Vertrauen der Konsumenten in die Dachmarke** erlaubt es diesen Unternehmen, auf eine Kennzeichnung ihrer Handelsmarken mit dem Firmennamen zu verzichten. Darüber hinaus verzichten alle vier Unternehmen trotz eines Handelsmarkenanteils von 100 Prozent auf die gezielte Profilierung einzelner Handelsmarken.

Diese Vorgehensweise erscheint auch deshalb zweckmäßig, weil selbst der Versuch, nur die wichtigsten Warengruppen des Sortiments mit Hilfe einer Familienmarkenstrategie (Meffert 1992, S. 142 ff.) als echte Marken zu profilieren, schnell an Kompetenz- und Glaubwürdigkeitsdefiziten des Handels scheitert. Auch die in dieser Hinsicht aus einer besseren Position antretenden Markenartikelhersteller mussten in der Vergangenheit erfahren, dass eine Ausdehnung ihrer Marken auf zahlreiche Produktvarianten häufig eher zu einer Verwässerung statt zu einer Stärkung ihrer Marken geführt hat (Aaker/Keller 1990; Quelch/Kenny 1994; Park/Srinivasan 1994). Wenn jedoch schon traditionelle Markenartikelhersteller Schwierigkeiten haben, ihre Markenkompetenz auf ein Dutzend Produktvarianten auszudehnen, erscheint es eher zweifelhaft, dass es dem Handel gelingt, für zahlreiche Warengruppen mit Hunderten von Einzelartikeln eigenständige Markenprofile aufzubauen.

Vor diesem Hintergrund bietet die **identitätsorientierte Markenführung** einen erfolgversprechenden **Ansatz zur Betriebstypenprofilierung** im Handel. Das auf einer starken Identität eines Betriebstyps beruhende Institutionenvertrauen der Konsumenten kann zur Stärkung einer Vielzahl von Handelsmarken genutzt werden, ohne dass die verschiedenen Handelsmarken einzeln profiliert zu werden brauchen.

$2._2$ Identitätsorientierte Markenführung auf der Warengruppenebene

Die Beurteilung der Übertragbarkeit einer identitätsorientierten Markenführung auf Handelsmarken der Artikel- oder Warengruppenebene muss in Abhängigkeit von der Positionierung der Handelsmarken vorgenommen werden (Upshaw 1995, S. 109 ff.).

Zur Positionierung von Handelsmarken stehen grundsätzlich drei Alternativen zur Verfügung, mit denen jeweils unterschiedliche Ziele verfolgt werden (Dumke 1996, S. 96 ff.). Handelsmarken können zunächst mit einer Mindestqualität ausgestattet und in der Einstiegspreislage positioniert werden. Diese auch als Gattungsmarkenpolitik bezeichnete Alternative dient in erster Linie der Bindung besonders preissensibler Kunden, die anderenfalls zu Discountern abwandern könnten. Bei den klassischen Handelsmarken (Äquivalenzmarken) wird demgegenüber ein den etablierten Herstellermarken vergleichbares Qualitätsniveau zu einem deutlich niedrigeren Preis geboten. Diese Alternative kann als „me-too"-Strategie bezeichnet werden, weil sie auf die bewusste Imitation erfolgreicher Herstellermarken abzielt. Bei Premium-Handelsmarken hingegen wird ein den Herstellermarken überlegenes Qualitäts- und Preisniveau durch eine ausgeprägte Innovationsorientierung durchzusetzen versucht.

Für jede Positionierungsalternative ist zu prüfen, inwieweit die **vier konstitutiven Identitätsmerkmale** erfüllt sind. Für Gattungs-, Äquivalenz- und Premium-Handelsmarken können die ersten drei Identitätsmerkmale der Wechselseitigkeit, Konsistenz und Kontinuität als grundsätzlich erfüllbar angesehen werden. Hinsichtlich des vierten Identitätsmerkmals der Individualität ergibt sich jedoch eine differenzierte Beurteilung.

Das Wesensmerkmal von **Gattungsmarken** besteht in einem bewussten Verzicht auf differenzierungsfähige Produktmerkmale, um einen niedrigstmöglichen Verkaufspreis realisieren zu können. Gattungsmarken zeichnen sich dadurch aus, dass sie auf diejenigen Eigenschaften reduziert sind, die als Grundnutzen allen Produkten einer Warengruppe zu eigen sind. Somit fehlt Gattungsmarken per Definition das Merkmal der Individualität. Auch der niedrige Preis kann hier nicht im Sinne der Individualität interpretiert werden, weil er in der Regel von vergleichbaren Artikeln bei den Discountern unterboten oder zumindest gehalten wird.

Äquivalenzmarken erfüllen das Identitätsmerkmal der Individualität ebenfalls nicht. Ihr Wesensmerkmal der Imitation eingeführter Herstellermarken führt zwangsläufig zu einem Verzicht auf Individualität. Identität setzt Einzigartigkeit voraus und genau das ist bei einem „me-too"-Verhalten nicht erreichbar. Vergegenwärtigt man sich an dieser Stelle, dass nahezu 100 Prozent der Handelsmarken in Deutschland in die Kategorie der Gattungs- oder Äquivalenzmarken fallen, wird deutlich, warum im deutschen Handel so häufig ein verkürztes Markenverständnis zu beobachten ist.

Im Gegensatz zu Gattungs- und Äquivalenzmarken erfüllen **Premium-Handelsmarken** alle konstitutiven Identitätsmerkmale, insoweit ist eine Übertragung der identitätsorientierten Markenführung auf Premium-Handelsmarken möglich. In diesem Zusammenhang ist jedoch zu bedenken, dass die identitätsorientierte Markenführung ein hohes Maß an Marken-Know-how, qualitativ-technischem Know-how, hohe finanzielle Ressourcen (zum Beispiel zur kommunikativen Unterstützung der Marke) sowie eine bestimmte Mindestdistribution und -bekanntheit voraussetzt. Diese Anforderungen dürften selbst von großen Handelskonzernen eher selten erfüllt werden.

Als Fazit kann somit festgestellt werden, dass die Übertragung der Konzeption einer **identitätsorientierten Markenführung auf Handelsmarken** der Warengruppen- und Artikelebene **nur bedingt möglich** ist. Demgegenüber scheint die identitätsorientierte Markenführung zur Betriebstypenprofilierung im Handel in besonderer Weise geeignet zu sein.

Literatur

Aaker, D.A., Building Strong Brands, New York 1996.

Aaker, D.A., Keller, K.L., Consumer Evaluations of Brand Extensions, in: Journal of Marketing, Vol. 54, January 1990, pp. 27–41.

Ahlert, D., Kenning, P., Schneider, D., Markenmanagement im Handel. Strategien – Konzepte – Praxisbeispiele, Wiesbaden 2000.

Dumke, S., Handelsmarken-Management, Hamburg 1996.

GfK Panel Services Consumer Research, Märkte, Handel und Verbraucher 2000/2001 – Gedämpfter Optimismus nach einem Jahr voller Krisen, 2001.

Kenning, P., Customer Trust Management. Ein Beitrag zum Vertrauensmanagement im Lebensmitteleinzelhandel, Wiesbaden 2001 (im Druck).

Kieser, A., Moden & Mythen des Organisierens, in: Die Betriebswirtschaft, 56. Jg., 1996, Heft 1, S. 21–39.

Meffert, H., Strategien zur Profilierung von Marken, in: Dichtl, E., Eggers, W. (Hrsg.), Marke und Markenartikel als Instrument des Wettbewerbs, München 1992, S. 129–156.

Meffert, H., Burmann, C., Towards an identity-oriented approach of branding, The Judge Institute of Management Studies, University of Cambridge (Hrsg.), Working Paper, Cambridge 1996.

Park, C.S., Srinivasan, V., A Survey-Based Method for Measuring and Understanding Brand Equity and its Extendebility, in: Journal of Marketing Research, Vol. 31, May 1994, pp. 271–288.

Quelch, J.A., Harding, D., Brands Versus Private Labels: Fighting to Win, in: Harvard Business Review, Jan./Feb. 1996, pp. 99–109.

Quelch, J.A., Kenny, D., Extend Profits, Not Product Lines, in: Harvard Business Review, Sept./Oct. 1994, pp. 153–160.

Rudolph, T.C., Positionierungs- und Profilierungsstrategien im Europäischen Einzelhandel, St. Gallen 1993.

Steffenhagen, H., Konditionengestaltung zwischen Industrie und Handel, Wien 1995.

Upshaw, L.B., Building Brand Identity, New York 1995.

Marke und Markenführung im Kontext des Electronic Commerce

Michael Bongartz

1. Entwicklung des Electronic Commerce als Ausgangspunkt

Innerhalb eines Zeitraumes von weniger als drei Jahren hat sich die Zahl der Internetnutzer von weltweit ca. 100 Millionen im Januar 1998 auf mehr als 400 Millionen im November 2000 vervierfacht (Nua Ltd. Merrion House 2001). Allein in Deutschland wird die Zahl der Internetnutzer im April 2001 mit 24,2 Millionen angegeben, was bereits einem Anteil von etwa 46 Prozent an der deutschen Bevölkerung zwischen 14 und 69 Jahren entspricht (GfK 2001).

Als zentrale Treiber dieses rasanten Diffusionsverlaufs des Internet zu einem Massenmedium sind die **medienspezifischen Besonderheiten** des Internet anzusehen. So ermöglicht das Internet einen nutzergesteuerten, interaktiven Zugriff auf Informationen, die unabhängig von Zeit und Raum in Echtzeit abgerufen werden können. Zudem lassen sich vonseiten der Anbieter individualisierte Informationen in multimedialer Form zur Verfügung stellen (Zerdick et al. 1999, S. 144; Hermanns/Matzdorf/Riedmüller 2001, S. 194 f.). Aus unternehmensstrategischer Perspektive ist vor allem die mehrdimensionale Einsatzmöglichkeit des Internet als Informations-, Kommunikations-, Distributions- und Transaktionsmedium von Bedeutung (Angehrn 1997, S. 362 ff.). Neben dem Einsatz des Internet als neuartigen Informations- und Kommunikationskanal lassen sich somit Geschäfte über das Internet anbahnen und abschließen sowie bei digitalisierbaren Leistungen auch unmittelbar abwickeln. Zahlungsvorgänge können dabei unabhängig von der Digitalisierbarkeit der zu Grunde liegenden Leistungen ebenfalls via Internet erfolgen (Meffert 2000a, S. 1).

Diese kommerzielle Nutzung des Internet wird unter dem Begriff des Electronic Commerce intensiv diskutiert. Unter **Electronic Commerce** wird die Anbahnung, Aushandlung und Abwicklung von Transaktionen im Internet verstanden, wobei im juristischen Sinne das Zustandekommen eines Kaufvertrags über das Internet möglich sein muss (Böing 2001, S. 4 f.; Clement/Peters/Preiß 1998, S. 50). Die Entwicklung der Umsätze des im Folgenden betrachteten Business-to-Consumer-Electronic-Commerce weisen vergleichbare Steigerungsraten wie die eingangs beschriebenen Nutzerzahlen auf. Im Jahr 2000 betrug der Umsatz im Business-to-Consumer-Electronic-Commerce-Bereich in Deutschland nach Schätzungen des Hauptverbandes des Deutschen Einzelhandels bereits etwa 5 Milliarden DM, und auch in Zukunft werden für diesen Bereich enorme Wachstumspotenziale prognostiziert (Hauptverband des Deutschen Einzelhandels 2001, o. S.).

Vor dem Hintergrund der steigenden Bedeutung und zunehmenden Attraktivität von Aktivitäten im Bereich des Electronic Commerce stellt sich aus markenpolitischer Sicht zunächst die Frage, welchen Stellenwert Marken in dem durch medienspezifische Charakteristika gekennzeichneten, virtuellen Wirtschaftsraum einnehmen, und welche Herausforderungen sich daraus für die Markenführung im Electronic Commerce ergeben. Darauf aufbauend werden in einem weiteren Schritt alternative markenstrategische

Optionen für den Electronic Commerce vorgestellt und gewürdigt. Die Besonderheiten, die bei der Ausgestaltung der Markenführung im Kontext des Electronic Commerce zu beachten sind, bilden den Abschluss der Untersuchung.

2. Stellenwert und Herausforderungen der Markenführung im Electronic Commerce

Marken als in der Psyche von Konsumenten verankerte, unverwechselbare Vorstellungsbilder von Produkten oder Dienstleistungen besitzen dann eine Relevanz für das Kauf- und Auswahlverhalten im Electronic Commerce, wenn durch sie ein wahrgenommener Zusatznutzen für die Internetnutzer generiert wird (Meffert/Burmann 2000, S. 169). Den Ausgangspunkt der weiteren Betrachtung bilden daher die nutzenstiftenden Funktionen, die eine Marke aus Sicht der Internetnutzer im Electronic Commerce erfüllen kann und die sie gegenüber konkurrierenden unmarkierten bzw. markierten Electronic Commerce-Angeboten differenzieren.

2.1 Nutzerbezogene Bedeutung und Funktionen der Marke

Aus der Perspektive der Internetnutzer kommt Marken im Kontext des Electronic Commerce neben einer Orientierungs- und Navigationsfunktion insbesondere eine Risikoreduktionsfunktion zu (Dudenhöffer 2000, S. 12 f.; Kirchmair 2001, S. 38; Klein-Bölting/Busch 2001, S. 148 ff.).

In ihrer Eigenschaft als **Orientierungs- und Navigationshilfen** entfalten Marken ihre nutzenstiftende Wirkung für Internetnutzer, indem sie das Auffinden eines geeigneten Angebots im Electronic Commerce durch die Reduktion von Suchkosten erleichtern. So ist als Folge der Aufhebung räumlicher bzw. geographischer Einkaufsrestriktionen im Internet die Anzahl möglicher Alternativen, die zur Befriedigung eines spezifischen Kundenbedürfnisses in Frage kommen, in der Regel wesentlich höher ausgeprägt als dies in traditionellen Marktumgebungen der Fall ist (Meffert 2000a, S. 2). Einem Internetnutzer stehen beispielsweise bei einem geplanten Buchkauf allein in Deutschland unzählige Online-Buchhändler zur Verfügung, zwischen denen er auswählen kann.

Angesichts dieser nahezu unüberschaubaren Anbieter- und Angebotsvielfalt im Internet werden die Nutzer vor neue Probleme bei der Informationsselektion, -verarbeitung und -speicherung gestellt. Vollständige Informationen über die Eignung der alternativen Electronic Commerce-Angebote zur individuellen Bedürfnisbefriedigung werden in der Regel nicht bzw. nur zu unvertretbar hohen Suchkosten erhältlich sein. Ward und Lee weisen in diesem Zusammenhang empirisch nach, dass unerfahrene Internetnutzer auf

Grund der im Vergleich zu erfahreneren Nutzern höheren Kosten eigener Informations-aktivitäten signifikant häufiger auf Marken als Informationssubstitute bei ihrer Navigati-on im Internet zurückgreifen. Der Navigations- und Orientierungsnutzen von Marken im Internet wird demnach vor allem durch nutzerspezifische Eigenschaften, wie die Inter-neterfahrung und die damit in Verbindung stehenden Kosten eigener Informationsaktivi-täten im Internet, bestimmt (Ward/Lee 2000, S. 14 f.).

Die Navigations- und Orientierungsfunktion von Marken im Kontext des Electronic Commerce wird darüber hinaus in einer Studie der Boston Consulting Group eindrucks-voll belegt. So rufen 61 Prozent der Nutzer eines Electronic Commerce-Angebots von Multichannel-Anbietern und immerhin 46 Prozent der Nutzer eines Angebots reiner Electronic Commerce-Unternehmen die entsprechende Website durch direkte Eingabe der Internet-Adresse – im Regelfall also des Markennamens – auf und verzichten somit auf eigene Informationsaktivitäten. Den Weg über Suchmaschinen und Portale, das heißt die aktive Informationsbeschaffung hinsichtlich alternativer Electronic Commerce-An-gebote vor dem Kauf, wählen demgegenüber lediglich 22 Prozent (bei Multichannel-An-bietern) bzw. 27 Prozent (bei reinen Electronic Commerce-Anbietern) der Nutzer (Bos-ton Consulting Group 2000, S. 21). Dem Argument, die nutzenstiftende Wirkung von Marken als Navigations- und Orientierungshilfen im Electronic Commerce werde durch den Einsatz von Such- und Informationsdiensten sowie Preisagenten nahezu vollständig substituiert, kann demnach nur eingeschränkt gefolgt werden.

Über die dargestellte Navigations- und Orientierungsfunktion hinaus bieten Marken im Electronic Commerce insbesondere eine **Risikoreduktionsfunktion** für die Nachfrager. Die besondere Bedeutung der risikoreduzierenden Wirkung von Marken ergibt sich da-bei aus dem höheren wahrgenommenen Risiko beim Internet-Shopping gegenüber statio-nären Einkaufssituationen (Tan 1999, S. 165 ff.), welches auf verschiedene medieninduzierte Ursachen zurückgeführt werden kann:

- Eine Überprüfung physischer Produkteigenschaften bzw. die Beurteilung der Poten-zialfaktoren des Anbieters bei Dienstleistungen vor dem Kauf sind im Electronic Commerce in der Regel nicht möglich (Van den Poel/Leunis 1999, S. 250; Mef-fert/Schleusener 2001, o. S.).

- Ebenso wie Katalogbestellungen zeichnen sich auch Kaufsituationen im Internet durch fehlenden persönlichen Kontakt zwischen Anbieter und Nachfrager aus. Daher ist von einer erhöhten nachfragerseitigen Risikowahrnehmung auszugehen (Jasper/Ouellete 1994, S. 23).

- Bei Transaktionen, die eine physische Auslieferung des Produktes erfordern, erhöht sich das wahrgenommene Risiko zum Beispiel durch mögliche Transportschäden sowie unpünktliche oder falsche Lieferungen.

- Neben psychischen, physischen, sozialen, funktionalen und finanziellen Risiken er-geben sich durch die Notwendigkeit des Datenaustauschs zwischen den Transak-tionspartnern im Electronic Commerce zusätzlich informationelle Risiken (Duden-höffer 2000, S. 13; Kuhlen 2000, S. 220). Diese Risiken lassen sich zum einen in Gefahren des Datenmissbrauchs durch Dritte auf Grund mangelnder Sicherheit bei der Datenübertragung und zum anderen in Gefahren hinsichtlich der missbräuchlichen Verwendung der übermittelten Daten durch den Transaktionspartner selbst unterteilen (Hoffman/Novak/Peralta 1998, S. 2).

Diese identifizierten medienbedingten Risikotreiber im Electronic Commerce korrespondieren eng mit den am häufigsten genannten Barrieren des Online-Einkaufs aus Konsumentensicht (vgl. Abbildung 1).

Abbildung 1   **Barrieren des Online-Einkaufs**

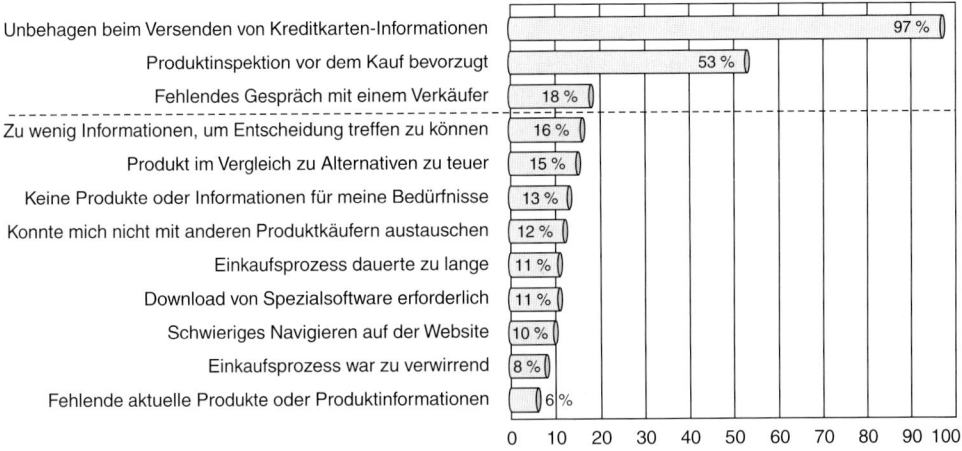

Quelle: Ernest & Young 1999, S. 11

Das Potenzial von Marken zur Reduktion des wahrgenommenen Risikos und damit zur Überwindung von Einkaufsbarrieren im Electronic Commerce konnte bereits empirisch nachgewiesen werden. Van den Poel und Leunis stellen in einer Befragung zum Kauf eines kleinen Radiogerätes sowie eines hochwertigen Fernsehgerätes fest, dass die generelle Akzeptanz des Internet als Transaktionsmedium durch das Vorhandensein einer etablierten Marke in Verbindung mit weiteren risikoreduzierenden Maßnahmen gesteigert wird (Van den Poel/Leunis 1999, S. 253 f.). Ebenso belegt Tan in einer Studie mit 179 Teilnehmern die risikoreduzierende Wirkung des Markenimages und der Anbieterreputation im Electronic Commerce, die insbesondere für Produktkategorien mit hohem wahrgenommenen Risiko stark ausgeprägt ist (Tan 1999, S. 171 ff.).

Die Grundlage dieser risikoreduzierenden Wirkung bildet das Vertrauen der Nachfrager in die Marke des Anbieters. Unter **Vertrauen** ist dabei die Einstellung des Vertrauensgebers zu verstehen, dass der Vertrauensempfänger – hier der Absender der Markenbotschaft – über die Bereitschaft und Fähigkeit verfügt, die an ihn gerichtete positive Erwartung zu erfüllen (Bouncken 2000, S. 5). Die nutzenstiftende Wirkung der Marke ergibt sich in diesem Fall dadurch, dass der Internetnutzer auf Grund seines Vertrauens in die Marke diejenigen Kosten einsparen kann, die ansonsten anderweitig zur Reduzierung seines Risikos anfallen würden (Plötner 1995, S. 11 f.). Im Kontext des Electronic Commerce ist dabei unter anderem an Kosten durch den Abschluss von Rücktritts- oder Transportversicherungen, durch zusätzliche telefonische oder persönliche Kontaktaufnahme mit dem Anbieter oder durch die Einholung ausführlicher Informationen über die Sicherheits- und Datenschutzstandards des Anbieters zu denken. Mit wachsendem Vertrauen reduziert sich daher das durch die Internetnutzer wahrgenommene Risiko, wodurch vorhandene Einkaufsbarrieren abgebaut werden können. Damit wird das Vertrauen der Nachfrager in die Marke des Anbieters zu einem entscheidenden Wettbewerbsfaktor im Electronic Commerce (Kuhlen 2000, S. 221).

Eine von Ernest & Young durchgeführte Untersuchung zum Einkaufsverhalten im Internet unterstreicht in diesem Zusammenhang den Stellenwert von Marken für Kauf- und Auswahlentscheidungen. So betonen 82 Prozent der Befragten, dass eine bekannte Produktmarke und 79 Prozent, dass eine bekannte Anbietermarke für ihre Kaufentscheidung im Internet wichtig oder sehr wichtig ist (Ernest & Young 1999, S. 11). Abbildung 2 gibt einen abschließenden Überblick über empirische Studien zur nutzerbezogenen Kaufverhaltensrelevanz von Marken im Electronic Commerce.

Während bislang die Relevanz von Marken für Kauf- und Auswahlentscheidungen im Electronic Commerce auf Grund ihrer nutzenstiftenden Navigations- und Risikoreduktionswirkungen dargestellt wurde, ist im Sinne einer markenspezifischen Untersuchung der durch die betrachtete Marke erzeugte Zusatznutzen in Relation zu konkurrierenden Marken bzw. unmarkierten Angeboten zu analysieren. Damit ist die wettbewerbsbezogene Differenzierungsfunktion der Marke im Electronic Commerce angesprochen.

Abbildung 2	Empirische Untersuchungen zur Relevanz von Marken im Electronic Commerce

Autoren	Untersuchungsgegenstand	Empirische Basis/ Datenauswertung	Zentrale Ergebnisse
Almeida et al. (1999)	■ Anbieterwahl bei der Nutzung eines Suchdienstes für Bücher und CDs im Internet	■ Nutzungsdaten eines Suchdienstes über vier Wochen durchschnittliche Anfragen pro Tag: 22.086	■ Annahme, dass die Wahl eines Anbieters, der über einen Preisnachteil von mehr als 10 % verfügt, durch einen Markenvorteil begründet ist. Signifikanter Zusammenhang zwischen Click-through-Häufigkeit und Markenvorteil.
Boston Consulting Group (2000)	■ Markenvorteile von Multichannel- gegenüber reinen Electronic-Commerce-Anbietern	■ Analyse des Nutzungsverhaltens beim Online-Shopping	■ 61 % der Nutzer von Multichannel-Anbietern und 46 % der Nutzer von reinen Electronic Commerce-Anbietern gelangen durch direkte Eingabe der URL – also des Markennamens – auf die Website.
Davis /Buchanan-Oliver/Brodie (2000)	■ Rolle der Marke in Electronic Commerce-Umgebungen	■ Fokus-Gruppen-Interviews mit 26 Konsumenten	■ Marken dienen als Ausgangspunkt zur Bildung von Vertrauensbeziehungen zwischen Konsumenten und Online-Anbietern im Electronic Commerce.
Degeratu/ Rangaswamy/Wu (2000)	■ Einfluss von Markennamen auf die Kaufentscheidung in Online- und traditionellen Supermärkten	■ Peapod Panel: n = 300 ■ IRI Panel: n = 1.039 ■ Zweistufiges Schätzmodell (1) binär / (2) multinominal	■ Der Einfluss der Marke auf Kaufentscheidungen hängt vom Ausmaß der verfügbaren Informationen in den jeweiligen Einkaufsumgebungen ab. In den jeweiligen Einkaufsumgebungen herrschen unterschiedliche Informationsverhältnisse für verschiedene Produktkategorien. Der Einfluss der Marke auf Kaufentscheidungen variiert daher mit der betrachteten Produktkategorie.
Ernest & Young (1999)	■ Analyse des Einkaufsverhaltens beim Online-Shopping	■ Telefoninterviews von Nutzern ■ n = 1.362	■ 82 % der Befragten erklären, dass die Produktmarke beim Einkauf via Internet wichtig oder sehr wichtig ist. ■ 79 % der Befragten erklären, dass die Anbietermarke beim Einkauf via Internet wichtig oder sehr wichtig ist.
Tan (1999)	■ Konsumentenseitige Risikowahrnehmung beim Internet-Shopping und Effektivität von Risikoreduktionsstrategien	■ Business Undergraduates der Nat. University of Singapore ■ n = 179 ■ Conjoint-Analyse	■ Konsumenten nehmen beim Internet-Shopping ein höheres Risiko als beim stationären Einkauf wahr. Risikoaverse Konsumenten kaufen signifikant weniger oft im Internet ein. Der Referenzgruppenansatz ist insgesamt die bevorzugte Risikoreduktionsstrategie, gefolgt von der Anbieterreputation, dem Markenimage und Gewährleistungen. Bei Produkten mit hohem wahrgenommenen Risiko ist das Markenimage die wichtigste Risikoreduktionsstrategie.
Van den Poel/ Leunis (2000)	■ Bedeutung risikoreduzierender Elemente in unterschiedlichen Einkaufsumgebungen	■ E-Mail-Befragung registrierter Nutzer ■ n = 93 ■ ANOVA	■ Die Akzeptanz des Internet als Transaktionsmedium wird durch das Vorhandensein risikoreduzierender Elemente (Geld-zurück-Garantie, bekannte Marke, Preisreduktion) gesteigert.
Ward/Lee (2000)	■ Marken als Informationssubstitute bei Kauf- und Auswahlentscheidungen im Electronic Commerce	■ 8th GVU's WWW User Survey (October 1997) ■ Branding Sample: n = 1.987 ■ Kreuztabellierung/ Logistische Regression	■ Erfahrene Internetnutzer sind schneller und erfolgreicher bei der Informationssuche im Electronic Commerce. ■ Mit zunehmender Interneterfahrung der Nutzer sinkt der Rückgriff auf Marken als Informationssubstitute.

GABLER GRAFIK

2.2 Wettbewerbsbezogene Bedeutung und Funktionen der Marke

Der Fokus der **Differenzierungsfunktion** der Marke liegt auf der Positionierung einer Marke im Umfeld der Wettbewerbsleistungen im Electronic Commerce (Meffert/ Schleusener 2001, o. S.). In Abhängigkeit vom generierten Zusatznutzen konkurrierender Marken kann die markenspezifische Kaufbereitschaft daher mehr oder weniger stark ausgeprägt sein (Meffert/Burmann 2000, S. 184).

Die wachsende Bedeutung von Marken als Differenzierungsmerkmal im Wettbewerb ist zum einen auf die steigende Anzahl konkurrierender Angebote im Electronic Commerce und zum anderen auf die zunehmende Austauschbarkeit dieser Angebote im Hinblick auf technische und funktionale Eigenschaften zurückzuführen. Die Gründe hierfür sind unter anderem in der Verwendung von standardisierten Softwarelösungen sowie im Rückgriff auf zum Teil identische Content-Provider zu sehen (Meffert 2000a, S. 2 f.). Zudem können innovative Zusatzfunktionen und Gestaltungsaspekte von Wettbewerbern innerhalb kürzester Zeit imitiert werden und stellen somit keinen dauerhaften Vorteil für den Innovator dar (Reimerdes 2000, S. 33). Durch diese wachsende funktionale Austauschbarkeit und Imitierbarkeit zahlreicher Electronic Commerce-Angebote eröffnen sich daher Differenzierungspotenziale im Wettbewerb vor allem über die Generierung weiterführender zusatznutzenstiftender Elemente der Marke. Gerade bei standardisierten Electronic Commerce-Angeboten kann die Marke über den rationalen Nutzen hinausgehenden emotionalen Zusatznutzen vermitteln, durch den sie sich von konkurrierenden unmarkierten und markierten Angeboten unterscheidet. Marken besitzen daher im Kontext des Electronic Commerce noch stärker als in traditionellen Transaktionsumgebungen eine Bedeutung für die Besetzung von Alleinstellungsmerkmalen im Konkurrenzumfeld.

2.3 Anforderungen an die Markenführung im Electronic Commerce

Die Analyse der nutzer- und wettbewerbsbezogenen Bedeutung und Funktionen von Marken im Electronic Commerce hat gezeigt, dass mit

- der Etablierung der Marke als Orientierungs- und Navigationsanker im Internet,
- der Überwindung der aus Nutzersicht wahrgenommenen Vertrauensdefizite (vgl. Abbildung 1) sowie
- der Besetzung von Alleinstellungsmerkmalen auf Grund der zunehmenden Anzahl und Annäherung der Angebote im Wettbewerb

drei zentrale Anforderungen an die Markenführung im Electronic Commerce existieren.

Gerade vor dem Hintergrund der dargestellten Vertrauensproblematik sowie der zunehmenden Angebotsinflation und -austauschbarkeit erlangt die Etablierung einer starken **Markenidentität** als in sich widerspruchsfreie, geschlossene Ganzheit von Merkmalen einer Marke, die diese von anderen Marken dauerhaft unterscheidet, einen besonderen Stellenwert für die Markenführung im Kontext des Electronic Commerce (vgl. in diesem Zusammenhang auch den Beitrag zum theoretischen Grundkonzept der identitätsorientierten Markenführung in diesem Band). Eine ausgeprägte Markenidentität basiert unter anderem auf der Einzigartigkeit und Unverwechselbarkeit der Marke und bildet die Voraussetzung für das Entstehen und die Festigung des Vertrauens der Internetnutzer in die Marke (Achterholt 1988, S. 20). Die identitätsorientierte Markenführung bietet somit als Ausgangspunkt für die weiteren Überlegungen einen Erfolg versprechenden Ansatz zur Profilierung eines Anbieters im Electronic Commerce.

Ausgehend von der zunächst erforderlichen Darstellung, Bewertung und Auswahl **markenstrategischer Optionen** für den Electronic Commerce soll daher zur Strukturierung der weiteren Anforderungen an eine internetgerechte Markenführung auf den identitätsorientierten **Prozess der Positionierung und Profilierung einer Marke** zurückgegriffen werden (vgl. Abbildung 3). Die besonderen Herausforderungen im Rahmen dieses Prozesses sind dabei zum einen in der inhaltlichen Erweiterung der einzelnen Prozessschritte um internetspezifische Aspekte und zum anderen in der Berücksichtigung medienübergreifender Verbindungslinien der Markenführung zu sehen.

■ Aufbauend auf einer Analyse der Nutzerbedürfnisse und der Ist-Identität bildet die Formulierung eines **nicht-imitierbaren internetspezifischen Kunden- bzw. Anwendernutzens** als Kern der Markenidentität die Grundlage der Markenführung im Kontext des Electronic Commerce (vgl. in diesem Zusammenhang auch den Beitrag zum Managementkonzept der identitätsorientierten Markenführung in diesem Band). Besondere Beachtung ist dabei der Aufdeckung von Problemlösungsideen zu widmen, die sowohl gegenüber internetbasierten (intra-mediale Konkurrenz) als auch gegenüber nicht-internetbasierten Angeboten (extra-mediale Konkurrenz) eine dominierende Stellung in der Wahrnehmung der Nutzer einnehmen und über ein entsprechendes Differenzierungspotenzial im Wettbewerb verfügen.

■ In der Gestaltungs- und Integrationsphase des Markenführungsprozesses sind in einem ersten Schritt die identitätsbestimmenden **internetspezifischen Gestaltungselemente** einer Marke im Electronic Commerce herauszuarbeiten. Neben diesen medienspezifischen Besonderheiten bei der Gestaltung des Markenauftritts ergeben sich dann in Abhängigkeit vom parallelen Einsatz von On- und Offline-Medien im Rahmen der Markenführung besondere Anforderungen hinsichtlich der Abstimmung aller Maßnahmen auf die Markenidentität als strategischem Zentrum der Marke. Neben der **intra-medialen Markenintegration** gilt es zusätzlich, eine **inter-mediale Integration** aller markenpolitischen Maßnahmen zu gewährleisten (Esch/Hardiman/Langner 2000, S. 12; Klein-Bölting/Busch 2001, S. 151; Meffert/Bongartz 2001, S. 21 ff.).

▮ Im Rahmen der **Markenpenetration** ist der internetspezifische Markennutzen nach innen und außen zu kommunizieren. So setzt die Erfüllung der Navigations- und Orientierungsfunktion durch die Marke nicht zuletzt eine ausreichende Markenbekanntheit und Verankerung der Markenbotschaft bei den anvisierten Zielgruppen des Electronic Commerce-Angebots voraus. Neben dem Einsatz klassischer Maßnahmen der Markenkommunikation sind hierbei in Abhängigkeit von den Inhalten und Zielgruppen vor allem internetbasierte Aktivitäten zu berücksichtigen (Mohn 2000, S. 45 f.; Schnetkamp/Kenning 2000, S. 27).

▮ Auch für die **Markenadaption** ergeben sich durch die medienspezifischen Besonderheiten des Internet neue Anforderungen und Ansatzpunkte. Zum einen bieten innovative Verfahren, wie beispielsweise die Auswertung von Logfiles, erweiterte Möglichkeiten für Unternehmen, um zu schnelleren und präziseren Ergebnissen für die Anpassung markenpolitischer Aktivitäten zu gelangen. Zum anderen gilt es, die Nutzer selbst auf Basis der Vernetzungseigenschaften des Internet bis zu einem vom markenführenden Unternehmen zu definierenden Grad in den Adaptionsprozess der Marke einzubinden (Boston Consulting Group/Gruner+Jahr AG & Co. 2000, S. 15 f.; Kastenmüller 2001, S. 223 f.).

▮ **Abbildung 3**   **Anforderungen an die Markenführung im Electronic Commerce**

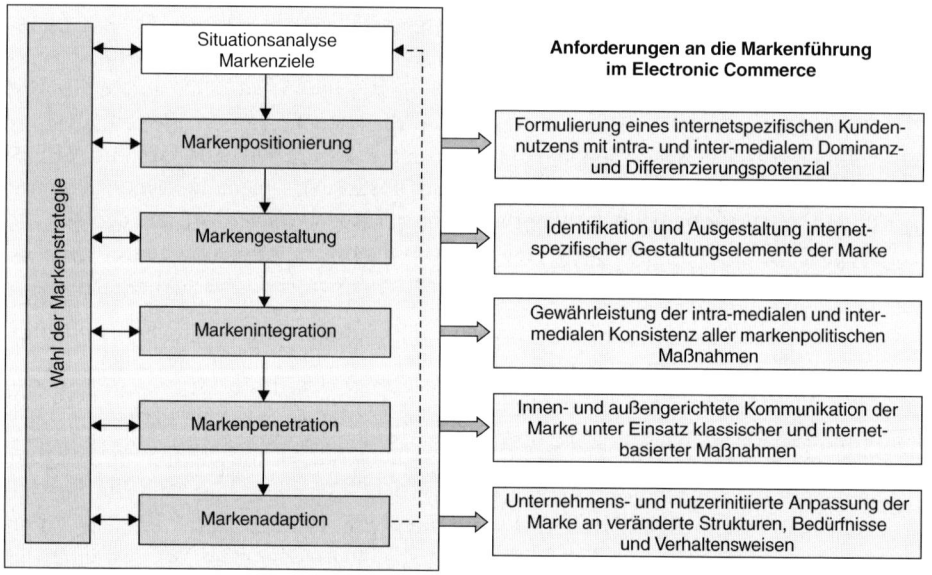

GABLER
GRAFIK

3. Implikationen für die Markenführung im Electronic Commerce

3.1 Wahl der markenstrategischen Option

Die eingangs dargestellten orientierungserleichternden und risikoreduzierenden Wirkungen einer Marke werden ebenso wie die konkreten Entscheidungsinhalte und -spielräume sowie die Art und Intensität von Maßnahmen in den einzelnen Prozessschritten der Markenpositionierung und -profilierung (vgl. Abbildung 3) wesentlich durch die Wahl alternativer markenstrategischer Optionen für die Aktivitäten im Electronic Commerce beeinflusst, die im Folgenden vorgestellt werden.

Den Ausgangspunkt für Überlegungen zur Wahl der markenstrategischen Option bei der Nutzung des Internet als innovativem Transaktionskanal bildet die Frage, ob eine autonome oder eine fremdbestimmte Markenführung gewählt wird. Bei der **fremdbestimmten Markenführung** verzichten Unternehmen auf die eigenständige Führung einer Marke für ihre Aktivitäten im Electronic Commerce, indem sie ihre Angebote beispielsweise in Electronic Shopping-Malls oder Portale integrieren und sich den markenpolitischen Aktivitäten dieser Partner unterordnen. Auf diese Weise können die Wirkungen der Marke eines übergeordneten Partners genutzt werden, ohne Investitionen für den Aufbau einer eigenständigen Marke für den Electronic Commerce in Kauf nehmen zu müssen. Demgegenüber stehen jedoch die fehlenden Einflussmöglichkeiten auf die markenpolitischen Aktivitäten sowie die Abhängigkeit vom ausgewählten Kooperationspartner. Der Verzicht auf die autonome Führung einer Marke im Electronic Commerce soll im Folgenden nicht weiter betrachtet werden, da markenpolitische Entscheidungen damit letztlich nur auf einen anderen Akteur verlagert werden, der sich nun seinerseits mit den Problemen einer aktiven und eigenständigen Führung einer Marke konfrontiert sieht.

Bei der **eigenständigen Markenführung** im Electronic Commerce wird der Entscheidungsspielraum hinsichtlich der markenstrategischen Optionen für den betrachteten Akteur durch die Verfügbarkeit einer etablierten Marke aus der realen Welt bestimmt. Während reine Electronic Commerce-Anbieter auf Grund der fehlenden Aktivitäten in traditionellen Märkten gezwungen sind, eine eigenständige internetbasierte Marke aufzubauen, eröffnen sich für Unternehmen, die bereits über eine etablierte Marke verfügen, weitere markenstrategische Möglichkeiten, die anhand des Integrationsgrades zwischen der vorhandenen Marke und der internetbasierten Marke systematisiert werden können (Boston Consulting Group/Gruner+Jahr AG & Co. 2000, S. 26 f.; Meffert/Schleusener 2001, o. S.).

■ Im Rahmen einer **Virtuellen Markenstrategie** wird vom Markenführer eine unabhängige, internetspezifische Marke für die Aktivitäten im Electronic Commerce geschaffen, die keine Verbindungen zu bereits vorhandenen Marken aus klassischen Marktumgebungen aufweist. Bekannte Beispiele für Virtuelle Marken sind der Medienanbieter Amazon, das internetbasierte Reisebüro Ebookers oder das Auktionshaus Ricardo. Diese markenstrategische Option steht sowohl reinen Electronic

Commerce-Anbietern offen als auch Unternehmen, die bereits über eine Marke in klassischen Marktumgebungen verfügen.

■ Einen höheren Integrationsgrad weist hingegen eine **Kombinierte Markenstrategie** auf, bei der, ausgehend von einer existierenden Kernmarke, durch die Verbindung vorhandener Markenelemente mit neuen internetspezifischen Komponenten – zum Beispiel durch die Verwendung von Namenszusätzen bzw. -bestandteilen oder einer ähnlichen visuellen Gestaltung des Markenauftritts – eine Marke für die Aktivitäten im Electronic Commerce geschaffen wird. Beispiele hierfür stellen die Marken E-Sixt – als Internet-Angebot der Autovermietung Sixt – oder Douglasbeauty, der Online-Shop des Kosmetikhändlers Douglas, dar.

■ Im Fall einer vollständigen Integration zwischen der internetbasierten und der vorhandenen Marke wird von einer **Hybriden Markenstrategie** gesprochen. Hier wird die zu Grunde liegende markierte Leistung vom Markenführer unter Verwendung eines einheitlichen Markennamens sowohl über das Internet als auch über klassische Transaktionskanäle angeboten. Beispielhaft können der Versandhändler Quelle, der Reiseanbieter TUI oder der Medienanbieter Barnes & Noble als Verfolger einer Hybriden Markenstrategie angeführt werden.

Abbildung 4 fasst die markenstrategischen Optionen für den Electronic Commerce nochmals in einer Übersicht zusammen.

| **Abbildung 4** | **Markenstrategische Optionen für den Electronic Commerce** |

Fremdbestimmte Markenführung	Eigenständige Markenführung		
✕	Bedingung: ---	Bedingung: Existenz einer Marke aus klassischer Marktumgebung	
Strategietyp	**Virtuelle Markenstrategie**	**Kombinierte Markenstrategie**	**Hybride Markenstrategie**
Definition	Unabhängige, internetspezifische Marke ohne Verbindung zu Marken aus klassischen Marktumgebungen	Verbindung vorhandener Elemente einer Kernmarke mit neuen internetspezifischen Bestandteilen zu Kombinierter Marke	Verwendung eines einheitlichen Markennamens für Electronic Commerce und weitere Transaktionskanäle
Integrationsgrad	keine Integration	teilweise Integration	vollständige Integration
Beispiele	■ amazon ■ ebookers ■ ricardo	■ e-Sixt ■ DouglasBeauty	■ Quelle ■ TUI ■ Barnes & Noble

GABLER GRAFIK

Mit Blick auf den oben abgeleiteten Stellenwert sowie die Anforderungen der Markenführung im Kontext des Electronic Commerce lassen sich die alternativen Markenstrategien einerseits hinsichtlich ihrer außengerichteten Wirkungen und andererseits hinsichtlich ihrer innengerichteten Steuerungserfordernisse und -spielräume bewerten.

Bezüglich der **orientierungserleichternden, risikoreduzierenden und differenzierenden Wirkungen von Marken** im Electronic Commerce ist in diesem Zusammenhang der vollständigen Integrationsstrategie durch den Einsatz einer Hybriden Marke das größte Potenzial zu konstatieren. Durch die Verwendung einer bereits etablierten Marke für den Electronic Commerce können Bekanntheits- und Vertrauensvorsprünge dieser Marken gegenüber Virtuellen Marken genutzt werden, die sich in einer größeren Nutzungsbereitschaft Hybrider Marken beim Internet-Shopping niederschlagen (Ahlert/ Kenning/Schneider 2000, S. 210 f.; Gruner+Jahr AG & Co. 2000, S. 12 ff.). Ebenso belegen erste Testuntersuchungen, dass Hybride Marken auf Grund ihrer Mehrkanalpräsenz in der Wahrnehmung der Internetnutzer über ausgeprägtere Differenzierungsmerkmale verfügen, die sich in deutlich höheren Wiedererkennungsraten dieser Marken widerspiegeln (Interbrand Zintzmeyer & Lux 2000, S. 8). Allerdings ist bei der Verfolgung einer Hybriden Markenstrategie auf Grund der engeren Wechselwirkungen zwischen Online- und Offline-Umgebung im Vergleich zu einer Virtuellen Markenstrategie auch von einer gesteigerten Gefahr negativer Ausstrahlungseffekte bei einer möglichen Verschlechterung des Images einer der beiden Marktpräsenzen auszugehen. In einem ähnlichen Spannungsfeld zwischen orientierungserleichternden, risikoreduzierenden und differenzierenden Wirkungen einerseits sowie den Gefahren negativer Ausstrahlungseffekte andererseits bewegen sich Kombinierte Markenstrategien. So wird das originäre Orientierungs-, Risikoreduktions- und Differenzierungspotenzial Kombinierter Marken in erster Linie durch die Intensität der Verwendung bereits etablierter Markenelemente bestimmt. Mit zunehmender Integrationsintensität birgt eine Kombinierte Markenstrategie jedoch gleichzeitig neben der wachsenden Gefahr negativer Ausstrahlungseffekte auch das Risiko eines unprofilierten Images der vorhandenen und der kombinierten Marke in sich (Meffert/Schleusener 2001, o. S.).

Hinsichtlich der **Steuerungs- und Gestaltungsfreiräume im Rahmen des Prozesses der identitätsorientierten Markenpositionierung und -profilierung** (vgl. Abbildung 3) bestehen bei der Verfolgung einer Virtuellen Markenstrategie tendenziell größere Spielräume, da in der Regel nicht an Traditionen oder Verpflichtungen aus der Vergangenheit angeknüpft werden muss (Felsenberg 2000, S. 62). Demgegenüber dürfen bei einer Hybriden Markenstrategie die konstitutiven Elemente der bereits existierenden Marke – der formulierte Kundennutzen als spezifische Kompetenz der Marke, die Visionen, die grundlegenden Wertvorstellungen und Ziele sowie das Verhältnis der Marke zu den wesentlichen internen und externen Bezugsgruppen – durch die Aktivitäten im Electronic Commerce nicht wesentlich verändert werden, um einen Verlust der Markenidentität und damit des aufgebauten Vertrauens bei den Bezugsgruppen der Marke zu vermeiden (Meffert/Burmann 1996, S. 52). Darüber hinaus existiert ein im Vergleich zur Virtuellen Markenstrategie erweiterter Koordinationsbedarf zur Sicherstellung eines konsistenten Erscheinungsbildes zwischen der Online- und Offline-Präsenz einer Hybriden

Marke, da neben einer kommunikativen auch eine leistungsbezogene medienübergreifende Abstimmung zu erfolgen hat. Das Internet darf aus diesem Grund nicht als Testfeld für innovative und vom bisherigen Erscheinungsbild abweichende markenpolitische Aktivitäten verstanden werden (Pogoda 1999, S. 292 ff.). Vielmehr ergeben sich aus der Verfolgung einer Hybriden Markenstrategie gesteigerte Ansprüche an den Prozess einer ganzheitlichen Markenführung, um den Aufbau einer starken Markenidentität als Grundlage von Vertrauen und Glaubwürdigkeit sicherzustellen.

Den Flexibilitätsvorteilen Virtueller Markenstrategien stehen jedoch erhebliche Nachteile vor allem bei den notwendigen Investitionen zur Erzeugung einer ausreichenden Markenbekanntheit gegenüber. Synergiepotenziale – beispielsweise im Rahmen der Markenkommunikation in unterschiedlichen Medien – können im Gegensatz zu Hybriden Markenstrategien nicht ausgeschöpft werden. Kombinierte Markenstrategien nehmen wiederum eine heterogene Stellung ein. Mit wachsender Entfernung von der Kernmarke ist einerseits die Erweiterung bzw. Veränderung der Kompetenzbereiche der Kombinierten Marke denkbar, andererseits folgt daraus der Verzicht auf Synergiewirkungen zwischen Kern- und Kombinierter Marke. Abbildung 5 gibt einen abschließenden Überblick über die Vor- und Nachteile der unterschiedlichen markenstrategischen Optionen für den Electronic Commerce.

Abbildung 5   **Bewertung markenstrategischer Optionen im Electronic Commerce**

Kriterium / Strategietyp	Virtuelle Markenstrategien	Kombinierte Markenstrategien	Hybride Markenstrategien
Wirkungsebene			
Orientierungspotenzial	gering	mittel	stark
Risikoreduktionspotenzial	gering	mittel	stark
Differenzierungspotenzial	gering	mittel	stark
Gefahr von Ausstrahlungseffekten	gering	mittel	stark
Gefahr der Verwässerung des Markenimages	gering	stark	mittel
Gestaltungsebene			
Flexibilität	stark	mittel	gering
Koordinationsbedarf	mittel	mittel	stark
Nutzung von Synergiepotenzialen	gering	mittel	stark
Kosten der Markenetablierung	stark	mittel	gering

● stark ausgeprägt   ◗ mittel ausgeprägt   ○ gering ausgeprägt

GABLER
GRAFIK

3.2 Besonderheiten beim Prozess der Positionierung und Profilierung der Marke

3.21 Definition des zentralen Nutzenversprechens der Marke

Den Ausgangspunkt des Planungsprozesses der Markenpositionierung und -profilierung im Electronic Commerce bildet die **Formulierung eines internetspezifischen Kundennutzens** (Dayal/Landesberg/Zeisser 2000, S. 46 f.), welcher als zentraler Kern der Markenidentität in der Markenphilosophie des Anbieters zum Ausdruck kommt und den gemeinsamen Bezugspunkt aller weiteren Planungsschritte darstellt. Voraussetzung für eine nutzeradäquate Definition des zentralen Nutzenversprechens der Marke bildet zunächst die Analyse der nachfragerseitigen Bedürfnisstrukturen im Electronic Commerce zur Identifikation konkreter Problemlösungsalternativen, die in der Wahrnehmung der Nutzer eine dominierende Stellung einnehmen und sowohl gegenüber internetbasierten als auch nicht-internetbasierten Wettbewerbern das größte Differenzierungspotenzial besitzen (Meffert/Burmann 1996, S. 50).

Im Kontext des Electronic Commerce lassen sich mit dem funktionalen, dem prozessualen und dem beziehungsorientierten Nutzen drei Dimensionen aufzeigen, die zur Definition des zentralen Nutzenversprechens der Marke herangezogen werden können (Court et al. 1999, S. 13):

■ **Funktionale Kundennutzenvorteile** einer Marke im Electronic Commerce kommen in überlegenen objektiv-technischen Leistungen der Marke zum Ausdruck. Hierzu zählen beispielsweise die generelle Funktionsfähigkeit und Sicherheit der markierten Leistungen bzw. des Electronic Commerce-Angebots. Gerade für funktionale Nutzenbestandteile einer Marke, die im Electronic Commerce oftmals auf dem Einsatz innovativer Softwarelösungen beruhen, ist jedoch zu beobachten, dass diese in kürzester Zeit durch Konkurrenten imitiert werden können. Das Potenzial für die Schaffung von Wettbewerbsvorteilen durch funktionale Nutzenversprechen der Marke ist im Electronic Commerce dementsprechend als relativ gering einzustufen.

■ **Prozessuale Kundennutzenvorteile** einer Marke im Electronic Commerce bestehen in einer einfacheren, schnelleren, günstigeren und angenehmeren Abwicklung von Transaktionen oder Informationsaustäuschen zwischen dem Markenführer und dem Nutzer der markierten Leistung (Court et al., S. 7). Die besonderen Eigenschaften des Internet bieten hier vor allem neue Ansatzpunkte, um internetbasierte Marken gegenüber klassischen Marken mit überlegenen prozessualen Nutzenattributen zu versehen. So kann beispielsweise die Annehmlichkeit von Einkäufen via Internet durch die räumliche und zeitliche Unabhängigkeit und Unmittelbarkeit des Mediums betont werden, da die Nutzer ihre Bedürfnisse von zu Hause aus rund um die Uhr befriedigen können, ohne Wartezeiten in Kauf nehmen zu müssen (Swinka 2000, S. 30). Während prozessuale Nutzenvorteile einer Marke im Electronic Commerce, die auf den medienspezifischen Charakteristika des Internet beruhen, insbesondere eine Profilierung gegenüber nicht-internetbasierten Marken ermöglichen, ist das Profilierungspotenzial gegenüber konkurrierenden internetbasierten Marken schwächer ausgeprägt, da die genannten Eigenschaften des Internet potenziell allen markenführenden Unternehmen im Electronic Commerce zur Verfügung stehen und damit Imitierbarkeit gegeben ist.

■ Demgegenüber besteht in der Formulierung und Implementierung eines **beziehungsorientierten Kundennutzenvorteils** der Marke das größte Potenzial zu einer aus Nutzersicht überlegenen Abgrenzung sowohl von konkurrierenden Angeboten im Electronic Commerce als auch von nicht-internetbasierten Marken. Vorteile aus Beziehungen können dabei in sozio-emotionale sowie instrumentelle Vorteile differenziert werden (Fournier 1999, S. 143). Das Internet bietet auf Grund der Interaktivität des Mediums und der Möglichkeit zur Personalisierung von Angeboten eine besondere Chance zur Schaffung instrumenteller Beziehungsvorteile. Diese ergeben sich zum Beispiel durch Erleichterungen oder Vergünstigungen bei der Abwicklung von Transaktionen im Electronic Commerce, die sich erst auf Basis wiederholter Interaktionen zwischen Nutzer und Marke entfalten können. Beispielhaft sei an dieser Stelle die Bereitstellung von individuellen Buch- oder Musikempfehlungen durch den Anbieter Amazon genannt, die auf vergangenen Kontakten zwischen dem Markenanbieter und dem Nutzer beruhen, und letzterem Auswahl und Suche erleichtern (Reimerdes 2000, S. 37). Derartige vom Kunden wahrgenommene instrumentelle Nutzenvorteile wiederholter Zusammentreffen münden in einer verbesserten Stabilität und Dauerhaftigkeit der Marken-Kunden-Beziehung und einer verstärkten Bindung des Kunden an die Marke. Ebenso ermöglichen Interaktivität und Personalisierungsoptionen die Schaffung sozio-emotionaler Vorteile, indem die Marke als aktiver Beziehungspartner auftreten und auf Konsumenten verschiedenartig eingehen kann, wodurch sie „quasi-soziale Kompetenz" erlangt (Hamm 1997, S. 46; Kastenmüller 2001, S. 223 f.). Der auf einer informationstechnologischen Basis beruhende Aufbau personalisierter Beziehungen bietet dabei insbesondere gegenüber nicht-internetbasierten Marken aus anonymen Massenmärkten enorme Profilierungspotenziale. Gleichzeitig stellt die Etablierung von Beziehungsvorteilen einen wirksamen und schwer-imitierbaren Schutz gegenüber konkurrierenden Marken im Electronic Commerce dar, da ihr Aufbau zunächst mehrmalige Interaktionen voraussetzt.

3.22 Internetspezifische Gestaltungselemente der Marke

Die entlang der funktionalen, prozessualen und beziehungsorientierten Dimensionen herausgearbeiteten dominierenden und differenzierenden Eigenschaften bzw. Nutzenvorteile der betrachteten Marke sind im Rahmen der Markengestaltung in ein äußeres Erscheinungsbild und Leistungsprofil der Marke im Electronic Commerce zu transferieren.

Hierzu ist neben der Identifikation und Abstimmung genereller Merkmale der Markenidentität, wie zum Beispiel der Preisstellung und des angebotenen Leistungsprogramms, der Bestimmung und Abstimmung der **internetspezifischen Gestaltungselemente** einer Marke, die ihrer Identität klare Konturen verleihen, besondere Aufmerksamkeit zu widmen. Zur Bestimmung dieser identitätsbestimmenden Komponenten des Internetauftritts kann auf verschiedene Untersuchungen zur Wahrnehmung und Akzeptanz von Electronic Commerce-Angeboten zurückgegriffen werden. Als prägende **Einflussfaktoren** wurden im Rahmen dieser Studien

- der Informationsgehalt und Unterhaltungswert der Website,
- die Aktualität der angebotenen Informationen,
- die Übersichtlichkeit bzw. Bedienungs- und Navigationsfreundlichkeit der Website,
- die gestalterische Aufmachung der Website,
- die Offenlegung eines Sicherheitskonzeptes bzw. der Eingang von Kooperationen mit Sicherheitsmarken („Seals of Approval") und
- die Interaktivität der Website, durch die das charakteristische Verhalten gegenüber den Kunden zum Ausdruck gebracht wird,

identifiziert (Dreze/Zufryden 1997, S. 77 ff.; Ghose/Dou 1998, S. 29 ff.; Kurz 1998, S. 217 ff.; Cheskin Research/Studio Archetype-Sapient 1999, S. 9 ff.; Cheskin Research 2000, S. 19 ff.).

Für die konkrete inhaltliche und formale **Ausgestaltung und Abstimmung** der aufgeführten Elemente des Internetauftritts bietet sich nach vorgeschalteten intensiven Konkurrenz- und Nutzeranalysen die Durchführung interner Workshops unter Moderation externer Experten an (Esch/Hardiman/Langner 2000, S. 16).

3.23 Intra-mediale und inter-mediale Markenintegration

In der Phase der Markenintegration, in der alle Marketingmaßnahmen der unterschiedlichen Mixbereiche auf die Markenidentität als strategischem Kern der Marke abzustimmen sind, können im Kontext des Electronic Commerce zum einen intra-mediale und zum anderen inter-mediale Integrationsbemühungen unterschieden werden.

Das Ziel der **intra-medialen Markenintegration** besteht in der Gewährleistung des Vorhandenseins sowie der inhaltlichen und formalen Konsistenz der identitätsbestimmenden Gestaltungselemente auf allen Ebenen des Markenauftritts im Internet. Dies bedeutet zum einen, dass dem Nutzer im Rahmen eines Einkaufsvorganges im Electronic Commerce, das heißt vom ersten Kontakt mit der Website über die Produktsuche bis hin zum Bestell- und Bezahlvorgang, ein konsistentes und dem Markenleitbild entsprechendes Bild vermittelt werden muss (Reimerdes 2000, S. 41). Zum anderen ist gleichzeitig sicherzustellen, dass jede Ebene und Verzweigung des Markenauftritts für sich allein genommen keine Widersprüche zu den identitätsbestimmenden Merkmalen der Marke erzeugt, da die Nutzer mit Hilfe von Suchfunktionen, gespeicherten Bookmarks oder sons-

tigen Links unmittelbar in tief verzweigte Ebenen des Markenauftritts eintauchen können, ohne der vom markenführenden Unternehmen intendierten Strukturierung der
Website zu folgen (Esch/Hardiman/Langner 2000, S. 12).

Die **inter-mediale Markenintegration** bezieht sich hingegen auf die medienübergreifende Abstimmung aller Marketingmaßnahmen (Meffert/Bongartz 2001, S. 21 ff.). Hierzu bedarf es zunächt einer markenspezifischen Analyse aller Verbindungslinien zwischen den Online- und den Offline-Aktivitäten der betrachteten Marke. Der sich aus diesen Verbindungen ergebende Integrationsbedarf kann von einer rein kommunikativen
Abstimmungsnotwendigkeit zwischen klassischen und neuen Medien bis hin zu einem
umfassenden, das gesamte Marketing-Mix betreffenden Koordinationserfordernis zwischen den Marketingmaßnahmen in klassischen und digitalen Marktumgebungen reichen und wird vor allem durch die Wahl der markenstrategischen Option für den Electronic Commerce determiniert (vgl. hierzu Kapitel 3.1 dieses Beitrages). Für die Implementierung eines ganzheitlichen, medienübergreifenden Markenkonzeptes wird insbesondere bei starken Interdependenzen zwischen klassischem und digitalem Marktraum die
Einrichtung einer zentralen und koordinierenden Stelle im Unternehmen empfohlen,
welche nicht nur die Erstellung und Pflege des Internetauftritts der Marke zur Aufgabe
hat, sondern auch dessen Integration in das globale medienübergreifende Markenkonzept in den unterschiedlichen Mixbereichen überwacht und steuert (Fantapiè Altobelli
1996, S. 341).

3.24 Internetbasierte und klassische Maßnahmen der Markenpenetration

In der Phase der Markenpenetration steht zum einen die Vermittlung eines klaren Bildes
von der Marke gegenüber außenstehenden Bezugsgruppen – insbesondere den aktuellen
und potenziellen Internetnutzern – im Vordergrund, wodurch Sympathie und Vertrauen
gegenüber der Marke und damit eine erhöhte Kauf-, Wiederkauf- und Weiterempfeh-
lungsabsicht erreicht werden soll. Zum anderen wird innengerichtet die Förderung eines
markenadäquaten Verhaltens der Mitarbeiter auf Basis eines klaren Markenverständnisses und einer hohen Identifikation mit der Marke angestrebt (Meffert/Burmann 1996,
S. 64 f.; Ochs 2001, S. 111). Im Rahmen der innen- und außengerichteten Markenpenetration für den Electronic Commerce können dabei internetbasierte und klassische Maßnahmen differenziert werden.

Die **internetbasierten Maßnahmen der Markenpenetration** lassen sich zunächst in
Aktivitäten auf der eigenen Website bzw. im Intranet-Bereich sowie weitere Maßnahmen
außerhalb der eigenen Website unterteilen (Schneider/Gerbert 1999, S. 112 ff.).

■ Im unmittelbaren Einflussbereich des markenführenden Electronic Commerce-Unternehmens liegen **Maßnahmen auf der eigenen Website bzw. im Intranet-Bereich**, welche den Kern der internetbasierten Markenpenetration darstellen. Auf der eigenen Website können unter Beachtung der identitätsbestimmenden Gestaltungselemente (vgl. Kapitel 3.22 dieses Beitrages) regelmäßige und aktuelle Informationen über die Tätigkeiten des Anbieters, Neuigkeiten und Erfolge für interne sowie externe Zielgruppen platziert oder auch gezielte Verkaufsförderungsmaßnahmen durchgeführt werden (Schneider/Gerbert 1999, S. 112 ff.; Schnetkamp/Kenning 2000, S. 28). Eine besondere Stellung im Rahmen der innengerichteten Markenpenetration nimmt die Einrichtung eines nur für Organisationsmitglieder zugänglichen Intranet-Bereiches ein. Hier können beispielsweise für die Mitarbeiter detaillierte markenbezogene Informationen oder Gestaltungs- und Verhaltensrichtlinien zugänglich gemacht werden. Durch die Öffnung von Teilen oder des gesamten Intranet für externe Zielgruppen können darüber hinaus die Transparenz und Glaubwürdigkeit der Marke nach außen erhöht werden, indem zum Beispiel unternehmensinterne Informationen über den Lieferstatus oder den Umgang mit persönlichen Daten für Betroffene offengelegt werden (Aaker/Joachimsthaler 2000, S. 238 ff.).

Weitere internetbasierte Maßnahmen der Markenpenetration eines Unternehmens, die **außerhalb des eigenen Website- bzw. Intranet-Bereiches** angesiedelt sind, dienen vor allem der Steigerung der Zugriffszahlen auf die zentrale Website als „Kristallisationspunkt" der Marke im Kontext des Electronic Commerce. Anhand der angestrebten Zugriffsreaktion können dabei Aktivitäten mit direkter oder indirekter Ausrichtung unterschieden werden (Herrmanns/Matzdorf/Riedmüller 2001, S. 205).

■ Maßnahmen, die auf eine **direkte Zugriffsreaktion** der Nutzer abzielen, dienen in erster Linie der unmittelbaren Steigerung der Besucherfrequenz auf der eigenen Electronic Commerce-Website des Unternehmens und sind in der Regel durch eine Verbindung (Link) zu dieser Website gekennzeichnet. Hierzu zählen neben sog. Brand Placements, Bannerwerbung, Interstitials, E-Mail-basierter Kommunikation und der Präsenz in Suchmaschinen beispielsweise auch das Online-Sponsoring markenaffiner fremder Webangebote (Lindström/Andersen 2000, S. 225 ff.; Kania 2001, S. 181 ff.; Klein-Bölting/Busch 2001, S. 153 f.; Specht 2001, S. 260).

■ Demgegenüber lassen sich Aktivitäten abgrenzen, die nur **indirekt** zur Generierung von „Traffic" auf der eigenen Electronic Commerce-Website beitragen und eher der allgemeinen Bekanntheits- und Sympathiesteigerung der Marke bei den Internetnutzern dienen. Im Rahmen derartiger Maßnahmen werden gezielt Prozesse gefördert, die den Erfahrungsaustausch zwischen den Nutzern über die Marke betreffen. Hier sind insbesondere die Präsenz und Platzierung der Marke in Diskussionsforen oder Newsgroups zu nennen (Schneider/Gerbert 1999, S. 119 f.). Einen Sonderfall stellt dabei die vom markenführenden Unternehmen initiierte Einrichtung von Virtuellen Communities dar. Virtuelle Communities sind Gruppen, denen ein spezifischer Interessenschwerpunkt zu Grunde liegt und bei denen die verwendeten Inhalte von den Mitgliedern der Virtuellen Community bereitgestellt werden (Hagel III/Armstrong

1997, S. 23 f.; Bennemann/Schröder 1999, S. 261 ff.). Ähnlich wie bei der Präsenz in Newsgroups oder Diskussionsforen bewegt sich der Beitrag unternehmensinitiierter Virtueller Communities zur zielsetzungsgerechten Markenpenetration in einem Spannungsfeld zwischen den Risiken mangelnder Steuer- und Kontrollierbarkeit der durch die Mitglieder verbreiteten markenbezogenen Inhalte und den Chancen zum Aufbau eines markentreuen, sozialen Netzwerks von Internetnutzern, die unter dem Dach der Marke miteinander in Beziehung stehen (Boston Consulting Group/Gruner+Jahr AG & Co. 2000, S. 44 f.; McWilliam 2000, S. 43 ff.; Muniz/O'Guinn 2001, S. 427).

Die internetbasierten Maßnahmen sind durch **klassische innen- und außengerichtete Maßnahmen der Markenpenetration** zu ergänzen. Neben der Nennung der Internet-Adresse auf allen Produkten, Verpackungen und Publikationen bietet sich insbesondere der Einsatz reichweitenstarker klassischer Werbemedien zur Steigerung der Markenbekanntheit und zur Erzeugung positiver Markenassoziationen an (Schneider/Gerbert 1999, S. 121 f.; Boston Consulting Group/Gruner+Jahr AG & Co. 2000, S. 33 ff.).

3.25 Unternehmens- und nutzergesteuerte Markenadaption

Gegenstand der Markenadaption ist die Anpassung der Marke an modifizierte Strukturen, Bedürfnisse und Verhaltensweisen der Nutzer sowie Veränderungen des Wettbewerbsumfeldes und -verhaltens (Meffert 2000b, S. 856). Die Anpassung und Weiterentwicklung der Marke an veränderte Rahmenbedingungen ist gerade auf Grund der strukturellen Verschiebungen bei den Internetnutzern sowie den instabilen Konkurrenzverhältnissen im Electronic Commerce von besonderer Bedeutung.

Als neuartige Ansatzpunkte zur unternehmensgesteuerten Adaption von Marken im Kontext des Electronic Commerce fungieren **innovative Kontroll- und Überwachungsmethoden**, mit deren Hilfe Nutzungsvorgänge des Electronic Commerce-Angebots sekundengenau und digital in Form sog. Log Files aufgezeichnet werden können (Bachem 1997, S. 191). Auf Basis dieser Informationen lassen sich aus der Perspektive des markenführenden Unternehmens konkrete Hinweise auf die Relevanz und Wirkung der im Rahmen des internetbasierten Markenauftritts angebotenen Inhalte, Produkte und Leistungen ableiten und entsprechende Maßnahmen zur optimierten Darstellung, Strukturierung und Anordnung der Gestaltungselemente der Marke ergreifen. Die Speicherung individueller Nutzungsvorgänge erlaubt in Verbindung mit einer Nutzererkennung (zum Beispiel durch die Verwendung von Cookies) darüber hinaus die automatisierte Anpassung des Markenauftritts im Internet an die – aus dem früheren Nutzungsverhalten abgeleiteten – persönlichen Bedürfnisse des Nutzers.

Die Anpassung der Marke an persönliche Interessen und Bedürfnisse kann auch vom Nutzer selbst initiiert werden. Die medienspezifischen Charakteristika des Internet erlauben eine **vom Nutzer ausgehende Personalisierung des Markenauftritts** (zum Beispiel My-Yahoo), indem er einzelne Gestaltungselemente, die für ihn von besonderer Relevanz sind, zu einem für ihn optimalen Set konfiguriert (vgl. Abbildung 6). Im Rahmen eines interaktiven Adaptionsprozesses passt der Nutzer die Marke somit selbst entsprechend seiner Bedürfnisse an und wird damit in das Markensystem des Anbieters integriert (Boston Consulting Group/Gruner+Jahr 2000, S. 9 ff.; Hermanns/Matzdorf/ Riedmüller 2001, S. 202).

| Abbildung 6 | Beispiel für nutzergesteuerte Anpassung des Markenauftritts |

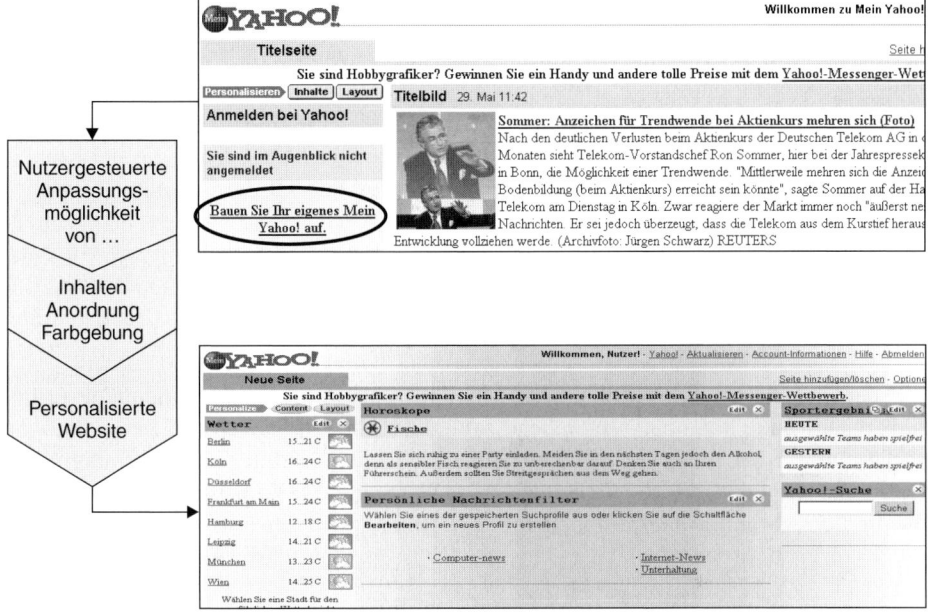

GABLER
GRAFIK

Quelle: http://www.de.my.yahoo.com

Die unternehmens- und nutzerseitig gesteuerte Personalisierung von Elementen des Markenauftritts stößt jedoch dort an ihre **Grenzen**, wo essenzielle identitätsbestimmende Merkmale der Marke berührt werden. In diesem Fall besteht die Gefahr, dass es im Rahmen weiterer Markenkontakte – zum Beispiel in Massenmedien oder in Gesprächen über die Marke – zu widersprüchlichen Außenwahrnehmungen der Marke und damit zum Verlust einer klaren Markenidentität kommt. Zudem erschwert ein individualisierter und zersplitterter Außenauftritt der Marke die Kommunikation eines klaren Markenbildes nach innen. Demgegenüber bieten sich für akzidenzielle Merkmale der Marke durchaus Spielräume zur Individualisierung (Kastenmüller 2001, S. 223 f.).

4.   Zusammenfassung

Im schnell wachsenden Markt des Business-to-Consumer-Electronic-Commerce besitzen Marken wegen ihrer differenzierenden, orientierungserleichternden und risikoreduzierenden Wirkungen eine besondere Relevanz für Kauf- und Auswahlentscheidungen
der Nutzer. Auf Grund dieser nutzer- und wettbewerbsbezogenen Bedeutung und Funktionen von Marken hat sich die mediengerechte Führung einer Marke zu einem zentralen
Erfolgsfaktor für Unternehmen im Electronic Commerce entwickelt (Aaker 2000,
S. 148; Meffert/Böing 2000, S. 20).

Angesichts der aus den internetspezifischen Charakteristika resultierenden Vertrauens-
und Differenzierungsproblematik erweist sich im Electronic Commerce die Konzeption
der identitätsorientierten Markenführung als adäquater Ansatz zur Profilierung und Positionierung eines Electronic Commerce-Angebots. Den Ausgangspunkt der Überlegungen bildete dabei die Darstellung und Bewertung unterschiedlicher markenstrategischer
Optionen für den Electronic Commerce. Mit der Virtuellen Markenstrategie, der Kombinierten Markenstrategie und der Hybriden Markenstrategie wurden drei markenstrategische Optionen für den Electronic Commerce vorgestellt. Die Darlegung der unterschiedlichen nutzer- und wettbewerbsbezogenen Wirkungen sowie der strategiespezifischen
Entscheidungsinhalte und -freiräume im Rahmen der Markenführung kann dabei als Basis einer systematischen Vorauswahl markenstrategischer Optionen für den Electronic
Commerce dienen.

Auf der Grundlage des identitätsorientierten Prozesses der Positionierung und Profilierung einer Marke konnten anschließend zahlreiche Modifikationen und Erweiterungen
aufgezeigt werden, die jeweils vor dem Hintergrund der gewählten markenstrategischen
Option für den Electronic Commerce zu betrachten sind. Im Vordergrund standen dabei
die Berücksichtigung internetspezifischer Aspekte sowie der erweiterte Integrations-
und Koordinationsbedarf auf Grund medienübergreifender markenpolitischer Aktivitäten.

Die hier vorgestellte Modifikation und Erweiterung des identitätsorientierten Prozesses
der Positionierung und Profilierung von Marken sowie die strukturierte Analyse möglicher Chancen und Risiken alternativer Markenstrategien stellen insgesamt gesehen einen
Erfolg versprechenden Ausweg aus dem bislang in der Praxis häufig zu beobachtenden
provisorischen und experimentellen Umgang mit Marken im Kontext des Electronic
Commerce dar.

Literatur

Aaker, D. A., „Rezept für Mittelmäßigkeit", in: Wirtschaftswoche, Nr. 11, 09.03.2000.

Aaker, D. A., Joachimsthaler, E., Brand Leadership, New York 2000.

Achterholt, G., Corporate Identity. In zehn Arbeitsschritten die eigene Identität finden, Wiesbaden 1988.

Ahlert, D., Kenning, P., Schneider, D., Markenmanagement im Handel – Von der Handelsmarkenführung zum integrierten Markenmanagement in Distributionsnetzen: Strategien – Konzepte – Praxisbeispiele, Wiesbaden 2000.

Almeida, V. A. F., Meira Jr., W., Ribeiro, V. F., Ziviani, N., Efficieny analysis of brokers in the electronic marketplace, in: Computer Networks, Vol. 31, 1999, pp. 1079–1090.

Angehrn, A., Designing Mature Internet Business Strategies: The ICDT Model, in: European Management Journal, Vol. 15, No. 4, 1997, pp. 361–369.

Bachem, C., Webtracking – Werbeerfolgskontrolle im Netz, in: Wamser, C., Fink, D. H. (Hrsg.), Marketing-Management mit Multimedia: Neue Medien, neue Märkte, neue Chancen, Wiesbaden 1997, S. 189–198.

Bennemann, St., Schröder, J., Virtuelle Communities als Instrument des Internet-Marketing, in: Fritz, W. (Hrsg.), Internet-Marketing, Stuttgart 1999, S. 258–278.

Böing, Ch., Erfolgsfaktoren im Business-to-Consumer-E-Commerce, Wiesbaden 2001.

Boston Consulting Group, Gruner + Jahr AG & Co. (Hrsg.), eBranding – Kernfusion in der Markenführung, Köln 2000.

Boston Consulting Group (Hrsg.), The Race for Online Riches: E-Retailing in Europe, February 2000.

Bouncken, R., Vertrauen – Kundenbindung – Erfolg? Zum Aspekt des Vertrauens bei Dienstleistungen, in: Bruhn, M. (Hrsg.), Dienstleistungsmanagement – Jahrbuch 2000, Wiesbaden 2000, S. 4–22.

Cheskin Research (Hrsg.), Trust in the Wired Americas, July 2000.

Cheskin Research, Studio Archetype-Sapient (Hrsg.), eCommerce Trust Study, January 1999.

Clement, M., Peters, K., Preiß, F. J., Electronic Commerce, in: Albers, S., Clement, M., Peters, K. (Hrsg.), Marketing mit interaktiven Medien, Frankfurt/M. 1998, S. 50–64.

Court, D., French, T. D., McGuire, T. J., Partington, M., Marketing in 3-D, in: The McKinsey Quarterly, Nr. 4, 1999, pp. 6–17.

Davis, R., Buchanan-Oliver, M., Brodie, R. J., Retail Service Branding in Electronic-Commerce Environments, in: Journal of Service Research, Vol. 3, No. 2, 2000, pp. 178–186.

Dayal, S., Landesberg, H., Zeisser, M., Building digital brands, in: The McKinsey Quarterly, Nr. 2, 2000, pp. 42–51.

Degeratu, A. M., Rangaswamy, A., Wu, J., Consumer choice behavior in online and traditional supermarkets: The effects of brand name, price, and other search attributes, in: International Journal of Research in Marketing, Vol. 17, 2000, pp. 55–78.

Dreze, X., Zufryden, F., Testing Web Site Design and Promotional Content, in: Journal of Advertising Research, March/April, 1997, pp. 77–91.

Dudenhöffer, F., Herausforderungen an die Markenführung im Zeitalter des Internet aus wissenschaftlicher Perspektive, in: Meffert, H., Backhaus, K., Becker, J. (Hrsg.), Markenführung im Internet, Dokumentationspapier Nr. 141 der Wissenschaftlichen Gesellschaft für Marketing und Unternehmensführung e. V., Münster 2000, S. 6–25.

Ernest & Young (Hrsg.), The Second Annual Ernest & Young Internet Shopping Study – The Digital Channel Continues to Gather Stream, New York 1999.

Esch, F. R., Hardiman, M., Langner, T., Wirksame Gestaltung von Markenauftritten im Internet, in: Thexis, Nr. 3, 2000, S. 10–16.

Fantapiè Altobelli, C., Internet und integrierte Markt-Kommunikation, in: zfo, Nr. 6, 1996, S. 338–342.

Felsenberg, A., Die Marken des Internet, in: HORIZONTmagazin, Nr. 1, 2000, S. 62.

Fournier, S. M., Markenbeziehungen – Konsumenten und ihre Marken, in: Esch, F.-R. (Hrsg.), Moderne Markenführung: Grundlagen – innovative Ansätze – praktische Umsetzungen, Wiesbaden 1999, S. 135–166.

GfK (Hrsg.), GfK Online-Monitor, Ergebnisse der 7. Untersuchungswelle, Nürnberg 2001.

Ghose, S., Dou, W., Interactive Functions and Their Impacts on the Appeal of Internet Presence Sites, in: Journal of Advertising Research, March/April, 1998, pp. 29–43.

Gruner + Jahr AG & Co. (Hrsg.), Stern Trendprofile 10/00 – Markenstatus der Online-Marken, Hamburg 2000.

Hagel III, J., Armstrong, A. G., Net Gain – Profit im Netz: Märkte erobern mit virtuellen Communities, Wiesbaden 1997.

Hamm, I., Electronic Branding, in: planung & analyse, Nr. 1, 1997, S. 45–49.

Hauptverband des Deutschen Einzelhandels (Hrsg.), E-Commerce, http://www.einzelhandel.de/stichwort/E-Commerce.htm, Abruf vom 22.05.2001.

Hermanns, A., Matzdorf, S., Riedmüller, F., Marken im Internet – die virtuelle Herausforderung, in: Hermanns, A., Sauter, M. (Hrsg.), Management-Handbuch electronic commerce: Grundlagen, Strategien, Praxisbeispiele, 2. Aufl., München 2001, S. 193–209.

Hoffman, D. L., Novak, T. P., Peralta, M., Building Consumer Trust in Online Environments: The Case for Information Privacy, http://www2000.ogsm.vanderbilt.edu/, Vanderbilt University 1998.

Interbrand Zintzmeyer & Lux (Hrsg.), Site-Seeing im Internet. Resultate einer Untersuchung über die Wiedererkennung von Marken im WorldWideWeb, Zürich 2000.

Jasper, C. R., Ouellete, S. J., Consumers' Perception of Risk and the Purchase of Apparel from Catalogs, in: Journal of Direct Marketing, Vol. 8, Spring 1994, pp. 23–36.

Kania, D., Branding.com: online branding for marketing success, Lincolnwood (Chicago) 2001.

Kastenmüller, St., Markenbildung im Internet, in: Hermanns, A., Sauter, M. (Hrsg.), Management-Handbuch electronic commerce: Grundlagen, Strategien, Praxisbeispiele, 2. Aufl., München 2001, S. 211–226.

Kirchmair, R., Markenimages im Netz, in: planung & analyse, Nr. 1, 2001, S. 38–42.

Klein-Bölting, U., Busch, O., Markenführung im Digital Age, in: Merten, K., Zimmermann, R. (Hrsg.), Das Handbuch der Unternehmenskommunikation 2000 / 2001, Köln 2001.

Kuhlen, R., Vertrauenssicherung auf elektronischen Märkten, in: WISU, Nr. 2, 2000, S. 220–226.

Kurz, H., Determinanten der Akzeptanz von Firmenauftritten im Internet, in: der markt, Nr. 3+4, 1998, S. 215–226.

Lindström, M., Andersen, T. F., Brand Building on the Internet, London 2000.

McWilliam, G., Building Stronger Brands through Online Communities, in: Sloan Management Review, Spring 2000, pp. 43–54.

Meffert, H., Einführung in die Themenstellung, in: Meffert, H., Backhaus, K., Becker, J. (Hrsg.), Markenführung im Internet, Dokumentationspapier Nr. 141 der Wissenschaftlichen Gesellschaft für Marketing und Unternehmensführung e. V., Münster 2000a, S. 1–5.

Meffert, H., Marketing: Grundlagen marktorientierter Unternehmensführung, Wiesbaden 2000b.

Meffert, H., Böing, Ch., Erfolgsfaktoren und Eintrittsvoraussetzungen im Business-to-Consumer-E-Commerce – ausgewählte Ergebnisse einer empirischen Analyse, in: Meffert, H., Backhaus, K., Becker, J. (Hrsg.), Arbeitspapier Nr. 138 der Wissenschaftlichen Gesellschaft für Marketing und Unternehmensführung e. V., Münster 2000.

Meffert, H., Bongartz, M., „e-Branding": Integration des Internet in die Markenführung – ausgewählte Ergebnisse einer empirischen Untersuchung, in: Meffert, H., Backhaus, K. Becker, J. (Hrsg.), Arbeitspapier Nr. 147 der Wissenschaftlichen Gesellschaft für Marketing und Unternehmensführung e. V., Münster 2001.

Meffert, H., Burmann, Ch., Identitätsorientierte Markenführung – Grundlagen für das Management von Markenportfolios, in: Meffert, H., Wagner, H., Backhaus, K. (Hrsg.), Arbeitspapier Nr. 100 der Wissenschaftlichen Gesellschaft für Marketing und Unternehmensführung e. V., Münster 1996.

Meffert, H., Burmann, Ch., Markenbildung und Markenstrategien, in: Albers, S., Herrmann, A. (Hrsg.), Handbuch Produktmanagement, Wiesbaden 2000, S. 168–187.

Meffert, H., Schleusener, M., Markenführung im Dienstleistungsbereich – klassisches und E-Branding im Spannungsfeld, in: Festschrift zum 60. Geburtstag von Matthias Haller, St. Gallen 2001 (im Druck).

Mohn, Ch., Internet als Plattform neuartiger Geschäftsmodelle – Markenaufbau im Spannungsfeld von Zeit, Qualität und Vertrauen, in: Meffert, H., Backhaus, K., Becker, J. (Hrsg.), Markenführung im Internet, Dokumentationspapier Nr. 141 der Wissenschaftlichen Gesellschaft für Marketing und Unternehmensführung e. V., Münster 2000, S. 42–46.

Muniz Jr., A. M, O'Guinn, T. C., Brand Community, in: Journal of Consumer Research, Vol. 27, March 2001, pp. 412–432.

Nua Ltd. Merrion House (Hrsg.) (2001), How many online?, http://www.nua.ie/surveys/how _many_online/world.html, Abruf vom 23.04.2001.

Ochs, H., Das Ende der klassischen Marke? – Roundtable-Gespräch zum Internet-Branding, in: absatzwirtschaft, Nr. 2, 2001, S. 110–114.

Plötner, O., Das Vertrauen des Kunden. Relevanz, Aufbau und Steuerung auf industriellen Märkten, Wiesbaden 1995.

Pogoda, A., Auch im Internet Marke bleiben – Markentechnische Grundregeln für das elektronische Medium, in: Brandmeyer, K., Deichsel, A. (Hrsg.), Jahrbuch Markentechnik: Markenwelt, Markentechnik, Markentheorie, Forschungsbericht, Horizonte, Frankfurt a. M., 1999, S. 291–299.

Reimerdes, G., Innovative Markenkonzepte als Herausforderung für traditionelle Geschäftsmodelle, in: Meffert, H., Backhaus, K., Becker, J. (Hrsg.), Markenführung im Internet, Dokumentationspapier Nr. 141 der Wissenschaftlichen Gesellschaft für Marketing und Unternehmensführung e. V., Münster 2000, S. 33–41.

Schneider, D., Gerbert, Ph., E-Shopping: Erfolgsstrategien im electronic commerce: Marken schaffen, Shops gestalten, Kunden binden, Wiesbaden 1999.

Schnetkamp, G., Kenning, P., Wie Ihre Website zur Marke wird, in: EinzelHandelsBerater spezial, Nr. 1, 2000, S. 26–28.

Specht, U., Markenführung und Internet – Eine Analyse aus der Perspektive der Fast Moving Consumer Goods Branche, in: Die Betriebswirtschaft, 61. Jg., Nr. 2, 2001, S. 257–263.

Swinka, St., Transfer klassischer Marken in das Internet – Ansatzpunkte und Ausgestaltungsformen, in: Meffert, H., Backhaus, K., Becker, J. (Hrsg.), Markenführung im Internet, Dokumentationspapier Nr. 141 der Wissenschaftlichen Gesellschaft für Marketing und Unternehmensführung e. V., Münster 2000, S. 26–32.

Tan, S. J., Strategies for reducing consumers' risk aversion in Internet shopping, in: Journal of Consumer Marketing, Vol. 16, No. 2, 1999, pp. 163–180.

Van den Poel, D., Leunis, J., Consumer Acceptance of the Internet as a Channel of Distribution, in: Journal of Business Research, Vol. 45, 1999, pp. 249–256.

Ward, M. R., Lee, M. J., Internet shopping, consumer search and product branding, in: Journal of Product and Brand Management, Vol. 9, No. 1, 2000, pp. 6–20.

Zerdick, A. et al., Die Internet-Ökonomie: Strategien für die digitale Wirtschaft, Berlin u. a. 1999.

Identitätsorientierte Führung von Luxusmarken

Ingo Lasslop

1. Zunehmende Bedeutung von Luxusmarken als Herausforderung an das Markenmanagement

Der Vermarktung von Produkten und Dienstleistungen, die in gehobenen Marktsegmenten angesiedelt sind, kommt seit geraumer Zeit ein steigendes Interesse zu. Eine besondere Herausforderung liegt dabei im Bereich der Markenpolitik, da die Marke als Kristallisationspunkt die einzigartigen Nutzenversprechen verkörpert, die mit Luxus- und Premiumgütern verbunden werden. Diese Einschätzung spiegelt sich in einer **zunehmenden Anzahl wissenschaftlicher Beiträge** wider, in denen Aspekte der Führung von Luxus- und Premiummarken intensiv diskutiert werden (vgl. zum Beispiel Kapferer 2001; Diez 2001, Haas 2000; Braun 1997; Nueno/Quelch 1998; Vishwanath/Mark 1997).

Als Auslöser des gestiegenen wissenschaftlichen Interesses an Luxusmarken lassen sich verschiedene Entwicklungen ausmachen. Aus einer volkswirtschaftlichen Perspektive zeigt sich zunächst, dass das Volumen und damit die **wirtschaftliche Bedeutung** der wichtigsten Teilmärkte des Luxussektors im vergangenen Jahrzehnt stetig gestiegen ist.

So weisen nach einer Studie von Merril Lynch vom April 2000 die Top-Segmente in den Branchen Schuhe, Porzellan, Silberwaren, Uhren, Schmuck, Parfüm, Kosmetika, gehobene Mode und Accessoires ein durchschnittliches Wachstum zwischen drei und zehn Prozent im Zeitraum von 1994 bis 1998 auf (vgl. Arnauld 2000). Für die Zukunft wird mit einer Fortsetzung des Wachstums gerechnet, das wie in den Jahren zuvor deutlich über dem der Weltwirtschaft liegen wird (vgl. Abbildung 1).

Zurückzuführen ist dieser Trend primär auf den gestiegenen Wohlstand innerhalb der westlichen Industrienationen. In Deutschland zeigt sich beispielhaft ein Anstieg des verfügbaren Einkommens der privaten Haushalte von 1871 Milliarden DM in 1991 auf 2.493 Milliarden im Jahr 2000 (vgl. BBE 2001, S. 1). Damit wurde die materielle Voraussetzung für eine „Demokratisierung" des Luxus geschaffen, die eine steigende Anzahl von Konsumenten in die Lage versetzt, höherpreisige Luxusmarken zu erstehen. Zusätzlich förderte der Wirtschaftsboom in Asien zu Beginn der 90er Jahre die Nachfrage nach Luxusgütern und -marken ebenso wie die Entstehung der „New Economy" und dem damit verbundenen schnellen finanziellen Aufstieg breiter Mitarbeiterschichten (Beteiligungen, Stock-Options) am Ende des Jahrzehnts.

Aus einer soziologischen Perspektive erscheint die grundsätzlich **gewandelte Funktion des Konsums** eine weitere Erklärung für die zunehmende Bedeutung von Luxus zu liefern (vgl. zum Beispiel Nueno/Quelch 1988, S. 81 ff.; Haseloff 1992; McCracken 1992). So erfüllt der Konsum oder Besitz spezieller Marken vor dem Hintergrund zunehmend verschwindender Schicht- und Klassenunterschiede über die reine Befriedigung von Grundbedürfnissen hinaus eine soziale Funktion: Die Wahl einer Marke dient in dieser Interpretation dem Ausdruck der eigenen Persönlichkeit und des eigenen Wertesystems (Haseloff 1992, S. 150 ff.; Karmasin 1993, S. 237 ff.). Dieses hat sich im Zuge des gestiegenen Wohlstands ebenfalls auf breiter gesellschaftlicher Ebene gewandelt. So lassen sich exemplarisch mit der Genussorientierung bzw. dem Hedonismus einerseits und dem

Streben nach Selbstverwirklichung und Authentizität andererseits zwei zentrale Entwicklungen ausmachen (vgl. Wiswede/Engelmann 1999, S. 7), die für das Kaufverhalten wichtiger geworden sind und insbesondere das Streben nach höherwertigen Gütern und Marken fördern.

Abbildung 1 **Entwicklung ausgewählter Luxusbranchen**

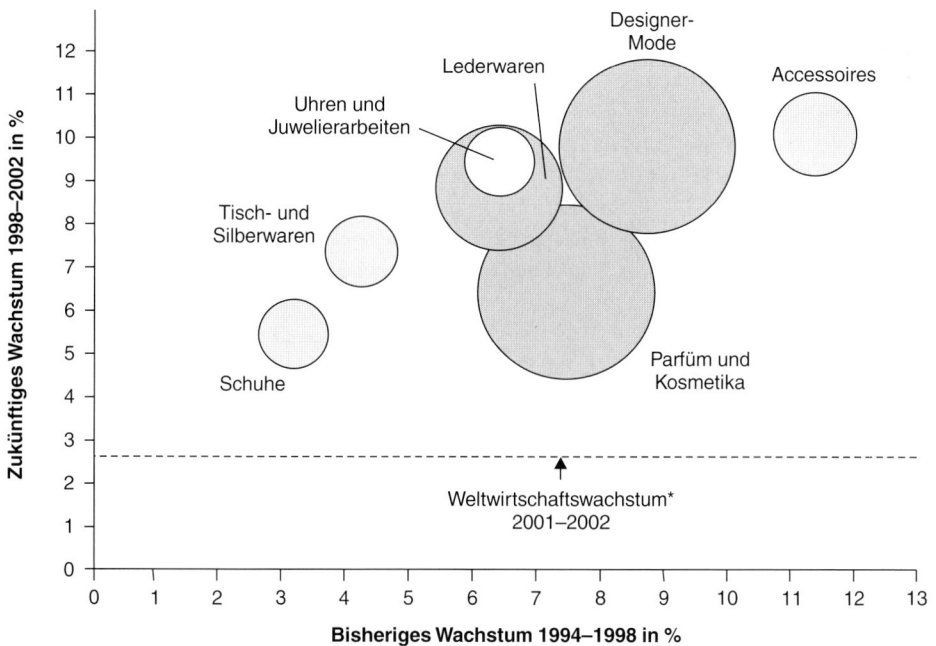

* Veränderung BIP; Mittelwert der Prognosen von IWF, EU, Deutsche Bank, J. P. Morgan 2001;
  Quelle: Bundesministerium für Wirtschaft und Technologie: Wirtschaftsfakten kommentiert; 2/2001.

GABLER
GRAFIK

Quelle: Arnault 2000

Aus Anbietersicht erklärt sich die Attraktivität der Premiumsegmente neben dem gesteigerten motivationalen „Wollen" und dem vermehrten materiellen „Können" der Konsumenten noch aus weiteren Faktoren. So ist die **Wettbewerbsintensität** in den Premium- und Luxussegmenten vermeintlich geringer, was insbesondere auf eine **geringere Bedeutung des Preises als Wettbewerbsinstrument** zurückgeführt wird. In vielen niedrig- bis mittelpreisigen Produktkategorien erscheint eine Positionierung als Premiummarke damit als „Königsweg" (Haas 2000), um sich der direkten Konkurrenz durch ständig stärker werdende Handelsmarken zu entziehen. Damit verbunden ist vielfach die

Hoffnung, bei geringeren Marktanteilen **höhere Margen** im Vergleich zu generischen Marken erzielen zu können. Tatsächlich zeigen empirische Ergebnisse, dass die Renditen in übermäßig von Premiummarken dominierten Produktfeldern bei relativ niedrigeren Marktanteilen der einzelnen Anbieter wesentlich höher ausfallen als in vergleichbaren Kategorien, die von generischen Marken und Handelsmarken dominiert werden (vgl. Vishvanath/Mark 1997). Zudem verspricht der Aufbau einer Luxusmarke in Zeiten vielfach austauschbarer Kernleistungen eine effektive Möglichkeit, um sich im Markenwettbewerb durch ein einzigartiges Nutzenversprechen zu profilieren.

Allerdings ist die Führung einer Premium- oder Luxusmarke auch mit **zunehmenden Herausforderungen** verbunden. Der vermeintlich geringe Wettbewerbsdruck für Luxusmarken nimmt durch preisaggressive und qualitativ oft gleichwertige generische Marken ständig zu. Um die besondere Führungsrolle innerhalb eines Marktes zu verteidigen, bedarf es daher ständiger technischer oder stilistischer Weiterentwicklungen. Dieser **Innovationsdruck** erfordert ebenso wie eine oftmals daraus abgeleitete global ausgerichtete Führung von Luxusmarken und dem dazu notwendigen weltweiten Distributionsnetz erhebliche finanzielle Ressourcen. Als Konsequenz kann auch in Luxusbranchen und -segmenten ein Preisdruck entstehen, welcher die avisierten Margenvorteile gefährdet, da die üblicherweise aus Innovationen entstehenden Preisspielräume auf Grund ohnehin hoher Preisstellungen von Luxusmarken wesentlich geringer ausfallen als in unteren Segmenten. Zusätzlich bedroht gerade in den Hauptwachstumsmärkten Asiens eine steigende Zunahme von Plagiaten, die zu einem Bruchteil des Originalpreises angeboten werden, das exklusive Image und die Umsätze von Luxusmarken. Darüber hinaus steigt durch die vermehrte globale Ausdehnung bekannter Luxuskonzerne (zum Beispiel LVMH, Vendome) der Konkurrenzdruck für viele mittelständische Hersteller von Luxusmarken, die lediglich auf regionalen Märkten tätig sind.

Die steigende Dynamik in den Rahmenbedingungen erfordert sowohl von global operierenden Luxuskonzernen als auch von mittelständischen Luxusherstellern vermehrte Anstrengungen zur Profilierung ihrer Marken. Dabei zeigt sich allerdings, dass gerade die Unternehmen im Luxussegment einer systematischen Markenführung bislang nur wenig Bedeutung beigemessen haben (vgl. Dubois/Duquesne 1993, S. 36).

Vor diesem Hintergrund erscheint es zunächst notwendig, den vielschichtigen Begriff Luxus im Kontext der Markenführung zu konkretisieren. Auf Basis eines solchermaßen generierten Begriffsverständnisses können dann die Besonderheiten im Identitätssystem von Luxusmarken analysiert werden, die sowohl in den Dimensionen des Markenselbstbilds, als auch im Markenfremdbild und dessen spezifischen Nutzenkategorien liegen. Aus den hier gewonnenen Einsichten über den Wirkungsmechanismus von Luxusmarken können schließlich die Besonderheiten des Management von Luxusmarken dargestellt werden.

2. Der Luxusbegriff im Kontext der Markenführung

Der Begriff Luxus wird abhängig von zeitlichen Epochen, dem jeweiligen politisch-öko-nomischen Umfeld und dem moralisch-ethischen Standpunkt des Betrachters differen-ziert und teilweise unterschiedlich konzeptualisiert.[1] Aus ökonomischer Perspektive wird Luxus objektorientiert zur Abgrenzung von Gütern und Marken und verhaltens-orientiert hinsichtlich deren Konsumption diskutiert.

Obgleich bereits in der Antike die Güterausstattung und -verwendung schichtspezifisch unterschiedlich war, beginnt die **verhaltensorientierte Begriffsverwendung** von Luxus in breiter Form erst bei der Kennzeichnung des Konsums der herrschenden Schichten im 17. und 18. Jahrhundert (vgl. Pöll 1980, S. 9). Luxus besteht demnach in einem hohen Auf-wand, der über das Lebensnotwendige, sozial Angemessene oder den „normalen" Lebens-standard hinausgeht (vgl. Mühlmann 1975, S. 69 ff.). Der damit gemeinte, vornehmlich **quantitativ geprägte Konsumbegriff** wird aus ethisch-religiöser Sicht als unsittlich und unmoralisch verurteilt. Die zu dieser Zeit mit dem Begriff Luxus assoziierten Inhalte sind dementsprechend überwiegend negativ (zum Beispiel Übermäßigkeit, Prunk, Protzerei, Ausschweifung oder Zügellosigkeit). Dies ändert sich im Zuge der industriellen Revoluti-on, die es einer steigenden Anzahl von Menschen ermöglicht, vormals unerreichbare Lu-xusgüter zu konsumieren. Der damit verbundene Wandel zu einem **qualitativen Luxus-verständnis** spiegelt sich in positiven Wertungen und Assoziationen wider: Luxus wird nun vermehrt mit gutem Geschmack, Klugheit, Eleganz und Wohlstand verbunden (vgl. die umfassende Darstellung bei Mühlmann 1975).

In der **objektbezogenen Begriffsverwendung** wird Luxus dichotomisch als Gegenpol zu notwendigen Gütern des täglichen Gebrauchs für Produktkategorien benutzt, die zur Grundversorgung des Konsumenten nicht unmittelbar notwendig sind (vgl. zum Beispiel Bearden/Etzel 1982; Chaudhuri 1998; Kemp 1998; Berry 1994). Dabei lassen sich Luxus-güter **interkategorial** durch eine tendenziell weniger automatisierte Fertigung, geringere Produktionsvolumina, höhere Produktqualität und ein höheres Preisniveau der Produkt-gruppe kennzeichnen. Ein damit zusammenhängender Bestimmungsfaktor des Luxus-grades einer Produktkategorie ist der Diffusions- bzw. Knappheitsgrad: "By definition, necessities are possessed by naturaly everyone, while luxuries have a degree of ex-clusivity."(Bearden/Etzel 1982, S. 184). Aus dieser Definition wird ebenfalls deutlich, dass es sich bei Luxusgütern tendenziell eher um Gebrauchs- als um Verbrauchsgüter handelt.

Anhand der genannten Kriterien zeigt sich bereits die Relativität des Luxusbegriffs: Ein TV-Gerät galt vor 40 Jahren als Luxusgut; es wurde nur in kleinen Stückzahlen produ-ziert, war damit exklusiv und hatte einen hohen Preis, während heute praktisch jeder Haushalt einen Fernseher besitzt. Neben dieser zeitlichen Relativität hängt die Einschät-

---

1 Bereits im Jahre 1801 weist Krünitz darauf hin, dass „die Begriffe vom Luxus so vielfach als die Meinungen über dessen Schädlichkeit und Unschädlichkeit sind". Vgl. Krünitz 1801, S. 40.

zung des Luxusgrades ebenfalls stark von der persönlichen Situation des Betrachters, vor allem von dessen persönlichen Lebensbedingungen und kulturellem Umfeld, ab (zum Beispiel der Besitz eines TV-Geräts in Europa vs. Zentralafrika).

Während der Begriff Luxusgut zu einer Abstufung von Produktkategorien benutzt wird, kennzeichnet die Luxusmarke primär die herausgehobene Stellung markierter Produkte **innerhalb einer Produktkategorie**. So werden Herrenanzüge, Armbanduhren und auch Automobile seit geraumer Zeit eher zu Alltags- denn zu Luxusgütern gezählt (vgl. Bearden/Etzel 1982); trotzdem handelt es sich bei Armani, Rolex oder Rolls-Royce um Luxusmarken. Werden Luxusmarke und Luxusgut synonym verwendet, so hat dies zur Folge, dass die Klassifizierung einer Marke primär **angebotsorientiert** von der Produktkategorie abhängt. So sind für Kapferer „Marken wie Dior für einen Teil ihrer Aktivitäten ein Luxusunikat, für einen weiteren Teil eine Luxusmarke und schließlich für einen dritten Teil eine gehobene Marke" (Kapferer 2001, S. 321). Hier soll dagegen die Einstufung als Luxusmarke **wirkungsorientiert** und damit letztlich unabhängig von der Produktkategorie erfolgen: "Whatever their nature and price, all products under the same brand name share a symbolic identity and a core of values expressing the quintessence of the brand. Whether they are automobiles, wristwatches, writing instruments or sunglasses, all Porsche items express the Porsche Legend and are clearly identified as such." (Dubois/Paternault 1995, S. 71).[2]

Die Besonderheiten gegenüber alternativen Optionen im vertikalen Markenwettbewerb, wie (Premium-)Handelsmarken und (Premium-)Herstellermarken, liegen diesem Verständnis zufolge primär in den mit Luxusmarken assoziierten Wertemustern und der daraus resultierenden **unterschiedlich starken Bedeutung der Markenfunktionen für das Kaufverhalten** der Konsumenten.

So steht bei Handels- und generischen Herstellermarken die Erfüllung der originären Orientierungs- (Identifikation *von* der Marke) und Sicherheitsfunktion (Vertrauen in die Eignung zur Erfüllung des technisch-funktionalen Zwecks) im Vordergrund. Bei Premium- und Luxusmarken treten diese Basisanforderungen hinter andere Funktionen der Marke zurück: Der Hauptnutzen liegt hier in der Möglichkeit, durch den Konsum von Luxusmarken eigene Wertvorstellungen sowie die Zugehörigkeit zu einer sozialen Klasse (Status- und Prestigefunktion) oder Gruppe (Distinktionsfunktion) zu demonstrieren (vgl. Abbildung 2).

---

2   Ähnlich äußert sich Claude Reininger, Director International bei Cartier: "[...] because it is mainly the brand which determines whether a product is luxury or not. Even if there is a Mercedes that is cheaper than a Renault, the Mercedes will be considered luxury, not the Renault." Zitiert in Braun 1997, S. 294.

Abbildung 2   **Systematisierung von Optionen im vertikalen Markenwettbewerb**

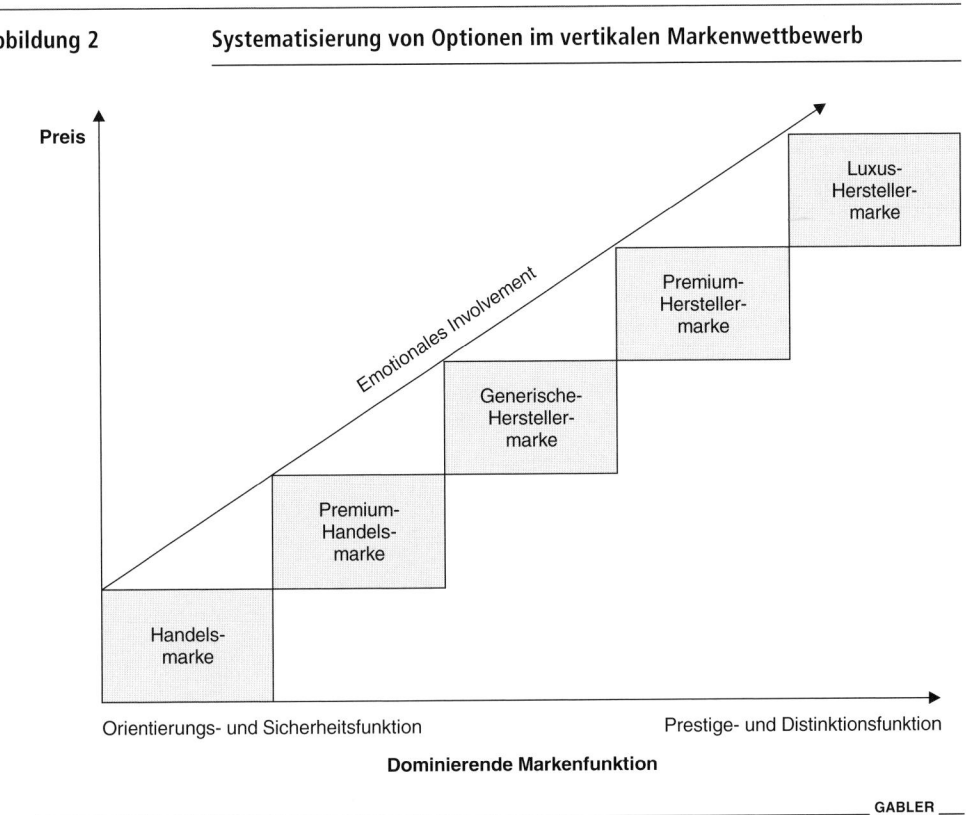

GABLER
GRAFIK

3. Das Identitätssystem von Luxusmarken

3.1 Besonderheiten des Selbstbilds von Luxusmarken

Die Markenidentität wird als die in sich widerspruchsfreie, geschlossene Ganzheit von Merkmalen einer Marke definiert, die diese von anderen Marken dauerhaft unterscheidet. Eine Markenidentität entsteht demnach immer erst aus einer wechselseitigen Beziehung zwischen internen (Selbstbild) und externen (Fremdbild) Bezugsgruppen einer Marke (vgl. in diesem Zusammenhang den Beitrag zur theoretischen Grundkonzeption der identitätsorientierten Markenführung in diesem Band). Das Selbstbild der Markenidentität entspricht dabei den spezifischen Ressourcen, die der Marke ihre unverwechselbare Persönlichkeit verleihen. Hier zeigen sich bei der Betrachtung von Luxusmarken einige Besonderheiten.

Den Kern des Selbstbilds und damit auch der Markenidentität bildet die Markenphilosophie, in der das Nutzenversprechen der Marke zum Ausdruck kommt. Dieses ist bei Luxusmarken weniger auf konkrete technisch-funktionale Eigenschaften einzelner Leistungen, sondern tendenziell stärker auf die Verwirklichung **abstrakter, oftmals ästhetisch-kultureller Nutzenversprechen** ausgerichtet (vgl. Vukelic 2000, S. 40 ff.). Dies ermöglicht eine für Luxusmarken typische Übertragung der Identität auf ein breites Produktspektrum, ohne dass Widersprüche aus konkreten Produktassoziationen das Kompetenzfeld der Markenidentität einschränken.

Der stärkste Einfluss auf die Identität von Luxusmarken ist in der **Markengeschichte („Pedigree")** zu sehen (vgl. Braun 1997, S. 281). Hier zeigt sich, dass der Aufbau einer Luxusmarke nicht kurzfristig erfolgen kann, sondern ein oftmals mehrere Jahrzehnte dauernder Prozess ist. Die Entwicklung einer Luxusmarke führt somit aus ressourcentheoretischer Perspektive zu einem Wettbewerbsvorteil, da die zu Grunde liegenden Ressourcen nicht unmittelbar von Konkurrenten imitiert werden können (vgl. Dierickx/Cool 1989). Viele der international führenden Luxusmarken, wie zum Beispiel Rolls-Royce (Automobile, gegründet 1906), Hermès (Lederwaren, gegründet 1837), Rolex (Uhren, Einführung der Marke 1908) oder Chanel (Mode, gegründet 1912) besitzen bei aller unterschiedlichen Branchenzugehörigkeit eine sehr lange Tradition. Das durchschnittliche Alter der 75 Unternehmen, die im Comitée Colbert (Vereinigung der französischen Luxusindustrie) zusammengeschlossen sind, betrug im Jahre 1995 über 100 Jahre (vgl. Braun 1997, S. 279 f.). Dieser „Zeitanker" verleiht den Marken den Status einer Institution und stellt für potenzielle neue Wettbewerber eine schwer zu überwindende Markteintrittsbarriere dar.

Einen wesentlichen Teil dieser Tradition und damit auch der Markenidentität stellen gerade bei Luxusmarken die **Gründerpersönlichkeiten** dar. Dies zeigt sich zum Beispiel bei Marken wie Chanel, Lagerfeld, Louis Vuitton oder Yves Saint Laurent, bei denen die Unternehmensgründer zugleich Namensgeber und bestimmendes Element der Markenidentität sind. In Deutschland wird die starke Verankerung mit der Gründerpersönlichkeit beispielhaft bei den Luxusmarken Joop und Jil Sander deutlich, die auch lange nach ihrem Ausscheiden aus der Unternehmensführung das prägende Element der jeweiligen Markenpersönlichkeit bleiben.

Diese Persönlichkeiten stellen oftmals nicht nur als Namensgeber eine Schlüsselressource für ihre Marke dar, sondern haben vielfach auch durch ihre eigene Designkompetenz die für Luxusmarken bestimmende Kreativität und Stilbildung gefördert. Die bei Luxusmarken besonders ausgeprägte **Adaptions- und Innovationsfähigkeit** ist die Voraussetzung, um modische Trends selbst aktiv bestimmen zu können. Damit einher geht oftmals eine ganzheitliche und starke Unternehmenskultur, welche die erforderliche Konsistenz, Kontinuität und Authentizität der Marke über viele Produktfelder hinweg im Rahmen des ständigen Innovationsprozesses sichern.

Eine weitere zentrale Identitätsquelle stellt das **Herkunftsland** dar, das gerade für Luxusmarken eine besondere Bedeutung aufweist (vgl. Piron 2000, S. 317). Dieser Country-of-Origin-Effekt kann sich sehr spezifisch auf eine einzelne Marke (zum Beispiel

Lange & Söhne aus Glashütte) oder abstrakt auf eine ganze Markenklasse (französischer Champagner, russischer Kaviar, italienische Herrenmode) beziehen. Obgleich der Einfluss des Country-of-Origin-Effektes auf die Markenidentität länderspezifisch variiert, erweist sich besonders Frankreich als identitätsprägend für viele der bekannten Luxusmarken (vgl. Dubois/Paternault 1997, S. 79 ff.).

Gerade bei Luxusmarken stellen neben dem bereits erwähnten Markennamen weltweit bekannte **Symbole** ein weiteres bestimmendes Element der Markenidentität dar (vgl. Braun 1997, S. 281). So wird die „Flying Emily" ebenso untrennbar mit Rolls-Royce assoziiert wie die ineinander verschränkten Buchstaben mit Chanel oder das springende schwarze Pferd („Rampante Cavallo") mit Ferrari. Während bei generischen Marken die visuellen Gestaltungselemente oftmals eine reine Orientierungsfunktion erfüllen, vermitteln die genannten Symbole darüber hinaus den speziellen Mythos einer Luxusmarke.

Schließlich wird die Identität von Luxusmarken stark von **Besonderheiten im operativen Vermarktungssystem** geprägt. Hierzu zählen neben einer überragenden Produktqualität und einem selektiven Vertrieb vor allem die Preisstellung. Dies zeigt sich zum Beispiel in einer McKinsey-Studie, in der die Fähigkeit, über einen Zeitraum von mehr als 5 Jahren einen substanziell höheren Preis als eine Marke mit vergleichbaren tangiblen Eigenschaften zu erzielen, als objektivierbares Kriterium für eine Luxusmarke herausgestellt wird (vgl. McKinsey 1990).

3.2 Besonderheiten im Fremdbild von Luxusmarken: Selbstkongruenz und Wertausdruck

Im Rahmen der identitätsorientierten Markenführung ist das Image einer Luxusmarke als Fremdbild der Markenidentität zu interpretieren. Es stellt damit das Ergebnis einer Allokation der Ressourcen dar, die das Selbstbild der Markenidentität prägen.

Die Besonderheiten im Fremdbild einer Luxusmarke basieren auf den spezifischen Assoziationen, die das Image im Wahrnehmungsraum des Konsumenten bestimmen. Dabei lässt sich Luxus bzw. luxuriös selbst als eine mögliche Imageausprägung charakterisieren, die von verschiedenen Subitems wie zum Beispiel edel, stilvoll, teuer, geschmackvoll, excellent oder wertvoll, geprägt wird. Im Gegensatz zu generischen Marken dominieren emotionale, abstrakte Assoziationen gegenüber rationalen, auf konkrete Produkteigenschaften bezogene Vorstellungen. Bei der Kaufentscheidung treten damit funktionale Nutzendimensionen gegenüber emotional-symbolischen Eigenschaften der Marke zurück: "More than other products, luxury items are bought for what they mean, beyond what they are." (Dubois/Paternault 1995, S. 71).

Einen theoretisch fundierten Rahmen für die Analyse des symbolischen Konsums von Marken liefert die Selbstkonzeptforschung. Das **Selbstkonzept bzw. das Selbstimage** eines Menschen umfasst nach Rosenberg „the totality of the individual's thoughts and feelings having reference to himself as an object". (Rosenberg 1979, S. 9). Es handelt sich um ein System aus Werten, Zielen und Regeln, das es dem Individuum erlaubt, seine Wahrnehmung und Handlungen im Kontext seiner Umwelt zu organisieren und somit eine eigene Wirklichkeit zu konstruieren. Zentral für die Entstehung und Entwicklung des Selbstkonzepts ist dabei die Interaktion mit der sozialen Umwelt des Individuums (Familie, Freunde, sonstige Referenzgruppen). Dabei werden Verbindungen zwischen eigenen Handlungen und den Reaktionen der relevanten Umwelt auf diese Handlungen hergestellt und im Kontext des Selbstkonzeptes interpretiert. Eine besondere Bedeutung kommt dabei neben den beteiligten Subjekten (das Individuum und seine soziale Umwelt) den Objekten der Interaktionen zu, wenn mit ihnen signifikante soziale Bedeutungsmuster verbunden werden. Produkte, Dienstleistungen, Einkaufstätten und insbesondere Marken können in dieser Perspektive als **Symbole** interpretiert werden, deren Konsumption als Instrument der indirekten Kommunikation zwischen Individuen und deren sozialer Umwelt fungieren kann (vgl. zum Beispiel Levy 1959; Grubb/Grathwohl 1967; Sirgy 1982; Lee 1990).

Den Wirkungsprozess zwischen Markenidentität, symbolischem Konsum und Selbstkonzept verdeutlicht Abbildung 3 (vgl. zu den nachfolgenden Ausführungen Grubb/Grathwohl 1967; Adlwarth 1983, S. 47 ff.; Hogg/Mitchell 1996; Solomon 1983): Der Konsument verbindet mit einer Marke ein bestimmtes Image, das Fremdbild der Markenidentität. Wird dieses Image ebenfalls von seiner relevanten Umwelt geteilt, kann die Marke die **extrinsische Funktion** eines indirekten Kommunikationskanals zwischen Individuum und dessen sozialer Umwelt erfüllen. Die Markenwahl führt zu einer vom Konsumenten intendierten Reaktion seiner sozialen Umwelt, die zum Beispiel in einer Einordnung des Individuums als stilvoll oder mächtig bestehen kann. Erfolgt die Reaktion in der intendierten Weise, kommt es letztlich zu einer Bestätigung oder Erhöhung des Selbstkonzepts.

Darüber hinaus erfüllt die Marke auch eine **intrinsische Funktion**, indem der Konsument die der Marke sozial beigemessenen Eigenschaften direkt auf seine eigene Persönlichkeit überträgt. Beispielsweise kann ein Konsumt seine Selbsteinschätzung, er sei elegant und stilvoll, durch den Kauf eines Anzuges einer italienischen Luxusmarke bestätigen. Die Marke dient damit als Symbol in einem internen Kommunikationsprozess und trägt auf diese Weise ebenfalls zu einer Festigung oder Erhöhung des Selbstkonzepts bei.

In einer Erweiterung dieses Modells lässt sich die Wahl von Luxusmarken auf drei zentrale Motive zurückführen, die wiederum auf situativ unterschiedlich dominante Facetten des Selbstkonzepts zurückzuführen sind: Das private, distinktive oder öffentliche Selbstkonzept (vgl. Abbildung 4 bzw. zur Struktur des Modells Hogg/Cox/Keeling 2000).

Das **private Selbstkonzept** des Konsumenten moderiert den bereits beschriebenen Prozess, in dem der Konsument durch den Besitz und die Verwendung von Luxusmarken die eigenen, internalisierten Wertestandards zu erreichen sucht. Es dominieren nicht außengeleitete Motive, sondern das Bestreben, das Image der Luxusmarke auf seine eigene Persönlichkeit zu übertragen sowie der primär intrinsische „Wunsch, sich selbst gut zu behandeln" (Mayer 1998, S. 49). Diese Wirkungskette bietet eine Erklärung für eine zunehmende Nachfrage nach qualitativ hochwertigen, aber weniger auffälligen bzw. nicht-öffentlichen Luxus- bzw. Kennermarken (vgl. Diez 2001, S. 20).

Abbildung 3   **Der Zusammenhang von Selbstkonzept, Markenidentität und symbolischem Konsum**

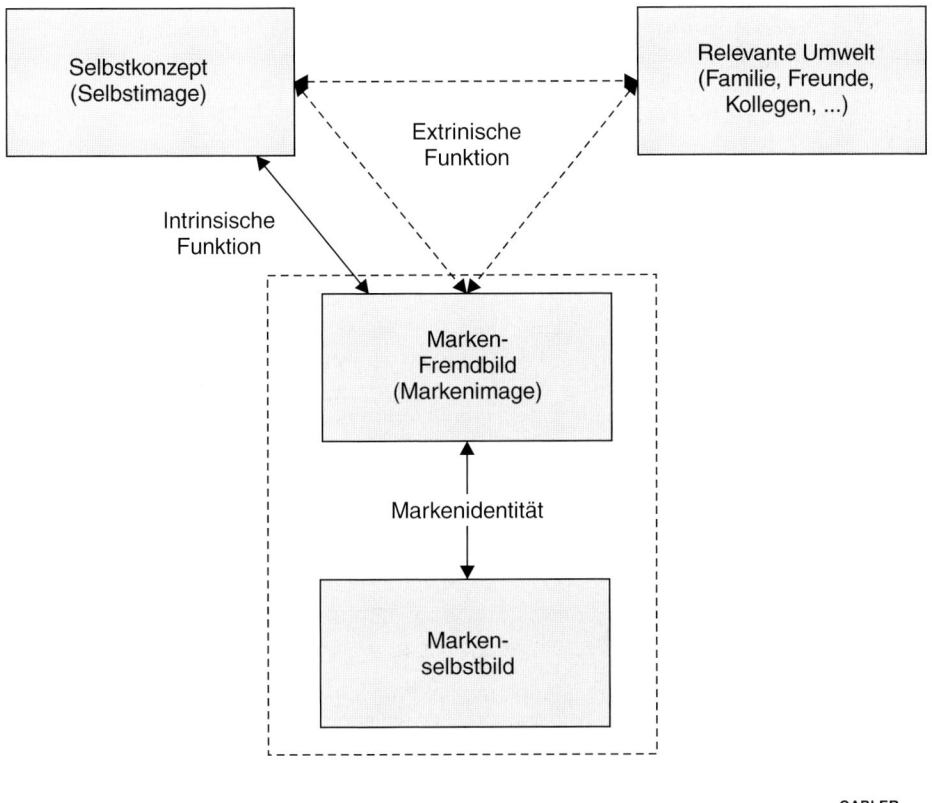

GABLER
GRAFIK

Quelle: In Anlehnung an Grubb/Grathwohl 1967

Die Orientierung am **distinktiven Selbstkonzept** zielt primär auf die Erreichung von externen Standards ab, die von den relevanten sozialen Einflussgruppen des Konsumenten gesetzt werden. Durch die Wahl einer Luxusmarke wird damit das Ziel verfolgt, eine horizontale Abgrenzung bzw. Zugehörigkeit zu bestimmten Gruppen sowie eine vertikale Abgrenzung bzw. Zugehörigkeit zu bestimmten, i. d. R. unteren Schichten auszudrücken. Dieser Wirkungsmechanismus verdeutlicht die in der Literatur traditionell hervorgehobene Bedeutung der Status- und Prestigefunktion von Luxusmarken (vgl. Veblen 1899; Vershofen 1959, S. 103; Rinsche 1961, S. 138 ff.). Besonders stark wird die distinktive Funktion von hochpreisigen Luxusmarken erfüllt, da deren Besitz direkt auf den intendierten wirtschaftlichen Status des Besitzers schließen lässt (zum Beispiel Rolls-Royce).

Abbildung 4   Motive der Luxusmarkenwahl

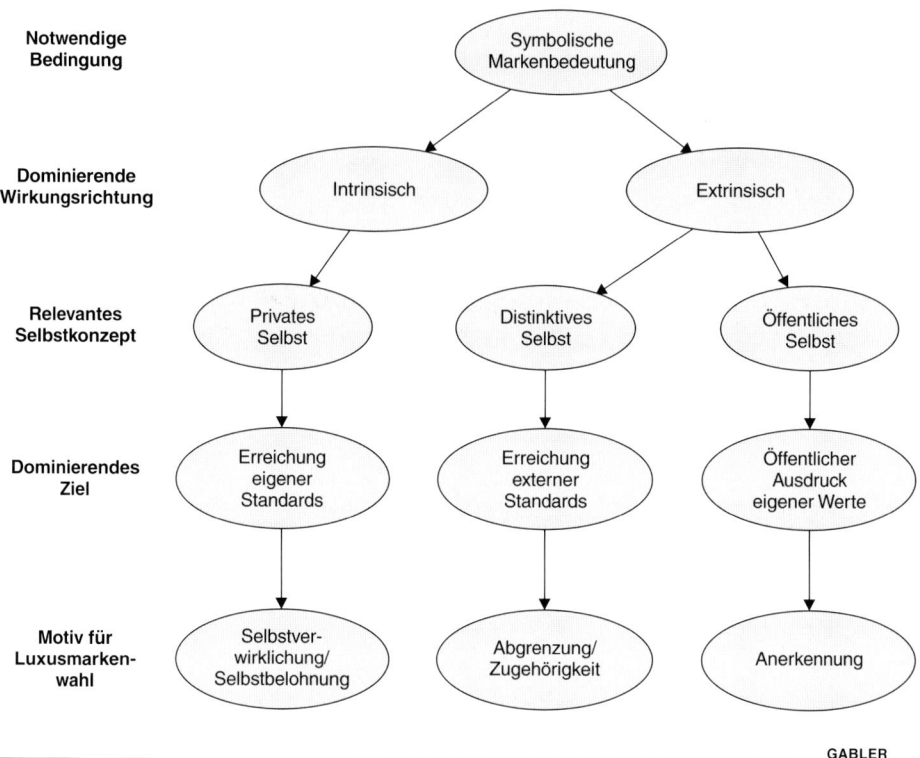

GABLER ___
GRAFIK

Das **öffentliche Selbstkonzept** ist gleichsam auf die Stellung des Individuums in seiner sozialen Umwelt bezogen. Es zielt aber nicht primär auf den Aus- oder Einschluss des Individuums von oder zu bestimmten Gruppen und Schichten ab, sondern vielmehr auf eine generell positive Beurteilung eigener Wertvorstellungen durch die relevante soziale Umwelt. Damit liefert dieser Wirkungspfad eine Erklärung für das Streben nach ästhetisch-kulturellem Luxus, der eher als schön und stilvoll denn als status- und prestigeträchtig angesehen wird. Die Eigenschaft einer Luxusmarke, als Beweismittel für den eigenen guten Geschmack, Stil und andere als wichtig erachtete Persönlichkeitswerte dienen zu können, stellt hier das zentrale Auswahlmotiv dar.

Die besondere Eignung von Luxusmarken als Objekt in diesem Prozess geht aus den Anforderungen hervor, die an symbolische Marken zu stellen sind:

■ **Hohe soziale Aufmerksamkeit** bzw. hohe Aufmerksamkeit beim Kauf oder Gebrauch der Marke als notwendige Bedingung, um symbolische Werte für eine Vielzahl von Personen darstellen zu können (Belk/Bahn/Mayer 1982, S. 24 ff.; Holman 1980; Sirgy 1982, S. 287 f.).

■ Soziale und persönliche **Relevanz der assoziierten Bedeutung** für das Selbstkonzept des Konsumenten. Gerade Luxusmarken weisen erstrebenswerte Assoziationen bzw. Werte auf, die als sozial relevant erachtet werden können, zum Beispiel in Form von Status und Prestige (vgl. Adlwarth 1983, S. 49 ff.).

■ Die Vorstellung eines typischen Verwenders bzw. einer **starken Markenpersönlichkeit** als Summe der mit dem Markenimage assoziierten relevanten Eigenschaften (Grubb/Hupp 1968; Holmann 1980). Hier ist bei Luxusmarken besonders an Gründerpersönlichkeiten zu denken, die für die Marke stehen (zum Beispiel Joop, Sander, Armani).

■ Ein hoher Grad an **Spezifität**, der es dem Konsumenten erlaubt, auf verschiedene Marken aus einem Produktfeld zum Ausdruck seines Selbstkonzeptes zurückgreifen zu können. Die intendierten Wirkungen können demnach nur durch spezielle, unterscheidbare Marken erfolgen, nicht jedoch durch allseits gebrauchte Massenmarken (vgl. Kroeber-Riel/Trommsdorff 1973, S. 69).

4. Management von Luxusmarken

4.1 Strategische Optionen für Luxusmarken

Unter strategischen Gesichtspunkten ergeben sich für die Führung von Luxusmarken zwei sequenzielle Problemfelder: Zunächst gilt es, eine Positionierung im Luxussegment aufzubauen. Hier stehen neben dem Aufbau einer neuen Marke der Erwerb fremder Luxusmarken sowie die Revitalisierung traditionsreicher Marken zur Verfügung. Eine profilierte Position kann aus Sicht des gesamten Markenportfolios anschließend durch weitere Akquisitionen gefestigt werden. Beim Management einer einzelnen Luxusmarke kann diese zunächst in der bestehenden Produktkategorie im Rahmen der Line Extension ausgeweitet werden. Zudem lassen sich insbesondere bei Luxusmarken die Dehnung der Marke auf horizontaler Ebene in verwandte Luxussegmente oder in vertikaler Richtung in höhervolumige Massensegmente und -kategorien beobachten. Für beide Stoßrichtungen kommen die strategischen Optionen der Lizensierung und der Brand Extension in Frage.

Kennzeichnend für eine **Neumarkenstrategie** ist die Entwicklung einer völlig neuen Markenidentität für ein neu einzuführendes Produkt (vgl. ähnlich Sattler 2001, S. 69). Im Kontext der Luxusmarkenführung ist damit auf Unternehmensebene die Etablierung einer (Luxus-)**Dachmarke** gemeint, die fast immer aus der Persönlichkeit des Gründers abgeleitet wird (zum Beispiel die Entstehung der Haute-Couture Marke Christian Lacroix 1986 als Bezeichnung für die erste eigene Kollektion des ehemaligen Hermès-Designers). Der Aufbau einer neuen Luxusmarke erfordert über die Person des Gründers hinaus hohe persönliche Ressourcen, um die notwendigen kreativen und qualitativen Standards aufzubauen.

Dazu bedarf es der gezielten Auswahl an innovativen Produktentwicklern bzw. Designern, herausragender Lieferanten und in vielen Luxusmärkten höchstem handwerklichen Geschick der an der Produktion beteiligten Mitarbeiter (zum Beispiel Uhrenmanufakturen, Schneider). Damit die Luxusmarke ihre spezifischen Funktionen als soziales Symbol erfüllen kann, muss die neu aufzubauende Marke von einer genügend großen Gruppe von Konsumenten gekannt und letztlich auch begehrt werden. Dazu bedarf es insbesondere des sorgfältigen Aufbaus und Managements eines Beziehungsnetzwerkes aus exponierten Markenkennern, welche der Marke die notwendige öffentliche Sichtbarkeit garantieren: "For a luxury brand the most common origin is that of a charismatic or skilled founder, such as an outstanding craftsman or designer, who starts doing something differently or with a very special quality. He then quickly finds a relative small but enthusiastic group of followers who appreciate the newly found qualities and benefits, usually because the characteristics are different and new, and therefore special." (Braun 1997, S. 147).

Mit der steigenden Bedeutung des Portfoliogedankens hat die Zahl der Akquisitionen auch im Bereich der Luxusmarken in den letzten Jahren stark zugenommen. Dabei dient die **Akquistionsstrategie** insbesondere einer Bündelung luxusbezogener Kompetenzen in Bereichen wie Design oder internationaler Distribution. Angestrebte Zielgrößen stellen daher die Erreichung von Skaleneffekten in Marketing und Vertrieb sowie der Aufbau von Markteintrittsbarrieren für die eigenen Kernmärkte dar. Dazu dient insbesondere die Akquisition mehrerer Marken aus einem Produktfeld im Sinne einer **Mehrmarkenstrategie** (vgl. hierzu den Beitrag zur Mehrmarkenstrategie in diesem Band). Herausragendes Beispiel für die erfolgreiche Umsetzung dieser Strategie ist der französische Konzern LVMH, der nach weiteren Akquisitionen im Jahr 2000 inzwischen ein Konglomerat aus über 60 Marken darstellt. Daneben bieten Akquisitionen aber auch die Möglichkeit, ein bestehendes Portfolio von generischen Marken um einen neuen Luxusbereich abzurunden. Hiermit werden sowohl Ziele zur Erreichung neuer Zielgruppen angesprochen als auch positive Ausstrahlungseffekte der akquirierten Luxusmarken auf die bestehenden Stammmarken erreicht. Besonders deutlich zeigt sich diese Strategie in der Automobilindustrie, wo insbesondere Volkswagen mit den Marken Rolls-Royce und Bentley sowie Ford mit den in der Premier Automotive Group zusammengefassten Marken (unter anderem Jaguar, MG, Aston Martin) eine führende Stellung in den Luxussegmenten anstreben.

Eine weitere strategische Option ist die **Revitalisierung** von Luxusmarken im Sinne eines intertemporalen Imagetransfers. Besonders erfolgversprechend erscheint die Revitalisierung, wenn die Marken aus einer Zeit stammen, in der die komplette Produktkategorie zu Luxusgütern zählte und dementsprechend der Markenname noch starke Assoziation zu Luxus enthält. Zudem schafft die Wiederbelebung die Möglichkeit einer authentischen Verbindung des Identitätsankers „Tradition und Geschichte" mit modernster Funktionalität. Augenblicklich erlebt vor allem die Automobilindustrie einen regelrechten Revitalisierungsboom im Luxussegment mit dem für 2002 angekündigten Maybach (DaimlerChrysler), dem für 2003 geplanten SLR (DaimlerChrysler) und dem bereits bestellbaren Bugatti (Volkswagen). Mit einer gelungenen Revitalisierung können neben dem generellen Neuaufbau einer Luxusposition vor allem portfoliogerichtete Ziele (Sortimentsabrundung, Abstrahlung) erreicht werden.

Auf Geschäftfeldebene lassen sich im Gegensatz zu tieferen Segmenten im Luxusmarkenbereich kaum reine Neumarkeneinführungen identifizieren. Dies erscheint einsichtig, da gerade das Luxusimage die wesentliche Kaufmotivation ausmacht und somit stets die Verbindung zur Stammmarke betont wird. Vielmehr wird im Rahmen einer **Line Extension** bzw. Produktlinienerweiterung eine vorhandene Marke genutzt, um durch Variation eines bestehenden Produktes die differenzierte Anpassung an spezifische Bedürfnisse einzelner Kundensegmente zu realisieren und damit letztlich eine bessere Marktabdeckung zu gewährleisten (vgl. Esch/Fuchs 2001, S. 672). Im Bereich der Luxusmarken wird neben dem damit verbundenen Ziel der Ertragssteigerung vor allem eine Aktualisierung des Markenimages und der Markenkompetenz angestrebt (zu weiteren Zielen von Line Extensions vgl. Wölfer 1994, S. 528 ff.). Dazu werden innerhalb der angestammten Produktkategorien Innovationen, insbesondere hinsichtlich modischer Strömungen, mit einem mehr oder weniger starken, aber stets erkennbaren Bezug zur etablierten Stammmarke vermarktet (**„Endorsed Branding"**, zum Beispiel die aktuellen Innovationen im Parfümbereich Givenchy's Hot Couture oder Flowers by Kenzo).

Zur **Ausdehnung der Luxusmarke** in neue Produktkategorien lassen sich die Alternativen der selbständigen Markenerweiterung oder der Vergabe von Markenlizenzen unterscheiden. Beide Optionen unterscheiden sich hauptsächlich bzgl. der Verteilung des wirtschaftlichen und imageorientierten Risikos: Während mit einer Lizenzierung das wirtschaftliche Risiko primär auf den Lizenznehmer übergeht, erhöht sich das Risiko einer nicht leitbildgerechten Imagebeeinflussung der Marke durch den Lizenznehmer. Gerade Luxusmarken aus den Bereichen Bekleidung und Parfüm erwirtschaften einen Großteil ihrer Erlöse durch Lizenzvergabe (vgl. Braitmayer 1998, S. 40 f.). Unabhängig von der konkreten Ausgestaltungsform ist die Entscheidung für eine Markendehnung dabei mit der Führung von **Dach- oder Familienmarken** verbunden. Die Dehnung von Luxusmarken kann hinsichtlich der Produktkategorie des Transferproduktes in horizontaler (zum Beispiel Ausdehnung der Marke Hermès von Lederwaren in den exklusiven Modebereich) oder vertikaler Richtung (zum Beispiel Ausdehnung der Marke Ferrari auf Brillen) erfolgen. Die mit der Markenausdehnung verbundenen Ziele liegen primär in der Ausschöpfung von Wachstumspotenzialen und damit verbundenen Umsatz- und Ertragssteigerungen begründet (vgl. Esch/Fuchs 2001, S. 678 f.). Zusätzlich können neue Zielgruppen erschlossen und das Bedeutungsfeld einer Marke abgerundet werden (vgl. Meffert 1994, S. 189 ff.). Dies gilt für Luxusmarken für eine horizontale Markendehnung, durch die ein komplettes Luxusuniversum erschaffen werden kann. Basis dieser angestrebten Ziele ist ein gerade bei Luxusmarken erkennbarer Bekanntheitsvorsprung, den diese aus ihrer oftmals jahrzehntelangen Existenz und den in dieser Zeit gewachsenen Assoziationen und ihrer Symbolkraft ableiten. Allerdings besteht bei vertikalen Markenausdehnungen die Gefahr negativer Ausstrahlungseffekte und einer Verwässerung des Markenprofils der Stammmarke, insbesondere bei Besitzern prestigeträchtiger Luxusmarken (vgl. Kirmani/Sood/Bridges 1999).

4.2 Besonderheiten des operativen Management von Luxusmarken

4.21 Markenbildung durch überragende Qualität und Design

Die Besonderheiten der Produktpolitik bestehen bei Luxusmarken vor allem hinsichtlich Design, Fertigung und Programmpolitik. Die Sicherstellung und Vermittlung einer überragenden Qualität sowohl in funktionaler als auch kulturell-ästhetischer Hinsicht bildet die Grundlage, um die spezifische Symbolkraft einer Luxusmarke auch in den übrigen Instrumentalbereichen gewährleisten zu können.

Im Bereich **Produktdesign** kommt bei Luxusmarken der Anmutungswirkung besondere Bedeutung zu. Diese kann im Wesentlichen durch die Dimensionen Formgebung (zum Beispiel Bang&Olufsson), Farbgebung (zum Beispiel die Farbe Rot bei Ferrari), Geruch (zum Beispiel Chanel No.5) und grafische Elemente (zum Beispiel der Polospieler bei Ralph Lauren) stilisiert werden. Daneben ist die Auswahl der verarbeiteten Materialien von hoher Bedeutung, da sie entscheidend für die Sinneswahrnehmung und damit für die symbolische Bedeutung einer Luxusmarke sein kann (zum Beispiel visuelle, olfaktorische und taktile Wirkungen von Wurzelholz und Leder in der Innenausstattung eines Rolls-Royce). Neben der Gestaltung des eigentlichen Produktes kommt der **Verpackungsgestaltung** bei Luxusmarken besondere Bedeutung zu, insbesondere in den Bereichen Parfüms und hochwertige Alkoholika. Hier werden zur Vermittlung von Luxus vermehrt wertvolle Flakons oder Geschenkboxen aus hochwertigen Materialien wie Samt, Seide, Glas, Holz und Metall eingesetzt. Besonders in der Kombination dieser Materialien kann sich der hohe Anspruch einer Luxusmarke ausdrücken (vgl. Tonbridge 1995, S. 17).

Neben der durch das Design primär vermittelten ästhetischen Anmutung muss eine Luxusmarke dauerhaft höchste funktionale Anforderungen hinsichtlich Zuverlässigkeit und Haltbarkeit erfüllen. Bei Luxusuhren macht zum Beispiel die Eigenkonstruktion und handwerkliche Fertigung eines mechanischen Uhrwerks den wesentlichen Nutzen der Marke aus. Neben diesem **handwerklichen Geschick** („Craftsmanship") bei kleineren Serien sind insbesondere die im Zuge von vertikalen Markendehnungen entstehenden hohen Produktionsvolumina einer strengen und rigiden Qualitätskontrolle zu unterziehen (vgl. Braun 1997, S.84). Die Einführung umfassender **Qualitätssicherungssysteme,** wie zum Beispiel TQM, kann daher vor allem bei Luxusmarken als wichtiges Element der Markenführung angesehen werden.

Eine vergleichsweise hohe Bedeutung hat im Rahmen der Programmpolitik die Ausgabe von zeitlich und mengenmäßig limitierten **Sondereditionen** (vgl. Braun 1997, S. 85). Neben Sondereditionen ohne bestimmtes Thema kann es sich hierbei zum einen um ein speziell für einen bedeutenden, zumeist in der Öffentlichkeit stehenden Kunden angefertigtes Einzelstück (zum Beispiel die von den Haute-Couture-Marken zur jährlichen Oscar-Verleihung angefertigten Kleidungsstücke für bekannte und öffentlichkeitswirksame

Schauspieler) bzw. um eine begrenzte Serie unter direkter Bezugnahme auf eine öffentliche Persönlichkeit (zum Beispiel Edition Schumacher von Omega) handeln. Daneben kann mit der Wiederauflage eines schon einmal gefertigten Produktes (zum Beispiel die Wiederauflage des Uhrenmodells FHF durch die Luxusmarke Maurice Lacroix nach 10 Jahren) die besondere Bedeutung der Tradition für die Luxusmarke herausgestellt werden. Alle Formen der Sondereditionen betonen durch ihre limitierte Verfügbarkeit den einer Luxusmarke inhärenten Knappheitsaspekt und können so zu einer Erhöhung der Begehrlichkeit beitragen.

4.22 Markenbildung durch konstante Preispolitik

Im Rahmen der Preispolitik beruhen die Besonderheiten von Luxusmarken auf **spezifischen Funktionen des Preises**, die sich vor allem auf die Rabatt- und Konditionenpolitik der Anbieter auswirken.

Die gesamten mit einer Marke verbundenen tangiblen und intangiblen Eigenschaften lassen sich als Leistungsbündel interpretieren, die für den einzelnen Konsumenten einen bestimmten Gesamtnutzen aufweisen. In der Regel ist dabei der Preis als wahrgenommenes Äquivalent dieses Leistungsbündels mit einem negativen Nutzenbeitrag verbunden (vgl. Schneider 1999, S. 3). Im Bereich von Luxusmarken kann dagegen der Preis einen **positiven Nutzenbeitrag** stiften, was sich in einer positiven Korrelation zwischen Preisniveau und Absatzmenge manifestiert. Dabei lassen sich zwei unterschiedliche Effekte voneinander abgrenzen (vgl. Diller 2000, S. 163). Im Rahmen der **preisorientierten Qualitätsbeurteilung** wird der Preis als Indikator für die Qualität einer Marke herangezogen. Als Resultat werden teurere Marken qualitativ besser eingeschätzt als billigere Marken. Während der Preis hier primär zur Risikoreduktion – bei Luxusmarken besonders zur Reduktion des sozialen Risikos – dient und somit als Qualitätsindikator fungiert, kann der Preis einer Marke auch direkt als positives Element zum Gesamtnutzen einer Luxusmarke beitragen. Bei diesem als **Veblen-Effekt** bezeichneten Verhalten wählen Konsumenten höherpreisige Luxusmarken auf Grund ihrer inhärenten Öffentlichkeitswirksamkeit aus, um damit bewusst finanziellen Wohlstand, Prestige und Status zu demonstrieren. Die dahinter stehende Wirkungslinie des distinktiven Selbstkonzepts zeigt sich insbesondere in den Produktkategorien Mode, Uhren und Automobile.

Die Auswirkungen dieser Besonderheiten der Preisfunktion von Luxusmarken zeigt sich in einer **zurückhaltenden Rabatt- und Konditionenpolitik**. Da wahrgenommene Preissenkungen zu einer Abwertung des Gesamtnutzens der Luxusmarke und zu einer Zerstörung des Preisvertrauens führen können, erweisen sich die **Abgabe- und Endverbraucherpreise** von Luxusmarken über den Produktlebenszyklus vergleichsweise konstant im Vergleich zu unteren Segmenten (vgl. Dietz 2001, S. 128 ff.). Auch gilt es, den **Preisabstand** zu den in der gleichen Produktkategorie angebotenen Nicht-Luxusmarken konstant zu halten, um die preisbedingte Aura der Luxusmarke nicht zu gefährden. Einen entscheidenden Beitrag hierzu kann die Distributionspolitik liefern.

4.23 Markenbildung durch Flagship-Stores und selektiven Vertrieb

Im Bereich der Distributionspolitik lässt sich mit steigendem Luxusgrad der Marke und der Produktkategorie eine tendenziell **steigende Selektivität der Distributionspolitik** feststellen. So wird die aktuelle Designerkollektion von Chanel von einer wesentlich geringeren Anzahl an Outlets vertrieben als die Parfums oder Deodorants der gleichen Marke, deren Distribution wiederum deutlich selektiver als die Massenmarken der gleichen Güterkategorie (zum Beispiel Nivea, 8x4) vertrieben wird. Bei einer zunehmenden vertikalen Ausweitung der Luxusmarken steigt der Druck, breitere Distributionskanäle zu nutzen. Gleichzeitig darf das Luxusimage der Marke nicht beschädigt werden. Die Distributionsstruktur vieler Luxusmarken ist daher in drei Bereiche aufgeteilt (vgl. Abbildung 5), die sich insbesondere hinsichtlich der Sortimentsbreite, der strategischen Ziele und Zielgruppen sowie der Verkaufsvolumina unterscheiden. Zudem differieren die einzelnen Kanäle bezüglich der Kontrollmöglichkeiten imagerelevanter Faktoren wie Standort, Ladengestaltung und der Qualität des Verkaufspersonals (vgl. im Folgenden Vukelic 2000, S. 138 ff.; Nueno/Quelch 1997, S. 66 ff.; Braun 1997, S. 91 f.).

Abbildung 5   **Vertriebskanäle von Luxusmarken**

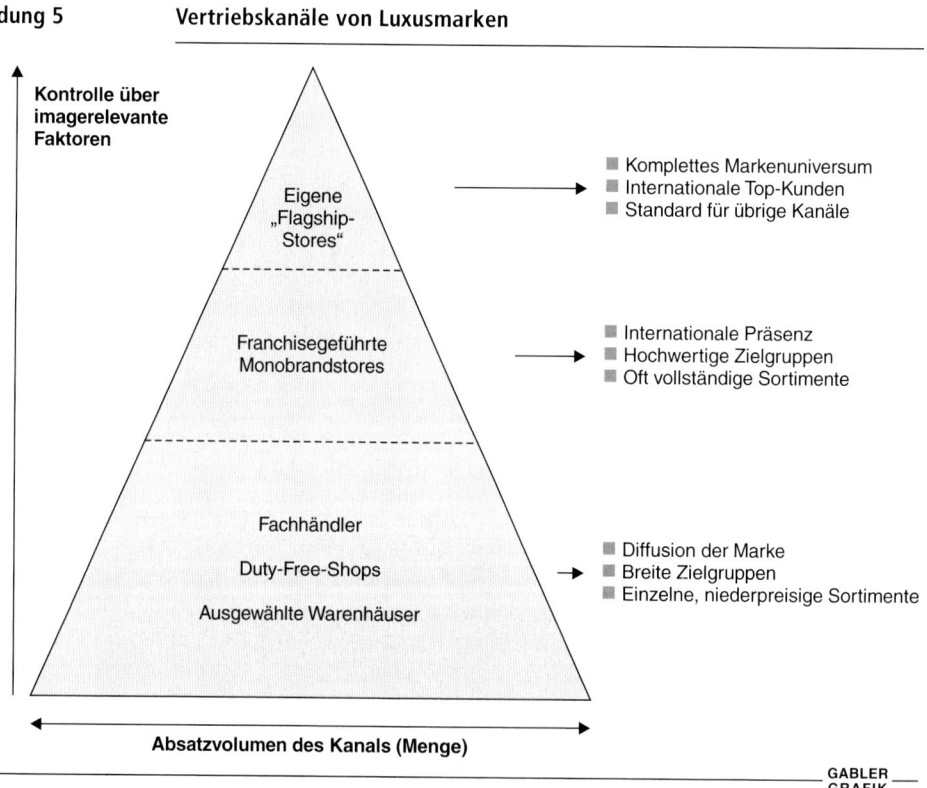

Quelle: In Anlehnung an Nueno/Quelch 1997

Die unter dem Aspekt der Markenführung höchste Priorität kommt eigenbetriebenen, exklusiven Filialen (**„Flagship-Stores"**) zu. Diese bieten das komplette Sortiment der unter der Marke vertriebenen Produkte an, vermitteln die Identität und den Lifestyle der Luxusmarke und tragen oft selbst zum luxuriösen Image der Marke bei. Eng damit zusammenhängend ist die zusätzliche Aufgabe, die qualitativen Standards für die weiteren Distributionskanäle zu setzen. Die primäre Zielgruppe bilden die Stammkunden der Marke, denen die komplette Markenwelt präsentiert werden soll. Obgleich das volle Sortiment angeboten wird, ist der Anteil am gesamten Umsatzvolumen vergleichsweise gering, da relativ wenige Outlets dieser Art betrieben werden. Die bekanntesten Beispiele von Flagship-Stores finden sich in den internationalen Metropolen New York (Ralph Lauren auf der Madison Avenue), Paris (Louis Vuitton in Saint-Germain-des Pres) und Tokyo (Espace TAG Heuer in Omotesando).

Eine Ebene unter den Flagship-Stores sind die zahlreichen **franchise-betriebenen Verkaufsstätten** angesiedelt. Hierbei werden ebenfalls ausschließlich Produkte der eigenen Luxusmarke verkauft. Primäres strategisches Ziel ist die internationale Ausdehnung der Luxusmarke unter Sicherstellung der Markenphilosophie, mit der die gehobene, jedoch nicht nur internationale Spitzenzielgruppe der Marke angesprochen werden soll. Franchisenetzwerke eignen sich besonders dort, wo das lokale Vertriebs-Know-how nicht die Qualitätsstandards der Marke erfüllt.

Breitere Massensegmente werden schließlich durch ausgewählte **Fachhändler, Duty-Free-Shops und gehobene Warenhäuser** bedient. In diesen Vertriebskanälen werden jeweils nur einzelne, meist weniger exklusive und teure Sortimentsbausteine angeboten. Die Gefahr negativer Einflüsse auf das Markenimage ist hier am höchsten, da die Marke i. d. R. weniger kontrolliert im direktem Wettbewerbsumfeld angeboten wird. Allerdings können durch diese Kanäle breitere Zielgruppen – sowohl hinsichtlich der sozialen Schicht als auch bezüglich der regionalen Ausdehnung – angesprochen werden.

4.24 Markenbildung durch symbolische Kommunikation

Besonderheiten der Kommunikation für Luxusmarken ergeben sich hinsichtlich der unterschiedlichen Bedeutung einzelner Kommunikationskanäle im Vergleich zu anderen Marken und der inhaltlichen Ausgestaltung der Markenkommunikation. Zurückhaltung in klassischen Massenmedien ist das herausragende Merkmal. Dabei fällt besonders die weit unterdurchschnittliche Gewichtung klassischer TV-Werbung im Kommunikationsmix von Luxusmarken auf (vgl. Braun 1997, S. 34). Dies lässt sich auf die nicht ausreichende Möglichkeit der vertikalen Kundendifferenzierung in diesem Medium zurückführen. Die im Luxusbereich dominierenden Kommunikationsformen weisen demgegenüber einen höheren Spezifitätsgrad auf, der es erlaubt, gezielt einzelne Kundensegmente anzusprechen.

Ein großer Teil der Kommunikationsbudgets entfällt auf hochwertige, zum exklusiven Image der Marke kompatible **Anzeigentitel**. Diese sind gekennzeichnet durch eine Nähe zu distinktiven (zum Beispiel Wirtschaftsmagazine: Status, Prestige) und wertexpressiven Themenfeldern (zum Beispiel Modemagazine: Stil, Eleganz). Die inhaltliche Gestaltung der **Anzeigen** zielt typischerweise auf die Vermittlung emotional-symbolischer Erlebniswelten durch die erlebnisorientierte, oftmals sinnlich-erotische Darstellung von Personen oder auf die unkommentierte Produktdarstellung ab. Die vermittelte Botschaft ist dabei weniger direkt als symbolisch im Vergleich zu herkömmlichen Marken, da der Sprachanteil deutlich geringer ausfällt und oft auf die reine Darstellung des Markenlogos beschränkt bleibt. Die Anzeigen spiegeln folglich stärker die Markenästhetik und -inszenierung (vgl. Dietz 2001, S. 109 ff.) als ein konkretes Nutzenversprechen wider (vgl. Abbildung 6).

Ebenfalls direkte, aber so genannte nicht-klassische Kommunikationskanäle stellen **Sponsoringaktivitäten und Events** dar. Während mit dem Sponsoring die systematische Förderung von Personen, Organisationen oder Veranstaltungen gemeint ist, wird unter Events die eigenständige Inszenierung von Veranstaltungen durch ein Unternehmen verstanden (vgl. Meffert 2000, S. 729 ff.). Sponsoring wird von vielen Luxusmarken dazu genutzt, Internationalität, Exklusivität und kulturelle Kompetenz zu demonstrieren.

So engagiert sich Boss beispielhaft in der Formel 1 und im weltweit berühmten New Yorker Guggenheim-Museum (vgl. Joachimsthaler/Aaker 2001, S. 518). Selbstkonzipierte Events, bei denen im Gegensatz zum Sponsoring eine stärkere Kommunikation zwischen Marke und Konsument angestrebt wird, finden sich dagegen häufig im Rahmen von Produktvorstellungen (insbesondere bei Kollektionspräsentationen der Haute-Couture-Häuser). Durch Events lassen sich die besonders für Luxusmarken wichtigen emotional-symbolischen Markeninhalte in Form von multisensualen Erlebniswelten transportieren.

Der Erfolg dieser ereignisbezogenen Maßnahmen hängt entscheidend davon ab, wer neben der direkten Zielgruppe (Teilnehmer, Besucher der Sponsoringveranstaltung/des Events) an den Veranstaltungen teilnimmt und wie die Berichterstattung in den Medien ausfällt. Trotz einer vergleichsweise starken Präsenz in den Medien und einem damit höheren Anteil freier Berichterstattung („free editorial press", Braun 1997, S.34) kommt der planmäßigen Beziehungspflege zu Journalisten und prominenten Meinungsführern im Rahmen der **Public Relations** damit große Bedeutung zu.

In den letzten Jahren wird von einigen Luxusmarken verstärkt das Instrument des **Product Placements** eingesetzt. Dabei werden in der klassischen Form Markenprodukte deutlich sichtbar in Filmen und Serien eingesetzt (vgl. Meffert 2001, S. 734). Als besonders geeignetes Umfeld für Luxusmarken können wiederum Filme angesehen werden, die ein internationales und hochwertiges Image vermitteln. So fanden sich zum Beispiel im Rahmen des Films „James Bond: The world is not enough" neben dem Modell Z8 von BMW mit Bollinger (Champagner), Calvin Klein und Omega noch weiter Luxusmarken.

Abbildung 6 **Beispielhafte Kommunikation von Luxusmarken**

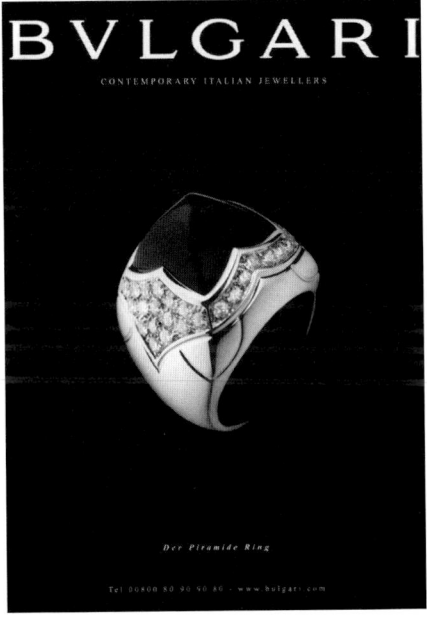
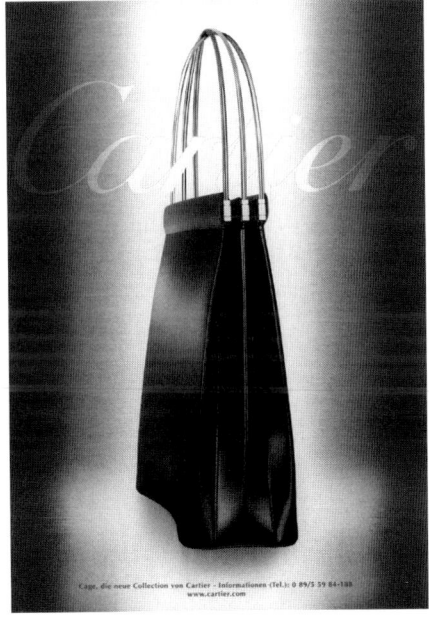

Zusätzlich ist die bestehende Kundenbasis als wichtiger Kommunikationsmultiplikator für die Marke gezielt und **direkt** anzusprechen. Hier bieten sich besonders der Aufbau von elitären Kundenclubs sowie die Herausgabe hochwertiger Kundenzeitschriften an (vgl. Belz 1994, S. 649). Diese Maßnahmen können den Charakter der Kennerschaft und des Netzwerkgedankens, der sich aus der Distinktionsfunktion der Luxusmarke ableitet, unter den bestehenden Kunden fördern und somit zu einer Stärkung der Markenbindung beitragen.

Seit kurzer Zeit wird auch das **Internet** vermehrt zur Kommunikation von Luxusmarken eingesetzt. Neben eigenen, rein kommunikativen Internetauftritten der einzelnen Luxusmarken bestehen seit Anfang 2000 mit eLuxury.com und sephora.com interaktive Plattformen, die neben spezifischem Zusatznutzen (exklusive Interviews, Trend Scouts, Berichte von Luxusevents) auch die Möglichkeit zum interaktiven Einkauf von Luxusmarken bieten.

Generell ist auch bei Luxusmarken auf eine starke **Integration der Kommunikation** zu achten. Dies gilt neben der inhaltlichen, räumlichen und zeitlichen Abstimmung besonders für die Wahrung höchster qualitativer Standards aller Kommunikationsträger: "The magazines selected for advertising [...], the movies in which the brand appears, the celebreties and pop-icons seen wearing the brand – all contribute to the brand image." (Nueno/Quelch 1997, S. 64).

5.   Fazit

Der Wandel in den wirtschaftlichen und sozio-kulturellen Rahmenbedingungen in den westlichen Industrienationen hat zu einer gestiegenen Bedeutung des Konsums von Luxusmarken geführt. Aus theoretischer Perspektive ermöglichen die Selbstkonzept- sowie die symbolische Interaktionsforschung eine differenzierte Analyse der Anziehungskraft von Luxusmarken. Luxusmarken dienen demnach als Symbol in einem sozialen oder individuellen Kommunikationsprozess und befriedigen Bedürfnisse nach Selbstverwirklichung, sozialer Abgrenzung und Anerkennung. Die hier gewonnenen Einsichten sind insbesondere hilfreich im Rahmen der operativen Gestaltung von Luxusmarken, begrenzen jedoch gleichzeitig die strategischen Möglichkeiten um eine breite Ausdehnung dieser Marken in untere Massensegmente.

Für die Führung von Luxusmarken ergibt sich die Notwendigkeit einer holistischen Betrachtung aller relevanten Gestaltungsparameter des Marketing unter markenpolitischen Gesichtspunkten, da das präferenzbildende Markenfremdbild im Kopf des Konsumenten weniger durch eigenen Gebrauch der Marken, sondern vor allem durch die Wahrnehmung der einzelnen Facetten des Vermarktungssystems entsteht. Nur durch konsistentes und kontinuierliches Management der Markenidentität kann daher letztlich eine für starke Luxusmarken kennzeichnende mythische Aufladung und daraus resultierende Begehrlichkeit der Marke entstehen.

Die Forschung hat den Schwerpunkt ihrer Bemühungen hinsichtlich vertikaler Markenstrategien in den letzten Jahren einseitig auf Handelsmarken beschränkt. Vor dem Hintergrund eines weiter wachsenden Verlusts der Mitte in vielen Produktkategorien werden Fragestellungen, die sich mit den spezifischen Besonderheiten der Markenführung von Luxusmarken beschäftigen, in Zukunft weiter an Bedeutung gewinnen.

Literatur

Adlwarth, W., Formen und Bestimmungsgründe prestigegeleiteten Konsumentenverhaltens: Eine verhaltenstheoretisch-empirische Analyse, München 1983.

Arnault, B., Präsentation im Rahmen der Bilanzpressekonferenz von LVMH am 17.05.2000 in Paris, www.lvmh.com/finance/agm2000/ba_/ sld006.htm, Abruf vom 6.6.2001.

BBE, Kaufkraft 2000 – Chancen für den Einzelhandel?, Studie der BBE Unternehmensberatung, Köln 2001.

Bearden, W. O., Etzel, M. J., Reference Group Influence on Product and Brand Purchase Decisions, in: Journal of Consumer Research, September 1982, pp. 183–194.

Belk, R.W., Bahn, K.D., Mayer, R.N., Development recognition of consumption symbolism, in: Journal of Consumer Research, Juni 1982, pp. 4–17.

Belz, O., Luxusmarkenstrategie, in: Bruhn, M. (Hrsg.), Handbuch Markenartikel, Band 1, Stuttgart 1994, S. 645–652.

Berry, C. J., The Idea of Luxury: A Conceptual and Historical Investigation, Cambridge 1994.

Braitmayer, O., Die Lizensierung von Marken, Frankfurt/M. 1998.

Braun, M., Becoming an Institutional Brand. A long-Term-Strategy for Luxury Goods, St. Gallen 1997.

Chaudhuri, A., Product class effects on perceived risk: The role of emotion, in: International Journal of Research in Marketing 1998, pp. 157–168.

Dierickx, J., Cool, K., Asset Stock Accumulation and Sustainability of Competitive Advantage, in: Management Science, Vol. 35, Dezember 1989, pp. 1504–1513.

Diez, W., Herausforderungen und Perspektiven im Premiummarkt für Automobile, Forschungsbericht Nr. 22/2001, Institut für Automobilwirtschaft (IFA) an der Fachhochschule Nürtigen.

Diller, H., Preispolitik, Stuttgart 2000.

Dubois, B, Duquesne, P., The Market für Luxury Goods: Income versus Culture, in: European Journal of Marketing, No. 1, 1993, pp. 35–44.

Dubois, B., Paternault, C., Does Luxury Have a Home Country?, in: Marketing and Research Today, May 1997, pp. 79–85.

Dubois, B, Paternault, C., Observations: Understanding the World of International Luxury Brands: The „Dream" Formula, in: Journal of Advertising Research, July/August 1995, pp. 69–76.

Esch, F.-R., Fuchs, M., Konzeption und Umsetzung von Markenerweiterungen, in: Esch, F.-R. (Hrsg.), Moderne Markenführung, 2. Aufl., Wiesbaden 2001.

Grubb, E., Grathwohl, H., Consumer Self-Concept, Symbolism and Market Behaviour: A Theoretical Approach, in: Journal of Marketing, October 1967, pp. 22–27.

Grubb, E. L., Hupp, G., Perception of Self, Generalized Stereotypes, and Brand Selection, in: Journal of Marketing Research, February 1968, pp. 58–63.

Haas, A., Pemiummarke – Quo Vadis?, in: Markenartikel 3/2000, S. 36–42.

Haseloff, O. W., Personale und soziale Funktion des privaten Verbrauchs, in: Rosenberger, G. (Hrsg.), Konsum 2000, Frankfurt 1992, S. 141–156.

Hogg, M. K., Michell, P., Identity, Self and Consumption: A Conceptual Framework, in: Journal of Marketing Management, 1996, pp. 629–644.

Hogg, M.K., Cox, A.J, Keeling, K., The impact of self-monitoring on image congruence and product/brand evaluation, in: European Journal of Marketing, No. 5/6. 2000, pp. 641–666.

Holman, R.H., Clothing as communication: an empirical investigation, in: Advances in Consumer Research 1980, pp. 372–377.

Joachimsthaler, E., Aaker, D., Aufbau von Marken im Zeitalter der Post-Massenmedien, in: Esch, F. R. (Hrsg.), Moderne Markenführung, 2. Aufl., Wiesbaden 2001.

Kapferer, J. N., Luxusmarken, in: Esch, F. R. (Hrsg.), Moderne Markenführung, 2. Aufl., Wiesbaden 2001.

Karmasin, H., Produkte als Botschaften, 2. Aufl., Wien 1998.

Kemp, S., Perceiving luxury and necessity, in: Journal of Economic Psychology, 1998, S. 591–606.

Kirmani, A., Sood, S., Bridges, S., The Ownership effect in Consumers Responses to Brand Line Stretches, in: Journal of Marketing, January 1999, pp. 88–101.

Kroeber-Riel, W., Trommsdorff, V., Markentreue beim Kauf von Konsumgütern – Ergebnisse einer empirischen Untersuchung, in: Kroeber-Riel, W. (Hrsg.), Konsumentenverhalten und Marketing, Opladen 1973, S. 57–82.

Krünitz, D. J. G., Oekonomisch-technologische Encyclopädie, 82. Teil, Berlin 1801.

Lee, D. H., Symbolic Interactionism: Some Implications for Consumer Self-Concept and Product Symbolism Research, in: Advances in Consumer Research, 1990, pp. 386–393.

Levy, S. J., Symbols for Sale, in: Harvard Business Review, July/August 1959, pp. 117–124.

Mayer, M. J., Luxus – ein Gefühl, in: Vogue, Dezember 1998, S. 46–50.

McCracken, G., Die Geschichte des Konsums – ein Literaturüberblick und Leseführer, in: Rosenberger, G. (Hrsg.), Konsum 2000, Frankfurt 1992, S. 25–51.

McKinsey, The Luxury Industry: An Asset for France, Paris 1990.

Meffert, H., Entscheidungsorientierter Ansatz der Markenpolitik, in: Bruhn, M. (Hrsg.), Handbuch Markenartikel, Band 1, Stuttgart 1994, S. 173–197.

Meffert, H., Marketing. Grundlagen marktorientierter Unternehmensführung, 9. Aufl., Wiesbaden 2000.

Mühlmann, H., Luxus und Komfort. Wortgeschichte und Wortvergleich, Bonn 1975.

Nueno, J. L., Quelch, J.A., The Mass Marketing of Luxury, in: Business Horizons, 11/12 1998.

Piron, F., Consumers' perceptions of the country-of-origin effect on purchasing intentions of (in)conspicuous products, in: Journal of Consumer Marketing, No. 4, 2000, pp. 308–321.

Pöll, G., Luxus. Eine wirtschaftstheoretische Analyse, Berlin 1980.

Rinsche, G., Der aufwendige Verbrauch – Sozialökonomische Besonderheiten geltungsbedingter Nachfrage, in: Kreikebaum, H., Rinsche, G., Das Prestigemotiv in Konsum und Investition, Berlin 1961, S. 105–221.

Rosenberg, M., Conceiving the Self, New York 1979.

Sattler, H., Markenpolitik, Stuttgart 2001.

Schneider, H., Preisbeurteilung als Determinante der Verkehrsmittelwahl. Ein Beitrag zum Preismanagement im Verkehrsdienstleistungsbereich, Wiesbaden 1999.

Sirgy, M. J., Self-concept in Consumer Behaviour: A critical Review, in: Journal of Consumer Research, December 1982, pp. 287–299.

Solomon, M. E., The Role of Products as Social Stimuli: A Symbolic Interactionism Perspective, in: Journal of Consumer Research, December 1983, pp. 319–329.

Tonbridge, H., Luxury Packaging, in: Packaging Week, November 1995, pp. 17–19.

Veblen, T., The Theory of the Leisure Class, London 1899.

Vershofen, W., Die Marktentnahme als Kernstück der Wirtschaftsforschung, Berlin 1959.

Vishwanath, V., Mark, J., Premiummarken richtig führen, in: Harvard Business Manager, No. 4, 1997, S. 31–38.

Vukelic, S., Unternehmensidentität als Ressource. Zur Bedeutung eines identitätsorientierten Ressourcenmanagements für die Luxusgüterindustrie, Wiesbaden 2000.

Wiswede, G., Groß-Engelmann, M., GfK-Trendsensor Konsum, Nürnberg 1999.

Wölfer, U., Produktlinienerweiterung, in: Bruhn, M. (Hrsg.), Handbuch Markenartikel, Band 1, Stuttgart 1994, S. 527–541.

Identitätsorientierte Markenführung in der Politik

Helmut Schneider

1.   Von der politischen Propaganda zur Markenführung: Entwicklungslinien und Perspektiven des Politikmarketing

Als Geburtsstunde eines systematischen Politikmarketing wird in der Literatur häufig der US-Präsidentschaftswahlkampf zwischen Kennedy und Nixon des Jahres 1960 angeführt, da für Kennedys Sieg in erster Linie seine durch PR-Berater unterstützten Erfolge in den TV-Rededuellen ausschlaggebend gewesen seien (vgl. etwa Maarek 1995, S. 14). Ausgehend von den USA ist mittlerweile in allen westlichen Demokratien mit unterschiedlicher Intensität ein **wachsender Stellenwert von Marketingaspekten** im politischen Wettbewerb zu beobachten (vgl. Beresford 1998, S. 29).

Offensichtlicher Ausdruck dieser Entwicklung sind unter anderem größere Wahlkampfbudgets und die gestiegene Zahl politischer Berater, der so genannten spin doctors, deren Einfluss in den Planungsstäben politischer Parteien zudem kontinuierlich zugenommen hat (vgl. Falter 1998; Kinsey 1999). In Deutschland zeugen nicht zuletzt die Art und Weise der erfolgreichen Wahlkampagne der SPD zur Bundestagswahl 1998 (vgl. Holtz-Bacha 1999; Müller 1999) oder die von der FDP zur Bundestagswahl 2002 beschlossene „Strategie 18" von einer stärkeren Marketingorientierung der Parteien. Als wesentliche Ursachen der vermehrten Bedeutung des Politikmarketing in der Praxis identifiziert Wring die steigende Volatilität des Wählerverhaltens sowie eine generelle Ökonomisierung der Gesellschaft (Wring 1998).

Kongruent zur empirischen Evidenz hat sich insbesondere im **anglo-amerikanischen Sprachraum** eine eigene Forschungsrichtung des Politikmarketing entwickelt. Der Begriff „Political Marketing" wurde dabei von Kelley bereits Mitte der 50er Jahre in die wissenschaftliche Diskussion eingeführt (Kelley 1956). Seinerzeit noch als Synonym für den diskreditierten Terminus der Propaganda benutzt (vgl. Scammell 1999, S. 723), hat sich das Verständnis über den Charakter des Politikmarketing im Zeitablauf grundlegend gewandelt (vgl. Gedig 2000). Die Forschungsbemühungen sind dabei nicht auf die Marketingwissenschaft beschränkt, sondern umfassen auch politik- und kommunikationswissenschaftliche Arbeiten.

Der eher **politikwissenschaftlich ausgerichtete Forschungszweig** konzentriert sich auf die Analyse von Wahlkämpfen (vgl. beispielhaft Farell/Wortmann 1987; Bowler/Farell 1992; Kavanagh 1995; Wring 1997; Nimmo 1970). Im Zentrum der Forschung steht dabei die Ursachenanalyse einer ausgemachten Veränderung von Wahlkampagnen sowie deren Bedeutung für den Wahlausgang. Politikmarketing wird in dieser Perspektive auf eine erfolgreiche Kampagnengestaltung reduziert (vgl. Butler/Collins 1996, S. 32; Scammell 1999, S. 719; Mauser 1983).

Auch die **kommunikationswissenschaftliche Forschung** interpretiert Politikmarketing im Wesentlichen als Kampagnenmanagement, richtet ihr Augenmerk aber auch auf die Konsequenzen veränderter politischer Kommunikation für den demokratischen Prozess.

Wachsende soziale Komplexität wird dabei nicht nur als Ursache der beobachteten Veränderung von Parteien zu undifferenzierten, sog. Catch-All-Parteien (vgl. Kirchheimer 1965) ausgemacht, sondern auch als Treiber der gestiegenen gesellschaftlichen Bedeutung von Medien identifiziert. Damit wird für Parteien die Kampagnengestaltung in immer stärkerem Maße zum zentralen Erfolgsfaktor und die Medien gleichermaßen zum wichtigsten Adressaten wie Instrument politischer Kommunikation (vgl. Swanson/Mancini 1996). In jüngster Zeit wird die so veränderte politische Kommunikation als wesentliche Ursache einer wachsenden Politikverdrossenheit ausgemacht (vgl. Cappella/Jamieson 1997; Caspari/Schönbach/Lauf 1999).

Pioniere der dritten, **marketingwissenschaftlich ausgerichteten Forschungsrichtung** waren Kotler und Shama (Kotler 1975; Shama 1976). Ihre Arbeiten fußen auf zwei grundlegenden wissenschaftlichen Entwicklungen. Einerseits auf der schon von Schumpeter in den 40er Jahren des vergangenen Jahrhunderts entwickelten, später von Downs (1957) und anderen vorangetriebenen **Analogie zwischen wirtschaftlichen und politischen Austauschprozessen**. In dieser Perspektive werden Parteien als Anbieter eines politischen Produktes verstanden, das im demokratischen Wettbewerb vom nutzenmaximierenden Wähler gegenüber alternativen Angeboten bevorzugt werden soll. Andererseits hat die Marketingwissenschaft ihr Erkenntnisinteresse im Rahmen des von Kotler und Levy 1969 initiierten **Broadening** auf nicht-erwerbswirtschaftlich ausgerichtete Organisationen ausgedehnt (Kotler/Levy 1969).

Unter Bezugnahme auf die Entwicklungsstufen des Marketing im kommerziellen Bereich (vgl. Meffert 1999a) hat Shama aus marketingwissenschaftlicher Perspektive **drei Entwicklungsstufen** des Politikmarketing identifiziert (Shama 1976). In der ersten Stufe, von ihm mit „candidate orientation" umschrieben, wurden die aufkommenden Massenmedien genutzt, um für Wahlkandidaten größere Reichweiten und damit gesteigerte Bekanntheit und Aufmerksamkeit zu erzielen. Diese erste Stufe wurde Anfang der 60er Jahre von der „sales management orientation" abgelöst. In Analogie zu den Entwicklungsstufen im kommerziellen Marketing ist dieser Wandel von Shama auch als Übergang von der Produktions- zur Verkaufsorientierung gekennzeichnet worden. Die Verkaufsorientierung, in der nicht länger Aufmerksamkeitssteigerung, sondern der „Verkauf" eines Kandidaten im Fokus stand, markiert somit gleichsam die erste Stufe eines systematischen, gleichwohl aber ausschließlich instrumentellen Politikmarketing. Aufbauend auf genaueren Analysen des Wählerverhaltens wurden die Wähler segmentiert und differenziert angesprochen. Im Mittelpunkt des Politikmarketing stand die integrierte Kampagnenplanung. Der Übergang zur „marketing orientation" zu Beginn der 70er Jahre schließlich markiert einen Paradigmenwechsel im Politikmarketing, da nun auch die Gestaltung des politischen Produktes an den Bedürfnissen der Wähler – nicht nur dessen Verkauf – Bestandteil des Politikmarketing wurde. Die Befriedigung von Wählerbedürfnissen, die Integration aller Marketingaktivitäten und die dauerhafte Wählerbindung rückten in den Mittelpunkt des Politikmarketing (vgl. Abbildung 1).

Abbildung 1   **Entwicklungsstufen des Politikmarketing**

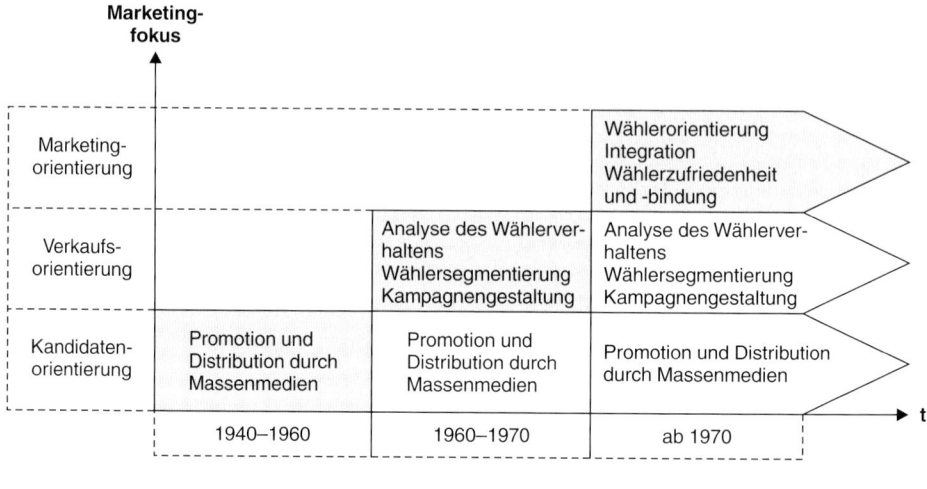

Im Gegensatz zur politik- und kommunikationswissenschaftlichen Forschung wird in der marketingwissenschaftlichen Perspektive Politikmarketing somit nicht auf politische Kommunikation oder Kampagnengestaltung beschränkt, sondern als ein umfassendes, eher strategisch ausgerichtetes Konzept zur Erreichung der Ziele politischer Parteien oder Kandidaten interpretiert. Stellvertretend für diese Auffassung sei hier auf die jüngeren Arbeiten von Butler/Collins, Lock/Harris, Kotler, Newman, Niffenegger und O'Shaughnessy verwiesen.

Insgesamt hat sich die Forschung auf dem Gebiet des Politikmarketing mittlerweile als fester Bestandteil der Marketingforschung im anglo-amerikanischen Sprachraum etabliert. Davon zeugen nicht nur die Vielzahl von Beiträgen in einschlägigen Marketingfachzeitschriften (Advances in Consumer Research, Research in Marketing, European Journal of Marketing, Journal of Marketing Management, Journal of Marketing) sowie die umfassenden Sammelbände von Newman (Newman/Sheth 1985; Newman 1999a), sondern auch die Tatsache, dass diese Forschungsrichtung eigene Konferenzen abhält (vgl. Henneberg 1996) und Politikmarketing zum festen Bestandteil im Lehrprogramm US-amerikanischer Universitäten im Fach Marketing geworden ist. In **Deutschland** finden sich hingegen bislang nur vereinzelte Forschungsbemühungen zum Politikmarketing. In der betriebswirtschaftlichen Literatur sind abgesehen von Beiträgen in Handwörterbüchern (vgl. Eberlein 1978; Hasitschka 1995) vor allem die Monografien von Wangen, Oellerking und Dombrowski sowie die Beiträge von Hermann/Huber/Braunstein, Bauer/Huber/Hermann und Stoiber zu nennen. Im Gegensatz zum anglo-amerikanischen

Sprachraum kann in Deutschland ein eigenständiges Forschungsgebiet Politikmarketing angesichts der im Vergleich zu den USA zeitlich nachgelagerten Forschungsinitiierung und infolgedessen vergleichsweise geringen Anzahl von Publikationen noch nicht ausgemacht werden.

Ungeachtet der vielfältigen, in unterschiedlichen Disziplinen beheimateten Forschungsbemühungen und dem hohen Stellenwert des Politikmarketing als Forschungsgegenstand im anglo-amerikanischen Sprachraum, hat die Forschung dem Aspekt der **Marke im politischen Kontext** bislang kaum Beachtung geschenkt. Dies überrascht umso mehr, als dass der Markenführung seitens der Praxis im Politikmarketing in jüngster Zeit eine größere Aufmerksamkeit zuteil wird (vgl. in der Beeck/Halstrick/Richter 2000) und Kirchheimer bereits 1965 in seinen Thesen zum Wandel des westeuropäischen Parteiensystems die Rolle der Partei auf politischem Gebiet als das sieht, „was auf dem wirtschaftlichen Sektor ein überall gebrauchter Marken- und Massenartikel ist" (Kirchheimer 1965, S. 34).

Zentrales **marketingwissenschaftliches Erkenntnisinteresse** ist in diesem Kontext neben der Frage nach den Erscheinungsformen und der Relevanz von Politikmarken für die politische Präferenzbildung insbesondere die Ableitung eines den Spezifika des politischen Austauschprozesses gerecht werdendes Markenführungskonzept.

Aus **politikwissenschaftlicher Sicht** stellt sich vor dem Hintergrund dieses betriebswirtschaftlichen Entdeckungszusammenhangs die Frage nach den Wirkungen eines markengetriebenen Politikmarketing, etwa im Hinblick auf die innerparteiliche Willensbildung (vgl. Sackman 1996), eine mögliche Entpolitisierung von Wahlkämpfen (vgl. Franklin 1994; O'Shaughnessey 1990), eine vermeintlich oder tatsächlich stärkere Orientierung am Wählerwillen (vgl. Beresford 1998, S. 29) sowie einer demokratietheoretisch orientierten Bewertung dieser Wirkungen (vgl. Banker 1992). Damit ist die Frage angesprochen, inwieweit ein markenfokussiertes Politikmarketing unter politikwissenschaftlichen Gesichtspunkten funktional oder disfunktional einzustufen ist, somit also eine Divergenz oder Konvergenz zwischen betriebswirtschaftlicher Handlungs- und politikwissenschaftlicher Systemrationalität zu konstatieren ist.

2. Relevanz und Funktionen von Marken in der Politik

Ungeachtet der insbesondere im anglo-amerikanischen Sprachraum intensiven Forschungsbemühungen zum Politikmarketing hat sich die Forschung bislang eher sporadisch und oberflächlich mit dem Phänomen von Politikmarken auseinandergesetzt. Dabei lassen sich **zwei verschiedene Perspektiven** identifizieren.

Zum einen wird der Markenbegriff zur Bildung von Analogien zwischen Politik- und kommerziellem Marketing eingesetzt. Newman beispielsweise sieht den Ruf eines Politikers als ein Ergebnis desselben Prozesses, der auch für die Entwicklung der Identität einer Marke eine Rolle spielt. *"A politician's reputation is percieved by people in the same way that products and services develop brand identities in the marketplace."* (Newman 1999b, S. 45). Auch in den Ausführungen von Kotler und Shama erfolgt eine Markenbetrachtung auf Basis einer semantischen Parallele. So sieht Kotler das Image eines politischen Kandidaten als vergleichbar mit dem Image einer Marke, Shama setzt die Ausdrücke „party loyalty" und „party manager" gleich mit „brand loyalty" und „brand manager" (vgl. Kotler 1978, S. 36; Shama 1976, S. 765).

Andererseits werden Politikmarken im Kontext des Zielsystems im Politikmarketing diskutiert. Butler und Collins verweisen etwa auf die Bedeutung von Marken als Eintrittsbarrieren für wichtige Themenfelder. *"Strategists should attempt to brand policies and ideas and build barriers to entry in order to own an important issue."* (Butler/Collins 1994, S. 23). Eine Markierung politischer Produkte soll somit helfen, Parteien und Politikern spezifische Themengebiete und Kompetenzen zuzuordnen. O'Cass macht ergänzend auf den Bindungsaspekt von Politikmarken im Sinne von Markenloyalität aufmerksam: *"The objective of meeting voter's needs through the party offering is to build brand loyalty."* (O'Cass 1996, S. 59).

Vernachlässigt wurde in der bisherigen Forschung die Frage, welches Gewicht Marken im Kontext des Politikmarketing aus Wählerperspektive beizumessen ist. Die Bedeutung von Politikmarken, die sich letztlich aus ihrer Relevanz für Wahlentscheidungen ergibt, wird in der Regel gleichsam axiomatisch vorausgesetzt. Lediglich Schweiger und Adami (Schweiger/Adami 1999) leiten den Stellenwert von Marken für Wahlentscheidungen deduktiv her, indem sie Parallelen zu Kaufentscheidungen bei High-Involvement-Produkten aufzeigen. Da für letztere die Markenrelevanz als gegeben eingeschätzt wird, nehme demzufolge die Marke auch im politischen Bereich eine zentrale Rolle für die Kauf- respektive Wahlentscheidung ein.

Die nachfragerseitige Bedeutung von Politikmarken ergibt sich im Wesentlichen aus den Spezifika des politischen Austauschprozesses. Parteien und Kandidaten offerieren dem Wähler im Austausch für dessen Wahlstimme ein Versprechen der Werterealisierung sowie der Ideen- und Interessenvertretung (vgl. Hasitschka 1995, S. 2036). Angesichts der Immaterialität des Leistungsversprechens sowie einer zeitlichen Verzögerung zwischen dem Kauf- bzw. Wahlakt und der eigentlichen Leistungserbringung (vgl. Harrop 1990, S. 278) weist das Politikmarketing mehr Parallelen zum Dienstleistungs- als zum Sachgütermarketing auf (vgl. O'Shaughnessy/Holbrook 1989, S. 99). Für Dienstleistungen wird angesichts des hohen Anteils von Erfahrungs- bzw. Vertrauenseigenschaften (vgl. zur informationsökonomischen Leistungstypologie Kaas/Busch 1996), das heißt Leistungsbestandteilen, die im Hinblick auf ihren Nutzen vom Kunden erst nach Inanspruchnahme einer Dienstleistung bzw. gar nicht beurteilt werden können, generell ein höheres subjektives Kaufrisiko als bei Sachleistungen konstatiert (vgl. Meffert/Bruhn 2000, S. 311). Die aus diesem Umstand abgeleitete besondere Bedeutung von Vertrauenskomponenten im Dienstleistungsmarketing (vgl. Stauss 1998, S. 14) erfährt im Politikmarketing durch weitere risikosteigernde Rahmenbedingungen eine herausragende Relevanz (vgl. Scammell 1999, S. 728).

So besteht zunächst im Gegensatz zu Markttransaktionen für die Anbieter politischer Leistungen keine vertragliche Verpflichtung zur Einlösung des gegenüber dem Wähler explizit oder implizit abgegebenen Leistungsversprechens, dessen Einhaltung durch den Wähler angesichts der Komplexität politischer Prozesse zudem mitunter gar nicht überprüft werden kann. Darüber hinaus zeichnet sich die vom Wähler „gekaufte" Dienstleistung durch Veränderlichkeit (mutability) aus. Butler und Collins kennzeichnen damit den Umstand, dass die Regierungsbildung häufig Koalitionsverhandlungen notwendig macht, die mitunter die vor der Wahl abgegebenen Leistungsversprechen vor dem Hintergrund erforderlicher Kompromisse erheblich verändern (Butler/Collins 1999, S. 59). Die Tatsache schließlich, dass Wahlen als demokratischer Sanktionsmechanismus nur in größeren zeitlichen Abständen stattfinden, erhöht das wahrgenommene Risiko des Wählers weiter.

Angesichts der spezifischen Rahmenbedingungen des politischen Wettbewerbs ist für Parteien und Kandidaten somit die Schaffung von Vertrauen zentrale Herausforderung, vermutlich aber auch wesentlicher Erfolgsfaktor im Politikmarketing (vgl. Schweer 2000). Da die **Markenpolitik** den wichtigsten Ansatzpunkt zur Bildung von Vertrauen im Marketing darstellt (vgl. Meffert 1999c, S. 62), rückt sie somit in den Mittelpunkt des Politikmarketing. Eine Politikmarke kann dabei nicht nur Vertrauen vermitteln, sondern symbolisiert gleichsam politische Werte und Kompetenz.

Zudem herrschen auf politischen Märkten unvollkommene Informationsstände (vgl. Serna 1995, S. 119). Die hochgradige Komplexität und Unübersichtlichkeit des politischen Leistungsangebots zieht für einen Großteil der Wähler eine Überforderung bei dem Versuch nach sich, politische Angebote zu verstehen und zu bewerten (vgl. Wangen 1983b, S. 47). Dies hat in den Köpfen der Wähler ein eher diffuses Bild politischer Akteure und ihrer Handlungen zur Folge (vgl. Lock/Harris 1996, S. 24), zumal die Aufwendungen für eine umfangreichere Informationsbeschaffung als eher hoch eingeschätzt werden müssen (vgl. Serna 1995, S. 119). In Ergänzung zur ausgeprägten Bedeutung der Vertrauenskomponente können Marken im politischen Kontext daher als „information chunk" die Transaktionskosten der Wähler deutlich senken.

Neben der Relevanz von Marken im politischen Austauschprozess ist für die Ableitung eines Markenführungskonzeptes die Frage essenziell, welche Objekte des Politikmarketing potenziell Markencharakter aufweisen und damit Gegenstand eines politischen Markenführungsansatzes sein können. Dabei richtet sich das Augenmerk im Folgenden auf Parteien und Politiker als möglichen Gegenständen der Markenführung im Politikmarketing. Dies sind auch die in der Literatur diskutierten Objekte des Politikmarketing mit Markencharakter. So sehen Grennblatt sowie Lock und Harris primär die Partei als politische Marke. "Parties may be said to exist now primarily as brand names" (Greenblatt 1997, S. 1967); *"the brand is the party name"* (Lock/Harris 1996, S. 24). Fine hingegen schreibt auch dem politischen Kandidaten Markencharakter zu. *"The candidates name is a brand name for ideas"* (Fine 1981, S. 45). Das Programm als dritter Bestandteil des politischen Leistungsbündels ist Ausdruck des Leistungsversprechens von Parteien und Politikern und somit weniger Objekt als Instrument der Markenführung.

3. Erscheinungsformen von Marken in der Politik

Inwieweit ein Objekt, beispielsweise ein Produkt oder ein Unternehmen, Markenstatus besitzt, wird häufig anhand der Überprüfung markenkonstituierender Merkmale festgemacht. Die dabei zur Prüfung der Markengeltung herangezogenen Kriterien hängen vom zu Grunde liegenden Markenverständnis des Betrachters ab. In diesem Zusammenhang kommt der Differenzierung zwischen dem merkmals- und wirkungsorientierten Markenverständnis eine zentrale Bedeutung zu (vgl. Hätty 1989).

Im Rahmen der **merkmalsorientierten Markeninterpretation** wird der Markenstatus an vom Anbieter zu kontrollierenden konstitutiven Merkmalen festgemacht (vgl. Mellerowicz 1963). Zu den wesentlichen Kriterien zählen die Markierung einer Leistung im Sinne einer physischen Kennzeichnung, eine gleich bleibende oder verbesserte Qualität sowie die Ubiquität, das heißt eine möglichst flächendeckende Distribution. Unabhängig von der Heranziehung weiterer Merkmale, wie kommunikative Unterstützung oder Anerkennung im Markt, besteht die zentrale Schwäche des merkmalsorientierten Markenverständnisses in einer Vernachlässigung der Wirkungskomponenten beim Konsumenten. Die Frage, inwieweit eine Leistung Markenstatus besitzt, hängt letztlich davon ab, ob der Konsument die Leistung als Marke anerkennt oder nicht.

Die **wirkungsorientierte Markeninterpretation** wechselt in Konsequenz dessen die Perspektive und macht den Markenstatus nicht länger an vom Anbieter zu kontrollierenden Parametern des Markenauftritts, sondern an der Wirkung in der Psyche des Konsumenten fest (vgl. Berekoven 1978; Thurmann 1961). Eine Marke ist demnach ein fest in der Psyche des Konsumenten verankertes, unverwechselbares Vorstellungsbild, das dem Konsumenten eine Identifikation der angebotenen Leistung ermöglicht, eine Orientierungshilfe bei der Auswahl alternativer Leistung erbringt, häufig mit einer Prestigefunktion im sozialen Umfeld des Konsumenten verbunden ist sowie schließlich Kompetenz und Qualität symbolisiert und damit Vertrauen schafft (vgl. Meffert 2000, S. 847 f.).

Unter Bezugnahme auf ein wirkungsorientiertes Markenverständnis stellt sich somit die Frage, ob Parteien und Politiker als konsistente, unverwechselbare Vorstellungsbilder in der Psyche der Wähler existieren und inwieweit diese die politische Präferenzbildung beeinflussen. Erste Hinweise für die Existenz solcher, die Wahlentscheidung beeinflussender Vorstellungsbilder lassen sich im Hinblick auf Parteien aus dem sozialpsychologischen Ansatz der Wahlverhaltensforschung ziehen. Das im Mittelpunkt dieser Forschungsrichtung stehende Konstrukt der **Parteiidentifikation** (vgl. Campbell et al. 1954; vgl. zur Übertragbarkeit auf die Bundesrepublik Berger 1973) im Sinne der dauerhaften Bindung eines Wählers an eine bestimmte Partei, auch als psychische Parteimitgliedschaft gekennzeichnet, kann als Indiz sowohl für die Existenz konsistenter Vorstellungsbilder im Hinblick auf politische Meinungsgegenstände als auch für deren Einfluss auf das Wahlverhalten im Sinne einer Markenloyalität (vgl. Dreyer 1973) interpretiert werden. In Bezug auf Politikermarken konnten Bean und Mughan in einer vergleichenden Untersuchung zwischen Australien und Großbritannien den – wenn auch schwachen Einfluss – unterschiedlicher Kandidatenprofile auf Wahlentscheidungen nachweisen (vgl. Bean/Mughan 1989). Die Existenz konsistenter Vorstellungsbilder über Politiker lässt sich zum Beispiel aus den regelmäßig durchgeführten Imageanalysen von Spitzenpolitikern ableiten (vgl. Abbildung 2).

Abbildung 2   **Imageprofil deutscher Spitzenpolitiker**

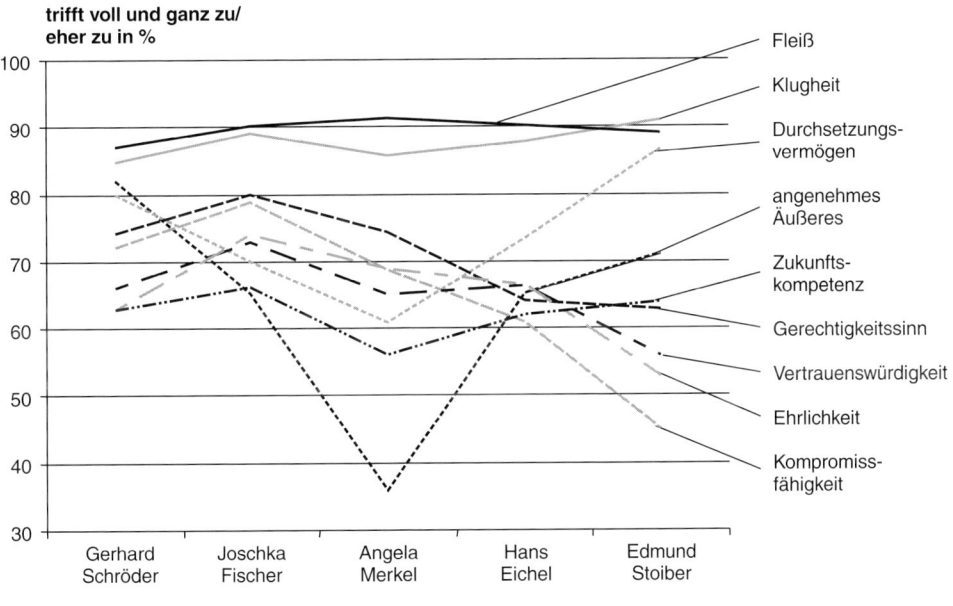

GABLER
GRAFIK

Quelle: Kistenfeger 2000

Wenn somit sowohl politische Parteien als auch Politiker markentypische Eigenschaften erfüllen und daher als Politikmarken bezeichnet werden können (vgl. zu einer Interpretation nationalsozialistischer Herrschaftssymbole unter Markenaspekten Reichel 1999) stellt sich unter markenstrategischen Gesichtspunkten die Frage nach dem Verhältnis dieser Marken zueinander. Aus marketingwissenschaftlicher Perspektive führt diese Argumentation zu der Frage nach einer zieladäquaten Markenstrategie für Politikmarken. Aus politikwissenschaftlicher Perspektive vermag diese Sichtweise nicht nur neue Erkenntnisse im Rahmen der Wahlforschung, sondern auch im Hinblick auf Prinzipien innerparteilicher Kandidatenauswahl zu erbringen (vgl. Serna 1995).

Obgleich die Angebotsseite des Politikmarketing durch das aus Partei, Kandidat und Programm bestehende reine Leistungsbündel gekennzeichnet ist und somit eine Isolation von Partei und Politiker für den Wähler unmöglich ist, lassen sich doch aus Anbieterperspektive zumindest auf der kommunikativen Ebene analytisch vier unterschiedliche markenstrategische Optionen unterscheiden. Auf der einen Seite kann eine Partei oder ein Politiker im Markt alleinstehend auftreten oder Partei- und Politikermarke werden kombiniert eingesetzt. In diesem Fall kann entweder die Partei- oder die Politikermarke als dominantes Markierungselement eingesetzt werden (vgl. Abbildung 3).

Bei den isolierten Markenauftritten wird dem Wähler nur ein Teil des Leistungsbündels kommuniziert. Dies erscheint insbesondere dann sinnvoll, wenn der Zusatz der Partei-(Feld 4) bzw. Politikermarke (Feld 1) die Attraktivität des faktischen Leistungsbündels für die Wähler bzw. einzelne Wählersegmente mindern könnte oder, was insbesondere bei dem empirisch relevanteren Feld 1 der häufigste Fall sein wird, der entsprechende Kandidat – wie etwa bei Wahlen zum europäischen Parlament – keine hinreichende Markenstärke besitzt.

▌ Abbildung 3   Markenstrategische Basisoptionen im Politikmarketing

dominante Markierung

	Parteimarke	Politikermarke
Parteimarke	① isolierter Auftritt der Partei	② Politikermarke stützt Parteimarke
Politikermarke	③ Parteimarke stützt Politikermarke	④ isolierter Auftritt des Politikers

untergeordnete Markierung

Unter Markenaspekten interessanter – wenngleich empirisch seltener zu beobachten – ist die in Feld 4 dargestellte markenstrategische Option. Offenbar ist hier die Politikermarke nicht nur sehr stark, sondern vermag als sichtbares Zeichen des politischen Leistungsbündels eine höhere Attraktivität auszuüben als eine kombinierte Markierung aus Partei und Politiker. Durch ihre von der Parteimarke losgelöste kommunikative Darstellung kann die Politikermarke Wählersegmente ansprechen, welche die Parteimarke als wenig attraktiv empfinden. Die in Abbildung 4 dargestellten Beispiele Adenauer, Erhard und Rau als starke Politikermarken veranschaulichen diese Argumentation.

Feld 3 spiegelt die typische politische Dachmarkenstrategie wider, wie sie auch Lock und Harris beschreiben. *"At the simplest level, the brand is the party name. The name becomes attached as a brand to a wide variety of different 'products'."* (Lock/Harris 1996, S. 24). Die starke Parteimarke fungiert als Dachmarke und stützt die unter ihr als ihre Produkte subsummierten Politikermarken.

Auch Feld 2 ist als Kombination von Partei- und Politikermarke im Sinne einer Dachmarkenstrategie interpretierbar. Der Unterschied zu der in Feld 3 dargestellten markenstrategischen Option besteht darin, dass hierbei die starke Politikermarke die Parteimarke stützt. Die in Abbildung 4 dargestellten Beispiele von Brandt (SPD), Genscher (FDP), Fischer (Bündnis 90/Die Grünen), Kohl (CDU) und Strauß (CSU) als starke Politikermarken illustrieren diese markenstrategische Option.

Abbildung 4   **Beispiele markenstrategischer Basisoptionen im Politikmarketing**

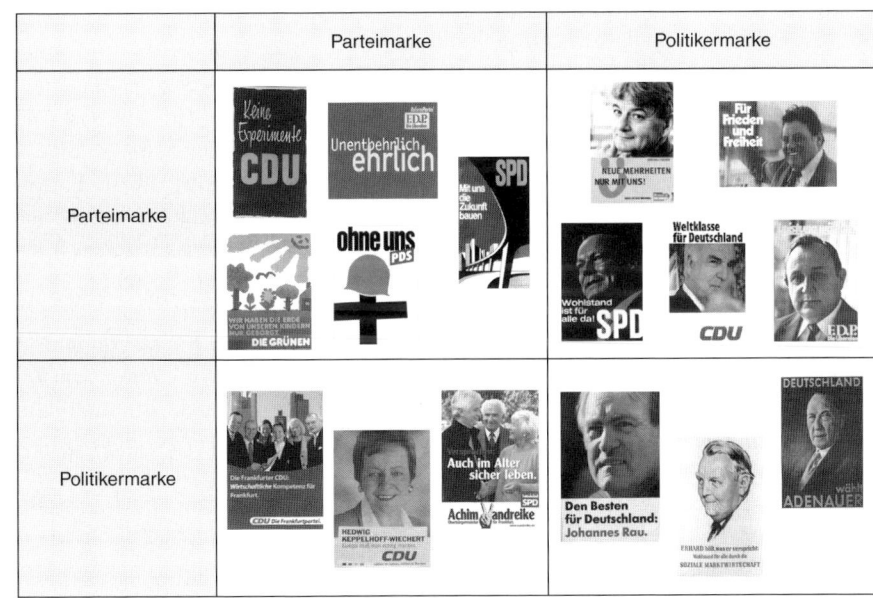

Einige der in der Literatur angeführten Vor- und Nachteile einer Dachmarkenstrategie (vgl. Meffert 1999b, S. 302) lassen sich auch auf den politischen Bereich übertragen. So gelingt es einzelnen Politiker, durch ihre Parteizugehörigkeit einen hohen Bekanntheitsgrad und damit eine schnellere und größere Akzeptanz in Medien und Öffentlichkeit zu erlangen. Umgekehrt sind sowohl positive als auch negative Ausstrahlungseffekte, etwa im Zusammenhang mit persönlichen Affären, von Politikermarken auf die Parteimarke möglich. Spitzenpolitiker und Partei sind demnach eng miteinander verknüpft und stehen in einer Art wechselseitiger Abhängigkeit. Zum einen wird eine Politikermarke auch durch die Parteizugehörigkeit des Politikers geprägt, zum anderen formt sich aber auch das Markenimage der Partei in Abhängigkeit der Persönlichkeiten und Leistungen ihrer Spitzenpolitiker. *"The politician [is] [...] a product at the same time he [is] [...] the medium of a party brand image."* (Laufer/Paradeise 1990, S. 89).

Neben Einzel- und Dachmarkenstrategien finden sich im Politikmarketing auch Mehrmarkenstrategien. Ausschlaggebend dafür sind in erster Linie Unterschiede zwischen den Parteien im Hinblick auf ihre strategische Marktabdeckung. In diesem Zusammenhang kann zwischen differenzierten und undifferenzierten Marktbearbeitungsstrategien unterschieden werden.

Kennzeichnend für eine differenzierte Marktbearbeitung ist ein auf die spezifischen Interessen einzelner Zielgruppen ausgerichtetes Angebot, wie es sich beispielsweise bei den kleineren Parteien Bündnis 90/Die Grünen oder FDP findet. Im Gegensatz dazu offerieren die Volksparteien (CDU, SPD) ein stärker standardisiertes und die individuellen Wählerbedürfnisse vernachlässigendes Leistungsangebot für den Gesamtmarkt. Die Heterogenität politischer Meinungen und Interessen stellt das Marketing der Volksparteien bei ihrer undifferenzierten Marktbearbeitung vor ganz besondere Herausforderungen, da es sowohl gegenüber Mitgliedern als auch Wählern eine Bindungswirkung in einem sehr breiten politischen Spektrum entfalten muss.

Die Erkenntnisse der Neuen Politischen Ökonomie um die zentrale Bedeutung des Median- oder Wechselwählers bei politischen Entscheidungen hat unter anderem zu einem Positionierungstrend der Volksparteien in die so genannte politische Mitte geführt. Dieses Bemühen um den wahlentscheidenden Median-Wähler ist jedoch für die Parteien nur dann zielführend, wenn es nicht zum Verlust von Wählern – der auch in einer Nichtwahl zum Ausdruck kommen kann – an den jeweiligen Rändern des politischen Spektrums führt. Ein markenstrategischer Ansatz dieser Gefahr zu begegnen, besteht in einer differenzierten Marktbearbeitung durch Politikermarken unter dem Markendach der Partei. In einer Marketingsicht handelt es sich dabei um eine Mehrmarkenstrategie unter der gemeinsamen Dachmarke der Partei. Entscheidend ist dabei, dass die unter dem Markendach angesiedelten Politikermarken einerseits das politische Spektrum möglichst breit abdecken, andererseits aber die Tragfähigkeit der Dachmarke nicht überstrapazieren. Beispiele für solche Mehrmarkenstrategien unter dem gemeinsam Dachmarke der Partei (vgl. Abbildung 5) waren etwa der SPD-Bundestagswahlkampf des Jahres 1994 mit der so genannten Troika bestehend aus Lafontaine, Scharping und Schröder sowie der gemeinsame Wahlkampf des Parteivorsitzenden Lafontaine als Repräsentant der traditionellen sozialdemokratischen Wählerschaft und dem eher in der politischen Mitte positionierten Kanzlerkandidaten Schröder bei der Bundestagswahl 1998.

Abbildung 5	Beispiele für Mehrmarkenstrategien unter dem Dach der Partei

SPD 1994	**FDP 1961**	**CDU 1972**	**CDU 1961**
Scharping, Schröder und Lafontaine	Mende und Heuss	Kanzlerkandidat Barzel mit CDU-Politikern	Adenauer und Erhard

GABLER
GRAFIK

4. Identitätsorientierte Interpretation von Politikmarken aus marketing- und politikwissenschaftlicher Perspektive

Ausgehend von der Existenz politischer Marken in organisatorischer (Parteien) wie auch personeller (Politiker) Hinsicht stellt sich aus einer betriebswirtschaftlich-entscheidungsorientierten Perspektive neben markenstrategischen Überlegungen vor allem die Frage nach einem adäquaten Markenführungsansatz. Die Auswahl der von einer Partei zu ergreifenden Maßnahmen zur Sicherstellung der positiven Markenwirkungen hängt unmittelbar vom zu Grunde liegenden Markenverständnis ab. In Konsequenz des wirkungsbezogenen Markenverständnisses fokussierte sich die Marketingwissenschaft lange Zeit auf die Wahrnehmung von Marken in den Augen der Konsumenten in unterschiedlichen Eigenschaftsdimensionen, das heißt auf das Markenfremdbild (Markenimage) als zentralem Erfolgsfaktor der Markenführung. In diesem Zusammenhang wurde eine Position im Markt angestrebt, die einerseits den Idealvorstellungen der Konsumenten möglichst nahe kommen sollte, andererseits eine möglichst große Differenzierung zu den Konkurrenzprodukten aufweisen sollte (vgl. Wiswede 1992; Trommsdorff/Zellerhoff 1994).

Die Reduzierung der Markenführung auf den Imageaspekt erwies sich insbesondere unter zwei Gesichtspunkten als inadäquat. Einerseits führte der imagebezogene Ansatz zu einer Überbetonung von methodischen Aspekten der Markenführung und damit zu einer Vernachlässigung des für Marken essenziellen Integrationsaspekts (**Integrationsdefizit**). *„Die funktionsübergreifende Abstimmung und Vernetzung einzelner Maßnahmen zur Imagegestaltung blieb als Folge der zumeist partialanalytischen Vorgehensweise aus."* (Meffert/Burmann 1996, S. 10).

Andererseits bewirkte die dominante Außenorientierung im Sinne eines „Wer soll ich sein?" eine Ausblendung der Innenperspektive im Sinne eines „Wer möchte ich sein?" bzw. „Wer kann ich sein?" (**Identitätsdefizit**). So birgt eine einseitige Ausrichtung der Marke an den mitunter rasch wechselnden Präferenzen potenzieller Abnehmer das Risiko von Inkonsistenzen und Diskontinuitäten im Markenbild, die einer Marke die Vertrauensbasis entziehen können. Der imageorientierte Ansatz der Markenführung wird damit den Anforderungen an die Führung von Politikmarken in besonderer Weise nicht gerecht, da im politischen Kontext die Innenorientierung, die sich etwa in programmatischen Grundsätzen und Leitlinien niederschlägt, ein außergewöhnliches Gewicht besitzt. Die beliebige Anpassung politischer Inhalte an die jeweils vom relevanten Wählersegment geforderte Position im Sinne einer reinen Außenorientierung scheidet im politischen Kontext als Ansatz der Markenführung nicht nur angesichts ethischer Bedenken, sondern auch vor dem Hintergrund der besonderen Sensibilität im Hinblick auf die politische Glaubwürdigkeit aus (vgl. O'Cass 1996, S. 59; Scammell 1994, S. 36 f.). Insofern bewegen sich Politikmarken in einem besonderen **Spannungsfeld einer Outside-In- und Inside-Out-Orientierung** (vgl. Harrop 1990, S. 277; Delaney 1994, S. 48).

Vor dem Hintergrund der Schwächen des imageorientierten Führungsansatzes wurde in der Marketingwissenschaft unter Rückgriff auf sozial-psychologische Erkenntnisse das **Konzept der identitätsorientierten Markenführung** entwickelt (vgl. den Beitrag zur theoretischen Grundkonzeption der identitätsorientierten Markenführung in diesem Band; auch Kapferer 1992), das angesichts seines integrativen Charakters im Hinblick auf Außen- und Innenorientierung für die Führung von Politikmarken besonders geeignet zu sein scheint.

Für die demokratietheoretisch ausgerichtete Bewertung eines identitätsorientierten Politikmarketing ist zunächst die Reflexion des diesem Ansatz zu Grunde liegenden Marketingverständnisses unerlässlich. Im Gegensatz zu den bislang entweder primär außen- oder primär innenorientierten Forschungsarbeiten auf dem Gebiet des Politikmarketing sind im Rahmen der identitätsorientierten Markenführung beide Perspektiven sich wechselseitig beeinflussende, integrative Bestandteile des Politikmarketing. Diese Tatsache ist insofern von Belang, als dass die bisher in der Literatur vorgebrachte Kritik oder auch Befürwortung des Politikmarketing nicht zuletzt von der Auffassung des jeweiligen Autors über die dominante Perspektive des Politikmarketing beeinflusst wird.

Auf der einen Seite stehen Autoren vornehmlich kommunikations- und politikwissenschaftlicher Provenienz, die in einem eher **Inside-Out**-orientierten Marketingverständnis dem vermehrten Einsatz von Politikmarketing skeptisch gegenüber stehen (vgl. etwa Franklin 1994).

Die vorgebrachte Kritik ist vielfältiger Natur. Politikmarketing führe zu einer Verengung der politischen Agenda (vgl. etwa O'Shaughnessey 1987, S. 64), verändere innerparteiliche Machtstrukturen zu Gunsten der Führungsebene (vgl. Sackman 1996) und schüre über vergleichende, negative Werbung die Politikverdrossenheit (vgl. etwa Ahluwalia/Shiv 1997, vgl. zu den Besonderheiten negativer Kommunikation im Politikmarketing; Cappella/Jamieson 1997). Auch die Problematik der in Konsequenz kapitalintensiver Wahlkämpfe zunehmenden Abhängigkeit der Parteien von Kapitalgebern ist Gegenstand der Diskussion über die negativen Folgen des Politikmarketing (vgl. Wray 1999; Leggewie 1996).

Ein wesentlicher Kritikpunkt sind die als inakzeptabel eingestuften Wirkungen des Politikmarketing auf die Qualität des demokratischen Diskurses. Ausgehend vom demokratietheoretischen Leitbild des informierten, partizipierenden Bürgers wird Politikmarketing als eine Technik interpretiert, Wähler nicht zu orientieren, sondern zu manipulieren.

"Political marketing strategies risk undermining these democratic qualities by placing undue emphasis on persuading voters rather than genuinely informing them." (Beresford 1998, S. 30).

Franklin beschreibt die Veränderung vom involvierten Bürger zum konsumierenden Zuschauer in etwas bildhafterer Sprache wie folgt:

"[...] In media democracy, politics (like football) has become an armchair activity. Watching the match from a ringside seat at home has replaced the need to play the game." (Franklin 1994, S. 11).

In dieser Perspektive verschwimmen die Grenzen zwischen Politikmarketing und politischer Propaganda (vgl. O'Shaughnessey 1999).

Ein Großteil der angeführten Kritik lässt sich auf die kommunikationsdominante, Inside-Out-Interpretation des Politikmarketing zurückführen. Die Gestaltung des politischen Produktes orientiert sich nicht an den Vorstellungen der Wähler, sondern an internen, etwa programmatischen Grundsätzen einer Partei. Erst im Anschluss daran soll Politikmarketing quasi als Verkaufsinstrument dazu beitragen, den Wähler von diesem politischen Produkt zu überzeugen (vgl. Abbildung 6).

Die skizzierte Kritik am Politikmarketing blieb in der Forschung nicht ohne Widerspruch. Das Ideal des informierten Wählers sei ein normativer Referenzpunkt, dem empirisch keine Relevanz zukomme (vgl. McNair 1996, S. 52) und demzufolge könne auch der Einsatz von Techniken des Politikmarketing nicht für eine Entfernung vom Wunschbild des aufgeklärten Wählers verantwortlich gemacht werden (vgl. etwa Banker 1992; Harrop 1990; Lock/Harris 1996). Im Gegenteil führe gerade Politikmarketing dazu, dass Wähler nicht über weniger, sondern mehr Informationen verfügten (vgl. etwa Banker 1992; Bowler et al. 1992). Politikmarketing habe somit die Kommunikation zwischen Parteien und Wählern nicht von einem rational-argumentativen zu einem emotional-persuasiven Stil, sondern von Nicht-Kommunikation zu Kommunikation verändert (vgl. Harrop 1990; Oellerking 1988).

❚ Abbildung 6   **Inside-Out-dominante Interpretation des Politikmarketing**

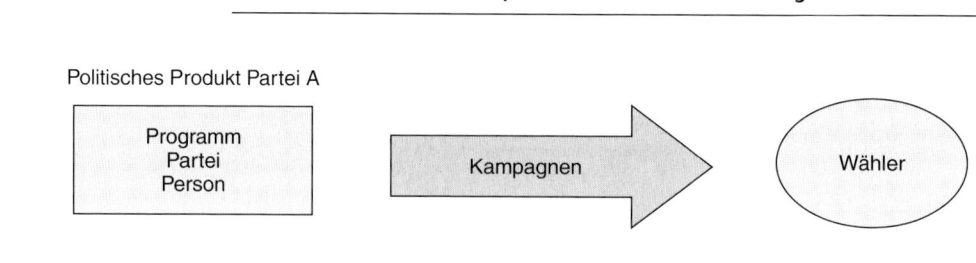

Politisches Produkt Partei A

Programm Partei Person → Kampagnen → Wähler

GABLER GRAFIK

Der pessimistischen Beurteilung des Politikmarketing steht eine schon beinahe **euphorische Bewertung** insbesondere marketingwissenschaftlich geprägter Autoren gegenüber (vgl. etwa Beresford 1998; Kotler/Kotler 1999; Newman 1999a).

> *"If democracy is defined as providing what the majority of the people want, then it may be possible to argue that political marketing could provide a true expression of a plebiscite-style of democracy."* (Beresford 1998, S. 29).

Die positive Bewertung des Politikmarketing liegt hier in der dominanten **Outside-In**-Interpretation des Politikmarketing kombiniert mit einem plebiszitären Demokratieverständnis begründet (in diesem Zusammenhang wurde der Begriff der permanent campaign entwickelt, vgl. Blumenthal 1981; Newman 1995). Politikmarketing besteht demnach nicht in der vom Wählerwillen losgelösten Produktion politischer Inhalte und dem anschließenden manipulativen Verkauf dieser Produkte, sondern in einer an den Bedürfnissen der Wähler orientierten Produktion des politischen Produktes sowohl in programmatischer als auch personeller Hinsicht (vgl. Abbildung 7).

Gleichwohl – und dieser Aspekt wird in der marketingwissenschaftlich geprägten Literatur zuweilen nicht hinreichend beachtet – stößt eine solche reine Outside-In-Orientierung im politischen Kontext ebenso an ethische Grenzen (vgl. Smith/Saunders 1990, S. 298). So verweist etwa O'Shaughnessy zurecht darauf, dass eine derartige reine Außenorientierung beispielsweise einen Verlust an erforderlicher politischer Führung nach sich ziehen kann (vgl. auch Newman 1996; Wangen 1983b):

> *"Usage – or abusage – of these marketing methods will make for a lack of political leadership in society and a lack of political courage, since they take as their reference point a servile rather then a directional attitude to public opinion."* (O'Shaughnessy 1990, S. 247).

Zusammenfassend hängt die in der Literatur vorzufindende Befürwortung oder Ablehnung des Politikmarketing ganz wesentlich vom Verständnis des jeweiligen Autors über das Wesen des Politikmarketing ab. Auf der einen Seite steht der Vorwurf der Manipulation des Wählers, der auf einer Inside-Out-dominanten, verkaufsorientierten Interpretation des Politikmarketing basiert. Auf der anderen Seite steht die Befürwortung des

---

Abbildung 7   Outside-In-dominante Interpretation des Politikmarketing

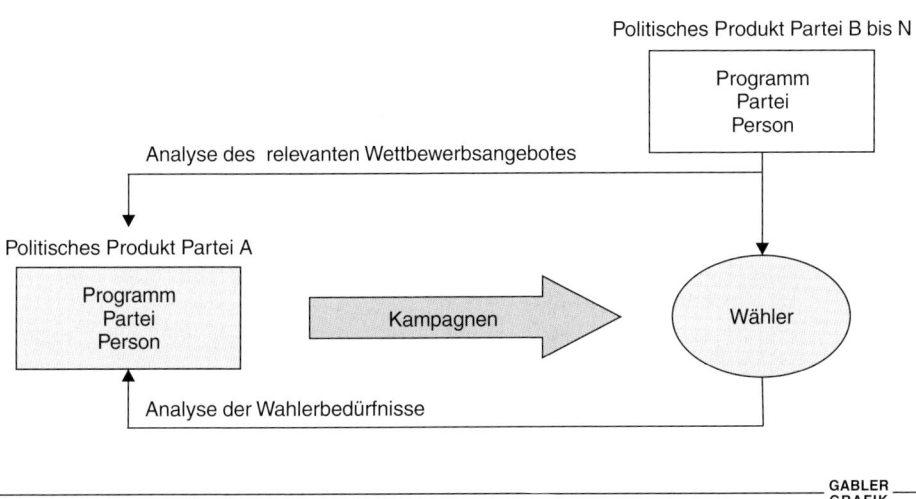

Politisches Produkt Partei B bis N

Programm
Partei
Person

Analyse des relevanten Wettbewerbsangebotes

Politisches Produkt Partei A

Programm
Partei
Person

Kampagnen

Wähler

Analyse der Wahlerbedürfnisse

GABLER
GRAFIK

Politikmarketing, die auf einer Outside-In-dominanten Interpretation des Politikmarketing als wählerorientierte Gestaltung des politischen Produktes fußt. Vor diesem Hintergrund ergeben sich angesichts des hier zu Grunde liegenden identitätsorientierten Ansatz des Politikmarketing, der integrativ Inside-Out- und Outside-In-Perspektive zu verbinden sucht, nicht nur für die Marketingwissenschaft, sondern auch für die demokratietheoretische Forschung neue Herausforderungen.

Literatur

Ahluwalia, R., Shiv, B., The Effects of Negative Information in the Political and Marketing Arenas. Exceptions to the Negativity Effect, in: Advances in Consumer Research, Vol. 24, 1997, pp. 222.

Banker, S., The Ethics of Political Marketing, the Rhetorical Perspective, in: Journal of Business Ethics, Vol. 11., No. 11, 1992, pp. 843–848.

Bauer, H. H., Huber, F., Herrmann, A., Politik-Marketing – Inhalt, Instrumente und Institutionen, in: Der Markt, 34. Jg., Heft 4, 1995, S. 115–124.

Bauer, H. H., Huber, F., Herrmann, A., Political Marketing. An information-economic analysis, in: European Journal of Marketing, Vol. 30., No. 10/11, 1996, pp. 159–172.

Bean, C., Mughan, A., Leadership Effects in Parliamentary Elections in Australia and Britain, in: American Political Science Review, Vol. 83, No. 4, 1989, pp. 1165–1179.

Beeck, N., Hastrick, J., Richter, K., Politik sucht Markenprofil, in: werben&verkaufen, Heft 19, 2000, S. 146–149.

Berekoven, L., Zum Verständnis und Selbstverständnis des Markenwesens, in: Markenartikel heute. Marke, Markt und Marketing, Schriftenreihe Markt und Marketing des Gabler-Verlages, Wiesbaden 1978, S. 35–48.

Beresford, Q., Selling Democracy Short: Elections in the Age of the Market, in: Current Affairs Bulletin, Vol. 74., No. 5, 1998, pp. 24–32.

Berger, C., Parteiidentifikation in der Bundesrepublik, in: Politische Vierteljahresschrift, 14. Jg., 1973, S. 215–225.

Blumenthal, S., Marketing the President, in: The New York Times Magazine, 13.09.1981, pp. 110–118.

Bowler, S., Farell, D. (Hrsg.), Electoral Strategies and Political Marketing, London u. a. 1992.

Bowler, S., et al., The Informed Electorate? Voter Responsiveness to Campaigns in Britain and Germany, in: Bowler, S., Farrell, D. (Hrsg.), Electoral strategies and Political Marketing, London u. a. 1992, pp. 204–221.

Butler, P., Collins N., Political Marketing: Structure and Process, in: European Journal of Marketing, Vol. 28, No. 1, 1994, pp. 19–34.

Butler, P., Collins, N., Strategic Analysis in Political Markets, in: European Journal of Marketing, Vol. 30., No. 10/11, 1996, pp. 32–44.

Butler, P., Collins N., A Conceptual Framework for Political Marketing, in: Newman, B. (Hrsg.), Handbook of Political Marketing, Thousand Oaks 1999, pp. 55–72.

Campbell, A., Gurin, G., Miller, W., The Voter Decides, Evanston 1954.

Cappella, J., Jamieson, K., Spiral of Cynicism. The Press and the Public Good, Oxford 1997.

Caspari, M., Schönbach, K., Lauf, E., Bewertung politischer Akteure in Fernsehnachrichten. Analyse der Berichterstattung in Bundestagswahlkämpfen der 90er Jahre, in: Media Perspektiven, 30. Jg., Heft 5, 1999, S. 270–274.

Delaney, B., Political Marketing, in: Contemporary Record, Vol. 8., No. 1, 1994, pp. 44–48.

Dombrowski, I., Politisches Marketing in den Massenmedien, Wiesbaden 1997.

Dombrowski, I., Politisches Marketing in den Massenmedien, in: Rundfunk und Fernsehen, 46. Jg., Heft 2/3, 1998, S. 403 ff.

Downs, A., Ökonomische Theorie der Demokratie, amerikanische Erstausgabe 1957, Tübingen 1968.

Dreyer, E. C., Change and Stability in Party Identification, in: The Journal of Politics, Vol. 35, 1973, pp. 712–722.

Eberlein, K.-D., Marketing im politischen Bereich, in: Koinecke, J. (Hrsg.), Handbuch Marketing, Bd.2, Gernsbach 1978, S. 1567–1575.

Falter, J. W., Alle Macht dem Spin Doctor, in: Frankfurter Allgemeine Zeitung v. 27.04.1998, S. 11–12.

Farell, D., Wortmann, M., Party Strategies in the Electoral Market: Political Marketing in West Germany, Britain and Ireland, in: European Journal of Political Research, Vol. 15, 1987, pp. 297–318.

Fine, S., The Marketing of Ideas and Social Issues, New York 1981.

Franklin, B., Packaging Politics, London 1994.

Gedig, S., Politikmarketing unter besonderer Berücksichtigung des Markenaspekts, unveröff. Diplomarbeit, Münster 2000.

Greenblatt, A., Politics and Marketing Merge in Parties Bid for Relevance, in: Congressional quarterly weekly report, Vol. 55, No. 16, 1997, pp. 1967–1975.

Harrop, M., Political Marketing, in: Parliamentary Affairs, Vol. 43, No. 3, 1990, pp. 277–292.

Hasitschka, W., Politik-Marketing; in: Bruno Tietz (Hrsg.), Handwörterbuch des Marketing, 2. Aufl., Stuttgart 1995, pp. 2030–2041

Hätty, H., Der Markentransfer, Heidelberg 1989.

Henneberg, S., Second Conference on Political marketing: Judge Institute of Management Studies, University of Cambridge 27–29 March 1996, in: Journal of Marketing Management, Vol. 12, No. 8, 1996, pp. 777–783.

Herrmann, A., Huber, F., A Value-Oriented Model of Candidate Appraisal, in: Newman, B. (Hrsg.), Handbook of Political Marketing, Thousand Oaks 1999, pp. 305–320.

Herrmann, A., Huber, F., Braunstein, C., Wählerorientierte Positionierung von Politikern – Ergebnisse einer Untersuchung in Europa auf der Basis der Conjoint Analyse, in: Der Markt, 38. Jg., Heft 2, 1999, S. 86–98.

Holtz-Bacha, C., Wahlkampf 1998 – Modernisierung und Professionalisierung, in: Holtz-Bacha, C. (Hrsg.) Wahlkampf in den Medien, Wahlkampf mit den Medien. Ein Reader zum Wahljahr 1998, Opladen, Wiesbaden 1999, S. 9–24.

Kaas, K. P., Busch, A., Inspektions-, Erfahrungs- und Vertrauenseigenschaften von Produkten, in: Marketing ZFP, 18. Jg., Heft 4, 1996, S. 243–252.

Kapferer, J. N., Die Marke – Kapital des Unternehmens, Landsberg/Lech 1992.

Kavanagh, D., Election Campaigning. The new Marketing of Politics, Oxford 1995.

Kelley, S., Professional Public Relations and Political Power, Baltimore 1956.

Kinsey, D., Political Consulting. Bridging the Academic and Practical Perspectives in: Newman, B. (Hrsg.), Handbook of Political Marketing, Thousand Oaks 1999, pp. 113–127.

Kirchheimer, O., Wandel des westeuropäischen Parteiensystems, in: Politische Vierteljahresschrift, 6. Jg., Heft 1, 1965, S. 20–41.

Kistenfeger, H., Die Stärken der Politelite, in: Focus, Heft 50, 11.12.2000, S. 32–33.

Kotler, P., Overview of Political Candidate Marketing, in: Advances in Consumer Research, Vol. 2, 1975, pp. 761–769.

Kotler, P., Marketing für Nonprofit Organisationen, Stuttgart 1978.

Kotler, P., Kotler, N., Political Marketing, in: Newman, B. (Hrsg.), Handbook of Political Marketing, Thousand Oaks 1999, pp. 3–18.

Kotler, P., Levy, S. J., Broadening the concept of Marketing, in: Journal of Marketing, Vol. 33, No. 1, 1969, pp. 10–15.

Laufer, R., Paradeise, C., Marketing Democracy. Public Opinion & Media Formation in Democratic Societies, New Brunswick 1990.

Leggewie, C., Demokratie – ein Spiel wie Monopoly, in: Süddeutsche Zeitung vom 26./27. Oktober 1996.

Lock, A., Harris, P., Political Marketing – Vive la Difference, in: European Journal of Marketing, Vol. 30, No. 10/11, 1996, pp. 21–32.

Maarek, P. J., Political Marketing and Communication, London 1995.

Mauser, G. A., Political Marketing. An Approach to Campaign Strategy, New York 1983.

McNair, B., Perfomance in Politics and the Politics of Perfomance. Public Relations, the Public Sphere and Democracy, in: L'Etang, J., Pieczka, M. (Hrsg.), Critical Perspectives in Public Relations, London u. a. 1996, pp. 35–53.

Meffert. H., Marktorientierte Unternehmensführung im Umbruch, in: Meffert, H. (Hrsg.), Marktorientierte Unternehmensführung im Wandel, Wiesbaden 1999a, S. 3–33.

Meffert, H., Strategien zur Profilierung von Marken in: Meffert, H. (Hrsg.), Marktorientierte Unternehmensführung im Wandel, Wiesbaden 1999b, S. 287–309.

Meffert, H., Marketingwissenschaft im Wandel – Anmerkungen zur Paradigmendiskussion, in: Meffert, H. (Hrsg.), Marktorientierte Unternehmensführung im Wandel, Wiesbaden 1999c, S. 35–66.

Meffert, H., Marketing. Grundlagen marktorientierter Unternehmensführung, 9. Aufl., Wiesbaden 2000.

Meffert, H., Burmann, C., Identitätsorientierte Markenführung – Grundlagen für das Management von Markenportfolios, Arbeitspapier Nr. 100 der Wissenschaftlichen Gesellschaft für Marketing und Unternehmensführung e. V., Münster 1996.

Meffert, H., Bruhn, M., Dienstleistungsmarketing, 3. Aufl., Wiesbaden 2000.

Mellerowicz, K., Markenartikel. Die ökonomischen Gesetze ihrer Preisbildung und Preisbindung, 2. Aufl., München, Berlin 1963.

Müller, M. G., Parteienwerbung im Bundestagswahlkampf 1998. Eine qualitative Produktionsanalyse politischer Werbung, in: Media Perspektiven, 30. Jg., Heft 5, 1999, S. 251–261.

Newman, B., The Role of Marketing in the 1992 U.S. Presidential Election: How Bill Clinton was transformed from „Slick Willie" to „Mr. President", in: Werbeforschung & Praxis, 38. Jg., Heft 6, 1993, S. 195–201.

Newman, B., The Forces Behind the Merging of Marketing and Politics, in: Werbeforschung & Praxis, 39. Jg., Heft 2, 1994a, pp. 41–46.

Newman, B., The Marketing of the President. Political Marketing as Campaign Strategy, Thousand Oaks 1994b.

Newman, B., Political marketing as a Governing Tool, in: Werbeforschung & Praxis, 40. Jg., Heft 5, 1995, S. 163–167.

Newman, B., The Impact of Marketing on Democracy, in: Werbeforschung & Praxis, 41. Jg., Heft 1, 1996, S. 7–11.

Newman, B. (Hrsg.), Handbook of Political Marketing, Thousand Oaks 1999a.

Newman, B., The Mass Marketing of Politics. Democracy in an Age of manufactured Images, Thousand Oaks 1999b.

Newman, B., Sheth, J. N., (Hrsg.), Political Marketing: Readings and Annotated Bibliography, Chicago 1985.

Newman, B., Sheth, J. N., A Theory of Political Choice Behavior, New York u. a. 1987.

Nieffenegger, P. B., Strategies for Success from the Political Marketers, in: Journal of Consumer Marketing, Vol. 6, No. 1, 1989, pp. 45–51.

Nimmo, D., The Political Persuaders. The Techniques of Modern Election Campaigns, New Jersey 1970.

O'Cass, A., Political Marketing and the Marketing Concept, in: European Journal of Marketing, Vol. 30,. No. 10/11, 1996, pp. 45–61.

O'Shaughnessy, N. J., America's Political Market, in: European Journal of Marketing, Vol. 21, No. 4, 1987, pp. 60–66.

O'Shaughnessy, N. J., The Phenomenon of Political Marketing, Basingstoke 1990.

O'Shaughnessy, N. J., Political Marketing and Political Propaganda, in: Newman, B. (Hrsg.), Handbook of Political Marketing, Thousand Oaks 1999, pp. 725–740.

O'Shaughnessy, N. J., Holbrook, M., What U.S. Business can learn from Political marketing, in: Journal of Applied Business Research, Vol. 4., No. 3, 1989, pp. 98–109.

Oellerking, C., Marketingstrategien für Parteien. Gibt es eine Technologie des legalen Machterwerbs? Frankfurt/M. 1988.

Reichel, P., Führen durch Ästhetisieren der Alltagswelt. „Führer" und „Volksgemeinschaft als politische Markenartikel des NS-Staates, in: Brandmeyer, K., Deichsel, A. (Hrsg.), Jahrbuch Markentechnik 2000/2001, Frankfurt/M. 1999, S. 503–526.

Sackman, A., The learning curve towards New Labour, in: European Journal of Marketing, 30. Jg., 1996, pp. 147–158.

Scammell, M., The Phenomenon of Political Marketing: The Thatcher Contribution, in: Contemporary Record, Vol. 8, No. 1., 1994, pp. 23–43.

Scammell, M., Political Marketing: Lessons for Political Science, in: Political Studies – Oxford, Vol. 47., No. 4, 1999, pp. 718–739.

Schumpeter, J. A., Kapitalismus. Sozialismus und Demokratie, Bern 1947.

Schweiger, G., Adami, M., The Nonverbal Image of Politicians and Political Parties, in: Newman, B. (Hrsg.), Handbook of Political Marketing, Thousand Oaks 1999, pp. 347–364.

Schweer, M. K. W., Politisches Vertrauen. Theoretische Ansätze und empirische Befunde, in: Schweer, M. K. W. (Hrsg.), Politische Vertrauenskrise in Deutschland? Eine Bestandsaufnahme, Münster u. a. 2000, S. 9–26.

Serna, A., Märkte für Politiker, Bedeutung, Funktionsweise und Konsequenzen von Selektionsprozessen bei der Kandidatenauswahl, Zürich 1995.

Shama, A., The Marketing of Political Candidates, in: Journal of the Academy of the Marketing Science, Vol. 4., No. 4, 1976, pp. 764–777.

Smith, G., Saunders, J., The Application of Marketing to British Politics, in: Journal of Marketing Management, Vol. 5., No. 3, 1990, pp. 295–306.

Stauss, B., Markierungspolitik bei Dienstleistungen, in: Bruhn, M., Meffert, H. (Hrsg.), Handbuch Dienstleistungsmanagement, Wiesbaden 1998, S. 559–580.

Stoiber, E., Marketing und Politik, in: Marketing ZFP, 5. Jg., Heft 2, 1983, S. 98–102.

Swanson, D., Mancini, P. (Hrsg.), Politics, Media and Modern Democracy, Westport 1996.

Thurmann, P., Grundformen des Markenartikels. Versuch einer Typologie, Berlin 1961.

Trommsdorff, V., Zellerhoff, C., Produkt- und Markenpositionierung, in: Markenartikel, Heft 11, 1994, S. 508–511.

Wangen, E., Polit-Marketing. Möglichkeiten und Grenzen der Übertragbarkeit kommerzieller Marketing-Konzepte auf den Bereich politischer Parteien. Arbeitspapier der Universität Bayreuth 1981, Lehrstuhl für Marketing.

Wangen, E., Polit-Marketing. Ein Vergleich wirtschaftlicher und politischer Marketing-Methoden, Hamburg 1983a.

Wangen, E., Polit-Marketing. Das Marketing Management der politischen Parteien, Opladen 1983b.

Wiswede, G., Die Psychologie des Markenartikels, in: Dichtl, E., Eggers, W. (Hrsg.), Marke und Markenartikel als Instrumente des Wettbewerbs, München 1992, S. 71–96.

Wray, J. H., Money and Politics, in: Newman, B. (Hrsg.), Handbook of Political Marketing, Thousand Oaks 1999, pp. 741–758.

Wring, D., Parties merging Politics and Marketing, in: Congressional quarterly weekly Report, Vol. 55, No. 33, 1997, pp. 1967 ff.

Wring, D., Reconciling Marketing with Political Science: Theories of Political marketing, in: Journal of Marketing Management, Vol. 13, No. 3, 1998, pp. 651–663.

Wring, D., The Marketing Colonization of Political Campaigning, in: Newman, B. (Hrsg.), Handbook of Political Marketing, Thousand Oaks 1999, pp. 41–54.

Aufbau und Gestaltung von Regionenmarken

Manfred Kirchgeorg

1. Stellenwert von Regionenmarken im Regionenmarketing

1.1 Profilierung von Regionen im Wettbewerb

Vor dem Hintergrund der zunehmenden Internationalisierung und Globalisierung der Weltwirtschaft verlieren nationale Grenzen immer mehr an Bedeutung. Parallel zum Abbau zwischenstaatlicher administrativer und fiskalischer Mobilitätsbarrieren verlagert sich der Konkurrenzkampf um Arbeitskräfte, Investoren oder Touristen von der Ebene der Nationalstaaten auf die Regionenebene (Manschwetus 1995, S. 7). So spricht man angesichts des europäischen Binnenmarktes immer weniger vom Wettbewerb der Nationen als vielmehr vom Wettbewerb der Regionen. Auch weltweit stehen Regionen angesichts ihrer Innovations- und Wirtschaftskraft heute mehr und mehr im Wettbewerb um qualifizierte Arbeitskräfte und Investoren. Damit verbundene Forschungsinteressen bemühen sich um die Identifikation allgemeingültiger Standortfaktoren, die es Regionen erlauben, über die Profilierung eigener Stärken Wettbewerbsvorteile gegenüber Konkurrenzregionen zu generieren (Kotler/Haider/Rein 1994). Neben der Intensivierung der Analyse sog. harter Standortfaktoren (physisch, sozioökonomisch, demografisch und infrastrukturell) rücken „weiche" Faktoren wie die Soziokultur, Lebensqualität und Formen gesellschaftlicher Regulierung zunehmend in den Mittelpunkt der Betrachtungen (Fach et al. 1998, S. 13).

In diesem Zusammenhang hat das sog. **Regionenmarketing** eine besondere Aufmerksamkeit erfahren. Im Mittelpunkt des Regionenmarketing steht die gezielte „Gestaltung der Beziehungen zwischen Regionen und ihren Marktpartnern" (Manschwetus 1995 S. 39; Meffert 1995, S. 21 f.) zur Profilierung von Regionen gegenüber relevanten Zielgruppen. Die Zielgruppenorientierung des Regionenmarketing ist sowohl innen- wie auch außengerichtet zu interpretieren. Einerseits werden die in einer Region verfügbaren Leistungen durch die Bewohner und alle Leistungsträger sowie Entscheidungsträger aus den Bereichen Wirtschaft, Wissenschaft, Bildung, Kultur, Freizeit, Verwaltung und Politik in Anspruch genommen wie auch arbeitsteilig erstellt. Neben der Bindung der Bewohner an eine Region erlangt im Regionenmarketing andererseits die außengerichtete Profilierung bei potenziellen Investoren, qualifizierten Arbeitnehmern, Touristen und meinungsbildenden Multiplikatoren zentrale Bedeutung.

Bei der Übertragung des Marketinggedankens auf Regionen stellt sich die Frage, inwieweit die im Konsumgüter-, Investitionsgüter- und Dienstleistungsmarketing praktizierten Markenkonzepte auch im Regionenmarketing erfolgreich eingesetzt werden können. Bei der Profilierung von Regionen können **Regionenmarken** eine wichtige Identifikations- und Orientierungsfunktion erfüllen und den visuellen Kristallisationskern des Leistungsspektrums einer Region bilden. In Deutschland sowie auch im internationalen Umfeld ist zunehmend die Etablierung von Regionenmarken zu beobachten (vgl. Abbildung 1).

Abbildung 1   Etablierung von Regionenmarken in Deutschland

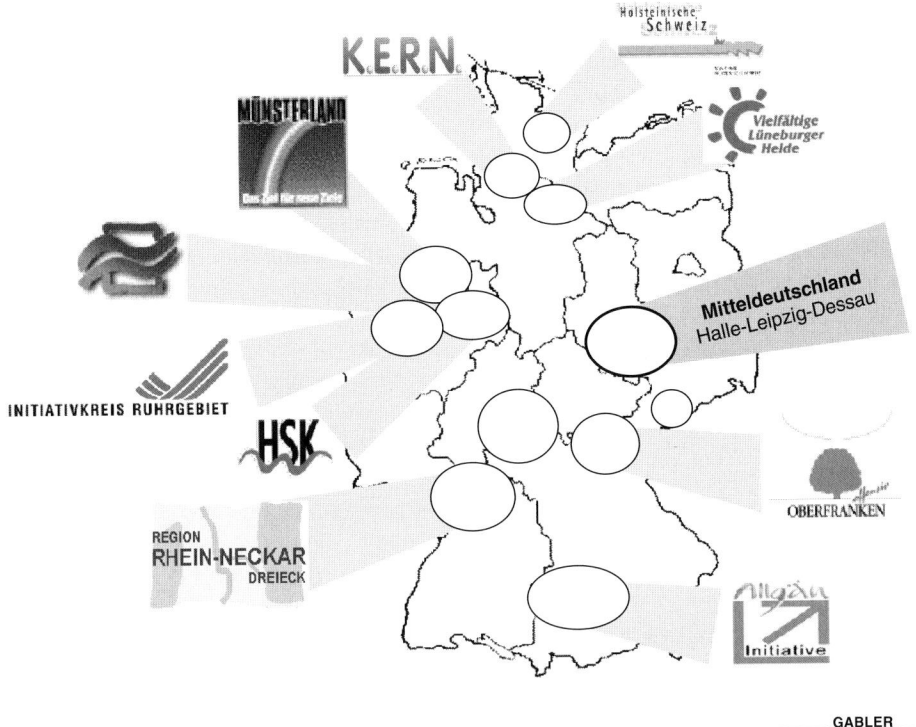

GABLER
GRAFIK

Regionenmarken konkurrieren nicht nur untereinander um eine Vorzugsstellung in den Köpfen der Zielgruppe, sondern letztlich auch mit der gesamten „Markenflut", mit der die Bürger täglich konfrontiert werden. Profilierte Regionenmarken können als Leistungssurrogate und Identifikationsanker bei regionenbezogenen Entscheidungen (zum Beispiel Tourismus, Industrieansiedlungen, Tagungen, Wohnortwahl usw.) eine wichtige Orientierung im „Kommunikationsdickicht" bieten.

Wenngleich eine zunehmende Etablierung von Regionenmarken in der Praxis festzustellen ist, so wird diese Frage in der Literatur zum Regionenmarketing bisher kaum behandelt.[1] Dieser Sachverhalt verwundert zunächst, weil die Markentechnik seit Jahrzehnten zu einem bedeutenden Marketinginstrument im Konsumgüter-, Investitionsgüter- sowie Dienstleistungsmarketing zählt. Angesichts der Besonderheiten, die beim Aufbau von

---

1   Beispielsweise finden sich in aktuelleren Monographien keine Ausführungen zum Aufbau und zur Profilierung von Regionenmarken. Vgl. zum Beispiel Manschwetus 1995 oder Spieß 1998 sowie Wolfertz 1999. Explizit findet die Markendiskussion bei Schmitz 1999 statt.

Regionenmarken zu berücksichtigen sind, erscheint eine tiefergehende Betrachtung des Markenphänomens in diesem Sektor jedoch angebracht. Die Auseinandersetzung mit Regionenmarken erfordert zunächst die Präzisierung des Markenbegriffs. Im Marketing hat sich in den 80er Jahren die wirkungsbezogene Definition von Marken durchgesetzt. Betrachtet man die rechtliche Abgrenzung einer Marke nach dem Markengesetz, so kommt diese Sichtweise bereits zum Ausdruck. Hiernach können als Marken „alle Zeichen, insbesondere Wörter einschließlich Personennamen, Abbildungen, Buchstaben, Zahlen, Hörzeichen, dreidimensionale Gestaltungen einschließlich der Form einer Ware oder ihrer Verpackung sowie sonstiger Aufmachungen ... geschützt werden, die geeignet sind, Waren oder Dienstleistungen eines Unternehmens von denjenigen anderer Unternehmen zu unterscheiden." (Markengesetz § 3 I; vgl. hierzu Berlit 1997, S. 183). Schließlich können Marken nur dann eine Identifikations- und Differenzierungsfunktion übernehmen, wenn sie diese Funktionen in den Köpfen der Nachfrager erzielen. Deshalb kann unter einer Regionenmarke letztlich ein in der Psyche der Zielgruppe verankertes, unverwechselbares Vorstellungsbild von einer Region bzw. den spezifischen Leistungsmerkmalen einer Region verstanden werden.

Begrifflich ist zwischen regionalen Marken bzw. Regionalmarken und Regionenmarken zu differenzieren (vgl. Abbildung 2).

Hinsichtlich ihres Vermarktungsgebietes sind **Regionalmarken**, die vielfach auch als „Local Brands" bezeichnet werden, auf ein bestimmtes räumliches Gebiet begrenzt (vgl. den Beitrag zu Markenstrategien in diesem Buch; zur geografischen Reichweite einer Marke auch Weinberg 1999, S. 185–207). Regionalmarken werden gezielt auf die regionalen Bedürfnisse und Gewohnheiten der Zielgruppe ausgerichtet. Sie beziehen sich i. d. R. auf Produkte wie auch Dienstleistungen, die nur in einer spezifischen Region angeboten und profiliert werden. Die konkrete Markenbezeichnung kann mit und ohne regionalen Bezug erfolgen, wobei in der Praxis zu beobachten ist, dass Regionalmarken (zum Beispiel Florena, Lammsbräu) keinen expliziten Hinweis auf das Absatzgebiet beinhalten (Berlit 1997, S. 40 ff.).

Von der Markenstrategie können regionale Marken als Einzelmarken bis hin zu Dachmarken konzipiert werden. Anbieter starker Regionalmarken sehen häufig die Chance, durch eine Verbreiterung des Absatzgebietes Wachstumspotenziale zu erschließen. Eine Regionalmarke kann im Zeitablauf zu einer nationalen oder internationalen bzw. globalen Marke entwickelt werden. Im Rahmen des Regionenmarketing stehen **Regionenmarken** hingegen für das gesamte Leistungsbündel (Infrastruktur, Wirtschaft, Kultur- und Bildungsangebote, Einwohner u. a.) einer Region. Damit erlangen Regionenmarken immer den Charakter von Dachmarken, die ein komplexes Leistungsbündel einer Region repräsentieren. Vielfach wird der Bezug zur Region bereits explizit in der Markenbezeichnung signalisiert. Die Funktionen von Regionenmarken sind sowohl auf die Zielgruppen innerhalb wie auch außerhalb einer Region ausgerichtet. Im Gegensatz zu traditionellen Regionalmarken werden Regionenmarken auch außerhalb der Region international gegenüber Zielgruppen im Tourismus oder im Wirtschaftsbereich (Investoren) profiliert.

Abbildung 2	Abgrenzung von Regionalmarken und Regionenmarken

Kriterium	Regionalmarken	Regionenmarken
Markenobjekt	Produkt- und/oder Dienstleistungen eines Anbieters bzw. Anbietergemeinschaft	Komplettes Leistungsbündel einer Region
Markenstrategische Ziele	Markenprofilierung für einzelne Produkt- oder Dienstleistungen innerhalb der Region	Profilierung einer gesamten Region mit ausgewählten Leistungen, die gegenüber Wettbewerbsregionen einzigartig sind
Marktareal	Begrenzung des Absatzes auf ein regional begrenztes Marktareal	Explizit nicht begrenzt
Zielgruppenbezug	Zielgruppen innerhalb eines regional begrenzten Marktareals	Zielgruppen innerhalb <u>und</u> außerhalb einer Region
Markenstrategie	Alle Formen der Markenstrategien möglich (Einzelmarken, Familienmarken, Dachmarken)	Dachmarkencharakter
Institutionelle Verankerung	I. d. R. privatwirtschaftliche Anbieter bzw. Anbietergemeinschaften	I. d. R. Kooperationsformen des Public Private Partnership
Beispiele	Biermarken wie Lammsbräu oder Marken wie Florena	Siehe Abbildung 1

GABLER
GRAFIK

1.2 Funktionen und Besonderheiten von Regionenmarken

Setzt man sich mit der Notwendigkeit der Gestaltung von Marken für Regionen auseinander, können zunächst die generellen **Funktionen von Marken** auf den Anwendungsbereich der Regionenmarken übertragen werden. In der Markenführung werden insbesondere die Identifikations-, Differenzierungs- bzw. Orientierungsfunktion, die Kompetenz-, Vertrauens- und Imagefunktion hervorgehoben. Für Regionenmarken können diese Funktionen wie folgt interpretiert werden:

Identifikationsfunktion: Durch die Markierung werden komplexe räumliche Gebiete adressierbar und bei hinreichender Bekanntheit ist eine schnelle und prägnante Identifikation einer Region für die Zielgruppe möglich.

Orientierungsfunktion: Beim zunehmenden Informationsangebot erleichtern Regionenmarken die Orientierung für die Zielgruppe. Mit einer Regionenmarke können sowohl kognitive (zum Beispiel räumliche Abgrenzung, Leistungscharakteristika) als auch affektive Komponenten (emotionale Verbundenheit u. a.) assoziiert werden.

Kompetenzfunktion: Wenn möglichst einzigartige Merkmale einer Region einen besonderen Stellenwert bei der Zielgruppe einnehmen, dann liefern die mit der Regionenmarke kommunizierten und erlebbaren Leistungsmerkmale Kompetenzsignale. Die Marke übernimmt damit auch eine Kompetenzfunktion.

Vertrauensfunktion: Wenn eine Region die nach außen und innen dokumentierte Leistungsfähigkeit für die Zielgruppe erfahrbar macht, dann erfüllt die Regionenmarke auf Grund ihrer Bekanntheit und Reputation in zunehmendem Maße auch eine Vertrauensfunktion.

Imagefunktion: Aus der Sicht der Zielgruppe stellen bekannte Regionenmarken eine verdichtete Information (information chunk) über alle mit ihr verknüpften Assoziationen dar. Hierin kommt die Imagefunktion der Marke zum Ausdruck.

Bei der Übertragung der Markenphilosophie auf das Regionenmarketing ergeben sich für die verantwortlichen Akteure besondere Herausforderungen bei der Etablierung und Führung von Regionenmarken. Schließlich kommt ihnen die Aufgabe zu, Markenführung für ein äußerst **komplexes Leistungsbündel** – eine Region – zu praktizieren. Bereits die Abgrenzung des Regionenbegriffs hat in den verschiedenen Bereichen der Humanwissenschaften zu einer Vielzahl an Deutungen geführt. Die vorliegende Untersuchung greift auf den Raum- und Regionenbegriff moderner geografischer Ansätze zurück. Demnach sind Regionen einerseits „gedankliche Konstrukte der Wissenschaft" (Blotevogel 1996, S. 57 zit. nach Wardenga/Miggelbrink 1998, S. 37), die die Reduktion und Abbildung komplexer sozioökonomischer Zusammenhänge auf ihre räumliche Dimension ermöglichen (Weichhart 1996, S. 33 zit. nach Wardenga/Miggelbrink 1998, S. 37). Andererseits sind Regionen ebenso historische bzw. gesellschaftliche Konstrukte, die überwiegend erst als Ergebnis menschlichen Handelns entstehen (Blotevogel 1996, S. 57 zit. nach Wardenga/Miggelbrink 1998, S. 37). Die sich daraus ergebenden historisch gewachsenen Räume bilden sich somit unabhängig von Stadt-, Kreis- oder Landesgrenzen als eine wirtschaftlich und kulturell verflochtene Einheit heraus (Balderjahn/Aleff 1996, S. 13). Die in der Region bereitgestellten Leistungen sind nur in Grenzen und vielfach nur über längere Zeiträume hinweg bewusst gestaltbar. So wird eine Region durch ihre geografische Lage, Historie, Topografie und Infrastruktur ebenso wie durch die dort lebenden Bewohner mit ihrem Qualifikationsgrad, die ansässige Wirtschaft sowie die Kultur- und Bildungseinrichtungen u. a. m. geprägt (vgl. Abbildung 3).

Da die für eine Region charakteristischen Merkmale und Leistungen für die relevanten Zielgruppen überwiegend immobil und standortgebunden sind und als Leistungspotenziale den Nachfragern bereitgestellt werden, ist das Regionenmarketing in hohem Maße als Dienstleistungsmarketing zu begreifen. Damit gestaltet sich die Markenführung im Rahmen eines Regionenmarketing sehr komplex. Der Aufbau einer Regionenmarke erfordert eine intensive Auseinandersetzung mit den Stärken und Schwächen einer Region, mit der Kennzeichnung des besonderen Charakters und ihrer einzigartigen Merkmale, die für die Bewohner innerhalb der Region sowie gegenüber den Zielgruppen außerhalb der Region wichtig, erfahrbar bzw. kommunizierbar sind.

Abbildung 3   **Regionenmarken als Dachmarken für ein komplexes Leistungsbündel**

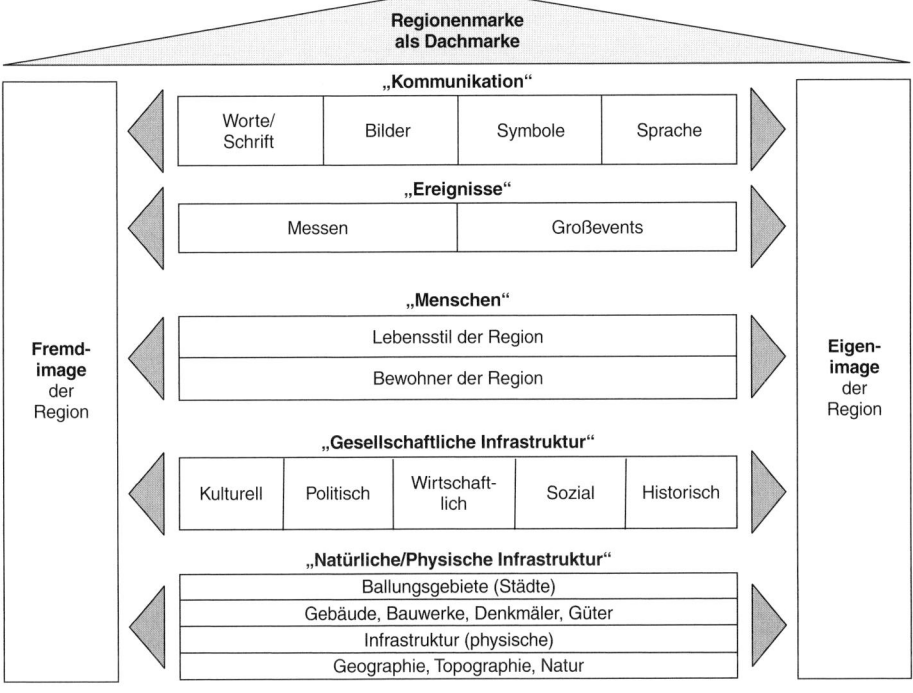

GABLER
GRAFIK

Im Gegensatz zum klassischen Sachgüter- und Dienstleistungsmarketing von Unternehmen wird der Aufbau einer **Markenidentität** einerseits durch das komplexe und zum Teil nur mittel- und langfristig gestaltbare Leistungsbündel und andererseits durch die Vielzahl unabhängiger Akteure, die das Leistungsprofil mitgestalten, erheblich erschwert. Als Markenidentität kann die widerspruchsfreie Summe aller Merkmale einer Marke verstanden werden, die sie dauerhaft von Konkurrenzmarken unterscheidet und damit ihre Identität ausmacht. Das Problem des Aufbaus der Markenidentität für eine Regionenmarke liegt darin begründet, dass vielfach kein homogenes Leistungsbündel innerhalb einer Region vorliegt bzw. auf Grund der Vielzahl der beteiligten Akteure eine gezielte Gestaltung des Leistungsspektrums besonders schwierig ist. Zum Aufbau einer Identität für eine Regionenmarke ist es weiterhin notwendig, dass die Marke eine räumliche Ortung des Leistungsbündels fördert bzw. eine exakte räumliche Abgrenzung der Region ermöglicht. Erfolgreiche Regionenmarken zeichnen sich damit durch eine Synthese von inhaltlicher bzw. leistungsbezogener und räumlicher Identität aus.

Als weitere Besonderheit ist hervorzuheben, dass der Entscheidungsspielraum bei der Wahl der **Markenstrategie** sehr begrenzt ist, weil Regionenmarken ausschließlich als Dachmarken und kaum als Einzel- oder Mehrmarken konzipiert werden können. Damit sind die in der Literatur diskutierten Vorteile (zum Beispiel Synergienutzung, Goodwilltransfer) wie auch Nachteile (zum Beispiel Problem der Leistungsdifferenzierung, Badwilltransfer) einer Dachmarkenstrategie unweigerlich mit dem Aufbau von Regionenmarken verbunden. Da die in der Region ansässigen Unternehmen und Institutionen i. d. R. eigene Marken für ihre Leistungen verwenden, sollten Regionenmarken die Eignung für ein **Co-Branding** erfüllen. Beispiele für den gemeinsamen Auftritt von Unternehmens- und Regionenmarke lassen sich vielfältig beobachten. Bei einer Akquisitionskampagne für qualifizierte Arbeitskräfte außerhalb einer Zielregion kann ein Co-Branding von Unternehmensmarke und Regionenmarke sowohl zur Identifikation der spezifischen Unternehmensleistung als auch der Leistung einer Region eingesetzt werden.

Schließlich ist bereits auf die Vielzahl der im Regionenmarketing eingebundenen Akteure hingewiesen worden. Die Akteure prägen durch ihre Aktivitäten nach innen und außen die Leistungen und das Erscheinungsbild sowie den Charakter einer Region. Die **institutionelle Verankerung** des Regionenmarketing erfordert deshalb eine Einbindung der relevanten Leistungserbringer aus Politik, Wirtschaft, Gesellschaft und Wissenschaft. Hierzu stehen sog. Public Private Partnership-Modelle zur Verfügung, in denen öffentliche und privatwirtschaftliche Entscheidungsträger gemeinsam Ziele, Strategien und Maßnahmen des Regionenmarketing festlegen. Trotz entsprechender Organisationskonzepte erweist sich der Aufbau und die kontinuierliche Führung von Regionenmarken als besondere Herausforderung.

1.3   Gestaltung von Marken für Regionen

Die konkrete Markengestaltung ist mit dem Einsatz von geeigneten **Markierungselementen** verbunden. Zu den am häufigsten verwendeten Markierungselementen von Produkten und Unternehmen zählen der Markenname und das Markenlogo. Grundsätzlich wird zwischen Bildlogos und Schriftlogos unterschieden (Esch/Langner 1999, S. 467 f.). Gegenüber einem Schriftlogo kommt dem Bildlogo die Aufgabe zu, visuelle Reize zu vermitteln, die schneller als verbale Reize im Gedächtnis abgespeichert werden können.

Im Rahmen des Marketing wird deshalb bei der visuellen Markengestaltung vielfach eine Kombination aus Bild- und Schriftlogo gewählt und als Marke kommuniziert. Diese Form der Markengestaltung ist auch im Regionenmarketing anzuwenden.

Der **Prozess der Namensgebung** für eine Region wird häufig nicht bewusst geplant und durchgeführt, womit ein erster wichtiger Schritt der Markenbildung vernachlässigt wird. Dies liegt darin begründet, dass Regionen häufig mit einem historisch gewachsenen Begriff belegt werden. Diese Regionennamen sind den Anwohnern einer Region i. d. R. bekannt und sie werden mit gewissen räumlichen Vorstellungen verbunden. Inwieweit diese Regionennamen jedoch auch bei außenstehenden Zielgruppen im In- und Ausland eine Markenfunktion übernehmen können, wird häufig nicht explizit analysiert. Abbildung 4 zeigt anhand einer empirischen Untersuchung, welche Anforderungskriterien im Sachgütermarketing bei der Namensgebung für Marken besondere Berücksichtigung finden.

Abbildung 4　　　**Kriterien zur Bewertung von Markennamen**

GABLER
GRAFIK

Quelle: Kohli/LaBahn/Thakor 1999, S. 435

Nach den Ergebnissen wird die Eignung von Markennamen in der Unternehmenspraxis insbesondere anhand von folgenden Kriterien beurteilt (Kohli/LaBahn/Thakor 1999, S. 435 ff.):

■　ihre Relevanz für die Produktkategorien,

■　ihre assoziative und emotionale Bedeutung,

■　ihre allgemeine Anziehungskraft,

∎   ihre Einprägsamkeit,
∎   ihre Differenzierungsfähigkeit,
∎   ihre Vereinbarkeit mit dem Image des Unternehmens und
∎   ihre rechtliche Schutzfähigkeit.

Das erste Kriterium bezieht sich auf die grundsätzliche Vereinbarkeit eines Namens mit den generellen Eigenschaften einer Produktkategorie. Im Zusammenhang mit dem Regionenmarketing wäre die grundsätzliche Eignung eines Namens zur Kennzeichnung eines räumlichen Gebietes zu prüfen. Im Weiteren sind es Kriterien, die die Identifikations-, Orientierungs- und Imagefunktion von Marken betreffen und die nur durch Einbeziehung bzw. Befragung der für das Regionenmarketing relevanten Zielgruppen erfasst werden können. Als Besonderheit für Regionenmarken ist hinsichtlich ihrer Differenzierungsfähigkeit insbesondere die gegenüber anderen Regionen zu erzielende räumliche Abgrenzung zu beachten, das heißt eine Region sollte durch die Markierung einerseits eine geografische „Ortung" bei der Zielgruppe ermöglichen und andererseits bestimmte inhaltliche Charakteristika über die Region vermitteln. Überträgt man das Kriterium „Vereinbarkeit mit dem Image des Unternehmens", so kann für Regionenmarken hierunter die Kompatibilität mit dem mit der Region verbundenen Selbst- und Fremdimage verstanden werden. Bevor die Ansätze des Regionenmarketing entwickelt wurden, haben bestimmte Regionen bereits ein Selbst- und Fremdimage erlangt (zum Beispiel das Ruhrgebiet, Franken u. a.). Wird angesichts des zunehmenden Regionenwettbewerbs über den professionellen Aufbau einer Regionenmarke in diesen Regionen nachgedacht, dann muss bei der Auswahl der Markennamen das im Zeitablauf entstandene Image berücksichtigt werden.

Die Ausführungen verdeutlichen, dass bei der Auswahl und dem Aufbau einer geeigneten Marke im Regionenmarketing eine Reihe markentechnischer Anforderungen zu berücksichtigen sind. Wenngleich das Regionenmarketing ein vergleichsweise junges Feld der Marketingdisziplin ist, so sollten die in anderen sektoralen Marketingbereichen gewonnenen Erkenntnisse auch im Regionenmarketing unter Berücksichtigung der jeweiligen Besonderheiten verstärkt Anwendung finden. In Kapitel 2 wird anhand eines Fallbeispiels und empirischer Analysen verdeutlicht, welche Informationsgrundlagen Hilfestellungen bei der Auswahl von Markennamen für Regionen liefern können.

1.4 Erfassung von Einstellungen gegenüber Regionen und Regionenmarken

Inwieweit bestehende Regionenmarken oder noch auszuwählende Regionennamen ihre markenspezifischen Funktionen erfüllen und eine Vorzugsstellung in den Köpfen der Zielgruppe erlangen, kann mit Hilfe von Zielgruppenbefragungen analysiert werden. Hierbei wird weitgehend auf die Erkenntnisse der Einstellungs- und Identitätsforschung zurückgegriffen, wobei die zu betrachtenden Regionen den Einstellungsgegenstand bilden. Generell wird in der Diskussion regionaler Fragestellungen der Regionenbegriff im Sprachgebrauch häufig als „Akteur" verwendet: eine Region wandelt sich, sie positioniert sich, Regionen wachsen etc. Dabei sind Regionen nicht von Natur aus vorhanden, sondern entstehen erst als Ergebnis menschlicher Auseinandersetzung mit einem räumlich begrenzten Gebiet (Wollersheim 1999, S. 7).

Räumliche Identität als Spezialfall der sozialwissenschaftlichen Identitätsforschung beinhaltet nach Werthmöller zwei Perspektiven: die Sicht einer Person und die Sicht auf einen Raum (Werthmöller 1995, S. 47 ff.). Die personenbezogene Perspektive sieht Identität als Verbundenheit von Personen mit einer Region. Dieses Gefühl der Zugehörigkeit kommt dadurch zustande, dass Personen die mit einer Region assoziierten Merkmale als Bestandteil ihrer persönlichen Identität, ihrer Gruppenidentität oder einer sozialen Identität wahrnehmen.[2] In der Perspektive des Raumes versteht sich Identität hingegen als Individualisierung sowie Beschreibung eines Raumes auf der Basis von Merkmalen. Dies bedeutet auf der persönlichen Ebene, dass eine Region trotz der beschriebenen methodischen Unzulässigkeit als eigenständiges „Objekt" betrachtet wird; auf der sozialen Ebene werden einer Region Eigenschaften in Form von Images zugeschrieben. Da die Operationalisierung der persönlichen Ebene eng mit der sozialen Ebene verknüpft ist,[3] werden nachfolgend beide Ebenen der räumlichen Perspektive als Beschreibung von Regionen anhand von Merkmalen (Images) zusammengefasst.

In die weiteren Betrachtungen zur räumlichen Identifikation[4] soll die Perspektive des Raumes jedoch um eine zusätzliche Ebene ergänzt werden. Räumliche Identifikation kann gleichzeitig bedeuten, dass Personen eine Region geografisch abgrenzen. Grundgedanke dieses Ansatzes ist das Wissen um die konkreten Ausmaße einer Region.[5] Neben der Zuordnung von Merkmalen zu einem Raum und seiner Personifizierung als Individuum ist es für die Beurteilung von Regionen von hoher Bedeutung, dass Personen möglichst präzise die Grenzen einer Region bestimmen können. Der Fall einer diffusen räumlichen Abgrenzung wirkt sich ansonsten darauf aus, dass die Individualität der Region verloren geht und sich dies in einem wenig prägnanten Image widerspiegelt. Dies impliziert darüber hinaus die Gefahr einer Verringerung der persönlichen Verbundenheit mit der Region.

Die aufgezeigten Ebenen räumlicher Identifikation (Identifikation mit einer Region, Beschreibung einer Region über Merkmale, räumliche Abgrenzung der Region) verdeutli-

---

2   Im Zusammenhang mit der Verbundenheit von Personen mit einer Region wird häufig der Heimatbegriff diskutiert. Durch die engere Interpretation von „Heimat" soll jedoch in den folgenden Ausführungen weiterhin die Verbundenheit Basis der Betrachtungen sein. Vgl. Werthmöller 1995, S. 57 ff.

3   Die Betrachtung einer Region als „Objekt" bedingt, dass dieses Objekt über Merkmale charakterisiert werden muss.

4   Der Begriff der Identität vermittelt stärker den statischen Charakter dieses Konstruktes. Demgegenüber verdeutlicht Identifikation die Dynamik eines Prozesses. Auf Grund dieser Überlegungen soll im Folgenden von Identifikation anstelle Identität gesprochen werden. Vgl. Wollersheim 1999, S. 8.

5   Grenzen stecken allerdings nicht nur faktisch den Raum für die Identitätsbildung ab, sondern sind selbst Teilaspekte dieses Prozesses. Vgl. Gans 1993, S. 786.

chen, dass die Analyse der vorliegenden Problemstellung ein breites Band verschiedener Denkansätze miteinander aggregieren muss. Dies gelingt mit Hilfe der so genannten „geografischen Regionalbewusstseinsforschung", die von Blotevogel, Heinritz und Popp initiiert wurde (Werthmöller 1995, S. 60; Briesen 1993, S. 769). Der Begriff des **Regionalbewusstseins** beschreibt die raumbezogene Einstellung von Individuen oder Gruppen,[6] wobei unter Einstellung als Kernbegriff der Verhaltensforschung der „Zustand einer gelernten und relativ dauerhaften Bereitschaft, in einer entsprechenden Situation gegenüber dem betreffenden Objekt regelmäßig mehr oder weniger stark positiv bzw. negativ zu reagieren" (Trommsdorff 1993, S. 137) zu verstehen ist.

Wie in der Dreikomponententheorie der Verhaltensforschung angewandt, kann auch die raumbezogene Einstellung in drei Dimensionen gegliedert werden: die kognitive, affektive und konative (bzw. intentionale). Die kognitive (das heißt wissensbasierte) Dimension fasst die generelle Wahrnehmung der Region zusammen. Die affektive (bzw. gefühlsbasierte) Komponente beschreibt die Verbundenheit mit einer Region. Durch die konative (bzw. handlungsbezogene) Dimension werden regionale Handlungen ausgedrückt. Die drei Ausprägungen Wahrnehmung, Verbundenheit und Handlung verdeutlichen verschiedene Intensitätsstufen des Regionalbewusstseins. So sind die Wahrnehmungen bzgl. einer Region Voraussetzung dafür, dass Personen ein Gefühl der Verbundenheit aufbauen können. Ohne Verbundenheit wiederum werden Personen nicht durch Handlungen für die Region aktiv. Andererseits muss zur Wahrnehmung von Regionen keinerlei gefühlsmäßige Bindung zum Raum aufgebaut werden, wie auch die regionale Bindung nicht zwingend eine Umsetzung in Aktivitäten für die Region nach sich zieht (vgl. Abbildung 5).

Die **Operationalisierung** der verschiedenen Dimensionen des Regionalbewusstseins setzt an den bereits beschriebenen Ebenen der räumlichen Identifikation an. Die Wahrnehmung einer Region kann über ihre Beschreibung mit Hilfe von Merkmalen ermittelt werden. Wichtig für die Wahrnehmung ist ebenso die geografische bzw. räumliche Abgrenzung der Region. Darüber hinaus kann die Wahrnehmung über die Verdeutlichung innerer Bilder, zum Beispiel mittels Spontanassoziationen beurteilt werden. Die regionale Verbundenheit ist über den Grad der Identifikation bzw. die emotionale Verbundenheit von Personen ermittelbar. Im Hinblick auf unterschiedliche Identitätsträger (Innen- und Außenperspektive bzw. Selbst- und Fremdeinschätzung) lässt sich hierbei einerseits zwischen der Identifikation von Bewohnern einer Region und andererseits der Identifikation durch Personen, die außerhalb der Region angesiedelt sind, differenzieren. Diese Unterscheidung kommt insbesondere in unterschiedlichen Handlungsalternativen zum Tragen. Während Bewohner durch die Verringerung ihrer Abwanderung in andere Regionen regional handeln, verdeutlichen regionenexterne Personen mit der Zuwanderung ihre Verbundenheit. Der Einsatz für eine Region kann intern über das Engagement in regionalen Verbänden oder Aktionen zum Ausdruck kommen; Auswärtige fördern bspw. mittels Tourismus oder ihrem Investitionsverhalten eine Region.

---

6   Vgl. hierzu und zu den Ausführungen bzgl. der Komponenten des Regionalbewusstseins Blotevogel/ Heinritz/Popp 1987a, S. 65 ff. zit. nach Werthmöller 1995, S. 63 ff.

Abbildung 5   **Intensitätsstufen des Regionalbewusstseins**

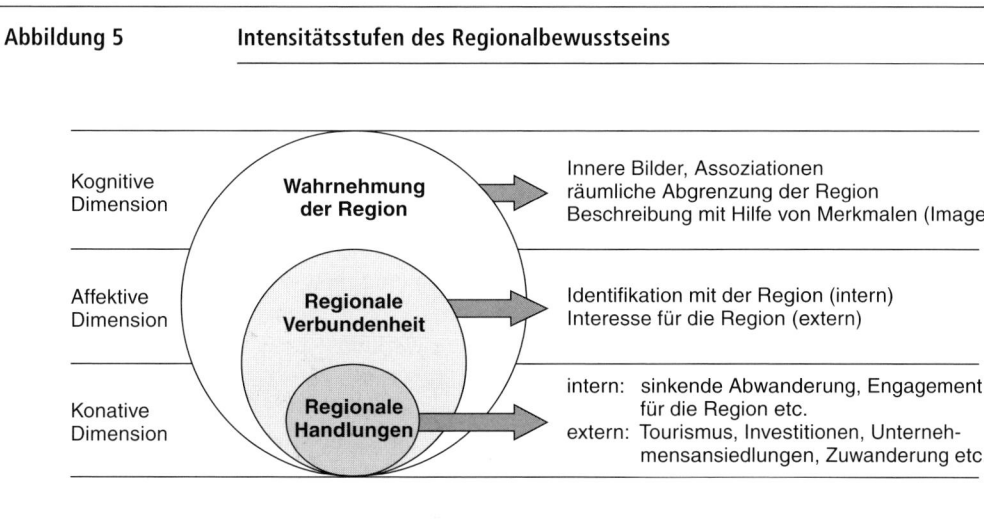

Kognitive Dimension	**Wahrnehmung der Region**	Innere Bilder, Assoziationen räumliche Abgrenzung der Region Beschreibung mit Hilfe von Merkmalen (Image)
Affektive Dimension	**Regionale Verbundenheit**	Identifikation mit der Region (intern) Interesse für die Region (extern)
Konative Dimension	**Regionale Handlungen**	intern: sinkende Abwanderung, Engagement für die Region etc. extern: Tourismus, Investitionen, Unternehmensansiedlungen, Zuwanderung etc.

GABLER
GRAFIK

Quelle: In Anlehnung an Blotevogel/Heinritz/Popp 1987b, S. 415

2.   Empirische Analyse von Markennamen für Regionen

2.1 Markenbildung für die Region „Mitteldeutschland"

Die bisherigen Ausführungen verdeutlichen, dass die Gestaltung und der Aufbau von Regionenmarken eine besondere Bedeutung für das Regionenmarketing darstellen. Dabei stehen die Regionen in den neuen Bundesländern vor besonderen Herausforderungen. Nach der Wiedervereinigung konnten sich die Regionen in Ostdeutschland auf Grund von Infrastrukturnachteilen oft nicht in offensiver Weise am Regionenwettbewerb beteiligen. Durch erhebliche Investitionen in den Aufbau und die Erneuerung der regionalen Infrastruktur haben die neuen Bundesländer ihre Ausgangsposition im internationalen Wettbewerb der Regionen um Investoren, Arbeitskräfte und Touristen wesentlich verbessert. Somit erlangt ein offensives Regionenmarketing und die Profilierung von Regionenmarken für die neuen Bundesländer auch immer mehr an Bedeutung.

Die Region „Mitteldeutschland" mit den Städten Leipzig, Halle und Dessau stellt einen historisch gewachsenen Wirtschafts- und Kulturraum dar, für den bereits Anfang der 90er Jahre erste Regionenmarketingaktivitäten entwickelt wurden. Im Jahre 2000 ist eine Bündelung und Zusammenführung der Regionenmarketingaktivitäten für „Mitteldeutschland" durch einen länderübergreifenden Schulterschluss zwischen Wirtschaft, Verwaltung und Politik initiiert worden. Angesichts der konzeptionellen und institutionellen Neuausrichtung des Regionenmarketing wurde der Entwicklung einer prägnanten Regionenmarke eine besondere Beachtung geschenkt. Insbesondere stellte sich die Frage, inwieweit der Begriff „Mitteldeutschland" als Markenname Verwendung finden sollte. Einerseits ergaben sich Bedenken, dass der Name „Mitteldeutschland" zu sehr mit negativen Assoziationen wie Ost-Zone und ehemalige DDR bei Bürgern außerhalb der Region in Verbindung gebracht wird. Andererseits bestanden Zweifel darüber, ob mit dem Begriff „Mitteldeutschland" auch tatsächlich die räumlich abgegrenzte Zielregion des Regionenmarketing verbunden wird. Gegebenenfalls könnte „Mitteldeutschland" für Zielgruppen außerhalb der Region auch als „Mitte von Deutschland" räumlich abgegrenzt werden, sodass der Aufbau einer räumlichen Identität erschwert wird (Kirchgeorg/Kreller 2000).

Durch eine repräsentative Befragung, die bei 2.139 Bundesbürgern innerhalb und außerhalb der Zielregion durchgeführt wurde, konnten Informationsgrundlagen zur Beantwortung der folgenden markenrelevanten Fragen generiert werden:

- ▮ Welche Assoziationen werden spontan mit dem Begriff „Mitteldeutschland" verbunden und inwieweit geben sie Hinweise auf eine eher negative oder positive Belegung des Regionenbegriffs?

- ▮ Wie hoch ist der Bekanntheitsgrad von Aktivitäten der Region „Mitteldeutschland"?

- ▮ Welche räumliche Vorstellung (Identität) haben die Bundesbürger von der Region „Mitteldeutschland"?

- ▮ Welche Einstellungen haben die Bundesbürger gegenüber der Region „Mitteldeutschland" im Vergleich zum Ruhrgebiet?

Diese Konstrukte wurden sowohl für die Zielregion „Mitteldeutschland" als auch für die Referenzregion „Ruhrgebiet" erhoben. Die Einbeziehung einer Referenzregion sollte als Benchmark darüber Auskunft geben, wie ein Regionenbegriff, der im Rahmen des Regionenmarketing des Ruhrgebietes[7] bisher bundesweite Verwendung findet, von der Markenstärke zu beurteilen ist. Bei der Analyse der Ergebnisse wurde zwischen der Selbsteinschätzung und Fremdeinschätzung der befragten Bundesbürger unterschieden. Bei der Selbsteinschätzung (Innensicht) beziehen sich die Ergebnisse auf alle Befragten, die innerhalb der Region „Mitteldeutschland" bzw. dem Ruhrgebiet wohnen. Hingegen sind bei der Fremdeinschätzung die Befragungsergebnisse nur auf diejenigen Befragten bezogen worden, die außerhalb der jeweiligen Region wohnen.

---

7   Vgl. zum Regionenmarketing des Ruhrgebietes zum Beispiel die Aktivitäten des Kommunalverbandes Ruhrgebiet, im Internet unter Adresse: http://www.ruhrgebiet.de Stand vom 21.9.2000 oder Kunzmann 1999, S. 137–151.

2.2 Analyse der Assoziationen zum Regionennamen „Mitteldeutschland"

Die erste Frage zielte auf die Erfassung der spontanen Assoziationen der Befragten zum Begriff „Mitteldeutschland" ab. Im **Gesamtdurchschnitt** verteilten sich die Antworten auf folgende Assoziationskategorien (vgl. Abbildung 6):

- Keine Assoziation bzw. Begriff unbekannt   22 %
- Räumliche Assoziation   58 %
- Gefühlsbasierte Assoziation (positiv oder negativ)   15 %
- Sonstige Assoziation   4 %

Abbildung 6   **Kategoriale Aggregation der Spontanassoziationen**

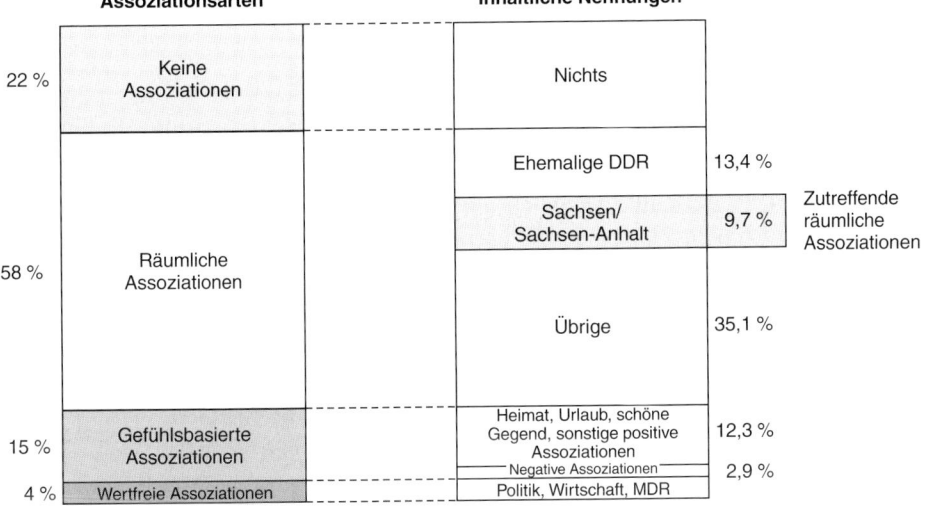

Der Begriff „Mitteldeutschland" wird von 22 % der Bundesbürger mit keinerlei Inhalten verbunden und als unbekannt eingestuft. Hinsichtlich der inhaltlichen Nennungen wurden am häufigsten räumliche Assoziationen genannt, wobei die Assoziation „ehemalige DDR" (13,4 %) am stärksten vertreten war. 9,7 % der Befragten nannten die Region „Sachsen" (5,4 %) oder „Sachsen-Anhalt" (4,3 %). Weitere Nennungen, die zusammengefasst von 35,1 % der Befragten erfolgten, bezogen sich auf Bundesländer oder Städte, die nicht dem Zielgebiet entsprechen. Vielmehr deuten diese Antworten eher auf ein diffuses Begriffsverständnis hin, das mit der räumlichen „Mitte von Deutschland" in Verbindung gebracht wird. Immerhin wird mit „Mitteldeutschland" in diesem Zusammenhang generell „Mitte" (6,1 %), Hessen (6,1 %), Thüringen (5,5 %) und sogar Nordrhein-Westfalen (4,4 %) oder Niedersachsen (2,0 %) assoziiert.

Neben den räumlichen Assoziationen wurden bei den Spontannennungen von 12,3 % Begriffe genannt, die mit positiven Attributen (schöne Gegend, Urlaub, Heimat) verbunden werden können. Direkte negative Spontanassoziationen konnten nur bei 2,9 % der Bürger ermittelt werden. Unter den 4 % der sonstigen Assoziationen wurden wertfreie Begriffe aus Wirtschaft und Politik sowie zum Mitteldeutschen Rundfunk (MDR) zusammengefasst. Obwohl der MDR über seine Programme bundesweit präsent ist und eine hohe begriffliche Nähe zu „Mitteldeutschland" aufweist, wird er nur von 1,9 % der Befragten als spontane Assoziation genannt.

2.3 Bekanntheitsgrad von Aktivitäten der Region „Mitteldeutschland"

Bei der Frage, ob den Bundesbürgern die Region „Mitteldeutschland" durch Werbung oder andere Regionenaktivitäten bekannt ist, wurde als Referenzregion das „Ruhrgebiet" mit einbezogen.

In der **Gesamtbeurteilung** haben 19,3 % der Bundesbürger von Aktivitäten der Region „Mitteldeutschland" gehört, während der gestützte Bekanntheitsgrad von Aktivitäten des Ruhrgebiets bei 69,2 % liegt.

Vergleicht man die Ergebnisse nach der **Selbst- und Fremdeinschätzung**, so sind Aktivitäten der Region „Mitteldeutschland" nur bei 28,3 % der Einwohner aus der Region bekannt, während nur 18,2 % der Bürger, die ausserhalb dieser Region wohnen, Regionenaktivitäten kennen. Im Vergleich zu den Ergebnissen des Ruhrgebietes wird deutlich, dass diese Region bundesweit in der Fremdeinschätzung bei 67,5 % der Bundesbürger, die nicht im Ruhrgebiet wohnen, und bei 75,4 % der Bewohner des Landes Nordrhein-Westfalen einen hohen Bekanntheitsgrad durch die bisherigen Regionenmarketingaktivitäten erzielt.

Im Vergleich zum Ruhrgebiet ist die Region „Mitteldeutschland" durch Werbung und andere Aktivitäten sowohl bei Bürgern, die innerhalb als auch ausserhalb von „Mitteldeutschland" wohnen, in weitaus geringerem Umfang bekannt.

2.4 Räumliche Identifikation der Region „Mitteldeutschland"

Während bei der Frage der Spontanassoziationen zunächst nur Nennungen zum Begriff „Mitteldeutschland" erfasst wurden, so sind die Bundesbürger im Weiteren danach befragt worden, welche Städte ihrer Auffassung nach zu einer Region „Mitteldeutschland" gehören. Hierzu wurden den Befragten 10 Städte vorgelesen, die sie der Region „Mitteldeutschland" zuordnen oder nicht zuordnen konnten. Von den vorgegebenen Städten liegen drei direkt in der Zielregion (Halle, Leipzig, Dessau), die weiteren genannten Städte liegen in den neuen (Magdeburg, Jena, Dresden, Berlin) wie auch alten Bundesländern (Kassel, Hannover, Frankfurt/M.). Da die Vermutung nahe lag, dass die Bürger mit „Mitteldeutschland" ggf. auch die „Mitte von Deutschland" verbinden, wurden Städte ausgewählt, die dieser geografischen Zuordnung am ehesten entsprechen würden.

Die Ermittlung der räumlichen Identifikation der Region „Mitteldeutschland" kann in einem ersten Schritt danach erfolgen, wie häufig die innerhalb und außerhalb der Region liegenden Städte der Zielregion „Mitteldeutschland" zugeordnet wurden. Werden Städte, die nicht der Zielregion angehören, auch in hohem Maße als „zugehörig" eingestuft, dann ist von einer geringen bzw. diffusen räumlichen Identität auszugehen. In einem zweiten Schritt kann noch detaillierter ermittelt werden, welche Städtekombinationen die Befragten der Region „Mitteldeutschland" zuordnen. Durch diese Auswertung kann ein valideres Bild über die wahrgenommene räumliche Abgrenzung der Zielregion gewonnen werden.

Betrachtet man zunächst die Zuordnung einzelner Städte zu „Mitteldeutschland" anhand der absoluten Häufigkeiten, so zeigt sich auf den ersten Blick, dass die Region „Mitteldeutschland" von bis zu 60 % der Befragten mit Städten in Verbindung gebracht wird, die nicht in der Zielregion liegen. Dies ist ein erster Indikator für eine diffuse räumliche Identität von „Mitteldeutschland". Gemäß der Zuordnungshäufigkeiten im **Gesamtdurchschnitt** aller Befragten zeigt sich folgendes räumliches Profil (vgl. Abbildung 7): Den höchsten Anteil an Zustimmungen zur Zugehörigkeit zu „Mitteldeutschland" weist Halle (65,1 %) gefolgt von Leipzig (64,1 %) auf. Allerdings sind fast ebenso viele Befragte der Meinung, dass Jena zur Region „Mitteldeutschland" gehört. Weniger deutlich fällt dagegen die Zuordnung von Dessau aus, bei der sich über 15 % der Befragten über die räumliche Identifikation der Stadt nicht sicher waren.

Betrachtet man auch die von einzelnen Befragten angegeben Städtekombinationen, so zeigt sich ebenfalls, dass mit 23 % aller abgegebenen Kombinationen am häufigsten alle Städte aus den neuen Bundesländern (Nennungen mit und ohne Berlin zusammengefasst) der Region „Mitteldeutschland" zugeordnet werden. Die nachfolgenden häufigsten Kombinationen beziehen sich mit 8,5 % auf alle bzw. jeweils zwei Städte der alten Bundesländer (Frankfurt/M., Hannover, Kassel), mit 2,3 % auf alle angegebenen Städte und mit 1,6 % auf keine Stadt. Die richtige Kombination der drei Städte Halle, Leipzig und Dessau mit Ausschluss aller anderen Vorgaben erkannte nur eine der 2.139 befragten Personen (das heißt 0,06 %). Damit kann das bereits beschriebene diffuse Bild der räumlichen Identifikation der Region erneut deutlich bestätigt werden.

Abbildung 7   Gesamtnennungen der Städtezuordnungen zur räumlichen Identifikation
                     der Region „Mitteldeutschland" in Prozent

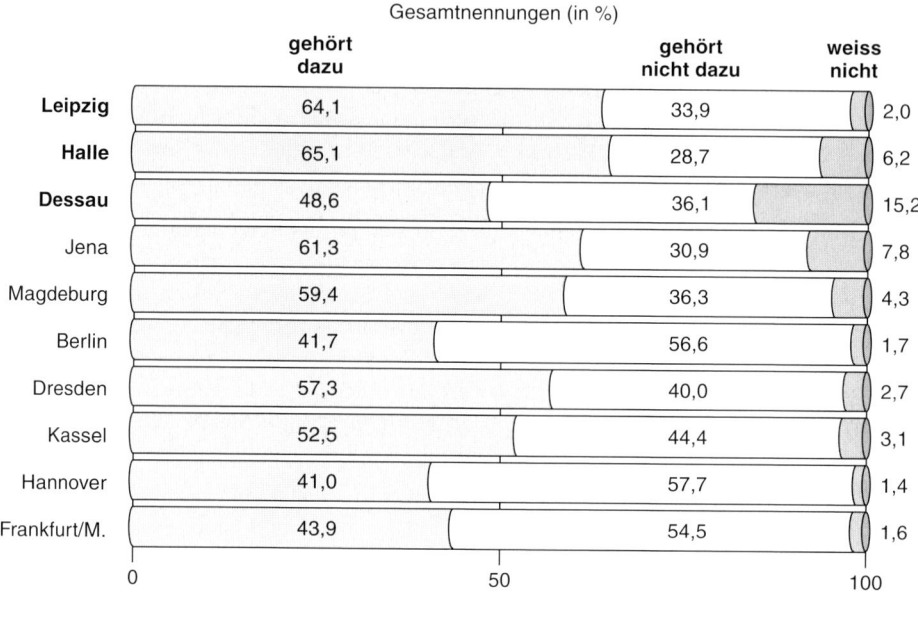

Frage: „Wenn Sie an die Region Mitteldeutschland denken, welche der folgenden Städte
gehören Ihrer Meinung nach zu dieser Region?"

Gesamtnennungen (in %)

	gehört dazu	gehört nicht dazu	weiss nicht
Leipzig	64,1	33,9	2,0
Halle	65,1	28,7	6,2
Dessau	48,6	36,1	15,2
Jena	61,3	30,9	7,8
Magdeburg	59,4	36,3	4,3
Berlin	41,7	56,6	1,7
Dresden	57,3	40,0	2,7
Kassel	52,5	44,4	3,1
Hannover	41,0	57,7	1,4
Frankfurt/M.	43,9	54,5	1,6

0   50   100

GABLER
GRAFIK

Abbildung 8 verdeutlicht grafisch die räumliche Identität von „Mitteldeutschland" durch
die Befragten. Es ist festzustellen, dass die räumliche Wahrnehmung der Region „Mitteldeutschland" als diffus zu beurteilen ist. Zwar werden in hohem Maße die Städte der Zielregion mit „Mitteldeutschland" verbunden, gleichzeitig aber ordnen die Bundesbürger
zu einem hohen Anteil auch alle anderen Städte aus Ostdeutschland und die berücksichtigten Städte aus den alten Bundesländern der Zielregion zu. Mit dem Begriff „Mitteldeutschland" wird damit keine räumliche Prägnanz und Abgrenzung erzielt.

Abbildung 8 Räumliche Identität von „Mitteldeutschland"

 Weite räumliche Identität aufgrund
von Städtekombinationen

 Enge räumliche Identität aufgrund
von Spontanassoziationen

 Enge räumliche Identität aufgrund
von Städtezuordnungen (>50 %)

● Städte in der Zielregion „Mitteldeutschland"
○ Städte außerhalb der Zielregion

GABLER
GRAFIK

2.5 Einstellungen zur Region „Mitteldeutschland" im Vergleich zum „Ruhrgebiet"

Anhand von fünf Items wurde explizit die Einstellung der Bundesbürger zur Region „Mitteldeutschland" und dem Ruhrgebiet erhoben. Hierzu wurden vorher festgelegte Attribute verwendet, denen auch für die Profilierung im Regionenmarketing eine wichtige Bedeutung zukommt.[8] Angesichts des begrenzten Fragebogenumfangs musste das Set an Kriterien stark begrenzt werden. Bei der Beurteilung der Regioneneinstellung ist zu berücksichtigen, dass der Einstellungsmessung eine diffuse Regionenidentität von „Mitteldeutschland" zu Grunde liegt. Die weite wahrgenommene räumliche Abgrenzung von „Mitteldeutschland" prägt somit auch das Einstellungsprofil der Befragten.

---

8 Vgl. zum Beispiel die Betonung der Eigenschaft „historisch gewachsen", die aus der Definition des Regionenbegriffs hervorgeht.

Im **Gesamtdurchschnitt** aller Bürger werden beide Regionen zunächst ohne besonders herausragende Eigenschaften gesehen, damit deuten die Ergebnisse eher auf eine „Profillosigkeit" der beiden Regionen hin (vgl. Abbildung 9). Im Vergleich ergibt sich ein etwas positiveres Einstellungsprofil des Ruhrgebiets bei den Eigenschaften „historisch gewachsen", „innovativ", „wachstumsstark" und „international orientiert". „Mitteldeutschland" wird hingegen als etwas sympathischer als die Region Ruhrgebiet eingestuft.[9]

| **Abbildung 9** | **Gesamtdurchschnitt zur Regioneneinstellung „Mitteldeutschland" und Ruhrgebiet** |

Frage: „Bitte sagen Sie mir, welche der folgenden Eigenschaften Ihrer Meinung nach sehr gut oder gar nicht auf die Region Mitteldeutschland/Ruhgebiet zutreffen."

Gesamt (Mittelwerte)	Ø		sehr zutreffend			gar nicht zutreffend		Anzahl „Weiß nicht"-Antworten	
	M	R	1	2	3	4	5	M	R
historisch gewachsen	2,4	2,3						195	238
innovativ	2,8	2,5						334	299
wachstumsstark	2,7	2,6						229	230
sympathisch	2,3	2,6						190	230
international orientiert	2,7	2,4						284	269

Ø = Mittelwert, M = Mitteldeutschland, R = Ruhrgebiet   ---- Mitteldeutschland

—— Ruhrgebiet

GABLER
GRAFIK

In der **Selbst- und Fremdwahrnehmung** zeigen sich beim Einstellungsprofil für die Region „Mitteldeutschland" teilweise signifikante Unterschiede. Insbesondere die Wachstumsstärke von „Mitteldeutschland" wird von außen tendenziell besser eingeschätzt als von Bürgern der Region. Für sympathischer halten sich wiederum die Bewohner der Re-

---

9   Dabei unterscheiden sich die Mittelwerte der beiden Regionen voneinander signifikant auf einem Niveau von p,01.

gion selbst. In Bezug auf Innovativität und Internationalität unterscheidet sich die Selbst- und Fremdwahrnehmung hingegen nicht. Differenziert nach Bundesländern haben überwiegend die Bewohner aus Thüringen die positivsten Einstellungen zur Region „Mitteldeutschland". Hinsichtlich der Wachstumsstärke sind es sogar die Bewohner von Sachsen-Anhalt, die die Region „Mitteldeutschland" am schlechtesten bewerten. Die negativsten Einstellungen in Bezug auf die weiteren ermittelten Kriterien stammen von Befragungsteilnehmern aus Berlin und Hamburg.

Im Gegensatz zur geringen Differenzierung in der Selbst- und Fremdwahrnehmung der Region „Mitteldeutschland" demonstrieren die Einwohner des Ruhrgebietes durchgängig in allen Kriterien eine – bis auf die Internationalität signifikante – bessere Einstellung zu ihrer Region als die übrigen Befragungsteilnehmer. In der zusätzlichen Auswertung nach Bundesländern bestätigt sich dieses Bild. Mit Ausnahme der Einstellung zum Kriterium „innovativ" und „sympathisch" sind es jeweils die Bewohner von Nordrhein-Westfalen, die sich am besten bewerten.

Weiterführende Clusteranalysen führten zur Identifikation von Zielgruppen mit ähnlichen Einstellungen gegenüber den Zielregionen. Hier konnte ermittelt werden, dass nahezu 40 Prozent der Bundesbürger eine überdurchschnittlich positive Einstellung zu „Mitteldeutschland" haben, während bei weiteren Zielgruppensegmenten eine kritischere Einstellung zur Zielregion bestand. Diese zielgruppenspezifischen Erkenntnisse liefern für die Planung von Kommunikationsmaßnahmen des Regionenmarketing wichtige Hinweise.

3. Implikationen für markenstrategische Entscheidungen im Regionenmarketing

Angesichts der grundlegenden Bedeutung der Auswahl von Markennamen für den erfolgreichen Aufbau von Marken und Regionenmarken im Speziellen liefern die exemplarisch aufgezeigten Zielgruppenanalysen über Regionennamen eine wichtige Informationsgrundlage für die Markengestaltung im Regionenmarketing. Im Rahmen des dargestellten Fallbeispiels können folgende Argumente für die Verwendung des Namens „Mitteldeutschland" angeführt werden:

■ Der Begriff wird nicht mit grundlegenden negativen Assoziationen verbunden.

■ Die Einstellungen zur Region „Mitteldeutschland" weisen gegenüber der Referenzregion „Ruhrgebiet" keine erheblichen Defizite auf. Die Dimension „sympathische Region" wird sogar leicht besser eingeschätzt. Auf Grund der diffusen räumlichen Vorstellung beziehen sich diese Einstellungen allerdings nicht allein auf die von den Akteuren des Regionenmarketing definierte Zielregion.

Gegen die Verwendung des Namens „Mitteldeutschland" spricht:

■ Spontan wird „Mitteldeutschland" entweder mit der ehemaligen DDR oder mit einer diffusen räumlichen Vorstellung (Mitte von Deutschland) verbunden. Auch die Einwohner der Zielregion haben keine klare räumliche Vorstellung von „Mitteldeutschland".

■ Bei der Einstellung zur Leistungsfähigkeit wird die mit „Mitteldeutschland" assoziierte Region „mittelmäßig" und mit keinen Vorteilen gegenüber der Referenzregion „Ruhrgebiet" empfunden.

Wenn für die Region ein Name als Marke etabliert werden soll, so müsste er den einleitend aufgeführten Funktionen und Anforderungen einer Marke gerecht werden.

Abbildung 10   **Beurteilung des Regionennamens „Mitteldeutschland"**
                       als Bestandteil einer Regionenmarke

Funktionen einer Marke	Erläuterung der Markenfunktion	Beurteilung der Eignung
Identifikationsfunktion	Markierung ermöglicht bei hinreichender Bekanntheit eine schnelle und prägnante Identifikation der Region.	–
Orientierungsfunktion	Bei der räumlichen und leistungsbezogenen Auswahl muss die Marke eine klare Orientierung bieten.	– –
Vertrauensfunktion	Der Marke wird auf Grund ihrer Bekanntheit und Reputation Vertrauen entgegengebracht.	–
Kompetenzfunktion	Die Marke wird mit spezifischen Kompetenzen der Region verbunden.	o
Imagefunktion	Die Marke der Region sollte eine positive Ausstrahlung auf interne und externe Zielgruppen haben.	o

Legende: + (+) = (sehr) gute Eignung / o = mittelmäßige Eignung / – (–) = (sehr) geringe Eignung

GABLER
GRAFIK

Beurteilt man den Markencharakter des Begriffs „Mitteldeutschland" danach, inwieweit er diese Funktionen langfristig übernehmen kann, dann ist Folgendes festzustellen (vgl. Abbildung 10):

▪ Die Identifikations- und Orientierungsfunktion sind beim Begriff „Mitteldeutschland" auf Grund der diffusen räumlichen Identität schwach ausgeprägt. Damit „Mitteldeutschland" als Regionenmarke etabliert werden kann, wäre im Rahmen des Regionenmarketing durch eine Wort-Bild-Marke und entsprechende Kommunikationsmaßnahmen sowohl innen- als auch außengerichtet die Identifikations- und Orientierungsfunktion für die Zielgruppen der Region aufzubauen.

▪ Grundsätzlich zeigen sich im Einstellungsprofil keine grundlegenden Hindernisse, sodass der Begriff „Mitteldeutschland" eine Vertrauensfunktion bei den innen- und außengerichteten Zielgruppen übernehmen kann.

▪ Die Kompetenzfunktion ist im Vergleich zur Referenzregion schwächer und mittelmäßig einzustufen.

▪ Die Imagefunktion einer Marke „Mitteldeutschland" könnte langfristig durch den weiteren Ausbau der „Sympathiedimension" innerhalb von Deutschland gewährleistet werden.

Dem Aufbau einer starken Regionenmarke „Mitteldeutschland" stehen somit die fehlende Identifikations- und Orientierungsfunktion besonders entgegen. Wenngleich grundlegende Einstellungsnachteile gegenüber der untersuchten Referenzregion nicht bestehen, so erschwert die diffuse räumliche Identifikation die prägnante Profilierung der von den Akteuren repräsentierten Zielregion (vgl. Insert 1).

Auf der Grundlage der empirischen Erkenntnisse ergeben sich für die Markengestaltung der Zielregionen zwei grundsätzliche Entscheidungsoptionen: Die Einbeziehung des Namens „Mitteldeutschland" in eine Wort-Bild-Kombinationsmarke könnte eine Vorgehensweise darstellen, um durch grafische Elemente und zusätzliche Namen eine prägnante optische bzw. semantisch gestützte Ortung der Zielregion zu ermöglichen. Für die Kommunikationspolitik beim Regionenmarketing ergibt sich für die ersten Phasen dann die Notwendigkeit, die räumlichen Bezüge **und** Leistungseigenschaften der Region nach innen und nach außen zu vermitteln. Die Wort-Bild-Marke könnte die Vermittlung der räumlichen Bezüge fördern und räumliche Prägnanz erzeugen.

Eine zweite Entscheidungsalternative besteht in der Einführung eines neuen Regionennamens bzw. Kürzels für den Aufbau einer Regionenmarke. Für diese Alternative wäre zu prüfen, inwieweit ein bereits bestehender Begriff für die Regionenbenennung herangezogen oder ein völlig neuer Begriff eingeführt werden kann. Bei der Verwendung eines völlig neuen Namens wären Bekanntheitsgrad, räumliche Identität und Regioneneinstellung neu aufzubauen, wobei bereits bei der Namensfindung erneut die markenspezifischen Anforderungen einbezogen werden müssten.

Regionenmarke „Mitteldeutschland"

Ausgangssituation:

Die Analyse der Einstellungen der Bundesbürger zur Region „Mitteldeutschland" bildet eine wichtige Grundlage der Entscheidungsträger des Regionenmarketing für die Entwicklung markenstrategischer Optionen. Aufgrund der bedeutenden Historie der Region Mitteldeutschland und der bei vielen Akteuren in Wirtschaft, Verwaltung und Politik entstandenen Identifikation mit „Mitteldeutschland" wurde trotz der mit dem Regionenbegriff verbundenen räumlichen Unschärfe die Grundsatzentscheidung getroffen, den Regionenbegriff für die Markengestaltung zu verwenden. Hieraus ergab sich für die Markengestaltung die spezifische Anforderung, dass durch die Marke die räumliche Ortung der Region „Mitteldeutschland" in Form von zusätzlichen Gestaltungselementen (Bild-/Wortelementen) gewährleistet werden sollte.

Markenentwicklung:

Auf der Grundlage eines Briefings gestaltete die Agentur McCann Erickson im Jahre 2001 das Markenkonzept für die Zielregion. Begleitet durch vertiefende Zielgruppenanalysen in den neuen und alten Bundesländern sowie im internationalen Umfeld und die Analyse von bestehenden Markenkonzepten anderer Regionen wurde die oben dargestellte Marke entwickelt.

Im Markenkonzept wird die Marke wie folgt charakterisiert:

„Mitteldeutschland ist mehr als eine Region in der Gegend Leipzig / Halle / Dessau. Es ist die Region, in der Investoren die besten Chancen für eine erfolgreiche Zukunft geboten werden. Es ist da, wo sich die Geschäftswelt trifft, wo Entscheidungen für die Zukunft getroffen werden. Und all das steht bereits im Namen der Region: Die zukünftige Mitte Deutschlands.

Mitteldeutschland muss nicht mit schönen Bildern oder Graphiken werben, muss sich nicht anbiedern - es steht einfach für sich und spricht damit klar die Sprache des Business: Einfach, selbstbewusst, konzentriert auf das Wesentliche, dabei seriös und intelligent."

Quelle: Regionenmarketing Mitteldeutschland 2001

Insgesamt verdeutlichen die Ausführungen, dass es zu den Aufgaben eines professionellen Regionenmarketing gehört, die Auswahl und den Aufbau von Regionenmarken in systematischer Form vorzunehmen. Ein Vergleich der Markenführungskonzepte im Sachgüter- und Dienstleistungsmarketing mit den praktischen Erfahrungen im Regionenmarketing zeigen deutliche Defizite bei der Entwicklung von Regionenmarken. Angesichts der Profilierungsnotwendigkeit von Regionen ist die Marke als „Waffe im Wettbewerb" gleichermaßen wie in den traditionellen Bereichen des Marketing zu etablieren.

Literatur

Balderjahn, I., Aleff H.-J., Die Wirtschaftsregion Brandenburg: Grundlagen für ein Standortmarketing, Potsdam 1996.

Berlit, W., Das neue Markengesetz, Berlin 1997.

Blotevogel, H. H., Heinritz, G., Popp, H., „Regionalbewusstsein". Zum Stand der Diskussion um einen Stein des Anstoßes, in: Geografische Zeitschrift, Heft 2, 1987a, S. 65 ff.

Blotevogel, H. H., Heinritz, G., Popp, H., Regionalbewusstsein – Überlegungen zu einer geografisch landeskundlichen Forschungsinitiative, in: Informationen zur Raumentwicklung, Heft 7/8, 1987b, S. 409–418.

Blotevogel, H. H., Auf dem Weg zu einer „Theorie der Regionalität": die Region als Forschungsobjekt der Geografie, in: Brunn, G. (Hrsg.), Region und Regionsbildung in Europa. Konzeptionen der Forschung und empirische Befunde, Baden-Baden 1996, S. 44–68.

Briesen, D., „Triviales" Geschichtsbewusstsein oder historische Elemente regionaler Identität?, in: Regionalgeschichte: ein Ansatz zur Erforschung regionaler Identität, Informationen zur Raumentwicklung, Heft 11, 1993, S. 769–779.

Esch, F.-R., Langner, T., Gestaltung von Markenlogos, in: Esch, F.-R. (Hrsg.), Moderne Markenführung: Grundlagen – innovative Ansätze – praktische Umsetzungen, Wiesbaden 1999, S. 465–490.

Fach, W., Köhnke, K.-C., Middell, M., Mühler, K., Siegrist, H., Tzschaschel, S., Wollersheim, H.-W., Regionenbezogene Identifikationsprozesse. Das Beispiel „Sachsen" – Konturen eines Forschungsprogramms, in: Wollersheim, H.-W., Tzschaschel, S., Middell, M. (Hrsg.), Region und Identifikation, Leipziger Studien zur Erforschung von regionenbezogenen Identifikationsprozessen, Bd. 1, Leipzig 1998, S. 1–32.

Kirchgeorg, M., Kreller, P., Etablierung von Marken im Regionenmarketing – Eine vergleichende Analyse der Regionennamen „Mitteldeutschland" und „Ruhrgebiet" auf der Grundlage einer repräsentativen Studie, Arbeitspapier Nr. 38 der Handelshochschule Leipzig, Leipzig 2000.

Kohli, Ch., LaBahn, D. W., Thakor, M., Prozess der Namensgebung, in: Esch, F.-R. (Hrsg.), Moderne Markenführung: Grundlagen – innovative Ansätze – praktische Umsetzungen, Wiesbaden 1999, S. 421–444.

Kotler, P., Haider, D., Rein, I., Standort-Marketing: Wie Städte, Regionen und Länder gezielt Investitionen, Industrie und Tourismus anziehen, Düsseldorf u. a. 1994.

Kunzmann, K. R., Nordrhein-Westfalen in Europa: eine Standorteinschätzung, in: Brunn, G. (Hrsg.), Neoliberalismus, die Entstehung des Maastrichter Vertrags und die Auswirkungen der Währungsunion auf Nordrhein-Westfalen, Schriftenreihe des Instituts für Europäische Regionalforschung, Bd. 4, Baden-Baden 1999, S. 137–151.

Manschwetus, U., Regionalmarketing, Marketing als Instrument der Wirtschaftsentwicklung, Wiesbaden 1995.

Meffert, H., Einführung in das Thema Regionenmarketing, in: Regionenmarketing in Deutschland, Dokumentation zum Symposium am 6. September 1995, Münster 1995, S. 21–24.

o. V., Kommunalverband Ruhrgebiet, im Internet unter Adresse: http://www.ruhrgebiet.de Stand vom 21.9.2000.

Schmitz, H., Münsterland – Berge sind nicht unbedingt die Voraussetzung für Weitsicht, Münster 1999.

Spieß, St., Marketing für Regionen, Wiesbaden 1998.

Trommsdorff, V., Konsumentenverhalten, 2. Aufl., Stuttgart u. a. 1993.

Wardenga, U., Miggelbrink, J., Zwischen Realismus und Konstruktivismus: Regionenbegriffe in der Geografie und anderen Humanwissenschaften, in: Wollersheim, H.-W., Tzschaschel, S., Middell, M. (Hrsg.), Region und Identifikation, Leipziger Studien zur Erforschung von regionenbezogenen Identifikationsprozessen, Bd. 1, Leipzig 1998, S. 33–46.

Weichhart, P., Die Region – Chimäre, Artefakt oder Strukturprinzip sozialer Systeme? in: Brunn, G. (Hrsg.), Region und Regionsbildung in Europa, Konzeptionen der Forschung und empirische Befunde, Baden-Baden 1996, S. 25–43.

Weinberg, P., Diehl, S., Erlebniswelten für Marken, in: Esch, F.-R. (Hrsg.), Moderne Markenführung: Grundlagen – innovative Ansätze – praktische Umsetzungen, Wiesbaden 1999, S. 185–207.

Werthmöller, E., Räumliche Identität als Aufgabenfeld des Städte- und Regionenmarketing, Frankfurt/M. u. a. 1995.

Wolfertz, K., Strategieentwicklung im kommunalen Standortmarketing, Göttingen 1999.

Wollersheim, H.-W., Die Identifikationsjäger, in: ZHS/SFB-Info, Nr. 4/1999, S.7–11.

Controlling
des Markenmanagement

Identitätsorientiertes Markencontrolling – Grundlagen und konzeptionelle Ausgestaltung

Heribert Meffert und Martin Koers

1. Stellenwert des Markencontrolling

Für eine erfolgreiche Führung von Marken im Sinne der Unternehmensziele erweist sich eine rein intuitive oder „spirituelle Markenführung" (Gerken 1994) als nicht ausreichend. Denn der Aufbau einer starken Markenidentität erfordert kontinuierliche Investitionen in die Marke. So betont Doyle: *„Like most other assets, brands depreciate without further investment. If management fails to reinvest in enhancing quality, service and brand image then the brand will decline."* (Doyle 1989, S. 79). Neben einer primär unter Profilierungs- und Differenzierungsgesichtspunkten betrachteten marktorientierten Führung von Marken tritt somit gleichzeitig die Notwendigkeit einer verstärkten Ergebnisorientierung. Zur Sicherstellung der Rationalität unternehmerischen Handelns bedarf es verstärkt leistungsfähiger Controllingsysteme im Rahmen der Markenführung, welche sowohl quantitative als auch qualitative Daten berücksichtigen. Auch Wiedmann weist in diesem Zusammenhang auf die Notwendigkeit eines auf die jeweilige Unternehmenssituation zugeschnittenen Mischungsverhältnisses zwischen „harter und weicher" Markenführung hin: *„Dort, wo etwa die Markenführung in praxi bereits stark mystizistische Züge trägt, muss Controlling mittels rationaler Planung, Steuerung und Kontrolle ein Stück weit zur ‚Entzauberung der magischen Markenwelt' beitragen. Dort, wo allein das Primat der ‚harten Fakten' regiert, ist für mehr Spiritualität und Emotionalität Sorge zu tragen. "* (Wiedmann 1994, S. 1307). Interpretiert man das Marketing als „Führungskonzept vom Markt" her und das Controlling als „Führungskonzept vom Ergebnis" her, so besteht die zentrale Herausforderung an das Markencontrolling letztlich darin, beide Sichtweisen miteinander zu verknüpfen (Meffert 2000, S. 1123).

Während im Rahmen der Markenpolitik alle mit der Markierung von Produkten und Dienstleistungen zusammenhängenden Entscheidungen und Maßnahmen getroffen werden, hat das Markencontrolling eine fundierte und zielgerichtete Entscheidungsvorbereitung zur Erhaltung und Verbesserung der Reaktions- und Adaptionsfähigkeit der Markenpolitik zu gewährleisten. Somit wirkt das Markencontrolling indirekt über die Markenpolitik auf die Optimierung des Marktauftritts der Marken und damit auf den Unternehmenserfolg. Im Zentrum steht die Unterstützung der Planung und Realisation markenbezogener Ziele, Strategien und Maßnahmen durch den Aufbau und Einsatz eines vernetzten, mit quantifizierbaren und damit kontrollierbaren Größen verknüpften Steuerungskonzeptes.

Trotz der aufgezeigten Notwendigkeit fehlt es bisher an konzeptionellen Ansätzen eines umfassenden Markencontrolling (Kriegbaum 2001). Sowohl in der wissenschaftlichen Literatur als auch in der Unternehmenspraxis (Camphausen 2001, S. 295 ff.) wird zwar immer wieder auf die Notwendigkeit von Controllingsystemen im Rahmen der Markenführung hingewiesen (Hammann 2001, S. 281 ff.), bisherige Ansätze beschränken sich jedoch meist auf Insellösungen. Dabei werden Einzelaspekte, wie etwa Konzepte zur Messung des Markenwertes, Verfahren der Markenwahrnehmungsanalyse oder branchenspezifische Aspekte des Markencontrolling, in den Fokus der Betrachtung gestellt (Franzen 1999; Keller 1993, S. 3 ff.; Esch/Andresen 1997).

Vor diesem Hintergrund soll im Folgenden ein leistungsfähiges System entwickelt werden, das dem Markenmanager ein umfassendes Bild über die Markenleistung vermittelt und als ein integratives dimensions- und bereichsübergreifendes Planungs- und Steuerungskonzept zur Optimierung des Marktauftritts der Marke beiträgt. Dabei soll der Schwerpunkt nicht auch die Art und Weise der Generierung spezifischer Kennzahlen und Steuerungsgrößen gelegt werden, sondern vielmehr auf eine sinnvolle Integration der Vielfalt der in der Literatur und Praxis bestehenden Kennzahlen im Sinne des identitätsorientierten Ansatzes der Markenführung.

2. Theoretische Grundlagen des Markencontrolling

2.1 Begriffliche Abgrenzung des Markencontrolling

Obwohl das Controlling mittlerweile zum festen Bestandteil der betriebswirtschaftlichen Praxis und damit zu einem wichtigen Erkenntnisobjekt der Betriebswirtschaftslehre geworden ist, liegt eine unumstrittene inhaltliche Festlegung des Begriffs und damit eine anerkannte allgemeine Definition nicht vor. So liefert das Schrifttum zum Controlling eine Fülle von kontroversen Beiträgen mit im Detail heterogenen terminologischen Interpretationen und dem Führungsbegriff nahen oder gar inhärenten Aufgabenstellungen. Das Controlling wird in unterschiedlichen Zusammenhängen und mit unterschiedlichen Inhalten verwendet, und vielfach werden sämtliche Aufgaben unter diesem Begriff subsumiert, die von anderen Funktionen nicht ausreichend erfüllt werden. Betrachtet man darüber hinaus die unterschiedlichen Definitionsansätze der Marke, verursacht durch einen steten Wandel im Markenverständnis seit der Entstehung des klassischen Markenartikelkonzeptes zu Beginn dieses Jahrhunderts, so kann bei dem Versuch einer definitorischen Abgrenzung eines „Markencontrolling" zweifelsohne von einer doppelten Begriffsheterogenität gesprochen werden.

Trotz abweichender Begriffsauffassungen besteht in der Literatur Konsens darüber, dass Controlling weit mehr als buchhaltungsorientierte ex-post Kontrolle im Rahmen rechnungswesensorientierter Ansätze bedeutet, sondern sich vielmehr als anwendungsorientierter Zweig der Betriebswirtschaftslehre zukunfts- und aktionsorientiert mit Aufgaben der Informationsversorgung, Planung und Kontrolle sowie der Koordination befasst und – um eine klare Trennung zwischen Führung und Controlling zu gewährleisten – primär als Führungsunterstützungsfunktion in eine ganzheitliche Unternehmensführung eingebunden ist. Die existierenden definitorischen Ansätze unterscheiden sich letztlich darin, welcher Stellenwert den einzelnen Aufgaben im Rahmen des Controlling zukommt. Einen mittlerweile weit akzeptierten Raum nimmt das in den Arbeiten von Horváth zu Grunde gelegte führungssystem- bzw. koordinationsorientierte Grundverständnis ein, das auch von Küpper und Weber in unterschiedlichen Ausprägungen aufgegriffen wird

(Horváth 2001; Küpper 1995; Weber 1998). Bei diesem Konzept wird das gesamte Aufgabenspektrum des Controlling unter die Metaebene der Koordination des Führungssystems gestellt. Bei dem älteren, vorrangig informationsorientierten Grundverständnis, wie es insbesondere in den Arbeiten von Reichmann zum Ausdruck kommt, wird die Koordination hingegen als gleichrangig mit der Informationsversorgung, Planung und Kontrolle angesehen (Reichmann 1995). Hier dient das Controlling insbesondere der Bereitstellung führungsrelevanter Informationen. Einen weiteren Typus von frühen Definitionen stellt das Controlling auch als Teilbereich der Unternehmensführung heraus, welcher für die konsequente Zielausrichtung des Unternehmens Sorge zu tragen hat und als führungsphilosophiebezogener Ansatz interpretiert wird (Siegwart 1986).

Den folgenden Ausführungen wird ein primär koordinationsorientiertes Verständnis des Controlling zu Grunde gelegt, wobei Koordination auch den Bereich der Informationsversorgung umfassen soll, da es sich hier letztlich um eine Abstimmung zwischen Management und dem Informationsversorgungssystem handelt. Durch Beschaffung und Aufbereitung von Führungsinformationen soll das Controlling das Entscheiden und Handeln in der Unternehmung ergebnisorientiert ausrichten, wobei sich die Ergebnisorientierung auf unterschiedliche Größen, wie zum Beispiel Gewinn oder Shareholder Value, beziehen kann. Dabei hat das Controlling das Informationsversorgungs- sowie Planungs- und Kontrollsystem sowohl zu gestalten (Systembildung bzw. -gestaltung) als auch innerhalb des konzipierten Systemzusammenhangs laufend Abstimmungen vorzunehmen sowie Störungen zu beseitigen (Systemkopplung bzw. Systemnutzung). Vor dem Hintergrund dieser Überlegungen wird das Controlling somit als ein führungsunterstützendes Konzept zur informationellen Sicherung ergebnisorientierter Planung, Steuerung und Kontrolle verbunden mit einer übergeordneten Koordinationsfunktion verstanden, dessen Aufgabenspektrum sowohl systemgestaltende als auch systemnutzende Aktivitäten umfasst (Meffert 2000, S. 1123 ff.). Anders ausgedrückt steht Controlling somit nach Weber für die Sicherstellung von Rationalität der Unternehmensführung (Weber/Schäffer 2000, S. 126 f.).

Die in der Praxis mit der Arbeitsteilung bzw. Spezialisierung einhergehenden Organisationslösungen weisen unmittelbar auf die Sinnhaftigkeit bzw. Notwendigkeit unternehmensbereichsbezogener Controlling-Teilgebiete hin. Die damit zusammenhängende Spezialisierung des Controlling führt zu speziellen Controllingansätzen und -ausprägungen mit jeweiliger Modifikation und Anpassung der „typischen" Controlling-Instrumente. Vor diesem Hintergrund lässt sich das Markencontrolling als spezielle Ausprägung des Controlling interpretieren, das die Informationsversorgung und Beratung aller mit der Markenführung befassten Stellen verbunden mit einer übergeordneten Koordinationsfunktion zur Unterstützung und Ergänzung der markenspezifischen Planungs-, Steuerungs- und Kontrollprozesse im Unternehmen umfasst. Als Servicefunktion der Markenführung wirkt das Markencontrolling subsidiär an Entscheidungen aller markenbezogenen Aktivitäten mit, die eigentliche Willensbildung obliegt jedoch dem Management selbst. Die Ziele und konkreten Aufgaben, die das Markencontrolling in diesem Rahmen zu erfüllen hat, sind Gegenstand des folgenden Kapitels.

2.2 Ziele und Aufgaben des Markencontrolling

Analog zur Abgrenzung des Controlling von anderen betriebswirtschaftlichen Teildisziplinen besteht in Wissenschaft und Praxis kein Konsens bezüglich der direkten Zielsetzung des Controlling, obwohl diese letztlich die Begründung bzw. den Ausgangspunkt einer konkreten Controllingkonzeption im Unternehmen darstellt. Hier ist die Wurzel für die unzureichende theoretische Fundierung des Controlling erkennbar. Primäres Ziel des hier verwendeten Controllingbegriffs ist die Erreichung optimaler Zustände im Rahmen der Markenführung. Die umfassende Unterstützung der Markenführung im Hinblick auf eine Ergebnisoptimierung der Markenpolitik kann somit als Kardinalziel des Markencontrolling interpretiert werden. Aus diesem Oberziel lassen sich weitere Subziele ableiten, wie

- Sicherstellung der Rationalität und Erhaltung der Reaktions- und Adaptionsfähigkeit der Markenführung durch Versorgung mit markenrelevantem Wissen sowie

- Verbesserung der Wirksamkeit der verfolgten Markenpolitik durch Koordination und Ausrichtung aller markenpolitischen Aktivitäten auf die Ziele der Markenpolitik.

Aus den Zielen ergeben sich unmittelbar die Aufgaben des Markencontrolling. Entsprechend den allgemeinen Ausführungen zum Controlling kann zwischen systemgestaltenden und systemnutzenden Aktivitäten des Markencontrolling differenziert werden. Die systemgestaltende Funktion umfasst primär die Sicherstellung einer ex-ante Koordination der Markenführung durch Schaffung geeigneter Rahmenbedingungen, die koordinierte Entscheidungen überhaupt erst ermöglichen. Dem Markencontrolling kommt hier die Aufgabe zu, an der Entwicklung und Implementierung von Informationssystemen, organisatorischen Richtlinien und Prozessstrukturen sowie Planungs- und Kontrollinstrumenten für die Markenführung mitzuwirken.

Zu den systemnutzenden Funktionen gehören die Unterstützung des Markenmanagement auf allen Ebenen der Planung, die regelmäßige Kontrolle der Umsetzung strategischer und operativer Pläne und die Sicherstellung der Informationsversorgung aller an der Markenführung Beteiligten innerhalb des durch die systemgestaltende Funktion geschaffenen Rahmens.

Während das Informationsmanagement die Infrastruktur aus IT-Sicht gestaltet, hat das Markencontrolling eine betriebswirtschaftlich sinnvolle inhaltliche Ausprägung des Informationsbedarfs zu verantworten und im Rahmen seiner Informationsversorgungsfunktion den jeweiligen mit der Markenführung betrauten Stellen art-, zeit- und mengengerecht zur Verfügung zu stellen. Zur Gewinnung und Aufbereitung der notwendigen planungs-, entscheidungs- und kontrollrelevanten Informationen greift das Markencontrolling auf externe und interne Daten zurück. Die Informationsversorgung entwickelt sich zur Beratung, wenn das Markencontrolling auf Grund seines Methoden- und Fachwissens zum Gesprächspartner des Markenmanagement wird und Empfehlungen und Hinweise zur Entscheidungsvorbereitung gibt.

In diesem Sinne leistet das Markencontrolling eine Planungsunterstützung des Markenmanagement bei der Aufstellung des strategischen Gesamtplanes der Markenführung
und dessen Aufspaltung in operative Teilpläne (wie Zielplan, Ressourcenplan, Termin-
plan). Um veränderten Anforderungen an die Markenführung möglichst frühzeitig durch
eine Anpassung der Planung Rechnung zu tragen, ist im Rahmen von Kontroll- bzw. Ab-
weichungsanalysen ein kontinuierlicher und systematischer Vergleich von Sollvorgaben
und Istzuständen hinsichtlich der verfolgten Zielsetzungen durchzuführen. Dabei hat das
Markencontrolling zum einen nach dem Feed-back-Prinzip eine ex-post Überwachung
durch eine Bestandsaufnahme der Markenführung hinsichtlich ökonomischer, psychografischer und verhaltensbezogener Größen vorzunehmen. Zum anderen hat es als
„Frühwarnsystem" feed-forward im Sinne einer ex-ante Überwachung Soll-Ist-Abwei-
chungen zu antizipieren und damit ihr Eintreten zu verhindern.

Die in einer übergeordneten Sichtweise zu betrachtende Koordinationsfunktion des Markencontrolling beinhaltet die Abstimmung der markenpolitischen Handlungen einzelner
dezentraler Organisationseinheiten im Hinblick auf die mit der Markenpolitik verfolgten
Ziele. In diesem Zusammenhang kann auch von einer Zielausrichtungsfunktion des Markencontrolling gesprochen werden. Neben der vertikalen Koordination einzelner Hierarchieebenen und der horizontalen Koordination durch Abstimmung der markenbezogenen Aktivitäten benachbarter Abteilungen kommt der Koordination in zeitlicher Hinsicht durch Abstimmung der kurz-, mittel- und langfristigen Markenplanung im Rahmen
des Controlling eine entscheidende Bedeutung zu.

Art und Umfang der Controllingaufgaben ergeben sich letztlich aus dem jeweils vorliegenden Stand der Rationalität der Markenführung. Damit unterliegt die konkrete Entwicklung und Ausgestaltung eines Markencontrolling keinem standardisierten Vorgehen, sondern ist im Einzelfall vor dem Hintergrund des spezifischen situativen Kontextes
sowie der angestrebten Ziele vorzunehmen.

3. Anforderungen und Zielgrößen des Markencontrolling

Mit dem Anspruch, einen wesentlichen Beitrag zur Koordination und Steuerung von
Marken zu leisten, sind als Ausgangspunkt einer Controllingkonzeption Gestaltungsan-
forderungen und Zielgrößen des Markencontrolling zu formulieren. Diese lassen sich aus
dem Zweck des Markencontrolling ableiten.

3.1 Anforderungen an das Markencontrolling

Im Mittelpunkt der Konzipierung eines Markencontrollingsystems steht der Aufbau und Einsatz eines vernetzten und mit mess- und kontrollierbaren Größen verknüpften Steuerungskonzeptes, das den Ansprüchen des verfolgten Markenführungskonzeptes gerecht wird. Um eine sinnvolle Abbildung der Markenperformance durch entsprechende Indikatoren zu gewährleisten, haben die situationsspezifisch zu identifizierenden markenrelevanten Größen bestimmten Anforderungen zu genügen.

Neben der Validität und Reliabilität stellen insbesondere eine hohe Informationsqualität und Markenrelevanz wichtige Gütekriterien eines Markencontrollingsystems dar. Zur Sicherstellung einer hohen Informationsqualität

- hat das Markencontrolling sowohl *ökonomische* (Kernergebnisgrößen) als auch *psychografische* (Leistungstreiber) Größen zu umfassen,

- nimmt das Markencontrolling gleichermaßen einen *ex-post* wie *ex-ante* Fokus ein,

- beinhaltet das Controlling sowohl *quantitative* als auch *qualitative* Größen,

- berücksichtigt das Markencontrolling vor dem Hintergrund des identitätsorientierten Ansatzes der Markenführung sowohl *interne* (Inside-Out) als auch *externe* (Outside-In) Informationen.

Entscheidend ist, dass sich die Kennzahlen zu einem kohärenten System ergänzen und dazu dienen, eine klar definierte Strategie zu unterstützen. Entsprechend ist die Vollständigkeit aller relevanten Kontrollgrößen der Marke sicherzustellen. Dabei ist stets das Spannungsfeld zwischen gewünschter Vollständigkeit und gleichfalls zu verfolgender Praktikabilität und Kostenwirtschaftlichkeit der Informationsbeschaffung zu beachten. Als weitere Anforderung an ein leistungsfähiges Markencontrollingsystem ist die Aktualität und Sensitivität der Steuerungs- und Kontrollgrößen zu nennen. Ein Markencontrolling arbeitet nur dann effizient, wenn die jeweiligen Größen tatsächlich die aktuelle Situation der Marke widerspiegeln und rechtzeitig den zuständigen Entscheidungsinstanzen zugeführt werden. Stellt sich im Rahmen der Kontrollfunktion des Markencontrolling die Nichterreichung bestimmter Sollvorgaben heraus, so sollten die verwendeten Erfolgskennzahlen möglichst konkrete Ansatzpunkte für Verbesserungsmaßnahmen aufzeigen und somit durch Verdeutlichung von Ursache-Wirkungs-Zusammenhängen einen konkreten Handlungsbezug aufweisen.

Da mit Hilfe des Markencontrolling allen markenrelevanten Entscheidungsbereichen eine umfassende Übersicht über die derzeitige Lage der Marke verschafft werden soll, hat das zu konzipierende System je nach Situation verwendungsbezogen unterschiedliche Aggregationsebenen zu berücksichtigen. Durch Verknüpfungen der relevanten Größen in einem Kennzahlensystem sind den verschiedenen Entscheidungsträgern der Marke je nach Hierarchieebene modular die für sie entscheidungsrelevanten Informationen in unterschiedlichem Aggregationsniveau zu präsentieren. Dabei sollten die Beziehungen der Steuerungs- und Kontrollgrößen zueinander eindeutig und konsistent definiert sein. Das Steuerungskonzept sollte den gesamten Markenprozess auf strategischer und operativer Unternehmensebene widerspruchsfrei abbilden und letztlich eine Verknüpfung von strategischer und operativer Planungsebene gewährleisten.

Schließlich ist die Akzeptanz des Markencontrollingsystems bei den Mitarbeitern sicherzustellen. So sollte der Zielerreichungsgrad der festzulegenden Sollgrößen auf ein realisierbares Ausmaß festgelegt werden, um motivierend zu wirken. Zur Bestimmung der Sollvorgaben ist die Erfassung eines Vergleichsmaßstabes der gewählten Größen sinnvoll, wobei insbesondere Vergleichsgrößen der relevanten strategischen und operativen Wettbewerber als Benchmarks heranzuziehen sind.

3.2 Zielgrößen des Markencontrolling

Wird das Markencontrolling als betriebswirtschaftliche Kennzahlenanalyse betrachtet, ist ähnlich dem Erfolgsfaktorenansatz davon auszugehen, dass wenige, aber grundlegende Einflussfaktoren auf den Erfolg oder Misserfolg einer Marke wirken (Bekmeier-Feuerhahn 1998, S. 107). Im Folgenden ist zu untersuchen, welche Größen auf den Erfolg einer Marke Einfluss nehmen und infolgedessen prinzipiell als Steuerungs- und Kontrollgrößen im Rahmen eines Markencontrolling zur Verfügung stehen (vgl. auch Hammann 2001, S. 288 ff.).

Zur Festlegung geeigneter Erfolgsmaßgrößen empfehlen Tolle/Steffenhagen, sich an „übergeordneten unternehmerischen Wertmaßstäben" zu orientieren (Tolle/Steffenhagen 1994, S. 1301 f.). Sie weisen darauf hin, sich bei der Auswahl nicht auf die Betrachtung einzelner Erfolgsmaße zu beschränken, sondern mehrere Indikatoren zu einem integrierten Erfolgsindex (Spitzenkennzahl) zusammenzuführen. Eine solche Spitzenkennzahl stellt im Rahmen der Markenführung der Markenwert dar, der sich in die Wertindikatoren Markenstärke und Markengewinn aufspalten lässt (vgl. Abbildung 1).

Die Markenstärke repräsentiert den Markenwert aus Kundensicht und wird auch als psychografischer Markenwert bezeichnet (Farquhar 1990, S. 7 ff.). Er ist die Voraussetzung für die Entstehung eines ökonomischen Markenwertes beim Anbieter. Eine solche Differenzierung zwischen Konsumenten- und Anbieterperspektive ist sinnvoll, da das Markencontrolling sowohl eine gesteigerte externe Wirkungseffizienz der Marke als auch eine höhere interne Planungs- und Umsetzungseffizienz anstrebt. Als Quelle der ökonomischen Markenwerte wird die Wahrnehmung der Marken durch den Konsumenten gesehen, wobei seine rational und emotional bedingten Assoziationen und Vorstellungen gegenüber einer Marke seine Wertschätzung für diese prägen. Ein ökonomischer Markenwert beim Anbieter kann somit erst entstehen, wenn sich beim Konsumenten Gedächtnisstrukturen zur Marke gebildet haben, denn *„a brand name adds value for the manufacture [...] only because it adds value for the consumer"* (Crimmins 1992, S. 11).

▎Abbildung 1   **Zielgrößen des Markencontrolling**

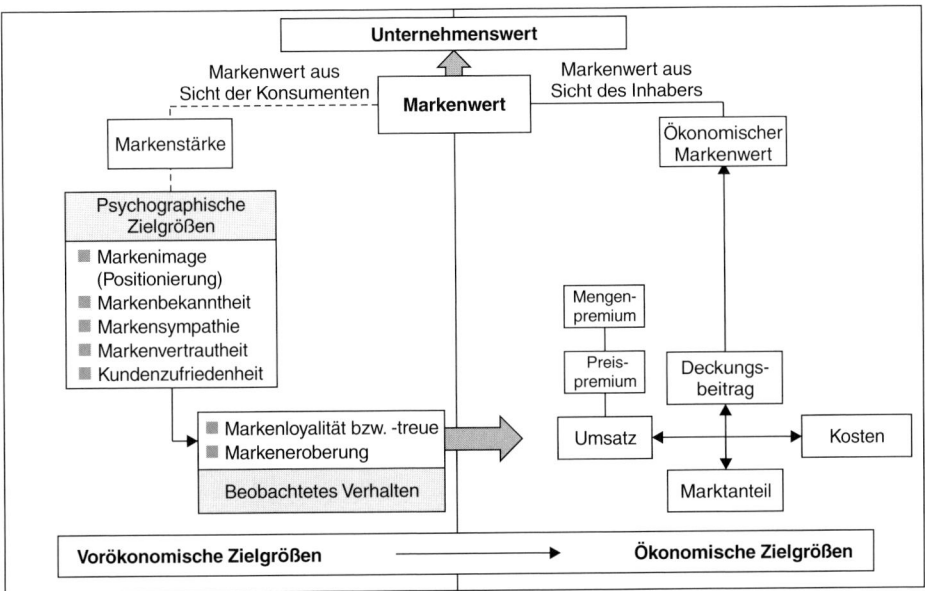

GABLER
GRAFIK

So sind Konsumenten vielfach bereit, für bestimmte Marken einen höheren Preis zu zahlen als für andere Marken. Ein Beispiel aus der Automobilindustrie verdeutlicht diesen Sachverhalt. So war der VW Sharan 1997 ausstattungsbereinigt im Durchschnitt ca. 3.500 DM teurer als der Ford Galaxy bzw. der Seat Alhambra, obwohl sich die baugleichen Fahrzeuge (Badge Engineering) im Wesentlichen nur durch das Markenemblem unterscheiden. Dennoch verzeichnete der VW Sharan die höchsten Verkaufszahlen: von Januar bis August 1997 wurden vom Sharan 22.288, vom Ford Galaxy 11.498 und vom Seat Alhambra 2.284 Fahrzeuge zugelassen (o. V. 1997, S. 10). Begründen lässt sich dies vor allem durch die unterschiedliche Wahrnehmung und Präferenz der potenziellen Käufer für die Marke. Das Ansehen der Marke schlägt sich dabei zum einen in einem höheren Verkaufspreis (Preispremium der Marke) und zum anderen in höheren Verkaufszahlen (Mengenpremium der Marke) nieder. Da die Produktionskosten im beschriebenen Beispiel nahezu identisch sind, hat die Markenwahrnehmung somit direkte Auswirkungen auf den Umsatz und damit auf übergeordnete Unternehmensziele.

Die Wahrnehmung und Akzeptanz der vom Unternehmen offerierten Marken setzt deren Verankerung in der Psyche der Nachfrager voraus. Einen zentralen Stellenwert nimmt in diesem Zusammenhang eine regelmäßige Ermittlung der ungestützten Markenbekanntheit ein, die als notwendige Bedingung markenspezifischer Assoziationen durch die externen Anspruchsgruppen fungiert und die Voraussetzung für den Kauf der Markenprodukte darstellt. Überdies ist eine dezidierte Analyse des Markenimages vorzunehmen, da dieses das Ergebnis der nachfragerseitigen Wahrnehmung, Dekodierung und Akzeptanz der von den Marken ausgehenden Impulse darstellt. Dabei ist der Einfluss des Markenimages auf die Markenstärke umso größer, je eigenständiger das jeweilige Image gegenüber sonstigen Marken ist.

Bedingt durch dessen hohe Komplexität sollte die Erfassung des Markenimages auf disaggregierter Ebene, das heißt mehrdimensional, erfolgen. Zwar stellt in praxi häufig das aggregierte Image im Wettbewerbsumfeld eine wesentliche Zielgröße des Markenmanagement dar, jedoch lässt sich die angestrebte Differenzierung einer Marke nur bedingt anhand solcher Globalimages analysieren. Stattdessen ist zu überprüfen, ob sich die angestrebte Kompetenzdifferenzierung im Wettbewerbsumfeld sowie im internen Markenvergleich in entsprechenden Detailimages widerspiegelt (Meffert/Perrey 1999, S. 636).

Über die zentralen Größen der Markenbekanntheit und des Markenimages hinaus werden in der Praxis zahlreiche weitere Zielgrößen zur Analyse der Wahrnehmung und Akzeptanz von Marken herangezogen. Sie können im Einzelfall wertvolle Hinweise für den Markenerfolg geben, sind jedoch nicht immer eindeutig voneinander abgrenzbar und oftmals nur wenig objektivierbar. Als Beispiele seien hier stellvertretend die häufig eingesetzten Größen Markenvertrautheit, Markensympathie oder Markenkompetenz angeführt.

Neben den markenspezifischen Zielen sind im Rahmen des Markencontrolling ferner psychographische Größen, wie Kundenzufriedenheit oder Kaufgründe, zu analysieren. Die Zufriedenheit der Konsumenten mit der Marke stellt dabei das Ergebnis eines Soll-Ist-Vergleichs zwischen subjektiver Erwartung gegenüber der Marke und der tatsächlichen Markenleistung dar. Dabei bildet ein hoher Zufriedenheitsgrad die Voraussetzung zum Wiederkauf und damit zu einer hohen Markenloyalität bzw. Markentreue (Burmann 1991), welche als beobachtbare Resultate markenspezifischer Investitionen die ökonomischen Markenziele direkt beeinflussen.

So resultieren aus der Markentreue zum einen geringere Marketingkosten für den Hersteller, da das Halten aktueller Kunden vergleichsweise weniger Kosten verursacht als die Akquisition neuer Kunden. Zum anderen können aus der positiven Mund-zu-Mund-Propaganda der angestammten Kunden sowie einer höheren Markenloyalität höhere Absatzmengen realisiert werden. Überdies bietet sich dem Anbieter ein größerer preispolitischer Spielraum, da zufriedene Kunden einen Markenwechsel zumeist auf Grund des mit einem neuen Produkt verbundenen Risikos sowie der Wechselkosten eher meiden.

In diesem Zusammenhang wird in der Literatur vielfach darauf hingewiesen, dass es bei der Definition von Markenloyalität weniger darum geht, zufällige Wiederholungskäufe eines Kunden zu erfassen. Hingegen sollte ein Kunde als loyal gelten, wenn er aus innerer Überzeugung eine Marke bewusst wiederholt nachfragt und auch zukünftig nachzufragen beabsichtigt (Burmann 1991). Dieser einstellungsbasierte Aspekt der Markenloyalität wird in jüngster Zeit unter dem Begriff der Markenbeziehungsqualität verstärkt untersucht (Homburg/Giering 1999, S. 1094; Fournier 1998, S. 343 ff.).

Zusammenfassend zeichnet sich das Zielsystem einer Marke durch ein komplexes Beziehungsgeflecht zwischen psychographischen und ökonomischen Größen aus. Insbesondere der Markenwert kann dabei als anzustrebendes Idealziel bezeichnet werden, dessen Maximierung jedoch von vielfältigen Faktoren abhängt und nur wenig operational ist. Vor diesem Hintergrund erscheint es zweckmäßig, das Idealziel der einzelnen Marken im Sinne einer Mittel-Zweck-Vermutung durch leichter zu erreichende Realziele zu ersetzen. Die Realziele offenbaren dabei zentrale Steuerungsgrößen für das Markencontrolling.

4. Konzeptionelle Ausgestaltung eines identitätsorientierten Markencontrolling auf Basis der Balanced Scorecard

Gängigerweise wird in der Literatur zwischen strategischem und operativem Controlling unterschieden (Wiedmann 1994, S. 1305 ff.; Köhler 1998, S. 10 ff.). Der Einsatz eines markenspezifischen Analyseinstruments oder einer Kennzahl ist jedoch nicht per se strategisch oder operativ, sondern kann sowohl im Rahmen der strategischen Positionierung (zum Beispiel Preispositionierung) als auch bei der konkreten Markenumsetzung (zum Beispiel im Rahmen der Preispolitik) relevant sein. Ebenso erscheint es wenig sinnvoll, ein Informationssystem in eine strategische und operative Variante einzuteilen, da ein und dasselbe Informationssystem Basis für sämtliche Managementaufgaben bildet (Ahlert 1998, S. 23). Entscheidend ist vielmehr der Verwendungszweck der zu analysierenden Kennzahlen, der auf strategischer und operativer Managementebene durchaus unterschiedlich ist. Vor diesem Hintergrund soll im Folgenden auf eine Unterteilung des Controlling in eine strategische und operative Variante verzichtet und auf die Grundidee des Balanced Scorecard Konzepts zurückgegriffen werden (Koers 2001; Linxweiler 2001).

4.1 Das Konzept der Balanced Scorecard

Zentrale Idee der Balanced Socrecard (BSC) ist die Berücksichtigung unterschiedlicher Perspektiven bei der Leistungsbeurteilung eines Unternehmens oder Geschäftsbereichs als Grundlage zu deren Steuerung, unter Beachtung der perspektivenübergreifenden Zusammenhänge und unter Hinzuziehung perspektivenspezifischer Maßgrößenbündel. Kaplan/Norton (1992) beleuchten in ihrem Konzept der BSC vier miteinander verkettete Perspektiven, welche die Wünsche der drei wichtigsten Stakeholder (Shareholder, Kunden und Mitarbeiter) berücksichtigen:

■ Die **finanzielle Perspektive** verdeutlicht, inwiefern die Implementierung der verfolgten Strategie zur Ergebnisverbesserung beiträgt. Dabei definieren finanzielle Kennzahlen einerseits die von der Strategie zu erwartende finanzielle Leistung, andererseits fungieren sie als Endziele für andere Perspektiven, deren Kennzahlen grundsätzlich über Ursache-Wirkungsbeziehungen mit den finanziellen Zielen verbunden sein sollten.

■ Die **Kundenperspektive** umfasst Größen, die für den Erwerb einer Leistung entscheidend sind, wie Zeit, Qualität, Produktwert aus Kundensicht, Preiseinschätzung etc. Als Ergebnisgrößen werden beispielsweise die Kundenzufriedenheit, Kundenbindung oder auch Kundenprofitabilität genannt.

■ Zur Befriedigung der Kundenansprüche sind intern die hierfür notwendigen Prozesse zu beherrschen. Infolgedessen betrachtet die **interne Prozessperspektive** jene Abläufe und deren spezifische Massgrößen, die maßgeblich zur Befriedigung der Kundenwünsche beitragen (Fertigkeit der Mitarbeiter, Qualitätstandards etc.).

■ Zur Befriedigung zukünftiger Kundenbedürfnisse sowie zur Induzierung langfristiger Verbesserungen von Wachstum und Wertsteigerungen bedarf es der ständigen Weiterentwicklung der Produkte und Verfahren. Im Rahmen der **Lern- und Wachstumsperspektive** werden hierzu schließlich Maßstäbe für die Verbesserung der existierenden Fähigkeiten der Mitarbeiter, der Systeme und Abläufe generiert.

Die Perspektiven der BSC sind auf die Unternehmensziele abzustimmen, deren Erreichen über definierte Leistungsmaßstäbe überprüft wird. Ausgangspunkt stellt die Vision des Unternehmens dar, auf welche die Strategie- und Zielformulierung sowie die Leistungsplanung und -messung ausgerichtet sind. Die BSC bildet die Strategie des Unternehmens durch die Verknüpfung von Zielen über die Perspektiven sowie deren Ergebnis- und Leistungstreiber mittels der zu Grunde liegenden Ursache-Wirkungs-Beziehungen ab (Linxweiler 2001, S. 93 ff.).

Für das Markencontrolling liefert das Konzept der BSC wertvolle Hinweise. „Balanced" indiziert letztlich eine integrierte und ausgewogene Darstellung sowohl qualitativer als auch quantitativer, vergangenheits- wie zukunftsbezogener Informationen unternehmensinterner und -externer Natur und damit die explizite Berücksichtigung von Ergebniskennzahlen und Leistungstreibern, sodass die BSC eine Vielzahl der Anforderungen an ein Markencontrolling zu erfüllen vermag. Dabei besticht der BSC-Ansatz auf den ersten Blick durch seine intuitive Eingänglichkeit, welche jedoch irreführend sein kann: So liefern Kaplan/Norton bei der Operationalisierung von Strategien nur in begrenztem Umfang Hinweise darüber, wie Messgrößen gefunden und auf tiefere Hierarchiebenen heruntergebrochen werden können. In diesem Zusammenhang weist Müller-Hagedorn zu Recht darauf hin, *„dass der Aufbau von Kennzahlensystemen keine triviale Angelegenheit ist."* (Müller-Hagedorn 1999, S. 738; zu den Vor- und Nachteilen des Konzepts vgl. Bruhn 1998, S. 162 ff.).

$4._2$ Grundstruktur einer Balanced Scorecard für das Markencontrolling

Da Markenführung und somit auch deren Planung und Kontrolle situativ auszugestalten sind, erscheint eine allgemein gültige Systemintegration von Kennzahlen im Rahmen einer Balanced Scorecard wenig sinnvoll. Grundsätzlich sind Branchenbesonderheiten und Infrastrukturen (Berichtswesen, Informatikunterstützung) zu berücksichtigen. Dennoch gibt es Zusammenhänge, die unabhängig von Branche und Unternehmenssituation im Rahmen der Markenführung zu reflektieren sind. Von daher kann die folgende logisch-deduktive Herleitung einer BSC als Referenzansatz unternehmensindividuell zu erstellender Scorecards im Rahmen der Markenführung fungieren.

Die Gestaltung der BSC nach Kaplan/Norton mit vier Scorecards ist lediglich als Vorschlag zu verstehen, um strategierelevante Informationen zu strukturieren. Die BSC-Konzeption ist grundsätzlich auf die Informationsbedürfnisse der Unternehmung auszurichten, welche wiederum durch die verfolgten strategischen Ziele, Organisationsform etc. determiniert werden, sodass die Perspektiven der BSC je nach Informationsbedarf eine Kürzung bzw. Ergänzung erfahren. Überdies ist bei der Scorecardgestaltung die Hierarchiestufe ihrer Anwender zu berücksichtigen. So gehen die in den Perspektiven dargestellten Kennzahlen auf Unternehmensebene vielfach aus einer Verdichtung von Kennzahlen unterer Ebenen hervor. Auf tieferen Hierarchiestufen kann sich mithin der Aufbau von Scorecards deutlich von einer Top-Management Scorecard unterscheiden, da nur eine Teilsicht von operationalisierbaren Indikatoren relevant sein kann. Letztlich handelt es sich beim Ansatz von Kaplan/Norton somit um einen Gestaltungsrahmen, der einer kontextspezifischen Anpassung bedarf.

Gemäß Weber/Schäffer fordern Kaplan/Norton durch die Abbildung von strategischen Kennzahlen und der sie verbindenden Ursache-Wirkungsbeziehungen in der BSC letztlich nichts anderes als die Abbildung der betrieblichen Wertschöpfungskette, welche sich in den entsprechenden Perspektiven der Scorecard spiegelt (Weber/Schäffer 1999, S. 5 f.). So fokussiert

∎ die Lern- und Wachstumsperspektive auf die Mitarbeiter und damit einen wesentlichen **Input**,

∎ die Prozessperspektive auf den zu Grunde liegenden **Transformationsprozess**,

∎ die Marktperspektive auf den **Output** der Produktionsfunktion und

∎ die finanzielle Perspektive auf den aus unternehmerischer Sicht entscheidenden **Outcome**.

Einem solchen Wertschöpfungsgedanken Rechnung tragend, ist die Balanced Scorecard in der Lage, den auch im Rahmen der **identitätsorientierten Markenführung** postulierten Fokus einer **Inside-Out-Perspektive** als Ergänzung der bisher betonten **Outside-**

In-Perspektive der Markenführung nachzukommen. Gerade vor diesem Hintergrund stellt die Balanced Scorecard ein geeignetes Instrumentarium für ein identitätsorientiertes Markencontrolling dar.

Kaplan/Norton zur Folge kann die Balanced Scorecard *„jeden Ansatz zur Formulierung einer Strategie für Geschäftseinheiten nutzen – mit der Kundenperspektive oder den besonderen internen Prozesspotenzialen angefangen".* (Kaplan/Norton 1997, S. 35). Um zu verdeutlichen, dass der markenspezifische Erfolg seinen Ursprung sowohl in den externen Marktanforderungen als auch in den internen Fähigkeiten und Kompetenzen hat, ist es sinnvoll,

■ mit einer **internen Perspektive** Informationen im Rahmen des *Aussagenkonzepts* der Markenführung zu erfassen,

■ mit einer **Markt-Perspektive** notwendige Kennzahlen des *Akzeptanzkonzepts* der Markenführung zu betrachten und

■ im Rahmen einer **Ergebnisperspektive** schließlich die angestrebte **Ergebniswirkung** der Markenstrategie abzubilden.

Folglich beinhaltet die im Rahmen des Markencontrolling zu entwickelnde BSC drei Perspektiven, wobei die einzelnen Perspektiven eine Ergänzung erfahren sollen. Damit auch wettbewerbsrelevante Aspekte abgebildet werden können, bedarf es zum einen einer Erweiterung der von Kaplan/Norton vorgeschlagenen Kundenperspektive zur Marktperspektive. Zum anderen fokussiert die interne Perspektive alle unternehmensintern relevanten Informationen im Umsetzungsprozess der Markengestaltung. Die BSC ist somit zugleich kapitalmarkt-, absatzmarkt- sowie ressourcenorientiert und ermöglicht damit „als Steuerungsinstrument" die im Rahmen der Markenführung verfolgte Synthese des market- und ressource-based-view. Ergebniskennzahlen der Vergangenheit werden um die treibenden Faktoren künftiger Ergebnisse ergänzt. Eine Erweiterung der hier vorgeschlagenen Perspektiven um zusätzliche Perspektiven ist durchaus denkbar, jedoch stets unter dem Primat einer managementseitigen Akzeptanz zu würdigen.[1]

---

1   So darf eine Integration der bisher aufgezeigten Teilerkenntnisse nicht um der Integration willen erfolgen, denn je stärker integriert wird, desto komplexer werden die Systeme. Je komplexer sich aber das Markencontrolling erweist, desto weniger Akzeptanz findet es erfahrungsgemäß in der Praxis. So lassen sich im Bereich des klassischen Rechnungswesens zahlreiche Negativbeispiele dafür finden, dass die Wissenschaft neue Ansätze etwa in den Bereichen der Prozesskostenrechnung oder wertorientierten Unternehmensführung hervorgebracht hat, welche jedoch nur selten tatsächlich implementiert werden bzw. deren Nutzen zuweilen angezweifelt wird. So formulieren Horváth/Kaufmann trefflich: *„Durch seine Berechnung allein hat bis heute noch kein Unternehmen den Shareholder Value steigern können."* Vgl. Horváth/Kaufmann 1998, S. 43.

4.3 Integration markenspezifischer Steuerungsgrößen in ein Konzept der Balanced Scorecard

Wie aufgezeigt, geht der Aufbau einer Balanced Scorecard von systematischen Wirkungszusammenhängen zwischen Leistungstreibern und Ergebnisgrößen und damit von einer inneren Logik zwischen Kennzahlen aus. Leistungstreiber als Frühindikatoren erklären Ergebnisgrößen als Spätindikatoren und zeigen Ansatzpunkte zu deren Beeinflussung auf verschiedenen Ebenen auf. Entsprechend sind Führungskräfte angehalten, Wirkungszusammenhänge markenspezifischer Kennzahlen zu reflektieren.

Grundsätzlich lassen sich bei einzelnen Marken Wirkungszusammenhänge zwischen den beobachtbaren Ergebnisgrößen und den nicht-beobachtbaren, erklärenden Vorsteuerungsgrößen des Kaufverhaltens identifizieren, welche Ansatzpunkte zur Steigerung einzelner Markenergebnisse liefern. Unternehmen agieren in der Praxis jedoch zumeist nicht isoliert mit einer einzelnen Marke, sondern mit komplexen Markenportfolios. Ziel in einem solchen Markenportfolio ist dabei weniger die *isolierte* Steigerung der einzelnen Markenperformances, sondern die *koordinierte* Erhöhung des unternehmerischen Gesamtergebnisses, da auf Grund bestehender Wechselbeziehungen zwischen den einzelnen Marken eines solchen Portfolios davon auszugehen ist, dass sich das Ergebnis des Gesamtportfolios bei einer koordinierten Vorgehensweise steigern lässt. Vor diesem Hintergrund ist zu fragen,

■ welche grundsätzlichen Kennzahlen eine BSC zur Erfassung von Leistungstreibern und Ergebnisgrößen umfassen sollte und

■ wie im Falle eines Markenportfolios die Wechselwirkungen zwischen den Marken zu erfassen sind.

Während somit im Rahmen von Einzelmarkenstrategien nur die erste Frage zu lösen ist, bedarf es im Rahmen komplexer Markenstrategien, wie etwa der Mehrmarkenstrategie, der Beantwortung beider Fragen. Mithin erweist sich der Aufbau einer BSC im letzten Fall als wesentlich komplexer.

4.31 Erfassung von Leistungstreibern und Ergebnisgrößen im Rahmen von Scorecards

Den verschiedenen Anspruchsgruppen des Unternehmens Rechnung tragend, fokussieren Kaplan/Norton die Wünsche verschiedener Anspruchsgruppen in den Perspektiven ihrer BSC. Auch die Markenführung hat sich auf Grund der innen- und außengerichteten Wechselseitigkeit der Markenidentität an verschiedenen externen und internen Bezugsgruppen auszurichten, die es im Rahmen der BSC-Gestaltung zu berücksichtigen gilt (vgl. in diesem Zusammenhang auch den Beitrag zum Corporate Branding im Spannungsfeld unterschiedlicher Zielgruppen in diesem Band):

■ So geht es **kundengerichtet** bei der Gestaltung der Markenidentität um den Nachweis einer echten Nutzenstiftung bzw. Problemlösungskompetenz des Markenproduktes. Zentrales Ziel ist dabei, eine hohe Markenloyalität der Konsumenten durch ein klares Leistungsprofil, die Sicherung der Zufriedenheit und des Vertrauens in die Marke aufzubauen.

■ **Wettbewerbsgerichtet** ist eine starke Markenidentität an eine differenzierte Markenpositionierung gebunden, welche der Marke einen dauerhaften, wahrgenommenen und aus Sicht der Zielgruppe relevanten KKV verschafft.

■ **Mitabeitergerichtet** geht es um die Vermittlung eines klaren Markenverständnisses als Identifikations- und Motivationsbasis, um hierdurch ein markenleitbildgerechtes Verhalten auf allen Hierarchieebenen zu bewirken.

■ **Handelsgerichtet** erfordert der Aufbau einer starken Markenidentität die Identifikation des Händlers mit der Marke, um entsprechende, auf die Markenidentität abgestimmte Leistungen und Verhaltensweisen der Händler sicherzustellen.

■ **Shareholdergerichtet** geht es schließlich darum, einen hohen Markenwert als Basis eines hohen Unternehmenswertes zu realisieren.

Die verschiedenen internen und externen Zielgruppen finden ihren Niederschlag in den drei vorgeschlagenen Perspektiven der BSC, welche im Folgenden aufgezeigt werden (vgl. Abbildung 2 mit beispielhaften Maßgrößen gemäß der perspektivenspezifischen Erfolgsfaktoren).

Die **Ergebnisperspektive** zeigt, ob die verfolgte Markenstrategie ex-post zu einer Ergebnisverbesserung beiträgt. Kennzahlen, die dieser Perspektive zu Grunde liegen, nehmen dabei eine Doppelrolle ein: Zum einen definieren sie die Leistung, die von der Strategie erwartet wird, zum anderen fungieren sie als Endziele für die weiteren Perspektiven der Scorecard. Denn jede für eine Scorecard gewählte Kennzahl ist Teil einer Ursache-Wirkungskette, die ihr Ende in der Ergebnisperspektive und damit in einem Ergebnisziel findet. Scheinbar sinnvolle Zielwerte bei den anderen Perspektiven erweisen sich auf Dauer wenig nützlich, wenn angestrebte ökonomische Ergebnisgrößen zur Befriedigung der *Kapitalgeber* nicht erreicht werden.

Die **externe Marktperspektive** bildet die Markenleistung so ab, wie sie vom *Kunden* wahrgenommen wird und sich vom *Wettbewerb* differenziert und umfasst damit alle kunden- und wettbewerbsentscheidenden Größen, welche die marktseitige Akzeptanz und Wettbewerbsfähigkeit der Marke widerspiegeln.

Abbildung 2 Bezugsgruppen der Marke innerhalb der Perspektiven der BSC

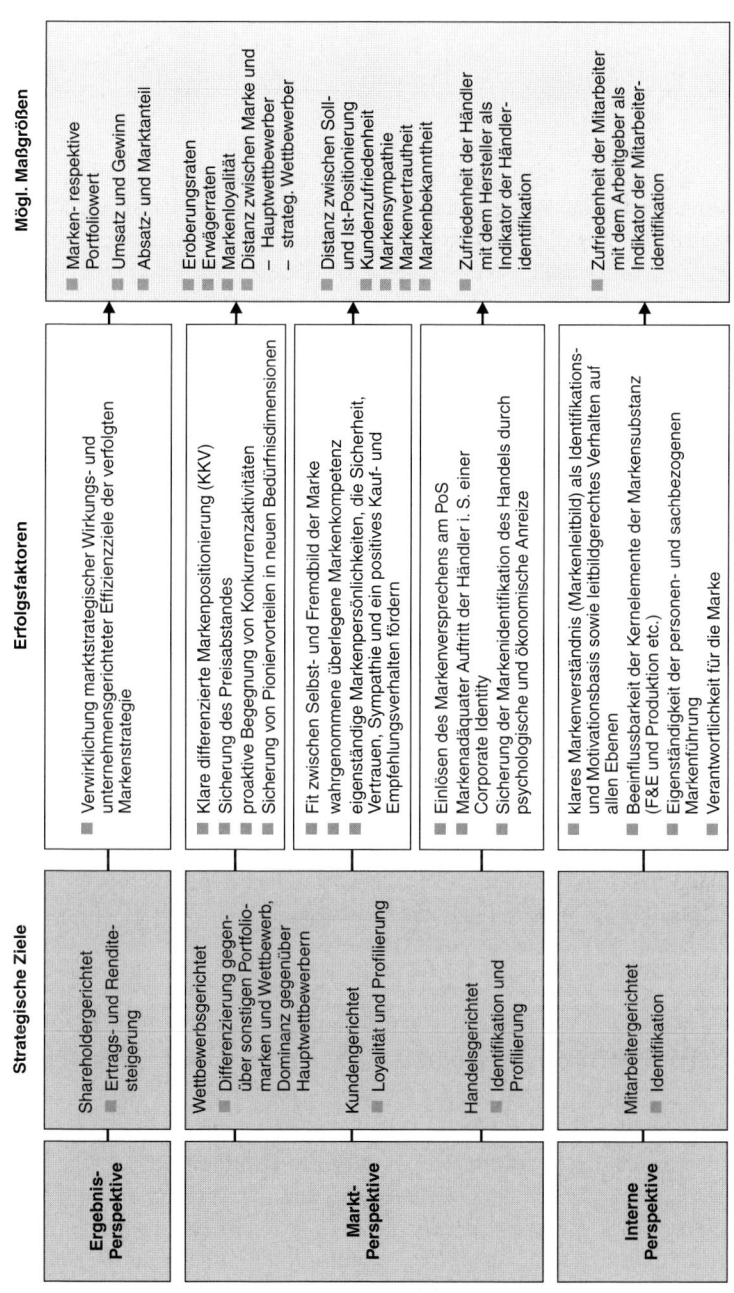

GABLER
GRAFIK

Im Rahmen der **internen Perspektive** geht es darum, die *Kernkompetenzen* einer Marke so abzubilden, dass die vom Kunden gewünschten bzw. vom Management intendierten Leistungen marktgerecht erfüllt werden können. Hierzu sind die für die markenspezifische Leistungserstellung kritischen Prozesse zu identifizieren (vgl. in diesem Zusammenhang auch die Ausführungen zur GAP-Analyse im Rahmen des Managementkonzeptes der identitätsorientierten Markenführung in diesem Band). Im „*Innovationsprozess*" sind die artikulierten bzw. latent vorhandenen Wünsche der Konsumenten zu erforschen, um darauf aufbauend Leistungen zu schaffen, die diesen Wünschen entsprechen. Im „*Erstellungsprozess*" als zweiter Stufe der internen Wertkette werden die angestrebten Leistungen produziert. In der dritten Stufe erfolgt schließlich der „*Markttransfer*" der erstellten Leistung, wobei Abweichung zwischen tatsächlich erstellter und der in der marktgerichteten Kommunikation versprochenen Leistung des Herstellers Kommunikationsgaps anzeigen. Störungen im Prozess der Markenerstellung liegen unter anderem in einer unzureichenden internen Identifikation der Beteiligten mit der Marke begründet. Als Indikatoren einer innengerichteten Markenidentifikation lassen sich analog zur Hersteller-Handels-Identifikation eine hohe Mitarbeiterzufriedenheit anführen.

Die Zieladäquanz einer Steigerung der Mitarbeiter- bzw. Händlerzufriedenheit mit den markenpolitischen Zielen des Unternehmens lässt sich – neben dem häufig angeführten Zusammenhang zwischen Mitarbeiter- bzw. Händlerzufriedenheit und Kundenzufriedenheit – insbesondere auf motivationstheoretischer Basis ableiten. Mit Bezug auf den Handel fügt Meinig an: *"Considering the way in which a dealer is treated by its manufacturer has decisive influence on the dealer's commitment to the brand as well as on the dealer's business success, an examination of dealer satisfaction has become strinktly important [...]."* (Meinig 1998, S. 12).

Zusammenfassend schafft die Verbindung der hier genannten Perspektiven die Voraussetzung dafür, dass die Fokussierung einer Perspektive nicht zum Nachteil anderer Perspektiven erfolgt. Eine solchermaßen geschaffene Scorecard stellt somit sicher, dass Inside-Out- und Outside-In-Perspektive über Ursache-Wirkungsketten stärker interagieren und damit nicht isoliert betrachtet werden. Wurden bisher die elementaren Perspektiven der BSC einer Marke zur Erfassung von Leistungstreibern und Ergebnisgrößen erläutert, gilt es im Folgenden, die Wechselwirkung zwischen Marken eines Portfolios zu erfassen.

4.32 Erfassung von Wechselwirkungen zwischen Marken eines Portfolios

Zur Erfassung von Wechselwirkungen in einem Markenportfolio ist es zweckmäßig, neben einer übergeordneten Portfolio-Scorecard je nach Markenzahl weitere markenspezifische Scorecards zu unterscheiden. Da in einem komplexen Markenportfolio die operative Führung der Marken zumeist bei den dezentralen Markeneinheiten liegt, beschränkt sich die Portfolioleitung zumeist auf eine strategische Rahmenplanung des Gesamtportfolios. In einem solchermaßen geschaffenen Rahmen sind für die dezentralen Markeneinheiten in Abhängigkeit ihrer markenspezifischen Kernfähigkeiten eigenständige Scorecards zu entwerfen.

Dabei erweisen sich die jeweiligen Leistungstreiber der Marken auf dieser Ebene als hochgradig markenspezifisch und bilden jene wettbewerbsentscheidenden Zielgrößen, welche die einzelnen Marken vor dem Hintergrund ihrer jeweiligen Kompetenz besonders gut zu erfüllen haben. Das Kompetenzbündel einer Marke lässt sich dabei in Form eines Markenleitbildes anschaulich verdeutlichen, welches als „Idealbild" einer Marke die spezifische Kompetenz einer Marke plakativ zum Ausdruck bringt. So lässt sich für die Marke Volkswagen beispielhaft das formulierte Leitbild *„Maßstab für automobile Werte"* anführen, welches als Fundament für weitere Leitbilddimensionen – ausgedrückt in markenspezifischen Differentiatoren und weiter konkretisierten Zielfeldern wie überragende Wirtschaftlichkeit und Werthaltigkeit, Langlebigkeit etc. – fungiert (vgl. Abbildung 3).

Zur Operationalisierung der Leistungstreiber in einer Scorecard kann auf die Markenleitbilder und deren Konkretisierung zurückgegriffen werden. Während die generischen Größen der Ergebnisperspektive (zum Beispiel Marktanteil) für alle Marken Gültigkeit besitzen, spiegeln die Leistungstreiber als Frühindikatoren die Besonderheiten der Marke wi-

Abbildung 3   **Konkretisierung von Markenleitbildern am Beispiel der Marke Volkswagen**

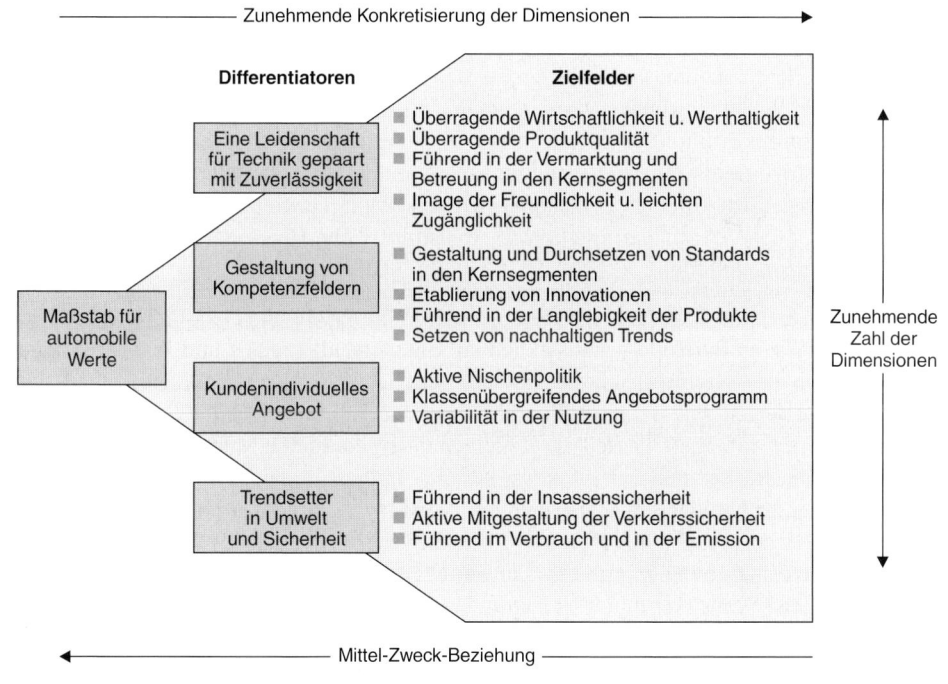

der, mit der sich diese von den sonstigen Portfoliomarken bzw. Fremdmarken unterscheiden möchte. Die Leistungstreiber reflektieren somit die Einzigartigkeit einer Marke.

Die BSC der Portfolioleitung führt die dezentralen Markenscorecards über Kennzahlen zusammen und ergänzt sie um Kennzahlen, die sich

▌ aus der Gesamtbetrachtung des Markenportfolios ergeben (zum Beispiel Wanderungssalden des Gesamtportfolios) bzw.

▌ auf die spezifische Wertschöpfung der Portfolioleitung in der Realisierung finanzieller und immaterieller Synergien beziehen (zum Beispiel gemeinsame Nutzung von Technologien oder zentrale Dienstleitungen).

Die Kennzahlen der Portfolioscorecard erhalten dabei den Charakter von Richtzahlen, welche den Rahmen abstecken für die eigenständigen Entscheidungen der dezentralen Markeneinheiten. Auf dieser Basis erarbeiten die Markeneinheiten ihre eigenen Scorecards, sodass im Ergebnis ein „Netz" über die Portfolioscorecard miteinander verwobener Marken-Scorecards entsteht (Wiese 2000). Die auf der Ebene der Portfoliosteuerung erarbeiteten Steuerungsgrößen sind auf die jeweiligen Markenebenen herunterzubrechen („Cascading-effect"), da die eigentliche Wertschöpfung durch die einzelnen Markeneinheiten erbracht wird. Grundsätzlich kann die vertikale Ausdehnung der Scorecards auch weiter auf Modellebene bzw. sonstige nachgelagerte Ebenen erfolgen. Der formale Aufbau einer solchen Scorecard-Hierarchie ist Abbildung 4 zu entnehmen.

Das Ziel der Hierarchisierung einer Balanced Scorecard in einem umfassenden Balanced Scorecard-System besteht somit in einer an den jeweiligen Aufgaben der einzelnen Markeneinheiten abgestimmten Informationsversorgung sowie der Ausrichtung der untergeordneten Markeneinheiten an der Strategie des Gesamtportfolios. Anstatt das gesamte Portfolio mit all seinen Informationen in einem Informationssystem abzubilden (Totalansatz des Gesamtportfolios), wird hier somit ein empfängerorientierter Ansatz verfolgt, wobei die strategieorientierte Gestaltungsausrichtung als konstitutives Merkmal des Balanced-Scorecard-Aufbaus bezeichnet werden kann (Butler/Letza/Neale 1997, S. 242 ff.). Ein solcher Aufbau ermöglicht es, die strategische Heterogenität der Marken in den Scorecards abzubilden.

Das Herunterbrechen der Scorecards kann je nach Führungsstil und Detaillierungsgrad der Entscheidungen im Portfolio grundsätzlich auf unterschiedliche Art und Weise erfolgen. Erweisen sich die einzelnen Einheiten als sehr heterogen, sind auch unterschiedliche Scorecards zu entwerfen. Die Balanced Scorecard der übergeordneten Einheit dient als strategischer Rahmen, innerhalb dessen die einzelnen untergeordneten Markeneinheiten eigenständige Scorecards formulieren. Strategische Ziele und Aktionen der übergeordneten Einheiten, die der nachgelagerten Markeneinheit zugeordnet wurden, werden aufgenommen. Das Ergebnis ist eine eigenständige, aber kompatible BSC für jede Einheit. Heterogenität zwischen den Einheiten liegt grundsätzlich auf Markenebene vor, da die Markeneinheiten unterschiedliche Strategien in unterschiedlichen Marktsegmenten verfolgen und sich per definitionem anhand zentraler Merkmale unterscheiden sollen. Weisen die einzelnen Einheiten eine große Ähnlichkeit auf, das heißt agieren sie beispielsweise mit vergleichbaren

Abbildung 4 **Scorecard-Hierarchie im Markenportfolio**

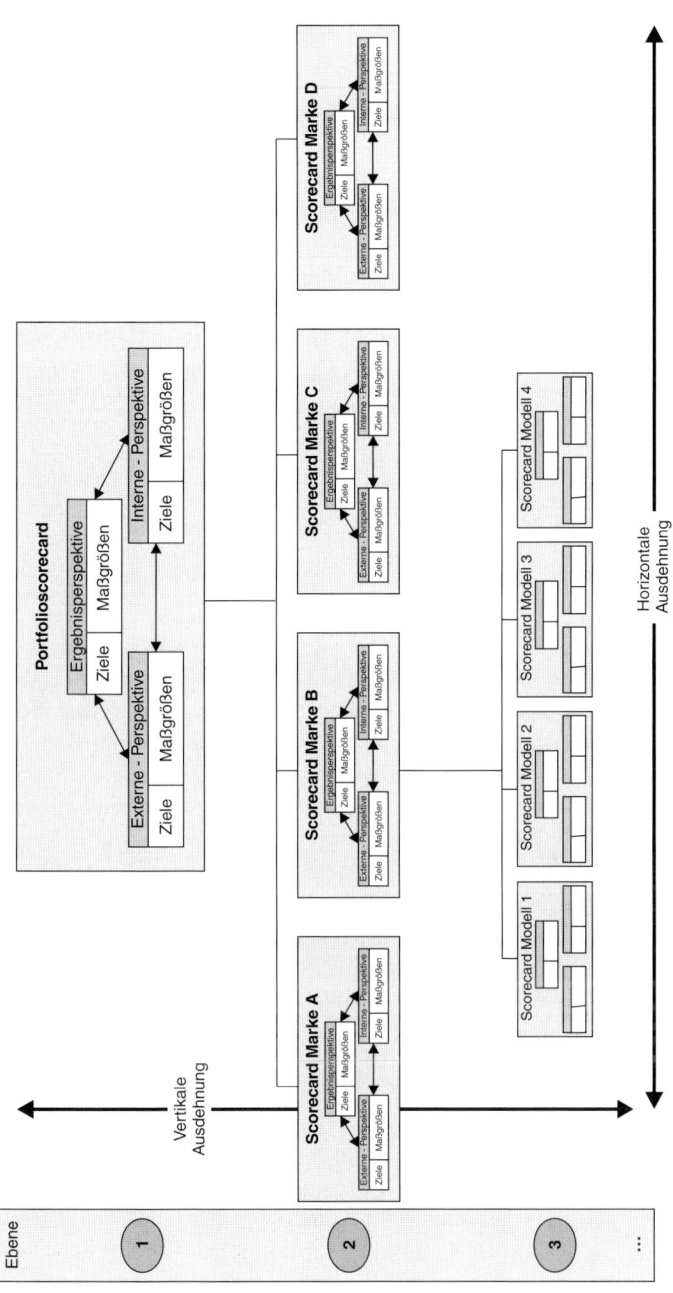

Strategien in denselben Marktsegmenten, so können die Scorecards standardisiert werden. In der Balanced Scorecard stehen nur Ziele, die für alle Einheiten gelten, sodass jede Scorecard grundsätzlich gleich gestaltet ist, allerdings unterschiedliche Zielwerte beinhaltet. Die Scorecard-Standardisierung erleichtert letztlich die Vergleichbarkeit der Einheiten untereinander. Ähnlichkeiten zwischen den Einheiten liegen primär auf Modellebene, wenn Modelle unterschiedlicher Marken bei standardisiertem Ausstattungsgrad ähnliche Marktsegmente ansprechen.

Die Erstellung von Scorecards für die einzelnen Markeneinheiten im Portfolio gestaltet sich wie folgt: Die strategische Rahmenplanung gibt ein Bündel von Zielen für die einzelnen Perspektiven der Scorecards vor. Dies sind auf der Portfolioebene Ziele, wie zum Beispiel die Erreichung eines bestimmten Marktanteils, eines bestimmten Umsatzes, die Position in einem bestimmten Markt etc. Diese werden für die einzelnen Markeneinheiten in Abhängigkeit von ihrer Rolle im Portfolio konkretisiert. Die Konkretisierung erfolgt sowohl durch die Spezifizierung einzelner Werte als auch durch die Überführung der Messgrößen in beeinflussbare und verantwortbare Größen für die Markeneinheiten. Durch die Konkretisierung entlang der Portfoliohierarchie wird die vertikale Durchdringung der Ziele und damit auch der Maßnahmen erreicht. Manche Größen sind dabei nur auf der Portfolioebene zu steuern, andere werden von den unteren Ebenen bis auf die Portfolioebene aggregiert und in der Portfolioscorecard ausgewiesen (zum Beispiel Kundenzufriedenheit). In den jeweiligen untergeordneten Scorecards sind die Einzelwerte in verschiedenen Detaillierungen vorhanden (zum Beispiel Zufriedenheit mit Kundenservice).

Abbildung 5 zeigt abschließend eine beispielhafte Darstellung vor- und nachgelagerter Scorecards im Markenportfolio des Volkswagen-Konzerns anhand des aufgezeigten Markenleitbildes der Marke VW. Während die Oberziele der hier verfolgten Mehrmarkenstrategie ihren Niederschlag in der Portfolioscorecard finden, deren Zielerreichungsgrad mit Hilfe geeigneter Steuerungsgrößen gemessen wird, beinhaltet die dargestellte Markenscorecard VW die spezifischen Ziele der Marke VW auf Basis des definierten Markenleitbildes im Portfolio. Analog hierzu sind Scorecards für die übrigen Marken im Portfolio zu erstellen (Markenscorecard Audi, Markenscorecard Skoda etc.).

Abbildung 5 Beispielhafte Darstellung einer Scorecard-Hierarchie

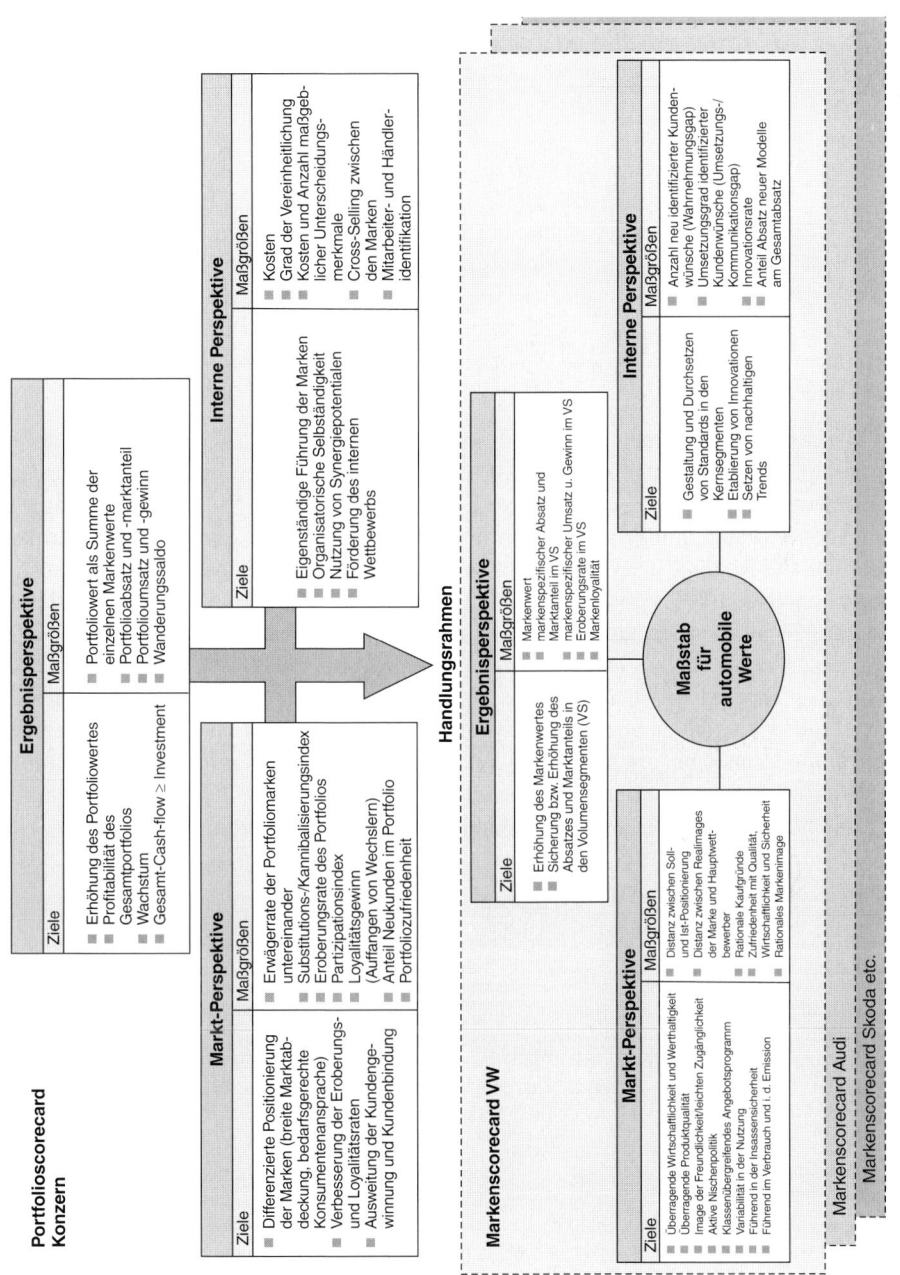

5.   Fazit und Implikationen

Damit auch das Markencontrolling dem Wechselspiel zwischen Inside-Out und Outside-In-Perspektive Rechnung trägt, erscheint es zweckmäßig, mit einer internen Unternehmens-Perspektive, einer externen Marktperspektive und einer Ergebnisperspektive drei Scorecard-Perspektiven im Rahmen der Erstellung einer Markenscorecard zu unterscheiden. Während die interne Perspektive Informationen im Rahmen des Aussagenkonzepts der Markenführung erfasst, betrachtet die Markt-Perspektive notwendige Kennzahlen des Akzeptanzkonzepts der Markenführung und die Ergebnisperspektive schließlich die angestrebte Ergebniswirkung der Markenstrategie. Um im Falle eines Markenportfolios die Wechselwirkungen zwischen verschiedenen Marken zu erfassen, bietet es sich überdies an, das Portfolio aus vor- und nachgelagerten Scorecards zu betrachten, da ein solches Vorgehen eine konsistente Informationsversorgung unterschiedlicher Aggregationsebenen des Portfolios und damit eine hierarchische Informationsintegration gewährleistet.

Das Markencontrolling steht letztlich in einem unmittelbaren Zusammenhang mit der zur Verfügung stehenden Datenbasis, sodass der informationstechnologischen Infrastruktur im Rahmen des Controlling eine zentrale Bedeutung zukommt. Hier sind zukünftig weitere Forschungsbemühungen an der Schnittstelle zwischen Marketing und Informatik erforderlich, welche die Umsetzung der vorgestellten Konzeption eines Markencontrolling in funktionsfähige IT-Systeme zum Inhalt haben. Dies gilt zum einen hinsichtlich der Schaffung einer integrierten und konsistenten Datenbasis, welche die Erfassung und Organisation aller benötigten Daten unter markenspezischen Gesichtspunkten sicherstellt. Hier ist es primär erforderlich, Ansätze des Data Warehousing[2] auf ihre Übertragbarkeit in den Markenkontext zu überprüfen bzw. den benötigten Anpassungsbedarf festzustellen. Darüber hinaus bedarf es der Entwicklung geeigneter Verfahren der Informationsmodellierung und -auswertung, welche eine effiziente und effektive Unterstützung des Controllers gewährleisten. Weiterführende Ansatzpunkte können sich hier insbesondere aus Arbeiten über dynamische Datenanalysen, wie zum Beispiel OLAP,[3] im Kontext der Balanced Scorecard ergeben.

---

2   Das Datawarehouse-Konzept wurde ursprünglich entwickelt, um das Integrationsproblem heterogener Datenquellen zu lösen und die ungenügenden Abfragemöglichkeiten von Datenbanken für Benutzer zu umgehen. Mittlerweile hat sich dieses Konzept zu einem integralen Bestandteil einer effizienten IT-Struktur für die Analyse der historischen, aggregierten, subjektorientierten und integrierten Geschäftsdaten aus den Transaktionssystemen entwickelt. Vgl. hierzu etwa Immon 1996, S. 1 ff.

3   Der Begriff OLAP (On-Line Analytical Processing) kennzeichnet Verfahren zur multidimensionalen Strukturierung bzw. Modellierung von Daten in Datenbanken. Diese können im Vergleich zu klassischen relationalen Datenbanken wesentlich flexibler, das heißt aus mehreren frei definierbaren Dimensionen, und schneller analysiert werden. Zudem wird die unternehmensweite Verteilung der Analysekompetenz auf einzelne Anwender durch Anbindung von OLAP-Standardmodulen durch alle führenden Datenbankanbieter, wie zum Beispiel ORACLE oder IBM, unterstützt.

Literatur

Ahlert, D., Anforderungen an Handelsinformationssysteme aus Nutzersicht – Auswertungspotenziale für das Handels- und Wertschöpfungsprozess-Management, in: Ahlert, D. et al. (Hrsg.), Informationssysteme für das Handelsmanagement: Konzepte und Nutzung in der Unternehmenspraxis, Berlin et al. 1998.

Bekmeier-Feuerhahn, S., Marktorientierte Markenbewertung: eine konsumenten- und unternehmensbezogene Betrachtung, Wiesbaden 1998.

Burmann, Ch., Konsumentenzufriedenheit als Determinante der Marken- und Händlerloyalität – Das Beispiel der Automobilindustrie, in: Marketing ZFP, Heft 4, 1991, S. 249–258.

Butler, A., Letza, St., Neale, B., Linking the Balanced Scorecard to Strategy, in: Long Range Planning, Vol. 30, No. 2, 1997, pp. 242–253.

Bruhn, et al., Wertorientierte Unternehmensführung: Perspektiven und Handlungsfelder für die Wertsteigerung von Unternehmen, Wiesbaden 1998.

Camphausen, R., Markencontrolling: Motor oder Bremse für die Steigerung des Markenwertes?, in: Erfolgsfaktor Marke: Neue Strategien des Markenmanagements, Köhler, R., Majer, W., Wiezorek, H. (Hrsg.), München 2001, S. 295–308.

Crimmins, J. C., Better Measurement and Management of Brand Value, in: Journal of Advertising Research, Heft 4, 1992, pp. 11–19.

Doyle, P., Building Successful Brands. The Strategic Options, in: Journal of Marketing Management, No. 1, 1989, pp. 77–95.

Esch, F.-R., Andresen, Th., Messung des Markenwerts, in: Erfolgreiches Markenmanagement, MTP e. V. Alumni, Hauser, U. (Hrsg.), Wiesbaden 1997, S. 11–37.

Farquhar, P. H., Managing Brand Equity, in: Journal of Advertising Research, Aug./Sept. 1990, pp. 7–12.

Fournier, S. M., Consumers and Their Brands: Developing Relationship Theory, in: Journal of Consumer Research, Vol. 24., March 1998, pp. 343–373.

Franzen, O., Strategisches Marken-Controlling für Finanzdienstleistungen, in: Planung und Analyse, Heft 6, 1999, S. 22–26.

Gerken, G., Die fraktale Marke, Düsseldorf 1994.

Hammann, P., Markencontrolling: Motor oder Bremse für die Steigerung des Markenwertes?, in: Erfolgsfaktor Marke: Neue Strategien des Markenmanagements, Köhler, R., Majer, W., Wiezorek, H. (Hrsg.), München 2001, S. 281–294.

Homburg, Ch., Giering, A., Messung von Markenzufriedenheit und Markenloyalität, in: Moderne Markenführung: Grundlagen – innovative Ansätze – praktische Umsetzung, Esch, F.-R. (Hrsg.), Wiesbaden 1999, S. 1089–1100.

Horváth, P., Controlling, 7. Aufl., München 2001.

Horváth, P., Kaufmann, L., Balanced Scorecard – ein Werkzeug zur Umsetzung von Strategien, in Harvard Business Manager, Heft 5, 1998, S. 39–48.

Immon, W. H., Building the Datawarehouse, New York 1996.

Kaplan, R. S., Norton, D. P., In Search of Excellence – der Maßstab muß neu definiert werden, in: Harvard manager, Heft 4, 1992, S. 37–46.

Kaplan, R. S., Norton, D. P., Balanced Scorecard: Strategien erfolgreich umsetzen, aus dem Amerikanischen übersetzt von P. Horváth, Stuttgart 1997.

Keller, K. L., Conzeptualizing, Measuring, and Managing Customer-Based Brand Equity, in: Journal of Marketing, Vol. 57., Nr. 1, 1993, pp. 1–22.

Köhler, R., Marketing-Controlling: Konzepte und Methoden, in: Marketingcontrolling, Reinecke, S., Tomczak, T., Dittrich, S. (Hrsg.), St. Gallen 1998, S. 10–21.

Koers, M., Steuerung von Markenportfolios, Ein Beitrag zum Mehrmarkencontrolling am Beispiel der Automobilwirtschaft, Frankfurt/M. 2001.

Kriegbaum, C., Markencontrolling: Bewertung und Steuerung von Marken als immaterielle Vermögenswerte im Rahmen eines unternehmenswerteorientierten Controlling, München 2001.

Küpper, H.-U., Controlling: Konzeptionen, Aufgaben und Instrumente, Stuttgart 1995.

Linxweiler, R., BrandScoreCard: ein neues Instrument erfolgreicher Markenführung, Groß-Umstadt 2001.

Meffert, H., Marketing: Grundlagen marktorientierter Unternehmensführung: Konzepte – Instrumente – Praxisbeispiele, 9. Aufl., Wiesbaden 2000.

Meffert, H., Perrey, J., Mehrmarkenstrategie – Ein Beitrag zum Management von Markenportfolios, in: Moderne Markenführung: Grundlagen – innovative Ansätze – praktische Umsetzung, Esch, F.-R. (Hrsg.), Wiesbaden 1999, S. 619–646.

Meinig, W., Dealer Satisfaction and its Significance with Regard to the Relationship between authorized Car Dealers and Manufacturers/Importers, in: der markt, Heft 1, 1998, S. 12–20.

Müller-Hagedorn, L., Bausteine eines Management-Informationssystems: Balanced Scorecard – Benchmarking – Betriebsvergleich, in: Beisheim, O., Distribution im Aufbruch – Bestandsaufnahme und Perspektiven, München 1999, S. 729–754.

o. V., Marktbericht August 1997, in: Auto, Motor und Sport, Heft 21, 1997, S. 10.

Reichmann, Th., Controlling mit Kennzahlen und Managementberichten: Grundlagen einer systemgestützten Controlling-Konzeption, 4. Aufl., München 1995.

Siegwart, H., Controlling-Konzepte und Controller-Funktionen in der Schweiz, in: Controlling-Konzepte im internationalen Vergleich, Mayer, E., v. Landsberg, G., Thiede, W. (Hrsg.), Freiburg i. Br., 1986, S. 105–131.

Tolle, E., Steffenhagen, H., Kategorien des Markenerfolges und einschlägige Meßmethoden, in: Handwörterbuch Markenartikel, Bruhn, M. (Hrsg.), Band 2, Stuttgart 1994, S. 1.283–1.303.

Weber, J., Einführung in das Controlling, 7. Aufl., Stuttgart 1998.

Weber, J., Schäffer, U., Entwicklung von Kennzahlensystemen, WHU– Forschungspapier Nr. 62, Koblenz 1999.

Weber, J., Schäffer, U., Balanced Scorecard & Controlling: Implementierung – Nutzen für Manager und Controller – Erfahrungen in deutschen Unternehmen, 2. Aufl., Wiesbaden 2000.

Wiedmann, K-P., Strategisches Markencontrolling, in: Handwörterbuch Markenartikel, Bruhn, M. (Hrsg.), Band 2, Stuttgart 1994, S. 1305–1336.

Wiese, J., Implementierung der Balanced Scorecard: Grundlagen und IT-Fachkonzepte, Wiesbaden 2000.

Markenbewertung – Bestandsaufnahme und kritische Würdigung

Marcel Kranz

1. Markenbewertung als Herausforderung an die marktorientierte Unternehmensführung

1.1 Zunehmende Bedeutung der Markenbewertung

Die grundlegende Bedeutung der Marke sowohl für den Konsumenten als auch für die Unternehmen ist in zahlreichen Publikationen analysiert worden und hat zu einer Vielzahl von Diskussionen über bestimmte Teilaspekte dieses komplexen Untersuchungsgegenstandes geführt. Die Markenbewertung erfährt dabei in der wissenschaftlichen Literatur der letzten Zeit nach nur einigen wenigen Beiträgen bis Ende der 80er Jahre gesteigerte Aufmerksamkeit.[1] Aktuelle Untersuchungen bestätigen die auch zukünftig noch steigende Bedeutung der Markenbewertung in der Unternehmenspraxis. So zeigt eine durch Drees 1999 durchgeführte Studie, dass die Ermittlung des Markenwertes für über die Hälfte der befragten Entscheider in Marketingfunktionen eine große bis sehr große Bedeutung für die Markenführung hat und auch zukünftig von einer steigenden Bedeutung auszugehen ist (Drees 1999, S. 5 f.). Diese Aussagen werden durch die Ergebnisse anderer empirischer Untersuchungen gestützt (Sattler 1999; Cravens/Guilding 2000). Hier gaben nahezu alle in die Befragung einbezogenen Unternehmen an, in naher Zukunft eine Markenbewertung durchführen zu wollen. Nur weniger als 10 Prozent schlossen eine Bewertung der geführten Marken vollständig aus (Sattler 1999, S. 14).

Die Gründe für diese in der Praxis zu beobachtende hohe Relevanz der Markenbewertung sind vielfältig und können sowohl wettbewerbs- als auch unternehmensbezogen erklärt werden. Aus **Wettbewerbsperspektive** ist eine zunehmende Markeninflation zu beobachten (Meyer/Dornach 1999, S. 8 f.; vgl. auch den Beitrag zu den markt- und unternehmensbezogenen Herausforderungen an die Markenführung in diesem Band). Unmarkierte Waren und „No Names" werden kaum noch geführt und gehen prozentual am Gesamtangebot der Produkte und Dienstleistungen zurück. Im Bereich der Konsumgüter ist dies nicht zuletzt auf eine Emanzipation des Handels zurückzuführen, der typischerweise Träger unmarkierter Waren gewesen ist. Handelsmarken stehen heute in direkter Konkurrenz zu den Marken klassischer Markenartikler und nehmen prozentual an Bedeutung zu (Bruhn 2001, S. 5 f.). Dies hat zur Folge, dass sich der Wettbewerb der Marken um das Vertrauen der Verbraucher massiv verschärft hat. Somit bedarf es immer größerer Anstrengungen, eine Marke erfolgreich im Markt zu profilieren. Erschwerend kommen in zahlreichen Märkten Sättigungstendenzen und eine damit einhergehende Verlangsamung des Umsatzwachstums hinzu. Werden beispielsweise die Kommunikationsaufwendungen als Indikator für den steigenden Wettbewerb der Marken herangezogen, so

---

[1] So sind allein im deutschsprachigen Raum in den 90er Jahren acht Dissertationen und zwei Habilitationen zu diesem Thema verfasst worden, in denen wiederum neue Modelle der Markenbewertung vorgestellt werden.

ist hier ein kontinuierlicher Anstieg zu verzeichnen (ZAW 2001, S. 4 ff.). Die dem Unternehmen zur Verfügung stehenden Ressourcen müssen somit für diejenigen Marken eingesetzt werden, die das Erfolgspotenzial im Wettbewerbsumfeld stärken. Dies kann nur auf Basis von Informationen über die Bewertung der eigenen Marken in Relation zu den Wettbewerbern erfolgen. Eine Steuerung ohne detaillierte Managementinformationen über Entwicklung und Potenzial der geführten Marke ist insbesondere bei der Verfolgung von Mehrmarkenstrategien nicht möglich (vgl. auch den Beitrag zur Mehrmarkenstrategie in diesem Band). In aggressiven Wettbewerbssituationen wird zudem ein hoher Innovationsdruck erzeugt. Werden daraufhin weitere Produkte oder Leistungen zur Marktreife gebracht, müssen die Unternehmungen markenstrategische Entscheidungen treffen, für die eine Markenbewertung wichtige Grundlagen liefert. So kann die Verfolgung einer Markenausdehnungsstrategie einerseits die Markteinführung erleichtern, andererseits die Stammmarke nachhaltig schwächen und so langfristig die ungünstigere Option darstellen. Informationen über den potenziellen Einfluss der Markenerweiterung auf den Markenwert sowie den Wettbewerbsstatus der Stammmarke kann die Entscheidung für oder gegen diese Strategie erheblich erleichtern (Pitta/Katsanis 1995, S. 51).

Aus **Unternehmensperspektive** rückt die Markenbewertung im Rahmen einer weithin zu beobachtenden **Wertorientierung** der Unternehmen immer stärker in den Mittelpunkt. Marketingverantwortliche sind mehr denn je gefordert, den Wertbeitrag ihrer Leistungen zu dokumentieren (Pimpl 1999, S 98 f.; Jenner 2001, S. 55). So ist auch die Orientierung am langfristigen Kundenwert, der im Rahmen des Customer Relationship Managements einen hohen Stellenwert hat, eine Auswirkung der steigenden Wertorientierung. Dabei sind die Interdependenzen der Beziehungen eines Unternehmens, die als „Kundenwerte" quantifiziert werden, und dem Markenwert Bestandteil der Diskussion (Duncan/Moriarty 1997, S. 11 ff.).

Kurzfristige und isoliert betrachtete Erfolgsgrößen wie Quartalsumsätze oder -gewinne werden schon lange als Gefahr für ein erfolgreiches Markenmanagement identifiziert (Meffert 1991, S. 265). Die Verwendung von Markenwertinformationen als Steuerungsgröße für das Management stellt daher eine notwendige Ergänzung dar. Die wissenschaftliche Literatur hat weiterhin die Verlagerung des Markenmanagement auf die Ebene der Unternehmensführung als Erfolgsfaktor der Markenführung herausgearbeitet (Meffert/Burmann 1996, S. 54 f.; Esch/Wicke 2000, S. 54). Es kann in diesem Zusammenhang festgehalten werden, dass die Unternehmen dieser Empfehlung weitgehend nachgekommen sind. Wichtige Markenentscheidungen werden fast ausschließlich auf Vorstands- bzw. Geschäftsführungsebene getroffen (Davis 1995, S. 73; Sattler 1999, S. 13). Dies führt zwangsläufig zu einer Sensibilisierung der Unternehmensführung für die Wertdimensionen der Marke. Unabhängig von der Frage der bilanziellen Berücksichtigung der Marke besteht Einigkeit über den erheblichen Anteil des Markenwertes am Gesamtwert der Unternehmen.

Einen weiteren Faktor für die Popularisierung von Markenbewertungsverfahren stellen die Bemühungen verschiedener Anbieter solcher Verfahren dar. Marktforschungsunternehmen, Werbeagenturen sowie Unternehmensberater sind bestrebt, Standards für die Ermittlung des Markenwertes zu setzen. Folglich kann von einem **Market-Push** der

Markenbewertung durch die Anbieter von Bewertungsverfahren gesprochen werden.[2] Derjenige Dienstleistungsanbieter, dem es gelingt, einen solchen Standard im Markt zu setzen, erschließt sich ein enormes Umsatzpotenzial. In der Unternehmenspraxis herrscht jedoch bis dato Unsicherheit über das zu verwendende Markenbewertungsverfahren. Ein zentrales Kriterium ist dabei die Akzeptanz des Verfahrens in der Praxis (Sattler 1999, S. 13). Letztlich resultiert die Bedeutung der Markenbewertung aus der erheblichen, übergreifenden Wertstiftung der Marke für das gesamte Unternehmen.

1.2 Erfolgsbeiträge der Marke

Marken stiften über ihre vielseitigen Funktionen Nutzen für Konsumenten und Unternehmen. Die Etablierung und Führung von Marken ist jedoch ein langfristiger, kostenintensiver und risikoreicher Prozess (Klingebiel 2000, S. 112). Folglich leisten Marken **Erfolgsbeiträge** im Sinne von wertmäßigen Veränderungen des Unternehmensvermögens in positiver und negativer Hinsicht. Zentraler Gesichtspunkt ist dabei die **Zurechenbarkeit** der Erfolgsbeiträge auf die Marke. Die vielseitigen markeninduzierten Beiträge zum Unternehmenserfolg sind theoretisch streng von dem zu Grunde liegenden Produkt oder der Dienstleistung zu trennen. Weiterhin sind die Interdependenzen der einzelnen Faktoren, wie etwa Preis-Mengen-Zusammenhänge, zu berücksichtigen. Eine direkte Zurechenbarkeit der Beiträge ist auf Grund der teilweise kaum zu leistenden Isolation bei vielen Komponenten nur eingeschränkt oder gar nicht möglich (Schweiger/Friederes 1995, S. 26 f.).

Zentrale **positive Erfolgsbeiträge** der Marke lassen sich in den Elementen Markentransaktionen, Umsatzwirkungen, Marktzugang und Risikoreduktion sehen. Unter **Markentransaktionen** fallen Einnahmen aus der Lizenzierung oder Veräußerung von Marken. Insbesondere Lizenzeinnahmen können direkt dem Bezugsobjekt Marke zugerechnet werden. Der Verkauf von Markenrechten ist ebenfalls gut isolierbar, dies gilt jedoch nicht im Falle von Transaktionen, in denen das Unternehmen insgesamt transferiert wird (Tollington 1998, S. 293 f.). In Bezug auf den **Umsatz** wirkt sich die Marke sowohl in der Mengen- als auch in der Preiskomponente aus (Bekmeier-Feuerhahn 1998, S. 41 ff.). Durch die Marke können Preispremien gegenüber einer vergleichbaren unmarkierten Leistung erzielt werden. So sind beispielsweise Luxusmarken durch ihre exponierte Preisstellung zu charakterisieren, wobei ein Großteil des Entgeltes allein für die Marke gezahlt wird (vgl. hierzu auch den Beitrag zur Führung von Luxusmarken in diesem Band). Über die Markenloyalität wird darüber hinaus ein Mengeneffekt realisiert, der nicht zwingend an die Existenz eines Preispremiums gebunden ist (Meffert/Burmann 2000, S. 170). Die genannten Umsatzkomponenten sind nur näherungsweise über spezielle Verfahren zu isolieren und sind somit nicht eindeutig zurechenbar.

---

2   Dazu gehören die regelmäßig publizierten Rankings der Unternehmen mit den höchsten Markenwerten durch „Financial World", „Interbrand" oder „Semion".

Weiterhin können **Marktzugänge** über die Marke vereinfacht werden und so Erfolgsbeiträge auch in Form von Einsparungen auftreten. Markenausdehnungen erleichtern den erfolgreichen Transfer der Marke in andere Produktbereiche mit im Vergleich zur Neumarkenstrategie geringeren Kosten (vgl. Kapferer 2000, S. 228). Darüber hinaus besteht eine höhere Attraktivität auf Kapital- und Arbeitsmärkten, insbesondere in Bezug auf die Akquisition von Fremd-, Eigen- und Humankapital (vgl. zum Beispiel Wiltinger 1997, S. 68 f.). Die direkte Zurechenbarkeit dieser Beiträge stellt sich allerdings problematisch dar. Lediglich bei der Abtretung von Markenrechten zur Absicherung von Fremdkapital ist eine direkte Zurechnung möglich.

Letztlich können positive Erfolgsbeiträge auch über eine markeninduzierte **Risikoreduktion** erzielt werden. So ist bei der Einführung von Neuprodukten oder Produktvarianten eine erhebliche Floprate insbesondere im Konsumgüterbereich festzustellen (Meffert 2000, S. 378). Das Risiko der Markteinführung wird jedoch grundsätzlich bei der Verfolgung einer Markentransferstrategie reduziert und mindert so die Gefahr eines Flops. Ein anderer, umfassenderer Risikoaspekt liegt in der Beschleunigung und Sicherung von Einzahlungen durch die Marke (Srivastata/Shervani/Fahey 1998, S. 9 f.). Die Gesamtheit der marktbezogenen Aktivitäten einer Unternehmung und hier insbesondere der Marke als ihr zentraler Bestandteil reduzieren die Volatilität der Einzahlungsströme und erhöhen so den Unternehmenswert. Eine trennscharfe Zurechnung ist bei den letztgenannten Elementen zum heutigen Stand der Forschung nicht möglich.

Die zentralen **negativen Erfolgsbeiträge** der Marke lassen sich ebenfalls nach dem Kriterium der Zurechenbarkeit in die Komponenten Markenschutz, instrumentelle Unterstützung und Markenmanagement ordnen. Direkt markeninduziert sind etwa solche Kosten, die für die Geltendmachung von Rechten sowie den **Schutz der Marke** entstehen, wie beispielsweise die Kosten der Eintragung oder Gerichtskosten bei der Verfolgung von Markenpiraterien (vgl. Sander 1994, S. 19). Die Kosten der **instrumentellen Unterstützung** der Marke durch klassische Werbung, PoS-Aktionen, Sponsoring, Qualitätssicherungen etc. lassen sich ebenfalls verhältnismäßig eindeutig zurechnen. Problematischer verhält es sich jedoch bei den Kosten des **Markenmanagement**. Auch unmarkierte Produkte und Dienstleistungen benötigen eine Organisation, die den Absatz koordiniert und Marktentwicklungen beobachtet. Eine Zurechnung der durch die Markenorganisation induzierten Kosten ist nur sehr eingeschränkt möglich.

Einen zusammenfassenden Überblick über die Erfolgsbeiträge der Marke gibt Abbildung 1. Insgesamt bleibt festzuhalten, dass sich die Zurechenbarkeit der positiven Erfolgsbeiträge weitaus schwieriger darstellt als die der negativen, was Kritiker der Marke zum Anlass nehmen, ihre Erfolgswirkung in Frage zu stellen (Michael 1994, S. 22 f.; Otte 1995, S. 43 f.). Tatsächlich liegen jedoch die wertmäßigen Effekte der Marke vor allem in der Wirkung in den Köpfen ihrer Zielgruppen begründet, wodurch ihre Operationalisierung erschwert wird. Diese Erkenntnis schlägt sich auch in der Trennung der Begriffe Markenwert und Markenstärke nieder.

| Abbildung 1 | Erfolgsbeiträge von Marken |

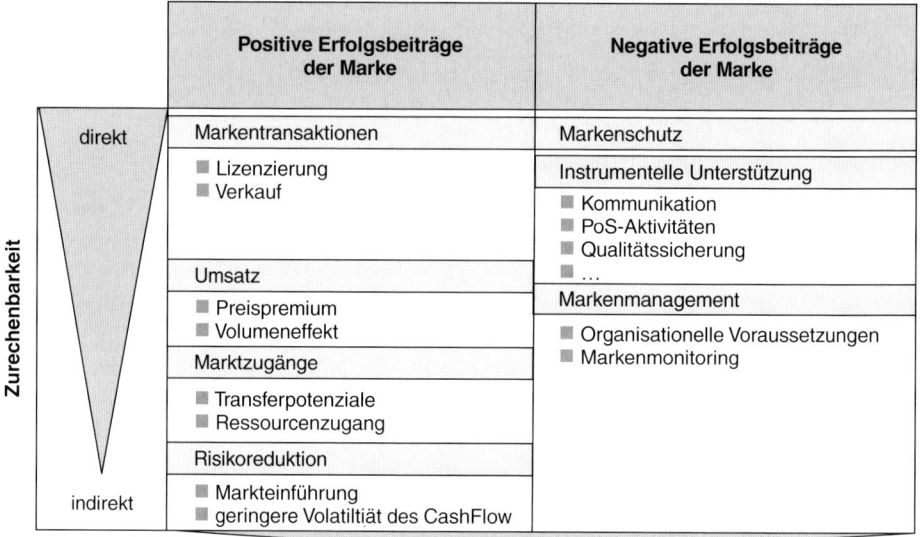

Saldo: Erfolgsbeitrag der Marke

1.3   Markenwert und Markenstärke als Gegenstand der Markenbewertung

Im Zusammenhang mit der Bewertung von Marken hat die Literatur eine Vielzahl von Begriffen und Perspektiven hervorgebracht. So finden sich im deutschsprachigen Raum Begriffe wie Markenstärke, Markenwert oder Markenkraft mit ihren unterschiedlichen Inhalten. In der angloamerikanischen Literatur werden parallel dazu einzelne Definitionen von „brand equity", „brand-assets" oder „brand strength" vorgenommen (zu ausführlichen Auseinandersetzungen mit dem Markenwertbegriff vgl. zum Beispiel Sander 1994a, S. 43 ff.; Riedel 1996, S. 32 ff.; Bekmeier-Feuerhahn 1998, S. 30 ff.). Da die Autoren ihre individuellen Sichtweisen und Schwerpunkte der jeweiligen Untersuchungen in den Begriffen und deren Definitionen zum Ausdruck bringen, kann festgehalten werden, dass keine einheitliche Begriffsdefinition des Markenwertes existiert. Die gemeinsame Klammer für die genannten Begriffe bildet jedoch die Markenbewertung. Sie umschließt insbesondere die Begriffe Markenwert und Markenstärke. Der Markenwertbegriff kann dabei in ein klassisches und ein erweitertes Verständnis unterteilt werden (vgl. Abbildung 2).

Abbildung 2   **Begriffsverständnis der Markenbewertung**

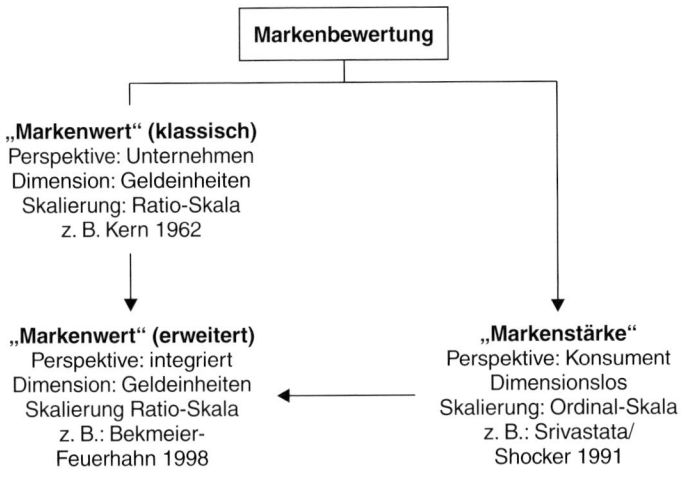

GABLER
GRAFIK

Der **klassische Markenwertbegriff** beinhaltet eine monetäre Perspektive des Markenwertes. Schon 1962 beschrieb Kern „den Wert von Warenzeichen als die Summe der auf den gegenwärtigen Zeitpunkt diskontierten Zusatzgewinne" (Kern 1962, S. 18). Durch die Zielgröße „Gewinn" als Resultante des Rechnungswesens wird die monetäre Ausrichtung dieses Verständnisses deutlich. Ähnlich, jedoch auf Basis von Zahlungsströmen, definieren auch Simon/Sullivan und Kaas den Markenwert als „[...] Barwert aller zukünftigen Einzahlungsüberschüsse, die der Eigentümer aus der Marke erwirtschaften kann" (Kaas 1990, S. 48; Simon/Sullivan 1993, S. 29). Die Vertreter dieses klassischen Markenwertbegriffs nehmen dabei eine primär unternehmensbezogene Perspektive im Sinne einer Rechenwerkorientierung ein. Es steht die finanzielle Kristallisierung der Marke in Bezug auf die Erfolgsgrößen der Unternehmung im Vordergrund. Die Ergebnisgröße ist mit der Dimension „Geldeinheit" ratioskaliert und erlaubt alle arithmetischen Operationen.

Die **Markenstärke** setzt bei der konsumentenbezogenen Wirkung der Marke an. Dieser Begriff berücksichtigt die Definition der Marke „[...] als ein in der Psyche des Konsumenten verankertes, unverwechselbares Vorstellungsbild von einem Produkt oder einer Dienstleistung [...]" (Meffert 2000, S. 847). Die Markenstärke wird dabei als Konstrukt gesehen, das die derzeitige und zukünftige Markenwahl des Konsumenten determiniert und auf Basis von Informationsverarbeitungsprozessen entsteht (Kriegbaum 2001, S. 75). Auf Grund des psychischen Ursprungs der Markenstärke als vorgelagerte Stufe zu einem ökonomisch messbaren Verhalten, dem Kauf, wird keine Quantifizierung in Geldeinheiten vorgenommen. So bezeichnen Srivastata/Shocker die Markenstärke als Assoziationen, die sich beim Konsumenten bilden, wenn er das Markensymbol oder den Markennamen wahrnimmt (Srivastata/Shocker 1991, S. 9). Keller nennt die „consumer based equity as the differential effect that brand knowledge has on consumer response to the marketing of that brand" (Keller 1998, S. 45). Obwohl hier von „customer based equity", also einem „konsumentenorientierten Wert", gesprochen wird, liegt dieser Definition das hier vertretene Verständnis der Markenstärke zu Grunde. Sie ist eine konsumentenorientierte, dimensionslose Größe, welche über ihre Wirkung Erfolgsbeiträge der Marke generiert.

Über eine Fusion der dargestellten Abgrenzungen hat sich ein **erweiterter Markenwertbegriff** herausgebildet, der eine integrative Sichtweise einnimmt. So definieren Schulz/Brandmeyer den Markenwert als „[...] die Gesamtheit aller positiven und negativen Vorstellungen, die im Konsumenten ganz oder teilweise aktiviert werden, wenn er das Warenzeichen wahrnimmt und die sich in ökonomischen Daten des Markenwettbewerbs spiegeln" (Schulz/Brandmeyer 1989, S. 365). Auch Bekmeier-Feuerhahn betont die monetäre Dimension, bezieht jedoch auch explizit die Konsumenten ein. Sie legt den Markenwert „[...] als die durch die Markierung ausgelösten gegenwärtigen und zukünftigen Wertsteigerungen von Leistungen auf Konsumenten- und Unternehmensseite, die ökonomisch nutzbar und in monetären Maßeinheiten zu bewerten sind" (Bekmeier-Feuerhahn 1998, S. 46) fest. Dieser erweiterte Markenwertbegriff beinhaltet die Komponenten der Markenstärke sowie eine monetäre Ergebnisgröße des Markenwertes.

Die vorgenommene Begriffsintegration repräsentiert als umfassende Definition den aktuellen Stand der Markenforschung. Zentrale Ursachen für das aufgezeigte Begriffsspektrum sind die zahlreichen Einsatzfelder der Markenbewertung und die unterschiedlichen Verfahren, die je nach Motiv für die Bewertung eingesetzt werden.

2. Motive und Verfahren der Markenbewertung

2.1 Einsatzfelder der Markenbewertung

Die Markenbewertung kommt in verschiedenen unternehmerischen Entscheidungssituationen zum Einsatz. Dabei kann zwischen **internen** und **externen Einsatzfeldern** unterschieden werden. Die externen Einsatzfelder haben schon in den 60er Jahren zu einer Beschäftigung mit der Markenbewertung geführt. Ihnen liegt vorrangig das klassische Begriffsverständnis des Markenwertes zu Grunde. Erst im letzten Jahrzehnt wurden die internen Anwendungsfelder vor dem Hintergrund des erweiterten Markenwertbegriffs tiefergehend diskutiert.

Innerhalb der **externen Einsatzfelder** der Markenbewertung wird die Rolle des Markenwertes beim Kauf und Verkauf von Unternehmen oder Teilen eines Unternehmens intensiv diskutiert. Dieser Aspekt hat nach wie vor auch in der Praxis eine hohe Bedeutung (Sattler 2000, S. 222). Bei **Unternehmensakquisitionen** wird der gezahlte Mehrpreis über den Substanzwert des gekauften Unternehmens hinaus auf den Wert der zugehörigen Unternehmensmarken zurückgeführt. Hier werden Größen genannt, die in der Dimension von nahezu 90 Prozent des Kaufpreises liegen (Farquhar et al. 1992, S. 17). Informationen, die aus der Markenbewertung resultieren, sind sowohl für das kaufende als auch für das verkaufende Unternehmen von hohem Nutzen (Sander 1994, S. 54 f.). Der Markenwert kann als Referenzgröße in Preisverhandlungen oder als Sicherheit für externe Kapitalgeber verwendet werden.

Weiterhin schlägt sich der Erwerb von Marken in der **Vermögenslage** des kaufenden Unternehmens nieder. Nach deutschem Bilanzrecht besteht im Falle des Unternehmenserwerbs nach § 246 I i. V. m. § 248 II HGB auf Grund des Vollständigkeitsgebotes eine Ansatzpflicht des Markenwertes. (Siehe auch den Beitrag zur Abnutzbarkeit von Marken in diesem Buch.) Jedoch ist dabei zu beachten, dass eine Abgrenzung des sich auf die Marke beziehenden Entgeltes eindeutig gegeben sein muss (Hammann/Gathen 1994, S. 204). Kann eine solche Abgrenzung nicht vorgenommen werden, so sieht der Gesetzgeber keinen expliziten Ausweis der erworbenen Markewerte vor, sondern nach § 255 IV HGB lediglich den Ansatz eines Geschäftswertes. Im Gegensatz zum Erwerb von Unternehmen ist ein Ansatz der selbst geschaffenen Markenwerte nach deutschem Bilanzrecht gemäß § 248 II HGB verboten. Anders verhält es sich jedoch in den internationalen Bilanzierungsvorschriften der Vereinigten Staaten oder Großbritanniens. Hier besteht ein Wahlrecht bezüglich des Ansatzes von Markenwerten. Dies wird jedoch kritisch diskutiert, da auf Grund der schwierigen Objektivierung eine Gefahr der Verwässerung der Bilanzinformation gesehen wird (Oldroyd 1994, S. 44 f.). Aus der Sicht des Marketing wäre eine Berücksichtigung der selbst geschaffenen Markenwerte im Jahresabschluss wünschenswert, da hierdurch Rechenschaft über den Erfolg der marktorientierten Aktivitäten eines Unternehmens gegeben werden könnte. Eine Bewertung muss dabei jedoch insbesondere dem Grundsatz der Vorsicht und der Richtigkeit verpflichtet sein.

Ein weiteres externes Einsatzfeld stellen die mit **Markenrechten** einhergehenden Markenbewertungen dar. Zur Lizenzierung von Markenrechten bedarf es Informationen der Markenbewertung für die Ausgestaltung der Lizenzverträge. Bei der Lizenzierung räumt der Markeninhaber dem Lizenznehmer das Recht ein, die Marke für seine Produkte und Leistungen zu nutzen (Binder 2000, S. 359.) Besonders in der Modeindustrie werden erhebliche Teile des Umsatzes aus Lizenzeinnahmen generiert. Markenrechtstransaktionen wie Kauf oder Verkauf verursachen ähnlich den Unternehmenstransaktionen den Bedarf nach Bewertungsinformationen. Im Zusammenhang mit dem Markenschutz und der Verletzung von Markenrechten werden ebenfalls Markenwerte quantifiziert. Sie werden als Referenzgrößen für den zu leistenden Schadensersatz herangezogen. Bekannt gewordene Beispiele von Markenpiraterie sind missbräuchliche Verwendungen der Marken „Rolex" oder „Lacoste", für die Millionenbeträge veranschlagt wurden (o. V. 1998, S. 42 f.). Bei den genannten externen Einsatzfeldern der Markenbewertung ist eine monetäre Evaluation notwendig. Insbesondere bei der Verwendung von Markenwertinformationen im Jahresabschluss wird die zwingende Quantifizierung in Geld offensichtlich. Somit kann hier mit der **Evaluation** der Marke ein übergeordnetes Motiv identifiziert werden (Esch 2000, S. 942).

Die **internen Einsatzfelder** betreffen die Nutzung von Markenbewertungsinformationen für das Markenmanagement. Bei den einzelnen Phasen der Planung, Steuerung und Kontrolle innerhalb des Managementprozesses liefert der Markenwert wichtige Entscheidungsgrundlagen.

So ist die strategische Allokation von finanziellen Ressourcen ein zentraler Punkt in der **Planungsphase**. Insbesondere im Rahmen von Markenportfolios ist die **Budgetallokation** von zentraler Bedeutung. Unternehmen mit einer Vielzahl von Marken stehen in periodisch wiederkehrenden Entscheidungsprozessen vor der Frage, in welche der verschiedenen Marken investiert oder welche Marken abgebaut werden sollen. So hat sich beispielsweise der Konsumgüterkonzern Unilever als starker Vertreter der Mehrmarkenstrategie dazu entschlossen, das Markenportfolio um mehr als 60 Prozent zu reduzieren, um eine Konzentration auf starke Marken zu gewährleisten (o. V. 2000, S. 5). Die Markenbewertung ist hier gefordert, diejenigen Marken zu identifizieren, die das Portfolio zukünftig stärken sollen.

Bei der Planung von markenbezogenen Unternehmensaktivitäten stellt sich weiterhin die Frage des **Ursprungs der Markenstärke**. Es gilt zu diagnostizieren, auf Basis welcher Komponenten die Marke positive Erfolgsbeiträge für das Unternehmen generiert. Zur **Steuerung von Marken** bzw. von Markenportfolios im unternehmensinternen und -externen Wettbewerb bedarf es Aussagen über die aktuelle und potenzielle Stärke von Marken, mit deren Hilfe wettbewerbsstrategische Maßnahmen erkannt oder Transferpotenziale von Marken auf andere Länder oder Produktbereiche analysiert werden können (Berndt/Sander 1994, S. 1358).

Im Rahmen der **Kontrollphase** des Managementprozesses werden die getroffenen Maßnahmen hinsichtlich ihrer Wirkung beurteilt. Dadurch wird gewährleistet, dass ein Regelkreis des Management im Sinne einer kontinuierlichen Adaption der Markenführung vollzogen wird. Die Ergebnisse der Markenbewertung können überdies als Basis eines Anreizsystems genutzt werden. Eine Beurteilung der Markenverantwortlichen mittels dieser Informationen würde der Forderung nach einer Orientierung des Markenmanagement an markenbezogenen, langfristigen Erfolgsgrößen gerecht werden (Schweiger/Friederes 1995, S. 26 f.; Esch/Wicke 2000, S. 55).

Die dargestellten internen Einsatzfelder der Markenbewertung zeigen, dass in diesem Zusammenhang eine Quantifizierung in monetären Einheiten nicht zwingend erforderlich ist. Hier kommt es vielmehr auf die Analyse der Markenstärke an, um ihre Treiber und deren Beeinflussbarkeit durch Maßnahmen des Markenmanagement zu erkennen. Es werden also Referenzgrößen benötigt, die Aussagen über die relative Position der Marke im Vergleich zu einer Bezugsgröße liefern.

Diese Bezugsgröße kann

■ die Marke im Zeitablauf, bei einem statisch komparativen Vergleich,
■ eine andere Marke im Unternehmensportfolio,
■ die Marke eines Wettbewerbers oder
■ die Marke in unterschiedlichen Marktbedingungen sein.
    (Franzen/Trommsdorff/Riedel 1994, S. 1378 f.)

Folglich lassen sich beim internen Einsatz der Markenbewertung die übergeordneten
Motive der **Evaluation, Diagnose** (Esch 2000, S. 942) und der **Steuerung** herausarbei-
ten. Eine zusammenfassende Übersicht der Einsatzfelder und Motive der Markenbewertung liefert Abbildung 3.

▌Abbildung 3   **Einsatzfelder der Markenbewertung**

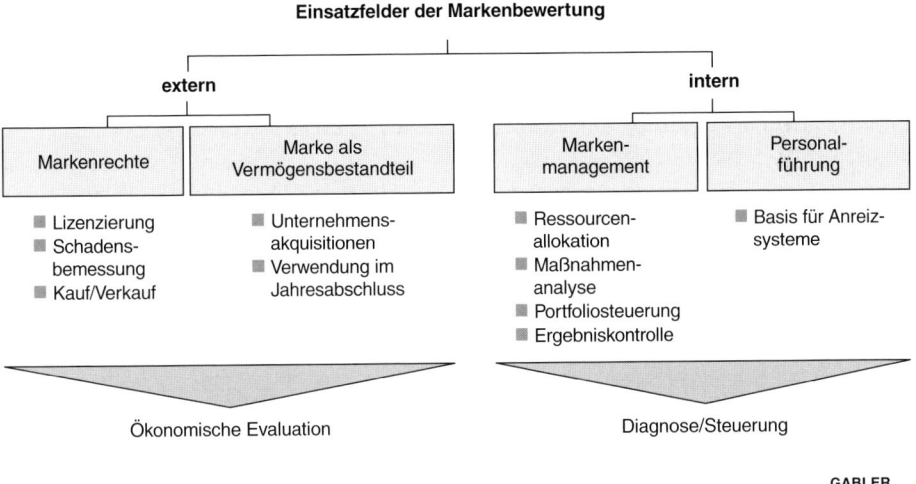

▌*2.2* Systematisierungen von Markenbewertungsverfahren

Die zahlreichen Verfahren der Markenbewertung werden nach unterschiedlichen Kriterien systematisiert. Einen Überblick über die verschiedenen Systematisierungsansätze
gibt Tabelle 1. Bei der Analyse wurden diejenigen Systematisierungskriterien berücksichtigt, die nach Meinung der Autoren die Verfahren grundsätzlich zu trennen vermögen.

▌ Tabelle 1   Systematisierung von Markenbewertungsverfahren

Systematisierungs-kriterium	Ausprägungen	Quellen
Perspektive **Analyseverfahren**	finanzorientiert vs. verhaltensorientiert und kompositionell vs. dekompositionell	Bekmeier-Feuerhahn (1998), ähnlich: Franzen/Trommsdorff/Riedel (1994) und Calderon/Cerverva/Mollá (1997); Irmscher (1997a); Sattler (2001)
Markenwirkung	Cause vs. Effect	Calderon/Cerverva/Mollá (1997)
Herkunft	Theorie vs. Praxis	Berndt/Sander (1994)
Aggregationsgrad	Globalmodelle vs. Indikatormodelle	Franzen/Trommsdorff/Riedel (1994), ähnlich Keller (1998)
Stufigkeit	Einstufig-direkt vs. mehrstufig-indirekt	Kriegbaum (2001)
Problemfokus	Isolation vs. Prognose markenspezifischer Zahlungen	Sattler (2000)

GABLER
GRAFIK

Der Überblick zeigt, dass analog zu den vorgestellten Begriffsdefinitionen des Markenwertes ein zentrales Unterscheidungskriterium darin liegt, welche Daten in die Verfahren
eingehen und welche Ergebnisgröße letztlich ermittelt wird. So rekurriert die Unterscheidung in finanz- und verhaltensorientierte Verfahren auf eine Berücksichtigung monetärer
Größen bei Messung und Ergebnis der Verfahren. Ähnlich zu begründen ist die Einteilung
in „effects" und „causes" der Marke. Hier spielt die Markenstärke eine zentrale Rolle, da
sie in erster Linie die Gründe des Markenwertes zu erfassen sucht. Wenn die ermittelte
Markenstärke als Basis für die Transformation in eine monetäre Größe genutzt wird, hat
dies eine Mehrstufigkeit der Verfahren zur Folge. Entsprechend wird eine Unterscheidung
in ein- und mehrstufige bzw. in globale und indikatorgestützte Verfahren vorgenommen.
Im Vergleich hierzu ist die Systematisierung von Sattler problemorientiert und bildet ein
anderes Raster der Markenbewertungsverfahren ab. Die Zuordnung der Verfahren anhand
ihrer Lösungsbeiträge bedingt jedoch, dass die Systematisierung nicht überschneidungs-
frei geschieht. Aber auch hier werden die Verfahren weiter in kompositionelle und dekom-

positionelle sowie monetäre und nicht-monetäre Ansätze untergliedert (Sattler 2001, S. 136 ff.). Die Unterscheidung nach Herkunft der Verfahren aus Theorie oder Praxis leistet keine umfassende Beschreibung, da insbesondere die Validität der Verfahren auf Basis empirischer Befunde geprüft wird und ihre Anwendbarkeit in der Praxis ein zentrales Gütekriterium darstellt. Darüber hinaus werden Verfahren immer mehr in Kooperationen von Theorie und Praxis entwickelt (vgl. zum Beispiel Andresen/Esch 2000, S. 991).

Die Berücksichtigung psychografischer Größen gemäß dem erweiterten Markenwertbegriff ist vor dem Hintergrund der dargestellten Systematisierungsansätze ein zentrales Unterscheidungskriterium. Diesem Gedanken Rechnung tragend soll im Folgenden eine Unterscheidung in klassisch finanzorientierte Verfahren einerseits und die Markenstärke berücksichtigende Verfahren andererseits vorgenommen werden.

2.3 Verfahren der Markenbewertung

2.31 Klassisch finanzorientierte Verfahren

Die klassischen Verfahren der Markenbewertung orientieren sich gemäß dem klassischen Markenwertbegriff an Größen der Unternehmensrechnung. So wird bei der Ermittlung von Markenwerten über das interne Rechnungswesen von **kostenorientierten** Verfahren gesprochen. Diese gehen auf die Vorgehensweise im Rahmen von Unternehmensbewertungen zurück und setzen den Markenwert mit einem zu ermittelnden **Substanzwert** gleich. Dieser ermittelt sich aus den Kosten, welche den Aufbau der Marke begründen. In Abhängigkeit vom Zeitpunkt der Betrachtung wird zwischen Wiederbeschaffungskosten und historischen Kosten der Marke unterschieden (Barwise et al. 1989). Folglich ergibt sich der Markenwert auf Basis historischer Kosten/Wiederbeschaffungskosten als Summe aller angefallenen Kosten, die durch den Aufbau und den Erhalt der Marke verursacht wurden/würden (Stobart 1989, S. 26).

Preisorientierte Verfahren legen die Annahme zu Grunde, dass jeder Markenartikel auf Grund seiner Markierung ein Preispremium gegenüber unmarkierten Produkten realisieren kann (Sander 1994a, S. 78). So ermittelt beispielsweise Crimmins das Preispremium gegenüber unmarkierten Waren oder Konkurrenzmarken indirekt aus dem erfragten Markenwahlverhalten (Crimmins 1992, S. 5 ff.). Andere Ansätze versuchen hingegen, das Preispremium mittels direkter Befragungen zu quantifizieren (Agarwal/Rao 1996; Park/Srinivasan 1994). Durch Multiplikation des Preispremiums mit der Absatzmenge wird der Wert der Marke bestimmt. Die beschriebene Ermittlung des Preispremiums ist jedoch immer an die Präsentation eines entsprechenden unmarkierten Produktes gebunden, was zu Problemen führen kann. Darüber hinaus kann die Marke auch über einen reinen Mengeneffekt ohne die Existenz eines Preispremiums Werte schaffen.

Ein um Kostengrößen erweiterter, preisorientierter Ansatz ist das Verfahren zur Markenbewertung von Sander (Sander 1994b). Im Rahmen der „hedonischen Theorie" werden
Produktpreise durch individuell bewertete Produkteigenschaften erklärt, wobei der Markenwert als eine spezifische Produkteigenschaft gesehen wird. Diese lässt sich mit Hilfe
der Regressionsanalyse bestimmen und mit der Absatzmenge multiplizieren. Der Rein-
wert der Marke wird über die Subtraktion des so ermittelten Markenwertes mit den markenspezifischen Kosten quantifiziert. Hier besteht eine Verknüpfung mit der Vorgehensweise der kostenorientierten Verfahren.

Die **kapitalmarktorientierten** Verfahren sehen in der Bewertung eines Unternehmens
am Kapitalmarkt die Grundlage für die Ermittlung des Markenwertes. So separieren Si-
mon/Sullivan den Marktwert des Unternehmens, der aus der Multiplikation des Aktien-
preises mit der Anzahl der ausgegebenen Aktien resultiert, in materielles und immateriel-
les Vermögen. Die immateriellen Vermögensbestandteile werden dann wiederum in markenbezogene und nicht-markenbezogene Werte aufgeteilt (Simon/Sullivan 1993, S.
30 ff.). Das Verfahren setzt die zentrale Prämisse, dass über den Kapitalmarkt mit qua-
si-vollkommenen Marktstrukturen der „wahre" Marktwert eines Unternehmens bestimmt wird und die Aufspaltung auf markenbezogene Werte vorgenommen werden
kann. Das hat zur Folge, dass eine Bewertung auf Basis dieses Ansatzes an die börsliche
Notierung von Unternehmen geknüpft ist. Der Grundgedanke, dass der Markenwert auf
einem Markt über Angebot und Nachfrage bestimmt wird, schlägt sich auch in den **Analogieverfahren** nieder. Eine Marke wird hier durch die Zahlungsbereitschaft eines Ab-
nehmers bewertet. Die Zahlungsbereitschaft kann für den Erwerb von Markenrechten in
Form von Lizenzgebühren oder für den Kauf einer Marke geäußert werden. Für Marken,
die weder verkauft noch in Lizenz veräußert werden sollen, werden als Näherungsgrößen
für den Markenwert die in der Branche üblichen Lizenz- oder Transaktionspreise herangezogen (Barwise et al. 1989, S. 51 ff.).

Die zukünftige Ertragskraft einer Marke über den Bewertungszeitpunkt hinaus ist zentraler
Bestandteil der **ertragswertorientierten Bewertungsverfahren** (Kaas 1990, S. 49 ff.).
Das Ergebnis dieser Verfahren ist der auf den Bewertungszeitpunkt abdiskontierte Barwert
einer Marke. Notwendige Voraussetzung für den Einsatz ertragsorientierter Verfahren ist
die Quantifizierung zukünftiger markenspezifischer Zahlungen und die Bestimmung des
Kapitalisierungszinsfußes. Ein klassischer ertragswertorientierter Ansatz ist das Modell
von Kern (Kern 1962). Als Basis für die Diskontierung werden markenspezifische Umsätze herangezogen. Dadurch soll eine Einbeziehung von Kosten vermieden werden, die nicht
durch die Marke induziert worden sind (Kern 1962, S. 25; Franzen/Trommsdorff/Riedel
1994, S. 1379 f.). Die markenspezifischen Umsätze werden durch Multiplikation der erwarteten Gesamtumsätze mit einem branchenüblichen Lizenzsatz ermittelt. Der Diskontierungszinssatz orientiert sich ebenfalls an der Branche und soll eine durchschnittliche
Umsatzrendite widerspiegeln. Aus der Formel zur Ermittlung des Markenwertes wird der
investitionstheoretische Charakter des Verfahrens deutlich:

$$W = \sqrt[3]{U^2} \cdot L \cdot \frac{q^n - 1}{q^n \cdot (q-1)}$$

W = Markenwert
U = durchschnittliche Umsatzerwartung pro Jahr
L = Lizenzsatz in Prozent
n = Zeitraum der Umsatzerwartungen
    (Lebensdauer der Marke)
q = Rentenbarwertfaktor

Kern differenzierte 1962 bezüglich der Lebensdauer der Marke zwischen starken und schwachen Marken, ohne diese genauer zu kategorisieren. Für starke Marken sollen demnach eine Lebensdauer von 3–10 Jahren, für schwache hingegen nur von 3–6 Jahren angesetzt werden (vgl. hierzu auch den Beitrag zur Nutzungsdauer von Marken in diesem Band). Aus der Formel wird ersichtlich, dass der Markenwert einem degressiven Verlauf folgt und mit steigendem Umsatz andere Faktoren als die Marke auf dem Umsatzzuwachs wirken (Kern 1962, S. 27).

Auch der Ansatz von Herp richtet sich auf die Umsatzwirkungen der Marke (Herp 1982). Die Marke eines Produktes generiert einen bestimmten Anteil des erzielten Umsatzes, der als Markenwert definiert wird (Herp 1982, S. 31). Mittels der **Conjoint-Analyse** (vgl. zu diesem Verfahren ausführlich zum Beispiel Backhaus et al. 2000, S. 564 ff.) wird aus dem Gesamturteil der Konsumenten ein Nutzenwert für verschiedene Produkteigenschaften ermittelt. Die verschiedenen Nutzwerte für unterschiedliche Ausstattungen werden anschließend eliminiert und ein Nettowert der Markierung berechnet (Bekmeier-Feuerhahn 1998, S. 87). Die Multiplikation des resultierenden Wertes mit der Absatzmenge ergibt dann den Markenwert. Dieser Wert ist wegen des notwendigen Vergleichs unterschiedlicher Markenartikel durch die befragten Konsumenten letztlich immer ein relativer Markenwert ohne natürlichen Nullpunkt (Sander 1994b, S. 91 ff.).

Im Gegensatz zum dekompositionellen Ansatz von Herp ermittelt das 1989 publizierte Modell der Unternehmensberatung **Interbrand** den Markenwert kompositionell in zwei Berechnungsstufen. In einem ersten Schritt werden im Rahmen eines Punktbewertungsverfahrens sieben verschiedene Hauptkategorien bewertet, die je nach Branchenzugehörigkeit des markenführenden Unternehmens durch 80 bis 100 Unterkategorien beschrieben werden (Riedel 1996, S. 48). Die Hauptkategorien umfassen die in Tabelle 2 dargestellten Kriterien (Bekmeier-Feuerhahn 1998, S. 79; Heider/Strehlau 2000, S. 508). Interbrand bezeichnet den resultierenden Punktwert der ersten Bewertungsstufe als „Markenstärke". Da hier jedoch Marktdaten im Vordergrund stehen und nur in dem mit 15 Prozent gewichteten Faktor „Markenstabilität" teilweise konsumentenorientierte Größen betrachtet werden, entspricht die „Markenstärke" nach Interbrand nicht dem hier vertretenen Begriffsverständnis. Dieser Punktwert bildet anschließend die Basis für eine Transformation desselben in eine monetäre Größe. Über eine S-förmig verlaufende Marktindexkurve wird der Punktwert in einen Multiplikator transformiert, der wiederum mit dem gewichteten, marktbezogenen Durchschnittsgewinn der letzten drei Jahre multipliziert wird.

▌Tabelle 2   Kategorien und Gewichte des Ansatzes von Interbrand

Hauptkategorie	Beispielhafte Indikatoren	Gewicht
Marktposition/ -führerschaft	Marktanteil, Breite der Kundenbasis, Distributionsdichte	25 %
Markenstabilität	Alter der Marke, Bekanntheitsgrad, Konstanz der Kommunikation	15 %
Markt	Größe, Stabilität, Konkurrenzstruktur	10 %
Internationalität	Internationale Präsenz, Markteintrittsposition	25 %
Trend der Marke	Umsatzentwicklung, Wachstumspotenzial	10 %
Marketing – Unterstützung	Werbeaufwendungen, Einsatz von Kommunikations- instrumenten	10 %
Rechtlicher Schutz	Eintragung, Verkehrsgeltung	5 %

GABLER
GRAFIK

Das Modell von Interbrand stellt eines der ersten Verfahren dar, das auf Basis eines Punktwertes eine Vielzahl von potenziellen Einflussgrößen des Markenwertes berücksichtigt. Nahezu zeitgleich wurde durch Schulz/Brandmeyer mit der Markenbilanz ein weiteres mehrstufiges Verfahren vorgestellt, das ein größeres Gewicht auf konsumentenorientierte Maßgrößen legt und ebenfalls eine „Markenstärke" ermittelt.

▌2.32 Verfahren unter Berücksichtigung der Markenstärke

Im Gegensatz zu den finanzorientierten Verfahren stehen bei den im Folgenden vorgestellten Verfahren konsumentenbezogene Größen im Mittelpunkt des Interesses. Eine Transformation in ein monetäres Ergebnis wird teilweise vorgenommen, ist aber nicht notwendiger Bestandteil der Verfahren.

Die Definition des Markenwertes von Schulz/Brandmeyer (vgl. Kap. 1.3) belegt den eindeutigen Konsumentenbezug, den die Autoren ihrer **„Markenbilanz"** zu Grunde legen. Das Fundament des Verfahrens, das über das Unternehmen „A.C. Nielsen" vermarktet wurde, bilden 19 gewichtete Indikatoren, die sich wiederum in sechs Hauptkategorien unterteilen lassen (vgl. Schulz/Brandmeyer 1989, S. 361). Die Hauptkategorien richten sich nach Leitfragen wie „Was gibt der Markt her?" oder „Wie stark sind die Konsumenten mit der Marke verbunden?". Die herangezogenen Kennziffern werden in Skalenwerte transformiert, wobei über alle 19 Kriterien eine Maximalpunktzahl von 500 Punkten erreicht werden kann. Der resultierende Punktwert, die „Markenstärke", geht in die Monetarisierung des Markenwertes ein. Mit Hilfe des Ertragswertverfahrens werden die geschätzten zukünftigen Erträge der Marke abdiskontiert, wobei die „Markenstärke" den Diskontierungsfaktor vorgibt. Hohe Punktwerte führen zu einem niedrigen Diskontierungsfaktor und so zu hohen Markenwerten (vgl. Berndt/Sander 1994, S. 1362 f.). Die Markenbilanz wurde in den 90er Jahren zu einem modular aufgebauten Markencontrollingsystem weiterentwickelt, dem „Nielsen Brand Performancer". Das Bewertungsmodul, der „Brand Monitor", verdichtet die Indikatoren der Marken-Bilanz in:

- Marktattraktivität (Volumen und Wachstum des Marktes)   Gewicht ca. 15 %
- Durchsetzungsstärke im Markt (Anteil in Menge und Wert)   Gewicht ca. 35 %
- Nachfragerakzeptanz (Markenbekanntheit, Relevanz der Marke)   Gewicht ca. 40 %
- Verbreitungsgrad (numerische und gewichtete Distribution)   Gewicht ca. 10 %

(Vgl. Franzen/Trommsdorff/Riedel 1994, S. 1395; A. C. Nielsen Konzept & Markt 2001.)

Die Markenstärke als Ergebnis der Bewertung im Brand Monitor wird in Beziehung zu den Werten der relevanten Wettbewerber gesetzt und so in eine „relative Markenstärke" überführt, die im „Brand Value System" in Anlehnung an die Vorgehensweise in der Marken-Bilanz monetarisiert wird. Die beschriebene Vorgehensweise macht die zunehmende Komplexität der Modelle gegenüber klassisch finanzorientierten Verfahren deutlich.

Ein ebenfalls komplexes, mehrstufiges Verfahren der Markenbewertung stellt **Bekmeier-Feuerhahn** vor (Bekmeier-Feuerhahn 1998, S. 111 ff.). Innerhalb dieses Ansatzes wird auf einer ersten Stufe die Markenstärke als Antriebskraft gemessen, die aus der subjektiven Wertschätzung der Markierung entsteht. Grundlage für die Messung der Markenstärke bilden die kognitiven Prozesse des Käuferverhaltens auf Basis der Imagery- und Hemisphärenforschung. Im Einzelnen werden die Indikatoren „Einzigartigkeit", „Qualität", „Zugriffsfähigkeit" und „Intensität" für die zu untersuchende Marke sowie für ein unmarkiertes Produkt erhoben. Über eine multiplikative Verknüpfung der unterschiedlichen verbalen und bildlichen Assoziationen und deren Logarithmierung ergibt sich eine Indexkennzahl, welche die Markenstärke abbildet. Das Ergebnisintervall liegt dabei zwischen Werten von –3,999 und 3,999. So charakterisieren Ergebnisse von –3,999 bis O schwache Marken, Werte darüber starke Marken. Neben der Markenstärke wird für die Ermittlung einer monetären Größe aus der Subtraktion von markenbezogenen Leistungen und Kosten der Markengewinn quantifiziert. Die Informationen hierzu liefern Branchenanalysen und Expertenurteile. Im Anschluss daran werden Marktpreise für die Komponenten „Markenstärke" und „Markengewinn" auf einem simulierten Testmarkt mittels Experteneinschätzungen generiert. Eine Zusammenführung der Ergebnisse ergibt den Markenwert. Das Modell enthält somit Elemente der indikatorgestützten-, der kostenorientierten- sowie der Analogieverfahren.

Eine Fusion von Informationen aus Paneldaten und Verbraucherbefragungen stellt das im Jahr 2000 vorgestellte Markenbewertungsmodell der Gesellschaft für Konsumforschung (GfK) **„BASS – Brand Assesment System"** dar (vgl. Twardawa/Hupp 2000; Hupp 2000a). Das Modellergebnis ist keine monetäre Größe, sondern eine relative Bewertung von Marken. Über eine Analyse von Paneldaten können Käufe von „Fast Moving Consumer Goods (FMCG)" verschiedenen Käufergruppen zugeordnet werden. Die Gruppe der „First Choice Buyer" sind diejenigen Käufer einer Marke, die sie als erstpräferierte Marke kaufen. Der Umsatzanteil, den die „First Choice Buyer" zum Gesamtumsatz der Marke beitragen, ist der „First Choice Value". Mit diesen Maßen sollen in dem Verfahren das Erlöspotenzial und die Stabilität der zu bewertenden Marke abgebildet werden. Sie setzen folglich am beobachtbaren Verhalten der Konsumenten an. Die Markenstärke wird mit Hilfe des „Brand Potential Index" erfasst, der sich aus 10 Komponenten wie Markensympathie, -bekanntheit oder Mehrpreisakzeptanz zusammensetzt. Die einzelnen Komponenten werden direkt abgefragt und unterschiedlich gewichtet. Aus der Zusammenführung der Erlöskomponente „First Choice Buyer" und dem „Brand Potential Index" werden Aussagen über Status und zukünftige Entwicklung der Marken getroffen (vgl. Abbildung 4).

▌Abbildung 4   **Positionierung von Waschmittelmarken im Modell der GfK (1999)**

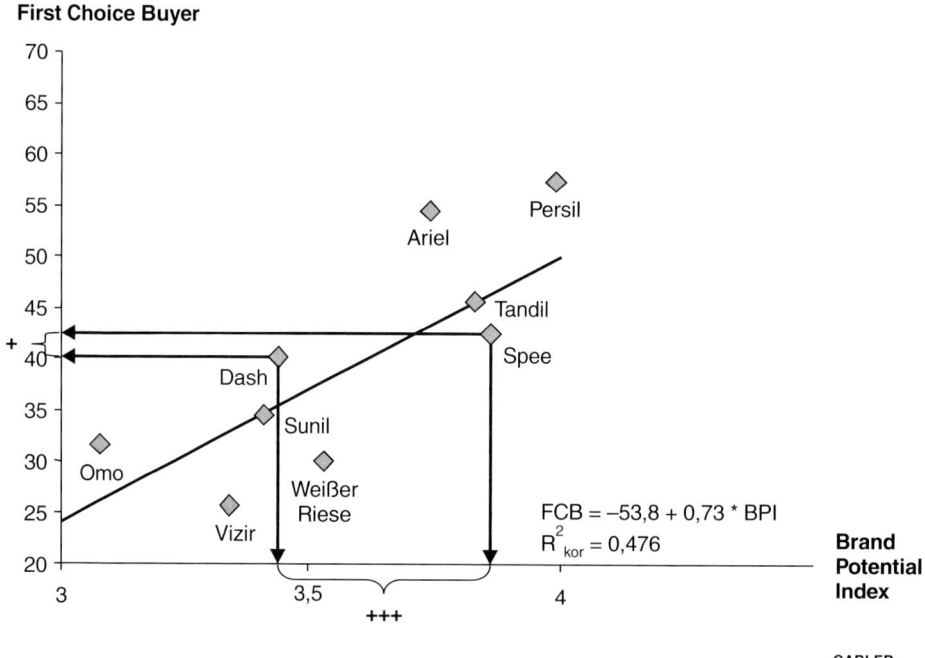

Quelle: GfK Studie 2000 „Key Driver starker Marken"

Das Beispiel zeigt, dass, obwohl die Waschmittelmarken „Dash" und „Spee" einen ähnlich hohen Anteil an „First Choice Buyern" haben, „Spee" die deutlich höhere Markenstärke aufweist. Der Markenwert ist insgesamt höher einzuordnen, da ein höherer „Brand Potential Index" in dem Modell auf zukünftig steigende Marktanteile schließen lässt.[3]

Eine dynamische Sichtweise der Komponenten des Markenwertes nimmt schließlich auch der „Markeneisberg" der Unternehmensberatung „icon" ein (vgl. zum Beispiel Esch/Andresen 1997, S. 18 ff.; Esch 2000, S. 991 ff.). Die gemessene Markenstärke ergibt sich aus den beiden Komponenten „Markenbild" und „Markenguthaben", wobei dem Markenbild eine kurzfristige, dem Markenguthaben eine langfristige Perspektive zu Grunde liegt. Der Beitrag der Komponenten zum Gesamtergebnis ist dabei vom Alter der Marke abhängig. Ein Markenguthaben kann nur langfristig und über die Beeinflussung des Markenbildes aufgebaut werden. Bei der praktischen Anwendung werden für eine zu bewertende Marke standardisierte Befragungen durchgeführt. Die erhobenen Werte werden dann mit der „Icon-Datenbank" abgeglichen. Die Datenbank enthält Referenzgrößen der Branche bzw. des Produktbereiches bezüglich der untersuchten Werte. Aus den resultierenden Abweichungen können Aussagen über die Bewertung der Marke im Branchenvergleich gezogen werden.

Die hier vorgestellten Verfahren sollten einen Überblick über grundlegende Vorgehensweisen bei der Bewertung der Marke geben und die zunehmende Komplexität der Verfahren darstellen.[4] Sowohl die Erfassung der Markenstärke als auch die monetäre Abbildung des Markenwertes sind mit zahlreichen Problemen behaftet, die durch die Verfahren in unterschiedlichem Maße berücksichtigt werden.

3. Problemfelder der Markenbewertung

Die Markenbewertung steht wie jedes Messverfahren vor grundsätzlichen Problemfeldern, die auf **messtheoretische** und **umsetzungsbezogene** Überlegungen zurückgehen (vgl. zum Beispiel Bekmeier-Feuerhahn 1998, S. 63 ff.; Riedel 1996, S. 50; Irmscher 1997a, S. 98 ff.). **Messtheoretische Problemfelder** sind zum Beispiel Objektivität, Reliabilität und Validität. Unter **Objektivität** wird die möglichst große Freiheit von subjektiven Einflüssen des Messenden verstanden. Das Ergebnis muss intersubjektiv vergleichbar sein. Die **Validität** bezieht sich auf die Abbildung des tatsächlichen Sachverhaltes. Wenn etwa die Markenstärke mittels des Indikators „Wiederholungskäufe" aus Warenkorbanalysen operationalisiert wird, so muss die Validität in zweierlei Hinsicht überprüft

---

3 Diese Aussage wird durch Analyse der Paneldaten im Zeitvergleich von 1999 und 2000 bestätigt (GfK, Studie „Key Driver starke Marken" 2000).

4 Einen umfangreichen Überblick über die Verfahren der Markenbewertung geben zum Beispiel Bekmeier Feuerhahn 1998, S. 68 ff.; Esch 2000, S. 939 ff.; Irmscher 1997b, S. 121 ff.; Sattler 2001, S. 137 ff.; Steinwartz 2001, S. 64 ff.

werden. Zum einen ist zu fragen, ob Paneldaten tatsächlich Auskunft über die Wiederholungskäufe geben und ob diese das Konstrukt „Markenstärke" faktisch abbilden (Kroeber-Riel/Weinberg 1999, S. 32). **Reliabilität** bezeichnet die formale Genauigkeit des Messinstrumentes, sodass die Messergebnisse zu unterschiedlichen Zeitpunkten und bei unterschiedlichen Personen gleich bleiben.

Aus der **Umsetzung** der Markenbewertung für die Unternehmenspraxis ergeben sich weitere Problemfelder. So werden bei einem kontinuierlichen Monitoring des Markenwertes periodische Messungen notwendig. Folglich müssen hier **Zeit- und Kostenaspekte** berücksichtigt werden. Als Maßgröße der Beurteilung und Entscheidungsunterstützung müssen Ergebnisse der Markenbewertung unterschiedlichen Zielgruppen verständlich gemacht werden. Folglich sollte ein Markenbewertungsansatz **praktikabel** sein. Die Interpretation des Ansatzes sollte für den Anwender nachvollzogen und in unterschiedlichen Anwendungsfeldern nutzbar gemacht werden können. Neben diesen grundsätzlichen Problemfeldern birgt die Erfassung der Markenstärke einige spezielle Schwierigkeiten, die bei der Bewertung von Marken berücksichtigt werden müssen.

3.1   Erfassung der Markenstärke

Ein erstes Problem bei der Erfassung der Markenstärke liegt in den **unterschiedlichen Definitionen** dieses Begriffs begründet. Die Beschreibung der Verfahren hat gezeigt, dass sich die „Markenstärke" zum Beispiel als Ergebnis von Punktbewertungsmodellen in den Verfahren von „Interbrand" und „Nielsen" in der Zusammensetzung grundlegend unterscheiden. Die verschiedenen Definitionen in ihrer unterschiedlichen Weite haben gemeinsam, dass sich die Markenstärke als Konstrukt **nicht direkt messen** lässt, sondern indirekt mit Hilfe von Indikatoren erfasst wird. Indikatoren sind dabei direkt messbar und sollen möglichst hoch mit dem Konstrukt „Markenstärke" korrelieren (Franzen 1993, S. 129). Daraus resultiert, dass die unterschiedlichen Ansätze zur Erfassung der Markenstärke von einen Indikator bis zu 100 Indikatoren heranziehen (Kriegbaum 2001, S. 81; Steinwartz 2001, S. 64 ff.). Die **Auswahl der Indikatoren** ist daher ein zentrales Problem bei der Ermittlung der Markenstärke. So richtet sich die Kritik bezüglich der Punktbewertungsansätze, wie zum Beispiel der Markenbilanz, auf die rein subjektive Auswahl der Indikatoren (Hammann 1992, S. 222; Berndt/Sander 1994, S. 1368). Darüber hinaus unterstellen Punktbewertungsmodelle, deren Ergebnisse über Aggregation der Einzelwerte zustande kommen, dass die verwendeten Kriterien im statistischen Sinne unabhängig sind. Für die Modelle von Interbrand und Schulz/Brandmeyer lassen sich jedoch zahlreiche, zum Teil erhebliche Korrelationen feststellen (Herreiner 1994, S. 45 ff.). Der Grund hierfür liegt in der Tendenz von Punktbewertungsmodellen begründet, mit zunehmender Anzahl von Indikatoren Korrelationen auszubilden (Backhaus 2000, S. 469). Eng verbunden mit der Auswahl ist das Problemfeld der **Gewichtung der Indikatoren**. Hier ergibt sich ein Spannungsfeld zwischen branchenabhängiger Variation der

Gewichte versus konstanter Gewichtung, die eine bessere Vergleichbarkeit der Ergebnisse zur Folge hat. Da die Bewertungsverfahren häufig in der laufenden Beratungspraxis eingesetzt werden, sind die Gewichtungen der Verfahren nicht immer zugänglich.

Die Kritik an der subjektiven, auf Erfahrungen der Modellentwickler basierenden Auswahl und Gewichtung der Indikatoren hat dazu geführt, dass mit Hilfe von **Kausalanalysen** die Einflussgrößen der Markenstärke validiert werden sollen (vgl. zum Beispiel Riedel 1996, S. 106; Bekmeier-Feuerhahn 1998, S. 141 ff.). Dabei lassen sich jedoch ebenfalls erhebliche Unterschiede bezüglich der grundlegenden Modellformulierung feststellen, was zu großen Teilen durch differierende Begriffsverständnisse und Zielsetzungen der Modelle erklärt werden kann. So bemerkt Bekmeier-Feuerhahn zu Recht, dass die von Riedel genutzten Indikatoren eng mit dem Kaufakt verbunden sind, was bei einem psychischen, dem Kaufakt vorgelagerten Konstrukt wie der Markenstärke nicht sinnvoll erscheint (Bekmeier-Feuerhahn 1998, S. 85).

Ein weiterer Ansatz zur Validierung der Markenstärke ist der Einsatz der **konfirmatorischen Faktoranalyse**. Dieses Instrument wurde bei der Entwicklung des „Brand Potential Index" eingesetzt (Hupp 2000b, S. 47). Ähnlich wie bei der Kausalanalyse ist es auch hier notwendig, ex-ante ein Strukturmodell zu formulieren, dessen Beziehungsstruktur mittels der erhobenen Daten überprüft wird. Da die unterschiedlichen Strukturmodelle auf Basis einer spezifischen Datengrundlage, wie etwa einem bestimmten Markt oder einer bestimmten Branche, bestätigt werden, ist die Generalität der ermittelten Ergebnisse zu hinterfragen.

3.2 Monetäre Abbildung des Markenwertes

Wird die Ergebnisgröße der Markenbewertungsverfahren in Geldeinheiten ausgedrückt, so versucht das Verfahren, das komplexe Konstrukt Marke mit all seinen Einflussgrößen in einer einzigen Zahl abzubilden. Die jeweiligen Verfahren, die eine solche Ergebnisgröße zu generieren versuchen, kommen dabei zu sehr unterschiedlichen Ergebnissen. So lassen sich an aktuellen Messungen des Wertes der Marke Volkswagen für das Jahr 2000 **Differenzen** von 11,6 Milliarden Euro feststellen, was 60 Prozent des Börsenwertes der Volkswagen AG am 31.12.2000 entspricht (Geschäftsbericht der Volkswagen AG 2000, S. 13). Abbildung 5 zeigt die unterschiedlichen Ergebnisse der Bewertungsverfahren der Anbieter BBDO-Consulting, Semion und Interbrand[5] (Göttgens/Sander/Wirtz/Dunz 2001; DePaoli 2000; o. V. 2001).

---

5 Sowohl Semion als auch BBDO-Consulting nutzen indikatororientierte, mehrstufige Verfahren zur Berechnung des Markenwertes.

Abbildung 5   **Unterschiedliche Markenwerte der Marke Volkswagen im Jahr 2000**

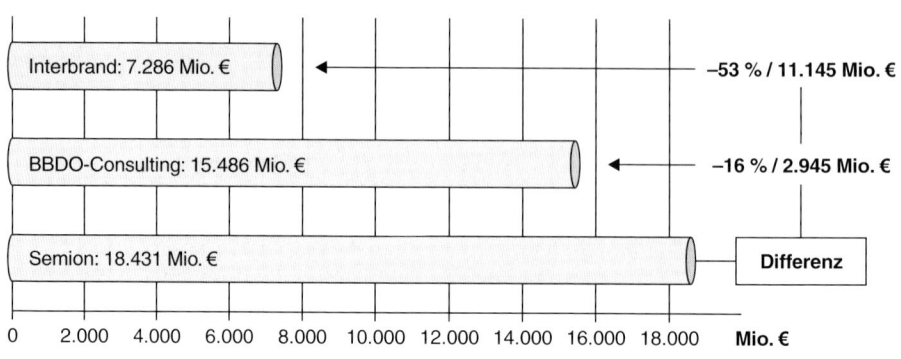

Eine zentrale Quelle unterschiedlicher Bewertungsergebnisse stellt das Problem der **Isolation von Erfolgsbeiträgen** auf die Marke (Kapferer 2000, S. 402; Sattler 2000, S. 225 f.) dar. Die vorgestellten Verfahren generieren markenspezifische Erfolgsgrößen aus **Marktbeurteilungen** (zum Beispiel Analogieverfahren), aus **Konsumenten- oder Expertenurteilen** (zum Beispiel die Modelle von Herp und Bekmeier-Feuerhahn), oder aus dem **internen und/oder externen Rechnungswesen** (zum Beispiel kostenorientierte oder preisorientierte Verfahren). Die Quantifizierung des spezifischen Geldwertes einer Marke über die geäußerte Zahlungsbereitschaft auf einem Markt stellt dabei grundsätzlich eine idealtypische Vorgehensweise dar (Roeb 1994, S. 92). Zentrales Problem ist jedoch, dass diese Märkte nur in den seltensten Fällen zu Stande kommen, zum Beispiel bei Veräußerung von Markenrechten. Bei der Annäherung an diesen Wert über den Kapitalmarkt tritt wiederum das Problem der Separation von Unternehmens- und Markenwert auf. Die Quantifizierung der markenspezifischen Anteile am Erfolg über Experten hat den Vorteil einer einfachen Durchführung der Befragung. Jedoch stützen sich auch Experten auf individuelle Erfahrungen und vor allem auf Größen des Berichtswesens.

Einer Isolation der Erfolgsbeiträge durch Konsumentenurteile sind vor allem bei direkter Abfrage von Preisen oder Präferenzen und deren Zahlungsbereitschaften Grenzen gesetzt. Die dekompositionelle Vorgehensweise der Conjoint-Analyse ohne Vorgabe von zu bewertenden Einzelkriterien stellt einen grundsätzlichen Fortschritt dar. Jedoch liegen Kritikpunkte in den Prämissen des Verfahrens. Darüber hinaus werden auch hier markenspezifische Auszahlungen, Aufwendungen oder Kosten zur Ermittlung des Markenwertes benötigt. Die Nutzung von Daten aus dem Rechnungswesen beinhaltet dabei das Problem, dass diese vergangenheitsorientiert sind. So würden letztlich hohe Kosten einen hohen Markenwert bedingen et vice versa, was jedoch zweifelhaft erscheint (Sander 1994, S. 98; Keller 1998, S. 359).

Eine zukunftsorientierte Bewertung von Marken beinhaltet eine Prognose über die zukünftigen Erfolgswirkungen der Marke. So sind die zukünftigen Ein- und Auszahlungen Basis der ertragswertorientierten Verfahren. Unabhängig von der Isolation der Zahlungsgrößen (Adam 1997, S. 65 f.) ergibt sich dadurch ein **Prognoseproblem**. Bei der Errechnung des Ertragswertes muss die Anzahl der Perioden vorgegeben werden. Das bedingt große Spielräume bei der Einschätzung des Bewertungszeitraums oder der erwarteten Lebensdauer der Marke und verursacht Differenzen in der ermittelten Ergebnisgröße (Kruschwitz 1998, S. 140 f.). Neben der Vorgabe der Nutzungsdauer ist ebenfalls der Diskontierungszinssatz zu benennen, dessen Höhe ebenfalls ein Problemfeld darstellt und Differenzen im Ergebnis erzeugt (Perridon/Steiner 1999, S. 84 f.). Da die Marke ein dynamisches Phänomen ist, fallen Maßnahmen der Markenführung und deren Wirkung zeitlich auseinander (Kapferer 2000, S. 52). Eine Zukunftsorientierung der Markenbewertung ist somit grundsätzlich wünschenswert, bringt jedoch die Problembereiche der Prognose mit sich.

Die **Monetarisierung** von Ergebnissen aus der Erfassung der Markenstärke stellt einen weiteren zentralen Problembereich dar. Grundsätzlich wird hier der Versuch unternommen, dimensionslose oder nicht-monetäre Größen in Geldeinheiten zu transformieren. Ein viel besprochener, jedoch kritisch hinterfragter Ansatz ist die Transformation des Punktwertes aus dem Punktbewertungsmodell von Interbrand in einen Markenmultiplikator als Basis der Monetarisierung (Herreiner 1994, S. 51 f.; Sander 1994, S. 72 f.). Sowohl der S-förmige Verlauf der Kurve als auch die maximale Ausprägung des Multiplikators lassen sich theoretisch nicht nachvollziehen. Unabhängig davon koppeln sich Transformationen oft an Größen wie den „Bilanzgewinn vor Steuern" oder den „Cash Flow". Bei einer solchen Vorgehensweise wirken sich zwangsläufig bilanzpolitische Maßnahmen direkt auf den Markenwert aus.

Es bleibt festzuhalten, dass die unterschiedlichen Verfahren der Markenbewertung vor einem breiten Spektrum von Problemfeldern stehen. Eine weitere Herausforderung stellt sich durch die Berücksichtigung der Konsequenzen einer identitätsorientierten Markenführung, die weitere Problemfelder der Markenbewertung offen legt.

3.3 Anforderungen an die Markenbewertung aus Sicht der identitätsorientierten Markenführung

Die identitätsorientierte Markenführung verpflichtet sich als ganzheitlicher Ansatz der Markenführung dem Wert, den die Marke für ein Unternehmen stiftet. So schreibt Kapferer als ersten Satz in seinem Buch „Die Marke – Kapital des Unternehmens": „In Zukunft ist die **Marke das wichtigste Kapital** des Unternehmens" (Kapferer 1992, S. 1). Auch Upshaw stellt die Bedeutung des Markenwertes als zentrales Ergebnis der Identitätsorientierung heraus (Upshaw 1996, S. 15 f.). Aus dem Verständnis der Identität als geschlossenes System von Merkmalen lassen sich folgende Anforderungen für die Markenbewertung ableiten:

▌ Analyse von Selbst- und Fremdbild der Marke,

▌ Berücksichtigung des Vertrauens in eine Marke als Resultante von Identität und
Kompetenz der Marke sowie

▌ Berücksichtigung der Zielgruppenvielfalt.

Die Stärke der Markenidentität hängt maßgeblich von der Übereinstimmung zwischen
Selbst- und Fremdbild der Marke ab (vgl. hier auch den Beitrag zur theoretischen
Grundkonzeption der identitätsorientierten Markenführung in diesem Band). Die Markenidentität ist ihrerseits notwendige Bedingung für **Vertrauen**, das der Marke entgegengebracht wird. Vertrauen entsteht bei den unterschiedlichen **Bezugsgruppen** durch
den Aufbau von Identität und **Kompetenz** der Marke.

Um Übereinstimmungen oder Abweichungen zwischen Selbst- und Fremdbild analysieren zu können, muss eine Bestimmung der **Ist-Identität** sowie der **Soll-Identität** erfolgen. Als Messansatz erweist sich das für den Dienstleistungssektor entwickelte
GAP-Modell als geeignet (vgl. in diesem Zusammenhang auch den Beitrag zum Managementkonzept der identitätsorientierten Markenführung in diesem Band). Die Gap-Analyse zeigt Diskrepanzen zwischen dem passiven und vergangenheitsbezogenen Fremdbild
– dem Markenimage – und dem idealtypisch aktiven, zukunftsgerichteten Selbstbild der
Marke auf. Eine Marke, die im Ergebnis der Gap-Analyse nur geringe Abweichungen
aufweist, hat eine starke Identität. Sie ist glaubwürdig und erfüllt somit die notwendige
Voraussetzung für eine starke Marke im Sinne einer Marke, der in hohem Maße Vertrauen
entgegengebracht wird. **Kompetenzen**, verstanden als „immaterielle, wissensbasierte
Ressourcen" (Rasche 1994, S. 112) eines Unternehmens stellen die hinreichende Ergänzung der Markenidentität dar. In Anlehnung an die vier Dimensionen der Markenidentität
Produkt, Person, Organisation und Symbol (Aaker 1996, S. 79) können Kompetenzen in
verschiedenen Bereichen begründet sein. Technologie-Kompetenzen, operationale
Kompetenzen, Beziehungskompetenzen und Kommunikationskompetenzen sind aus
Perspektive der Unternehmen die Bereiche, die in die Vertrauensbildung eingehen. Ähnlich der Analyse der Ist-Identität kann hier eine Bestandsaufnahme der wahrgenommenen Ist- und der Sollkompetenz erfolgen. Dabei stellt die Identifikation bzw. Beurteilung
von Kompetenzen einen eigenen Problembereich dar, der einen der Markenbewertung
ähnlichen Komplexitätsgrad aufweist (Meffert 1999, S. 56 f.; zur Messung von Kompetenzen vgl. zum Beispiel Faix/Kupp 1999).

Neben der Markenidentität und den Kompetenzen ist das **Vertrauen** maßgebliches Konstrukt der identitätsorientierten Markenführung. Dabei hat Vertrauen eine sozialwissenschaftliche und eine ökonomische Bedeutung (Meffert/Burmann 1996, S. 27; Albach
1980, S. 3 ff.). Für die Markenbewertung ist vor allem die ökonomische Perspektive von
Bedeutung. Vertrauen dient aus Unternehmenssicht der Reduktion von Transaktionskosten und stellt einen wesentlichen Wettbewerbsvorteil dar. Dieses Konstrukt sollte folglich zentraler Bestandteil einer identitätsorientierten Markenbewertung sein. Jedoch bestehen auf dem Gebiet der Vertrauensmessung noch Forschungsdefizite. Grundsätzlich
werden objektive und subjektive Verfahren der Vertrauensmessung unterschieden (einen
Überblick über Verfahren der Vertrauensmessung gibt Kenning 2001, S. 43 f.). Objektive

Verfahren erscheinen für die Zwecke der Markenbewertung wenig geeignet, da sie direkt beobachtbare ökonomische, jedoch multikausale Maße, wie etwa den erzielten Umsatz, heranziehen. Implizit subjektive Verfahren bieten eher geeignete Ansatzpunkte, Vertrauen im Rahmen der Markenbewertung zu erfassen (Kenning 2001, S. 45). Trotz der mit Schwierigkeiten einhergehenden Messung von Vertrauen wird das Konstrukt in jüngeren Ansätzen vermehrt berücksichtigt.

Überdies betont die identitätsorientierte Markenführung die Wirkung der Marke sowohl bei externen als auch internen **Bezugsgruppen** und erweitert die rein konsumentenorientierte Sichtweise der Marke um eine innengerichtete Perspektive (Meffert/Burmann 1996, S. 31). Die Markenstärke bezieht sich in der unternehmensexternen Perspektive neben den Kunden auch auf Wettbewerber, Handel und Öffentlichkeit. Diese Bezugsgruppen sind in der Bewertung der Marke zu berücksichtigen, wobei eine isolierte Analyse und spätere Aggregation einen möglichen Weg darstellt. Das würde bedeuten, dass bspw. in einem ersten Schritt eine spezifische handels- und wettbewerbsgerichtete Markenstärke ermittelt und dann zu einer globalen Markenstärke fusioniert wird. Die interne Bezugsgruppe der Mitarbeiter ist für den Aufbau der Markenidentität von herausragender Bedeutung (Meffert/Burmann 1996, S. 58), sodass auch die interne Perspektive für den Gesamtwert der Marke in die Evaluation einzubeziehen ist.

Schließlich lässt sich feststellen, dass die identitätsorientierte Markenführung neben den grundsätzlichen Problemfeldern der Markenbewertung weitere Bereiche aufzeigt, die in einer umfassenden Untersuchung des Markenwertes zu berücksichtigen sind. Daraus ergeben sich auf Basis der Identitätsorientierung, der Messtheorie und der Umsetzung verschiedene Anforderungen an Markenbewertungsverfahren, die in Tabelle 3 zusammenfassend dargestellt sind.

▌ Tabelle 3   **Anforderungen an Markenbewertungsverfahren**

Grundlage	Anforderungskriterium
Identitätsorientierte Markenführung	■ Selbst- und Fremdbild der Markenidentität erfassen ■ Kompetenz und Vertrauen operationalisieren und messen ■ Berücksichtigung der Bezugsgruppppenvielfalt
Messtheorie	■ Validität ■ Reliabilität ■ Objektivität
Wirtschaftlichkeit	■ Zeitbedarf ■ Kosten ■ Praktikabilität

GABLER
GRAFIK

4.   Zusammenfassung und Ausblick

Die ökonomische Bewertung von Marken ist ein mit vielfältigen Problemen behafteter Aufgabenbereich, der nach heutigem Stand der Forschung zahlreiche offene Fragen aufwirft. Die Validität ökonomischer Markenwerte, ausgedrückt in Geldeinheiten, erscheint vor diesem Hintergrund zweifelhaft. Selbst die engen klassischen Definitionen des Markenwertes, die ohne die Integration konsumentenorientierter Größen arbeiten, weisen einen großen „Gestaltungsspielraum" auf. Dieser liegt in den unterschiedlichen Prämissen der Berechnung und der Zurechenbarkeitsproblematik begründet. Die aus Marketingperspektive unabdingbare Integration psychografischer Größen erhöht darüber hinaus den Komplexitätsgrad der Markenbewertung.

Die betriebswirtschaftliche Forschung hat sich vor diesem Hintergrund verstärkt mit dem Konstrukt der Markenstärke auseinander gesetzt. Primäres Ziel ist dabei nicht, den monetären Wert einer Marke zu quantifizieren, sondern die im Konsumenten begründeten Wirkungen der Marke zu erfassen und abzubilden. Wenn dies auf Basis von Indikatoren erfolgt, werden zur Auswahl und Gewichtung dieser Indikatoren zunehmend multivariate Analyseverfahren, wie Kausalmodelle oder explorative Faktoranalysen, zu Hilfe genommen. Obgleich durch diese Vorgehensweise ein methodisch gestütztes Set an Indikatoren generiert wird, bieten diese Verfahren ebenfalls nur Näherungslösungen auf Basis der ihnen zu Grunde liegenden Annahmen. Wird die Markenstärke in Geldeinheiten transformiert, hat das eine mehrstufige Vorgehensweise zur Folge. Die Transformationsmethoden bilden jedoch ihrerseits einen eigenen Problemkreis, der wiederum zahlreiche Fragen bezüglich Anwendbarkeit und Aussagekraft aufwirft.

Die identitätsorientierte Markenführung zeigt neben den grundsätzlichen Anforderungen an Markenbewertungsverfahren verschiedene Bereiche auf, die bei einer Bewertung von Marken berücksichtigt werden sollten. Da die identitätsorientierte Markenführung wegen ihrer sozialpsychologischen Ausrichtung gegenüber dem technokratisch-strategieorientierten Ansatz eine weniger deterministische und weniger kausale Denkhaltung einnimmt, wird die Markenbewertung vor erhöhte Anforderungen gestellt.

Vor dem Hintergrund der aufgezeigten Problemfelder und den daraus resultierenden unterschiedlichen Bewertungsverfahren darf jedoch nicht die Schlussfolgerung gezogen werden, dass die Markenbewertung als eine unlösbare Aufgabe unterlassen werden sollte. Die betriebswirtschaftliche Forschung muss weiterhin bemüht sein, die Marke als zentralen Bestandteil des Unternehmenswertes abzubilden, Veränderungen zu analysieren und Handlungsempfehlungen zu generieren. Es ist jedoch unwahrscheinlich, dass ein einziger Ansatz sämtlichen Einsatzfeldern der Markenbewertung als übergreifende Generallösung gerecht wird. Vielmehr werden sich die Verfahren nach dem Prinzip „Cui bono?" auf die unterschiedlichen Motive der Markenbewertung fokussieren müssen. Für das Motiv der Diagnose und Steuerung eines Markenportfolios genügen dann relative Aussagen wie bspw. „Marke A ist stärker als Marke B und schwächer als Marke C". Im Falle der ökonomischen Evaluation ist vor allem auf die Standardisierung und Kontinuität der Verfahren zu achten, um eine hinreichende Vergleichbarkeit zu sichern. In der zukünftigen Entwicklung ist daher davon auszugehen, dass die Markenbewertung in Wissenschaft und Praxis weiterhin ein vieldiskutiertes Thema darstellen wird und neue Verfahren hervorbringt.

Literatur

Aaker, D. A., Building Strong Brands, New York 1996.

Adam, D., Investitionscontrolling, 2. Aufl., München 1997.

Albach, H., Vertrauen in der ökonomischen Theorie, in: Zeitschrift für die gesamte Staatswissenschaft, Nr. 136, 1980, S. 2–11.

Andresen, T., Esch, F.-R., Messung der Markenstärke durch den Markeneisberg, in: Moderne Markenführung, 2. Aufl., Wiesbaden 2000, S. 989–1012.

Argwal, M. K., Ro, V.R., An empirical comparison of consumer based measures of brand strength, in: Marketing Letters, Vol. 7, July 1996, pp. 234–247.

Backhaus, K., Industriegütermarketing, 6. Aufl., München 1999.

Backhaus, K. et al., Multivariate Analysemethoden, 9. Aufl., Berlin 2000.

Barwise, P. et al., Accounting for Brands, London 1989.

Bekmeier-Feuerhahn, S., Marktorientierte Markenbewertung: eine konsumenten- und unternehmensbezogene Betrachtung, Wiesbaden 1998.

Berndt, R., Sander, M., Der Wert von Marken – Begriffliche Grundlagen und Ansätze zur Markenbewertung, in: Bruhn, M. (Hrsg.) Handbuch Markenartikel, Band 2, Stuttgart 1994, S. 1354–1371.

Binder, Ch., Lizenzierung von Marken, in: Esch, F.-R., Moderne Markenführung, 2. Aufl., Wiesbaden 2000, S. 357–378.

Bruhn, M., Bedeutung der Handelsmarke im Markenwettbewerb – eine Einführung, in: Bruhn, M. (Hrsg.), Handelsmarken, 3. Aufl., Stuttgart 2001, S. 3–48.

Calderon, H., Cervera, A., Mollá, A., Brand assessment: a key element of marketing strategy, in: Journal of Product and Brand Management, Vol 6, No. 5, 1997, pp. 293–304.

Cravens, K. S., Guildings, C., Measuring Customer Focus: An Examination of the Relationship between Market Orientation and Brand Valuation, in: Journal of Strategic Marketing, Vol. 8, 2000, pp. 27–45.

Crimmins, J. C., Better Measurement and Management of Brand Value, in: Journal of Advertising Research, Heft 4, 1992, pp. 11–19.

Davis, S., A vision for the year 2000: brand asset management, Journal of Consumer Marketing, Vol. 12, No. 4, pp. 65–82.

DePaoli, N., DaimlerChrysler besitzt die teuersten Marken in Deutschland, Financial Times, 12.10.2000.

Drees, N., Markenbewertung, Erfurter Hefte zum angewandten Marketing, Heft 6, Erfurt 1999.

Duncan, T., Moriarty, S., Driving Brand Value, New York 1997.

Esch, F.-R., Ansätze zur Messung des Markenwertes, in: Esch, F.-R., Moderne Markenführung, 2. Aufl., Wiesbaden 2000, S. 937–966.

Esch, F.-R., Andresen, Th., Messung des Markenwerts, in: Erfolgreiches Markenmanagement, in: Hauser, U. (Hrsg.), Wiesbaden 1997, S. 11–37.

Esch, F.-R., Wicke, A., Grundlagen zum Markenwertaufbau, in: Esch, F.-R., Moderne Markenführung, 2. Aufl., Wiesbaden 2000, S. 3–60.

Faix, A., Kupp, M., Die Operationalisierung von Kernkompetenzen, Arbeitspapier des Instituts für Markt- und Distributionsforschung, Köln 1999.

Farquhar, P. H., Han, J. H., Ijiri, Y. (1992), „Brands on the Balance Sheet", Marketing Management, No. 1, pp. 16–22.

Franzen, O., Markenwertmessung durch Indikatoren für den Markterfolg, in: Markenartikel, Nr. 3, 1993, S. 127–130.

Franzen, O., Trommsdorff, V., Riedel, F., Ansätze der Markenbewertung und der Markenbilanz, in: Bruhn, M. (Hrsg.) Handbuch Markenartikel, Band 2, Stuttgart 1994, S. 1373–1401.

GfK Gesellschaft für Konsumforschung, Studie „Key Driver starker Marken", Nürnberg 2000.

Göttgens, O., Sander, B., Wirtz, B., Dunz, M., Markenbewertung als strategischer Erfolgsfaktor, BBDO-Consulting GmbH, Düsseldorf 2001.

Hammann, P., Der Wert einer Marke aus betriebswirtschaftlicher und rechtlicher Sicht, in: Dichtl, E., Eggers, W. (Hrsg.), Marke und Markenartikel als Instrumente des Wettbewerbs, München 1992, S. 205–245.

Hammann, P., von der Gathen, A., Bilanzierung des Markenwertes und kapitalmarktorientierte Markenbewertungsverfahren, in: Markenartikel, Heft 5, 1995, S. 204–211.

Heider, U. H., Strehlau, R., Markenwert-Controlling, in: Zerres, P., Handbuch Marketing Controlling, Stuttgart 2000, S. 497–519.

Herp, T., Der Marktwert von Marken des Gebrauchsgütersektors, Frankfurt a. M. 1982.

Herreiner, T., Der Wert der Marke – Darstellung und kritische Würdigung von Verfahren der Markenevaluierung, 2. Aufl., Augsburg 1994.

Hupp, O., Wie stark sind große Marken wirklich?, in: Markenartikel, Heft 1, 2000a, S. 20–21.

Hupp, O., Die Validierung von Markenwerten als Voraussetzung für die erfolgreiche Markenführung, in: Planung und Analyse, Heft 5, 2000b, S. 44–47.

Irmscher, M., Markenwertmanagement, Frankfurt/M. 1997a.

Irmscher, M., Starke Marken, Blue Chips, in: Absatzwirtschaft, Sondernummer „Marken" 1997b, S. 120–129.

Jenner, T., Markenführung in Zeiten des Shareholder Value, in: Harvard Business Review, Heft 3, 23. Jg., 2001, S. 54–63.

Kaas, K. P., Langfristige Werbewirkung und Brand Equity, in: Werbeforschung und Praxis, Heft 3, 1990, S. 48–52.

Kapferer, J. N., Die Marke – Kapital des Unternehmens, Landsberg/Lech 1992.

Kapferer, J. N., Strategic Brand Management, London 2000.

Keller, K. L., Strategic Brand Management: Building, Measuring, and Managing Brand Equity, London et al. 1998.

Kenning, P., Customer Trust Management – Ein Beitrag zum Vertrauensmanagement im Lebensmitteleinzelhandel, Dissertation an der Westfälischen Wilhelms-Universität, Münster 2001 (im Druck).

Kern, W., Bewertung von Warenzeichen, in: Betriebswirtschaftliche Forschung und Praxis, 14. Jg., Heft 1, 1962, S. 17–31.

Klingebiel, N., ZP – Stichwort Markenwert, in: Zeitschrift für Planung, Heft 11, 2000, S.110–116.

Kriegbaum, C., Markencontrolling, München 2001.

Kroeber-Riel, W., Weinberg, P., Konsumentenverhalten, 7. Aufl., München 1999.

Kruschwitz, L., Investitionsrechnung, 7. Aufl., München 1997.

Meffert, H., Herausforderungen an die Markenführung in den 90er Jahren, in: Markenartikel, Nr. 53, 1991, S. 265.

Meffert, H., Marketingwissenschaft im Wandel – Anmerkungen zur Paradigmendiskussion, in: Marktorientierte Unternehmensführung im Wandel, Meffert, H. (Hrsg.), Wiesbaden 1999, S. 36–66.

Meffert, H., Marketing: Grundlagen marktorientierter Unternehmensführung: Konzepte – Instrumente – Praxisbeispiele, 9. Aufl., Wiesbaden 2000.

Meffert, H., Burmann, Ch., Identitätsorientierte Markenführung – Grundlagen für das Management von Markenportfolios, Arbeitspapier Nr. 100 der Wissenschaftlichen Gesellschaft für Marketing und Unternehmensführung e. V., Meffert, H., Wagner, H., Backhaus, K. (Hrsg.), Münster 1996.

Meffert, H., Burmann, Ch., Markenbildung und Markenstrategien: in: Handbuch Produktmanagement, Sönke, A., Herrmann, A. (Hrsg.), Wiesbaden 2000, S. 169–187.

Meyer, A., Dornach, F., Kundenmonitor Deutschland, Frankfurt a. M. 1999.

Michael, B. M., Die Marke ist tot, es lebe die Marke!, in: Markenartikel, Heft 1, 1994, S. 22–25.

o. V., Kein Lösegeld für Markenpiraten", in: Markenartikel, Heft 1, 1998, S. 42–46

o. V., Microsoft holt auf, Abruf Spiegel online vom 12.03.2001, www.spiegel.de/wirtschaft/maerkte/0,1518,85896,00.html.

o. V., Unilever vollzieht eine radikale Wende in der Markenpolitik, Frankfurter Allgemeine Zeitung vom 8.03.2000, S. 5.

Olroyd, D., Accounting and Marketing Rationale: The Juxtaposition within Brands, in: International Marketing Review, Vol. 11, No. 2, 1994, pp. 33–46.

Otte, T., Die Selbstähnlichkeit der Marke, in: Brandmeyer, K., Deichsel, A., Otte, T. (Hrsg.), Jahrbuch Markentechnik, Frankfurt/M. 1995, S. 43–53.

Perridon, L., Steiner, M., Finanzwirtschaft der Unternehmung, 10. Aufl. München 1999.

Pitta, D. A., Katsanis, L. P, Understanding brand equity for successful brand extension, in: Journal of Consumer Marketing, Vol. 12, No. 4, 1995, S. 54–64.

Park, C. S., Srinivasan, V., A survey based Method for Understanding and Measuring Brand Equity and its Extendibility, in: Journal of Marketing Research, 1994, pp. 271–288.

Pimpl, R., Im Labyrinth der Kapitalisierung, in: Horizontmagazin, Heft 3, 1999, S. 98–101.

Rasche, C., Wettbewerbsvorteile durch Kernkompetenzen, Wiesbaden 1994.

Riedel, F., Die Markenwertmessung als Grundlage strategischer Markenführung, Heidelberg 1996.

Roeb, T., Markenwert: Begriff, Berechnung, Bestimmungsfaktoren, Mainz 1994.

Sander, M., Die Bestimmung und Steuerung des Wertes von Marken, Heidelberg 1994a.

Sander, M., Der Wert internationaler Marken, Ein Ansatz zu seiner Bestimmung auf Basis der hedonischen Theorie, Tübinger Diskussionsbeiträge, Heft 35, Tübingen 1994b.

Sattler, H., PricewaterhouseCoopers, Industriestudie: Praxis von Markenbewertung und Markenmanagement in deutschen Unternehmen, Frankfurt 1999.

Sattler, H., Markenbewertung, in: Albers, S., Hermann, A. (Hrsg.), Handbuch Produktmanagement, Wiesbaden 2000, S. 219–240.

Sattler, H., Markenpolitik, Stuttgart 2001.

Schulz, R., Brandmeyer, K., Die „Marken-Bilanz", in: Marketing Journal, Heft 4, 1989, S. 360–363.

Schweiger, G., Frieders, G., Vom Markenmythos zum Markenwert, in: Werbeforschung und Praxis, Heft 1, 1995, S. 26–31.

Simon, C. J., Sullivan, M. W., The Measurements and Determinants of Brand Equity: a Financial Approach, in: Marketing Science, Vol. 12, Winter 1993, pp. 28–52.

Srivastata, R. K., Shervani, T. A., Fahey, L., Market Based Assets and Shareholder Value: A Framework for Analysis, in: Journal of Marketing, Vol. 62, Jan. 1998, pp. 2–18.

Srivastata, R. K., Shocker, A. D., Brand Equity: A Perspective on Its Meaning and Measurement, in: Marketing Science Institute, Report No. 91–124, Cambridge 1991.

Steinwartz, S., Messung der Markenstärke – eine vergleichende Bestandsaufnahme, unveröffentlichte Diplomarbeit am Institut für Marketing, Münster 2001.

Stobart, P., Alternative Measures of Brand Valuation, in: Murphy, J. (Hrsg.), Brand Valuation, London 1989, S. 23–31.

Tollington, T., Separating the brand asset from the goodwill asset, in: Journal of Product and Brand Management, Vol. 7, No. 4, 1998, pp. 291–304.

Twardawa, W., Hupp, O., Die Bedeutung der Werbung für die strategische Markenführung, Planung & Analyse, Heft 3, 2000, S. 32–36.

Upshaw, L. B., Building Brand Identity: A Strategy for Success in a hostile Marketplace, New York u. a. 1995.

Wiltinger, K., Personalmarketing auf Basis der Conjoint-Analyse, in: Zeitschrift für Betriebswirtschaft (ZfB), Ergänzungsheft 3, Wiesbaden 1997, S. 55–78.

ZAW, Jahrbuch Werbung in Deutschland 2001, Bonn 2001.

Controlling von Markeninvestitionen – Abnutzbarkeit und Nutzungsdauer von Marken

Heribert Meffert und Christoph Burmann

1. Problemstellung

Nach § 253 Abs. II Satz 1 und 2 HGB sind die Anschaffungs- und Herstellungskosten von Vermögensgegenständen des Anlagevermögens, **deren Nutzung zeitlich begrenzt ist,** um planmäßige Abschreibungen zu vermindern. Gemäß § 6 Abs. I Nr. 1 Satz 1 EstG haben sich die Abschreibungen an der **betriebsgewöhnlichen Nutzungsdauer** des Wirtschaftsgutes zu orientieren. Planmäßige Abschreibungen für entgeltlich erworbene Marken sind somit nur dann möglich, wenn deren Nutzungsdauer begrenzt ist bzw. Marken der Abnutzung unterliegen. Der zweite Senat des Bundesfinanzhofes hat diesbezüglich mit Beschluss vom 4.9.1996 festgestellt, *„dass entgeltlich erworbene Warenzeichen, die auf Dauer betrieblich genutzt werden, keinem Wertverzehr unterliegen"*. Diese Auffassung wird vor allem damit begründet, dass „es doch weder eine gesetzliche Regelung, noch einen allgemeinen Erfahrungssatz (gibt (Anm. d. Verf.)), wonach sich der Wert von Warenzeichen generell innerhalb einer bestimmten Nutzungsdauer verbraucht und diesem Umstand durch eine planmäßige Abschreibung Rechnung zu tragen ist". Auch die Diskussion über den International Accounting Standard 38 (vgl. IAS 38.79–38.90) zur zukünftigen Bilanzierung immaterieller Vermögensgegenstände hat gezeigt, dass eine Reihe von Bilanzierungsexperten die Auffassung vertritt, Marken seien nicht abnutzbar (IASC, Basis for Conclusions, IAS 38.45 (a.i)). Vor diesem Hintergrund soll der Frage nachgegangen werden, **ob und in welcher Form auf Dauer genutzte Marken einem Werteverzehr unterliegen.**

Neben der Gewinnermittlung auf Seiten des Markenkäufers ist diese Frage **auch im Rahmen der Markenführung von hohem Interesse.** Marken werden dabei als Investitionsobjekte betrachtet. Dem Markenmanager obliegt die Vorteilhaftigkeitsbestimmung für alternative Markeninvestitionen und das Controlling dieser Investitionen. Zur Bestimmung der Vorteilhaftigkeit von Investitionen in verschiedene Marken oder in unterschiedliche Markenstrategien für eine bestimmte Marke müssen der Zahlungsstrom und damit die Nutzungsdauer der Markeninvestitionen bestimmt werden. Ausgehend von diesen beiden Interessenlagen soll herausgearbeitet werden, dass es aus theoretischer und empirischer Betrachtung zahlreiche Anhaltspunkte zur Bestimmung von Erfahrungssätzen gibt, wonach sich der Wert verschiedener Klassen von Marken generell innerhalb bestimmter Nutzungsdauerintervalle verbraucht. Nachfolgend wird dabei auf der Grundlage des geltenden Rechts argumentiert (de lege lata).

Dabei ist bei der Untersuchung von Marken grundsätzlich zwischen der Marke als gewerblichem Schutzrecht, dem markierten Produkt und der „eigentlichen" Marke zu unterscheiden (vgl. in diesem Zusammenhang auch den Beitrag zum Stellenwert und Gegenstand des Markenmanagement in diesem Band). Die präzisierte Fragestellung lautet somit: Welche **betriebsgewöhnliche Nutzungsdauer** hat

- das gewerbliche Schutzrecht,
- das markierte Produkt und
- die Marke?

Während die Nutzungsdauer des gewerblichen Schutzrechtes faktisch unbegrenzt ist, trifft dies auf das markierte Produkt und die Marke nicht zu. Beim **markierten Produkt** ist in der Regel von einer auf wenige Jahre beschränkten Lebensdauer auszugehen (vgl. Simon 1982, S. 188). In der Automobilindustrie sind zum Beispiel Produktlebenszyklen von fünf bis sieben Jahren üblich, bei Personalcomputern 1,5–2 Jahre und bei modischer Damenoberbekleidung drei bis sechs Monate. An dieser Stelle wird der Unterschied zwischen dem markierten Produkt und der **Marke** deutlich. Während zum Beispiel unter der Marke „VW Golf" ca. alle sechs Jahre ein vollständig neu konstruiertes Produkt angeboten und unter der Damenoberbekleidungsmarke „Gerry Weber" ca. alle sechs Monate eine komplett neue Kollektion vorgestellt wird, weisen beide Marken eine längere Lebensdauer auf.

2. Abnutzbarkeit von Marken

2.1 Rechtliche versus wirtschaftliche Abnutzbarkeit von Marken

Die Frage der Abnutzbarkeit von Marken kann sich auf die rechtliche oder wirtschaftliche Abnutzbarkeit beziehen. Die Begriffsauffassung des Bundesfinanzhofes in seinem Beschluss vom 4.9.1996 bezieht sich auf die **rechtliche Abnutzbarkeit** im Sinne **der Geltungsdauer von Warenzeichenrechten**. Laut § 47 MarkenG beträgt die Schutzdauer eingetragener Marken zehn Jahre. Sie ist beliebig oft um weitere zehn Jahre verlängerbar. Aus dieser rechtlichen Sicht stehen Marken dem Unternehmen faktisch dauerhaft zur Verfügung. Eine Abnutzbarkeit wäre dann abzulehnen. Dieser Argumentation liegt jedoch ein **verkürztes Markenverständnis** zu Grunde, denn es wird ausschließlich der Frage nachgegangen, wie lange das **gewerbliche Schutzrecht** vom Unternehmen genutzt werden darf. Vernachlässigt wird, dass der Wert einer Marke nicht primär durch das gewerbliche Schutzrecht als solches begründet wird, sondern durch die Loyalität der Konsumenten gegenüber einer Marke als Folge eines überlegenen **Markennutzens**.

Um den für die tatsächliche Werthaltigkeit einer Marke bzw. deren Werteverzehr verantwortlichen Bestimmungsfaktoren gerecht zu werden, muss auf die **wirtschaftliche Abnutzbarkeit** von Marken abgestellt werden. Die alleinige Relevanz der wirtschaftlichen Abnutzbarkeit kann aus den Zwecken der Handels- und Steuerbilanz abgeleitet werden. „Primärzweck der Handelsbilanz ist die vorsichtige Ermittlung eines ausschüttungsfähigen Vermögenszuwachses. Dieser deckt sich mit dem Zweck der Steuerbilanz, einen nach Maßgabe der wirtschaftlichen Leistungsfähigkeit steuerbaren Gewinn zu ermitteln" (Barth/Kneisel 1997, S. 474). Ebenso wie die Nutzungsdauer von Maschinen nicht technisch, sondern lediglich wirtschaftlich bestimmt werden kann (vgl. Leffson 1938, S. 308), ist auch die Nutzungsdauer von Marken nicht rechtlich, sondern wirtschaftlich zu bestimmen.

Auf Grund der in Handels- und Steuerbilanz deutlich werdenden Fokussierung auf die wirtschaftliche Leistungsfähigkeit eines Unternehmens wird hier ebenfalls auf eine wirtschaftliche Betrachtungsweise abgestellt. Die Bestimmung der Markennutzungsdauer aus rein wirtschaftlicher Perspektive ist jedoch mit hoher Unsicherheit und dementsprechend **großen Ermessensspielräumen** verbunden. Zur **Objektivierung** wird bei materiellen Vermögensgegenständen vorgeschlagen, eine Normierung der wirtschaftlichen Nutzungsdauer entsprechend den steuerlichen AfA-Tabellen verbindlich vorzugeben (vgl. Baetge 1996, S. 231 f.). Dieses Vorgehen erscheint auch im Zusammenhang mit der Abnutzung von Marken sinnvoll.

$2._2$ Abnutzbarkeit aus verhaltenstheoretischer Perspektive

Die Entstehung eines psychografischen Markenwertes setzt umfangreiche **Lernvorgänge** auf Seiten des Konsumenten voraus. Der Verbraucher muss das Nutzenversprechen einer Marke lernen, er muss lernen, worin im Vergleich zu konkurrierenden Produkten die bessere Leistung der Marke liegt, und schließlich muss er lernen, wo er die Marke erwerben kann. Unabhängig von der Vielzahl an Lerntheorien, die in der Literatur diskutiert werden (vgl. Kroeber-Riel/Weinberg 1999, S. 324 ff.; Aaker/Keller 1990), besteht Einigkeit darin, dass Lernen in der Regel mit einem hohen Zeitbedarf einhergeht. Erlernte Verhaltensmuster werden im Langzeitgedächtnis abgespeichert. Die Inhalte des Gedächtnisses unterliegen jedoch **Vergessenswirkungen**. Ebenso wie das Lernen erfolgt jedoch auch das Vergessen über einen längeren Zeitraum. Das Vorstellungsbild von aus dem Markt ausgeschiedenen Marken wird im Laufe der Jahre diffuser und von immer weniger Konsumenten erinnert, womit diese Marken letztlich ihre Kaufverhaltensrelevanz und Werthaltigkeit verlieren. Überträgt man die Erkenntnisse der lerntheoretischen Forschung auf die Markenführung, so ist davon auszugehen, dass bei einer Reduzierung der markenpolitischen Aktivitäten verstärkt Vergessenseffekte beim Konsumenten eintreten.

Abbildung 1 zeigt am Beispiel einer PKW-Marke, dass bereits 12 Wochen nach dem Ende einer die Marke stärkenden Werbekampagne die Erinnerung der Befragten an das in dieser Kampagne ausgelobte Nutzenversprechen der Marke und die Penetration positiver Markeneinstellungen (hier der Sympathie) um über ein Drittel zurückgegangen sind. Diese Vergessenswirkungen sind nicht linear fortzuschreiben. Sie verdeutlichen jedoch, dass selbst bei einer nur vorübergehenden Einstellung der werblichen Unterstützung von Marken mit einer Schwächung der Verhaltensrelevanz und damit der Werthaltigkeit einer Marke zu rechnen ist. Im Durchschnitt über alle 60 untersuchten Marken aus 24 Warengruppen ergab sich nach 12 Wochen ein Rückgang der Erinnerungsleistung um 10 Prozent.[1]

---

1   Im Rahmen dieser Studie wurden zwischen dem 7.10.1997 und dem 19.10.1998 wöchentlich 300 Personen (insgesamt 15.631) zwischen 14 und 64 Jahren telefonisch befragt (repräsentative Zufallsstichprobe). Vgl. zu dieser Studie Beike 1998, S. 41.

Abbilding 1   Rückgang der Erinnerungsleistung und der Penetration
                       positiver Markeneinstellungen nach dem Ende einer Markenkampagne

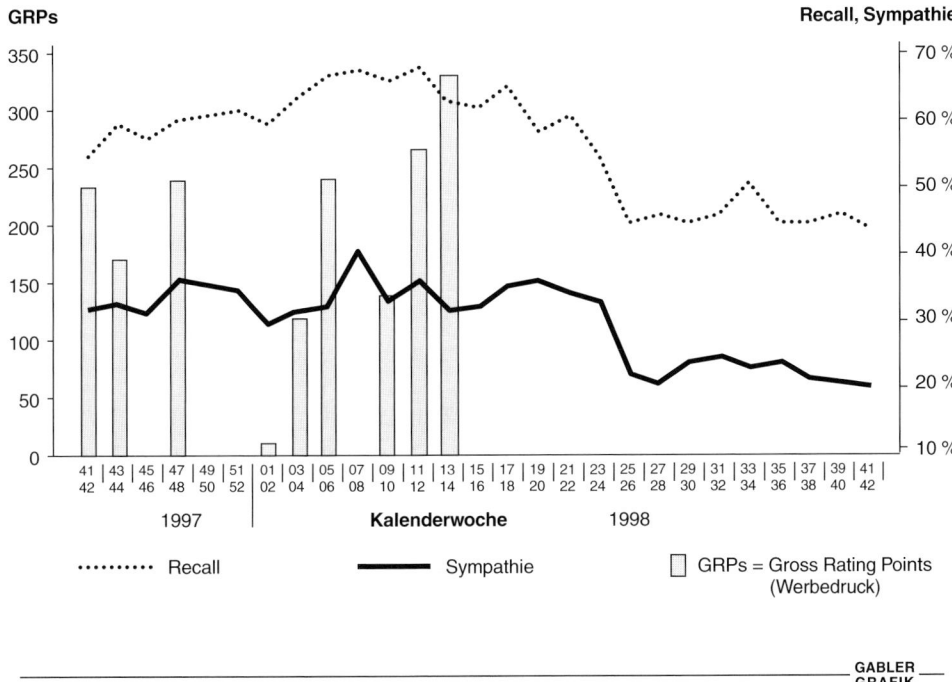

Problematisch erscheint vor diesem Hintergrund somit nicht die Frage, **ob** beim Konsumenten Vergessenswirkungen auftreten (Frage der Abnutzbarkeit von Marken), sondern **in welcher Form**, das heißt in welcher Intensität, und in welchem zeitlichen Verlauf diese Vergessenswirkungen einsetzen.

3.   Nutzungsdauer von Marken

Vor diesem Hintergrund soll der Frage nachgegangen werden, **innerhalb welcher Nutzungsdauer sich der Wert bestimmter Typen von Marken gewöhnlich verbraucht.** Angesichts des noch rudimentären Forschungsstandes kann es hier lediglich das Ziel sein, erste Anhaltspunkte zu generieren und dabei im Wesentlichen den Such- und Aufgabenraum für die weiterführende Forschung zu strukturieren.

3.1 Lebenszyklusanalyse als Grundlage zur Nutzungsdauerbestimmung

Das „Werden und Vergehen" von Produkten wird in Lebenszyklusmodellen durch im Zeitablauf veränderte Wettbewerbskonstellationen und Konsumentenbedürfnisse erklärt. Empirisch konnte das Lebenszykluskonzept in zahlreichen Einzelfällen, insbesondere auf hoch aggregierter Ebene, bestätigt werden. Bei stärker disaggregierter Analyse wurde das Lebenszykluskonzept jedoch auch falsifiziert, sodass es bislang keine hinreichende prognostische und normative Relevanz besitzt (vgl. Höft 1992). Ihm kommt jedoch der Verdienst zu, die Endlichkeit der Lebensdauer von Marken zu verdeutlichen. Dementsprechend kann das Lebenszyklusmodell als Basis zur weiteren deduktiven Ableitung der Nutzungsdauer von Marken verwendet werden.[2]

3.2 Konzeption einer allgemeinen Nutzungsdauerverteilungsfunktion

Zur **induktiven Ableitung** der Nutzungsdauer von Marken wird in einem zweistufigen Vorgehen auf unterschiedliche empirische Untersuchungen zurückgegriffen. Im ersten Schritt werden Studien, die sich mit dem Erfolg und damit mittelbar der Lebensdauer neu in den Markt eingeführter Marken beschäftigen, ausgewertet. Diese empirischen Arbeiten haben oftmals lediglich den Charakter von Fallstudien, können aber bei einer größeren Zahl untersuchter Marken zumindest eine Indikatorfunktion übernehmen. Sie kommen in der Regel zu dem Ergebnis, dass lediglich **1 bis 15 Prozent aller Markenneueinführungen sich mittel- bis langfristig zu erfolgreichen Marken entwickeln** (vgl. Aaker 1991, S. 24; Interbrand 1992, S. 16 f.). Betrachtet werden dabei ausschließlich neu eingeführte Marken. Die Einführung eines neuen Produktes unter einer bekannten, bereits etablierten Marke wird hier ausgeschlossen. Die große Schwankungsbreite dieser „Überlebensrate" von Marken verdeutlicht die **Notwendigkeit einer branchenspezifischen Betrachtung**, die jedoch auf Grund der bisher sehr lückenhaften empirischen Datenlage kaum möglich ist.

Um ein vollständigeres Bild von der Markenlebensdauer zu erhalten, können die empirischen Untersuchungen über Produktlebenszyklen herangezogen werden. Droege/Backhaus/Weiber kommen in einer 1993 (S. 54) durchgeführten Untersuchung für den Industriegüterbereich zu dem Ergebnis, dass sich die durchschnittliche Produktlebensdauer in diesem Wirtschaftszweig von elf in den 70er Jahren auf nur noch sechs Jahre im letzten Jahrzehnt reduziert hat. Eine Studie des Fraunhofer Instituts für Arbeitswissenschaft und Organisation aus dem Jahr 1990 (S. 34) untersucht ebenfalls die Entwicklung der Lebens-

---

2   Vgl. Enis/La Garce/Prell 1977 und Simon 1978, die als Bezugsobjekt für Lebenszyklusanalysen ebenfalls auf die besondere Eignung von Marken verweisen.

zyklen von Produkten im Industriegüterbereich. Für die Branche Elektrotechnik und Computer wurde eine durchschnittliche Produktlebensdauer von vier Jahren ermittelt. Eine sich auf zahlreiche Industrie- und Konsumgüter des verarbeitenden Gewerbes beziehende Studie des Münchener Ifo-Instituts ermittelte über alle Produktgruppen eine durchschnittliche Produktlebensdauer von 4,3 Jahren (1986, S. 5). Auch bei der Vorteilhaftigkeitsanalyse von Investitionsobjekten ist eine Bestimmung der wirtschaftlichen Nutzungsdauer notwendig. Auf der Grundlage zahlreicher empirischer Erfahrungswerte ist dabei zum Beispiel für die Metall verarbeitende Industrie eine durchschnittliche wirtschaftliche Nutzungsdauer von fünf Jahren ermittelt worden (Suckut 1992, S. 85), die als Indikator für die **durchschnittliche (wirtschaftliche) Produktlebensdauer** in dieser Branche interpretiert werden kann.

Im Vergleich zu Industriegütern liegt die Nutzungsdauer von Konsumgütern in der Regel unterhalb der oben zitierten vier bis sechs Jahre. Auf der anderen Seite ist zu berücksichtigen, dass in den zitierten Studien nicht explizit Marken-, sondern Produktlebenszyklen untersucht wurden. Obwohl Marken- und Produktlebenszyklen konzeptionell weitgehend identisch sind, ist angesichts der oben bereits genannten Gründe davon auszugehen, dass die absolute Lebensdauer von Marken länger ist als diejenige von Produkten. Zur weitergehenden Spezifizierung der Nutzungsdauer von Marken kann auf die im Rahmen der Innovationsforschung ermittelten Ergebnisse zu „Flopraten" von Neuprodukteinführungen zurückgegriffen werden (vgl. Loch 1997). Dabei ist jedoch zu berücksichtigen, dass sich die „Flopraten" oft auf Produkt- und nicht auf Markenneueinführungen beziehen und insoweit Korrekturen vorzunehmen sind. Wägt man alle genannten Argumente gegeneinander ab, so ist die induktive Herleitung einer allgemeinen Nutzungsdauerverteilung von Marken zwar grundsätzlich möglich, hinsichtlich ihres Aussagegehaltes jedoch mit Einschränkungen behaftet.

In **deduktiver Betrachtung** basiert der in Abbildung 2 dargestellte Funktionsverlauf auf den theoretischen Grundaussagen des Lebenszykluskonzeptes. Induktiv wurde der Funktionsverlauf aus zahlreichen Fallstudien zur Lebensdauer einzelner Marken sowie der durchschnittlichen Produktlebensdauer in verschiedenen Branchen abgeleitet (vgl. Meffert/Burmann 1998). Trotz dieses ersten Versuches einer induktiven und deduktiven Fundierung ist der Funktionsverlauf aus Abbildung 2 lediglich als eine **grobe, branchen- und länderübergreifende Approximation der realen Lebensdauerverteilung von Marken** zu interpretieren. Für weiterführende empirische Untersuchungen kann der dargestellte Funktionsverlauf als Basishypothese dienen.

Unbeschadet von dem noch lückenhaften Erkenntnisstand wird deutlich, dass die große Mehrheit der Marken eine relativ kurze Nutzungsdauer hat. Dieses Ergebnis erscheint zunächst überraschend, weil sich die subjektiven Assoziationen zum Stichwort „Marken" zumeist auf sehr langlebige Marken beziehen (zum Beispiel Maggi, Dr. Oetker, Persil, Nivea) und intuitiv eine längere Lebensdauer erwarten lassen. Diese **subjektive Wahrnehmungsverzerrung** erklärt sich dadurch, dass es die wenigen sehr erfolgreichen Marken durch ihre jahrzehntelange Marktpräsenz und ihre massiven Investitionen in die Kommunikation (in kumulativer Betrachtung) geschafft haben, sich dauerhaft im Gedächtnis der Konsumenten zu verankern.

Abbildung 2   **Verteilungsfunktion der Nutzungsdauer von Marken**

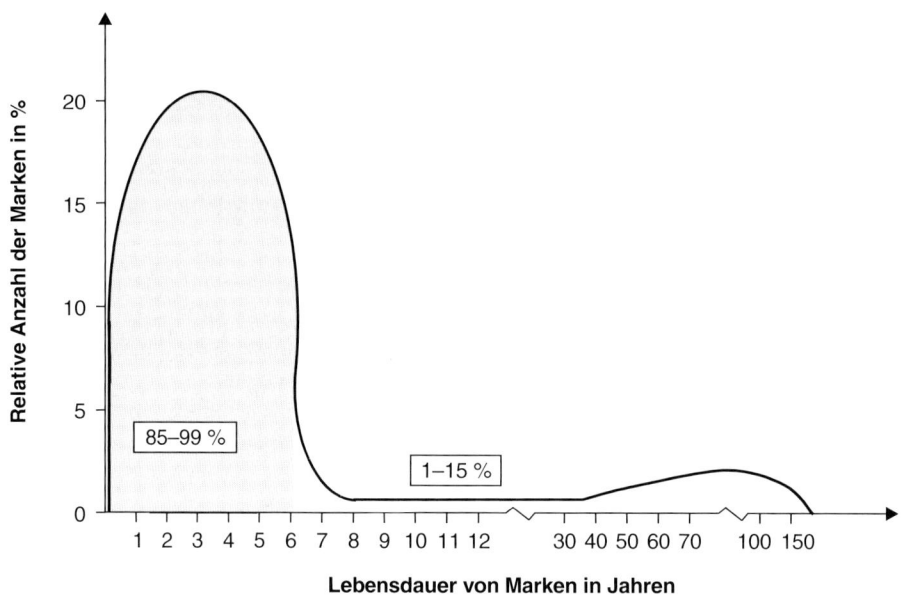

GABLER
GRAFIK

3.3   Determinanten der Nutzungsdauer von Marken

Im Folgenden werden zunächst solche Determinanten der Markennutzungsdauer untersucht, die **vor** der Markteinführung einer Marke zur groben Klassifikation der zu erwartenden Markenlebensdauer verwendet und vom Markeninhaber gestaltet werden können. Im nächsten Abschnitt (4.3.2) werden dann Einflussfaktoren analysiert, die **nach** der Markteinführung zu einer andauernden Gefahr der Abnutzung des Markenwertes führen. Diese Faktoren können als **Ursachen für planmäßige Abschreibungen des Markenwertes** interpretiert werden. Diese Determinanten sind vom Markeninhaber nur sehr begrenzt zu kontrollieren.

3.31 Determinanten zur Klassifikation der Markennutzungsdauer

Zu den von Anfang an bedeutsamen Determinanten der Markennutzungsdauer zählen insbesondere der Gütertyp, die Markenstrategie und die rechtliche Absicherung der Marke (vgl. Abbildung 3).

Abbildung 3   **Determinanten zur Klassifikation der Nutzungsdauer von Marken**

	Markenlebensdauer	
	[...] eher länger	**[...] eher kürzer**
Branchenzugehörigkeit/ Gütertyp	▪ Marken bei (langlebigen) Gebrauchsgütern ▪ Dienstleistungen ▪ Investitionsgüter ▪ High-Involvement-Produkte	▪ Marken bei (kurzlebigen) Verbrauchsgütern ▪ Low-Involvement-Produkte
Markenstrategie: **– Strategieoption** **– Markierungsobjekt** **– Markteintrittszeitpunkt** **– Art des Wettbewerbs-** ** vorteils**	▪ Dachmarken ▪ Erstmarken ▪ Pioniermarken ▪ Marken mit Leistungs-(Qualitäts-)Vorteil	▪ Einzelmarken ▪ Zweit-, Drittmarken ▪ Me-too-Marken ▪ Marken mit Preisvorteil
Rechtliche Absicherung der Marke	▪ Wettbewerbsvorteile der Marke durch Patente, Lizenzen, Konzessionen oder durch (künstliche) Monopole/Regulierung abgesichert	▪ Wettbewerbsvorteile der Marke rechtlich nicht/kaum abgesichert

GABLER ___
GRAFIK

Der **Gütertyp** beeinflusst die Nutzungsdauer einer Marke über die Lebensdauer der markierten Leistung. Gebrauchsgütermarken weisen demzufolge zumeist eine längere Lebensdauer auf als Verbrauchsgütermarken. Hierfür ist vor allem das in der Regel höhere Involvement bei Gebrauchsgütern verantwortlich. Dieses reduziert Vergessenswirkungen und beeinflusst das markenspezifische Wahrnehmungsverhalten positiv (vgl. Kroeber-Riel/Weinberg 1999). Je größer der Anteil hoch-involvierter Kunden unter allen Markenverwendern ist, desto länger ist tendenziell die Lebensdauer einer Marke.

Die Lebensdauer von Marken fällt bei Dienstleistungen und Investitionsgütern tendenziell höher aus als bei Konsumgütern. Dies ist im Wesentlichen auf den **in der Regel höheren Anteil an Vertrauenseigenschaften bei vielen Dienstleistungen und Investitionsgütern** zurückzuführen. Die bei vielen Dienstleistungen und Investitionsgütern fehlende Möglichkeit zur ex-ante Überprüfung der anbieterseitig zugesagten Leistungs-eigenschaften lässt den Konsumenten umfassender als bei Konsumgütern auf die Marke als Surrogat für die Produktqualität zurückgreifen. Dies fördert die Markenloyalität und damit die Werthaltigkeit und Lebensdauer der Marke.

Neben dem Gütertyp kommt der **Markenstrategie** eine herausgehobene Bedeutung für die Abschätzung der Markenlebensdauer zu (vgl. in diesem Zusammenhang auch den Beitrag zu den strategischen Optionen der Markenführung in diesem Band sowie Meffert 1992). Hinsichtlich der markenstrategischen Optionen ist zu konstatieren, dass Dach-marken tendenziell eine längere Lebensdauer aufweisen als Einzelmarken. Mehr- und Familienmarkenstrategien sind zwischen der Dach- und der Einzelmarkenstrategie ein-zuordnen. Die längere Markenlebensdauer bei Dachmarken ist vor allem auf die größere Flexibilität in der Markenführung und die breitere Zielgruppe einer Dachmarke zurück-zuführen.

Im Allgemeinen ist davon auszugehen, dass die Lebensdauer einer Marke mit zunehmen-der Disaggregation des Markierungsobjektes sinkt. Die Markenlebensdauer wird ferner vom **Markierungsobjekt** beeinflusst. Von der Erst- über die Zweit- bis hin zur Drittmar-ke ist von einer abnehmenden Lebensdauer auszugehen. Ein ähnliches Ergebnis zeigt sich beim **Markteintrittszeitpunkt**. Auch hier nimmt die Lebensdauer von Marken in der Regel mit wachsender Verzögerung des Markteintrittszeitpunktes ab. Der Marktein-tritt als Pionier bietet den wahrnehmungspsychologischen Vorteil, sich als erste Marke einer neuen Produktkategorie im Gedächtnis des Konsumenten zu verankern. Auch die Art des Wettbewerbsvorteils einer Marke beeinflusst deren Lebensdauer. Echte Leis-tungsvorteile von Marken sind durch Wettbewerber schwieriger und nur mit größerem Aufwand zu kopieren als Preisvorteile.

Schließlich determiniert auch die **rechtliche Absicherung einer Marke** deren Lebens-dauer. Sind die Wettbewerbsvorteile einer Marke durch Patente, Lizenzen, Konzessionen oder staatliche Regulierungen abgesichert, verlängert sich die Lebensdauer einer Marke.

3.32 Determinanten eines andauernden Werteverzehrs bei Marken

Im Folgenden werden solche Determinanten kurz skizziert, die eine andauernde Gefahr für die Werthaltigkeit von Marken darstellen und in der Regel nur in begrenztem Maße vom Markenmanagement beeinflusst werden können. Die weite Verbreitung dieser die Nachhaltigkeit des Markenwertes bedrohenden Faktoren macht es erforderlich, planmä-ßige Abschreibungen auf den Markenwert vorzunehmen (vgl. IAS 38.80). Dies gilt ins-besondere auch deshalb, weil Zeitpunkt und Umfang des Werteverzehrs mit vertretbarem Aufwand nicht präzise bestimmbar sind. Daher ist eine näherungsweise Verteilung der eintretenden Abnutzungseffekte über den Zeitraum der voraussichtlichen Markennut-zung notwendig. Abbildung 4 kann demnach als **Systematik wichtiger Ursachen für eine planmäßige Abschreibung von Marken interpretiert werden.**

Abbildung 4	Systematik von Abschreibungsursachen für den Markenwert

Horizontaler Wettbewerb	■ Laufende Markteintritte neuer Wettbewerber
	■ Wachsender Globalisierungsdruck
	■ Zunehmender Kommunikationswettbewerb („Markeninflation")
	■ Steigende Homogenität und Austauschbarkeit von Marken
	■ Zunehmende Markenpiraterie
Vertikaler Wettbewerb	■ Ansteigender Filialisierungs- und Internationalisierungsgrad der Absatzmittler
	■ Zunehmender Konzentrationsgrad der Absatzmittler (Preisdruck)
	■ Kontinuierliche Verbesserung des Marketing Know-hows der Absatzmittler
Konsument	■ Steigende Markenwechselbereitschaft, sinkendes Markenbewusstsein
	■ Wachsendes Preisbewusstsein
	■ Kontinuierlicher Wandel der Bedürfnisstrukturen
	■ Laufende Vergessenswirkungen
Technologie	■ Regelmäßige Produkt- und Prozessinnovation
	■ Neue Informations- und Kommunikationstechnologien

GABLER
GRAFIK

Eine wichtige Abschreibungsursache ist der zunehmende **horizontale Wettbewerb**. Die Deregulierung vieler Branchen, die Öffnung von Ländergrenzen u. a. auf Grund von Freihandelsabkommen und technologischen Innovationen führen in vielen Märkten zum **Eintritt neuer Wettbewerber und Marken**. Reagiert das Markenmanagement heute zu langsam auf Veränderungen der internationalen Faktorpreis- und Wettbewerbsstrukturen, so verliert die Marke als Folge des hohen **Globalisierungsdrucks** schnell Marktanteile und sieht sich der Gefahr einer Erosion ihres Wertes ausgesetzt.

Zudem hat die schnelle und problemlose Verfügbarkeit leistungsfähiger Produkt- und Prozesstechnologien zu einer wachsenden technisch-objektiven **Produkthomogenität** in vielen Märkten geführt (vgl. Diekhof 1998, S. 77). Dies hat bei vielen Marken zu einem empirisch nachweisbaren Anstieg der vom Konsumenten wahrgenommenen Austauschbarkeit geführt (vgl. BBDO 1993). Mit wachsender Austauschbarkeit verliert die Marke – bei allem rechtlichen Schutz der formalen Markierung – zunehmend ihren Wert.

Die Inflation „neuer" Marken hat zu einer Verschärfung des Kommunikationswettbewerbs geführt. So wurden zum Beispiel im amerikanischen Lebensmitteleinzelhandel 1994 über 20.000 neue Marken eingeführt (vgl. Quelch/Harding 1996). In Deutschland wurden 1998 ca. 54.000 Marken beworben, davon ca. 3.500 mit einem Kommunikationsbudget von über eine Millionen DM p. a. (vgl. v. Keller 1998). Der intensivere Kommunikationswettbewerb wird auch an der Entwicklung der Aufwendungen für klassische Kommunikation in Deutschland deutlich, die im Zeitraum 1986–1996 von elf auf über 26 Milliarden DM p. a. gestiegen sind. Dies hat dazu geführt, dass 1997 im deutschen Fernsehen über 1,5 Millionen Werbespots zu sehen waren (vgl. o. V. 1997). Damit wachsen die notwendigen Aufwendungen zur Profilierung von Marken, wohingegen deren Wirkungseffizienz tendenziell sinkt. Mit Blick auf den verschärften Kommunikationswettbewerb ist jedoch auch zu berücksichtigen, dass bereits eingeführte, fest etablierte Marken im Vergleich zu neu eingeführten Marken relative Vorteile verbuchen können. Nicht zuletzt hat auch die steigende Zahl der Fälle von **Markenpiraterie** zu einer Erhöhung des horizontalen Wettbewerbsdruckes geführt.

Die wachsende Wettbewerbsintensität im vertikalen, **absatzstufenübergreifenden Marketing** führt ebenfalls zu einem andauernden Abwertungsrisiko auf den Markenwert. Dies betrifft vor allem Herstellermarken. Der in den vergangenen Jahren kontinuierlich gestiegene **Filialisierungs- und Internationalisierungsgrad im deutschen Einzelhandel** hat die Fähigkeiten der Handelsunternehmen, durch eigene Marken mit den Herstellern in Wettbewerb zu treten, deutlich verbessert. Dies geht mit einem **wachsenden Marketing-Know-how des Handels** einher (vgl. in diesem Zusammenhang den Beitrag zur identitätsorientierten Markenführung im Handel).

Im Einzelhandel ist ferner ein bis heute ungebremster **Konzentrationsprozess** zu beobachten (vgl. M&M Eurodata 1997). Die als Folge der steigenden Nachfragemacht sinkenden Handelsabgabepreise der Markenhersteller schwächen die Ertragskraft insbesondere der Herstellermarken. Der starke Preisdruck im vertikalen Markenwettbewerb wird durch die laufenden Marktanteilsgewinne preisaggressiver Betriebsformen weiter verstärkt.

Auch das Verhältnis der **Verbraucher** zur Marke hat sich gewandelt. In vielen Bereichen ist heute ein **Anstieg der Markenwechselbereitschaft** zu beobachten (vgl. Dekimpe et al. 1996). Trotz hoher Zufriedenheit mit den bis dato verwendeten Marken kommt es auf Grund des „variety seeking behavior" der Konsumenten (vgl. Haseborg/Mäßen 1997) zum Kauf „fremder" bzw. neuer Marken. Die damit einhergehende **sinkende Markentreue** reduziert c. p. den Markenwert.

Eine rückläufige Markentreue, in empirischen Untersuchungen zumeist vereinfacht über den Wiederkauf einer Marke operationalisiert, lässt sich in vielen Warengruppen empirisch belegen. So hat sich zum Beispiel die Zahl der von jedem Haushalt für den Einkauf von Gütern des täglichen Bedarfs im Durchschnitt aufgesuchten Geschäfte von 1984 bis 1997 von 9,8 auf 10,8 erhöht (vgl. Twardawa 1998, S. 12). Da sich gleichzeitig die Nachfrage nach Gütern des täglichen Bedarfs nicht signifikant verändert hat, ist die Markentreue gegenüber Einzelhandelsgeschäften gesunken. Auch im deutschen PKW-Markt ist in den vergangenen Jahren eine sinkende Markentreue zu verzeichnen gewesen (vgl. Abbildung 5).[3]

---

3 Die Markenloyalitätsraten in Abbildung 5 wurden auf Basis der jährlich von den Automobilherstellern durchgeführten Neuwagenkäufer-Studie berechnet. In dieser Gemeinschaftsstudie werden jährlich 41.000 PKW-Käufer vier bis sechs Monate nach der Fahrzeugübernahme schriftlich befragt.

Abbildung 5	Entwicklung der Markentreue im deutschen PKW-Markt

Marken	1992 (Prozent)	1998 (Prozent)	Veränderungen in Prozent
Deutsche Marken (VW, Audi, Ford, Opel, Daimler-Benz, BMW)	65,9	62,8	−4,7
Italienische Marken (Fiat, Lancia, Alfa)	53,2	49,0	−7,9
Französische Marken (Citroen, Peugeot, Renault)	62,9	60,7	−3,5
Japanische Marken (Toyota, Nissan, Mazda, Mitsubishi, Honda, Suzuki, Daihatsu, Subaru)	66,5	60,5	−9,0

* Lesebeispiel: Im Modelljahr 1998 kauften im Durchschnitt 62,5 % aller Besitzer eines PKWs mit deutscher Marke, die sich einen neuen PKW kauften, wieder die Marke ihres bisherigen Fahrzeugs.

GABLER GRAFIK

Quelle: Volkswagen AG

Das Kaufverhalten der Verbraucher ist darüber hinaus seit vielen Jahren durch ein **zunehmendes Preisbewusstsein** gekennzeichnet (vgl. Bott et al. 1999). Dies ist ein Indikator für die nachlassende Anziehungskraft vieler Marken, denn der Preis wird bei der Kaufentscheidung immer dann wichtiger, je weniger der Konsument mit einer Marke ein klares, nutzenorientiertes Vorstellungsbild verbindet. Die **Instabilität der Bedürfnisstrukturen** der Konsumenten stellt für den Wert etablierter Marken eine Gefahr dar, ist aber auch die Grundlage für den Erfolg neuer Marken. Die sich laufend in ihrer Bedeutung verändernden Konsumtrends legen eine planmäßige Abschreibung des Markenwertes nahe.

Der **technologische Fortschritt** führt bei etablierten Marken zu einer permanenten Gefahr, durch neue Marken mit technisch besseren Produkten verdrängt zu werden. Während Innovationen unter kurzfristiger Perspektive als ein diskontinuierliches Phänomen erscheinen (und damit durch außerplanmäßige, einmalige Wertberichtigungen buchhalterisch abgebildet werden könnten), ist bei langfristiger Betrachtung näherungsweise von einem relativ **kontinuierlichen Prozess** auszugehen. Aus diesem Grunde erscheint eine Berücksichtigung der Gefahren des technologischen Fortschritts für den Wert etablierter Marken durch eine planmäßige Markenwertabschreibung zweckmäßig. Ferner verbessern **neue Informations- und Kommunikationstechnologien** die Markttransparenz für Konsumenten und Einkaufsmanager sowie die Diffusionsgeschwindigkeit neuer Marken. Dies wird den Preisdruck für viele Marken weiter erhöhen und die Erosion der Marktposition etablierter Marken verstärken. Auch hieraus ergibt sich ein steigender „Abwertungsdruck" für Marken.

4. Zusammenfassung und Ausblick

Der vorliegende Beitrag befasst sich mit der wirtschaftlichen Abnutzbarkeit und Nutzungsdauer von Marken aus marketingwissenschaftlicher Sicht. Die dargelegte Argumentationslinie führt zu der Schlussfolgerung, dass Marken einer Abnutzung unterliegen. Die Untersuchung legt je nach situativem Branchenkontext eine Abschreibungsperiode von etwa drei bis acht Jahren nahe (vgl. auch Gold 1998).

In seiner Stellungnahme vom 27.2.1998 ist das Bundesministerium der Finanzen (BdF) im Grundsatz der obigen Argumentationslinie gefolgt. Eine planmäßige Abschreibung des Markenwertes erscheint darüber hinaus auch deswegen geboten, weil die außerplanmäßige Teilwertabschreibung des derivativen Markenwertes nach den Plänen des Gesetzgebers weitestgehend abgeschafft werden soll. Das Problem der konkreten Nutzungsdauerbestimmung wird damit in besonderer Weise virulent, bleibt jedoch sowohl aus Sicht des BdF als auch des IASC weitgehend ungelöst. Der Abschreibungszeitraum von 15 Jahren, bzw. 20 Jahren nach IAS 38, stellt eine widerlegbare Höchstgrenze dar. Die vorliegende Analyse zeigt demgegenüber zahlreiche Ansatzpunkte für eine erheblich kürzere Nutzungsdauer auf. Für eine hinreichend präzise und valide wissenschaftliche Analyse und Prognose der Nutzungsdauer von Marken bleibt freilich eine Reihe von Fragen offen. Das betrifft einmal das komplexe Zusammenspiel der zahlreichen, hier identifizierten Determinanten der Nutzungsdauer sowie ihre empirische Absicherung im konkreten Kontext. Weiterführende typologische Ansätze unter besonderer Bezugnahme auf die Marktleistung und die verfolgte Markenstrategie sind erforderlich. Letztlich könnte eine in dieser Weise fortgeführte Markenforschung in der Konzeption von „AfA-Tabellen für Marken" münden und damit zu einer Objektivierung sowohl des Jahresabschlusses als auch des Investitionscontrolling im Rahmen der Markenführung beitragen.

Literatur

Aaker, D., Managing Brand Equity, New York u. a. 1991.

Aaker, D., Keller, K.L., Consumer Evaluations of Brand Extensions, in: Journal of Marketing, Vol. 54, Jan. 1990, pp. 27–41.

Baetge, J., Bilanzen, 4. Aufl., Düsseldorf 1996.

Barth, T./Kneisel, H., Entgeltlich erworbene Warenzeichen in der Handels- und Steuerbilanz, in: Die Wirtschaftsprüfung, 1997, Nr. 14, S. 473–479.

BBDO (Hrsg.), Brand Parity Study II, Düsseldorf 1993.

Beike, P. (1998), SAT.1 AdTrend, SAT.1 GmbH (Hrsg.), Berlin 1998.

Beschluß des Bundesfinanzhofes vom 4.9.1996, in: Deutsches Steuerrecht (DStR), Wochenschrift für Steuerrecht, Wirtschaftsrecht und Betriebswirtschaft, München 1996, S. 1770.

Bott, H., Jung, A., Link, O., „Ich bin doch nicht Blöd", in: Der Spiegel, Nr. 33 v. 16.8.1999, S. 80–84.

Dekimpe, M. G., Mellens, M., Steenkamp, J. B. E. M., Vanden Abeele, P., Erosion and Variability in Brand Loyalty, Working Paper No. 96–114, Marketing Science Institute (Hrsg.), Boston 1996.

Diekhof, R., Kosmopoliten sind gefragt, in: Werben & Verkaufen, Heft 38, 1998, S. 74–77.

Droege, W., Backhaus, K., Weiber, R., Strategien für Investitionsgütermärkte: Antworten auf neue Herausforderungen, Landsberg/Lech 1993.

Enis, B.M., La Garce, R., Prell, A. E., Extending the Product Life Cycle, in: Business Horizonts, June 1977, pp. 46–56.

Fraunhofer-Institut für Arbeitswissenschaft und Organisation, F & E heute, Industrielle Forschung und Entwicklung in der Bundesrepublik Deutschland, München 1990.

Gold, G., Steuerliche Abschreibungsmöglichkeit für Marken?, in: Der Betrieb, 1998, S. 956–959.

Haseborg, F. ter, Mäßen, A., Das Phänomen des Variety-Seeking-Behavoir: Modellierung, empirische Befunde und marketingpolitische Implikationen, in: Jahrbuch der Absatz- und Verbrauchsforschung, Heft 2, 1997, S. 164–188.

Höft, U., Lebenszykluskonzepte, Berlin 1992.

IAS International Accounting Standard 38: Intangible Assets, IASC (Hrsg.), September 1998.

IASC (Hrsg.), Basis for Conclusions IAS 38, IAS 22 and Summary of Changes to E60 and IAS 22, London, October 1998.

Ifo-Institut für Wirtschaftsforschung (Hrsg.), Innovationsbericht, Ergebnisse des Ifo-Innovationstests 1984/85, München 1986.

Interbrand Group (Hrsg.), The world's greatest brands. An international review by Interbrand, New York u. a. 1992.

Keller, V. v., Macht des Namens, in: Wirtschaftswoche, Heft Nr. 45 v. 29.10.1998, S. 100–103.

Kroeber-Riel, W., Weinberg, P., Konsumentenverhalten, 7. Aufl., München 1999.

Leffson, U., Die wirtschaftlichen Wirkungen des technischen Fortschritts, in: Zeitschrift für Nationalökonomie, 1938, S. 238–320 und 414–449 (zitiert nach Baetge 1996, S. 231).

Loch, C., Disziplin oder Flexibilität, in: Management von Innovation und Wachstum, Arthur D. Little (Hrsg.), Wiesbaden 1997, S. 184–201.

Meffert, H., Strategien zur Profilierung von Marken, in: Dichtl, E., Eggers, W. (Hrsg.), Marke und Markenartikel als Instrument des Wettbewerbs, München 1992, S. 129–156.

Meffert, H., Burmann, C., Abnutzbarkeit und Nutzungsdauer von Marken – Ein Beitrag zur steuerlichen Behandlung von Warenzeichen, Arbeitspapier Nr. 118 der Wissenschaftlichen Gesellschaft für Marketing und Unternehmensführung e. V., Meffert, H., Backhaus, K. (Hrsg.), Münster 1998.

M & M Eurodata (Hrsg.), M & M Topfirmen, Strukturen, Umsätze und Vertriebslinien des Lebensmitteleinzelhandels Food/Nonfood in Deutschland, Frankfurt/M. 1997.

o. V., Täglich 27 Stunden Werbung im Fernsehen, in: Frankfurter Allgemeine Zeitung v. 9.10.1997, S. 21.

Quelch, J. A., Harding, D., Brands Versus Private Labels: Fighting to Win, in: Harvard Business Review, No. 1, 1996, pp. 99–109.

Simon, H., Produktlebenszyklus und Preisstrategie, in: WiST, 1978, Heft 3, S. 116–123.

Simon, H., Preismanagement, Wiesbaden 1982.

Suckut, S., Unternehmensbewertung für internationale Akquisitionen: Verfahren und Einsatz, Wiesbaden 1992.

Twardawa, W., Neueste Daten zur Marken- und Einkaufsstättentreue, in: Strategien zur Schaffung und Erhaltung von Markenloyalität, G.E.M. Gesellschaft zur Erforschung des Markenwesens e. V. (Hrsg.), Frankfurt/M. 1998, S. 10–21.

Markenführung im Spannungsfeld zwischen Tradition und Innovation: Persil – Da weiß man, was man hat

Klaus Morwind, Jörg P. Koppenhöfer und Peter Nüßler

Persil bleibt Persil. Persil bleibt Persil, weil Persil nicht Persil bleibt.

Eine große Marke ist eine Marke mit großen Versprechen, großen Ansprüchen, großen Aussprüchen, großen Slogans, großen potentiellen Slogans.

Eine große Marke ist eine Marke mit Spannung, mit Spannkraft.

Persil ist eine große Marke. Persil hat eine eigene Aura.

Persil ist die elegante weiße Dame, Persil ist unser Bestes. Persil ist ein hervorragendes Produkt und noch viel mehr. Persil vereint Tradition und Modernität auf einzigartige Weise.

Die Geburtsstunde, der erste Auftritt der Marke, hat schon den außerordentlichen Anspruch geprägt (vgl. Abbildung 1).

Abbildung 1   **Einführungsankündigung für Persil aus dem Jahr 1907**

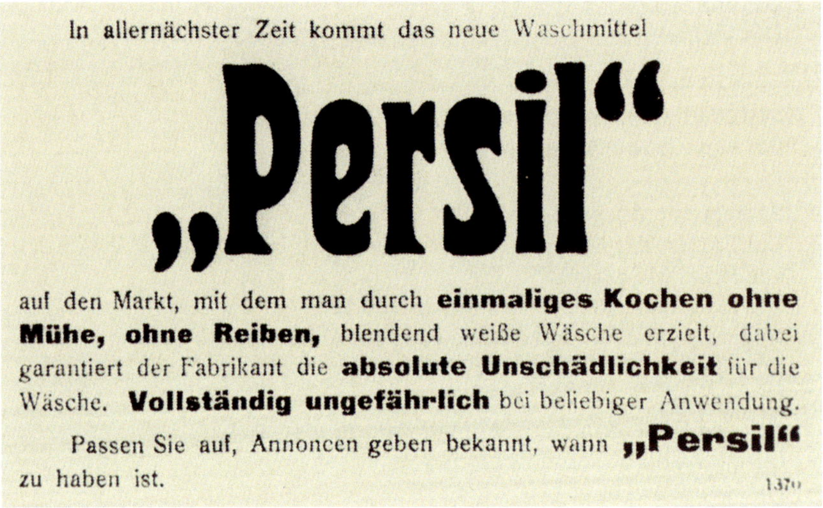

In allernächster Zeit kommt das neue Waschmittel „Persil" auf den Markt, mit dem man durch **einmaliges Kochen ohne Mühe, ohne Reiben,** blendend weiße Wäsche erzielt, dabei garantiert der Fabrikant die **absolute Unschädlichkeit** für die Wäsche. **Vollständig ungefährlich** bei beliebiger Anwendung. Passen Sie auf, Annoncen geben bekannt, wann „**Persil**" zu haben ist.

GABLER
GRAFIK

Mit der Ankündigung noch vor der Einführung wurden Inhalt und Sprache bestimmt, die im Kern bis heute nicht verändert wurden: der Anspruch, der 70 Jahre nach der Einführung in der Aussage des Persil-Presenters gipfelte „Mehr können Sie für Ihre Wäsche nicht tun, guten Abend." Diese Forderung auf Qualitätsführung hat die Marke bis heute begleitet.

Persil ist etwas Besonderes.

Persil, eine Marke mit so reicher Vergangenheit, die von Generation zu Generation weiterempfohlen wurde, kann auf die Vergangenheit anspielen, kann quasi Kultobjekt sein. Durch die starken Innovationen insbesondere in den letzten 20 Jahren nimmt Persil eine optimale Position in den Dimensionen Vergangenheit/Zukunft, Kontinuität/Wandel ein, die sich als sanfte Modernisierung beschreiben lässt. Die Marke Persil hat aber auch einen eigenen Stil, ein unverwechselbares Auftreten, ein eigenes Zeichensystem. So wurde die Marke zu dem, was sie heute ist durch ständige, behutsame Erneuerung sowohl in Bezug auf Inhalt als auch Form. Es gilt für Persil im besonderen Ausmaß, was für alle starken Marken gilt, die Spannung zwischen Tradition und Innovation zu halten.

Persil ist Tradition und Innovation.

1. Persil: Die bestimmende Marke im deutschen Waschmittelmarkt

Der deutsche Markt für Universalwaschmittel hat im Jahr 2000 ca. 2 Milliarden DM umgesetzt. Damit ist er einer der größten für Fast Moving Consumer Goods. Eine Marke hat diesen heißumkämpften Markt seit Jahrzehnten geprägt und bestimmt: Persil.

| Abbildung 2 | Wertmäßiger Marktanteil in 2000 nach Herstellern (in Prozent) |

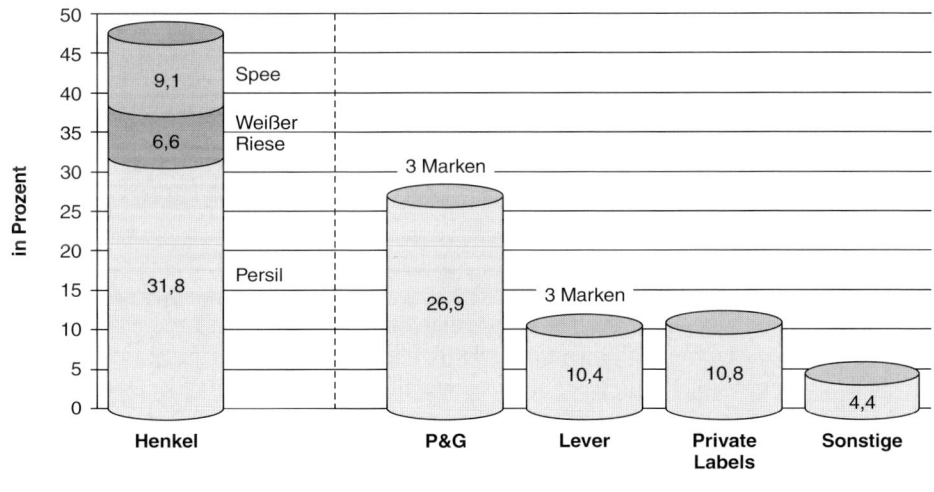

GABLER
GRAFIK

Persil lebt nicht von Tradition allein. Im Gegenteil. Die „Weiße Dame" ist heute so erfolgreich wie vor 90 Jahren. Persil vergrößert den Abstand zum Hauptwettbewerber immer deutlicher (vgl. Abbildung 3). 50 Millionen Kaufakte im Jahr 2000 sind der Beweis. Damit haben die Verbraucher fast doppelt so oft zu Persil gegriffen wie zum Hauptwettbewerber. Die Käuferreichweite von 28 Prozent und eine Wiederkaufrate von über 50 Prozent bestätigen die herausragende Stellung der Marke Persil.

| **Abbildung 3** | **Entwicklung des Marktanteils von Persil und Hauptwettbewerber (in Prozent)** |

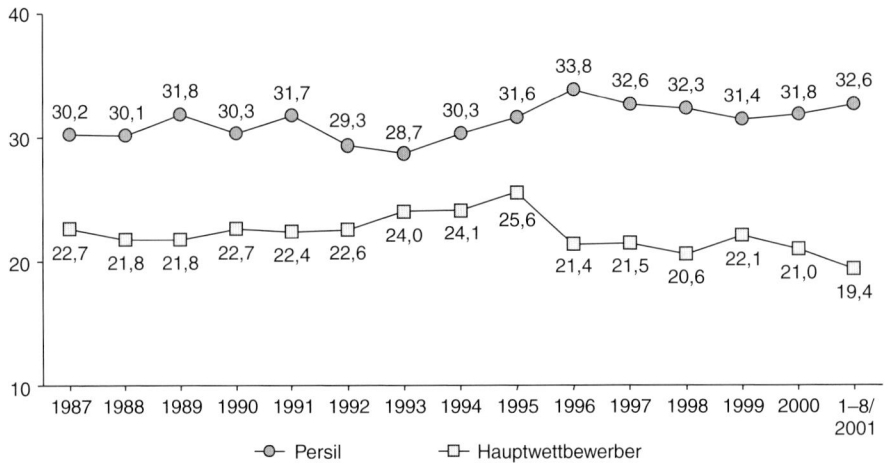

GABLER
GRAFIK

Eine wichtige Basis dieser eindrucksvollen Marktdaten ist die überlegene Kraft der Marke.

Man kennt Persil. Das belegt die ungestützte Markenbekanntheit von 84 Prozent im Segment der Universalwaschmittel.

Man vertraut Persil. Das beweist die Wahl zur vertrauenswürdigsten Marke unter den Waschmitteln Deutschlands (vgl. Abbildung 4).

Nur wenige Marken haben eine so herausragende Stellung wie Persil. Auf die Frage nach einem bekannten Markenartikel nannten 26 Prozent der Westdeutschen und 20 Prozent der Ostdeutschen Persil. Damit war Persil die meistgenannte Marke aller Kategorien; gefolgt von Nivea mit 18 Prozent bzw. 11 Prozent (Umfrage des Instituts für Marktforschung in Leipzig vom Juni 2001).

Abbildung 4   **Deutschlands vertrauenswürdigste Marken
in der Produktkategorie Waschmittel (Nennungen in Prozent, ungestützt)**

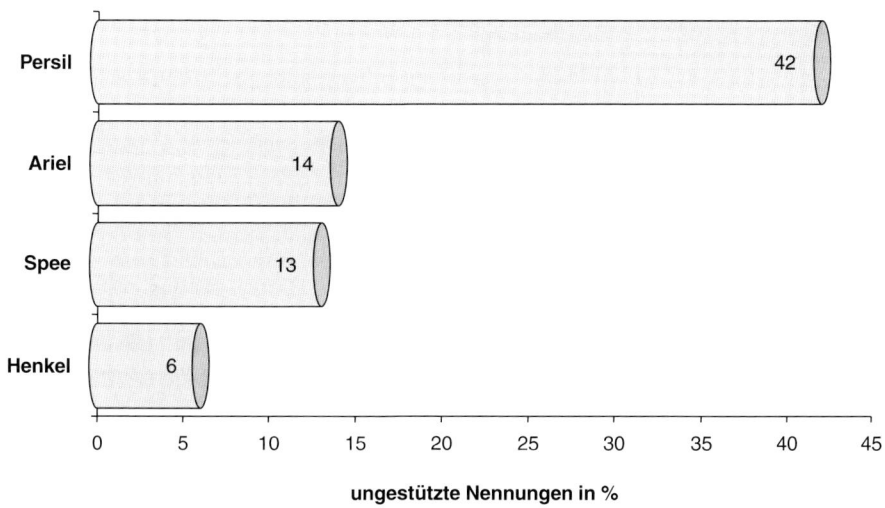

ungestützte Nennungen in %

GABLER
GRAFIK

Quelle: Reader's Digest: European Trusted Brands 2001

Und in den „Deutschen Standards" wird unter der Rubrik Vollwaschmittel ausschließlich Persil als „das Waschmittel" genannt.

Das Institut für Demoskopie, Allensbach, beschreibt das Markenbild von Persil im Vergleich zum Wettbewerb folgendermaßen: Persil verbindet Waschleistung, Spitzenqualität und Modernität. Gleichzeitig ist Persil voll Tradition und immer bodenständig geblieben. Diese Mischung ist kein Gegensatz, sondern definiert das einmalige Markenimage von Persil.

Aber wie konnte diese Marke ihre Spitzenposition über all die Jahrzehnte hinweg bewahren und immer weiter ausbauen? Wesentlicher Erfolgsfaktor ist die Tatsache, dass sich Produkt und Marke immer weiter entwickelt haben. Es gab und gibt niemals Stillstand. Produktleistung, Qualität, Verbraucheransprache und Aufmachung wurden ständig verbessert. In einer fast perfekten Kombination von Innovation und Tradition, von Veränderung und Kontinuität.

Es war ein langer Weg, und er ist noch lange nicht zu Ende.

2. Persil – von 1907 bis heute

2.1 Die Produkte

Persil hat durch neue Produktangebote den Markt bestimmt und vorangetrieben. Dabei waren die Bedürfnisse der Verbraucher immer der wichtigste Faktor.

1907 wurde von der 1876 gegründeten Firma Henkel & Cie das erste selbsttätige Waschmittel auf den Markt gebracht: *Persil*. Der Markenname leitet sich dabei aus den beiden wichtigsten chemischen Grundstoffen ab: *Per*borat und *Sil*icat. Das Produkt avancierte schnell zum Erfolg und fand rasch verschiedene Nachahmer. Frühzeitig erkannte Fritz Henkel, dass die kontinuierliche Weiterentwicklung der Produktqualität wesentlich den Erfolg der Marke bestimmt: „Sie werden sehen, dass es nicht besonders leicht ist, ein modernes Waschmittel herzustellen, und dass es außerordentlicher Mühe und sehr viel Arbeit bedarf, um ein solches Produkt auf der Höhe zu halten und es noch immer mehr zu verbessern."

Abbildung 5   **Zeitstrahl von 1907 bis heute mit den wesentlichen Launches und Re-Launches der letzten 15 Jahre**

GABLER GRAFIK

Lange Zeit änderte sich an der Pulver-Form des Waschmittels nicht viel; es handelte sich vielmehr um rezepturtechnische Anpassungen oder Erneuerungen, die die Leistung des Produktes und die Schonung der Textilien während des Waschens verbesserten, begleitet von maschinentechnischen Innovationen, wie zum Beispiel den Waschvollautomaten.

Anfang der 80er Jahre wurde der Schutz der Umwelt immer wichtiger. Dabei übernahm Persil die Vorreiterrolle und führte 1986 das erste *phosphatfreie* Waschmittel ein. Vier Jahre später wurde mit *Persil Supra* eines der ersten Waschmittelkonzentrate eingeführt, welches 50 Prozent ergiebiger war als klassische Pulver und gleichzeitig Verpackungsmaterial sparte.

1990 wurde *Persil Parfümfrei* eingeführt und neun Jahre später in *Persil Sensitiv* umbenannt. Der Verzicht auf Duftstoffe entsprach den Bedürfnissen hautempfindlicher Personen.

1991 folgte mit *Persil Color* wieder eine Innovation auf dem Waschmittelmarkt: das erste Vollwaschmittel mit Farbschutz, der Farben vor dem Verblassen bewahrt. 1992 wurde das bereits im Jahr 1987 von Persil eingeführte Flüssigwaschmittel mit *Persil Supra Flüssig* und *Persil Color Flüssig* weiter verbessert. Produktneueinführungen, mit denen Persil eine neue konzentrierte Waschmittelform definierte und die Persil-Leistungsvorteile mit dem Nutzen vollständig löslicher Waschmittel kombinierte.

Mit der Verwendung von Plantaren®, einem Tensid-Komplex, der überwiegend auf Basis nachwachsender Rohstoffe wie Raps-, Palm-, Kokos- oder Palmkernöl hergestellt wird und vollständig biologisch abbaubar ist, leistet Persil 1993 einen weiteren wichtigen Beitrag zur Umweltentlastung.

1994 gelang mit der Entwicklung und Einführung der *Persil Megaperls*® eine der größten Innovationen in der Geschichte des Waschmittels. Dabei handelte es sich um eine doppelte Innovation:

Zum einen wurde das Waschmittel durch Anwendung eines neuen Produktionsverfahrens noch stärker konzentriert, mit allen Vorteilen bei Ergiebigkeit und Einsparung von Verpackungsmaterial.

Zum anderen wurde durch die aus dem Extrusionsprozess entstehenden Waschmittelperlen die Form und das Aussehen des Pulverwaschmittels deutlich verändert. „Perlen statt Pulver" haben so zu einer deutlichen Differenzierung gegenüber den Wettbewerbsprodukten geführt.

Die Konzentration der Waschmittelprodukte fand 1997 ihre Fortsetzung mit der Einführung von *Persil Gel*. Mit *Persil Tabs* wurde 1998 der wichtige Convenience-Trend aufgegriffen – erstmals gab es ein konzentriertes Waschmittel in vordosierter Form. Dieser Produktnutzen ist auch Basis der jüngsten Innovation: *Persil LIQUITS* und *Persil Color LIQUITS*. Sie bestätigen erneut die Qualitäts- und Innovationsführerschaft von Persil auf dem deutschen Waschmittelmarkt. *Persil LIQUITS* verbinden als erstes vorportioniertes Flüssig-Vollwaschmittel die Produktvorteile von Tabs und von Flüssigwaschmitteln und bieten dem Verbraucher mit Beginn des Jahres 2002 im Wachstumssegment der Flüssigwaschmittel die neueste Technologie.

Gleichzeitig werden Persil-Produkte parallel zu den Neuentwicklungen laufend verbessert und neuen Qualitätsanforderungen angepasst. Die daraus resultierende Sortimentsbreite – zur Zeit gibt es Persil in elf unterschiedlichen Angebotsformen – ermöglicht es, die verschieden ausgeprägten Konsumentenbedürfnisse perfekt abzudecken.

So kann das Versprechen „Persil bleibt Persil" eingehalten werden. Dieser Satz signalisiert das gleichbleibend hohe Qualitätsniveau auch 94 Jahre nach der Einführung von Persil. Helmut Sihler, früherer Vorstandsvorsitzender der Henkel KGaA, bringt es auf den Punkt: „Persil bleibt Persil, weil Persil nicht Persil bleibt." Allein der ständige Fokus

auf die sich wandelnden Bedürfnisse der Konsumenten und die Anpassung an neue ge-
sellschafts- und wettbewerbspolitische Rahmenbedingungen ermöglichen es, dass Persil
stets der Qualitäts- und Innovationsführer am deutschen Waschmittelmarkt geblieben ist.

Doch zum Erfolg einer Marke zählt nicht nur die kontinuierliche Weiterentwicklung in
technischer Hinsicht, sondern auch ihr öffentlicher Auftritt.

2.2 Die Kommunikation

Auch im öffentlichen Auftreten hat Persil immer wieder innovative Wege beschritten, sei
es mit sogenannten „Sandwich"-Männern zu Beginn des 20. Jahrhunderts, mit Haus-
haltsberaterinnen, die in den 20er Jahren die Hausfrauen über die neue Anwendungswei-
se des Produkts aufklärten oder mit dem „Persil-Mann", der den Werbeauftritt Mitte der
70er bis Mitte der 80er Jahre prägte.

Abbildung 6   **Die Weiße Dame von 1922**

1922 entwarf Kurt Heiligenstaedt das Bild der „Weißen Dame" (vgl. Abbildung 6). Dieses Bild hat sich über die Jahrzehnte allen gesellschaftlichen Entwicklungen und Moden angepasst und der Marke eine unverkennbare Identität gegeben. In ihrer Schönheit und Eleganz verkörpert die Weiße Dame eine Frau, die dank Persil von der beschwerlichen Arbeit der Wäschepflege befreit ist. Dadurch, dass Persil die ehemals mit der Wäsche verbundenen Probleme in den Hintergrund treten lässt, kann sich die moderne Frau voll und ganz auf das konzentrieren, was ihr wichtig ist.

Persil war auch stets eine der ersten Marken, die neue Medien genutzt hat, um den Menschen das Produkt und seinen Nutzen nahe zu bringen. In den Jahren zwischen 1927 und 1939 wurden beispielsweise zehn Persil-Filme gedreht, davon einer in der Länge von 2 Stunden mit bekannten Schauspielern. Diesen Film haben innerhalb von sechs Jahren ca. 30 Millionen Zuschauer gesehen. Seit 1956 nutzt Persil neben Print und Plakat intensiv das Medium Fernsehen. Der erste TV-Spot im deutschen Fernsehen war ein Film von Persil. In diesem warben Beppo Brehm und Lisl Karlstadt für Persil.

Neue Formen der Zusammenarbeit mit den privaten TV-Sendern, die über die klassische TV-Werbung hinaus gehen, werden ebenfalls in die Kommunikationspolitik integriert. Bei der Einführung von Persil Tabs wurde durch ein breit angelegtes TV-Sponsoring in Kooperation mit allen großen Privatsendern in nur 6 Wochen eine gestützte Bekanntheit von 70 Prozent für das neue Produkt aufgebaut.

Und auch heute nutzt Persil die modernsten Medien der Kommunikation. Zum Beispiel das Internet: Persil entwickelt als erstes deutsches Waschmittel eine eigene Website mit speziellem Fleckenratgeber und Wasch-Center (www.persil.de). Dieser Schritt resultiert nicht zuletzt aus dem eigenen Anspruch, zum Thema Waschen in allen Fragen und über alle Kommunikationswege der kompetenteste Ansprechpartner für die Verbraucher zu sein. Es gibt eben nur ein Persil.

Typisch für Persil ist die Nutzung mehrerer Medien. Insbesondere das „öffentlichste" aller Medien, das Plakat, das kaum von anderen Waschmitteln genutzt wird, hat das Markenbild von Persil geprägt. Persil hat zudem als erste Marke auch die jüngste Innovation, die 3D-Plakate, im Rahmen des Kommunikations-Mix genutzt.

2.3   Die Packung

Über die direkte Kommunikation in den Massenmedien hinaus kommt der Entwicklung des Packungsbildes im Rahmen der kontinuierlichen Ansprache der Verbraucher große Bedeutung zu (vgl. Abbildung 7).

Abbildung 7   **Persil Packungsdesigns im Zeitablauf**

  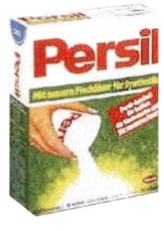  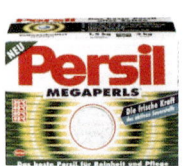 

1907   1965   1973   1986   1994   2002

GABLER
GRAFIK

Trotz einzelner größerer Veränderungen bleiben wesentliche Gestaltungsmerkmale der Packung konstant bzw. werden nur geringen Änderungen unterworfen, um die Kontinuität des Markenauftritts zu gewährleisten. In den ersten 50 Jahren hat sich die Packung nur marginal verändert. Der Farbcode wurde stets beibehalten. 1973 wurde das grüne Logo in einen roten Schriftzug umgewandelt. Seit Mitte der 80er Jahre wird das Design durch das grüne „Energiefeld" im unteren Bereich mitbestimmt und ist bis heute kontinuierlich weiterentwickelt worden. Dass die einzelnen Änderungen teilweise für den Verbraucher nicht oder nur kaum wahrnehmbar sind, liegt vor allem an der Tatsache, dass es sich um evolutionäre statt revolutionäre Schritte handelte. Eben die perfekte Kombination von Weiterentwicklung und Kontinuität als wichtige Basis für das Vertrauen der Verbraucher.

2.4 Die Promotion

Eine erfolgreiche und wichtige Konstante ist die Promotion „Unser Bestes". Sie wurde 1970 erstmals durchgeführt und ist seither jedes Jahr fester Bestandteil der Promotionpolitik von Persil. Mit „Unser Bestes" dankt Persil den Verbrauchern für deren Vertrauen und Treue zur Marke in Form eines attraktiven Angebots. Wesentliches Gestaltungsmerkmal ist die Rote Schleife, die jede Packung auszeichnet und die inzwischen von den Verbrauchern gelernt und geliebt wird (vgl. Abbildung 8).

Abbildung 8   **Persil „Unser Bestes"**

GABLER
GRAFIK

2.5 Der Vertrieb

Das Angebot höchster Produktqualität und die Kommunikation der Leistungsvorteile an eine breite Verwenderschaft reichen jedoch nicht aus, um den Erfolg einer Marke nachhaltig zu sichern. Gerade bei Gütern des täglichen Bedarfs kommt der Distribution eine hohe Bedeutung zu.

Durch die Organisation und Durchsetzungsstärke des Vertriebsstabes der Henkel Wasch- und Reinigungsmittel GmbH ist es stets gelungen, dass Persil bei fast allen Handelsorganisationen und in allen Vertriebsschienen jederzeit gelistet und für den Kunden immer erhältlich ist. Damit wird neben dem ausgezeichneten Image die Grundvoraussetzung für eine hohe Kauf- und Wiederkaufrate geschaffen. Neben der Distribution kommt der marktführergerechten Präsentation der Marke beim Handel sowohl in der Stamm- als auch in der Sonderplatzierung eine besondere Bedeutung zu. Durch die permanente Preispflege kommt darüber hinaus die gegebene Qualitätsführerschaft auch in der Preisführerschaft im Regal zum Ausdruck.

3.   Systematik einer erfolgreichen Produktneueinführung – Der Launch von Persil Megaperls® 1994

3.1   Das System

Die vorangegangenen Ausführungen haben deutlich gemacht, wie vielschichtig die einzelnen Marketingmaßnahmen bei Persil sind. Der Erfolg jeder einzelnen, vor allem aber der von Produktinnovationen, hängt dabei von ihrer fundierten Vorbereitung ab. Ob es um die Verbesserung bestehender Produkte oder um die Einführung großer Produktinnovationen geht, das Vorgehen ist weitgehend standardisiert und setzt stets den Verbraucher in den Mittelpunkt aller Überlegungen.

Maßstab jeder marktgerichteten Entscheidung ist somit die Frage, ob der Verbraucher die daraus resultierende Maßnahme annimmt und bevorzugt. Die Bewertung der Produktqualität hat durch den Verbraucher zu erfolgen. Zur Qualitätssicherung bei einem Launch oder Relaunch sind daher bestimmte Schritte der Überprüfung durch den Verbraucher via Marktforschung zwingend vorgeschrieben. Grundlage des Vorgehens ist das im Folgenden näher erläuterte System der Markenpyramide (vgl. Abbildung 9).

Diesem System steht quasi spiegelbildlich ein Marktforschungssystem gegenüber, welches zur Überprüfung der jeweiligen Schritte dient und somit bestimmt, ob die nächste Prozessstufe erreicht ist oder ob weitere Aktivitäten auf der „aktuellen" Stufe erforderlich sind.

Folgende Grundsätze stehen stets im Zentrum des unternehmerischen Handelns: Ein Produkt darf demnach nur eingeführt werden,

1.   wenn es der Befriedigung eines wichtigen Verbraucherbedürfnisses dient;

2.   wenn seine Leistung vom Verbraucher als mindestens so gut erlebt wird wie die vergleichbarer Konkurrenzprodukte;

3.   wenn die Kommunikation dem Verbraucher ein überzeugendes Produktbild (Image) vermittelt, das das Henkel-Angebot im Vergleich zur Konkurrenz als bessere Lösung darstellt.

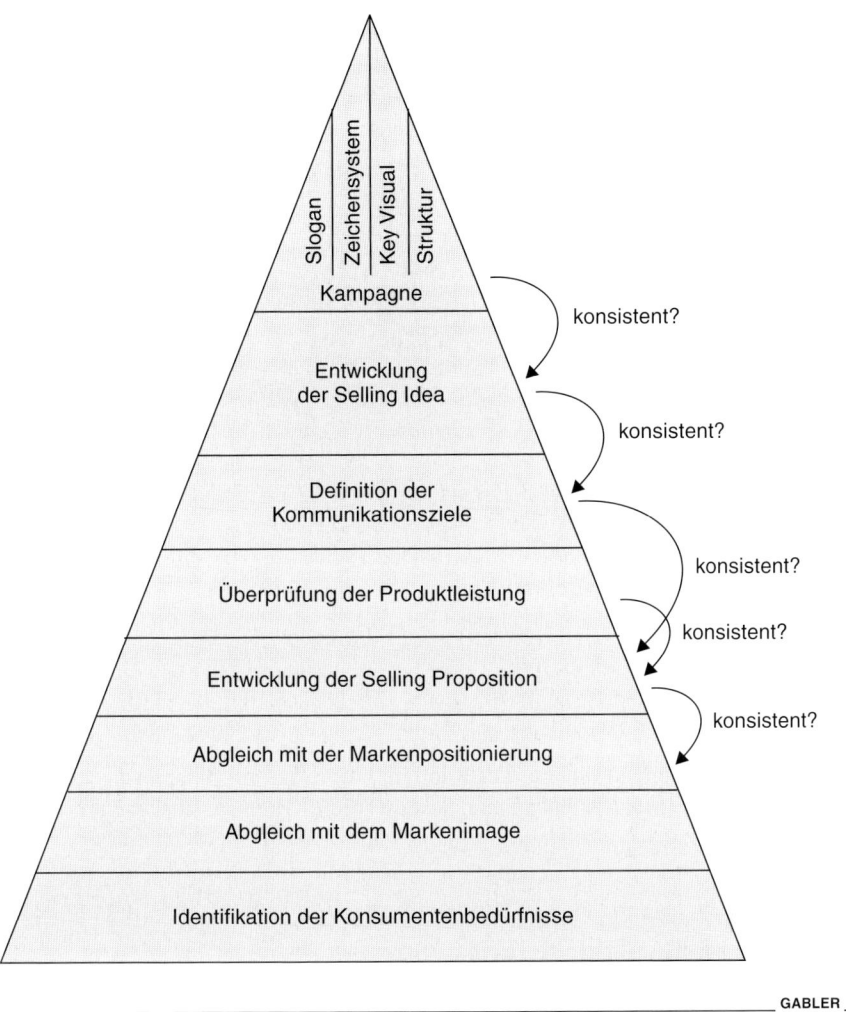

Grundsätzlich wird ein standardisiertes Check-Diagramm durchgearbeitet, das bei den relevanten Verbraucherbedürfnissen beginnt und bei der Erfolgskontrolle nach Einführung endet. Grundlage sind jeweils neu entwickelte Ideen, die sich unter Berücksichtigung des Wettbewerbsumfelds an der strategischen Ausrichtung der Marke orientieren.

Abbildung 10   **Prüfkriterien im Rahmen der Produkteinführung**

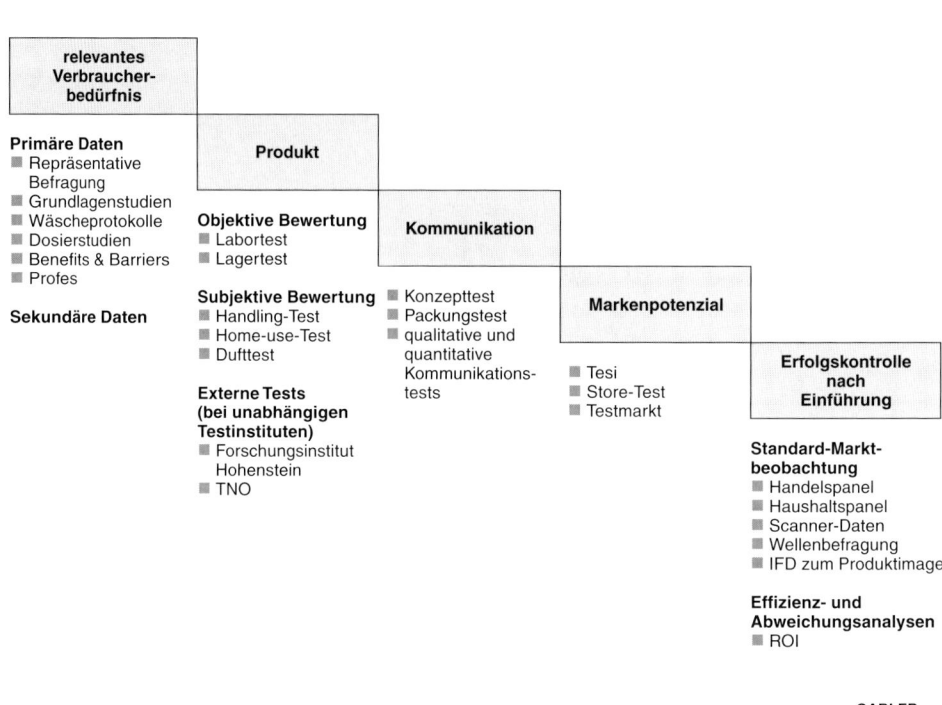

GABLER
GRAFIK

Die oben beschriebene Vorgehensweise soll im Folgenden am Beispiel des Launches von Persil Megaperls® im Jahr 1994 anhand ausgewählter Kriterien näher erläutert werden.

3.2 Strategische Ausgangslage

Durch die Einführung von „ultra" Kompaktwaschmittel (2 kg Kompakt-Pulver sind dabei so ergiebig wie 3 kg traditionelles Pulver) konnte der Hauptwettbewerber einen strategischen Vorteil erzielen, den Persil durch die zeitlich nachgelagerte Einführung der Persil Supra-Kompaktwaschmittel nicht ausreichend erfolgreich einholen konnte.

In der Folge reduzierte sich 1993 der Marktanteilsvorsprung von Persil von 10 Prozentpunkten auf nur noch 5 Prozentpunkte.

Abbildung 11 | Entwicklung des wertmäßigen Marktanteils von Persil
im Vergleich zum Hauptwettbewerber von 1987 bis 1993 in Prozent

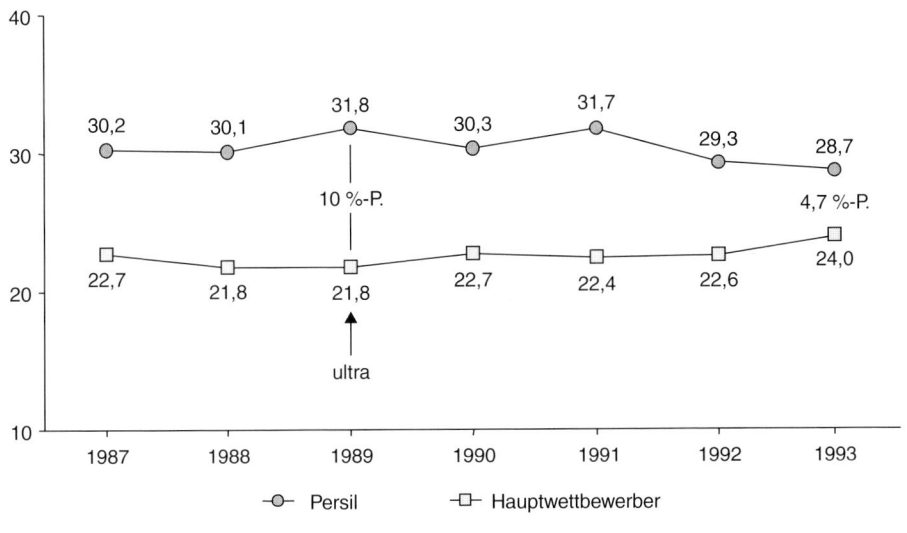

Für die strategische Reaktion von Persil wurden Key Learnings aus der Markenhistorie herangezogen:

■ nur große innovative „Big Steps" schaffen einen langfristigen Wettbewerbsvorsprung;

■ nur Innovationspioniere schaffen strategische Vorteile im Markt („be first");

■ Pionier-Vorteile verschwinden umso eher, je leichter und je schneller die dahinterstehende Innovation kopiert werden kann.

Nach dem Motto „If you cannot be first in a category, set up a new category you can be first in" wurde eine völlig neue Waschmittelgeneration entwickelt: Persil Megaperls® – Perlen statt Pulver. Ein Super-Kompaktwaschmittel, das mit 1,5 kg genauso ergiebig ist, wie 2 kg der am Markt befindlichen Kompaktwaschmittel, und das durch sein weltweit patentiertes und aufwendiges Herstellungsverfahrens via Extrusionsprozess vom Wettbewerb nicht kopiert werden kann.

3.3 Der Prozess der Neuproduktentwicklung und -einführung von Persil Megaperls®

3.31 Die Identifikation des Verbraucherbedürfnisses

Am Anfang steht die Grundidee des Produktkonzepts, das auf einem konkreten Verbraucherbedürfnis basieren muss. Grundlage dafür ist die ständige Analyse der sich ändernden Verbraucherbedürfnisse, um Positionierungen für neue Produkte zu finden oder bestehende Produkte an veränderte Bedürfnisse anzupassen.

Die Verbraucherbedürfnisse können sich durch gesellschaftliche, politische oder Hersteller-Einflüsse ändern. Daher ist es die Aufgabe der strategischen Marktforschung, diese Veränderungen rechtzeitig zu erfassen. Zielsetzung ist es, bisher noch nicht abgedeckte oder nur latent vorhandene Verbraucherbedürfnisse zu entdecken und darauf aufbauend neue, relevante und glaubwürdige Konzepte zu definieren, die der Befriedigung dieser Bedürfnisse dienen.

In verschiedenen Untersuchungen konnte seit Mitte der 80er Jahre ein grundsätzlicher Trend zu kompaktierten Waschmitteln festgestellt werden, da diese als umweltschonend, platzsparend und auf Grund des niedrigen Gewichts als convenient beim Transportieren empfunden wurden. Darüber hinaus zeigten Analysen zum Wasch- und Dosierverhalten, dass auf den Vorwaschgang zunehmend verzichtet wurde. Die daraus resultierenden Anforderungen an ein Waschmittel, welches nur im Hauptwaschgang Verwendung findet, wurden in die Entwicklung des Megaperls®-Konzeptes integriert.

3.32 Abgleich mit dem Markenimage und der Markenpositionierung

Gerade in Unternehmen, die mehrere Marken führen, ist es wichtig zu überprüfen, welche der vorhandenen Marken aus Sicht der Verbraucher in der Lage ist, das neue Bedürfnis zu befriedigen. Hier spielt das Markenimage eine große Rolle. Es spiegelt das bedarfs- und konkurrenzbezogene Bild einer Marke wider, das im Bewusstsein der Verbraucher verankert ist. Das Markenimage lässt sich im Rahmen von Imageanalysen ermitteln und beschreiben.

Die Persil-Positionierung stand im perfekten Einklang mit der angestrebten Produktpositionierung von Persil Megaperls®.

„Persil: Das ist das beste Waschmittel im Markt, das in jedem verbraucherrelevanten Segment mit einem überlegenen Produkt vertreten ist."

Die Relevanz und Leistung von Persil Megaperls® passten also perfekt zur Persil Positionierung.

Genauso verhielt es sich mit den Imagefaktoren. Persil ist durch folgendes Image gekennzeichnet: „Der Marktführer mit dem überlegenen Produktangebot ist auch Innovations- und Qualitätsführer im gesamten Markt."

Auch hier war das Konzept von Persil Megaperls® ideal, um das Image der Marke Persil zu festigen und weiter auszubauen.

3.33 Entwicklung der Selling Proposition

Die Selling Proposition ist eine aus der Produktpositionierung abgeleitete Aussage (Benefit), die den Nutzen des Produktes beschreibt. Sie beschreibt auch den Vorteil, den der Verbraucher hat, wenn er ein bestimmtes Henkel Produkt anstelle eines Wettbewerbsproduktes verwendet. Die Selling Proposition dient damit auch der Differenzierung im Vergleich zum Wettbewerb und ist in der Regel mittel- bis langfristig gültig.

Wesentlich ist, dass die Selling Proposition folgende Erfolgskriterien erfüllt:

- Positionierungsadäquanz,
- Relevanz,
- Uniqueness,
- Glaubwürdigkeit und
- Newness.

Die Überprüfung des Konzepts hinsichtlich seiner Attraktivität und Relevanz für den Verbraucher kann in unterschiedlichen Stadien des Entwicklungsprozesses erfolgen. Dabei nimmt die Aussagefähigkeit hinsichtlich des tatsächlich am Markt zu realisierenden Erfolges mit jedem Schritt zu. Die Wahl der jeweils anzuwendenden Testmethode hängt davon ab, welche Marketing-Mix-Parameter bereits definiert bzw. gestaltet sind. Die erste Stufe ist das anhand eines „Boards" visualisierte Konzept.

Bei der Entwicklung von Konzepten für eine Produktidee ist ein zunächst breites Vorgehen sinnvoll. Selbst kleine Unterschiede verschiedener konzeptioneller Ansätze haben oft einen großen Effekt, insbesondere auf die Glaubwürdigkeit. Frühzeitige Konzepttests haben auch den Vorteil, Ideen rechtzeitig zu prüfen und gegebenenfalls auch auszuscheiden, bevor die aufwendige Prüfung ihrer technischen Realisierbarkeit in Angriff genommen wird. Wichtig ist, dass die Entwicklung der Selling Proposition in Abstimmung zwischen Marketing, Produktentwicklung und Werbeagentur erfolgt.

Als Ergebnis dieser Phase wurde ein Konzept abgeleitet, das die Positionierung von Persil Megaperls® am Markt beschreibt: Persil Megaperls®: mehr Kraft durch hochkonzentrierte und einzigartige Form und daher mehr Leistung insbesondere bei hartnäckigen Verschmutzungen.

Im Rahmen der Konzeptentwicklung wurde zur Verdeutlichung der differenzierenden und vom Wettbewerb nicht kopierbaren Produktoptik auch ein einzigartiges Subbranding gesucht. Testsieger war der Begriff „Megaperls", welcher direkt markenrechtlich geschützt wurde.

Wesentlich für die Einführung der Persil Megaperls® war es, alle Entwicklungen auf ihre Übereinstimmung mit der strategischen Leitidee der Marke Persil zu überprüfen: „Persil bietet stets die bestmögliche Lösung aller Waschprobleme." Oder mit anderen Worten: „Immer das beste Persil seiner Zeit."

3.34 Überprüfung der Produktleistung vor dem Hintergrund der Selling Proposition

Die wichtigsten Parameter für das zu entwickelnde Produkt sind

- die Rezeptur,
- der Duft,
- die Verpackung unter Handhabungsgesichtspunkten (zum Beispiel Transport, Lagerung, Dosierung),
- das Aussehen des Waschmittels sowie
- die Gestaltung.

Im Falle der Megaperls® gab es bereits 1991 erste Versuche auf Basis der in anderen Branchen eingesetzten Extrusions-Technologie, auf deren Grundlage mit Persil Megaperls® eine völlig neuartige, leistungsverbesserte Rezeptur entwickelt werden konnte. In der objektiven Überprüfung der Qualität unter Laborbedingungen konnte eine deutlich verbesserte Waschleistung im internen wie im Wettbewerbsvergleich bewiesen werden (vgl. Abbildung 12).

Abbildung 12   **Laboranalysen zur Überprüfung der Waschkraft von Persil Megaperls®**

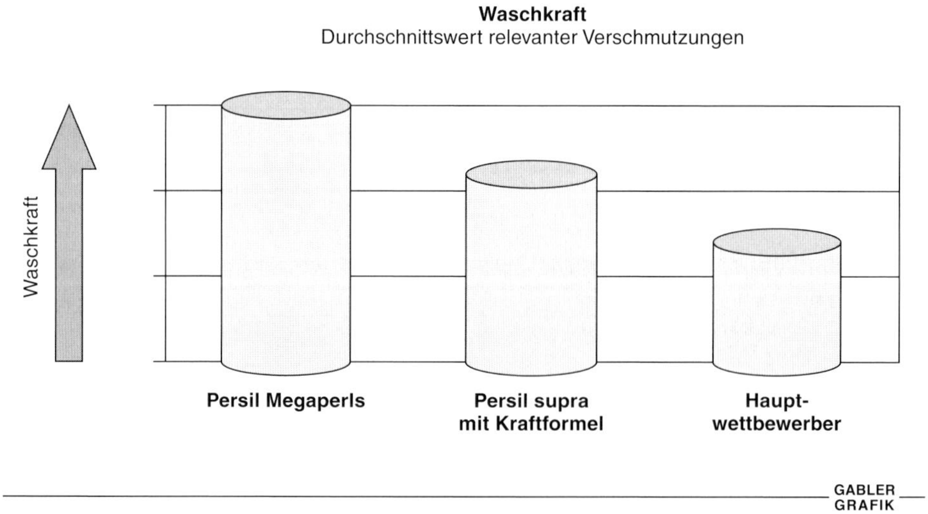

Waschkraft
Durchschnittswert relevanter Verschmutzungen

Waschkraft

Persil Megaperls   Persil supra   Haupt-
                          mit Kraftformel   wettbewerber

GABLER
GRAFIK

Neben internen Labor- und Lagertests wird auch zunehmend auf externe und unabhängige Testinstitute, wie zum Beispiel das Forschungsinstitut Hohenstein, zurückgegriffen, um die Produktleistung einer objektiven Beurteilung zu unterziehen.

Langfristig ist die Qualität des Produkts sicherlich der wichtigste Faktor im Markt, da der tägliche Einsatz beim Verbraucher zu einer ständigen kritischen Bewertung der Leistung führt. Leistungsdefizite gegenüber dem Wettbewerb können nicht durch andere Parameter, wie zum Beispiel Werbung, ausgeglichen werden. Daher ist die Überprüfung der Produktqualität durch den Verbraucher bei jeder Veränderung des Produktes zwingend notwendig. Dabei ist davon auszugehen, dass das Produktkonzept, welches dem Konsumenten über die Packungsgestaltung und auch via TV, Print und/oder Funk kommuniziert wird, seine Erwartungshaltung gegenüber dem Produkt und damit auch seine Wahrnehmung der Produktleistung beeinflusst. Die Abweichung von Erwartungen einerseits und Erleben andererseits bestimmen die Zufriedenheit des Konsumenten und damit letztlich seine Bereitschaft, das Produkt wiederzukaufen.

Die Überprüfung des subjektiven Erlebens beim Verbraucher in sogenannten Home-Use-Tests unter realen Verschmutzungs-, Dosierungs- und Anwendungsbedingungen war die wichtigste Entscheidungsbasis für die Einführung von Persil Megaperls®. Persil Megaperls® wurde von den meisten Testpersonen im Vergleich zu ihrer bisher verwendeten Stamm-Marke hinsichtlich der Waschkraft, der Wirtschaftlichkeit, der Fleckenentfernung und des Duftes bevorzugt (vgl. Abbildung 13).

Abbildung 13   **Home-Use-Test-Ergebnisse zur Überprüfung der vom Verbraucher subjektiv wahrgenommenen Waschkraft von Persil Megaperls®**

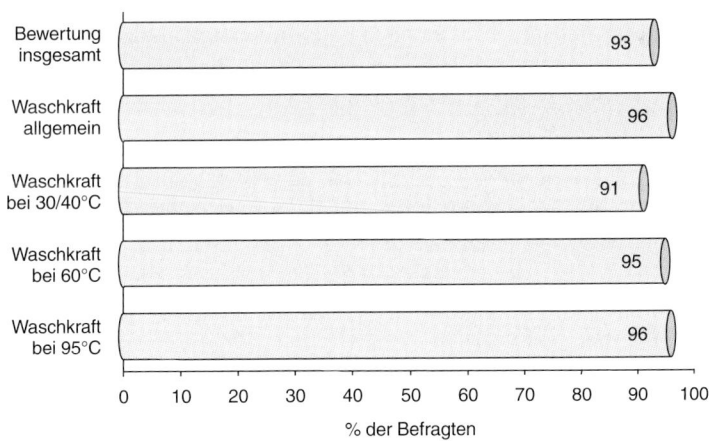

Bewertung der jeweiligen Kriterien mit dem Urteil „Sehr Gut" bzw. „Gut"

- Bewertung insgesamt: 93
- Waschkraft allgemein: 96
- Waschkraft bei 30/40°C: 91
- Waschkraft bei 60°C: 95
- Waschkraft bei 95°C: 96

% der Befragten

GABLER GRAFIK

3.35 Definition der Kommunikationsziele

Um den Rahmen für die weitere Entwicklung zu bestimmen, gilt es, folgende Dimensionen des Kommunikationszieles festzulegen:

- die Zielgruppe, die durch die Kommunikation erreicht werden soll;
- die Verhaltensänderung der Verbraucher als Ergebnis der Kommunikation;
- das Ausmaß der Verhaltensänderung in einer operationalen, das heißt messbaren Größe.

3.36 Die Kommunikation

Die Kommunikation hat die Aufgabe, dem Verbraucher die Inhalte der Selling Proposition überzeugend zu vermitteln. Deshalb geht es im ersten Schritt darum, eine klare, einzigartige Selling Idea zu entwickeln.

Die Selling Idea ist in verschiedenen Medien darstellbar (TV, Print, Plakat). Sie passt zur Marke und ist unverwechselbar. Das heißt, die Kommunikation wird ganz klar dem Produkt und der Marke zugeordnet.

Durch die direkte Ansprache der Endverbraucher und die damit verbundene unmittelbare Marktwirksamkeit kommt der Verbraucherkommunikation als „Endprodukt" einer langen Testreihe besondere Bedeutung zu.

Die Kommunikationsbewertung lässt sich nach folgendem Methodenspektrum differenzieren:

- **Qualitative Aspekte:**
  Sind Bilder, Zeichensprache, Personen und Stimmungen kohärent mit der Kommunikationszielsetzung und schließen an das gelernte Zeichensystem an bzw. gewährleisten sie eine ausreichende „Selbstähnlichkeit"?

- **Kommunikationsinhalte:**
  Welche Positionierungsinhalte werden kommuniziert? Stimmt das, was der Verbraucher durch die Werbebotschaft lernt, mit der strategischen Produktpositionierung und der Kommunikationsstrategie überein?

- **Impact:**
  Welche Durchsetzungsfähigkeit hat die Kommunikation? Hebt sie sich im Werbeumfeld deutlich genug ab?

- **Persuasion:**
  Welche Überzeugungskraft zum Spontankauf hat die Kommunikation? Ist der TV-Spot geeignet, die Käuferpenetration zu erhöhen?

Vor allem in wettbewerbsintensiven Märkten für Güter des täglichen Bedarfs ist der letzte Aspekt entscheidend, damit sich der Einsatz eines TV-Spots überhaupt lohnt.

Für die Einführungskommunikation der Megaperls® wurde die Selling Idea wie folgt definiert: Wenn Deutschlands Waschmittelmarke Nr. 1 statt herkömmlichen Pulvers Waschmittel in der neuen, einzigartigen Form der Perle anbietet, dann muss es sich um die neueste Waschmittelgeneration mit überragender Produktleistung handeln.

Der Announcement-Film „New Generation" erzielte eine deutlich über der Norm liegende Überzeugungsleistung. Die Norm definiert sich über die Wirksamkeit durchschnittlich arbeitender Spots im Wettbewerbsumfeld. Auch die Werbeerinnerung sowie die Erinnerung der zentralen Werbebotschaft lagen deutlich über der Norm (vgl. Abbildung 14). Erhoben wurde diese in einem sogenannten Persuasion-Shift-Testverfahren, welches die Fähigkeit des Spots testet, eine Person nach einmaligem Werbemittelkontakt zum Kauf des beworbenen Produktes zu führen.

Abbildung 14   **Persuasion-Test-Ergebnisse für den TV-Spot Persil Megaperls®**
„New Generation"

	Norm	**Persil Megaperls®**
Überzeugungskraft	+ 7 %	+ 14,8 %
Werbeerinnerung	23 %	70 %
Erinnerung der zentralen Werbebotschaft	16 %	22 %

GABLER
GRAFIK

Nach der Einführungsphase kam es zum Einsatz der sogenannten „Prominentenkampagne", in welcher unter anderem Manfred Krug, Heike Drechsler und Schalke 04 für Persil Megaperls® warben. Grundlage hierfür war die folgende Idee: Wenn große Persönlichkeiten ein neues Produkt testen und empfehlen, muss es ein überlegenes Produkt sein.

Da viele Kaufentscheidungen erst am Point of Sale erfolgen, kommt der Gestaltung der Packung eine sehr hohe Bedeutung zu. Die Packung muss primär auch ein optischer Ausdruck der Produktleistung sein und das Produktkonzept eigenständig kommunizieren. Gleichzeitig muss die Gestaltung die Kontinuität und das Vertrauen der Marke Persil ausstrahlen.

Das Design der Persil Megaperls® Packung wurde daher einerseits auf die Aspekte „Innovation" und „Waschkraft der Perle" abgestimmt, andererseits wurde die Familienzugehörigkeit zur Marke Persil beibehalten. Um die Kraft zum Ausdruck zu bringen, wurde das „Energiefeld" weiterentwickelt. Darüber hinaus wurde die Packung mit einem Sichtfenster ausgestattet, um die Perlenform als optisch wesentliches differenzierendes Merkmal der Megaperls® gegenüber der Pulverform der Wettbewerber darzustellen und diesen Unterschied bereits am Point of Sale eindrucksvoll zu visualisieren. Packungstests belegten dabei sowohl die Produkt- als auch die Konzeptadäquanz der Persil Megaperls®-Packung. Persil Megaperls® wurde von den Verbrauchern spontan deutlich gegenüber den Packungen anderer Wettbewerbsprodukte präferiert.

Ergänzend zu den genannten Maßnahmen wurden zeitlich und konzeptionell gekoppelte „Below-the-line-Aktivitäten" gewählt. Schwerpunkt lag unter anderem auf der Verteilung von Persil Megaperls®-Proben in ganz Deutschland, welche zeitlich und regional mit einem breit angelegten Einsatz von Werbedamen in großen Outlets abgestimmt wurde. Zusätzlich wurden Bodenstrahler mit Megaperls®-Schriftzug und outletspezifische Displays am Point of Sale eingesetzt.

3.37 Überprüfung des gesamten Marketing-Mix und Ableitung des Marktpotenzials

Erst die Ganzheit aus Produkt, Packung, Kommunikation und Preis ist die Grundlage für eine endgültige Beurteilung. Diese Beurteilung entscheidet, ob ein neues Produkt genügend Potenzial am Markt hat, um ein Erfolg zu werden. Da die mit der Einführung verbundenen Kosten in der Regel zu hoch sind, um ein Trial-and-Error-Verfahren zu riskieren, werden neue oder in wesentlichen Parametern geänderte Produkte zur Risikoabsicherung vor ihrer Markteinführung in einem oder mehreren Testmärkten überprüft. Hier werden die vorher jeweils einzeln getesteten Marketing-Mix-Elemente wie Produkt, Packung, TV-Spot nun erstmals als eine zusammenhängende Einheit beim Verbraucher erlebt und überprüft.

Auf Grund der herausragenden Bedeutung der Entscheidung für Persil, Megaperls® in Deutschland einzuführen, wurden zunächst reale Testmärkte in der Schweiz und in Österreich durchgeführt. In deren Verlauf wurden Probleme in der Rezeptur und in der Kommunikation aufgedeckt, die dann vor der Einführung in Deutschland aufgegriffen und gelöst werden konnten.

Bevor es jedoch zur endgültigen Einführungsentscheidung kam, wurde das gesamte optimierte Marketing-Mix für Persil Megaperls® auf dem deutschen Markt in einem simulierten Testmarkt nochmals überprüft. Die Ergebnisse sind Abbildung 15 zu entnehmen. Der signifikante Marktanteilsanstieg, der durch TESI prognostiziert wurde, war die Basis für die Entscheidung, Persil Megaperls® einzuführen.

Zu beachten bleibt, dass das standardisierte Vorgehen kein Garant dafür ist, dass die einzelnen Schritte innerhalb des Entwicklungsprozesses direkt zum gewünschten Erfolg führen. Nicht selten entsprechen die ersten Testergebnisse nicht den Erwartungen, was zu

einer weiteren Optimierung der jeweiligen Inputfaktoren und deren erneuter Überprüfung führt. Wesentlich für den abschließenden Erfolg sind somit regelmäßige Konsis-
tenzprüfungen zwischen den einzelnen Schritten im System. Nur über optimale Ergebnisse bei der Überprüfung der einzelnen Marketing-Mix-Elemente sind über TESI gemessene, überdurchschnittliche Werte zu erwarten.

| Abbildung 15 | Ergebnisse der Testmarktsimulation für Persil Megaperls® |

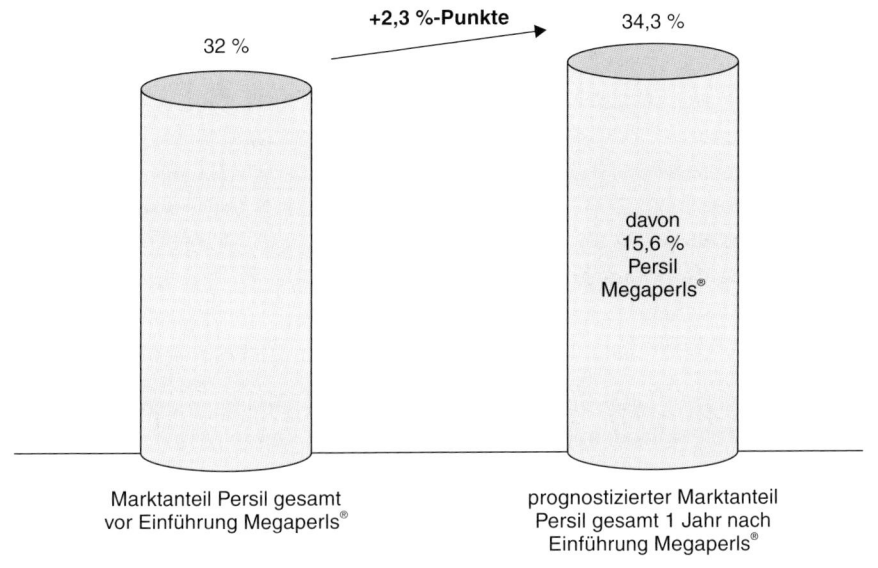

GABLER
GRAFIK

3.4 Die Erfolgskontrolle nach der Produktneueinführung

3.41 Standardmarktbeobachtung

Die Vermarktungsstrategie als handels- und verbraucherbezogene Umsetzung der Markenstrategie enthält ein ganzes Bündel von Marketing-Mix-Elementen zur Steuerung des
laufenden Geschäfts. Zur laufenden Bewertung der Steuerungsparameter werden umfassende Kennziffern erfasst und kontrolliert (vgl. Abbildung 16).

▌ Abbildung 16   **Erfolgskennziffern zur Bewertung einer Produktneueinführung**

Handelspanel/Scannerdaten

- ▪ Wertmäßiger/mengenmäßiger Absatz
- ▪ Marktanteil
- ▪ Distributionsniveau
- ▪ Durchschnittlicher Endverbraucherpreis
- ▪ Zweitplatzierungsanteil

Interne Daten

- ▪ Werksabsätze
- ▪ Ergebnisrechnungsdaten
- ▪ Verbraucherreklamationen

Haushaltspanel

- ▪ Wert/mengenmäßige Absätze
- ▪ Käuferreichweite
- ▪ Wiederkaufrate
- ▪ Imagedaten

Werbewirkungsdaten

- ▪ Werbeerinnerung
- ▪ Markenbekanntheit
- ▪ Markenverwendung

GABLER
GRAFIK

Dass es sich bei der Einführung von Persil Megaperls® um einen der erfolgreichsten
Launches aller Zeiten handelt, kann mit Hilfe folgender Kennziffern belegt werden:

▌ **Distributionsaufbau in Rekordzeit** (vgl. Abbildung 17)

▌ **Kommunikation**:
Das Marktforschungsinstitut Millward Brown wies „die besten, jemals für eine Neu-
einführung gemessenen Werbewirkungsdaten" auf:
➜ Gestützte Bekanntheit (November/Dezember 1994):   76 Prozent
➜ Gestützte Werbeerinnerung (November/Dezember 1994):   65 Prozent

▌ **Leistung:**
Stiftung Warentest veröffentlicht im Heft 8/95: „Persil Megaperls®: Das Beste gegen Flecken"

▌ **Verbraucherreaktion:**
Mit der Einführung von Persil Megaperls® gelingt es, den Vorsprung der Gesamt-
marke zum Hauptwettbewerber wieder deutlich auszubauen und mittelfristig Marktführer im strategisch wichtigen Kompaktsegment zu werden.

Betrachtet man die Marktanteilsentwicklung der Persil Megaperls® im Vergleich
zum Produkt des Hauptwettbewerbers (Abbildung 18), so wird deutlich, dass der
mittels TESI prognostizierte Marktanteil nach einem Jahr auch tatsächlich erreicht
wurde.

Abbildung 17
Monatliche Entwicklung der gewichteten Distribution
nach Einführung der Persil Megaperls®

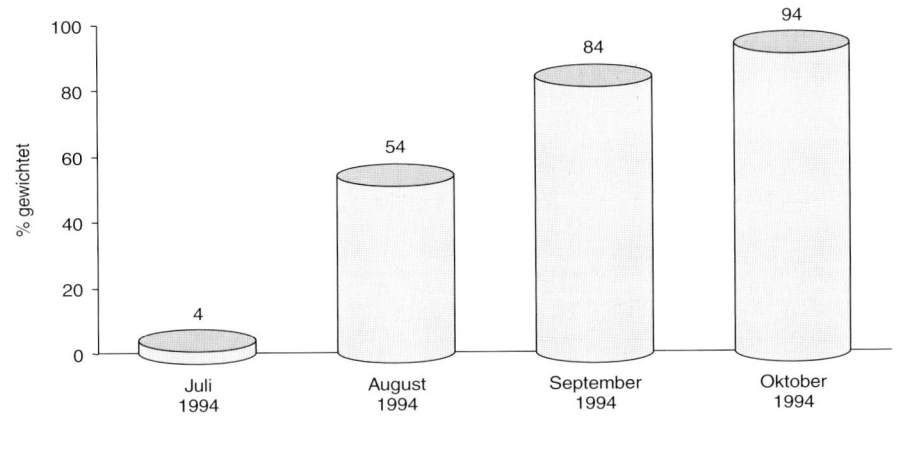

Abbildung 18
Entwicklung des wertmäßigen Marktanteils von Persil Megaperls®
(in Prozent)

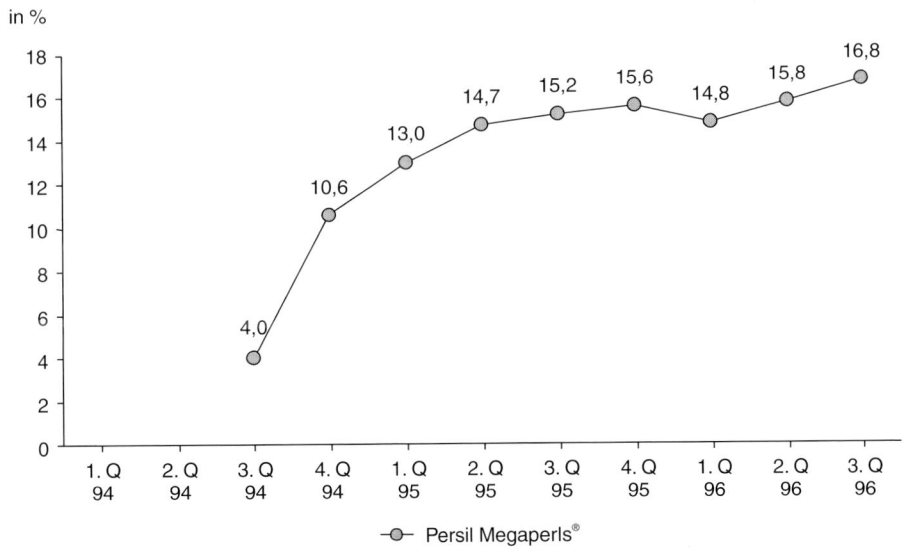

Betrachtet man darüber hinaus die Marktstellung allein im Segment der Kompaktwasch-mittel, so wird deutlich, dass mit der Einführung der Persil Megaperls® die zeitweilige Schwäche gegenüber dem Hauptwettbewerber ausgeglichen und die Marktführerschaft in diesem Segment erreicht werden konnte (vgl. Abbildung 19).

Abbildung 19   **Wertmäßiger Marktanteil von Persil Megaperls® vs. Hauptwettbewerber im Segment der Kompaktwaschmittel (in Prozent)**

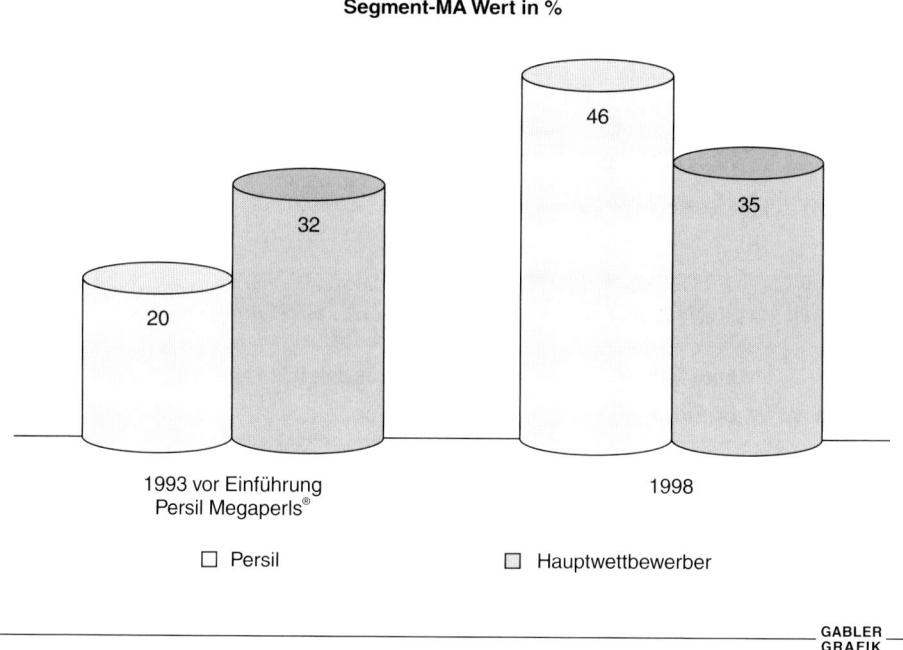

3.42 Effizienz- und Abweichungsanalysen

Bei der Bewertung der verbraucherorientierten Aktivitäten kommt vor allem dem Re-turn-on-Investment (ROI) bezogen auf die Investitionen in die Kommunikation eine be-sondere Bedeutung zu. Diesbezügliche Effizienzanalysen belegen ebenfalls den Erfolg der Markteinführung von Persil Megaperls®.

Das ROI-Modell stellt dabei auf die kurzfristige Effektivität und Effizienz der Investitio-nen ab, indem den finanziellen Input-Faktoren einerseits, die durch die Kommunikation verursachte Änderung des Marktanteils andererseits gegenübergestellt wird. Wesentlich ist hierbei die Dekomposition des Marktanteils. Hintergrund ist die Überlegung, dass der Marktanteil nicht allein durch die Kommunikation, sondern darüber hinaus durch verschiedene andere Faktoren, wie zum Beispiel Distribution (betrifft vor allem Produkte, die sich in der Einführungsphase befinden), Promotion und Preis, beeinflusst wird. Von dem totalen Marktanteils-Effekt werden daher entsprechend zunächst die auf die genannten Faktoren zurückzuführenden Effekte extrahiert. Die verbleibende Änderung des Marktanteils kann somit auf die Kommunikation und die Investitionen in dieselbe zurückgeführt werden.

Im Falle der Einführung der Persil Megaperls® konnte auf Basis des beschriebenen Modellansatzes ein ROI von 19 Prozent ermittelt werden, welcher deutlich über der Benchmark lag.

4. Es gibt nur ein Persil: Die Erfolgsfaktoren einer einzigartigen Marke

Die Erfolgsstory von Persil ist das Ergebnis vieler Faktoren. Nur die Summe aller hat Persil zur bestimmenden Marke im deutschen Waschmittelmarkt gemacht:

■ zu allen Zeiten überlegene Produktleistung: „Immer das beste Persil seiner Zeit";

■ Qualitätsgarantie von Henkel;

■ Persil als Vorreiter im Markt durch kontinuierliche Entwicklung großer Produktinnovationen;

■ Orientierung an den Bedürfnissen der Umwelt;

■ gleichbleibend hohe Investitionen in Forschung und Technologie, um den Vorsprung in Produktleistung, Convenience und Umweltverträglichkeit durch ständige Weiterentwicklung zu garantieren;

■ Positionierung mit dem Anspruch, Nr. 1 zu sein: „Das beste Waschmittel für Reinheit und Pflege";

■ Kontinuität in der Markenführung;

■ Pflege der Stammverwender;

■ Gewinnung von Neuverwendern, ohne dabei die Markenidentität zu verwässern.

Persil ist eine Marke mit Tradition und dennoch modern und zeitgemäß. Diese perfekte Kombination konnte nur gelingen, weil auch andere Faktoren berücksichtigt wurden:

■ permanente Beobachtung der Verbraucher und das frühzeitige Erkennen ihrer Bedürfnisse;

■ Umsetzung dieser Erkenntnisse in verbrauchergerechte Produktangebote und Problemlösungen;

■ zeitgemäße Verbraucherkommunikation durch eine sensible Mischung aus vertrauter Kontinuität und moderner Ansprache, die die Menschen gewinnt und überzeugt;

■ schnelle und flexible Anpassung an die Veränderungen im Handel;

■ lückenloses System zur Prüfung aller Marketing-Mix-Faktoren;

■ ständige Erfolgskontrolle aller Maßnahmen.

Wesentlicher Teil des Persil-Erfolges ist also der Blick auf den Verbraucher, das Erkennen seiner Bedürfnisse und die Entwicklung von Produktinnovationen, die seine Wünsche erfüllen. Der andere Teil ist ein Marketing-Mix, das die einmalige Tradition von Persil gezielt nutzt, ohne dabei unmodern zu werden.

Dieses einzigartige Spannungsfeld zwischen Tradition und Innovation sorgt jeden Tag dafür, dass Persil auch in Zeiten eines verschärften Wettbewerbs die große Marke bleibt. Nur Persil bleibt Persil.

5. Grenzenloses Persil.
Die internationale Verbreitung der Marke.

In seiner 125-jährigen Firmengeschichte hat sich Henkel vom deutschen Unternehmen zu einem weltweit operierenden Konzern gewandelt. Dies spiegelt sich auch in der Internationalisierung der „Flagship-Brand" Persil wider:

Persil wurde bereits 1908 in der Schweiz, Österreich, den Niederlanden und Belgien eingeführt. 1909 folgte die Einführung via Lizenzvergabe in Großbritannien und in Frankreich. Die Markenrechte gingen jedoch durch Verkauf bzw. Erlöschen 1919 bzw. 1922 an den britischen Wettbewerber Lever Brothers, der die Marke noch heute in beiden Ländern führt und die Markenrechte in nahezu allen Ländern des ehemaligen Commonwealth besitzt. Hierin liegt ein wesentlicher Grund, weshalb die weitere Internationalisierung der Marke relativ spät erfolgte.

1990 wurde Persil in Portugal und in der Türkei eingeführt. Mit der durch den Zusammenbruch des Warschauer Pakts erfolgten politischen Neuordnung eröffneten sich neue Absatzmärkte in Osteuropa: Persil wurde in fast allen Staaten dieser Region eingeführt, zuletzt in Russland und den GUS Staaten. Darüber hinaus wurde mit China der erste außereuropäische Markt für Persil erschlossen.

Besonders starkes Wachstum konnte Persil in den Ländern des Nahen/Mittleren Ostens erzielen, wo die Marke seit Mitte der 90er Jahre eingeführt wurde. Chronologisch gesehen eine Ausnahme bildet der Libanon, wo Persil bereits seit über 50 Jahren mit über

40 Prozent Marktanteil eine marktführende Position innehat. Mit dem Launch von Persil in Saudi-Arabien und in den Golf-Staaten (1998) ist Persil in allen wichtigen Ländern des Nahen/Mittleren Ostens vertreten, unter anderem auch in Israel, Jordanien, Syrien. Inzwischen nimmt Persil in dieser Region die zweite Marktposition ein. In Ägypten verzeichnet Persil einen so großen Erfolg, dass sich dieses Land zum drittwichtigsten Persil-Absatzmarkt entwickelt hat.

Mit Finnland und Schweden wurden 2001 weitere „weiße Flecken" auf der Persil-Landkarte geschlossen.

Ziel der Internationalisierungsstrategie von Persil ist es, das Wachstumspotenzial der Marke zu nutzen und dabei die Synergien zu nutzen, die sich bei der Führung einer großen Marke ergeben: das Erfolgskonzept sollte so weit wie möglich aus Deutschland bzw. Europa in neue Märkte übertragen werden. Bei der Internationalisierung der Marke sind aber immer die länderspezifischen Besonderheiten berücksichtigt worden. So erlaubt zum Beispiel die oben angegebene markenrechtliche Situation in Frankreich Henkel nicht, die Marke Persil zu verwenden; als Folge wird in Frankreich das internationale Persil Konzept unter der Marke „Le Chat", die 1986 akquiriert wurde, angeboten. Eine international vollständig standardisierte Markenführung ist aber auch auf Grund unterschiedlicher Verbraucherbedürfnisse, unterschiedlicher Waschgewohnheiten oder auf Grund differenzierender Marktentwicklungen ohnehin nicht möglich. So haben sich beispielsweise in vielen europäischen Märkten Produktangebotsformen entwickelt, die in vielen „Emerging Markets" (noch) nicht existieren: konzentrierte und traditionelle Pulver, Flüssigprodukte und Tabletten charakterisieren europäische Märkte, während die Segmente der „Highfoams" (hochschäumende Produkte primär für Handwäsche) und „Lowfoams" (niedrigschäumende Produkte für Waschmaschinen) viele Emerging Markets kennzeichnen.

Der Qualitäts- und Führungsanspruch sowie die damit verbundene Premium-Positionierung der Marke Persil ist aber in allen Ländern gleich: Es gibt eben doch nur ein Persil.

Markenmonopol für Qualität – Das Beispiel Miele

Jürgen Plüss

1. Einleitung

Aktuelle Kennzeichen vieler Branchen und Märkte sind hohe Marktsättigung, Produktreife und intensiver Preiswettbewerb. Käufer sind zum Engpass geworden. Die strategischen Optionen von Unternehmen sind häufig immer die gleichen: kostengetriebene Volumenstrategien durch Übernahme von Wettbewerbern und Globalisierung von industriellen Aktivitäten einerseits oder Erlösoptimierung durch Premium- oder Qualitätsstrategien andererseits. Die Marke Miele ist ein gutes Beispiel für eine auf dem Faktor Qualität aufgebaute Differenzierungsstrategie mit dem Ergebnis einer einmaligen Marktposition, die sich durch qualitative als auch quantitative Marktführung in wesentlichen Segmenten des Hausgerätemarktes auszeichnet.

2. Das Umfeld der Markenführung im Hausgerätemarkt

2.1 Hohe Marktsättigung

Der Hausgerätemarkt ist durch eine hohe Marktsättigung bzw. Haushaltssättigung geprägt. Für so genannte bedarfsnotwendige Produkte, also solche, ohne die nach heutigen Maßstäben kein zivilisatorisches Leben denkbar scheint, beträgt die Sättigung 95 Prozent und mehr. Zu solchen Produktgruppen gehören Kühlgeräte, Kochgeräte (Herde, Backöfen, Kochfelder) und Waschautomaten. Produktgruppen, deren Haushaltssättigung noch Wachstum zeigen, sind solche, die zusätzliche Lebensqualität und Komfort durch Zeitersparnis versprechen. Das sind zum Beispiel Geschirrspüler und Wäschetrockner, die in Deutschland erst in 50 bzw. 35 Prozent aller Haushalte zu finden sind. Allerdings sind für diese Produkte Sättigungsraten von 95 Prozent, also ähnlich denen von so genannten bedarfsnotwendigen Produkten, nicht realistisch erreichbar, sodass das Wachstumstempo auch für diese Produktgruppen abnehmend sein wird. Auf Grund der haushaltsdemografischen Entwicklung dürften die Grenzen dafür bei etwa 70 bzw. 50 Prozent liegen.

Demzufolge hat sich das Volumen des deutschen Hausgerätemarktes in den letzten Jahren nicht erhöht. Im Gegenteil, der Wettbewerb um Marktanteile hatte den Markt durch Preiserosionen leicht schrumpfen lassen. Reale Preisrückgänge Mitte der 90er Jahre wurden von nominalen Preisveränderungen, das heißt Leistungs- und Ausstattungsverbesserungen bei unveränderten Preisen, Ende der 90er Jahre abgelöst.

2.2   Distribution im Wandel

Ein weiteres Marktmerkmal, das die Wettbewerbsintensität erhöht, ist der Wandel in der Distribution. Der Hausgerätemarkt kennt im Wesentlichen drei Distributionskanäle: den Elektrohandel, den Küchen-/Möbelhandel und den Versandhandel. Alle drei Kanäle sind im Wandel begriffen, wobei insbesondere der Elektro- und der Versandhandel derzeit einen bedeutsamen Strukturwandel erleben, der durch das Wachsen von Großbetriebsformen (Fachmärkte) bestimmt wird. Fachmarktkonzepte mit den Leistungsfaktoren große Fläche, komplette Sortimente und aggressiver Preiswettbewerb greifen sowohl mittelständische Vertriebsformen als auch den Versandhandel an. Lediglich im Vertriebskanal Küchen-/Möbelhandel bleibt die Verteilung zwischen Großbetriebsformen und so genannten Küchenstudios nahezu gleich. Daran sollte sich auch in den nächsten Jahren nicht so viel ändern, da die große Dienstleistungsbreite, die hochwertige Küchen und Einbaugeräte verlangt, auf Sicht weiter von Spezialvertrieben besser abgedeckt werden kann als von Fachmärkten.

Der Hausgerätemarkt ist also durch einige Faktoren geprägt, die man durchaus als ungünstig bezeichnen kann. Wenn es einem Unternehmen dennoch gelingt, vor diesem Hintergrund Erträge zu erwirtschaften, Wachstum zu erzielen und mit Optimismus den weiteren Ausbau seiner Marktposition zu realisieren, dann muss die Frage gestellt werden, wie eine solche Position geschaffen werden konnte und welche Erfolgsfaktoren für weitere Wachstumsziele wirksam werden.

3.   Die Miele Position: Qualitative und quantitative Marktführerschaft

Die Marke Miele ist in mehreren Produktsegmenten und in deren Hauptvertriebswegen mit großem Abstand qualitativer Marktführer und besitzt gleichzeitig die quantitative Marktführerschaft. Das hieße auf andere Gebrauchsgütermärkte übersetzt, dass zum Beispiel Mercedes Benz oder Bang & Olufsen, IWC oder interlübke im PKW-, Unterhaltungselektronik-, Uhren- oder Möbelmarkt die quantitative Marktführerschaft besitzen würden. Eine zugegebenermaßen interessante Vorstellung, die für die Markenführung aber einen nicht vorstellbaren Spagat aus exklusivem Markenversprechen, hoher Erlöserwartung und demokratischer Öffnung bedeuten würde.

Diesen Spagat bewältigt die Marke Miele. Gemäß vieler Marken- und Kompetenzuntersuchungen stellt sie den exklusiven Höhepunkt der Markenhierarchie im Hausgerätemarkt dar. Miele Produkte erzielen dazu im Regelfall 50 Prozent und höhere Preise im Vergleich zum Durchschnitt aller anderen Wettbewerber. Andererseits ist die Distribution breit und schließt alle Fachhandelsstrukturen mit ein; die Marktanteile im Elektrohandel betragen für Kernerzeugnisse 20–30 Prozent (GfK, Nürnberg).

Dieser Spagat zwischen qualitativer und quantitativer Marktführerschaft stellt die folgende Abbildung gut dar:

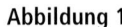

Abbildung 1 **Miele Marktposition**

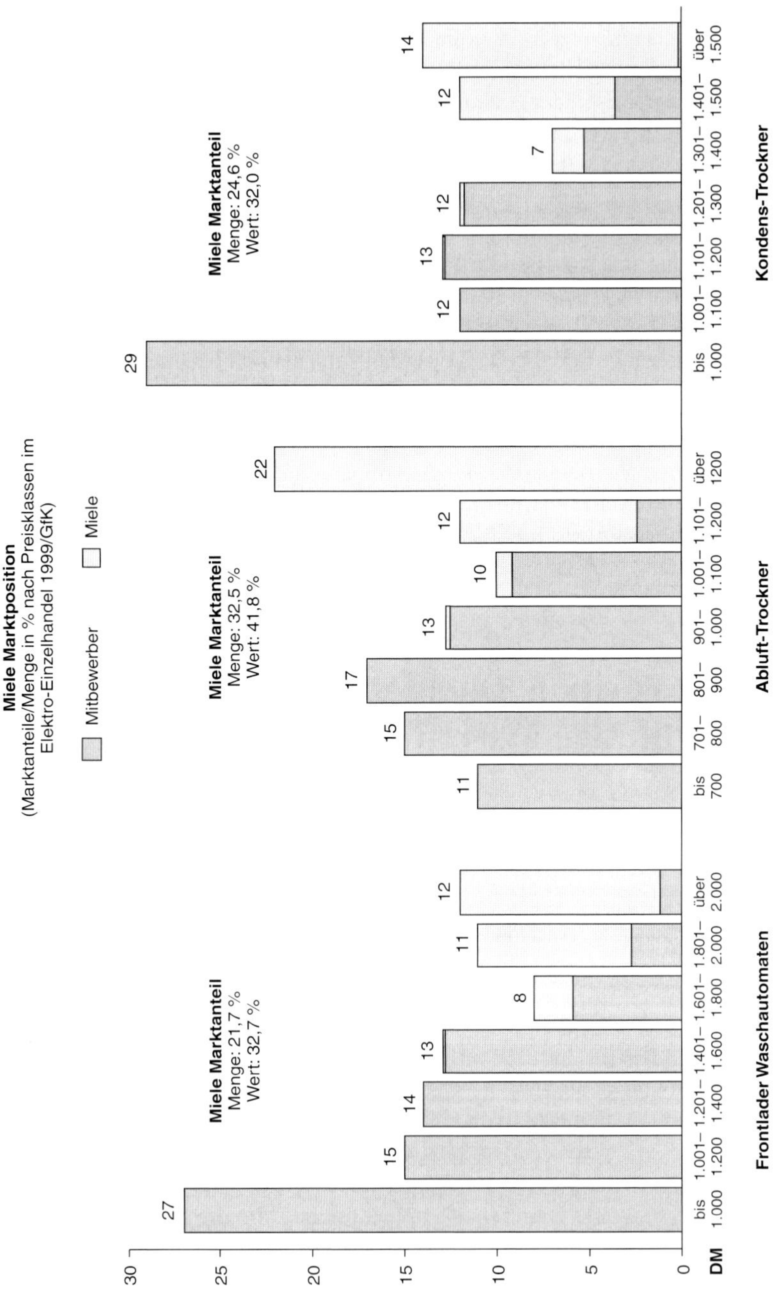
Miele Marktposition
(Marktanteile/Menge in % nach Preisklassen im Elektro-Einzelhandel 1999/GfK)
Mitbewerber
Miele
Miele Marktanteil
Menge: 21,7 %
Wert: 32,7 %
Miele Marktanteil
Menge: 32,5 %
Wert: 41,8 %
Miele Marktanteil
Menge: 24,6 %
Wert: 32,0 %
27
15
14
13
8
11
12
11
15
17
13
10
12
22
29
12
13
12
7
12
14
30
25
20
15
10
5
0
DM
bis 1.000
1.001– 1.200
1.201– 1.400
1.401– 1.600
1.601– 1.800
1.801– 2.000
über 2.000
bis 700
701– 800
801– 900
901– 1.000
1.001– 1.100
1.101– 1.200
über 1200
bis 1.000
1.001– 1.100
1.101– 1.200
1.201– 1.300
1.301– 1.400
1.401– 1.500
über 1.500
Frontlader Waschautomaten
Abluft-Trockner
Kondens-Trockner

GABLER GRAFIK

Am Beispiel der oben gezeigten Produktgruppen Frontlader, Waschautomaten und Wäschetrockner lässt sich die Miele Position gut illustrieren. Die Grafik zeigt die Preisklassenverteilung des Marktes und die von der Marke Miele belegten Segmente. Ablesbar daraus sind vier interessante Faktoren:

1. Der von Miele mitdefinierte Markt entspricht nicht der Lehre der klassischen Preis-/ Mengenfunktion, nach der Nachfragesegmente mit zunehmendem Preis kleiner werden bzw. sich die größte Nachfrage beim niedrigsten Preis einstellt.

2. Der Markt weist – selbst bei relativ homogenen Gütern – eine deutliche Nachfragespreizung auf, die auf unterschiedlich ausgeprägte Kaufmotive bzw. darauf ausgelegte Angebote schließen lässt.

3. Der High-end Markt ist ein geschlossener Miele Markt, der nahezu monopolistisch von der Marke Miele begründet und ausgeschöpft wird.

4. Der Wert-Marktanteil von bis zu 40 Prozent weist eine ungewöhnliche Dominanz in Form qualitativer und quantitativer Marktführung auf, die aus anderen Gebrauchsgütermärkten nicht vergleichbar bekannt ist.

Abbildung 2   **Preisabstand zum Wettbewerb**

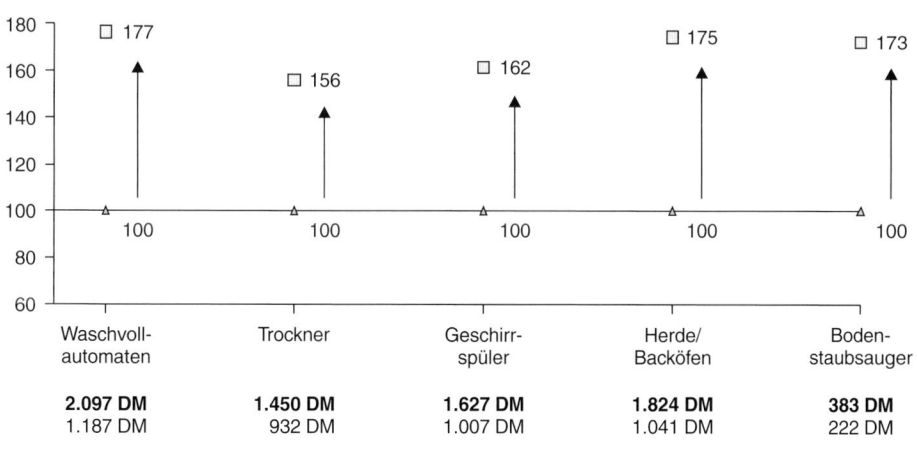

Qualitative Marktführung ist Preisabstand zum Wettbewerb

—▲— Wettbewerb ohne Miele   □ Miele

GABLER GRAFIK

Ursächlich für diese Marktposition ist die Fähigkeit der Marke Miele, deutlich über Wettbewerbsniveau liegende Preise für ihre Erzeugnisse zu erzielen, ohne dabei gleichzeitig als Randsegmentanbieter eingestuft zu werden. Die nebenstehende Grafik stellt die von der GfK ermittelten Preise für Miele Produkte als Index gegenüber dem Preisniveau des Wettbewerbs dar.

Wie ist das Markenphänomen Miele zu erklären? Wie gelingt es einer Marke, ein Markenversprechen zu kommunizieren und einzulösen, das in einem klassisch reifen Markt nicht nur deutlich höhere Preise, sondern teilweise auch die quantitative Marktführerschaft realisieren lässt. Es sind mehrere Erfolgsfaktoren, die im Falle der Marke Miele einen geschlossenen Wirkungskreis bedeuten.

4.   Miele: Die Erfolgsfaktoren

4.1   Einzelmarkenstrategie

Der Kaufprozess für langlebige Gebrauchsgüter, wie zum Beispiel Hausgeräte (durchschnittliche Hausgeräte weisen eine Nutzungszeit von 10–12 Jahren auf, Miele Hausgeräte dagegen von 20 Jahren), erfolgt nur wenige Male im Leben. Aus der Kaufmotivforschung für Hausgeräte weiß man, dass man eigentlich solche Geräte fürs Leben kauft. Elementare Markenwerte dafür sind Langlebigkeit, Zuverlässigkeit, Sicherheit. Diese Werte besetzt die Marke Miele mit hohem Abstand zu allen Wettbewerbern am stärksten und am glaubwürdigsten.

Die aus vielen Image- und Kompetenzstudien bekannten Werte sind stabile Wirkungsfaktoren, weil sie ihren Ursprung nicht aus Kommunikationsversprechen beziehen, sondern aus erlebten Erfahrungen bzw. aus Beobachtung oder Empfehlung Dritter. Teilweise besteht im Fall Miele diese Erfahrung als eine über Generationen gewachsene Familienerfahrung. Die Marke Miele besitzt in den Köpfen der Käufer quasi ein Markenmonopol für den Erfolgsfaktor Qualität, ein wichtiges Basismotiv in der Kaufentscheidung von Hausgeräten.

Gerade bei langen Kaufzyklen, im Fall des Ersatzbedarfes teilweise mit recht kurzer Kaufvorbereitung, ohne Möglichkeit des Aufbaus warenkundlichen Wissens, stellen abrufbare Markenversprechen sichere Entscheidungshilfen für den Käufer dar. Die Inhalte der Marke Miele werden seit über 100 Jahren mit unverändertem Schwerpunkt – nämlich Qualität – kommuniziert.

Das Markenbild Miele basiert auf gewachsener Produkt- und Leistungskompetenz, die ursächlich für das Markenbild sind. Damit bestätigt Miele die These „Käufer kaufen Marken, aber Produkte müssen halten, was Marken versprechen." Verspricht eine Marke zu viel, produziert das Kundenirritation bis hin zu Kundenunzufriedenheit. Übertrifft die Produktwahrnehmung das Markenversprechen, ist auch das irritierend, jedoch mit positiver Wirkung. Ein Produkterlebnis, das einem abgespeicherten Markenbild entspricht, wirkt dagegen am stärksten, nämlich in Form einer Bestätigung. Ein solches Erlebnis wird als Bestätigung eines positiven Vorurteils erlebt, das das vorhandene Markenbild verfestigt. Verfestigte Markenbilder sind eine Vertrauensbastion, die von anderen Wettbewerbern nur schwer eingenommen werden kann.

4.2 Markencode Qualität

Jede große Marke hat ihren Ruf durch ihren Faktor Qualität begründet. Langfristiger Erfolg kann nur durch langfristige positive Qualitätserlebnisse entstehen. Negative Qualitätserlebnisse verstoßen gegen das Ziel Kundenzufriedenheit. Mangelnde Kundenzufriedenheit führt zum Markenwechsel. Produkt- und Dienstleistungsqualität sind in heutigen gesättigten und reifen Märkten zu einer Selbstverständlichkeit geworden bzw. werden als Selbstverständlichkeit angenommen. Erst eine besondere Form von Qualität wird als Leistungsdifferenz bemerkt. Auch der Faktor Qualität benötigt eine Differenzierung zu Wettbewerbsangeboten, ansonsten siegt bei qualitativ ähnlichen Produkten das preislich vermeindlich attraktivere.

Der Qualitäts-Mythos einer Marke lässt sich durch Kommunikation nicht aufbauen. Starke und stabile Markenwerte sind in erster Linie Ergebnis von gemachter, beobachteter oder übermittelter Erfahrung. Die sprichwörtliche Miele Qualität ist Basis für Kundenzufriedenheit, die von Besitzern wiederum allumfassend mit dem Begriff Qualität begründet wird.

Kundenzufriedenheit wird allgemein als Differenz zwischen Kundenerwartung und deren subjektiver Wahrnehmung ausgedrückt. Für Miele bedeutet das eine ständig hohe Herausforderung, denn einerseits ist die Kundenerwartung enorm hoch (man hat das Beste gekauft und einen höheren Preis bezahlt), und andererseits darf die Differenz zur erlebten Wahrnehmung maximal gering ausfallen.

Die Qualitätsdimensionen, an die Höchstforderungen gestellt werden, sind umfangreich und umfassend: zum Beispiel Langlebigkeit (20 Jahre), Zuverlässigkeit (keine überflüssigen Reparaturen), Funktionsgüte (beste Wasch- und Spülergebnisse), geringer Wasser- und Energieverbrauch (ökologische Kompetenz wird unterstellt), beste Bedienbarkeit (Einknopfbedienung, Klarschriftblenden statt Piktogramme), Geräuscharmut und visuelle Langlebigkeit (emaillierte Gehäuse, klassisches, alterloses Design).

Die Miele Qualitätsphilosophie ist ausschließlich an eigenen Normen und Ansprüchen gewachsen. Das Qualitäts-Know-how entsteht ständig durch intensiven Kundendialog und breites Engagement in gewerblichen Anwendungsmärkten, zum Beispiel in der Gastronomie, Hotellerie, in Krankenhäusern oder Waschsalons. Direkte Erfahrungstransfers aus dem Bereich der gewerblichen Anwendung für die Haushaltsanwendung sind ein qualitätstreibender Faktor, über den die meisten Hausgeräteanbieter nicht verfügen.

$4._3$ Premiumposition in der Preispolitik

Den Faktor Preis als Erfolgsfaktor zu beschreiben, heißt im Normalfall, dass ein Anbieter für ein vergleichbares Leistungspaket niedrigere Preispunkte als seine Wettbewerber bieten kann. Im Fallbeispiel Miele ist es das umgekehrte Beispiel, das zum Erfolgsfaktor wird.

Markenruf und Preis besitzen heute ein zwiespältiges Verhältnis. Vordergründig niedriger Preis und fairer Gegenwert für hohe Qualität scheinen im Widerspruch zu stehen. Auf der einen Seite ist in vielen Unternehmen der Trend zu beobachten, Angebote mit hoher Preisattraktivität in den Vordergrund zu stellen. Zugegeben, der niedrige Preis ist ein hochwirksames Mittel, um in kurzer Zeit Absatzsteigerungen zu realisieren. Diese Entwicklung bestätigt das Einkaufsverhalten vieler Käufer, zu allererst den Preis zu vergleichen. Gutes für weniger Geld zu erwerben, ist mittlerweile sozial akzeptiertes Verhalten geworden.

Hohe Preisattraktivität löst andererseits gegenteilige Empfindungen bei Käufern aus. Wäre das Produkt an anderer Stelle ggf. noch günstiger zu kaufen gewesen, ist eine Frage. Die generelle Unsicherheit, überhaupt das Richtige gekauft zu haben, ist eine andere. Dass es auch höherpreisige Angebote gibt, lässt den Schluss zu, dass auch qualitativ bessere Produkte verfügbar sind. Diese Erkenntnis mag bei kurzlebigen Produkten noch verschmerzbar sein, bei langlebigen Gebrauchsgütern jedoch löst das unter Umständen negative Gefühle aus, die auch an die jeweilige Marke gebunden sind.

Das von Erfahrung geprägte Wertgefühl, dass gute Qualität nie zu einem tiefen Preis und umgekehrt zu einem tiefen Preis nie Spitzenqualität realisierbar ist, hat natürlich Auswirkungen auf die Einstellungen zu einer Marke. Ein Markenbild, das Qualität als eine Kernkompetenz beinhaltet, kann durch einen tiefen Preis großen Irritationen ausgesetzt sein. Das positive Vorurteil – gute Qualität = hoher Preis – wird durch ein solches Erlebnis gestört. Andererseits bestätigt ein hoher Preis das akkumulierte Leistungsbild Qualität.

Marken, die für Qualität stehen und dafür auch objektive Mehrleistungen erbringen, die eine besondere Qualität bewirken, können aus wirtschaftlichen Gründen nie Preisführer sein, sie dürfen es auch ihrem Markenruf zuliebe nie sein. Markenführung, die dagegen verstößt, wird kurzfristig durchaus kommerziellen Erfolg verzeichnen können, langfristig jedoch den Markenkern Qualität durch Down-Trading verlieren und Wertschöpfungseffekte vernichten.

Preisvergleiche mit niedrigeren Wettbewerbsangeboten darf eine Marke deshalb nicht irritieren, da bei hinreichender Differenz ein echter Vergleich nicht möglich ist. Man kann eine vordergründig objektive, vergleichbare Ausstattung bewerten, aber was ist einem Kunden eine größere Langlebigkeit, der Komfort, diesen Produkterneuerungsprozess für viele Jahre vergessen zu können, die Ruhe und die Sicherheit wert? Was bedeutet einem Käufer die innere Zufriedenheit, das Beste gekauft zu haben? Was bedeutet ihm der soziale Fremdwirkungseffekt, ein Premiumprodukt zu besitzen? (In den USA fragt man sich dazu ganz offen: „What does a brand tell about me?") Wenn ein Preis einen Gegenwert für eine Leistung darstellt, muss ein niedriger Preis für ein Miele Produkt – gemessen an der Marken- und Leistungserwartung – irritieren. Provokativ ausgedrückt bedeutet der Umkehrschluss: ein hoher Preis stützt das Markenversprechen und die erwartete Leistung. Käufer wissen, dass das Beste nie das Billigste sein kann und dass die innere Zufriedenheit mit einem Schnäppchenkauf nie die gleiche ist wie die mit einem Produkt zu einem regulär bezahlten Gegenwert.

Diese Marken-Mehrwert-Theorie basiert im Fall Miele auf mehr Leistung in Form von intensiverer Entwicklung, Gestaltung und Erprobung, langlebigeren Bauteilen und flächendeckender Vertriebs- und Serviceunterstützung, die Aufwendungen bedeuten, die auf der einen Seite höhere Erlöse erfordern, auf der anderen Seite aber auch höhere Erlöse rechtfertigen. Die Höhe des Preises ist also ebenfalls ein Differenzierungsfaktor zum Wettbewerb, der selbstbewusst eine höhere Leistung übersetzt.

Die Durchgängigkeit eines Preises in einer breiten Distribution ist ein anderer Faktor, der ernsthaft zu beobachten und zu steuern ist. Marken- und Produktversprechen und der Preis als Gegenwert sind unteilbare Größen, deren Balance größte Aufmerksamkeit gewidmet werden muss. Die Marke würde sonst großen Irritationen ausgesetzt sein und der Handel sich selbst um die erforderliche Kostendeckung für Ausstellungsgestaltung, Beratung, Auslieferung und Anschluss eines hochwertigen Gerätes bringen.

4.4   Innovation

Marken leben von ihrem Ruf. Qualität stellt eine eher statische Basis des Rufes dar. Die dynamische Komponente dagegen ist die Innovation. Starke Marken sind deshalb auch immer innovative Marken, die ihren Markt oder ihr Erzeugnissegment nachvollziehbar weiterentwickelt haben.

Innovationen sind ein erheblicher Teil wahrgenommener Leistungsgeschichte. Abgesehen davon, dass Innovation einen wichtigen Baustein für Differenzierung und Wertschöpfung darstellt, besitzt Innovation einen hohen Wahrnehmungsgrad in der Öffentlichkeit. Immer wieder der Erste zu sein und einen Markt technisch voranzutreiben, verschafft einer Marke Respekt und Anerkennung. Marken, die als erfolgreiche Innovatoren bekannt sind, besitzen zudem Vertrauen in Form eines positiven Vorurteils. Das heißt neue Produkte von innovativ gesehenen Marken werden ohne Misstrauen oder Verzögerung angenommen, was geringere Marktwiderstände bzw. geringere Produkteinführungsaufwendungen bedeutet.

Miele besitzt eine 100-jährige Innovationsgeschichte, die in wesentlichen Bereichen die Hausgeräteindustrie vorangetrieben hat. Historische Innovationsfelder waren der Waschmaschinen- und Geschirrspülerbereich. Neueste Beispiele sind die patentierte Besteckschublade in Geschirrspülern, die programmweit angebotene Update-Funktion für Steuerelektroniken, das als erstes eingeführte Handwaschprogramm für empfindliche Wolle oder Seide in der Waschmaschine oder der weltweit erste und einzige Einbau-Kaffeevollautomat (vgl. Abbildung 3).

Miele als unabhängiger und ausschließlicher Hausgerätespezialist – im Gegensatz zu vielen anderen spartengeführten Konzernmarken – lebt ausschließlich von Hausgeräten für den privaten und gewerblichen Einsatz. Die sich daraus ergebende Konzentration auf ein Kerngeschäft verschafft Miele eine hohe Auseinandersetzungsintensität mit den Bedürfnissen seiner Kunden und eine größere Umsetzungsschnelligkeit von Ideen als eher schwerfällig operierende Spartenorganisationen.

| **Abbildung 3** | **Beispiele für Miele Innovationen: Geschirrspüler und Einbau-Kaffeevollautomat** |

GABLER
GRAFIK

4.5 Langlebiges Design

Design ist materialisiertes Markenbild. Das bedeutet, dass Markenführung und Design eng miteinander verzahnt werden müssen, um sicherzustellen, dass Markeninhalte durch Produktgestaltung keinen Irritationen ausgesetzt werden.

Produkte werden immer mehr nur noch über ihre äußere Form wahrgenommen. Die Produktgestaltung ist somit nicht nur ein Differenzierungsfaktor, der Qualität, Wert, Güte und Status darstellen soll, sondern auch ein Qualitätsfaktor, der als gute Ergonomie, leichte Bedienbarkeit, visuelle Langlebigkeit und Robustheit bestehen muss.

Das Miele Design ist an diesen Werten orientiert, ohne auf gewünschte emotionale Wirkungsfaktoren, so z. B. bei Küchengeräten wie Backöfen oder Dunstabzugshauben, verzichten zu wollen. Kurzlebige modische Gestaltungselemente haben bei einer Produktlebenszeit von mehr als fünf Jahren mit einer Nutzungszeit in den Haushalten von bis zu über 20 Jahren keine Chance. Die weitgehende horizontale Designhomogenität des Miele Designs sorgt für die störungsfreie Kombination von mehreren Produkten; die ebenfalls beachtete vertikale Designhomogenität lässt neue Miele Produkte auch mit Vorgängerserien ohne große Brüche kombinieren. Bedienbarkeit, visuelle Ruhe, hohe Wertanmutung und internationale Gültigkeit sind Basiswerte des Miele Designs, das häufig Vorlage für markttypische Gestaltungsstandards abgibt (vgl. Abbildung 4).

Abbildung 4	Beispiele für Miele Design

GABLER
GRAFIK

Markenbilder, deren Dimensionen zukünftig verändert werden sollen, können mit Hilfe des Instruments Design kommunikationsstark weiterentwickelt werden. Wichtig dabei ist, den Istzustand eines Markenbildes und seiner Kernkompetenzen zu ermitteln und geplante Weiterentwicklungen von Markeninhalten exakt zu beschreiben. Für die Marke Miele heißt das zum Beispiel, die besondere Markenkompetenz für Reinigungsgeräte (zum Beispiel Waschautomaten, Wäschetrockner, Geschirrspüler, Staubsauger) in Richtung einer Genuss- und Emotionalkompetenz gezielt zu erweitern. Eine zugeordnete Genusskompetenz ist für das Wachstumsziel des Unternehmens im Segment Kochgeräte unumgänglich. Innovationen und eine Vielzahl von emotional adäquaten Designlösungen für genussorientierte Kochgeräte haben geholfen, dass der Marke Miele mittlerweile auch auf diesem Gebiet hohe Kompetenz vom Handel und von Käufern zugeordnet wird.

4.6 Guter Service bzw. Kundendienst

Service bzw. Kundendienst besitzen für viele Konsumgüterbereiche keinen besonders herausragenden Stellenwert. Für langlebige Gebrauchsgüter stellt der Kundendienst aber ein enorm wichtiges Instrument dar, das Markenkompetenz stärken oder auch schwächen kann. Wenn Markenruf durch akkumulierte Leistungsgeschichte geschrieben wird, stellen Kundendiensterlebnisse unter Umständen die entscheidenden Kapitel dar. Servicefälle sind ärgerlich und schwächen die Markenloyalität. Wenn aber nach vielen Jahren ein Defekt auftritt, kann auch eine Stärkung der Beziehung eintreten. Ein Kundendienst, der leicht erreichbar, schnell verfügbar, freundlich, kompetent und sauber einen Defekt beseitigt, stützt positive Markenbilder. Das in diesem Zusammenhang häufiger gehörte Zitat von Sprechern der Automobilindustrie „Jeder Kundendienstfall gibt uns die Möglichkeit, die Leistungsfähigkeit unseres Unternehmens unter Beweis zu stellen" ist so falsch nicht, wenn die Kundendienstabwicklung perfekt für den Kunden abläuft.

Kundendienstfälle sind ebenfalls Teil eines Beziehungsmanagements zwischen Unternehmen und Kundschaft. Die Intensität und Gestaltung der Beziehung zwischen beiden Partnern werden zukünftig von noch größerer Wichtigkeit sein als bereits heute. Mit zunehmender Serviceverknappung im Handel wird der direkte Kontakt zwischen Marke und Käufer wichtiger. Passive Medien, zum Beispiel die der klassischen Werbung, werden durch aktive dialogorientierte Medien, wie zum Beispiel Clubstrukturen oder auch das Internet, mehr und mehr ergänzt bzw. zukünftig auch schrittweise ersetzt werden können. Eine hervorragende Kundendienststruktur ist Teil einer solchen Beziehungskette.

Ein guter Kundendienst erhöht die Kundenzufriedenheit und festigt die Kundenbindung. Miele legt auf dieses Instrument enorm hohen Wert und betrachtet dieses nicht nur als Profitcenter, sondern auch als Investition in Markenzufriedenheit und -vertrauen.

4.7 Breite Distribution

Marktführerschaft erfordert große Präsenz. Die numerische Miele Distribution umfasst nahezu 12.000 Kunden in allen hausgeräteführenden Vertriebswegen und Betriebstypen, sobald sie klassische Fachhandelsstrukturen aufweisen.

Im Gegensatz zu gängigen Premiumstrategien, die auf eine enge und selektive Distribution setzen – damit natürlich auch nur begrenzte Präsenz besitzen und Marktführerschaft ausschließen –, setzt die Miele Strategie immer auf eine breite Distribution. Die Chancen liegen auf der Hand, die Gefahren werden jedoch meist spontan als kritischer Faktor empfunden. Eine sehr breite Distribution heißt heute ein Parallelvertrieb über verschiedene Distributionskanäle (also zum Beispiel Elektrofachhandel, Warenhäuser, Küchen- und Möbelhandel, Sanitärfachhandel, Versandhandel) einerseits und verschiedene Einzelhandelsbetriebstypen andererseits (mittelständische Betriebsgrößen, Fachmärkte, national operierende und kommunizierende Großflächenanbieter).

Eine solche breit gefächerte Distributionsarchitektur ist im Regelfall für eine Premiumstrategie, die auch Preisdisziplin bedeutet, wenig geeignet. Sie bedarf einer jahrelang entwickelten und gepflegten Vertriebskultur, die auf Gleichberechtigung setzt und auf schnelles Volumenwachstum in neuen Betriebstypen bewusst verzichtet. Das Ergebnis ist eine im Markt einmalige Distributionsbalance, die bei größtmöglicher Breite den Nachfragefaktor der Marke Miele, die Produktqualität und die enge Fachhandelsbetreuung und -unterstützung vertriebswegeübergreifend als positive und stützende Markenleistung akzeptiert und honoriert.

Distributionsbreite und -qualität sind ohne Zweifel wesentliche Erfolgsbausteine der Marke Miele. Die Breite und Qualität der Handelslandschaft sind allerdings kein stabiler Zukunftsfaktor mehr. Markenführung und Wertschöpfung, die den Handel als Teil einer Leistungskette beinhaltet, müssen sich zukünftig neuen Herausforderungen stellen. Zwei Stichworte des Wandels sind Großbetriebsformen des Handels und Internet.

Qualitativ hochwertige Produkte benötigen qualifizierte Beratung und im Fall von großen elektrischen Hausgeräten ebenfalls qualifizierte Installation bzw. im Fall von Küchen-Einbaugeräten auch den fachgerechten Einbau in Küchenmöbeln. Ein Handelsumfeld, das seine Haupterfolgsfaktoren in Form großer Fläche, hoher Bekanntheit und niedrigem Preis definiert, leistet sich in der Regel in Bezug auf generelle Warenkunde, spezifisches Produkt-Know-how und Verfügbarkeit von Beratungspersonal große Defizite. Der Claim einer großen, deutschen Elektro-Fachmarktkette „Wir können nur billig." ist entweder Konzept oder – was viel mehr zu vermuten ist – Resultat von Beratungsarmut. Welche Vernichtung von Wertschöpfung in Industrie und Handel auf der einen Seite und von Missachtung von Kundenbedürfnissen und daraus resultierender mangelhafter Kundenzufriedenheit auf der anderen Seite solche Konzepte bedeuten, wird mehr und mehr allen am Prozess Beteiligten deutlich.

Das Internet ist bester Ausdruck der heute so genannten Informations- oder Wissensgesellschaft. Nahezu alle bedeutenden Hausgeräteanbieter stellen breite Produktinformationen ins Netz. Der Markt war für Käufer noch nie so transparent wie heute. Die Prognosen, das Internet würde schnell die Rolle des stationären Handels einnehmen, sind – wie selbst Internetoptimisten einräumen – verfrüht, wenn nicht sogar, bezogen auf Hausgeräte, falsch. Richtig ist, dass es ausgesprochen Internet-geeignete Warengruppen gibt, deren Vertrieb über das Netz ständig steigt. Bücher, CDs, Wein, Reisen (Verkehrsmittel oder Hotels) sind Beispiele für solche Warengruppen. Beratungsintensive, langlebige Gebrauchsgüter hingegen, die zudem noch oft eingebaut oder besonders an Strom, Wasser und Abwasser angeschlossen werden müssen, benötigen den Kontakt zum Produkt, um zweifelsfreie Überzeugungen auszulösen, dass es sich im Vergleich zu anderen Produkten um die richtige Wahl für viele Jahre bedürfnisgerechter Nutzung handelt. Dazu gehört das Ausprobieren der Bedienung, das Vergleichen der Verarbeitung, der Vergleich von Materialoberflächen und vieles mehr.

Das Internet wird für Hausgeräte eine wichtige Informationsquelle sein. Viele kaufentscheidungsrelevante Elemente lassen sich jedoch nicht im Internet abbilden. Für den Handel bedeutet das, in Zukunft mehr vor- bzw. teilinformierte Käufer anzutreffen und die Beratung darauf abzustellen.

Beide Elemente des Distributionswandels erfordern von Unternehmen bzw. von Marken eine erweiterte Kommunikationsbreite bzw. ein verbreitertes Kommunikationsmittelangebot. Virtuelle Beratungen im Internet, Beratungs-Callcenter, Ausstellungs- und Beratungszentren, Kundenmagazine oder -clubs bzw. eine Intensivierung des Kundendienstes als Beratungsservice sind dazu einige Stichworte, die Miele verstärkt einsetzt.

Die Intensivierung des Instruments der klassischen Werbung reicht zur Kompensation einer bestehenden Beratungslücke im Handel nicht aus, zumal die Zunahme der Medienvielfalt und Fragmentierung des Medienkonsums eine Intensivierung dieses Instruments, bezogen auf seine Wirkung, zweifelhaft erscheinen lässt.

4.8　Kommunikation: Kreativität reduziert auf das Produkt

Marken werden häufig im Wesentlichen über Medien wahrgenommen. Der Faktor Kommunikation ist also ein wichtiges markenführendes Instrument.

Werbung löst allerdings heute ein durchaus widersprüchliches Meinungsbild aus. Auf der einen Seite wird Werbung als lästig oder falsches Versprechen abgelehnt, teilweise aber auch als Informationsmedium voll akzeptiert. Der Stellenwert der Werbung hat ohne Zweifel durch wenig differenzierende oder generische Inhalte verloren. Werbung für Bier oder Reinigungsmittel sind Beispiele dafür. Werbung, die unterhält, besitzt durchaus Publikumsakzeptanz, was sie aber für ihre Marke bewirkt, bleibt zweifelhaft, wie Werbung, die Testimonials in den Vordergrund stellt, das Produkt aber in den Hintergrund rückt.

Will Werbung Akzeptanz erzielen, muss sie Informationen transportieren, die den Menschen verständlich machen, welches Produkt mit welchem Vorteil von welcher Marke verfügbar ist. Beispiele dafür, dass das nicht langweilig sein muss, gibt es nur eben nicht viele. Kommunikation so verstanden konzentriert sich auf das Verstärken eines vorhandenen Inhaltes. Kommunikation kann damit für ein Produkt mit innovativen Leistungen, guter Gestaltung, hoher Qualität, einem guten und erfolgreichen Markenbild viel einfacher und überzeugender sein als für ein austauschbares Produkt ohne Differenzierungskraft. Marken, die so kommunizieren, schaffen und festigen Vertrauen. Gute Kommunikation ist ein Teil akkumulierter Leistungsgeschichte von Marken, die positive Vorurteile entstehen lassen.

In diesem Sinne folgt die Miele Kommunikation im ruhigen bis beruhigendem Stil dem Bild klassischer Bestätigungswerbung (vgl. Abbildung 5). Die stilistische Halbwertszeit von Kampagnen und Markenclaims bei Wettbewerbern im Hausgerätemarkt betrug in den letzten Jahren etwa zwei Jahre. Der Miele Stil wird – abgesehen von leichten Layout-Retuschen – seit gut 10 Jahren kontinuierlich eingesetzt und bestätigt in seiner blauen Grundstimmung technische Güte, Sauberkeit, Präzision und Verlässlichkeit. Der Markenclaim „Immer Besser" bestätigt die Erwartung einer besonderen Leistung und Qualität.

Abbildung 5   **Anzeigenbeispiel der Miele Kommunikation**

4.9   Erfolgsfaktor „Erfolg"

Ein Faszinationselement von Marken ist Erfolg. Es überrascht allerdings immer wieder, wie selten in der Literatur der Faktor Erfolg für Markenbilder als nennenswert erwähnt wird.

Marken besitzen heute mehr denn je auch eine soziale Identifikationsfunktion. Mit der Wahl einer bestimmten Marke wird auch immer bewusst oder unbewusst die Frage beantwortet, was erzählt diese Marke über mich. Eine Marke, die wirtschaftlichen Erfolg hat und diesen auch kommuniziert, steigert ihre Attraktivität gegenüber erfolgsärmeren Wettbewerbern oder Wettbewerbern, die Erfolg nicht kommunizieren oder nicht kommunizieren können. Abgesehen von möglichen kurzzeitigen Mitleidseffekten präferieren Käufer erfolgreiche Marken. Wirtschaftliche Probleme können selbst emotionalen Marken, wie zum Beispiel die Marke Porsche, Faszination und Begehrlichkeit kosten, wie in der Phase des niedrigen US-Dollar-Kurses Mitte der 80er Jahre, der den seinerzeit dominanten US-Absatz einbrechen ließ. In der Folge litt auch das Erfolgsimage auf dem deutschen Markt.

Käufer verbinden sich gern mit erfolgreichen Marken. Marken, die Erfolg besitzen und kommunizieren, stützen ihre Faszination und damit ihren wirtschaftlichen Status.

4.10   Kontinuität

Kontinuität an sich ist natürlich kein Erfolgsfaktor. Unterstellt wird in dieser These, dass sich die Summe aller Erfolgsfaktoren zu einem geschlossenen Bild zusammenfügen und sich inhaltlich vom Standard kohärent entsprechen. Top Qualität und niedriger Preis ergänzen sich nicht, Innovation ohne Servicekompetenz ebenso wenig wie modisches Design und 20 Jahre Lebensdauer. Alles muss zueinander passen, wie eine gute Kette, die ihre Qualität gleichstarken Gliedern verdankt.

In diesem Sinne ist das kontinuierliche Wiederholen von spezifischen Ausprägungen von Erfolgsfaktoren ein Wirkungsmodell, das erst die Durchsetzung einer Markenpositionierung ermöglicht. Markenkerne bzw. Markenbilder sind Vorstellungswelten in den Köpfen von Käufern. Nur Kontinuität und das Wiederholen selbstähnlicher Botschaften lassen diese abrufbaren Bilder entstehen.

Die an der unternehmerischen Grundidee „Qualität" orientierten Instrumente werden bei Miele über 100 Jahre gelebt. Basis dieser Kontinuität ist die stabile Inhaberstruktur in Form eines Familienunternehmens, das keinen externen Führungseinflüssen unterliegt. Nur drei Inhabergenerationen haben das Unternehmen in über 100 Jahren von der Spitze her geführt, eine in dieser Form einmalige Kontinuität, die in Kumulation ihres Wirkens die Markenposition Miele in dieser besonderen Stärke mitbegründet.

5.   Ausblick

Wachstum ist nicht endlich – diese These ist absolut gesehen nicht haltbar, soll aber Ausdruck eines unternehmerischen Optimismus sein, vermeintlich begrenzte Märkte oder Marktsegmente nicht als unüberwindbare Hindernisse anzusehen. Selbst für Unternehmen mit hoher Marktausschöpfung ergeben sich immer wieder strategische Optionen, Wachstum zu erzielen.

Ein Beispiel dafür ist das Unternehmen Miele, das trotz hoher Marktausschöpfung bis hin zur Marktführerschaft in wesentlichen Marktsegmenten weiter Wachstum zeigt. Für Miele sind das im Wesentlichen drei identifizierte und engagiert umgesetzte Wachstumsoptionen:

1.   Qualitatives Wachstum durch Erweiterung des Leistungsumfangs von bestehenden Produkten (Vision: Qualitatives Wachstum ist unendlich).

2.   Erhöhung der Ausschöpfung des eigenen Cross-Selling-Potenzials, das heißt die Steigerung der Haushaltsausstattung mit Miele Produkten (Vision: Der komplette Miele Haushalt).

3.   Ausweitung der regionalen Präsenz, insbesondere in überseeischen Märkten bzw. Osteuropa (Vision: Globale Präsenz und Einnahme der qualitativen Marktführerschaft in allen bedienten Märkten).

Basis dieses Strategiebündels ist Kontinuität in den Grunderfolgsfaktoren des Unternehmens Miele, das heißt Unabhängigkeit als langfristig denkendes Familienunternehmen, Konzentration auf eine Marke, auf einen Markt und auf eine Positionierung mit einem weltweit gleichen Angebot in Spitzenqualität. Das dafür errechenbare Potenzial ist mit der derzeitigen Unternehmensgröße von 4,3 Milliarden DM Umsatz noch lange nicht ausgeschöpft.

Markenführung im Volkswagen-Konzern im Rahmen der Mehrmarkenstrategie

Robert Büchelhofer

1. Einführung

Weltweit entstehen in allen Branchen täglich mehr als 100 neue Marken. Dieser Trend wird durch das Internet mit seinen niedrigen Markteintrittsbarrieren noch verstärkt. Aber nur wenige dieser neuen Marken überleben einige Jahre. Noch weniger bringen es zu weltweiter Anerkennung und Respekt. Das Markenportfolio des Volkswagen-Konzerns umfasst heute neun Marken, darunter mit Volkswagen, Audi und Bentley einige der bekanntesten Marken in der Welt überhaupt.

Erfolgreiche Marken wie diese müssen eine Qualität anbieten, die der Konsument als hervorragend wahrnimmt. Sie müssen konsequent über einen langen Zeitraum geleitet werden, um eine Position und Persönlichkeit zu entwickeln. Diese Aufgabe obliegt der Markenführung. Die folgenden Erläuterungen zeigen die Notwendigkeit und die erforderlichen Elemente einer konsequenten Markenführung im Rahmen der Mehrmarkenstrategie des Volkswagen-Konzerns.

2. Das dynamische Umfeld der Markenführung im Automobilmarkt

Der Automobilmarkt ist einem sehr starken Veränderungsprozess ausgesetzt. Die Grenzlinie zwischen nationalen Märkten verwischt zunehmend, die Nachfrage fragmentiert sich in immer kleinere individuelle Nischen. Hinzu kommen abnehmende Markenbindung und das hohe Tempo der technischen Entwicklung – vor allem mit dem verstärkten Einzug der Elektronik ins Fahrzeug.

An erster Stelle der Veränderungen steht die zunehmende **Globalisierung** der Wirtschaft. Globalisierung soll hier nicht nur im Sinne eines einzigen Wirtschaftsraumes verstanden werden, sondern vor allem auch als Annäherung der Lebensweisen und Einstellungen der Kunden. Die rasant wachsende Zahl der Internet-Nutzer beschleunigt die weltweite **Informationstransparenz** und den internationalen Dialog. Die Zahl der Internet-Nutzer in Europa wird von 100 Millionen im Jahr 2000 auf 333 Millionen im Jahr 2004 steigen. Das Internet lädt zum spontanen Austausch von Meinungen ein, so genannte Communities entstehen, kleine, fragmentierte Gruppen, die weltweit miteinander kommunizieren.

Die zunehmende **Fragmentierung** ist die größte Herausforderung für die Automobilindustrie. Analysen zeigen, dass im Jahr 1987 die Kunden neun unterschiedliche Fahrzeugsegmente gesehen haben. Innerhalb von 10 Jahren hat sich diese Zahl nahezu verdreifacht. 1997 wurden schon 26 unterschiedliche Fahrzeugsegmente wahrgenommen, und der mit dem New Beetle initiierte Trend zu Design-Modellen hat im Jahr 2000 die Zahl der Segmente bereits auf 30 erhöht. Roadster, Großraumlimousinen und Sport-Utility Fahrzeuge, um nur einige Beispiele zu nennen, werden in Zukunft in allen Größenklassen erhältlich sein (vgl. Abbildung 1).

Diese Entwicklung führt zwangsläufig zu einer abnehmenden Markenbindung, da die Kunden durch immer neue Angebote zu Fahrzeug- und Markenwechsel animiert werden.

Abbildung 1	**Fragmentierung der Märkte –**
	Ergebnisse der kundenorientierten Marktsegmentierung (KMS)

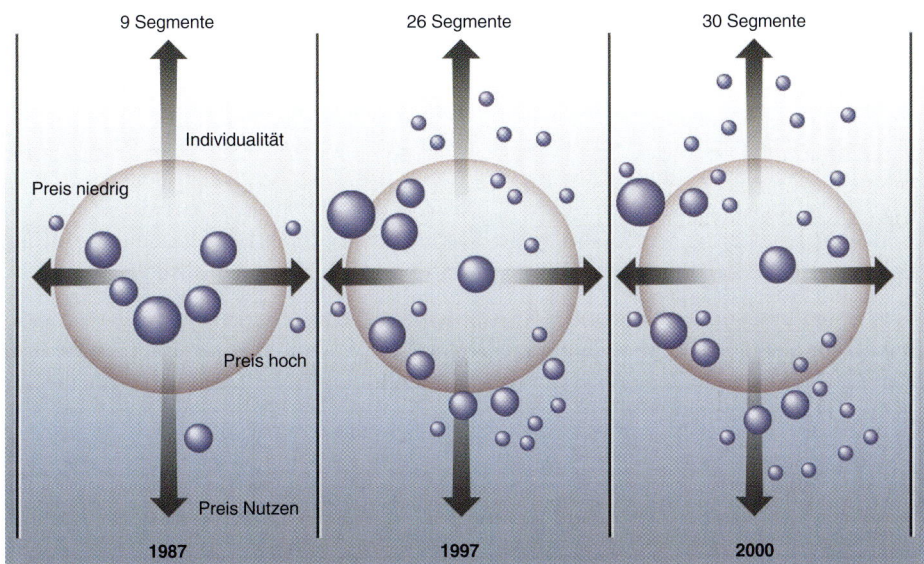

GABLER
GRAFIK

Neue **Technologien** ermöglichen es immer wieder, weltweite Innovationen im Markt einzuführen. Ein gutes Beispiel hierfür ist der 3-Liter-Lupo der Marke Volkswagen. Das erste vollwertige Auto für vier Personen mit Gepäck, das es erlaubt, mit einem Verbrauch von nur drei Litern auf 100 Kilometer komfortabel zu reisen. Es geht bei diesem Fahrzeug nicht allein um die technische Perfektion, sondern auch um die Wahrnehmung der Verpflichtungen gegenüber der Gesellschaft und die Herausforderungen der Zukunft.

So wie früher der Rennsport die Serienentwicklung der Automobilhersteller beeinflusste, so sind es heute neue Technologien wie die des 3-Liter Autos, die entscheidend die Entwicklung zukünftiger Automobilgenerationen prägen. Die im 3-Liter-TDI-Motor eingesetzte Technik der selektiven Einspritzung repräsentiert den Stand der Dieseltechnologie und findet schon bald in vielen Fahrzeugen der Marke Volkswagen und des Konzerns Anwendung.

Weitere technologische Herausforderungen erschließen sich mit dem Internet, das mit Car Multi Media Systemen und neuesten Telematikanwendungen auch in das Automobil einziehen wird. Die intelligente Verarbeitung von Verkehrsflussdaten in den Navigationssystemen der Fahrzeuge wird bald eine Alltäglichkeit sein. Alle modernen Informationsmedien werden zukünftig Teil der Mobilität sein.

3.   Die Mehrmarkenstrategie des Volkswagen-Konzerns

In einem solchen dynamischen Umfeld der permanenten Veränderung ist zunehmend Orientierung gefragt, die über das Wertesystem starker Marken vermittelt wird. Die Marken des Volkswagen-Konzerns bieten Orientierungshilfen und stehen für weltweit identische Werte. Die Mehrmarkenpoliktik mit ihrer präzisen Positionierung der einzelnen Marken dient als Basis für eine globale Marketingstrategie mit einem breiten Angebot in möglichst allen Segmenten und Märkten. Das **Ziel der Mehrmarkenstrategie** im Konzern ist die nachhaltige Verbesserung der Marktausschöpfung. Die Marktausschöpfung definiert sich aus der Summe der loyalen Käufer und aus Neu- und Zusatzkäufern.

Wichtig für die Zieldefinition ist der Begriff der Nachhaltigkeit, denn nur robuste Strategien der Markenführung haben langfristig Bestand. Im Wesentlichen bestimmen dabei vier Komponenten den Handlungsspielraum der Markenführung in der Mehrmarkenstrategie:

- **Globale Ausrichtung der Produktpolitik mit dem Ziel der vollständigen Marktabdeckung**

- **Eindeutige Positionierung der Marken durch Schaffung von Markenpersönlichkeiten mit emotionaler Faszination**

- **Aktive Nutzung neuer Kommunikations- und Informationstechnologien im Rahmen der E- und M-Commerce Strategie**

- **Konsistenz und Glaubwürdigkeit des Markenauftritts vom Produkt aus über die gesamte Vermarktungskette**

Die Erfüllung dieser Bestimmungsfaktoren ist ein Muss der Mehrmarkenführung. Denn jedem Konzern mit einem breiten Markenportfolio droht die Gefahr der Übersegmentierung, der Produktähnlichkeit und damit der Substitution.

3.1   Globale Marktabdeckung

Der Volkswagen-Konzern strebt eine kontinuierliche Erweiterung seines Absatzvolumens an. Bei stagnierenden Absatzmärkten ist dies nur durch die Erschließung neuer Marktsegmente und dem Ziel der weitest gehenden Marktabdeckung – aus produktpolitischer und geographischer Sicht betrachtet – möglich. Gerade hier spielt die Mehrmarkenstrategie eine entscheidende Rolle.

Die Segmentierung des PKW-Weltmarktes erfolgt grundsätzlich nach Karosserietypen und Größenklassen. Stufenheck, Kombi oder Cabrio in der Kleinwagen-, Kompakt- oder Mittelklasse sind hier klassische Einteilungsbeispiele. Durch die Aufgliederung bestehender Segmente in weitere Subsegmente – wie z. B. dem Offroad Segment in klassische nutzenorientierte Geländefahrzeuge und den auf PKW-Basis abgeleiteten freizeitorientierten Geländefahrzeugen - wird die Anzahl der Segmente im Markt laufend erweitert.

Abbildung 2   **Produktvielfalt des Volkswagen-Konzerns**

GABLER
GRAFIK

Mit dem bestehenden Produktprogramm des Volkswagen-Konzerns ist bereits eine Vielzahl der Segmente des Gesamtmarktes abgedeckt (vgl. Abbildung 2). Die noch unbesetzten Felder gilt es – sofern eine ausreichende Nachfrage besteht – künftig zu erschließen. Die einzelnen Marken des Konzerns werden dabei unterschiedliche Nachfrageschwerpunkte abdecken. Angestrebt ist sowohl eine horizontale Erweiterung des Konzern-Produktportfolios durch das Angebot neuer Fahrzeugkonzepte, als auch eine vertikale Erweiterung durch das zusätzliche Angebot in der Ober- bzw. Luxusklasse, aber auch im Klein- und Kleinstwagensegment.

Das Segment der Luxuslimousinen und Sportwagen wird vom Volkswagen-Konzern u. a. mit den Marken Rolls-Royce, Bentley und Lamborghini bereits überzeugend besetzt.

Auch die Marke Bugatti wird in Kürze das Angebot in diesem Segment ergänzen. Auf der anderen Seite des Fahrzeugspektrums erfolgte bereits mit Fahrzeugen wie dem Seat Arosa und dem VW Lupo der erste Schritt in das Kleinstwagen-Segment. Dieses Feld wird insbesondere in den Schwellenländern erheblich an Bedeutung gewinnen. In Europa ist es das in den letzten Jahren am stärksten gewachsene Segment.

Eine Segmentierung nach Größenklassen allein ist aber heute weniger denn je zielführend. Inzwischen geht es vielmehr darum, jedem Kunden das Automobil zu bieten, das seinen individuellen Wünschen und seinem Lebensstil entspricht. Diese Entwicklung führt zu immer mehr Nischensegmenten, die sich aus immer neuen Fahrzeugkonzepten ergeben. Man kann fast davon sprechen, dass die Summe aller Nischen den Gesamtmarkt bestimmt und große klassische Segmente, wie z.B. Stufenhecklimousinen kontinuierlich Stückzahlen an Nischensegmente verlieren.

Der Volkswagen Konzern hat mit dem Angebot von attraktiven Fahrzeugen wie dem New Beetle, dem Audi TT Coupe oder dem TT Roadster darauf reagiert und sein Konzernportfolio auch vertikal erweitert. Die große Produktvielfalt auf den Weltmärkten kann nur durch den konsequenten Einsatz der Produktentwicklungs- und Modul-Strategie realisiert werden. Es ist die Herausforderung, dabei die eigenständige Identität der jeweiligen Marke zu erhalten. Die Marken müssen über den reinen Produktnutzen hinaus mit einer ganz besonderen Ausstrahlung umgeben werden und man muss sie gleichzeitig ständig weiterentwickeln. Dieses kann nicht nur durch ein markenspezifisches Design der Karosserietypen und eine differenzierte Preispolitik erreicht werden, sondern erfordert vor allem die eindeutige Positionierung der Marken und die Schaffung von Markenpersönlichkeiten mit emotionaler Faszination.

3.2 Eindeutige Positionierung der Marken

Die Definition der Markenpersönlichkeit ist eine elementare Aufgabe der Markenführung: Sie ist ein analytischer Prozess, der profunde Kenntnisse der Branche einerseits und des Potenzials von Marken andererseits voraussetzt. Jede Marke stellt eine **Persönlichkeit** im Gesamtauftritt des Volkswagen-Konzerns dar, die auf den Wurzeln ihrer Herkunft aufsetzt und konsequent zu einer umfassenden Persönlichkeit mit **eigenständigen Werten** weiterentwickelt worden ist. Des Weiteren wird die Markenpersönlichkeit durch ihr Kompetenzfeld und ihre Mission beschrieben.

Das Kompetenzfeld beschreibt die **Kernkompetenz(en) der Marke** und differenziert sie gerade auch auf der Produktebene zum Wettbewerb. Die Kompetenzfelder der Konzern-Marken wurden jeweils nach den Bedürfnissen der jeweiligen Zielgruppen und ihrer Trends definiert. Das hat zunächst nichts mit Karosserieformen und Ausstattungen zu tun, sondern definiert den Anspruch, den die Marke für sich erhebt und den sie ihren Kunden gegenüber vertreten wird. Aus diesem Anspruch ergeben sich dann die Anforderungen für die weitere Ausplanung der Merkmale und Aktivitäten der Marke.

Kernkompetenz heißt dabei aber nicht, dass eine Marke nur auf einem begrenzten Gebiet glänzen sollte und in allen anderen abfällt. Ein Kompetenzfeld bedeutet vielmehr, dass die Marke speziell in einem bestimmten Bereich weltweit Maßstäbe setzt. Wenn der Markt die Kompetenz einer Marke akzeptiert hat, dann wird sie im Extremfall zum Synonym für das Produkt. Als Beispiel sei hier der Quattro-Antrieb von Audi als Synonym für Allradantrieb bei PKWs genannt. Oder die Marke wird zum Maßstab einer Produktkategorie wie der Golf für die „Golf-Klasse" oder wie Bentley für das Segment der sportlichen Luxusfahrzeuge. Bentley steht weltweit für die geglückte Symbiose von Sportlichkeit und Luxus. Die Kombination von Leder und Holzelementen und die Liebe zum Detail schaffen eine typisch britische Atmosphäre, die oft kopiert, aber nie erreicht wurde. In Feldern wie dem der Sicherheit und der Umweltverträglichkeit wird zwischen den Marken des Volkswagen-Konzerns keine Hierarchie aufgebaut. Hier muss jede Marke den Anspruch, den der Konzern verkörpert, erfüllen.

Die **Mission der Marke** ist schließlich der Kristallisationspunkt aller Kompetenzen und Attribute: Sie soll leicht verständlich die Essenz der Markenpersönlichkeit zusammenfassen und sowohl für die internen Mitarbeiter als auch für das externe Publikum mühelos und überzeugend nachvollziehbar sein. Die Mission der Marke Seat: „Auto Emoción" symbolisiert so zum Beispiel sowohl den Ursprung der Marke im mediterranen Raum als auch den Anspruch, sportliche Fahrzeuge zum attraktiven Preis anzubieten. Ein Anspruch, der durch die Rallye-Siege der Marke wirkungsvoll unterstützt wird.

Die Definition der Markenpersönlichkeit setzt einen Prozess der kontinuierlichen Reflexion über Marke und Märkte voraus. Genauso, wie sich eine menschliche Persönlichkeit durch Erfahrungen verändert, passiert dies auch bei Marken, wenn sich die Bedingungen des Marktes verändern.

Über allem aber steht, dass die **Authentizität** des Auftritts der Marke dabei immer gewahrt bleibt und sich das Leitbild, das heißt die der Markenpersönlichkeit vorgegebene Soll-Markenwahrnehmung, in der konkreten Produkt- und Vertriebspolitik wiederfindet. Dies gilt für die Automobilindustrie stärker als für alle anderen Industrien.

Im Folgenden sollen die Persönlichkeiten der Konzern-Marken mit ihrem Ursprung, ihren Werten, Kernkompetenzen und Missionen kurz dargestellt werden (vgl. auch Abbildung 3).

Bentley steht seit seinen Anfängen 1919 für die Kombination aus Sportlichkeit und Luxus. Der Bentley ist der Gentlemen's Sporting Tourer schlechthin. Unvergessen sind die Erfolge der legendären Bentley-Boys, einer Gruppe von jungen Männern aus bestem britischem Hause, die in Le Mans in den 20er Jahren legendäre Siege errungen haben. Sie sind noch heute präsent – gar nicht einmal ihrer Siege wegen, sondern auf Grund der heroischen Umstände, unter denen sie errungen wurden. Nur wenige der Bentley-Boys wurden älter als 35 Jahre, und keiner starb eines natürlichen Todes, was zur Legendenbildung der Marke erheblich beitrug. Die Mission der Marke entspricht dem Motto der Bentley-Boys: „Wer wagt, gewinnt!"

Abbildung 3	Markenkerne

Vorsprung durch Technik

Auto Emoción

The Gentleman´s Sporting Tourer

Spitzenqualität zu attraktiven Preisen

Meisterstück der automobilen Ingenieurskunst

Maßstab für automobile Werte

Der ultimative Sportwagen

Individuelle Transportlösungen

Die Ikone des Luxus

GABLER GRAFIK

Der Begriff der Sportlichkeit, wenn auch in einer anderen Ausprägung, führt zur nächsten Marke im Konzern: **Lamborghini**. Ferruccio Lamborghini beschloss 1963 wegen einer Unzufriedenheit mit seinem Ferrari, einen besseren Sportwagen zu bauen. Innerhalb von nur vier Jahren gelang es ihm, sein Ziel zu verwirklichen. Der Miura setzte in den 60er Jahren Maßstäbe in Fahrleistungen und Design. Heute ist der Diablo GT der schnellste Seriensportwagen der Welt. Dieses Auto verkörpert deutlich das Leitmotiv der Marke Lamborghini: „Der ultimative Sportwagen".

Rolls-Royce war schon immer das Auto der gekrönten Häupter dieser Welt. Eine Perle des Automobilbaus und „Die Ikone des Luxus" schlechthin. **Bugatti** vereint Ästhetik und Innovation mit absoluter Exklusivität. „Das Meisterstück der automobilen Ingenieurs-kunst" ist daher die Mission einer Marke, deren Gründer Ettore Bugatti es verstand, Automobile nicht einfach zu konstruieren, sondern zeitlose Meisterwerke automobiler Kunst zu schaffen. Diese Philosophie greift der Volkswagen-Konzern jetzt wieder auf und wird in Kürze unter der Marke Bugatti exklusive und individuelle Fahrzeuge mit höchster mechanischer Präzision anbieten. Diese Marken sind von Legenden umrankt. Sie umgibt ein Mythos.

Mit einem Produkt ist dies auch der Marke **Volkswagen** in der Vergangenheit gelungen. Der Käfer als Synonym für Volkswagen steht für Demokratisierung der Mobilität, Zukunftsvertrauen, Wirtschaftswunder und Aufschwung in Deutschland. In den USA wurde er zum Ausdruck des Lebensgefühls einer ganzen Generation.

Auch der Golf hat diese Tradition fortgesetzt und als Synonym für Volkswagen längst einen Kult-Status erreicht. Er entspricht dem Werteverständnis einer globalen Generation, einer Generation wie sie vielfältiger nicht sein könnte, die aber eines verbindet: Golf zu fahren. Aus diesem Grund wird in der Kommunikationspolitik auch von der Generation Golf gesprochen. Doch schon lange prägt nicht der Golf allein das Bild von Volkswagen, sondern eine Vielzahl von hochwertigen Produkten vom Lupo bis zum Passat und bald auch darüber hinaus. Besonders hohe Qualität, Innovation und die Leidenschaft zur Perfektion bis in kleinste Detail bestimmen heute die konkrete Umsetzung des Markenleitbilds durch das Produkt. Die Marke Volkswagen definiert die Mission, neue Standards im Automobilbau zu setzen und dies mit einer möglichst breiten Abdeckung in nahezu allen Marktsegmenten: „Maßstab für automobile Werte".

Volkswagen steht aber nicht nur für PKW, sondern auch erfolgreich für Nutzfahrzeuge. Wie häufig in der Historie entstand ein weltweit erfolgreiches Produkt aus einem reinen Zufall heraus: der Volkswagen Transporter. Er basiert ja bekanntlich auf einer Handskizze des niederländischen Importeurs Ben Pon. Er wurde zur Keimzelle der Nutzfahrzeug-Marke, die heute mit dem Transporter in ihrem Segment ganz klar die Nummer 1 in Europa darstellt und „individuelle Transportlösungen" für jeden Kunden anbietet.

Audi stellt mit visionärer Technik und Design Konventionen in Frage. Der „Vorsprung durch Technik" ist die Mission einer Marke, die durch technische Pionierleistungen und extravagantes Design ihre Position im Umfeld der großen Automobilmarken einnimmt. Mit dem Quattro-Antrieb hat Audi einen historischen Meilenstein in der Fahrzeugtechnik gesetzt. Heute steht die Marke aber nicht mehr nur für Vorsprung durch Technik, sondern wird vor allem durch das provokant-extravagante Design ihrer Fahrzeuge bestimmt. Dies wird beim neuen Audi TT Coupé und Roadster besonders deutlich.

Die Marke **Skoda** kann wie wenige andere Automobilmarken auf eine starke Tradition zuverlässiger und eleganter Fahrzeuge zurückgreifen. Heute ist Skoda die Marke im Konzern, die mit ihrem Leitmotiv „Spitzenqualität zu attraktiven Preisen" hochwertige Automobile wie den Octavia zu attraktiven Preisen anbietet.

Bei der Marke **Seat** ist spanisches Temperament vereint mit deutscher Ingenieursleistung. Der neue Markenauftritt der Marke Seat mit sportlich emotionalen Fahrzeugen wie dem Leon und den Konzeptstudien Bolero und Salsa zeigt deutlich die Mission der Marke: „Auto Emoción".

3.3 E- und M-Commerce Strategie

Der Markterfolg wird auch besonders davon abhängen, ob es gelingt, die neuen Spielregeln der Kommunikationsgesellschaft zu nutzen. Das heißt, die Kunden erwarten neben dem eigentlichen Produkt „Auto" ein umfassendes Dienstleistungsangebot. Zunehmend müssen sich die Unternehmen am Internet orientieren. Für die Kunden hat das Internet sieben Tage in der Woche rund um die Uhr geöffnet. Es macht damit dem Kunden auf bequeme Art und Weise weltweite Angebote jederzeit zugänglich und erlaubt die Schaffung völlig neuer Dienstleistungsformen.

Der Volkswagen-Konzern hat die Bedeutung dieser virtuellen Welt frühzeitig erkannt und nutzt sie zur Kundengewinnung und Kundenbindung. Dabei werden generell drei Stufen der Kundenansprache gesehen (vgl. Abbildung 4):

1. Content: Kunden über Inhalte im Internet erreichen

2. Community: Kunden über zielgruppengerichtete Inhalte an die Marken binden

3. E-Commerce: Geschäftsabwicklung und Verkauf mit elektronischen Medien

Abbildung 4   **E-Commerce Strategie**

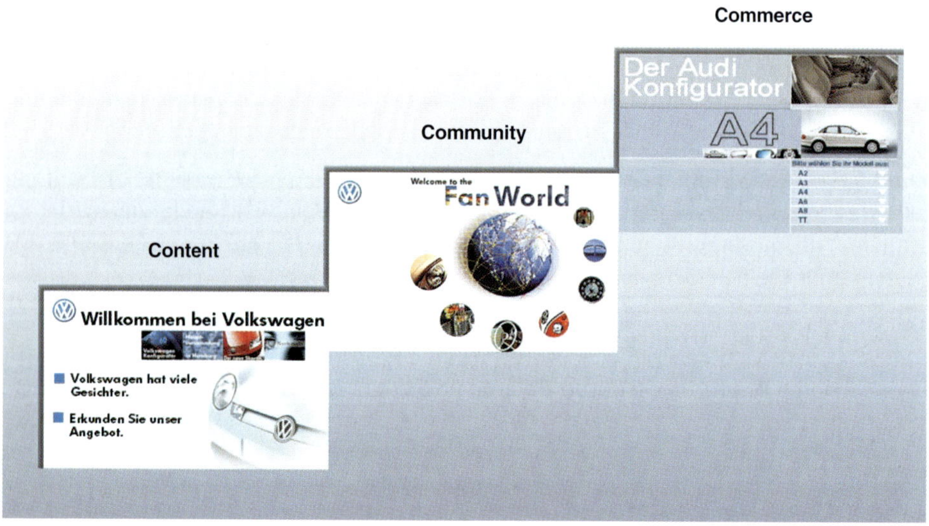

GABLER
GRAFIK

Auf der ersten Stufe steht die reine Informationsvermittlung im Vordergrund. Wer die Website „www.volkswagen.de" aufruft, findet auf der „Content-Ebene" Unternehmensnachrichten, Produktinformationen, Serviceangebote und vieles mehr.

Community steht für den direkten Dialog mit dem Kunden. Volkswagen hat hier nicht nur den Dialog per E-Mail mit den Kunden frühzeitig begonnen, sondern auch Internet-Seiten für die „Generation Golf" eingerichtet. Aktuell sind hier beispielhaft die „Volkswagen-Fan-World", die „Autolernwerkstadt" oder das Jugendportal „zoon.de" zu nennen.

Alle Marken des Konzerns sind im Bereich des **E-Commerce** aktiv. Allein www.volkswagen.de erreicht heute pro Monat über 1,5 Millionen Besucher. Angebote wie der Car-Konfigurator mit rund 280.000 Konfigurationen monatlich oder die Gebrauchtwagen-Börse, kurz: die Kaufanbahnung über das Internet, sind heutzutage eine Selbstverständlichkeit.

Ziel ist es, die Internetaktivitäten im E- und M-Commerce weiter auszubauen, um den Kunden ein umfassendes Mobilitätsangebot zu unterbreiten. Dazu gehören aktuelle Verkehrsinformationen und Routenplanung, von der Anbindung an andere Verkehrsmittel bis hin zur Reiseplanung, zu Hotel- und Restaurantführern sowie Buchungsmöglichkeiten für Events. Seit Februar 2001 sind diese „Mobile Services" fester Bestandteil des Internet-Angebots unter „www.volkswagen.de" und werden sukzessive erweitert. Zugleich sollen auf diesem Wege Kunden von Wettbewerbern an die Marken des Volkswagen-Konzerns herangeführt und auch über dieses Medium zu Kunden weiterentwickelt werden (vgl. Abbildung 5).

Abbildung 5   **Volkswagen-Mobilitätsportal**

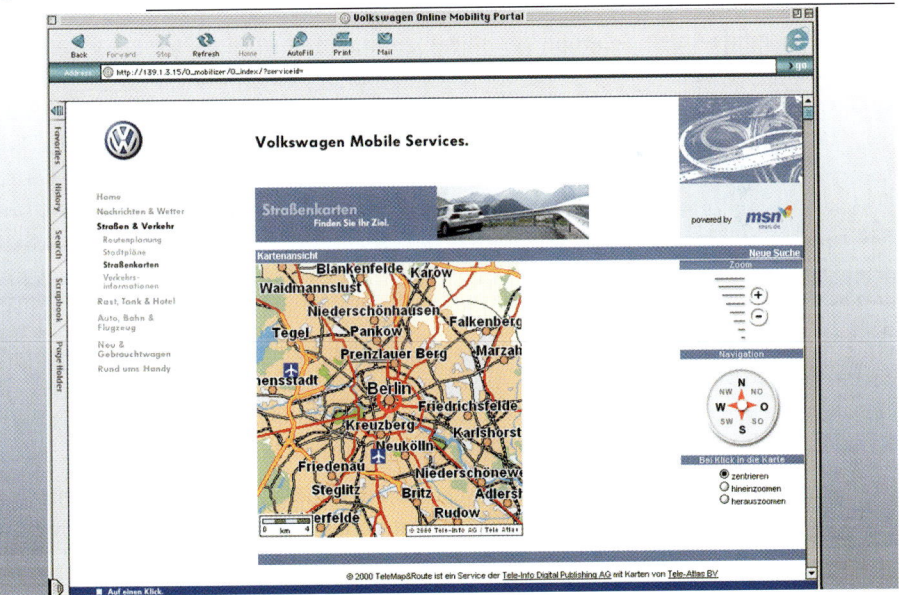

Ein weiteres Ziel ist die Entwicklung einer überlegenen **M-Commerce Strategie**, also die mobile Nutzung des Internet im Auto. Diese Entwicklung macht den Internetzugang zu jeder Zeit an jedem Ort möglich. Damit wird dem Bedarf der Kunden an regionalen, lokalen, also ortsangepassten Inhalten entsprochen. Die komfortable Nutzung des mobilen Internet unterwegs und im Auto stellt an die Benutzerfreundlichkeit der Soft- und Hardware völlig neue Anforderungen.

So sehr die virtuelle Welt des Internet auch die ökonomischen Prozesse verändern wird, eines steht fest: auch in Zukunft ist das reale Erlebnis mit dem Automobil entscheidend für die Faszination, die von einzelnen Marken ausgeht. Der Erlebnisanspruch wächst in beiden Welten, in der virtuellen und in der realen Welt. Dies umfasst die gesamte Vermarktungskette einschließlich des Automobilhandels. Hierzu zählen das System der exklusiven Vertriebskanäle, die Corporate Identity der Marken und die Schaffung von Markenerlebniswelten.

3.4 Konsistenz und Glaubwürdigkeit des Markenauftritts

Die Konsistenz und glaubwürdige Inszenierung der Markenpersönlichkeiten beschränkt sich natürlich nicht nur auf das Produkt, sondern auch auf die gesamte Vermarktungskette im Automobilhandel. Hierzu zählen das System der exklusiven Vertriebskanäle, die Corporate Identity der Marken und die Schaffung von Markenerlebniswelten. Jeder Kontaktpunkt des Kunden mit der Marke muss so gestaltet werden, dass dem Kunden ein einheitliches, mit der Markenpersönlichkeit übereinstimmendes Bild vermittelt wird.

Die eigenständige Positionierung der einzelnen Marken bedarf auch eines eigenständigen Auftritts im Sinne ihrer Corporate Identity und ihres Corporate Designs. Die Markendifferenzierung von Audi und Volkswagen wird auf der Handelsseite deutlich sichtbar. Hierfür haben die Händler bisher schon mehrere Milliarden Mark investiert. Weltweit stehen über 11.000 Audi- und VW-Betriebe zur Umrüstung an, von denen der weit überwiegende Teil bereits bis Ende 2000 umgestaltet wurde. Hieraus wird ersichtlich, wie viel Vertrauen die Händler den Marken entgegenbringen. Auch bei Seat und Skoda spiegelt sich die qualitative Verbesserung des Händlernetzes in neuem Corporate Design und neuen Verkaufsraumkonzepten wider (vgl. Abbildung 6).

Für alle Marken gilt, dass Verkaufsräume zukünftig neben ihrer originären verkaufsbezogenen Funktion auch wesentlich als Inszenierungsstätte ihrer Marken dienen werden. Hierzu muss natürlich auch die grundlegende Dienstleistungsmentalität vom Hersteller bis zum Handel einer Veränderung unterzogen werden.

Der Kunde erwartet eine Verkaufs- und Servicementalität, die seinem Anspruch gerecht wird. Konsequenterweise wurde bei Volkswagen daher ein **leistungsorientiertes Händlermargensystem** entwickelt, das als einen Bestandteil die mittels Marktforschung gemessene Kundenzufriedenheit beinhaltet.

Abbildung 6	VW-Autohaus

Die konsequente Kundenorientierung des Unternehmens findet auch in der Produktion Anwendung. Die Kunden werden daher zukünftig in die Produktion ihres Fahrzeuges mit einbezogen. Sie können sozusagen an der „Geburt" ihres Automobils teilhaben. In der Produktionsstätte für das neue Luxusmodell der Marke Volkswagen, der so genannten „Gläsernen Manufaktur" in Dresden, wird dies ermöglicht. Die Kunden können die Entstehung ihres Autos direkt und persönlich verfolgen.

Der Höhepunkt der Inszenierung der Marken ist die **AUTOSTADT** (vgl. Abbildung 7).

In Wolfsburg ist ein Erlebnispark rund um das Automobil entstanden – mit Visionen und Attraktionen, mit Medien von morgen und Erinnerungen an gestern – ein unvergessliches Erlebnis für jeden Besucher. Seit Juni 2000 haben alle Besucher die Gelegenheit, die Welt des Konzerns und der Marken zu erleben. Jede Marke verfügt über ihren eigenen Pavillon, in dem die jeweilige Markenwelt auf faszinierende Weise inszeniert wird.

Der Erfolg der Autostadt übertrifft dabei alle Erwartungen. Die ursprünglich erwartete Besucherzahl von rund einer Million pro Jahr wurde bereits nach knapp 11 Monaten um 100 Prozent übertroffen.

| Abbildung 7 | Autostadt |

Für all diejenigen, die nicht die Möglichkeit haben, die Autostadt in Wolfsburg zu besuchen, wurde ein Internet-Programm entwickelt, das allen Menschen in der ganzen Welt die Chance gibt, die Autostadt virtuell zu erleben.

4. Controlling der Mehrmarkenstrategie

Die Operationalisierung der Marken-Missionen und Werte mit den unterschiedlichsten Marketinginstrumenten ist Aufgabe des Marketing der einzelnen Marken. Die Effizienz und Effektivität der Maßnahmen wird zentral gemessen. Für die Steuerung der Markenführung der einzelnen Marken wurde ein Controlling-Konzept realisiert.

Das Marken-Controlling hat drei wesentliche Funktionen:

- **Information:** Die Kenndaten des Marktauftritts der Marken werden regelmäßig und vergleichbar dargestellt.

- **Planung:** Im Rahmen des regelmäßigen Marken-Audits werden die strategischen und operativen Planungen der Marken abgestimmt.

- **Steuerung:** Soll-Ist-Vergleiche bilden die Grundlage einer zielgerichteten Führung der Marken.

Exemplarisch sei hier die Anwendung einer Methode des Marken-Controlling vorgestellt, die zur Kontrolle der Markenwahrnehmung über Soll-Ist-Vergleiche eingesetzt wird: das **semantische Differenzial** (vgl. Abbildung 8).

Abbildung 8   **Semantisches Differenzial – Zielkanal**

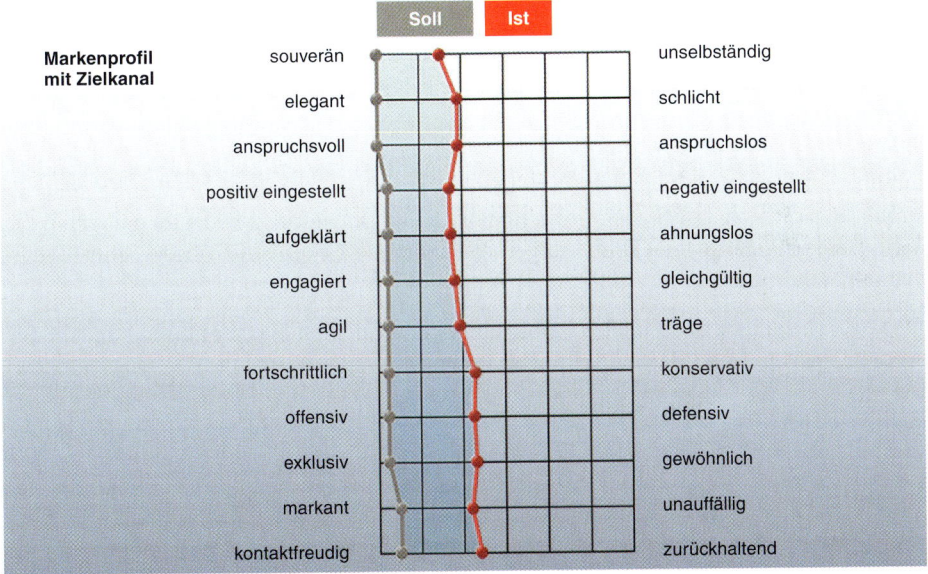

GABLER
GRAFIK

Das semantische Differenzial ermöglicht es, die Markenwahrnehmung anhand von beschreibenden Attributen und Assoziationen zu messen. Durch Gegensatzpaare wird das Ist-Profil einer Marke dargestellt und mit dem Soll-Profil, das sich aus der definierten Markenpersönlichkeit ableitet, abgeglichen. Das Resultat dieses Abgleichs ergibt den Zielkanal. Zielsetzung ist, das Delta im Zielkanal durch entsprechende Marketingmaßnahmen zu minimieren und die angestrebte Soll-Wahrnehmung im Markt bzw. in der Zielgruppe zu etablieren.

Diese Messung wird alle zwei Jahre in den wesentlichen Märkten für alle Marken durchgeführt. Die Erkenntnisse fließen in die Marketingrahmenpläne der Marken ein und dienen damit der Steuerung der Markenpolitik. Mit diesem und anderen Werkzeugen des Marken-Controlling erhält man präzise Aussagen über die tatsächliche Wahrnehmung der Marken im Markt und deren Performance.

5. Der Erfolg der Mehrmarkenstrategie

Die Realisierung der in der Mehrmarkenstrategie definierten Markenpersönlichkeiten bedarf eines kontinuierlichen Prozesses. Die Missionen der Marken und die Beschreibung der **Leitbilder sind Zielwerte**, die mit den unterschiedlichsten Marketinginstrumenten umgesetzt werden, damit die Ist-Wahrnehmung dem Soll entspricht.

Der Erfolg der Markenführung im Volkswagen-Konzern lässt sich am besten mit den Kenngrößen **Marktanteil** und der Erfassung der konzerninternen und konzernexternen **Wanderungsbewegungen** belegen.

Von 1994 bis 2000 hat sich der Marktanteil des Gesamtkonzerns in Westeuropa von 15,8 Prozent auf 18,7 Prozent erhöht. Gleichzeitig stieg der Weltmarktanteil von 8,8 Prozent auf 12,2 Prozent (vgl. Abbildung 9). Die Loyalität in Westeuropa liegt konzernweit um über 10 Prozent-Punkte über dem Durchschnitt der Branche. Gleichzeitig stieg die Eroberungsrate um 31 Prozent. In absoluten Zahlen ausgedrückt bedeutet dies für Westeuropa eine Steigerung der Eroberungen von anderen Marken um 281.000 Fahrzeuge im genannten Zeitraum.

Diese Zahlen zeigen deutlich den Erfolg einer konsequenten Markenführung und die Bedeutung ausgeprägter Markenpersönlichkeiten.

Abbildung 9   **Weltmarktanteil des Konzerns in Prozent**

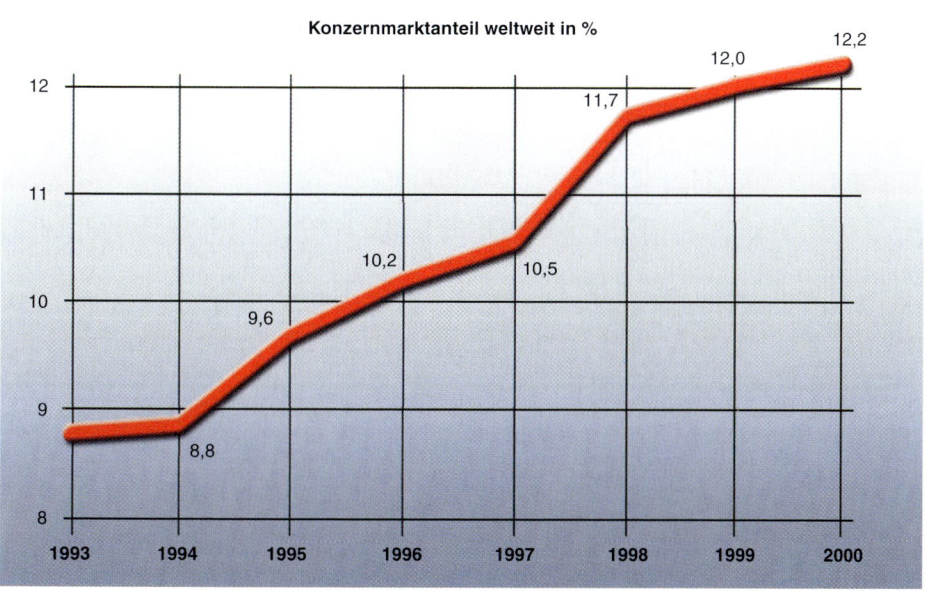

Ein nachhaltig erfolgreiches Markenmanagement bedeutet daher eine permanente Entwicklung und Anpassung aller Bestimmungsgrößen. Die vielschichtigen Veränderungen des Umfeldes, wie etwa die Fragmentierung der Märkte oder die zunehmende Informationstransparenz, erfordern dabei einen ständigen Soll-/Ist-Abgleich. Die Dynamik der Märkte erwartet somit stets neue Leistungen in allen Bereichen rund um das „Produkt" Mobilität.

Markenführung und Markentransfer der Zeitschrift GEO

Jürgen Althans und Gerd Brüne

1. Konzeptionelle Grundlagen der Markenführung von Zeitschriften

In einer immer heterogener und zersplitterter werdenden Medienlandschaft kommt der Markierung von Medienprodukten – und damit auch von Zeitschriften – eine zentrale Bedeutung zu. Bei der Übertragung des Marketinggedankens auf das Verlagsgeschäft gilt es jedoch die Besonderheiten von Medienprodukten zu beachten (Hensmann 1980; vgl. Abbildung 1):

Abbildung 1   **Besonderheiten des Verlagsmarketing**

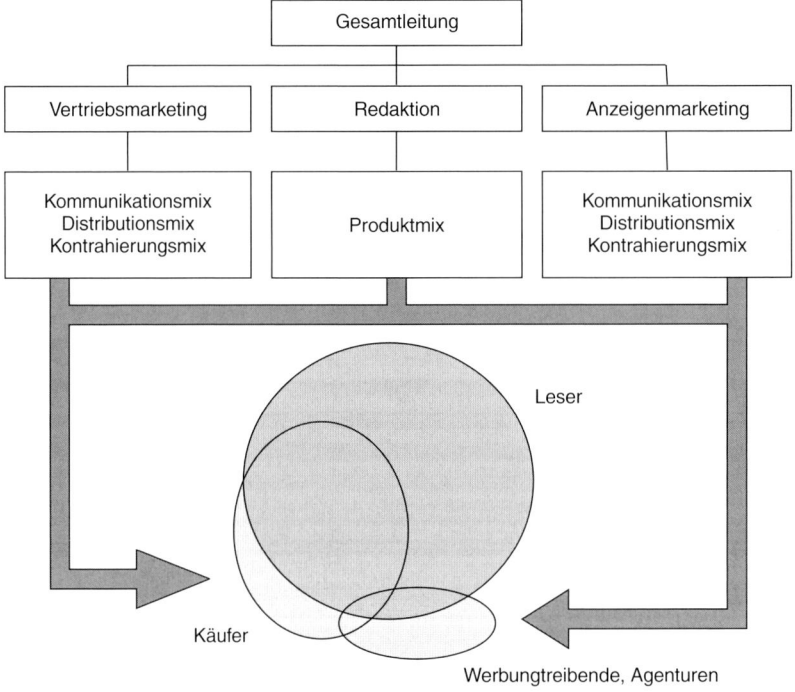

GABLER
GRAFIK

■ Das Produkt „Zeitschrift" wird zum einen dem Leser als Endverbraucher zur Information und Unterhaltung angeboten. Auf diesen „Käufer- bzw. Leser-Markt" richten sich alle Aktivitäten des Vertriebsmarketing. Zum anderen wird das Produkt „Zeitschrift" Werbungtreibenden und deren Agenturen in Form von Anzeigenraum angeboten, und zwar als Kommunikationsleistung einer Zeitschrift als Werbeträger. Auf diesem Inserentenmarkt operiert das Anzeigenmarketing. Zeitschriften sind damit grundsätzlich zugleich Konsumgut und investive Dienstleistung.

■ Die Produktpolitik obliegt im Verlag nicht der Marketingleitung, sondern der Redaktion einer Zeitschrift unter einem verantwortlichen Chefredakteur. Somit hat die Marketingleitung keinen direkten Zugriff auf ihr wichtigstes Gestaltungselement: das Produkt. Um so mehr ist daher das Gespür der Journalisten für die Marke entscheidend, wie umgekehrt die Fähigkeit der Marketing- bzw. Verlagsleitung, „journalistisch" zu denken. Ein ausgewogenes und konstruktives Zusammenspiel zwischen Verlagsleitung und Redaktion ist daher häufig der Schlüssel zum Erfolg einer Zeitschrift.

■ Eine weitere Besonderheit des Marketing für Zeitschriften betrifft das Produkt selbst, da dieses nicht das konstituierende Marken-Merkmal „Homogenität" aufweist. Jede Ausgabe einer Zeitschrift ist anders als die vorhergehende, jede Ausgabe stellt quasi ein neues Produkt dar. Doch auch hier verbleiben zumeist formal und inhaltlich konstante Parameter innerhalb einer geschlossenen Heftkonzeption, sodass man mit Fug und Recht von Zeitschriften-**Marken** reden kann.

2. Markenführung von GEO

2.1 Markenführung im Lesermarkt

2.11 Produktpolitik

Redaktionelles Selbstverständnis

Ausgangspunkt der Markenhistorie der GEO-Zeitschriftenfamilie ist das „grüne" Reportage-Magazin GEO. 1976 wurde es als eines der aufwendigsten Printprodukte der Nachkriegszeit gegründet. Die möglichst besten Fotografen und Autoren sollten sich auf die Suche nach dem machen, was diese Zeitschrift im Untertitel trägt: auf die Suche nach dem „neuen Bild der Erde".

GEO-Chefredakteur Peter-Matthias Gaede begreift sein Blatt heute als „eine vitale und unverwechselbare Mischung aus der Kraft und Magie des Bildes und der Nachhaltigkeit gründlich und seriös recherchierter Texte. Mit neuen Ideen statt Schlagzeilenrecycling. Mit authentischen Reportagen statt Ex-und-Hopp-News. GEO sieht sich fern von thematischer Einseitigkeit und von der Nüchternheit mancher Fachmagazine."

Reinhold Messner vom Mount Everest, Ulf Merbold von Bord des Space Shuttle, Hans Fricke aus der Tiefe des Ozeans, Uwe George von den Dinosaurier-Gräbern in der mongolischen Wüste und Oliver Sacks aus den Labyrinthen der menschlichen Psyche – GEO-Reporter gehen besonders weite Wege, um für ihre Leser zu berichten. Dabei lassen sie sich bei ihrer Arbeit in der ganzen Welt von den Leitmotiven begleiten, die GEO als „Credo" mit auf den Weg gegeben wurden:

- Der Neugier auf alles Wissenswerte. Ob dies im Himalaya oder in der Tiefsee zu beobachten ist, im Kleinhirn des Menschen oder im Großrechner eines High-Tech-Labors.

- Der Aufgeschlossenheit gegenüber allem Fremden. Denn man versteht nur, was man kennenlernt, man lernt nur kennen, was man versteht.

- Dem Bewusstsein für das Bedrohte, Erhaltenswerte – für die Vielfalt menschlicher Kulturen, Träume und Pläne, für den Reichtum der Natur.

Heftkonzept und Positionierung

Das redaktionelle Konzept basierte von Beginn an auf fundamentalen Objektleitlinien. Die frühe Niederlegung und Verfolgung dieser zentralen Leitlinien legte den Grundstein für den Aufbau einer starken Marke. Innerhalb eines Mindestumfanges von 126 Seiten Redaktion sollten die Themen ausführlich, kritisch und tiefgehend behandelt werden. Die Themenbereiche umfassten fremde Länder, Menschen, Kulturen, Gesichter einer Stadt, Abenteuer, Wissenschaft und Tiere.

Die Länge der Beiträge war vorgegeben, ebenso das formale und inhaltliche Informationsangebot. Hinsichtlich des Papiers und des Druckverfahrens wurde ebenfalls auf höchste Qualität Wert gelegt. Um die Länge, Geschlossenheit und Qualität der Beiträge in einem Heft zu gewährleisten, wurde der verfügbare Anzeigenraum beschränkt: Nur zwischen den Geschichten und am Anfang und Schluss des Heftes waren Anzeigenplatzierungen vorgesehen.

Für den Aufbau einer wettbewerbsfähigen Position bot sich für GEO bei Markteinführung das Besetzen einer strategischen Nische an, und zwar im Segment der Kultur- und Wissenszeitschriften. Erst nachdem 1981 GEO Special und 1989 GEO SAISON das Licht der Zeitschriften-Welt erblickten und sich seither vornehmlich Reisen, Ländern und fremden Kulturen widmen, hat sich das „grüne" GEO zum General-Interest-Magazin weiterentwickelt und das Themenspektrum mehr und mehr vergrößert. Neue, zusätzliche Schwerpunkte wurden mit den Themenbereichen Naturwissenschaften, Medizin/Gesundheit, Psychologie, Politik und Historische Ereignisse gesetzt. Sowohl seine Leser als auch diejenigen, die GEO überhaupt kennen, attestieren dem Titel, einzigartig zu sein. Somit besetzt GEO auch heute noch eine Marktnische.

Am ehesten vergleichbar ist GEO noch mit der deutschen Sprachausgabe von National Geographic. Gemeinsam ist diesen beiden Magazinen das starke Gewicht des journalistischen Stils „Reportage". Darüber hinaus wird beiden Titeln vom Publikum bescheinigt, brillante Optik zu bieten. GEO deckt jedoch im Vergleich zu National Geographic ein breiteres Themen-Spektrum ab. Während zudem National Geographic dem deutschen Leser in Übersetzung die amerikanische Sicht der Dinge vermittelt, schreiben in Deutschland (und auch in Frankreich, Spanien und Russland) zumeist Autoren mit einem tiefen Einblick in die jeweiligen kulturellen Hintergründe der Leser für GEO. Schließlich unterscheiden sich beide Magazine auch im Format.

Neben National Geographic weist GEO jedoch auch Parallelen zu den aktuellen Wochenmagazinen auf: Mit dem Stern verbindet ihn die herausragende Fotografie, mit dem Spiegel (und vormals dem „Spiegel Reporter") hervorragende Reportagen und mit Focus excellente Informationsgrafiken. Darüber hinaus greifen die genannten aktuellen Wochenmagazine heute oft Themen aus den Bereichen Wissenschaft, Medizin, Soziologie, Psychologie, Geographie u. ä. auf, die auch von GEO behandelt werden (und umgekehrt). Abbildung 2 gibt einen zusammenfassenden Überblick über die thematische Entwicklung von GEO von 1976 bis 2001.

Abbildung 2 **GEO – Thematische Entwicklung von 1976 bis 2001**

Quelle: Experten-Panel

2.12 Kontrahierungspolitik

Von Beginn an wurde GEO mit einer Hochpreispolitik auf den Markt gebracht. Zum einen lag dies zwingend in den hohen Kosten sowohl bei der redaktionellen Erarbeitung des Heftes als auch in dessen Herstellung (Druck, Papier) begründet. Zum anderen erfolgte die hochpreisige Positionierung im Vertrauen darauf, dass Preise als Qualitätsindikatoren wahrgenommen werden. Ein Preistest vor der Einführung 1976 bewies, dass die potenziellen Käufer bereit waren, einen sehr hohen Preis zu bezahlen. Daher wurde GEO mit einem Copypreis von 8,– DM im Einzelverkauf und von 6,50 DM im Abonnement eingeführt. Im Jahr 2001 beträgt der Copypreis 11,– DM (Einzelverkauf) bzw. 9,50 DM (Abonnement).

2.13 Distributionspolitik

Der wichtigste Absatzweg für GEO und elementarer Bestandteil der GEO-Markenführung war von Anfang an der direkte Absatzkanal des **Abonnements**. Zum einen war GEO auf Grund seines besonderen Heftkonzeptes dazu prädestiniert, eine große „Community of interest" zu erzeugen, die sich via Abonnement dauerhaft zu dem Magazin bekennt. Zum anderen war es auch unter wirtschaftlichen Gesichtspunkten von großer Bedeutung, eine hohe Abonnentenzahl zu realisieren, da das Zeitschriftenabonnement aus Sicht eines Verlages die mit Abstand deckungsbeitragsstärkste Vertriebssparte ist.

Das Konzept ging auf: Schon zu Beginn gewann GEO rasch Abonennten, und dieser Erfolg konnte auf hohem Niveau bis heute gehalten werden. Im Durchschnitt des Jahres 2000 hatten rund 363.000 Käufer GEO abonniert – das sind mehr Abonnements als etwa Spiegel, Stern oder Focus aufweisen und entspricht einem Abo-Anteil an der Gesamtauflage in Höhe von 74 Prozent. Angesichts steigender Wettbewerbsintensität im Zeitschriftenmarkt und zunehmender genereller Bindungsunwilligkeit der Leser ist zudem die von GEO erreichte durchschnittliche Abonnementdauer von gut fünf Jahren ebenfalls als sehr gut zu beurteilen.

Auch der **Einzelverkauf** war durch die Auswahl und gezielte Selektion der Verkaufsstellen von Beginn an darauf angelegt, das Elitäre der Marke zu unterstützen. Diese Politik hatte zusätzlich den Effekt einer relativ niedrigen Anzahl von Remissionsstücken, was angesichts der hohen Produktionskosten kein unbedeutender Kostenfaktor ist. Der Einzelverkauf des GEO-Magazins über ca. 26.000 Verkaufsstellen des Einzelhandels und des Buchhandels nimmt dabei etwa 17 Prozent der Auflage ein.

Die dritte und im Zeitschriftengeschäft weniger erlösstarke Vertriebssparte der „sonstigen Verkäufe" (unter anderem Bordexemplare, Lesezirkel etc.) spielt bei GEO mit rund 9 Prozent der Gesamtverkäufe eine Nebenrolle. Insgesamt erzielte GEO im Durchschnitt des Jahres 2000 eine verkaufte Auflage von 490.000 Exemplaren – ein angesichts des relativ hohen Copypreises beachtlicher Wert.

2.14 Kommunikationspolitik

Die Kommunikationspolitik ist schwerpunktmäßig auf die werbliche Umsetzung der Einzigartigkeit von GEO ausgerichtet. Dazu wurde eine Reihe von Gestaltungsgrundsätzen aufgestellt:

- Die zentrale Produktaussage „Das neue Bild der Erde" sowie der Claim „Die Welt mit anderen Augen sehen" sollen beim Leser glaubwürdig dargestellt werden.

- Die eingesetzten Werbemittel sollen durch eine qualitativ hochwertige Gestaltung einen hohen Aufmerksamkeits- und Erinnerungswert besitzen und dabei zugleich die hohe Qualität von GEO repräsentieren.

- Durch einen konstanten Werbestil soll die Kontinuität des GEO-Auftritts auch bei der Erweiterung des Angebots im Sinne des Markentransfers sichergestellt werden.

Auch die Werbeträgerauswahl ist darauf ausgerichtet, markengerechte Umfelder zu finden und insbesondere die relevanten Zielgruppen zu erreichen. Hochwertige Zeitschriften mit gehobenen Zielgruppen stellen für die Marke GEO daher sowohl in der Einzelheft-Bewerbung wie auch in der Abonnentenwerbung die Basiswerbeträger dar. Der Einsatz von TV-Werbung dagegen ist für GEO auf Grund der insgesamt eher unterdurchschnittlich gebildeten Zielgruppen bei reichweitenstarken Sendungen sowie der nicht exakt planbaren Zielgruppen in Special-Interest-Sendungen ausgeschlossen worden.

Die Neukundengewinnung im Abonnentenbereich konzentriert sich primär auf Direktwerbemittel (Beilagen, Beihefter) in GEO selbst sowie in affinen anderen Zeitschriften. Die ständige Variation der Kreation, der Angebotsform, der Werbeträger und der Bestellmechanik führen zu einer anhaltenden Produktivität und Aktualität dieses Kommunikationsweges. Die Abonnentenbindung wird über Mailings, redaktionelle Preisausschreiben, einen sechsmal p. a. erscheinenden Newsletter (exclusiv für Abonnenten) und besondere Angebote weiterer Produkte kommunikativ gestärkt.

Im Jahre 2001 wurde das gesamte Kommunikationskonzept der GEO-Familie grundlegend überarbeitet. In ein CI-Manual flossen Gestaltungsleitlinien ein, die allen für GEO-Titel tätigen Agenturen verbindliche Vorgaben für die kommunikative Umsetzung setzen, ohne jedoch dadurch kreative Ansätze zu drosseln (siehe Kapitel 3.1).

2.2 Markenführung im Anzeigenmarkt

2.21 Produktpolitik

Der Werbeträger GEO ist aus Sicht der Werbungtreibenden und Agenturen zum einen durch das redaktionelle Umfeld geprägt, das durch die Redaktion geschaffen wird. Zum anderen sind für die Anzeigenkunden die Media-Leistungsmerkmale von GEO relevant: die verkaufte und verbreitete Auflage, die Zahl der Leser (die bei Qualitätszeitschriften wie GEO deutlich höher als die Zahl der verbreiteten Exemplare ist), die Zielgruppenqualität etc. Alle diese Merkmale aber sind eine Resultante der redaktionellen Umfelder sowie der Erfolge im Vertriebsmarketing, sodass das „Produkt" im Anzeigenmarkt weitgehend als gegeben und durch das Anzeigenmarketing wenig gestaltbar hingenommen werden muss.

Gestaltungsparameter in der Anzeigen-Produktpolitik von Zeitschriften sind jedoch besondere Anzeigenformate, Beilagemöglichkeiten (zum Beispiel regional differenziert), Beihefterofferten oder Anzeigen-Bundling-Angebote. Eine konsequente Markenführung verbietet jedoch bei GEO das Angebot bestimmter Anzeigenformate (zum Beispiel die „Inselanzeige", wie sie etwa der Spiegel akzeptiert – mitten im Text), da damit das hochwertige Layout und die fulminante redaktionelle Optik Schaden nehmen könnten. Dennoch gilt es, der Nachfrage nach neuen Anzeigenangeboten nicht grundsätzlich ablehnend gegenüber zu stehen, sondern sich evolutionär auf neue Trends auch in den Anzeigenformaten einzustellen – solange sie mit dem GEO-Konzept vereinbar erscheinen. Eine Entscheidung darüber fällt stets unter Einbeziehung der Chefredaktion.

2.22 Kontrahierungspolitik

GEO musste von Anfang an in der Anzeigenpreispolitik – ausgedrückt im absoluten Seitenpreis und dem Tausend-Leser-Preis (Anzeigenpreis geteilt durch Anzahl der Leser mal 1000) – den anspruchsvollen Gesamtauftritt unterstützen, gleichzeitig aber wettbewerbsorientiert sein und bleiben. Dies war in Abwägung zu dem begrenzt zur Verfügung stehenden Anzeigenraum ein besonderer „preispolitischer Drahtseilakt".

Im Vergleich mit Zeitschriften wie etwa Stern, Spiegel oder Focus ist GEO relativ teurer, was den Tausend-Leser-Preis betrifft. GEO vermag diesen Nachteil jedoch sowohl durch die sehr hohe Zielgruppenqualität (die allerdings auch bei den drei aktuellen Wochenmagazinen gegeben ist) als auch durch weitere Leistungsmerkmale auszugleichen. So sind die hohe Druck- und Papierqualität sowie die Berechenbarkeit der Leserschaft (hohe Abonnenten-Quote) Pluspunkte, die für Anzeigenbelegungen in GEO sprechen. Zudem schätzen Werbungtreibende auch den Vorteil, dass GEO auf Grund konzeptioneller Überlegungen nur einen gewissen Anteil an Anzeigen zulässt – die Wahrscheinlichkeit, mit einer Werbebotschaft wirklich zum Leser durchzudringen, steigt so nach ihrer Auffassung.

Im Vergeich mit den Wettbewerbern National Geographic, Bild der Wissenschaft und Spektrum der Wissenschaft weist GEO ein attraktives Preis-/Leistungsverhältnis auf. Hier aber spricht der relativ hohe absolute Anzeigenpreis (2001: rund 66.000 DM für eine Vierfarbseite) oft gegen GEO, wenn das Budget des Werbungtreibenden sehr begrenzt ist.

Mit dem Wachstum im Rahmen des Markentransfers wurde von GEO das First Class Package geschaffen, das die Einzeltitel GEO, GEO SAISON und GEO Special als jeweilige Markt- bzw. Qualitätsführer in ihren Teilmärkten zusammenfasst und zu einem Kombinations-Preis anbietet, der rund 20 Prozent unter den Preisen der Einzeltitel liegt.

2.23 Distributionspolitik

Die Distribution von Anzeigen geschieht in erster Linie in Form des persönlichen Verkaufs, der über regionale Verkaufsbüros erfolgt – im In-und Ausland. Eingehende Anzeigenaufträge werden in den Anzeigenabteilungen weiter bearbeitet. Da es sich bei Anzeigenschaltungen um investive Dienstleistungen des Verlages handelt, die nur durch die Bereitstellung der Druckvorlagen durch die Werbungtreibenden bzw. deren Agenturen erbracht werden können, ergeben sich technisch anspruchsvolle Herausforderungen an alle Beteiligten, wenn unterschiedliche Druckverfahren und Druckereien mit den technischen Vorlagen der Anzeigenkunden in Einklang gebracht werden müssen, um optimale Druckergebnisse zu erzielen.

2.24 Kommunikationspolitik

Adressaten der Kommunikationspolitik im Anzeigenmarkt sind die Geschäftspartner im Media Buying Center, das aus Entscheidungsträgern auf Kunden- und Agenturseite zusammengesetzt ist. Für die Kommunikationspolitik von GEO war zu bedenken, dass die vorrangigen Ziele – Bekanntmachung und Information über die Werbeträgerqualität von GEO – besonders in der Einführungsphase auch durch die massive Werbung im Lesermarkt mitverfolgt wurden, da die Angehörigen des Media Buying Center zugleich potenzielle Zielgruppen im Lesermarkt sind.

Traditionell ist im Anzeigengeschäft auf Grund der Überschaubarkeit der Zielgruppe und der Erklärungsbedürftigkeit des angebotenen Produkts das persönliche Gespräch das dominante Kommunikationsinstrument. Durch die Möglichkeit, die Adressdatenbanken des Hauses G+J zu nutzen, spielen zudem gezielte, nach Kundengruppen selektierbare Mailings an aktuelle und potenzielle GEO-Kunden und deren Agenturen eine wichtige

Rolle. Darüber hinaus sind Veranstaltungen und Events „im kleinen Kreis", wo Produkt und redaktionelle Qualität durch den persönlichen Auftritt des Chefredakteurs, Vorträge über die Entstehung von Reportagen („Story behind the story") und großzügige Diapräsentationen „erlebbar" gemacht werden, besonders effizient.

In letzter Zeit gewinnt zunehmend auch das Internet an Bedeutung, wenn es um die Interaktion mit Anzeigenkunden sowie die Bereitstellung der für diese relevanten Informationen geht (www.co.guj.de/titel/geo).

3. Markentransferstrategien von GEO

3.1 Transfer auf neue Zeitschriften im Inland

Im Zuge des raschen Auflagenwachstums von GEO seit 1976 entstanden bald Ideen, weitere Publikationen neben dem monatlichen „grünen" Magazin zu entwickeln. Diese Neuproduktideen waren die Ergebnisse kreativer Prozesse in Redaktion und Verlagsabteilungen – aber immer aus der GEO-Markenphilosophie heraus. Konkret wurden die Ideen in Form einer Markentransferstrategie zur Bildung einer heute veritablen Markenfamilie umgesetzt (vgl. Abbildung 3).

▮ GEO Special

Die Familienbildung begann 1981 mit der Gründung von GEO Special. Ausgangspunkt war der Wunsch bzw. die Überlegung, viele Reisethemen, die in GEO zu finden sind, noch umfassender zu behandeln, als es dort auf 20–30 Seiten geschehen kann.

Die „magische GEO-Formel" lautet beim Special: auf rund zwei Dritteln der Heftstrecke konzentrieren sich Informationen zu einer Stadt, einer Region oder einem Land. Diese sind gekennzeichnet durch facettenreichen Journalismus, der ausführlich recherchierte, attraktive Reportagen in Text und Bild umsetzt. Im anderen Drittel des Heftes – dem „Infoteil" – finden sich Tipps und Trends, Orientierungshilfen und originelle „Seiteneingänge" in das Sujet.

Der Copypreis liegt höher als bei GEO: Im Juni 2001 betrug er 15,30 DM. GEO Special erscheint sechsmal pro Jahr und verkaufte im Durchschnitt des Jahres 2000 rund 152.000 Exemplare.

▮ GEO WISSEN

In Analogie zum monothematischen GEO Special zum Thema „Reisen" wurde 1987 GEO WISSEN als monothematisches Sonder-Heft zu bestimmten wissenschaftlichen Themen entwickelt und in den Markt eingeführt. GEO WISSEN veranschaulicht mit Sachverstand und Gespür für Aktualität anspruchsvolle und komplexe Themen in Text- und Fotoreportagen. So berichtet GEO WISSEN über Themen wie „Denken, Lernen, Schule", „Mensch und Kommunikation", „Sex, Geburt, Genetik" oder auch „Gesunde Ernährung".

Das lediglich zweimal pro Jahr erscheinende GEO WISSEN verkauft im Durchschnitt rund 150.000 Exemplare – zum Copypreis von 15,80 DM.

Abbildung 3	Positionierung der GEO-Familie

GABLER GRAFIK

GEO SAISON

GEO SAISON erschien erstmals 1989 als ein multithematisches Reisemagazin. Es zeigt auf unterhaltsame Weise Wege zu einer neuen Kultur des Reisens, zu einem Tourismus, der nicht zerstört, was er entdeckt, sondern den Menschen anderer Kulturkreise mit Takt und Respekt begegnet. GEO SAISON gibt Anregungen und Orientierungshilfen – vor, während und nach der Reise.

GEO SAISON erscheint mit einem etwas geringeren Heftumfang als GEO Special und GEO WISSEN und kostet daher nur 9,– DM. Das Heft erscheint zehnmal im Jahr und hatte im Durchschnitt des Jahres 2000 eine verkaufte Auflage von 155.000 Exemplaren.

■ **GEOlino**

1996 wurde die Kinderzeitschrift GEOlino gegründet. GEOlino stellt die Weiterentwicklung des GEO-Konzepts für junge Zielgruppen dar. Es ist ein General-Interest-
Wissens-Magazin für Kinder zwischen 8 und 14 Jahren. Auch hier werden hohe Ansprüche an die Qualität der Optik und Inhalte gestellt, allerdings in einer kindgerech-
ten Umsetzung. Neuartige Themen aus den Bereichen Spiele, Basteln, Krimi, Rätsel
etc. ergänzen das Produktkonzept.

Im Wettbewerb soll sich GEOlino durch die redaktionelle Aufbereitung und Präsentation der Themen gegenüber anderen deutschen Kinder- und Jugendzeitschriften
deutlich abgrenzen. Zudem soll der Titel bereits bei jungen Zielgruppen das Markenbild von GEO prägen – um die kleinen Leser einige Jahre später auch als Leser der
„erwachsenen" GEO-Titel begrüßen zu können.

GEOlino erscheint monatlich mit einer Auflage von rund 164.000 Exemplaren bei
einem Verkaufspreis von 5,90 DM.

■ **GEO EPOCHE**

Jede Ausgabe des 1999 gelaunchten Magazins GEO EPOCHE beschäftigt sich mit
einer bestimmten geschichtlichen Periode. GEO EPOCHE enthält Geschichten über
Alltag, Politik, Kultur, Gesellschaft und Wissenschaft wichtiger historischer Perioden. In historischen Rekonstruktionen, Reportagen und Bildessays wird diese Epoche zum Leben erweckt, wird vor allem der Alltag jener Zeit sinnlich nacherzählt.

GEO EPOCHE erscheint wie GEO WISSEN lediglich zweimal pro Jahr und verkauft im Schnitt rund 150.000 Exemplare – zum Copypreis von 15,80 DM.

■ **GEO SAISON FÜR GENIESSER**

Vorläufig jüngstes Mitglied der GEO-Markenfamilie ist das erste Sonderheft von
GEO SAISON, das ebenfalls 1999 erstmals erschien. Das Heftkonzept besteht aus
der Kombination von kompetenter Reiseberichterstattung sowie Lebensgenuss und
widmet sich monothematisch einer bestimmten Region. Bisher wurden die Destinationen „Mallorca" und „Toskana" mehrfach fokussiert. GEO SAISON FÜR GE-
NIESSER erscheint zweimal pro Jahr und verkauft rund 60.000 Exemplare zu einem
Copypreis von 14,80 DM.

In der Ausprägung der begleitenden Marketing-Instrumente finden sich bei allen
GEO-Marken Identitäten bzw. Ähnlichkeiten: Neben den hohen Ansprüchen an die Pro-
dukt- (sprich: Text- und Bild-) Qualität zeichnen sich alle Titel durch hohe Copypreise,
selektive Distributionspolitik (sprich ausgewählte Verkaufsstellen und – mit Ausnahme
der drei jeweils nur 2x pro Jahr erscheinenden Sonderhefte – hohe Aboanteile am Ge-
samtverkauf) und produktadäquate Kommunikationspolitik aus.

Im Rahmen der Überarbeitung des Kommunikationsauftritts von GEO wurde auch die
Kommunikation für alle GEO-Zeitschriften insgesamt renoviert. Dies war nicht nur im

Sinne stringenter Markenführung und konsequenten Markentransfers „logisch", sondern auch „vernünftig" auf Grund knapper Werbebudgets: Jede Einzelmarke zahlt auf das Markenwertkonto der Markenfamilie fortlaufend ein (vgl. Abbildung 4).

Abbildung 4 | **Einzelverkaufs-Anzeigen für GEO-Titel**

GABLER GRAFIK

3.2 GEO-Nebenprodukte

Die Stärke der Marke GEO erweckte rasch den Wunsch, neben der Entwicklung neuer Zeitschriften auch andere Geschäftsfelder mit GEO-Produkten zu erschließen. Dabei wurde versucht, das Qualitätsimage, das sich GEO beim Käufer und Leser erwerben konnte, auf neue Sortimentsbereiche auszudehnen.

Die Gefahr bei dieser Strategie liegt darin, dass die neuen Geschäfte sowohl vom fachlichen Können als auch von der Kapazität durch Redaktion und Verlagsabteilungen nicht (mehr) bewältigt werden können. Auch stellt sich die Qualitätskontrolle bei dieser Form des Markentransfers – entspricht die Qualität der Nebenprodukte der Qualität der Zeitschriften? – als ein oft unüberwindbares Hindernis heraus.

Dennoch wurde der GEO-Shop entwickelt, dessen Angebote anfangs ausschließlich durch einen an die Abonnenten versandten Katalog kommuniziert wurden. Später wurden Produkte des Shops auch über Anzeigen in den GEO-Zeitschriften sowie über Mailings – auch an Nicht-Abonnenten – offeriert. Seit einigen Jahren ist der GEO-Shop auch im Internet (www.geo-webshop.de) existent.

Zu den ersten Produkten zählten praktische Ergänzungen zur Sammlung der Hefte wie Sammel-Schuber oder Register. Schon bald aber erschienen die ersten GEO-Bücher, zunächst als spezifische Fortführung der Zeitschrifteninhalte und gemacht von denselben Autoren und Fotografen, die auch für die Zeitschriften verantwortlich zeichneten. Später kamen auch Bücher hinzu, die gemeinsam mit Buchverlagen als Kooperationspartner auf den Markt gebracht wurden.

1980 wurde als Klassiker der GEO-Kalender eingeführt, ein Kalender, der die fotografische GEO-Kompetenz konsequent umsetzte. Heute werden pro Jahr rund 30.000 Exemplare allein dieses Kalenders abgesetzt – zu einem Preis von 98,– DM.

Konsequent wurde das Kalendergeschäft in den letzten Jahren ausgebaut. Im Jahre 2002 gibt es neben dem „Klassik-Kalender" einen GEO-Panorama-Kalender im Riesenformat. Des Weiteren erscheinen der GEOlino-Kalender für Kinder, zwei GEO Special-Kalender („Kanada" und „Spanien"), zwei GEO SAISON-Kalender („Italiens romantische Küsten" und „Provence") sowie ein GEO WISSEN-Kalender („Universum").

Auch ein Kernproblem des Abonnement-Marketing wurde über den GEO-Shop – zumindest teilweise – gelöst: Abonnenten klagen zuweilen über den Platzbedarf beim Sammeln von GEOs – und begründen damit manchmal ihre Kündigung. Nicht ganz ernsthaft wurde bei GEO daher über die Aufnahme eines GEO-Regals, genormt auf Format und Gewicht der GEO-Hefte, in das Shop-Angebot diskutiert – und dann umgesetzt. Mit erstaunlichem Erfolg: Über 3.000 gelabelte GEO-Regale wurden mittlerweile verkauft.

Ziel der GEO-Nebengeschäfte ist die Festigung der Markenkompetenz sowie der Ausbau einer zusätzlichen Umsatz- und Ergebnisquelle. Das Marken-Controlling im Sinne der Auswahl ausschließlich markenkompatibler Produkte erfolgt nach der einfachen Philosophie „Wo GEO draufsteht, muss auch GEO drinsein". Die Entscheidungskompetenz bei der Produktauswahl liegt daher bei der GEO-Chefredaktion.

Im Herbst 2001 erfolgte der weitere Ausbau des GEO-Shops im Internet. Erstmals wurden ungelabelte Produkte in einer Kategorie „GEO empfiehlt" angeboten. Das Konzept: Durch eine Bewertung durch die GEO-Redaktion wird das „virtuelle" GEO-Shopangebot weiter ausgebaut, ohne die Risiken und Aufwände eines grossen Sortiments gelabelter Produkte beachten zu müssen.

3.3 Internationalisierung

Auf Grund des hohen Reife- und Sättigungsgrades des deutschen Zeitschriftenmarktes wurde früh auch die Internationalisierung als Wachstumspfad für GEO erschlossen. Die bei GEO in Deutschland erarbeiteten Qualitätsstandards sowie das im Rahmen der Markteinführungsaktivitäten gewonnene Marketing-Know-how bildeten den Ausgangspunkt für die Auslandsaktivitäten. Bei der Analyse der für den ersten Internationalisierungsschritt ausgewählten Länder Frankreich und USA galt die These, dass die redaktionellen Inhalte von GEO nicht einer Tagesaktualität unterliegen und so in vielen Ländern auf Interesse stossen müssten. Darüber hinaus galt die Annahme, dass GEO stark von seiner ausserordentlichen optischen Wirkung lebt, die nicht an bestimmte Kulturkreise oder Sprachen gebunden ist.

Es zeigte sich jedoch schnell, dass es mit einer reinen Übersetzung der deutschen Ausgabe nicht getan war – nicht allein wegen formaler Probleme (so ist ein englischer Text kürzer als ein inhaltsgleicher deutscher). Vielmehr galt es auch kulturell-gesellschaftliche Besonderheiten in den einzelnen Ländern zu berücksichtigen, um eine Zeitschrift wie GEO international erfolgreich einführen zu können. So muss eine Algerien-Reportage im französischen GEO einen anderen Duktus haben als im deutschen. Schon früh wurde die Notwendigkeit des „Re-writing" erkannt, häufig sogar unter Einsatz völlig neuer Autoren.

Aber auch in den Verlagsmarketing-Techniken wurden länderspezifische Adaptionen erforderlich. Die Ursprungsintention, die Markenpersönlichkeit weitgehend identisch auf die Auslandsmärkte zu übertragen, konnte daher nicht verwirklicht werden. Dies bedeutete aber nicht die Aufgabe der Qualitätsstandards.

1979 begann die Internationalisierung der Marke in Frankreich und den USA. Während die Einführung und Adaption in Frankreich gelang, endete GEO-USA mit einem Flop: Der Qualitätsanspruch, ausgedrückt in einem Jahresabonnement-Preis von 36 Dollar gegenüber 11 Dollar für den Hauptwettbewerber National Geographic, ließ sich nicht in eine tragfähige Auflagenzahl umwandeln. Auch gelang die Adaption der Reportageinhalte und der Erzählweise an die Erwartungen der Zielgruppe nicht.

Die Internationalisierung der Marke GEO wurde 1987 in Spanien fortgeführt und erhielt einen neuen Schub im Jahre 1993, als Lizenzausgaben in Korea („Magazine of the year 1997") und Japan (jedoch Auslaufen der Lizenz auf Grund von Qualitätsmängeln 1998) erschienen.

Seit Februar 1998 erscheint GEO auch in Russland, zunächst mit einer Druckauflage von 100.000 Exemplaren, schwerpunktmäßig in den urbanen Zentren. Herauszuheben beim Start dort ist der Ansatz, erstmals in Russland das (in Deutschland praktizierte) Zeitschriften-Remissionsrecht für den Handel zu gewähren und damit an einer Revolutionierung des dortigen Zeitschriftenvertriebs mitzuwirken. Auch der Geschäfts-Partner, der bei der Einführung von GEO Russland Pate stand, ist ungewöhnlich: Die russisch-orthodoxe Kirche.

3.4 Fernsehen und Internet

Bereits in den 80er Jahren tauchte die Marke GEO auch im Fernsehen auf – lange etwa vor Spiegel-TV oder Stern-TV. Der inhaltliche und qualitative Markenkern von GEO wurde dabei in Expeditions- und Dokumentarreihen adäquat umgesetzt. Das erste in Zusammenarbeit mit GEO entstandene TV-Format war die vom ZDF ausgestrahlte populärwissenschaftliche Sendereihe „Querschnitte". Der Fernsehzuschauer konnte sich dabei über den Inhalt der Sendungen aus begleitenden GEO-Reportagen zusätzlich informieren; der GEO-Leser wurde durch die Lektüre angeregt, sich den Bericht noch einmal mit bewegten Bildern erzählen zu lassen.

Später produzierte Formate liefen unter dem Titel GEO-Expeditionen, ebenfalls im ZDF und im Pay-TV-Kanal Premiere. Seit 1999 gibt es die Dokumentationsreihe „360° – Die GEO-Reportage" mit 40 Dokumentationen pro Jahr auf dem deutsch-französischen Gemeinschaftskanal arte, die in einer Verwertungskette auch im Discovery Channel (Pay TV) und den dritten Programmen der ARD ausgestrahlt werden.

Im Internet ist GEO seit April 1996 mit seinem „GEO EXPLORER" (www.geo.de) vertreten. Der Auftritt nimmt unter den deutschsprachigen Online-Angeboten von Monatsmagazinen eine Spitzenstellung ein. Qualitativ zählt die GEO-Site – so die einhellige Meinung vieler Experten – sowohl in Inhalt als auch in Gestaltung zum Besten, was das Netz in dieser Beziehung zu bieten hat. Auch quantitativ nimmt der Explorer unter den relevanten Wettbewerbern mit gut 2,0 Millionen PageImpressions pro Monat (Stand: Ende 2001) eine sehr gute Position ein.

4. Erfolgskontrolle von Markenführung und Markentransfer bei GEO

4.1 Messkriterien

Markenführung im Zeitschriftenmarketing ist dann erfolgreich, wenn es gelingt, sowohl unmittelbare ökonomische Erfolge zu erzielen als auch den Markenwert zu sichern und zu steigern. Zielgrößen für den **ökonomischen Erfolg** sind etwa

- Vertriebserlöse, Marktanteile im Vertriebsmarkt,
- Anzeigenerlöse, Marktanteile im Anzeigenmarkt,
- Merchandisingerlöse,
- Deckungsbeiträge,
- Umsatzrendite
- etc.

Der eigentliche Wert einer Marke ist jedoch nur bedingt aus den oben genannten Kriterien abzulesen – er spiegelt sich vielmehr in den Köpfen der Konsumenten wider (vgl. Aaker, 1992). Kurzfristig mag der Markenwert gegenüber reinen Rendite-Betrachtungen eine untergeordnete Rolle spielen – langfristig jedoch stellt er das eigentliche Kapital für das Unternehmen dar.

Wesentliche **Determinanten des Markenwertes** sind im Allgemeinen:

- Markenbekanntheit,
- Wahrgenommene Qualität,
- (Weitere) Assoziationen, die mit der Marke verbunden werden, zum Beispiel spontane Verbal-/Bild-Assoziationen,
- Sympathie,
- Vertrauen,
- Einzigartigkeit, Alleinstellung (Uniqueness),
- Persönlicher Nutzwert,
- Markentreue ...

4.2 Ökonomische Erfolgskontrolle

Die Erlösstruktur der GEO-Familie in Deutschland spiegelt den strategischen Ansatz des Zeitschriftenkonzeptes – hohe Qualität, hoher Copypreis, dadurch konzeptionell bedingt geringer Anzeigenanteil – wider. Der Löwenanteil entfällt auf die Vertriebserlöse, die gut 60 Prozent der Gesamterlöse ausmachen. Die Anzeigenerlöse liefern mit gut 30 Prozent einen nur halb so grossen Beitrag, der Rest entfällt vor allem auf die GEO-Nebenprodukte.

Durch die Erlöse der fünf Submarken konnte der Gesamterlös des „grünen" GEO-Magazins im Jahr 2000 um rund 50 Prozent ausgeweitet werden. Und auch die Erlöse der Nebenprodukte, die ebenfalls auf die starke Dachmarke zurückzuführen sind, erreichten mit rund 7 Prozent Gesamterlösanteil eine interessante Dimension.

Interessant für die ökonomische Beurteilung des Marken-Transfers der Marke GEO erscheint zudem die Historie von GEO SAISON: Zunächst als eigenständige Marke SAISON gelauncht (mit dem dezenten Untertitel „Das Reisemagazin von GEO"), war der Titel wirtschaftlich nicht übermäßig erfolgreich. Erst nachdem im Jahr 1994 die Dachmarke GEO prominent in die Markenbezeichnung integriert und die Zeitschrift fortan als „GEO SAISON" geführt wurde, entwickelte sich der Titel kontinuierlich positiv – bis hin zum bislang besten Ergebnis im Jahr 2000.

Eine interessante strategische Rolle in der GEO-Zeitschriftenfamilie spielt auch GEOlino. Dieser Titel erzielt zwar (noch) keinen sehr hohen Deckungsbeitrag, was insbesondere an dem (fast) nicht existenten Print-Werbemarkt für Produkte und Dienstleistungen für 8- bis 14-jährige Kinder begründet liegt. Dennoch ist auch hier von einem Erfolg zu sprechen, da

▌ GEOlino die Marke GEO bereits sehr frühzeitig bei Kindern verankert, aus denen später Leser der erwachsenen GEO-Hefte werden,

▌ der Titel zudem auch neue Käufer-/Leserpotenziale für die erwachsenen GEO-Zeitschriften erschließt, da die Eltern, die zu 66 Prozent das Heft ab und zu aus verschiedenen Gründen mitlesen, der Kinder zuweilen auf diesem Wege erstmals mit der Marke GEO in Kontakt kommen – also ein Rücktransfer auf die Marke GEO.

Neben diesen ökonomischen Kriterien interessiert insbesondere, inwiefern auch der Markenwert von GEO und seiner Zeitschriftenfamilie durch die Markenführung gesteigert werden konnte.

▌ *4.3* Erfolgskontrolle im Hinblick auf den Markenwert

Die einfache **Markenbekanntheit** von Zeitschriften wird regelmäßig unter anderem in den so genannten „Gemeinschaftsuntersuchungen" gemessen (gestützte Abfrage). In der AWA (Allensbacher Werbeträger Analyse) werden GEO, GEO SAISON und GEO Special erhoben. Laut AWA 2000 verzeichnet GEO mit 58 Prozent eine gute Markenbekanntheit, GEO Special (26 Prozent) und GEO SAISON (22 Prozent) erreichen insgesamt mäßig zufrieden stellende Werte.

Interessant ist das Gefälle des Bekanntheitsgrades der GEO-Zeitschriften, wenn man die von der AWA angebotene Unterteilung der Bevölkerung in sieben disjunkte wirtschaftlich-soziale Schichten zu Grunde legt: In der höchsten Schicht (Potenzial: 6,4 Mio Personen) erzielt GEO sogar eine Bekanntheit von 86 Prozent, während diese in der untersten Schicht auf 29 Prozent sinkt. Dieses Bild ergibt sich analog auch für GEO Special und für GEO SAISON.

Die Markenbekanntheit kann gerade im Zeitschriftenmarkt noch stärker fokussiert werden, wenn man neben der reinen Bekanntheit der Marke die Frage untersucht, inwiefern die Zeitschriften grundsätzlich auch gelesen werden. Üblicherweise wird dabei mit dem WLK (weitester Leser-Kreis) gearbeitet, den man auch als **konkrete Markenbekanntheit** interpretieren könnte.

So sagen 23 Prozent der Gesamtbevölkerung (AWA 2000), dass sie „im letzten Jahr" zumindest eine GEO-Ausgabe gelesen haben; GEO Special kommt hier auf 9 Prozent, GEO SAISON auf 6 Prozent. Betrachtet man die sieben gesellschaftlich-wirtschaftlichen Statusgruppen, so ergibt sich erneut das bereits bei der einfachen Markenbekanntheit beobachtete deutliche Gefälle: Je höher der gesellschaftlich-wirtschaftliche Status einer Person, desto grösser die Wahrscheinlichkeit, dass sie die GEO-Zeitschriften konkret kennt, also zum weitesten Leserkreis zählt.

Die – einfache und konkrete – Bekanntheit kann jedoch nur ein erstes Kriterium für die Positionierung von Marken in den Köpfen der (potenziellen) Leser sein; entscheidend sind tiefergehende Dimensionen des Markenimages. Dazu zählt die wahrgenommene **Markenqualität** in all ihren Ausprägungen sowie die **Assoziationen** (vgl. Aaker 1992; siehe oben), die die Marken des Weiteren auslösen.

Die Studie „Fame" der Verlagsgruppe Milchstrasse (zuletzt erschienen 2000) setzt hier an und befasst sich unter anderem mit den Images ausgewählter Zeitschriftenmarken. Die Titel wurden anhand von sechs Kriterien bewertet:

- Glaubwürdigkeit
- Einzigartigkeit
- Persönlicher Nutzwert
- Sympathie
- Modernität
- Bedeutung in der Zukunft

Bewertet wurden die Marken jeweils nur von denjenigen Personen, die zum „weitesten Leserkreis" zählten (d. h. mindestens eine der letzten 12 Ausgaben gelesen haben). Diese Einschränkung auf Personen mit **konkreter Markenkenntnis** ist sinnvoll, da nur diese Personen Werturteile nach o.g. Kriterien abgeben können.

Das Ergebnis von „Fame" (2000): **GEO hat das beste Image aller Zeitschriftenmarken in Deutschland**. In bezug auf drei der sechs untersuchten Kriterien nimmt GEO unter allen untersuchten Zeitschriften die Nr.1-Position ein, insbesondere auch im Hinblick auf die zentrale Dimension **Markenqualität**, die über die Kriterien „Glaubwürdigkeit" und „Einzigartigkeit" abgebildet wird (vgl. Abbildung 5).

Wie aber steht es um die Markenwahrnehmung der anderen Zeitschriften der Familie? Zur Beantwortung dieser Frage wurden im Herbst 1999 insgesamt 50 Leser der GEO-Zeitschriften in tiefenpsychologischen Einzel-Interviews zu ihren **Assoziationen** bezüglich der verschiedenen Zeitschriften der GEO-Familie befragt.

Nachteil dieser Vorgehensweise war die geringe Fallzahl, die jedoch dadurch relativiert wurde, dass die Probanden zugleich Käufer/Leser verschiedener GEO-Titel waren. Vorteil dieser Forschungsmethode ist die Möglichkeit, dass die Probanden ihre Marken-Assoziationen mit eigenen Worten beschreiben können, was gegenüber dem standardisierten Vorgehen in Studien wie „Fame" eine facettenreichere Erfassung des Markenbildes ermöglicht. Die Ergebnisse:

1. **GEO:** Beeindruckt die Leser mit hoher Text- und Bild-Qualität, macht Natur-/Weltgeschehen zum persönlichen Erlebnis. GEO steht für Themenvielfalt, dargeboten mit hoher Professionalität und mit hoher Glaubwürdigkeit. Einzigartige Darbietung durch die Kombination „Wissensvermittlung mit Leidenschaft", umfassend, berücksichtigt alle denkbaren Perspektiven. Fesselnde Lektüreerlebnisse, Bilder erzählen Geschichten. Hefte werden gesammelt als Wertgegenstand, Wertanlage.

2. **GEO Special:** Eigenständiger GEO-Ableger mit allen guten Anlagen. Auslösen von heftigem Fernweh durch Darbietung sinnlicher Kultur- und Landschaftswelten. Präpariert plastisch und facettenreich für eigene Erkundungen in der Fremde, aber auch geeignet für „Reisen im Kopf". Kann nur durch Hinreisen getoppt werden.

3. **GEO SAISON:** Etwas „wild-gereiste GEO-Verwandte". Lifestylige Welterkundung à la Reisebüro, durch GEO-Image „veredelt". Kunterbuntes Schwelgen in Urlaubsträumen, geeignet für die „kleinen Alltagsfluchten", ist wie „gedruckte Sonne".

4. **GEO WISSEN:** Universaler Experte für speziellen Wissensdurst. Macht Erkenntnis zu ästhetischem Genuss, behält Gültigkeit und wirkt sinnstiftend bei der Auseinandersetzung mit der Zukunft. Spiegelt Stand der Forschung wider, ist Vorbild für lebenslanges Lernen. Ist das anspruchsvollste Magazin der Familie, verlangt „echten Aufwand".

5. **GEO EPOCHE:** GEO als Geschichtslehrer, erläutert „Sinn der Geschichte" bzw. Konsequenzen für die heutige Zeit. Vertiefender Einblick in die Historie, locker dargeboten. GEO-würdiger Auftritt.

6. **GEOlino:** GEO-Vielfalt für Sprösslinge bildungsbewusster Eltern und Paten. Wichtiges Pendant zu anderweitigen, weniger goutierten Freizeitbeschäftigungen der Kinder. Singulär wertvoller „Jugendbildner", erklärt die Welt ohne „Verkopfung". Heranführung an das grosse GEO, Inhalte können auch Erwachsene begeistern.

Zusammenfassend ist festzustellen, dass die GEO-Zeitschriften hinsichtlich der von Aaker benannten Kriterien „Qualität" und (positiven) „Assoziationen" allesamt gute Werte erzielen.

Darüber hinaus wurde auch untersucht, inwiefern die GEO-Zeitschriften-Ableger in ihrem Markenkern der Dachmarke GEO entsprechen (Distanzmessung). Ergebnis: Am nächsten zum Markenkern liegt GEO Special, gefolgt von GEO WISSEN und – ein wenig überraschend – GEOlino, trotz der völlig anderen Zielgruppe (Kinder zwischen 8 und 14 Jahren). GEOlino wird von den Erwachsenen offenbar als eine gelungene und stimmige Adaption der Marke GEO für Kinder gesehen. Bei allen drei Titeln ergeben sich nur relativ geringe konzeptionell wahrgenommene Distanzen zum Markenkern GEO – zugleich sind die Distanzen aber ausreichend groß, damit die Submarken überhaupt als „differenzierbar" erlebt werden können.

GEO EPOCHE weist bereits einen etwas grösseren Abstand zum Markenkern von GEO auf, was allerdings auch dadurch bedingt sein könnte, dass zum Befragungszeitpunkt nur die Erstausgabe („Millenium") vorlag, die atypisch mit sehr vielen kleinen Beiträgen operierte und daher weniger „GEO-like" war. Die größte Distanz zu GEO weist schliesslich GEO Saison auf. GEO SAISON wird konzeptionell als relativ eigenständig gesehen – der empfundene Abstand zur Marke GEO ist allerdings nicht so groß, dass der erfolgte Markentransfer kritisch auf den Prüfstand zu stellen wäre.

Abbildung 5   **GEO-Image im Vergleich**

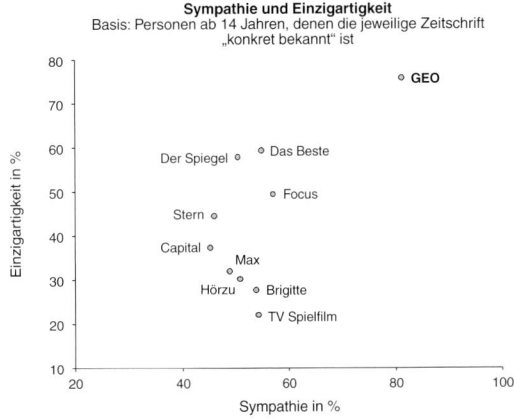

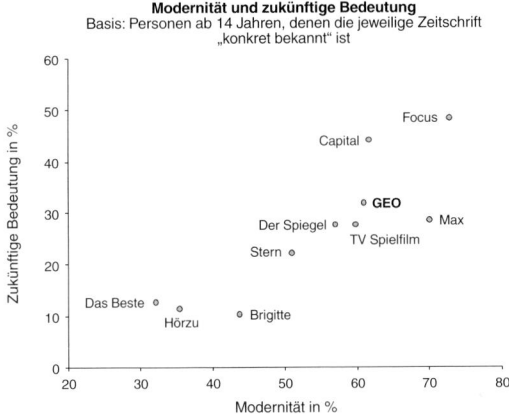

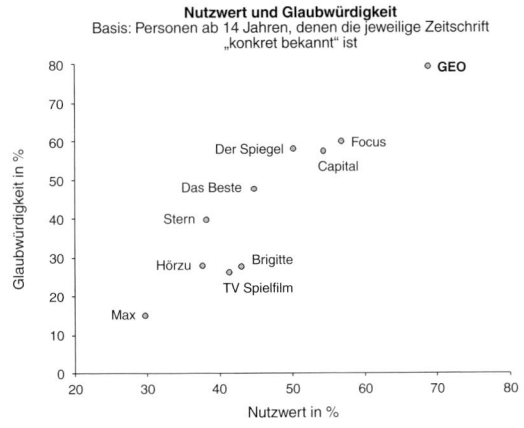

GABLER
GRAFIK

Quelle: Fame 00/01

4.4 Verbundeffekte

Neben der partiellen Erfolgskontrolle der einzelnen Zeitschriften ist es von Interesse, Verbundeffekte unter die Lupe zu nehmen. Die hier zunächst interessierende Frage bezieht sich auf eine etwaige Marktausweitung durch die Einführung der Zeitschriftenfamilie. Hierzu ist festzustellen:

▮ Eine Marktausweitung im Hinblick auf die Markenbekanntheit fand durch die Installation der Marken-Familie nicht statt. Dies ist allerdings auch ein hausgemachter Effekt, denn die Werbung für die Zeitschriften der GEO-Familie findet aus Gründen der Wirtschaftlichkeit vor allem in Form von Eigenwerbung in den Heften der Familie statt.

▮ Eine Marktausweitung kann jedoch bei den Lesern (+50 Prozent laut AWA) und Käufern konstatiert werden. Die Kaufüberschneidungen sind zwar hoch, aber offenbar werden durch die verschiedenen GEO-Zeitschriften unterschiedliche Lesebedürfnisse angesprochen, was zu dieser Marktausweitung führt.

▮ Des Weiteren ist eine Marktausweitung auch insofern zu beobachten, als bei den „GEO-Afficinados" eine höhere Pro-Kopf-Wertschöpfung erzielt werden konnte, da diese „Fangemeinde" gar nicht genug von den verschiedenen GEO-Produkten bekommen kann.

Hinsichtlich der Frage der **wechselseitigen Stützung** der Zeitschriften der GEO-Familie ist davon auszugehen, dass eine solche stattfindet, und zwar in verschiedener Hinsicht:

▮ Eine unmittelbare Stützung findet durch die gegenseitige Bewerbung der Hefte statt. Davon ausgehend, dass es eine „GEO-Fangemeinde" gibt, ist diese werbliche Unterstützung eine kostengünstige und effiziente Kommunikation von Einzelausgaben der GEO-Zeitschriften.

▮ Darüber hinaus erfolgt eine Stützung auch in Bezug auf die Aufgabenverteilung gegenüber verschiedenen Konkurrenztiteln. Die beiden Reisetitel GEO SAISON und GEO Special schirmen das grüne Magazin vor der Konkurrenz der multi- und monothematischen Konkurrenz ab. Auch durch diese „Rückendeckung" war es GEO erst möglich, seine Themenfelder weiter aufzuspannen und heute ein „General High Interest Reportage Magazin" zu werden.

▮ Schließlich erfolgt eine Stützung fraglos – wenn auch heute im Größeneffekt noch nicht exakt abschätzbar – durch GEOlino. Denn das GEO für Kinder wird die Ausgangsposition von GEO bei jungen Lesern bereits in wenigen Jahren nachhaltig stärken.

Die Frage der gegenseitigen **Kannibalisierung** kann nur vage beantwortet werden. Es ist davon auszugehen, dass in einigen Fällen die Kauffrequenzen bei GEO-Käufern und -Lesern zu Gunsten der Nutzung der kompletten Angebotsbreite der GEO-Zeitschriften zurückgegangen sind.

Dennoch: Die (bisher feststellbaren) Kannibalisierungseffekte in der GEO-Zeitschriftenfamilie sind gering – und im Vergleich mit den Vorteilen der Marktausweitung und der gegenseitigen Stützung innerhalb der Markenfamilie zu vernachlässigen.

5. Zusammenfassung

Der Erfolg von GEO beruht auf einer besonderen und dauerhaften Marketingleistung, deren Kern in der journalistischen Leistung und damit im Produkt-Mix liegt. Die Kundenzufriedenheit – im Leser- wie im Inserentenmarkt – ist für GEO oberstes Gebot. Die von der Untersuchung „Fame" dokumentierte Nummer-1-Position ist daher Lohn und Ansporn zugleich. Der systematische Ausbau einer Zeitschriftenfamilie erfolgte stets unter Nutzung des hohen Markenkapitals von GEO, was Chance und Risiko zugleich war. Erfreulicherweise zeigen alle vorliegenden Kontroll-Daten: **Der Markentransfer ist geglückt, und die Markenführung hat ihr Ziel, einen hohen Markenwert bei den einzelnen Titeln aufzubauen, erreicht.**

Literatur

Aaker, D. A., Management des Markenwertes, Frankfurt/M. 1992.
Hensmann, J., Verlagsmarketing, in: Marketing, Heft 4, 1980, S. 239–249.

Management von komplexen Markenportfolios – Markenführung bei der TUI Group

Michael Lambertz und Claudia Meffert

1. Herausforderungen und Trends der Markenführung im Touristik-Markt

1.1 Herausforderungen der Markenführung im Tourismus

Im Markt für Dienstleistungen steht die Markenführung auf Grund der Charakteristika von Dienstleistungen, wie Immaterialität und Integration des externen Faktors (vgl. den Beitrag zur Führung von Dienstleistungsmarken in diesem Band), vor der spezifischen Herausforderung, das Bedürfnis des Konsumenten nach Identifikation mit der Marke zu befriedigen sowie den Aufbau von Vertrauen zu etablieren und durchzusetzen (vgl. zum Beispiel Tomczak 1998, S. 7 ff.; Werner/Richter 1998, S. 29 ff.; Meyer/Tostmann 1995, S. 12). Eine starke Marke, welche die Entwicklung und Stärkung des Vertrauens der Nachfrager in die Leistungen ermöglicht, kann gerade in diesem Umfeld einen wertvollen Beitrag zur Differenzierung im Wettbewerb und zur Kundenbindung leisten und damit Vorteile bei der Kaufentscheidung durch eine präferenzbildende Funktion bedeuten (vgl. Esch/Wicke 2000, S. 14). Tourismusleistungen stellen auf Grund ihres Dienstleistungscharakters sowie der ausgeprägten Prozesseigenschaft des touristischen Produktes innerhalb einer Dienstleistungskette besondere Anforderungen an die Markenführung. Die Qualitätswahrnehmung des Kunden wird neben dem eigentlichen Ergebnis in hohem Maße von der Prozessqualität des Leistungserstellungsprozesses beeinflusst. Auf der einen Seite ist die Signalwirkung der Marke als Vertrauensanker für das immaterielle Tourismusprodukt somit ungleich höher als in anderen Märkten, auf der anderen Seite bieten die integrierten Tourismus-Dienstleister ein teilweise diffuses Markenbild für den Konsumenten durch ein sehr komplexes Markenportfolio, welches historisch über verschiedene M&A-Aktivitäten entstanden ist. Tourismuskonzerne stehen somit vor der Herausforderung, eine klar und stark profilierte Marke über ein komplexes Markensystem aufzubauen, um das Vertrauen in eine gleich bleibende oder zunehmende Servicequalität zu erhöhen und Markenpräferenzen sowie Kundenbindung aufzubauen (vgl. Momberger 2000, S. 123).

Zielsetzung des vorliegenden Beitrags ist es, die Komplexität und Herausforderungen der Markenführung im Tourismus-Markt herauszuarbeiten und die strategische Ausgestaltung der Markenführung am Beispiel der TUI Group zu diskutieren.

1.2 Zentrale Entwicklungstrends im Touristik-Markt

Tourismusmärkte sind weltweit durch ein hohes Wachstum gekennzeichnet. In Reaktion auf die terroristischen Anschläge in den USA im September 2001 und den darauf folgenden weltpolitischen Entwicklungen wird zwar ein kurzfristig signifikanter Rückgang der

Reisetätigkeit vermutet, eine langfristige Minderung der Wachstumsentwicklung der privaten und geschäftlichen Reisetätigkeit wird jedoch nicht erwartet. Kurz- bis mittelfristig wird jedoch einer teilweisen Umverteilung der Reiseströme, z. B. bei der Mittelstrecke vom östlichen in das westliche Mittelmeer, entgegengesehen. Die WTO erwartet dabei eine Steigerung der Auslandsreisen aus privaten oder geschäftlichen Zwecken von ca. 560 Millionen Reisenden in 1995 auf über eine Milliarde Reisenden im Jahre 2010, welches einem durchschnittlichen jährlichen Wachstum von 4,2 Prozent entspricht. Für die Entwicklung der Einnahmen wird sogar eine Steigerung von ca. 400 Milliarden US-$ auf rund 1.050 Milliarden US-$ im gleichen Zeitraum und damit ein jährliches Wachstum von knapp sieben Prozent prognostiziert.

Zentraler Wachstumsmotor dieser Entwicklung sind Flugreisen, insb. Flugpauschalreisen, deren Anteil an Auslandsreisen vor allem in den europäischen Quellmärkten signifikant angestiegen ist (vgl. Abbildung 1).

Abbildung 1   **Entwicklung von Transportmitteln und Urlaubsarten**

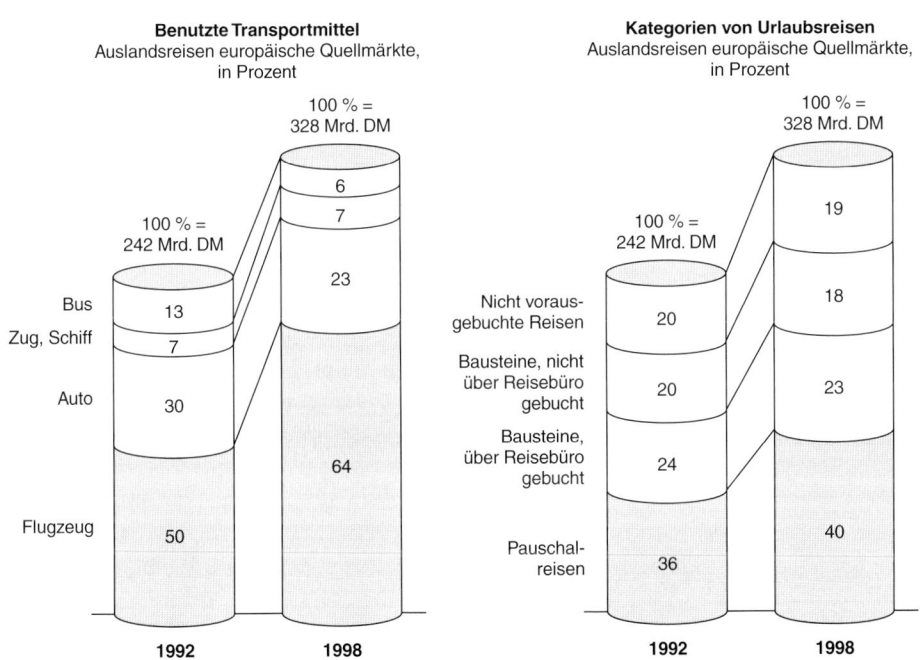

Quelle: European Travel Monitor

Welche zentralen Trends lassen sich für die Urlaubsreise im 21. Jahrhundert ableiten? Der Reisemarkt ist wie andere Märkte durch ein „schneller, höher, weiter" gekennzeichnet. So werden zusätzlich zur Mittelstrecke zunehmend weiter entfernte Destinationen gewählt, die Frequenz der Urlaubstätigkeit erhöht sich durch einen Trend zur Zweit- oder Drittreise, die Dauer der Reisen nimmt im Durchschnitt jedoch ab. Es lässt sich eine Entwicklung von der klassischen Urlaubsreise in den Sommerferien zu einer Mehrzahl von kürzeren Reisen feststellen, die sich über das Jahr verteilen und somit die klassische Saisonalität im Tourismusgeschäft entschärfen. Weiterhin ist das vielzitierte hybride Verhalten auch im Tourismusmarkt anzutreffen, in dem sowohl verstärkt preisorientierte „Smart-Shopper" anzutreffen sind, gleichzeitig aber die Nachfrage nach hochpreisigen und hochqualitativen Luxusreisen steigt. Insofern lässt sich eine Polarisierung des Marktes feststellen, welche sich zum einen durch den Trend zu höherer Qualität und zum anderen zu einem noch günstigeren Preis auszeichnet (vgl. auch Kreilkamp 1998, S. 343). Abbildung 2 zeigt die Trends im Reiseverhalten im Überblick.

Abbildung 2   **Trends im Reiseverhalten**

	Von [...]	**Zu zusätzlich [...]**
Ziele:	Mittelstrecke	Fernstrecke
Frequenz:	Hauptreise	Zweit- und Drittreise
Dauer:	Eine lange Reise	Kürzere Reisen
Unterkunft:	Preisorientiert	Qualitätsorientiert
Information/Buchung:	Einkanal-Wahl	Multikanal-Wahl
Buchungstermin:	Normalbuchung	Früh- und Spätbuchung
Preis:	Preisorientierung	Smart-Shopping
		Luxusreise

GABLER
GRAFIK

Quelle: TUI Group

2.   Ausgangssituation TUI Group

Die TUI Group als touristischer Geschäftsbereich des Preussag Konzerns ist der größte integrierte Touristik-Anbieter Europas. Im Kalenderjahr 2000 erwirtschaftete die TUI Group einen Umsatz von rund 13,6 Milliarden DM, beförderte 10,7 Millionen Veranstaltergäste und beschäftigte rund 46.000 Mitarbeiter, von denen über 60 Prozent bei ausländischen Gesellschaften arbeiten. Die M&A-Aktivitäten der Touristik-Branche haben sich in den letzten Jahren intensiviert, sodass auch bei der TUI Group ein Großteil des Wachstums auf externes Wachstum zurückzuführen ist. So akquirierte die TUI Group nach der in 1998 erfolgten Gründung der Hapag Touristik Union (HTU) zusammen mit der Fluggesellschaft Hapag-Lloyd die Reisebürokette FIRST (1998), den Veranstalter L'tur (1999) sowie die Thomas Cook-Gruppe in Großbritannien (1999). In 1999 wurde die TUI Group in die Preussag überführt. Im Jahr 2000 erfolgte die Übernahme der britischen Veranstaltergruppe Thomson Travel Group durch die Preussag, die aus wettbewerbsrechtlichen Gründen zu einem Verkauf der Thomas Cook-Gruppe führte.

Durch die Akquisitionstätigkeiten konnte der touristische Bereich der Preussag die vorherrschende Marktstellung in Europa ausbauen und erreichte eine Marktführerschaft in zentralen europäischen Quellmärkten (vgl. Abbildung 3).

Abbildung 3   **Marktstellung der Preussag in Europa, Sommer 2001**

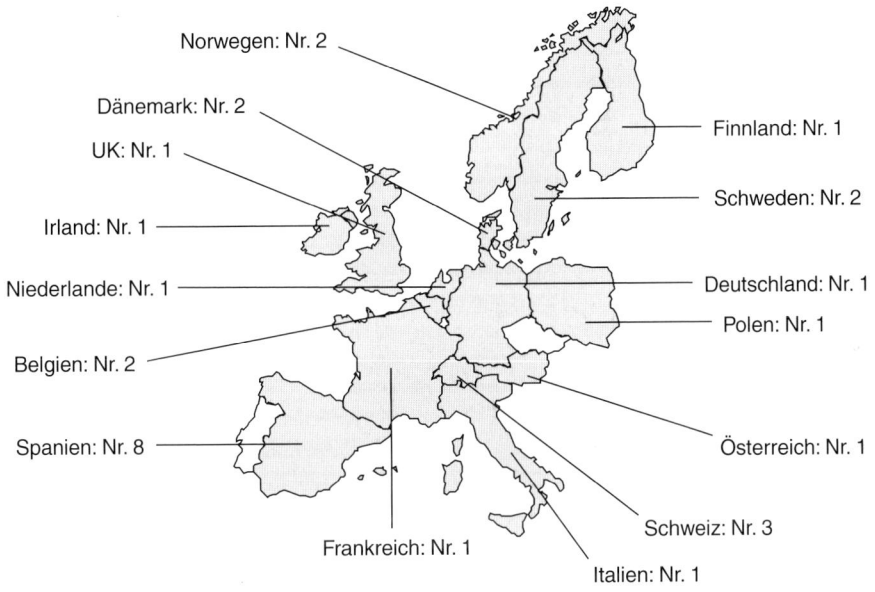

Norwegen: Nr. 2
Dänemark: Nr. 2
UK: Nr. 1
Irland: Nr. 1
Niederlande: Nr. 1
Belgien: Nr. 2
Spanien: Nr. 8
Finnland: Nr. 1
Schweden: Nr. 2
Deutschland: Nr. 1
Polen: Nr. 1
Österreich: Nr. 1
Schweiz: Nr. 3
Frankreich: Nr. 1
Italien: Nr. 1

GABLER GRAFIK

Quelle: Preussag

Durch die zunehmende vertikale Integration ist die TUI Group auf verschiedenen Stufen der touristischen Wertschöpfungskette tätig. Diese erstreckt sich im Pauschaltourismus derzeit über fünf Stufen, die in Abbildung 4 dargestellt sind.

Der Veranstalter ist zuständig für die Erstellung und das Packaging des touristischen Produktes, die Preissetzung, die Katalogerstellung, den Einkauf und das Management von Hotel- und Flugkapazitäten sowie das strategische und operative Marketing. Der Veranstalter steuert somit alle Elemente des Marketing-Mix (Produkt, Preis, Kommunikation und Steuerung der Distribution). Auf der Vertriebsstufe erfolgt die Beratung, Buchung und Abwicklung eines touristischen Angebots sowie die Durchführung von Promotions. Auf der Carrierstufe werden Flugkapazitäten entweder an eigene Veranstalter oder an Drittveranstalter vermarktet sowie die Beförderungsleistung durchgeführt. Auf dieser Stufe werden, wie aus Abbildung 4 ersichtlich, ca. 35 Prozent des Umsatzes einer Reise erwirtschaftet. Die Zielgebietsagenturen sind zuständig für den Transfer in die Zielunterkunft, stellen Reiseleiter zur Verfügung und organisieren Ausflüge und andere Leistungen im Zielgebiet. Auf der Hotelstufe schließlich werden die Bettenkapazitäten vermarktet und es erfolgt die Beherbergung, Verpflegung und Betreuung des Kunden. Diese Stufe trägt mit 43 Prozent den größten Anteil am Umsatz über die Wertschöpfungskette.

Abbildung 4   **Touristische Wertschöpfungskette und Anteil am Umsatz einer Pauschalreise**

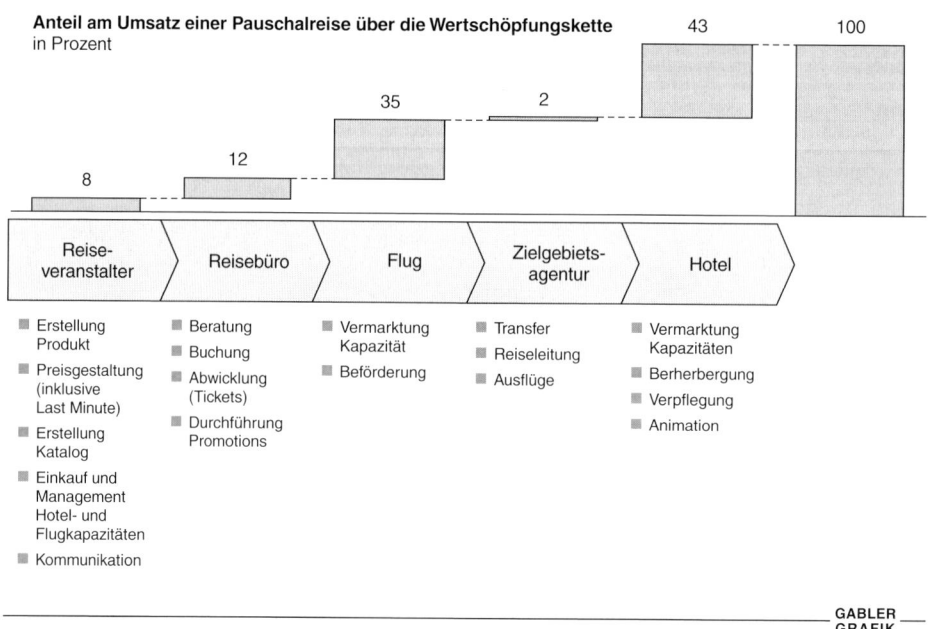

Quelle: TUI Group

Durch die Akquisitionstätigkeiten entwickelte sich die TUI Group damit zu einer vertikal integrierten Touristikgruppe, die die gesamte touristische Wertschöpfungskette umfasst und auf den wichtigsten Quellmärkten und Zielgebieten tätig ist (vgl. Abbildung 5).

Abbildung 5	Portfolio der TUI Group über die Wertschöpfungskette

	Reisebüros	Veranstalter	Flugzeuge	Zielgebiets-agenturen	Hotels/Betten
Deutschland	1.573	15	32 + 3	36	221
Schweiz	67	3		Incoming	Hotels
Österreich	62	7		Agenturen	mit
Niederlande	350	9	15		108.187
Belgien	124	4		Reiseleiter-	Betten
Spanien	71	2		service in	
Frankreich	254	3	32	mehr als	
Italien	148	3		70 Ländern	
UK & Irland	989	16			
Skandinavien	20	8	8		
Total	**3.658**	**70**	**90**	**36**	**108.187**

GABLER GRAFIK

Quelle: TUI Group

3. Management von komplexen Markenportfolios über die touristische Wertschöpfungskette

3.1 Ansatz einer mehrdimensionalen Markenführung

Die TUI Group verfügt über ein komplexes Markenportfolio auf den einzelnen Wertschöpfungsstufen über die Wertschöpfungskette sowie über die Ländermärkte hinweg. Die Herausforderung des Management dieses Markensystems liegt folglich in einer integrierten und abgestimmten Markenführung in der horizontalen (das heißt auf der gleichen Wertschöpfungsstufe), der vertikalen (das heißt entlang der Wertschöpfungskette) sowie der internationalen Dimension (das heißt über die Ländermärkte hinweg). Eine Analyse entlang dieser drei Dimensionen ist Gegenstand der folgenden Ausführungen .

3.11   Horizontale Markenführung auf Veranstalterebene

Die Veranstalter der TUI Group und der Thomson Travel Group bieten ihre Reiseprodukte auf 10 europäischen Quellmärkten unter 70 unterschiedlichen Veranstaltermarken an. Im Rahmen dieser Mehrmarkenstrategie auf der Veranstalterstufe besteht die Zielsetzung darin, Partizipationseffekte durch eine gezieltere und bedarfsgerechtere Konsumentenansprache über spezifische Marken, eine breitere Marktabdeckung durch eine differenzierte Positionierung sowie eine Ausweitung der Kundengewinnung und Kundenbindung mit den jeweils bestgeeigneten Marken zu erreichen (vgl. in diesem Zusammenhang auch den Beitrag zur Mehrmarkenstrategie in diesem Band). Weiterhin kann eine Reduktion des Marktrisikos durch eine höhere Aktionsflexibilität erzielt werden. Auf der anderen Seite sind Risiken der Mehrmarkenstrategie in horizontaler Richtung, wie zum Beispiel die Kannibalisierung der Marken durch eine gegenseitige Marktanteilssubstitution, hohe Kosten durch parallele Marktbearbeitung oder die Gefahr der Übersegmentierung, zu vermeiden. Für die einzelnen Marken besteht auf der Veranstalterstufe in ihren jeweiligen Quellmärkten eine klare Positionierung. Die Aufteilung des Marktes erfolgt über alle Quellmärkte in ein Premium-, ein Spezialisten-, ein hochwertiges Massensegment, ein preisorientiertes Massensegment und ein Last-Minute-Segment, wobei die spezifische Positionierung der einzelnen Veranstaltermarke auf die lokalen Konsumentenbedürfnisse im jeweiligen Markt ausgerichtet ist (vgl. Abbildung 6).

Abbildung 6   **Das Markenportfolio auf Veranstalterebene in ausgewählten Quellmärkten**

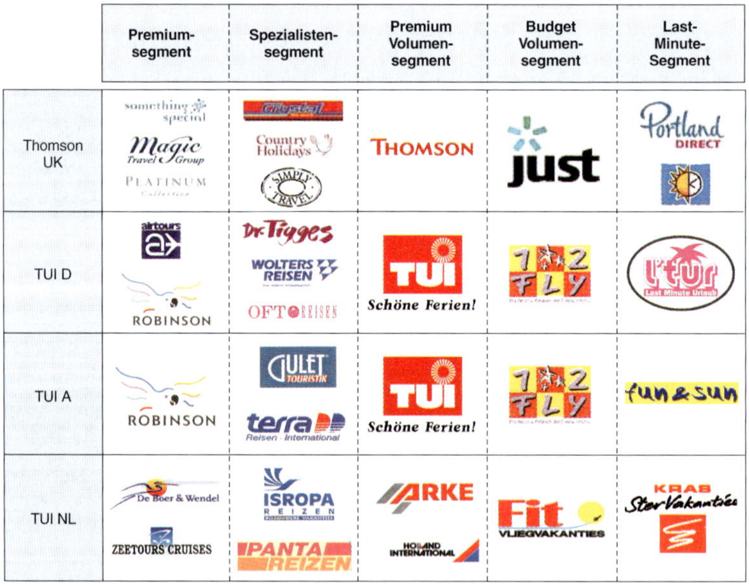

GABLER
GRAFIK

Quelle: TUI Group

Auf dem deutschen Markt wird das Volumengeschäft vornehmlich durch TUI Schöne Ferien!, die Generalistenmarke, die als Qualitätsanbieter mit gutem Preis-/Leistungsverhältnis positioniert ist, sowie durch 1,2 Fly, eine Marke, die das Niedrigpreissegment anspricht, bestritten. Daneben existiert die Premiummarke airtours sowie die Spezialveranstalter Dr. Tigges, der das Zielsegment der Studienreisen anspricht und GeBeCo, eine Marke, die das Segment der Fern-/Erlebnisreisen anvisiert. L'tur ist als Marke für das Segment der Last-Minute-Urlauber ausgerichtet. Robinson ist die Clubmarke der TUI Deutschland, die im Clubsegment eine eher höherpreisige und hochqualitative Positionierung einnimmt.

Die Marke TUI Schöne Ferien! nimmt im Rahmen der horizontalen Markenführung einen zentralen Stellenwert ein, was in der historischen Entwicklung der Marke von einer Einzelmarke zu einer Dachmarke begründet liegt. Seit 1987/88 wurde die Marke TUI als stärkste Marke im Portfolio als Additiv zu den damaligen Einzelmarken Dr. Tigges, Touropa, Scharnow, TransEuropa, Hummel und Twen Tours mit der Zielsetzung eingeführt, eine Stärkung der Einzelmarken durch die Signalisierung von Glaubwürdigkeit und Kompetenz im Rahmen eines Endorsements zu erreichen. Die zunehmende Bekanntheit der Marke TUI führte im folgenden Jahr dazu, ein Co-Branding der Marke TUI mit den jeweiligen Einzelmarken durchzuführen, um diese mit der Kompetenz der Marke TUI anzureichern. Die dritte Phase der Entwicklung wurde im Zuge einer strategischen Neuorientierung im Jahre 1990 verfolgt, im Rahmen derer die Einzelmarken Touropa, Scharnow, TransEuropa und Hummel unter der Dachmarke TUI zusammengefasst wurden (vgl. Abbildung 7).

Abbildung 7   **Veränderung der Markenstrategie für die Marke TUI Schöne Ferien! im Zeitraum 1987–2001**

GABLER
GRAFIK

Quelle: TUI Group

Im Rahmen der strategischen Neuentwicklung wurde für die Marke TUI Schöne Ferien! eine Dachmarkenstrategie eingeführt. Daneben werden die Spezialistenmarken wie airtours, 1,2 Fly oder Dr. Tigges auf Grund ihrer spezifischen Positionierung eigenständig als Einzelmarken weitergeführt.

Die Markenarchitektur der TUI Group lässt sich auf drei Hierarchieebenen darstellen: die Firmenmarke TUI Group, die Dachmarke TUI Schöne Ferien! sowie Produktmarken als Einzelmarken (vgl. Abbildung 8; vgl. auch Keller 1998, S. 409 ff.). Auf Grund ihrer spezifischen Markenpositionierung werden die einzelnen Produktmarken unterschiedlich geführt: Die Länderprogramme sind unter der Dachmarke TUI zusammengefasst. Weiterhin sind Submarken unter der Dachmarke entwickelt worden, die spezifische Kundenbedürfnisse ansprechen, der Zielgruppe der Marke TUI Schöne Ferien! jedoch sehr nahestehen. Hierzu zählen die Submarken TUI Vital, die auf das Wellness-Segment ausgerichtet ist und TUI Family als Produktmarke für qualitativ hochwertigen Familienurlaub. Weiterhin werden TUI Kurzreisen, TUI Städte erleben, TUI Fly & More sowie TUI Rail & More als Subbrands unter der Dachmarke TUI Schöne Ferien! geführt.

Abbildung 8   Markenarchitektur der TUI Group (Ausschnitt)

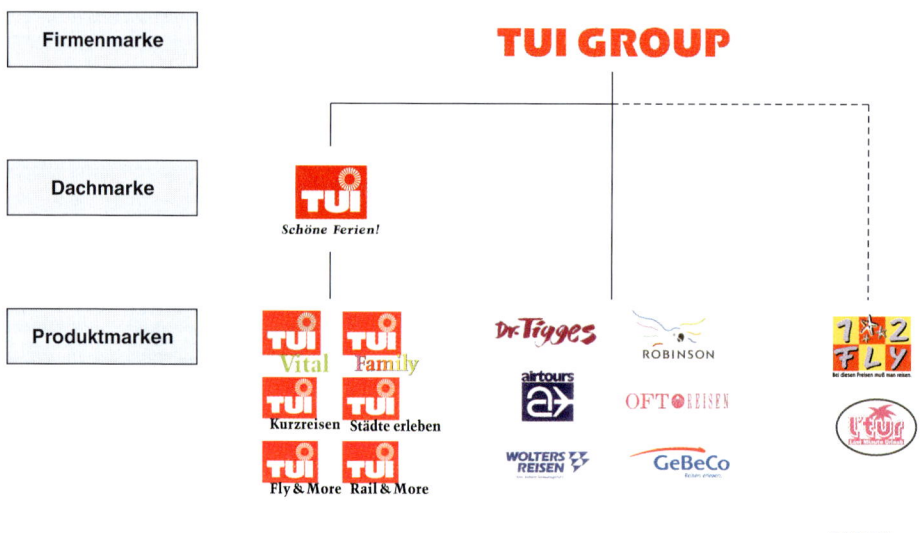

GABLER GRAFIK

Die Spezialistenmarken Oft Reisen, Dr. Tigges, airtours, GeBeCo und Robinson Club werden als eigenständige Einzelmarken geführt und erfahren durch die Unternehmensmarke TUI Group als Endorser jedoch eine Verstärkung, um Kompetenz und Glaubwürdigkeit zu signalisieren.

Für die Marken 1,2 Fly und L'tur, die auf das preisorientierte bzw. das Last-Minute-Marktsegment ausgerichtet sind, wird eine Verbindung zur TUI Group explizit unterbunden, um die Eigenständigkeit der Marken zu fördern und eine Verwässerung der Markenpositionierung zu vermeiden. Zentrale Determinante zur Bestimmung der Ausprägung der Beziehung zur Dachmarke TUI Schöne Ferien! oder der Unternehmensmarke TUI Group ist das Markenimage. Liegt für die Marke ein eigenes, differenzierendes Markenimage vor und/oder ist ein Imagetransfer von der Dach- bzw. der Unternehmensmarke nicht von Nutzen, so wird keine Beziehung zwischen den Markenebenen aufgebaut. Dies ist auch der Fall, wenn die Dachmarke selbst vor einem potenziellen negativen Imagetransfer geschützt werden soll.

3.12 Vertikale Markenführung über die Wertschöpfungskette

Die vertikale Integration über die Wertschöpfungskette ist vor allem aus Gründen der stärkeren Kontrolle knapper Ressourcen sowie auf Grund der Fähigkeit eines besseren Kapazitäts- und Risikomanagements zunehmend vorangetrieben worden. Die Wertschöpfungsstufe Hotel stellt ein Kernelement des Pauschalreiseangebots dar. Zu beobachten ist dabei eine zunehmende Knappheit an Hotels in Bestlagen, da die Nachfrage europaweit steigt und wesentliche Standorte bebaut sind. Zudem sind hochwertige Qualitätshotels hochprofitabel, da sich eine Preisprämie und eine hohe Auslastung realisieren lassen. Vor diesem Hintergrund versuchen die Veranstalter, durch zunehmende Beteiligungen an diesem Geschäft unmittelbar zu partizipieren. Die Wertschöpfungsstufe Flug ist durch hohe Auslastungsschwankungen und hohe Kapitalbindung gekennzeichnet. Durch ein integriertes Kapazitätsmanagement können eine doppelte Bepreisung der Auslastungsrisiken vermieden sowie unterjährige Steuerungsmaßnahmen integriert ausgeschöpft werden. Auf der Vertriebsstufe wird der Vorteil einer stärkeren vertikalen Integration vor allem im Erhalt der Verhandlungsmacht vor dem Hintergrund entstehender Ketten und Kooperationen gesehen sowie in der Chance, die Vertriebseffizienz durch eine gezielte Steuerung auf die eigenen Produkte zu erhöhen. Die TUI Group verfügt zum einen über einen Eigenvertrieb, der die Steuerung der eigenen Reisebüros und Franchise-Betriebe zur Aufgabe hat, sowie einem Fremdvertrieb, der für den Vertrieb über die Reisebüroketten und unabhängigen Reisebüros zuständig ist. Als dritter Vertriebskanal kommt der Direktvertrieb über das Internet (www.tui.de) hinzu, der von einer eigenen Gesellschaft TUI interactive gesteuert wird. Ein vertikal integrierter Touristik-Konzern wie die TUI Group besteht somit aus relationalen Märkten zwischen den verschiedenen Stufen der Wertschöpfung und ermöglicht ein integriertes Risikomanagement durch den Informationsaustausch zwischen allen Beteiligten.

Durch die vertikale Integration und den Zukauf verschiedener Marken und Markenportfolios ist ein komplexes vertikales Markensystem entstanden, welches in Auszügen für den deutschen Quellmarkt in Abbildung 9 dargestellt ist. Auf jeder einzelnen Stufe der Wertschöpfungskette sind unterschiedliche Marken vertreten. So bestehen zum Beispiel im Reisebürovertrieb die TUI ReiseCenter, FIRST Reisebüros oder Hapag-Lloyd, auf der Veranstalterstufe die Generalisten- und Spezialistenmarken, auf der Flugstufe die Marke Hapag-Lloyd, auf der Stufe der Zielgebietsagenturen zum Beispiel Ultramar Express (Spanien) oder TUI Hellas (Griechenland) sowie die Marken RIU, Grecotel, Grupotel und Iberotel auf der Hotelstufe. Während der Urlaubsreise kommt der Konsument somit mit unterschiedlichen Marken auf den unterschiedlichen Stufen der Wertschöpfungskette in Berührung.

Die beiden Stufen, die am stärksten über die Markenführung integriert sind, sind die Stufen Veranstalter und Eigenvertrieb, da die Marke TUI als Dachmarke über die TUI Reise-Center geführt wird. Durch einen positiven Imagetransfer konnte die Marke TUI Schöne Ferien! dabei die TUI ReiseCenter in ihrer Profilierung unterstützen.

Abbildung 9　　　Ausgewählte Marken im vertikalen Portfolio im deutschen Quellmarkt

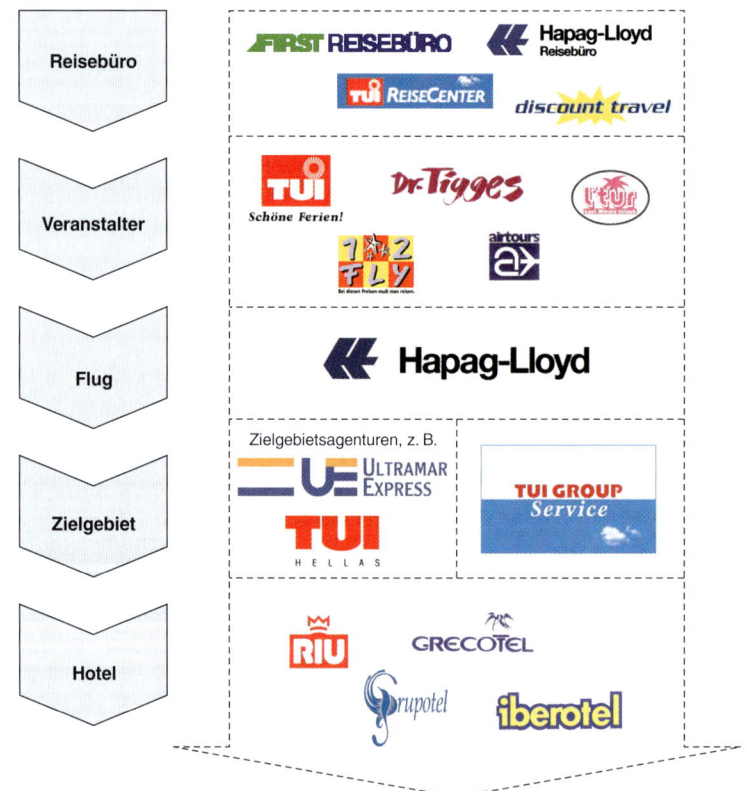

GABLER
GRAFIK

Quelle: TUI Group

Einer weiteren Integration der Markenführung über die Vertikalisierung der Kernmarke TUI kann grundsätzlich große Chancen eingeräumt werden, um einen Leverage der stärksten Marke im Markensystem zu erreichen. Hierbei gilt es aber nicht nur, die Akzeptanz und Kompetenz der Marke in der Wahrnehmung der Verbraucher zu testen, sondern auch Aspekte des Risikomanagements, der potenziellen Synergienutzung, der Aktionsflexibilität sowie der internen Akzeptanz genau zu analysieren, da dort die potenziellen Gefahren, zum Beispiel im Rahmen eines negativen Imagetransfers auf eine andere Wertschöpfungsstufe, als nicht gering einzuschätzen sind. Die Chancen durch eine Vertikalisierung über Nutzung von Synergien im Rahmen der Markenführung und eine stärkere Profilierung der Kernmarke über einen starken und konsistenten Auftritt über die gesamte Wertschöpfungskette kann aber als eine potenzielle strategische Option angesehen werden.

Die Vertikalisierung wurde in einem ersten Schritt eingeführt, in dem die Firmenmarke TUI Group als Endorser Brand auf den anderen Wertschöpfungsstufen im Rahmen der Kommunikation auftritt. Durch diesen Schritt wird die Zielsetzung verfolgt, den Absender TUI Group als ein Qualitätssiegel auf den anderen Stufen der Wertschöpfungskette zu kommunizieren, ohne die Werte der bestehenden Marken anzutasten. Die Nutzung der Marke TUI Group als Endorser Marke in der Kommunikation erfolgt auf der Reisebürostufe bei den Vertriebsmarken FIRST und Hapag-Lloyd, auf der Veranstalterstufe bei den Qualitätsmarken, wie zum Beispiel Dr. Tigges (vgl. auch Abbildung 8), und auf der Flugstufe bei Hapag-Lloyd. Im Zielgebiet ist die Rolle der Firmenmarke stärker, indem die TUI Group als Servicemarke auftritt und die Veranstaltermarken als Co-Brands unter sich bündelt. Auf der Hotelstufe wird bei den eigenen Hotels im Katalog, in der Kommunikation sowie in der Außendarstellung der Zusatz „TUI Group" als Endorsement verwendet. Die Markenvertikalisierung über ein Endorsement ermöglicht somit ein dezentes Markenerlebnis in der Kommunikation über die einzelnen Stufen der Wertschöpfungskette. Der Grad der Vertikalisierung ist jedoch als relativ zurückhaltend zu bezeichnen, da sich das Auftreten der Absendermarke zum größten Teil auf die Kommunikation beschränkt und somit die Marke TUI im Rahmen des eigentlichen Urlaubserlebnisses über die einzelnen Stufen nur vereinzelt auftritt.

Ein erster Versuch einer weiterführenden Vertikalisierung der Marke TUI Schöne Ferien! wurde bereits in einem Marketing Joint-Venture mit drei Flugzeugen der Fluggesellschaft Germania als „TUI Flugzeuge operated by Germania" unternommen, um die Markenpräsenz der Dachmarke über die Wertschöpfungsstufe auszudehnen (vgl. dazu auch de Vries 2000, S. 245 ff.). Mit der Germania als Operating Carrier wurde ein Kooperationspartner ausgewählt, dessen Kernkompetenz in den Bereichen Sicherheit und Flugbetrieb liegt und somit einerseits den wichtigsten Kundenerwartungen entspricht und andererseits die hohen Qualitätsanforderungen an die Leistungserbringung durch die TUI Group erfüllt. Im Rahmen dieser Kooperation wurde die konkrete Gestaltung der Produkt- und Serviceleistung von der TUI übernommen und in einem ganzheitlichen Marketingkonzept mit dem Anspruch an überdurchschnittlichen Service und Komfort umgesetzt. Insofern wurde nicht nur die äußere Gestaltung der Flugzeuge (zum Beispiel die Nutzung der Außenhaut des Flugzeuges als Werbefläche), sondern auch die innere Gestaltung der Flugzeuge sowie das Inflight Servicekonzept vollständig auf die TUI Markenphilosophie ausgerichtet. Die gesamte Gestaltung des tangiblen Umfelds, welches der Gast an Bord wahrnimmt, gestaltet sich im TUI Corporate Design (zum Beispiel Bordkarte, Servicekarte, Zuckertüte, Kopfpolsterschoner, Give aways). Somit konnte ein konsistentes Erscheinungsbild der Marke geschaffen und eine Kontinuität in der Markenbegegnung mit dem Konsumenten erreicht werden.

Die empirischen Erfahrungen dieser Vertikalisierung deuten auf eine sehr hohe Kundenakzeptanz hin. Umfangreiche Befragungen von Fluggästen zeigen, dass die Zufriedenheit im direkten Vergleich zu Flügen mit vergleichbarer Leistung tendenziell besser ausfiel. Der intensive Kontakt mit der Marke und die Exklusivität der Flugzeuge führten zudem zu einer Verstärkung der Markenerinnerung. Dieser erste Versuch der Vertikalisierung führte dazu, das Markenversprechen der Marke TUI „greifbarer" zu machen und eine verstärkte Begegnung mit den positiven Vorstellungsinhalten der Marke zu erreichen. Hierbei ist jedoch auch zu beachten, dass eine zu hohe Veranstalterdominanz sich negativ auf das Drittgeschäft, das heißt das Fluggeschäft mit konzernfremden Veranstaltermarken, auswirken könnte. Es lässt sich somit ein großes Chancenpotenzial für eine Vertikalisierung ableiten, welches einer sorgfältigen Risikoprüfung bedarf.

3.13 Internationale Markenführung über die Ländermärkte

Die internationale Markenführung ist durch die neueren Akquisitionen und insbesondere durch die Akquisition der Thomson Travel Group aktuell vor neue Herausforderungen gestellt. Auf der Veranstalter- und Vertriebsseite ist die TUI Group in zehn Ländermärkten aktiv. Für eine mögliche Ausgestaltung dieser Internationalisierungsstrategien, bei der die TUI Group noch am Anfang ihrer Entwicklung steht, sollen im Folgenden die grundlegenden Optionen dargelegt werden.

Internationalisierungsstrategien lassen sich in einer Matrix mit den Dimensionen Integrationsvorteile und Differenzierungsvorteile grundsätzlich in vier strategische Optionen gliedern (vgl. Meffert/Bolz 1994, S. 25 ff.). Diese grundsätzlichen strategischen Optionen, die in Abbildung 10 dargestellt sind, können als Bezugsrahmen für die internationale Markenführung herangezogen werden.

Internationale Markenführung mit niedrigen Integrations- sowie Differenzierungsvorteilen weist eine hohe Konzentration auf einen Heimatmarkt auf und zeichnet sich dadurch aus, dass keine länderspezifischen Besonderheiten außerhalb des Heimatmarktes in der Markenführung berücksichtigt werden. Man könnte diese Option als das Anfangsstadium von Internationalisierungsstrategien bezeichnen. Die multinationale Markenführung weist niedrige Integrationsvorteile, aber hohe Differenzierungsvorteile auf. Internationale Tochtergesellschaften führen bei dieser Option quasi autonom eine nationale Markenstrategie. Die globale Markenstrategie mit hohen Integrations- und niedrigen Differenzierungsvorteilen beruht auf einer konsistenten Markenführung auf dem gesamten Weltmarkt ohne besondere Berücksichtigung nationaler Wünsche oder Bedürfnisse. Die transnationale Markenstrategie schließlich zeichnet sich durch hohe Integrations-

und hohe Differenzierungsvorteile aus, bei der den länderspezifischen Bedürfnissen durch eine Differenzierungsstrategie Rechnung getragen wird, gleichzeitig aber eine hohe Integration der Markenführung über die einzelnen Ländermärkte vorliegt.

Abbildung 10   **Systematisierung von Internationalisierungsstrategien der Markenführung**

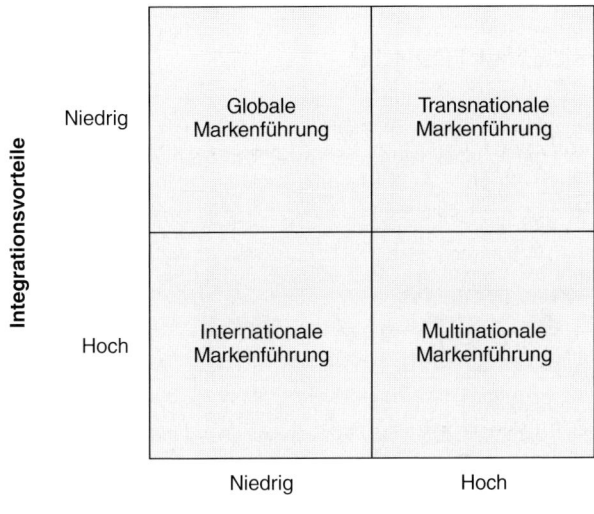

Quelle: In Anlehnung an Meffert/Bolz 1994, S. 27

Die Grundherausforderung der Preussag ist letztlich in der Frage der Integration der beiden Firmenmarken TUI Group und Thomson Travel Group zu sehen. Bei großer Stärke der Marken in den jeweiligen Heimatmärkten sowie geringer Ähnlichkeit der Positionierung der beiden Marken scheint prinzipiell die multinationale Markenführung mit geringer Integration der beiden Marken und relativ unabhängiger Markenführung in den jeweiligen Quellmärkten sinnvoll. Zentrale Chancen aus dieser Strategie würden sich aus der Ausschöpfung und Weiterentwicklung der vorhandenen Markenidentität und dem existierenden Vertrauenskapital in den jeweiligen Heimatmärkten und damit einer Ausnutzung von lokalen Positionierungsvorteilen einer Marke ergeben. Auf der anderen Seite können aber durch diese Strategie keine Synergievorteile über eine gemeinsame Markenführung ausgenutzt werden.

Bei hoher Ähnlichkeit der wahrgenommenen Positionierung und hoher relativer Stärke der einen oder der anderen Marke scheint jedoch die transnationale Markenführung mit hoher Integration über zum Beispiel eine gemeinsame Organisationseinheit zur strategischen Markenführung geeignet. Chancen ergeben sich hierbei zum einen aus der Nutzung von Synergievorteilen und zum anderen aus der Berücksichtigung von lokalen Bedürfnissen.

Die globale Markenführung kann als extreme Ausprägung der Standardisierung im Vergleich zu einer transnationalen Markenführung betrachtet werden, in dem nur noch eine Dachmarke besteht, die über alle Ländermärkte geführt wird. Im Rahmen der globalen sowie der transnationalen Markenführung ist weiterhin zu differenzieren, ob eine bestehende Unternehmensmarke oder die Einführung einer neuen Marke als Dachmarke eine sinnvolle strategische Option darstellt.

Abbildung 11	Internationalisierung und Vertikalisierung über die Wertschöpfungskette

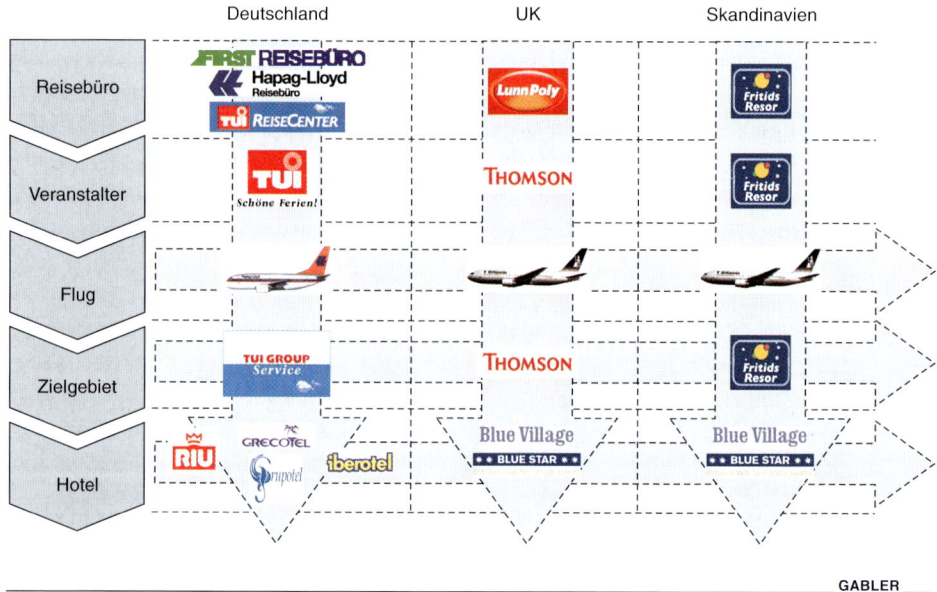

Quelle: TUI Group

Für die Marken unterhalb der Firmenmarke TUI Group, die international geführt werden, stellt sich ebenso die Frage nach einer transnationalen Markenstrategie, in der die Dachmarke TUI Group als Integrationsanker dient, oder einer multinationalen Markenstrategie, bei der die Marken relativ autonom geführt werden. Die Frage der Internationalisierung ist somit auch auf den einzelnen Wertschöpfungsstufen von zentralem strategischen Interesse. Eine Internationalisierung ist insbesondere auf den Wertschöpfungsstufen, die sich nicht explizit auf den jeweiligen Quellmarkt beziehen, von hohem Stellenwert, also die Flugstufe, die Zielgebietsagenturen und die Hotels. Wie aus Abbildung 11 ersichtlich, sind die internationale und die vertikale Dimension der Markenführung nicht unabhängig voneinander zu entscheiden. So hätte zum Beispiel eine mögliche Vertikalisierung der Marke TUI auf die Hotelstufe Auswirkungen auf den britischen Quellmarkt, da die Hotelmarken RIU, Grecotel, Grupotel und Iberotel neben den deutschen auch die britischen Urlaubsgäste bedienen. Hierbei scheint die Wahl eines Endorsements durch die Firmenmarke, wie zum Beispiel „Hotel der TUI Group", bereits ein Schritt in die richtige Richtung zu sein.

Die zentrale Herausforderung für die TUI Group im Rahmen einer Internationalisierung und Vertikalisierung der Marken liegt somit in einer optimalen Zielgebiets- und Quellmarktkombination der jeweils bestgeeigneten Marken. Diese Entscheidung ist vor dem Hintergrund der jeweiligen Stärke einer Marke und des Markenpotenzials in den jeweiligen Quellmärkten zu erarbeiten.

3.2   Integration der Markenführung

In den Ausführungen ist bereits deutlich geworden, dass die Markenführung in der horizontalen, vertikalen und internationalen Dimension nicht isoliert zu gestalten ist, sondern ein interdependentes Entscheidungsproblem darstellt. Insofern ist einer **integrierten Markenführung** über die drei Dimensionen ein zentraler Stellenwert beizumessen.

Im Rahmen einer integrierten Markenführung gründet bei der TUI Group jede Marke auf einer klaren Markenidentität, die sich vor allem aus der historischen Kompetenz der jeweiligen Marke ergibt und das Fundament für die Markenführung darstellt. Auf Basis dieser Markenidentität ergibt sich die Positionierung der jeweiligen Marken und die Formulierung der Markenstrategien. Fünf Pfeiler werden bei der TUI Group als zentrale Stützpfeiler gesehen, um das Markenversprechen aus der Positionierung zu erfüllen und eine klare Profilierung der Marke zu erreichen:

1. die Corporate Identity, die das Dach der Markenführung darstellt und als Basis für die Markenarchitektur dient,

2. das Produkt- und Servicemanagement als eigentliche Erfüllung des Markenversprechens mit der Entwicklung von hochwertigen, innovativen und zielgruppengerechten Tourismusprodukten,

3. ein konsequentes Qualitätsmanagement zur Sicherstellung des Leistungsanspruchs,

4. die externe Kommunikation der Markenführung (Werbung, Vertriebskommunikation, Investor Relations und Pressearbeit) sowie

5. die interne Kommunikation durch Programme zur Stärkung der Unternehmenskultur, Förderung der Beziehungen zwischen Führungskräften und Mitarbeiten und Sicherstellung einer konsistenten internen Servicequalität.

3.3 Einlösung des Markenversprechens am Beispiel der Marke TUI Schöne Ferien!

Am Beispiel der Kernmarke TUI Schöne Ferien! wird abschließend aufgezeigt, wie das Markenversprechen im Rahmen einer integrierten, identitätsorientierten Markenführung erbracht wird. Die Markenwerte der Marke TUI Schöne Ferien! sind in ihrer historischen Entwicklung und Kompetenz verankert und können in einer Werthierarchie dargestellt werden (vgl. Abbildung 12).

Auf der obersten Hierarchieebene steht der terminale Wert „Lebensfreude", dessen Erfüllung die übergeordnete Zielsetzung des Markenversprechens darstellt. Eine Konzeptionalisierung dieses Wertes erfährt die Marke durch instrumentelle Werte wie Vertrauen, Verlässlichkeit und Qualität. Die Operationalisierung erfolgt schließlich durch die spezifischen Eigenschaften der Marke und Produktleistungen, die das Markenversprechen mit konkreten Leistungsinhalten füllen. Hierzu zählen neben der qualitativ hochwertigen Leistungserbringung über gute Airlines, hervorragende Hotels und ausgezeichnetem Service, Zusatzleistungen der Marke, wie zum Beispiel die Geld-zurück-Garantie oder ZAK, ein Service, der unbürokratisch die unmittelbare Abwicklung von Reklamationen im Zielgebiet ermöglicht.

Abbildung 12   Markenwerthierarchie TUI Schöne Ferien!

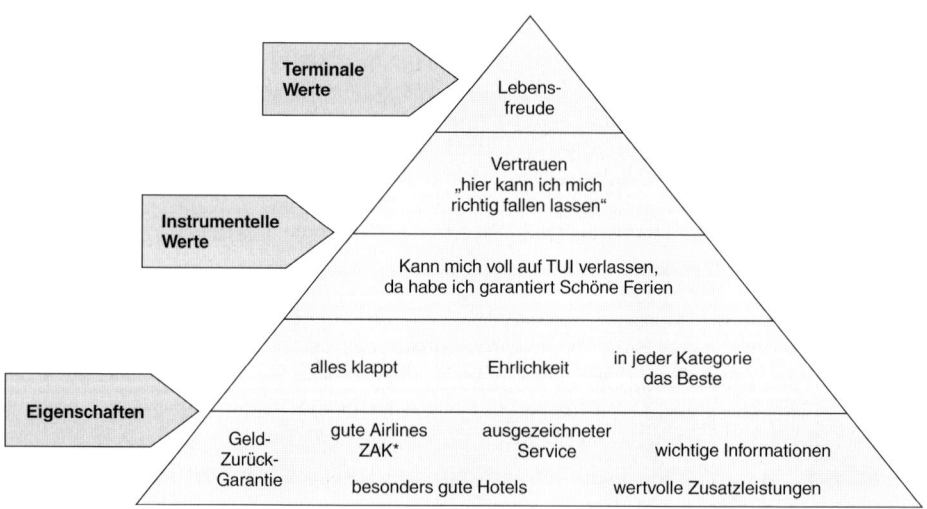

* ZAK = Zügige Abhilfe und Kulanz im Reklamationsfall

GABLER
GRAFIK

Quelle: TUI Group

Die Kommunikation des Markenversprechens erfolgt durch eine integrierte Führung der unterschiedlichen Kommunikationskanäle wie klassischer Werbung, Direktmarketing, Verkaufsförderung und Presse, Cross-Marketing, Promotions und Events sowie Sponsoring, um eine konsistentes und differenzierendes Markenbild in den Köpfen der Konsumenten zu positionieren. Im Rahmen der Leistungserstellung erfolgt die konsequente Erfüllung des Markenversprechens durch eine selektive Auswahl der Kooperationspartner wie Hotels, Fluggesellschaften oder Zielgebietsagenturen sowie ein konsequentes Qualitätsmanagement über die Wertschöpfungskette. Somit wird gewährleistet, dass entlang der Wertschöpfungskette bzw. aus Kundensicht entlang der Erlebniskette ein durchgängiges Urlaubserlebnis sichergestellt wird.

Auf Basis dieser Investitionen in die Marke im Rahmen der integrierten Markenführung hat sich die TUI Schöne Ferien! zu einer im Branchenvergleich sehr starken Marke entwickelt (vgl. Abbildung 13). Neben Neckermann Reisen/NUR Touristik weist die Marke TUI sehr hohe Werte in der ungestützten und gestützten Bekanntheit auf. Weiterhin zeichnet sich TUI durch eine stärkere Markenaffinität zum Konsumenten als die Wettbewerber aus. Dieses zeigt sich durch eine im Wettbewerbsvergleich höhere Bewertung der Marke TUI bei der Frage des Relevant Set, also welche Marke bei der Auswahl und Buchung einer Reise grundsätzlich in Frage kommt, sowie bei der Produkterfahrung und insbesondere bei der Markensympathie.

| Abbildung 13 | Markenstärkeindikatoren TUI, Neckermann/NUR und LTU, 2001 |

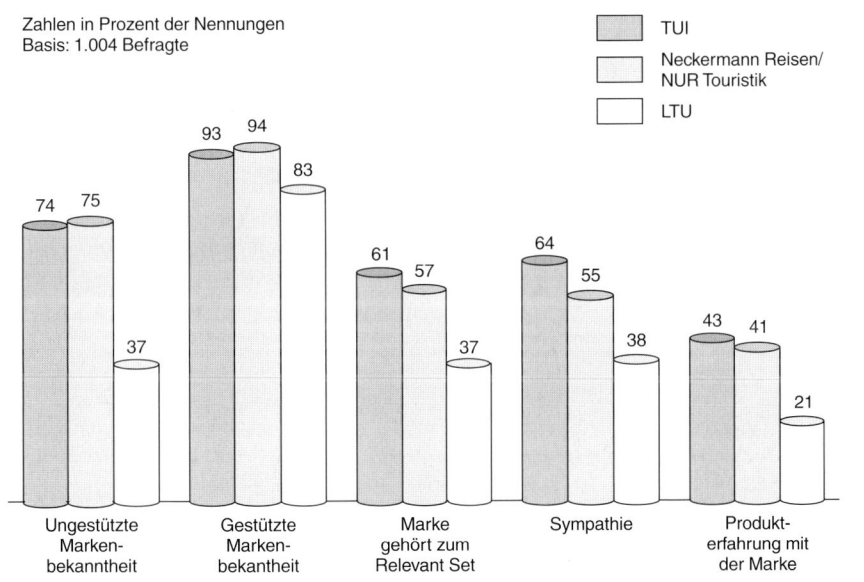

GABLER GRAFIK

Quelle: In enger Anlehnung an TNS-Emnid/Horizont aus o. V. 2001, S. 28

Die Investitionen in die Markenführung haben weiterhin zu einem überlegenen Image-profil von TUI Schöne Ferien! beim Konsumenten geführt. In fast allen Dimensionen er-zielt TUI eine deutlich höhere Bewertung als die Wettbewerbermarken und demonstriert damit die herausragende Stellung auf dem deutschen Reisemarkt (vgl. Abbildung 14).

Abbildung 14   Imageprofil TUI im Wettbewerbsvergleich

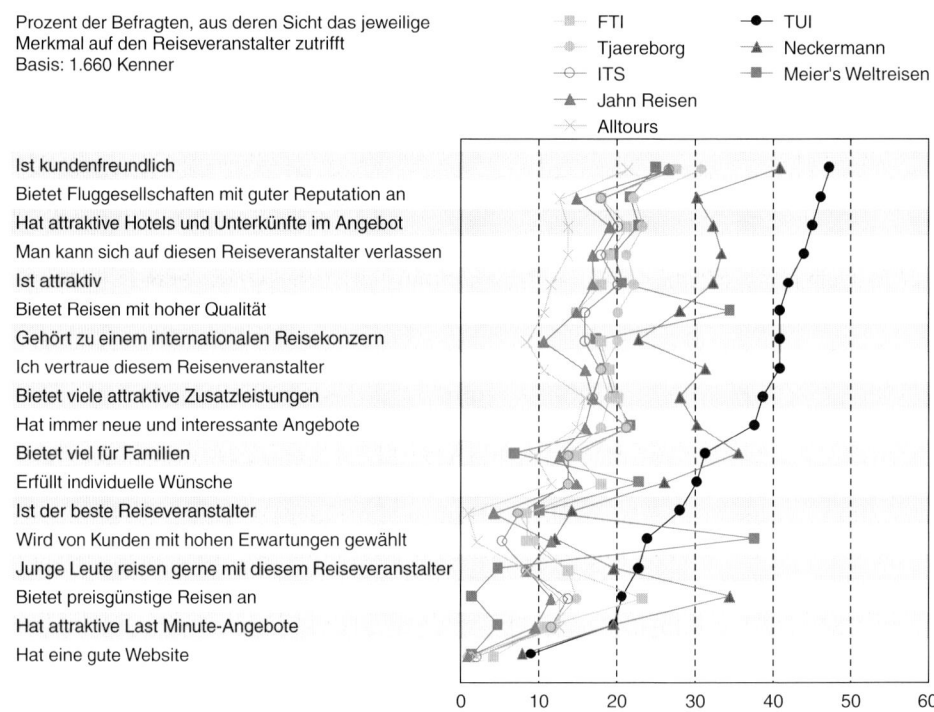

Quelle: Infratest Burke

4. Ausblick

Im Rahmen des Beitrags wurde die hohe Komplexität der Markenführung von Tourismusmarken in horizontaler, vertikaler und internationaler Dimension aufgezeigt. Die zentralen Herausforderungen ergeben sich dabei in der horizontalen Dimension im Spannungsfeld zwischen **Kannibalisierung und Partizipation** im Rahmen einer Mehrmarkenstrategie, in der vertikalen Dimension im **Grad der Markenintegration über die Wertschöpfungskette** und in der internationalen Dimension im Spannungsfeld zwischen **Standardisierung und Differenzierung** in verschiedenen Ländermärkten.

Am Beispiel der Marke TUI Schöne Ferien! konnte gezeigt werden, wie durch ein konsequentes Markenmanagement die hervorragende Position auf dem deutschen Markt erreicht werden konnte. Im Vergleich zu anderen Märkten und insbesondere Konsumgütermärkten ist jedoch festzustellen, dass die strategische Markenbildung von Tourismusleistungen noch am Anfang ihrer Entwicklung steht. Im Tourismusmarkt, der durch eine zunehmende Austauschbarkeit der objektiven Produktleistungen (zum Beispiel Angebot des gleichen Hotels durch mehrere Veranstalter) geprägt ist, ist jedoch eine große Chance für Tourismuskonzerne zu sehen, sich aus dem preistreibenden Wettbewerb zu lösen und sich über eine starke Marke zu profilieren.

Die Fallstudie hat gezeigt, dass die Markenprofilierung integriert über die drei Dimensionen horizontal, vertikal und international zu erfolgen hat. Zukünftig könnte aber eine weitere Chance in der Einführung einer vierten Dimension liegen, nämlich in der lateralen Dimension, die Aktivitäten in Geschäftsfeldern bezeichnet, die außerhalb der heutigen Wertschöpfung liegen. Hier wäre zum Beispiel eine theoretische Option in der weiteren Entwicklung in den Bereich Freizeit oder Unterhaltung auf Basis des zentralen Markenwertes „Lebensfreude" der Marke TUI Schöne Ferien! zu sehen. Eine derartige Entwicklung der Marke bedarf jedoch einer differenzierten Betrachtung vor dem Hintergrund der Tragfähigkeit der Marke. Um diese neue Dimension zu erklimmen, ist somit eine weitere Entwicklung der Markentragfähigkeit zu erreichen. Es bleibt sicherlich spannend zu beobachten, wohin sich die Marke TUI in Zukunft entwickeln wird (vgl. Insert 1).

INSERT 1   **HORIZONT Nr. 36, 06.09.2001, Seite 24**

TOURISTIKMARKT World-of-TUI-Einführungskampagne startet im November / Preussag will TUI kommendes Jahr als Konzernname übernehmen

Preussag fliegt in die schöne neue TUI-Welt

Mit der Dachmarke „World of TUI" verabschiedet sich Preussag aus dem Stahlgeschäft.

HANNOVER Wenn es nach Preussag-Chef Michael Frenzel geht, dann bekommen Coca-Cola, Microsoft und IBM in den nächsten Jahren Konkurrenz. Denn der Vorstandsvorsitzende will „World of TUI" zu einer der wertvollsten Marken weltweit machen. Rund 90 Millionen Euro investieren die Hannoveraner in den nächsten drei Jahren in den Aufbau der Dachmarke (HORIZONT 35/2001), die zu einer Klammer für die rund 200 touristischen Marken des Konzerns werden soll. Ziel ist es, den Kunden mit World of TUI auf jeder Stufe der Wertschöpfungskette an den Konzern zu binden und so die Markentreue zu erhöhen.

Mit der Dachmarke World of TUI bekennt sich der ehemalige Stahlriese deutlich zum Tourismus. Die Sparte trägt mittlerweile mehr als 50 Prozent zum Gesamtumsatz bei. Doch Frenzels Pläne gehen über das reine Dachmarkenkonzept hinaus: Das Label soll als Vorlage für einen neuen Konzernnamen dienen. Im Juni 2002 will die Preussag-Führungsspitze auf der Hauptversammlung darüber abstimmen lassen, ob die Aktiengesellschaft künftig unter TUI oder World of TUI firmiert. Bis dahin muss sich die Dachmarke bewährt haben.

Die Entscheidung für den Namen World of TUI ist in der Branche nicht unumstritten. Immerhin ist TUI im –

Preussag-Chef Michael Frenzel will TUI zum neuen Konzernnamen machen (oben). Das World-of-TUI-Design (Agentur: Interbrand, Köln) wird in allen Bereichen eingesetzt

neben Deutschland – zweiten großen Quellmarkt Großbritannien nicht präsent. Dort dominiert der im Frühjahr 2000 von Preussag gekaufte Veranstalter Thomson Travel, der ebenfalls als Namensgeber für die Dachmarke im Gespräch war. „Die internationale Prüfung der Markennamen Preussag, TUI und Thomson Travel ergab, dass nur der Name TUI das Potenzial zur globalen Marke hat", sagt Frenzel. Insbesondere bei den Aspekten Emotionalität und Sympathie habe TUI am

besten abgeschnitten. Konzernmarketingleiter Michael Lambertz: „TUI hat alles, was eine Marke braucht: Sie ist kurz, prägnant, sympatisch, leicht merkbar und dahinter steht ein Qualitätsprodukt."

Das gemeinsam mit der Kölner Agentur Interbrand entwickelte Dachmarkenkonzept sieht vor, die Namen der Einzelmarken zu erhalten. Das Erscheinungsbild wird jedoch auf die World-of-TUI-Optik getrimmt. Für den Endverbraucher wird die Anpassung bei rund 70 der insgesamt 200 touristischen Marken sichtbar, da der überwiegende Teil nur im internen und im B2B-Geschäft in Erscheinung tritt.

Bei der offensichtlichsten Form der Anpassung, den so genannten Alignments, werden die Marken relauncht. Zwar bleibt der Name bestehen, Logo und Auftritt bekommen jedoch den Look der Dachmarke. Dies betrifft die zehn starken Volumenmarken, deren Kernzielgruppe die 25- bis

Dachmarkenkonzept der World of TUI

Mit dem Markenkonzept werden die rund 200 touristischen Preussag-Marken unter einem Dach gebündelt. Ziel ist es, die Kunden auf allen Stufen der Wertschöpfungskette an den Konzern zu binden und die Markentreue zu erhöhen.

Die touristischen Einzelmarken werden auf verschiedene Arten in das neue Markenkonzept integriert:

■ **Alignment:** Bei der stärksten Form bleibt nur der alte Markenname erhalten; Logo und Auftritt erhalten die World-of-TUI-Optik. Betroffen sind zehn Qualitätsvolumenmarken, zu denen TUI, Fri-

tidsresor, Hapag-Lloyd, Jetair, Lunn Poly, Thomson und Britannia gehören.

■ **Endorsement:** Die Spezialanbieter behalten ihr Logo und ihren Auftritt, der jedoch um das World-of-TUI-Logo ergänzt wird. Diese Form der Anpassung wird auf circa 50 Marken angewendet zum Beispiel auf die Veranstalter Robinson, Dr. Tigges, Airtours International oder die Hotelketten Riu und Grecotel.

■ **Keine Verbindung:** Bei einigen Marken wie L'Tur und 1-2-Fly verzichtet Preussag bewusst auf den Verweis zur Dachmarke.

| INSERT 1 | HORIZONT Nr. 36, 06.09.2001, Seite 24 (Fortsetzung) |

55-Jährigen mit einem mittleren bis gehobenen Qualitätsanspruch sind. Zu den Volumenmarken zählen unter anderen die Veranstalter TUI, Thomson Travel und Fritidsresor in Schweden sowie die Reisebüroketten TUI und Lunn Poly. Auch die Airlines Britannia und Hapag-Lloyd fliegen künftig im rot-weißen Kleid. Um zu verhindern, dass sich die Marken kannibalisieren, etabliert Preussag pro Land auf jeder Stufe der Wertschöpfungskette maximal eine Aligned Brand, die intensiv beworben wird.

Für den mit circa 50 Marken weitaus größeren Teil der höherwertig positionierten Spezialreiseanbieter gilt

die veränderte Optik erstmals mit Erscheinen der Sommerkataloge im November 2001 sichtbar. Parallel dazu startet Preussag eine Dachmarkenkampagne. World of TUI baut auf den bisherigen TUI-Markenwerten Qualität, Vertrauen, Sicherheit und Schöne Ferien auf, soll aber noch emotionaler positioniert werden. Den Etat hält die bisherige TUI-Agentur Springer & Jacoby in Hamburg. Als Basismedium fungiert TV, ergänzt durch Print und Außenwerbung. In einer ersten Stufe wird die Dachmarke angekündigt, in der zweiten stehen vor allem Inhalt- und Erlebnisaspekte im Vordergrund. „Man wird den Wind des Symbols durch Deutschland wehen sehen", glaubt Lambertz.

Eine europaweit einheitliche Kampagne ist bislang nicht geplant. In den Ländern, in denen TUI bereits geführt wird, soll jedoch der deutsche Auftritt

die schwächere Form des „Endorsements": Um das Image als exklusivere Veranstalter beizubehalten, aber trotzdem von der Stärke der Dachmarke zu profitieren, behalten diese Marken ihren bisherigen Auftritt – jedoch ergänzt durch das World-of-TUI-Logo. Dieses Vorgehen wendet Preussag zum Beispiel bei den Veranstaltern Robinson, Airtours International oder Crystal an. „Das sind Marken mit anderen Geschäftsmodellen, bei denen World of TUI mit ihren Qualitätswerten unterstützend wirkt", erklärt Lambertz.

Im Fall der Last-Minute-Marke L'Tur und des Billiganbieters 1-2-Fly verzichtet Preussag völlig darauf, die Zugehörgkeit zum Konzern kenntlich zu machen. Die Kunden sollen eine „unabhängige" Alternative zur World of TUI behalten.

In den nächsten Monaten werden die touristischen Marken in den verschiedenen Ländern nach und nach auf Kurs gebracht. In Deutschland wird

übernommen werden.

Bislang lag das Werbebudget für alle touristischen Marken der Preussag bei 330 Millionen Euro jährlich. Es wird kurzfristig ansteigen, da nur zwei Drittel der 90 Millionen Euro, die bis 2004 in die Kommunikation für die Dachmarke fließen, aus Umschichtungen des laufenden Etats stammen. Da das Markensymbol auf verschiedenen Stufen der Wertschöpfungskette kommuniziert, rechnet Lambertz jedoch mittelfristig mit einer Erhöhung der Werbeeffizienz und einem Rückgang der Werbespendings.

Neben den Synergieeffekten hofft Preussag über das vernetzte System von Dachmarke, Aligned und Endorsed Brands auch die Kundenbindung steigern zu können. Lambertz: „Mit unserem Markenkonzept World of TUI haben wir die Möglichkeit, die Markentreue unserer Kunden im Vergleich zu den Wettbewerbern deutlich zu erhöhen."   *pap*

Literatur

de Vries, J. E., Marketing joint venture zur Ausdehnung der Markenpräsenz – am Beispiel des TUI-Flugzeuges operated by Germania, in: Kundenorientierung im Touristikmanagement: Strategie und Realisierung in Unternehmensprozessen, Bastian, H. et al. (Hrsg.), 2. Aufl., München und Wien 2000, S. 245–262.

Esch, F.-R., Wicke, A., Herausforderungen und Aufgaben des Markenmanagements, in: Esch, F-R. (Hrsg.), Moderne Markenführung: Grundlagen – innovative Ansätze – praktische Umsetzungen, 2. Aufl., Wiesbaden 2000, S. 3–55.

Keller, K. L., Strategic brand management: building, measuring, and managing brand equity, Prentice Hall 1998.

Kreilkamp, E., Produkt- und Preispolitik, in: Tourismus-Management: Tourismus-Marketing und Fremdenverkehrsplanung, Haedrich, G. et al. (Hrsg.), 3. Aufl., Berlin und New York 1998, S. 325–355.

Meffert, H., Bolz, J., Internationales Marketing-Management, 2. Aufl., Stuttgart u. a. 1994.

Meyer, A., Tostmann, T., Die nur erlebbare Markenpersönlichkeit – Wie sich Dienstleistungsmarken aufbauen und pflegen lassen, in: Harvard Business Manager, Heft 4, 1995, S. 9–15.

Momberger, W., Wertvolle Marken, in: Touristik Report, Jubiläumsausgabe zum 20-jährigen Bestehen, Oktober 2000, S. 120–123.

o. V., Reisende sind oft Neckermänner, in: Horizont, Nr. 23, Juni 2001, S. 28.

Tomczak, T., Markenführung bei Dienstleistungen aus Sicht der Wissenschaft, in: Markenführung bei Dienstleistungen, Dokumentationspapier Nr. 129 der Wissenschaftlichen Gesellschaft für Marketing und Unternehmensführung e. V., Meffert, H., Backhaus, K., Becker, J. (Hrsg.), Münster 1998, S. 5–12.

Werner, G., Richter, M., Marken im Bereich Dienstleistungen: Gibt es das überhaupt?, in: Markenmanagement für Dienstleistungen, Tomczak, T., Schögel, M., Ludwig, E. (Hrsg.), St. Gallen 1998.

Erfolgreiche Markenführung bei homogenen Verbrauchsgütern – Das Beispiel JET

Heribert Meffert und Ingo Lasslop

1.   Die Ausgangsposition der Marke JET

JET ist die Tankstellenmarke der CONOCO Mineraloel GmbH in Hamburg, einer 100-prozentigen Tochtergesellschaft des US-Mineraloelkonzerns CONOCO Inc. mit Sitz in Houston, Texas. Zu CONOCO gehören weltweit unter anderem rund 10.000 Tankstellen, Öl- und Gasfelder, eine Tankerflotte sowie einige Raffinerien. In Deutschland erlöste CONOCO 1998 im Tankstellen-, Großhandels- und Endverbrauchergeschäft (Handel mit industriellen Mineraloelprodukten) knapp 6 Milliarden DM (CONOCO Mineraloel GmbH 1999).

In den 70er Jahren führte CONOCO die Tankstellenmarke JET in den deutschen Markt ein, die sich seitdem als preisgünstiger Anbieter von Kraftstoff etabliert hat. Obgleich der eigene Anspruch stets darin bestand, qualitativ hochwertigen Markenkraftstoff zu vertreiben, ist bis heute der Preisvorteil die primäre Profilierungsdimension im Wettbewerb geblieben. Ende 1998 wurden von der CONOCO Mineraloel GmbH 626 Tankstellen in Deutschland betrieben. In dieser Zahl sind neben den JET-Straßen- und Autobahntankstellen auch ca. 200 so genannte Supermarkttankstellen enthalten. Damit erreichte CONOCO einen Anteil von ca. 4 Prozent an allen deutschen Tankstellen. Betrachtet man die an den JET-Stationen und Supermarkttankstellen insgesamt verkaufte Menge an Kraftstoffen, so lag der volumenmäßige Marktanteil von CONOCO bei ca. 7 Prozent.

Obgleich die CONOCO Mineraloel GmbH 1998 das beste operative Ergebnis der Firmengeschichte feiern konnte, deutete die Entwicklung zentraler psychografischer Indikatoren auf Probleme im Bereich der Markenführung bei JET hin. So fiel die gestützte Markenbekanntheit in Westdeutschland von über 80 Prozent zu Beginn der 90er Jahre bis 1998 kontinuierlich auf unter 70 Prozent. Ähnlich, wenn auch weniger stark, verhielt es sich mit der wahrgenommenen Qualitätserwartung. Vor diesem Hintergrund sah sich das Unternehmen veranlasst, die Markenpolitik von JET neu auszurichten, um die Wettbewerbsposition zu festigen.

2.   Der deutsche Tankstellenmarkt

2.1 Historische Branchenentwicklung

Die Entwicklung im deutschen Tankstellenmarkt wurde in den letzten drei Jahrzehnten durch einen Strukturwandel geprägt, der sich in einer deutlichen Netzreduktion widerspiegelt (vgl. Abbildung 1). So gab es 1970 noch 45.849 Tankstellen in Deutschland, deren primäre Erlösquelle im Vertrieb von Kraft- und Schmierstoffen bestand. Diese Zahl ging bis zum Jahre 2000 auf 16.404 Stationen zurück (vgl. EID 2001). Im Zuge der damit einhergehenden Um- und Ausbauten vieler Stationen stiegen die Fläche und auch der Umsatz pro

Tankstelle stark an: Betrug der durchschnittliche Umsatz an einer westdeutschen Tankstelle im Jahr 1980 ca. 360 TDM, so waren es im Jahr 1995 bereits 1.405 TDM (vgl. BTG 1995; Pauls 1998, S. 152).

Augenblicklich befindet sich der deutsche Tankstellenmarkt jedoch nicht nur hinsichtlich der absoluten Netzdichte in einer Stagnationsphase. Während für die Nachfrage nach Diesel in den nächsten Jahren zumindest mit einem leichten Plus gerechnet wird, prognostizieren die Experten für den Absatz von Ottokraftstoffen einen leichten Rückgang. Eine wesentliche Ursache hierfür liegt in der steten Weiterentwicklung der Motorentechnologie: Trotz eines weiter steigenden Verkehrsaufkommens auf deutschen Straßen führt ein tendenziell sinkender Kraftstoffverbrauch zu einem zunächst gleich bleibenden, langfristig dagegen rückläufigen Kraftstoffabsatz.

Abbildung 1   Tankstellenbestand in Deutschland im Zeitablauf

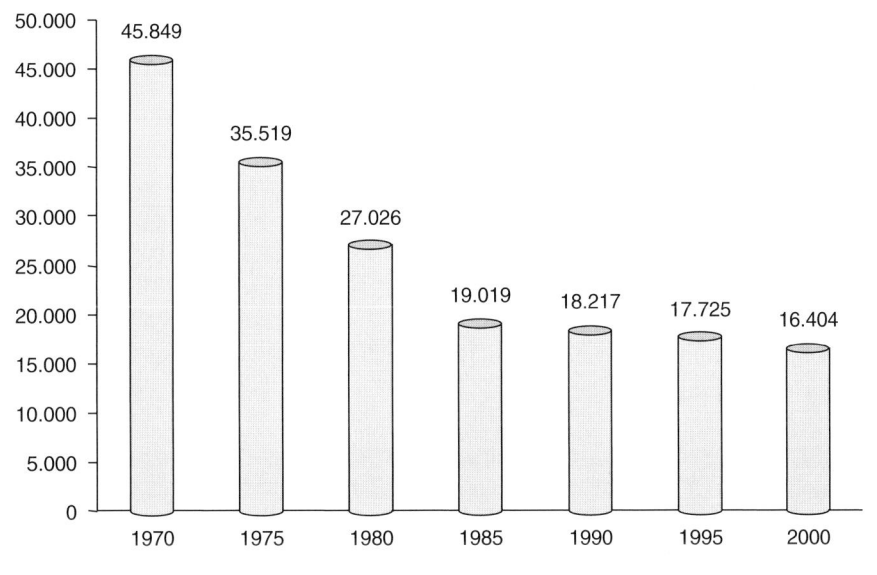

GABLER
GRAFIK

Quelle: Pauls 1998, EID 2001

Gefördert wird diese Entwicklung durch staatliche Regelungen, welche zum Beispiel verbrauchsarme PKW steuerlich begünstigen oder auch die langfristige Entwicklung alternativer Antriebsstoffe, wie Wasserstoff, Brennstoffzellen oder die Solarenergie („Elektroauto"), durch diverse Programme fördern.

Nicht zuletzt auf Grund dieser Entwicklungen im technologischen und gesellschaftspolitischen Umfeld ist seit den späten 60er Jahren eine permanent breiter werdende Angebotspalette bei deutschen Tankstellen festzustellen. So gehörten bereits in den 70er Jahren neben dem traditionellen Verkauf von Kraftstoff diverse Dienstleistungen in den Bereichen Technik (insbesondere Reparaturen, Reifendienst, Ölwechsel) und Pflege (Waschstraßen, Innenpflege) zum Standard an vielen Tankstellen. Dazu kam die zunehmende Erweiterung des Angebots um branchenfremde Produkte, insbesondere aus den Bereichen Print (Tageszeitungen, Zeitschriften, Bücher) und Lebensmittel (Zigaretten, Süßwaren, Getränke). Diese Veränderungen im Angebot finden ihre Erklärung auch in einem gewandelten Konsumentenverhalten.

2.2 Veränderungen im Konsumentenverhalten

Betrachtet man zunächst die soziodemografische Struktur der Tankstellen-Kunden, so zeigt sich, dass ca. 60 Prozent jünger als 35 Jahren alt sind (35–55 Jahre: ca. 30 Prozent) und ca. 70 Prozent männlich. Über die Hälfte der Kunden verfügt über ein monatliches Haushaltseinkommen von mehr als 3.000 DM, wobei Einpersonen- (ca. 25 Prozent) und Zweipersonenhaushalte (ca. 40 Prozent) dominieren (vgl. Lekkerland 1998).

Die in den letzten Jahren zu beobachtende Ausweitung der Verkaufsfläche an vielen Tankstellen und die damit verbundene Ausdehnung kraftstofffremder Angebote ist neben dem Erlösdruck im traditionellen Kraftstoffgeschäft vor allem auf ein gewandeltes Verbraucherverhalten zurückzuführen, für das sich der Begriff Convenience etabliert hat (vgl. Swoboda 1999, S. 95 ff.). Kennzeichnend für diesen Verbrauchertrend ist ein Streben nach Annehmlichkeit, Bequemlichkeit und Verfügbarkeit beim Einkauf. Zurückzuführen ist dieser Trend insbesondere auf die wachsende Bedeutung, die dem Faktor Zeit bzw. Freizeit zugemessen wird. Immer mehr Menschen empfinden einen Mangel an Zeit, sodass die neben dem Beruf verbleibende Freizeit effektiv und möglichst stressfrei genutzt werden soll.

Dies zeigt sich zum einen in der gesteigerten Nachfrage nach vorgefertigten Produkten (Fertiggerichte, Schnellmahlzeiten) und zum anderen in dem Aufkommen neuer Vertriebsformen, den sog. Convenience-Shops (neben Tankstellen zum Beispiel Bahnhöfe, Poststellen, Bäcker, ...). Diese bieten lange Öffnungszeiten, gute Erreichbarkeit, Übersichtlichkeit und vor allem die Möglichkeit, verschiedene Bedürfnisse kombiniert und damit bequem und zeitsparend zu befriedigen. So zeigt sich inzwischen, dass nur noch ein knappes Drittel aller Kunden eine Tankstelle besucht, um ausschließlich zu tanken, während der Anteil der Tankstellenkunden, die mindestens einmal in der Woche auch vom Shop-Angebot Gebrauch machen, bei ca. 60 Prozent liegt (vgl. Abbildung 2).

Aus diesem Trend könnten in naher Zukunft weitere Geschäftsbereiche an Tankstellen entstehen, die dem Convenience-Gedanken Rechnung tragen. Neben dem Angebot von Finanzdienstleistungen in Form von Geldautomaten werden weitere Services, zum Beispiel in den Bereichen Reise, Post, Foto, Video und Ticketing (Konzert-, Theaterkarten), aktuell hinsichtlich ihrer Marktfähigkeit diskutiert (vgl. Volks- und Raiffeisenbank 1999).

Abbildung 2   **Konsummuster an deutschen Tankstellen**

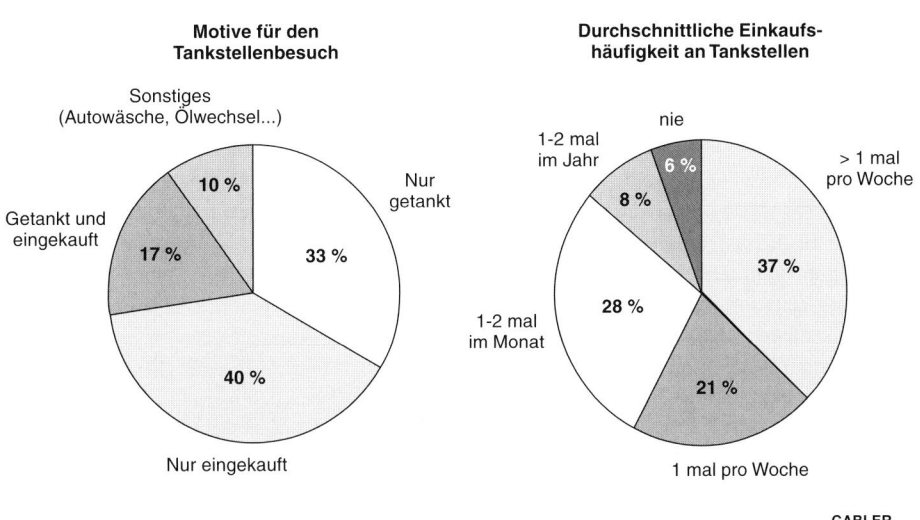

Quelle: Lekkerland 1998

In engem Zusammenhang damit steht die hohe Preisbereitschaft und geringe Preiselastizität der Nachfrage für convenienceorientierten Konsum. Kann dieser Aspekt bereits auf der Ebene der Sortimente identifiziert werden, so wird er auf der Ebene der Einkaufsstätten besonders deutlich: In convenienceorientierten Einkaufsstätten werden Preisbereitschaften abgeschöpft, die in der Regel deutlich über denen in anderen Einkaufsstätten liegen. Als Paradebeispiel dienen hier sicherlich die Tankstellen.

Trotz einer verstärkten Bedeutung des Convenience-Aspekts bleiben die Qualität und insbesondere der Preis des angebotenen Kraftstoffs wichtige Fakoren, die das Auswahlverhalten der Konsumenten und auch das Image einer Tankstellenmarke beeinflussen. Dies zeigt sich auch bei der Abgrenzung des Konkurrenzumfeldes der Marke JET.

2.3   Veränderungen im Wettbewerbsumfeld

Der deutsche Tankstellenmarkt gleicht einem klassischen Oligopol, in dem auf Grund der überschaubaren Anzahl relevanter Wettbewerber eine hohe Reaktionsverbundenheit, insbesondere hinsichtlich der Preisgestaltung, herrscht. Die Wettbewerber in diesem Markt werden traditionell in vier Kategorien aufgeteilt. Zentrale Unterscheidungsmerkmale sind primär die Preisstellung, die auf Grund der immer noch hohen absoluten Tankstellendichte äußerst transparent ist, sowie der Umfang kraftstofffremder Sortimentsbestandteile. Abbildung 3 verdeutlicht die Marktstruktur im Jahr 1998.

Die A-Marken Aral, DEA, Shell, Esso und BP besitzen jeweils ein in Deutschland flächendeckendes Tankstellennetz und sind dementsprechend bundesweit als Marken etabliert. Sie beherrschen das in Deutschland starre Preisgefüge insofern, als dass die Preisveränderungen dieser fünf Marken stets eine Reaktion bei den anderen Tankstellenbetreibern hervorruft, welche das gesamte Preisgefüge innerhalb kürzester Zeit wieder stabilisiert. Die Qualitäts- und Servicewahrnehmung dieser Gruppe ist am höchsten, wobei die Marke Aral auf Grund ihrer langjährigen Marktführerschaft eine klare Alleinstellung aufweist. Seit Mitte der 90er Jahre ist bei den A-Marken eine klare Tendenz erkennbar, sich primär über kraftstofffremde Leistungen zu profilieren, nicht zuletzt, um dem geschilderten Wandel im Verbraucherverhalten gerecht zu werden. Dies zeigt sich besonders in den seit Mitte der 90er Jahre geänderten Kommunikationsinhalten, die das Shop-Geschäft und Convenience-Aspekte stark hervorheben (zum Beispiel „Shell-Select", „Wir bei DEA"). Für die Zukunft werden von einigen dieser Marken Geschäftsmodelle diskutiert, welche die Handels- und Standortkompetenz – und damit eine langfristige „Business-Migration" in kraftstofffremde Branchen – noch stärker betonen (vgl. Pauls 1998; Heuskel 1999).

Abbildung 3   **Struktur des deutschen Tankstellenmarktes 1998**

Marke	Anzahl Tankstellen per 1.1.99	Marktanteil (Tankstellen) per 1.1.99	Marktanteil (Kraftstoffvolumen) 1998
Aral	2.418	14,55 %	18,9 %
Shell	1.616	9,72 %	11,9 %
DEA	1.623	9,77 %	9,4 %
Esso	1.440	8,67 %	10,1 %
BP	1.129	6,79 %	7,5 %
Avia	819	4,93 %	2,3 %
CONOCO[1]	626	3,77 %	7,0 %
Elf	603	3,63 %	6,1 %
Agip	403	2,43 %	1,7 %
Fina	323	1,94 %	0,9 %
Tamoil/HEM	212	1,28 %	n. v.
Total	186	1,12 %	1,0 %
Westfalen	174	1,05 %	0,7 %
BayWa	107	0,64 %	n. v.
Eggert Mineralöl (EM)	105	0,63 %	n. v.
Freie Tankstellen BFT	1.618	9,74 %	9,8 %
Supermarkt-Tankstellen	ca. 650	3,90 %	8,1 %[3]
Sonstige[2]	ca. 2565	15,45 %	4,5 %[4]

1 JET und Supermarkt-Tankstellen der CONOCO
2 Übrige B-Marken und nicht organisierte Freie Tankstellen
3 ohne CONCO-Supermarkttankstellen
4 incl. Tamoil/HEM, BayWa und Eggert Mineralöl

GABLER
GRAFIK

Quelle: EID 1999; CONOCO; eigene Berechnungen

Die sogenannten B-Marken, zu denen neben JET auch Total, Fina, Elf, Avia, Agip oder Westfalen zählen, verfügen über ein vergleichsweise weitmaschiges Netz, welches in der Regel regional konzentriert ist. Auch sind die Tankstellen tendenziell kleiner als bei den A-Marken. Während die überwiegende Mehrzahl dieser B-Marken sich preislich den A-Marken anpasst, liegt der Preis bei JET immer genau einen Pfennig unter dem Preis der A-Marken. Die Mehrzahl der B-Marken versucht seit einigen Jahren, die Qualitäts- und Servicewahrnehmung in Richtung der etablierten A-Marken zu erhöhen. Dieses Trading-Up zeigt sich insbesondere in der Modernisierung älterer Tankstellen bei einer gleichzeitigen Ausweitung des Dienstleistungs- und Shopangebots.

Eine dritte strategische Gruppe bilden die freien Tankstellen. Sie haben sich je nach Lage bei einem Preis von ein bis zwei Pfennig unter den A-Marken etabliert und verfügen meist über nur kleine Zusatzsortimente. Auch diese Gruppe versucht seit einiger Zeit eine gesteigerte Profilierung hinsichtlich der Qualitäts- und Servicedimension. So hatten sich Ende der 90er Jahre über 1.500 Betreiber von freien Tankstellen im „Bundesverband freier Tankstellen" organisiert. Mit der Bezeichnung „BfT" und einem dazu gehörigen einheitlichen Design und Auftritt eröffnet der Verband seinen Mitgliedern damit die Möglichkeit, sich unter einem gemeinsamen Markendach zu etablieren.

Abbildung 4   **Positionierung der strategischen Gruppen im deutschen Tankstellenmarkt**

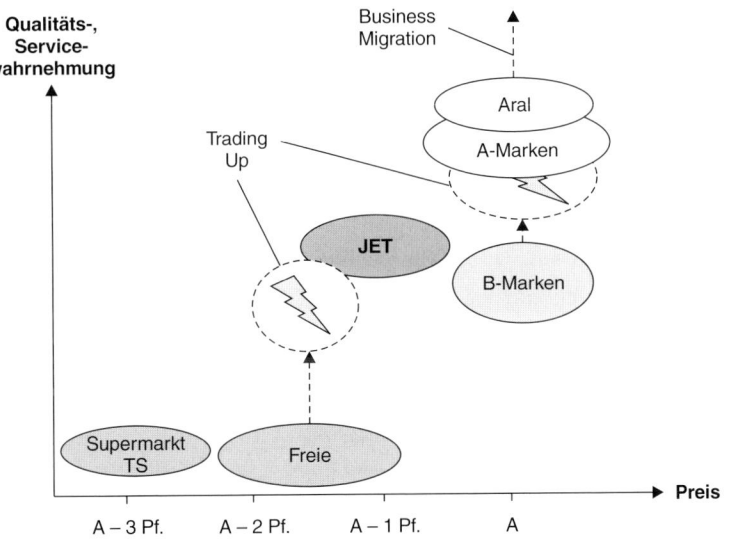

GABLER
GRAFIK

Die ca. 850 deutschen Supermarkttankstellen als vierter großer Block verkaufen ihren Kraftstoff in der Regel drei Pfennig unter den A-Marken, weisen dafür aber auch nur ein minimales Angebot an zusätzlichen Leistungen auf. Auch hier sind erste Tendenzen eines Trading-Up erkennbar, allerdings stellt die Preisstellung auch weiterhin das primäre Differenzierungsmerkmal dar.

Generell fördert die Stagnation im Kerngeschäft Kraftstoff den Konkurrenzdruck sowohl zwischen als auch in den einzelnen strategischen Gruppen (vgl. Abbildung 4). Dies zeigt sich neben einigen aktuellen Zusammenschlüssen (zum Beispiel TotalFinaElf; Übernahme der Veba Oel AG und damit der Marke Aral durch BP) nicht zuletzt in den jährlich wachsenden Kommunikationsaufwendungen der einzelnen Marken („Markenwettbewerb"). Durch den erhöhten „Noise-Level" der Kommunikation wird es zunehmend schwieriger und kostenintensiver, die eigene Marke nachhaltig und differenziert zu positionieren. Dieses Spannungsfeld zwischen Kosten und Profilierung führt zu der Frage, inwieweit Investitionen in die Markenführung lohnenswert erscheinen bzw. welche Rolle eine Marke im Rahmen des Tankstellengeschäfts besitzt.

Abbildung 5 gibt nochmals einen zusammenfassenden Überblick über die geschilderten Entwicklungsstufen im deutschen Tankstellenmarkt.

Abbildung 5   **Zusammenfassende Entwicklungsstufen im deutschen Tankstellenmarkt**

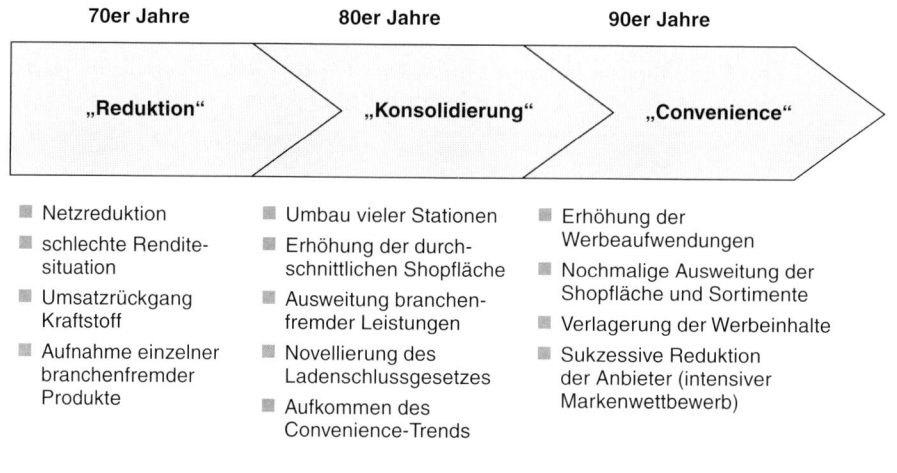

Quelle: In Anlehnung an Pauls 1998

2.4 Die Bedeutung der Marke

Die Bedeutung der Markenführung im Tankstellenmarkt ist auf eine Reihe von unterschiedlichen Faktoren zurückzuführen.

- Zum einen handelt es sich bei dem noch im Mittelpunkt der Geschäftstätigkeit stehenden Kernprodukt Kraftstoff – trotz aller Convenience-Orientierung- um ein quasi-homogenes Verbrauchsgut. Durch die vorgeschriebene Oktanzahl sind die verschiedenen Kraftstofftypen (Super, Benzin, Diesel) hochstandardisiert.

- Der Besuch einer Tankstelle erfolgt im Rahmen einer größtenteils limitierten, später habitualisierten Auswahlentscheidung. Das Evoked Set der meisten Konsumenten ist in der Regel auf wenige Alternativen begrenzt. Die kognitive Aktivität bei der Kaufentscheidung ist eher gering und beschränkt sich auf interne, das heißt bereits bekannte und gespeicherte Erfahrungen. Dies zeigt sich auch darin, dass mit den Kriterien gute Erreichbarkeit der Station („liegt auf dem Weg zur Arbeit/zum Einkaufen"), gepflegter Gesamteindruck, freundliches Personal und günstige Öffnungszeiten vier leicht prüfbare Erfahrungseigenschaften die wiederholte Tankstellenwahl maßgeblich beeinflussen (vgl. Abbildung 6).

- Infolge der hohen Kaufhäufigkeit und der entsprechend großen Erfahrung bei der Auswahl einer Tankstelle ist das wahrgenommene Risiko und das Involvement des Konsumenten vergleichsweise gering. Die Suche und Verarbeitung von sachlichen Informationen über alternative Tankstellen ist daher bei weitem nicht so aufwendig wie bei anderen Produktkategorien.

Die Marke erfüllt vor diesem Hintergrund primär eine emotionale Vertrauens- und Sicherheitsfunktion. Da der Verbraucher in der Regel nicht nachprüfen kann, ob der Kraftstoff negative Auswirkungen auf die Funktionsfähigkeit seines Fahrzeugs hat, schafft die Marke hier ein emotionales Qualitätsvertrauen.

Hinsichtlich des Shop-Bereichs kann eine Marke vor allem die Sicherheit vermitteln, dass die relevanten Konsumentenbedürfnisse erfüllt werden. Dies gelingt insbesondere dann, wenn die Marke als Differenzierungsanker auch die positionierungsrelevanten Dimensionen der Tankstelle transportiert, wie im Falle DEA, wo die Marke stark mit einem umfassenden Shop- und Servicesortiment in Verbindung gebracht wird.

Darüber hinaus erfüllt die Marke aus Sicht des Anbieters auch eine Bindungsfunktion. So gaben bei einer direkten Befragung knapp 40 Prozent der Befragten an, dass die Marke einen wesentlichen Grund bei der Wahl einer Stammtankstelle darstellt. Nicht zuletzt vor diesem Hintergrund können die etablierten Markenanbieter von Kraftstoff ein Preispremium von z. T. mehreren Pfennigen pro Liter gegenüber der unmarkierten Konkurrenz realisieren.

| Abbildung 6 | Auswahlfaktoren für eine Tankstelle |

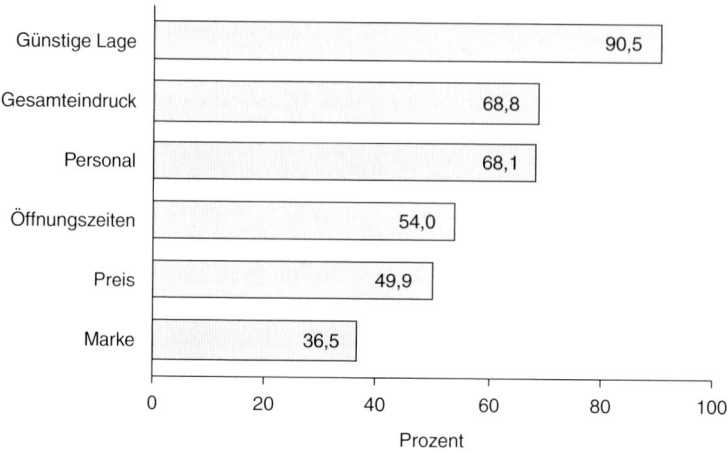

Frage: Es gibt verschiedene Gesichtspunkte für die Wahl einer Tankstelle.
Warum steuern Sie diese Tankstelle an?

Quelle: CONOCO

3. Das Konzept zur Profilierung der Marke JET

3.1 Die strategische Rolle der Markenpolitik für JET

Die strategische Ausrichtung von JET ist geprägt durch eine Kombination aus angestrebter Qualitätswahrnehmung und Preisgünstigkeit. Dabei erscheint diese Position im Wettbewerbsumfeld auf den ersten Blick als problematische „stuck-in-the-middle" Position, da JET weder das Preisniveau der billigen freien bzw. Supermarkttankstellen realisiert, noch den Qualitätsstatus der etablierten A-Marken aufweist.

Die strategische Rolle der Marke wird allerdings bei Betrachtung einer von CONOCO durchgeführten Segmentierung des Tankstellenmarktes ersichtlich (vgl. Abbildung 7): So wird deutlich, dass JET zwar das Segment der „markenbewussten" Konsumenten nicht erreichen kann, bei den anderen Konsumententypen, die jeweils preis- und markenorientiert sind, jedoch stark vertreten ist. Um diese Position zu bewahren, hat die Marke vor dem Hintergrund der eingangs beschriebenen Markttendenzen zwei zentrale Funktionen zu erfüllen:

| Abbildung 7 | Segmentierung im deutschen Tankstellenmarkt |

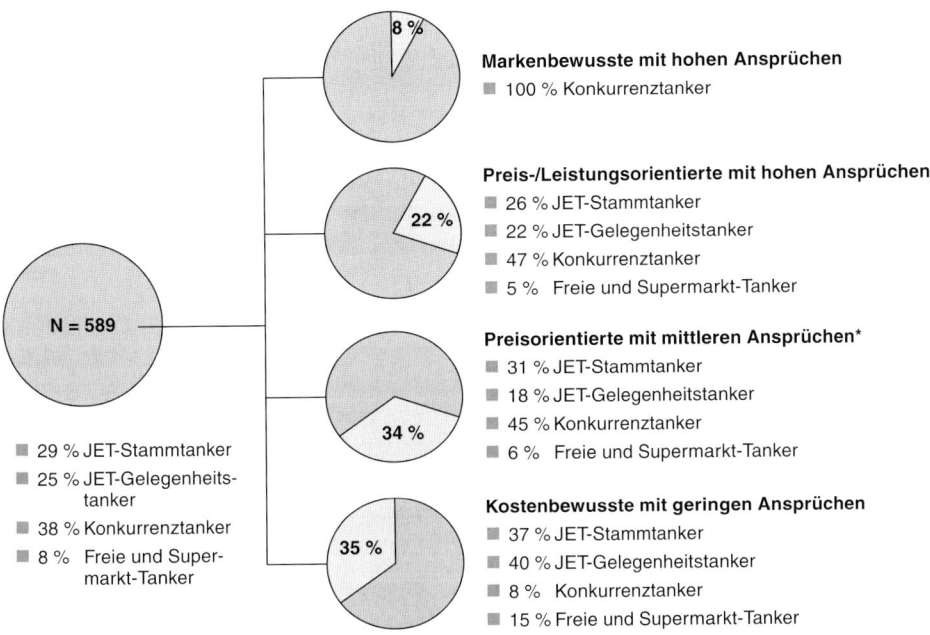

Markenbewusste mit hohen Ansprüchen
- 100 % Konkurrenztanker

Preis-/Leistungsorientierte mit hohen Ansprüchen
- 26 % JET-Stammtanker
- 22 % JET-Gelegenheitstanker
- 47 % Konkurrenztanker
- 5 % Freie und Supermarkt-Tanker

Preisorientierte mit mittleren Ansprüchen*
- 31 % JET-Stammtanker
- 18 % JET-Gelegenheitstanker
- 45 % Konkurrenztanker
- 6 % Freie und Supermarkt-Tanker

N = 589

- 29 % JET-Stammtanker
- 25 % JET-Gelegenheits-tanker
- 38 % Konkurrenztanker
- 8 % Freie und Super-markt-Tanker

Kostenbewusste mit geringen Ansprüchen
- 37 % JET-Stammtanker
- 40 % JET-Gelegenheitstanker
- 8 % Konkurrenztanker
- 15 % Freie und Supermarkt-Tanker

* Lesebeispiel: Von 589 Befragten bilden 22 % das Segment der Preisorientierten mit hohen Ansprüchen. Davon sind 26 % JET-Stammtanker, 22 % JET-Gelegenheitstanker, 47 % Tanker der markierten A- und B-Marken und schließlich 5 % Stammtanker bei Freien- und Supermarkttankstellen.

GABLER
GRAFIK

Quelle: CONOCO

Ein beachtliches Gefährdungspotenzial geht zum einen von der Gruppe der aufstrebenden freien Tankstellen aus. Diese sind in der Regel in der relevanten Profilierungsdimension „Preis" besser positioniert, was sich in einem überdurchschnittlichen Anteil dieser Wettbewerber im Segment der Kostenbewussten mit geringen Ansprüchen zeigt. Das primäre Differenzierungsmerkmal für JET stellt daher die Qualität des Angebots dar. Die Marke erfüllt hier insbesondere für die Kernleistung Kraftstoff die Funktion eines Qualitätsankers und schafft in der Wahrnehmung des Kunden Vertrauen und Sicherheit. Da diese Motive bei ähnlicher Erfüllung der Hygienefaktoren (Erreichbarkeit, Gesamteindruck, Personal, Öffnungszeiten) kaufentscheidend wirken, stellt die Marke den primären Wettbewerbsvorteil von JET gegenüber dem unterpreisigen, vielfach unmarkierten Wettbewerb dar.

■   Auch im Wettbewerb mit den etablierten A-Marken und insbesondere mit aufstre-
    benden B-Marken ist die Marke ein erfolgsentscheidender Faktor. Dies gilt insbe-
    sondere für die Kundensegmente, die neben einer ausgeprägten Preisorientierung
    hohe und mittlere Ansprüche haben. JET ist hier in den wichtigen Profilierungsdi-
    mensionen Service- und Angebotsqualität und -umfang tendenziell gleich oder
    schlechter positioniert. Damit der Preisvorteil von JET gegenüber diesen Marken
    Relevanz für die Kaufentscheidung erlangt, muss die Marke JET auch hier ein Min-
    destmaß an Sicherheit und Vertrauen vermitteln – primär in Form einer Qualitäts-
    wahrnehmung des angebotenen Kraftstoffs, aber auch in ein zumindest angemesse-
    nes Shop- und Dienstleistungsangebot.

Betrachtet man die loyalen Stammtanker verschiedener Marken, so zeigen sich deutliche
Unterschiede unter den einzelnen Wettbewerbern. Während Aral und Shell das angestrebte Qualitätsimage ebenso deutlich umsetzen wie die Freien- und Supermarkttankstellen das Preisimage, ist JET neben Avia die einzige Marke, die in der Kombination beider Entscheidungskriterien profiliert erscheint (vgl. Abbildung 8). Um diese Position
langfristig zu sichern und auch bei Neukunden durchzusetzen, galt es im Rahmen der
Markenstrategie, zunächst das Markenleitbild stärker zu fokussieren.

▌ Abbildung 8   **Positionierung der Marken bei Stammkunden**

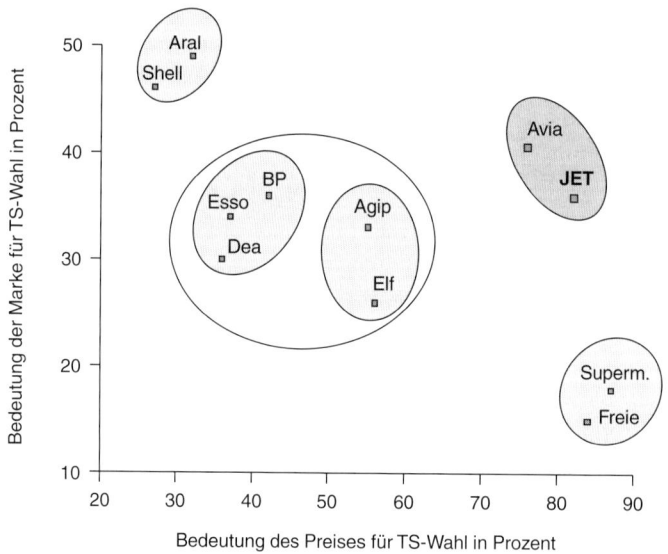

Quelle: CONOCO

3.2   Das Markenleitbild von JET

Entsprechend der strategischen Rolle der Marke erfolgte im Zuge einer Neuformulierung der Markenziele eine Verfeinerung der Soll-Positionierung von JET. So sollte neben einer Verbesserung der Bekanntheit vor allem die Qualitäts- und Preiswahrnehmung nachhaltig gestützt werden. Auch wurde eine Verjüngung des Markenimages angestrebt. Konkret wurden daher für die Kernzielgruppe der 18- bis 35-jährigen PKW-Fahrer folgende Ziele für das Jahr 2001 festgelegt:

Tabelle 1   **Ziele der Markenstrategie (Angaben in Prozent)**

	IST 1998	**SOLL 2001**
Markenbekanntheit (ungestützt)	21,8	28
Markenbekanntheit (gestützt)	69,6	77
Qualitätsimage[1]	51,3	57
Preisimage[2]	34,7	45
Markensympathie	26,3	30

1 „Wo kann man Kraftstoff mit Markenqualität tanken? [...]"
2 „Der Kraftstoff ist preiswerter als an anderen Tankstellen [...]"

GABLER
GRAFIK

Quelle: CONOCO

Um die angedachte Profilierung als einzige nationale Marke mit Preisvorteil zu stärken, wurde ein Leitbild entwickelt, welches aus den Bausteinen „Günstig – Qualität – Basic – Jung" besteht: JET bietet Markenqualität, ist günstig, jung und konzentriert sich auf das, worauf es wirklich ankommt.

Damit das Markenleitbild nicht nur ein inhaltsleerer Merksatz bleibt, bedarf es einer konsequenten und konsistenten Umsetzung. Daher wurde dem Integrationsaspekt, das heißt der Abstimmung des Markenauftritts an allen Kundenkontaktpunkten, eine besondere Aufmerksamkeit gewidmet. Zudem ist das Image einer Tankstellenmarke erheblich von jeder einzelnen Station abhängig. Entsprechend wurden die Maßnahmen in den Bereichen in- und externe Kommunikation sowie Produkt-/Standortpolitik gemeinsam überarbeitet.

3.3 Durchsetzung des Markenleitbildes in der Preis-, Produkt- und Distributionspolitik

Im Rahmen der Preispolitik wurde an der bewährten Positionierung direkt unter den A-Marken festgehalten. Selbst im Zuge der teilweise dramatischen Preiserhöhungen für Kraftstoff zwischen 1998 und 2000 wurde eine bewusst reaktive Preispolitik betrieben, um nicht Gegenmaßnahmen der volumenmäßig weit größeren A-Wettbewerber herauszufordern. Daneben wurde der Markenbaustein „Günstig" explizit auf die weiteren Bestandteile des Angebots (Öl, Autowäsche, Shop) ausgedehnt.

Die Umsetzung des Markenbausteins „Basic" erfolgte im Rahmen der Produktpolitik zunächst durch eine im Vergleich zum A-Wettbewerb nur moderate Ausweitung der Sortimente. Angeboten wird daher nur, was dem Branchenstandard entspricht (Kraft- und Schmierstoffe, Waschanlagen und enges Shopangebot).

Um das Qualitätsimage der Marke zu verbessern, wurde bereits Ende 1997 ein neues, modernes Tankstellendesign für die Distribution konzipiert (vgl. Abbildung 9), dass in den beiden Folgejahren an knapp 300 JET-Tankstellen angepasst wurde. Um das neue Markendesign schnell im Straßenbild zu verankern, wurden 1998 in einem ersten Schritt 150 Tankstellen in nur 14 Wochen umgestellt. Wichtige Veränderungen betrafen dabei die Neugestaltung des Logos (welches zeitgleich auch in der Kommunikation geändert wurde) sowie die Entwicklung einer neuen Hausschrift und -farbe. Diese stilbildenden Elemente wurden insbesondere im Rahmen der Neugestaltung der sichtbaren Außenelemente (Preismasten, Dachstützen, Dachrandblenden, Zapfsäulen) als auch im Shop-Layout (Eingang, Auslagen) kombiniert. Darüber hinaus wurde die komplette Kommunikation am PoS (insbesondere Plakate und Salesfolder) an die gleichzeitig gestartete Imagekampagne angepasst.

3.4 Durchsetzung des Markenleitbildes in der Kommunikationspolitik

Nachdem Mitte der 90er Jahre nicht in klassische Werbung investiert worden war, wurde Ende 1997 wieder eine Imagekampagne gestartet, die das neue Leitbild bundesweit durchsetzen sollte. Der größte Teil des in den Jahren 1998 bis 2000 eingesetzten Mediabudgets von knapp 10 Millionen DM entfiel dabei auf Printanzeigen in auflagenstarken Programmzeitschriften (TV Today, TV Spielfilm, TV Movie) und Publikumsmagazinen (Spiegel, Focus, Bild am Sonntag, Computer Bild). Unterstützt wurde diese Kampagne durch gezielte Funkspots in ausgewählten Schwerpunktregionen mit hoher JET-Tankstellendichte.

Abbildung 9	Neues Tankstellen-Design von JET

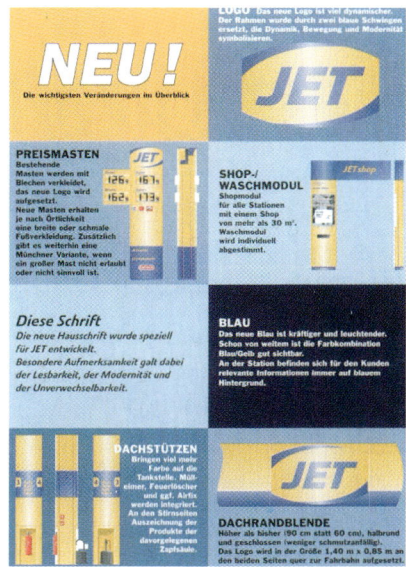

GABLER
GRAFIK

Die inhaltliche Klammer stellte neben einem standardisierten Anzeigendesign (Farben, Seitenaufteilung) der stets mitaufgeführte Markenzusatz „JET. Den Rest können Sie sich sparen" dar. Durch diese starke formale Integration konnte eine hohe Wiedererkennung des Absenders sichergestellt werden.

Die Bausteine des Markenleitbilds „Günstig", „Qualität" und „Basic" wurden mit verschiedenen Slogans direkt kommuniziert (vgl. Abbildungen 10–12). Im Gegensatz zu vielen Wettbewerbern wurde bewusst auf Aktivitäten im Bereich Sponsoring verzichtet und dies explizit kommuniziert (vgl. Abbildung 12), um den Markenbaustein „Basic" nicht in Frage zu stellen.

Die zusätzlich avisierte Profilierungsdimension „jung" wurde primär durch eine dynamisch-aggressive Tonalität und die Wahl der Anzeigenmotive sichergestellt (vgl. Abbildung 13). Für Aufsehen sorgte in diesem Zusammenhang insbesondere eine Anzeigenserie, die den damaligen deutschen Finanzminister zunächst mit dem Slogan „Machen Sie es wie er, kassieren Sie beim Tanken ab", und später nach dessen Rücktritt mit den Worten „Wo würden Sie tanken, wenn Sie plötzlich aufs Geld achten müssen?" zeigte. CONOCO musste schließlich 100.000 DM Schadensersatz zahlen, hatte aber nicht zuletzt auf Grund vielfältiger Kommentierungen der Anzeige in der Öffentlichkeit das Markenimage „jung und frech" von JET gestärkt. Abgerundet wurde die externe Kommunikation durch begleitende Maßnahmen im Bereich der Verkaufsförderung an den einzelnen Tankstellen, die thematisch eng an die Imagekampagne angelehnt waren.

Abbildung 10	**Kommunikative Umsetzung des Markenbausteins „Günstig"**

Abbildung 11	**Kommunikative Umsetzung des Markenbausteins „Qualität"**

Abbildung 12   Kommunikative Umsetzung des Markenbausteins „Basic"

Abbildung 13   Kommunikative Umsetzung des Markenbausteins „Jung"

3.5 Durchsetzung des Markenleitbildes nach Innen

Zur Vermittlung des Markenleitbildes wurde nicht nur die Kundenansprache forciert, sondern auch die Personen gezielt angesprochen, welche die Marke täglich repräsentieren: Die Pächter der einzelnen Tankstellen und deren Mitarbeiter (vgl. Abbildung 14). So wurde das neue Markenkonzept ausführlich im Rahmen von Kick-Off-Veranstaltungen und in der Partnerzeitschrift der CONOCO („JET Kontakt") dargestellt. In diesem Zusammenhang wurde vor allem versucht, die Bedeutung eines konsistenten Verhaltens im Sinne des Markenleitbildes zu vermitteln. Durch diese Maßnahmen konnte eine hohe interne Akzeptanz für das Selbstbild der Marke geschaffen werden.

Zur Stärkung der Mitarbeiteridentifikation diente auch die neu entwickelte Bekleidungskollektion. Damit wurde sichergestellt, dass nicht nur die Ausstattung, sondern auch das Personal an der Tankstelle das avisierte Markenbild konsistent transportiert. Um auch gegenüber geschäftlichen Kunden das einheitliche Erscheinungsbild zu kommunizieren, wurde die Geschäftsausstattung (Formulare, Visitenkarten etc.) ebenfalls an das überarbeitete Corporate Design angepasst.

Abbildung 14 Vermittlung der Marke nach Innen

GABLER GRAFIK

4.   Erfolg der Markenprofilierung bei JET

Der Erfolg der Markenpolitik von JET lässt sich zunächst an der Entwicklung verschiedener Indikatoren in den Jahren 1998 bis 2001 ablesen (vgl. Tabelle 2):

Tabelle 2   **Entwicklung ausgewählter Kennzahlen von 1998 bis 2001**
          (Angaben in Prozent bei 18–35-jährigen PKW-Fahrern)

	1998	1999	2000	2001	Veränderung 1998–2001
Bekanntheit (ungestützt)	21,8	22,5	30,9	38,1	+ 16,3
Bekanntheit (gestützt)	69,6	74,4	78,2	83,8	+ 14,2
Qualitätsimage	51,3	57,7	62,1	56,5	+ 5,2
Preisimage	34,7	48,6	43,1	47,9	+ 13,2
Markensympathie	26,3	34	25,9	31	+ 4,7
Werberecall	5,2	4,8	8,5	9,7	+ 4,5

GABLER
GRAFIK

Quelle: CONOCO

■ Die als zentrale Steuerungsgrößen definierten Zielgrößen (vgl. Tabelle 1) entwickeln sich seit 1998 deutlich positiv. Dabei zeigt sich zum einen der reine Bekanntheitseffekt der Kommunikationskampagne, da sich bei gleich bleibender Tankstellenzahl die Bekanntheit von JET zwischen 1998 und 2001 in der Zielgruppe der 18- bis 35-jährigen PKW-Fahrer um 16,3 (ungestützt) bzw. 14,2 (gestützt) Prozentpunkte gesteigert hat. Gleichzeitig verdeutlichen die ebenfalls stark gestiegene Qualitäts- und Preiswahrnehmung auch den inhaltlichen Erfolg der Kampagne: So zeigt sowohl die Steigerung beim Qualitätsimage von 51,3 Prozent auf 56,5 Prozent als auch die gleichzeitige Ausweitung der Wahrnehmung „Preisgünstigkeit" von 34,7 Prozent auf 47,9 Prozent, dass die angestrebte Profilierung in den Dimensionen Preis und Qualität gelungen ist. Die positive Entwicklung der Preiswahrnehmung erstreckt sich dabei nicht nur auf den Kraftstoff, sondern überträgt sich auch auf den Shopbereich.

▌ Ebenfalls deutlich positiv wird ein jugendliches Image wahrgenommen: Glaubten 1998 nur 15,7 Prozent der 18- bis 35-jährigen Markenkenner, dass bei JET jüngere Leute tanken, so lag die Zustimmung zu dieser Aussage 2001 bei 36,9 Prozent. Auch das im Rahmen der Markenführung zentrale Kriterium des Markenvertrauens konnte in dieser Zielgruppe um über 10 Prozent gesteigert werden.

▌ Die Entwicklung der Werbeerinnerung von 5,2 Prozent auf 9,7 Prozent verdeutlicht den Erfolg der Markenkommunikation. Ein inhaltlicher Beleg für die Qualität der Kampagne lieferte ein Wettbewerb der Programmzeitschrift TV Spielfilm Anfang 1999, bei dem ein Motiv aus der JET-Imagekampagne zur besten Anzeige gewählt wurde. Dieses Ergebnis zeigt die Zielerreichung bei der avisierten jüngeren Zielgruppe der 18- bis 35-jährigen PKW-Fahrer, die durch einen Anstieg von fast 5 Prozent seit 1998 bei der Markensymphatie unterstrichen wird.

▌ Das überarbeitete Tankstellendesign verbessert laut einer internen Studie den Markenauftritt und das Qualitätsimage von JET. Bei einer Kundenbefragung an zwei Tankstellen mit überarbeitetem Design („Design-Prototypen") waren über 80 Prozent der Konsumenten überzeugt, dass es dort günstigen Kraftstoff in Markenqualität gibt. Über 60 Prozent glaubten, dass die neuen JET-Tankstellen besonders junge Zielgruppen ansprechen, und sogar 90 Prozent der Befragten waren davon überzeugt, dass sie an den neuen Tankstellen genau das bekommen, was sie von einer Tankstelle erwarten. Diese Einschätzung der Testgruppe bestätigte sich in einer steten Zunahme von Befragten, die das Erscheinungsbild der JET-Tankstellen positiv bewerten (+11,7 Prozent von 1998 bis 2001).

▌ Auch hinsichtlich der Profilierungsdimension „Basic" zeigt sich der Erfolg der Markenpolitik. So finden gegenüber 1998 immerhin über 10 Prozent mehr der befragten 18- bis 35-jährigen PKW-Fahrer, dass JET alle für eine Tankstelle relevanten Dienstleistungen und Produkte, insbesondere im Shop-Bereich, anbietet.

Zusammenfassend wurden die 1997/98 formulierten Ziele (vgl. Tabelle 1) größtenteils deutlich übertroffen. Dass sich diese positiven Ergebnisse auch in konkreten ökonomischen Kriterien niederschlagen, zeigt der Bericht des Erdöl-Informationsdienstes (EID) aus dem Februar 2001. Unter der Überschrift „JET, DEA, bft sind auch beim Absatz die Gewinner" wird dort der Marktanteil hinsichtlich des verkauften Volumens von JET (inkl. Supermarkttankstellen) mit „guten 8 Prozent" geschätzt. Dieses Ergebnis bedeutet eine Steigerung um mehr als 10 Prozent seit 1997 und ist nicht zuletzt auf eine fokussierte und stringente Markenpolitik in diesem Zeitraum zurückzuführen.

Literatur

Bundesverband des deutschen Tankstellen und Garagengewerbes e.V. (BTG), Jahresbericht, Minden 1995.

CONOCO Mineraloel GmbH, Geschäftsbericht 1998, Hamburg 1999.

Erdöl Informations Dienst (EID), EID-Umfrage bei den Mineralölgesesllschaften; in: EID, Heft 6, 1999, S. 1–8.

Erdöl Informations Dienst (EID), EID-Umfrage bei den Mineralölgesesllschaften; in: EID Heft 6, 2001, S. 1–18.

Heuskel, D., Wettbewerb jenseits von Industriegrenzen. Aufbruch zu neuen Wachstumsstrategien, Frankfurt 1999.

Lekkerland (Hrsg.), Profilierungsdimensionen des Tankstellen-Shopping, Frechen 1998.

Pauls, S., Business-Migration. Eine strategische Option, Wiesbaden 1998.

Swoboda, B., Ausprägung und Determinanten der zunehmenden Convenience-Orientierung von Konsumenten, in: Marketing ZFP, Heft 2, 1999, S. 95–104.

Volks- und Raiffeisenbanken, Tankstellen. Branchen special Nr. 38, 4/1999, Wiesbaden.

Markenführung im Rahmen des Going International – Das Beispiel Deutsche Post Euro Express

Heribert Meffert, Helmut Schneider und Christian Ebert

1. Der Dienstleister Deutsche Post im Spannungsfeld von Tradition und Moderne

1.1 Das Unternehmen Deutsche Post

Ein Jahr nach Inkrafttreten des Grundgesetzes der Bundesrepublik Deutschland wurden durch Verordnung der Alliierten im Jahre 1950 die zuvor eingerichteten Übergangspost-verwaltungen zusammengefasst und damit die **Deutsche Bundespost** geschaffen. Die Bewohner der Republik versandten in jenem Jahr bereits über vier Milliarden Briefe und 170 Millionen Pakete. In den folgenden Jahren wurde, begleitet von einer Verschärfung des Wettbewerbs im Paket- und Päckchendienst, die Modernisierung des Unternehmens vorangetrieben, wobei das gesamte Investitionsvolumen der Deutschen Bundespost Mit-te der 70er Jahre einen vorläufigen Spitzenwert von über acht Milliarden DM erreichte.

Zur Verwirklichung einer marktnahen Unternehmensorganisation und Stärkung der Leistungsfähigkeit auf den Wettbewerbsmärkten beschloss man schließlich 1989 die **Trennung** der Deutschen Bundespost in die drei – allerdings nach wie vor öffentlichen – Unternehmen Deutsche Bundespost POSTDIENST, Deutsche Bundespost POSTBANK und Deutsche Bundespost TELEKOM. Im Zuge der strategischen Neuausrichtung er-folgten darüber hinaus in den 90er Jahren hohe Investitionen in die Modernisierung und Automatisierung der Logistikprozesse.

Mit Hilfe dieser Umstrukturierungsmaßnahmen gelang dem 1995 in eine Aktiengesell-schaft umgewandelten Unternehmen in den 90er Jahren neben einer Umsatzsteigerung von fast 140 Prozent nach langer Zeit der Sprung in die Gewinnzone. Im selben Zeitraum konnte die Mitarbeiterzahl um etwa ein Drittel gesenkt werden. Im Bereich der Zustel-lung gelang es zudem, außer einer schnelleren Briefzustellung die Laufzeiterfüllung in der Paketsparte signifikant zu verbessern. Anhand der Abbildung 1 lassen sich die **Um-strukturierungserfolge** der „nationalen" Post in den 90er Jahren ablesen.

1.2 Der internationale Markt für Versanddienstleistungen im Wandel

In Anlehnung an die Definition von Dienstleistungen können **Versanddienstleistungen** verstanden werden als *selbständige marktfähige Leistung verbunden mit der Bereitstel-lung und/oder dem Einsatz von Leistungsfähigkeiten im Zusammenhang mit dem Trans-port eines physischen Gutes (Potenzialorientierung), in deren Erstellungsprozess inter-ne und externe Faktoren kombiniert werden (Prozessorientierung) und deren Faktor-kombination mit dem Ziel eingesetzt wird, eine termingerechte Güterzustellung zu ge-*

währleisten (Ergebnisorientierung). Anbieter einer solchen Dienstleistung ist der Versanddienstleister, der Versender hingegen wird als Versanddienstleistungskunde bezeichnet.

| **Abbildung 1** | **Umstrukturierungserfolge der Deutschen Post 1990–2000** |

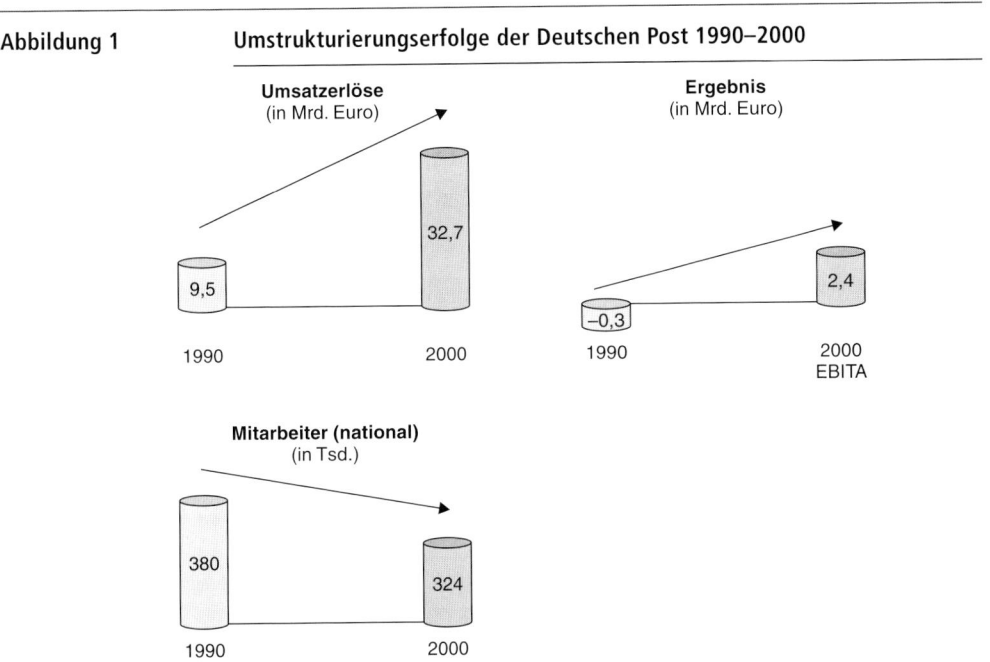

Quelle: Deutsche Post 2000

Entsprechend einem Ansatz der **Informationsökonomie** lassen sich die Leistungsmerkmale von Versanddienstleistungen nach der Informationsunsicherheit bei ihrer Beurteilung in Such- bzw. Inspektions-, Erfahrungs- und Vertrauenseigenschaften unterscheiden (vgl. Abbildung 2). Dabei lässt sich die Güte von **Sucheigenschaften** seitens des Nachfragers bereits vor dem Kauf durch Inspektion problemlos feststellen, wie dies beispielsweise beim Preis der Versanddienstleistung möglich ist. Die Qualität einer **Erfahrungseigenschaft** kann dagegen erst nach Nutzung der Leistung beurteilt werden und wird, wie die Zuverlässigkeit oder das Beratungs- und Serviceangebot, erst nach wiederholter Inanspruchnahme deutlich. Wiederum anders verhält es sich bei **Vertrauenseigenschaften**, deren Güte weder vor noch nach dem Kauf hinreichend beurteilt werden kann und die, wie im Falle der Transportsicherheit, bei jeder Inanspruchnahme eine gewisse Unsicherheitskomponente enthalten. Im Vergleich zu einer Vielzahl von Konsumgütern ist somit festzuhalten, dass Versanddienstleistungen durch ein erhöhtes Kaufrisiko geprägt sind. Mit Blick auf Abbildung 2 lässt sich jedoch konstatieren, dass ein Großteil der relevanten Merkmale Erfahrungscharakter aufweist und somit zumindest nach Vollzug der Leistung zuverlässig zu beurteilen ist.

Abbildung 2   Positionierung relevanter Merkmale von Versanddienstleistungen
                       im informationsökonomischen Dreieck

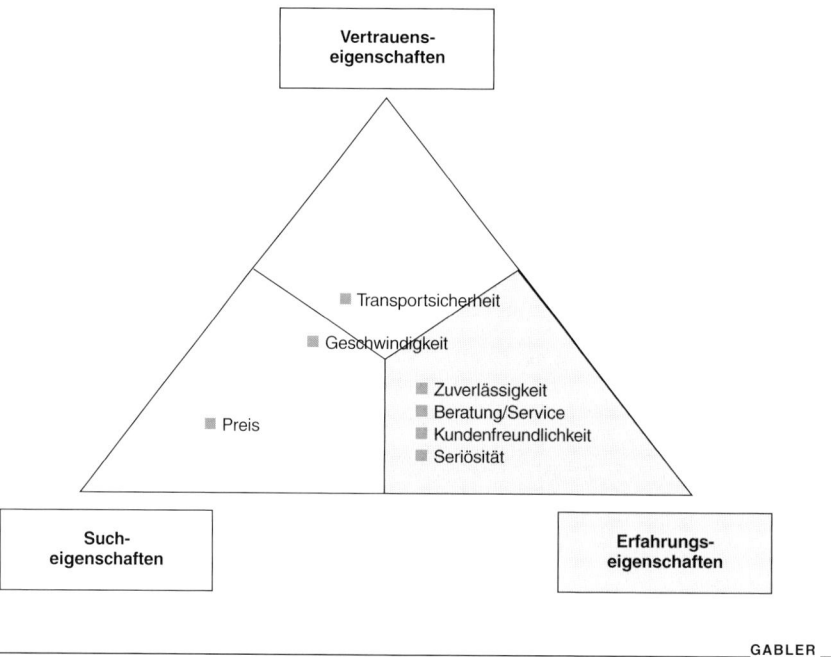

GABLER
GRAFIK

Eine Betrachtung der Wettbewerbssituation im internationalen Versanddienstleistungs-
markt macht deutlich, dass in Europa auf Grund der teilweise langen Tradition die einzelnen Ländermärkte oftmals von nationalen Unternehmen dominiert werden. Dies ist ein
entscheidender Grund für die starke **Fragmentierung** des europäischen Marktes im Vergleich zum US-amerikanischen Markt (vgl. Abbildung 3). So weist die Deutsche Post als
Nummer Eins in Europa gerade einmal einen Marktanteil von 11 Prozent auf, während
UPS den amerikanischen Markt mit einem Anteil von 75 Prozent beherrscht. Weiterhin
vereinen die drei größten Anbieter der USA über 90 Prozent des Marktvolumens auf sich,
in Europa ist es dagegen gerade einmal ein Drittel.

Seit Anfang der 90er Jahre befindet sich der Markt für Versanddienstleistungen bedingt
durch Liberalisierung, Globalisierung und technologischen Wandel in einem stetigen
Umbruch. Dabei charakterisieren **vier zentrale Trends** diese Veränderungen:

▌ **Internationalisierung:** Europäische Währungsunion und weltweite Marktliberali-
  sierungen führen zu einem wachsenden Bedarf an grenzüberschreitenden Leistungen. Während 1995 erst zwanzig Prozent aller Warenströme global distribuiert wurden, wurde für das Jahr 2000 mit einem Anteil von ungefähr einem Drittel gerechnet.

Abbildung 3   **Aufteilung der Versanddienstleistungsmärkte Europa und USA**

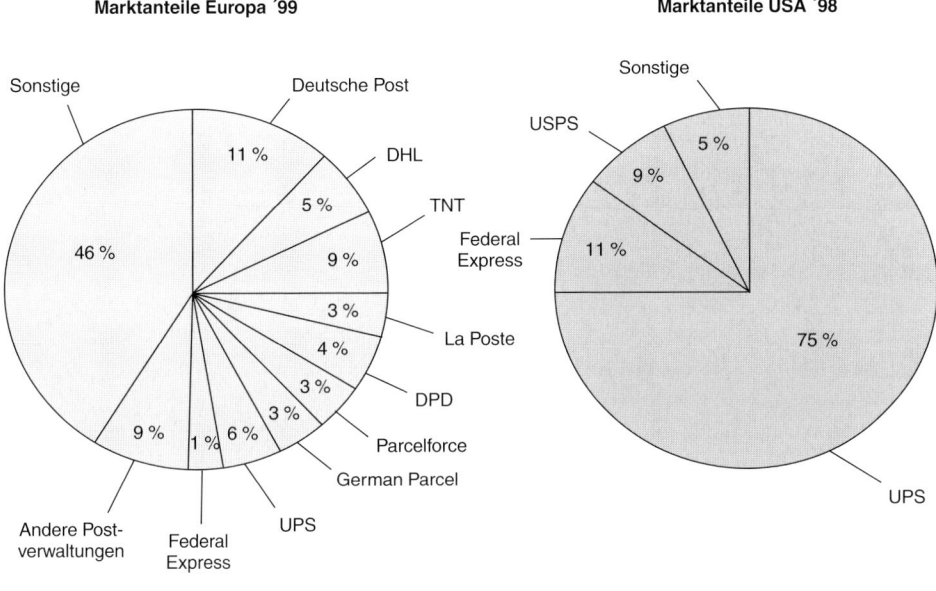

Quelle: Deutsche Post 1999, 2000

■ **Erweiterung der Produktpaletten:** Die immer stärkere Integration von physischen Strömen mit Informations- und Finanzströmen führt zu neuen Dienstleistungspaketen, die unter dem Stichwort Supply-Chain-Management angeboten werden. Hier liegt die besondere Chance für Unternehmen, die die volle Dienstleistungspalette aus einer Hand anbieten können (One-Stop-Shopping).

■ **Outsourcing:** Zur Erschließung von Kostensenkungspotenzialen stellt die Ausgliederung von Logistikleistungen für Industrie und Handel einen der am häufigsten beschrittenen Wege dar. Es ist insbesondere davon auszugehen, dass europäische Firmen diesem Trend in den kommenden Jahren verstärkt folgen werden, um den Rückstand zu amerikanischen Unternehmen aufzuholen.

■ **E-Commerce:** Durch das Internet werden sich die Spielregeln der globalen Ökonomie verändern, wobei Versanddienstleister auf Grund des erhöhten Sendungsaufkommens von diesem Wandel grundsätzlich profitieren. Insbesondere ändern sich die Wachstumssegmente: Während in den vergangenen Jahren der B2B-Bereich eine große Dynamik aufweisen konnte, werden in den kommenden Jahren durch die Zunahme von Einzelsendungen im B2C-Bereich stärkere Wachstumsraten erwartet.

Abbildung 4　　　　　　　　**Entwicklungsszenarien im europäischen KEP (Kurier, Express, Paket-)Markt (in Milliarden Sendungen)**

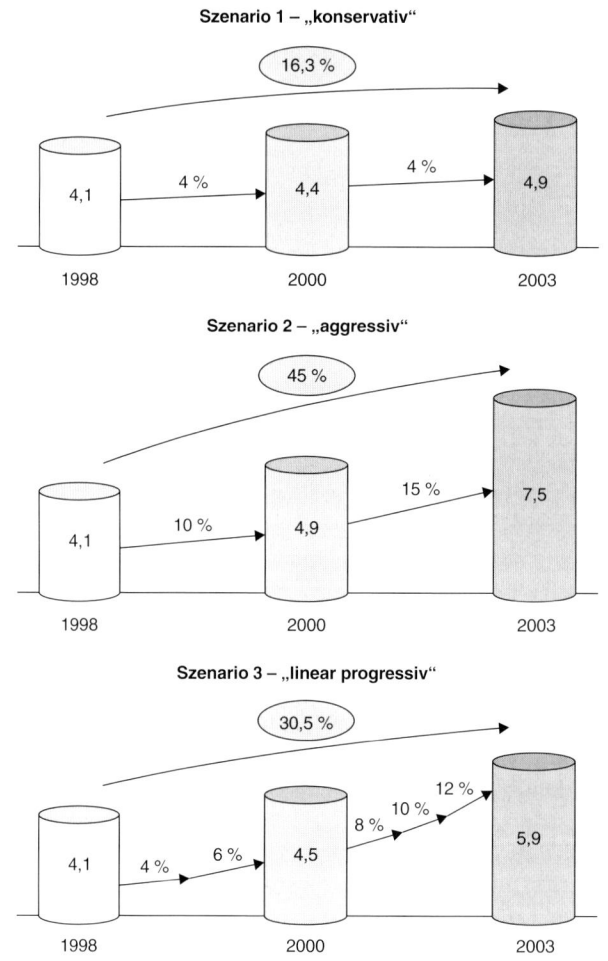

Quelle: MRU 2000

Da die zukünftigen Rahmenbedingungen zum heutigen Zeitpunkt noch ungewiss sind, können keine genauen Prognosen über das **Wachstum des Marktvolumens** für Versanddienstleistungen gemacht werden. Zu diesem Zweck stellte die Unternehmensberatung MRU drei unterschiedliche Entwicklungsszenarien auf (vgl. Abbildung 4): Ein konservatives Szenario geht von konstanten jährlichen Steigerungsraten von vier Prozent aus, sodass 2003 mit einem Marktvolumen von 4,9 Milliarden Sendungen gerechnet werden kann. Das aggressive Szenario dagegen kalkuliert nach einem zehnprozentigen Volumenanstieg in den ersten beiden Jahren mit nochmals gesteigerten Wachstumsraten in den Jahren danach und kommt somit auf ein Marktvolumen von 7,5 Milliarden Sendungen in 2003. In einer linear progressiven Schätzung rechnet man schließlich mit einem akzelerierenden Wachstum von jährlich zwei Prozent, sodass man sich in diesem Szenario in 2003 einem Sendungsvolumen von 5,9 Milliarden gegenüber sieht.

1.3 Herausforderungen für den Paket- und Distributionsbereich der Deutschen Post vor dem Hintergrund sich wandelnder Märkte

Noch zu Beginn der 90er Jahre war die Deutsche Post ein vorwiegend nationales Unternehmen, in dem das internationale Geschäft einen Umsatzanteil von ca. zwei Prozent erwirtschaftete. Nach der Mehrheitsbeteiligung am Schweizer Logistikunternehmen Danzas und der vollständigen Übernahme der Postbank im Jahre 1999 wurde die Unternehmensstruktur neu gegliedert und der Konzern „Deutsche Post World Net" auf vier Säulen gestellt: Neben den klassischen Briefbereich MAIL tritt der Unternehmensbereich EXPRESS, in dem die nationalen und internationalen Paket- und Distributionsaktivitäten des Konzerns gebündelt sind. Die akquirierten Unternehmen Danzas und Postbank dagegen bilden die Basis der neugegründeten Unternehmensbereiche LOGISTICS und FINANCE.

Angesichts des Marktwandels gerade im Paket- und Distributionsbereich sind dort in der Zukunft weitere **Wachstumsimpulse** zu erwarten. Von den Auswirkungen der Globalisierung wird die Paketbranche voraussichtlich überproportional profitieren. Ebenso werden die Effekte des elektronischen Handels auf Grund des erhöhten Sendungsaufkommens als grundsätzlich positiv eingeschätzt. Der Briefbereich als Umsatzträger der Vergangenheit wird dagegen an Wachstumspotenzial verlieren, da der Monopolschutz vieler europäischer Briefmärkte weitere Expansionen erschwert und zudem die Substitution des klassischen Briefes durch elektronische Post zumindest im Privatkundenbereich eingesetzt hat.

Zu diesem Zeitpunkt erkannte jedoch nicht nur die Deutsche Post, sondern auch die globale Konkurrenz den Bedeutungszuwachs des Paketbereichs und drängte zunehmend auf den europäischen Markt. So versuchte **Weltmarktführer UPS** bereits zehn Jahre zuvor den Markteintritt in Europa. Auf Grund der unzureichenden Anpassung an nationale Gegebenheiten hatte diese Strategie allerdings nur mäßigen Erfolg, sodass der heutige UPS-Marktanteil in Europa von ca. acht Prozent gemessen an der Weltmarktposition eher gering ausfällt.

Den eigentlichen Startschuss zu expansiven Tätigkeiten auf dem europäischen Paket-markt legte aber schließlich 1996 die **niederländische Post KPN** mit der Übernahme des australischen Expressversenders TNT. Durch diese Akquisition avancierte das zuvor vorwiegend nationale Unternehmen zu einem der größten Logistikkonzerne weltweit. Diese Maßnahme bestätigte die Deutsche Post als einen der größten europäischen Wett-bewerber der niederländischen Post in ihrer Entscheidung zur Expansion des Paketbe-reichs.

2. Die Entscheidung für die Internationalisierung des Paket- und Distributionsbereichs der Deutschen Post

2.1 Internationalisierung als Wachstumsoption im Markt für Versanddienstleistungen

Nach der Entscheidung zur Expansion des Paket- und Distributionsbereichs wurden in den Managementebenen der Deutschen Post unterschiedliche Wachstumsoptionen dis-kutiert. Der **Prozess der Strategiefindung** lässt sich anhand der Ansoff-Matrix mit den Optionen Marktdurchdringung, Marktentwicklung, Produktentwicklung und Diversifi-kation veranschaulichen (vgl. Abbildung 5).

Es war offensichtlich, dass die Strategie der intensiveren **Marktdurchdringung** des deutschen Marktes weitgehend ausgereizt war, da man zu jener Zeit bereits über einen re-lativ hohen Marktanteil in Deutschland verfügte. Die Verantwortlichen entschieden so-mit, neue Produkte zu entwickeln und/oder neue Märkte zu erschließen. Doch auch die **Produktentwicklungsstrategie** stieß an ihre Grenzen, weil die Deutsche Post Mitte der 90er Jahre bereits eine sehr komplexe Produktpalette aufwies, sodass eine weitere Aus-dehnung die Produkt- und Variantenkomplexität zusätzlich erhöht hätte.

Es blieben somit die Strategien der **Marktentwicklung** und der **Diversifikation**, hier insbesondere der vertikalen Diversifikation, also die Besetzung vor- und nachgelagerter Wertschöpfungsstufen. Zeitgleich liefen bei der Deutschen Post Projekte an, welche die Chancen beider Strategien untersuchen sollten. Die Entscheidung zur Erschließung neu-er Auslandsmärkte fiel schließlich auf Grund der Erkenntnis der starken Zersplitterung des europäischen Paketmarktes (vgl. Abbildung 3). Hier erkannte die Deutsche Post die Chance, als Marktführer in Europa in dem bevorstehenden Konsolidierungsprozess eine führende Rolle zu spielen. Dazu musste allerdings zuvor über den Weg des internationa-len Markteintritts entschieden werden.

Abbildung 5 **Alternative Stoßrichtungen der Deutschen Post zur Erschließung von Wachstumsquellen (Ansoff-Matrix)**

Märkte / Produkte	Gegenwärtig	Neu
Gegenwärtig	**Marktdurchdringung** (Erhöhter Kommunikationsaufwand in Deutschland)	**Marktentwicklung** (Expansion in Europa)
Neu	**Produktentwicklung** („Noch Heute Service" für die gesamte Produktpalette)	**Diversifikation** (Aufbau eines Kabelnetzes zur Unterstützung der eigenen E-Commerce-Aktivitäten)

GABLER GRAFIK

2.2 Wege zu internationalem Wachstum

Als grundsätzliche Wege zur internationalen Expansion wurden in der Managementebene der Deutschen Post die Bildung von Kooperationen, die Gründung eigener Tochtergesellschaften sowie Akquisitionen im europäischen Ausland diskutiert:

Als **Kooperationen** werden Bündnisse zweier oder mehrerer unabhängiger Unternehmen bezeichnet, die durch Einsatz ihrer gemeinsamen Ressourcen eine Steigerung ihrer Wettbewerbsfähigkeit anstreben. Die Unternehmen können dabei in einigen Geschäftsfeldern Partner, in anderen wiederum Konkurrenten sein. Als Vorteile von Kooperationen gelten allgemein die damit verbundene Kosten- und Risikoreduktion, die Partizipation an Marktkenntnissen des Partners sowie im Fall der Deutschen Post die größere politische Akzeptanz ausländischer Regierungen.

Als Problem erwies sich allerdings zum Zeitpunkt der Entscheidung Mitte der 90er Jahre die stark unterschiedliche Qualität der europäischen Postunternehmen: Während für die Deutsche Post eine Paketlaufzeit von ein bis zwei Tagen im Rahmen des Möglichen lag, waren die Laufzeiten im europäischen Vergleich zumeist länger. Eine Kooperation hätte die Deutsche Post in Konflikte mit ihrem eigenen **Qualitätsversprechen** gebracht. Hinzu kamen recht hohe Verrechnungspreise zwischen den nationalen Postunternehmen, welche die Profitabilität gefährdet hätten. Darüber hinaus war es Ziel der Deutschen Post, in jedem nationalen Markt die Managementkontrolle zu erlangen, was letztlich nicht durch Minderheitsbeteiligungen oder gleichberechtigte Kooperationen hätte gewährleistet werden können.

Ein intensiveres Engagement der Internationalisierung ist die Gründung einer eigenen **Tochtergesellschaft**. Dabei werden die Aktivitäten der Muttergesellschaft durch Produktion und Marktbearbeitung im jeweiligen Ausland seitens der Töchter substituiert. Der Vorteil dieser Internationalisierungsform liegt in der vollständigen Entscheidungsfreiheit der Zentrale bezüglich der gesamten Unternehmenspolitik. Darüber hinaus werden die Nachteile von Kooperationen kompensiert, es kann ein einheitlicher Qualitätsstandard aufgebaut werden und es fallen keine überhöhten Verrechnungspreise zwischen der Zentrale und den Tochtergesellschaften an.

Der entscheidende Nachteil aus Sicht der Entscheidungsträger war allerdings der äußerst lange Zeitraum, den der Aufbau einer Tochtergesellschaft beansprucht hätte: Nach Kalkulationen der Deutschen Post war zur Etablierung eines europäischen Paket- und Distributionsnetzes ein kritischer Marktanteil von ungefähr 20 Prozent in den einzelnen Märkten erforderlich, wobei diese Größe je nach Geografie des Landes schwanken konnte. UPS aber benötigte beispielsweise 25 Jahre zur Etablierung im deutschen Markt und besitzt dort heute gerade einen Marktanteil zwischen zehn und zwölf Prozent.

Unter **Akquisitionen** schließlich versteht man den Kauf, die Übernahme bzw. den mehrheitlichen Anteilserwerb eines Unternehmens. Insbesondere die hohen einmaligen Kosten stellen dabei für viele Unternehmen ein Problem dar, welches für die Deutsche Post auf Grund der vorhandenen Finanzkraft von untergeordneter Bedeutung war.

Der Vorteil einer Akquisitionsstrategie lag aus Sicht der Deutschen Post darin, dass man sich auf diese Weise die Managementkontrolle an dem jeweiligen Unternehmen sichern konnte. Durch die Wahl von Unternehmen mit bestimmter Größe und Marktposition konnte außerdem der kritische Marktanteil von 20 Prozent in einem ungleich schnelleren Zeitraum als durch einen Eigenaufbau erreicht werden. Darüber hinaus würden eventuelle Verrechnungspreise zwischen der Zentrale und den akquirierten Unternehmen entfallen.

Für die Entscheidungsträger der Deutschen Post waren insbesondere drei **Entscheidungskriterien** für die Wahl der Markteintrittsstrategie entscheidend: Zum einen strebte die Deutsche Post in jedem Land die Managementkontrolle an und wollte möglichst keine Minderheitsbeteiligungen eingehen. Auch sollten die im Zusammenhang mit dem Markteintritt anfallenden Kosten jederzeit kalkulierbar und kontrollierbar sein. Darüber hinaus war eine möglichst rasche Umsetzung erforderlich, da auf Grund des dynamischen Marktumfelds die Zeit einen kritischen Faktor darstellte. In Abbildung 6 werden die möglichen Internationalisierungswege kritisch miteinander verglichen.

▌Abbildung 6 **Vergleichende Gegenüberstellung potenzieller Markteintrittsstrategien der Deutschen Post**

	Kooperation	Tochter-unternehmen	Akquisition
Kosten	Vergleichsweise geringe Kosten, dabei relativ gute Planungssicherheit	Teure Strategie, viele Folgekosten mit geringer Planbarkeit	Hohe Kosten, auf Grund der Einmaligkeit gut planbar
Zeit	Rascher Markteintritt, nationale Anpassung durch den Partner erleichtert	Eigenaufbau zur Erlangung des angestrebten Marktanteils benötigt mindestens 10–20 Jahre	Sehr rascher Markteintritt durch den Kauf etablierter Unternehmen
Management-kontrolle	Bei gleichberechtigten Kooperationen oder Minderheitsbeteiligungen keine Managementkontrolle möglich	Absolute Kontrollmöglichkeit, da 100-prozentige Beteiligung	Managementkontrolle durch Mehrheitsbeteiligung oder 100-Prozent-Übernahme möglich

GABLER
GRAFIK

▌*2.3* Die Entscheidung für eine markenorientierte Akquisitionsstrategie

Insbesondere auf Grund des **Engpassfaktors Zeit** fiel die Entscheidung der Verantwortlichen letztlich zu Gunsten einer Akquisitionsstrategie. Die Kosten dieser Strategie erschienen zwar vergleichsweise hoch, waren jedoch jederzeit kontrollierbar. Außerdem könnte die Deutsche Post durch Mehrheitsübernahmen die angestrebte Managementkontrolle erlangen. Zu beachten war allerdings, dass die meisten Länder häufig immer noch von staatlichen Versanddienstleistern dominiert wurden und somit für Akquisitionen teilweise nur kleinere Privatunternehmen in Frage kamen. Konsequenterweise war beim Screening möglicher Übernahmekandidaten der Marktanteil das wichtigste Entscheidungskriterium und man einigte sich darauf, in jedem Land möglichst einen der drei größten Wettbewerber auszuwählen.

In den Jahren 1995 bis 1997 wurden bereits Verhandlungen mit potenziellen Kandidaten geführt, doch es konnte keine Übernahme zum Abschluss gebracht werden werden. Dennoch sammelte man in dieser Zeit Verhandlungserfahrung im Bereich Akquisitionen und installierte unter anderem ein professionelles **Mergers&Acquisitions-Management** mit wöchentlichen Meetings unter der Leitung des Vorstandsvorsitzenden.

Es war also nur eine Frage der Zeit, bis 1997 mit Servisco in Polen die **erste erfolgreiche Übernahme** gelang. In den Jahren 1998 und 1999 beschleunigte man dann die Akquisitionsgeschwindigkeit, sodass zeitweise jeden Monat eine neue Übernahme vermeldet werden konnte (vgl. Abbildung 7). Obwohl diese Prozesse größtenteils parallelisiert waren, existierte doch zu Beginn eine klare Reihenfolge der anzugehenden Ländermärkte: Belgien, Österreich und Polen bildeten die erste Ländergruppe, da diese Märkte das geringste Risiko beinhalteten und dort keine starken nationalen Postunternehmen existierten. Nach diesen erfolgreichen Übernahmen wurden anschließend größere Länder wie Schweden, die Niederlande, Frankreich, Italien, Großbritannien und die Schweiz angegangen.

Abbildung 7   Ausgewählte Übernahmen und Beteiligungen der Deutschen Post im europäischen Paketmarkt 1997–1999

Jahr	Unternehmen	Land	Anteil
1997	Servisco Sp. z.o.o.	Polen	60 %
1997	trans-o-flex GmbH	Deutschland	24,8 %
1998	Ducros Euro Express S. A.	Frankreich	99,2 %
1999	MIT S.r.l.	Italien	100 %
1999	Securior Omega Express Ltd.	Großbritannien	50 %
1999	Deutsche Post (CH) AG	Schweiz	100 %
1999	Danzas ASG Eurocargo	Schweden u. a.	100 %
1999	Guipuzcoana	Spanien	49 %
1999	VGL Euro Express	BeNeLux	100 %

GABLER
GRAFIK

Wie die Abbildung verdeutlicht, konnte ein Großteil der Akquisitionen bereits 1999 abgeschlossen werden. Man war sich bewusst, dass der Schwerpunkt der Aktivitäten zur Jahrtausendwende in der Integration der Vielzahl unterschiedlicher Unternehmen und der Schaffung einer Kultur eines **europäischen Paket- und Distributionsdienstleisters** liegen würde. Zu diesem Zweck galt es, Entscheidungen über geeignete Marktbearbeitungs- und Markenstrategien zu treffen.

3.   Markenpolitische Entscheidungen der Deutschen Post im Rahmen des Going International

3.1   Die Schaffung von Deutsche Post Euro Express als gemeinsames Leistungsfeld für die Netzwerkintegration

3.11   Markenstrategische Optionen bei der Internationalisierung des Paket- und Distributionsbereichs

Eine wesentliche Zielsetzung der Internationalisierungsstrategie der Deutschen Post war die Realisierung von Größen- und Synergievorteilen durch möglichst rasche Erlangung eines hohen Marktanteils in Europa. Durch die Ende der 90er Jahre erfolgten Akquisitionen wurde dabei die Basis für ein international flächendeckendes Distributionsnetz gelegt. Vor dem Hintergrund der anstehenden Netzwerkintegration bestand das strategische Entscheidungsproblem zu Beginn des neuen Jahrtausends in der Wahl zwischen einer länderübergreifend standardisierten oder international differenzierten Marketingstrategie.

Unter **standardisiertem Marketing** wird dabei die Ansprache des Gesamtmarktes mit einem internationalen Marketingprogramm unter weitestgehender Vernachlässigung nationaler Gegebenheiten verstanden. Ziel dieser Vorgehensweise ist die Erzeugung von Rationalisierungseffekten sowie die Stärkung der internationalen Unternehmensidentität. Im Gegensatz dazu sieht die **Differenzierungsstrategie** eine länderspezifische Marktbearbeitung vor. Dabei werden die Marketingmaßnahmen an die jeweiligen Bedürfnisse der einzelnen Märkte angepasst. Die Stärkung der Wettbewerbsposition gegenüber nationalen Anbietern sowie Reaktionsflexibilität bezüglich Marktveränderungen und Konkurrenzaktivitäten sind die Zielsetzungen dieses Vorgehens.

Neben der Produkt- und Programmpolitik wurde seitens der Deutschen Post vor allem der markenpolitischen Gestaltung ein hoher Stellenwert für die Realisierung der internationalen Marketingstrategie eingeräumt. Dabei lassen sich in Abhängigkeit von der Wahl des internationalen Marketingkonzepts mit der multinationalen und der globalen Markenstrategie prinzipiell zwei diametrale Grundformen der internationalen Markenpolitik unterscheiden (vgl. Abbildung 8). Bei der **multinationalen Markenstrategie** werden dabei einzelne Ländermärkte mit unterschiedlichen Marken bearbeitet. Ein solches länderspezifisches Markenkonzept ermöglicht die Anpassung von Markierung, Qualität und Positionierung an die jeweiligen nationalen Besonderheiten.

Die optimale Anpassung an die nationalen Bedürfnisse ist zugleich der zentrale **Vorteil** einer multinationalen Markenstrategie. Sie ermöglicht die Erschließung von Marktnischen und begrenzt damit das Misserfolgsrisiko auf den jeweiligen nationalen Markt. Zudem können unter der Annahme international heterogener Zielgruppen unterschiedliche Kaufkraftniveaus und Zahlungsbereitschaften der Konsumenten ausgenutzt werden. Ein **Nachteil** dieser Strategie ist in den durch die steigende Komplexität erhöhten Kosten zu sehen. So lassen sich sowohl in der Produktion als auch in der Kommunikation häufig nur geringe Synergieeffekte zwischen den Tochterunternehmen realisieren. Zusätzlich können auf Grund der verschiedenartigen Marktauftritte Irritationen bei der internationalen Kundschaft auftreten.

▌ Abbildung 8   **Multinationale und globale Markenstrategie als Optionen der internationalen Markenführung**

	Multinationale Markenstrategie	**Globale Markenstrategie**
Merkmale	■ Länderspezifisches Markenkonzept ■ Anpassung der Markenpolitik an nationale Gegebenheiten	■ Standardisiertes Markenkonzept ■ International einheitliche Gestaltung der Markenpolitik
Ziele	■ Optimale Marktausschöpfung ■ Nationale Imageförderung ■ Flexibilität	■ Synergieeffekte in Produktion und Kommunikation ■ Stärkung der Markenbekanntheit ■ Förderung eines internationalen Unternehmensimages

GABLER
GRAFIK

Die **globale Markenstrategie** zeichnet sich dagegen durch die Zusammenfassung aller Unternehmensleistungen unter einer Marke aus. Nationale Gegebenheiten werden dabei vernachlässigt und stattdessen alle Dimensionen der Markenpolitik länderübergreifend einheitlich gestaltet. Als **Vorteil** einer Globalmarkenstrategie werden die durch Nutzung von Synergieeffekten auftretenden Kostenvorteile genannt. Unternehmen mit einer erfolgreichen Standardisierungsstrategie zeichnen sich in ihrer Branche oftmals durch die Kostenführerschaft aus. Die realisierten Einsparungen können anschließend auf der Absatzseite in Form von Preisvorteilen an den Kunden weitergegeben werden. Zusätzlich hat ein international einheitlicher Auftritt positive Effekte auf das Unternehmensimage: Die länderübergreifende Wiedererkennung steigert die Unternehmensbekanntheit und führt zum Aufbau von internationaler Kompetenz und Vertrauen.

Die **Nachteile** dieser Strategie begründen sich in der bewussten Vernachlässigung nationaler Gegebenheiten: Durch die international nur durchschnittliche Anpassung an Kundenbedürfnisse werden in den einzelnen Ländern Suboptimalitäten in Kauf genommen. Ausgehend von international unterschiedlichen Kulturen, Normen und Wertevorstellungen können durch die Erosion der lokalen Marken Wettbewerbsnachteile gegenüber national angepassten Anbietern entstehen. Zudem stellt dieses Vorgehen hohe Anforderungen an die Stärke der zu etablierende Globalmarke und erfordert einen hohen Koordinationsaufwand zwischen den Tochterunternehmen.

Die relevanten **Kriterien** für die Bewertung und Auswahl einer Markenstrategie des Paket- und Distributionsbereichs der Deutschen Post sind zusammenfassend in Abbildung 9 dargestellt. Gemäß der Zielsetzung der Deutschen Post war insbesondere die Realisierung von **Größen- und Synergieeffekten** eine wichtige Entscheidungsdeterminante. Diese waren vor allem in der Leistungs- und Kommunikationspolitik durch den einheitlichen Auftritt im Rahmen einer Globalmarkenstrategie zu erreichen. Auch das angestrebte **Image** eines europaweit führenden Paket- und Distributionsdienstleisters konnte durch ein solches Vorgehen gefördert werden. Eine differenzierte multinationale Strategie, welche gleichbedeutend mit der Weiterführung der etablierten Unternehmensmarken war, hätte dagegen zu einer Stärkung der jeweiligen lokalen Wettbewerbsposition beigetragen.

Einzig die schlechteren Voraussetzungen zur Erlangung von **Wettbewerbsvorteilen** gegenüber spezifisch angepassten nationalen Anbietern schienen gegen die Einführung einer globalen Marke zu sprechen. Dieser Aspekt verlor jedoch für die Entscheidungsträger der Deutschen Post an Relevanz, da sie auf Grund der Globalisierungstendenzen und der fortschreitenden informationstechnologischen Vernetzung von einem Zusammenwachsen der europäischen Ländermärkte ausgingen. Statt national spezifischer Kundensegmente erwarteten sie eine Homogenisierung der Bedürfnisstrukturen. Da sie zudem damit rechneten, dass gerade ein einheitliches Netzwerk einen zentralen Wettbewerbsfaktor im europäischen Paketmarkt darstellen würde, entschieden sie sich schließlich für die vollständige Integration der akquirierten Tochterunternehmen unter einem einheitlichen Markendach.

Abbildung 9	Entscheidungskriterien für die Wahl der Markenstrategie des Paket- und Distributionsbereichs der Deutschen Post

	Multinationale Markenstrategie	Globale Markenstrategie
Synergieeffekte	gering	hoch
Imagevorteile	national	international
KKV gegenüber nationalen Anbietern	bei heterogener Marktentwicklung	bei homogener Markentwicklung

GABLER
GRAFIK

Das anschließende Entscheidungsproblem bestand in der Wahl der zu etablierenden Marke, wobei zwei grundsätzliche Alternativen diskutiert wurden: Die Einführung einer neu zu schaffenden Marke sowie die Internationalisierung der Marke Deutsche Post. Die erste Option sah dabei die rasche und parallele Einführung einer völlig **neuen** Marke in allen bearbeiteten Ländermärkten vor. Es sollten sowohl die nationalen Marken eliminiert werden als auch die Marke Deutsche Post in den Hintergrund treten.

Ein solcher unmittelbarer Übergang auf eine neu zu schaffende Marke ist allerdings durch zwei gravierende **Nachteile** gekennzeichnet: Zum einen stellt die gewählte Markenstrategie hohe Anforderungen an Markenbekanntheit und Markenimage. Der Aufbau einer neuen Marke lässt sich somit nur durch einen hohen finanziellen Aufwand realisieren. Auf der anderen Seite verzichtet man auf die Tradition und Stärke des Markennamens Deutsche Post. Wie aber aus Abbildung 10 ersichtlich ist, weist dieser in Europa einen hohen Bekanntheitsgrad auf. Im Länderdurchschnitt ist die Deutsche Post hinter den privaten Paketdiensten mit einer Bekanntheit von 48 Prozent die bekannteste nationale Postorganisation. Um diese Markenbekanntheit weiterhin zu nutzen, verwarfen die Verantwortlichen die Idee der Schaffung einer neuen Marke und prüften stattdessen die Möglichkeit einer Internationalisierung der Marke Deutsche Post.

▌Abbildung 10   Bekanntheit von Versanddienstleistern im europäischen Länderdurchschnitt

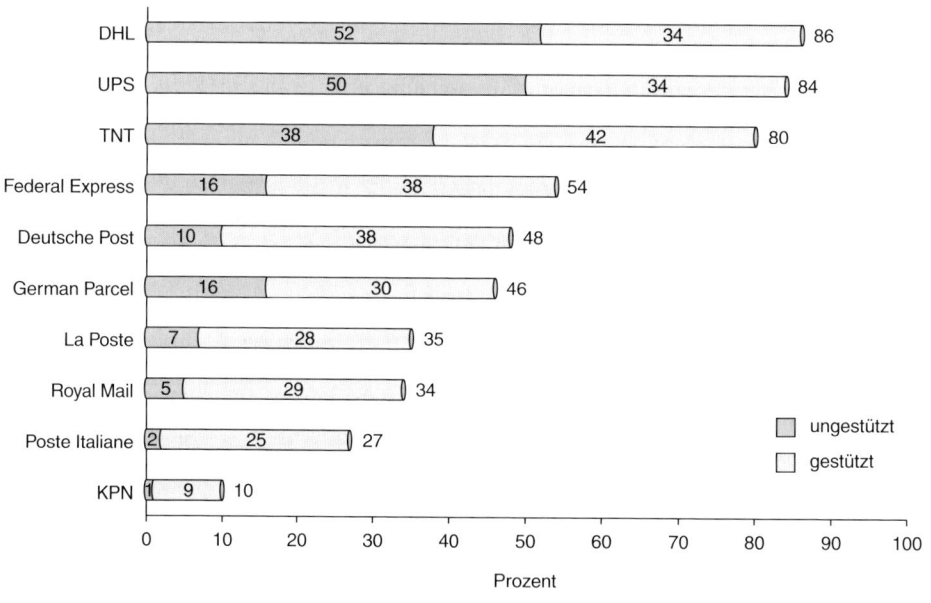

Quelle: INRA 1998

Diese Strategie sah die parallele Einführung der Marke Deutsche Post in allen europäischen Ländern und damit ihren Ausbau zur internationalen Paketmarke des Konzerns vor. Weitere Investitionen in die nationalen Marken waren nicht vorgesehen, stattdessen sollten die starke Stellung im Heimatmarkt sowie die hohe Bekanntheit im europäischen Ausland zur Stärkung der Wettbewerbsposition beitragen.

Zuvor galt es allerdings zu untersuchen, ob im europäischen Ausland eventuelle Ressentiments gegenüber dem Namen Deutsche Post auftreten könnten. Zu diesem Zweck gab der Konzern 1998 eine Studie zur Messung der Markenakzeptanz in Auftrag, in welcher die Assoziationen in den einzelnen Ländern mit den Begriffen „Deutsch" und „Post" ermittelt wurden. Entgegen den Erwartungen stellte sich heraus, dass in keinem Land nennenswerte Barrieren gegenüber dem **Herkunftsland Deutschland** bestanden. Im Vergleich mit Anbietern aus Frankreich und Großbritannien schnitten deutsche Unternehmen sogar in allen abgefragten Kategorien besser ab (vgl. Abbildung 11). In Europa wird der Begriff „Deutsch" insbesondere mit den Attributen „Serviceorientierung", „Modernität", „Zuverlässigkeit" und „Schnelligkeit" verbunden. Dabei verfügen deutsche Unternehmen vor allem in Italien und Polen über Imagevorteile. Auch in Österreich und der Schweiz ist auf Grund nicht vorhandener Sprachbarrieren und kultureller Gemeinsamkeiten eine relativ große Akzeptanz vorhanden. In England dagegen spielt die Herkunft des Anbieters eine untergeordnete Rolle und in Frankreich werden bevorzugt nationale Paketdienste gewählt.

▌ Abbildung 11 Länderimages von Paketdienstleistern im Vergleich

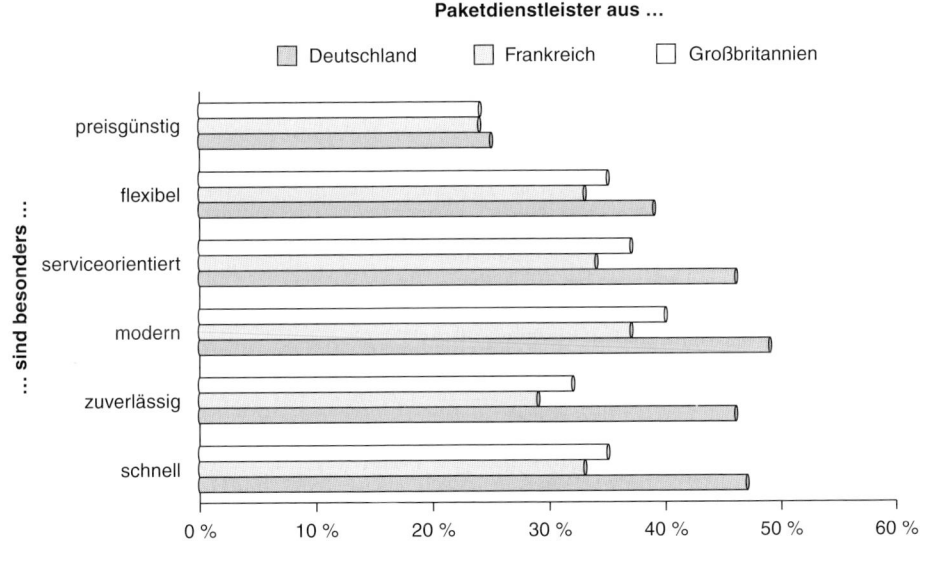

Quelle: INRA 1998

Ein anderes Bild ergab sich bei der Einstellung zum Begriff „Post" als klassisches öffentliches Unternehmen. Im Vergleich mit Privatunternehmen schnitten nationale Postorganisationen hinsichtlich fast aller Kriterien deutlich schlechter ab (vgl. Abbildung 12). Zwar werden die vergleichsweise geringen Beförderungsentgelte als positiv eingestuft. Doch insbesondere die geringe Flexibilität und die mangelnde Kundenorientierung erinnern eher an ein traditionelles Staatsunternehmen. Diese Verbindung des Postbegriffs mit einem klassischen Behördenimage veranlasste die Verantwortlichen letztlich, von einer direkten Internationalisierung der Marke Deutsche Post abzusehen.

Ein weiterer Grund für die Entscheidung gegen eine sofortige Umstellung auf die Marke Deutsche Post war in den für die Akquisitionen gezahlten Übernahmepreisen zu sehen. Durch diese wurden keineswegs nur materielle Werte wie Lagerstätten und Zustellfahrzeuge erworben, sondern vor allem Bekanntheit und Reputation in bereits etablierte Unternehmensmarken in den einzelnen Ländern. Ein Wegfall der starken Ländermarken hätte demnach den Verlust von Vertrauenswerten bedeutet. Die Deutsche Post stand somit vor dem Entscheidungsproblem, mittelfristig einen international einheitlichen Auftritt der Tochterunternehmen zu realisieren, ohne dabei das Vertrauen in die nationalen Einzelmarken zu verlieren.

| **Abbildung 12** | **Einschätzung der Leistungsfähigkeit öffentlicher Unternehmen** |

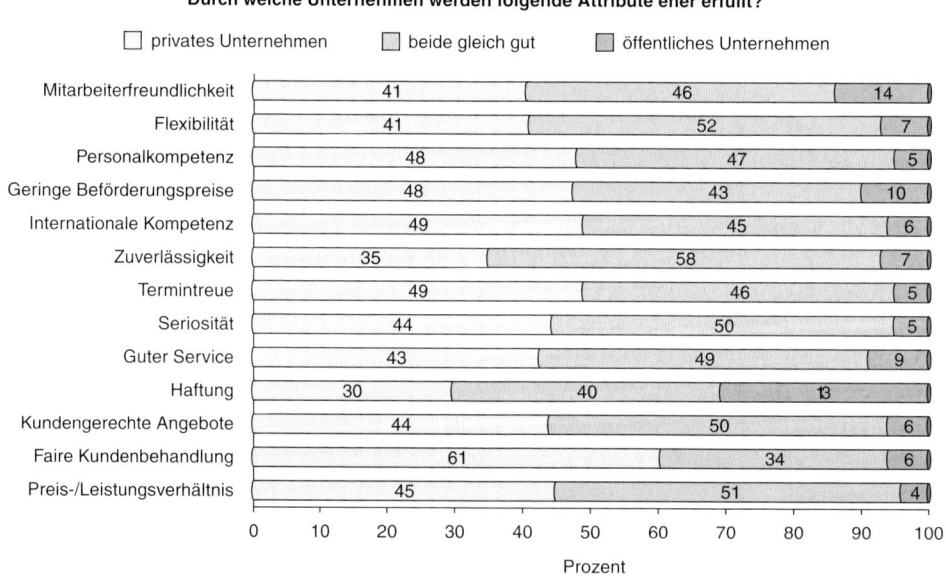

Durch welche Unternehmen werden folgende Attribute eher erfüllt?

☐ privates Unternehmen   ☐ beide gleich gut   ☐ öffentliches Unternehmen

Attribut	privates Unternehmen	beide gleich gut	öffentliches Unternehmen
Mitarbeiterfreundlichkeit	41	46	14
Flexibilität	41	52	7
Personalkompetenz	48	47	5
Geringe Beförderungspreise	48	43	10
Internationale Kompetenz	49	45	6
Zuverlässigkeit	35	58	7
Termintreue	49	46	5
Seriosität	44	50	5
Guter Service	43	49	9
Haftung	30	40	13
Kundengerechte Angebote	44	50	6
Faire Kundenbehandlung	61	34	6
Preis-/Leistungsverhältnis	45	51	4

Prozent

GABLER
GRAFIK

Quelle: INRA 1998

3.12 Schrittweiser Aufbau des Leistungsfeldes Euro Express der Leistungsmarke Deutsche Post

Da sich ein direkter Übergang auf eine europäische Globalmarke als problembehaftet herausstellte, wurde in der Führungsebene der Deutschen Post die schrittweise Ausgestaltung eines solchen Vorgehens diskutiert. Diese sah in einem Übergangszeitraum einen Kompromiss zwischen einem standardisierten und einem differenzierten Auftritt vor, um die Nachteile eines unmittelbaren Übergangs zu vermeiden. Für eine gezielte Überführung der bestehenden nationalen Marken in die zukünftige Europa-Marke wurde dabei ein **informationsgestützter Übergang** gewählt: Nach der Phase des Übergangs, in der die bestehenden Unternehmensnamen parallel zum neuen Auftritt kommuniziert werden sollten, war beabsichtigt, mittelfristig sämtliche nationalen und internationalen Aktivitäten unter ein einheitliches Dach zu stellen. Die Anbindung an die bewährte und starke Marke Deutsche Post sollte dabei über gemeinsame Gestaltungsmerkmale erfolgen. Als Medium für die Vereinheitlichung und als europaweiter Leistungsträger für alle Express- und Paketprodukte wurde zusätzlich das **Leistungsfeld Euro Express** geschaffen.

Der Name Euro Express verleiht einerseits der traditionsbehafteten Marke Deutsche Post einen moderneren Charakter und weist zudem durch seine beiden Namensteile auf die entscheidenden Leistungsmerkmale des Paket- und Distributionsbereichs der Deutschen Post hin: „Euro" symbolisiert die internationale Kompetenz des Unternehmens, stärkt gleichzeitig das nationale Geschäft und erklärt den europäischen Markteintritt der Deutschen Post. „Express" dagegen steht für Geschwindigkeit und somit die Premiumleistung im Paket- und Distributionsmarkt. Wird Schnelligkeit als Standardmerkmal eines Versanddienstleisters angesehen, bedeutet dies für den Kunden den Wegfall zusätzlicher Entgelte für eine Express-Lieferung. Ein weiterer Vorteil bei der Durchsetzung des Namens liegt darin, dass die beiden Begriffe „Euro" und „Express" selbsterklärend und generisch sind und somit keinen Lernprozess der nationalen und internationalen Kundschaft erfordern.

Ziel der genannten Vorgehensweise war es, durch eine stufenweise Heranführung der Einzelmarken an die Marke Deutsche Post Euro Express die Verbindung des bestehenden nationalen Know-how mit der Leistungsfähigkeit der Deutschen Post zu kommunizieren. Durch das neue Leistungsfeld definierte der Konzern zudem einen neuen Standard für nationale und internationale Paket- und Expressleistungen inklusive aller Mehrwertdienste aus einer Hand. Voraussetzung für eine erfolgreiche Umsetzung dieser Strategie in den einzelnen Ländermärkten war jedoch die inhaltlich und zeitlich exakte Konzeptionierung des Übergangsprozesses.

3.2 Das Rebranding-Konzept für Deutsche Post Euro Express zum Aufbau einer einheitlichen Markenidentität für den Paket- und Distributionsbereich

3.21 Zwei-Phasen-Modell des Rebranding

Die schrittweise Realisierung der internationalen Dachmarkenstrategie manifestierte sich optisch in dem von der Deutschen Post entworfenen Rebranding-Konzept. Unter **Rebranding** soll in diesem Zusammenhang die im Rahmen eines Markenwechsels anfallende Umsignierung von Fahrzeugen, Broschüren, Briefbögen, Messetafeln, Visitenkarten und sonstigen Formen des Außenauftritts verstanden werden. Um diesen Markenwechsel in den Augen der Kunden nicht zu abrupt ausfallen zu lassen, sah das Rebranding-Konzept der Deutschen Post ein zweistufiges Vorgehen vor (vgl. Abbildung 13).

| Abbildung 13 | Zwei Phasen des Rebranding-Modells Euro Express |

GABLER
GRAFIK

Die erste Stufe, das „Co-Branding", war durch die Einführung des Leistungsfeldes Euro Express gekennzeichnet. Der Euro Express-Schriftzug sollte in dieser Phase den lokalen Markennamen ergänzen und parallel zu diesem Logo in einer gelben „Jalousie" erscheinen. Er stellt das Bindeglied zwischen der nationalen Marke und der zukünftigen internationalen Marke Deutsche Post Euro Express dar. Die Art der Gestaltung folgt dabei den Gestaltungselementen weiterer Leistungsfelder der Deutschen Post und ermöglicht somit eine schrittweise Heranführung an die neue Marke. Dem Kunden wurde in dieser Phase bereits signalisiert, dass der ihm vertraute Anbieter nun in einem einheitlichen europäischen Netz tätig ist.

Die Botschaft eines gemeinsamen Netzwerks sollte schließlich in der zweiten Phase, dem eigentlichen „Rebranding", verdeutlicht werden. Hier werden die lokalen Marken gegen das Markenzeichen der Deutschen Post mit dem Posthorn ausgetauscht. Nach verbindlichen Vorgaben sollen alle Tochterunternehmen diesen einheitlichen Auftritt bis 2003 realisiert haben. Die Entscheidung über den geeigneten Zeitpunkt dieser Umstellung bleibt allerdings auf Grund der besseren Marktkenntnis den jeweiligen Unternehmen vorbehalten.

Die konkrete Implementierung des Übergangs wurde auf die individuelle Ausgangssituation der einzelnen Länder abgestimmt. Dazu wurden **zwei Ländergruppen** gebildet, die sich in der zeitlichen Steuerung des Umwandlungsprozesses unterschieden (vgl. Abbildung 14):

Abbildung 14 **Selektive Umsetzung des Rebranding-Konzepts in den beiden Ländergruppen**

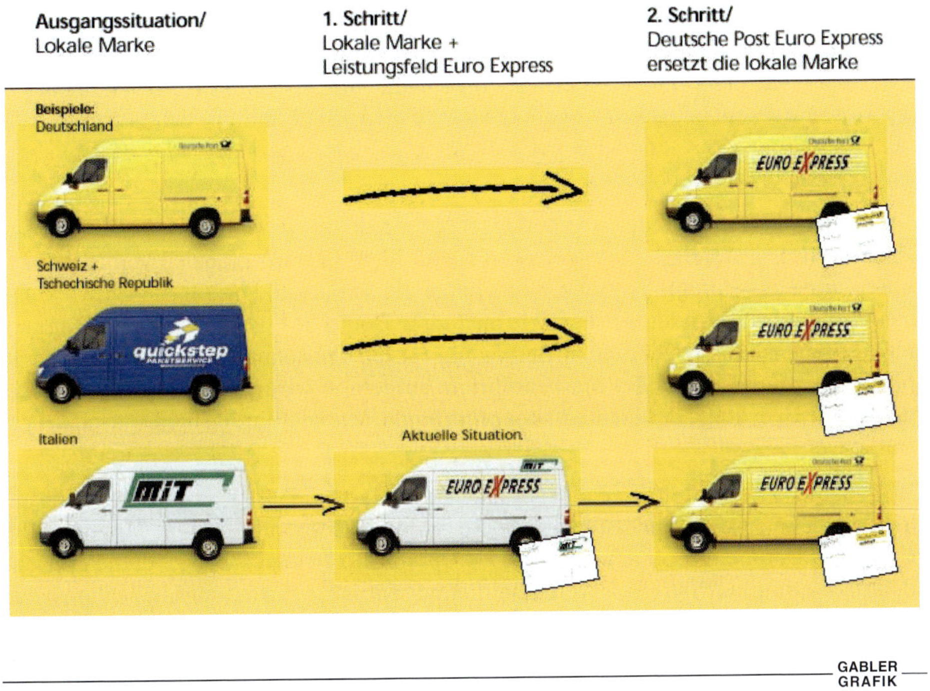

Quelle: Deutsche Post (interne Dokumentation)

Die **erste Gruppe** bildeten Länder mit Firmen, welche eine starke Marke und eine lange Unternehmenshistorie aufweisen konnten. Dazu zählten beispielsweise Guipuzcoana

(Spanien), Ducros (Frankreich), MIT (Italien) oder Servisco (Polen). In diesen Ländern war die Bekanntheit und das Vertrauen in die bestehenden Marken besonders ausgeprägt. Um hier einen Vertrauensverlust zu vermeiden, ging das Unternehmen dem Konzept entsprechend in zwei Phasen vor: Vor dem endgültigen Übergang zu Deutsche Post Euro Express sollten in der Phase des Co-Branding lokale Marke und Leistungsfeld parallel erscheinen. Je nach landesspezifischem Hintergrund wurde dann über den Zeitpunkt der Umbenennung entschieden. Zielsetzung dieser Vorgehensweise war es, den Markenwechsel nicht als direkten Austausch, sondern als fließenden, informationsgestützten Übergang zu vermitteln.

Eine andere Vorgehensweise wählte die Deutsche Post bei den Unternehmen der **zweiten Gruppe**, welche weder eine lange Firmengeschichte noch eine starke Markenidentität aufweisen konnten. Dies war zum Beispiel bei den relativ jungen Tochterunternehmen der Deutschen Post in Österreich und in Tschechien der Fall oder auch in der Schweiz, wo die Unternehmen Qualipac und quickstep zur Deutschen Post (CH) AG verschmolzen. Hier wurde auf einen schrittweisen Übergang verzichtet und stattdessen direkt mit dem Rebranding begonnen.

Die Länder der zweiten Gruppe waren es auch, bei denen der Rebranding-Prozess frühzeitig abgeschlossen werden konnte. So wurde die Umstellung in der Schweiz, in Tschechien und in Deutschland bereits im Oktober 1999 vollendet. Ebenfalls zu diesem Zeitpunkt schloss MIT in Italien als erstes Unternehmen die Phase des Co-Branding ab. In den Monaten darauf begannen weitere Länder mit dem Co-Branding, sodass im Juli 2000 die Mehrzahl der Partnerunternehmen diese erste Phase begonnen oder bereits abgeschlossen hatte (vgl. Abbildung 15).

Zielsetzung des Rebranding-Konzepts war es, die in den einzelnen Ländern starken Marken mit dem Transfer ihrer Vertrauenswerte in die Identität einer globalen Marke zu überführen. Eine ausgeprägte Identität bildet dabei die Voraussetzung für die Entwicklung und Festigung des Kundenvertrauens in die Marke Deutsche Post Euro Express. Eine solide Vertrauensbasis wiederum ist Bedingung für die Entstehung von Markenloyalität, welche als zentrales Ziel der Markenführung aufgefasst wird. Diese Zusammenhänge machen die Bedeutung des Identitätskonzepts für die Markenführung der Deutschen Post deutlich.

Die ganzheitliche Gestaltung der Merkmale einer Markenidentität manifestiert sich auf der Unternehmensebene in den Identitätsdimensionen Corporate Design, Corporate Behavior und Corporate Communication. Das **Corporate Design** stellt dabei die optische Identitätsvermittlung durch die Vereinheitlichung formaler Gestaltungsmaßnahmen dar. **Corporate Behavior** steht für ein einheitliches Verhalten aller Unternehmensmitarbeiter im Innen- und Außenverhältnis. **Corporate Communication** ist wiederum der abgestimmte Einsatz sämtlicher Kommunikationsinstrumente, die auf die relevanten Bezugsgruppen des Unternehmens gerichtet sind. Vor dem Hintergrund dieser Definitionen kann die Schaffung der Identität einer einheitlichen Unternehmensmarke als innen- und außengerichteter Managementprozess verstanden werden, dessen Ziel die funktionsübergreifende Vernetzung aller mit der Gestaltung potenzieller Identitätskomponenten verbundenen Entscheidungen und Maßnahmen ist.

Abbildung 15 **Status Rebranding Euro Express in Europa 07.07.2000**

Co-Branding		
Lokale Marke Leistungsfeld Euro Express	**Spanien,** Guipuzcoana	04-06/2000
	Frankreich, Ducros	02-06/2000
	Italien, MIT	10/1999
	Großbritannien, Securior	07-09/2000
	BeNeLux, VGL	06/2000
	Polen, Servisco	06/2000
	Skandinavien, ASG	* 09/2000
Rebranding		
Marke Deutsche Post Leistungsfeld Euro Express	**Deutschland,** Deutsche Post	10/1999
	Schweiz, quickstep	10/1999
	Tschechien, quickstep	10/1999
	Österreich, quickstep	aus rechtlichen Gründen unterbrochen
	Ungarn, trans-o-flex	09/2000

* ASG Euro Express Logo noch nicht vorhanden

GABLER GRAFIK

Quelle: Deutsche Post (interne Dokumentation)

3.22 Ausgestaltung der einzelnen Identitätsdimensionen

3.221 Corporate Design

Zielsetzung formaler Gestaltungsmaßnahmen im Sinne eines Corporate Design ist die Förderung der internationalen Wiedererkennung einer Marke durch ein länderübergreifend einheitliches Erscheinungsbild. Aufgabe des Corporate Design ist somit die ästhetische und symbolische Identitätsvermittlung im Wege eines systematisch aufeinander abgestimmten Einsatzes aller visuellen Elemente der Unternehmensmarke. Im Mittelpunkt des Rebranding-Konzepts Euro Express stand dabei vor allem die Standardisierung von Markenlogo, -farbe und -form.

Im Bereich des Corporate Design hat die Deutsche Post den Partnerunternehmen umfangreiche **Vorgaben** für die Gestaltung der formalen Erscheinung auf Briefen, Visitenkarten, Fahrzeugen, Eingangsschildern und Werbeanzeigen erstellt. In Abbildung 16 sind beispielhaft die Corporate Design-Vorgaben für Visitenkarten und Fahrzeugcontainer des französischen Tochterunternehmens Ducros dargestellt. Deutlich wird hier der Übergang zur Phase des Co-Branding, in der neben das Ducros-Logo der Euro Express-Schriftzug tritt. Gemäß den Vorgaben erscheint das nationale Zeichen dabei jeweils oberhalb des Euro Express-Logos. Die Richtlinien beziehen sich demnach neben der Symbolik insbesondere auf die Anordnung und Ausrichtung von Objekten, deren Detailgenauigkeit in der Abbildung deutlich wird.

Abbildung 16   **Corporate Design Vorgaben Ducros Euro Express**

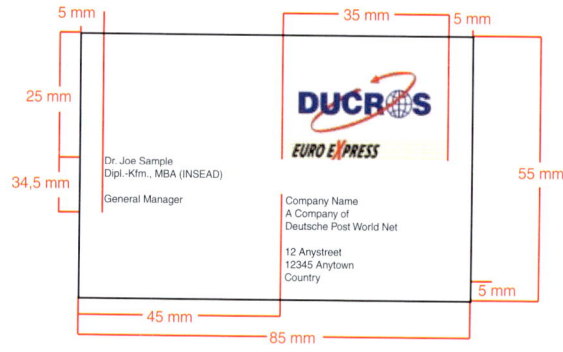

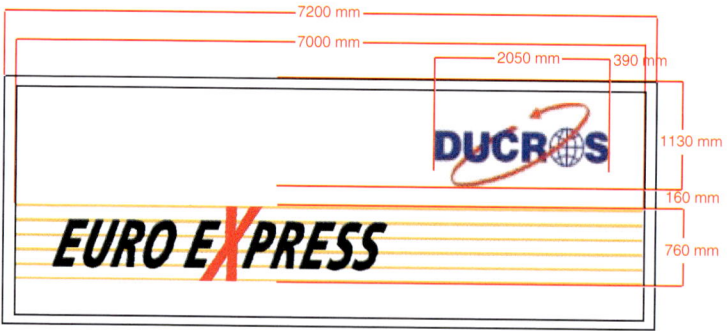

Quelle: Deutsche Post (interne Dokumentation)

Generell werden Vorgaben bezüglich des Corporate Design auf Grund der notwendigen Einheitlichkeit zentral erstellt. Im Beispiel von Euro Express war jedoch nicht nur die Konzernmutter Deutsche Post, sondern alle Partnerunternehmen am Entscheidungsprozess beteiligt. So trafen sich alle beteiligten Entscheidungsträger zu gemeinsamen Gesprächen an verschiedenen Orten Europas, um grundsätzliche Änderungen der lokalen Marken zu erörtern. Hintergrund dieses Prozesses war die **Identifikation aller europäischen Partner** mit dem Identitätskonzept, da ein einheitliches Mitarbeiterverhalten durch „shared values" ebenfalls zum Identitätsaufbau beiträgt.

3.222 Corporate Behavior

Corporate Behavior verfolgt das **Ziel** eines einheitlichen Auftritts der Unternehmensmitglieder durch die in sich schlüssige und damit widerspruchsfreie Ausrichtung ihrer Verhaltensweisen im Innen- und Außenverhältnis. Dies gewinnt in einem Dienstleistungsunternehmen besondere Bedeutung, da das Mitarbeiterverhalten auf Grund der hohen Interaktionsfrequenz mit den Kunden die Wahrnehmung der Unternehmensmarke entscheidend beeinflusst. Im Rahmen des Rebranding-Konzepts galt es demnach, die Voraussetzungen für ein länderübergreifend einheitliches Auftreten der Mitarbeiter zu schaffen.

Dazu mussten die Unternehmensmitglieder möglichst regelmäßig und umfassend über die Integrationsfortschritte informiert werden. Die Deutsche Post definierte hier zwei **Zielgruppen**: Zum einen sollte das internationale **Personal** direkt angesprochen werden, wobei jedoch die Erreichung sämtlicher Mitarbeiter in einem Großkonzern wie der Deutschen Post weitaus komplexere Anforderungen stellt als in einem mittelständischen Unternehmen. Aus diesem Grund waren intensive Briefings und Schulungen der jeweiligen **Führungskräfte** vorgesehen, welche dann als Multiplikatoren ein abgestimmtes Verhalten in den einzelnen Tochterunternehmen sicherstellen sollten.

Einen wichtigen Grundstein zur Information der Mitarbeiter und Sicherstellung eines einheitlichen Auftritts legten die Pilotveranstaltungen der Euro Express **Road Show**. Im Rahmen dieses Events wurden die jeweiligen Führungskräfte sowie Angestellte und deren Familien zu einer Auftaktveranstaltung am Unternehmensstandort eingeladen. Dort erwarteten sie 18 Ländersäulen, welche die Partnerländer repräsentierten, ein Informationscounter inklusive Expowand sowie zahlreiches weiteres Informationsmaterial. Neben diesem informativen Aspekt standen vor allem die emotionalen Effekte der Road Show im Vordergrund. So stand im Zentrum jeder Veranstaltung der so genannte „Emotion Truck", in dem neben multimedialen Europa-Impressionen der einzelne Mitarbeiter als Teil von Euro Express begrüßt wurde und die Möglichkeit zu einem Blue-Screen-Digitalbild in einem Formel 1-Auto hatte.

Italien und Tschechien waren bereits im Oktober 1999 die ersten Stationen der internationalen Road Show, denen weitere Termine folgen sollten. Nach den Erfolgen dieser Auftaktevents veranstaltete die Deutsche Post 2000 eine nationale Road Show, welche nachmittägliche Mitarbeiter-Informationsveranstaltungen an 33 Paketzentren in der gesamten Bundesrepublik umfasste. Auch hier zielte der Gesamtauftritt darauf ab, die Mitarbeiter über den einheitlichen Auftritt zu informieren und gleichzeitig ihr Identifikationsgefühl mit Deutsche Post Euro Express zu stärken.

Ebenso wie das Rebranding erfolgte auch die Durchführung der internationalen **Road Show-Termine** nicht parallel sondern in zeitlichen Abständen. Der internationale Road Show-Status im Juli 2000 kann Abbildung 17 entnommen werden. Die breite geografische Streuung der Road Show gewährleistete einen Auftritt in den Ländern nahezu aller Partnerunternehmen in Europa.

Auf der Führungstagung Euro Express im Mai 2000 konnte die Deutsche Post bereits erste **Ergebnisse** der Euro Express Road Show präsentieren. So wurden auf den bis zu diesem Zeitpunkt durchgeführten zwanzig nationalen und drei internationalen Veranstaltungen bereits knapp 14.000 Besucher registriert. Außerdem nahm mehr als die Hälfte der Besucher am Euro Express-Gewinnspiel teil. Zusätzlich wurde nach Abschluss der Veranstaltungen ein Feedback-Formular an die Besucher verschickt.

| **Abbildung 17** | **Status Euro Express Road Show in Europa 07.07.2000** |

Road Show		
Spanien, Guipuzcoana	GUIPUZCOANA EURO EXPRESS	14.03. in Madrid
Frankreich, Ducros	DUCROS EURO EXPRESS	25.05. in Paris, 27.05. in Lille
Italien, MIT	MIT EURO EXPRESS	10/1999
Großbritannien, Securior	SECURICOR OMEGA EXPRESS EURO EXPRESS	06./07.10. 2000 in London
BeNeLux, VGL	VAN GEND & LOOS EURO EXPRESS	Herbst 2000
Polen, Servisco	servisco EURO EXPRESS	19.08. in Poznan, 26.08. in Warschau
Skandinavien, ASG	ASG *	14.09. in Helsinki/ 20.09. in Oslo/ 24.09. in Malmö/ 27.09. in Kopenhagen

* ASG Euro Express Logo noch nicht vorhanden

Deutschland, Deutsche Post	Deutsche Post EURO EXPRESS	10/1999
Schweiz, quickstep	Deutsche Post EURO EXPRESS	Herbst 2000
Tschechien, quickstep	Deutsche Post EURO EXPRESS	10/1999
Österreich, quickstep	Deutsche Post EURO EXPRESS	aus rechtlichen Gründen unterbrochen
Ungarn, trans-o-flex	Deutsche Post EURO EXPRESS	Kleines Event ohne Emotion Truck im Sommer 2000/ Management wird zum Event in Österreich eingeladen

GABLER GRAFIK

Quelle: Deutsche Post (interne Dokumentation)

Diese Events markierten jedoch keinesfalls den Abschluss der Kommunikation im Rahmen des Rebranding-Prozesses, vielmehr sollten sie in der Zeit danach durch eine kontinuierliche Folgekommunikation fortgesetzt und ergänzt werden.

Neben den Events, welche Information und Emotion verbinden sollten, wurden weitere Informationsinstrumente konzeptioniert: So wurden in regelmäßigen Abständen über einen unternehmensinternen Verteiler **Mailings** an nationale und internationale Führungskräfte verschickt. In diesen wurde auf den einheitlichen Auftritt hingewiesen sowie Verhaltens- und Sprachregelungen abgestimmt. Zusätzlich informierten die Entscheidungsträger ihre Mitarbeiter durch Artikel in **internen Zeitschriften** direkt über die Fortschritte der Netzwerkintegration sowie über die Zukunftsplanung des Unternehmens (vgl. Abbildung 18).

Die Konzeptionierung der Corporate Behavior-Maßnahmen macht die exponierte Stellung der **Mitarbeiter** im Rahmen eines Identitätskonzepts deutlich: Zum einen sind sie Empfänger inhaltlicher Botschaften und erhalten somit über die Wahrnehmung und Verarbeitung dieser Botschaften ein individuelles Unternehmensbild. Auf der anderen Seite determinieren sie in entscheidendem Ausmaß durch ihr Verhalten den einheitlichen Außenauftritt des Unternehmens.

3.223 Corporate Communication

Zielsetzung der Corporate Communication ist die Erreichung eines definierten Soll-Images bei den relevanten Zielgruppen durch den integriert-kombinierten Einsatz aller Kommunikationsinstrumente. Als Kommunikation im engeren Sinne beinhaltet sie in Abgrenzung zu Corporate Design und Corporate Behavior, welche im übergeordneten Sinn ebenfalls Formen der Kommunikation darstellen, die verbale und nonverbale Übermittlung inhaltlicher Botschaften. Durch ihre flexiblen und vielfältigen Einsatzmöglichkeiten erlangt sie dabei innerhalb des Identitäts-Mix eine besondere Bedeutung beim Aufbau und der Entwicklung des gewünschten Fremdbilds.

Dieses Soll-Image wird in der vom Konzernmanagement der Deutschen Post erstellten **Vision** definiert: *„Customers see Deutsche Post Euro Express as Europe's leading distribution partner with a network built on local strengths. "* Dabei wird jeder Komponente dieser Vision inhaltliche Bedeutung zugemessen: Besonderen Wert legten die Verantwortlichen der Deutschen Post auf die Wahrnehmung aus Kundensicht. Weiterhin wurde die Führungsrolle im europäischen Paket- und Distributionsmarkt definiert. Schließlich ist der Charakter eines Netzwerks, welches auf starken Positionen in den jeweiligen Heimatmärkten beruht, Bestandteil der Vision. Dieses Bild eines modernen und kundenorientierten europäischen Logistiknetzes sollte in den Köpfen der internen und externen Anspruchsgruppen verankert werden.

Abbildung 18	Rebranding-Kommunikation in internen Mitarbeiterzeitschriften

Als **externe Zielgruppe** wurden dabei die nationalen und internationalen Geschäftskunden von Euro Express aufgefasst. Die **interne Zielgruppe** setzte sich aus Mitarbeitern und Führungskräften des Unternehmens zusammen, welche entscheidend das Selbstbild eines Unternehmens prägen. Während die internen Kommunikationsmaßnahmen der Deutschen Post bereits in den Ausführungen zum Corporate Behavior dargestellt wurden, wurde zur Ansprache der externen Zielgruppen eine Vielzahl weiterer Kommunikationsinstrumente konzipiert.

So erstellte der Konzern im Rahmen der externen Kommunikation eine gemeinsame **Presseveröffentlichung** zur Bekanntmachung von Euro Express in den einzelnen Ländern. Diese Mitteilung sollte zeitgleich in verschiedenen Sprachen auch im **Internet** erscheinen. Durch seine gezielte Nutzung als Kommunikationskanal diente das Internet der Modernisierung des Euro Express Images sowie der gedanklichen Ankopplung von Euro Express an alle e-shopping Transaktionen. Für diesen Zweck wurden die europäischen Partner-Webseiten miteinander verlinkt, auf ein einheitliches Design umgestellt sowie in einer englischsprachigen Version zur Verfügung gestellt. Neben der Internet-Kommunikation wurden **Mailings** erstellt, in denen die Deutsche Post ihre Geschäftskunden auf die Vereinheitlichung von Vertriebs- und Produktstruktur hinwies.

Als Vorbereitung auf den bevorstehenden Börsengang entwickelte die Deutsche Post zudem eine umfassende zweistufige **Werbekampagne** in TV und Printmedien. In der ersten Phase sollte die Aufmerksamkeit der internationalen Kundschaft für Deutsche Post Euro Express geweckt und deren Internationalität herausgestellt werden. Anschließend fokussierte die Konzernkommunikation auf den konkreten Kundennutzen. In dieser zweiten Phase sollten Liefergeschwindigkeit und Termintreue als herausragende Eigenschaften von Euro Express kommuniziert werden (vgl. Abbildung 19).

Abbildung 19   **Printkampagne Geschwindigkeit Euro Express**

GABLER
GRAFIK

Das Kommunikationskonzept war ebenso wie der gesamte Integrationsprozess durch einen straffen **Zeitrahmen** geprägt. Die Prozesse wurden teilweise parallelisiert, sodass in einigen Ländern der Markenwechsel und die begleitende Kommunikation bereits begonnen hatten, während in anderen Ländern noch Akquisitionsverhandlungen geführt wurden. Der Anfang des Rebranding wurde im Herbst 1999 beginnend mit der Umsignierung der Fahrzeugflotte in Deutschland gemacht. Zeitgleich startete die kommunikative Begleitung des Umwandlungsprozesses in den Medien. Nach Deutschland begannen auch sukzessive die Partnerunternehmen mit der Vereinheitlichung des Erscheinungsbildes.

Die gesamte Konzeption des Rebranding war inhaltlich und zeitlich eng verbunden mit der Kommunikation zur geplanten **Erstnotierung der Deutschen Post** an sieben europäischen Börsen im November 2000. Dieser Zeitpunkt war zwar nicht als Abschluss der Rebranding-Kommunikation vorgesehen, jedoch wurde der Börsengang auf Grund seiner Internationalität als Gradmesser für die europaweite Akzeptanz der neuen Struktur angesehen. Vor diesem Hintergrund sollten zum Zeitpunkt des Börsengangs die angestrebten markenstrategischen Zielsetzungen durch eine konsequente Umsetzung des Rebranding-Konzepts bereits weitgehend erreicht sein.

4. Erfolgsfaktoren des Aufbaus von Euro Express

In einem von veränderten Rahmenbedingungen und verschärftem Wettbewerb geprägten Markt für Versanddienstleistungen hat das einst staatliche und bürokratiegeprägte Monopolunternehmen Deutsche Post die Handlungsnotwendigkeit erkannt und den Wandel zu einem modernen und kundenorientierten Logistikdienstleister vollzogen. Innerhalb kürzester Zeit gelang der Aufbau eines internationalen Netzwerks für Paket- und Distributionsdienstleistungen sowie der Aufstieg zum europäischen Marktführer. Es lassen sich dabei eine Reihe von Faktoren identifizieren, die in ihrem Zusammenwirken den Erfolg des Aufbaus von Euro Express erklären. An erster Stelle ist dabei die prägnante **Vision** zu nennen, in der Deutsche Post Euro Express als in Europa führender, kundenorientierter Paket- und Distributionsdienstleister bezeichnet wird, dessen Netzwerk auf lokaler Stärke in den einzelnen Ländermärkten aufbaut. Das gesamte Rebranding-Konzept der Deutschen Post diente der Verankerung dieser Vision in den Köpfen der internen und externen Zielgruppen.

Die Güte der strategischen Planung beruhte in erster Linie auf der Qualität und Zusammensetzung der **Management-Teams**. So legte die Deutsche Post durch Integration zahlreicher Führungskräfte von Transportunternehmen, Investmentbanken und Unternehmensberatungen Wert auf die **Interdisziplinarität** ihres Managements. Die **internationale Zusammensetzung** der Teams vereinfachte darüber hinaus das Verständnis für die unterschiedlichen Kulturen innerhalb des Euro Express-Netzes.

Die erfolgreiche Durchführung der Netzwerkintegration ist insbesondere auf die Art und Weise der **Strategiefindung** zurückzuführen. So fand im Vorfeld jeder Entscheidung eine intensive und detaillierte Diskussion möglicher Strategieoptionen statt. Daraus resultierte eine erhöhte Implementierungsgeschwindigkeit, wie es im Rahmen der Unternehmensakquisitionen zu beobachten war. Auf diese Weise konnte sich die Deutsche Post in den einzelnen Ländern einen Wettbewerbsvorteil im Sinne eines „first mover advantage" sichern.

Ein weiterer zentraler Erfolgsfaktor für den Aufbau eines europäischen Netzwerks ist in der Wahl einer international **standardisierten Marketingstrategie** zu sehen. Das Verständnis der Marktentwicklung sowie die konsequente Orientierung an der strategischen Zielsetzung prägten die Entscheidung zur vollständigen Integration der akquirierten Tochterunternehmen unter ein einheitliches Markendach. Die angestrebten Synergie- und Imageeffekte wurden durch diese Vorgehensweise optimal genutzt.

Schließlich förderte die Konzeptionierung und Durchführung des **Zwei-Phasen-Modells** maßgeblich die Akzeptanz der neuen Markenstrategie in den Partnerländern. So wurde der Markenwechsel nicht als direkter Austausch, sondern als informationsgestützter Übergang vermittelt. Auf diese Weise präsentierte sich die Deutsche Post Euro Express als einheitliches Netzwerk, in dem die vertrauten nationalen Partner weiterhin eine grundlegende Rolle spielten. Zudem wurden durch die länderübergreifende Vereinheitlichung von Erscheinungsbild, Mitarbeiterverhalten und Unternehmenskommunikation die Voraussetzungen für eine einheitliche Identität einer globalen Marke geschaffen.

Letztlich ist festzuhalten, dass der rasche Aufbau von Euro Express auf die konsequente Umsetzung der Unternehmensvision zurückzuführen ist. Die Basis für ein in Europa führendes Paket- und Distributionsnetz wurde dabei durch die lokale Stärke in den einzelnen Ländermärkten sowie die internationale Vereinheitlichung des Markenauftritts gelegt.

Literatur

Deutsche Post AG, Geschäftsbericht 1999, Bonn 1999.

Deutsche Post AG, Geschäftsbericht 2000, Bonn 2000.

INRA Deutschland, Akzeptanz der Marke „Deutsche Post" in ausgewählten europäischen Ländern, Mölln 1998.

MRU – Manner-Romberg Unternehmensberatung, Der KEP-Markt in Deutschland, Hamburg 2000.

Herausforderungen an die Markenführung bei produktpolitischen Kooperationsstrategien – Der Fall Ford Galaxy I

Heribert Meffert, Rainer Landwehr und Martin Koers

1.   Unternehmenssituation: The Ford Motor Company und Ford Werke AG Deutschland

Ford wurde 1903 in den USA gegründet. Dank der bahnbrechenden Erfindung Henry Fords, dem Fließband für die industrielle Großfertigung, gelang es dem Unternehmen, das Automobil auch für „den einfachen Mann" erschwinglich zu machen und so dem automobilen Individualverkehr zum Durchbruch zu verhelfen. Bis 1914 hatte das Unternehmen mehr als 267.000 Autos produziert und hielt 48 Prozent der Marktanteile. Während die durchschnittliche Produktivität der übrigen Automobilhersteller zu dieser Zeit nur bei 4,3 Autos pro Arbeiter p. a. lag, fertigten die Ford-Werke 20,6 Autos pro Arbeiter. 1925 begann das Unternehmen, auch in Deutschland Autos zu bauen. Mit Gründung der Ford of Europe Inc. im Jahre 1967 konstituierte sich Ford aus zwei unabhängigen Unternehmen mit Sitz in Amerika (North American Automotive Operations, NAAO) und Europa (European Automotive Operations, EAO). Diese Zweiteilung führte zu vergleichsweise hohen Ineffizienzen in Produktion und Entwicklung mit der Folge verstärkter Reorganisations- und Integrationsbemühungen seit Mitte der 90er Jahre.

Heute hat sich Ford zu einem weltweit tätigen, transnationalen Unternehmen entwickelt. Ford Europa formt mit Ford Amerika, Ford Asien, Ford Südamerika und der Premier Automotive Group (Lincoln, Volvo, Land Rover, Jaguar, Aston Martin) die „Ford Motor Company" mit geteilten, aber weltweit koordinierten Entwicklungs- und Produktionskompetenzen in den jeweiligen Ländern. „Employees of Ford become citizens of Ford, not Germany, England, France, Taiwan, The United States, Canada or anywhere else", so der ehemalige Vorstandsvorsitzende der Ford Company, Trotman. Während die Kompetenzen für große Fahrzeuge sowie Geländewagen bzw. Trucks primär in den USA liegen, werden Klein- und Mittelklasseautos grundsätzlich in Europa entwickelt. Eine solche Kompetenzteilung vermeidet Doppelaktivitäten und sichert hohe Effizienzpotenziale, ohne jedoch nationale Anpassungsnotwendigkeiten zu vernachlässigen.

Der Ford-Konzern ist nunmehr der größte Hersteller für Trucks und nach General Motors der zweitgrößte Hersteller für PKW. Neben den Marken Ford, Mercury und Mazda umfasst der Konzern die Premiummarken Aston Martin, Jaguar, Lincoln und Volvo (Premier Automotive Group) sowie seit dem Jahr 2000 die Marke Land Rover. Darüber hinaus vereint das Unternehmen verschiedene Dienstleistungsmarken (Automotive Consumer Service Group) unter einem Dach. Der Konzern ist in nahezu allen Fahrzeugklassen vertreten und verfolgt eine klar definierte Mehrmarkenstrategie mit entsprechender Positionierung der einzelnen Marken (vgl. Abbildung 1).

In diesem Gesamtportfolio stellt die Marke Ford mit Verkäufen in Höhe von 3,4 Millionen Fahrzeugen im dreizehnten aufeinander folgenden Jahr Amerikas bestverkaufte Automobilmarke dar. Die Tochtergesellschaften der Marke Ford treten in den jeweiligen Auslandsmärkten bzw. Regionen weitgehend eigenständig auf, wodurch grundsätzlich eine optimale Anpassung an den jeweiligen Markt gewährleistet werden soll. Dies kann letztlich zur Folge haben, dass in den USA andere Modelle angeboten werden als in Europa. Abbildung 2 zeigt das Produktportfolio Ford PKW in Deutschland für das Jahr 1999.

Abbildung 1   **Markenportfolio der Ford Motor Company (Stand 1999)**

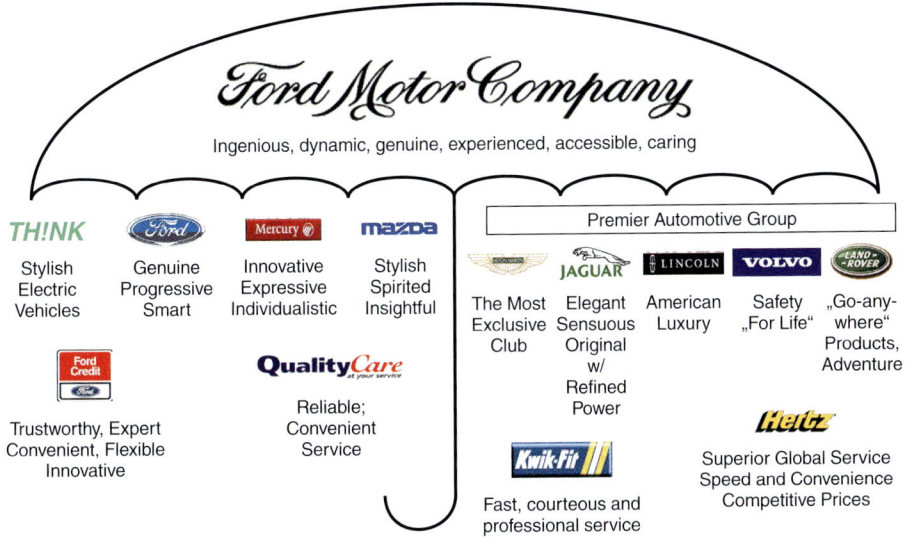

GABLER
GRAFIK

Abbildung 2   **Produktportfolio Ford Deutschland**

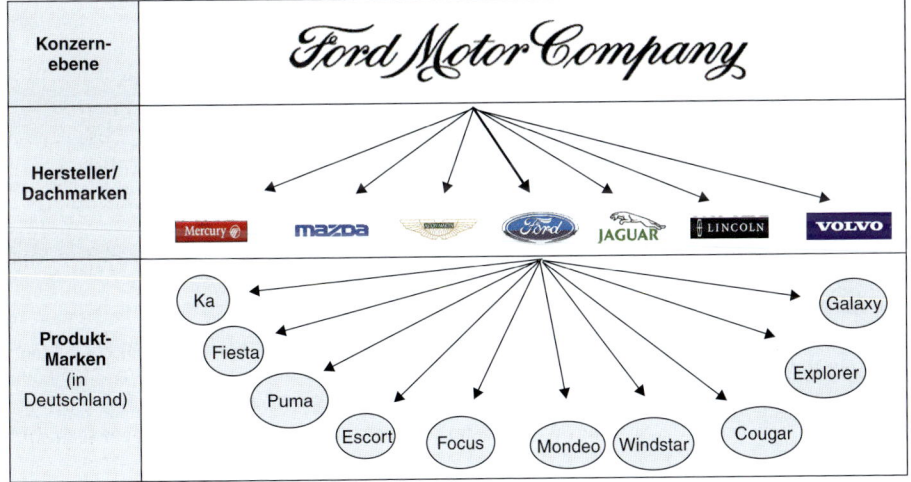

GABLER
GRAFIK

Langfristige Vision der Ford Motor Company ist es, „the world's leading consumer company for automotive products and services" zu werden (vgl. Abbildung 3). „Angesichts des verschärften globalen Wettbewerbs und der nach wie vor bestehenden Überkapazitäten in der Automobilindustrie werden langfristig nur starke und serviceorientierte Hersteller überleben. Nur sie sind in der Lage, qualitativ hochwertige Autos kostengünstig herzustellen und ihre Kunden darüber hinaus durch umfassende Dienstleistungen an die eigene Marke zu binden", begründet Rolf Zimmermann, Vorstandsvorsitzender der Ford-Werke AG, den Wandel des Unternehmens. „Das Fahrzeug selbst, auf dessen Produktion wir uns bislang hauptsächlich konzentriert haben", so Zimmermann weiter, „ist nur ein Teil innerhalb einer komplexen Wertschöpfungskette."

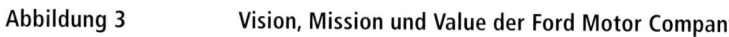

| Abbildung 3 | Vision, Mission und Value der Ford Motor Company |

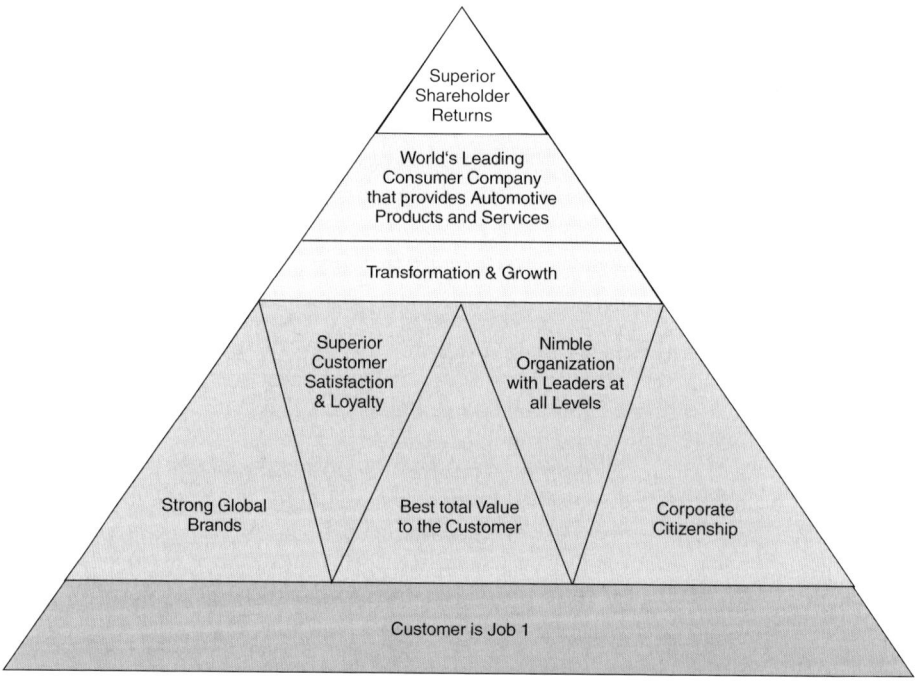

Our Vision	To become the world's consumer company for automotive products and services.
Our Mission	We are a global, diverse family with a proud heritage passionately committed to providing outstanding products and services that improve people's lives.
Our Values	The customer is Job 1. We do the rigth thing for our people, our environment and our society. By improving evereything we do, we provide superior returns to our shareholders.

GABLER
GRAFIK

Der Vision der Ford Motor Company unterliegen letztlich alle Marken und Modelle in sämtlichen Märkten der Welt. Folglich hat auch und insbesondere Ford, die „Kernmarke" des Konzerns, mit sämtlichen Modellen und Aktivitäten einen Beitrag hierzu zu leisten.

2. Zur Ausgangssituation bei der Entwicklung des Ford Galaxy

„Wer zu spät kommt, den bestraft bekanntlich das Leben" – eine Erkenntnis, die sich bei deutschen Automobilherstellern bis Anfang der 90er Jahre zumindest auf einem Sektor nicht herumgesprochen hat: den weltweiten Trend zur Großraumlimousine (MPV: Multi Purpose Vehicle) aus den USA würdigten sie jahrelang keines Blickes. Erst Anfang der 90er Jahre regten sich die Verantwortlichen bei Ford und Volkswagen und beschlossen ein Gemeinschaftsprojekt: Ford Galaxy und VW Sharan. Dieses deutsch-deutsche Modell rollte 1995 mit großer Verspätung auf einen international schon agilen Markt. Der Renault Espace fuhr bereits seit 1984 als erster Van in Europa große Erfolge ein, der Chrysler Voyager dominierte seit Jahren den amerikanischen Markt. Die Eurovans aus der Fiat/Lancia/Peugeot/Citroen-Kooperation wurden 1994 eingeführt und der Honda Shuttle kurze Zeit später.

Großraumlimousinen versuchen generell, die Lücke zwischen Transporter und PKW zu schließen, indem die Vorteile beider Konzepte miteinander verbunden werden. So vereint ein Van den limousinenhaften Komfort, die Fahreigenschaften (zum Beispiel kleiner Wendekreis) sowie die Handlichkeit und Gemütlichkeit eines Personenwagens mit dem großzügigen Raumangebot und den vielfältigen Variationsmöglichkeiten eines Transporters.

Der deutsche Markt für Großraumlimousinen wurde bis Mitte der 90er Jahre ausschließlich von ausländischen Herstellern (insb. Renault) bedient und zeigte sich – gerade im internationalen Vergleich – als unterentwickelt, ließ jedoch enorme Wachstumspotenziale vermuten. Heute ist die Großraumlimousine – neben der Klein- und Kleinstwagenklasse – die wachstumsstärkste PKW-Art in Deutschland. Zwar dominiert die untere Mittelklasse nach wie vor den deutschen Automarkt (etwa jedes dritte Auto, das in Deutschland zugelassen wird, entstammt diesem Segment), jedoch stellt sich das prozentuale Wachstum des Großraumlimousinensegments (M-Segment) als ungleich größer dar (vgl. Abbildung 4).

Das Van-Segment ist mittlerweile mit Marken aller relevanten Hersteller besetzt. Die Anzahl der Konkurrenten ist auf etwa 25 Modelle angewachsen. Alle wichtigen Hersteller, außer Audi und BMW, sind auf dem Markt der Großraumlimousine vertreten. In 1997 brachte Renault mit dem Scenic den ersten Minivan, in 1999 folgten Opel mit dem Zafira und Citroen mit dem Picasso dem Trend zum kompakten Van. Der kleinste Sechssitzer wird von Daihatsu gebaut. Viele weitere familientaugliche Mini-Vans stehen kurz vor der Serienreife.

Abbildung 4   **Entwicklung der PKW-Neuzulassungen in Deutschland**
                       nach Marktsegmenten in Tausend

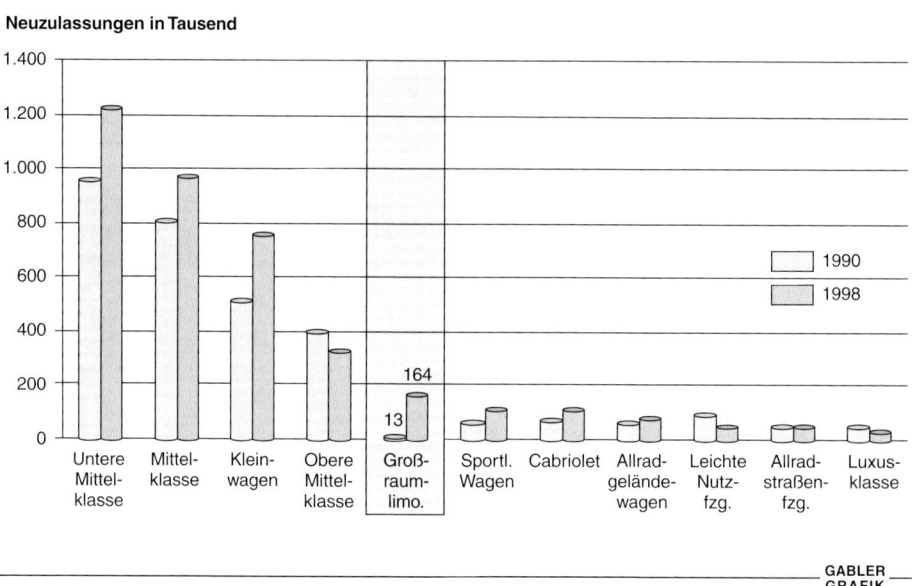

Neuzulassungen in Tausend

Wegen des positiven Wachstums des M-Segments im Ausland und der – im Nachhinein betrachtet – enormen Entwicklung in Deutschland stellte sich Ford Anfang der 90er Jahre die Frage, auf welche Art und Weise das Nischensegment mit einem eigenen Fahrzeug bearbeitet werden soll. Der Erfolg eines Einstiegs in das M-Segment mit einem eigenen Konzept wurde bei den Planungsarbeiten aus mehreren Gründen kritisch hinterfragt:

- So herrschte Unsicherheit hinsichtlich der tatsächlichen Entwicklung des Segments, vor allem hinsichtlich der Preisbereitschaft der Konsumenten. Ein Vergleich mit den USA erschien hier vor dem Hintergrund der dort generell herrschenden geringeren Unterhaltskosten und den ohnehin größeren Fahrzeugkonzepten als wenig förderlich.

- Nahezu einziger Anbieter auf dem deutschen Markt zu Beginn der 90er Jahre war der französische Anbieter Renault mit vergleichsweise schlechtem Image. Um das Segment weiter zu etablieren und damit einen „echten" Markt zu schaffen, bedurfte es weiterer Marken, die eine entsprechende Popularität genießen.

- Internen Studien zufolge ging Ford langfristig von einem maximalen Absatz von 90.000 Fahrzeugen per annum aus. Selbst bei einer tatsächlich realisierten Menge in dieser Höhe stellt sich die Frage, inwieweit ein solches Fahrzeugkonzept rentabel gefertigt werden kann.

■ Im Ford-Konzern konnte auf Grund des zu Beginn der 90er Jahre noch begrenzten Markenportfolios nur in beschränktem Maße auf bereits etablierte Plattformen zurückgegriffen werden.

■ Der bereits im Markt etablierte Renault Espace beruhte auf einer Nutzfahrzeug-Plattform. Im Falle eines Einstiegs von Ford in das Großraumlimousinensegment sollte das „Gefühl, einen Kutschbock erklettern zu müssen, um dann in der aufrechten Haltung eines Lastwagenfahrers zu thronen", durch ein zukunftsweisendes neues Konzept verändert werden, das zwar über eine erhöhte Sitzposition und großzügige Platzverhältnisse verfügt, darüber hinaus aber den Komfort und das Fahrgefühl einer konventionellen Limousine bietet.

Um das Segment durch das Setzen neuer Maßstäbe höher zu positionieren und damit weiter zu etablieren, gleichzeitig jedoch die Entwicklungszeit und Produktionskosten sowie das eigene unternehmerische Risiko zu senken, entschloss sich Ford 1991, das Projekt nicht im Alleingang durchzuführen, sondern eine Entwicklungs- und Produktionspartnerschaft mit einem etablierten Hersteller einzugehen.

3. Best of both worlds – Ziele der horizontalen Kooperation zwischen Ford und Volkswagen

Bereits 1994 hatten die Konzerne Fiat und PSA-Peugeot-Citroen eine gemeinsam entwickelte und produzierte Großraumlimousine vorgestellt, die unter vier Markenzeichen verkauft wurde – Citroen Evasion, Peugeot 806, Fiat Ulysse und Lancia Zeta. Diese Autos sind fast zu 100 Prozent baugleich und unterscheiden sich lediglich in Bezug auf das Markenlogo, den Kühlergrill, die Rückleuchten sowie einige kleinere Details beim Innenraum-Dekor. Eigens zur Entwicklung und Produktion wurde von PSA-Peugeot-Citroen und Fiat die Gesellschaft SEVEL-Nord (Société Européenne des Véhicules Légers du Nord) gegründet. Beide Konzerne sind am Grundkapital der Gesellschaft zu jeweils 50 Prozent beteiligt. Das neue Werk bei Bouchain (Nordfrankreich) wurde ausschließlich für dieses Joint Venture errichtet.

Ford legte bei der Selektion des Kooperationspartners zur Van-Produktion besonderen Wert auf einen Fit hinsichtlich der eigenen Kompetenzen sowie der Kompetenzen und Ziele des potenziellen Partners. Durch eine Kompetenzbündelung sollten innovative Lösungen für eine Großraumlimousine geschaffen werden, um so die angestrebte Höherpositionierung des Segments in relativ kurzer Zeit zu verwirklichen. Vor diesem Hintergrund erwies sich der deutsche Hersteller Volkswagen als potenziell geeigneter Partner.

Denn auch Volkswagen war zur gleichen Zeit um einen Einstieg in das Großraumlimousinensegment bei gleichzeitiger Reduzierung des unternehmerischen Risikos bemüht. Zudem strebte auch VW an, ein Engagement in diesem Segment auf Grund der internationalen Konkurrenz möglichst rasch zu realisieren. Wie Ford konnte jedoch auch VW auf keine eigene Van-Plattform zurückgreifen. Zwar verfügten beide Hersteller über hinreichende Erfahrungen im Transportergeschäft, jedoch erwiesen sich weder die Plattform des VW Caravelle, noch die des Ford Transit als geeignet für einen Van. Durch Bündelung des jeweiligen Plattform Know-hows sollte mithin eine rasche Entwicklung einer spezifischen Van-Plattform realisiert werden.

Überdies ließ die Nähe der Marken Ford und Volkswagen zu einem gemeinsamen Kundenstamm eine Kooperation beider Partner als sinnvoll erscheinen. Da das Projekt von Anfang an auf europäischer Ebene angesiedelt werden sollte, ergänzten sich Volkswagen und Ford hinsichtlich ihrer Marktpräsenz in den verschiedenen europäischen Märkten. Während Volkswagen über eine große Handelsorganisation in Deutschland verfügte, die einen wesentlichen Beitrag zur Schaffung eines hohen Marktdrucks und damit zur weiteren Etablierung des Großraumkonzepts zu leisten schien, besaß Ford eine solche Stellung vor allem in Italien, England und Frankreich. Entsprechend war davon auszugehen, dass sich die Fahrzeuge je nach Marktbedeutung des betrachteten Herstellers im jeweiligen Markt unterschiedlich verkaufen ließen.

Insgesamt ließ die Summe der Eigenschaften und Fähigkeiten beider Hersteller eine ideale Voraussetzung für eine herstellerseitige Kooperation vermuten, welche für beide Partner Vorteile beim Einstieg in das Großraumlimousinensegment versprach. Gerade auf europäischer Ebene erwiesen sich beide Hersteller als gleichwertige und kompetente Partner. In diesem Sinne beschlossen Ford und Volkswagen ein gleichberechtigtes Joint Venture für eine Dauer von zehn Jahren bis zum Jahr 2005. Im eigens errichteten Werk AutoEuropa nahe Lissabon in Portugal sollten ab 1995 Großraumlimousinen gemeinschaftlich produziert werden. Während Ford vor allem im Bereich der Produktion die leitende Verantwortung übernahm, spielte Volkswagen eine bedeutende Rolle im Rahmen der Fahrzeugerprobung (vgl. Abbildung 5).

▌Abbildung 5   **Kernkompetenzen von Ford und Volkswagen**

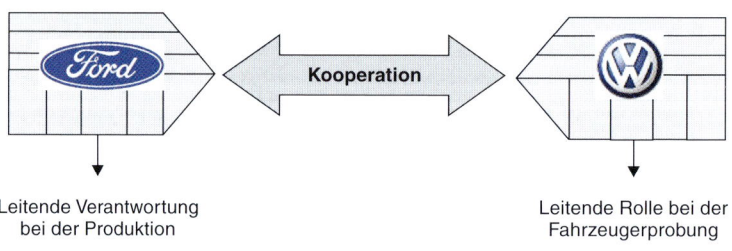

Leitende Verantwortung   Leitende Rolle bei der
bei der Produktion   Fahrzeugerprobung

GABLER
GRAFIK

Insgesamt erhofften sich beide Unternehmen folgende Vorteile durch die Gemeinschafts-produktion im Rahmen des Badge Engineering:

- Zeitvorteil
- Teilung von Entwicklungskosten, Investitionen
- Realisierung von Economies of Scale
- Schnelles Erreichen des „Break-Even"-Produktionsvolumens
- Komplettierung des Angebotsprogramms
- Gegenseitiger Transfer von Know-how/Ressourcen

Zielsetzung war es, eine Win-Win-Situation durch ein technisches „Best of both worlds" für beide Partner zu erreichen und damit insgesamt eine Stärkung der Wettbewerbsfähig-keit der jeweiligen Unternehmen zu realisieren. Dabei war allen Beteiligten des primär technikzentrierten Joint Ventures durchaus bewusst, dass Ford und Volkswagen inner-halb der coopetitiv ausgestalteten Wertschöpfungspartnerschaften

- Partner bei der Realisierung von Economies of Scale und der Schaffung sowie Er-weiterung des Großraumlimousinensegments darstellen,

- jedoch Konkurrenten bei der Aufteilung dieses Segments verkörpern.

Mit anderen Worten: die Zusammenarbeit sollte sowohl für Ford als auch für Volkswagen interne finanzielle Vorteile schaffen, auf dem externen Markt würde sich die Kooperation jedoch in eine „große" Konkurrenz verwandeln. Entsprechend galt es, verschiedene Fak-toren als Voraussetzung eines auch marktlich erfolgreichen Projekts zu berücksichtigen:

- Die Großraumlimousinen sollten mit dem jeweiligen Markenbild harmonieren.

- Die Sensibilität des PKW-Käufers sollte auf Grund der emotionalen Bindung an das Produkt beachtet werden.

- Der Händler als Kunde hatte das Projekt voll zu akzeptieren (geringe Substitution/ Überschneidung zum Badge Engineering-Partner) und über seine Dienstleistungen weiter zu differenzieren.

- Durch eine Differenzierung im Marktauftritt sollten sich die Angebote möglichst weit voneinander abgrenzen.

In der Folge strebten Ford und Volkswagen bei der Vermarktung der gemeinschaftlich produzierten Großraumlimousine völlig getrennte Wege an. Da Volkswagen im Gegen-satz zu Ford bereits seit Anfang der 90er Jahre mit VW, Audi, Skoda und Seat über unter-schiedliche Marken verfügte, plante der Volkswagen-Konzern eine Einführung der Großraumlimousine nicht nur unter der Marke VW, sondern darüber hinaus auch unter der Marke Seat. Entsprechend lag somit die marktliche Herausforderung darin, das tech-nische Gemeinschaftsprojekt mit unterschiedlichen „Badges" unter den drei Marken Ford Galaxy, VW Sharan und Seat Alhambra getrennt zu vermarkten.

4.   Maßnahmen im Rahmen des Badge Engineering auf Herstellerseite

4.1   Positionierung des Ford Galaxy: Room Needing, Image Concerned

Aus der Perspektive Fords galt es insbesondere, separate Überlegungen zur Positionierung des Galaxy im Vergleich zum VW Sharan und Seat Alhambra vorzunehmen. Grundsätzlich besteht das Ziel der Positionierung darin, mit bestimmten Produkteigenschaften sowohl eine dominierende Stellung in der Psyche der Konsumenten als auch eine hinreichende Differenzierung gegenüber Konkurrenzprodukten zu erreichen. Während die zuvor eingeführten Vans der Konkurrenten Peugeot und Fiat mit unterschiedlicher Nuancierung auf die Familientauglichkeit des Fahrzeuges abhoben – Peugeot betonte mehr das Raumangebot, Fiat mehr die Flexibilität -, hob Citroen den Avantgardismus des Produktes besonders hervor. Auch vor diesem Hintergrund stand Ford vor der Aufgabe, einen strategischen Wettbewerbsvorteil für den Galaxy, insbesondere im Vergleich zum zeitgleich einzuführenden Sharan, zu schaffen und abzusichern.

Auf Grund der technischen Gleichheit der Produkte war es in diesem Zusammenhang entscheidend, mit dem Galaxy einen primär psychologischen Zusatznutzen zu bieten. Verbunden mit einer einzigartigen Gestaltung der werblichen Botschaft strebte Ford vor allem eine Alleinstellung des Galaxy im Sinne einer Unique Advertising Proposition an. Überlegungen zur Positionierung des Galaxy setzten dabei eine Analyse der Ford-Zielgruppen voraus, indem, ausgehend von den zentralen Kaufmotiven einer Großraumlimousine, die Frage beantwortet werden sollte, wodurch sich typische Galaxy Fahrer von potenziellen Sharan bzw. Alhambra Besitzern unterscheiden sollen. Insbesondere die Auswertung von Sinus Milieus in Deutschland (West) machte dabei deutlich, dass die Marke überdurchschnittlich im Arbeitermilieu, aber auch im konservativ technokratischen und modern bürgerlichen Milieu vertreten ist. Aus den Ergebnissen einer solchermaßen durchgeführten Marktforschung ließen sich konkrete Ansatzpunkte für das Marketing ableiten, indem die Modellpolitik auf die jeweilig relevante Abnehmergruppe ausgerichtet wird.

Aus Marktforschungsstudien war bekannt, dass sich die Käufer beim Erwerb einer Großraumlimousine primär an den Eigenschaften Platzangebot, Preis und Styling orientierten. Auf Grund der vergleichsweise „breiten" Milieupräsenz und in dem Bewusstsein, dass das Platzangebot das traditionelle Kaufmotiv einer Großraumlimousine darstellt, entschloss sich Ford, auch den Galaxy eher „breit" zu positionieren. Während Volkswagen mit dem „Lebensabschnitt Familie" eine spezifische, lifestage-orientierte Positionierung des Sharan vornahm, fokussierte Ford hingegen eine breitere, lifestyle-orientierte Zielgruppe, indem nicht nur die Familie, sondern auch Personen mit „platzintensiven" Hobbys und sonstigem Raumbedarf bei gleichzeitigem Wunsch eines „luxury travels" explizit angesprochen werden sollten. Unter dem Motto „Room needing, Image concer-

ned" sollte der Galaxy als „Die clevere Alternative" vornehmlich jene Personen ansprechen, die eine automobile Raumnotwendigkeit besitzen, jedoch insbesondere die vor
1995 im Markt eingeführten Wettbewerber auf Grund von Imagedefiziten und dem damit
verbundenen Kaufrisiko nicht präferierten.

Darüber hinaus sollte der Galaxy auch den Markenkern und das Markenimage der in
Deutschland zwar etablierten und allgegenwärtigen, jedoch im US-Vergleich profillosen
(old-fashioned) Dachmarke Ford mit neuen Impulsen versehen. Gerade in Deutschland
wies hier Volkswagen gegenüber Ford in nahezu allen Imagedimensionen einen Vorteil
auf, wie Abbildung 6 verdeutlicht.

Abbildung 6   **Generelles Image der Marken Ford und Volkswagen**

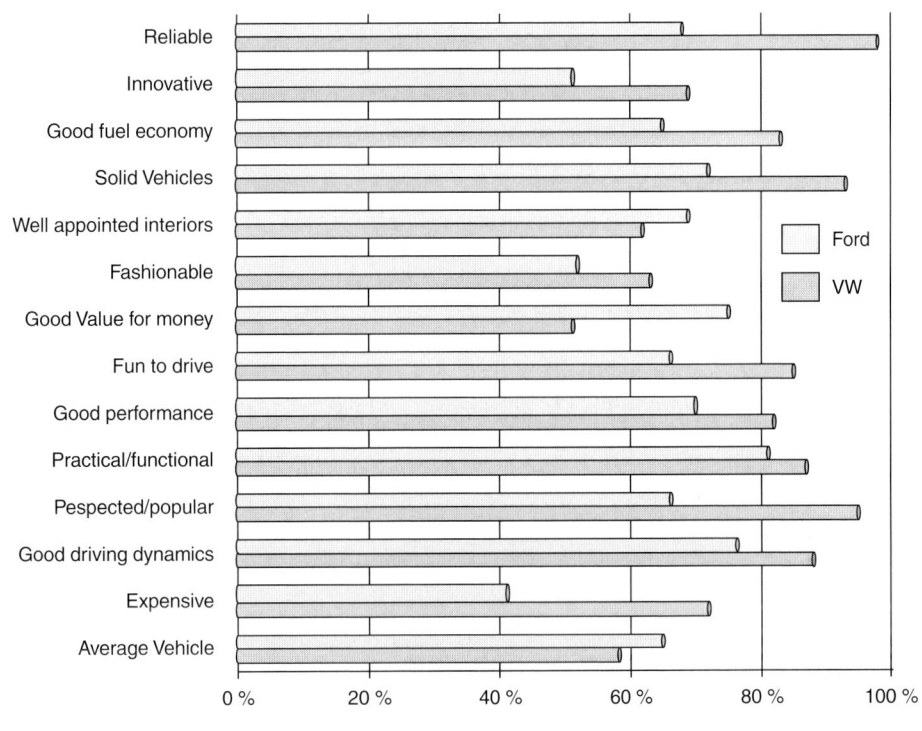

GABLER
GRAFIK

Vor diesem Hintergrund sollte der Galaxy wie auch der ein Jahr später eingeführte Ford
Ka, der das erste Modell im Ford New Edge-Design ist, eine emotionale Höherpositionierung der Marke Ford in Deutschland hinsichtlich

■ Dependability (Verlässlichkeit: „Dauerhaft Produkte, verlässliches Unternehmen, keine unangenehmen Überraschungen")

■ Contemporary (Zeitgemäß: „Gute Wahl. Modern, progressiv. Neue Technologie zur Anwendung gebracht")

■ Driving Quality (Fahrvergnügen, Fahrspaß, Fahrqualität: „Man fühlt sich wohl. Hat immer die Kontrolle. Ist sicher. Es macht Spaß.")

als zentrale Ford-Markenwerte (DCDQ-Strategie) dokumentieren. Mit dieser strategischen Ausrichtung sollte das Vertrauen bisheriger Ford-Käufer bestätigt bzw. das Vertrauen potenziell neuer Galaxy-Käufer gewonnen werden. Die angestrebte Wechselbeziehung zwischen der Produktmarke Galaxy und der Hersteller- bzw. Dachmarke Ford verdeutlicht Abbildung 7.

Abbildung 7   **Wechselwirkungen zwischen Produktmarke Galaxy und Herstellermarke Ford**

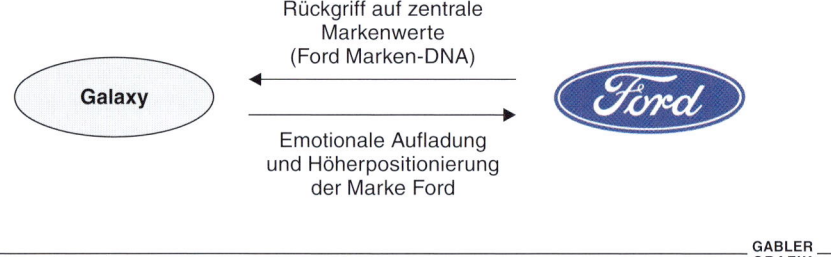

GABLER
GRAFIK

Vor dem dargestellten Hintergrund wurde die Positionierung des Galaxy zusammenfassend wie folgt formuliert: Galaxy = Antwort auf Transport und Mobilität lifestyle-orientierter Trendsetter, Familien und Hobbytreibender. Diese Positionierung galt es, im Rahmen des Marketing-Mix erfolgreich umzusetzen.

4.2 Operative Maßnahmen im Rahmen des Badge Engineering-Projekts

Auf Grund des Badge Engineering unterliegen Produkte einer begrenzten autonomen Steuerung, sodass für Ford und Volkswagen als wesentliche Gestaltungsinstrumente im Marketing-Mix vor allem die Marketing-Kommunikation, die Vertriebswege bzw. das After-Sales Marketing und in begrenztem Umfang die Preispolitik verblieben. Für Ford offenbarten sich somit nur in bestimmten Mix-Bereichen eigenständige Profilierungs- und Differenzierungsgrade im Wettbewerb und gegenüber VW.

4.21 Produktpolitik

Ab 1997 wurden der Ford Galaxy wie auch der VW Sharan in vier unterschiedlichen Ausstattungslinien, der Seat Alhambra hingegen in nur drei Linien angeboten. Abbildung 8 zeigt den Ausstattungs- und Aggregate-Mix der Modelle für die Jahre 1996 und 1997. Neben dem Markenlogo und Kühlergrill, den Front- und Rückleuchten sowie kleineren Details im Innnenraum weisen Ford Galaxy und VW Sharan/Seat Alhambra keine sichtbaren Unterscheidungsmerkmale beim Verlassen der Werkshallen des Joint Venture Werkes AutoEuropa auf.

Abbildung 8   **Ausstattungs- und Aggregate-Mix Ford Galaxy und VW Sharan (1996 und 1997 in Prozent)**

Ford Galaxy			VW Sharan		
Ausstattungslinien (in Prozent)					
	1996	**1997**		**1996**	**1997**
CLX/Kool	9,3	20,6	Basis	30,0	47,0
GLX	84,3	71,3	Comfort	58,4	36,8
Sport	n. a.	0,7	Trendline	n. a.	5,5
Ghia	6,4	7,4	Highline	11,6	10,7
Aggregate					
	1996	**1997**		**1996**	**1997**
Benziner			**Benziner**		
2.0 l (115PS)	59,1	26,7	2.0 l (115 PS)	50,7	33,3
2.3 l (145 PS)	n. a.	35,9	1.8 l (150 PS)	n. a.	0,3
2.8 l (174 PS)	11,0	6,4	2.8 l (174 PS)	16,1	8,7
Diesel			**Diesel**		
1.9 l (90 PS)	29,9	30,4	1.9 l (90 PS)	27,8	8,8
1.9 l (110 PS)	n. a.	0,6	1.9 l (110 PS)	5,4	48,9

GABLER
GRAFIK

Allerdings ermöglichte die z. T. unterschiedliche Ausstattung mit Vierzylinder-Benzin-motoren eine teilweise Differenzierung: das von Ford über Jahre meistverkaufte Modell, der Galaxy 2,3 l, profitierte unter anderem davon, dass es bei Volkswagen keinen vergleichbaren Motor mit ähnlich großem Hubraum gab.

Im Gegensatz zu Volkswagen verfügt Ford überdies über ein zusätzliches Modifikations-center als „verlängerte Werkbank der Serienfertigung": Während kundenindividuell aus-zuwählende Zubehör-Details bei den meisten Marken von den Händlern vor Ort einge-baut werden, nimmt Ford eine solche Modifikation herstellerseitig in Modifikationscen-tern vor. Bevor die Automobile somit nach Verlassen der Werkshallen ihren Zielort errei-chen, erfahren sie einen Zwischenstopp in Zeebrugge, um hier vom Hersteller angepasst zu werden. Ziel eines solchen Modifikationscenters ist es somit, mögliche „Differenzie-rungslücken" zu decken, die die Serienfertigung lässt. Über 30 Prozent der Galaxy-Se-rienfertigung werden in diesen Centern mit kundenindividueller Zusatzausstattung ver-sehen.

4.22 Preispolitik

Bei preispolitischen Entscheidungen eines neuen Modells steht – trotz kurzfristig mögli-cher Preisanpassungen, um etwa bestimmte Aussagen in der Kommunikationspolitik (zum Beispiel „gleicher Preis wie der Vorgänger bei verbesserter Ausstattung") treffen zu können – die langfristige strategische Orientierung im Vordergrund. Dabei gibt die Posi-tionierung der Marke grundsätzlich den preispolitischen Korridor für die Preisfindung vor. Als zentrale Stärke der Marke Ford kann die relative Preisführerschaft („most value for money") genannt werden. Während die Basismodelle der Eurovans nahezu preis-gleich sind, strebte Ford vor diesem Hintergrund trotz generell hoher Kaufkraft der Kun-den im M-Segment – Vanbesitzer verfügen über ein überdurchschnittlich hohes Einkom-men und sind zumeist Inhaber eines Zweitwagens – eine preisliche Positionierung unter-halb des VW Sharan an. Der Seat Alhambra sollte hingegen die Van-Palette des Volkswa-gen-Konzerns durch ein günstiges Einstiegsmodell mit magerer Ausstattung nach unten abrunden. Abbildung 9 zeigt die Preisleiter des Galaxy im Vergleich zum Sharan/Alham-bra für 1997. Letztlich verfolgte Ford die Strategie visuell günstiger Preise bei niedrigem Ausstattungsniveau.

Zwar sind die unverbindlichen Preisempfehlungen ab Werk beim Galaxy durchgängig niedriger als beim Sharan, jedoch verfügt letzterer teilweise über ein deutlich höheres Ausstattungsniveau. Valide Aussagen über die relative Preispositionierung des Galaxy im Vergleich zum Sharan lassen sich somit nur unter Berücksichtigung der unterschiedli-chen Ausstattungsmerkmale treffen.

Abbildung 9   **Preisleiter Ford Galaxy versus VW Sharan/Seat Alhambra, Deutschland 1997**

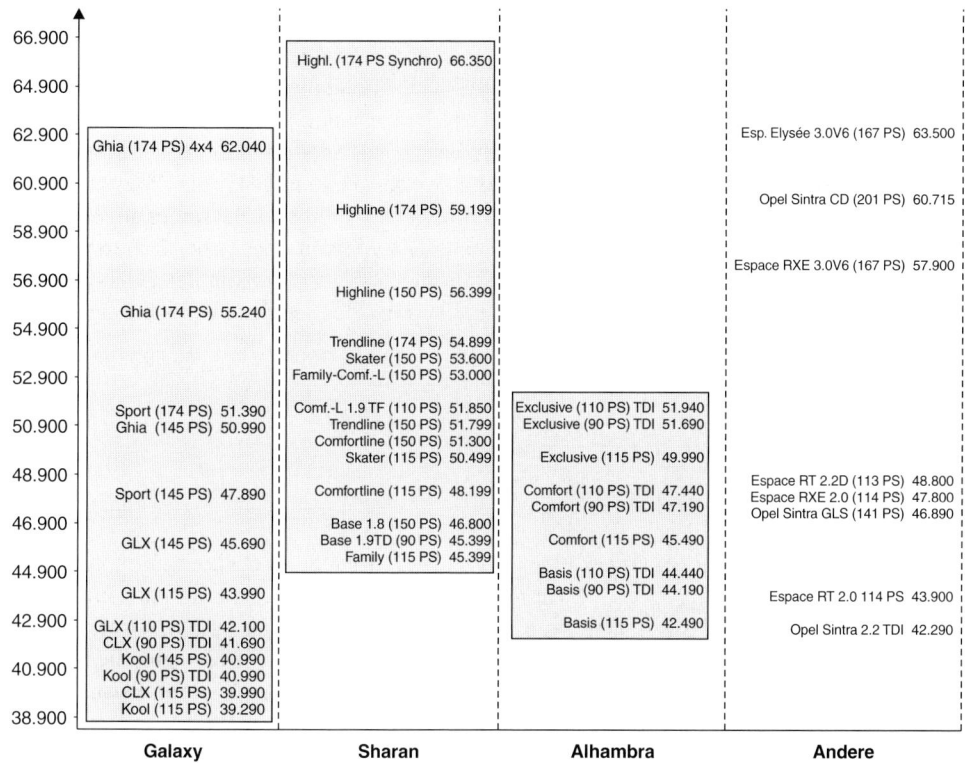

Galaxy	**Sharan**	**Alhambra**	**Andere**

GABLER
GRAFIK

So liegt beispielsweise in 1998 der Galaxy Kool [1.9 l (90 PS)] nicht ausstattungsbereinigt 4.200 DM unterhalb des vergleichbaren Sharan [Sharan Basis 1.9 l (90 PS)], weist jedoch ausstattungsbereinigt nur noch einen Preisvorteil in Höhe von 3.330 DM auf (vgl.
Abbildung 10). Ein entsprechender Vergleich bei den Top-Versionen Galaxy Ghia/Sha-
ran Highline zeigt sogar einen Preisnachteil in Höhe von 2.610 DM. Zusammenfassend
strebte Ford im Rahmen der Preispolitik letztlich eine Strategie visuell günstiger Preise
bei niedrigem Ausstattungsniveau an.

Abbildung 10   Preisvergleich Galaxy versus Sharan / Basisversion

	Galaxy Kool 1.9 l (90 PS)	Sharan Basis 1.9 l (90 PS)
Leistung		
Höchstgeschwindigkeit (km/h)	160	160
Beschleunigung (0–100 km)	19,3	19,3
Kraftstoffverbrauch		
Städtisch	8,8	8,6
Außerstädtisch	5,6	5,4
Insgesamt	6,8	6,6
CO_2-Emission	184	178
Unverbindliche Preisempfehlung ab Werk	**42.600 DM**	**46.800 DM**
Galaxy über(/unter) Sharan	**4.200 DM**	
Ausstattungsmerkmale		
2x Isofix-Vorbereitung (für Kindersitze)	200 DM	S (= Serie)
Zweiklanghorn	80 DM	S
Beheizbare Waschdüse	100 DM	S
Radiovorbereitung mit 8 Lautsprechern	440 DM	S
Programmierbare Intervallschaltung	50 DM	S
Wert der zusätzlichen Ausstattung	**870 DM**	
(Minder-)Wert Galaxy Ausstattung		
Galaxy Preisvorteil vergleichbarer Ausstattung		**3.330 DM**

GABLER
GRAFIK

4.23 Kommunikationspolitik

Die strategische Positionierung des Ford Galaxy fand vor allem ihren Niederschlag in der Kommunikationspolitik. Während VW in seinen Kommunikationskampagnen mit Blick auf die lifestage-orientierte Positionierung des Sharan als Familienauto einen eindeutigen Bezug zur Familie betonte und eher emotionale Aspekte der angesprochenen Zielgruppe in den Vordergrund hob, indem vielfach gar auf eine Abbildung des Sharan in der Werbung verzichtet wurde (vgl. Abbildung 11), betonte Ford eher rationale Aspekte im Rahmen der Botschaftsgestaltung, indem vor allem das Produkt selbst in den Vordergrund gestellt wurde (vgl. Abbildung 12).

Abbildung 11   **Anzeigenbeispiel VW Sharan (1996)**

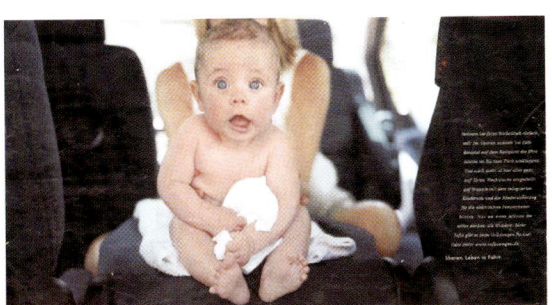

Wickeltisch serienmäßig.

Mit der frechsten Innenausstattung der Welt.
Der Sharan Skater.

GABLER
GRAFIK

Abbildung 12   **Anzeigenbeispiel Ford Galaxy (1996)**

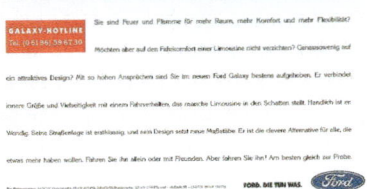

GABLER
GRAFIK

Gerade in den Einführungskampagnen wurde der Galaxy als „Die clevere Alternative" präsentiert und dies „für alle, die etwas mehr haben wollen", sodass der breite Zielgruppenbezug durch Hervorhebung der Vielseitigkeit des Fahrzeugkonzepts auch in der Kommunikation wiederzufinden war. Die Produkteigenschaften werden durch umfangreiche Textelemente erklärt. Einheitlich wurde der Slogan „Ford. Die Tun Was" verwendet, womit eine weitere positive Aufladung der Dachmarke Ford angestrebt wurde. Durch die Werbekampagnen sollte das Image der Modelle maßgeblich geprägt werden. Dies erforderte einen entsprechenden Werbedruck, was mit hohen Werbeaufwendungen verbunden war. Es mag daher nicht verwundern, dass das MPV-Segment den höchsten Zuwachs im Werbeausgabevolumen aller Nischensegmente verzeichnet. Diese Werbeausgaben sind im MPV-Segment von 1994 bis 1997 – also kurz nach der Einführung von Galaxy und Sharan – um mehr als 100 Prozent gewachsen. Mit Blick auf die Struktur des Kommunikationsprozesses wurde grundsätzlich zwischen händler- und konsumentengerichteten Kommunikationsmaßnahmen differenziert. Darüber hinaus spielten aber auch die interne Kommunikation sowie die Kommunikation gegenüber sonstigen Anspruchsgruppen eine entscheidende Rolle. Abbildung 13 vermittelt einen Überblick über die Kommunikationsaktivitäten, die in den Wochen der Einführung des Galaxy eingeleitet wurden.

Händlergerichtet hob Ford insbesondere das hohe Eroberungspotenzial des Galaxy hervor, betonte jedoch gleichzeitig den Händlern gegenüber die Notwendigkeit einer Differenzierung des Galaxy durch eigenständiges Händlermarketing und After Sales Service. Zwar wurde der Galaxy dem Kunden gegenüber grundsätzlich als „The clever choice versus Sharan" kommuniziert, dennoch verheimlichte Ford auf Grund der Medien-Berichterstattung (insb. Motor-Presse) nicht die Partnerschaft mit VW, sondern hob sie zuweilen explizit hervor: „*Ford ist ein gleichwertiger Partner zu VW mit gleicher Technologie und Qualität*", so die Botschaft gegenüber der breiten Öffentlichkeit.

4.24 Distributionspolitik

Die identischen Großraumlimousinen wurden durch gänzlich voneinander getrennte Händlernetze vertrieben: der Galaxy über das Ford-Händlersystem, Sharan bzw. Alhambra über das VW- bzw. Seat-Händlernetz. Da die Zufriedenheit mit der Verkaufs- und Kundendienstleistung des Händlers als eine wesentliche Komponente in die Gesamtzufriedenheit des Kunden während sowie nach dem Kauf eingeht, kommt der Vertriebsorganisation und dem After Sales Marketing per se eine bedeutende präferenzbildende Funktion zu. Vor diesem Hintergrund war sich Ford bewusst, dass auch der Hersteller einen Wettbewerbsvorteil realisieren kann, dem es gelingt, die gesamte Kundenkontaktkette von der Vorkaufphase bis hin zur Nachkaufphase mit positiven Erlebnissen anzureichern, um so eine umfassende Kundenzufriedenheit sicherzustellen.

Abbildung 13   **Galaxy Communication Plan**

Who?	What?	How?
Dealers	■ It's a volume car ■ It offers high conquest potential ■ Differentiation through dealer marketing and service	■ Wiesbaden Event ■ Chairman's Challenge ■ Incentification of Passat addresses
Prospective Private Customers	■ It offers more than a wagon ■ It's better than other MPVs ■ The clever choice versus Sharan ■ Drives like a car but is more than a car ■ It's big inside and small outside ■ It's versatile	■ Test Drive (Hertz) ■ Dealer Advertising ■ Main Film ■ Ford Aktuell ■ Product Placement ■ Event Marketing ■ Direct Mail
The Public at large	■ Something is happening at Ford ■ Ford is an equal Partner to VW with equal technology and quality	■ Teaser/Main Film ■ PR (Scotland Event) ■ IAA ■ Dealer Supplement in Newspaper ■ Ford Aktuell
Fleet Customer	■ Drives like a car but is more than a car ■ It's big inside and small outside ■ The clever choice versus Sharan	■ VIP Fleet Event ■ FCC ■ Hertz
Zone Managers	■ It's a volume car ■ It offers high conquest potential ■ Dealer service will be decisive ■ The clever choice versus Sharan	■ Lommel Event ■ Wiesbaden Event ■ Zone Manager Demonstrator ■ Zonemanager Info Pack
Employees	■ Ford is the first German Producer ■ Something is happening at Ford ■ Galaxy a Chance to conquest new customers	■ Mailing to all employees ■ FCN reports ■ Presentation at company site
Suppliers	■ Something is happening at Ford ■ Drives like a car but is more than a car	■ Mailing to all suppliers

GABLER
GRAFIK

Rein quantitativ weist Volkswagen in Deutschland jedoch allein auf Grund der höheren Netzdichte im Vergleich zu Ford einen Vorteil auf. Während Ford in Deutschland in 1995 über 2.562 Vertriebsstützpunkte verfügte (1998: 2.425), umfasste das Vertriebsnetz von Volkswagen/Audi 3.542 solcher Standorte (1998: 2.885). Allerdings hat Volkswagen bei der vergleichsweise hohen Netzdichte mit Problemen hinsichtlich der Händlerzufriedenheit zu kämpfen. Während die Gesamtzufriedenheit der Sharan-Käufer mit ihren Händlern in 1997 auf einer Skala von 1 (= unzufrieden) bis 10 (= überaus zufrieden) bei 7,6 lag, wies Ford mit 8,0 einen im Segmentvergleich überdurchschnittlich hohen Wert aus (Segmentdurchschnitt: 7,8). Vor allem die Lieferzeit, aber auch die Sachkenntnis des Verkäufers stellten zentrale Vorteile in der Vertriebsorganisation von Ford dar.

Auf Grund der hohen Bedeutung qualifizierter Händler zur Markendifferenzierung am PoS streben sowohl VW als auch Ford eine qualitative Weiterentwicklung der Händlernetze an: im August 1995 hat VW ein großes Umstrukturierungsprogramm für sein Händlernetz in Gang gesetzt, Ford stellte kurze Zeit später mit der flächendeckenden Kündigung aller Händlerverträge ebenfalls die Weichen für eine Neustrukturierung von Margensystem und Händlernetz.

Auf Grund der Baugleichheit von Produkten erhöht sich nicht nur der Wettbewerb unter den Automobilhändlern, sondern Händler sind auch im Korsett des vertraglichen Vertriebssystems immer mehr gehalten, ihre Betriebe an die Corporate-Identity des jeweiligen Herstellers anzupassen, um das Markenerlebnis beim Kunden zu stärken und – in diesem Fall – die mangelnde technische Produktdifferenzierung am PoS zu kompensieren. In der Konsequenz bedeutet dies aber, dass die Kostensenkungseffekte in der Produktion des Herstellers durch Kostensteigerungen im Vertrieb zumindest teilweise konterkariert werden. Hiermit verbunden sind ungleiche Kosteneffekte zwischen Hersteller und Händler: Während nämlich die Kostensenkungseffekte in der Produktion ausschließlich dem Hersteller und damit VW und Ford zugute kommen, haben Händler vielfach die Kosten der produktpolitischen Standardisierung in einem nicht unerheblichen Umfang durch verstärkte Differenzierungsbemühungen mitzutragen. Gerade in jüngster Zeit wird die Markendifferenzierung von Audi und Volkswagen auf der Handelsseite deutlich sichtbar. Hierfür investierten die Händler mehr als 7 Milliarden Mark.

5. Zentrale Controllingergebnisse

Im Ergebnis wurden sowohl der Ford Galaxy als auch der VW Sharan zu einem Erfolg hinsichtlich der Verkaufszahlen. Beide Modelle dominieren seit ihrer Einführung den deutschen Markt der Großraumlimousinen. 1996 erreichten sie zusammen 51,4 Prozent Segmentanteil. Abbildung 14 zeigt die Verkaufsentwicklungen nach Modellen bis zum ersten Halbjahr 2000.

Abbildung 14   **Verkaufsentwicklungen nach Modellen in Deutschland**

Marke	Model	'90	'91	'92	'93	'94	'95	'96	'97	'98	'99	H1_00
Chrysler	Grand Voyager	0	354	1.083	1.333	911	2.575	2.990	209	318	589	1.344
Chrysler	Voyager	2.114	4.418	5.419	5.825	7.706	6.069	6.116	8.124	9.797	7.833	2.192
Citroen	Evasion (Eurovan)	0	0	0	0	503	1.757	1.405	1.770	1.852	2.113	1.425
Fiat	Ulyss (Eurovan)	0	0	0	0	1.227	3.058	1.963	2.238	2.218	1.923	870
Ford	**Galaxy**	**0**	**0**	**0**	**0**	**0**	**2.276**	**21.161**	**16.828**	**24.677**	**24.297**	**8.829**
Ford	Windstar	0	0	0	0	0	1.878	2.029	2.216	1.662	730	537
Honda	Civic	477	325	185	159	129	6	0	0	0	0	0
Honda	Shuttle	0	0	0	0	0	1.065	1.367	1.232	1.076	1.574	837
KIA	Carnival	0	0	0	0	0	0	0	0	0	1.249	1.677
KIA	Joice	0	0	0	0	0	0	0	0	0	0	793
Lancia	Z (Eurovan)	0	0	0	0	0	379	380	453	438	477	276
Mazda	MPV	0	8	0	0	248	351	767	705	429	1.258	1.335
Mercedes	V-Class	0	0	0	0	0	0	1.180	7.498	6.422	6.110	3.070
Mitsubishi	Spacewagon	3.762	1.906	4.212	3.879	3.699	2.832	3.307	2.306	3.258	4.887	2.034
Nissan	Serena	0	0	758	1.968	2.485	2.980	3.549	3.570	3.373	5.781	1.990
Opel	Sintra	0	0	0	0	0	0	79	12.838	7.786	6.005	73
Peugeot	806 (Eurovan)	0	0	0	0	998	4.207	3.115	3.682	3.355	3.536	1.822
Pontiac	Trans Sport	0	0	0	4.133	3.101	1.646	1.386	72	11	5	1
Renault	Espace	6.290	8.325	9.358	9.720	1.0527	8.244	5.112	13.351	9.071	8.724	4.220
Renault	Grand Espace	0	0	0	0	0	0	0	4	4.309	4.275	1.958
Seat	**Alhambra**	**0**	**0**	**0**	**0**	**0**	**0**	**1.855**	**3.444**	**4.587**	**8.269**	**3.200**
Toyota	Hiace	1	0	0	0	0	0	0	0	0	0	0
Toyota	Model F	514	2	1	0	0	0	0	0	0	0	0
Toyota	Picnic	0	0	0	0	0	0	914	5.759	4.936	3.540	1.169
Toyota	Previa	1.141	4.273	4.959	2.719	2.732	2.299	1.464	955	652	343	660
VW	**Sharan**	**0**	**0**	**0**	**0**	**0**	**5.845**	**29.081**	**29.951**	**28.849**	**27.822**	**9.312**
	JG Mini Van	14.299	19.611	25.975	29.736	34.266	47.467	89.220	117.205	11.9076	12.1336	49.624
	Total Market	3.069.238	4.340.315	4.121.620	3.345.922	3.365.214	3.471.065	3.773.986	3.818.831	4.060.373	4.155.107	1.986.107
	Share of incl. (%)	0,4658	0,4518	0,6302	0,8887	1,0182	1,3675	2,3640	3,0691	2,9326	2,9201	2,4985

GABLER
GRAFIK

Vor allem in 1998 und 1999 hat Ford in Deutschland angesichts des kleineren Händlernetzes und geringeren Kundenpotenzials gegenüber VW ein außerordentlich gutes Verkaufsergebnis erreicht, das nahezu auf VW-Niveau lag. Die Höhe des Verkaufsverhältnisses Galaxy/Sharan steht dabei in starker Beziehung zu den Kommunikationsausgaben, teilweise partizipieren die Hersteller auch gegenseitig an der jeweiligen Werbung. Mit 69 Prozent weist der Galaxy gegenüber dem Sharan (51 Prozent) jedoch eine enorme Fremdmarkeneroberungsrate auf (69 Prozent der Galaxy-Käufer fuhren zuvor keinen Ford).

Wie die Verkäufe selbst liegen auch die Werte der Galaxy-Consideration bei etwa 90 Prozent der VW-Werte. Eine unterschiedliche Wahrnehmung des Galaxy und Sharan in Deutschland lässt sich dabei nur vor dem Hintergrund des Imagevorteils der Marke Volkswagen erklären.

Abbildung 15   **Ausgewählte psychografische Größen in 1997**

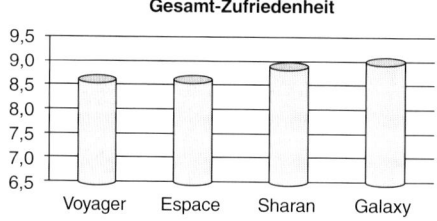

Gesamt-Zufriedenheit

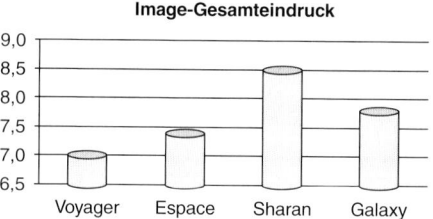

Image-Gesamteindruck

Imageitems [1 = schlechteste, 10 = beste Note]	Voyager	Espace	Sharan	Galaxy
Technisch fortgeschritten	7,3	7,3	**8,2**	7,8
Platzangebot	7,9	8,0	**8,6**	8,4
Sicherheit	7,7	7,6	**8,5**	8,3
Komfort	7,8	7,7	**8,3**	7,9
Qualität	7,1	7,2	**8,1**	8,0
Styling außen	7,4	7,3	**8,4**	7,8
Performance	7,2	7,2	**7,9**	7,7
Preis/Leistung	6,6	7,2	**7,8**	7,3
Verbrauch	5,5	6,5	**7,1**	6,6
Bekanntheit (in Prozent)	23	58	**69**	54

GABLER
GRAFIK

Das bessere Image der Marke VW färbt auf die Modelle VW Sharan und Ford Galaxy ab. Ungeachtet der hohen Zufriedenheit der Galaxy-Kunden mit dem Fahrzeugkonzept weist der Sharan in sämtlichen Image-Items höhere Werte auf als der Galaxy (vgl. Abbildung 15), der Bekanntheitsgrad des Sharan liegt in Deutschland mit 69 Prozent über dem des Galaxy (54 Prozent). In der Summe werden gleiche Eigenschaften beim Sharan besser beurteilt als bei seinem Zwillingsmodell. Selbst beim Preis-/Leistungsverhältnis weist der Sharan einen Vorteil auf, obwohl der Preis neben dem Innenraum und dem Styling der Hauptkaufgrund der Galaxy-Käufer ist und die Marke Ford im Sinne des „most value for money" die relative Preisführerschaft für sich beansprucht.

Obwohl der Kommunikationsschwerpunkt beim Galaxy nicht auf „Familie" lag, wird der Galaxy wie der Sharan zu 75 Prozent von Familien gekauft. Der Galaxy wird als „Familienauto zum Wohlfühlen" eingestuft, junge Leute und Frauen sind als Käufer eher untypisch. Der Galaxy erscheint wie der Sharan als „risikoloser Kauf", jedoch wird dem Sharan mehr Persönlichkeit zugesprochen, wie die Imagepositionierung in Abbildung 16 zusammenfassend verdeutlicht.

Trotz der positiven Verkaufszahlen wird das technische Gemeinschaftsprojekt gerade aus psychografischer Perspektive von beiden Herstellern als kritisch gewertet. Zwar heben sich sowohl der Galaxy als auch der Sharan in der kundenseitigen Wahrnehmung und Beurteilung deutlich vom Wettbewerb ab, sodass die verfolgte Höherpositionierung des Segments insgesamt realisiert werden konnte. Allerdings konnte weder der Ford Galaxy noch der VW Sharan der ersten Generation auf Grund der fehlenden Produktdifferenzierung einen entscheidenden Beitrag zur Identität der jeweiligen Herstellermarke leisten. Vor diesem Hintergrund lässt sich festhalten, dass Werbung und Differenzierung am PoS allein die Eigenständigkeit und Unverwechselbarkeit eines Produktes nicht ersetzen kann. Trotz hoher Werbeausgaben bleibt auch die Marketing-Kommunikation immer auf das Produkt bezogen. Denn *„In diesem Geschäft"*, so Bob Eaton, *„konzentriert sich schlussendlich alles auf die Produkte"*. Ein Grundsatz, der auch in Zukunft im Automobilmarkt Gültigkeit haben wird und damit entscheidende Ansatzpunkte für den Galaxy und Sharan der zweiten Generation liefert.

Abbildung 16   **Image Positioning 1997**

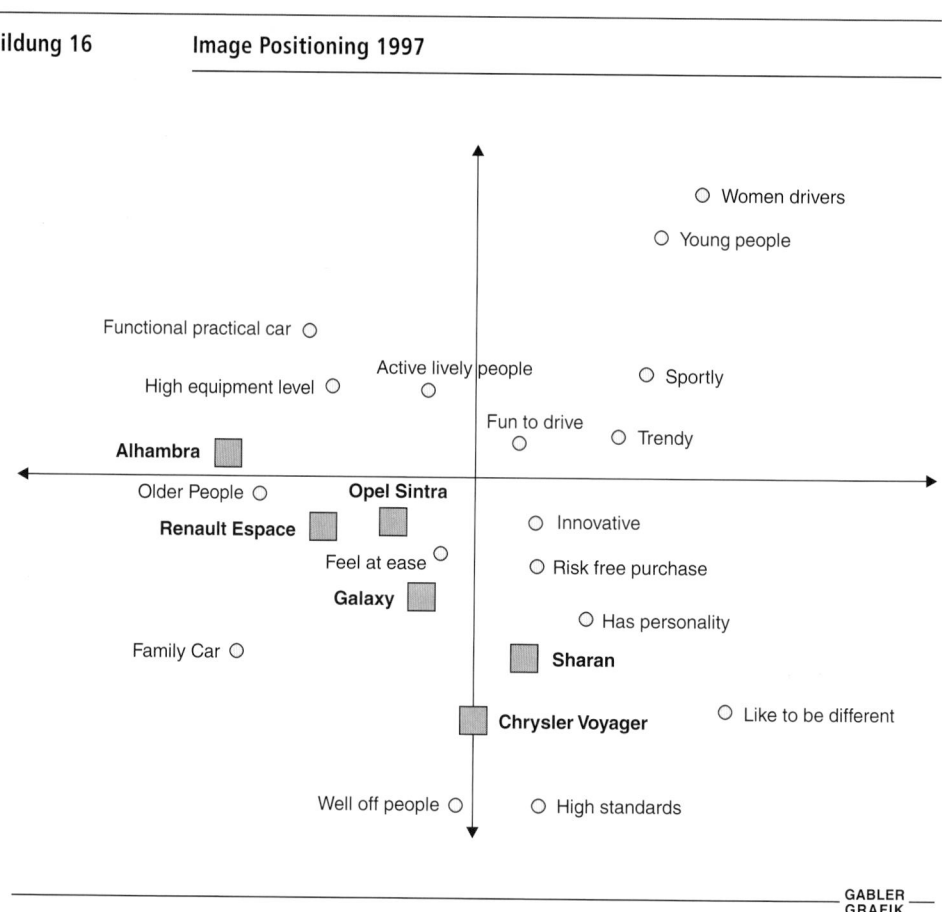

GABLER
GRAFIK

6. Würdigung und Implikationen

In einer gesamthaften Würdigung ist das Kooperationsprojekt vor dem Hintergrund der spezifischen Situation im Jahre 1990 zu betrachten. So erscheint das Badge Engineering mit wenig Produktdifferenzierung zur Marktpenetration in neuen oder wachsenden Marktsegmenten auf Grund mangelnder Erfahrungen der Hersteller, kalkulierbarer Kosten und Risikoreduktion ein zunächst gangbarer Weg zur effizienten Erreichung von Markterfolg. Allerdings erweist es sich als notwendig, mit voranschreitendem Marktlebenszyklus und hier vor allem in der Reifephase des Segmentes eine stärkere Produktdifferenzierung vorzunehmen. Nicht die technische Machbarkeit, sondern die Marktanforderungen bestimmen in dieser Phase den optimalen Grad der Standardisierung.

Als Implikation hieraus bedarf es somit einer Identifikation der zur Sicherstellung einer starken Markenidentität von jedem Hersteller selbständig zu produzierenden Leistungskomponenten. Entsprechend sind für den Sharan und Galaxy **maßgebliche Unterscheidungsmerkmale** festzulegen. In diesem Zusammenhang erweist es sich als zweckmäßig, Differenzierungs- und Vereinheitlichungspläne zu fixieren:

▊ Mit **Differenzierungsplänen** werden für die Produkte maßgebliche Unterscheidungsmerkmale bestimmt, in welchen sich die für den Kunden ausschlaggebenden Markendimensionen konkretisieren. Ein Differenzierungsplan enthält dabei Zielwerte für maßgebliche physische Unterscheidungsmerkmale eines jeden Modells.

▊ Der **Vereinheitlichungsplan** beschreibt den Umfang, in dem die Modelle aus denselben physischen Elementen bestehen dürfen. Der Vereinheitlichungsplan enthält dabei jene Elemente, die aus der Wahrnehmung der Konsumenten herstellerübergreifend standardisiert werden können.

▊ Abbildung 17   **Nachfragerwahrnehmung der Eigenständigkeit von Automobilen**

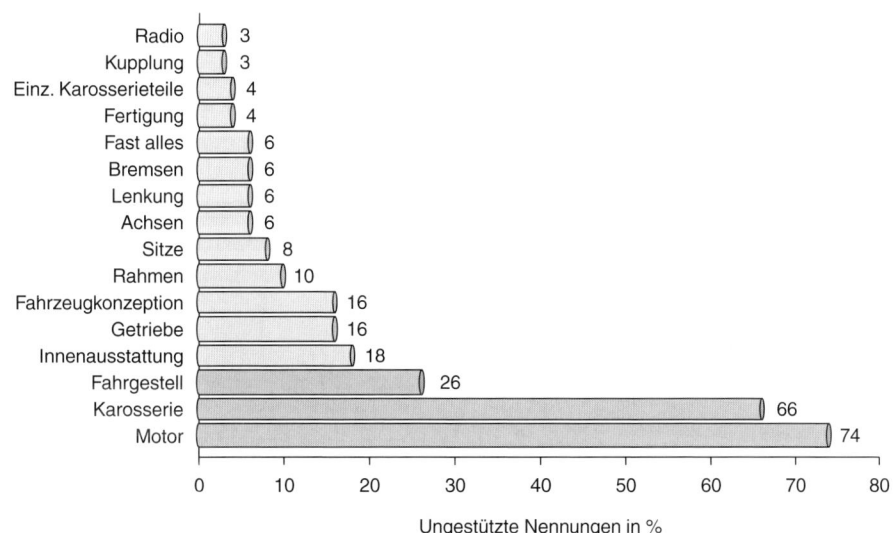

Welche Teile oder Komponenten sind Ihrer Ansicht nach auf jeden Fall vom Hersteller der Marke [...] eigenständig hergestellt worden? (N=400)

Komponente	Ungestützte Nennungen in %
Radio	3
Kupplung	3
Einz. Karosserieteile	4
Fertigung	4
Fast alles	6
Bremsen	6
Lenkung	6
Achsen	6
Sitze	8
Rahmen	10
Fahrzeugkonzeption	16
Getriebe	16
Innenausstattung	18
Fahrgestell	26
Karosserie	66
Motor	74

Ungestützte Nennungen in %

GABLER
GRAFIK

Zur Bestimmung maßgeblicher Unterscheidungsmerkmale im Differenzierungsplan ist zu überprüfen, welche objektive Produkteigenschaft mit welcher Wahrnehmungsdimension korrespondiert. Soll der Galaxy als Lifestyle-Produkt wahrgenommen werden, der Sharan hingegen als Familienauto, sind die diesen Wahrnehmungsdimensionen zu Grunde liegenden objektiven Produkteigenschaften zu konkretisieren.

So wurden in einer explorativen Befragung von 400 Autofahrern in 1996 hinsichtlich identitätsprägender Bestandteile einer Automobilmarke die in Abbildung 17 dargestellten Ergebnisse erzielt. Hiernach konnten insbesondere der Motor mit 74 Prozent sowie die Karosserie des Fahrzeugs mit 66 Prozent als solche Produktmerkmale ermittelt werden, die wesentlich zur Eigenständigkeit von Automobilen in der Wahrnehmung der Nachfrager beitragen. Folglich können die jeweiligen Bauteile als maßgebliche Unterscheidungsmerkmale fungieren. Die praktizierte, markenübergreifende Verwendung gleicher Motoren konterkariert damit im vorliegenden Fall den differenzierten Marktauftritt der verschiedenen Marken und fördert die Verwässerung der jeweiligen Markenidentitäten.

Sind diejenigen Produktmerkmale ermittelt, die wesentlich zur Eigenständigkeit der Vans in der Wahrnehmung der Nachfrager beitragen, lassen sich schließlich maßgebliche Unterscheidungsmerkmale im Rahmen des Differenzierungsplans festlegen sowie die aus kosteninduzierten Gründen zu standardisierenden Bauteile im Vereinheitlichungsplan bestimmen.

6 Zukunftsaspekte der Markenführung – Zusammenfassende Thesen

Heribert Meffert

Die zentralen Gedanken zur erfolgreichen identitätsorientierten Markenführung sowie ein Ausblick auf wissenschaftliche wie praktische Herausforderungen sollen in einigen abschließenden Thesen zusammengefasst werden.

These 1: Erosion der Markenkonzepte

In der wissenschaftlichen Diskussion herrschen – ähnlich wie beim Marketing – derzeit eine schleichende Erosion des Markenbegriffs und eine Verwässerung der Konzepte der Markenführung vor („Vernebelung durch Bindestrich-Markenführung"). Dies erfordert in Wissenschaft und Praxis ein gemeinsames Markenverständnis durch klare Begriffsbestimmungen und die Rückbesinnung auf tragfähige Führungskonzepte.

These 2: Integrierte Konzeption der Markenführung

Die Marketingwissenschaft stellt ihre Aussagen über Markenführung dominant auf eine breite Outside-in-Perspektive (zum Beispiel Ideal-, Realimages in Wahrnehmungsräumen der Konsumenten). Diese Perspektive ist durch eine Inside-out-Betrachtung zu ergänzen. Erst durch die Dualität beider Perspektiven kann dem Anspruch einer identitätsorientierten Markenführung Rechnung getragen werden.

These 3: Messung des Markenwertes

Der Markenwert als zentrale Zielgröße der Markenführung wird in finanzwirtschaftlichen und verhaltenswissenschaftlichen Ansätzen sehr unterschiedlich gemessen. Es ist Aufgabe der Marketingwissenschaft, diese Verfahren zu evaluieren und – unter Berücksichtigung des Abnutzungseffektes des Markenwertes – zu einem leistungsfähigen (standardisierten) Gesamtkonzept weiterzuentwickeln.

These 4: Evaluierung von Markenstrategien

Die strategische Ausrichtung stellt einen zentralen Erfolgsfaktor der Markenführung dar. Der Präzisierung strategischer Optionen kommt daher ebenso wie der Weiterentwicklung von Methoden der Strategiebewertung ein hoher Stellenwert in der Markenforschung zu.

These 5: Markenüberdehnung als Risikofaktor

In zahlreichen Branchen besteht die Gefahr, die Markensubstanz überzustrapazieren. Die mit der Markenausdehnung in Breite und Tiefe verbundenen Chancen und Risiken sind dabei im Hinblick auf eine Erhöhung des Markenwertes sorgfältig auszuloten.

These 6: Von Produkt- zu Systemmarken

Der Weg der Markenprofilierung geht von Produkt- über Programm- zu Systemmarken (zum Beispiel Mobilitäts- statt Automarken). Der damit verbundene Wandel in der Markenführung setzt eine bedürfnisgerechte Weiterentwicklung der Kernkompetenzen und eine entsprechende glaubwürdige Kommunikation voraus. Dabei kommt interaktiven Medien eine neue Rolle im Markendialog zu.

These 7: e-Branding

In der multimedialen, vernetzten Informationswelt gewinnen Marken als Orientierungs- und Vertrauensanker an Bedeutung. Die fortschreitende Diffusion des Internet stellt allerdings neue Herausforderungen an die Markenführung. Das Internet darf nicht als isoliertes Experimentierfeld verstanden werden, sondern ist vielmehr in eine ganzheitliche Konzeption der Markenführung zu integrieren („Vernetzte Markenführung statt Markenführung im Netz").

These 8: Corporate Branding

Wachsende Internationalisierung, Unternehmenskäufe und -fusionen stellen die identitätsorientierte Führung von Unternehmensmarken vor neue Herausforderungen mit oft weitreichender Anpassung der Markenarchitektur. Dabei darf der Blick nicht nur auf Zielgruppen im Absatzmarkt gerichtet sein. Unter Einbeziehung aller Stakeholder müssen die Möglichkeiten und Grenzen einer zielgruppenspezifischen und -übergreifenden Unternehmensmarke neu durchdacht und kritisch überprüft werden.

These 9: Co-Branding und Allianzen

Im Zuge der Globalisierung der Märkte verleihen strategische Allianzen und Marketingkooperationen künftig dem Co-Branding einen weiter wachsenden Stellenwert. Im Mittelpunkt solcher Kooperationen müssen allerdings nach wie vor die Schaffung und Aufrechterhaltung klarer, eigenständiger Markenprofile stehen.

These 10: Internationale Markenführung

Mit der Globalisierung der Wirtschaft haben sich der internationalen Markenführung neue Dimensionen eröffnet. Im Mittelpunkt steht dabei die Frage nach der richtigen Markenpositionierung im länderübergreifenden Zusammenhang. Die Forderungen nach der Sicherung globaler Kostenvorteile, weltweiten Lernens und nationaler bzw. regionaler Anpassung sind in einer integralen Betrachtung miteinander zu verknüpfen. Den organisatorischen Aspekten kommt dabei im Zusammenspiel zwischen Zentrale und Ländergesellschaften eine besondere Bedeutung zu.

These 11: Markencontrolling

Erfolgreiche Markenführung wird an der effizienten Erreichung der angestrebten Ziele gemessen. Trotz der wachsenden Bedeutung der strategischen und operativen Steuerung von Marken und der Fortschritte in den Marktforschungsmethoden fehlt es bisher an leistungsfähigen Ansätzen eines integrativen Markencontrolling. Die markenspezifische Ausgestaltung und Weiterentwicklung des Balanced Scorecard-Konzeptes kann dazu beitragen, diese Lücke zu schließen.

These 12: Ausweitung der Markenführungskonzepte

Der Markengedanke breitet sich seit geraumer Zeit in nahezu allen Lebensbereichen aus: Politiker, Stars, Regionen, Städte, Universitäten, TV-Sender und Museen treten als Marken auf und versuchen, sich durch kommunikative Auftritte zu profilieren. Vor diesem Hintergrund erscheint es geboten, die Voraussetzungen für die Übertragbarkeit des im kommerziellen und rechtlichen Rahmen verankerten Markenverständnisses wissenschaftlich zu überprüfen und gegebenenfalls Modifikationen der Markenführungskonzepte zu entwickeln.

These 13: Erfolgsfaktoren der Markenführung

Trotz aller Veränderungen des Marketingumfeldes behalten die klassischen Prinzipien der Markenführung weiterhin ihren Stellenwert. Die Kunst erfolgreicher Markenführung besteht letztlich in der Beherrschung des schmalen Grats zwischen Kontinuität und Wandel einerseits sowie langfristiger Investitionen in den Markenwert und kurzfristiger, flexibler Anpassung an die Marktsituation andererseits.

Stichwortverzeichnis

MEFFERT Marketing Edition

Heribert Meffert
Marketing
Grundlagen marktorientierter Unternehmensführung.
Konzepte – Instrumente – Praxisbeispiele.
Mit neuer Fallstudie VW Golf
9., überarb. u. erw. Aufl. 2000.
XXIV, 1472 S. Geb. € 39,90
ISBN 3-409-69017-4

Heribert Meffert/Christoph Burmann
Strategisches Marketing-Management
Analyse – Konzeption – Implementierung
2., vollst. überarb. u. erw. Auflage 2002.
ca. 600 S. Br. ca. € 37,00
ISBN 3-409-33613-3

Heribert Meffert/Manfred Bruhn
Dienstleistungsmarketing
Grundlagen – Konzepte – Methoden. Mit Fallstudien
3., vollst. überarb. u. erw. Aufl. 2000.
XXVIII, 619 S. Geb. € 43,00
ISBN 3-409-33688-5

Manfred Bruhn/Heribert Meffert
Fallstudien zum Dienstleistungsmarketing
Erfolgsfaktoren exzellenter Dienstleistungsunternehmen
2002. ca. 424 S. Br. ca. € 39,00
ISBN 3-409-11923-X

Heribert Meffert/Christoph Burmann/Martin Koers (Hrsg.)
Markenmanagement
Grundfragen der identitätsorientierten Markenführung.
Mit Best Practice – Fallstudien
2002. XX, 684 S. Geb. € 39,00
ISBN 3-409-11821-7

Heribert Meffert
Marketing Arbeitsbuch
Aufgaben – Fallstudien – Lösungen
8., akt. u. erw. Aufl. 2001.
VIII, 527 S. Br. € 29,00
ISBN 3-409-89086-6

Änderungen vorbehalten. Stand: Februar 2002.

Gabler Verlag · Abraham-Lincoln-Str. 46 · 65189 Wiesbaden · www.gabler.de  **GABLER**

Gabler Marketing-Lehrbuch-Highlights

Ludwig Berekoven/ Werner Eckert/
Peter Ellenrieder
Marktforschung
Methodische Grundlagen
und praktische Anwendung
9., überarb. Aufl. 2001. 449 S.
Br. € 44,50
ISBN 3-409-36990-2

Manfred Bruhn
Marketing
Grundlagen für Studium und Praxis
5., überarb. Aufl. 2001. 331 S.
Br. € 24,90
ISBN 3-409-53646-9

Manfred Bruhn
Marketing interaktiv
Grundlagen für Studium und Praxis
1999. CD-ROM € 34,00*
ISBN 3-409-19841-5

Manfred Bruhn
Marketingübungen
Basiswissen, Aufgaben, Lösungen.
Selbständiges Lerntraining
für Studium und Beruf
2001. 339 S.
Br. € 24,00
ISBN 3-409-11640-0

Franz-Rudolf Esch (Hrsg.)
Moderne Markenführung
Grundlagen – Innovative Ansätze –
Praktische Umsetzungen
3., akt. u. erw. Aufl. 2001.
XX, 1274 S.
Geb. € 49,00
ISBN 3-409-43642-1

Wolfgang Fritz
**Internet-Marketing und
Electronic Commerce**
Grundlagen – Rahmenbedingungen –
Instrumente. Mit Praxisbeispielen
2., überarb. u. erw. Aufl. 2001. 260 S.
Br. € 29,00
ISBN 3-409-21663-4

Andreas Herrmann,
Christian Homburg (Hrsg.)
Marktforschung
Methoden – Anwendungen –
Praxisbeispiele
2., akt. Aufl. 2000. 1152 S.
Geb. € 49,00
ISBN 3-409-22391-6

Alfred Kuß/Torsten Tomczak
Marketingplanung
Einführung in die marktorientierte
Unternehmens- und Geschäftsfeldplanung
2., überarb. u. erw. Aufl. 2001. X, 262 S.
Br. € 29,00
ISBN 3-409-23683-X

Alfred Kuß
Marketingeinführung
Grundlagen – Überblick – Beispiele
2001. X, 298 S.
Br. € 24,00
ISBN 3-409-11791-1

Christian Homburg/Harley Krohmer
Marketingmanagement
Strategie – Instrumente – Umsetzung –
Unternehmensführung
2002. ca. 900 S.
Geb. ca. € 49,00
ISBN 3-409-12263-X

GABLER

AUS DER REIHE

nbf neue betriebswirtschaftliche forschung

Christoph Burmann

**Strategische Flexibilität und Strategiewechsel
als Determinanten des Unternehmenswertes**

2002. ca. 400 S., Br. ca. € 59,00

ISBN 3-8244-9082-X

Vor dem Hintergrund der zunehmend turbulenten und dis-
kontinuierlichen Entwicklung vieler Märkte ist die strategische Flexibilität eines Unternehmens in den Mittelpunkt
des Managementinteresses gerückt. Unternehmen mit hoher
strategischer Flexibilität schaffen es, neue Wachstumsmärkte erfolgreich zu erschließen und gleichzeitig die Ab-
satzpotenziale in ihren angestammten Märkten effizient auszuschöpfen. Der Eintritt in neue Märkte erfordert dabei oft
umfassende Strategieveränderungen, die wiederum eine
ausreichende strategische Flexibilität voraussetzen.

Die vorliegende Arbeit untersucht zunächst, wie strategische
Flexibilität erreicht werden kann und überprüft anschließend,
wie sich strategische Flexibilität und Strategiewechsel auf
den Marktwert börsennotierter Unternehmen auswirken.
Hierzu wird eine umfassende empirische Untersuchung bei
145 Unternehmen vom Neuen Markt und aus dem MDAX
durchgeführt.

www.duv.de
Änderung vorbehalten.
Stand: Februar 2002.

Deutscher Universitäts-Verlag
Abraham-Lincoln-Str. 46
65189 Wiesbaden